◎ 党和国家领导人参加首都义务植树活动

2014年4月4日，党和国家领导人习近平、李克强、张德江、俞正声、刘云山、王岐山、张高丽等来到北京市海淀区南水北调团城湖调节池参加首都义务植树活动。这是习近平同大家一起给刚栽下的树苗浇水。

/ 新华图片社供稿　新华社记者李涛　摄 /

◎ 2013年4月3日，汪洋到国家林业局考察工作　　/ 贾达明　供稿 /

◎ 2013年11月7日，赵树丛会见美国前财长亨利・保尔森　　/ 蔡鸿　供稿 /

◎ 2013年7月17日，张建龙会见欧盟环境委员博托什尼克　　/蔡鸿　供稿/

◎ 2013年7月15日，印红会见CITES秘书长约翰·斯甘伦　　/蔡鸿　供稿/

◎ 2013年8月27日，孙扎根在吉林省长春市参加第三届全国林业信息化工作会议

/ 李波涛　供稿 /

◎ 2013年9月5日，陈述贤在新疆和田地区调研大枣产业发展　　/ 赵玉涛　供稿 /

◎ 2013年9月18日，张永利考察甘肃省静宁县城川乡东山梁苹果标准化生产基地

/ 赵玉涛　供稿 /

◎ 2013年7月19日，陈凤学在墨西哥参加中墨林业工作组第一次会议

/ 罗雪　供稿 /

◎ 2013年6月，杜永胜在内蒙古北部原始林区研究森林防火工作 /局防火办　供稿/

CHINA FORESTRY
YEARBOOK

中国林业年鉴

2014

中国林业出版社

图书在版编目（CIP）数据

中国林业年鉴. 2014 / 国家林业局编纂. －北京：中国林业出版社, 2014.12
ISBN 978-7-5038-7802-2
Ⅰ. ①中… Ⅱ. ①国… Ⅲ. ①林业－中国－2014－年鉴
Ⅳ. ①F326.2-54
中国版本图书馆CIP数据核字(2014)第308943号

出 版：中国林业出版社（100009 北京西城区德内大街刘海胡同7号）
网 址：http://lycb.forestry.gov.cn
E-mail：cfybook@163.com　　电 话：010-83143666
发 行：中国林业出版社
印 刷：北京中科印刷有限公司
版 次：2015年1月第1版
印 次：2015年1月第1次
开 本：880mm×1230mm 1/16
印 张：43.75
彩 插：52
字 数：1985千字
定 价：300.00元

中国林业年鉴编辑委员会 ◎

孟宪林　国家林业局濒危物种进出口管理中心常务副主任
孙国吉　国家林业局天然林保护工程管理中心主任
张　炜　国家林业局西北华北东北防护林建设局局长
周鸿升　国家林业局退耕还林（草）工程管理中心主任
潘迎珍　国家林业局防治荒漠化管理中心主任
闫　振　国家林业局世界银行贷款项目管理中心（速丰办）主任
胡章翠　国家林业局科技发展中心主任
王焕良　国家林业局经济发展研究中心主任
黄正秋　国家林业局人才交流开发中心主任
吴志民　国家林业局对外合作项目中心常务副主任
王元法　国家林业局森林防火预警监测信息中心主任
张松丹　国家林业局森林资源监督管理办公室副主任
马广仁　国家林业局湿地保护管理中心主任
张守攻　中国林业科学研究院院长
王忠武　国家林业局调查规划设计院院长
郭青俊　国家林业局林产工业规划设计院院长
李向阳　国家林业局管理干部学院党委书记
厉建祝　中国绿色时报社党委书记、总编辑
费本华　国家林业局国际竹藤中心常务副主任
鲁　德　亚太森林网络管理中心常务副主任
陈幸良　中国林学会秘书长
臧春林　中国野生动物保护协会秘书长
刘　红　中国花卉协会秘书长
陈　蓬　中国绿化基金会副秘书长兼办公室主任
王　满　中国林业产业联合会秘书长
李怒云　中国绿色碳汇基金会秘书长
刘树人　国家林业局驻内蒙古自治区森林资源监督专员办事处（中华人民共和国濒危物种进出口管理办公室内蒙古自治区办事处）专员（主任）
王志高　国家林业局驻长春森林资源监督专员办事处（中华人民共和国濒危物种进出口管理办公室长春办事处）专员（主任）
袁少青　国家林业局驻黑龙江省森林资源监督专员办事处（中华人民共和国濒危物种进出口管理办公室黑龙江省办事处）专员（主任）
陈　彤　国家林业局驻大兴安岭森林资源监督专员办事处专员
向可文　国家林业局驻合肥森林资源监督专员办事处（中华人民共和国濒危物种进出口管理办公室合肥办事处）专员（主任）
尹刚强　国家林业局驻福州森林资源监督专员办事处（中华人民共和国濒危物种进出口管理办公室福州办事处）专员（主任）

周少舟　国家林业局驻武汉森林资源监督专员办事处（中华人民共和国濒危物种进出口管理办公室武汉办事处）专员（主任）

许　辉　国家林业局驻广州森林资源监督专员办事处（中华人民共和国濒危物种进出口管理办公室广州办事处）专员（主任）

黄建华　国家林业局驻成都森林资源监督专员办事处（中华人民共和国濒危物种进出口管理办公室成都办事处）专员（主任）

康晓达　国家林业局驻贵阳森林资源监督专员办事处（中华人民共和国濒危物种进出口管理办公室贵阳办事处）专员（主任）

万兆奇　国家林业局驻云南省森林资源监督专员办事处（中华人民共和国濒危物种进出口管理办公室云南省办事处）专员（主任）

侯　龙　国家林业局驻西安森林资源监督专员办事处（中华人民共和国濒危物种进出口管理办公室西安办事处）专员（主任）

刘家顺　国家林业局驻乌鲁木齐森林资源监督专员办事处（中华人民共和国濒危物种进出口管理办公室乌鲁木齐办事处）专员（主任）

王希玲　国家林业局驻上海森林资源监督专员办事处（中华人民共和国濒危物种进出口管理办公室上海办事处）专员（主任）

苏祖云　国家林业局驻北京森林资源监督专员办事处（中华人民共和国濒危物种进出口管理办公室北京办事处）专员（主任）

李青松　国家林业局森林病虫害防治总站党委书记

张惠新　国家林业局北方航空护林总站总站长

史永林　国家林业局南方航空护林总站总站长

王邱文　南京森林警察学院党委书记

傅宾领　国家林业局华东林业调查规划设计院院长

周光辉　国家林业局中南林业调查规划设计院院长

张　翼　国家林业局西北林业调查规划设计院院长

唐芳林　国家林业局昆明勘察设计院院长

刘树荣　武警森林指挥部政治部副主任

特约委员

邓乃平　北京市园林绿化局局长

张宗启　天津市林业局局长

王金品　河北省林业厅纪检组组长

李永林　山西省林业厅厅长

呼　群　内蒙古自治区林业厅厅长

奚克路　辽宁省林业厅厅长

兰宏良　吉林省林业厅厅长

蔡炳华　黑龙江省林业厅厅长

陆月星	上海市绿化和市容管理局局长
夏春胜	江苏省林业局局长
林云举	浙江省林业厅厅长
程中才	安徽省林业厅厅长
陈则生	福建省林业厅厅长
阎钢军	江西省林业厅厅长
刘均刚	山东省林业厅厅长
陈传进	河南省林业厅厅长
刘新池	湖北省林业厅厅长
吴剑波	湖南省林业厅副巡视员
张育文	广东省林业厅厅长
陈秋华	广西壮族自治区林业厅厅长
关进平	海南省林业厅厅长
吴　亚	重庆市林业局局长
尧斯丹	四川省林业厅厅长
黄永昌	贵州省林业厅机关党委书记
侯新华	云南省林业厅厅长
雷桂龙	西藏自治区林业厅厅长
李三原	陕西省林业厅厅长
段昌盛	甘肃省林业厅副厅长
党晓勇	青海省林业厅厅长
王文宇	宁夏回族自治区林业厅厅长
彭小明	新疆维吾尔自治区林业厅党委委员、政治部主任
杨江勇	新疆生产建设兵团林业局局长
张学勤	中国内蒙古森林工业集团公司董事长
柏广新	中国吉林森林工业集团有限责任公司董事长
魏殿生	黑龙江省森林工业总局局长
贾玉梅	大兴安岭林业管理局局长、行署专员
宋维明	北京林业大学校长
杨传平	东北林业大学校长
曹福亮	南京林业大学校长
周先雁	中南林业科技大学校长
刘惠民	西南林业大学校长

中国林业年鉴特约编辑 ◎

国家林业局中南林业调查规划设计院　齐建文
国家林业局西北林业调查规划设计院　王义贵
国家林业局昆明勘察设计院　张凤仙
武警森林指挥部　管黎丽
北京市园林绿化局　齐庆栓
天津市林业局　王　浩
河北省林业厅　袁　媛
山西省林业厅　冀瑞平
内蒙古自治区林业厅　牛喜山
辽宁省林业厅　王树森
吉林省林业厅　踪念毅
黑龙江省林业厅　崔祥娟
上海市绿化和市容管理局　胡建文
江苏省林业局　吴小巧
浙江省林业厅　谢　力
安徽省林业厅　王小明
福建省林业厅　林　萍
江西省林业厅　谢利玉
山东省林业厅　刁训禄
河南省林业厅　杨晓周
湖北省林业厅　彭锦云
湖南省林业厅　吴振明
广东省林业厅　欧阳学工
广西壮族自治区林业厅　李巧玉
海南省林业厅　慕立忠
重庆市林业局　黄　海
四川省林业厅　张革成
贵州省林业厅　姚世超
云南省林业厅　秦洪锦
西藏自治区林业厅　陈　平
陕西省林业厅　吕旭东
甘肃省林业厅　赵　俊
青海省林业厅　宋晓英
宁夏回族自治区林业厅　马永福
新疆维吾尔自治区林业厅　俞言琳
新疆生产建设兵团林业局　贾寿珍
中国内蒙古森林工业集团公司　杨建飞
中国吉林森林工业集团有限责任公司　路增春
黑龙江省森林工业总局　姜东涛
大兴安岭林业集团公司　陈广辉
北京林业大学　高　斌
东北林业大学　雒文虎
南京林业大学　钱一群
中南林业科技大学　李波涛
西南林业大学　董勤益

编辑说明

一、《中国林业年鉴》是一部综合反映我国社会主义林业建设重要活动、发展水平、基本成就与经验教训的大型资料性工具书。每年出版一卷，反映上年度情况。2014年卷为第二十八卷，收录限2013年的资料，宣传彩页部分收录2013年和2014年资料。

二、《中国林业年鉴》的基本任务是为全国林业战线和有关部门的各级生产和管理人员、科技工作者、林业院校师生和广大社会读者全面、系统地提供中国森林资源消长、森林培育、林政保护、森林工业、林业经济、科学技术、专业理论研究、院校教育以及体制改革等方面的年度信息和相关资料。

三、第二十八卷编纂内容设26个栏目。统计资料除另有说明外，均不含香港特别行政区、澳门特别行政区、台湾省数字。

四、年鉴编写实行条目化，条目标题力求简洁、规范。长条目设黑体和楷体两级层次标题。全卷编排按内容分类。条头设【】。按分类栏目设书眉。

五、年鉴撰稿及资料收集由国家林业局机关各司（局），各直属单位承担；其中“各省、自治区、直辖市林业”由各省（区、市）林业厅（局）承担。

六、释文中的计量单位执行GB3100～3102—1993《国际单位制（SI）及其应用》的规定。数字用法按GB/T15835—1995《出版物上数字用法的规定》执行。

七、条目、文章一律署名，文责自负。

《中国林业年鉴》编辑部

2014年12月

五大重点工作勾勒林业工作站发展蓝图

——记国家林业局林业工作站管理总站工作

◎ 国家林业局副局长张建龙到北京市乡镇林业工作站调研

国家林业局林业工作站管理总站和全国林业站一道，认真贯彻落实局党组的总体部署和赵树丛局长、张建龙副局长有关“稳机构、打基础、强管理、提素质、抓服务”的重要批示精神，坚持质量建站、素质强站、服务立站，行业工作取得了突出成绩，为我国生态林业、民生林业建设做出了重要贡献。

一、稳机构，夯实林业根基

林业工作站是林业部门的最基层机构，是林业部门联系林农的桥梁与纽带。多年来，全行业多管齐下，始终把机构稳定工作放在心上、抓在手中。通过大力稳定现有机构、努力恢复被撤并的林业站、着力强化法律地位等措施，促进各地林业站平稳发展，全国乡镇林业站保持在 2.8 万个、13 万人左右，11% 的站为管理两个乡镇以上的区域站，夯实了林业发展的根基。

二、打基础，提升保障水平

为扎实推进林业站基础设施建设，编制出台了《全国林业工作站“十二五”建设规划》，印发了《乡镇林业工作站工程建设标准》，开展了重点县和标准站建设。通过“国家补一点、地方配一点、自身挤一点”等方式，积极筹措建站资金，有效改善了林业站的办公、生活条件。截至 2013 年年底，全国 69% 的乡镇

◎ 全国乡镇林业工作站岗位人员在线学习平台

◎ 全国乡镇林业工作站站长能力测试黑龙江考场

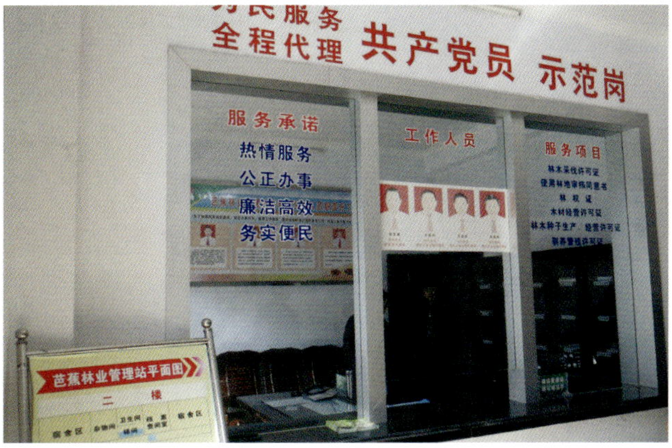

◎ 湖北省恩施市芭蕉林业管理站“一站式”服务窗口

◎ 湖南省浏阳市张坊镇林业工作站森林火灾查勘定损现场

林业站拥有了独立业务用房，73％的站有了通讯设备，50% 的站有了机动交通工具，提升了林业站的保障水平。

三、强管理，汇聚行业合力

通过修订《林业工作站管理办法》、拟制《省级林业工作站年度重点工作质量效果跟踪调查办法》、组织管理模式研究等举措，积极理顺体制机制，强化行业目标管理和指挥效能，有效地推动了重点工作落实。截至 2013 年年底，全国 63% 的省、76% 的地市、72% 的县成立专门的管理机构，共有管理人员近 2.5 万人；54% 的乡镇林业站实现了县级林业主管部门垂直管理或县、乡双重管理，建立起了较为完善的国家、省、地、县、乡镇五级工作体系。

◎ 北京市怀柔区喇叭沟门乡林业工作站组织果树技术培训

◎ 吉林省龙井市东盛涌标准化林业工作站

四、提素质，增强履职本领

基层林业站队伍素质和能力是关系到林业各项任务在“最后一公里”能否落实的关键。全行业牢固树立素质强站的思想，开展了站长能力培训与测试，建设在线学习平台，推进分类分级培训等工作，努力推动整个队伍向着“政治强、业务精、作风硬、服务好”的建设目标迈进。截至 2013 年年底，全国乡镇林业站职工大专以上学历的人数比 10 年前提高了 30 个百分点，专业技术人员比 10 年前提高了 10 个百分点，队伍整体素质明显提升。

五、抓服务，勇担时代重任

全行业以有为谋有位，充分发挥自身优势，积极为我国生态林业、民生林业建设提供优质服务。积极开展林农培训，组织模式研究，推动森林保险工作。2013 年，全国共开展林农培训 1.7 万余班次，培训林农达 233 万人次；培育了一批“乡土专家”，“全程代理”“一站式”服务等新型服务模式方兴未艾；森林保险参保面积达 9260 万公顷，保费总额达 18.21 亿元。林业站被林农亲切地称为“贴心保姆”。（许绠　供稿）

深化银林合作　共促林业发展

——记国家林业局林业基金管理总站工作

◎ 国家林业局、中国农业银行签署合作框架协议，共同推进林业产业建设发展

2013年，为了贯彻中央关于加强生态文明建设和加快林业发展战略部署，全面落实国家林业局与中国农业银行签署的共同推进林业产业建设发展合作框架协议，林业基金管理总站与中国农业银行农村产业金融部切实加强业务合作，深入基层开展联合调研，认真总结银林合作的主要做法和取得的主要成效，着力推进农业金融服务林业工作。中国农业银行修订了《林权抵押担保贷款管理办法（试行）》，新修订的办法更具可操作性、更方便林改后的广大林业生产经营者落实林权抵押贷款。同时，向各省和直属分行正式推荐2013年度林业贴息贷款建议计划项目311亿元。

中国农业银行于1986年开始发放林业贴息贷款，是我国首家开始发放林业贴息贷款的银行。2005年以前，主要由中国农业银行发放林业贴息贷款，2005年以后，其他各类银行（含农村信用社）才陆续发放林业贴息贷款。据统计，1986～2005年，中国农业银行累计发放林业贴息贷款320多亿元。2006年以后，农业银行以良好的服务、完善的网络覆盖和对“三农”的责任、感情，成为发放林业贴息贷款最多的商业银

◎ 黑龙江森鹰窗业股份有限公司节能型吕包木门窗技术改造项目

行，为发展林业产业、推动集体林权制度改革以及改善生态、改善民生作出了积极贡献。

“十二五”以来，为了深入推进银林合作，国家林业局与中国农业银行签署了共同推进林业产业建设发展合作框架协议，双方围绕林业“双增”战略目标，对林业十大主导产业予以重点支持，以加快推进现代林业产业转型升级跨越发展。国家林业局局长赵树丛、中国农业银行董事长蒋超良出席签字仪式。国家林业局副局长张建龙、中国农业银行副行长郭浩达代表双方签字。根据协议，双方将共同推进林业产业建设、做好对林业生产经营者的支持和服务工作。农业银行将围绕国家“十二五”林业“双增”战略目标，对工业原料林基地、林下经济、木本粮油特色经济林及林产工业等林业十大主导产业予以重点支持，积极促进林业产业转型升级，扶持一批主导优势明显、产业特色突出、市场竞争力强、具有示范带动作用的林业产业集群，力争在“十二五”期间累计投放不低于1000亿元的林业贷款，并设立与林业生产经营周期相适应的贷款种类，大力推进林权抵押贷款和林农个人信用贷款业务。国家林业局将积极推动林业改革，建立完善促进林业产业发展的政策措施，统筹安排信贷资金与财政贴息等贷款项目专项补助资金，实现有效配置，形成支持合力，共同为推动林业产业发展提供更为有力的金融支持。

◎ 基金总站与农行联合考察新疆阿克苏红枣基地建设情况

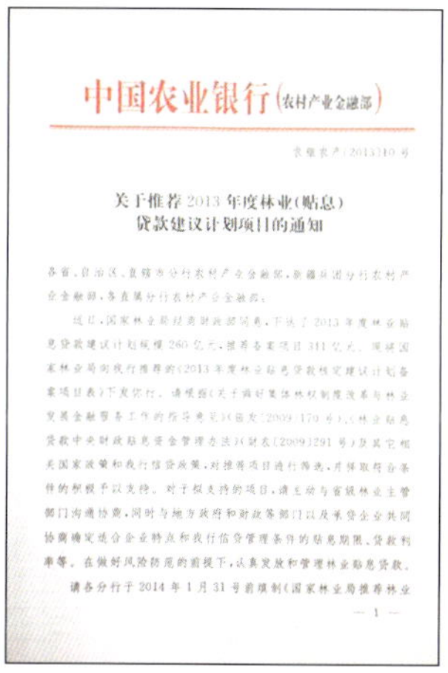

中国农业银行（农村产业金融部）

农银农产〔2013〕10号

关于推荐2013年度林业（贴息）贷款建议计划项目的通知

各省、自治区、直辖市分行农村产业金融部，新疆兵团分行农村产业金融部，各直属分行农村产业金融部：

近日，国家林业局经财政部同意，下达了2013年度林业贴息贷款建议计划规模260亿元，推荐备案项目311亿元。现将国家林业局向我行推荐的《2013年度林业贴息贷款规定建议计划备案项目表》下发你行。请根据《关于做好集体林权制度改革与林业发展金融服务工作的指导意见》（银发〔2009〕170号）、《林业贴息贷款中央财政贴息资金管理办法》（财农〔2009〕291号）及其它相关国家政策和我行信贷政策，对推荐项目进行筛选，并择取符合条件的积极予以支持。对于拟支持的项目，请主动与省级林业主管部门沟通协商，同时与地方政府和财政等部门以及承贷企业共同协商确定适合企业特点和我行信贷管理条件的贴息期限、贷款利率等。在做好风险防范的前提下，认真发放和管理林业贴息贷款。

请各分行于2014年1月31号前填制《国家林业局推荐林业

— 1 —

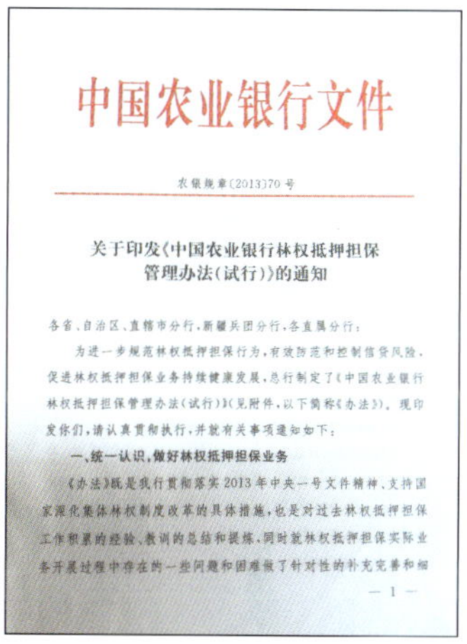

中国农业银行文件

农银规章〔2013〕70号

关于印发《中国农业银行林权抵押担保管理办法（试行）》的通知

各省、自治区、直辖市分行，新疆兵团分行，各直属分行：

为进一步规范林权抵押担保行为，有效防范和控制信贷风险，促进林权抵押担保业务持续健康发展，总行制定了《中国农业银行林权抵押担保管理办法（试行）》（见附件，以下简称《办法》）。现印发你们，请认真贯彻执行，并就有关事项通知如下：

一、统一认识，做好林权抵押担保业务

《办法》既是我行贯彻落实2013年中央一号文件精神、支持国家深化集体林权制度改革的具体措施，也是对过去林权抵押担保工作积累的经验、教训的总结和提炼，同时就林权抵押担保实际业务开展过程中存在的一些问题和困难做了针对性的补充完善和细

— 1 —

据初步统计，截至2013年末，已有近10个省（区、市）林业厅（局）与农业银行省级分行签订银林合作协议，为深入推进农业金融服务林业建设奠定了良好基础。（刘文萍　供稿）

◎ 窗框自动喷涂线

◎ 签约

财政引导　银林合作　硕果累累

——记国家林业局林业贴息贷款项目管理工作

林业贴息贷款项目的顺利实施，得益于国家财政贴息政策的扶持与引导，得益于金融部门与林业部门的密切合作与共同努力。林业贴息贷款相关管理部门紧紧围绕实现林业“双增”目标和改善生态、改善民生的总体要求，不断完善林业贴息贷款管理与服务机制，切实加强林业贴息贷款政策宣传。林业基金管理总站专门印制了《林业贷款中央财政贴息资金申报指南》宣传册，免费发送到基层管理部门、林业企业和广大林农，积极引导林业生产经营者投入有利于促进生态林业、民生林业和现代林业发展的项目建设。

在财政、金融和林业部门的通力合作下，林业贴息贷款着力支持了广西等地有利于改善生态环境的工业原料林项目建设，以及新疆、甘肃等地沙区、石漠化地区综合治理项目建设；着力支持了云南、福建等地有利于推进集体林权制度改革的林业小额贴息贷款项目建设；着力支持了江苏等地有利于国有森林资源保护的国有林场森林旅游等多种经营项目建设；着力支持河北、黑龙江、山东等地有利于推进绿色增长且带动农民增收致富的林业龙头企业林果、林版一体化等项目建设。林业贴息贷款在生态林业、民生林业和现代林业建设中发挥了重要作用，取得了显著成效。

拓展了林业产业融资平台　林业贴息贷款政策通过发挥财政贴息资金“四两拨千斤”的杠杆导向作用，有效地撬动引导了银行信贷资金和社会资本等进入林业建设领域，促进了林业投资主体多元化和林业生产要素的合理流动与组合，增强了林业产业发展的生机与

◎ 林业贴息贷款宣传册

◎ 河北省藁城市鑫鑫木业有限公司林板一体化技改升级项目

◎ 福建省漳平市永福镇林业小额贴息贷款花卉项目

活力。林业贴息贷款带动引导市场生产经营主体进入林业建设领域的作用日益凸显，越来越重要。

推进了林业产业市场化进程 由于林业贴息贷款的发放与使用主要以市场为主导，从而有效地促进了林业企业通过建立现代企业制度、林农通过组建林业专业合作社等新型生产经营主体实现与银行有效对接，通过生产经营具有市场竞争力的产品实现与市场的有效对接，使经济效益最大化，进而大大提高了林业资金的使用效益和管理水平，提升了林业产业市场竞争整体实力。

◎ 江苏红豆杉生物科技股份有限公司红豆杉种植项目

◎ 云南省楚雄州永仁县小额贴息贷款造林项目

促进了林业产业结构优化升级 围绕国家林业“双增”目标和确保木材安全等战略任务，林业贴息贷款大力支持有利于生态建设的工业原料林等林业生态产品生产，着力支持低碳、节能环保、循环发展的林产品加工转型升级和林业战略性新兴产业项目建设，积极推进了林业产业加快转变经济发展方式，促进了林业产业向规模化、集约化、现代化的绿色经济方向健康发展，增强林业产业发展的活力和能力。

提升了林业企业综合实力 林业贴息贷款政策的实施，彻底改变了林业企业在实施国家无偿投资项目建设过程中不计效益的状况。林业贴息贷款的使用要求林业企业资信状况和管理水平等必须符合现代企业制度的要求，客观上促使林业企业必须按照现代企业制度的要求打造林业企业，规范林业企业的经营管理，提高市场竞争力。许多林业企业和林业生产经营者通过林业贴息贷款政策的扶持与引导发展壮大，逐步发展成为市场经济条件下现代林业企业。

◎ 广西桉树工业原料林基地项目

◎ 山东省鼎力枣业食品集团有限公司林果种植与加工一体化项目

◎ 江苏大阳山国家森林公园项目

加快了林业生态产业项目建设步伐 紧紧围绕改善生态环境、维护生态安全这一林业中心任务，大力支持工业原料林和防沙治沙综合治理项目建设，将林业生态建设的公益性与林业投资者的盈利性有机结合起来，积极推进生态建设产业化，有效地促进了新疆、内蒙等地区生态环境的改善，使广西区成为我国目前最大的商品材生产基地。林业贴息贷款在改善生态环境和保障木材安全与供给方面作出了重大贡献。

助推了兴林富民项目建设 林业贴息贷款项目的实施，突出扶持重点，着力保障和改善民生。创新和推广了林业小额贴息贷款，帮助林改以后广大林农和天然林保护以后广大转产分流职工增收致富，有效地帮助了林改后的广大林农利用贴息贷款提高林地生产力，实现兴林致富，切实巩固林改成果；帮助了天保工程区内广大林业职工顺利实现了转产分流

◎ 鼎力集团厂部

◎ 甘肃嘉峪关宏丰实业有限责任公司沙产业种植加工一体化项目

再就业，促进了林区经济繁荣与和谐稳定。

完善了林业产业发展服务机制 各级政府、林业和财政主管部门以及相关金融机构，围绕利用林业贴息贷款优惠政策引导各种市场主体投资林业建设与发展，不断创新与完善有利于促进林业产业健康发展的管理与服务模式，开展了林权抵押贷款业务，建立了林业信用担保服务机制，采取了政策性林业保险等政策措施，进一步优化了林业贴息贷款融资环境，有效地保证了林业贴息贷款的落实与作用的发挥。

建立了林业产业项目监管机制 林业贴息贷款政策的实施，要求林业、金融、财政等相关主管部门必须加强对贴息贷款项目的申报、贷款、贴息和项目建设情况等进行全过程监督与管理，客观上促进了既相互协调又相互制约的科学合理的贴息贷款项目全过程监管机制的建立，有效地推进了林业贴息贷款项目公告、公示制度的建立与实施，使林业贴息贷款项目得以广泛接受社会监督。林业贴息贷款项目的申报、审核、检查验收和监督管理等规章制度由此日趋完善。广大林业企业也随之进一步增强了遵纪守法意识、履行社会责任意识和实现贴息贷款政策性目标意识。 （刘文萍　供稿）

◎ 新疆阿克苏果满堂果业开发有限公司沙区综合治理项目

林业建设开路先锋　森林资源监测尖兵

——记国家林业局中南林业调查规划设计院工作

◎ 中南院办公楼

◎ 院领导班子合影
（从左至右为：熊智平、周光辉、彭长清、周学武）

国家林业局中南林业调查规划设计院(以下简称中南院)是国家林业局直属的事业单位。自1962年建院以来，中南院一直秉承“勤奋、求实、厚德、和谐”的理念，发扬“特别能吃苦、特别能战斗、特别能忍耐、特别能奉献”的森调精神，坚持走以林业调查规划设计为主业的发展之路，现已发展成为集林业资源监测、林业信息建设、林业规划设计于一体的大型林业调查规划设计院。1989年成立的国家林业局中南森林资源监测中心，2011年成立的国家林业局石漠化监测中心、国家林业局中南林业碳汇计量监测中心、国家林业局中南生态监测评估中心与中南院实行一套人员、5块牌子，统一领导。

中南院具有林业调查规划设计甲A级、工程设计农林行业专业甲级、工程咨询林业、生态建设和环境工程、市政公用工程（风景园林）、农业甲级、工程总承包甲级、农林工程监理甲级、旅游规划设计乙级等资质证书。主要承担国家林业局和国家有关部门下达的森林资源、湿地资源、石漠化监测、调查，工程咨询评估，

◎ 2013年5月2日上午，国家林业局赵树丛局长接见“2013年度全国五一劳动奖状”获奖代表中南院院长周光辉、党委副书记周学武等同志

◎ 2013年6月20日下午，国家林业局局长赵树丛、湖南省副省长张硕辅等一行到中南院看望慰问职工

◎ 2013年4月28日，湖南省委书记徐守盛、省长杜家毫等省领导接见周光辉、周学武等“2013年度全国五一劳动奖状”先进代表

◎ 2013年10月14日，中南院举办“心系群众跟党走、共绘美丽中国梦”党的群众路线教育实践活动主题演讲比赛

科研、开发任务，为国家林业建设与发展提供决策依据。同时，接受社会和林业行业部门的委托，提供相应的咨询服务和技术支持。

目前，中南院专业门类齐全、技术力量雄厚、工程经验丰富、设备配置精良。经过50多年的发展与建设，已形成了一支专业门类齐全、综合素质高、具有新技术开发能力的技术队伍。拥有林学、园林、森林经理、植物学、荒漠化防治、土壤学、计算机及地理信息系统、城乡规划、环境工程等40余个专业的科技人才。中南院下设15个处室，现有在职职工179人，其中：专业技术人员160人，教授级高级工程师13人，高级工程师51人，工程师52人。并拥有先进的计算机系统、信息网络、遥感图像处理、测量测绘等工程设备，是我国林业调查规划设计综合技术实力最强的单位之一。建院以来，获得了“2013年度全国五一劳动奖状”“全国模范职工之家”“湖南省直单位模范集体”、全国优秀工程勘察设计金奖、全国优秀工程勘察设计铜奖、梁希林业科学技术奖等124项奖项。

（齐建文　供稿）

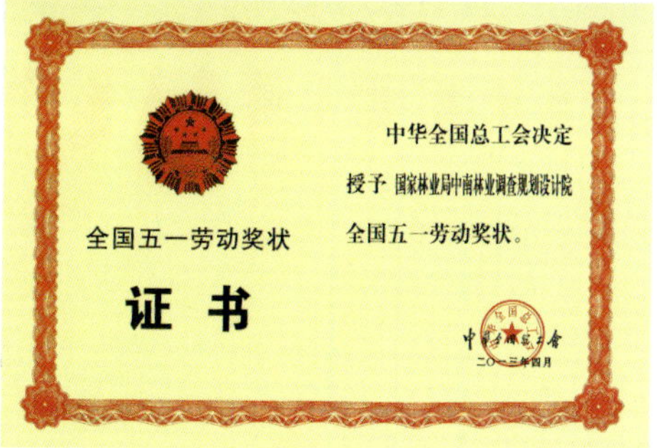

◎ 中南院荣获“2013年度全国五一劳动奖状”奖牌及证书

北方航护的中枢

——记东北航空护林飞行总调度室工作

◎ 国家林业局局长赵树丛（右一）考察东北航空护林飞行总调度室

◎ 林业工程师任儒林是航空护林战线执有民航执照调配飞行的第一批人员。获得2009～2012年全国森林防火先进个人称号。

2002年1月，中国人民解放军正式批准成立东北航空护林飞行总调度室。2004年5月，民航东北管理局正式批准其纳入民航行业管理范围内，赋予东北航空护林飞行总调度室航空护林飞行管理职能。这是军航、民航唯一批准的系统以外的一家飞行管制单位，更是林业部门第一家保障航空护林飞行管制单位。

东北航空护林飞行总调度室为顺利完成东北、内蒙古林区航空护林飞行灭火任务起到重要作用。对不进入国境线我侧10千米的扑火飞行，从计划申报到批复只需10分钟左右，比过去缩短了3～5倍。

总调度室的成立，提高了航空护林飞行灭火效率，加强了航空护林地面保障工作管理，保证了航空护林飞行安全和飞行灭火工作的顺利开展。总调度室2013年春、夏、秋3个航期共保障东北航空护林飞机148架。全年空中发现火场34个，参与扑救火场9个，运送扑火物资4吨，撒防火宣传单10万张。总调度室为飞机提供安全保障3718架次，接受处理各类飞行计划3620条。安全、高效地保障了东北、内蒙古林区航空护林飞行灭火工作的开展。

总调度室的成立，加大了对飞行安全监管力度。严格执行各项管制规定和条例，树立“有了安全不等于有了一切，没有安全将会丧失一切”的工作理念。摆正管理与服务的关系，精心指挥，了解、掌握各护林飞机使用状态和飞行动态，杜绝违规飞行。认真审核每架飞机的飞行计划，合理调配飞行航线，及时向相关部门通报，从而有力地保障飞行安全与航空护林飞行任务的顺利实施。

◎ 总调度室航行管制人员调整规划巡护航线

总调度室的成立，对气象预报工作提出更高要求。为保证航空护林事业正常开展，总站领导决定成立气象预报室，自主制作气象预报。多次派员赴民航有关部门、气象设备厂家调研；整理设施设备购置、人员来源及编制等有关数据，制定实施方案；选派业务人员参加学习和实习培训，为成立北航飞行总调度室气象预报室做好前期准备。

发展中的北方航空护林总站东北航空护林飞行总调度室日趋完善，在我国航空护林史上书写着更华丽的篇章。

（黄丽梅　供稿）

北方航护的网络新军

——记北方航空护林总站网络建设工作

北方航空护林总站是国家林业局直属司局级事业单位，是局防火办职能延伸机构。北方航空护林总站、东北森林防火协调中心、东北森林防火物资储备中心、东北卫星林火监测分中心，4块牌子一套机构。承担北方航空护林系统行业管理、林业自建机场航行地面保障、北方森林防火协调、东北森林防火物资储备、东北卫星林火监测以及西北、华北林区航空护林工作协调等重要职能，同时还肩负国家林业局森林防火办公室赴火场第一工作组任务，协助组织指挥东北、华北、西北林区重大、特大森林火灾的扑救工作。

◎ 北方航空护林总站原延军，林业工程师、网站建立主要设计制作者，获得2009～2012年全国森林防火先进个人荣誉称号

2005年以前,北方航空护林总站地处偏远的嫩江县城，没有自己的网络系统和网站。与航空护林系统各航站的业务联系都靠电话和电台，不利于工作的协调开展，更不利于信息的交流和沟通。单位的信息宣传工作亟待提高，为此建立北方航空护林网站和信息管理系统势在必行。

◎ 网络服务器日常管理

信息管理部门担负起建立网站的任务。耗时3个半月时间完成网站的制作和调试。期间，网站主创人员原延军每天都工作到凌晨2点左右。就这样没日没夜、起早贪黑，从美工、信息收集、代码编写、服务器建立和维护，动画制作等所有工作，包括代码编写、图片的收集整理、动画的制作，Web服务器的建立和维护全部完成。

2005年3月，北方航空护林总站有了自己的网站，这是一条至关重要、四通八达的对外联系的畅通渠道，更是一条加强沟通、增进友谊的金丝纽带。

◎ 维护设备

在网站的基础上，又相继开发了论坛和流媒体系统。继而又和北京大陆康腾公司合作，对信息管理系统进行优化和升级，从原来的1台服务器增加到5台，包括地理信息系统服务器2台，网站服务器1台，流媒体服务器1台，VPN系统服务器1台，形成涵盖东北、内蒙古三省（区）的内网网络。航站之间，航站和总站之间的业务联系包括飞行日报和计划的上报、VPN电话都通过网络，大大提高了工作效率和信息安全。同时为确保网络安全，在网络前端配置了sisco防火墙，使总站所有机器在病毒肆虐的日子里安然无恙。

北方航空森林消防信息系统的建立，从无到有，从小到大，从大到强，日趋完善，在北方航空护林工作中发挥着巨大的作用。

（黄丽梅　供稿）

建设“美丽广西”　谱写绿色篇章

——记广西全力建设现代林业示范区

◎ 广西积极实施珠江防护林工程，沿岸山清水秀生态美

广西生态区位重要、自然条件优越，是我国生物多样性最丰富的地区之一。2013 年，在广西壮族自治区党委、政府的正确领导和各级各部门的大力支持下，全区林业系统认真贯彻落实中央和自治区关于林业改革发展的决策部署，大力发展生态林业和民生林业，全区林业呈现出森林资源不断增长、生态环境稳步向好、林业产业快速发展的良好局面，在全国率先探索出实现生态持续改善、产业快速发展的“广西模式”和“广西速度”，呈现出以下亮点。

造林绿化任务超额完成　全年全区完成植树造林 31.8 万公顷，占年度计划的 127.7%。全区森林覆盖率 61.8%，比 2012 年提高 0.4 个百分点。

林业产业发展势头良好　全年全区林业总产值 3020 亿元，同比增长 36.7%，其中，造纸与木材加工业实现销售收入 1050 亿元，成为广西第 9 个千亿元产业；全区林下经济产值 470 亿元，同比增长 30.5%。

◎ 广西国有三门江林场油茶采穗圃

◎ 广西国有高峰林场桂皮丰收

◎ 广西开展森林抚育经营，图为凤旁林场杉木大径级材林内情景

林业固定资产投资稳中有升 全年全区林业固定资产投资完成 810 亿元，同比增长 23.8%。

沼气池建设任务全面完成 全年共完成户用沼气池建设 8 万户，完成旧病沼气池修复改造 2 万户，全面完成绩效考评目标。

主要林产品产量平稳增长 全年全区木材产量 2480 万立方米，约占全国木材产量的 1/3，居全国第一；人造板产量 2860 万立方米，同比增长 24.5%；经济林产品产量 450 万吨，同比增长 15.9%；木竹藤家具产量 520 万件，同比增长 26%；纸浆及纸制品产量 650 万吨，同比增长 21%；松香产量 70 万吨，同比增长 19%。

林业重大项目有序推进 重大项目建设加快推进，北海林浆纸一体化项目获国家发展改革委核准，项目成立合资公司获商务部正式批复，标志着中华人民共和国成立以来全国林业最大利用外资项目正式进入实施阶段；广西金桂浆纸业有限公司年产 60 万吨涂布白卡纸项目已经建成投产；台湾花卉产业园二期等一批重大项目扎实推进。

林业科技创新再创佳绩 全年新增国家级工程技术中心 1 个，自治区级工程技术研究中心 1 个，院士工作站 1 个，自治区良种培育中心 5 个。广西

◎ 广西凤山县在石漠化地区大力发展核桃产业

◎ 广西油茶高产示范基地实现机械化作业

◎ 广西钦州林湖自治区级森林公园王岗山景区鸟瞰

◎ 广西德保红枫湖自治区级森林公园景色优美

◎ 广西区直国有林场人造板生产车间

◎ 广西国有大桂山林场桂巽板业的产品畅销珠三角、长三角

油茶良种繁育产业化关键技术研究与应用项目获得广西科技进步一等奖。

国家森林城市创建取得新突破 玉林、贺州两个城市同时荣获“国家森林城市”称号。目前，广西共有5个国家森林城市，占全国总数的8.6%，排在全国第三位。

自然保护区和湿地公园建设卓有成效 广西大桂山鳄蜥、邦亮长臂猿、恩城、元宝山4处自然保护区晋升为国家级自然保护区；广西山口红树林国家级自然保护区入选“2013中国十大魅力湿地”。

贷款项目获世界银行最高评价等级 贷款额为1亿美元的广西综合林业发展和保护项目通过世界银行验收，并获得世界银行项目实施最高评价等级——“非常满意”评价。这是国内第一个由省级林业部门直接与世界银行合作的大型项目，也是过去20年世界银行实施的林业项目中第一个被评定为“非常满意”的项目。

2014年，广西林业系统将以邓小平理论、“三个代表”重要思想、科学发展观为指导，贯彻落实党的十八大、十八届二中、三中全会精神，坚持以建设生态文明为总目标，以改善生态改善民生为总任务，着力改革创新，激发发展活力；着力提质增效，促进转型升级；

◎ 广西贺州市开展城市绿化

◎ 广西大力发展森林旅游——莲花山森林公园风景如画

◎ 广西大力开展林业生态修复工程，让八桂大地山清水秀

◎ 广西宁明花山沉香种植基地沉香长势喜人

打造生态建设和林业产业“两个升级版”，强化大局意识、发展意识和服务意识“三大意识”，落实优化林业结构、加快产业发展、提升整体品质、提升综合效益“四项任务”，着力提高林业生态承载力、提高林业对经济增长的贡献率、提高林业对农民增收的贡献率、提高林业综合产出率、提高林业核心竞争力“五个提高”，建设全国木材战略核心储备基地和全国亚热带珍贵树种基地“两大基地”，力争到2020年建设木材战略储备生产基地186.67万公顷，新种珍贵树种20万公顷，全区森林覆盖率达到64%，森林蓄积量达到8亿立方米，林业总产值达到10 000亿元，将广西打造为生态体系完备、产业体系发达、生态文化体系繁荣的现代林业示范区。

（广西壮族自治区林业厅　供稿）

◎ 广西区直机关干部群众在植树造林现场开展义务植树活动

◎ 森林消防演练现场

“三大举措”谱写公安工作新篇章

——记黑龙江省柴河林业地区公安局工作

◎ 柴河林业地区公安局

在长白山系张广才岭东部有一支维护林区社会稳定、保卫生态资源安全的忠诚之师，这就是黑龙江省柴河林业地区公安局。几年来，柴河林业地区公安局新一届领导班子率领全局不足200名公安民警突破思想瓶颈、转变服务理念、创新发展措施，牢记使命、履职尽责，创造性地推出了“三大举措”，有效维护了一方平安，连续两年进入黑龙江省森工林区公安机关“标兵公安局”行列，2013年更是赢得了“标兵公安局”第一名的桂冠，以敢为人先的勇气和创造性的工作谱写了新时期公安工作新的篇章。

一、推动正规化建设　打造一流公安队伍

政治建警不动摇。公安局党委班子坚持用先进的理念激发引领队伍，以创新发展狠抓队伍建设。公安局精心提炼出“忠诚、奉献、果敢、务实、创新”的柴河公安精神，“责任、尚法、效率、正义、荣誉”的柴河公安岗位理念，“法律至上、服务为本、公平公正、正直诚信、崇尚荣誉、团队如家”的柴河公安核心价值观，出台了囊括53项公安创新发展、提升队伍建设的工作意见，把政治建警贯穿于队伍建设始终，锤炼了一支奋发有为、敢打必胜、服务林区大局的公安队伍。

素质强警不松劲。两年来，共选派180余人次参加国家林业局、省公安厅、省林业公安局举办的各类业务培训，合格率达100%。多次聘请省公安厅、哈尔滨市公安局开展“菜单式”教学培训，讲解情报信息

◎ 5月31日，公安局大练兵汇报表演

◎ 特警队员进行枪操表演

应用、反恐实战技能、武器警械使用等专业知识。连续10年开展全警大练兵，对反恐特警队伍进行高端、前卫的应急处突特种技能训练，实现了向科学培训要警力、要战斗力的目标。

从严治警不懈怠。公安局党委班子从抓自身作风做起，带头执行公安各项规章制度，创新督察工作方法，狠抓队伍工作落实和习惯养成，全方位、多角度、不定期深入各室所队强力督察，两年来发督察通报62期，通报批评78人，调整工作不适应、不称职领导干部12人，免职3人，撤职1人。

◎ 森侦民警救助养好受伤猫头鹰后成功放飞

二、推动“民生警务” 打造一流治安环境

“四大警务”保平安。构建新型社区警务工作模式，大力推行“四大警务”工作机制，即“维稳警务”，化解矛盾纠纷；“信息警务”，牢牢掌握林区社会动态和管理的主动权；“社会警务”，形成打防管控、服务一体化网络格局；“民生警务”，推动护企扶商，便民利民平台，适时开展“百日护游”“护秋保收”等专项行动，推动林区经济转型跨越发展。提高110指挥中心指挥协调能力，实行24小时巡逻防范机制，将全局监控探头增加到2300多个，基本实现了“天眼地格”视频网，有效维护了林区治安秩序。

◎ 公安局破获特大盗伐林木案件

“信息警务”助破案。进一步夯实、完善以“839”系统和大情报信息系统为主要内容的公安基础工作，坚持信息主导警务理念，全力开展信息采集会战，现公安局情报信息采集量达到1.5亿条，SIM卡采集11万张，两项均列全省林业公安第一名。开拓了网上作战新途径，实行合成作战的“五侦同步”。两年来，通过信息监控有效处置各类群体性事件15起，拦截非法上访人员65人次，利用情报信息破获各类案件200余起，打击处理180余人，其中24人是流窜犯罪分子，抓获网上逃犯14人。

三、推动执法规范化建设 打造一流执法为民队伍

执法考核规范化。公安局党委注重全面提升民警执法能力，深化执法信息化建设应用，整治执法突出问题，推进执法办案场所建设应用等4项工作，将执法考评与公务员考核、提职挂钩。发挥各基层所队兼职法制员作用，严把案件第一关，实现了“执法无懈怠、办案无过错”的工作目标。

执法监督常态化。公安局全面实行阳光执法，定期开展有警不接、立案不实、有案不查、降格处理、以罚代处，执法程序等方面问题的专项治理，培养民警良好的执法习惯，不断提升执法公信力。两年来共处理历史遗留的信访问题18件。

执法设施保障化。两年来公安局投入资金700万元，加强了执法硬件建设。在刑侦大队和山下3个派出所建立了高标准的执法办案区，为每位民警配齐手提电脑、对讲机、移动警务通，推广应用了警务信息综合应用平台执法办案系统。为应对当前反恐形势，购置了反恐防爆设备和枪支，组织公安特警对各中小学校、幼儿园校警及林区各企事业单位保卫人员进行了反恐培训。

柴河林业地区公安队伍纪律严明、政治坚定，执法文明、敢打硬仗，已成为构建和谐富庶柴河林区的中坚力量，为柴河林区经济转型发展、人民群众安居乐业谱写出了新的壮丽篇章！ （高鹏 供稿）

绿色托起美丽惠州 森林拥抱和谐家园

——记广东省惠州市林业工作

◎ 森林进城围城

◎ 惠州西湖丰渚园

惠州市位于广东省东南部，是珠三角经济圈9市之一，毗邻香港，与广州、深圳、东莞接壤。“城在山水中，家在花园里”正是惠州的生动写照，1.13万平方千米的惠州其实就是一个风光秀丽的“生态度假村”。

目前，惠州市林业用地面积71.17万公顷，占全市国土面积的63%，森林蓄积量3052.6万立方米，森林覆盖率达到61.28%，城区绿化覆盖率达到41.23%，城市人均公园绿地面积16.8平方米，空气质量位列全国十佳，2014年9月成功荣膺“国家森林城市”称号。全市已形成了道路林荫化、乡村林果化、城市森林化的城乡绿化格局，实现了市民出行“300米见绿、500米见园”。

强化“三个结合”，全面优化宜居环境 惠州市通过强化城市绿化与乡村美化相结合、整体推进与打造精品相结合、生态保护和产业发展相结合，全面优化宜居环境。至2013年年底城市绿地率达37.24%，通过开展“生态文明万村绿”和“千村家园绿化”行动，每年投入资金超过600万元，每年绿化村庄200个，每年精心打造60个森林村庄，计划到2017年绿化美化全市所有行政村；投资5亿多元，成功打造了惠州大道、三环路等生态景观样板大道；投入4亿多元建设了金山湖公园，精心打造了城市生态精品和绿色名片；积极推进林业生态产业从单一造林向经济林、种苗、花卉、林产工业等众多领域拓展，2013年全市林业产业总产值达143.2亿元，其中全市森林生态旅游总收入近10亿元。

突出“三个重点”，全方位美化城乡 惠州市在创建国家森林城市过程中突出抓好林业生态建设规划、突出抓好林业生态工程建设、突出抓好水系生态环境建设。先后编制了森林城市总体规划、森林生态旅游发展规划、城市园林绿地系统规划等30多个规划；通过推进生态景观林带、森林碳汇、森林进城围城、乡村绿化美化四大林业生态工程建设，建成生态景观林带660.4千米，完成森林碳汇工程造林2.57万公顷，建成城市公园27个，建成省立绿道334.5千米、市立绿道345.2千米，建成面积11平方千米的惠州森林公园、县级以上森林公园43个。设立了森林、湿地和野生动植物类型自然保护区26个，出台了古树名木保护管理办法，对3487株古树名木实行挂牌保护；先后投入超过6亿元，连续多年实施惠州西湖美化工程，还湖一池碧水、一幅美景。大力实施河涌整治五年规划，计划用5年时间整治市区14条河涌，致力打造“一河一景观、一河一特色”。

◎ 惠东湿地

◎ 惠州市国营梁化林场

◎ 惠州—乌头山休闲绿道一景

总结“三点体会”，巩固提升创建成果 惠州市成功创建“国家森林城市”，主要体会有3个方面：一是全民参与是创建国家森林城市的主体力量。在惠州，爱绿、植绿、护绿、兴绿已成为全体市民的自觉行动。创森以来，全市共有近700万人次参加义务植树活动，植树2800多万株。建立“青年林”“同心林”等各类主题义务植树基地274个，面积0.45万公顷。二是改革创新是创建国家森林城市的根本动力。2011年，惠州在广东省率先完成集体林权制度改革，走出了“城市增绿、社会受益、个人得利”的多赢发展路子。三是造福民生是创建国家森林城市的最终目的。在创建国家森林城市过程中，惠州市始终坚持以人为本、为民造绿，让广大市民“看到绿色、闻到花香、听到鸟鸣”，让惠州的天更蓝、水更清、空气更清新。特别是全市所有森林公园、湿地公园、城市公园和市区风景区免费向公众开放，实现了“创森”成果由全民共享，让市民享受更多的“绿色福利”。

（周少亭　供稿）

◎ 南昆山森林风光

粤北屏障　南岭明珠

——记广东省天井山林场生态建设工作

◎ 梁东成场长向财政部领导及省林业厅张育文厅长介绍棚户区改造建设情况

广东省天井山林场始建于1958年，是省林业厅直属的生态型自收自支正处级事业单位，加挂“广东天井山国家森林公园”（AAA级旅游景区）和“南岭国家级自然保护区大顶山管理处”两块牌子。履行生态保护、建设和森林资源培育、开发的职责。林场地处韶关市乳源瑶族自治县西部，人口1597人，总面积28 524.87公顷。2013年，全场资产总额27 708万元，其中国有资产13 938万元，资产负债率49.69%，活立木蓄积量116.12万立方米，森林覆盖率91.5%。2013年全场总收入5215万元。职工人均年收入4.12万元。

林场坐落在广东生态发展区域，位于粤北生态屏障南岭山脉的南麓，生态公益林面积达1.87万公顷，既有国家级自然保护区，也有库容为12.8亿立方米的南水水库、库容2200万立方米的泉水水库和库容2450万立方米的坝美水库的水源林，更是珠江支流北江重要的水源林区，是粤北主要的生态屏障，林场平均每年投入300多万元，先后承担了“珠江防护林建设”“‘四江流域’水源林建设”“珍稀树种示范基地建设”等几十项国家级或省级重点生态工程建设任务。2008年冰灾后，林场与华南农业大学、中国科学院热带林业研究所、中山大学等多家科研院所合作，建立生态修复、气象、水文定位监测站，大力开展森林生态修复和生态监测研究。从2008年1月至2014年9月，共完成人工造林552.87公顷，林分改造3778.87公顷，封山育林833.33公顷，抚育6394.93公顷次，清理受灾杉木97 048立方米。至2013年年底，森林蓄积量从2008年年底的106.57立方米增至116.11万立方米，修复成效明显。林业科技项目论文《粤北山区雨雪冰冻灾害受损森林群落恢复技术》，获韶关市科技进步二等奖。

建场以来，林场在产业发展方面进行了不懈努力和多种尝试，一是改革开放初期，从建场20年来单一

◎ 天井山国家级森林公园天井景区

的林业产业转向小水电开发经营，并逐步发展壮大，拥有12座总装机容量达26570千瓦的小水电站和1座81500千伏安变电站，其中国有部分装机容量约18000千瓦，年发电量约1亿千瓦时。小水电的开发使林场不仅顺利度过了改革转型期的难关，还成为全省林业系统中最早停止砍伐木材并开展林业生态保护的典型。二是在20世纪90年代初，根据国家的发展战略，工作重点转向资源管护和生态修复，建立自然保护区，划定水源涵养林区，恢复和重建森林生态系统，使林业生态建设的基础地位得到巩固和加强。三是进入21世纪后，根据自身发展的需要，转向生态旅游开发，2002年划出5593公顷林地成立省级森林公园，2008年升格为国家级森林公园。公园总面积5593公顷，是广东省天然林面积最大的国家森林公园，也是广东省面积最大的原始中亚热带林区，公园内山脉平均海拔1000米以上，有“广东屋脊”之称。拥有岭南中亚热带特有的六大植物奇观和高质量的生态环境，空气清新，负氧离子与植物精气含量极高，冬暖夏凉，素享“华南夏宫”“清凉世界”的美誉。是一处集科研、休闲、探险、健身、科普于一体的国家级森林公园。现对外开放的有生态长廊、广东屋脊两个景区，年接待游客3万多人，旅游业及相关收入181万元。在转向生态旅游开发后，林场目前又成功申请国家农业综合开发项目——铁皮石斛及灵芝林下栽培基地示范项目，获得中央及省财政支持240万元，同时引进广东远大机械集团投资240万元合作开展该项目的试验。现在已通过政府采购平台完成了铁皮石斛种苗采购工作，部分基础设施建设已完成。经过几代人的探索和实践，林场闯出了一条“以林涵水、以水发电、以电养林、林电并举”的生态林业发展路子。

林场场部已建成3个职工住宅小区，现正在乳源县城建设有486套楼房的天井山职工商住小区，在大坪工区建设有60套楼房的新丰江水库移民安居点。场部还建有职工子弟学校、职工医院、幼儿园、自然科学馆、邮政代办点、电信支局、职工文化活动中心、自来水厂及一批后勤服务设施，设有环卫、绿化、燃气供应、有线电视等社会服务性行业，已逐步发展成为一个充满现代气息的小山城。（梁东成　供稿）

◎ 规划水库移民安居房建设

荣誉称号

林场于2008年12月被评为“广东林业系统抗击雨雪冰冻灾害先进集体”。2011年度获“广东省模范劳动关系和谐企业”荣誉称号。

林场场长梁东成于2008年5月被广东省委、省政府授予“广东省抗冰救灾先进个人”称号，2013年4月又被评为“全国林业系统劳动模范”。

◎ 石斛苗圃

◎ 正在运行中的天三电站

绿色崛起　生态发展

——记黑龙江省黑河市林业工作

黑河市地处大小兴安岭的交错带，是大小兴安岭生态生态屏障的重要组成部分，是黑龙江省三大林区之一。黑河市深入实施“生态发展、绿色崛起”的发展战略，努力构建一道以绿色GDP为支撑、人与自然和谐发展的生态屏障。

◎ 义务植树场面

生态建设成效明显　始终坚持生态建设优先的发展方向。不断扩大造林规模、提升绿化档次，先后开展了“三年造林会战”“五年绿化行动”，累计造林15.65万公顷。为提升森林质量，大力实施森林抚育和林冠下补植造林相结合的森林培育工程，完成天然中幼林抚育10.13万公顷。谋划发展碳汇林业，成立黑河碳汇专项基金，积极探索森林碳汇交易等市场化生态补偿机制。2013年，全面启动“森林生态修复工程”，开展了“一退三还、森林改造培育、封山育林、生态移民”4项行动，共完成退耕还林、还湿0.69万公顷。经过不懈努力，森林面积由2005年的325万公顷增加到327万公顷，森林覆盖率由47.3%提高到47. 6%，实现了林业双增目标。

◎ 丰收的大果沙棘

资源保护全面加强　始终坚持以资源保护为核心的发展原则。2010年，在全省率先停止了国有林木商业性采伐，为生态保护作出贡献。建立了森林防火“两个机制、六个系统”，使森林火灾防控能力得到较大提升，实现连续17个防期未发生重特大森林火灾。共建成国家级自然保护区3处，省级自然保护区12处，直接保护面积82.6万公顷，占全市国土面积的12%。运用森林资源航拍遥感影像图，与全市森林资源二类调查数据整合校对，提升资源监管科学化水平。强化征占用林地管理，编制实施县级林地保护利用规划，完成全市森林资源二类调查。以打击毁林、毁湿开垦为重点，以查处重点案件为突破口，大力开展打击破坏森林、湿地和野生动物资源违法犯罪专项行动。

林业产业蓬勃兴起　始终坚持以产业建设为主线的发展路径。生态经济林产业和北药产业呈规模化推进；特色林木种苗、森林绿色食品、森林生态旅游产业发展势头强劲。全市北药种植面积达3.87万公顷，占黑龙江省1/3。以蓝靛果、沙棘为主的生态经济林面积稳定在0.67万公顷。以黑木耳为主的食用菌年产3000万袋。以中俄林业科技园区等骨干大型种苗基地为主体，全市林木苗圃年产各类苗木1亿株以上。林业产值由2008年的12亿元上升到2013年的29亿元，年均递增20%以上。

黑河市始终坚持以深化改革为动力的发展战略；坚持强化政策保障和科技支撑的发展思路，依托毗俄地缘优势，积极开展中俄科技交流与合作；坚持为群众谋福祉的发展宗旨。大力实施以增加林区职工群众收入、改善林场生产生活条件为重点的民生工程，取得了令人瞩目的成绩。　（黑河市林业局　供稿）

创新思路谱写林业发展新篇

——记河北省塞罕坝机械林场北曼甸林场工作

北曼甸林场隶属于河北省塞罕坝机械林场，总经营面积15.85万公顷，有林地面积1.37万公顷，森林总蓄积量154.4万立方米，森林覆盖率达86.6%，现有在职职工127人。

2014年，林场依托丰富的森林资源，牢牢把握发展主动权，加快构建兴林、富民、强场的现代化和谐林场步伐。

一个目标统领全局 资源管护保安全、科学营造促双增、基础建设上水平、改善人居惠民生、公平规范促和谐。

◎ 林场场部

两手齐抓促“双增” 在造林上，树立“十分造、十分管”的理念，制定造林责任追究、幼林地5年管护机制等措施，使有林地面积每年净增1%；在森林抚育上，林场推行了“三员、三卡、两书、一合同”管理模式，坚持“伐前山场实测，伐中检查指导，伐后全面验收”，实现了“全员、全过程”管理。

◎ 林场苗圃

三方突破谋发展 加强造材管理，建设标准化库区，实现木材收入4000余万元；建成了一处百亩造林用苗苗圃，两处千公顷绿化大苗培育基地，培育苗木200余万株，严格大苗销售流程，苗木收入超500万元；林间养殖木耳、猴头菇喜获成功。

四大举措有实效 林场实行了全员防火抵押金制度，瞭望员、护林员、检查员形成了立体全方位管护机制，实现了建场52年来无火灾；营林区建设上水平，基层一线职工住上了宾馆标间条件的宿舍；林路建设实现网格化，贯通全场森林资源分布区；严控各项费用支出，合理制定生产费，实现综合收入近5000万元。

（王金成　供稿）

◎ 北曼甸林场标准化库区

在新军事变革中创造“打赢”战法

——记全国森林防火工作先进个人刘根善

刘根善，现任武警内蒙古大兴安岭森林支队支队长，上校警衔。多年来，他以保护国家森林资源为己任，扎根林海，无私奉献。他先后荣立三等功4次，多次被内蒙古自治区政府评为“扑火先进个人”，被自治区授予扑火个人一等功1次，2001年被武警森林指挥部评为“十佳森林卫士”。任支队长期间，支队连续4年被武警森林指挥部表彰为“基层建设先进支队”。

◎ 刘根善

2009年，刘根善被任命为大兴安岭森林支队支队长，他组织业务骨干依托驻地资源，积极探索，形成了现代化条件下的“站队一体化”灭火作战模式，加强警地协作，完善警地灭火作战联合侦查、联合指挥、联合扑救、联合保障体制，有力地推动了“灭火组织形式由以我为主向军警民协同灭火”转变。作为支队主官，他连续3年组织部队开展“千里行谋打赢”野营拉练，带领官兵冒着-30℃的严寒，累计行程8000余千米，踏冰雪、翻山岭，挑战生理极限，锻造扑火尖兵。

2011年，武警森林指挥部首批购置的履带式森林灭火车和远程输送管线系统装备部队，组建机械分队的重任就落在了他们这一任“班子”的肩上。组建之初，新装备科技含量高，操作难度大。他整天和战士们吃住在一起，拿着新装备说明书，逐个熟悉装备结构和工作原理，查阅了20多册、30多万字的相关资料，终于掌握了新装备的工作原理。接下来他又和战士们一起研究训法、编写教案，参与修改编写教案5万余字，部队圆满完成了组建任务。在2012年的“4·20”毕拉河地区灭火战斗中，机械分队组建不到一年便首次在火场上“亮相”，车载水泵以水清理火场，不但减轻了官兵的作业强度，也极大地提高了清理效率，实现了人与装备的有机结合。在实战当中他不断总结创新，先后总结出机械分队“集群攻坚、强行推进”“穿插迂回、追歼火头”“递进超越、快速推进”“碾压射水、预设隔离”“单点突破、长线推进”等战法。

◎ 刘根善在工作中

近30年的军旅生涯，刘根善参加重特大森林草原火灾扑救200余起，可谓“人到火灭”。特别是在2010年“6·24”夏季灭火作战、2011年“7·2”北部原始林区、2012年“4·20”毕拉河等大火灾扑救中，都有他指挥作战和英勇战斗的身影。他为保护国家森林资源作出了突出贡献。2012年5月22日，汗马国家级自然保护区发生森林火灾，针对火场态势瞬息万变、不确定因素多、危险性大、时效性强等特点，刘根善立即确定了“空中控制、装甲输送、多点突破、分段阻隔、巡回清理”的总体思路，调集直升机、履带式森林灭火车、水泵分队、常规分队立体作战，灵活运用灭火战法，科学组织扑救，实现了“灭火战法由地面作战向立体作战”的跨越性转变。

（文字摘自《中国绿色时报》2013年5月10日第1版有删改 记者：李春雷 温雅莉；图片提供：局防火办）

我有利刃斩“火龙”

——记全国林业系统先进工作者张辉

吉林省曾经森林火灾多发，取得连续32年无重大森林火灾的业绩，吉林省防火办主任张辉的主要精力都放在了防患于未然上。吉林省的森林防火，走的是一条以预防为主的道路。几十年如一日地严查细管，强化火源管理，从源头上堵住森林火灾隐患。

◎ 张辉

◎ 工作中的张辉

明察暗访　13 年来，张辉每年都有 100 天左右的时间在基层暗访，对全省各地的林情、社情和森林防火基础状况了如指掌，能够准确地对每处火情作出判断，及时提出扑火方案，有多起重大危险火情也都在他的直接指挥下得到有效化解。在他的严查细管下，吉林省的重点火险区，森林防火工作已经做到了细致入微的程度，登记承包沟系入山人员，每年在防火地图上标明种参点、养蛙点、种山野菜点，对特殊人群登记造册，派专人进行监护；建立坟头档案……大家逐渐明白，查处隐患，做好预防，防患于未然的重要性。森林防火的暗访工作，成为吉林省的独特创举，并且几十年如一日地坚持下来。

他的用心与不用心　张辉经常开着私家车去基层暗访。林区的路，他跑得比专业的司机都熟。吃不上饭、抄小路、赶夜路就是常有的事儿。不在基层的时候，张辉也从来没有闲下来过。他每天早来晚走，在防火期内从未休过一个节假日。有一年的五一，他一个人连续值班三天三夜。张辉的心思全用在了森林防火事业上，家里的事情无暇顾及。他的父母住院，病情危重，他只陪护了两夜就离开了。对于家人，他感觉亏欠太多。

做科学的“管火者”　张辉上任伊始，就发挥协调能力，解决了搁置许久的长白山直升机起降点建设，当年就执行了飞行任务，加强了对区域内火险情况的发现和控制能力。他和省通信公司合作，森林防火期内，在全省范围内群发森防短信，起到了很大的宣传效果。他和同事们在 2011 年完善了全省森林防火应急资金及物资储备制度，目前，全省基本完成了森林防火的资金和物资储备任务，森林防火物资储备库总数超过 130 个，储备物资总价超过 5000 万元，应急扑火准备金 1780 万元。

吉林省连续32年无重大森林火灾，成为全国森防战线的一面旗帜。对比1980年前后的两个30年，吉林省森林火灾发生次数下降72.6%，受害森林面积下降96.1%，累计减少直接经济损失45亿元以上。吉林省森林防火工作的主要经验是坚持科学施策，科学发展，建设好预防和扑救两道防线，提高森林火灾防控整体功能。　（文字摘自《中国绿色时报》2013年4月29日第1版有删改　记者：魏静；图片提供：局防火办）

林农身边的“活雷锋”

——记江西省赣县森林公安局大石下派出所副所长郭荣慈

◎ 郭荣慈在办案中

江西省赣县森林公安局大石下派出所副所长郭荣慈参与破获各类案件560多起，为国家挽回经济损失200余万元，先后获得了优秀共产党员、“优秀人民警察”“办案能手”等称号，受各级机关嘉奖5次。他坚持22年如一日，为林区群众办实事、办好事，被当地群众誉称为“林区群众的贴心人”“林农身边的活雷锋”。

一颗螺丝钉就是一份活地图 1990 年从武警部队退役后，郭荣慈先后被分配到赣县森林公安局瑞峰山、留田、沙地、大石下等派出所工作，他甘于奉献，尽职尽责，一年有 330 天以上都工作在村组林间。为了维护辖区的治安环境，他经常和护林员们一起上山巡逻，有时干脆住在林农家。每年的高森林火险期，郭荣慈都会组织民警、乡村干部、护林员走村串户宣传森林防火，加强林区野外用火的巡查力度，保护森林资源和群众的生命财产安全。在基层工作中，他充分调动群众的积极性，群防群治，依靠群众力量打掉非法收购野生动物窝点 5 个、盗伐林木的团伙 3 个，根据群众提供的情报线索破获各类案件 300 余起。

一件好事就是一份品德聚积 22 年来，郭荣慈为群众办实事 1000 多起，调解群众矛盾纠纷 2000 多次。郭荣慈在 10 年时间里累计献血达 4400 毫升，荣获了江西省无偿献血奉献奖金奖和赣州市无偿献血奉献奖铜奖，同时他还是中华骨髓库的无偿捐献者。郭荣慈所在辖区是偏僻的山区，贫困人口较多，郭荣慈鼓励群众利用山多林多的优势，发展林业项目，帮助贫困林农脱贫致富。同时，他还主动到县林业局请来专业人员进行现场指导。在他的帮助下，辖区群众重建信心，勤劳肯干，收入逐年增加。

一次英雄壮举就是一份正能量 2008 年 5 月，外出办案的郭荣慈，跳水救出溺水的女孩。2012 年，郭荣慈在走访村民刘某家时，得知其女儿即将上学却还没有户口，便亲自为其搜集证明提交申报，使她顺利入学。

一种敬业责任就是一份担当 2011 年 5 月，在林区办案的过程中，郭荣慈因劳累过度突发脑埂塞被送往医院抢救。住院一周后，他顾不上休养又回到了工作岗位。同年 9 月，郭荣慈又被查出患膀胱癌必须马上住院，可他却瞒着病情，继续主办案件，直到案子终结才住院手术。他常说：“群众的每一起报警不论大小，都要处置好，才能对得起这身警服，对得起林区百姓的信任和支持，林区群众需要我，我便感到自己的人生无怨无悔。”

（局防火办　供稿）

雷锋精神伴着森林卫士每一天

——记北京市海淀区凤凰岭森林公安派出所副所长闫岩

◎ 闫岩在林区走访

北京市海淀区凤凰岭森林公安派出所副所长闫岩参加工作10年来，以林为业、以警为荣，在办理案件、调解矛盾、为民服务中，时时、处处以雷锋精神激励自己，展示了森林公安民警的良好形象。2012年3月24日，北京电视台以“森林卫士的一天”，专题报道了闫岩严格执法、秉公办事、热情服务的故事。

秉承雷锋精神，铸就忠诚警魂　闫岩是一位“螺丝钉”精神的实践者，他扎根在基层一线，用火一般的热情为群众、为森林默默地贡献着自己的青春。10年来，他的巡逻里程超过12万千米，检查重点有林单位上万家，接待群众到访来信数千件，培训辖区护林力量5万多人次。他一次次为工作加班加点、一次次为营救群众深入山间密林，磨破了数十双胶鞋，山区道路遍布了他的足迹和身影。

学习雷锋精神，时刻为民服务　闫岩充分发挥自己的沟通能力优势，创新思路推行森林资源保护。每周，他除了走访村庄、学校和厂矿外，还在闲暇时间到辖区敬老院帮助检查消防安全设施，利用专业知识为优化敬老院安全管理出谋划策。有时，闫岩还为老人们送去日常用品，老人们都被他的热情所打动，把他当作亲人。正是这样周到的服务和贴心的交流，他所服务的辖区群众森林资源保护意识不断增强。在辖区，只要提到“森林公安小闫”，大家都会自然而然地想到“林中不吸烟，采伐要办证，野生动物要保护”的理念。

践行雷锋精神，公正执法促和谐　在办案执法中闫岩用人性化的执法理念和坚定的执法原则，捍卫法律的威严，总是能赢得当事双方的接受和认可。2012年9月，在办理一起非法出售珍稀濒危野生动物案中，犯罪嫌疑人家中生活贫困，孩子患有残疾，全家收入全靠一个小型宠物店，而宠物店只有犯罪嫌疑人自己懂得管理，此时嫌疑人已被刑事拘留并抗拒审讯，这个家庭的生活陷入窘境。闫岩了解情况后，主动联系宠物饲养专业人士，教给嫌疑人家属饲养技巧和经营方法，使宠物店能够顺利运营。犯罪嫌疑人得知情况后积极配合，如实供述了自己的罪行。

发扬雷锋精神，廉洁自律树正气　一张纸一滴水一度电，闫岩都格外珍惜。单位打印纸双面使用、洗澡水再利用、随手关闭电源等，都是他勤俭节约的生动例子。2011年，辖区出现多起非法占用林地开办工厂的违法行为。违法人员多次找到闫岩，以名烟、好酒、高档饭店、免费旅游等许诺，就为求他网开一面不再追查，都被他一一拒绝。最后，违法人员承诺只要他不再追查，占用林地所开办的企业送他一半股份。他断然对违法人员说：“你给我的钱我可以买到一切，但买不到的是我失去的良心和我头顶上的警徽。”

（局防火办　供稿）

用行动传播雷锋精神“正能量”

——记青海省民和县森林公安局

◎ 送迷途儿童回家

青海省民和县森林公安局以雷锋精神为准则，为辖区群众办实事、办好事，积极帮助贫困群众、孤寡老人等弱势群体，深受辖区百姓的爱戴。民和县森林公安局共有7个内设机构，18名民警，3名协警员，管辖全县22个乡（镇）和7个国营林区。近年来，民和县森林公安局积极开展的“大走访”和“三访三评”活动，教育、引导、激励民警们学习雷锋精神。在资金紧张的情况下，民和县森林公安局每年都拿出5000元专用资金，开展帮贫救助活动。

真心走进百姓家，诚心赢得百姓情 民警们在实际工作中，时刻不忘为群众服务。2010年12月的一天，民和县森林公安局古鄯派出所民警在办案途中遇到一场车祸事故，大巴车司机被卡在车里受伤昏迷。民警们立即下车开展营救工作。所长韩炜组织附近村民撬开车门，将司机第一时间送往医院救治。随后，民警们又安排人员保护现场，等到县交警队处理事故的人员赶到后，方才离开。

2012年8月，古鄯派出所民警在辖区走访时了解到：古鄯镇柴沟村70岁的老韩夫妇家中儿女在外务工，耕种的10余亩责任田里的油菜子因缺劳动力而无人收割。第二天上午，民警同村委会安排的群众一起帮助收割油菜田，解除了老韩夫妇的后顾之忧。

2012年10月在“大走访”和帮扶活动中，民和县森林公安局党支部向马营镇罗家沟村党支部捐助人民币5000元；党支部12名党员开展“一对一”的帮扶活动，给罗家沟村甘尕西等12户贫困村民捐助现金1200元。在活动中，民警们积极向群众发放了森林防火纸杯、抽纸等宣传品，宣传法律法规和森林防火知识，做到了帮扶工作和业务工作两不误，受到了当地党委、政府和人民群众的好评。

爱心献给群众，温暖传送灾区 民和县森林公安局经常走访慰问辖区内的弱势群体。近几年来，他们共慰问困难职工和贫困户达50余户，送慰问金8000余元。

2010年4月，玉树地震后，民和县森林公安局全体民警在第一时间积极向灾区捐款，3名民警义务献血。为了灾区人民恢复生产、生活，民警白玉财自愿请战到玉树进行灾后重建工作两年。

2011年10月，在玉树援建工地，民和县的一个施工队与青海盛邦公司发生群体争执，矛盾一触即发。得知情况的民和县援建办负责人及民和县森林公安局民警及时赶赴现场，妥善做好双方的思想工作，圆满解决了群体性事件的发生。

3年来，民警们向灾区贫困学生捐助现金5550元，向贫困户捐款4560元，使送温暖活动落到了实处，得到了当地政府和群众的好评。同时，民警们还积极开展法律法规的宣传活动，向当地村民宣传法律知识。

（局防火办　供稿）

用兵如神的防火骁将

——记全国林业系统先进工作者刘哲峰

扑救中经历过的每一次火警、每一场火灾，广东省韶关市森林消防应急大队大队长刘哲峰都能真实描绘，还原出每一次经历，总结出每一次经验。他熟练运用扑火战术，带队伍，战火魔，冲在前，撤在后，同事都说他用兵如神，是一名优秀的指挥员，更是一名防火骁将。

“内强素质，外树形象”是刘哲峰组建应急大队时定下的目标。在大队组建初期，没有经验可资借鉴，刘哲峰和年轻队员们一起上山、下岭，穿密林、过沟谷，了解各种植被分布、地形地貌、易燃程度情况和林区居民的思想状况，及时制订防火灭火预案。为了使队伍尽快形成战斗力，刘哲峰科学合理地安排训练时间，充分利用阴雨天，组织队员学习森林消防、器材维修等理论知识；利用晴天，带领队伍训练体能。

大队从组建到形成战斗力，仅仅用了3个月的时间。在这期间，刘哲峰和队员们同吃、同住、同训练，虽然大队驻地与家仅相隔10多千米，但他没有回过一次家。建队期间，刘哲峰的父亲被诊断出肺癌晚期，他硬是把父亲的病情瞒了下来，一直到父亲走之前那个春节，他还是在火场上吃的年夜饭。

◎ 工作中的刘哲峰

做好扑救预案是更好开展防火、扑火工作的关键，作为一名指挥员，刘哲峰时常携带地图围着市区周边山林研究地形地貌特点。每当空闲时，他就拿出地图琢磨，假设哪一区域发生山火，如何摆兵布阵，如何调兵遣将。经过5年的努力，他带领大队完成了重点区域森林火灾扑救预案，并组织演练。

专业森林消防大队的任务是扑火，而在刘哲峰的带领下，韶关市森林消防应急大队又肩负起了宣传任务。他清醒地认识到，防患于未然，森林火灾预防工作做到位了，应急大队不出动或少扑火，森林资源和群众生命财产安全了，也是应急大队存在的最大价值。每年的传统节日，他都带领队员们到进山路口宣传防火知识，制作防火宣传图片，分发给进山游客。同时，他还经常参与森林火灾案件的侦破工作，对分管的辖区火灾案件进行现场分析调查，提供扑火中发现的线索。在他的协助下，黄岗山火警、芙蓉山火警等一系列影响较大的案件被成功侦破。

2011年冬天的一个凌晨，河源市连平县发生一起山火，刘哲峰接到省防火指挥部命令后，不到10分钟就完成了队伍集合和装备准备，并以最快的速度赶到连平县，完成了扑救任务。在这次跨地区救援中，刘哲峰带领的队伍接到命令最晚，距离最远，而到达火场却最早，受到了现场指挥领导的表扬。

作为大队长，他时刻把队员的生命安全放在首位。在每一次扑救山火中，他都亲临前线，观察地形地貌，拟定扑救方案，时时提醒队员们注意扑火安全。5年来，韶关市专业消防应急大队没有出现一次人员伤亡事故。（文字摘自《中国绿色时报》2013年4月26日第1版有删改　记者：温雅莉　图片提供：局防火办）

瞭望塔上26年的寂寞守望

——记全国林业系统先进工作者周国军

◎ 周国军在瞭望塔上工作

周国军是黑龙江省大兴安岭加格达奇林业局古里林场瞭望员，在密林深处的马鞍山防火瞭望塔干了26年。4月9日，他被人力资源和社会保障部、国家林业局授予“全国林业系统先进工作者”称号。

1987年大兴安岭发生震惊中外的“5·6”森林大火后，加格达奇林业局古里林场在海拔683米的马鞍山山顶上建造了一座26米高的瞭望塔。由于瞭望塔距林场较远，交通极不方便，生活条件恶劣，工资又低，场里谁都不愿意去。护林员周国军知道情况后，找到场领导要求去做瞭望员。周国军这一干就是26年。2009年开始，他们夫妻便日夜守护这片大山，人称“夫妻瞭望塔”。多年来周国军掌握了很多林火特征，为指挥部下达扑火命令，指挥扑火队伍快速进山扑火提供了准确的信息。

瞭望塔位于制高点的山顶上，山上没有水，老周吃水要到瞭望塔山下2千米外的小河沟里取水，每天早上洗脸的水要留到晚上洗脚用。一天到晚饮用水都要控制总量。取水途中，老周曾被黑熊追过，被野猪撵过，差点被蛇咬伤。由于瞭望塔上没有任何取暖设备，海拔又高，春秋两季山下的人可以穿单衣单裤，老周在塔上每天得穿着棉袄再套一件羽绒服，要把自己裹得像个粽子。

有一次，老周在瞭望塔上观测火情，突然发病，上吐下泻不省人事，连塔都下不来了，林场得知后派了两个人才把他背下塔，送到医院治疗。没等病好利索，老周又返回瞭望塔开始工作。

这些年，一到防火期，老周就坚守在瞭望塔，孩子他管不了，父母生病他没空去照顾。2012年，老周的母亲患了白血病，急需住院治疗。老周是长子，当然要去照料，可他知道这期间是防火戒严期，塔上离不开人，直到母亲去世他也没能尽到儿子的孝道。母亲走了，家里只剩下老父亲一人孤独生活，老周只能每天打电话问候。

◎ 报告林场情况

老周常说：“我都干了一辈子了，不能让领导操心，在瞭望塔上，有啥火情都逃不出我的眼睛。我这辈子没干过别的，就干防火了。参加工作当护林员，骑马把这里的山山水水都跑遍了，哪里有沟，哪里有河都了如指掌。一旦发生火情，可以准确地预报，给领导建议从哪条沟派兵，从哪出发到达火场速度快。如果瞭望员预报不准，扑火队伍进山走错了路那损失可就大了。”老周对火情性质的预报准确率高达99.7%，26年来他的预报成功地避免了10余次可能发生的森林火灾，保证了古里林场20年来无重大森林火灾。

1994年，林场缺一名外业主任，领导考虑老周比较合适，准备让他干。可老周却说：“还是让别人去吧，我已经适应了瞭望塔的寂寞。”

（文字摘自《中国绿色时报》2013年4月25日第1版有删改　记者：孟庆魁 文/摄　局防火办供稿）

让这里的一草一木远离火灾

——记全国林业系统先进工作者贺振平

对内蒙古自治区鄂尔多斯市森林草原防火办副主任贺振平来说，每一株杂草都是随时可能爆炸的“地雷”，他也深知那些杂草既是牛羊的口粮、牧民的生计，也是沙尘暴的克星。内蒙古的生态环境恶劣，一草一木都是宝，作为防火工作者，他有责任让它们远离火灾。

◎ 工作中的贺振平

下基层病倒在牧民家 2008年，贺振平硕士毕业后，被安排到跟自己所学专业完全不对口的森林草原防火办工作。为了弄清楚“做什么，怎么做”，他主动请求到最基层的地方调研走访。他每年要花近4个月的时间深入基层，宁可少吃一顿饭，也不落下一户人。2009年冬天，贺振平连续40多天奔走在鄂托克旗最偏远的苏木，病倒在牧民家中，高烧不止，牧民们用拖拉机把他送到卫生所才得以救治。4年来，他的足迹遍布鄂尔多斯最偏僻的林区、牧区，他帮助和指导400多户林牧区散居户开设了居民点防火隔离带。

差点让副镇长丢了“乌纱帽” 贺振平将原本只在重点防火期开展的集中宣传转变为常态化、全年化和制度化宣传。不跟当地旗县打招呼，直接到老乡家和村委会查看森林草原防火责任状的落实情况是贺振平每年必做的工作。有一年，贺振平到一个镇检查防火工作，镇上的分管副镇长对防火工作重视不够，相关问题回答得含糊其辞。贺振平一行当场大发雷霆，害得那位副镇长差点丢了“乌纱帽”。后来，经改进建立了森林草原防火责任追究制度。加强对基层防扑火人员的技术培训和安全教育是防火工作的又一项重要任务。鄂尔多斯各个旗区每年开展的防扑火常识培训总有贺振平忙碌的身影，每场实战演练总有他奔波的脚印，他还动手制作影像光盘，分发给每支扑火队伍，并与大家一起讨论学习。

干好这一行需要多琢磨 伊金霍洛旗是煤矿区，每个乡镇都有一支乡镇综合执法队伍。贺振平创造性地提出，由乡镇综合执法队伍组成可开展全年性防扑火的半专业扑火队伍，由旗区给每个乡镇的执法队配发车辆和灭火器具。既解决了队伍的稳定性，增加了职工收入，又保障了防扑火应急需要，机动能力很强。

火险区分散、管护困难，为此，贺振平提出建设远程监控系统，并开展大量的先期研究。由于监控点必须建在山区制高点上，贺振平徒步踏查了200多个制高点，几乎走遍了8旗1区的每个火险区，最终确立了66个监控点位置。他参与施工和把关，建立起覆盖全市所有重点火险区域的远程监控系统，总监控面积达3万平方千米。结合远程监控系统，贺振平还提出和构建了森林防火辅助决策系统，这一系统为整合局部地区的防扑火资源、高效扑救森林火灾提供了科学依据和技术支持。5年的森林防火生涯里，贺振平带队扑灭了100多起火灾。他始终以忘我工作的精神扎根于最基层，以开创性的思维打开森林防火的新局面，将森林防火的意识根植于每一个鄂尔多斯人的心中。

（文字摘自《中国绿色时报》2013年4月26日第1版有删改　记者：潘春芳　图片提供：局防火办）

用忠诚与开拓树起冀北生态建设新旗帜

——河北省木兰林管局局长徐成立

◎ 徐成立在“木兰论坛”期间陪同原国家林业局局长王志宝参观全局近自然森林经营成果

徐成立，河北省木兰围场国有林场管理局局长。2010年就任局长以来，积极开展国有林场可持续经营的探索与实践，引进德国近自然育林理念，确立了以目标树经营为架构的全林经营新体系，提出并实施了“森林流域经营”新模式。实现了经营理念由“短期利用”向“科学培育”的重大转变。全力推进森林质量与数量实现双提升，4年完成森林抚育3.07万公顷，资源质量显著改善。荒山造林0.67万公顷，林区森林覆盖率达到86%，有效遏制了浑善达克风沙南侵京津的步伐。优化产业结构，由“独木支撑”转变为种苗、木材、硅砂、土地开发等多元发展，木材收入占比由70%降为30%。取消皆伐作业，少皆伐森林0.2万公顷，少消耗蓄积20万立方米，森林资源得到了充分的休养生息。在徐成立带领下，木兰林管局在森林可持续经营上树立了一面新的旗帜，被国家林业局列为全国森林经营示范区，被河北省林业厅定为全省唯一的森林经营教学示范样板基地。2014年，木兰林管局被全国总工会授予全国五一劳动奖状。徐成立多次受到嘉奖，2010年被河北省林业局授予第四届林业青年科技奖；2011年，获“保护母亲河”奖；2012年被河北省绿化委员会、人保厅、林业厅联合授予国土绿化突出贡献奖；2013年，入选河北省“三三三人才工程”。（张建立　供稿）

◎ 木兰林管局生态建设效果

◎ 徐成立在植树现场为职工做示范

◎ 徐成立带领全局技术人员在林区接受先进森林经营技术指导

鄂西北发展现代林业的一面旗帜

——记全国林业先进集体湖北省谷城县林业局

◎ 赵开德局长

近年来，谷城县林业局坚持以科学发展观为指导，深化改革，创新实践，实现了林业大县向林业强县的转变，为谷城经济社会又好又快发展提供了良好的绿色支撑和生态基础，全县总面积2553平方千米，林地面积19.09万公顷，活立木总蓄积量406万立方米，森林覆盖率70.67%。2013年被国家林业局授予“全国林业系统先进集体”称号。

创新机制，发展现代林业，构建多元化林业生态体系

每年超额完成人工造林任务，实现了森林蓄积量和森林覆盖率双增长。组建造林有限公司，实现造林专业化，增加了人工造林面积。创建全省林业生态示范县，扩绿提质，建设美丽幸福谷城。

◎ 万亩油茶基地

更新观念，发展规模产业，打造集约化林业产业体系

大力发展油茶、核桃和生物质能源产业，组建油茶、核桃、食用菌、苗木花卉等林业专业合作社，壮大林业产业。引进武汉凯迪公司，建设产业与生物质能源林基地。

以人为本，加强自身建设，营造和谐林业系统

在抓班子、管队伍方面，成绩卓著。乡镇林业站创建油茶等基地，为油茶等产业发展做示范，为自身发展增后劲。建成的标准化林业站、规格化的基层森林公安派出所、高效率的林业产权交易中心，为民添服务，为林业生态建设保驾护航。林业局在全县连续两次政风行风评议活动中均名列第一名。（湖北省林业厅修志办　供稿）

◎ 绿色掩映新农村

开拓创新　追求卓越

——记湖南省农林工业勘察设计研究总院工作

湖南省农林工业勘察设计研究总院始建于1956年，是一个以服务林业为主体，涉及农业、工业、交通、建筑、市政、园林等领域的综合性勘察设计甲级资质单位，拥有国家颁发的工程咨询、设计、勘察、监理、对外工程承包等8项甲级资质或资格，业务遍及全国和越南、缅甸、泰国、利比里亚、乌拉圭、斯里兰卡、马尔代夫等国家。技术力量雄厚，专业配置齐全，现有职工1000余名，有200余名高级以上职称专家和国家注册师入选各类专家库或评委。

◎ 团结协作的院领导班子

长期以来，该院在湖南省林业厅的正确领导下，紧紧围绕服务林业建设和促进事业发展的工作思路，始终秉承团结奋进、诚信务实、追求卓越的文化精神和技术兴院、人才强院的方针，不断与时俱进、开拓创新，着力深化内部改革，提高核心竞争力，实施品牌经营战略，为社会奉献精品工程，创造了辉煌业绩和良好信誉，农业、林业、林产工业、生态景观等专业水平在全国同行处于领先地位，出色完成了宁乡花猪青龙寨原生态养殖示范场工程设计、全省林地测土配方网络服务平台、长株潭城市群生态建设规划、湖北宝源集团木业有限公司年产15万立方米中（高）密度纤维板工程设计、深圳北站中心公园规划设计等一大批有影响力的项目，为湖南乃至我国经济社会发展作出了积极贡献，先后有200余个项目成果获国家级、省（部）级勘察设计奖、科技进步奖，多次荣获省直和中央在长单位模范集体、全国五一巾帼标兵岗、全国绿化先进集体、全国林业系统先进集体、省直文明标兵单位等荣誉称号。　　　（马清相　供稿）

◎ 野外勘测作业

发展现代林业　建设生态林芝

——记西藏自治区林芝地区林业工作

近年来，林芝地区林业局在地委、行署的领导下，围绕建设高原生态安全屏障和生态林芝的目标，坚持以原生植被保护为核心，大力推进林业各项建设，呈现出森林资源持续增长、生态环境明显改善、生物多样性得到有效保护、林业产业加快发展的良好局面。先后荣获全国森林防火、保护森林和野生动植物资源先进集体等荣誉称号。

◎ 扎西顿珠局长参加义务植树活动

林芝地区所辖7县是西藏主要林区。全地区活立木蓄积量达12.10亿立方米，占全区活立木蓄积量的53.23%；林地面积605万公顷，森林覆盖率51.95%，蕴含丰富的动植物资源。

◎ 原始森林

坚持护防并举，大力保护生态　全地区已建成自然保护区3个，其中国家级2个，国家森林公园3个、国家湿地公园3个，保护面积不断扩大。森林生态效益补偿面积进一步增加，个别县标准提高。地区进一步完善了森林防火县、乡、村三级责任落实机制，建立了森防物资储备体系，森林火灾发生率、受害率大大低于全国平均值。严格资源林政管理，切实加强对森林资源的管护，严厉打击各类破坏森林资源的违法违规行为，确保森林资源安全。

大力开展建设，促进环境改善　开展营造林活动，形成了以工程造林为主，社会造林和义务植树共同发展的生态绿化新格局。2009年以来，全地区共完成义务栽植各类树木151.23万株，工程造林2.69万公顷，封山育林0.63万公顷，森林抚育2万公顷，沙化土地综合治理2万公顷，更新采伐迹地0.3万公顷，林业生态建设总投资达4.16亿。

积极发展产业，推进经济发展　推进企业的木材精细加工，木材综合利用率可达95%。围绕建设西藏水果基地目标，重点建设八一至米林至朗县水果、干果产业带及察瓦龙核桃产业带和墨脱热带水果基地建设。大力扶持发展林下资源特色加工业，初步形成了以松茸为主的菌类特色产品。全力发展生态旅游业，通过合理开发森林公园、湿地公园、自然保护区的旅游小区，丰富了森林旅游产品，促进了生态旅游发展。推进森工企业改革，积极向森林旅游、房地产开发、食品加工等方面发展，自2010年改革以来企业实现了经济效益与增长收入的双增长。

坚持为民谋利，促进民生改善　坚持把促进民生改善作为林业发展的重要任务，广泛吸纳群众参与林业建设，促进群众增收。仅森林生态补偿金一项就促进全地区农牧民群众年均增收1069元。大力开展强基惠民活动。为驻村群众办实事、解难事，支持其发展。通过项目的形式，发展所驻村的经济林，为群众增收打基础。

（吴鹏举　供稿）

西藏农牧　人才摇篮

——记西藏大学农牧学院

西藏大学农牧学院坐落在林芝地区八一镇，占地约 87 公顷，是西藏自治区唯一一所集农、工、理、管学科于一体，具有学士学位、硕士学位和博士学位授予权的高等农业院校。学院创建于 1972 年，1978 年经国务院批准命名为“西藏农牧学院”，2001 年 9 月与原西藏大学合并组建新西藏大学，目前相对独立办学。

现有教职工553人，专任教师362人中教授、副教授、研究员、副研究员、高级工程师164人。其中，林学学科32 人，教授、副教授 24 人。有全日制学生5400余人，成人教育学生800余人。设有植物科学学院、动物科学学院、食品科学学院、资源与环境学院、水利土木工程学院、电气工程学院、公共教学部、成人教育部和西藏高原生态研究所9个教学科研单位。有1个国家重点（培育）学科，2个“211工程”重点建设学科，1个国家林业局重点学科，11个自治区高校重点学科；生态学1个博士学位授权点，生物学、生态学、作物学、林学4个一级学科硕士学位授权点，2个专业硕士学位授权点，36个本科专业、22个专科专业，学科及专业广泛涉及农、牧、林、水、电、生态、环境、食品、经济、管理等领域，与全区经济建设紧密相关。

◎ 学院全景图

林学学科一直得到国家林业局及对口援藏院校和自治区林业行业部门的大力支持，围绕高原生态安全屏障与林业生态建设，形成了自己的特色和优势，具有清晰的教学、科研、校内外实习基地以及学科发展目标。2010 年被教育部评为国家一类特色专业，2013 年被教育厅和教育部列为高校“专业综合改革试点”计划项目，2014 年被教育部、农业部、国家林业局批准为“卓越农林人才教育培养计划”复合应用型人才培养模式改革计划专业。

有 59 个教学科研实验室及自行设计建设的多个教学实习基地，其中 1 个森林生态国家级野外定位研究站，1 个生态学教育部重点实验室，2 个自治区科技厅重点实验室，16 个自治区高校重点实验室。图书资源总量超过 200 万册（种）。建院 42 年来，已为西藏农牧林水电等行业培养全日制毕业生 15000 余人，其中输送林学类专门人才 1200 余人，他们中的大多数已成为技术、管理、科研和教学等方面的骨干。

“十一五”以来，326 项科研项目获国家级、自治区级立项，到位经费 1.03 亿元；获省部级科学技术奖 13 项。先后承担各类社会服务 200 余项，培训班 36 班次，累计培训各级各类人员 7200 余人次。中央第三次西藏工作座谈会以来，国家有关部委、高校、科研机构 29 个单位 76 名高素质援藏干部对口支援学院。从 2009 级学生开始，自治区对学院 44 个涉农专业实行了免费教育，并给予生活补助。

面对新形势、新任务、新要求，学院将始终立足高原，面向“三农”，服务西藏，紧紧抓住并充分利用好历史发展机遇，力争到建院 60 年之际，把学院建设成为高原特色鲜明、优势学科突出、国内有一定知名度的教学研究型农业大学，为西藏跨越式发展和长治久安提供更加坚强有力的人才保证、智力支持和科技支撑。

（西藏大学农牧学院　供稿）

◎ 拉萨河谷造林成效

目　录

特　辑

重要林业法律法规

中国林业概述

林业重点工程

森林培育

生态建设

林业产业

森林资源保护

森林防火

森林公安

森林资源管理与监督

林业法制建设

集体林权制度改革

林业科学技术

林业对外开放

国有林场和林业工作站建设

林业计划统计

林业财务会计与资金稽查

林业精神文明建设

各省、自治区、直辖市林业

林业人事劳动

国家林业局直属单位

林业社会团体

林业大事记与重要会议

附　　录

CONTENTS

特　辑

01

习近平致生态文明贵阳国际论坛 2013 年年会的贺信

值此生态文明贵阳国际论坛 2013 年年会开幕之际，我谨代表中国政府和人民，并以我个人的名义，向会议的召开致以热烈的祝贺！向出席会议的各国元首、政府首脑、联合国机构负责人以及专家学者、企业家等各方嘉宾，表示热烈的欢迎！

这次生态文明贵阳国际论坛年会以“建设生态文明：绿色变革与转型——绿色产业、绿色城镇、绿色消费引领可持续发展”为主题，凝聚了国际社会对生态文明建设的共同关注。相信通过与会嘉宾共同努力，会议的成果必将为保护全球生态环境作出积极贡献。

走向生态文明新时代，建设美丽中国，是实现中华民族伟大复兴的中国梦的重要内容。中国将按照尊重自然、顺应自然、保护自然的理念，贯彻节约资源和保护环境的基本国策，更加自觉地推动绿色发展、循环发展、低碳发展，把生态文明建设融入经济建设、政治建设、文化建设、社会建设各方面和全过程，形成节约资源、保护环境的空间格局、产业结构、生产方式、生活方式，为子孙后代留下天蓝、地绿、水清的生产生活环境。

保护生态环境，应对气候变化，维护能源资源安全，是全球面临的共同挑战。中国将继续承担应尽的国际义务，同世界各国深入开展生态文明领域的交流合作，推动成果分享，携手共建生态良好的地球美好家园。

预祝会议取得圆满成功！

中华人民共和国主席　习近平

2013 年 7 月 18 日

国家领导人重要讲话

汪洋副总理在中国林业科学研究院调研时的讲话

（2013 年 6 月 15 日）

各位专家，同志们，新一届政府组建刚刚三个多月，工作千头万绪，我这次利用周末时间，专程到中国林业科学研究院来，主要有几个目的：

一是来看望和慰问林科院的科技人员。科技工作是一项十分艰苦的工作，林业科技工作更是这样。林业生产周期长，科研周期更长，一项科研成果往往需要几年、十几年甚至几十年的时间，需要极大的耐心、定力和毅力；林业科研不仅要在实验室里劳心费神，有时候还要到深山老林、戈壁荒漠，经历风吹日晒雨淋。长期以来，中国林科院的科技人员，胸怀报国富民之志，潜心钻研学术，致力科技创新，注重科研与生产结合，克服了重重困难，付出了极大的辛劳，在科学研究、技术推广、学科建设、人才培养等方面取得了丰硕成果。特别是很多老科学家，几十年如一日，把自己毕生的精力献给了林业科技事业。林业科技工作者这种默默奉献的品格、刻苦钻研的精神、严谨求实的态度，值得我们学习。林科院的王涛院士曾是八届全国人大代表。她讲过一件事，给我留下很深的印象。有一位种葡萄的农民，在人代会上认识了她并向她请教。为了帮助这位农民，每年她都请他到家里做客，帮助他解决生产技术上的难题。由此可以看出，王涛院士对农民兄弟有着多么深厚的感情，所表现出的科研人员的无私品格令人敬佩。

二是来感谢科技人员为林业发展和生态建设所作出的巨大贡献。近年来，林业快速发展，其生态、经济、社会效益不断提升，林业科技起到了强大的推动作用，科研人员付出了巨大努力。其中，中国林科院的科技人员功不可没。在此，我代表党中央、国务院向中国林科院的科技人员，也向全国的林业科技工作者表示崇高的敬意、衷心的感谢！

三是来向大家学习请教。中央决定我分管林业工作，我深感责任重大。过去无论是在地方，还是在中央国家机关，对林业工作或多或少都有所接触、有所了解，但很多方面都知之不深，尤其是这些年林业发展迅速、林业科技日新月异，林业中的很多问题，特别是林业科技中的很多问题，都需要重新学习和认识。今天，我就是抱着认真学习的态度，来向各位专家求教的。这次参观林木遗传育种国家重点实验室、林业科研温室、林业科技成果展，收获很大。刚才，张守攻院长和各位专家的发言，介绍了国内外林业的很多情况和科技知识，提出了很多建设性的意见和建议，使我深受启发。唐守正院士关于林业可持续经营、提高木材单产的意见，蒋有绪院士关于林业需要国家加强长期性、系统性支持的建议，彭镇华教授对林业新定位的阐述等，有助于我从新的视角和角度思考林业问题，对今后工作很有帮助。

四是来调查研究新时期林业和林业科技发展问题。党的十八大把生态文明建设纳入中国特色社会主义现代化建设五位一体总体布局，明确提出大力推进生态文明建设，努力建设美丽中国。新一届中央领导集体高度重视生态文明建设。习近平总书记明确指出，良好的生态环境是人和社会持续发展的根本基础，是最公平的公共产品，是最普惠的民生福祉，多次强调保护生态环境就是保护生产力，改善生态环境就是发展生产力。中央政治局今年 5 月 24 日进行的第六次集体学习，主题就是推进生态文明建设。林业是生态建设的主战场，绿色是美丽中国的主色调。新的形势下，如何推进林业发展、加快林业科技进步，很多问题需要认真进行研究。

近些年中国林业发展取得显著成绩，生态建设取得重大成就，但生态环境问题仍然相当严重，需要加强保护的生态脆弱地区十分广阔，山清水秀宜居的美好家园十分有限，人民群众喝上干净水、呼吸到新鲜空气、享用绿色植被的期盼十分强烈，林业肩负的责任更加重大。与此同时，林业发展的资源约束越来越强，林业生产经营面临的挑战越来越大，解决这些问题必须更加依靠科技。科技进步是提升林业发展水平的根本途径，也是突破林业发展瓶颈的有效措施。我们一定要充分认识加快林业科技进步的重要性和紧迫性，全面加强林业科技工作。

中国林科院是林业科技领域的国家队，有优良的科研传统和丰厚的历史底蕴，有先进的科研装备和优秀的科技人员队伍，规模大、学科全、基础条件好、综合实力强，在推进中国林业科技进步中具有特殊重要的地位。特殊重要的地位，决定了肩负特殊重要的使命。中国林科院要紧紧围绕服务改善生态和保障民生、建设生态文明和美丽中国、发展绿色经济和推动绿色发展等国家战略，加快林业科技创新，在全国林业科技创新中发挥引领作用，当好林业科技进步的排头兵、领头羊，努力使中国林业科技整体实力和水平得以尽快提升。借此机会，我提几点希望：

一要面向现代林业发展需要，加快林业科技创新。要以生产实践、生态建设和市场需求为导向，抓住促进林业发展的关键技术，大力推进林业科技原始创新、集成创新和引进消化吸收再创新，努力满足林业发展、生态建设对科技的迫切需求。要加大技术推广力度，提高科技成果的转化率。

二要瞄准世界林业科技发展趋势，加强前沿和基础研究。要超前部署林业高新技术研究，前瞻性开展林业基础研究，加强林业科技国际交流与合作，不断提高林业科技自主创新能力。要努力在生态建设、产业发展、农民增收和应对气候变化等重点领域，破解一批重大理论和技术难题，掌握一批促进林业发展的关键技术，取得一批自主知识产权。在一些关键领域，要积极与中国科学院等科研院所开展合作，通过分工协作，共同破解难题。

三要发挥科研平台作用，积极服务全国林业科技进步。中国林科院要发挥自身优势，利用好重点实验室、工程技术研究中心等研究实验平台，林业生物基因库等资源保护和信息共享平台、新品种测试基地等科技服务平台，加强与地方科研机构、企业科研机构的协作，扩大对全国林业科研的服务。

四要创新体制机制，为科技进步营造良好环境。要切实深化林业科技体制改革，完善科技资源分配机制和科技成果评价机制，激发广大科技工作者的创新创造热情。科技创新，人才是关键。中国林科院要努力营造良好的创新环境，建立有效的激励机制，调动林业科技人员的积极性和创造性。这就是我们所说的论功行赏，让有能耐的人能够获得精神和物质上的回馈。要解决好科技人员待遇问题，为他们潜心研究创造条件。要研究吸引人才、留住人才的办法，健全鼓励人才多干事、多出成果的机制。这要进行积极的探索，要有科学的制度设计，要深化体制机制方面的改革创新。一方面政府要努力改善林业科技人员的待遇，提供良好的工作和科研条件，另一方面科技人员要树立坚定的理想和信念，有干一番事业的志向和抱负。要下大力气培养和造就一批世界一流的林业科学家和科技领军人才，建设一支结构合理、业务素质高、爱岗敬业的林业科技创新队伍。希望林业科技工作者要自觉担负起林业科技自主创新的历史使命，发扬敢于创新、善于创新的优良传统，树立雄心壮志，勇攀科学高峰，以中国林业科技的大跨越推动林业大发展、生态环境大改善。

林业科研具有很强的基础性和公益性，林业科技发展是一项长期的系统性工程，需要体制机制、科技政策、经费投入、社会环境的协同保障，离不开政府部门和社会各界的关心和支持。过去各部门对林业科技和林科院的发展给予了很大支持，希望今后结合各自职能，给予更大的支持。我作为分管这项工作的领导，会大力支持林业科技工作。希望中国林科院在国家林业局党组的领导下，求真务实，开拓进取，努力在高起点上实现新突破、再创新佳绩，为生态文明建设和现代林业发展作出新的更大贡献！

局领导重要讲话

发展林下经济 扩大改革红利 为改善生态改善民生作出新贡献

——在“林下经济与低碳发展战略”研讨会上的发言

赵树丛

（2013 年 4 月 21 日）

厉以宁教授一直关注和研究中国集体林权制度改革，提出了许多新观点、新论断，并从国家战略层面，向党中央、国务院提出了重要建议，有力地推动了林业改革发展。在集体林权制度主体改革任务基本完成之后、中国经济社会发展处于转型升级的关键阶段，自 2012 年下半年开始，厉以宁教授又组织了“林下经济和低碳发展战略”专题研究，这对于进一步深化林业改革，巩固集体林权制度改革成果，推动低碳发展、绿色发展，推进新型城镇化和经济发展转型升级，必将产生新的重大影响。

当前，通过集体林权制度改革，全国已确权的集体林地达 27 亿亩，占集体林地总面积的 99.05%，8981 万农户获得了林权证，4 亿多农民已变成真正意义上的林农。他们获得林地承包经营权和可观的森林资产后，激动的心情难以言表。我到福建武平县调研林改时，万安乡捷文村的谢永贵、何桂梅夫妇要送我两只大公鸡，这是客家人对客人的最高礼遇。现在，亿万林农正在把这种激情转化成经营森林、保护森林、发展林下经济和林业特色产业的现实生产力，全国林业产业总产值已从 2005 年的 8458.74 亿元猛增到 2012 年的近 4 万亿元，7 年增长了 3.7 倍。其中，林下经济产值已达到 3600 多亿元。我去过的辽宁省本溪市，通过发展林下经济，已有 1.6 万户收入达到 10 万元，占全市农户的 11%；其中 3000 多户的资产达到 100 万元，120 户达到 1000 万元，这是中国农民做梦也想不到的。

林下经济是绿色经济、特色经济、立体经济。发展林下经济，既符合绿色发展的方向和社会消费的取向，又避免了产品趋同，具有广阔的市场空间，还可以进行长中短有机结合、上中下立体开发、农林牧复合经营，实现国土空间开发的优化和高效利用。为了推动林下经济发展，国务院办公厅发出了《关于加快林下经济发展的意见》。发展林下经济，既可以巩固林改成果，还可以发挥三大功能，扩大改革红利。一是促进绿色增长。发展林下经济，实现了不砍树能致富，从而极大地促进森林资源和森林碳汇的增长。二氧化碳排放是中国经济发展面临的最大问题之一。林业是最大的碳汇经济体，是推动绿色增长最大的正能量。所谓低碳发展，就是少排放二氧化碳。几乎所有的经济体都在排放二氧化碳，唯独森林可以大量吸收二氧化碳。发展林下经济，促进森林资源增长，这对中国经济转型升级、打造中国经济升级版具有特殊意义。二是促进绿色城镇建设。林下经济等十大绿色富民产业可以为地县级城市提供重要的产业支撑和就业载体，是推进城镇化的重要基础，同时森林和湿地又是城镇最重要的基础设施之一，对于推进中国城镇化走绿色发展之路具有不可替代的作用。三是促进农民收入倍增。中国有 45.6 亿亩林地，都具有发展林下经济的良好条件，如果把林下经济逐步发展起来，相当于为经济发展扩大了超过耕地面积的经营开发利用空间，这将为实现农民收入倍增目标、促进农民消费、拉动国内需求产生难以估量的影响。

在厉以宁教授主持下取得的“林下经济与低碳发展战略”专题研究成果，有针对性地提出了新的政策建议，对于深化林业改革具有重要指导意义。发展林下经济，巩固林改成果，还有几个问题应引起特别关注和重视。

一是切实维护农民林地承包经营权。这是林改的核心要求，也是发展林下经济的重要保障。这次国务院机构改革方案明确要实行房屋、草原、林地、耕地等不动产统一登记，意义重大，但林农群众也担心刚刚拿到的林权证还算不算数。从维护农民最核心的利益出发，必须维护林权证的法律地位，让林权证成为“铁证”，保持林地承包关系长期稳定，否则将失信于民，引发农村不稳定。

二是提高林地征占用成本。当前，很多地方存在着低成本征占用林地，转为建设用地后以高价格卖出获得高额利润的现象，征占用林地成为牟取暴利的手段，造成了林地大量流失。这是对农民利益的最大损害，是对生态根基的最大破坏，也是对我们党执政根基的最大危害。必须通过提高森林植被恢复费和征占用补偿标准，实行与耕地等同地同价，切实维护农民权益，遏制林地的大量流失。

三是加大对农民经营森林的扶持力度。林业是投资综合效益最大的领域。新中国成立以来，中央和地方财政对林业的直接投资为6786亿元，获得了三个10万亿的巨额回报：林区为社会木材消费累计提供了价值10万亿的森林资源，全国活立木蓄积量价值已超过10万亿元，现有森林每年的生态服务价值超过10万亿元。但是，中国森林质量很低，单位面积森林蓄积量不到日本的1/2、德国的1/4。当前，中国木材对外依存度已高达45%，木材安全形势日益严峻。27亿多亩集体林地是培育木材资源的基本立足点，发展潜力很大。现在劳动力成本大幅度提高，种苗肥料价格全面上涨，造林费用不断攀升，每亩造林投入至少在1000元以上，而现行补贴标准是10年前定的，每亩只有200～300元，不少农户还享受不到。同时商品林抚育没有补贴政策，严重影响了森林质量。应当对造林、抚育实行补贴普惠制，全面提升森林质量。

四是积极发展林业金融服务。据预测，到2020年林下经济等林业十大绿色富民产业总产值可达10万亿元。资金投入不足是绿色富民产业发展的最大制约因素。一方面，应当在财政上给予扶持；另一方面，应全面推行林权抵押贷款，这是解决资金难题的重要渠道。福建省永安市林权抵押贷款余额已达30多亿元。全国有近2900多个县市，如果每个县市的林业贷款平均达到10亿元，可为林业增加近3万亿元的投入，这将对林下经济发展、林业发展、银行业发展、农村经济发展乃至整个经济发展产生重大影响。

五是大力保护森林资源。发展林下经济，目的是实现不砍树能致富，必须把资源保护放在优先位置，绝不能以破坏森林资源、牺牲生态为代价，换取短期的经济利益。要根据林地生态承载能力，合理确定林下经济的种类和规模，确保生态受保护，农民得实惠。

六是建立健全林业社会化服务体系。积极组建各类专业合作社、行业协会、中介服务机构，提高林业产业组织化程度。建立林产品信息预测预警系统，加强林业科技服务体系建设，加大森林火灾、林业有害生物、野生动物疫源疫病等重大林业灾害防控力度，降低农民经营林业的灾害风险。

集体林权制度改革是继农村耕地改革之后中国农村经营制度的又一重大变革，也是生态文明建设的重大制度创新。当前，中国已经成为世界上森林资源增长和林业产业发展最快的国家，也是林业产业发展潜力最大的国家。与林业发达国家相比，中国林业发展还有巨大差距。德国森林为1.65亿亩，约为中国林地的1/28，创造的产值却高达2.4万亿人民币，为中国林业总产值的1/2强，仅次于汽车工业，而就业人数却是汽车工业的近2倍。把林下经济等林业产业发展起来，将为改善生态改善民生产生巨大的推动作用，为实现中华民族伟大复兴的中国梦作出重大贡献。

我们将按照党中央、国务院的部署，以建设生态文明为总目标，以改善生态改善民生为总任务，全面深化集体林权制度改革，大力发展林下经济，努力服务国家战略大局。

改善民生　服务大局
努力开创林业血防工作新局面

——在第三次全国林业血防工作会议上的讲话

赵树丛

(2013年5月28日)

这次会议是国家林业局召开的第三次全国林业血防工作会议。

多年来，全国政协、国家发改委、卫生计生委等部门对林业血防工作高度重视，给予了大力支持。刚才，江泽慧同志作了重要讲话，国家发改委吴晓松同志、卫生计生委王斌同志对进一步搞好血防工作提出了很有针对性的指导意见，大家要结合实际抓好落实。

安徽省委、省政府对林业血防工作十分重视，梁卫国副省长和安庆市虞爱华书记的讲话充分表达了对林业血防工作的大力支持。这次会议之所以选择在安徽省安庆市召开，是因为这里是林业血防工作的发源地和试验示范区，已经积累了许多成功经验。历史上，安徽省特别是安庆市是血吸虫病的重灾区，受血吸虫病威胁危害的人口达到2000多万人。上世纪八十年代以来，在著名生态学家彭镇华教授的亲自指导下，他们采取多种措施，凝聚各方力量，对林业血防工作进行了深入探索和实践。经过30年的艰苦努力，已经走出了一条以植树造林为载体，通过改变钉螺生境，达到阻断血吸虫病传播的林业血防的成功之路，同时也把昔日疫情蔓延、生态恶劣的江河滩涂变成了绿树成荫、造福百姓的宝地。今天上午我们参观了现场，刚才，彭镇华教授以及安徽、江西、湖北三省林业厅负责同志又介绍了经验，我们要认真学习借鉴，把林业血防工作提升到一个新水平。借此机会，我讲三点意见。

一、全国林业血防工程建设取得了显著成效

血吸虫病是一项危害人类生命安全和身体健康的重

大传染病。中国是受血吸虫病危害最为严重的国家之一，疫区遍布长江流域及以南的广大地区。党中央、国务院对血吸虫病防治工作十分重视，早在新中国成立初期，党中央就发出了“一定要消灭血吸虫病”的伟大号召。1958 年毛主席还写下了著名的诗篇《七律·送瘟神二首》。进入新世纪以来，党中央、国务院把血吸虫病防治作为重大的民生问题和社会问题，进一步加大了防治力度。历经半个多世纪的不懈努力，中国血吸虫病防治工作已取得了历史性的重大成效，先后有 5 个省市消灭了血吸虫病，患病人数由新中国成立初期的 1200 多万人减少到 2012 年底的 24 万人。

作为血吸虫病综合防治的重要措施之一，林业血防工作起步于上世纪八十年代初期。著名生态学家彭镇华教授等科学家历经长期调查研究和实践，成功探索出了以植树造林为主要措施、以改善疫区生态状况为目标的生物生态抑螺防病新技术，在抑制钉螺滋生、控制传染源、转变人们生产生活方式等方面都发挥了重要作用，具有鲜明的生态性、持续性、高效性特征。2006 年，在国家发改委和卫生部的大力支持下，国家安排专项投资，启动实施了林业血防工程建设。

林业血防工程启动实施以来，疫区各级林业部门在当地党委、政府的统一领导下，紧紧围绕血吸虫病防治工作大局，发挥林业优势，全力推进工程建设，取得了明显的阶段性成果，为改善生态状况、保护人民群众健康、促进疫区经济社会协调发展作出了重要贡献。

（一）有效改善了疫区生态环境。截至 2012 年底，林业血防工程共计完成抑螺防病林建设 582 万亩，疫区森林覆盖率、绿化率快速增长，群众的生活和生产条件得到极大改善。据监测，与林业血防工程实施前相比，疫区森林覆盖率提高了近 5 个百分点，钉螺密度下降了 89.8%，阳性钉螺密度下降了 95.8%，人畜感染率下降了 51%，综合效益十分显著。

（二）探索出一系列行之有效治理模式。各级林业部门和科研工作者根据疫区实际情况，以改变钉螺滋生环境、抑制钉螺生长发育、阻断病源传播为目标，探索创造出化感抑螺植物应用技术、林下多种经营技术、开沟抬垄造林技术、隔离网渠建设技术以及退田退耕还林等多种以林为主，林、农、水、副、渔有机结合的治理技术模式。这些治理模式，是兴林抑螺防治血吸虫病的原创性实践。前世卫组织血防处官员称赞，“以林为主、抑螺防病”的研究和实践，是世界血吸虫病防治的一个创新。

（三）促进了疫区经济发展和农民增收致富。林业血防工程建设的深入推进，不仅有效改善了疫区生态状况，增加了森林资源，而且通过种植优质、高效的经济树种，开展集约复合经营，也改善了疫区的民生状况。安徽省抑螺防病林建设增加就业 50 多万人次，疫区农民仅间作每年每亩就可增收 800 元；四川省积极发展花椒血防林，每亩年经济收益达 5000 元以上；湖北省石首市通过林业血防工程形成的林木资源，引入企业进行深加工，年产值达到 8 亿元，提供了当地近 1/3 的财政收入。

（四）形成了多部门联合作战齐抓共管的长效机制。血吸虫病防治是一项复杂的系统工程。疫区各级林业部门在当地党委、政府的统一领导下，认真履行职责，与卫生、农业、水利等部门密切配合，做到联防联控，优势互补，合力推进，最大限度地提升了血吸虫病防治的整体成效。

在充分肯定林业血防工作成绩的同时，我们也清醒地认识到，血吸虫病防治是一项艰巨而持久的工作，当前的形势依然严峻。我们从卫生计生部门了解到，截至去年年底，全国还有 71 个县未达到传播控制标准，另有 69 个县在“十二五”期末要达到传播阻断标准；一些已经达标的地方疫情还不稳定，少数地方甚至还出现不同程度的反复。血吸虫病防治工作任务仍然十分繁重。

与全国血吸虫病防治总体形势和要求相比，林业血防也还存在着一些问题。一是血吸虫病疫情发生了新的变化，原来的林业血防规划已不能完全适应工作要求，需要抓紧修订完善。二是一些地方认识滑坡，工作力度有所减弱。三是林业血防的科技支撑需要进一步加强，特别是已有科研成果的组装转化应用力度不够。四是林业血防的经营管理模式还需要进一步创新。五是疫区的生态状况仍需要持续改善并保持长期稳定。我们要认清林业血防工作的新形势，进一步深化认识，加大工作力度，采取有针对性的措施，把下一阶段的林业血防工作做得更好。

二、做好林业血防工作必须立足于改善民生、服务大局

林业血防工作的本质属性是一项民生工程。我们必须要从“全心全意为人民服务”的根本宗旨和发展民生林业、生态林业的总体要求出发，自觉地做好林业血防工作，着力改善民生、服务大局。

第一，林业血防工作必须服务于血吸虫病防治的大局。林业血防不是一般性的林业工程，它是全国血防工作的重要方面军，首要任务就是防治血吸虫病。实施这项工程，必须坚持以改变钉螺滋生环境、抑制钉螺繁衍、控制传染源为目标。从林业血防的发展规划、建设布局到技术措施等，都必须服务于血吸虫病防治的大局。这是对林业血防工作的第一要求，也是检验林业血防成效的第一标准。当前，林业血防工作一定要与血防攻坚战的总体部署相一致，重点要向未达标区、疫情反复区倾斜，同时把抑螺防病、巩固血防成效作为林业血防的长期任务，真正使疫区生态持续改善并保持长期稳定，充分发挥林业血防措施的独特功效。

第二，林业血防工作必须服务于林业生态建设的大局。保护和改善生态，是林业部门的根本任务。林业血防工作是整个林业生态保护和建设的重要组成部分，各级林业部门一定要把血防林建设纳入本区域生态建设的总体布局之中，因地制宜、适地适树，在充分发挥抑螺功效的同时，努力提高抑螺防病林的林分质量，提高综合防护效益。同时，血吸虫病疫区也是中国南方林业建设的主战场之一，林业建设任务很重，除了保质保量地完成《全国林业血防工程规划》确定的抑螺防病林建设任务之外，还要把防护林、退耕还林以及速生丰产林、木材战略储备基地等建设任务向疫区倾斜，统一规划，分步实施，充分发挥林业生态建设区域整体推进的优势，形成保护和改善疫区生态的合力。

第三，林业血防工作必须服务于改善疫区民生的大局。林业血防工作最根本目标是要保护和改善疫区群众的生活、生产条件，这是林业血防工作的出发点和落脚点。林业血防在完成好“抑螺防病”这一首要任务的前提下，一定要把抑螺防病林建设与促进疫区群众增收致富紧密结合起来，在改善疫区生态的同时，帮助群众开辟新的增收渠道。在这方面，林业大有用武之地，比如，湖区可以结合抑螺防病林建设，充分发挥地、肥、水、热的优势，培育短周期工业用材林等速生丰产林，大力发展林粮结合、林菜结合、林药结合、林渔结合等多效益治理模式；丘陵区可以科学调整抑螺防病林树种，因地制宜地发展油茶、核桃、花椒等经济树种，也可以与木材战略储备基地建设结合起来，开展珍贵树种、乡土树种培育，不断探索林业血防与疫区林业产业有机结合的新模式。

三、切实抓好林业血防的几项重点工作

2013 年是实现血防中长期规划目标的关键一年，各级林业部门一定要紧紧围绕抑螺防病林建设这一核心任务，全力以赴做好下一阶段的林业血防工作。

一是加强组织领导，编制完善省级工程规划。按照《血吸虫病综合治理重点项目规划纲要》要求，在国家发改委和卫生计生委的大力支持下，我局已经完成了《全国林业血防工程建设规划》的修订工作。要加大协调力度，争取《规划》尽快出台。疫区各省要根据血吸虫病疫情变化情况，认真研究本地区林业血防工程的布局、建设重点、主攻方向，抓紧编制完善省级林业血防规划，合理确定目标任务，科学制定对策措施，为下一阶段林业血防工作顺利开展奠定坚实基础。在规划编制中，既要统筹协调好原有工程区和新增区域的建设任务，又要充分考虑疫情反弹反复的可能性，统筹协调好新造林和成果巩固的建设任务，确保疫区生态状况持续改善并长期保持稳定。

二是落实好现有政策，创新政策机制。工程造林是林业血防工作的核心任务，要积极争取各级政府加大投入，确保林业血防工程建设顺利实施。在用好用足林业血防工程投资、防护林投资和造林、良种补贴等现有政策的同时，要充分运用市场机制，创新工作模式，广泛吸引社会资金参与林业血防工程建设。湖北、湖南、江西、安徽四省要根据血吸虫病疫情发展动向，进一步整合工程项目和资金，特别是要抓住重点地区，实施规模治理，整体推进，集中力量打歼灭战，确保治理一片，成功一片，见效一片，确保完成建设任务。四川、云南、江苏三省要进一步巩固建设成果，切实加强监测工作，防止疫情反弹。

三是强化工程管理，着力提升成效。林业血防工作要在管理上下功夫、动脑筋、做文章。要充分发挥局血防办的职能作用，进一步加强对工程实施的组织协调，局血防工作领导小组各成员单位要密切协作，形成合力。工程区各省林业部门要进一步充实和健全林业血防工作的管理机构，切实抓好工程项目实施的日常管理和技术指导。要进一步落实责任，将林业血防工作目标和责任层层分解落实到部门、单位和人头，落实到计划安排、组织实施、检查监督等各个环节，不断强化林业血防责任管理。要完善规章制度和技术标准，加强监督检查，确保建设质量。

四是强化科技支撑，抓好典型示范。在林业血防工程建设中，广大林业血防科研工作者，发明创造了一系列实用技术，建立了一批不同类型的林业血防科技示范区，科研工作在林业血防工作中发挥了不可替代的作用。要把科技支撑贯穿到林业血防工作的全过程，当前要特别强调林业血防科技成果的组装和推广应用，大力推广覆盖技术、化感抑螺等新技术，切实加大生物与工程措施、物理与化学措施等技术的整合应用。要深入开展不同类型疫区的林业血防特色技术示范建设，建立完善监测网络体系，加强血防林综合效益的系统监测，特别是血防成效的监测预警。

五是加强部门协作，形成工作合力。实施血防综合治理，是确保血防工作取得实效的关键所在。各地林业部门要在卫生计生部门的统一指导下，与农业、水利、国土、教育等部门通力合作，全面落实防控措施，坚持联防联控。林业系统内部各有关部门，也要进一步搞好协调配合，按照职能分工，各司其职，各负其责，发挥各自优势，凝聚各方力量，形成部门协作、上下联动，协同推进的合力，共同做好林业血防工作。

六是加大宣传力度，营造良好氛围。血吸虫病防治是关系基本公共卫生服务、保障和改善民生的公益事业，需要社会各界的大力支持。要加强舆论宣传引导，充分利用各类媒体，大力宣传推广林业血防的好经验、好做法、好模式、好典型，形成全社会重视林业血防、支持林业血防的良好氛围，努力营造政府高度重视、部门紧密配合、干部责任明确、群众积极参与的良好局面。

落实中央精神 加强改革创新 全面提升生态林业民生林业发展水平

——在全国林业厅局长座谈会上的讲话

赵树丛

（2013 年 7 月 24 日）

这次全国林业厅局长座谈会是经国务院领导同志批准、国家林业局党组决定召开的。主要任务是，认真学习领会习近平总书记和国务院领导同志近期一系列重要讲话精神，把思想认识统一到党的十八大以来党中央、国务院的一系列重大决策和工作部署上来，更好地推进生态林业民生林业建设。

党中央、国务院高度重视林业工作。汪洋副总理分管林业工作以来，先后到国家林业局和中国林科院考察指导工作，召开院士、专家座谈会，广泛听取各方面意见和建议，多次对造林绿化、森林经营、森林防火、林业改革、木本粮油、防沙治沙、湿地保护、林业科技等作出重要指示和批示，有力推动了生态文明建设和林业改革发展。这次会议召开前，他专门听取了会议筹备情况的汇报。7 月 15 日，他又作出重要批示：今年以来，全国林业改革稳步推进，生态建设全面加强，资源保护继续强化，林业产业蓬勃发展，生态林业民生林业建设取得了可喜成绩。希望大家再接再厉，认真贯彻落实党中央、国务院的决策部署，扎实开展党的群众路线教育实践活动，进一步转变职能改进作风，继续加强生态建设和保护，全面深化林业改革，着力改善林区民生，努力提高生态林业民生林业发展水平，为建设生态文明和美丽中国、全面建成小康社会、实现中华民族伟大复兴的中国梦作出新的更大贡献。汪洋副总理的重要批示，充分肯定了林业工作取得的成绩，对发展生态林业民生林业提出了更高要求。我们一定要认真学习，全面贯彻落实。

下面，根据大家的讨论情况，我结合自己的学习体会和思考，讲五个问题。

一、深入学习习近平总书记关于生态文明建设的重要讲话，深刻领会生态就是民生福祉等重大战略思想，把生态林业民生林业理念融入林业改革发展的各方面和全过程

去年 7 月，为贯彻落实习近平同志关于石漠化防治和长汀生态建设的重要批示精神，我们在福建长汀召开了全国林业厅局长会议。在学习长汀生态建设经验的基础上，经过深入研究和集思广益，我们根据国家科学发展的大局和民生需求，提出了生态林业民生林业发展理念。党的十八大对大力推进生态文明建设作出全面部署后，我们深感责任重大。在年初的全国林业厅局长会议上，进一步完善了林业工作总体思路，明确提出要以建设生态文明为总目标，以改善生态改善民生为总任务，加快发展现代林业，认真履行六大职责，着力构建六大体系，全面提升生态林业民生林业发展水平，为建设生态文明和美丽中国贡献力量。

党的十八大以来，习近平总书记对推进生态文明建设多次发表重要讲话，作出了一系列重要指示和深刻论述，提出了许多新思想、新观点、新论断、新要求，为加快发展生态林业民生林业指明了前进方向，注入了强大动力。

去年 11 月 16 日，习近平总书记在《认真学习党章，严格遵守党章》一文中指出，要深刻理解把生态文明建设纳入中国特色社会主义事业总体布局的重大意义，深入领会生态文明建设的指导原则和主要着力点，自觉把生态文明建设融入经济建设、政治建设、文化建设、社会建设各方面和全过程。

今年 4 月 2 日，习近平总书记在参加首都义务植树活动时指出，森林是陆地生态系统的主体和重要资源，是人类生存发展的重要生态保障。不可想象，没有森林，地球和人类会是什么样子。他明确要求，加强宣传教育，创新活动形式，引导广大人民群众积极参加义务植树，不断提高义务植树尽责率，依法严格保护森林，增强义务植树效果，把义务植树深入持久开展下去，为全面建成小康社会、实现中华民族伟大复兴的中国梦不断创造更好的生态条件。全社会都要按照党的十八大提出的建设美丽中国的要求，切实增强生态意识，切实加强生态环境保护，把中国建设成为生态环境良好的国家。

4 月 8 ~ 10 日，习近平总书记在海南考察时深刻指出，保护生态环境就是保护生产力，改善生态环境就是发展生产力。良好生态环境是最公平的公共产品，是最普惠的民生福祉。

5 月 24 日，在中央政治局第六次集体学习时，习近平总书记专门就生态文明建设发表重要讲话。他指出，生态文明是工业文明发展到一定阶段的产物，是实现人与自然和谐的新要求。建设生态文明，关系人民福祉，关乎民族未来。历史地看，生态兴则文明兴，生态衰则文明衰。他要求，坚定不移加快实施主体功能区战略，划定并严守生态红线，不能越雷池一步，否则就应该受到惩罚。要实施重大生态修复工程，增强生态产品生产能力。加强生态文明制度建设，完善经济社会发展考核评价体系。加强生态文明宣传教育，增强全民节约意识、环保意识、生态意识，营造爱护生态环境的良好风气。

7 月 18 日，习近平总书记在致生态文明贵阳国际论坛2013年年会的贺信中指出，走向生态文明新时代，建设美丽中国，是实现中华民族伟大复兴的中国梦的重要内容。

习近平总书记这一系列重要讲话，体现了马克思主义生态观和唯物辩证法、历史唯物主义的哲学思想，体现了尊重自然规律、追求人与自然和谐的生态智慧和执政为民理念，为我们党科学认识、准确把握人类文明发展规律和党的执政规律，提供了新的思想武器和理论依据。

一是揭示了生态决定人类文明兴衰的客观规律。习近平总书记在5月24日的讲话中引用了恩格斯《自然辩证法》的一段话："美索不达米亚、希腊、小亚细亚以及其他各地的居民，为了得到耕地，毁灭了森林，但是他们做梦也想不到，这些地方今天竟因此而成为不毛之地。"他十分深刻地指出，生态兴则文明兴，生态衰则文明衰。这一精辟论断，科学回答了生态与人类文明之间的关系，丰富和发展了马克思主义生态观，有利于我们深刻认识加强生态文明建设的极端重要性，增强发展生态林业、改善自然生态、实现中华民族永续发展的责任感和自觉性。

二是阐述了生态就是生产力的战略思想。习近平总书记反复强调，保护生态环境就是保护生产力，改善生态环境就是发展生产力。这是我们党首次对生态环境与生产力之间关系作出科学论述，有利于指导全党全社会正确处理经济发展与生态环境保护的关系，牢固树立正确政绩观和科学发展观，坚决摈弃以牺牲生态环境为代价换取一时经济增长的发展方式，更加有效地促进绿色发展、循环发展、低碳发展。

三是作出了生态就是民生福祉的科学论断。习近平总书记强调，良好生态环境是最公平的公共产品，是最普惠的民生福祉。这一科学论断，既是对生态产品的准确定位，又是对民生内涵的丰富发展，深刻阐述了生态与民生的关系，反映了人民群众对全面建成小康社会和现代化建设的新期待，有利于推动各级党委、政府牢固树立抓生态就是抓民生、改善生态就是改善民生的执政理念，切实加大生态林业民生林业投入力度，全面增强生态产品生产能力。

四是确定了林业要为实现中国梦创造更好生态条件的重大任务。习近平总书记明确要求，把义务植树深入持久开展下去，为全面建成小康社会、建设美丽中国、实现中华民族伟大复兴的中国梦不断创造更好的生态条件。这一重要指示，确立了林业在实现两个100年奋斗目标中的重要地位，明确了林业在实现中国梦这一伟大实践中的重大任务。这是对林业地位作用的最新定位，对林业发展目标的更高要求。

五是提出了建立生态文明建设责任追究制度的工作要求。习近平总书记强调，要建立领导干部责任追究制度，对那些不顾生态环境盲目决策、造成严重后果的人，必须追究其责任，而且应该终身追究。这是我们党在生态文明制度建设和领导干部责任追究制度方面的重大创新，必将进一步增强各级领导干部推进生态文明建设的自觉性和主动性。

习近平总书记这一系列重要讲话，既是建设生态文明和美丽中国的基本遵循，更是发展生态林业民生林业的根本指针。我们一定要用讲话精神武装头脑、统一思想、深化认识，坚持把满足民生需求作为林业工作的出发点和落脚点，大力推进生态林业民生林业建设，努力增加最公平的公共产品、最普惠的民生福祉。

林业是重要的公益事业和基础产业，生产的产品丰富多样，提供的就业岗位数量众多，与民生问题息息相关。从生态产品讲，是人类生存发展必不可少的支撑保障，具有很强的公平性和普惠性。从物质产品讲，是人类生产生活不可或缺的物质基础，是经济社会发展的重要资源，而且是可以永续利用的资源。大力发展林业，既能改善生态，筑牢民生之基；又能保障供给，满足民生之需；还能扩大就业，夯实民生之本。发展生态林业民生林业，是国家林业局党组根据新形势新任务，对林业发展理念、发展思路的继承和创新、丰富和发展，是林业部门建设生态文明和美丽中国的平台与载体。这一总体思路，既体现了林业属性的多元化，又兼顾了社会需求的多样化；既符合中央对林业的定位和要求，又符合林业自身的特点和规律。我们要认真学习领会习近平总书记重要讲话精神，科学把握生态林业与民生林业的内在联系。对发展林业而言，生态和民生具有战略性、一致性，生态是基础，民生是根本，生态需求是最基本的民生需求。生态林业民生林业是相互促进、不可分割的有机整体。不能简单地认为，生态林业就是保护生态，民生林业仅是发展产业，更不能把生态林业与民生林业对立起来，而要把两者统一于生态文明建设的伟大实践，贯穿于林业改革、造林绿化、资源保护、森林经营、产业发展、文化宣传、法制建设、科技创新、政策制定等林业工作的各方面和全过程，着力推进生态林业民生林业良性互动、协调发展，全面提升林业的生态、经济、社会功能，充分发挥林业对改善民生的特殊作用。

二、科学编制《国家林业局推进生态文明建设规划纲要》，完善总体布局，划定生态红线，确定指标体系，尽快形成生态林业民生林业发展新格局

按照十八大精神和全国林业厅局长会议部署，近半年来，国家林业局全面加强林业推进生态文明建设顶层设计，组织100多位专家编制了《国家林业局推进生态文明建设规划纲要》。在征求各方面意见的基础上，由国家林业局科技委邀请院士、专家进行了充分论证，与"十二五"规划等做了充分衔接。《纲要》已经印发大家学习讨论。我们将根据大家的意见和建议，做进一步修改完善，然后正式印发实施。

《纲要》明确了林业推进生态文明建设的指导思想、总体布局、重大行动、指标体系和政策措施。总体布局包括：全面实施十大生态修复工程，加快构筑十大生态安全屏障，大力发展十大绿色富民产业。重大行动包括：生态红线保护行动、重点生态功能区建设行动、森林保育和木材储备行动、湿地修复行动、沙化土地封禁行动、物种拯救行动、木本粮油发展行动、城市林业建设行动、美丽乡村建设行动和生态文明宣教行动。指标体系包括：生态安全、生态经济和生态文化3个方面12大类20个指标，既有反映森林、湿地、荒漠、生物多样性、林业产值变化情况的指标，又有反映林业对草原、农田、城市、海洋等其他生态系统重要作用的指标，同时还针对人民群众特别关注的空气问题，设立了负氧离子指标。政策措施包括：林地保护、公共财政、基础设施、金融税收、能力建设和目标责任、生态评价、制度创新、保护激励、全民参与等10个方面。

特别需要说明的是，按照十八大精神和习近平总书记讲话要求，《纲要》首次明确划定了国家生态红线。一是林地和森林红线：全国林地面积不低于46.8亿亩，森林面积不低于37.4亿亩，森林蓄积量不低于200亿立方米。划定依据主要是《中共中央、国务院关于加快林业发展的决定》。二是湿地红线：全国湿地面积不少于8亿亩。划定依据主要是第二次全国湿地资源调查成果。三是荒漠植被红线：全国治理宜林宜草沙化土地、恢复荒漠植被不少于53万平方公里。划定依据主要是《国务院关于进一步加强防沙治沙工作的决定》。四是物种红线：各级各类自然保护区严禁开发，现有濒危野生动植物得到全面保护。划定依据主要是野生动植物和自然保护区相关法律法规。

国家生态红线是维护国家生态安全的底线。目前划定的生态红线大多高于现有资源总量，是因为中国生态安全状况并不乐观，生态赤字大，生态欠账多，生态问题突出，生态状况远不能满足经济发展的需要和人民群众的期盼。只有加大生态修复和保护力度，尽快扭转生态系统退化、生态状况恶化的趋势，中国才能达到生态安全线以上，实现生态环境良好的奋斗目标，为全面建成小康社会、实现中华民族伟大复兴的中国梦创造更好的生态条件。因此，我们划定的生态红线，既是限制开发利用的“高压线”，也是维护生态平衡的“安全线”；既是建设生态文明的“目标线”，也是实现永续发展的“保障线”。我们要牢固树立红线意识和底线思维，采取一切措施，加大保护力度，避免生态破坏，坚决守住维护国家生态安全、保障人民基本生态需求的底线。

《纲要》突出了林业在生态文明建设中的主体地位，落实了实施主体功能区战略的基本要求，体现了实现两个100年奋斗目标的生态需求，是发展生态林业民生林业的主要抓手，是贯彻落实十八大精神和习近平总书记重要讲话精神的重大举措。这个《纲要》是指导性和原则性的，各地要结合“十二五”规划中期评估和“十三五”规划研究编制工作，抓紧编制本地实施规划，形成符合各地实际的生态文明建设规划体系。要注意把握以下三点：一是开门编制规划。主动邀请有关部门、社会各界专家共同参与，增强规划的科学性综合性开放性。有条件的地方，要争取由人大或政府批准后实施，确保规划有工程载体和政策支撑。二是确定指标体系。要量化分解生态文明建设指标，并与经济社会发展目标搞好衔接，与林业发展“十二五”规划和各专项规划搞好衔接。规划的目标任务都要向社会发布，接受社会监督。三是加大宣传力度。要把规划编制过程变成学习宣传的过程，积极宣传生态文明建设的重大部署、目标任务和先进典型，引导全社会共同落实规划，形成推进生态文明建设的强大合力。

三、着力加强林业改革创新，把改革的红利、创新的活力、发展的潜力有效叠加起来，全面增强生态林业民生林业发展动力

30多年来，我们党团结带领全国各族人民，竭力推进改革开放伟大事业，成功开辟了中国特色社会主义道路，国家经济社会面貌发生了翻天覆地的变化，改革开放成为推动当代中国发展进步的强大动力。实践证明，改革开放是坚持和发展中国特色社会主义的必由之路，也是推动林业不断发展进步的成功经验和主要动力。近年来，我们通过深化林业改革，创新了体制机制，增强了发展活力。集体林权制度改革“明晰产权、承包到户”的任务基本完成，配套改革正在全面推进，农民发展林业的积极性空前高涨；国有林场改革思路更加明确，改革试点已经启动。但从总体上看，林业改革相对滞后，深化改革任重道远。尤其是重点国有林区改革情况十分复杂，困难多，难度大，许多方面仍然没有破题。发展生态林业民生林业，最大的困难和最大的潜力都在于深化改革。

当前，中国改革已经进入攻坚期和深水区，凝聚改革共识的难度更大，全面深化改革的阻力更多，继续推进林业改革也面临着许多挑战和困难。一方面，林业改革目标多元，既要考虑生态问题，维护国家生态安全，又要考虑民生问题，维护林区社会稳定。另一方面，今后一个时期中国财政增收可能趋缓，改革成本埋单能力将会减弱，林业改革发展的内外部环境更加复杂。但是，林业不深化改革，就不能解决发展中存在的各种问题，就不能赶上整个国家的发展步伐，就不能满足人民群众的巨大需求。我们要科学谋划、稳步推进，努力做到“四个更加有利于”。一是更加有利于增强林业发展活力和动力。要紧紧围绕建设生态文明和美丽中国、全面建成小康社会等国家大局，从解决影响长远发展、群众反映强烈的生态问题入手，创新林业发展平台和载体，并争取纳入当地经济社会发展总体规划，确保有政策、有投入、有成效。二是更加有利于吸引社会力量发展林业。要抓紧清理束缚生产力发展的制约因素，全面取消不合理的制度规定，继续完善林业法律法规和扶持政策，让各类市场主体在更加公平公正的环境中参与林业建设，促进资金、技术和信息向林业集聚，依靠民智、民力、民资推动林业转型升级。三是更加有利于统筹兼顾各方利益。要根据林业属性多元、利益多样的情况，加强改革顶层设计，协调推进各项林业改革，统筹兼顾国家、地方、企业、职工和农民的利益诉求，善于调整利益预期，优化分配存量利益，着力扩大增量利益，努力增加改革红利，调动各种力量推动林业发展。四是更加有利于转变政府职能。要通过深化改革，进一步转变职能、简政放权，解决好政府与市场、政府与社会的关系问题，充分发挥市场在资源配置中的基础性作用。要正确处理加强管理与放开搞活的关系，研究建立符合市场规律和林业特点的现代林业管理体制，走出“一管就死、一放就乱”的怪圈。

四、扎实开展党的群众路线教育实践活动，切实转变职能、转变作风，全力服务大局、服务基层，不断提升推动生态林业民生林业发展的能力和水平

党的十八大结束后，以习近平同志为总书记的党中央立即制定了《关于改进工作作风、密切联系群众的八项规定》。中央领导同志带头严格执行，产生了强大的示范效应，促进了党风政风转变，带动了社会风气好转。6月18日，党中央对开展以为民务实清廉为主要内容的党的群众路线教育实践活动进行了全面部署，着力解决形式主义、官僚主义、享乐主义和奢靡之风方面存在的突出问题，决心以优良党风凝聚党心民心、带动政风民风，为实现党的十八大确定的目标任务提供坚强保证。新一届国务院组成后，把转变政府职能作为开门要办的第一件大事来抓，作为深化国务院机构改革的核心工作来抓，作为打造中国经济升级版的重大举措来抓。

为贯彻落实中央的决策部署，从今年5月开始，国家林业局开展了“转变职能、转变作风，服务大局、服务基层”活动，取消、下放了15项行政审批事项，研究提出了拟进一步取消、下放的事项，认真查找了松散懒、责任心不足、担当意识差、团队意识差等作风问题，有针对性地进行了整改提高，机关职能、管理方式和工作作风发生了明显变化，推动了林业改革发展和行业作风转变，艰苦奋斗、无私奉献的行业精神得到了传承和发扬。

但是，我们必须看到，形式主义、官僚主义、享乐主义和奢靡之风，在林业系统还不同程度地存在。有的思想放松、不思进取，精神低迷涣散，学习热情不高，工作动力不足，消极应付，推诿扯皮；有的习惯于以会议落实会议、以文件落实文件，抓工作不讲实效，善做表面文章，爱搞花拳绣腿；有的对实际情况不了解不关注，不愿深入困难艰苦地区，不愿帮助基层和群众解决实际问题，下基层调研走马观花，坐在车上转，隔着玻璃看；有的不严格要求自己，工作纪律、经济纪律、组织纪律松垮，甚至冲撞底线。同时，林业发展水平与国家要求、社会需求还有很大差距，林业发展潜力还没有得到充分释放，林业服务大局、服务基层的能力有待全面提升。

当前，中国经济社会正在发生深刻变革，新兴产业异军突起，新的行业蓬勃发展，在国家战略大局中的位置越来越突出。林业作为一个传统行业，如何适应形势的发展变化，全面提升发展水平，更好地服务国家大局、服务基层群众，是每一个务林人都需要认真对待和深入研究的重大课题。如果我们固步自封、因循守旧、封闭发展，林业就会被边缘化。我们必须认识到，推动林业发展的动力、解决复杂问题的办法、提高工作能力的营养都在基层，要把服务基层作为我们工作的主要任务，把深入基层变成林业干部的自觉行动，更多地向基层要办法、找出路。

第一，深入基层，感受基层味道。林业是一项根在基层、贴近农民的事业。基层既是林业工作的车间，又是政策显示的终端。要经常深入基层一线，接地气、沾泥土，感受基层味道，倾听群众呼声。

第二，学习基层，汲取基层营养。人民是历史的创造者，基层是林业建设的主战场。一切发展林业的成功经验，都来源于基层实践和群众创造。要善于借鉴群众智慧，在汲取基层营养中增长才干、提高能力、改进作风，注重总结基层创造的经验，及时找到破解难题的办法。

第三，服务基层，增强基层情怀。林业是直接为基层、为农民服务的部门。要增强基层情怀，与农民讲感情、交朋友。要善于换位思考，自觉站稳群众立场，在政策制定、工程建设等方面，认真考虑基层需求，千方百计惠及群众。

第四，依靠基层，树立基层观念。林业事业蓬勃发展，必须依靠基层。要让基层观念、群众观点融入血液，成为我们的价值理念和自觉行动，坚持为了群众、依靠群众发展林业，保护好、发挥好群众发展林业的积极性，全面焕发林业的生机与活力。

五、高度重视并着力解决当前林业发展中的重大问题，全面完成各项林业建设任务，推动生态林业民生林业科学发展

上半年，全国林业建设取得了明显成效，实现了时间过半、任务过半。全国共完成造林6371万亩，占全年计划的70.8%；义务植树22.7亿株，占全年计划的90.8%；抚育森林6618万亩，占全年计划的63%；实现林业产业总产值1.88万亿元，同比增长34.5%；林产品进出口贸易额618亿美元，同比增长7%。总的看，在全国经济增长放缓的情况下，林业继续保持持续稳定的发展态势，为稳增长、保就业、惠民生、促发展作出了积极贡献。但是，当前林业发展中还存在一些突出问题，需要引起高度重视，认真研究解决。大家在分组讨论中，已经就此提出了许多好的意见和建议，这里我再强调几个问题。

第一，关于森林资源保护问题。林地、湿地和物种是重要的生态资源和生存资本。保护林地、湿地和物种，是各级林业部门的核心职责和根本任务。保护优先是十八大确定的生态文明建设方针之一。但是，在当前工业化、城镇化的推进过程中，以各种名目乱征滥占林地、湿地的现象十分严重，对自然生态系统造成了极大破坏。尤其是资源破坏主体已经由自然人向社会法人、企业法人甚至政府转变，林地、湿地和野生动植物保护面临着巨大压力。最近，欧盟决定大力发展绿色基础设施，扩大森林面积，增加城市森林，恢复自然湿地，将分割的自然保护区连接起来，保护生物多样性。我们要认真吸取发达国家的经验教训，把森林和湿地作为城镇的重要基础设施来对待，把物种保护作为提升可持续发展能力和社会文明水平的重要举措来推进，避免走“先破坏后治理”的发展老路。要认真落实《全国林地保护利用规划纲要》，严格履行林地征占用审批程序，遏止林地过快过多减少的势头。要全面强化自然湿地保护，坚决禁止围垦湿地、占用湿地和在湿地周围无序开发。抓紧修改野生动物保护法，加强珍稀濒危物种繁育拯救和野外种群栖息地保护，引导和规范野生动物合理利用，维护生物多样性。各地要结合实际，加快地方立法，强化林地、湿地和物种保护。要充分发挥森林公安、森林武警、资源林政的作用，严厉打击毁林占地、破坏野生动植物等违法犯罪行为。

第二，关于加强森林经营问题。最近，唐守正院士建议加强森林经营，实现森林保护与木材供应双赢。汪洋副总理批示指出，唐院士关于加强林业养护、提高林木单产的意见是非常有价值的，应在以后的工作中注意向这个方面推动，使中国的林业发展能够从增加面积、提高质量两个方面都有大的进步。无论是从实现林业“双增”目标来看，还是从维护国家生态安全、木材安全来看，我们都要把森林经营与植树造林放在同等重要甚至更加重要的位置。如果通过抚育经营，将单位面积森林蓄积量提高一倍，就相当于将森林面积扩大一倍，这对于宜林荒山荒地十分有限的地方显得尤为重要。今后，要将森林经营提升为林业发展的核心任务和主攻目标，科学编制并认真落实森林经营方案，完善扶持政策，强化科技支撑，加强林区基础设施建设，全面提升森林经营水平，努力增加国内木材产量和森林生态效益。各类经营主体都要编制实施森林经营方案，森林资源监督部门工作重心要转向监督森林经营方案的实施，确保把汪洋副总理的重要批示精神落到实处。

第三，关于发展绿色富民产业问题。林业产业是极具发展潜力的绿色富民产业和实体经济，具有市场空间广、产业链条长、就业容量大等优势，在稳增长、调结构、保就业、惠民生等方面发挥着重要作用。在中国经济增长趋缓、就业压力增大的情况下，大力发展林业产业，可以扩大社会就业，增加农民收入，提高消费能力，拉动国家经济发展。最近，中国银监会与国家林业局正式出台了《关于林权抵押贷款的实施意见》。这是深化集体林权制度改革的重要成果，也是农村金融政策的重大创新，为发展绿色富民产业创造了良好条件。各地要争取出台实施细则，在林权抵押登记、延长贷款期限、森林资产信息化管理和银行自评估及林权收储、扩大贴息规模等方面，为金融机构服务林业和方便农民获得贷款、扩大贷款规模提供支持。要加大宣传力度，用好这项政策，引导金融资本有序进入林业。

第四，关于深化林业改革问题。国务院已经将林业改革确定为深化经济体制改革的重要内容，要求深化集体林权制度改革，开展国有林场改革试点，研究提出国有林区改革指导意见。我们要全力推进。集体林权制度改革要以落实和稳定农民林地承包经营权为核心，健全林权管理服务机构，发展农民林业专业合作组织，创新林木采伐管理机制，完善林业补贴政策，做大林权抵押贷款，推进森林保险，规范林权流转，强化技术培训，巩固和扩大改革成果。国有林场改革要着力抓好改革试点，创新管理体制，加强生态保护，安置富余职工，发展特色产业，维护生态安全和社会稳定。国有林区改革要深入调查研究，加强顶层设计，突出改革重点，找准切入点，抓住着力点，尽快形成改革指导意见。

第五，关于推进林业科技创新问题。目前，中国林业科技进步贡献率低于全国平均水平，比农业低10个百分点，与林业发达国家的差距更大。推进生态文明建设，提升林业发展水平，迫切需要强化林业科技创新，充分发挥科技的支撑引领作用。我们要认真落实汪洋副总理视察中国林科院时的讲话精神，创新体制机制，完善基础设施，注重人才培养，加强科技攻关，努力在生态建设、产业发展、农民增收和应对气候变化等重点领域，破解一批重大理论和技术难题，取得一批具有自主知识产权的核心技术。要高度重视林业科技推广，千方百计把现有科技成果尽快转化为现实生产力，努力满足林业生产对科技的迫切需求。

第六，关于抓好森林防火问题。中国森林防火的法律法规、组织体系、扑救队伍、基础设施逐步健全，森林防扑火能力明显提升，森林火灾损失逐年下降。但是，森林火灾仍然是中国重要的灾害课题、重大的民生问题和敏感的社会话题，严重威胁着森林资源和人民生命财产安全。一定要从全局和战略高度，进一步加强森林防火工作。要加强森林防火能力建设，推广使用先进适用防火技术和装备，提升防火科学化、机械化和信息化水平。抓好重点火险区综合治理，加快防火基础设施建设，改善林区道路和通信条件，提高防火物资储备和保障能力。加强专业扑救力量建设，提高地方森林防火队伍、武警森林部队和森林航空消防队伍扑火作战能力。认真贯彻《森林防火条例》，严格落实森林防火责任，扎实开展防火绩效考核，及时查处涉火案件，依法严惩火灾肇事者。

第七，关于林业棚户区改造问题。近年来，中央累计投入林业棚户区危旧房改造216亿元，安排改造任务152万户，已竣工入住90万户，林区职工居住条件极大改善。前不久，国务院常务会议对加快棚户区改造工作进行了专题研究部署，决定集中部分资金重点支持棚户区改造。林业棚户区危旧房改造任务仍然十分繁重，各地区、各单位要采取有力措施，多渠道筹措资金，强化督促指导和监督检查，保质保量完成计划改造任务。要争取落实国家发改委下达的基础设施投资向林区倾斜的政策，加快推进林区基础设施建设，同步改善职工居住区配套公共服务条件，确保建得起、住得下。要认真研究改造后的住房分配、管理等问题，探索形成科学有效的林区住房保障机制。要深入调查摸底，加大协调力度，将林业工作站、木材检查站、自然保护区、国有苗圃等基层林业单位职工危旧房改造全部纳入当地城镇住房保障体系，确保不留死角。

同志们，做好下半年工作，任务十分繁重。让我们紧密团结在以习近平同志为总书记的党中央周围，高举中国特色社会主义伟大旗帜，以邓小平理论、“三个代表”重要思想、科学发展观为指导，改革创新，转变作风，狠抓落实，全面提升生态林业民生林业发展水平，为建设生态文明和美丽中国、全面建成小康社会、实现中华民族伟大复兴的中国梦作出新的更大贡献！

严格保护湿地资源 大力推进生态文明建设

——在第三届中国湿地文化节暨东营国际湿地保护交流会议上的讲话

赵树丛

（2013年10月24日）

今天，我们在有“东方湿地之城”美称的山东省东营市，举行第三届中国湿地文化节暨东营国际湿地保护交流会议，共同探讨湿地保护与管理问题。借此机会，我代表中国国家林业局，向与会各位代表表示热烈欢迎，向关心支持中国湿地保护事业的各界人士表示衷心感谢！

山东省委、省政府高度重视林业生态建设，把湿地保护作为中心任务之一，启动实施了退垦还湿、流域综合整治等一系列工程，湿地资源得到有效保护，全省生态状况逐步改善。东营市依托黄河三角洲独特的湿地资源优势，提出了打造湿地之城、生态之城的战略目标，开展了高效生态经济区建设，出台了《东营市湿地保护管理办法》，全面加强湿地资源保护，全市湿地保护工作取得了明显成效。

中国政府高度重视湿地保护和恢复工作，下发了《国务院办公厅关于加强湿地保护管理的通知》；实施了全国湿地保护工程，国家投入从“十一五”期间年均3亿元增加到目前每年5.5亿元；出台了第一部国家层面的湿地保护部门规章《湿地保护管理规定》，17个省份制定了湿地保护条例；完成了第二次全国湿地资源调查，调查成果达到国际领先水平；中央电视台开展了“美丽中国·湿地行”大型公益活动，湿地保护工作引起全社会的高度关注。全国已建立湿地自然保护区550多处，国际重要湿地46处，湿地公园430多处，湿地保护体系初步形成，部分重要区域湿地生态状况明显改善。

但是，中国自然湿地面积仅占国土面积的3.77%，远低于世界平均水平。由于长期过度开发，全国湿地面积减少、功能退化、生物多样性下降的趋势仍未得到有效遏制。调查结果显示，近10年来，中国共丧失湿地300多万公顷，80%以上的湿地面临污染、围垦和过度放牧等威胁，湿地生态系统结构和功能受到严重破坏，对经济社会发展的支撑能力明显减弱。同时，国家层面湿地保护立法和宣传教育工作滞后，湿地保护科技水平不高，保护机构和人才队伍薄弱，中国湿地保护事业任重道远。

党的十八大站在中华民族永续发展和为维护全球生态安全作贡献的战略高度，对建设生态文明和美丽中国作出了全面部署，就扩大湿地面积提出了明确要求。最近，习近平总书记就加强生态文明建设和生态环境保护、增加生态产品和民生福祉多次作出重要指示。科学保护和利用湿地资源，是建设生态文明和美丽中国的重要内容，是改善生态和改善民生的重要途径，是促进经济社会可持续发展的重要保障。中国国家林业局将深入贯彻落实党的十八大和习近平总书记关于生态文明建设的重要讲话精神，认真履行湿地保护的综合组织协调指导监督职能，坚持保护优先、科学修复、合理利用、持续发展的原则，全面加强湿地保护与恢复，努力开创湿地保护工作新局面。力争到2020年，全国湿地保有量达到8亿亩以上，自然湿地保护率达到60%，为经济社会可持续发展夯实生态资源基础。

第一，把改善生态改善民生作为湿地保护工作的出发点和落脚点。湿地具有强大的生态功能和生产功能，为人类生存发展提供着清新的空气、洁净的淡水、宜居的环境和丰富的食品，中国有3亿多人直接依赖湿地生活。湿地保护不仅关系到生态文明和美丽中国建设，而且关系到人民群众的生产生活。湿地保护工作必须坚持以人为本，大力弘扬“保护湿地、生态惠民”的理念，协调发挥湿地在改善生态和改善民生中的多种作用，让人民群众充分享受湿地保护成果。

第二，严格保护湿地生物多样性。湿地是一个复杂的生态系统，为全球20%的已知物种提供了生存环境。湿地生物多样性是其发挥多种功能的物质基础，只有水和草的地方并不是科学意义上的湿地。必须把保护湿地生物多样性作为湿地保护的重要目标，着力维护湿地生态系统稳定性。加大重要水禽栖息地和迁徙通道保护，形成完善的湿地保护网络，为其繁衍生息提供良好环境。防止湿地生物资源过度开发，减少湿地盲目开垦和改造，避免改变湿地生物群落结构，降低生物多样性。尤其要重点保护好自然湿地，减少人为干扰，保持原始状态。加强湿地监测，密切关注湿地生态变化情况，及时采取有针对性的保护措施。

第三，科学保护与合理利用相结合。坚持尊重自然规律，把保护和恢复湿地作为第一要务，不断提高自然湿地保护率，尤其要把国际重要湿地、国家重要湿地、湿地自然保护区、湿地公园保护好、管理好。按照保护优先的理念，进一步规范湿地公园建设和管理，严把规划、论证、验收和审批关，确保科学有序推进湿地公园建设。遵循经济社会发展规律，正确处理湿地保护与利用的关系，不搞绝对的、脱离实际的，甚至是损害群众利益的保护，坚持科学利用湿地资源，逐步满足日益增长的民生需求。对关系国计民生的湿地资源，可通过明确利用范围、期限、方式等办法，规范湿地资源利用行为，提升湿地生态系统承载能力，确保湿地保护事业可持续发展。

第四，扩大面积和增强功能“两手抓”。面积减少和功能退化是湿地保护工作当前面临的两大突出问题。遏制湿地减少的趋势，扩大湿地面积是关键。在具备湿地恢复条件的区域，应坚持自然恢复为主，辅之以科学的人工措施，逐步恢复丧失的湿地资源。城市及其周边的重要湿地，可通过建设湿地公园的方式加强保护，扩大城市生态容量，提高城市宜居水平。扭转湿地功能退化的趋势，增强生态系统稳定性是根本。应树立流域和生态系统管理的理念，对功能退化的沼泽、河流、湖泊和滨海等湿地进行集中连片治理，恢复湿地生态系统功能，但要坚决反对违背群众意愿和自然规律的形象工程与政绩工程。

第五，深化湿地保护国际交流与合作。加强湿地保护需要世界各国携手努力、共同推进。中国国家林业局将会同有关部门，认真履行国际湿地公约，完善履约协调机制，积极参与公约事务，为全球湿地保护事业作出应有贡献。我们愿意进一步加强与世界各国和相关国际组织的交流与合作，推动建立区域湿地保护合作机制，以务实态度开展湿地保护合作，开展湿地保护高层对话，加强政策协调沟通。我们将积极借鉴湿地保护先进理念和技术，共同分享国内湿地保护的成功经验，推动全球湿地保护事业共同发展。

第六，继续完善湿地保护制度体系。建立健全国家层面的法规制度，争取国家尽快出台湿地保护条例，把湿地保护管理的有效制度以法规的形式固定下来，确保全国湿地保护工作有法可依、有章可循。探索建立湿地生态效益补偿、湿地生态补水、湿地征占用管控等制度，维护湿地生态功能稳定，平衡湿地保护相关利益关系，调动各方面保护湿地的积极性。建立稳定增长的湿地保护投入机制和科学的湿地保护考核制度，落实地方政府湿地保护责任，加强湿地保护组织机构和能力建设，不断提高湿地保护管理工作水平。深入开展湿地保护宣传教育、科学研究和人员培训等工作，为加强湿地保护工作营造良好氛围、提供有力支撑。

湿地既是重要的生态系统，也是珍贵的自然资源，在促进经济社会可持续发展中发挥着越来越重要的作用。让我们以此次会议为平台，携手努力，深化合作，共谋发展，努力推动全球湿地保护事业健康发展，为维护全球生态安全、促进经济社会可持续发展作出新的更大贡献。

在全国油茶产业发展现场会上的讲话

赵树丛

（2013 年 11 月 5 日）

这次会议是国家林业局召开的第六次全国油茶产业发展现场会。从 2008 年开始，国家林业局每年召开一次油茶产业发展现场会，就是要毫不放松地将油茶产业抓下去、抓出眉目，抓出成效。湖北省发展油茶产业的林地资源比较丰富，省委、省政府高度重视，李鸿忠书记、王国生省长、郭有明副省长都高度重视这项工作，亲自部署、亲自督促、亲自协调，现在湖北的油茶产量达到了 1.6 万吨。咸宁市从 2009 年开始就把油茶产业发展列为全市的百亿元林业产业项目，从政策方面，把农业综合开发资金、扶贫资金、现代农业发展资金、土地整理资金、低产低效林改造资金等纳入支持油茶产业发展中，每年拿出 1 个多亿扶持油茶产业发展。今天上午我们看的通城县，全县油茶面积达到 21.9 万亩，其中有 15 万亩是 2008 年以来新造的。通城县每任县委书记、县长都要抓一个 2000 亩的示范基地，乡镇党委书记、乡镇长都要抓一个 500 亩的示范基地，重点村的支部书记都要抓一个 100 亩的示范基地。通城县在油茶产业发展上，科学规划、龙头带动、政策扶持、环境优化，这就是通城的经验。这次会议之所以在湖北省咸宁市召开，就是要进一步学习咸宁市、通城县发展油茶产业的好经验，交流各省第五次油茶产业发展现场会以来的好做法，把油茶产业发展推向一个新的发展水平。下面，我讲三点意见。

一、认真总结五年来油茶产业发展的成功实践

2008 年以来，各地从改善生态、改善民生出发，制定了一系列推进油茶产业发展的政策措施，创造了经验，有力推动了油茶产业发展。主要表现在以下六个方面：

（一）政策扶持力度不断加大，为推动油茶产业发展提供了有力支持。2009 年 10 月，经国务院批准，国家发改委、财政部、国家林业局联合印发了《全国油茶产业发展规划(2009～2020 年)》，从 2011 年起财政部连续下发了《关于整合和统筹资金支持木本油料产业发展的意见》，中央和地方政府不断加大投入力度，引导和带动社会资金投向油茶产业。五年来，全国投入油茶产业的资金达到 271.3 亿元，其中中央投入 55.75 亿元，地方投入 42.86 亿元，社会资本投入 172.69 亿元。

（二）种苗生产取得突破性进展，为油茶产业发展奠定了坚实基础。五年来，国家林业局及各省区高度重视油茶良种繁育工作，狠抓良种种苗生产能力建设和质量监管，油茶种苗生产形势发生了根本性变化。国家及各省林木品种审定委员会先后审认定油茶良种260余个，全国共确定定点苗圃289处，定点采穗圃319处。2009～2011年国家共批复建设油茶良种基地90处、4.4万亩，投资2.76亿元，其中中央投资1.78亿元，建设油茶良种采穗圃1.85万亩，种子园1920亩，收集种质资源6831份。种苗质量显著提升，2013年全国繁育油茶良种苗木7.9亿株，其中新育4.7亿株，两年生留床苗3.2亿株，占育苗总量的40%，容器育苗3.7亿株，占46%。可出圃两年生大苗和容器育苗近4亿株，满足了油茶造林对良种壮苗的需求。

（三）高产油茶林基地建设快速推进，低产林抚育改造稳步开展。五年来，全国累计完成新造油茶林1360万亩，改造低产林1342万亩，超额完成了全国油茶产业发展规划任务。目前，全国油茶林总面积已达5750万亩，茶油产量由2008年的20多万吨增加到2012年的45万吨，产值由110亿元增加到390亿元。油茶造林技术水平进一步提高，地膜覆盖、立体种植、整形修剪、生物防治等技术在造林生产中得到广泛应用，基地建设质量、管理水平明显提高。

（四）科技支撑能力明显增强，油茶产业素质不断提升。五年来，中央财政投入油茶科技创新、技术研发与推广资金达2.49亿元，实施了国家科技支撑计划"油茶产业升级关键技术研究与示范"等一批科技攻关项目，《湖南油茶雄性不育杂交新品种选育及高效栽培技术和示范》荣获国家科技进步二等奖，湖北"油茶新品种选育与集约化栽培技术"被评为"2012年湖北十大科技转化成果"。国家林业局、科技部在湖南省林科院建立了"国家油茶工程技术研究中心"，国家林业局还建立了油茶科学中心和全国油茶技术协作组，制订了《油茶良种选育技术》、《油茶苗木质量分级》、《油茶栽培技术规程》、《油茶林产量测定方法》等12项国家标准和行业标准，为油茶产业发展提供了技术支持。

（五）体制机制逐步优化，油茶产业发展活力不断增强。五年来，在油茶主产省区各级政府的大力支持和引导下，油茶企业及专业合作组织参与油茶产业发展积极性持续高涨。据统计，14个省区市参与油茶产业发展的企业达到1216个，带动参与的农民134万人，油茶专业合作社1747个，参与农户21.53万户，大户439个，参与农户12.31万户。2013年新造油茶林331.8万亩，其中企业造林112.28万亩，占33.8%，合作社造林56.7万亩，占17.1%，大户造林76.47万亩，占23%，农户及其他主体造林86.35万亩，占26%。企业、专业合作社和大户造林占到2/3，在油茶产业发展中起到了主导作用，成为油茶产业发展的主力军。

（六）产业效益开始显现，对山区农民增收致富的作用明显增强。五年来，随着人们对茶油营养保健功能认知度的提高，茶油及其产品供不应求，价格不断攀升。茶油毛油收购价由2008年的每公斤8元提高到70元左右，林农来自油茶产业的收益明显增加。湖北省通城县油茶种植面积已达21.9万亩，占全县山林面积的20.7%，年综合产值近10亿元，占全县GDP的11.8%，带动农民年增收1.5亿元以上，在推动幕阜山区连片扶贫开发中发挥了重要作用。

历经5年，油茶产业在全国14个省区市全面推进，发展势头良好，成效十分显著。但我们也清醒地认识到，当前油茶产业发展依然存在一些突出问题，主要是：企业基地规模偏小，企业在市场中的主导作用没有得到充分发挥；基地基础设施不完善，灌溉、道路等基础设施缺乏，抗风险能力低；油茶采摘、脱粒等设备和技术的基础研究滞后，机械化程度低；资金投入严重不足，新造油茶林的抚育管理以及低产林抚育改造缺乏专项资金扶持等。这些问题虽然都是发展中的问题，但必须高度重视，在今后的工作中认真解决。

二、着力抓好当前油茶产业发展的重点工作

为顺利实现《全国油茶产业发展规划（2009～2020年）》确定的目标任务，各地要认真贯彻落实中央领导同志的重要批示精神，继续把油茶产业作为发展生态林业、民生林业的重要载体来抓，重点抓好以下几项工作。

（一）油茶产业发展要与林业重点工程紧密结合，加快高标准油茶示范林基地建设。大力发展油茶产业，资金投入是保障。当前，投入不足依然是制约油茶产业发展的重要因素。一方面，各地要运用好财政部关于整合资金支持木本油料产业发展的政策，尽可能争取现代农业生产发展资金、财政专项扶贫资金、水土保持重点建设工程补助专项资金等用于油茶等木本油料产业发展。另一方面，要充分利用国家林业重点工程的资金投入，把油茶基地建设与退耕还林、防护林体系建设等结合起来，统筹安排。最近，国家正在谋划实施新一轮的退耕还林，把退耕还林与发展油茶等木本粮油产业结合起来，既可以治理坡耕地水土流失，又可以增加木本粮油产量、有效维护国家粮油安全，还可以为退耕农户建立长期稳定的增收渠道。各地要因地制宜，抓住机遇，扩大高标准油茶林基地建设规模。同时，要结合森林抚育，加快现有油茶低产林改造。中国现有油茶低产林4000多万亩，仅改造了1300多万亩，改造任务还十分繁重。各地必须高度重视，落实责任，加快推进。湖南省常宁市委、市政府对镇、村干部提出了"油茶不垦复，干部不称职"的衡量标准，受到当地群众的好评。今年，极端干旱天气严重影响了油茶造林成活率和保存率，各地要将油茶林抚育和补植补造作为今冬明春的重点工作抓好抓实，积极采用容器苗和两年生以上大苗造林和补植，以增强抵抗自然灾害的能力，提高造林成活率和保存率，确保高产稳产。

（二）油茶产业发展要充分用好林权抵押贷款政策，拓宽林业融资渠道。长期以来，融资难、贷款难一直是制约林业产业做大做强的突出问题。主要存在两大障碍，一个是银行不了解林业的巨大经济功能，认为林业生产周期长、贷款风险大，不愿意放贷；一个是林业部门自身对林业融资工作不重视，服务企业、服务林农的意识不强。通过实践，不少地方在林权抵押贷款方面取得了重大成效。以福建省永安市为例，60多年来，中央和地方政府投入林业的资金为1.4亿元，2011年到2013年7月，林业贷款就从29亿元增加到43亿元，极大地促进了林业产业发展，值得各地深刻反思，学习借鉴。最近，中国银监会与国家林业局正式出台了《关于林权抵押贷款的实施意见》，各地林业部门一定要主动与金融机构加强沟通，在林权抵押登记、森林资源资产信息化管理等方面，为金融机构服务林业和方便林农获得贷款提供支持，把林权抵押贷款规模做大，使金融资本成为油茶产业发展的不竭动力。

（三）油茶产业发展必须依靠科技支撑，加快实用技术、关键技术和科研成果的转化。油茶产业要做大做强，必须依靠科技，走规模化、标准化、产业化、现代化的发展道路。从品种选育到良种繁育，从种植到管护，从采收到加工，从标准到质量，每一个环节都要围绕提高单产、降低成本、确保质量等开展科技攻关，当前重点要破解油茶"抱子怀胎"影响采摘机械化的问题。到明年，2008年以来新造的油茶林将陆续进入盛果期，油茶果采摘用工量大、采摘时间集中与农村劳动力紧缺和价格上升的矛盾日益突出，油茶生产成本上升，解决采摘成本高的问题迫在眉睫。在去年油茶现场会上，湖南科技学院介绍的油茶自动落籽和集籽技术是解决这个问题的一种方式，还要组织攻关，尽快研制油茶林整地、复垦、油茶果采摘等机具，切实解决油茶生产劳动强度大、费工费时等关键问题。

（四）油茶产业发展要实行立体开发，最大限度地发挥林地资源的综合效益。种油茶前期投入大，前几年没有效益，在进入盛果期前搞立体开发，可以提高林地产出，增加收益，降低成本，加快资金周转。近年来，各地通过发展林下经济，实行林药、林菌、林粮、林蔬、林花、林禽、林畜等立体开发，使林地的长、中、短期效益有机结合，取得了很好的效果。湖南、安徽、陕西等地利用油用牡丹耐阴的特性，与油茶套种，成倍增加了木本油料产量。据安徽的同志介绍，每亩林地种植油茶100~110株、油用牡丹3000~4000株，第三年开始每亩产牡丹籽油12~16公斤，第五年进入盛产期每亩可产牡丹籽油40~56公斤，第八年油茶进入盛果期后牡丹则用于生产丹皮，仅丹皮收益每亩可达8400~13200元。这种模式有效利用了油茶和油用牡丹两个不同树种的生长习性和互补性，降低了成本，增加了收益，是一种值得大力推广的模式。

（五）油茶产业发展要鼓励企业带农户，实现企业增效、农民增收。要大力推广"龙头企业+合作组织+基地+农户"的模式，充分发挥企业的管理、科研、技术、资金优势和农户的林地、劳动力优势，以现代化经营方式推进油茶产业发展，鼓励企业通过股份合作让农民通过土地入股参与油茶产业开发，使企业与农户成为利益共同体，让农民得到实惠。同时，要重点培育几个大型茶油加工企业，着力打造茶油知名品牌，不断增强企业的竞争能力。要建立企业诚信体系，组建"放心油茶"企业联盟，深入推进"放心茶油"工程，确保城乡居民放心消费、安全消费。

（六）要着手开展规划中期评估，确保规划按期完成。《全国油茶产业发展规划(2009~2020年)》已实施5年，明年适当时候，我局将会同国家发改委、财政部组成联合评估组，对规划进行中期评估。各地要选择已进入结实期的油茶林基地，设立不同类型的观测样地开展产量测定工作，及时监测不同品种、不同造林方式、不同立地条件以及不同管理措施单位面积油茶林的结实情况。同时，各省区要成立专家小组对规划的实施情况进行检查，作出总体评价，提出调整完善规划的建议、理由和依据，为国家对规划的评估作好充分准备。

三、统筹抓好木本油料产业协调发展

中国人多耕地少，食用植物油形势十分严峻。2012年，中国进口棕榈油、橄榄油、豆油、菜油等成品食用植物油960万吨，进口大豆、油菜籽等6228万吨，食用植物油对外依存度高达65.8%，耗汇485.5亿美元。大力发展木本油料，势在必行。

除油茶以外，中国还有许多很好的木本油料树种。当前，比较有潜力的还有几种：一是核桃。中国有27个省份适宜种植，2012年核桃产量204.69万吨。核桃的油脂含量高达65%~70%，居所有木本油料之首。核桃油不饱和脂肪酸含量92%，亚油酸含量高达50%~69%。发展核桃产业经济效益显著，潜力巨大。二是油用牡丹。这是一种新发现的高档食用油植物。油用牡丹分布广、产量高、品质好、经济效益显著。牡丹籽油不饱和脂肪酸92%，其中亚麻酸含量高达42%以上，每亩可产油45~80公斤。2011年卫生部已批准牡丹籽油为食用植物油，已具备大规模发展的条件。三是长柄扁桃。这是一种防沙治沙的重要树种，又是一个高品质食用油树种，长柄扁桃油不饱和脂肪酸98.1%，居植物油之首，每亩可产油40多公斤。这种油作为新资源食品已经卫生计生委审查通过并向社会公示，近期可望批复。此外，还有山桐子、光皮树等等，不仅分布广、产量高，其果油中不饱和脂肪酸含量也很高。目前，光皮树、山桐子作为新资源食品也已报卫生计生委待批。

大力发展木本油料产业，事关国家粮油安全大局，各省一定要高度重视，精心组织。

一要抓重点。要突出当地资源优势和区域特色，选择适宜本省种植的木本油料树种，科学编制本省木本粮油主要树种发展规划，千万不能盲目跟风，脱离本地实际，一旦市场发生变化或经济效益未达到预期，就砍这种那，造成土地资源和时间成本的极大浪费，给农民群众带来巨大损失。

二要发挥优势。对适于发展木本油料的县，要确定一个最适合本县发展的树种，切忌千篇一律。要集中政策和资金扶持，在全国范围内建成一批油茶县、核桃县、长柄扁桃县等等，逐步形成"一县一业"的发展格局。最近，我去山东省沾化县调研，给了我很多启示。这个县1984年资源普查时在下洼镇发现了56棵枣树，镇政府开始重视发展枣树，面积不断扩大，县委、县政府在认真总结经验的基础上，决定把枣业作为全县的支柱产业来抓，1993年大力推广，到2013年全县种植冬枣50万亩，产量4.2亿斤，实现销售收入25亿元，产业产值30亿元，全县32万农民人均冬枣收入8000元，其中22万枣农人均收入1.5万元。现在，又在做发展深加工、延长产业链的文章。这应当成为发展木本油料、特色经济林的一个范例，加以宣传推广。

三要做好基础工作。当前，木本油料产业发展的基础工作还很薄弱，资源家底不清，发展情况也不明。各地要抓紧开展木本油料专项资源普查，在组织好木本油料基地建设和产业发展的同时，加强统计管理，及时反映木本油料产业发展中存在的问题，为决策提供科学依据。

发展木本粮油产业，要发扬钉子精神，脚踏实地，一步一个脚印地抓。要有点狠劲，咬定青山不放松；有点韧劲，一届一届接着干。对于木本粮油，特别是油茶产业发展，国家林业局将一如既往地抓下去，各地都要像湖北省咸宁和通城那样，在发展中不断创造新鲜的经验，打造新的平台，提高新的水平。今年是第六次油茶产业发展现场会，明年还要召开第七次油茶产业发展现场会，明年的现场会我还要参加，希望各地努力创造出更好的经验，推动油茶产业的发展。

在局党组中心组学习会上的发言

——学习十八届三中全会精神的几点体会

赵树丛

（2013年11月19日，根据录音整理）

党的十八届三中全会，是我们党在新形势下坚定不移贯彻党的基本路线、基本纲领、基本经验、基本要求，坚定不移高举改革开放大旗、全面深化改革的又一次总部署、总动员。与十一届三中全会相比，无论是改革的力度，还是解决的问题，都具有同等重要的意义。十一届三中全会是从思想观念上解决中国向何处去的问题，主要目的是解放思想。十八届三中全会是解决在转型升级中中国向何处去的问题，主要目的是全面深化改革。这次全会作出的《中共中央关于全面深化改革若干重大问题的决定》，描绘了全面深化改革的新蓝图、新愿景、新目标，在改革理论和措施上有一系列重大创新和突破，充分体现了以习近平同志为总书记的党中央有胆有识、敢于碰硬、勇于担当的气魄，必将有力地促进“两个一百年”奋斗目标和中华民族伟大复兴的中国梦的实现。学习好、宣传好、贯彻好《决定》精神，全面完成各项改革任务，是全党全国的重大政治任务。会议结束后，我们认真学习了三中全会精神。刚才，大家结合林业实际，谈了学习体会，提出了工作建议，为贯彻落实好三中全会精神打下了坚实基础。下面，我谈几点学习体会。

一、关于全面深化改革的总目标

《决定》提出，全面深化改革的总目标是，完善和发展中国特色社会主义制度，推进国家治理体系和治理能力现代化。这是《决定》的突出亮点之一，其内涵主要包括3个要点：第一，不断完善和发展中国特色社会主义制度。这是中央作出的坚定选择，决定了改革的性质和方向。只要坚持这个方向，就能保证改革不会走封闭僵化的老路、不会走改旗易帜的邪路。只要坚持这个方向，就不会犯颠覆性的错误，中国特色社会主义制度就会不断发展和完善。第二，要推进国家治理体系和治理能力现代化。这是中央第一次提出国家治理体系的概念，是一个重要的理论创新。国家治理体系和治理能力，是一个国家制度和制度执行能力的集中体现。国家治理体系不仅包括治理经济、治理社会，还包括治党、治军、治国理政等多个层面。我们党已经执政64年，积累了丰富的治国理政经验，但还不完善。只有推进国家治理体系和治理能力现代化，才能使中国特色社会主义各方面制度更加科学完善，实现国家治理制度化、规范化、程序化。第三，丰富了中国现代化的内涵。过去说社会主义现代化，是分别从工业、农业、国防和科学技术等物质层面提出的，而国家治理体系和治理能力现代化，是从制度层面提出的，涵盖了中国特色社会主义事业“五大建设”和党的建设的制度体系。《决定》还明确了到2020年在重要领域和关键环节改革上取得决定性成果，形成系统完备、科学规范、运行有效的制度体系，使各方面制度更加成熟更加定型的阶段性目标。这与邓小平同志1992年提出的再有30年的时间，我们才会在各方面形成一整套更加成熟更加定型的制度，是完全吻合的，也是与实现“两个一百年”奋斗目标和中华民族伟大复兴的中国梦完全一致的。

二、关于全面深化改革的总体思路

就是“六个紧紧围绕”：紧紧围绕使市场在资源配置中起决定性作用深化经济体制改革，紧紧围绕坚持党的领导、人民当家做主、依法治国有机统一深化政治体制改革，紧紧围绕建设社会主义核心价值体系、社会主义文化强国深化文化体制改革，紧紧围绕更好保障和改善民生、促进社会公平正义深化社会体制改革，紧紧围绕建设美丽中国深化生态文明体制改革，紧紧围绕提高科学执政、民主执政、依法执政水平深化党的建设制度改革。这“六个紧紧围绕”，全方位部署了经济、政治、文化、社会、生态文明和党的建设各领域的改革重点，描绘了全面深化改革的路线图，既体现了全面深化改革的要求，又体现了以经济体制改革为重点，发挥经济体制改革牵引作用、带动其他领域改革的要求，体现了改革的整体性、系统性、协同性。

三、关于使市场在资源配置中起决定性作用

这是《决定》的最大亮点和重大理论观点，是深化经济体制改革和各领域改革的基本方针，对于处理好政府与市场的关系，完善社会主义市场经济体制，意义十分重大。第一，抓住了市场经济的本质。市场决定资源配置是市场经济的一般规律，也是共同规律。建立社会主义市场经济体制同样需要遵循这一规律，既然市场决定资源配置是市场经济的基本特征、主要内涵、一般规律，这就要求我们在理论上承认这一规律，在实践上遵循这一规律。第二，将带来政府职能的一系列变革。市场在资源配置中起决定性作用，意味着没有其他力量可以代替市场的作用。政府等其他力量可以影响和引导资源配置，但不能起决定性作用。政府是管理主体，而不是市场竞争主体。这就要求，对政府进行改革，切实发挥好"保持宏观经济稳定，加强和优化公共服务，保障公平竞争，加强市场监管，维护市场秩序，推动可持续发展，促进共同富裕，弥补市场失灵"的主要职能和作用。第三，对更好地发挥政府作用提出了重大命题。发展社会主义市场经济，要求更好地发挥政府作用，而不是更大的作用，也不是更强的作用，而是更好的作用。当前，在社会主义市场经济建设中，政府职能存在着越位、缺位和不到位并存的问题。必须要正确处理好政府和市场的关系，凡是能由市场进行配置的，都要坚决放开放到位，更好地适应市场主体参与社会主义市场经济建设。第四，对加快完善现代市场体系提出了新的要求。包括建设统一开放、竞争有序的市场体系，建立公平开放透明的市场规则，完善主要由市场决定价格的机制，建立城乡统一的建设用地市场，完善金融市场体系，深化科技体制改革，健全技术创新市场导向机制，建立科技要素市场等。各级林业部门要认真遵循这一基本规律，一方面，让市场配置林业资源，更好地发挥市场机制在推动林业改革发展中的重要作用。另一方面，要针对林业资源公益性、生态性很强的特点，进一步加强和改进监管职能，把该管的事务坚决管住管好，防止生态资源遭到破坏，维护国家生态安全。

四、关于赋予农民更多财产权利

《决定》提出，赋予农民更多财产权利。主要精神包括：第一，坚持农村土地集体所有权，依法维护农民土地承包经营权。稳定农村土地承包关系并保持长久不变，赋予农民对承包地占有、使用、收益、流转及承包经营权抵押、担保权能。第二，保障农民集体经济组织成员权利，积极发展农民股份合作，赋予农民对集体资产股份占有、收益、有偿退出及抵押、担保、继承权。探索农民增加财产性收入渠道。第三，维护农民生产要素权益，保障农民公平分享土地增值收益。

如果按户籍人口计算，目前中国城镇化率只有37%，还有近9亿农民。农民普遍缺乏财产、资本、科技、土地等生产要素，只拥有劳动力，并不是真正意义上的市场主体。如果占全国人口63%的9亿农民不是市场主体，中国社会主义市场经济就不是真正意义上的市场经济。进一步发展社会主义市场经济，必须把广大农民培育成完整的市场主体。《决定》的这些改革举措有利于让广大农民特别是农户家庭逐步成为完整的市场主体，对于发展社会主义市场经济，坚持和完善基本经济制度，确保广大农民平等参与现代化进程、共同分享现代化成果具有重要意义。

在培育农民市场主体方面，这些年来开展的集体林权制度改革走在了前列，把集体林权问题解决得较为彻底。一是通过颁发林权证，赋予农民山林主人的合法身份，为他们获得更多财产性收益提供了法律保障。二是明确集体林地承包经营权属于用益物权，农民作为承包经营权人，依法独立享有对林地使用和收益的权利。三是将集体林地承包期确定为70年，承包期满后还可继续承包，让老百姓吃上了"定心丸"。

完善林改，改到深处是产权，改到难处是放权。如果说林改以前的重点是"还权"，那么以后改革的关键就是"放权"。林业部门要带头赋予农民更大的权利，让农民在经营林业中获得更多的收益。一要赋予农民更多财产权利，赋予林权生产要素功能，包括可抵押、可担保、可流转，实现资产到资本的转换。集体林承包经营权是农民的，林业部门的职责主要是监管，确保森林资源总量不减少。二要切实改革林木采伐管理，公开采伐指标，简化采伐审批手续，逐步过渡到采伐备案制，实现农民自主采伐。三要加强林地管理，逐步放开地上特别是林下资源的管制，让农民充分利用林地资源生产更多的生态产品。四要积极推进林权流转，鼓励林权在公开市场上向专业大户、家庭林场、农民合作社、林业企业流转，实现资源优化配置，盘活农民森林资产。五要健全财政、金融、森林保险、林权交易等政策，为农民经营林业创造更好的条件。

五、关于健全自然资源资产产权制度和用途管制制度

这是加快生态文明制度建设的首要任务和制度基础。生态文明建设的核心和主体是自然生态系统，只有从源头上保护好自然生态系统，生态文明建设才能成为有源之水、有本之木。实行这一改革，核心是健全3项制度。一是健全自然资源资产产权制度。这是生态文明制度体系中的基础性制度。过去，中国没有把自然资源资产的所有权确定清楚，没有划清国家所有国家直接行使所有权、国家所有地方政府行使所有权、集体所有集体行使所有权、集体所有个人行使承包权等各种权益的边界。《决定》要求，对水流、森林、山岭、草原、荒地、滩涂等自然生态空间进行统一确权登记，形成归属清晰、权责明确、监管有效的自然资源资产产权制度。二是健全国家自然资源资产管理体制。主要解决中国目前全民所有自然资源资产所有权人和自然资源管理人权益不清、权责不清的突出问题。《决定》要求，按照所有者和管理者分开和一件事由一个部门管理的原则，落实全民所有自然资源资产所有权，建立统一行使全民所有自然资源资产所有权人职责的体制。三是完善自然资源监管体制。使国有自然资源资产所有者和国有自然资源管理者相互独立、相互配合、相互监督，统一行使用途管制职责。

这三个方面的改革措施都是生态保护体制的重大变革，对中国生态文明建设将产生深远影响。习总书记特别指出，山水林田湖是一个生命共同体，人的命脉在田，田的命脉在水，水的命脉在山，山的命脉在土，土的命脉在树。这一论述科学阐明了自然生态系统各个组成部分的相互关系，赋予了林业重要地位。林业部门要坚决贯彻《决定》精神，主动适应改革趋势，深入研究系统完整的生态文明制度体系，建立最严格的源头保护制度。要认真研究森林、湿地、荒漠和野生动植物的所有权、资产产权和确权登记问题，尽快完善用途管制措施，强化监管权。

六、关于划定生态保护红线

《决定》提出，划定生态保护红线，建立国土空间开发保护制度。这是推进生态文明建设的重大举措，是维护代际公平、留给子孙后代最大最珍贵遗产的基本保障，体现了我们党加强自然生态系统保护的坚定意志和决心。瑞典、美国等发达国家早在100多年前就开始划定生态红线，加强对自然生态系统的保护。我们划定生态保护红线主要是为了保护生态文明建设的空间载体。第一，划定生态保护红线是保护自然生态系统的重要手段。划定并严守生态保护红线，就是要明确维护国土生态安全、人居环境安全、生物多样性安全的生态用地和物种数量的底线，是建立国土空间开发保护制度、构建中国生态安全战略格局的核心。第二，划定生态保护红线是实施主体功能区战略的重要组成部分。实施主体功能区战略的核心是严格落实优化开发、重点开发、限制开发、禁止开发的主体功能定位，明确国土空间开发的"高压线"。第三，划定生态保护红线是林业部门最重要的任务之一。我们已经划定了森林、湿地、沙区植被、物种4条生态保护红线，工作走在了前面。下一步，要把划定的红线落实到地图上、地块上，尽快制定最严格的管制原则和管理办法。已经有法律法规保障的生态红线，必须依法保护管理。还没有法律保障的生态红线，要推动尽快立法。

七、关于建立国家公园体制

国家公园是当今国际社会保护自然资源的主要模式之一，美国、德国、瑞典等发达国家早在100多年前就建立了国家公园体制。建立国家公园体制是我们党吸收借鉴国际先进经验，加强自然生态系统保护的重要举措，是生态文明制度建设的创新和亮点，有利于丰富中国自然生态系统保护体系。第一，建立国家公园就是要保护好自然资源、自然和人文景观，以及生物多样性，更好地发挥自然生态系统的生态保护、经济发展和社会服务功能。国际上的实践证明，这是增强生态产品生产能力的重要制度和载体。第二，建立国家公园是林业的最大优势和潜力所在。中国具有国家公园性质的主要有自然保护区、森林公园、湿地公园、沙漠公园、地质公园、矿山公园、风景名胜区、考古遗址公园、海洋公园等。目前，林业系统自然保护区有2150处，总面积1.25亿公顷，占国土面积的13%，还有2800多处森林公园、300多处国际重要湿地和湿地公园。这些资源无论从面积、还是从数量上看，都是第一位的，是建立国家公园的重要依托。2006年，云南省林业部门在迪庆藏族自治州建立了中国第一个国家公园——普达措国家公园。2008年，我局将云南省列为国家公园建设试点省，开展了积极探索和有益的尝试。第三，建立国家公园是林业部门的重要职责。要抓紧研究国家公园的体制机制问题，以及适合国家公园的自然生态系统类型和区域，尽快提出建立具有中国特色国家公园建议方案，向国办、编办汇报，争取主动。

八、关于实行资源有偿使用制度和生态补偿制度

《决定》提出，要加快自然资源及其产品价格改革，逐步将资源税扩展到占用各种自然生态空间，完善对重点生态功能区的生态补偿机制，推动地区间建立横向生态补偿制度。这实质是利用价格、税收、财政等经济手段，鼓励资源节约集约利用，加强对自然生态系统的保护与修复。这两项制度的实行，对于节约和保护自然资源，转变经济发展方式，促进人与自然和谐发展具有重大意义。第一，可以更多地发挥市场在自然资源及其产品价格上的决定作用，改变自然资源及其产品廉价甚至无偿使用的做法，有利于更加珍惜资源，节约集约利用资源，提高资源使用效率，减少资源破坏和浪费。第二，可以大幅度增加生态保护和建设资金投入，解决生态建设资金缺乏和生态补偿标准低的问题，有利于充分调动社会各方面生态保护和建设的积极性。第三，有利于支持限制开发区和禁止开发区建设，形成多元化补偿方式和动态化补偿机制，推动全国主体功能区战略顺利实施，促进地区协调发展，实现公共服务均等化。

实行资源有偿使用制度和生态补偿制度，将给林业发展带来重要机遇，但也有很多问题需要深入研究。一要研究森林、湿地、沙区植被、野生动植物等林业资源有偿使用和资产化管理问题，特别是要针对目前占用林业资源的成本过低问题，研究应对措施。二要研究开征资源税给林业发展带来的影响，做到心中有数，早做准备。三要加强森林资源生态服务价值和差别化补偿政策研究，争取不断提高补偿标准。四要研究国家重点生态功能区生态补偿转移支付政策，争取扩大自然保护区、森林公园等禁止开发区转移支付试点范围，提高转移支付用于林业生态保护与建设的资金比例。五要抓紧研究建立湿地和荒漠生态系统生态补偿机制，探索森林碳汇交易等市场化生态补偿机制。六要抓紧研究和完善退耕还林政策，编制《退耕还林工程规划》，尽早启动新一轮退耕还林。

九、关于改革生态环境保护管理体制

这一改革对于理顺生态与环境的保护管理体制，加强生态保护与建设具有重要意义。当前，在"五位一体"的总体布局中，生态文明建设的机构设置是最薄弱的，负责生态保护与建设的林业机构设置又是最薄弱的。中央多次明确要求，把发展林业作为建设生态文明的首要任务。林业部门要切实承担起这一历史重任，抓紧对以下问题进行深入研究。第一，深入研究建立适应生态文明建设的林业行政管理体制问题，加快构建有利于保护发展自然生态系统和野生动植物及生物多样性的行政管理体制，充分发挥林业推进生态文明建设的正能量。第二，深入研究国有林区的资源管理体制、社会管理体制、企业经营机制，尽快出台《国有林区改革指导意见》，通过改革建立起适应生态文明建设和社会主义市场经济体制的国有林区经营管理体制。要抓好国有林场改革试点，完善《国有林场改革总体方案》。第三，研究建立破坏森林、湿地、沙区植被和野生动植物资源举报制度，发挥社会监督作用。第四，研究建立生态损害赔偿和责任追究制度。研究制定生态损害鉴定评估办法，科学鉴定生态损害范围、程度及价值。探索编制林地、湿地等自然资源资产负债表，建立领导干部生态环境损害责任终身追究制度。

总之，《决定》内容丰富，博大精深，理论性和实践性都很强。以上只是我学习的初步认识，今后还要通过多种形式继续学、反复学、深入学。当前，学习贯彻三中全会精神，关键要把握好以下五点：

一要认真学习原文。全局每一名干部职工都要原原本本、逐字逐句地学习《决定》原文和习近平总书记作的《决定》说明，在学懂弄通上下功夫，决不能浅尝辄止、一知半解。要深刻领会《决定》的主要精神和丰富内涵，牢牢把握全面深化改革的方向。

二要坚定改革的信心。改革开放是当代中国最鲜明的特色，也是我们党最鲜明的旗帜。当前，林业改革正处于爬坡过坎、攻坚克难的关键阶段，改革任务十分繁重。各级林业部门必须与党中央保持一致，高举改革开放的旗帜，牢固树立不改革就没有出路的思想，克服畏难情绪和观望思想，紧紧抓住这次全面深化改革的机遇，大力推进各项林业改革，继续创新林业体制机制，为发展生态林业民生林业创造更好条件。

三要进一步解放思想。林业改革相对滞后，既有发展阶段方面的客观因素，也有思想认识方面的主观原因。全面深化林业改革，是林业系统每一位干部职工的职责，我们要按照习近平总书记“胆子要大、步子要稳”的讲话要求，敢于冲破思想观念的束缚，以更大的政治勇气，跳出条条框框限制，突破利益固化的藩篱，积极主动地提出改革措施和办法。

四要服务国家改革大局。林业部门在改革过程中，要坚持服务国家改革大局。这个大局就是有利于推进国家治理体系和治理能力现代化，符合国家全局发展需要，契合人民群众期待，有利于实现中国特色社会主义五大建设总体布局，有利于实现“两个一百年”奋斗目标，有利于实现中华民族伟大复兴的中国梦。要自觉将林业置身于国家改革大局之中，一方面大力推进林业改革，确保完成《决定》明确的林业改革任务，另一方面积极配合有关部门推进相关领域的改革。

五要尽快迈出改革步伐。贯彻落实《决定》精神，要从现在做起，从每一个部门、每一个人做起，以积极主动的精神，尽快研究提出实实在在的改革举措，切实做到真改、敢改、快改，不能蜻蜓点水，也不能叶公好龙，更不能虚改、假改。当前，要在局党组的统一领导下，明确分工，各负其责，按照《决定》的决策部署，全力推进各项林业改革。

关于国有林区改革、国有林场改革、集体林权制度改革问题，请张建龙同志、印红同志牵头，由资源司、林改司、场圃总站、天保办分别抓好相关工作，计财司要抓好改革的统筹协调。

关于划定生态保护红线问题，请印红同志、张永利同志牵头，由资源司、保护司、治沙办、湿地办分别抓好相关工作。

关于建立国家公园体制问题，请张建龙同志、印红同志牵头，由保护司、场圃总站、湿地办、治沙办负责，抓紧研究其他国家建立国家公园的主要做法，尽快提出我们的意见建议。关于完善生态补偿制度问题，请张建龙同志、张永利同志牵头，由计财司、政法司、资源司、保护司、治沙办、湿地办分别抓好相关工作。

关于健全森林资源资产产权制度和用途管制制度问题，请张建龙同志、印红同志牵头，由计财司、资源司、政法司、监督办等单位抓好相关工作。

关于提高林地征占用成本问题，请张建龙同志、印红同志牵头，由资源司、计财司等单位负责抓好相关工作。

关于稳定和扩大退耕还林问题，请张建龙同志、张永利同志牵头，由计财司、退耕办分别抓好相关工作。

关于林业科技体制改革问题，请孙扎根同志牵头，由科技司、计财司、人事司、科技中心、林科院等单位做好相关工作。

关于建立改进作风常态化制度问题，请张建龙同志、陈述贤同志牵头，办公室、计财司、人事司、机关党委、监察局、宣传办等单位做好相关工作。

以上这些问题，都是事关林业改革发展全局的重大问题，也是迫切需要研究解决的重点问题。大家一定要不等不靠，积极谋划，主动作为，尽快拿出贯彻《决定》精神、推进林业改革的具体措施。我没有点到的其他改革任务，各位局领导和各司局、各单位也要在认真学习领会《决定》精神的基础上，对号入座，抓紧推进。同时，对于相对成熟、已经确定的改革举措，要加大宣传力度，尽快向社会公布，为林业改革发展营造良好氛围。

在全国森林资源管理工作会议上的讲话

赵树丛

（2013 年 11 月 27 日，根据录音整理）

这次全国森林资源管理工作会议是局党组决定召开的。考虑到森林资源管理工作的极端重要性和当前林业发展改革中面临着新形势，首先是十八届三中全会首次对自然资源产权制度体系建设提出了明确要求，其次是国务院常务会议对不动产统一登记作出了安排部署，这些都与森林资源管理工作密切相关，所以请各省区市林业厅局的主要负责同志参加会议。这次会议的主题是，认真学习贯彻党的十八大和十八届二中、三中全会精神，进一步加强森林资源管理工作，更好地推进生态林业民生林业建设，为建设生态文明和美丽中国奠定坚实的资源基础。上午，我们观看了 9 个经验介绍片，这些经验各具特色、十分宝贵，各地要认真学习、积极借鉴。印红同志作了讲话，讲得很好，我完全赞同，希望大家抓好贯彻落实。下面，我再讲几点意见。

森林资源是发展生态林业和民生林业的物质基础，是建设生态文明和美丽中国的根本保障。丰富的森林资源和良好的生态环境是国家富足、民族繁荣、社会文明的重要标志。没有森林资源，建设生态文明、实现生态良好就是“空中楼阁”，发挥多种功能、满足社会需求就是“无米之炊”。培育、保护和管理森林资源，在国家生态大局中具有战略性、决定性地位，在林业工作全局中具有基础性、根本性地位，始终是林业建设的首要任务，始终是林业部门的核心责任，任何时候、任何地方都不能有丝毫放松，只能加强，不能削弱。

党中央、国务院高度重视森林资源管理工作，对林地保护利用、森林资源管理相继采取了一系列重要举措。各级林业部门始终将森林资源保护管理摆在突出位置，常抓不懈，已经取得巨大成就。我们制定了一系列森林资源管理的法律法规、规章制度、技术规程，建立了较为完善的森林资源管理和监督机构，形成了具有中国特色的森林资源保护管理体系。全国森林资源面积和蓄积量连续 20 多年保持双增长，成为全球森林资源增长最快的国家，为维护国家生态安全、应对全球气候变化、保障经济社会发展、促进农民就业增收发挥了不可替代的重要作用。

但是，受自然、历史、人口和经济发展压力的影响，中国仍然是一个缺林少绿、生态脆弱、生态产品短缺的国家。全国森林覆盖率只有世界平均水平的 70%，人均森林面积仅为世界平均水平的 1/4，人均森林蓄积量只有世界平均水平的 1/7，木材对外依存度高达 47.5%。特别是随着经济社会的快速发展和人们生活水平的逐步提高，社会对良好生态和绿色产品的需求越来越大。我们要用仅占全球 5% 的森林资源来支撑占全球 23% 的人口对生态和林产品的巨大需求，难度和压力也越来越大。加强森林资源保护管理，增加森林资源和生态总量，夯实经济社会发展的资源基础和生态基础，已经成为推进生态文明建设、全面建成小康社会、实现中华民族伟大复兴中国梦的一项重大而紧迫的战略任务。

党的十八大对建设生态文明和美丽中国作出了全面部署，明确提出要增强生态产品生产能力，扩大森林面积。今年 4 月 2 日，习近平总书记在参加首都义务植树活动时指出，森林是陆地生态系统的主体和重要资源，是人类生存发展的重要生态保障。他明确要求，依法严格保护森林，为全面建成小康社会、实现中华民族伟大复兴的中国梦不断创造更好的生态条件。十八届三中全会进一步提出，建立系统完整的生态文明建设体系，用制度保护生态环境；健全自然资源资产产权制度和用途管制制度，划定生态保护红线，实行资源有偿使用制度和生态补偿制度，改革生态环境保护管理体制。这对加快林业改革发展，尤其是森林资源保护管理工作，提出了新的更高要求。各级林业部门要认真贯彻落实党的十八大和十八届三中全会精神，按照习近平总书记的指示要求，进一步解放思想，深化改革，创新举措，严格管理，全面加强森林资源保护管理工作。

第一，要严格林地红线管理。林地是林业生存和发展的根基，加强林地保护管理是森林资源管理工作的首要和核心任务。习近平总书记要求，划定并严守生态红线，不能越雷池一步，否则就应该受到惩罚。汪洋副总理要求，杜绝政府性破坏行为，坚决守住生态底线。为此，国家林业局制定了《推进生态文明建设规划纲要》，划定了林地和森林、湿地、沙区植被以及物种四条生态红线，不少省也在积极推进规划编制工作。林地红线是最根本、最基础的红线，是确保 2050 年森林覆盖率达到 26% 以上所必需的最小林地面积（46.8 亿亩），是保障国家生态安全和林产品有效供给的底线，是各级林业部门必须坚守的“生命线”和“高压线”。

目前，中国森林资源总量和结构还未达到红线要求，林地红线还将在相当长的一段时期内保持赤字运行。随着工业化、城镇化的快速推进，林地保护管理压力空前加大。据第八次清查结果统计分析，每年因建设项目违法占用林地就高达 200 万亩，其中一半以上是有林地，再加上一些地区的毁林开垦，林地非法流失数量相当惊人。我们必须牢固树立生态红线观念，运用底线思维，制定最严格的林地红线管理办法，切实加强林地红线管理工作，坚决遏制林地过快过多流失的势头，坚实守住国家生态安全的底线。

严格林地红线管理，一要全面贯彻落实《全国林地保护利用规划纲要》。严格林地用途管制，以国家主体功能区规划和国家、省、县三级林地保护利用规划为依据，按不同区域、类型、等级，实行林地的差别化管理。要强化规划的严肃性，严禁随意调整土地利用规划或擅自改变林地用途。二要严格执行林地定额管理。优先保障国家重点建设项目、基础设施项目和民生发展项目的用地需要，严格控制经营性项目占用林地。要尽量不占、少占林地，尤其要少占有林地、优质林地和天然林，严格保护生态区位重要和生态脆弱地区的林地。三要提高占用林地的成本。调整占用征收林地的补偿标准和森林植被恢复费征收标准，充分运用价格杠杆，引导节约集约使用林地。四要研究建立林地管理奖惩制度。对林地管理规范、森林资源总量增加的省份，从国家备用定额中给予一定奖励。对林地管理混乱、违法占地案件多、林地流失严重的区域，实行占用征收林地限批措施。通过奖优罚劣，确保林地红线管理落到实处。

第二，要积极推进集体林采伐管理改革。目前，集体林权制度明晰产权、承包到户的改革任务已经基本完成。全国已确权集体林地 27 亿亩，8981 万农户拿到林权证，近 5 亿农民拥有了真正意义上的财产权，户均获得森林资产约 10 万元。作为集体林权制度改革重要的配套措施，集体林采伐管理也不断创新，推行了采伐指标公示、限额结转使用和非规划林地上林木采伐不纳入限额等管理政策，解决了林农的一些实际问题，取得了一定成效。但是，采伐指标分配机制不健全，审批程序繁琐，“办证难”、“采伐难”的问题依然存在，“人情证”、“关系证”的情况也有发生。在放活经营权、落实处置权、保障收益权方面，还有大量工作要做。现行的一些采伐管理办法、技术规定，有的已不合时宜，与广大林农的期盼差距较大，严重制约了林农自主经营的积极性。

十八届三中全会明确提出，要完善集体林权制度改革，赋予农民更多的财产权利，探索农民增加财产性收入渠道。通过前几年的改革，集体林产权已经明晰。现在的关键是，要按照三中全会精神，解放思想，深化改革，创新管理，建立起以产权为核心的集体林管理制度，落实农民的林木处置权，让农民通过经营林业获得更多的收入。

集体林采伐管理政策，既关系到国家生态安全，又关系到农民切身利益，必须积极稳妥地推进，确保该管的管好、该放的放活。一要实行差别化的管理政策。对集体林中的生态公益林、天保工程区和自然保护区的森林，要加强保护，严格管理。对集体林中的商品林，要最大限度地简政放权，建立便民高效的采伐审批机制，简化申请手续和审批程序，坚持公开、公示、公正，推行“一站式”行政审批服务，让林农申请得到、采伐得了。二要完善与集体林采伐相关的制度和办法，赋予农民更多采伐自主权。加强对林农森林经营的指导和监督，在保证生态安全的前提下，调整对毛竹林、杨树林和桉树林等用材林的采伐管理。针对林改后集体林管理面临的新情况、新问题，选择不同区域、不同经济社会条件的地方进行试点，进一步加大采伐、运输等方面的改革力度，取消不合时宜的管理办法和技术规定。三要统筹推进集体林权制度配套改革。在推进集体林采伐管理改革的同时，要积极完善集体林区现行的资源保护、生态补偿、税费管理等相关政策机制，有效提高集体林权制度改革的系统性、整体性和协同性。

第三，要建立健全森林增长指标考核制度。党的十八大要求，把资源消耗、生态破坏、生态服务纳入经济社会发展评价体系。十八届三中全会进一步提出，完善发展成果考核评价体系，加大资源消耗、环境损害、生态效益等指标的权重；探索编制自然资源资产负债表，对领导干部实行自然资源资产离任审计。国家“十二五”规划已将森林覆盖率和蓄积量作为约束性指标，列入对地方政府的综合考核评价体系。今年上半年，国家林业局配合国家发展改革委完成了“十二五”森林增长指标的中期评估工作，为国家掌握和研判总体形势提供了依据。从中期评估和第八次清查结果来看，实现 2020 年林业“双增”目标进展良好，森林蓄积目标增长形势喜人，但实现森林面积增长目标的困难和压力很大。近几年，中国森林面积增速开始放缓，东北地区和东部地区多数省份林地利用率都在 85% 以上，增加森林面积的潜力不大；现有宜林地集中在干旱、半干旱地区以及南方石漠化岩溶地区，宜林地质量好的仅占 10%，质量差的占到 54%，造林难度越来越大、成本越来越高，见效也越来越慢，如期实现森林面积增长目标还要付出艰巨的努力。

建立健全森林增长指标考核制度，既是确保实现 2020 年林业“双增”目标的重要措施，也是贯彻落实十八届三中全会精神的具体要求，必须高度重视，全力推进。一要建立省、市、县三级考核制度。把森林面积、森林蓄积、森林资源保护、林地保有量作为考核的四个主要指标，层层分解任务，做到任务明确，责任到位，措施落实。二要实行年度考核评价。改进和优化森林资源调查监测方法，充分运用卫星遥感等高新技术，搞好动态监测，做到年度出数，为考核提供依据和支撑。三要规范整合各类检查核查。整合国家级检查核查，转变工作作风，减轻基层负担，增强考核评价结果的客观性、科学性，建立考核结果通报制度，激励先进，鞭策后进，推进考核工作规范化、制度化。四要加强其他林业资源的监测评价工作。在做好森林资源监测评估的同时，要加强和改进湿地、野生动植物等林业资源监测评估工作，为对领导干部实行自然资源资产离任审计提供及时权威的数据。

第四，要大力推进森林可持续经营。森林经营是林业永恒的主题，森林可持续经营是森林资源管理的重要目标。世界上公认的森林可持续经营理念是，通过实施科学经营，优化和调整森林结构，维持和改良森林生态系统的健康和活力，从而改进森林质量，提高林地生产力，建立稳定、健康、高效的森林生态系统。近年来，中国森林经营工作有了明显加强，但是森林质量低下的状况远远没有改变。第八次清查结果显示，中国森林资源在质量、结构、功能和林地生产力上还处在一个较低水平，全国中幼龄林面积比例高达 65%，森林每公顷蓄积量 89.79 立方米，不足世界平均水平的 70%，不足德国等林业发达国家的1/3。差距就是潜力，这说明中国森林资源增长总量、提升质量还有很大的空间。

今后，要把森林可持续经营作为发展生态林业民生林业的一项战略举措来抓。一要加快编制森林经营规划。要按照国家主体功能区定位和林业发展区划的总体布局，形成国家、省、县三级森林经营规划体系，指导全国森林经营工作。二要推行森林经营方案制度。要采取给予适当补贴、加强技术指导等措施，鼓励和支持林场、林业专业合作组织、林农等森林经营主体编制森林经营方案，并严格按方案实施。县级林业部门要加强技术服务，逐步把森林经营方案作为资源监督管理的重要依据。三要抓重点和示范。在区域布局上，要重点推进国有林区和国有林场森林经营工作。东北内蒙古重点国有林区要逐步停止主伐，把工作重点转移到森林经营上来，恢复森林资源，提升森林质量。国有林场要把森林经营作为一项重要内容，纳入整体改革予以扎实推进。在目标任务上，要重点解决好人工林过密、过疏和过纯的问题，提高林地生产力，增强生态功能。当前，要建设一批不同类型的森林经营示范局、示范县、示范场，带动全国森林经营科学有序推进。四要完善相关技术规程。对公益林和商品林，天然林和人工林，都要有针对性的要求和规范。根据第八次清查结果分析，当前中幼龄林、防护林超强度采伐比较严重，导致森林退化。这个问题必须引起高度重视，要用科学的技术规程杜绝不合理的采伐行为。

第五，要严厉查处破坏森林资源案件。当前，政府行为主导的破坏森林资源问题非常突出，已成为侵占林地、破坏森林资源的重要原因。一些地方片面追求发展速度，不惜破坏资源和生态，主导建设项目非法占用林地；在开展土地整理、低丘缓坡开发利用过程中，随意破坏林地，改变林地用途；个别地区毁林开垦呈反弹之势；少数领导干部法制观念淡薄，利用行政职权干扰依法行政，甚至以权代法，纵容、包庇违法行为，助长了违法分子的嚣张气焰，影响和导向极坏。此类问题如不坚决查处，必将严重影响林业“双增”目标的实现，严重阻碍生态文明建设的大局。

习近平总书记指出，要建立领导干部责任追究制度，对那些不顾生态环境盲目决策、造成严重后果的人，必须追究其责任，而且应该终身追究。十八届三中全会进一步提出，建立生态环境损害终身追究制度。各级林业部门要从维护生态安全、保护生态文明建设成果的高度，依法履职尽责，严厉查处政府行为主导的破坏森林资源违法行为，强化地方政府领导行政问责机制，坚决打击非法占用林地、毁林开垦、乱砍滥伐林木等破坏森林资源的行为，用依法治林之利器，夯实生态文明之基石。对破坏森林资源的直接责任人，坚决依法查处，不得以罚代刑。对开发企业、社会法人和地方政府主导的破坏森林资源问题，国家林业局要挂牌督办一批大案要案，严肃查处相关责任人，严肃追究有关领导的责任。对查处难度大、阻力大、影响大的案件，一方面，要公开约谈地方政府负责人，诫勉督导、责令纠错，坚决问责到位；另一方面要充分利用新闻媒体，曝光案情，公布查处结果，达到查处一案、警示一片，追究一人、震慑一群的效果。

国家林业局各派驻森林资源监督机构在破坏森林资源案件查处中负有重要责任，要全面履行职责，充分发挥监督职能。要把严查破坏森林资源案件作为首要职责，敢于碰硬，有案必查，违法必究。要充分发挥监督和协调作用，支持省级林业主管部门开展工作。监督工作中，发现不了问题就是最大的问题。要及时发现问题，对可能造成森林资源大规模破坏的动向，要及早介入、及时报告、做好预防。要密切关注林农群众的利益诉求和经济社会发展的需求，确保各项政策落到实处。要研究制定森林资源监督工作考核办法，加大对专员办案件查处和监督成效的考核力度。

第六，要切实加强林地登记职责整合后的林权管理。十八届二中全会和《国务院机构改革和职能转变方案》决定，实行包括土地、林地、草原、房屋在内的不动产统一登记。十八届三中全会进一步明确，对水流、森林、山岭、草原、荒地、滩涂等自然生态空间进行统一确权登记。这对完善社会主义市场经济体制，建立健全现代产权制度具有重要意义。不动产统一登记是国际上通行的做法。考虑到土地的固定性、永续性的特点，以及中国行业管理的现状，11月20日国务院常务会议决定，由国土资源部指导监督不动产统一登记，同时强调由相关部门继续承担行业管理和不动产交易监管职责，原发所有证书继续有效，适时换发统一的证书，新证换旧证。在这方面国家林业局的具体职责是：负责组织、指导林地、林权管理，负责重点国有林区森林资源资产产权变动的审批，组织编制全国林地保护利用规划并监督实施，依法承担应由国务院批准的林地征收、征用、占用的初审工作，指导林地林木承包经营及有关合同管理、森林资源资产评估、监督管理林权流转交易，调处合同纠纷，协同调处权属纠纷等。配合国土资源部开展重点国有林区森林、林木、林地登记发证工作，协同国土资源部指导地方林权登记等工作。由此可以看出，只是林地登记这个环节，由国土部门负责，林业部门指导林地、林权管理的职责没有变，并且强化了全国林地保护利用规划编制实施，增加了指导森林资源资产评估和监督管理林权流转交易的职责，继续对地方林权发证工作进行指导。林地林权管理依旧是林业主管部门的核心职责。

各级林业部门要坚决贯彻落实党中央、国务院的决策部署，切实履行林地林权管理职责，当前着力抓好三项工作。一是进一步推进林权证发放工作。目前，全国45.6亿亩林地，依法登记并核发林权证的36.1亿亩，另有6.02亿亩林地也完成了确权登记。各地对已经确权登记的林地，要尽快核发林权证，特别是林改后的集体林地要尽快将林权证发到农民手中。要按照《集体林权制度改革档案管理办法》做好林改档案管理工作。二是牢牢把握原有证书继续有效。在林地登记职能移交过程中，必须依法维护林权证的法律地位，林地林木权属的变化必须以既有的林权登记簿为依据，严格防范擅自改变林地用途、将林地变为非林地。各地在执行过程中遇到的问题，要及时向国家林业局报告。三是加强对林权流转交易的监督管理。要加大对森林资源资产评估的指导力度，搭建林权交易平台，合理评估交易资产，规范承包合同仲裁，切实保障林农的财产权不受损害。

第七，要建立健全森林资源资产产权制度。十八届三中全会提出，健全自然资源资产产权制度和用途管制制度，并明确要求健全国有林区经营管理体制。实行这一改革，主要涉及产权管理和行业监管，核心是健全三项制度。一是健全自然资源资产产权制度。《决定》要求，对水流、森林、山岭、草原、荒地、滩涂等自然生态空间进行统一确权登记，形成归属清晰、权责明确、监管有效的自然资源资产产权制度。二是健全国家自然资源资产管理体制，落实全民所有自然资源资产所有权，统一行使全民所有自然资源资产所有权人职责。三是完善自然资源监管体制，统一行使所有国土空间用途管制职责，使国有自然资源资产所有者和国有自然资源管理者相互独立、相互配合、相互监督。

中国现有森林资源中，有 18.2 亿亩林地属于全民所有，主要包括两大部分，一块是 4855 个国有林场，由地方政府行使产权和管理权；另一块是国有林区，有 138 个国有林业局，产权在中央政府，管理权和监管权在国务院林业行政主管部门，使用权在地方政府。国家林业局对属于中央所有的森林资源行使所有权管理职责，并对全国森林资源行使国土空间利用层面的监管职责。过去，中国没有把自然资源资产的所有权确定清楚，也没有划清所有权、使用权和监管权等各种权益之间的边界。国有森林资源主要由国有森工企业或国有林场无偿占有并使用，全民所有的森林资源资产所有权人和自然资源管理人权益不清、权责不清，森林资源产权长期处于虚置状态，名为全民所有，实为“谁占谁有、多占多有”。

下一阶段，要按照十八届三中全会《决定》的要求，积极主动，有所作为，要以明晰产权、落实权益、加强监管为重点，研究建立健全森林资源资产产权制度。一是目前由地方政府管理的全民所有的森林资源，各省要进一步明晰产权，强化由省级政府对国有森林资源所有权以及用途管制职责，不宜下放到市、县，体现国有森林资源经营的收益权，并依法加强对国有森林资源的监管职能。国有林场改革的基本方向已经确立，在执行过程中，对于界定为公益事业单位的林场，要在创新管理机制上下功夫，不能“养懒人”、“吃大锅饭”，也不能搞“假事业单位”。二是由中央政府直接管理的东北重点国有林区，要按照管、用分开的原则，积极稳妥地推进重点国有林区改革，健全国有林区经营管理体制，形成有利于保护和发展森林资源、有利于改善生态改善民生、有利于增强企业经营活力，权责利相统一的国有林区发展新机制。

重点国有林区的情况错综复杂，破解其体制机制矛盾，是当前林业改革发展的一块“硬骨头”。在研究谋划改革时，必须重点把握以下两个核心要求，一要把保护和修复林区生态系统放在优先位置，坚持生态主导，逐步停止森林采伐，促使森林资源休养生息，强化森林资源培育，构筑国家木材战略储备基地和东北地区重要生态屏障。二要坚持增进林区民生福祉，让发展成果更多更公平地惠及林区群众。只有职工群众的收入和生活水平真正提高了，林区社会才会更加稳定，改革才会有和谐、可持续发展的基础。

党中央、国务院高度重视重点国有林区改革工作，国家林业局会同有关部门正在加紧研究国有林区改革指导意见，进一步改革举措需经中央决策部署后逐步开展。我们要坚定信心，凝聚共识，抓住机遇，迎难而上，坚持顶层设计和摸着石头过河相结合，以更大的智慧和勇气，推动重点国有林区改革，努力取得新突破、新进展。

借此机会，我再强调一下野生动物保护问题。野生动物保护，不仅关系野生动物种群安全，而且关系国家利益和形象，已经受到国际国内高度关注，逐步成为国际政治热点问题。党中央、国务院对此高度重视。各级林业部门要充分认识加强野生动物保护的极端重要性，切实加强野生动物保护管理和执法工作。一要加强监管和联合执法，严防乱捕滥猎候鸟等非法活动，尽快查处一批破坏野生动物资源的违法犯罪行为，集中销毁一批非法野生动物制品，查处一批违法贩卖制售野生动物及其制品的企业。二要加大宣传力度，积极回应媒体与社会关注，鼓励公众自觉禁食野生动物，积极举报破坏野生动物的非法行为，努力营造打击野生动物违法犯罪、保护野生动物资源的良好氛围。三要继续开展国际合作，正确处理好与非政府组织的关系，认真组织实施“眼镜蛇二号行动”，联合其他国家和国际组织共同打击国际野生动物非法贸易等违法犯罪行为。

同志们，森林资源管理在林业建设全局中地位重要、任务艰巨、使命光荣。让我们在十八届三中全会精神的指引下，振奋精神，开拓创新，攻坚克难，真抓实干，全面加强森林资源管理工作，以为民务实清廉的作风和出色的业绩，为发展生态林业和民生林业、建设生态文明和美丽中国作出新的更大贡献！

重要林业法律法规

02

国家林业局关于切实加强天保工程区森林抚育工作的指导意见

林天发〔2013〕6号

各有关省、自治区、直辖市林业厅(局)、内蒙古、吉林、龙江、大兴安岭森工(林业)集团公司，新疆生产建设兵团林业局：

森林经营是现代林业建设的永恒主题，对提高森林质量、带动就业增收、转变林业发展方式、实现林业"双增"目标、促进绿色增长意义重大。森林抚育是森林经营的重要内容，天然林资源保护工程(以下简称天保工程)二期加大对森林抚育的投入力度，把加快提升森林质量放在更加突出的位置，旨在实现从单纯保护向保育并举转变。当前，在天保工程区开展的森林抚育工作在不同程度上还存在着重视不够、抚育措施不到位、借抚育之名行木材生产之实，以及抚育缺乏科学性反而造成破坏森林资源等问题。为了指导天保工程区更科学、更合理、更有效地开展森林抚育工作，现就切实加强天保工程区森林抚育工作提出以下指导意见。

一、深刻理解加强天保工程区森林抚育工作的重大意义

(一)加强森林抚育是林业落实科学发展观、转变增长方式的必然要求。科学开展森林抚育不仅能够提高森林的生长量，增加森林碳汇，而且可有效增进森林健康，增强林木抵抗自然灾害的能力，降低林业有害生物和森林火灾发生率，是林业落实科学发展观，实现由外延式增长向内涵式增长转变的重要举措。

(二)加强森林抚育是应对气候变化、实现林业发展战略目标的迫切需要。实施森林抚育是林业发展方式的重大转变，是实现到2020年中国森林面积比2005年增加4000万公顷、森林蓄积比2005年增加13亿立方米奋斗目标，实现森林资源积极保护、合理开发利用，满足经济社会发展对林业多样化需求，积极应对气候变化的重要途径之一。

(三)开展森林抚育也有利于促进就业、增加林区职工和林农收入。科学的森林抚育不仅使林分质量得到提高，也促进职工就业增收，特别是伐区剩余物的合理利用，为林下经济和家庭经济发展创造有利条件。

二、准确把握森林抚育工作的指导思想和基本原则

(四)指导思想。以提高森林质量、促进森林生态系统健康发展、促进森林资源总量持续增长为宗旨，通过科学开展森林抚育经营，使林分结构更加合理、林木个体和林分整体健康水平明显提高，目标树种的优势度上升，林分的水平结构和空间结构趋于合理，目标树的竞争压力减少，保留木的竞争关系得到进一步改善，树种多样性得到更好的保护和促进。

(五)基本原则。一是促进生长原则。要根据林分状况，通过抚育，实现调整树种组成，调整林分密度，提高森林质量，促进森林健康生长。二是因地制宜、注重成效的原则。要根据各地的实际，把交通条件好、立地条件好、生长好的林分优先抚育，优质林分优先抚育，通过科学合理的抚育措施，以点带面推动整体。

三、进一步明确天保工程区森林抚育的对象和要求

根据《天然林资源保护工程二期实施方案》、现行的《森林抚育规程》国家标准，以及《财政部、国家林业局关于森林抚育补贴试点工作的意见》、国家林业局印发的《森林抚育补贴试点管理办法》、《森林抚育作业设计规定》等有关要求，切实发挥抚育对森林培育质量的促进作用，提高资金使用效率，明确抚育技术要求。

(六)森林抚育对象。国家二三级公益林、省级公益林和商品林中的中幼龄林为抚育对象。在非抚育对象中，森林病虫害、森林火灾等灾害木清理和母树林、种子园经营等特殊情况下经批准的除外。

(七)森林抚育基本要求。一是优先安排林木过密和病虫害较重的林分抚育。二是优先安排幼龄林透光抚育。三是优先安排人工林抚育。四是优先安排已经冠下造林或者目的天然幼树较多的林分抚育。五是优先安排风景林抚育。六是要开展抚育成效监测与评估，各工程实施单位省要根据森林的不同类型、抚育措施、区域分布情况，按照相同的林分类型设定作业区和对照区监测样地，依托省、市级科技支撑单位，对森林生长、结构变化、健康程度、林下植被、碳汇变化、生态效益、社会效益进行监测评估。七是要建立健全信息档案。天保工程区森林抚育的实施单位，要建立健全制度，落实专人对计划下达、作业设计、施工作业、验收结算、财务管理、成效监测、示范区建设、职工就业增收等文件图表实行电子数字化管理。

四、强化天保工程区森林抚育管理的有效机制

(八)促使森工企业实现由以"木材生产为中心"向"以森林经营为中心"的转变。要加快国有林区和森工企业改革步伐，推进国有森林资源管理与企业生产经营分开，推进集团公司和管理局管理机构改革，尽快彻底解决依赖木材生产补贴"两级管理费"问题。

(九)科学组织森林抚育。县局级天保工程实施单位要根据本地区的森林资源实际和劳动力情况，科学、合理安排森林抚育工作量。下达森林抚育任务要充分考虑森林经营单位的森林资源实际，以国有林场为单位，下达的抚育任务不得大于其现有中幼龄林应抚育的面积。为严格落实停伐、减产政策要求，切实减少天然林森林资源消耗，森林抚育必须在合理规划的前提下，严格执行天保工程二期实施方案关于公益林和商品林抚育对象和抚育措施的具体规定和要求，科学安排抚育作业伐区，认真执行抚育作业设计规程规范，确保抚育作业质量。要根据森林经营的目标和任务，科学测算年伐量和采伐限额，确保国务院批准的抚育采伐限额真正用于森林抚育，做到限额管理与森林经营有机衔接，切实提高森林经营水平。

(十)科学编制作业设计，严格审核批复手续。要严格执行森林抚育规程和相关政策规定，不得在国家一级公益林特别是自然保护区开展抚育经营，不得以商品林抚育作业标准对公益林进行抚育作业设计，不得以森林抚育为名提高抚育采伐强度，加大天然林资源消耗，严禁超限额采伐。各级林业主管部门要对森林抚育调查设计逐级抽查，对违反规定的作业设计不予批复。

（十一）加强生产作业监督管理，提高作业质量。实施单位要派出现场监理人员，严格按照作业设计要求对作业区进行现场监督，杜绝不合理采伐和作业不到位现象，确保作业质量达标。

（十二）加强检查验收管理，确保森林抚育成效。要严格执行县（局）级实施单位自查、省级复查和国家级抽查的三级检查验收制度，加强检查验收管理，确保森林抚育取得成效。驻天保工程省区森林资源监督机构要切实加强对森林抚育工作的监督检查，发现重大问题要及时督促处理并上报我局；驻东北、内蒙古重点国有林区的森林资源监督机构，要认真做好抚育采伐伐区的设计质量和作业质量的专项检查及林木采伐许可证核发工作。

（十三）加强森林抚育工作的组织管理。森林抚育的生产组织要实行合同制管理，以保障生产者的权益。签订合同时，要严格实行公开、公正、公平的原则。合同要明确抚育面积、范围、完成时间、费用标准、抚育要求等，确保生产作业人员的权益。

（十四）实行森林抚育公示制和森林抚育工作实名制。各森林抚育实施单位要对森林抚育计划任务分配进行公示，公示内容包括承包人、任务量、小班明细等内容；对具体抚育作业人员进行实名登记，内容包括作业人员的姓名、身份证号、所在作业组等信息。

（十五）强化森林抚育经营人才保障机制建设。要加大对各级管理人员的培训，特别是要加大对局、场两级管理人员的业务培训力度，使他们吃透政策，对不同的林分能够提出科学的森林抚育经营方式。要加大对作业设计人员的培训力度，使他们全面掌握森林抚育的基本理论和知识，熟知调查设计的各项工序，了解监测样地的基本内含，能够作出科学合理的作业设计。

（十六）建立激励制度，推动森林抚育工作健康发展。各级林业主管部门和实施单位要准确把握森林抚育实施情况，对在森林抚育工作中作出突出成绩的单位和个人，给予表彰和一定的物质奖励。要建立森林抚育任务调控制度，对森林抚育工作质量差、验收合格率低的单位，国家和省区市要在下年度计划中调减森林抚育资金。

五、加强组织领导，确保天保工程区森林抚育工作取得实效

（十七）加强组织领导，落实工作责任。森林抚育经营政策性强、涉及面广，时间紧、任务重、责任大。各级林业主管部门要切实加强领导，把森林抚育经营管理摆上重要议事日程。要层层签订责任状，明确目标任务，细化落实责任，确保组织领导到位、目标责任到位、工作落实到位、监管措施到位。要加强内部工作统筹协调，努力构建既有内部职责分工，又有相互密切配合、共同推进工作的新机制。

（十八）建立科学完善的森林资源管理任期考核体系。林业是培育森林以利用其生态效益和经济效益的行业，森林经营理应是国有林业局和林场的“主业”。对国有林经营管理者的任期考核，不能仅考核上缴利润等经济指标，更要考核森林资源培育和增长指标。要建立起以森林资源保有量和增长量作为重点考核指标的林业局（场）长任期考核体系，使经营者真正把工作重心放在森林资源保护和培育上。

（十九）建立责任追究制度，增强责任感。实施单位对检查中出现的森林抚育质量不合格小班，要通过调查分析原因，对直接责任人和间接责任人进行责任追究。实施单位出现重大责任事故的，要追究实施单位领导的责任。

以上指导意见，请认真贯彻落实，并及时反馈情况。

国家林业局

2013 年 1 月 9 日

国家林业局关于进一步加强天保工程区公益林管护工作指导意见

林天发〔2013〕7 号

各有关省、自治区、直辖市林业厅（局）、内蒙古、吉林、龙江、大兴安岭森工（林业）集团公司，新疆生产建设兵团林业局：

公益林管护是天然林资源保护工程（以下简称天保工程）二期森林管护的重要组成部分，管护的公益林面积为 12 亿亩，占天保工程区 17 亿亩管护面积的 70%。特别是在长江上游、黄河上中游地区，工程区的公益林所占比重更是高达 91%。工程区的公益林管护，涉及超过三分之二的森林管护面积和千家万户职工林农的切身利益，事关生态保护和民生改善的重大责任。针对当前公益林管理中存在的思想认识不到位、机构职能交叉、区划落界质量不高、管护责任和措施难以全面落实等问题，根据天保工程二期实施方案和森林生态效益补偿基金管理政策的要求，现就进一步加强天保工程区公益林管护工作提出以下指导意见。

一、提高认识，切实加强领导

公益林管护和生态效益补偿基金的兑现，是天保工程二期的一项重要内容，关系到生态保护的成效和民生的改善，关系到天保工程二期目标的实现。各级林业主管部门要充分认识管护好天保工程区公益林的重要性，进一步加强组织领导，创新管理思路，强化工作措施，完善制度建设，切实加强公益林的保护和管理，确保森林生态效益补偿政策的全面落实。

二、明确职责，加强工程区的公益林管护工作

森林管护是天保工程的一项重要内容，而无论从生态区位的重要性和所占面积的比重上，公益林的管护都是天保工程森林管护的核心。有关省区的天保工程管理部门，要认真履行职责，按照天保工程的要求，统一规划、统一协调、统一组织实施好工程实施范围内的森林管护、特别是公益林的保护工作，确保天保工程森林管护的连续性、完整性和有效性。鉴于公益林管护工作的重要性、长期性、艰巨性和复杂性，有关省区要进一步明确各自天保工程管理机构对天保工程区公益林管护的管理职责，调整充实管理人员，落实管理工作经费，确保公益林管护取得实效，确保天保二期森林管护目标的实现。

三、严格管护责任，强化管护体系建设

各地要在充分总结天保工程一期森林管护经验的基础上，针对集体和个人所有的公益林地块零散、交叉严重、难以落实林权所有者管护责任的情况，将工程区内的公益林管护纳入天保工程森林管护范畴统筹规划，统一组织，统一实施。要结合森林的林地权属、生态区位、地形分布和管护难易程度等情况，采取行之有效的公益林管护模式。国有公益林由国有林业实施单位严格组织管护；集体和个人所有的公益林，要实行林权所有者自主管护与县级林业主管部门组织实施的公共管护相结合的双重管护模式，各司其责，相互补充，全面落实各项管护责任和管护措施。对林权权利人或其委托的管护人员，要以合同的形式，明确他们的自主管护责任。各地要结合实际，制定天保工程区公益林公共管护的管理办法、管护人员管理办法和检查验收管理办法等，打造一支精干的管护队伍，合理规划、建设管护设施，科学配置管护设备，认真承担好工程区公益林范围变化的监测、检查验收、森林火灾预防与扑救、林业有害生物防治监测等方面的工作任务，层层签订管护责任协议或管护合同，及时兑现管护费和补偿基金，切实把公益林管护责任落实到山头地块、落实到人。

四、加快公益林区划落界，夯实基础工作

各级林业主管部门要按照《国家林业局关于国家级公益林补充区划审核结果的通知》要求和“适度调整、相对集中、便于管理、总量相对稳定”的原则，结合实际，依据新的森林资源二类调查和集体林权制度改革成果，与林地保护利用规划相协调，高质量完成国家级公益林和地方公益林的区划落界工作，切实完善相关协议和手续。在此基础上，各级林业主管部门要建立和完善公益林管理信息数据库，及时更新数据，实行动态管理。

五、加大地方财政保障力度，落实地方公益林生态效益补偿政策

集体和个人所有的地方公益林是天保工程区天然林保护的重要组成部分，落实地方公益林的生态效益补偿基金，是贯彻落实国务院批准实施的天保工程二期实施方案的政策要求，关系到这些地方的生态安全、林区稳定和林权所有者的切身利益。按照中央和地方事权划分的原则，在中央财政给予管护费补助的基础上，各地要尽快建立和完善地方公益林生态效益补偿制度，按照天保工程二期实施方案的要求，对地方公益林实行生态效益补偿。

六、加强补偿资金管理，规范资金使用

集体和个人所有的国家级公益林生态效益补偿基金，要按照财政部和国家林业局制定的《中央财政森林生态效益补偿基金管理办法》的要求，重点用于国家级公益林的保护和管理。各地林业主管部门要结合本地实际，主动协调地方财政主管部门，不断完善相关政策和管理办法，确实保障公益林公共管护体系建设，规范基金管理和使用。中央补助地方公益林的管护费，用于地方公益林的管护支出。

以上指导意见，请认真贯彻落实，并及时反馈情况。

国家林业局

2013 年 1 月 9 日

国家林业局关于印发《全国林业检疫性有害生物疫区管理办法》的通知

林造发〔2013〕17 号

各省、自治区、直辖市林业厅(局)：

根据《植物检疫条例》和《植物检疫条例实施细则(林业部分)》的有关规定及国务院有关通知的要求，结合《国际植物保护公约》，我局制定了《全国林业检疫性有害生物疫区管理办法》(以下简称《办法》)，现印发给你们，请认真遵照执行，并提出以下要求。

一、严格按照《办法》的要求，认真做好林业检疫性有害生物疫区管理工作。对未能按照规定开展疫区管理的，我局将予以通报。对执行中遇到的问题，请及时反馈我局。

二、切实加强林业检疫性有害生物疫情监测和普查工作，科学分析有害生物发生动态和趋势，作出准确的预报和及时主动的预警。认真做好疫情信息报送工作，对漏报、瞒报、虚报疫情的，一经发现，从严究责。

三、着力抓好林业检疫性有害生物的产地检疫、调运检疫、复检和有害生物的除害处理工作。加快推进检疫追溯体系建设，严格执行检疫登记备案制度。采取封锁、控制、消灭等措施，强化源头管理，严防疫情从疫区传出。

四、进一步落实地方政府和林业部门“双线”责任制，加强组织领导，加大疫区除治工作力度。建立健全相邻疫区间、疫区与非疫区间以及与交通、邮政、质检等部门间的联防联治机制，畅通疫情信息，协同开展防控。科学制定除治方案，统筹兼顾，整体推进，采取有效的除治措施，及时拔除疫区。

五、省级林业主管部门要根据本辖区林业有害生物发生危害的实际，通过风险评估提出并发布补充性林业检疫性有害生物名单。加强补充性林业检疫性有害生物的管理，制定有关管理办法，明确管理措施和防控责任，有效开展疫情防控。

国家林业局

2013 年 1 月 29 日

附件　林业检疫性有害生物疫区管理办法

为全面加强林业检疫性有害生物疫区管理工作，防止检疫性有害生物传播扩散，保障中国的生态安全、经济贸易安全和森林食品安全，促进生态文明建设，根据《植物检疫条例》和《植物检疫条例实施细则（林业部分）》的有关规定及国务院有关通知的要求，结合《国际植物保护公约》，制定本办法。

一、疫情认定

全国林业检疫性有害生物疫情由专业机构进行认定，疫情统计和管理以林业小班为单位。认定疫情的专业机构包括国家林业局指定的林业有害生物鉴定机构、各省级林业有害生物防治检疫机构，以及各省级林业主管部门指定的林业有害生物鉴定机构。

各地在林业有害生物监测和检疫工作中，发现全国林业检疫性有害生物疫情的，应当立即取样并送至专业机构检验鉴定。经专业机构认定后，本省级林业主管部门应当及时组织疫情普查，确定疫情发生范围和程度，为疫区划定提供基础数据。

二、疫区划定

全国林业检疫性有害生物的所有发生地均应当划定疫区。疫区一般以县为单位划定（国家特定的有害生物除外）。疫区每年划定一次。

各省级林业主管部门应当根据本地的全国林业检疫性有害生物发生危害情况，在每年第四季度提出应划定的县级疫区和乡镇级疫点。根据国务院有关通知要求，目前国家特定的有害生物为松材线虫病和美国白蛾，各省级林业主管部门疫区应当划定县级疫区和乡镇级疫点。

三、疫区发布

各省级林业主管部门提出应划定疫区后，应当及时上报省级人民政府批准，由省级人民政府每年第一季度发布松材线虫病和美国白蛾的乡镇级疫点，以及其他全国林业检疫性有害生物的县级疫区，并报国家林业局备案。必要时，可划定和发布其他全国林业检疫性有害生物的乡镇级疫点；松材线虫病和美国白蛾的县级疫区应当上报国家林业局批准后，由国家林业局每年第一季度发布。

四、疫区撤销

疫区划定发布后，各地要加强疫区的监测、检疫和除治工作，及时根除疫情。经除治并由专业机构认定，达到以下条件的，可撤销疫区：

（一）经普查，连续三年均没有发现全国林业检疫性有害生物的；

（二）疫区内所有疫情发生小班已没有发生全国林业检疫性有害生物的寄主植物。

应当撤销的疫区由各省级林业主管部门根据专业机构认定结果提出。疫区撤销程序与划定、发布程序相同。

本办法自 2013 年 3 月 1 日起执行，有效期至 2018 年 6 月 30 日。

国家林业局关于印发《国家珍贵树种培育示范县管理办法（试行）》的通知

林造发〔2013〕27 号

各省、自治区、直辖市林业厅（局）、内蒙古、吉林、龙江、大兴安岭森工（林业）集团公司，新疆生产建设兵团林业局：

为加快推进珍贵树种培育，充分发挥国家珍贵树种培育示范县的引领示范作用，进一步调动各地发展珍贵树种的积极性，增加珍贵树种资源，提高森林质量，我局制定了《国家珍贵树种培育示范县管理办法（试行）》，现印发你们。请各地认真组织具备条件的单位积极申报国家珍贵树种培育示范县，指导已批复的国家珍贵树种培育示范县做好珍贵树种培育示范建设工作。执行中如有问题，请与我局造林绿化管理司联系。

国家林业局

2013 年 2 月 25 日

附件　国家珍贵树种培育示范县管理办法

（试　行）

第一章　总　则

第一条　为加快推进珍贵树种培育，充分发挥国家珍贵树种培育示范县的引领示范作用，进一步调动各地发展珍贵树种的积极性，增加珍贵树种资源，提高森林质量，依据造林绿化、森林资源管理等相关规定，制定本办法。

第二条　本办法适用于国家珍贵树种培育示范县申报、建设和管理工作。国家珍贵树种培育示范市（地级市、地区、自治州、盟）申报、建设和管理工作参照执行。

第三条　本办法所指的县为按行政区划确定的县（旗）、县级市，直辖市、计划单列市及地级市所辖区，重点国有林区林业局以及县处级国有林场。

第四条　本办法所指的珍贵树种是《中国主要栽培珍贵树种参考名录》（办造字〔2008〕30号）中的树种。

第五条　国家珍贵树种培育示范县是指地方政府高度重视，珍贵树种培育业绩突出，达到国家珍贵树种培育示范县申报条件（见附录1），按本办法规定程序申报确定，具有推广示范价值的先进典型。

第六条　国家珍贵树种培育示范县的产生实行申报核验确定制。申报核验确定工作三年开展一次。

第七条　国家珍贵树种培育示范县建设管理工作以科学发展观为指导，按照发展生态林业、民生林业、木材战略储备的总体要求，围绕制度保障、资源培育、科技支撑、资源保护、生态文化、示范价值等内容，推进珍贵树种培育工作，为增加珍贵树种资源、提升珍贵树种培育水平探路子、出经验、做示范。

第二章　申报条件

第八条　规章制度健全，政策机制好。认真贯彻落实国家和地方林业建设方针政策和法律法规，相关制度建设配套完善；高度重视珍贵树种培育工作，科学编制并颁布实施珍贵树种培育规划或实施方案，将珍贵树种培育列入政府年度重点工作；成立领导小组，有专管人员和稳定的技术队伍，职能分工明确，责任落实到位；政府扶持珍贵树种培育力度大，政策机制好，制定出台鼓励、扶持珍贵树种培育的优惠政策，建立多元化投入机制；建立并有效执行珍贵树种培育计划、资金使用、作业设计、组织施工、质量监督、档案管理等规章制度，管理规范。

第九条　资源培育成规模，培育质量好。建有珍贵树种种苗繁育基地，能够繁育适合当地栽培的主要珍贵树种苗木，满足本县珍贵树种培育需求，并能为周边地区发展珍贵树种提供优良种苗；珍贵树种培育规模大，秦岭、淮河以南的南方地区全县培育总面积达3万亩以上，秦岭、淮河以北的北方地区达5万亩以上；培育类型和模式多样，资源培育质量好，近三年珍贵树种人工造林（更新）合格率达到90%以上，保存率达到85%以上；培育的珍贵树种林分结构合理，混交林比例高于30%，林木长势旺盛，健康状况良好；抚育管护规范，措施落实到位。

第十条　产学研结合，科技含量高。县级林业主管部门、建设单位等与大专院校、科研院所建立了长期稳定的科研与技术协作关系，新技术、新成果在珍贵树种培育中推广应用普遍；承担规划和作业设计的单位资质达到丙级（含丙级）以上，规划科学规范，作业设计符合《珍稀树种培育作业设计规定》（办造字〔2008〕30号）；采种、育苗、整地、栽植、施肥、病虫害防治、抚育管理等珍贵树种培育技术成熟，科技含量高，集约化程度高。

第十一条　注重资源保护，保护成效好。珍贵树种天然林分、重要群落、古树名木保护良好，树龄100年以上或胸径100厘米以上珍贵树种古树名木资源清楚并得到挂牌保护，主要乡土珍贵树种种类收集达到90%以上。

第十二条　生态意识强，社会氛围好。媒体宣传广泛深入，科普工作扎实有效，公众生态保护意识强，保护和培育珍贵树种成为地方共识和传统，珍贵树种在城乡造林绿化中普遍使用，建成一批特色生态文化示范单位，树立了良好的生态形象。

第十三条　辐射带动力强，示范推广效果好。在珍贵树种培育组织管理、政策机制、培育技术、产业发展等方面创造出富有特色的模式和经验，具有较高的知名度，对区域乃至全国珍贵树种培育和产业发展具有显著的推广示范作用。

第三章　申报、审核、确定

第十四条　县级人民政府对照申报条件自查后，逐级向省级林业主管部门提交关于国家珍贵树种培育示范县的申请材料（3000字以内），主要内容包括：珍贵树种培育情况、主要成就和经验等，同时附以下三个附件：

（一）国家珍贵树种培育示范县申报审核表（见附录2）；

（二）国家珍贵树种培育示范县自查核查表（见附录3）；

（三）珍贵树种培育专题片（12—15分钟）。

第十五条　省级林业主管部门对申报县申报材料进行审核，对照申报条件组织开展实地核验；根据核验结果，对达到申报条件的提出推荐意见，于申报年度的4月底前以厅（局）文件报国家林业局。

省级林业主管部门申报文件内容主要包括示范县珍贵树种培育工作开展情况，依次排序拟推荐上报的国家珍贵树种培育示范县名单，同时附以下五个附件：

（一）县级申请材料；

（二）国家珍贵树种培育示范县申报审核表；

（三）国家珍贵树种培育示范县自查核查表；

（四）国家珍贵树种培育示范县省级核验报告；

（五）县级珍贵树种培育专题片（12—15分钟）。

第十六条 国家林业局成立珍贵树种培育示范建设专家委员会，对省级推荐上报的示范县，对照申报条件，综合考虑自然地理、区位条件、适宜树种及典型性、代表性等因素进行审核，必要时组织专家实地核验，提出审核意见和候选示范县名单，提交国家林业局审核后发文确定。

第四章 建设与管理

第十七条 示范县获取资格后，要按照规划和上级林业主管部门要求进一步推进珍贵树种培育工作，加强组织领导，落实部门责任，搞好宣传发动，加大资金投入，创新政策机制，依靠科技支撑，开展技术培训，严格规范管理，强化培育措施，探索培育模式，总结培育经验，不断提升示范建设水平。

第十八条 国家和省级林业主管部门按程序对符合投入方向的示范县珍贵树种培育给予资金、政策等支持。重点支持建设主体明确、林地林木权属清楚、地块相对集中连片、树种选择适宜、集约化程度高、管理规范的珍贵树种培育示范基地建设。

第十九条 开展国家珍贵树种培育示范基地建设的县级林业主管部门，要落实好示范基地建设主体，严格按照国家基本建设和中央财政专项资金管理要求，推行示范基地建设法人负责制、合同制、报账制等管理制度，确保示范基地建设质量。

（一）示范县林业主管部门要按要求及时组织编制作业设计，上报省级林业主管部门审批。省级林业主管部门要在国家计划下达后 3 个月内完成作业设计批复。作业设计一经批准，不得随意变更；确实需要变更作业设计的，须报原审批部门批准后实施。

（二）示范基地建设单位要严格按照批复的作业设计施工作业，搞好施工过程的监督管理，按时保质完成建设任务；依托科技支撑单位推广先进科技成果和实用技术，探索建立科学的培育模式和适宜的政策机制；要严格执行中央资金管理规定，专款专用，不得挤占、截留、挪用；针对不同立地条件、培育模式、造林树种、培育目标等，做好林木生长、健康状况等观测记录，总结示范建设成效和经验，纳入示范县建设年度工作总结，及时上报相关信息；要在示范基地建设区域树立“国家珍贵树种培育示范基地”标牌；建立档案管理制度，确定专人负责，对示范基地建设情况，按照技术、管理、财务等分门别类建立档案。

第二十条 由国家资金支持营造的珍贵树种示范林，要严格执行森林培育和采伐相关规定，除国家和地方工程建设占用征收征用外，在林木达到成熟之前不得主伐。以林苗一体模式培育的珍贵树种林分，林木移植要科学合理，移植后的林分，必须保留适宜密度。

第二十一条 省、市林业主管部门要做好示范县珍贵树种培育的组织协调、指导服务和检查监督等工作。获得示范县资格的县级人民政府，每年 12 月 10 日前要逐级向市、省级林业主管部门报送工作总结。省级林业主管部门要全面总结珍贵树种培育示范工作，于每年 12 月 15 日前向国家林业局报送全省珍贵树种培育示范建设工作总结。

第二十二条 国家珍贵树种培育示范县实行动态管理。示范县确定三年后，国家林业局要依据本办法、国家珍贵树种培育示范建设成效考核评价办法（另行制定）、国家珍贵树种培育示范基地投资计划、示范县珍贵树种培育规划等，对示范县建设成效进行考核评价。考核合格的，保留示范县资格；考核结果较差的，限一年内整改；整改后仍然较差的，取消示范县资格。

第五章 附 则

第二十三条 对自然条件好、地方政府重视、群众积极性高、珍贵树种培育成效好、辖区内三分之二以上的县（区、市、旗）达到国家珍贵树种培育示范县申报条件的地级市（地区、自治州、盟），其人民政府可参照本办法规定的申报条件和程序申报国家珍贵树种培育示范市（地级）。

第二十四条 本办法自发布之日起施行。

第二十五条 本办法由国家林业局负责解释。

附录 1 国家珍贵树种培育示范县申报条件（略）

附录 2 国家珍贵树种培育示范县申报审核表（略）

附录 3 国家珍贵树种培育示范县自查核查表（略）

国家林业局关于国营林场自建水库占用林地有关问题的复函

林策发〔2013〕30 号

江苏省林业局：

《江苏省林业局关于国营林场自建水库占用林地有关问题的请示》（苏林政〔2013〕6 号）收悉。经研究，我局函复如下：

以解决林业生产用水为目的，修建小型水库及取水输水配套设施，并主要用于林业生产灌溉的，属于修筑直接为林业生产服务的工程设施。需要使用林地的，应当依照森林法实施条例第十八条执行。

国家林业局

2013 年 3 月 8 日

国家林业局关于印发《平原绿化工程建设技术规定》的通知

林造发〔2013〕31号

各省、自治区、直辖市林业厅（局）、新疆生产建设兵团林业局，各计划单列市林业局：

为进一步规范平原绿化工程建设管理，提高平原绿化工程质量与成效，促进国家粮食稳定增产，我局制订了《平原绿化工程建设技术规定》，现印发给你们，请认真贯彻执行。执行过程中如有意见和建议，请及时反馈国家林业局造林绿化管理司。

附件：平原绿化工程建设技术规定（略）

附录A　全国平原绿化各建设区基本情况表（略）

附录B

附录B-1-1　防护林、用材林主要树种表（略）

附录B-1-2　特殊立地条件适生树种表（略）

附录B-2　经济林主要树种表（略）

附录B-3　城镇村庄（屯）绿化主要树种表（略）

附录C　各林种主要树种造林初植密度（略）

附录C-1　用材林主要树种初植密度表（略）

附录C-2　经济林主要树种造林密度表（略）

附录D　平原绿化竣工验收县级自查统计评价表（略）

附录E　平原绿化竣工验收省级复查和国家级核查统计评价表（略）

附录F　平原绿化竣工验收成果汇总表（略）

国家林业局

2013年3月8日

国家林业局关于进一步加强集体林权流转管理工作的通知

林改发〔2013〕39号

各省、自治区、直辖市林业厅（局），新疆生产建设兵团林业局，国家林业局各司局、各直属单位：

近年来，随着集体林权制度改革不断推进，集体林权流转对发展适度规模经营、推动现代林业建设和增加农民收入发挥了积极的作用，但同时有些地方不同程度地存在流转行为不规范、侵害农民林地承包经营权益、流转合同纠纷增多、擅自改变林地用途，以及林权流转管理和服务不到位等问题。为进一步加强林权流转管理，防范林权流转风险，保障广大农民、林业经营者和投资者的合法权益，规范集体林权流转，现就有关事项通知如下：

一、坚持依法、自愿、有偿流转原则，切实保障农民林地承包经营权

坚持农村集体土地承包经营制度，保护农民林地承包权益，是落实党在农村基本土地政策、国家宪法和法律规定的具体体现。开展集体林权流转，必须在坚持农村集体林地承包经营制度的前提下，按照依法、自愿、有偿原则流转，承包方有权依法自主决定林权是否流转和流转的方式，任何组织和个人都不得限制或者强行农民进行林权流转。各级林业主管部门要统一认识，一定要充分尊重农民林权流转的主体地位，按照“流不流转是农民的事，转多转少是市场的事，规不规范是政府的事”的要求规范林权流转，不得把林权流转指标作为评判集体林权制度改革是否成功的标准，不得将流转规模作为工作政绩，更不得把促成流转作为招商引资优惠条件强行推动，确保林权流转严格按照有关法律法规和中央的政策进行。

二、规范林权流转秩序，防范林权流转风险

各地应加大林权流转引导和规范。依法抵押的未经抵押权人同意的不得流转；采伐迹地在未完成更新造林任务或者未明确更新造林责任前不得流转；集体统一经营管理的林地经营权和林木所有权进行林权流转的，流转方案须在本集体经济组织内公示，经村民会议三分之二以上成员或者三分之二以上村民代表同意后，报乡镇人民政府批准，到林权管理服务机构挂牌流转，或者采取招标、拍卖、公开协商等方式流转。对工商企业等社会组织在林业产前、产中、产后服务等方面投资开发林业，带动农户发展林业产业化经营的，要充分尊重农民意愿，防止出现以“林地开发”名义搞资本炒作或“炒林”现象，探索建立工商企业流转林权的准入和监管制度，对流转后闲置浪费流转林地影响林业生产、恶意囤积林地和擅自改变林地用途等行为要予以制止，要责令其依法纠正，情节严重的要追究法律责任。禁止国家公职人员利用职务之便违法参与林权流转谋取私利。违法流转导致农民的林权流转收益受损等问题要依法纠正，对因林权流转引发的农村林地承包经营纠纷要依法调解调处仲裁。

三、完善制度，全面加强林地承包经营权流转监管工作

各级林业主管部门要按照《中共中央 国务院关于全面推进集体林权制度改革的意见》和《国家林业局关于切实加强集体林权流转管理工作的意见》等有关政策法律规定要求，建立健全林权流转监管制度，保障林权流转有序健康发展。要尽快建立健全林权流转管理和服务制度，为规范林权流转行为提供制度保证。要建立“村有信息员、乡镇有服务窗口、县有服务场所”三级联动的林权流转管理服务网络和互联互通的集体林权流转信息采集系统和共享平台，逐步实现林权流转信息网络化管理。要积极探索林权流转合同制和备案制管理。省级林业主管部门要制定并推行使用林权流转统一合同示范文本，探索开展流转合同签订指导工作。要不断加大林权流转服务，为流转提供有关法律政策宣传、市场信息、价格咨询、资产评估、合同签订等服务，逐步建立和完善流转服务平台和网络，研究发布林权流转信息和流转指导价格并实行动态管理。要切实履行监管职责，按照《国家林业局关于进一步加强和规范林权登记发证管理工作的通知》(林资发〔2007〕33 号)和《国家林业局办公室关于办理涉外林权变更登记问题的复函》(办资字〔2011〕214 号)要求，对因农村集体林地承包经营权流转而发生的林权变更登记申请依法严格审查，确保林权登记质量。各县(区、市)要设立农村土地承包仲裁委员会、加强专兼职仲裁员队伍建设，依法开展农村土地承包和流转纠纷的调解仲裁工作，要及时了解和掌握涉及农民的林权流转纠纷调解仲裁情况，做好应对预案。加强对林权流转情况的统计和监测，并定期汇总、分析林权流转情况，重点研究不规范林权流转问题的解决办法和政策。

四、加强领导，确保林权流转健康有序发展

集体林权流转事关广大农民的切身利益，事关流转市场规范有序，事关生态林业与民生林业发展。各级林业主管部门要高度重视，把林权流转管理工作摆上重要议事日程，切实加强领导。要明确职责，实行领导负责制，层层落实责任，加强监督检查和信息沟通，充分发挥管理、指导、协调和服务职能，把各项工作落到实处。要按照《国务院办公厅关于清理整顿各类交易场所的实施意见》的要求，积极配合当地人民政府做好林权交易场所清理整顿工作和林权流转市场监管工作。建立健全面向广大农民的林权流转管理和服务县级林权管理服务机构，配备工作人员和工作场所。要加强业务培训，不断提高流转管理和服务工作人员的整体素质和业务能力，为开展林权流转提供组织和人员保障。

请各地结合实际，研究制定贯彻落实本通知的具体办法，并将有关情况于 2013 年 5 月 20 日前报我局农村林业改革发展司。

国家林业局

2013 年 3 月 21 日

国家林业局关于贯彻落实《国务院办公厅关于加强林木种苗工作的意见》的通知

林场发〔2013〕44 号

各省、自治区、直辖市林业厅(局)，内蒙古、吉林、龙江、大兴安岭森工(林业)集团公司，新疆生产建设兵团林业局，国家林业局各司局、各直属单位：

2012 年 12 月 26 日，国务院办公厅印发了《关于加强林木种苗工作的意见》(国办发〔2012〕58 号，以下简称《意见》)。这是党的十八大胜利召开以后，在全面推进生态文明建设的关键时期下发的重要文件，也是新中国成立以来国务院首次就林木种苗行业发展提出指导意见，充分体现了党和国家对林业工作特别是林木种苗工作的高度重视。《意见》的出台对加快中国林木种苗事业发展、建设生态文明具有重大而深远的意义，必将引领中国林木种苗发展进入一个全新的历史阶段。为深入贯彻落实《意见》精神，确保各项任务落到实处，现将有关事项通知如下：

一、认真组织学习，充分认识加强林木种苗工作的重要意义

《意见》深刻阐述了加快林木种苗发展的重要性和紧迫性，指出林木种苗是林业发展的基础，对保障林产品供给、推动生态建设具有重要作用，明确了林木种苗工作在现代林业建设中具有基础性、战略性地位。

林木种苗是林业生产不可替代的基本生产资料，是最重要的科技载体，是增加林产品产量、提高林产品品质、丰富林产品种类的内在条件，是延长林业产业链条、林产品价值链条的起点。当前，中国林业发展进入了一个新的重要战略机遇期，党的十八大作出了建设生态文明的战略部署，提出了建设美丽中国的宏伟蓝图。发展林业是建设生态文明的首要任务，林木种苗是林业发展的重要基础和前提。保护自然生态系统、实施重大生态修复工程，构建生态安全格局、推进绿色发展、建设美丽中国、应对气候变化必须首先抓好林木种苗。

各地各单位要认真组织学习，深刻领会加强林木种苗工作的重要意义，全面准确把握《意见》的精神实质。牢固树立“林以种为本，种以质为先”的理念，坚持一把手抓种苗，超前抓种苗，下大力气抓种苗。要积极开展宣传，努力形成全社会关心、支持林木种苗工作的良好氛围，努力开创林木种苗事业发展新局面，全面提升生态林业和民生林业发展水平。

二、采取有力措施，圆满完成《意见》确定的各项任务

《意见》明确了今后一个时期中国林木种苗发展的指导思想、基本原则、奋斗目标和八项重点任务，为中国林木种苗发展指明了方向。各地各单位要细化分解各项任务，落实责任分工，明确工作要求，采取有力措施，确保《意见》所提出的各项任务圆满完成，取得实效。

要抓紧制定林木种质资源调查收集与保存利用规划。安排专项资金开展林木种质资源调查。加快林木种质资源保存库建设。

要抓紧组织制定主要造林树种、珍稀濒危树种的长期育种计划，将主要造林树种良种选育纳入各级各类科技计划，并根据生产需要和林木育种特点，设计和安排科研课题，长期进行研究。坚持常规育种与现代生物技术相结合，开展多方向、多目标的林木良种选育研究，尽快培育一批高产、质优、高抗的新品种。鼓励以主要造林树种为重点，建立技术协作组织，联合申报科研项目，组织联合攻关。鼓励引导林业专业合作组织承担林木良种培育工作。

要加强林木种苗事业人才培养。加强高等院校和科研机构种苗相关学科、重点实验室、工程技术研究中心、产业技术创新战略联盟以及实习基地建设，建立教学、科研、实践相结合的有效机制。充分利用高等院校和科研机构的教学资源，加大林木种苗从业人员继续教育和培训力度，提升林木种苗人才培养质量，为中国林木种苗发展提供人才和科技支撑。

要以省为单位，选择一些基础条件好、技术力量强的苗圃建设为保障性苗圃，实行订单育苗，重点培育林木良种苗木、珍贵树种苗木、能源林苗木及生态林苗木。其他苗木的培育，要以市场为导向，实行市场调节和政府宏观指导相结合，努力形成多种所有制共同发展的苗木生产供应体系。

要加强林木良种使用推广。完善林木良种推广使用管理办法。国家投资和国有林业单位的造林项目应当使用林木良种，将林木良种使用率纳入造林实绩检查体系，并注意做好种苗生产与造林计划的衔接。

要加强林木种苗立法和质量监管。尚未出台《种子法》配套法律法规的省（区、市）要抓紧制定。要认真落实种苗生产单位自检制度，对使用未自检种苗的造林单位不予检查验收。要进一步建立和完善各级种苗质量监督抽查制度。在种子采收和造林季节，各级林业主管部门要组织检查组，对种苗质量进行监督抽查，并对检查结果进行通报，对质量不合格单位依法进行查处，对抽查不合格单位所在省核减投资计划。

要加强种苗信息服务。定期发布林木种苗生产信息。加快种苗网站建设。开展多形式、多渠道、多层次种苗信息发布，引导种苗生产有序进行，防止种苗市场大起大落。

三、加强组织领导，确保《意见》明确的各项政策措施落实到位

为保障各项任务圆满完成，《意见》明确了四个方面的政策措施和三个方面的保障措施，具有很强的针对性和可操作性。各级林业主管部门要以贯彻落实《意见》为契机，紧紧围绕当地林业发展现状和林木种苗工作实际，研究制定本地区具体实施意见，提请各级人民政府尽快出台落实文件。

各地要高度重视林木种苗管理机构和队伍建设。尚未建立种苗管理机构的地县要尽快建立种苗管理机构，要进一步明确林木种苗机构的行政管理、行政执法和公共服务职能，落实人员编制，明确工作职责。要将种苗管理工作经费纳入同级财政预算并予以保证。加强人员培训，提高人员素质，进一步提高种苗管理水平和服务水平，为推动种苗工作奠定坚实基础。

要强化政策落实。各级林业主管部门要积极主动加强与发展改革、财政、科技、工商、税务、金融等部门的沟通协调，积极争取更大的支持，确保各项扶持政策和保障措施落实到位。各省（区、市）都要建立林木良种补贴制度，尚未建立省级林木良种补贴制度的省（区、市）要尽快建立省级林木良种补贴制度。要尽快建立林木种子贮备制度，安排种子贮备资金。要增加种苗工程基本建设投入，加强种苗生产供应基础设施建设。国家造林补贴要优先安排使用良种苗木的造林主体。要将符合贴息条件的林木种苗项目纳入贴息贷款补贴范围，将林木种苗生产纳入国家政策性保险范围，允许以林木种苗抵押进行融资。

各地各单位要将学习贯彻落实《意见》作为当前林业的重要工作抓紧抓实。要加强《意见》实施的跟踪指导，不断发现新情况、新问题，积极探索新措施、新办法。国家林业局成立推进林木种苗发展工作协调组，研究解决推进林木种苗发展中的重大问题，组织拟定重大政策。2013 年年底国家林业局将派出督导组赴各地对贯彻落实《意见》进行督促检查。

国家林业局

2013 年 3 月 29 日

国家林业局关于颁布《森林生态站工程项目建设标准》和《国有林场基础设施建设标准》的通知

林规发〔2013〕70 号

各省、自治区、直辖市林业厅（局），内蒙古、吉林、龙江、大兴安岭森工（林业）集团公司，新疆生产建设兵团林业局，各计划单列市林业局：

我局组织制定了《森林生态站工程项目建设标准》和《国有林场基础设施建设标准》，现予公布，自 2013 年 6 月 1 日起施行。

附件：《森林生态站工程项目建设标准》（略）
《国有林场基础设施建设标准》（略）

国家林业局

2013 年 4 月 28 日

国家林业局 财政部关于印发《国家级公益林管理办法》和通知

林资发〔2013〕71 号

各省、自治区、直辖市林业厅(局),财政厅(局),内蒙古、吉林、龙江、大兴安岭森工(林业)集团公司,新疆生产建设兵团林业局,财务局,解放军总后勤部基建营房部、财务部:

为规范和加强国家级公益林保护、经营和管理,根据《中华人民共和国森林法》、《中华人民共和国森林法实施条例》,制定了《国家级公益林管理办法》,现印发你们,请认真贯彻执行。

国家林业局 财政部
2013 年 4 月 27 日

附件 国家级公益林管理办法

第一章 总 则

第一条 为了加强和规范国家级公益林保护管理,提高国家级公益林经营质量和生态服务功能,根据《中华人民共和国森林法》和国家有关规定,制定本办法。

第二条 本办法所称的国家级公益林,是指按照《国家级公益林区划界定办法》(林资发〔2009〕214 号)区划界定的重点防护林和特种用途林。

第三条 国家级公益林管理遵循"生态优先、严格保护、分级管理、科学经营、合理利用"的原则。

第四条 国家级公益林保护和建设应当纳入国家和地方各级人民政府国民经济和社会发展规划、林地保护利用规划,并落实到现地,做到四至清楚、权属清晰、数据准确。

第五条 国家林业局负责全国国家级公益林管理的指导、协调和监督;地方各级林业主管部门负责辖区内国家级公益林的保护、建设和管理。

第六条 国家级公益林根据生态区位和主导功能、效益,划分保护等级并实行分级管理。保护等级执行《国家级公益林区划界定办法》,划分为三级。

第七条 中央财政安排森林生态效益补偿基金,用于对国家级公益林的保护和管理。

第二章 保护管理

第八条 国家级公益林不得随意调整。确需调整的,必须按照《国家级公益林区划界定办法》规定程序执行。

第九条 国家级公益林林权权利人应当与林业主管部门签订协议,明确双方的权利、义务,约定管护责任。各级林业主管部门应当切实履行管护协议约定的义务,加强对国家级公益林林权权利人和管护人员的指导、服务和检查,并不断完善国家级公益林森林生态效益补偿的办法。

第十条 县级以上地方林业主管部门应当设立国家级公益林标牌,标明国家级公益林的地点、四至范围、面积、林权权利人、管护责任人,保护管理责任和要求、监管单位、监督举报电话等内容。

第十一条 禁止在国家级公益林地开垦、采石、采沙、取土,严格控制勘查、开采矿藏和工程建设征收、征用、占用国家级公益林地。除国务院有关部门和省级人民政府批准的基础设施建设项目外,不得征收、征用、占用一级国家级公益林地。

经批准征收、征用、占用的国家级公益林地,由国家林业局进行审核汇总并相应核减国家级公益林总量,财政部根据国家林业局审核结果相应核减下一年度中央财政森林生态效益补偿基金。

第十二条 县级以上林业主管部门应当按照《森林防火条例》(国务院令第 541 号)规定,负责本辖区内国家级公益林森林防火的监督和管理工作。

第十三条 县级以上林业主管部门负责本辖区内国家级公益林的有害生物防治工作,加强林业有害生物预警预报,制定防控预案,实现减灾防灾。

第三章 经营管理

第十四条 由地方人民政府编制的林地保护利用规划和由地方人民政府林业主管部门编制的森林经营规划,应当将国家级公益林保护、管理和经营作为重要内容。省、县级林业主管部门要通过推进森林经营方案的编制和实施,将国家级公益林经营方向、经营模式、经营措施以及相关政策,落实到山头地块和经营主体。

第十五条 对于国家级公益林地中的宜林地、疏林地,经营者应当结合实际,严格保护并积极采取封山育林、人工促进天然更新或者人工造林等措施增加森林植被,提升生态功能。严禁采用炼山、全面整地等作业方式。

第十六条 一级国家级公益林原则上不得开展生产经营活动,严禁林木采伐行为。因教学科研等确需采伐林木,或者发生较为严重森林火灾和病虫害等特殊情况确需对受害林木进行清理,以及人工林、母树林、种子园经营等,县级以上人民政府林业主管部门依法审批前,应当组织森林经理学、生态学等领域林业专家进行评审。

第十七条 在不破坏森林生态系统功能的前提下,可以合理利用二级国家级公益林的林地资源,适度开展林下种植养殖和森林游憩等非木质资源开发与利用,科学发展林下经济。

第十八条 二级国家级公益林可以进行抚育和更新性质的采伐。其抚育和更新性质的采伐应当执行《生态公益林建设技术规程》(GB/T 18337.3－2001)、《森林采伐作业规程》(LY/T 1646－2005)、《低效林改造技术规程》(LY/T 1690－2007)和《森林抚育规程》(GB/T 15781－2009)相关标准，采取有利于生物多样性保护，有利于形成异龄、复层、混交森林群落的作业方式。

(一)抚育间伐的，伐前林分郁闭度不得低于0.8，一次采伐蓄积强度不得大于15%，伐后郁闭度不得低于0.6。

(二)更新采伐的，只允许采用择伐方式，采伐间隔期不得小于一个龄级期。

坡度25度以上的，采伐强度不得超过伐前林木蓄积的15%，伐后郁闭度不得低于0.6；坡度25度以下的，采伐强度不得超过伐前林木蓄积的25%，伐后郁闭度不得低于0.5。

(三)低效林改造的，以综合改造和补植改造方式为主，一次改造的蓄积强度不得大于20%。严禁对原生型低效林进行改造；禁止将国家级公益林改造为商品林。

(四)竹林可以进行择伐和疏伐，采伐量不得超过当年新竹量。

(五)因森林火灾、有害生物危害和其他自然灾害受损严重的国家级公益林，经县级以上林业主管部门依法批准，受补偿主体可以清理死亡、受损林木，并于当年或者次年完成补植、补造。

第十九条 三级国家级公益林应当以增加森林植被、提高森林质量为目标，加强森林资源培育，科学经营、合理利用。

第二十条 东北、内蒙古重点国有林区的二、三级国家级公益林经国家林业局批准可进行抚育和更新性质的采伐。

第四章 监测与检查

第二十一条 省级林业主管部门负责组织做好国家级公益林的落界成图工作。应当按照《林地保护利用规划林地落界技术规程》(LY/T 1955－2011)，在全国林地"一张图"建设和更新中，将国家级公益林落实到小班地块，做到落界准确规范、成果齐全。

第二十二条 省级林业主管部门按照《森林资源规划设计调查技术规程》(GB/T 26424－2010)，负责组织开展国家级公益林本底资源调查，调查间隔期为5年。

第二十三条 县级林业主管部门和国有林业局(场)、自然保护区、森林公园等森林经营单位，应当组织开展国家级公益林年度变化情况调查。以年度经营管理活动情况为基础，结合实地调查，掌握国家级公益林地类、面积和森林质量变化情况。

第二十四条 省级林业主管部门应当组织开展国家级公益林检查。检查内容包括国家级公益林保护和管理工作开展情况、森林经营方案执行情况，以及区划调整、动态变化、管护效果等情况。

省级林业主管部门应当组织具有乙级以上林业调查规划设计资质的单位开展国家级公益林定期定点生态状况监测。

第二十五条 国家林业局组织开展国家级公益林监测和定期核查。监测和核查的主要内容包括国家级公益林保护与管理情况，核实认定国家级公益林的动态调整情况，监测、调查和评估国家级公益林的管护效果和森林资源及生态状况的变化。

第二十六条 县级以上林业主管部门应当对国家级公益林范围及变化、国家级公益林保护管理及其质量效益等情况，及时向社会公开。

第五章 资源档案

第二十七条 县级林业主管部门和国有林业局(场)、自然保护区、森林公园等森林经营单位，应当以国家级公益林本底资源调查成果为基础，结合全国林地"一张图"建设，建立国家级公益林资源档案，落实档案管理人员，健全档案管理制度。

国家级公益林资源档案包括：小班卡片(分户登记卡)、资源现状及动态变化统计表和图面资料、林权台帐、管护协议(或管护合同)等。

第二十八条 省级林业主管部门应当按照统一的规范，组织建立辖区内国家级公益林基础信息数据库、遥感影像数据库和管理信息系统。

第二十九条 县级林业主管部门和国有林业局(场)、自然保护区、森林公园等森林经营单位，应当根据年度变化情况调查结果，及时更新国家级公益林落界成图成果、资源档案和基础信息数据库，并将更新后的基础信息数据库上报省级林业主管部门。

省级林业主管部门按年度更新国家级公益林基础信息数据库。

第三十条 省级林业主管部门应当于每年3月31日前将上年度国家级公益林管理情况、资源变化统计表、更新后的国家级公益林基础信息数据库，一并上报国家林业局。

第六章 责任追究

第三十一条 国家级公益林经营者或者其他单位、个人违反本办法及相关法律法规的规定，造成国家级公益林破坏的，依法给予行政处罚；构成犯罪的，依法追究刑事责任。

第三十二条 从事国家级公益林资源保护、监督管理工作的林业主管部门工作人员和其他有关工作人员滥用职权、玩忽职守、徇私舞弊，构成犯罪的，依法追究刑事责任；尚未构成犯罪的，依法给予行政处罚。

第七章 附 则

第三十三条 经国家林业局会同财政部认定的国家级公益林，其保护、经营和管理活动适用本办法。法律法规另有规定的除外。

第三十四条 本办法由国家林业局会同财政部解释。

第三十五条 本办法自印发之日起施行，有效期至2017年4月30日。

国家林业局关于印发《国家珍贵树种培育示范建设成绩考核评价办法(试行)》的通知

林造发〔2013〕72 号

各省、自治区、直辖市林业厅(局),内蒙古、吉林、龙江、大兴安岭森工(林业)集团公司,新疆生产建设兵团林业局:

为规范国家珍贵树种培育示范建设工作,提高建设质量,保证建设成效,辐射带动珍贵树种培育健康发展,我局依据《国家珍贵树种培育示范县管理办法(试行)》(林造发〔2013〕27 号)等相关规定,制定了《国家珍贵树种培育示范建设成效考核评价办法(试行)》,现印发你们,请遵照执行。执行中如有问题,请及时联系我局造林绿化管理司。

附件:国家珍贵树种培育示范建设成效考核评价办法(试行)(略)

国家林业局

2013 年 5 月 3 日

国家林业局　国家标准化管理委员会关于印发《国家林业标准化示范企业认定管理办法》的通知

林科发〔2013〕85 号

各省、自治区、直辖市林业厅(局),质量技术监督局,内蒙古、吉林、龙江、大兴安岭森工(林业)集团公司,新疆生产建设兵团林业局、质量技术监督局:

为促进中国林业产业可持续发展,推进林业企业标准化生产,提高林产品质量,根据《中华人民共和国标准化法》和《国务院关于印发质量发展纲要(2011—2020年)的通知》(国发〔2012〕9 号)的有关规定,国家林业局、国家标准化管理委员会决定组织开展国家林业标准化示范企业认定工作,并制定了《国家林业标准化示范企业认定管理办法》,现印发给你们,请遵照执行。

国家林业局　国家标准化管理委员会

2013 年 5 月 24 日

附件　国家林业标准化示范企业认定管理办法

第一条　为促进中国林业产业可持续发展,推进标准化生产,提升林产品质量,根据《中华人民共和国标准化法》和《国务院关于印发质量发展纲要(2011～2020年)的通知》(国发〔2012〕9 号)的有关规定,开展国家林业标准化示范企业(以下简称"标准化示范企业")认定工作,特制定本办法。

第二条　本办法所称标准化示范企业,是指经认定的,已运用标准化原理和方法建立完善标准化体系并有效运行,取得良好的经济、社会和生态效益,具有示范带动作用的林业企业。本办法所指林业企业,主要包括林木、种苗、花卉、木竹藤及其制品、林产化工产品、林业机械等林产品生产企业。

第三条　国家林业局、国家标准化管理委员会联合成立国家林业标准化示范企业认定委员会(以下简称认定委员会),由相关部门、行业协会和单位组成,负责标准化示范企业认定工作。认定委员会下设秘书处,设在国家林业局科学技术司,负责标准化示范企业认定组织和日常管理工作。

第四条　认定委员会成立国家林业标准化示范企业专家委员会(以下简称专家委员会),负责示范企业专家评审工作。专家委员会由从事林产品研究开发、生产、管理、标准化、质检和认定评价等方面的专业人员组成。

第五条　标准化示范企业认定工作遵循公开、公平、公正、科学和企业自愿申请的原则。认定工作不向申请企业收取任何费用。

第六条　标准化示范企业认定每年一次,有效期三年。有效期满,被授予单位可再次申请认定,但应在有效期满前六个月提出。

第七条　申报企业基本条件:

(一)具有独立法人资格;生产经营活动需要行政许可的,应取得相应许可。

(二)产品在国内生产并有固定生产场所,有一定生产规模,有健全的质量管理体系。申报企业主要产品生产满三年。

(三)产品按照国际标准或国外先进标准、国家标准、行业标准、地方标准、企业标准组织生产,对产品生产环境、生产过程、质量控制和包装运输等实施全过程标准化管理。

(四)产品质量达到国家标准或行业标准要求,近三年内产品经国家监督抽查或行业监测抽查没有不合格记录,且未出现重大质量安全事故。

第八条　认定评价指标:

(一)标准实施情况:应建立标准化生产体系、质量管理体系等并运行良好，标准实施效果良好，产品质量可靠。

（二）标准化人员情况：应有从事标准化和质量工作的人员。

（三）标准化能力情况：主要包括参与国际、国家、行业或地方标准制修订工作，以及获得各级政府标准奖励情况等。

第九条 申报材料：

（一）国家林业标准化示范企业申请书（见附件）。

（二）营业执照复印件；生产经营活动需要行政许可的，应提供许可证明复印件。

（三）关于标准化生产状况和质量管理体系的有效证明文件。包括主要产品及其执行标准、企业标准化人员情况、产品质量控制体系建设等。

（四）国家监督抽查检验报告或行业监测抽查检验报告。

（五）参与国际、国家、行业和地方标准制修订的有效证明材料（如有）。

（六）所获各级政府标准奖励的证明材料（如有）。

（七）其他有效证明材料。如产品质量认证证书、质量管理体系认证证书等相关材料（如有）。

第十条 认定程序：

（一）申报。申请单位须按要求向省级林业主管部门提出申请，并提交第九条所要求的相关材料。申请单位提交的材料应真实可靠。

（二）推荐。各省级林业主管部门会同省级质监部门，对本地区申报材料进行审核并提出推荐意见，对符合条件的企业汇总后向认定委员会秘书处推荐。

（三）评审。认定委员会秘书处对申报材料进行形式审查，组织专家委员会进行评审。专家委员会对申报材料进行审查和评价，出具评审报告并对其报告负责，提出标准化示范企业建议名单。必要时，可进行现场考察或要求申请企业进行陈述和答辩。专家委员会必须依法保守申报企业的技术秘密。

（四）审定。认定委员会对专家委员会评审结果进行审定，形成国家林业标准化示范企业名单，并向社会公示，公示期为十五天。

（五）认定。公示无异议的，认定为国家林业标准化示范企业。

第十一条 对认定的标准化示范企业，国家林业局会同国家标准化管理委员会颁发“国家林业标准化示范企业”证书和牌匾，并在行业主要媒体向社会公布。

第十二条 对认定的标准化示范企业，国家林业局和国家标准化管理委员会在标准化研究、标准制修订、科技成果转化等方面给予支持；鼓励地方政府对标准化示范企业给予资金和政策支持，引导社会资源支持标准化示范企业。

第十三条 建立“国家林业标准化示范企业”监督抽查制度。根据情况，对认定企业标准化生产、产品质量状况和标准实施示范等情况，开展定期或不定期的监督抽查。

第十四条 有下列情形之一的，撤销其标准化示范企业称号并向社会公布，且三年内不再受理其申请：

（一）有违反法律法规行为的；

（二）发生重大产品质量安全事故的；

（三）监督抽查不合格的；

（四）存在弄虚作假行为的；

（五）转产和破产的。

第十五条 本办法自发布之日起施行。

附件 国家林业标准化示范企业申请书（略）

国家林业局 全国工商联 中国光彩会关于印发《关于引导和鼓励非公有制经济参与现代林业发展推进生态文明建设的意见》的通知

林宣发〔2013〕90号

各省、自治区、直辖市林业厅（局）、工商联、光彩会，内蒙古、吉林、龙江、大兴安岭森工（林业）集团公司，新疆生产建设兵团林业局、工商联、光彩会：

为深入贯彻落实党的十八大精神，积极引导和鼓励非公有制经济参与现代林业发展，推动实现建设生态文明和美丽中国的宏伟目标，国家林业局、全国工商联、中国光彩会联合制定了《关于引导和鼓励非公有制经济参与现代林业发展推进生态文明建设的意见》，现印发给你们，请结合实际，认真贯彻落实。

国家林业局 全国工商联 中国光彩会

2013年6月3日

附件 国家林业局 全国工商联 中国光彩会 关于引导和鼓励非公有制经济参与现代林业发展推进生态文明建设的意见

非公有制林业是中国林业的重要组成部分，是建设生态文明和美丽中国的重要力量。近年来，在党中央、国务院的高度重视下，中国非公有制林业得到快速发展，为发展生态林业和民生林业，努力改善生态和改善民生，实现全面建成小康社会目标发挥了重要作用。但是，应该看到，中国非公有制林业还存在规模偏小、产业结构单一、市场竞争能力不强等问题，与林业发展的实际需求还不相称，有许多工作需要不断完善和加强。为深入贯彻落实党的十八大精神，现就引导和鼓励非公有制经济参与现代林业发展、推进生态文明建设提出以下意见。

一、充分认识在新形势下加快推进非公有制林业科学发展的重要意义

（一）发展非公有制林业是建设生态文明的迫切需要。党的十八大明确将生态文明建设提升到突出的战略地位，形成了具有中国特色社会主义事业“五位一体”的总体布局，提出了大力推进生态文明建设的总体要求和重点任务。林业是生态文明建设的关键领域，是推进生态文明建设的重要基础和根本保障。近年来，广大非公有制经济人士积极响应党和国家号召，踊跃投身现代林业建设，不仅解决“绿起来”的生态问题，更加关注“富起来”的民生问题，成为林业发展中最具活力和生机的力量，为生态文明建设发挥了积极作用，作出了重要贡献。

（二）发展非公有制林业是建设美丽中国的重要途径。建设美丽中国是党的十八大首次提出的宏伟蓝图，赋予林业非常重要的职责。加快非公有制林业发展，一方面，可以增加中国森林资源和生态总量，能够为经济发展提供必需的生态承载能力，有利于逐步摆脱拼资源能源、以牺牲生态为代价的落后发展方式，推动经济社会走上可持续发展的绿色之路。另一方面，可以为人民群众生产生活提供更多更好的绿色生态产品，让老百姓的家园更绿、水更清、天更蓝、空气更新鲜，实现环境优美、山川秀丽的目的。未来10年，是全面推进现代林业建设的黄金发展期，这不仅为非公有制林业大发展提供了千载难逢的战略机遇，也为非公有制林业创造了更加广阔的发展空间。

（三）发展非公有制林业是促进“两个健康”的重要方面。大力发展非公有制林业，不仅有利于加快森林资源的培育和开发利用，促进林业生产要素的合理流动，全面提高林业建设质量和效率，更有利于促进非公有制经济人士健康成长和非公有制企业健康发展。企业投身现代林业建设，在加快转变经济发展方式、保障和改善民生、提升自身素质三个方面实现了“有更大作为”，是企业履行社会责任、彰显光彩精神、实现社会价值的重要平台和载体。

二、加强科学引导，强化政策支持，努力为非公有制林业发展创造良好环境

（一）加强科学引导。林业既是改善生态的公益事业，又是发展经济、改善民生的基础产业。各级工商联和光彩会要以促进“两个健康”为出发点和落脚点，引导民营企业正确认识自身发展与履行社会责任的关系，把国家的需要和企业的成长结合起来，切实促进非公有制林业企业健康发展。各级林业部门要加强对非公有制林业企业的有效指导，特别是对当前比较关注的发展林下经济、木本粮油、生物质能源、森林旅游等生态经济类型，要积极主动提供优质高效的服务，不断提供政策、规划、技术等方面的指导，引导和支持非公有制林业企业在增加收入的同时，帮助农村、农民走向致富之路。

（二）优化服务环境。发展非公有制林业是市场经济的需要，也是中国林业提升发展规模和发展水平的必然选择。各级林业部门要转变工作作风，强化服务水平，为非公有制林业发展创造公平、宽松、优越的环境。要打破束缚非公有制林业发展的条条框框，放宽林业市场准入门槛，简化行政审批手续，提高工作效率。各级工商联、光彩会和林业部门要密切合作，积极推动非公有制林业发展的政策出台与落实，创造更加优越的条件，增强非公有制林业经济实体为改善生态、改善民生作出更大贡献的内在动力。

（三）保护合法权益。要以国家产业政策为指导，进一步贯彻落实“谁造谁有、合造共有”和“谁投资、谁受益”的林业政策，吸引更多非公有制企业参与林业建设。要加强市场监管，加大违法行为查处力度，对涉及非公有制林业经济实体的各种收费，要明确收费单位，规范收费行为，健全管理体制，坚决杜绝“乱集资、乱摊派、乱罚款”现象的存在。对各类投资主体在资源利用、资金和信贷支持、税费政策等方面，要一视同仁。

（四）落实林业政策。对非公有制经济参与林业建设，要按国家有关规定，享受扶持政策。在造林、森林抚育等扶持政策上要与公有制经济同等对待。对社会资金投资林业建设的项目，各地要主动会同金融部门落实国家的林业信贷扶持政策，提高林业贴息贷款等信贷资金的到位率，并允许林业经营者以活立木、林地使用权等作抵押申请贷款。

（五）加快产业升级。各级工商联、光彩会要加强与林业部门的合作，定期开展企业经营者和员工的培训，及时传授科学技术，加强产业政策和法律法规指导，强化市场信息服务，指导和帮助企业做好中长期规划设计，转变发展方式，走市场化、产业化、规模化、集约化经营道路。各级林业部门要按照《林业发展“十二五”规划》的要求，积极扶持民营企业大力发展10大林业绿色富民产业，因地制宜培育特色产业和新兴产业，鼓励扶持一批规模大、实力强、辐射带动作用明显的林业重点龙头企业，为促进林业产业转型升级、进一步做大做强富民产业探索新路。

三、创新方式，深化合作，建立促进非公有制林业发展的工作机制

（一）建立联席会议机制。参照国家林业局、全国工商联、中国光彩会的联席会议制度，各地也要逐级建立由三方领导参加的联合工作机制，定期就有关问题进行联络会商，总结交流合作成果，研究部署合作内容，引导和支持各项工作深入扎实开展下去。

（二）建立联合培训机制。根据非公有制企业参与现代林业建设的不同需求，整合社会资源，搭建良好平台，开展多种形式的培训，定期组织专业知识讲座和规模化种植的现场技术指导，为企业提供免费的科技服务。

（三）建立联合调研机制。要结合林业建设的重大任务和中心工作，各地要共同组织有关领导和专家深入一线开展调查研究，深入研究林业企业发展情况、带动就业情况、当地政府支持服务情况、遇到的困难和问题等情况，共同落实当地政府出台支持非公有制林业的投融资、税费减免、表彰宣传等政策措施，努力为非公有制林业发展“搭桥铺路”、“保驾护航”。

（四）建立联系点制度。各级林业部门、工商联和光彩会在调查研究的基础上选择部分有代表性的非公有制企业作为重点联系企业，并加强对联系点的工作指导和服务，使之成为林业产业规划和政策实施效果的反馈点、区域非公有制经济发展环境的观测点、改善生态和民生的示范点。

（五）完善宣传表彰制度。继续组织开展“光彩事业国土绿化贡献奖”的评选工作，不断完善评选标准，丰富评选内容，规范评选程序，提高评奖等次，扩大社会影响。要不断总结提炼典型先进的经验，编辑整理先进企业和人物的典型案例进行推广。要加大宣传力度，各地各部门要充分依托内部信息刊物、电视、报纸等传统媒体和网络、官方微博等载体，及时交流宣传非公有制企业参与林业和生态文明建设的意义作用和成效经验；对表现突出的非公有制经济人士进行多种形式的表彰奖励，授予荣誉称号，共同营造全社会关注支持生态文明建设、关心非公有制林业健康发展的良好舆论环境。

四、加强组织领导，抓好工作落实

国家林业局与全国工商联、中国光彩会深入开展合作，引导和鼓励非公有制经济参与现代林业建设，是大力发展非公有制林业，全面提升生态林业、民生林业发展水平的重要载体，对促进绿色发展、循环发展、低碳发展，推动中国走向社会主义生态文明新时代具有重要意义。各级林业主管部门要把非公有制林业建设的成效当作加快林业发展的一项重要指标进行考核，各级工商联、光彩会要把非公有制经济参与林业建设作为一项重点工作纳入议事日程，深入研究新情况、新问题，进一步创新工作机制和载体，以多种措施加大非公有制林业的扶持和服务力度。各地各部门要认真学习贯彻本意见，结合本地本部门实际，进一步深化合作，切实加强组织领导，明确办事职责，研究制定贯彻落实的具体工作方案，认真抓好各项工作的落实，并在每年年底前向上级部门上报工作进展情况。

国家林业局关于规范木材运输检查监督管理有关问题的通知

林资发〔2013〕96号

各省、自治区、直辖市林业厅（局），内蒙古、吉林、龙江、大兴安岭森工（林业）集团公司，新疆生产建设兵团林业局：

为认真执行木材凭证运输制度，进一步规范木材运输检查监督管理工作，严防公路“三乱”问题发生，根据《森林法》、《森林法实施条例》和国家治理公路“三乱”的有关规定，现就规范木材运输检查监督管理有关问题通知如下：

一、统一木材凭证运输的范围

根据《森林法实施条例》的规定，木材凭证运输的范围为国家标准、行业标准所列的原木、锯材、竹材和木片。胶合板、纤维板、刨花板、以木（竹）材为主辅原材料的家具和木（竹）制工艺品不纳入凭证运输范围。

各省、自治区、直辖市林业主管部门要按照国务院关于深入推进行政审批制度改革的精神和要求，进一步转变职能，创新监管方式，提高服务质量和行政效率，对本地木材凭证运输有关规定进行全面清理，凡与本通知规定不一致的，要尽快作出修订。

二、严格木材运输证的核发管理

各地林业主管部门要按照木材运输证核发管理的有关规定，切实加强木材运输证的印制、签发和管理工作，并使用全国木材运输管理系统进行核发，切实维护木材运输证的权威性。要进一步严肃核发纪律，明确核发程序，规范核发管理，提高办证效率和服务质量。

各级林业主管部门受理申请办理木材运输证，除按照《森林法实施条例》第三十六条规定应当提交的证明文件外，不得要求申请办理者提交育林基金等有关税费票据，切实保护木材运输证申领人的合法权益。

运输直达进口目的地的进口木材，无须办理木材运输证；进口木材需再次运输的，凭有关进口许可证明办理木材运输证。

三、规范木材运输检查和执法行为

木材检查站要严格按照规定的职权范围实施木材运输检查，除了查验木材运输证以外，不得检查木材购货发票、育林基金收据等其他证明和票据。查验植物检疫证明按照有关法规和规定执行。

各省、自治区、直辖市林业主管部门要按照《森林法》、《森林法实施条例》、《行政处罚法》等法律法规规定，对木材检查站实施林业行政处罚的有关程序和管理规定予以规范。木材检查站要依法严格按照权限和程序规定，对违法运输木材案件实施行政强制及处罚。

对实际运输木材数量小于《木材运输证》记载数量，又能证明其《木材运输证》确属运输该木材的；运输木材实际检尺数量与《木材运输证》记载数量相差在国家规定检尺误差范围内的；以及由于林业主管部门木材运输证核发原因造成实际运输与证件记载不符，且由省级林业主管部门出具证明证实情况属实的，木材检查站应予放行，不得施以处罚。

四、建立检查呈报和追溯制度

各级林业主管部门要按照案件级别管辖和层级管理的要求，切实建立和完善木材运输检查呈报和追溯制度。

各级林业主管部门要按照管辖权限，认真追溯违法运输木材的有关问题，查明违法运输的原因，依法追究有关单位和责任人的责任。木材检查站要按月向其林业主管部门呈报当月木材运输检查和违法运输木材案件的处理情况。省、自治区、直辖市林业主管部门要按年度向国家林业局报告木材运输检查和违法运输木材案件处理的情况及追溯结果。

五、加强能力建设，切实提高执法成效

各级林业主管部门要加强木材检查员的政治、业务培训，提高木材运输检查队伍的整体素质，强化依法行政和执政为民意识，增强执法能力，提高执法实效，促进木材检查人员在工作中恪尽职守，严格执法，文明服务。要加大投入力度，切实加强木材检查站基础设施建设，为检查站配备必要的交通工具、通讯工具及其他设施装备，逐步改善木材检查站人员的工作条件，提高监督检查能力，以适应木材运输管理工作的需要。

本通知自 2013 年 8 月 1 日起施行，有效期至 2018 年 7 月 31 日。请及时转发至各市（地）、县林业主管部门，并通知各木材检查站认真执行。

国家林业局

2013 年 6 月 18 日

国家林业局关于进一步改进人造板检疫管理的通知

林造发〔2013〕123 号

各省、自治区、直辖市林业厅（局），内蒙古、吉林、龙江、大兴安岭森工（林业）集团公司，新疆生产建设兵团林业局：

为深入贯彻落实国务院行政审批制度改革精神，促进人造板产业发展，根据《植物检疫条例》、《植物检疫条例实施细则》（林业部分）的有关规定和《国际植物保护公约》（IPPC）的履约要求，经调查研究，我局决定对人造板应施检疫范围和检疫管理方式进行调整和改进。现将有关事项通知如下，请遵照执行。

一、实行人造板检疫分类管理

根据人造板生产工艺的不同，对人造板检疫实行分类管理。其中，在确保不会造成林业有害生物传播危害的前提下，对具有热压、粉碎等工序且能够达到除害处理要求的人造板种类不实施检疫，具体种类名录见附件 1（略）；对附件 1 以外的人造板种类，继续按照国家有关规定实施检疫。

二、加强人造板的木质包装材料管理

运输人造板使用的木质包装材料是传播林业有害生物的重要载体。根据《国际植物保护公约》（IPPC）有关木质包装材料管理要求以及《进出境货物木质包装材料检疫管理准则》（GB/T 28060 - 2011）有关除害处理要求，对附件 1 范围内的人造板使用木质包装材料加施《国际植物保护公约》（IPPC）专用标识（以下简称 IPPC 专用标识）的企业，其运输人造板使用的木质包装材料在运出疫情发生区时不再实施现场检疫，并直接发给《植物检疫证书》，不收检疫费。IPPC 专用标识式样及有关说明见附件 2（略）。

三、强化人造板检疫监管

各省级林业主管部门要加快职能转变，创新管理方式，提高行政效能和公共管理服务质量。要严格执行人造板及其木质包装材料的检疫政策，建立检疫追溯制度和 IPPC 专用标识加施企业数据库，加强事中事后监管。要与所在地的国家质量监督检验检疫总局直属检验检疫机构加强协作，做好有关人造板检疫管理工作。要充分发挥市场主体和社会团体的作用，支持行业协会等有关社会团体开展人造板行业自律管理。要加大检疫监管力度，对违规加施 IPPC 专用标识的单位和个人，依法依规严肃查处。我局将不定期开展人造板检疫政策执行情况专项检查，对执行不力的将予以通报批评。

本通知自 2013 年 11 月 1 日起执行，有效期至 2018 年 10 月 31 日。《国家林业局办公室关于进一步明确人造板检疫范围的通知》（办造字〔2002〕32 号）同时废止。

附件：1. 不实施检疫的人造板种类目录（略）

2. 木质包装专用标识式样及有关说明（略）

国家林业局

2013 年 8 月 7 日

国家林业局关于做好沙区开发建设项目环评中防沙治沙内容评价工作的意见

林沙发〔2013〕136号

各有关省、自治区、直辖市林业厅(局)，新疆生产建设兵团林业局：

为认真贯彻落实党的十八大精神，根据《中华人民共和国防沙治沙法》、《国务院关于进一步加强防沙治沙工作的决定》等有关规定，切实保护和改善沙区生态，合理利用沙区资源，促进沙区经济社会可持续发展，现就做好沙区开发建设项目环评中防沙治沙内容评价工作提出以下意见。

一、充分认识做好沙区开发建设项目环评中防沙治沙内容评价工作的重要性

(一)经过长期努力，中国防沙治沙工作取得了巨大成就，但面临的形势依然十分严峻。中国是世界沙化面积最大、危害最严重的国家之一，土地沙化严重影响近4亿人口的生产生活，是中华民族的心腹之患。全国现有沙化土地面积173.11万平方千米，约占全国土地总面积的18%，还有31万平方千米的土地具有明显的沙化趋势。加速治理沙化土地，严格控制土地沙化，已成为中国生态建设的一项重要而紧迫的任务。

(二)沙区具有独特、丰富的自然资源，科学合理开发沙区资源，对推动当地经济社会发展起到了很好作用。但若管理不善，超过生态承受能力，过度开发利用沙区资源，甚至破坏沙区生态环境，势必造成沙丘活化，使经过长期治理且业已步入良性发展的沙区生态再度恶化，后果十分严重。因此，必须严格执行《防沙治沙法》的有关规定，切实做好沙区开发建设项目环评中防沙治沙内容评价工作，引导和规范沙区开发建设秩序，合理利用沙区资源，有效保护防沙治沙成果。

二、做好沙区开发建设项目环评中防沙治沙内容评价工作的目的和要求

(三)沙区开发建设项目是指在沙漠、戈壁、沙地、沙化土地和潜在沙化土地上实施的开发建设项目，主要包括在沙区范围内开发的工业、农业、畜牧业、能源、水利、交通、城市建设、旅游、自然资源等建设项目。按照《防沙治沙法》的规定，“沙区开发建设项目都应当包括具有防沙治沙内容的环境影响评价”。

(四)开展沙区开发建设项目环评中防沙治沙内容评价工作的主要目的，是对开发建设项目实施后可能造成对沙区植被、生态的影响和土地沙化趋势变化进行综合分析、预测和评估，提出预防或者减轻不良影响的对策和措施，为沙区开发建设项目的立项决策提供生态承载能力等方面的科学依据。

(五)沙区开发建设项目应尽量减少占用已经治理好的沙化土地。需要占用固定沙地、半固定沙地、流动沙地，要根据各地实际情况，搞好生态保护、治沙等方面的科学论证，做好沙区开发建设项目环评中防沙治沙内容的评价工作。

(六)沙区开发建设项目应尽量减少占用沙区植被地。确需占用沙区植被地的建设项目，要严格按程序报批，并做好沙区开发建设项目环评中防沙治沙内容评价报告的编制工作。

(七)在沙区实施的开发建设项目，项目主管部门在审批项目建设规划时，应要求项目实施单位同时编制沙区开发建设项目环评中防沙治沙内容评价报告，并进行审查。

三、做好沙区开发建设项目环评中防沙治沙内容评价工作的原则及重点

(八)要对项目所在区域的生态功能进行定位分析。要按照确定的生态敏感性评价指标体系，就项目建设区的主要生态问题、生态保护主要方向等开展生态影响评估，沙区开发建设项目应符合国家生态功能区划的有关要求。

(九)要对项目所在区域的土地沙化现状及发展趋势进行评估。要分析区域内导致土地沙化的主导因素，研究开发建设项目对沙化土地扩展和沙尘天气变化的影响，确保开发建设项目符合国家防沙治沙的相关政策规定。

(十)要把对当地生态的影响作为评估重点。要科学分析项目实施对当地生态破坏的风险程度，准确预估生态恢复的可行性，深入研究恢复生态的各种条件、途径和措施，处理好生态效益和经济效益之间的关系，权衡利弊，为立项决策提供依据。

(十一)要把沙区资源的合理利用作为评估重点。要分析沙区土地、动植物、水、矿产等自然资源的生态承受能力，在不破坏沙区生态，不造成新的土地沙化、退化的前提下，适度开发利用。

(十二)严格控制在沙化土地封禁保护区内开展建设活动。确需在沙化土地封禁保护区实施的建设项目，必须按照沙化土地封禁保护区有关行政许可的要求，报国家林业局审批。对沙化土地封禁保护区内的建设项目，应把环评中防沙治沙内容评价作为审查的重点，不符合要求的将不予审批。

(十三)根据沙区生态承载能力，逐步建立沙区开发建设项目准入制度。在分析沙区生态限制条件、进行风险评估的基础上，确定进入沙区的开发建设项目类型、建设规模和有利于保护生态的基本要求及条件；对于超出生态承载能力的开发建设项目，或者对当地生态造成破坏、加剧沙区植被衰败死亡、导致土地沙化退化、给当地水土资源和空气质量造成污染的“三高”企业要严格限制；鼓励既有经济效益又有生态效益的低碳、绿色、环保的企业进入沙区。

四、加强沙区开发建设项目环评中防沙治沙内容评价工作的措施

(十四)根据目前沙区开发建设项目环评中防沙治沙内容评价报告编写工作的实际状况，为规范和完善编写内容和要求，制定了沙区开发建设项目环评中防沙治沙内容评价报告编写提纲[见附件(略)]，项目编制单位按照要求必须认真做好沙区开发建设项目环评中防沙治沙内容评价报告的编写工作。

（十五）项目审批部门和项目主管部门在沙区开发建设项目实施过程中，做好跟踪检查和监督管理，发现问题，应及时通知项目建设单位予以纠正。开发建设项目竣工后，项目主管部门要按照要求进行检查验收，将检查验收结果报告上级有关部门，并作为今后奖惩的主要依据。

（十六）各级林业行政主管部门要把沙区开发建设项目环评中防沙治沙内容评价工作作为监督检查的重点。要加强对辖区内实施的开发建设项目进行监督管理，对发现没有经过防沙治沙内容评价的擅自开工建设的项目，或者未落实环评中防沙治沙内容和措施的项目，造成植被破坏、超采地下水、草原退化、土地沙化、生态恶化趋势加剧的，要及时通报项目主管部门，采取措施予以纠正。

（十七）对责令项目建设单位限期进行治理而未治理的，在编制、预审、审批中有弄虚作假等行为的项目，要采取通报、减免或暂缓下拨生态建设资金，或者下调防沙治沙各级政府目标责任考核结果等级等措施；对明显具有违法行为并导致严重生态后果的，依法追究有关责任人的法律责任。

（十八）对在沙区开发建设项目环评中防沙治沙内容评价工作作出突出成绩的单位和个人，经上级林业主管部门考评后，林业行政主管部门应该给予通报表扬或在先进单位和先进个人评比中给予重点倾斜等奖励措施。

（十九）要加大沙区开发建设项目环评中防沙治沙内容评价工作的公众参与程度。要通过公开信息等方式，鼓励、支持公众参与沙区开发建设项目环评中防沙治沙内容评价工作的监督，切实保障人民群众的知情权、参与权和监督权。积极推动在审批对周围生态可能产生较大影响、生态问题较为敏感、群众关注的建设项目（国家规定需要保密的除外），实行审批前公示制度。

（二十）沙区各级林业行政主管部门要加强沙区开发建设项目环评中防沙治沙内容评价工作的能力建设。要做好从业人员的技术培训，熟悉掌握有关政策、法律、法规的要求，提高工作能力和业务水平。要积极探索和总结符合当地实际的环评中防沙治沙内容评价工作的路子和经验，建立务实高效的工作机制，为更好发挥评价工作在沙区生态建设和保护中的重要作用，促进沙区经济、社会和生态全面协调可持续发展作出更大的贡献。

（二十一）为全面掌握沙区开发建设项目现状，切实做好沙区开发建设项目环评中防沙治沙内容评价工作，各省（自治区、直辖市）要对2010年后实施的建设项目进行摸底调查，其中重点项目的调查结果报国家林业局备案。今后每年3月底前，将上一年度的沙区开发建设项目实施情况报国家林业局。

本意见自2013年9月1日起执行，有效期至2018年8月30日。

附件：沙区开发建设项目环评中防沙治沙内容评价报告编写提纲（略）

国家林业局

2013年8月26日

国家林业局关于印发《推进生态文明建设规划纲要》的通知

各省、自治区、直辖市林业厅（局），内蒙古、吉林、龙江、大兴安岭森工（林业）集团公司，新疆生产建设兵团林业局，各计划单列市林业局，国家林业局各司局、各直属单位：

为贯彻落实党的十八大和习近平总书记重要讲话精神，努力完成党中央、国务院赋予林业建设生态文明首要任务的重任，大力推进生态文明建设，我局组织编制了《推进生态文明建设规划纲要（2013—2020年）》（以下简称《纲要》）。《纲要》是今后一个时期推进生态文明建设、指导和引领林业发展的纲领性文件，已经国家林业局局务会议审议通过，现印发给你们。请结合本地本单位实际，认真贯彻落实，并抓紧编制本地区推进生态文明建设规划，报请省级人民政府批准，全力推进中国的生态文明建设。

国家林业局

2013年9月6日

附件　推进生态文明建设规划纲要

（2013—2020年）

前　言

党的十八大对建设生态文明作出了全面部署，强调把生态文明建设放在突出地位，融入经济建设、政治建设、文化建设、社会建设各方面和全过程。生态文明建设，开辟了人类文明建设的新境界，开启了中华民族永续发展的新征程。

生态文明建设对新时期林业发展提出了更高要求，赋予了林业前所未有的历史使命。林业必须主动服从服务于国家战略大局，牢固树立尊重自然、顺应自然、保护自然的生态文明理念，深入实施以生态建设为主的林业发展战略，以建设生态文明为总目标，以改善生态改善民生为总任务，切实履行保护自然生态系统、实施重大生态修复工程、构建生态安全格局、推进绿色发展、建设美丽中国、为应对全球气候变化作贡献的重大职责，着力构建国土生态安全空间规划体系、重大生态修复工程体系、生态产品生产体系、支持生态建设的政策体系、维护生态安全的制度体系和生态文化体系，全面实施十大生态修复工程，加快构筑十大生态安全屏障，大力发展十大绿色富民产业，为建设生态文明和美丽中国，实现中华民族永续发展作出新贡献。

国家林业局为认真贯彻落实党的十八大精神，组织编制了《推进生态文明建设规划纲要(2013—2020年)》。

第一章　生态文明建设肩负着重要历史使命

生态是生物在一定自然环境下生存和发展的状态，文明是人类社会进步的状态。生态文明则是人类文明中反映人类进步与自然存在和谐程度的状态，生态文明建设的核心和要义是维护自然生态平衡、实现人与自然和谐。

一、生态文明建设的国际背景

全球生态危机已经成为人类生存与发展的最大安全威胁。2005年联合国发布的《千年生态系统评估报告》指出“近数十年来，人类对自然生态系统进行了前所未有的改造，使人类赖以生存的自然生态系统发生了前所未有的变化，有60%正处于不断退化状态之中”。当前，全球主要存在8大生态危机：森林大面积消失、土地沙漠化扩展、湿地不断退化、物种加速灭绝、水土严重流失、干旱缺水普遍、洪涝灾害频发、全球气候变暖。

这些生态危机都是人类破坏自然生态系统的结果，都与林业密切相关。评估报告特别强调，由地球上的各种动植物以及生物过程所组成的各种复杂多样的生态系统，对于人类的福祉起着至关重要的作用。评估报告特别警告，我们再也不能对生态系统维持子孙后代生存能力的状况漠不关心了；世界上每一个角落的每一个人的选择，都将决定人类的未来。正是基于对自然生态系统重要性认识的不断深化，在联合国的倡导和推动下，国际社会已经形成了一些全球和区域性的生态治理机制，采取了重建森林、防治荒漠化、保护湿地、拯救物种、应对气候变化等一系列重大行动。同时，促进可持续发展和绿色增长成为全世界关注的焦点。2011年底，联合国环境规划署发布的《迈向绿色经济》报告指出，绿色经济可显著降低环境风险与生态稀缺，提高人类福祉和社会公平。报告认为，在绿色经济政策的引导下，如果全球每年将约1.3万亿美元(约相当于全球生产总值的2%)作为绿色投资投向10个关键经济部门，到2050年即可推动全球向绿色经济转型。报告将林业列在自然资本投资领域的第一位。在国际大背景下，中国全面提出和部署生态文明建设，顺应国际潮流，凸显了中国作为负责任大国和倡导人与自然和谐的意志和决心。

二、生态文明建设的国内背景

半个多世纪以来，我们党在带领人民摆脱贫困、走向富强的过程中，一直以世界眼光和战略思维关注着森林问题，对生态文明建设进行了不懈探索。

——早在新中国成立初期，毛泽东同志就告诫人们：“林业将变成根本问题之一”，并提出“绿化祖国”、“实行大地园林化”。中央政府还确定了“青山常在，永续利用”的林业建设方针。

——1978年，经邓小平同志批示，中国启动了世界上规模最大的生态修复工程——三北防护林工程。1981年，在邓小平同志的倡导下，全国人大作出了关于开展全民义务植树运动的决议。

——1991年，江泽民同志提出“全党动员、全民动手、植树造林、绿化祖国”。1997年又发出了“再造祖国秀美山川”的号召。1998年长江、松花江发生特大洪水后，党中央、国务院决定投资几千亿元，实施天然林保护、退耕还林、京津风沙源治理等重大生态修复工程。

——2009年，胡锦涛同志向世界作出了“大力增加森林碳汇，争取到2020年森林面积比2005年增加4000万公顷，森林蓄积量比2005年增加13亿立方米”的庄严承诺，并要求全国人民“为祖国大地披上美丽绿装，为科学发展提供生态保障”。林业“双增”目标纳入了“十二五”规划约束性考核指标。

——习近平同志深刻指出“生态文明是工业文明发展到一定阶段的产物，是实现人与自然和谐的新要求。建设生态文明，关系人民福祉，关乎民族未来。生态兴则文明兴，生态衰则文明衰”、“保护生态环境就是保护生产力，改善生态环境就是发展生产力。良好生态环境是最公平的公共产品，是最普惠的民生福祉”。特别强调“森林是陆地生态系统的主体和重要资源，是人类生存发展的重要生态保障”，并要求“划定并严守生态红线，不能越雷池一步，否则就应该受到惩罚”。进一步明确了林业在推进生态文明建设中的重要使命和战略任务。

在党中央、国务院的高度重视下，在生态建设的长期实践中，林业生态建设逐步上升为党和国家的重大战略，为生态文明理念的形成作出了积极贡献。按照党中央、国务院的要求，2001—2002年国家林业局开展了《中国可持续发展林业战略研究》，提出了“生态建设、生态安全、生态文明”的战略思想。2002年党的十六大提出要“推动整个社会走上生产发展、生活富裕、生态良好的文明发展道路”。2003年中央9号文件确立了以生态建设为主的林业发展战略，明确提出“建立以森林植被为主体、林草结合的国土生态安全体系，建设山川秀美的生态文明社会”。2007年党的十七大将建设生态文明确定为全面建设小康社会的重要目标。2008年中央10号文件进一步提出，建设生态文明、维护生态安全是林业发展的首要任务。2009年党中央、国务院正式确立了林业的“四大地位”和“四大使命”。

60多年来特别是进入新世纪以来，中国在森林资源保护、荒漠化治理、野生动植物及生物多样性保护、湿地保护方面取得了巨大的成就。但是，由于历史原因和人口众多、经济高速增长对生态的巨大压力，生态问题仍然是中国最突出的问题之一。主要表现在六个方面：

一是自然生态系统十分脆弱。森林资源总量不足，分布不均，结构不合理，质量不高，整体生态功能较弱。湿地生态系统退化严重，面积萎缩，生态功能下降。荒漠化十分严重，沙化、石漠化土地面积大，治理难。濒危物种种类不断增加。目前，中国生态脆弱地区总面积已达国土面积的60%以上。

二是生态破坏十分严重。林地流失严重，违法使用林地屡禁不止。湿地破坏严重，因围垦致使大量天然沼泽和湖泊消失。开矿、采石破坏植被严重。乱砍滥伐、乱捕滥猎严重。林业有害生物和森林火灾危害严重，造成了人民生命财产和森林资源的严重损失。

三是生态产品十分短缺。中国对涵养水源、净化水质、保持水土、防风固沙、降低噪声、调节气候、吸附尘霾、生态疗养、宜居环境等无形生态产品的生产能力严重不足。同时，随着经济发展和人民生活水平提高，中国对森林、湿地、草原、野生动植物、水资源、清洁空气等有形生态产品的需求日益增加，产品短缺问题将更为加剧。

四是生态差距巨大。目前生态差距已成为中国与发达国家最大的差距之一。中国森林覆盖率比全球平均水平低近10个百分点，排在世界第136位，人均森林面积不足世界平均水平的1/4，人均森林蓄积量只有世界平均水平的1/7，单位面积森林生态服务价值，日本是中国的4.68倍。

五是生态灾害频繁。中国是世界上生态灾害最频繁、最严重的国家之一。1954年、1981年、1991年、1998年中国发生的特大洪水灾害损失十分惨痛。沙尘暴、泥石流灾害时有发生。2010年8月舟曲县发生的特大山洪泥石流灾害，经专家评估，森林退化是导致灾害发生的重要因素。

六是生态压力剧增。气候变化已经成为国际政治、经济和外交领域的热点问题，对中国经济发展的压力日益加大。到2020年，中国国内生产总值和城乡居民人均收入要比2010年翻一番，温室气体减排、大气净化，水资源需求等压力将进一步加重中国生态系统的负荷，对中国生态系统承载力构成的压力将进一步呈加剧态势。

在深刻总结人类文明发展规律和科学判断中国发展阶段的基础上，党的十八大将生态文明建设与经济建设、政治建设、文化建设、社会建设并列，共同构成了中国特色社会主义事业"五位一体"的总体布局，描绘了"努力建设美丽中国，实现中华民族永续发展"的宏伟蓝图。

三、生态文明建设的历史使命

建设生态文明是实现科学发展的重要基础。科学发展观强调人对自然尊重、利用、保护、修复，实现人与自然和谐发展。要实现科学发展，就必须处理好人与自然的关系。自然生态系统的稳定平衡和生态功能的持续发挥，为生态文明建设提供了强有力地支撑；建设生态文明也将为科学发展奠定牢固基础。

建设生态文明是实现中华民族永续发展的必然选择。中国五千年文明史延绵不断的实践证明，人类社会的繁荣进步必须以良好的自然生态为基础。经济社会的发展必须遵循自然规律，以人与自然和谐共存为价值取向，保护、修复和合理利用自然生态系统，有效解决人与自然的矛盾，建立生态经济良性运行机制、维持人与自然和谐共进的融洽关系，实现中华民族永续发展。

建设生态文明是实现人类可持续发展的重要途径。可持续发展，既满足当代人的需求，又不损害后代人满足其需求的能力，维护代际公平，包括经济、生态、社会可持续发展三个方面内容。建设生态文明有利于维护生态系统的健康和活力，促进绿色、循环和低碳经济的良性发展，提高社会公平与福利。建设生态文明有利于保护全人类赖以生存的自然生态环境，有利于实现全人类的可持续发展愿景，为全球生态安全作出贡献。

四、林业肩负的重大职责

建设生态文明是时代赋予林业的新使命，林业要肩负起与生态文明建设要求相适应的重大职责。一是林业必须承担起保护自然生态系统的重大职责，在覆盖近2/3的国土面积上，保护和建设森林生态系统、保护和恢复湿地生态系统、治理和改善荒漠生态系统、维护和保育生物多样性。二是林业必须承担起实施重大生态修复工程的重大职责，扩大森林、湿地面积，推进荒漠化、石漠化、水土流失综合治理，增强生态产品生产能力。三是林业必须承担起构建生态安全格局的重大职责，切实落实国家主体功能区战略，优化和拓展中华民族的生存空间。四是林业必须承担起促进绿色发展的重大职责，发展绿色产业、绿色经济，促进经济发展方式转型升级，推动绿色增长。五是林业必须承担起建设美丽中国的重大职责，坚持走生产发展、生活富裕和生态良好的文明发展道路。六是林业必须承担起为全球生态安全作贡献的重大职责，树立负责任大国的良好形象。

第二章　推进生态文明建设的基本思路

一、指导思想

高举中国特色社会主义伟大旗帜，以邓小平理论、"三个代表"重要思想、科学发展观为指导，全面落实党的十八大精神，以建设生态文明为总目标，以改善生态、改善民生为总任务，深入实施以生态建设为主的林业发展战略，加快发展现代林业，切实履行六大职责，着力构建六大体系，努力建设美丽中国，推动中国走向社会主义生态文明新时代。

二、基本原则

——坚持保护优先。把生态保护放在生态文明建设的首要地位，融入经济建设、政治建设、文化建设、社会建设各方面和全过程。把林业和生态建设成效作为考核各级政府生态文明建设的重要指标，确保如期实现林业发展"双增"目标。

——坚持空间优化。划定生态红线，严格保护森林、湿地、荒漠植被等各类生态用地，明确生态空间的功能定位、目标任务和管理措施，优化生态空间布局。

——坚持生态修复。尊重自然规律，因地制宜，加强生态保护与建设，实施重大生态修复工程，保护生物多样性，全面提升森林、湿地、荒漠和野生动植物等自然生态系统生态服务功能。

——坚持改善民生。把改善民生作为林业发展重要任务，创造更丰富的生态产品，发展绿色富民产业，实现产业生态化，生态产业化，促进就业，改善人们生产生活条件，促进社会和谐。

——坚持绿色发展。注重产业结构调整，倡导绿色生产和消费，加快绿色发展步伐，注重科技创新，提升低碳、循环经济发展水平，维护国家资源能源安全，积极应对气候变化。

——坚持科技支撑。提高科技创新能力，加强科技成果转化应用、标准化示范和科学技术普及，充分发挥林业科技在推进生态文明建设中的引领、带动和示范作用。

三、发展目标

紧紧围绕建设美丽中国、实现中华民族永续发展的宏伟目标，按照中央提出的"要把发展林业作为建设生态文明的首要任务"的要求，到2020年森林覆盖率达到23%以上，森林蓄积量达到150亿立方米以上，湿地保有量达到8亿亩以上，自然湿地保护率达到60%，新增沙化土地治理面积达到20万平方公里，林业产业总产值达到10万亿元，义务植树尽责率达到70%，构筑坚实的生态安全体系、高效的生态经济体系和繁荣的生态文化体系，切实担当起生态文明建设赋予林业的历史使命。

——坚实的生态安全体系。划定森林、湿地、荒漠植被、野生动植物生态保护红线，在维护自然生态系统基本格局的基础上，使国土开发空间格局为生态安全保留适度的自然本底。通过开展生态系统保护、修复和治理，确保生态系统结构更加合理；使生物多样性丧失与流失得到基本控制；防灾减灾能力、应对气候变化能力、生态服务功能和生态承载力明显提升，基本形成国土生态安全体系的骨架。

——高效的生态经济体系。依托林业的资源优势，改造提升传统产业，大力发展特色产业，鼓励发展新兴产业，重点发展生态经济型产业，到2020年林业产业总产值达到10万亿元，林业产品有效供给和生态服务能力明显提升，产业结构进一步优化。

——繁荣的生态文化体系。将生态文化因素凝结到主流文化中，从根本上融入人们的思想和意识，逐步建立崇尚自然的精神准则、文化修养和道德标准，引领和规范人们的行为，并且通过生态安全制度、政策体系不断完善，推进生态文化广泛传播。

表2-1 推进生态文明建设主要指标体系

类别	类型	序号	指标	2015年目标	2020年目标
生态安全	森林	1	林地保有量(万公顷)	30900	31230
		2	森林覆盖率(%)	21.66	>23
		3	森林蓄积量(亿立方米)	143	150
		4	森林植被碳储量(亿吨)	84	88
	湿地	5	湿地保有量(万公顷)	5363	5417
		6	自然湿地保护率(%)	55	60
	荒漠	7	比2010年新增沙化土地治理面积(万公顷)	1000	2000
	草原	8	草牧场防护林带控制率(%)	80	85
	农田	9	农田林网控制率(%)	85	90
	城市	10	城市建成区绿化覆盖率(%)	39	39.50
	海岸	11	沿海防护林达标率(%)	85	90
	生物多样性	12	林业自然保护区面积占国土面积比例(%)	13	15
		13	森林公园面积占国土面积比例(%)	2	3
		14	濒危动植物物种保护率(%)	90	95
生态经济	经济价值	15	林业产业总产值(万亿元)	6	10
	生态价值	16	森林生态服务功能年价值量(万亿元)	12	16
		17	湿地生态服务功能年价值量(万亿元)	9.88	12
生态文化	宜居环境	18	城市人均公园绿地面积(平方米)	13	15
		19	村屯建成区绿化覆盖率(%)	23	25
		20	空气负氧离子含量达到WHO标准的达标率*	50%地区	60%地区
	生态观念	21	义务植树尽责率(%)	65	70
		22	生态文明教育普及率(%)	80	85

注：*空气负氧离子，根据世界卫生组织(WHO)划定的标准，清新空气的负氧离子含量为每立方厘米空气中不低于1000～1500个。

四、总体布局

综合考虑《全国主体功能区规划》、《中国可持续发展林业战略研究》和《全国林业发展区划》成果，在"两屏三带多点"的国土生态安全战略框架下，着力构建东北森林屏障、北方防风固沙屏障、东部沿海防护林屏障、西部高原生态屏障、长江流域生态屏障、黄河流域生态屏障、珠江流域生态屏障、中小河流及库区生态屏障、平原农区生态屏障和城市森林生态屏障等十大国土生态安全屏障，稳固生态基础、丰富生态内涵、增加生态容量，为生态文明建设提供安全保障。

以林业资源优势为基础，以市场需求为导向，优化配置林业生产力布局，重点培育和发展木材及其他原料林培育、木本粮油和特色经济林产业、森林旅游、林下经济、竹产业、花卉苗木产业、林产工业、林业生物产业、野生动植物繁育利用产业、沙产业等十大绿色富民产业，构建惠民、富民的绿色产业经济发展框架，为生态文明建设提供经济活力。

第三章　推进生态文明建设的战略任务

紧紧围绕生态林业和民生林业两条主线，着力构建国土生态空间规划体系、重大生态修复工程体系、生态产品生产体系、维护生态安全的制度体系和生态文化体系，全面推进生态文明建设。

一、着力构建国土生态空间规划体系

根据党的十八大"加快实施主体功能区战略"和《全国主体功能区规划》要求，构建国土生态空间规划体系，进一步提升林业在生态保护与建设中的主体地位。

（一）完善森林保护空间规划

充分发挥森林在自然生态系统中的主体作用，严格执行《森林法》，认真落实国务院批准的《全国林地保护利用规划纲要（2010—2020年）》，划定并严守"林地和森林红线"。深入实施《全国造林绿化规划纲要（2011—2020年）》，认真落实造林绿化责任制，深入开展全民义务植树活动。编制与主体功能区要求相适应的生态保护与建设规划。在生态区位重要和脆弱地区，加快优化配置林业生产力布局，为优化国土生态空间奠定坚实基础。

（二）完善湿地保护空间规划

充分重视湿地生态系统在维护地球生态平衡中的重要作用，制定《湿地保护条例》，划定并严守"湿地红线"，努力扩大湿地面积。实施国务院批准的《全国湿地保护工程规划（2002—2030年）》，加强对国际和国家重要湿地、各级湿地保护区、国家湿地公园以及滨海湿地、高原湿地、鸟类迁飞网络和跨流域、跨地区湿地的保护与监管。

（三）完善荒漠治理空间规划

在《全国防沙治沙规划》和《岩溶地区石漠化综合治理规划大纲》的基础上，分区域、分阶段规划可治理沙地、盐碱地和石漠化土地的综合治理，划定并严守"沙区植被红线"，严格保护现有植被，增加林草植被，固定流动沙丘，强化沙化土地封禁保护，改善沙漠化、石漠化区域生态状况。做好第五次荒漠化沙化监测和重大沙尘暴灾害应急处置工作。

（四）完善生物多样性保育空间规划

划定并严守"物种红线"，严格保护国家野生动植物保护名录规定的一、二级保护的野生动植物，严防外来生物入侵，拯救极小种群，防止遗传资源流失。结合区域生态建设的具体要求，优化自然保护区建设空间布局，完善自然保护区分级分类管理体系，加强基础设施建设，强化景观多样性保护，提升生物多样性保育水平。加强林业生物多样性保护示范区和监测网络建设。

二、着力构建重大生态修复工程体系

继续以大工程推动全国自然生态系统的修复与恢复，重点实施十大生态修复工程。

（一）森林生态系统重大修复工程

继续推进天然林资源保护，加强公益林建设和后备资源培育。巩固退耕还林成果，对重点生态脆弱区25度以上坡耕地和严重沙化耕地继续开展退耕地造林、宜林荒山荒地造林和封山育林。推动防护林体系建设，加大造林绿化力度，加强新造林、中幼龄林抚育管理，推进低质低效林改造。以营造农田防护林网为重点，继续开展平原绿化建设。

表2-2　森林生态系统重大修复工程

01	天然林资源保护工程 对天然林资源保护工程区内1.07亿公顷森林进行全面有效管护，加强公益林建设和后备森林资源培育；开展工程效益评估，强化工程目标、任务、资金、责任"四到省"管理，将工程实施的考核指标纳入地方政府考核内容。
02	退耕还林工程 巩固退耕还林成果，继续在长江上中游重点水源区、西南岩溶石漠化防治区、黄土高原丘陵沟壑水土流失防治区、北方风蚀沙化区等生态区位重要、生态环境脆弱地区推进陡坡耕地和严重沙化耕地退耕还林。
03	三北防护林体系建设五期工程 继续以增加和恢复森林植被为主要任务，以工程造林为主，适度开展退化林分修复；在18个重点建设区建设32个百万亩防护林基地，重点建设农田防护林、防风固沙林、水土保持林和水源涵养林。
04	沿海防护林体系建设工程 从浅海水域向内陆地区建设红树林等消浪林带、海岸基干林带和沿海纵深防护林，对重点地区进行重点建设和集中治理。
05	长江、珠江流域及农田防护林体系建设工程 管理培育好现有防护林，加强中、幼龄林抚育和低效林改造，调整防护林体系内部结构，完善防护林体系基本骨架，继续加强区域防护林建设；以全国粮食生产县为重点，完善农田林网建设和林带改造。

（二）湿地生态系统重大修复工程

继续开展湿地保育与管理能力建设，加强湿地自然保护区、湿地公园、湿地多用途管理区、湿地保护小区等建设，充实和完善湿地保护体系。通过围垦湿地退还、湿地补水、污染防控、外来入侵物种生物防治、生物遗传资源针对性保护、栖息地恢复等措施，开展重点区域湿地恢复与综合治理。开展湿地资源合理利用示范区建设，逐步引导可持续利用湿地资源，优化湿地生态系统结构和恢复湿地功能。

表 2-3　湿地生态系统重大修复工程

06	湿地保护与恢复工程 保护自然湿地，对过度利用、遭受破坏或其他原因导致功能降低、生物多样性减少的湿地，进行恢复与综合治理，开展湿地可持续利用示范。

（三）荒漠生态系统重大修复工程

建立和巩固以林草植被恢复为主体的荒漠生态安全体系。保护现有植被，合理调配生态用水，宜林则林、宜灌则灌、宜草则草，固定流动和半流动沙丘，加强石漠化综合治理。对暂不具备治理条件及因保护生态需要不宜开发利用的连片沙化土地实行封禁保护。

表 2-4　荒漠生态系统重大修复工程

07	京津风沙源治理二期工程 巩固建设成果，强化治理区域和植被恢复方式的针对性，建设重点集中布局在风沙传输路径区和沙尘源区。
08	岩溶地区石漠化综合治理工程 通过封育、退还、人工造林种草等措施对石漠化土地进行综合治理，逐步恢复林草植被，有步骤地开展生态移民。

（四）生物多样性保护工程

加大典型生态系统、物种、景观和基因多样性保护与恢复力度，对目前保护空缺的典型自然生态系统和自然景观，加快划建保护区和森林、湿地公园，完善保护网络体系。加强国家级自然保护区基础设施及能力建设，推进国家级示范自然保护区和自然保护区示范省建设。加强对濒危动植物种和古树名木的拯救与保护，继续开展对野生动植物的就地保护、迁地保护、野外放（回）归和种质资源收集保存。强化生物多样性的调查、监测与评估工作。

表 2-5　生物多样性保护重大工程

09	全国野生动植物保护及自然保护区建设工程 开展极度濒危野生动物和极小种群野生植物的保护拯救，完善野生动物疫源疫病监测防控体系建设，加强现有自然保护区基础设施建设，划建一批自然保护区，提高自然保护能力。
10	全国极小种群野生动植物拯救保护工程 对极小种群野生动植物进一步开展就地保护、近地保护、迁地保护，建设人工种群保育基地和种质资源基因库。

三、着力构建生态产品生产体系

（一）增加生态产品的有效供给

保护和扩大生态产品生产空间，提升生态产品生产能力。扩大森林面积、提高森林质量，充分发挥森林作为陆地生态系统主体的重要作用。保护和恢复湿地，增强湿地蓄水调洪和净水贮碳能力。加强水源地植被和湿地修复，增加水量、水质保障，维护国家淡水资源安全。保护荒漠植被，开展防沙治沙，保住人类生存发展空间。加强生物多样性保护，维护物种安全，并将其作为发展战略性新兴产业的重要物质基础和占领未来发展制高点的重大战略资源。改善城乡居民生活环境，将生态用地作为重要基础设施，打造宜居城镇。加强国家林业行政主管部门作为国家生态产品生产与监管部门的职能，发挥其保障国家生态安全的作用。

（二）发展绿色富民产业

加快发展木本粮油，维护国家粮油安全。大力发展特色经济林和林下经济，鼓励农民兴办林业专业合作社、家庭林场、股份合作林场等多元化、多类型的林业专业合作组织，保障农民收入倍增。加快实施木材战略储备基地建设，维护国家木材安全。加快培育花卉苗木和竹产业，壮大产业集群。加快发展森林旅游业，打造一批精品森林公园和精品旅游线路，大力发展森林人家。积极推进野生动植物繁育利用产业。大力发展沙产业，充分挖掘林业产业在绿色发展中的优势和潜力。大力提升林产工业，引导企业扩大生产规模，加快技术改造，培育龙头企业和名牌产品。

（三）增强林业碳汇功能

加快造林绿化和森林经营，加强森林和湿地保护，提升森林和湿地生态系统减缓和适应气候变化能力。在有条件的地域，开展碳汇造林活动。倡导节约木材理念，延长林产品使用寿命，健全林产品回收利用机制，提高木材综合利用率，增强林产品储碳能力。大力发展林业生物能源，促进清洁能源发展。加快推进林业碳汇进入国家排放权交易体系的步伐，促进碳汇林业发展。

四、着力构建维护生态安全的制度体系

（一）完善生态安全法制体系

修订《森林法》、《野生动物保护法》、《种子法》、《森林病虫害防治条例》，推进湿地保护、国有林场、森林公园、石漠化防治立法，研究制定加强生态保护与建设的法律法规、部门规章和规范性文件。对已颁布的国家林业法律法规，推动地方制定相应的实施性法规。对国家层面立法难度较大的领域，推动各地先出台地方法规。开展林业规范性文件合法性审查，加强林业综合行政执法示范点建设，完善执法监督和行政审批制度，规范行政执法和行政审批。做好普法工作，增强全社会的林业法制意识。

（二）健全生态文明制度体系

把资源消耗、生态破坏、生态服务纳入经济社会发展评价体系，逐步建立健全绿色核算制度。建立国土生态空间开发分级控制和生态保护制度。健全体现生态价值和代际公平的生态补偿制度。构建维护生态安全的生态监测评估体系和重点生态功能区生态考评制度。建立生态保护责任追究制度和生态破坏处罚制度等。

五、着力构建生态文化体系

（一）培育生态文明价值体系

将生态文明融入社会主义核心价值体系。把生态文明宣传教育融入全面教育、终生教育全过程，在全社会树立生态文明理念，推动形成绿色发展、循环发展、低碳发展的文明发展模式，树立勤俭节约、绿色出行、理性消费的生态文明道德。促进形成节约资源、保护环境的绿色生产方式，努力营造植绿护绿、低碳出行、绿色消费的绿色生活方式。大力弘扬具有时代特征、反映务林人风貌的林业精神。

（二）强化生态文化传承创新和宣传实践

建立生态文化数据库，挖掘树文化、竹文化、花文化、园林文化和动物文化价值。加强生态文化体系理论研究，推进生态文艺创作，举办各类文艺作品征集展演活动。加大生态文化宣传力度，开展以保护生态、热爱森林、建设家园、节约资源为主题的生态文明宣传教育活动，推进生态文化教育进课堂、进校园、进社区、走向户外，升华为全社会的共同行动，大力增强全民生态意识、节约意识，形成绿色消费的社会风尚。

第四章　推进生态文明建设的重大行动

为实现林业推进生态文明建设的战略目标和任务，全面实施十大生态修复工程，加快构筑十大生态安全屏障，大力发展十大绿色富民产业，在推进生态文明建设进程中，要突出开展十项重大行动。

一、生态红线保护行动

习近平总书记指出，要牢固树立生态红线的观念，在生态环境保护问题上，不能越雷池一步，否则就应该受到惩罚。划定生态红线的意义就在于要把需要保护的生态空间、物种严格保护起来，这是构建中国生态安全战略格局的底线，也是维护代际公平、留给子孙后代的最大、最珍贵遗产。生态红线是中国继“18亿亩耕地红线”后，另一条被提升到国家层面的“安全线”，体现了党和国家加强自然生态系统保护的坚定意志和决心。

（一）科学划定生态红线

生态红线就是保障和维护国土生态安全、人居环境安全、生物多样性安全的生态用地和物种数量底线。生态红线具有不可替代性和无法复制性，很难实现占补平衡，一旦失去，难以拯救。林地和森林红线：全国林地面积不低于46.8亿亩，森林面积不低于37.4亿亩，森林蓄积量不低于200亿立方米，维护国土生态安全。湿地红线：全国湿地面积不少于8亿亩，维护国家淡水安全。沙区植被红线：全国治理和保护恢复植被的沙化土地面积不少于56万平方公里，拓展国土生态空间。物种红线：确保各级各类自然保护区严禁开发，确保现有濒危野生动植物得到全面保护，维护国家物种安全。

（二）严格守住生态红线

制定最严格的生态红线管理办法。确定生态红线区划技术规范和管制原则与措施，将林地、湿地、荒漠生态空间保护和治理，以及生物多样性保护纳入政府责任制考核，坚决打击破坏红线行为。运用法律手段严守生态红线。已经具有法律法规保障的生态红线，如森林、自然保护区、野生动植物、宜林宜草沙化土地等红线，必须强化依法、守法、执法力度，确保达到和守住红线。没有法律保障的生态红线，如湿地，要尽快完成立法，切实依法保护红线。

（三）推进生态用地可持续增长

适度保障国家基础设施及公共建设使用生态用地，控制城乡建设使用生态用地，限制工矿开发占用生态用地，规范商业性经营使用生态用地，制定出台征占用生态用地项目禁限目录。通过生态自我修复和加大对石漠化和沙化土地、工矿废弃地、退化湿地治理等，有效补充生态用地数量，确保全国生态用地资源适度增长。

二、重点生态功能区建设行动

实施区域性生态保护和修复，使重点生态功能区成为保障国家生态安全的主体和人与自然和谐相处的示范区域。

（一）加快编制重点生态功能区生态保护与建设规划

根据国家主体功能区战略，按照《全国主体功能区规划》要求，编制25个国家重点生态功能区生态保护与建设规划，强化各功能区的生态主体功能，逐步形成适应各类主体功能区要求的生态空间格局，指导和规范各功能区的生态保护和建设工作。

（二）加快推进生态功能区生态保护和修复

严格按照各区生态保护与建设规划，全面推进天然林保护、退耕还林和围栏封育，治理水土流失，维护或重建湿地、森林等生态系统。严格保护区域自然植被，禁止过度放牧、无序采矿、毁林开荒等行为。加强大江大河源头及上游地区的水源涵养保育，对主要沙尘源区、沙尘暴频发区实行封禁管理。禁止对野生动植物进行滥捕乱猎、滥挖乱采，保持并恢复野生动植物物种和种群平衡，保护自然生态系统与重要物种栖息地。促进生态与产业融合发展，在保护优先和不影响主体功能定位的前提下，因地制宜地发展特色优势生态产业，解决农民长远生计。

（三）加强林业禁止开发区保护和管理

自然保护区、森林公园是国家主体功能区布局中的禁止开发区，严格禁止工业化和城镇化开发。加强林业自然保护区、自然保护小区和保护点建设，进一步完善自然保护区网络，继续推进全国示范自然保护区和自然保护区示范省建设，加强国家级自然保护区基础设施及能力建设。加强森林公园内森林景观的保护、培育、修复，选择一批具有珍贵国家自然文化遗产资源的森林公园，强化基础设施、公共服务和管理能力建设，提升森林公园的景观价值和品位。

（四）开展生态监测评估

在保护和建设的同时，对重点生态领域和生态功能区开展资源与生态专项监测，加强对生态系统结构和功能监测，构建以重点生态功能区以及重大生态修复工程为核心的综合生态监测评估体系。

三、森林保育和木材储备行动

培育良种壮苗、加强森林抚育、加快国家木材战略储备基地建设，强化森林保护，确保实现森林面积和森林蓄积增长目标，维护国家木材安全。

（一）加强重点林木良种基地建设和种质资源保护

完成全国林木种质资源调查，建设国家和省级林木种质资源保存库，培育一批优良品种和优良无性系，实现全国造林良种使用率达到75%以上，商品林造林全部使用良种。建设和完善国家重点林木良种基地，实现全国造林全部由基地供种。建立和完善国家、省、市、县四级林木种苗管理机构和质量检验机构，夯实造林绿化质量基础。

（二）加强森林经营

着力推进造林绿化和森林抚育经营，增加森林面积，提高森林质量和效益。科学谋划全国森林中长期经营，稳步推进全国森林抚育经营样板基地建设。加快推进依据森林经营方案编制采伐限额的改革进程，鼓励各类经营主体按照森林经营方案开展森林经营活动。加强森林经营基础能力建设，推进森林立地分类和相关数表体系建设，建立和完善森林经营技术标准体系，开展森林认证，全面提升森林经营水平。

（三）加快国家木材战略储备基地建设

在东南沿海地区、长江中下游地区、黄淮海地区、东北内蒙古地区、西南适宜地区和其他适宜地区，着力培育和保护乡土珍贵树种资源，大力营造和发展珍贵树种、大径材和短周期工业原料林、中长周期用材林。划定国家储备林，研究国家储备林运行、动用、轮换模式和管理机制，逐步构建起总量平衡、树种多样、结构稳定和可持续经营的木材安全保障体系。

（四）强化森林保护

加强森林防火，落实森林防火行政首长负责制，加快实施《全国森林防火中长期发展规划》，严格管理野外用火。加快推进专业森林消防队伍和武警森林部队正规化建设，扩大森林航空消防范围。加强林业有害生物防治，落实地方政府目标责任制，加强松材线虫病、美国白蛾等重大林业有害生物灾害监测预报、检疫和防控工作，建立林业有害生物检疫责任追溯制度，推进社会化防治工作。建立林业外来有害生物防范体系。

四、湿地修复行动

提高湿地保护、管理和合理利用能力，使中国自然湿地得到良好保护，逐步恢复湿地生态功能。

（一）加强湿地保护与恢复

落实《全国湿地保护工程“十二五”实施规划》，执行湿地保护补助政策，加强国家湿地自然保护区、湿地公园建设管理，推动各地谋划实施地方湿地保护与恢复工程，努力扩大湿地面积。

（二）科学构建湿地保护网络体系

发布第二次全国湿地资源调查结果。将国际重要湿地、国家重要湿地、国家湿地公园和省级重要湿地纳入禁止开发区域。严守“湿地红线”，确保自然湿地不被侵占。通过建设湿地公园、开发湿地产品、开展生态旅游等活动，科学利用湿地资源，构建科学合理的湿地保护网络体系。

（三）积极推进湿地保护法制建设

抓紧制定《湿地保护条例》，建立健全湿地保护政策法律体系，对利用湿地资源和征占用湿地的行为进行规范。建立湿地生态补偿制度、湿地征占用费征收制度、流域湿地污染补偿机制。

（四）全面深化湿地保护国际交流与合作

认真履行《关于特别是作为水禽栖息地的国际重要湿地公约》（以下简称《湿地公约》），建立国际重要湿地生态预警机制，开展打击破坏湿地资源专项行动，提高《湿地公约》履约能力。积极引进和吸收国际上湿地保护的先进理念与技术，同时为国际湿地保护提供有益经验。开展跨区域、跨国界湿地保护与利用合作。

五、沙化土地封禁行动

对暂不具备治理条件的，以及因保护生态需要不宜开发利用的连片沙化土地实行封禁保护，促进荒漠植被自然修复。

（一）划建沙化土地封禁保护区

对干旱沙漠边缘及绿洲类型区内的沙漠与绿洲过渡带、严重风蚀沙（砾）化地区等沙尘源区以及沙尘路径区，半干旱沙化土地类型区内的四大沙地中暂不具备治理条件且人为对生态干扰较大地区，高原高寒沙化土地类型区内的柴达木盆地中部、西北部天然荒漠地区以及西藏西部荒漠地区，划建封禁保护区，严格管控各类开发建设活动，禁止破坏植被，保护生态系统。

（二）开展封禁设施建设

主要在人畜活动频繁的重点地段设置必要的网围栏，防止人畜进入。对一些重点和必要地段的流动沙地，扎设沙障，固定流沙。建设简易的管护用房和必要的生活设施等，满足管护人员的基本生活需要。建设瞭望塔，修筑必要的巡护道路，配备瞭望设备和交通、通讯设备，建设固定界碑（桩）和警示宣传标牌。在适宜地区实施必要的人工促进措施，加快植被恢复。

（三）开展监管能力建设

加强管护队伍建设，建立封禁保护区管护队伍，安排专职管护人员。开展生态效益监测，制订封禁保护区生态效益评价与监测技术规范。开展宣传培训，提高管护人员素质及封禁保护区周边群众的生态意识和劳动技能。

（四）妥善安置农牧民生产生活

对封禁保护区内的农牧民，坚持统一规划、集中安置、稳定持久的原则，通过就近易地安置，使一部分农牧民从事生态农业和现代畜牧业生产经营；通过转产安置，将一部分农牧民就地转为封禁保护区管护人员，妥善解决生产和生活问题。

六、物种拯救行动

开展物种拯救，使95%以上的极小种群野生动植物和国家级自然保护区以外80%的重要生境得到保护。

（一）加强极小种群野生植物拯救保护

全面实施《全国极小种群野生植物拯救保护工程规划》，针对120种野生植物，采取就地保护、近地保护和迁地保护，稳定、恢复和壮大野生资源。建设国家级就地保护点412个，营造适生生境2万公顷；构建近地保护点200个，形成近地保护种群500个；建立40个物种的200个迁地保护种群；在原生地及附近重建植物种群，优先建设20个回归种群；建立红豆杉、兰科植物等20处珍稀植物种源基地。

（二）加强重点野生动物保护

加强野生动物类自然保护区和自然保护小区网络体系建设，开展极小种群野生动物拯救保护。开展拯救大熊猫保护行动。在全国大熊猫第四次调查成果基础上，制定大熊猫保护国家战略，加强国际交流与合作。拯救和保护朱鹮、虎、金丝猴、藏羚羊、亚洲象、长臂猿等珍稀濒危野生动物物种及其栖息地。加强野生动物科研、种质资源收集保存、救护繁育。完善野生动物调查监测体系和保护管理体系。

切实履行《濒危野生动植物种国际贸易公约》，加强野生动植物及其产品进出口管制，维护国家利益和形象。

（三）加强野生动物疫源疫病防控

建立健全国家、省、县三级野生动物疫源疫病监测防控体系。在全国野生动物集中分布区域、疫病高发区、边境地区、自然疫源地和野生动物驯养繁殖密集区、集散地，建立国家级野生动物疫源疫病监测站，监测覆盖率达到90%。妥善应对突发事件对野生动植物的危害和处理有关敏感事件。

七、城市林业建设行动

通过创建森林城市，增加城市绿色元素，绿化、美化、净化城市环境，打造宜居城市，提升人民生活品质，保障城镇化绿色发展。

（一）大力开展森林城市创建活动

积极倡导“让森林走进城市、让城市拥抱森林”的理念，加大城市森林建设力度。加大对地方积极性高、生态区位重要地区城市森林建设的扶持力度，在一些省会城市和有条件的地级、县级城市取得突破，全面带动城市森林建设。完善国家森林城市评价指标、申报和审批办法，深入开展国家和省级森林城市创建活动。

（二）积极推进绿色城镇化

更加重视人居生态建设，将森林、湿地等作为城市建设重要基础设施。结合城镇化规划，以“身边增绿”为目标，积极创建绿色家园，提高城镇居民义务植树尽责率。大力建设森林乡镇、校园和城市型森林公园，继续抓好铁路、公路等通道绿化，使绿色更加贴近人们的生产生活。

八、美丽乡村建设行动

发挥林业生态、经济、社会综合效益，绿化美化乡村环境，促进农民就业增收，维护农村社会稳定。

（一）大力开展村庄绿化美化活动

按照道路林荫化、农民庭院花果化等要求，开展进村道路绿化和庭院绿，建设环村绿化带，大力发展乔木、乡土、珍贵树种和特色林果、花卉苗木，形成道路与河岸乔木林、房前屋后果木林、公园绿地休憩林、村庄周围护村林的村庄绿化格局。

（二）积极推进兴林惠民

不断深化集体林权制度改革，积极引导分山到户后的农民实施“兴林富民工程”，促进农民脱贫致富。积极推进农村林业事务民主管理，引导农民积极参与村级涉林公共事务决策，深入落实农民平等的林地承包经营权。加强林地承包经营权流转监管，切实维护农民合法权益。强化林权档案信息化管理。健全农村林地承包经营纠纷调解仲裁工作体系，建立长效调处机制，妥善化解矛盾，维护农村社会稳定。

九、木本粮油发展行动

木本粮油树种资源丰富，适生性广，单产提高潜力巨大，而且不与农争地，既可以置换出耕地种植粮食，又可以改善居民膳食结构，提升健康水平、释放消费潜力，对维护国家粮油安全、拉动内需意义重大。加大高产稳产木本粮油树种的培育和推广，重点建设油茶、核桃、油橄榄、板栗、枣等木本粮油生产基地。

（一）培育和推广优良品种

在充分发挥现有良种繁育基地（种质资源库、苗圃）生产能力的基础上，结合全国林木良种基地、重点林木采种基地、保障性苗圃建设，新建和改扩建一批以油茶、核桃、枣、板栗、仁用杏等为主的木本粮油树种良种苗木生产基地。加强木本粮油优良种质资源保存、引进、开发、试验基地建设，重点开展油茶、核桃、枣、板栗和仁用杏等良种选育和推广工作。

（二）实行标准化生产和管理

实施《全国油茶产业发展规划（2009—2020年）》，在优势产区，通过新造和低产低效林改造的方式，建设高标准、集约化经营的油茶、核桃、油橄榄、板栗、枣等木本粮油生产基地。针对良种、育苗、种植、经营及综合配套等技术，开展示范基地建设，带动全国木本粮油向优质、高效、生态、安全方向发展。

（三）推进加工体系建设和强化产品质量安全

以产后商品化处理为重点，积极扶持建设一批加工能力强，生产工艺先进的木本粮油加工、贮藏龙头企业，增强产业的市场竞争力与辐射带动能力。实施产品质量安全市场准入制度，加强木本粮油产品产地环境、生产过程和农药、化肥等生产投入品的监管，构建从“田间到市场”的全过程质量安全管理体系。

十、生态文明宣教和林业信息化行动

通过开展生态文明宣教和生态文明单位创建活动，使全民生态文明意识普遍增强，生态文明观念广泛传播。充分利用物联网、云计算、大数据、移动互联网等新一代信息技术，推进智慧林业建设。

（一）开展生态文明宣教活动

以植树节、森林日、湿地日、荒漠化日、爱鸟周等重要节日为契机，集中开展主题宣传活动；加强优秀生态文化典籍编纂出版工作；积极推进国树、国花、省树、省花、市树、市花评选命名。积极开展“生态文明示范工程试点市（县）”、“全国生态文化示范县”和生态文化品牌创建工作，继续开展“全国绿化模范单位（城市、区、县、单位）”、“生态文化村（企业、示范基地）”建设，发掘保护原生态文化。

（二）夯实生态文明建设基础

加强生态文明宣教基地建设，丰富森林公园、湿地公园、自然保护区、生态文化博物馆、森林体验教育中心等文化载体，提升生态文化公共服务水平。加强生态文化传播体系平台建设，为人们提供丰富多样的生态文化创意产品与服务。

（三）加快构建智慧林业管理体系

大力推进林业下一代互联网、林区无线网络、林业物联网建设。有序推进以遥感卫星、无人遥感飞机等为核心的林业“天网”系统建设。打造统一完善的林业视频监控系统及应急地理信息平台。加大云计算、大数据等信息技术创新应用，推进林业基础数据库建设，形成全覆盖、一体化、智能化的智慧林业管理体系。

（四）努力提升林业信息化服务水平

建设林业信息公共服务平台、林业智慧商务系统、林产品电子商务平台和智慧社区服务系统。建立智慧营造林管理系统、智能林业资源监管系统、智能野生动植物保护系统、林业重点工程监督管理平台，以及林业网络博物馆、林业智能体验中心等。加强林业信息化标准建设和综合管理，不断完善林业信息化运维体系和安全体系。

第五章　推进生态文明建设的政策措施

一、政策支持

（一）实施严格的林地保护政策

制定和完善林地保护相关政策与法规。坚持节约集约用地，完善和实行林地管理制度。与城镇规划和土地利用规划相衔接，严格控制非林建设占用林地，强化林地占补平衡管理，探索建立林地储备制度。完善林地占用税、林地出让金、新增建设用地有偿使用费征缴和使用政策。进一步完善林地征占用审批制度，实行严格的林地征占用限额管理。落实林地保护利用目标考核责任制。严格林地保护和监管执法，落实监管责任。

（二）健全和完善公共财政支持政策

完善生态补偿制度，多渠道筹集生态补偿基金，探索按照森林生态服务功能高低和重要程度，实行分类、分级的差别化补偿。探索制定非国有公益林国家赎买政策。扩大湿地保护补助范围，提高补助标准，提高补助资金的使用效率，逐步建立湿地生态补偿制度。健全林业补贴制度，加大对林木良种、造林、森林抚育、保护、林业机具购置等补贴力度，探索出台对木本粮油、珍贵树种培育、木材战略储备、生物质能源等专项补贴政策。加大对重大生态修复工程建设的投入力度，加大对林业灾害监测和防治的投入。加强资金监管，推进林业专项财政投入的制度化和长效化。加大中央财政对国家重点生态功能区财政转移支付力度。

（三）完善基础设施投入政策

扩大林业基本建设投资规模，完善各类基础设施建设规划，修订以物价联动机制为依据的投资标准，争取形成多元化的投入机制。加强林业灾害防控和林区基础设施建设的公共财政支持，加大对基层林业站（所）基本建设的投入。重点支持林区的道路、供水、供电、供暖、通信、广播电视等民生林业基础设施建设，推进国有林区、国有林场棚户区和危旧房改造。加强对森林公园、自然保护区、湿地公园、生态文化博物馆、科技馆、标本馆等文化性林业基础设施建设支持力度。加大对林区医疗卫生、教育等社会保障性林业基础设施建设投入。

（四）完善金融和税收扶持政策

积极开展包括林权抵押贷款在内的符合林业特点的多种信贷融资业务，创新担保机制，探索建立面向林农、林业专业合作组织和中小企业的小额贷款与贴息扶持政策。增加中国绿化基金和中国绿色碳汇基金总量，鼓励企业捐资造林志愿减排，吸引社会资金参与碳汇林业建设。探索发行生态彩票，对林业重大生态修复工程发行生态债券，降低民间资本参与林业建设的门槛，吸引多元投资主体参与建设。对林业生态产品、林农、林业企业、林业重大生态修复工程实施单位及捐资主体实行税收优惠政策，对劳动密集型和高附加值林产品争取实行出口退税优惠政策。提高中央财政政策性森林保险保费的补贴规模、范围和标准，鼓励形成政策性保险与商业保险相结合的森林保险体系。

（五）加大林业能力建设支持力度

加强林业科技创新、成果转化推广、产品质量标准检验检测、林业防灾减灾、林业信息化、基层林业公共服务等能力建设。加强各级各类人才队伍建设，增加对林业教育和培训的资金投入，培养创新型专业人才。深化干部人事制度改革，建立健全人才选拔培养使用制度。探索建立林业生态文明建设投入保障制度和增长机制。

二、措施保障

（一）建立政府目标责任制

林业行政管理部门要在合理划分中央和地方事权的基础上，履行好部门职责，落实好生态文明建设各项任务。实行林业生态文明建设目标责任制，将国家林业生态文明建设的总目标逐级分解成各地区的具体目标。争取建立由地方政府统一领导、部门分工协作的林业生态文明建设目标考核与激励机制，推进本地区林业生态文明建设。

（二）建立生态评价机制

树立正确的生态道德观、生态价值观和生态政绩观。探索建立国家和地区生态系统生产总值（GEP）的新型绿色经济核算体系。建立科学的评价标准，成立权威、独立的林业生态文明建设评价机构。实行生态政绩考核、奖惩、问责机制，对各类主体功能区采取不同的考核办法。

（三）建立制度创新机制

着力推进体制改革和机制创新，建立绿色经济发展评价体系。加快生态补偿立法，通过财政转移支付、赎买、建立生态补偿基金和实施重大生态修复工程进行政策性生态补偿；通过开征生态税，开展资源使用权、碳排放权、水权交易为代表的环境经济手段，探索市场化生态补偿机制。建立林业政策监测评价、效果反馈和调整优化机制。建立林业产业发展政策创新机制。完善林业规划、工程、项目等绩效评价与监督制度。实行重大政策和决策的公示和听证制度。

（四）建立保护激励机制

加快制定林权流转登记管理办法。完善造林绿化、义务植树、古树名木保护等地方性法规。依法惩处盗伐、滥伐林木，毁坏和非法占用林地、绿地的行为。对行政不作为、乱作为的问题，坚决实行倒查问责机制。严肃处理违法审批、越权审批等违法行政行为。健全林业行政执法体系，强化林业普法体系。开展生态文明建设成效评估，探索建立生态发展激励机制。

（五）形成全民参与机制

发挥工会、妇联、共青团和民兵预备役、青年、学生组织及其他社团组织在生态文明建设中的作用，发动和组织各行各业、社会各界人士积极投身国土绿化和生态保护事业。完善生态保护的公共参与政策，探索建立林业生态文明建设全民共建共享的长效机制。创新公众参与林业生态文明建设的方式和渠道，发挥非政府组织在生态文明建设中的积极作用。

国家林业局关于加快林业专业合作组织发展的通知

林改发〔2013〕153号

各省、自治区、直辖市林业厅(局),新疆生产建设兵团林业局,各计划单列市林业局,国家林业局各司局、各直属单位:

为深入贯彻落实《中共中央 国务院关于加快发展现代农业进一步增强农村发展活力的若干意见》和全国深化集体林权制度改革百县经验交流会议精神,进一步深化集体林权制度改革,切实促进林业专业合作组织建设,现将有关事项通知如下:

一、高度重视,充分认识加强林业专业合作组织建设的重要意义

当前,中国林业发展进入了一个新的重要战略机遇期,党的十八大作出了建设生态文明的战略部署,绘制了建设美丽中国的宏伟蓝图,提出了发展林业是建设生态文明的首要任务,确保生态安全、推进绿色发展、建设美丽中国,必须培育和壮大林业生产经营组织,充分激发农村林业生产要素潜能。

创建新型林业生产经营组织是推动现代林业发展的核心和保障。《中共中央 国务院关于加快发展现代农业进一步增强农村发展活力的若干意见》明确提出,“农民合作社是带动农民进入市场的基本主体,是发展农村集体经济的新型实体,是创新农村社会管理的有效载体”,“培育和壮大新型农业生产经营组织,充分激发农村生产要素潜能”。发展林业专业合作组织是提高林业组织化程度,推动分散经营向专业化、规模化经营转变,为林农服务的最主要的载体,是林业科技推广最重要的载体,是落实强林惠农政策最重要的平台,也是构建现代林业经营体系的重要基石。发展林业专业合作组织对巩固林业改革成果、带动农民增收致富、发展生态林业与民生林业、建设生态文明,具有十分重要的意义。

各地一定要高度重视,深刻领会加强林业专业合作组织建设的重要意义,切实担负起组织、协调和指导林业专业合作组织工作的责任,摸清本地区林业专业合作组织发展情况、主要做法和经验及存在问题,有针对性地采取强有力措施,积极推进林业专业合作组织健康发展。

二、强化措施,不断落实林业专业合作组织发展政策

各级林业主管部门要按照“积极发展、逐步规范、强化扶持、提升素质”的要求,采取有力措施,加大力度、加快步伐,发展林业专业合作组织。要鼓励农民兴办林业专业合作社、股份合作林场、家庭林场、林业协会等多元化、多类型林业专业合作组织。重点支持林业专业合作组织开展林下经济、造林绿化、森林抚育、苗木花卉、经济林、加工储藏、流通运输、市场营销、生产经营、信息平台建设等生产经营和服务活动。引导林业专业合作社以产品和产业为纽带,开展与科研院所和企业的合作与联合,积极探索组建林业专业合作社联社。各级林业主管部门要积极协调工商管理等有关部门,明确设立林业专业合作社这一登记类型,并在林业专业合作社联社登记管理办法上有新突破。

要强化政策落实,把林业专业合作社示范社作为政策扶持重点。各级林业主管部门要主动加强与发展改革、财政、科技、工商、税务、金融等部门的沟通协调,争取更大的支持,确保各项扶持政策和保障措施落实到位。各地要因地制宜,不断增加对林业专业合作组织发展扶持资金,加大对林区道路、供水、供电、通信、森林防火等基础设施的投入,支持林业专业合作组织改善生产经营条件、增强发展能力。要探索建立涉林项目与林业专业合作组织广泛对接的长效机制,安排部分财政投资项目直接投向符合条件的林业专业合作组织。要逐步扩大造林绿化、森林抚育、林木培育种植、荒漠化治理、山区综合开发、林业科技推广等林业重点生态工程项目由林业专业合作组织承担的规模。要对示范社建设鲜活林产品仓储物流设施、兴办林产品加工业给予补助。要引导国家补助项目形成的资产移交合作社管护,指导合作社建立健全项目资产管护机制。

全面落实“农民专业合作社享受国家规定的对农业生产、加工、流通、服务和其他涉农经济活动相应的税收优惠”的法律规定,进一步研究支持林农专业合作社发展的其他税收优惠政策。要按照国家关于“完善合作社税收优惠政策,把合作社纳入国民经济统计并作为单独纳税主体列入税务登记,做好合作社发票领用等工作”等要求,落实相关政策。要积极争取金融部门在信用评定基础上对示范社开展联合授信,有条件的地方予以贷款贴息,规范林业专业合作社开展信用合作。要协调相关部门做好适合林业专业合作社生产经营特点的保险产品和服务。

要促进规范化建设。各地要抓紧研究制定有关林业专业合作社的认定标准和管理办法。要积极创造条件,启动实施林业专业合作组织信息化建设工程试点,推动林业专业合作组织标准化建设。引导农民开展森林产品、林下经济产品认证,绿色、有机、无公害、地理标志产品的“三品一标”建设,推进品牌建设。

三、加强组织领导,积极推进林业专业合作组织建设

各级林业主管部门要以贯彻落实中央一号文件为契机,紧紧围绕当地林业改革发展现状和工作实际,研究制定本地区具体实施意见,并组织实施。

要健全工作指导体系。要确定机构和人员专门负责指导林业专业合作组织的建设和发展,构建长效工作机制。要加强调查研究,不断发现新情况、新问题,积极探索新措施、新办法,及时总结经验,研究解决推进林业专业合作组织建设中的重大问题,不断提高建设工作水平。

要推动示范社建设。按照“实行部门联合评定示范社机制,分级建立示范社名录”的要求,做好示范社评定工作,把示范社作为政策扶持重点。今后,国家林业局将继续推进林业专业合作社示范县、示范社建设。规划到2017年,将建设200个全国林业专业合作社示范县及2000个示范社，20%的农户加入农民林业专业合作组织，经营林地面积占集体林地面积达20%。根据当地实际，各地要围绕速生丰产林、经济林、林下经济、森林景观利用、苗木花卉、特色驯养繁殖等林产品生产及加工、销售，发现总结并打造一批有品牌、效益好的林业领军社、重点社、典型示范社。

要加强服务体系建设。建立网络信息服务平台。充分发挥林业专业合作社、专业服务公司、专业技术协会、股份合作林场、家庭林场、农民经纪人队伍、涉林企业等林业经营性服务组织的生力军作用，大力开展有害生物防治、动植物疫病防控、森林防火、林木采伐、林权流转、资源评估等方面的生产性服务和市场信息服务，推广新品种、新技术、新机械。鼓励支持高等科研院所与林业专业合作组织开展多种形式的技术合作。采取政府订购、定向委托、奖励补助、招标投标等方式，引导林业专业合作组织为林业生产经营提供低成本、便利化、全方位的公益性服务。开展"专家进社"、"辅导员联系社"送服务行动。

要加强培训。设立林业专业合作组织带头人人才库，建立林业专业合作组织人才培训专项资金，建设林业专业合作组织人才培养实训基地。建立健全辅导员联系合作社制度。广泛开展合作社带头人、经营管理人员和辅导员培训，引导高校毕业生到林业专业合作组织工作，不断提升合作组织素质，使林业专业合作组织不断发展壮大，为发展生态林业和民生林业作出积极贡献。

国家林业局

2013年9月12日

国家林业局关于切实加强和严格规范树木采挖移植管理的通知

林资发〔2013〕186号

各省、自治区、直辖市林业厅(局)，内蒙古、吉林、龙江、大兴安岭森工(林业)集团公司，新疆生产建设兵团林业局：

近年来，受片面追求快速绿化效果和经济利益驱动的影响，一些地方出现大量采挖移植大树导致破坏植被、毁坏林地等现象，不仅造成树木原生地自然生态和景观严重破坏，而且在移植过程中由于树木根系、枝干严重受损，加上长途运输等原因，树木移植成活率和保存率均难以保证，造成森林资源的严重损失和浪费。为依法保护森林资源及自然生态环境，切实加强和严格规范树木采挖移植管理，现就有关事项通知如下：

一、提高认识，加强宣传，树立正确绿化理念，推动城乡绿化事业的健康发展

各级林业主管部门要从全面推进生态文明和美丽中国建设的高度，充分认识依法保护森林资源、严格树木采挖移植管理的重要意义。要采取多种形式，加大宣传力度，向全社会广泛宣传无序采挖树木的危害性和规范管理的重要性，引导各有关方面和社会公众树立正确的绿化理念，摈弃在城乡绿化中急功近利、违背科学规律的做法和行为，为依法规范树木采挖管理创造良好的社会舆论氛围，推动中国城乡绿化事业的健康发展。

二、科学规划，加强培育，保障优质苗木供给，满足城乡绿化建设的市场需求

各级林业主管部门要切实加强对绿化工作的监管和引导，城乡绿化不得采挖移植古树名木、原生地天然生长的珍贵树木和具有重要经济、科研、文化价值的濒危、稀有树木。各地要按照城乡绿化一体化的要求，做好科学规划，发展苗木基地，有针对性地培育适合城乡绿化的规格优质苗木，为城乡绿化提供充足的、多样化的绿化苗木资源，充分满足城乡绿化的需要。要积极引导承担和实施绿化任务的单位和个人，坚持以苗木绿化为主，以大苗栽植替代大树移植，切实减少城乡绿化对树木移植的依赖。

三、明确政策，强化监管，严厉打击偷采盗挖私收乱购林木行为，确保林区经营管理规范有序

(一)属于下列区域或类型的树木禁止采挖：古树名木，原生地天然濒危、珍稀树木，名胜古迹和革命纪念地的树木，国家一级保护野生植物，国家级公益林、自然保护区、森林公园、国家重点林木良种基地以及生态脆弱和生态区位重要地区的树木，坡度25度以上林地内的树木，县级以上人民政府规定严禁采挖的其他树木。其他区域郁闭度低于0.6的林分要从严控制采挖。结合森林抚育采挖树木的，要严格按照抚育作业设计进行。

(二)采挖树木和运输、经营采挖树木的管理，适用《森林法》、《森林法实施条例》有关林木采伐、木材运输和经营(加工)管理的规定。采挖树木，必须办理林木采伐许可证，胸径5厘米以上的树木必须纳入采伐限额管理；运输采挖的树木，必须办理木材运输证。假植的树木再次采挖的，必须提供合法来源证明。核发许可证的部门应在采挖树木的林木采伐许可证中标注"树木采挖"。

农村居民采挖房前屋后个人所有的零星树木不需报当地林业主管部门审批，但古树名木、天然生长的珍贵树木和濒危、稀有树木除外。

(三)采挖树木的单位和个人，必须采取有效措施保护好采挖林地上的其他树木，防止破坏周边植被。采挖后要及时回填土壤，防止水土流失，把对原生地的影响降到最低程度。

(四)各级林业主管部门要切实加强对树木采挖移植的监督管理，严格审批。对未经批准擅自采挖、运输树木的，要依法查处；对违规批准采挖移植树木的，要依法追究有关人员的责任。

省级林业(森工)主管部门要结合本地保护发展森

林资源实际，尽快研究制定树木采挖移植管理办法并报我局备案，明确树木采挖的具体范围和对象，对采挖树木的申请、设计、审批、作业、林地恢复、运输等作出具体规定，切实规范树木采挖移植管理。要对树木采挖移植进行全面清理整顿，严厉打击违规采挖移植树木的行为。

（五）本通知所称采挖的树木包括活立木、再生树蔸、树桩；生态脆弱和生态区位重要地区的具体范围参照国家标准《生态公益林建设——导则》（GB/T18337.1－2001）。

本通知自2014年1月1日起施行，有效期至2018年12月31日。《国家林业局关于规范树木采挖管理有关问题的通知》（林资发〔2003〕41号）同时废止。

国家林业局

2013年11月15日

国家林业局关于森林公安机关办理林业行政案件有关问题的通知

林安发〔2013〕206号

各省、自治区、直辖市林业厅（局），内蒙古、吉林、龙江、大兴安岭森工（林业）集团公司，新疆生产建设兵团林业局：

为进一步发挥森林公安机关保护森林资源的职能作用，根据《中华人民共和国森林法》、《中华人民共和国行政复议法》、《林业行政处罚程序规定》、《国家林业局关于授权森林公安机关代行行政处罚权的决定》等法律、法规、规章，现就森林公安机关办理林业行政案件的有关问题通知如下：

一、森林公安机关可以依法以其归属的林业主管部门的名义受理、查处林业行政案件，在对外法律文书上加盖林业主管部门的印章。

森林公安局（分局）、森林警察（公安）大队办理《中华人民共和国森林法》第39条、第42条、第43条、第44条规定的林业行政案件，应以自己的名义受理、立案、调查、作出处罚决定。森林公安派出所应当以其归属的森林公安局（分局）、森林警察（公安）大队的名义办理林业行政案件。

二、对于依法立为林业行政案件的，森林公安机关不得使用治安、刑事强制措施。森林公安民警在调查处理林业行政案件时，应当出示国家林业局统一核发的林业行政执法证件。

达到刑事案件立案标准的，森林公安机关必须立为刑事案件，不得以行政处罚代替刑事处罚。森林公安机关立案侦查的刑事案件经批准撤销案件、人民检察院作出不起诉决定、人民法院作出无罪判决的，需要给予林业行政处罚的，应当依法作出处罚决定。

三、上级森林公安机关在必要的情况下，可以决定查处或者指定其他森林公安机关查处下级森林公安机关有权查处的林业行政案件。下级森林公安机关认为案情重大、复杂的林业行政案件，需要由上级森林公安机关处理的，可以报请上级森林公安机关决定。

四、森林公安机关以其归属林业主管部门的名义实施林业行政处罚的，复议机关是本级人民政府或者上一级林业主管部门。

森林公安局（分局）、森林警察（公安）大队以自己名义实施林业行政处罚的，复议机关是其归属的林业主管部门。省（区、市）森林公安局、市（地、州、盟）森林公安局直属的森林公安局（分局）以自己名义实施林业行政处罚的，复议机关是设立该直属森林公安局（分局）的省（区、市）森林公安局、市（地、州、盟）森林公安局。

五、本通知自2014年1月1日起施行，有效期至2018年12月31日。《国家林业局关于森林公安机关查处林业行政案件有关问题的通知》（林安发〔2001〕146号）同时废止。

国家林业局

2013年12月5日

国家林业局关于印发《转基因林木生物安全监测管理规定》的通知

林技发〔2013〕215号

各省、自治区、直辖市林业厅（局），新疆生产建设兵团林业局，内蒙古、吉林、龙江、大兴安岭森工（林业）集团公司，中国林科院，国际竹藤中心：

为进一步加强和规范转基因林木生物安全监测工作，更好地保障生态安全，根据《开展林木转基因工程活动审批管理办法》的要求，我局制订了《转基因林木生物安全监测管理规定》，现印发你们，请遵照执行。执行过程中有何意见和建议，请及时反馈我局。

国家林业局

2013年12月19日

附件　转基因林木生物安全监测管理规定

第一条　根据国家林业局《开展林木转基因工程活动审批管理办法》(国家林业局令第20号)，为规范林木转基因生物安全监测管理工作，制定本规定。

第二条　转基因林木是指利用基因工程技术改变基因组构成，用于林业生产或者林产品加工的森林植物。

安全监测是对转基因林木生物体进行涉及人类健康和环境安全的调查、检测与分析。

安全监测具有强制性、规范性和科学性。

第三条　转基因林木生物安全监测适用于中华人民共和国境内的所有转基因林木的中间试验、环境释放、生产性试验和商品化生产。

第四条　转基因林木生物安全监测的目的是对转基因林木的表现、性质和效应进行跟踪监测，为安全性评价提供依据。

第五条　转基因林木生物安全监测工作由国家林业局组织实施。国家林业局可以委托符合条件的单位承担监测任务。

第六条　转基因林木自被批准中间试验之日起即成为安全监测对象。

第七条　转基因林木生物安全监测的内容包括：外源基因对受体植物非目标性状变异的影响；基因漂移及其生态效应；转基因林木的遗传稳定性，对人类和动物健康的影响，对非靶生物的影响和非靶效应，对生态过程和生物多样性的影响，以及靶标生物的抗性风险等。

根据转基因林木种类和试验阶段不同，监测重点各有侧重。

第八条　转基因林木生物安全监测周期一般为2-3年，应根据不同转基因林木试验阶段确定。

第九条　转基因林木生物安全监测任务承担单位应具备以下条件：

(1)具有独立法人资格；

(2)具有专门的技术人员；

(3)具有进行监测所需的仪器设备和设施条件；

(4)具有开展生物安全研究的基础和能力。

第十条　转基因林木生物安全监测任务承担单位应对转基因林木实施安全监测，确保监测方案科学可行、监测过程严密规范、监测结果客观准确。

第十一条　被监测方应配合监测工作，提供必要的实验材料、转基因林木的有关背景资料和基因操作资料等。

第十二条　转基因林木生物安全监测任务承担单位对被监测方的技术资料负有保密义务。

第十三条　转基因林木生物安全监测任务承担单位应提交年度监测报告和监测总报告。每年2月底前提交上一年度监测报告，监测期限到期2个月内提交监测总报告。

第十四条　转基因林木生物安全监测任务承担单位应做好档案管理，包括具体操作记录和工作日志等。

第十五条　监测过程中一旦发现被监测对象存在安全问题，转基因林木生物安全监测任务承担单位应及时报告国家林业局。

第十六条　转基因林木生物安全监测任务承担单位在监测过程中，出现不严格执行实施方案、违规使用监测数据、发生泄密、弄虚作假等行为，国家林业局将视情节严重程度给予警告并责令整改、终止监测任务通报批评和追偿经费等处理。

第十七条　被监测方应全面配合监测任务的实施，如出现提供虚假的材料、拒绝配合等问题，按照国家有关法律法规规定进行处理。

第十八条　本规定由国家林业局负责解释。

第十九条　本规定自2014年2月1日起施行，有效期至2019年1月31日。

国家林业局关于采集国家重点保护野生植物有关问题的通知

林护发〔2013〕224号

各省、自治区、直辖市林业厅(局)，内蒙古、龙江、大兴安岭森工(林业)集团公司，新疆生产建设兵团林业局：

为进一步提高行政审批的质量和效率，加强国家重点保护野生植物保护管理，现就采集国家重点保护野生植物有关问题通知如下：

一、国家重点保护野生植物是指《中华人民共和国野生植物保护条例》规定的国家一级保护野生植物和国家二级保护野生植物。

二、采集(含移植、采伐)国家重点保护野生植物，必须持有《国家重点保护野生植物采集证》(以下简称《采集证》)。《采集证》(见附件1)由我局统一印制。

三、申请采集国家重点保护野生植物的，应填写《国家重点保护野生植物采集申请表》(见附件2)，并提交下列材料：

(一)用于人工培育的，提交采集作业区野生植物资源状况、培育基地项目立项文件、培育基地规模和技术力量说明及采集作业办法。

(二)用于科学研究、文化交流等其他用途的，提交科研或交流项目文件、相关背景资料及采集作业办法。

(三)因重大工程建设需要移植的，提交工程立项文件及工程实施相关背景资料、移植原因、移植方案及移植后管理措施说明。

四、《采集证》的申请、审批、核发按以下规定办理：因科学研究、人工培育、文化交流等特殊需要，需要采集国家一级保护野生植物的，经采集地县级和省级林业行政主管部门对其采集申请签署意见后，报我局审批核发《采集证》。需要采集国家二级保护野生植物的，经采集地县级林业行政主管部门对其采集申请签署意见后，报省级林业行政主管部门或其授权的机构审批、核发《采集证》。

五、采集自然保护区（核心区除外，不含移植和采伐）、城市园林或风景名胜区内的国家重点保护野生植物的，经采集地自然保护区、城市园林或风景名胜区管理机构同意后，分别依照第四条的规定申请《采集证》。

六、采伐（采挖）国家重点保护野生树木，必须依法办理林木采伐许可证，实行采伐限额管理。

七、采集地县级林业行政主管部门应依法对采集活动进行监督检查，并将查验结果及时报告批准机关。

本通知自 2014 年 1 月 1 日起施行，有效期至 2018 年 12 月 31 日。《国家林业局关于实行国家重点保护野生植物采集证有关问题的通知》（林护发〔2001〕551 号）、《国家林业局关于采集（采伐）国家一级保护野生植物（树木）审批有关问题的通知》（林策发〔2008〕150 号）同时废止。

附件：1. 国家重点保护野生植物采集证样式（三联）（略）

2. 采集国家重点保护野生植物申请表（略）

国家林业局

2013 年 12 月 27 日

国家林业局关于印发《林业固定资产投资建设项目管理办法》的通知

林规发〔2013〕230 号

各省、自治区、直辖市林业厅（局），内蒙古、龙江、大兴安岭森工（林业）集团公司，新疆生产建设兵团林业局，各计划单列市林业局：

为加强林业固定资产投资建设项目管理，规范项目管理程序和行为，提高项目建设质量和效益，现将新修订的《林业固定资产投资建设项目管理办法》印发给你们，请遵照执行。国家林业局直属单位固定资产投资建设项目管理办法未出台之前，参照本办法执行。执行中有何问题，请及时反馈我局发展规划与资金管理司。

国家林业局

2013 年 12 月 31 日

附件　林业固定资产投资建设项目管理办法

第一章　总　则

第一条　为加强林业固定资产投资建设项目管理，规范项目建设程序和行为，提高林业项目建设质量和投资效益，根据国务院关于加快投资体制改革的决定及国家有关法律法规，制定本办法。

第二条　本办法适用于申请使用中央预算内林业固定资产投资的建设项目（下称林业建设项目）。

第三条 各级林业计划（财务）部门负责牵头管理林业建设项目，其他业务部门按照各自的职责分工参与林业建设项目的管理工作。

第二章　建设项目前期工作管理

第四条　林业建设项目前期工作包括项目建议书、可行性研究报告、初步设计（实施方案）的编制。

中央投资为 3000 万元以上（含 3000 万元）的建设项目，必须编制项目建议书；中央投资 3000 万元以下的建设项目，可以直接编制项目可行性研究报告。

第五条　项目建议书。建设单位根据项目建设需要提出项目建议书。项目建议书应当对项目建设的必要性、拟建地点、建设条件、拟建规模、投资估算、资金筹措以及经济效益、生态效益和社会效益进行初步分析，并按照要求提供有关文件。

项目建议书一般由项目建设单位负责编制，也可委托有相应工程咨询资质的单位编制。

第六条　项目可行性研究报告。可行性研究报告应当对项目在技术和经济上是否必要、合理、可行以及社会效益、生态效益、经济效益等进行全面分析论证，落实各项建设条件，并附按有关规定取得相关单位的许可、承诺或者证明材料。其主要内容应达到《林业建设项目可行性研究报告编制规定》（林计发〔2006〕156 号）深度要求。

可行性研究报告必须由具有甲级相应专业工程咨询（含勘察设计）资质的单位编制。

第七条　项目初步设计。建设单位根据批准的项目可行性研究报告组织编制初步设计文件。初步设计应列明各单项工程或单位工程的建设内容、建设标准、用地规模、主要材料和设备选择等，其主要内容应包括设计说明、图纸、主要设备材料用量表和投资概算等，其主要内容应达到《林业建设项目初步设计编制规定》（林计发〔2006〕156 号）深度要求。

初步设计必须委托具有甲级相应工程设计资质的单位编制，单纯购置类项目可以不编制项目初步设计，由建设单位根据可行性研究报告的批复直接编制项目实施方案。

第三章 建设项目申报管理

第八条 国家林业局按照中央预算内投资方向，根据国家批准的相关规划要求，适时下发项目申报指南。

第九条 项目建设单位根据项目申报指南，委托具有相应资质的咨询设计单位开展项目前期工作，并按程序上报省级林业主管部门。

省级林业计划(财务)部门在清理项目储备的基础上，结合国家投资规模，科学合理的组织项目申报工作。并严格依据相关规划及项目申报指南的要求，会同相关业务处室组织专家对项目进行审查，审查不合格的项目应及时反馈建设单位，审查合格的项目应以计(财)字号文件上报国家林业局。省级林业主管部门对审查结果负责。

第十条 国家林业局收到项目申报材料后，20个工作日内将项目初审意见反馈省级林业主管部门。项目申报材料未达到规定的深度要求的，国家林业局予以退回。

第四章 建设项目审批管理

第十一条 林业建设项目的审批包括项目建议书、可行性研究报告、初步设计的审批。

第十二条 中央投资3000万元以上(含3000万元)的林业建设项目建议书、可行性研究报告按照国家规定履行审批程序；其他林业建设项目可行性研究报告由国家林业局审批。需要批复林业建设项目建议书的由国家林业局审批，批复的项目建议书不作为安排投资的依据，批复的可行性研究报告及初步设计是安排投资的依据。项目批复后，3年以上未落实投资且建设条件已发生明显变化的，需重新履行项目立项审批程序。

中央投资3000万元以上(含3000万元)的林业建设项目的初步设计按照国家规定履行审批程序；其他林业建设项目初步设计(实施方案)由省级林业主管部门审批，报国家林业局备案。

第五章 建设项目变更管理

第十三条 建设项目一经批准，必须严格按照审批文件执行，各级林业主管部门和建设单位不得擅自变更项目建设地点、建设性质、建设单位、建设内容，不得擅自降低工程质量和标准，不得擅自增加或压缩投资规模等。

第十四条 项目实施过程中确因客观原因造成部分建设内容、建设标准、建设规模需要调整的，应遵循以下程序：

(一)出现以下情况之一的，应当重新报批可行性研究报告，由原可行性研究报告批准部门重新审批。

1. 总概算或主体工程建设规模超过可行性研究报告批复百分之十的；

2. 主体工程建设地点发生变更的；

3. 建设单位、建设范围或建设地点发生变更的。

(二)因项目实施条件变化等原因，确需调整部分项目子项的，在中央投资不变的情况下，由建设单位提出调整方案，按规定程序报原初步设计审批部门批准后实施。

第十五条 对未经审批机关批准，建设单位擅自进行重大设计变更并已成事实的，国家林业局不受理事后调整申请，所超概算建设单位自行解决。

第六章 建设项目招标管理

第十六条 林业建设项目的勘察、设计、施工、监理和与工程建设有关的重要仪器、设备、材料的采购，应当按照《中华人民共和国招标投标法》、《中华人民共和国招标投标实施条例》、《中华人民共和国政府采购法》等相关法律、法规、规章的规定进行招投标管理。

第十七条 全部使用国有资金或国有资金占主导地位且符合下列条件之一的林业建设项目必须进行公开招标：

(一)施工单项合同估算价在200万元(含200万元)以上的；

(二)仪器、设备、材料采购单项合同估算价在100万元(含100万元)以上的；

(三)勘察、设计、监理等服务的采购，单项合同估算价在50万元(含50万元)以上的；

(四)单项合同估算低于本条(一)、(二)、(三)款规定的标准，但项目总投资额在3000万元(含3000万元)以上的。

第十八条 对必须依法进行招标的项目，省级林业主管部门在审批项目初步设计时，要对其招标范围、招标方式、招标组织形式进行审批、核准。并将审批、核准确定的招标范围、招标方式、招标组织形式通报有关行政监督部门。

第十九条 对达不到招标标准的基建项目及设备(材料)采购，要由建设、计财、纪检、审计、设备(材料)使用等部门选派人员组成建设项目管理或设备(材料)采购小组，建立内部制约机制。

第七章 建设项目监理

第二十条 列入国家规定监理范围即可行性研究报告批复文件中含有监理费的林业建设项目，建设单位应当委托具有相应资质等级的工程监理单位进行监理。

第二十一条 监理单位应当根据有关工程建设的法律、法规、规程、工程设计文件和施工、设备监理合同以及其他工程建设合同，对工程投资、工期和质量等内容进行控制。

第二十二条 未经监理工程师签字，建筑材料、建筑构配件和设备不得在工程上使用或者安装，施工单位不得进行下一道工序施工。未经总监理工程师签字，建设单位不拨付工程款，不进行竣工验收。

第八章 建设项目竣工验收

第二十三条 建设项目按批准的设计建成后，建设单位应当于3个月内编制完成工程结算和竣工财务决算，按照国家林业局《林业建设项目竣工验收细则》(办计字〔2005〕31号)要求组织竣工验收。

第九章 建设项目信息管理

第二十四条 省级林业主管部门要全面掌握林业建设项目申报、储备、建设进展、资金使用、竣工验收等信息，并于每年2月底前将上年度项目执行情况上报国家林业局。

第二十五条 省级林业主管部门要对建设项目定期跟踪检查，发现问题及时处理并将处理意见上报国家林业局。凡不涉密的项目应按照国家政务公开的有关规定对相关内容和信息予以公开。

第十章 建设项目责任追究

第二十六条 建设项目存在以下情况之一的，国家林业局将根据情节轻重采取责令限期整改、通报批评、暂停拨付中央资金、撤销项目、收回项目资金等处理措施。

（一）未按规定履行有关审批程序擅自开工的；

（二）未经批准擅自变更建设地点，提高或降低建设标准，改变建设内容，扩大或者缩小投资规模的；

（三）因管理不力，工程质量低劣的；

（四）挪用、挤占工程资金、违反财务管理规定的。

第二十七条 对出现严重咨询、勘察、设计质量问题，或同一项目设计文件经两次以上修改仍不能达到国家规定深度要求的工程咨询、设计单位，国家林业局予以网上通报，不再受理该工程咨询、设计单位的设计文件，同时建议有关部门对其资质做降级处理。

第二十八条 由于监理单位原因导致工程质量、进度及投资控制等出现问题的，国家林业局将建议建设行政主管部门对其进行依法查处。

第十一章 建设项目后评价

第二十九条 为提高项目决策的科学性，在项目建设实施过程中和建成运营后，国家林业局将组织有关专家和机构对项目质量、投资效益等进行评价。项目后评价办法由国家林业局另行制定。

第三十条 各级林业主管部门根据需要，应选择具有代表性的林业建设项目开展后评价。

第十二章 附 则

第三十一条 省级林业主管部门包括各省（自治区、直辖市、计划单列市）林业厅（局），内蒙古、龙江、大兴安岭森工（林业）集团公司，新疆生产建设兵团林业局。

第三十二条 本办法由国家林业局负责解释。

第三十三条 本办法自发布之日起施行，有效期至2018年12月31日。原《林业固定资产投资项目管理办法》（林计发〔2006〕61号）同时废止。

国家林业局关于印发《国家沙漠公园试点建设管理办法》的通知

林沙发〔2013〕232号

各省、自治区、直辖市林业厅（局），新疆生产建设兵团林业局：

为进一步加强国家沙漠公园建设管理工作，我局制定了《国家沙漠公园试点建设管理办法》，现印发给你们，请遵照执行。执行中有何意见和建议，请及时反馈我局。

国家林业局

2013年12月31日

附件 国家沙漠公园试点建设管理办法

第一条 为促进国家沙漠公园健康有序发展，规范国家沙漠公园试点建设和管理，根据《全国防沙治沙规划（2011—2020年）》和《国家林业局关于开展国家沙漠公园建设试点工作的通知》（林沙发〔2013〕145号）精神，制定本办法。

国家沙漠公园试点建设和管理应当遵守本办法。

第二条 沙漠公园是以沙漠景观为主体，以保护荒漠生态系统为目的，在促进防沙治沙和保护生态功能的基础上，合理利用沙区资源，开展公众游憩、旅游休闲和进行科学、文化、宣传和教育活动的特定区域。

第三条 国家鼓励公民、法人和其他组织捐资或者志愿参与沙漠公园建设和保护工作。

第四条 国家林业局依照国家有关规定对国家沙漠公园进行指导、监督和管理。

国家沙漠公园原则上以县域为单位组织建设。县级以上地方人民政府林业主管部门负责本辖区内国家沙漠公园的指导和监督。跨县级行政区域的应由相应的上级人民政府和主管部门负责指导和监督。

第五条 由省级林业行政主管部门将拟进行国家沙漠公园试点建设的相关材料报国家林业局。

省级林业行政主管部门报送相关材料时，应当提交拟建国家沙漠公园的总体规划、反映拟建国家沙漠公园现状的图片资料和影像资料、省级林业行政主管部门的推荐材料及专家评审意见。

第六条 建设国家沙漠公园，须经当地县级以上（含县级）人民政府确认，且土地所有权、使用权权属和四至清晰、无争议，相关权利人无不同意见。

第七条 国家林业局组建国家沙漠公园试点建设评审专家委员会，负责对推荐材料进行审核，根据需要可以组织专家赴实地评估，并提交评估报告。

（一）材料审查：国家林业局负责从国家沙漠公园试点建设评审专家委员会中抽取有关专家，对推荐材料的完整性、真实性和科学性进行审查。

（二）实地评估：通过材料审查的单位，国家林业局组织专家考查组进行实地评估。考查组在实地考查结束后一周内，将经考查组所有成员签字确认的书面考查意见交国家林业局。

（三）综合评审：国家林业局负责组织召开国家沙漠公园试点建设综合评审会，从国家沙漠公园试点建设专家委员会中抽取评审委员，对沙漠公园试点建设创建工作进行综合评审。

评审委员通过查看国家沙漠公园试点建设创建推荐材料、观看创建工作技术报告DVD音像片、听取实地考察评估意见和综合评议等评审程序，对国家沙漠公园试点建设单位进行投票和打分，形成综合评审意见。

第八条 国家沙漠公园试点建设评审专家委员会评审通过并经国家林业局研究确定的试点建设单位，在国家林业局政府网站上进行公示，公示时间为10个工作日，公示无异议后由国家林业局复函同意。

第九条 国家沙漠公园试点建设单位实行滚动式管理，实行“准入—退出”机制，对有明显不良记录的，责令其限期整改。整改仍不合格的，停止国家沙漠公园试点建设。

第十条 国家沙漠公园试点建设要发挥以保护、教育、培训、科研和游憩等为目标的生态公益功能，做好合理的功能分区，实行分区管理。主要包括沙地保育区、宣教展示区、沙漠体验区、服务管理区等。

（一）沙地保育区主要是利用现有人员和技术手段开展沙漠公园的植被保护工作，实行最严格的生态保护和管理，建立必要的保护设施，提高管理水平，巩固建设成果，同时对具有植被恢复条件的和可能退化并对沙漠公园整体功能造成严重影响的区域，可以采取以生物措施为主的综合治理措施，持续提高沙漠公园的生态功能。

（二）宣教展示区主要开展以沙漠生态系统展示、科普教育为主的活动，修建必要的基础设施如道路、展示牌及科普教育设施等。

（三）沙漠体验区开展以不损害沙漠生态系统功能的生态旅游等游憩活动，建设必要的旅游装备设施和景点。

（四）管理服务区主要开展管理、接待和服务等活动，做好基础设施建设，完善服务功能，提高服务水平。

第十一条 国家沙漠公园试点建设要与主体功能区规划相衔接，与生态资源保护、利用等相关规划相衔接，建设范围不得随意改变。

第十二条 国家沙漠公园试点建设使用统一标识和命名，国家沙漠公园采取下列命名方式：省（自治区、直辖市）—地名—国家沙漠公园。

第十三条 国家沙漠公园试点建设应设置宣传教育设施，宣传沙漠公园的意义和作用，介绍荒漠生态系统的功能和价值，提高公众对防沙治沙、保护生态的意识。

鼓励国家沙漠公园定期向中小学生免费开放。

第十四条 各林业行政主管部门应当定期对辖区内的资源开展调查和动态监测，建立档案，并根据监测情况采取相应的管理措施。

第十五条 本办法自2014年2月1日起施行，有效期至2017年9月30日。

国家林业局令

第29号

《中华人民共和国植物新品种保护名录（林业部分）（第五批）》已经2012年12月25日国家林业局局务会议审议通过，现予公布，自2013年4月1日起施行。

国家林业局局长　赵树丛

2013年1月22日

中华人民共和国植物新品种保护名录（林业部分）

（第五批）

种或者属名	学名（Latin name）
1. 六道木属	*Abelia* R. Br.
2. 冷杉属	*Abies* Mill.
3. 五加属	*Acanthopanax* (Decne. et Planch.) Miq.
4. 酸竹属	*Acidosasa* C. D. Chu et C. S. Chao
5. 七叶树属	*Aesculus* L.
6. 木通属	*Akebia* Decne.
7. 合欢属	*Albizia* Durazz.
8. 桤木属	*Alnus* Mill.
9. 沙冬青属	*Ammopiptanthus* Cheng f.
10. 紫穗槐属	*Amorpha* L.
11. 桃叶珊瑚属	*Aucuba* Thunb.
12. 小檗属	*Berberis* L.
13. 木棉属	*Bombax* L.
14. 叶子花属	*Bougainvillea* Comm. ex Juss.
15. 构属	*Broussonetia* L'Hér. ex Vent.
16. 醉鱼草属	*Buddleja* L.
17. 紫珠属	*Callicarpa* L.

18. 沙拐枣 *Calligonum mongolicum* Turcz.
19. 凌霄属 *Campsis* Lour.
20. 旱莲木 *Camptotheca acuminata* Decne.
21. 锦鸡儿属 *Caragana* Fabr.
22. 鹅耳枥属 *Carpinus* L.
23. 山核桃属 *Carya* Nutt.
24. 决明属 *Cassia*L.
25. 栗属 *Castanea* Mill.
26. 木麻黄属 *Casuarina* L.
27. 雪松属 *Cedrus* Trew
28. 朴属 *Celtis* L.
29. 三尖杉属 *Cephalotaxus* Sieb. et Zucc.
30. 紫荆属 *Cercis* L.
31. 方竹属 *Chimonobambusa* Makino
32. 流苏树属 *Chionanthus* L.
33. 南酸枣 *Choerospondias axillaris* (Roxb.) B. L. Burtt et A. W. Hill
34. 铁线莲属 *Clematis* L.
35. 大青属 *Clerodendrum* L.
36. 山茱萸属 *Cornus* L.
37. 栒子属 *Cotoneaster* Medik.
38. 山楂属 *Crataegus* L.
39. 柳杉属 *Cryptomeria* D. Don
40. 瑞香属 *Daphne* L.
41. 珙桐属 *Davidia* Baill.
42. 牡竹属 *Dendrocalamus* Nees
43. 胡颓子属 *Elaeagnus* L.
44. 杜英属 *Elaeocarpus* L.
45. 麻黄属 *Ephedra* L.
46. 杜仲 *Eucommia ulmoides* Oliv.
47. 箭竹属 *Fargesia* Franch.
48. 皂荚属 *Gleditsia* L.
49. 梭梭属 *Haloxylon* Bunge
50. 金缕梅属 *Hamamelis* L.
51. 木槿属 *Hibiscus* L.
52. 沙棘属 *Hippophae* L.
53. 坡垒属 *Hopea* Roxb.
54. 绣球属 *Hydrangea* L.
55. 金丝桃属 *Hypericum* L.
56. 山桐子属 *Idesia* Maxim.
57. 冬青属 *Ilex* L.
58. 八角属 *Illicium* L.
59. 大节竹属 *Indosasa* McClure
60. 蓝花楹属 *Jacaranda* Juss.
61. 素馨属 *Jasminum* L.
62. 麻风树 *Jatropha curcas* L.
63. 刺柏属 *Juniperus* L.
64. 油杉属 *Keteleeria* Carrière
65. 紫薇属 *Lagerstroemia* L.
66. 落叶松属 *Larix* Mill.
67. 胡枝子属 *Lespedeza* Michx.
68. 女贞属 *Ligustrum* L.
69. 山胡椒属 *Lindera* Thunb.
70. 枫香属 *Liquidambar* L.
71. 木姜子属 *Litsea* Lam.
72. 滇丁香属 *Luculia* Sweet
73. 苹果属(除水果外) *Malus* Mill. (except fruits)
74. 野牡丹属 *Melastoma* L.
75. 楝属 *Melia* L.
76. 水杉属 *Metasequoia* Miki ex Hu et W. C. Cheng
77. 杨梅 *Myrica rubra* Sieb. et Zucc.
78. 白刺属 *Nitraria* L.
79. 红豆属 *Ormosia* Jackson
80. 木犀属 *Osmanthus* Lour.
81. 黄檗 *Phellodendron amurense* Rupr.
82. 楠属 *Phoebe* Nees
83. 石楠属 *Photinia* Lindl.
84. 黄连木属 *Pistacia* L.
85. 化香树属 *Platycarya* Sieb. et Zucc.
86. 侧柏属 *Platycladus* Spach
87. 苦竹属 *Pleioblastus* Nakai
88. 金露梅 *Potentilla fruticosa* L.
89. 李属(除水果外) *Prunus* L. (except fruits)
90. 枫杨属 *Pterocarya* Kunth
91. 青檀属 *Pteroceltis* Maxim.
92. 栎属 *Quercus* L.
93. 悬钩子属 *Rubus* L.
94. 接骨木属 *Sambucus* L.
95. 无患子属 *Sapindus* L.
96. 乌桕属 *Sapium* Jacq.
97. 檫木 *Sassafras tzumu* (Hemsl.) Hemsl.
98. 木荷属 *Schima* Reinw. ex Blume
99. 秤锤树属 *Sinojackia* Hu
100. 珍珠梅属 *Sorbaria* (DC) A. Braun
101. 花楸属 *Sorbus*L.
102. 火焰树属 *Spathodea* P. Beauv.
103. 绣线菊属 *Spiraea* L.
104. 山矾属 *Symplocos* Jacq.
105. 台湾杉属 *Taiwania* Hayata
106. 柽柳属 *Tamarix* L.
107. 柚木 *Tectona grandis* L. f.
108. 夜来香属 *Telosma* Cov.
109. 厚皮香属 *Ternstroemia* Mutis ex Linn. f.
110. 吴茱萸属 *Tetradium* Lour.
111. 椴树属 *Tilia* L.
112. 香椿属 *Toona* M. Roemer
113. 榧树属 *Torreya* Arn.
114. 越橘属 *Vaccinium* L.
115. 荚蒾属 *Viburnum* L.
116. 牡荆属 *Vitex* L.
117. 锦带花属 *Weigela* Thunb.
118. 紫藤属 *Wisteria* Nutt.
119. 文冠果 *Xanthoceras sorbifolium* Bunge
120. 枣属 *Ziziphus* Mill.

国家林业局令

第30号

《国家林业局委托实施野生动植物行政许可事项管理办法》已经2012年12月25日国家林业局局务会议审议通过，现予公布，自2013年4月1日起施行。

国家林业局局长　赵树丛

2013年1月22日

国家林业局委托实施野生动植物行政许可事项管理办法

第一条　为了规范委托实施野生动植物行政许可事项行为，根据《中华人民共和国行政许可法》等法律法规的规定，制定本办法。

第二条　国家林业局委托实施野生动植物行政许可事项，适用本办法。

委托实施野生动植物行政许可事项，应当遵循合法、公开、公平、公正、便民、高效的原则。

第三条　法律、行政法规规定由国家林业局实施的野生动植物行政许可事项，国家林业局可以委托省、自治区、直辖市人民政府林业主管部门或者符合法律规定的其他机关实施。

第四条　国家林业局委托实施野生动植物行政许可事项，应当以国家林业局公告的形式向社会公布以下内容：

（一）受委托机关的名称、地址、联系方式；

（二）委托实施行政许可的具体事项、委托期限等；

（三）国家林业局的地址、联系方式。

第五条　国家林业局委托实施野生动植物行政许可事项，应当与受委托机关签订委托实施行政许可事项的协议。

国家林业局对受委托机关实施行政许可行为的后果承担法律责任。

第六条　受委托机关应当以国家林业局的名义，实施受委托的野生动植物行政许可事项。

受委托机关不得将国家林业局委托的野生动植物行政许可事项再委托其他组织或者个人实施。

第七条　受委托机关应当在受委托的权限范围内，按照国家林业局规定的条件和程序，依法受理、审查行政许可申请并作出行政许可决定。

受委托机关应当按照国家林业局规定的格式制作行政许可文书，颁发的行政许可决定书和其他行政许可文书应当加盖国家林业局行政许可专用印章；颁发的行政许可证书应当加盖国家林业局印章。

第八条　野生动植物行政许可事项委托实施后，申请人应当按照国家林业局公告的要求向受委托机关提交申请材料。申请人仍向国家林业局提交申请材料的，国家林业局应当告知其具体的受委托机关。

第九条　国家林业局应当依法对受委托机关实施野生动植物行政许可事项的行为进行监督检查，及时纠正行政许可实施中的违法行为。

国家林业局和受委托机关应当依法对被许可人从事的野生动植物行政许可活动进行监督检查，将监督检查的情况和处理结果予以记录归档。公众有权依法查阅监督检查记录。

第十条　受委托机关应当建立健全受委托野生动植物行政许可决定文件的档案管理制度。

受委托机关依法作出的不予受理、准予或者不准予行政许可决定书以及受委托实施行政许可的汇总情况，应当于每年7月15日前和次年1月15日前报国家林业局。

第十一条　国家林业局在野生动植物行政许可事项委托的期限内需要变更、中止或者终止委托的，应当及时向社会公告。

第十二条　国家林业局和受委托机关及其工作人员在实施受委托野生动植物行政许可和监督检查中存在违法行为的，应当依法承担法律责任。

第十三条　本办法自2013年4月1日起施行。

国家林业局令

第31号

《陆生野生动物疫源疫病监测防控管理办法》已经2012年12月25日国家林业局局务会议审议通过，现予公布，自2013年4月1日起施行。

国家林业局局长　赵树丛

2013年1月22日

陆生野生动物疫源疫病监测防控管理办法

第一条 为了加强陆生野生动物疫源疫病监测防控管理，防范陆生野生动物疫病传播和扩散，维护公共卫生安全和生态安全，保护野生动物资源，根据《中华人民共和国野生动物保护法》、《重大动物疫情应急条例》等法律法规，制定本办法。

第二条 从事陆生野生动物疫源疫病监测防控活动，应当遵守本办法。

本办法所称陆生野生动物疫源是指携带危险性病原体，危及野生动物种群安全，或者可能向人类、饲养动物传播的陆生野生动物；本办法所称陆生野生动物疫病是指在陆生野生动物之间传播、流行，对陆生野生动物种群构成威胁或者可能传染给人类和饲养动物的传染性疾病。

第三条 国家林业局负责组织、指导、监督全国陆生野生动物疫源疫病监测防控工作。县级以上地方人民政府林业主管部门按照同级人民政府的规定，具体负责本行政区域内陆生野生动物疫源疫病监测防控的组织实施、监督和管理工作。

陆生野生动物疫源疫病监测防控实行统一领导，分级负责，属地管理。

第四条 国家林业局陆生野生动物疫源疫病监测机构按照国家林业局的规定负责全国陆生野生动物疫源疫病监测工作。

第五条 县级以上地方人民政府林业主管部门应当按照有关规定确立陆生野生动物疫源疫病监测防控机构，保障人员和经费，加强监测防控工作。

第六条 县级以上人民政府林业主管部门应当建立健全陆生野生动物疫源疫病监测防控体系，逐步提高陆生野生动物疫源疫病检测、预警和防控能力。

第七条 乡镇林业工作站、自然保护区、湿地公园、国有林场的工作人员和护林员、林业有害生物测报员等基层林业工作人员应当按照县级以上地方人民政府林业主管部门的要求，承担相应的陆生野生动物疫源疫病监测防控工作。

第八条 县级以上人民政府林业主管部门应当按照有关规定定期组织开展陆生野生动物疫源疫病调查，掌握疫病的基本情况和动态变化，为制定监测规划、预防方案提供依据。

第九条 省级以上人民政府林业主管部门应当组织有关单位和专家开展陆生野生动物疫情预测预报、趋势分析等活动，评估疫情风险，对可能发生的陆生野生动物疫情，按照规定程序向同级人民政府报告预警信息和防控措施建议，并向有关部门通报。

第十条 县级以上人民政府林业主管部门应当按照有关规定和实际需要，在下列区域建立陆生野生动物疫源疫病监测站：

（一）陆生野生动物集中分布区；

（二）陆生野生动物迁徙通道；

（三）陆生野生动物驯养繁殖密集区及其产品集散地；

（四）陆生野生动物疫病传播风险较大的边境地区；

（五）其他容易发生陆生野生动物疫病的区域。

第十一条 陆生野生动物疫源疫病监测站，分为国家级陆生野生动物疫源疫病监测站和地方级陆生野生动物疫源疫病监测站。

国家级陆生野生动物疫源疫病监测站的设立，由国家林业局组织提出或者由所在地省、自治区、直辖市人民政府林业主管部门推荐，经国家林业局组织专家评审后批准公布。

地方级陆生野生动物疫源疫病监测站按照省、自治区、直辖市人民政府林业主管部门的规定设立和管理，并报国家林业局备案。

陆生野生动物疫源疫病监测站统一按照"××（省、自治区、直辖市）××（地名）××级（国家级、省级、市级、县级）陆生野生动物疫源疫病监测站"命名。

第十二条 陆生野生动物疫源疫病监测站应当配备专职监测员，明确监测范围、重点、巡查线路、监测点，开展陆生野生动物疫源疫病监测防控工作。

陆生野生动物疫源疫病监测站可以根据工作需要聘请兼职监测员。

监测员应当经过省级以上人民政府林业主管部门组织的专业技术培训；专职监测员应当经省级以上人民政府林业主管部门考核合格。

第十三条 陆生野生动物疫源疫病监测实行全面监测、突出重点的原则，并采取日常监测和专项监测相结合的工作制度。

日常监测以巡护、观测等方式，了解陆生野生动物种群数量和活动状况，掌握陆生野生动物异常情况，并对是否发生陆生野生动物疫病提出初步判断意见。

专项监测根据疫情防控形势需要，针对特定的陆生野生动物疫源种类、特定的陆生野生动物疫病、特定的重点区域进行巡护、观测和检测，掌握特定陆生野生动物疫源疫病变化情况，提出专项防控建议。

日常监测、专项监测情况应当按照有关规定逐级上报上级人民政府林业主管部门。

第十四条 日常监测根据陆生野生动物迁徙、活动规律和疫病发生规律等分别实行重点时期监测和非重点时期监测。

日常监测的重点时期和非重点时期，由省、自治区、直辖市人民政府林业主管部门根据本行政区域内陆生野生动物资源变化和疫病发生规律等情况确定并公布，报国家林业局备案。

重点时期内的陆生野生动物疫源疫病监测情况实行日报告制度；非重点时期的陆生野生动物疫源疫病监测情况实行周报告制度。但是发现异常情况的，应当按照有关规定及时报告。

第十五条 国家林业局根据陆生野生动物疫源疫病防控工作需要，经组织专家论证，制定并公布重点监测陆生野生动物疫病种类和疫源物种目录；省、自治区、直辖市人民政府林业主管部门可以制定本行政区域内重点监测陆生野生动物疫病种类和疫源物种补充目录。

县级以上人民政府林业主管部门应当根据前款规定的目录和本辖区内陆生野生动物疫病发生规律，划定本行政区域内陆生野生动物疫源疫病监测防控重点区域，并组织开展陆生野生动物重点疫病的专项监测。

第十六条 本办法第七条规定的基层林业工作人员发现陆生野生动物疑似因疫病引起的异常情况，应当立即向所在地县级以上地方人民政府林业主管部门或者陆生野生动物疫源疫病监测站报告；其他单位和个人发现陆生野生动物异常情况的，有权向当地林业主管部门或者陆生野生动物疫源疫病监测站报告。

第十七条 县级人民政府林业主管部门或者陆生野生动物疫源疫病监测站接到陆生野生动物疑似因疫病引起异常情况的报告后，应当及时采取现场隔离等措施，组织具备条件的机构和人员取样、检测、调查核实，并按照规定逐级上报到省、自治区、直辖市人民政府林业主管部门，同时报告同级人民政府，并通报兽医、卫生等有关主管部门。

第十八条 省、自治区、直辖市人民政府林业主管部门接到报告后，应当组织有关专家和人员对上报情况进行调查、分析和评估，对确需进一步采取防控措施的，按照规定报国家林业局和同级人民政府，并通报兽医、卫生等有关主管部门。

第十九条 国家林业局接到报告后，应当组织专家对上报情况进行会商和评估，指导有关省、自治区、直辖市人民政府林业主管部门采取科学的防控措施，按照有关规定向国务院报告，并通报国务院兽医、卫生等有关主管部门。

第二十条 县级以上人民政府林业主管部门应当制定突发陆生野生动物疫病应急预案，按照有关规定报同级人民政府批准或者备案。

陆生野生动物疫源疫病监测站应当按照不同陆生野生动物疫病及其流行特点和危害程度，分别制定实施方案。实施方案应当报所属林业主管部门备案。

陆生野生动物疫病应急预案及其实施方案应当根据疫病的发展变化和实施情况，及时修改、完善。

第二十一条 县级以上人民政府林业主管部门应当根据陆生野生动物疫源疫病监测防控工作需要和应急预案的要求，做好防护装备、消毒物品、野外工作等应急物资的储备。

第二十二条 发生重大陆生野生动物疫病时，所在地人民政府林业主管部门应当在人民政府的统一领导下及时启动应急预案，组织开展陆生野生动物疫病监测防控和疫病风险评估，提出疫情风险范围和防控措施建议，指导有关部门和单位做好事发地的封锁、隔离、消毒等防控工作。

第二十三条 在陆生野生动物疫源疫病监测防控中，发现重点保护陆生野生动物染病的，有关单位和个人应当按照野生动物保护法及其实施条例的规定予以救护。

处置重大陆生野生动物疫病过程中，应当避免猎捕陆生野生动物；特殊情况确需猎捕陆生野生动物的，应当按照有关法律法规的规定执行。

第二十四条 县级以上人民政府林业主管部门应当采取措施，鼓励和支持有关科研机构开展陆生野生动物疫源疫病科学研究。

需要采集陆生野生动物样品的，应当遵守有关法律法规的规定。

第二十五条 县级以上人民政府林业主管部门及其监测机构应当加强陆生野生动物疫源疫病监测防控的宣传教育，提高公民防范意识和能力。

第二十六条 陆生野生动物疫源疫病监测信息应当按照国家有关规定实行管理，任何单位和个人不得擅自公开。

第二十七条 林业主管部门、陆生野生动物疫源疫病监测站等相关单位的工作人员玩忽职守，造成陆生野生动物疫情处置延误，疫情传播、蔓延的，或者擅自公开有关监测信息、编造虚假监测信息，妨碍陆生野生动物疫源疫病监测工作的，依法给予处分；构成犯罪的，依法追究刑事责任。

第二十八条 本办法自 2013 年 4 月 1 日起施行。

国家林业局令

第 32 号

《湿地保护管理规定》已经国家林业局局务会议审议通过，现予公布，自 2013 年 5 月 1 日起施行。

国家林业局局长　赵树丛

2013 年 3 月 28 日

湿地保护管理规定

第一条 为了加强湿地保护管理，履行国际湿地公约，根据法律法规和国务院有关规定，制定本规定。

第二条 本规定所称湿地，是指常年或者季节性积水地带、水域和低潮时水深不超过 6 米的海域，包括沼泽湿地、湖泊湿地、河流湿地、滨海湿地等自然湿地，以及重点保护野生动物栖息地或者重点保护野生植物的原生地等人工湿地。

第三条 国家对湿地实行保护优先、科学恢复、合理利用、持续发展的方针。

第四条 国家林业局负责全国湿地保护工作的组织、协调、指导和监督，并组织、协调有关国际湿地公约的履约工作。

县级以上地方人民政府林业主管部门按照有关规定负责本行政区域内的湿地保护管理工作。

第五条 县级以上人民政府林业主管部门及有关湿地保护管理机构应当加强湿地保护宣传教育和培训，结合世界湿地日、爱鸟周和保护野生动物宣传月等开展宣传教育活动，提高公众湿地保护意识。

县级以上人民政府林业主管部门应当组织开展湿地保护管理的科学研究，应用推广研究成果，提高湿地保护管理水平。

第六条 县级以上地方人民政府林业主管部门应当鼓励、支持公民、法人和其他组织，以志愿服务、捐赠等形式参与湿地保护。

第七条 国家林业局会同国务院有关部门编制全国和区域性湿地保护规划，报国务院或者其授权的部门批准。

县级以上地方人民政府林业主管部门应当会同同级人民政府有关部门，按照有关规定编制本行政区域内的湿地保护规划，报同级人民政府或者其授权的部门批准。

第八条 湿地保护规划应当包括下列内容：

（一）湿地资源分布情况、类型及特点、水资源、野生生物资源状况；

（二）保护和利用的指导思想、原则、目标和任务；

（三）湿地生态保护重点建设项目与建设布局；

（四）投资估算和效益分析；

（五）保障措施。

第九条 经批准的湿地保护规划必须严格执行；未经原批准机关批准，不得调整或者修改。

第十条 国家林业局定期组织开展全国湿地资源调查、监测和评估，按照有关规定向社会公布相关情况。

湿地资源调查、监测、评估等技术规程，由国家林业局在征求有关部门和单位意见的基础上制定。

县级以上地方人民政府林业主管部门及有关湿地保护管理机构应当组织开展本行政区域内的湿地资源调查、监测和评估工作，按照有关规定向社会公布相关情况。

第十一条 县级以上人民政府或者林业主管部门可以采取建立湿地自然保护区、湿地公园、湿地保护小区、湿地多用途管理区等方式，健全湿地保护体系，完善湿地保护管理机构，加强湿地保护。

第十二条 湿地按照其重要程度、生态功能等，分为重要湿地和一般湿地。

重要湿地包括国家重要湿地和地方重要湿地。

重要湿地以外的湿地为一般湿地。

第十三条 国家林业局会同国务院有关部门划定国家重要湿地，向社会公布。

国家重要湿地的划分标准，由国家林业局会同国务院有关部门制定。

第十四条 县级以上地方人民政府林业主管部门会同同级人民政府有关部门划定地方重要湿地，并向社会公布。

地方重要湿地和一般湿地的管理办法由省、自治区、直辖市制定。

第十五条 符合国际湿地公约国际重要湿地标准的，可以申请指定为国际重要湿地。

申请指定国际重要湿地的，由国务院有关部门或者湿地所在地省、自治区、直辖市人民政府林业主管部门向国家林业局提出。国家林业局应当组织论证、审核，对符合国际重要湿地条件的，在征得湿地所在地省、自治区、直辖市人民政府和国务院有关部门同意后，报国际湿地公约秘书处核准列入《国际重要湿地名录》。

第十六条 国家林业局对国际重要湿地的保护管理工作进行指导和监督，定期对国际重要湿地的生态状况开展检查和评估，并向社会公布结果。

国际重要湿地所在地的县级以上地方人民政府林业主管部门应当会同同级人民政府有关部门对国际重要湿地保护管理状况进行检查，指导国际重要湿地保护管理机构维持国际重要湿地的生态特征。

第十七条 国际重要湿地保护管理机构应当建立湿地生态预警机制，制定实施管理计划，开展动态监测，建立数据档案。

第十八条 因气候变化、自然灾害等造成国际重要湿地生态特征退化的，省、自治区、直辖市人民政府林业主管部门应当会同同级人民政府有关部门进行调查，指导国际重要湿地保护管理机构制定实施补救方案，并向同级人民政府和国家林业局报告。

因工程建设等造成国际重要湿地生态特征退化甚至消失的，省、自治区、直辖市人民政府林业主管部门应当会同同级人民政府有关部门督促、指导项目建设单位限期恢复，并向同级人民政府和国家林业局报告；对逾期不予恢复或者确实无法恢复的，由国家林业局会商所在地省、自治区、直辖市人民政府和国务院有关部门后，按照有关规定处理。

第十九条 具备自然保护区设立条件的湿地，应当依法建立自然保护区。

自然保护区的设立和管理按照自然保护区管理的有关规定执行。

第二十条 以保护湿地生态系统、合理利用湿地资源、开展湿地宣传教育和科学研究为目的，并可供开展生态旅游等活动的湿地，可以建立湿地公园。

湿地公园分为国家湿地公园和地方湿地公园。

第二十一条 建立国家湿地公园，应当具备下列条件：

（一）湿地生态系统在全国或者区域范围内具有典型性；或者区域地位重要；或者湿地主体生态功能具有典型示范性；或者湿地生物多样性丰富；或者生物物种独特。

（二）具有重要或者特殊科学研究、宣传教育和文化价值。

第二十二条 申请建立国家湿地公园的，应当编制国家湿地公园总体规划。

国家湿地公园总体规划是国家湿地公园建设管理、

试点验收、批复命名、检查评估的重要依据。

第二十三条 建立国家湿地公园，由省、自治区、直辖市人民政府林业主管部门向国家林业局提出申请，并提交总体规划等相关材料。

国家林业局在收到申请后，对提交的有关材料组织论证审核，对符合条件的，同意其开展试点。

试点期限不超过5年。对试点期限内具备验收条件的，省、自治区、直辖市人民政府林业主管部门可以向国家林业局提出验收申请，经国家林业局组织验收合格的，予以批复并命名为国家湿地公园。

在试点期限内不申请验收或者验收不合格且整改后仍不合格的，国家林业局应当取消其国家湿地公园试点资格。

第二十四条 国家林业局组织开展国家湿地公园的检查和评估工作。

因管理不善导致国家湿地公园条件丧失的，或者对存在问题拒不整改或者整改不符合要求的，国家林业局应当撤销国家湿地公园的命名，并向社会公布。

第二十五条 地方湿地公园的建立和管理，按照地方有关规定办理。

第二十六条 县级以上人民政府林业主管部门应当指导国家重要湿地、国际重要湿地、国家湿地公园、国家级湿地自然保护区保护管理机构建立健全管理制度，并按照相关规定制定专门的法规或者规章，加强保护管理。

第二十七条 因保护湿地给湿地所有者或者经营者合法权益造成损失的，应当按照有关规定予以补偿。

第二十八条 县级以上地方人民政府林业主管部门及有关湿地保护管理机构应当组织开展退化湿地恢复工作，恢复湿地功能或者扩大湿地面积。

第二十九条 县级以上地方人民政府林业主管部门及有关湿地保护管理机构应当开展湿地动态监测，并在湿地资源调查和监测的基础上，建立和更新湿地资源档案。

第三十条 县级以上人民政府林业主管部门应当对开展生态旅游等利用湿地资源的活动进行指导和监督。

第三十一条 除法律法规有特别规定的以外，在湿地内禁止从事下列活动：

(一)开(围)垦湿地，放牧、捕捞；

(二)填埋、排干湿地或者擅自改变湿地用途；

(三)取用或者截断湿地水源；

(四)挖砂、取土、开矿；

(五)排放生活污水、工业废水；

(六)破坏野生动物栖息地、鱼类洄游通道，采挖野生植物或者猎捕野生动物；

(七)引进外来物种；

(八)其他破坏湿地及其生态功能的活动。

第三十二条 工程建设应当不占或者少占湿地。确需征收或者占用的，用地单位应当依法办理相关手续，并给予补偿。

临时占用湿地的，期限不得超过2年；临时占用期限届满，占用单位应当对所占湿地进行生态修复。

第三十三条 县级以上地方人民政府林业主管部门应当会同同级人民政府有关部门，在同级人民政府的组织下建立湿地生态补水协调机制，保障湿地生态用水需求。

第三十四条 县级以上人民政府林业主管部门应当会同同级人民政府有关部门协调、组织、开展湿地有害生物防治工作；湿地保护管理机构应当按照有关规定承担湿地有害生物防治的具体工作。

第三十五条 县级以上人民政府林业主管部门应当会同同级人民政府有关部门开展湿地保护执法活动，对破坏湿地的违法行为依法予以处理。

第三十六条 本规定所称国际湿地公约，是指《关于特别是作为水禽栖息地的国际重要湿地公约》。

第三十七条 本规定自2013年5月1日起施行。

国家林业局　国家档案局令

第33号

《集体林权制度改革档案管理办法》已经国家林业局局务会议审议通过，并经国家档案局同意，现予公布，自2013年6月22日起施行。

国家林业局局长　赵树丛

国家档案局局长　杨冬权

2013年5月2日

附件　集体林权制度改革档案管理办法

第一条 为了加强和规范集体林权制度改革档案工作，有效保护和利用集体林权制度改革档案，根据《森林法》和《档案法》等有关法律法规，制定本办法。

第二条 本办法所称集体林权制度改革档案是指在集体林权制度改革(以下简称林改)中形成的对国家和社会有保存价值的文字、图表、声像、数据等各种形式或者载体文件材料的总称，是林改的重要成果和历史记录。

第三条 本办法所称林改档案工作是指林改档案的收集、整理、鉴定、保管、编研、利用等工作。

第四条 林改档案工作坚持统一领导、分级管理、集中保管、同步进行、规范运作的原则。

林改档案工作应当与林改工作同步进行和检查验收，并作为评价林改效果的重要依据。

第五条 县级以上人民政府林业行政主管部门和档案行政管理部门负责本级林改档案工作，并对本行政区域内的林改档案工作实行监督、指导、检查和验收。

县级以上林业行政主管部门应当设立或者明确林改档案管理机构，配备专职人员，按照《森林法》和《森林法实施条例》等有关规定管理林改档案。

第六条 林改档案管理机构应当履行下列工作职责：

（一）贯彻执行国家档案工作的有关法律、法规和方针、政策；

（二）按照有关规范和标准，制定林改档案管理制度和工作标准；

（三）指导林改文件材料的登记、积累和归档工作；

（四）负责林改档案的收集、整理、鉴定、编目、统计等工作；

（五）掌握所保管的林改档案情况，依法提供利用；

（六）负责组织林改档案工作人员培训；

（七）按照国家法律法规以及有关规定，做好林改档案的保管和移交工作。

第七条 县级以上林业行政主管部门应当建立、健全林改文件材料的收集、整理、归档制度，确保林改档案资料的齐全、完整、真实、有效。

县级林业行政主管部门、乡（镇）林业工作站和集体经济组织应当将林改文件材料的收集、整理、归档纳入工作计划。

第八条 林改档案作为文书档案进行管理，按照档案国家标准《文书档案案卷格式》（GB/T9705－88）和档案行业标准《归档文件整理规则》（DA/T22－2000）等有关标准的要求进行整理，并在次年的上半年完成立卷归档工作。

第九条 产生文件材料较多的机关、单位或者组织，应当将林改档案分为大类和属类进行管理。

林改档案大类和属类设定可以参照《集体林权制度改革文件材料归档范围及保管期限表》执行。

第十条 确权和林权登记类中有关确认森林、林木、林地权属、实地勘界、登记和林权证审核发放等文件材料，应当以农户或者宗地为单元，进行整理、归档和管理。

第十一条 林改工作人员应当及时收集在林改中形成的各类文件材料，并交由林改档案管理机构整理、保管和提供利用。

林改工作人员在工作调离前，应当将个人掌握的林改文件材料，按照相关要求整理后移交给林改档案管理机构，不得拒绝移交、销毁或者擅自带离。

第十二条 林改档案保管期限分为永久和定期。

林改档案具有重要查考利用保存价值的，应当永久保存；具有一般利用保存价值的，应当定期保存，期限为30年或者10年。

具体划分办法按照《集体林权制度改革文件材料归档范围及保管期限表》执行。

第十三条 归档的林改文件纸质材料应当字迹工整、数字准确、图样清晰、手续完备。

归档纸质材料应当使用碳素、蓝黑墨水等不易褪色的书写材料，因特殊情况容易产生字迹模糊或者褪变的文件材料应当附一份清晰的复印件。

纸张、装订材料等应当符合档案保护要求。

第十四条 归档的林改文件非纸质材料应当将每一件（盒、盘）作为一个保管单位，单独排列编号，按照内容和年度分类整理并编制档号。其中与纸质文件材料有直接联系的应当编写互见号或者互见卡。

录音、录像材料要保证载体的有效性，电子文件和使用信息系统采集、贮存的专业性数据以及航空照片、遥感数据应当用可记录式光盘保存，重要的应制成纸质拷贝同时归档保存。

照片和图片应当配有文字说明，标明时间、地点、人物和事件。

电子文件产生的软硬件环境及参数须符合有关要求。

第十五条 各级林业行政主管部门应当建立林改档案保管制度，安排林改档案保管专用资金，配备档案用房、柜架，备有防火、防盗、防渍、防有害生物等安全设施，定期开展档案保管状况检查，确保档案安全。

第十六条 县级林业行政主管部门应当按照国家有关法律、行政法规和规章的规定，按时向县级国家档案馆移交林改档案。

经同级林业行政主管部门和档案行政管理部门协商同意，林改档案可以提前移交，并按规定办理移交手续。

第十七条 乡（镇）人民政府档案机构和集体经济组织应当加强林改档案的保管和移交工作。

集体经济组织不具备档案保管条件的可以将林改档案移交乡（镇）人民政府档案机构保管，经县级林业行政主管部门和档案行政管理部门验收后，依法及时移交县级国家档案馆统一保管。

第十八条 林改档案管理机构撤并时，应当将林改档案整理登记后，妥善移交给主管机关或者接收单位。

第十九条 县级林业行政主管部门、乡（镇）人民政府档案机构在移交档案之前，应当保留备份或者复印件。

森林、林木和林地权属登记、林权证发放等形成的文件资料原件一式两套，一套留县级林业行政主管部门、一套移交同级国家档案馆永久保存。

第二十条 县级国家档案馆应将林改档案纳入档案进馆接收范围，并将其统一归入林业行政主管部门单位全宗序列，对所保存的林改档案严格按照规定整理和保管。

第二十一条 各级林改档案管理机构和国家档案馆应当按照有关规定向社会开放林改档案，为社会提供利用林改档案服务，但涉及国家秘密、个人隐私和法律另有规定的除外。

单位和个人持有合法身份证明，可以依法利用已经开放的林改档案。向国家档案馆移交林改档案的林业行政主管部门和其他经济组织，对其档案享有优先利用的权利。

利用林改档案资料时，除依法收取的复制成本费外，不得收取其他费用。

第二十二条 县级以上林业行政主管部门和档案行政管理部门应当推进林改档案的信息化建设，加强林改电子文件归档和电子档案的规范化管理，提供网上信息查询服务。

第二十三条 对在林改档案的收集、整理、利用等各项工作中作出突出成绩的单位或个人，由各级人民政府及林业行政主管部门、档案行政管理部门给予奖励。

第二十四条 对于违反有关规定，造成林改档案失真、损毁或丢失的，依法追究相关人员的法律责任；情节严重的依法移送司法机关处理。

第二十五条 省、自治区、直辖市林业行政主管部门、档案行政管理部门可以根据有关法律、法规，结合本办法和本地实际，制定林改档案工作有关规定。

第二十六条 法律、行政法规、国务院决定对林改档案的管理另有规定的，从其规定。

第二十七条 本办法自2013年6月22日起施行。

中国林业概述

03

2013年的中国林业

2013年，全国林业系统深入贯彻落实党的十八大和十八届二中、三中全会精神，认真学习领会习近平总书记关于生态文明建设系列重要讲话精神，坚持以建设生态文明为总目标，以改善生态改善民生为总任务，编制实施了《推进生态文明建设规划纲要》，划定了林地和森林、湿地、沙区植被、物种4条生态保护红线，认真实施十大生态修复工程，加快构筑十大生态安全屏障，大力发展十大绿色富民产业，生态林业民生林业建设取得了明显成效，为改善生态环境、促进经济社会发展作出了重要贡献。

造林绿化 全国共完成造林609.2万公顷，义务植树25.2亿株，中幼龄林抚育793万公顷，均超额完成全年计划任务。加强了造林绿化督查和部门（系统）绿化检查评价，举办了“国际森林日”、共和国部长义务植树等活动，重点工程、义务植树、社会造林深入开展。退耕还林工程实现重大突破，写入了十八届三中全会《决定》，新一轮退耕还林还草总体方案初步形成。三北五期工程重点区域规模治理和黄土高原水土流失治理稳步推进，长江、珠江流域防护林体系建设工程和太行山、平原绿化三期工程正式启动，农田防护林工程建设纳入《全国高标准农田建设总体规划》。全国木材战略储备基地建设稳步推进，划定国家储备林5.8万公顷，探索建立了国家储备林制度，成立了木材储备战备联盟。矿山治理、通道绿化、“三边”造林等地方和部门（系统）造林绿化工程建设蓬勃开展。认真落实《国务院办公厅关于加强林木种苗工作的意见》，8个省份制定了实施意见。全年生产林木种子2670万千克，培育苗木600亿株，林木种子和苗木抽查合格率稳定在90%以上。启动了全国森林经营规划编制工作，完善了森林抚育技术标准体系，加强了森林经营人才培训，认真落实了中央财政森林抚育补贴政策。推进了全国森林经营样板基地和国际森林文书履约示范单位建设，批复了15个样板基地、6个履约示范单位实施方案。确定了首批15个国有林场森林经营方案实施示范林场，与省级林业主管部门签订了责任书。初步建成全国森林碳汇计量监测体系，积极筹建全国林业碳汇标准化技术委员会，发布了造林、竹子造林、森林经营3个林业碳汇项目方法学，碳汇造林试点范围进一步扩大。

林业改革 集体林权制度改革开展了“明晰产权、承包到户”进村入户督查工作，全面落实农民林地承包经营权，8972多万农户拿到林权证。累计13个省份党委政府出台了深化林改政策性文件。森林保险保费补贴范围进一步扩大，中央财政保费补贴资金达13.3亿元。联合中国银监会出台了《关于林权抵押贷款的实施意见》，全国林权抵押贷款预计突破1000亿元。印发了《关于进一步加强集体林权流转管理工作的通知》，19个省份出台了林权流转管理办法，全国县级以上林权管理服务机构达1681个。启动了林下种植中药材补贴试点和国家林下经济示范基地建设，12个省份设立了省级财政专项，18个省份出台了加快林下经济发展的意见。印发了《关于加快林业专业合作组织发展的通知》和《林业专业合作组织示范章程》，确定了150个林业专业合作社示范社，林业专业合作组织达14万个。国有林场改革试点在7个省正式启动，与试点省签订了试点工作责任书，出台了国有林场改革试点监测办法。会同有关部门起草了《国有林场改革方案（征求意见稿）》，进一步明确了国有林场改革思路、目标任务和保障措施。围绕推动国有林区经营管理体制改革，会同有关部门开展了一系列调研和座谈，就重点国有林区停止天然林商业性采伐、解决两级管理费等问题初步达成共识，在此基础上起草了《关于全面推进国有林区改革的指导意见（讨论稿）》。

森林资源 27个省、80%的县编制实施了林地保护利用规划。配合做好林地登记职能调整工作，明确了国家林业局负责组织指导林地林权管理、森林资源资产评估等职能。扩大了全国林地年度变更调查试点，对矿产资源开发占用东北、内蒙古重点国有林区林地实行了差别化管理政策。出台了《国家级公益林管理办法》《进一步加强森林资源管理的通知》和《关于切实加强和严格规范树木采挖移植管理的通知》。14个省启用了全国林木采伐管理系统。全面完成了第八次全国森林资源清查和国家“十二五”规划森林增长指标中期监测评估工作。天然林保护工程重点国有林区木材产量调减到位，1.17亿公顷森林得到有效管护，完成公益林建设任务49.27万公顷，培育后备资源8.39万公顷，一次性安置职工社会保险补助政策逐步落实，林区转型发展迈出新步伐。开展了森林资源管理自查自纠和专项检查，全国共查处林业行政案件26.7万起，森林公安查处涉林（包括行政、刑事）案件24.15万起，各派驻森林资源监督机构直接查办案件789起，为保护森林资源、维护林区社会稳定发挥了重要作用。

森林防火等灾害防控 调整充实了国家森防指成员单位，认真落实森林防火责任制和各项监测报告制度，加大森林防火工作督查、森林航空消防、重点火险区综合治理力度。全年未发生重特大森林火灾和重大伤亡事故，共发生森林火灾3838起，受害森林面积1.3万公顷，人员伤亡56人，与前3年同期均值相比分别下降33.2%、55.1%和23.6%，火灾次数、受害森林面积连续5年下降。修订出台《引进林木种子、苗木检疫审批与监管规定》《疫区和疫木管理办法》等规范性文件，改进检疫审批管理，强化了事中事后监管。有效应对松树蜂、椰子织蛾等外来有害生物入侵，松材线虫病、美国白蛾防治取得明显成效，有害生物成灾率连续四年控制在5‰以下。规范陆生野生动物疫源疫病监测防控工作，积极应对H7N9禽流感疫情，认真组织溯源排查工作，全国未发生重大野生动物疫情。加强了沙尘暴监测预警和应急处置工作，全国共发生沙尘天气 8 次，发生次数和强度均低于 2012 年。

湿地保护管理 完成了第二次全国湿地资源调查，查清了全国范围内 8 公顷以上湿地类型、面积、分布和保护管理情况，调查成果达到国际领先水平。组织全国重点省份开展了泥炭沼泽碳库调查。加强了湿地保护恢复项目建设和管理，开展了国际重要湿地生态系统健康、功能和价值评价，形成了《中国国际重要湿地生态状况公报》。新增国际重要湿地 5 处，新批 131 处国家湿地公园(试点)，20 处试点国家湿地公园通过验收。制定了第一部国家层面的部门规章《湿地保护管理规定》，累计 18 个省份出台《湿地保护条例》。

防沙治沙 国务院批准实施《全国防沙治沙规划(2011～2020 年)》，专题研究了京津风沙源治理工程建设。国家林业局与 12 个省级政府和新疆生产建设兵团签订了“十二五”省级政府防沙治沙目标责任书。出台了京津风沙源治理二期工程管理办法和建设标准，完成了京津风沙源治理和石漠化综合治理工程林业建设任务 96 万公顷。在 7 个省(区、市)30 个县启动了沙化土地封禁保护补助试点工作，创新了防沙治沙工作思路和举措。启动了第五次全国荒漠化和沙化监测，加强了全国防沙治沙综合示范区建设。开展了沙区开发建设项目防沙治沙环评情况执法监督检查。下发了《国家林业局关于做好国家沙漠公园建设试点工作的通知》，制定了《国家沙漠公园试点建设管理办法》，批复了全国首家国家沙漠公园试点。

野生动植物保护 第二次全国野生动物资源和重点保护野生植物资源调查扎实推进，全国第四次大熊猫调查外业工作已经完成。开展了丹顶鹤、朱鹮等野外放归活动，加强了极小种群野生植物保护。制定了《自然保护区规范建设指导意见》，新增林业国家级自然保护区 21 处、国家级森林公园 15 处。加强了象牙等敏感物品监管，严厉打击乱捕滥猎滥食候鸟等破坏野生动物资源的违法犯罪活动。妥善应对野生动物非法交易、雪豹保护、非洲象保护等热点敏感问题。组织亚洲、非洲 22 个国家开展了“国际眼镜蛇行动”，联合打击濒危物种走私犯罪行为，遏制了破坏野生动植物违法行为高发的势头。建立了部门间濒危野生动植物种国际贸易公约(CITES)执法工作协调机制，实现了省级履约执法协调机构全覆盖。

林业产业 启动《全国林业产业倍增计划(2015～2020)》编制工作，印发《国家林业重点龙头企业推选和管理工作实施方案(试行)》和花卉产业、竹产业、林业机械、生物质能源、林业知识产权事业发展等规划。联合国家质检总局开展了“林产品质量提升行动计划”，联合国家标准委确定了 23 个林业标准化示范企业。成功举办了第八届中国花卉博览会、第六届中国(义乌)国际森林产品博览会等展会。推动了松香、胶合板等大宗林产品期货、现货上市交易。加大了林业产业贷款贴息支持力度，中央财政贴息资金达 13.5 亿元。认定了首批 28 个国家级核桃示范基地、2 个中国花卉苗木产业示范基地、1 个生物质资源综合利用产业化示范基地。全国木本油料、干鲜果品等特色经济林产量达 1.34 亿吨，油茶种植面积达到 383 万公顷，花卉种植面积 112 万公顷，木材产量达 8367 万立方米，人造板产量达 2.33 亿立方米。森林等自然资源旅游达 7.8 亿多人次，比 2012 年增长 15%。全国林业产业总产值达 4.46 万亿元，林产品进出口贸易额达 1260 亿美元，分别比 2012 年增长 13%、6.1%。

林业宣传 中央主流媒体全年播发林业报道 1.3 万多条。开展了“美丽中国·湿地行”“地球绿飘带”“林业生态修复工程纵深行”“天保工程建设巡礼”“走风沙线·寻圆梦路”等 70 多项大型公益宣传活动。举办第六届中国生态文化高峰论坛，完成《中国生态文化体系研究总论》，一批林业优秀图书获得中国出版政府奖。野生动物保护宣传得到国家重大外宣重视，海南鹦哥岭青年团队被中宣部列为全国重大典型。开展了林业英雄、全国林业系统劳模，以及国土绿化、森林防火、防沙治沙等先进集体和先进个人评选表彰活动。17 个城市被命名为国家森林城市，13 个单位被授予国家生态文明教育基地称号。确定了林业生态文明示范乡村创建基本标准和联系点。加强了森林博物馆、森林公园、湿地公园、沙漠公园、标本馆、科普长廊、生态文化馆建设，生态文明宣传教育平台逐步完善。

林业对外开放 制定了《关于加强林业国际合作促进林业对外开放的意见》《林业单位与境外非政府组织合作与交流管理暂行办法》。配合国家高层外交，与俄罗斯、南非、秘鲁、韩国、土库曼斯坦、比利时等国签署了合作协议或谅解备忘录，启动中国加拿大大熊猫合作研究项目，总结中美森林健康合作 10 周年建设成果，中美共建中国园项目进展顺利。参加了第二届 APEC 林业部长级会议，推动 APEC 林业部长级会议机制化。出席了联合国气候变化大会、联合国森林论坛第十届大会、中美战略经济对话、濒危野生动植物种国际贸易公约第十六届缔约方会议、荒漠化公约第十一届缔约方大会等重要国际会议。积极参与各项林业国际进程，编制完成《中国森林可持续经营国家报告》。国际竹藤组织国际影响力日益扩大，亚太森林组织国际化进程稳步推进。世界银行、亚洲银行林业项目深入实施，欧洲投资银行 2.5 亿欧元林业专项贷款前期评估工作基本完成。实施了一批林业援外物资项目和 12 个林业援外培训项目，境外森林资源合作稳步推进。

支撑保障能力 全年中央林业投入达 1450 亿元，比 2012 年增加 99 亿元。集体和个人所有的国家级公益林补偿标准由每公顷每年 150 元提高到 225 元，巩固退耕还林成果补植补造补助标准由每公顷 750 元提高到 1500 元。安排林业棚户区(危旧房)改造及配套基础设施建设投资 84 亿元，改造任务 9.6 万户，林区职工住房条件持续改善。中国绿化基金会和碳汇基金会募集社会资金近 2 亿元，募资能力进一步提高。加强林业站重点县、标准站试点建设，全年共培训林业站人员 7.5 万人次。启动了森林资源核算与绿色经济评价体系研究，开展了森林调控 PM2.5 技术等科研攻关。毛竹基因组测序研究取得重大突破，填补了世界竹类植物基因组学研究空白。3 项成果获得国家科技进步二等奖，各有 1 人获得国际木材科学院杰出贡献奖、国际科学技术合作奖。加强了林业科技推广体系和推广示范项目建设，发布实施行业标准 188 项。新建 24 个生态定位站、14 个工程技术研究中心、3个林产品质检机构、2个生物产业基地。授权林业植物新品种158件，森林认证试点面积达115万公顷。推进《森林法》《野生动物保护法》《种子法》修订工作，发布了《集体林权制度改革档案管理办法》等5个部门规章，开通了国家林业局规范性文件查询系统。林业信息化工作取得重要进展。印发了《关于进一步加快林业信息化发展的指导意见》和《中国智慧林业发展指导意见》，颁布了《林业数据库设计总体规划》等首批20多项行业标准，筹建了国家和省级云计算平台，推进了智慧森林旅游等物联网示范工程建设，建成了国家卫星林业遥感数据应用平台和林业综合办公系统群。中国林业网访问量突破10亿人次，新上线子站1000多个，在中国政府网站绩效评估中综合排名列部委第三位，稳定进入先进行列。

群众路线教育实践活动 深入开展党的群众路线教育实践活动和“转变职能、转变作风，服务大局、服务基层”活动，着力解决“四风”方面存在的突出问题。认真落实中央八项规定，切实精简文件、会议和检查核查，加强节庆论坛展会和评比表彰管理，清理办公用房、公务用车，减少“三公”经费支出。取消和下放了19项林业行政审批项目，制修订了因公出国（境）管理、引智出国（境）培训、会议管理、机关办公用房使用等多项制度。举办了10期绿色大讲堂学习活动。制定了《国家林业局直属单位领导干部任期经济责任审计规定》等制度，林业惩治和预防腐败体系建设不断推进，干部廉洁从政意识进一步增强。同时，干部人事制度改革和事业单位分类改革全面推进，加大了干部培训力度，干部队伍和专业技术人才队伍建设全面加强。工青妇、后勤服务和离退休干部工作扎实推进，为林业改革发展提供了有力支持。 （国家林业局办公室信息处）

中国林业的基本情况

【森林和野生动植物资源】

森林资源 1949年新中国成立以来，中国先后共开展了八次全国森林资源清查。第八次全国森林资源清查（2009～2013年）结果显示，全国森林面积20 769万公顷，活立木总蓄积量164.33亿立方米，森林蓄积量151.37亿立方米，森林覆盖率21.63%，比1949年的8.6%净增13.03个百分点。森林植被总碳储量78.11亿吨。中国森林面积居俄罗斯、巴西、加拿大、美国之后，列世界第五位；森林蓄积量居巴西、俄罗斯、美国、加拿大、刚果民主共和国之后，列世界第六位。中国人工林保存面积6933万公顷，蓄积量24.83亿立方米，人工林面积列世界第一位。

除香港、澳门和台湾地区外，全国有林地面积19 117万公顷。按林种划分，公益林、商品林面积分别占53.14%和46.86%，其中公益林面积中防护林8720万公顷、特种用途林1440万公顷；商品林面积中用材林6724万公顷、薪炭林177万公顷、经济林2056万公顷（其中油茶林236万公顷）。按土地权属划分，国有林7377万公顷，集体林11 740万公顷，分别占38.59%和61.41%。按林木权属划分，国有的7244万公顷，集体经营的3500万公顷，个体经营的8373万公顷，分别占37.89%、18.31%和43.80%。全国现有天然林面积12184万公顷，占有林地面积的63.73%；蓄积量122.96亿立方米，占全国森林蓄积量的83.20%。全国现有人工林面积6933万公顷，占有林地面积的36.27%；蓄积量24.83亿立方米，占全国森林蓄积量的16.80%。

总体上看，中国森林资源仍存在总量不足、质量不高、分布不均衡的问题。中国的森林覆盖率远低于全球31%的世界平均水平，人均占有森林面积仅为世界人均水平的1/4，人均占有森林蓄积量只有世界人均水平的1/7。造林良种使用率仅为51%，与林业发达国家的80%相比，还有很大差距。除香港、澳门和台湾地区外，在中国现有森林中，中、幼龄林比重较大，面积占乔木林面积的64.66%，蓄积量占森林蓄积量的38.81%。从地域分布上看，中国东北的大、小兴安岭和长白山，西南的川西川南、云南大部、藏东南，东南、华南低山丘陵区，以及西北的秦岭、天山、阿尔泰山、祁连山、青海东南部等区域，森林资源分布相对集中；而地域辽阔的西北地区、内蒙古中西部、西藏大部，以及人口稠密、经济发达的华北、中原及长江、黄河中下游地区，森林资源分布较少。

野生动植物资源 中国野生动植物资源十分丰富。全国有脊椎动物约6500种，约占世界脊椎动物种类的10%，其中：兽类约580种，鸟类1300多种，爬行类约410种，两栖类约300种，鱼类3800多种。其中大熊猫、朱鹮等400多种野生动物为中国特有。全国约有高等植物3万多种，居世界前三位，其中特有植物种类约1.7万余种，如银杉、珙桐、银杏、百山祖冷杉、香果树等，均为中国特有的珍稀濒危野生植物种类。为保护这些珍稀濒危野生动植物，中国先后颁布了国家重点保护野生动物名录和国家重点保护野生植物名录，将341种陆生野生动物、246种野生植物，确定为国家一级或二级保护对象，予以重点保护。中国现有古树名木323.2万株，其中国家一级古树14.43万株（树龄500年以上）、国家二级古树107.27万株（树龄300～499年）、国家三级古树199.6万株（树龄100～299年），国家级名木1.89万株。林木良种资源收集保存库面积1000万余公顷，收集保存林木种质资源约5万份。

林业自然保护区 中国林业系统共建立各类自然保护区2150处，总面积1.25亿公顷，约占国土陆地面积的13.01%，其中国家级自然保护区286处，面积7713.82万公顷。林业系统建立的自然保护区中，森林生态系统类型自然保护区1336处，面积3345.30万公顷；湿地生态系统类型自然保护区369处，面积3173.90万公顷；荒漠生态系统类型自然保护区33处，面积3727.91万公顷；野生植物类型自然保护区116处，面积134.58万公顷；野生动物类型自然保护区287处，面积2075.83万公顷。此外，中国还建立了4.86万个自然保护小区，41处被列入国际重要湿地名录。这些自然保护区，有效地保护了中国90%的陆地生态系统、85%的野生动物种群和65%的高等植物群落以及20%面积的天然林群落。调查结果显示，中国50.3%的自然湿地，85%以上的珍稀野生动植物物种，特别是大熊猫、朱鹮等物种的野外种群，都依靠自然保护区得到了有效保护。中国共有28处自然保护区加入联合国教科文组织"人与生物圈"保护区网络，37处被列入国际重要湿地名录，18处被列为世界自然遗产名录，相当一部分自然保护区是全球生物多样性保护的重点地区。

国有林场 中国共有国有林场4855个，职工总数75万人，其中在职职工48万人、离退休职工27万人。全国国有林场总经营面积7667万公顷，其中林业用地面积5804万公顷，在5804万公顷林业用地面积中，商品林面积1804万公顷，公益林面积4000万公顷，其中重点公益林面积2667万公顷。国有林场有林地总面积3704万公顷，疏林地面积200万公顷，灌木林地面积1000万公顷，宜林荒山荒地面积900万公顷。森林面积4500万公顷，森林蓄积量23.4亿立方米，分别约占全国森林面积和森林蓄积量的22%和15%。

森林风景资源 全国共建立各类森林公园2932处，保护森林风景资源1755万公顷，其中国家级森林公园779处、国家级森林旅游区1处，保护森林风景资源1214万公顷，中国世界遗产中有14处以森林公园为主体，中国世界地质公园名录中有17处是森林公园，国家级森林公园全部纳入国家禁止开发区域，省级及以下森林公园全部纳入省级层面禁止开发区域。26处森林公园被命名为"国家生态文明教育基地"，森林公园在传播弘扬生态文化方面发挥了重要作用。近900处森林公园免收门票，每年1.6亿人次享受到森林公园的生态福利。

【湿地资源保护】

湿地资源状况 据第二次全国湿地资源调查(2009~2013年)结果显示，中国单块面积大于8公顷的湿地总面积5360.26万公顷(另有水稻田面积3005.70万公顷未计入)。其中：自然湿地4667.47万公顷，占87.37%；人工湿地674.59万公顷，占12.63%。在自然湿地中，近海与海岸湿地579.59万公顷，占12.42%；河流湿地1055.21万公顷，占22.61%；湖泊湿地859.38万公顷，占18.41%。沼泽湿地面积2173.29万公顷，占46.56%。湿地内分布有高等植物4220种，脊椎动物2312种。

湿地保护管理 中国是《湿地公约》缔约国。1992年加入《湿地公约》以来，中国政府采取了一系列措施保护和恢复湿地。2000年，国务院17个部门联合颁布《中国湿地保护行动计划》。2003年，国务院批准《全国湿地保护工程规划(2002~2030年)》。2004年，国务院办公厅发出《关于加强湿地保护管理的通知》。2005年，国务院批准了《全国湿地保护工程实施规划(2005~2010年)》，提出以工程措施对重要退化湿地实施抢救性保护。全国已建立湿地类型自然保护区553处，国家湿地公园298处，以湿地自然保护区、湿地公园为主的湿地保护网络体系初步形成，湿地保护面积达到1820万公顷，占全国自然湿地总面积的50.3%。通过积极有效的政策和行动，中国的湿地保护得到了国际社会的肯定，2002年世界自然基金会将"献给地球的礼物"荣誉奖颁发给了中国国家林业局，2004年湿地国际将"全球湿地保护与合理利用杰出成就奖"授予中国，中国科学家蔡述明教授还获得了"湿地科学奖"。

【荒漠化和沙化状况】

荒漠化和沙化状况 中国是世界上荒漠化和沙化面积大、分布广、危害重的国家之一，严重的土地荒漠化、沙化，威胁着中国生态安全和经济社会可持续发展。全国第四次荒漠化和沙化监测(2005~2009年)结果显示，全国荒漠化土地面积为262.37万平方千米，沙化土地面积为173.11万平方千米，分别占国土总面积的27.33%和18.03%。与全国第三次荒漠化和沙化监测(2000~2004年)比较，5年间全国荒漠化土地面积年均减少2491平方千米，沙化土地面积年均减少1717平方千米。监测表明，中国土地荒漠化和沙化整体得到初步遏制，荒漠化、沙化土地持续净减少，局部地区仍有扩展。

第四次全国荒漠化和沙化监测与第三次监测间隔5年内，中国防沙治沙呈现4个重要变化。①荒漠化和沙化土地面积持续净减少。5年间全国荒漠化土地减少1.25万平方千米，沙化土地减少8587平方千米，分别比上次监测时减少0.47%和0.49%。中国有荒漠化土地分布的18个省(区、市)，荒漠化土地均有所减少；有沙化土地分布的30个省(区、市)，绝大部分省(区、市)沙化土地有所减少。②荒漠化和沙化程度持续减轻。5年间，中度、重度、极重度3种类型的荒漠化土地分别减少1.69万平方千米、6800平方千米和2.34万平方千米；中度、重度、极重度3种类型的沙化土地分别减少9906平方千米、1.04万平方千米和1.56万平方千米；流动沙地、半固定沙地减少7084平方千米。③沙区植被状况进一步改善。5年间，沙化土地植被平均盖度由17.03%提高到17.63%，植被盖度50%以上的沙化土地面积增加1.03万平方千米，盖度小于10%的沙化土地面积减少1.36万平方千米。荒漠化和沙化重点保护治理区植物种类明显增加，植被群落稳定性增强。④重点治理区生态环境明显改善。重点治理的科尔沁沙地、毛乌素沙地、浑善达克沙地、呼伦贝尔沙地、京津风沙源治理工程区等区域生态明显改善。

石漠化状况 中国石漠化主要发生在以云贵高原为中心，北起秦岭山脉南麓，南至广西盆地，西至横断山脉，东抵罗霄山脉西侧的岩溶地区。行政范围涉及黔、滇、桂、湘、鄂、渝、川和粤8省(区、市)463个县，国土面积107.1万平方千米，岩溶面积45.2万平方千米。据国家林业局组织开展的对8省(区、市)第二次石漠化监测，截至2011年，中国石漠化土地面积为1200.2万公顷，占区域国土面积的11.2%，占岩溶面积的26.5%。与2005年相比，石漠化土地净减少96万公顷，减少了7.4%；年均减少面积16万公顷，缩减率为1.27%。与2005年相比，岩溶地区生态状况呈现以下几个重要变化。

①石漠化状况普遍改善。与2005年相比，8省(区、市)石漠化土地均有所减少。②石漠化程度明显减轻。轻度石漠化面积增加75.2万公顷，增加了21.1%；中度、重度、极重度石漠化分别减少了12.3%、25.8%和41.3%。③植被状况显著改善。区域植被总盖度提高了4.4%；植被结构也有明显改善，乔木型和灌木型的比例增加2.2%。④坡耕地的石漠化呈加剧趋势。发生在坡耕地上的石漠化土地增加了43 431.9公顷，年均增加7238.0公顷，部分坡耕地质量进一步下降。⑤重点区域石漠化普遍改善。除云南曲靖珠江源区外，其他重点区域都呈好转态势。监测结果表明，中国土地石漠化整体扩展的趋势得到初步遏制，由过去持续扩展转变为净减少，岩溶地区生态状况呈良性发展态势，但中国岩溶地区生态状况依然十分脆弱，石漠化防治形势仍很严峻。

【林业法律法规和规章】

1949年新中国成立以来，中国基本形成了以森林法为主体，其他相关林业法律、法规、规章相辅相成的林业法律体系。各项林业工作基本做到了有法可依、有章可循，为推动现代林业建设、促进林业部门依法行政发挥了重要作用。

林业法律 颁布的林业法律有《森林法》《野生动物保护法》《种子法》《防沙治沙法》《农业法》《农业技术推广法》《农村土地承包法》《农民专业合作社法》《农村土地承包经营纠纷调解仲裁法》和《第五届全国人民代表大会第四次会议关于开展全民义务植树运动的决议》。

林业行政法规 林业行政法规有17件，分别是：《森林法实施条例》《陆生野生动物保护实施条例》《野生植物保护条例》《自然保护区条例》《植物新品种保护条例》《森林防火条例》《植物检疫条例》《森林病虫害防治条例》《森林采伐更新管理办法》《国务院关于开展全民义务植树运动的实施办法》《森林和野生动物类型自然保护区管理办法》《退耕还林条例》《濒危野生动植物进出口管理条例》《城市绿化条例》《风景名胜区条例》《血吸虫病防治条例》《重大动物疫情应急条例》。

林业部门规章 林业部门规章51件，其中联合部门规章2件，主要有：《林木和林地权属登记管理办法》《占用征用林地审核审批管理办法》《林业行政处罚程序规定》《林业标准化管理办法》《植物新品种保护名录(林业部分)》《引进陆生野生动物外来物种种类及数量审批管理办法》《林木种子生产、经营许可证管理办法》《森林公园管理办法》《国家级森林公园设立、撤销、合并、改变经营范围或者变更隶属关系审批管理办法》《林木种子质量管理办法》《主要林木品种审定办法》《林木种质资源管理办法》《开展林木转基因工程活动审批管理办法》《森林资源监督工作管理办法》《国家林业局产品质量检验检测机构管理办法》《营利性治沙管理办法》《突发林业有害生物事件处置办法》等。此外，还有地方人大、政府制定的地方性林业法规和地方政府林业规章400多件。

【林业科技、教育与信息化】

林业科技 1949年新中国成立以来，特别是改革开放以来，中国林业科技工作取得了显著成绩，共取得科技成果24 000多项，其中，获国家级奖励309项，林业科技贡献率达到43%。颁布实施林业国家标准394项，行业标准992项，在基础研究、应用研究、高新技术研究、软科学研究以及科技成果转化推广、高新技术产业化等领域全面参与国家各类重大科技计划，并初步形成了包括林业科学研究与技术开发、科技推广与技术服务、技术标准与质量监督、林业科技管理等在内的比较完整的林业科技创新体系。全国共有地(市)级以上林业科研机构232个，研究开发人员1.4万人。现有国家级、局级重点实验室35个，陆地(森林、湿地、荒漠)生态系统定位观测研究台站118个，国家林业科学数据共享平台1个，国家林木种质资源平台1个，国家级和局级工程技术(研究)中心31个，国家林业局生物产业基地6个，木竹产业技术创新战略联盟1个，知识产权保护联盟1个，林业科技示范县70个，标准化示范区288个，林业专业标准化技术委员会25个，国家级和局级林业质量检验检测机构30个，省、地(市)、县三级林业科技推广机构2638个，国家级林业科学技术普及基地14个，全国林业科普基地113个，全国林业知识产权试点75个。已建立植物新品种测试中心1个、测试分中心5个，分子测定实验室2个，专业测试站5个，知识产权研究中心1个。

林业教育 林业教育体系健全，形成了普通高等林业教育与高、中等林业职业技术教育、林业培训协调发展的林业教育培训体系。目前，涉林一级学科有生物学、林业工程、林学、建筑学、农业资源与环境、农林经济管理6个，授予专业学位的种类有风景园林、林业、工程3种。全国独立设置的普通高等林业本科院校7所，独立设置的林业(生态)职业技术学院12所、中等林业(园林)职业学校31所，另有346所其他普通高等院校和高等职业院校、587所中等职业学校招收了林科专业学生。以国家林业局管理干部学院为骨干的培训机构负责林业干部培训工作，设有国家林业局教育培训信息中心、成人教育研究中心、职业教育研究中心、自学考试管理中心。全国共有林业行业关键岗位培训单位57个，林业职业技能鉴定站65个。全国林科类专业在校研究生1.9万人，本科生和高职、高专生21.2万人，中专生28.2万人，全行业年培训林业从业人员300多万人次，5.2万人次通过林业行业职业技能鉴定考核获得国家职业资格证书。

林业信息化 信息化服务领域不断拓展。筹备召开第三届全国林业信息化工作会议，印发《中国智慧林业发展指导意见》和《关于进一步加快林业信息化发展的指导意见》，全国林业信息化建设由“数字林业”提升到“智慧林业”新阶段。“金林工程”取得了重要进展。完成国家卫星林业遥感数据应用平台建设，深入推进物联网应用示范工程的实施。推进国家林业局内外网安全等级保护建设项目，建立了适用于信息安全要求的运维体系和应急保障体系。推进“林业生态建设与保护北斗示范应用系统”建设，确定了13个首批北斗应用示范省。优化升级办公自动化系统，完成了林业综合办公系统群建设。对中国林业网进行改版升级，建设了中国林业网智能移动客户端。扩大森林公园、国有林场、种苗基地、自然保护区等网站群建设，完成了主要树种、珍稀动物、国外林业网站群建设。开展了首届"美丽中国"征文大赛和第二届全国生态作品大赛。网站访问量突破12亿人次。中国林业网在第十二届中国政府网站绩效评估中首次跻身三甲，取得历史性突破。印发《国家林业局关于全面加强林业信息安全工作的通知》。开展了信息安全大检查，加强国家林业中心机房安全管理及维护。颁布了《林业数据库设计总体规范》等23项首批全国林业信息化行业标准。6项林业物联网国家标准的立项获国标委批复。建立了中国林业微博发布厅，开通了"中国林业网"微信。建设信息办综合管理平台，提高管理水平和工作效率。"全国林业一张图"等入选首部《中国电子政务年鉴》典型案例。启动全国林业信息化示范省验收检查，完成25个全国林业信息化示范市、50个示范县实施方案的审核。积极推进全国林业信息化发展水平评测和全国林业网站绩效评估工作。

【林业机构与队伍】

林业机构 国家林业局内设办公室、政策法规司、造林绿化管理司（全国绿化委员会办公室）、森林资源管理司、野生动植物保护与自然保护区管理司、农村林业改革发展司、森林公安局（国家森林防火指挥部办公室）、发展规划与资金管理司、科学技术司、国际合作司（港澳台办公室）、人事司11个职能司局和机关党委、离退休干部局，机关行政编制315名。另有国家林业局国有林场和林木种苗工作总站、林业工作站管理总站、濒危物种进出口管理中心、天然林保护工程管理中心、退耕还林（草）工程管理中心、防治荒漠化管理中心、速生丰产用材林基地建设工程管理办公室、森林资源监督管理办公室、湿地保护管理中心、中国林业科学研究院、调查规划设计院等57个直属事业单位，其中国有林场和林木种苗工作总站、林业工作站管理总站、濒危物种进出口管理中心、防治荒漠化管理中心、森林资源监督管理办公室、科技发展中心（植物新品种保护办公室）、湿地保护管理中心等25个直属事业单位列入参照公务员法管理事业单位。此外，还有主管或挂靠的中国林业产业协会、中国花卉协会、中国竹产业联合会、中国林场协会、中国经济林协会、中国林业机械协会、中国治沙暨沙业学会、中国林业经济学会、中国林业职工思想政治工作研究会等29个全国性社会团体。

林业队伍 中国林业自上而下拥有一套完整的行政管理体系，每个省区市都设有林业厅（局），绝大多数地市县设有单独的林业行政机构，大部分乡镇设有林业工作站。同时，中国拥有健全的林业执法机构和执法队伍。全国共有近7000多个森林公安工作机构、1.9万个防火检查站、2323个木材检查站、27772个乡镇林业工作站、3081个森林病虫害防治检疫局（站）、1938个林木种苗管理站、7083个野生动植物管理站和350个国家级、768个省级、2000余个市县级陆生野生动物疫源疫病监测站，共有执法人员约32万人，其中森林公安民警6万余人。全国共有3355个县级以上森林防火指挥部办事机构，人员2.1万人；专业、半专业森林消防队2.1万支，人员64.7万人。全国共有851个林权管理服务机构。全国共有林业有害生物防治检疫工作人员2万余人，野生动物疫源疫病专兼职监测人员1万余人，林木种苗质量检验人员1万余人，从事森林公园管理和服务人员16万人，另有乡村护林员73.7万人。全国共有2000多个林业调查规划设计单位，各类专业技术人员5万人。全国共有国有重点森工企业135个，重点营林局20个，国有林场4855个，乡村林场5.2万个，国有苗圃1780个，林木良种基地876个。全国林业系统职工总人数162万人。

【林业国际合作】

国际交流与援助 中国已与德国、美国、加拿大、日本、澳大利亚、俄罗斯等50多个国家和联合国粮农组织、联合国开发计划署、全球环境基金、国际热带木材组织、世界银行、亚洲开发银行、欧洲投资银行、世界自然基金会、大自然保护协会、湿地国际等20多个政府间和非政府间国际组织建立了林业交流与合作渠道，在林业生态建设、防治土地退化、湿地保护、自然保护区建设、人员培训等领域开展了一系列的项目合作，引进了技术、资金和理念，改善了项目区的生态环境。中国林业共争取无偿援助项目760个，无偿援助金额8.5亿美元；争取世界银行林业贷款项目6个，引进世界银行贷款9亿多美元；争取亚洲开发银行贷款项目4个，引进亚洲开发银行贷款1.6亿多美元；争取欧洲投资银行贷款项目8个，引进欧洲投资银行贷款3亿欧元。担任了世界自然基金会、保护国际等18个境外非政府组织在华活动的业务主管单位，不断强化管理、规范合作，有效推动了与国际非政府组织的交流与合作。中日民间绿化合作（"小渊基金"）截至2013年年底共争取日方援助资金达82.5亿日元，实施项目222个，项目造林5.78万公顷。

执行国际公约 中国由林业部门牵头执行的国际公约有3项，分别是：《联合国防治荒漠化公约》《濒危野生动植物种国际贸易公约》《关于特别是作为水禽栖息地的国际重要湿地公约》，同时，负责履行《国际森林文书》相关工作。此外，林业部门还参与执行了《联合国生物多样性公约》《国际植物新品种保护公约》《国际植物保护公约》《联合国气候变化框架公约》和《京都议定书》《生物安全议定书》《国际热带木材协定》等国际公约协定和牵头负责联合国森林论坛各项谈判工作。

政府间合作 由林业部门负责执行的政府间双边协定有：《中日候鸟保护协定》《中国澳大利亚候鸟保护协定》《中印老虎保护协定》《中俄森林防火联防协定》《中俄兴凯湖保护区协定》《中俄老虎保护协定》《中蒙森林草原防火联防协定》《中印尼联合打击非法林产品贸易谅解备忘录》《中南非林业合作谅解备忘录》《中俄候鸟保护协定》《中韩候鸟保护协定》《中美打击木材非法采伐及相关贸易谅解备忘录》《中国澳大利亚打击木材非法采伐及相关贸易谅解备忘录》《中日打击木材非法采伐谅解备忘录》《中南湿地荒漠生态系统和野生动植物保护合作谅解备忘录》《中韩植物新品种保护合作备忘录》。

中国与芬兰、加拿大、新西兰、墨西哥、澳大利亚、俄罗斯、印度尼西亚、泰国、美国、越南、奥地利、苏里南、圭亚那、韩国、德国、智利、伊朗、土耳其、缅甸、法国、斯洛伐克、斐济、希腊、英国、埃及、日本、莱索托、瑞典、阿曼、意大利、巴西、捷克、印度、科特迪瓦、蒙古、朝鲜、阿根廷、伊拉克、刚果共和国、尼泊尔、奥地利、阿联酋、马来西亚、文莱、卡塔尔、瑞士等47个国家，先后签署了70个林业部门间合作协议(备忘录)。

(国家林业局办公室信息处)

林业重点工程

04

天然林资源保护工程

【综　述】 2013年，是天保工程管理创新年，在工程实施过程中，通过创新管理理念和措施，运用过程化管理与目标化管理相结合，政策落实、政策研究和政策储备相结合的科学管理模式，使工程管理得到进一步强化，工程建设任务全面完成，工程实施成效显著提升。

工程任务完成情况

资金到位情况　2013年度共下达天保工程中央财政专项资金222.3亿元。其中，国有林管护费52.8亿元，集体地方公益林管护费补助10.95亿元，5项社会保险补助费41.1亿元，政策性社会性支出补助费32.9亿元，森林抚育补助资金31.5亿元，改革奖励资金1.7亿元，集体国家级公益林生态效益补偿资金51.26亿元。资金到位及完成情况良好。

任务完成情况　完成封山育林33.6万公顷，飞播造林4.2万公顷，人工造林11.4万公顷，中幼林抚育168.3万公顷，森林改培8.1万公顷。天保工程区森林管护面积共1.67亿公顷，参加森林管护的国有职工为20.27万人。工程区各单位通过采取层层签订管护责任状或管护合同，建设管护站点设施和定期培训考核管护人员等措施，形成了一套有效的森林管护体系，取得了预期的管护成效。截至2013年年底，天保工程区国有林业企事业单位共有在册职工653 662名，基本养老保险、基本医疗、失业、工伤、生育等5项保险参保率分别达到100%、98%、97%、96%、93%。

创新管理

总结和推动重点国有林区转型发展工作　为深入贯彻落实全国林业厅局长座谈会精神，总结经验，交流做法，借鉴理念，示范和引导天保工程区转型发展，全面推进天保工程二期深入实施，更好推进生态林业民生林业建设，国家林业局于2013年11月5～6日在黑龙江省牡丹江市召开了“天保工程区转型发展现场会”。国家林业局副局长张永利出席会议并讲话。黑龙江森工总局、甘肃省白龙江林管局、吉林省和龙林业局、黑龙江省迎春林业局、大兴安岭加格达奇林业局、内蒙古森工根河林业局的代表在会上做了典型发言。会议重点提出了对推动天保工程区转型发展的各项要求。

绩效考评及“四到省”考核工作　①出台了《国家林业局关于进一步加强天保工程区森林抚育工作的指导意见》(林天发〔2013〕6号)。组织天保工程部分省区天保办的专家和技术人员，在重庆市召开了天保工程区森林抚育绩效现场考评会，制订了森林抚育核查的7项指标，与全国森林抚育检查验收结果形成工程区森林抚育综合评价排名，以此作为提出年度森林抚育资金任务调控建议的依据。②利用2012年的森林改培考评结果对2013年的工程任务进行调控，以推动和提高各工程实施单位的管理水平。按照国家林业局和国家发改委《关于开展森林改造培育试点的通知》精神，要求各省区完成项目管理、技术细则、调查设计规范、检查验收办法等规范性文件，增加了2013年试点规模。③建立更加科学规范合理的“四到省”考核体系，使之更加适合二期工程建设的特点、任务和要求，评价方法和指标体系也更加公平、公正、科学、合理。

工程二期评估和宏观研究　①是积极配合国家发展改革委做好工程二期实施情况的第三方评估工作。2013年，国家发改委组织开展了对天保工程二期2011～2012年实施情况的评估，通过抽样调查和座谈，对工程区各省级实施单位上报的调查表和总结材料进行全面分析，结合年度核查和绩效考评情况，对天保工程二期实施情况进行了全面评估总结，国家发展改革委已经组织专家组进行了最后论证。②开展天保工程与生态文明战略研究。2013年中国工程院组织实施“生态文明建设若干战略问题研究”课题，国家林业局天保办承担“天然林资源保护与生态文明战略的研究专题”部分，重点研究天然林保护工作在生态文明建设中的战略地位、战略任务、中长期战略对策等内容，对于促进天保工程二期完善政策、健康发展意义重大。

完善工程年度核查工作　①简化核查工作，将森林改培和森林抚育两个绩效考评工作并入天保工程核查，实现3项工作同期部署、同步开展，避免了工程管理上的多头检查，使工程核查与考核工作更符合中央转变工作作风的要求。②就工程一期成效的巩固情况启动了两项专项评价工作。对天保一期飞播造林和封山育林成效的调查与评估不仅达到了评估一期成果的目的，也为争取调整二期天保工程投资标准提供了理论依据和数据支撑。③加强了对核查发现问题的跟踪整改。并将跟踪整改的情况纳入“四到省”指标进行考核，对各地好的整改措施通过国家林业局天保办门户网站进行了公开报道，促进各有关单位相互监督、相互学习。

示范点建设工作　根据《国家林业局关于开展天然林资源保护工程二期示范点建设工作的通知》(林天发〔2012〕287号)要求，为进一步探索天然林保护工作的管理机制，森林资源保护、培育和经营的发展模式，工程区替代能源开发、经济转型和产业发展途径，国家林业局从森林管护突出类、科学森林经营类、转型产业发展类、促进民生发展类、综合平衡发展类等5个方面对24家示范单位进行分类，以加强监测评估、信息交流和宣传推广。

数字化管理平台建设工作　①大力推动“天保工程管理业务应用系统”等信息化管理工作，为工程管理提供一个高效率、高精度的管理平台。②加强工程基本信息调度工作，在年报、季报和报表分析工作方面，建立了季度数据会商制度。

围绕重点，强化责任，确保全年任务落到实处

工程管理　各省在工程二期启动以来，进一步加强了工程管理能力建设。各级都成立了天保工程领导小组及办公室。云南省林业厅加强天保办职能，明确由天保

办负责全省公益林管理工作及天保工程区森林抚育工作。全国有约2/3的省(区、市)由天保办负责公益林管理工作，有约1/4省(区、市)由天保办负责工程区森林抚育工作。在工程技术管理方面，各地编制了森林管护、公益林建设、后备森林资源培育、国有中幼林抚育年度实施方案和作业设计，将各项建设任务落实到山头地块。集体公益林的生态效益补偿资金按"一卡通"方式兑现到了林权所有者手中。在工程资金管理方面，各地切实加强了天保工程资金管理，根据国家出台的天保工程专项资金管理办法，制订完善了各级资金管理办法和实施细则，严格实行专账核算、专款专用制度。加强了天保工程资金审计、稽查、专项检查和绩效评估，确保了工程建设资金规范有效运行。

政策支撑 在落实好天保工程二期有关政策的前提下，一些省(区、市)进一步加强了对天保工程的支持力度，出台了一些重要政策措施，推动工程更加健康发展。内蒙古自治区从2012年起，决定停止阿尔山(内蒙古森工集团所辖)、五岔沟、白狼林业局任何形式的采伐，由自治区财政给予补贴，大力发展旅游业，进一步促进3个林业局经济转型与发展。云南、四川、甘肃、重庆、湖北、贵州、宁夏、河南、陕西等省地方财政安排资金，使集体地方公益林补偿政策得到较好落实。海南省在安排中央财政给予的每公顷每年75元森林管护费的基础上，省级财政按每公顷每年225元追加天保工程区森林管护费，并把森林管护站建设纳入"十二五"规划，提出要把森林管护站建设成为布局合理、规模适宜、功能齐全、威慑力强的林业基层执法单位和森林旅游驿站。

工程管理 内蒙古自治区、贵州省、山西省等都在示范点建设方面出台政策大力推动，在国家林业局确定的国家级示范点基础上，确定了省级示范点，并给予资金奖励或政策扶持，推动发挥更大示范效应。湖北省选择8家监理公司对所有天保工程县市开展天保工程监理工作。同时继续加强工程区生态监测工作，并安排一定工作经费，初步构建了全省天保工程生态效益监测网络体系。吉林省注重加强对天保工程的科技支撑，在蛟河林业实验区管理局建立森林经营试验示范基地，以实践、总结、提升采育林核心经营理论与技术为主要目标，促进森林经营技术迅速推广，推进林业可持续发展。四川省加强工作协调，2013年在天保办增挂"四川省公益林管理中心"牌子，负责全省公益林管理工作。山西省创新中幼林抚育模式，按照"先优后劣，先急后缓，先易后难，整沟推进"的原则，探索完善了以全林经营为特色的"五全"模式，即全流域治理、全林分经营、全过程管理、全机械化作业、全采伐物利用。

工程实施成效 特别是以林下经济、森林旅游等为主要内容的转型项目在许多地方发展态势很好。天保工程区林下经济发展模式日臻完善，许多地方总结出林菌、林禽、林草、林畜、林药、林粮、林油、林特、林蔬等多种形式，还包括针对木本油料资源、树枝树皮和花粉、香花蜜、精料资源、林区小浆果坚果资源等大宗森林资源开发，做出了有益的探索，走出了一条各具特色的发展道路。以森林旅游业为重点的借力发挥区域优势、资源优势的绿色产业如火如荼、方兴未艾。许多地方将森林旅游业融入地区旅游大格局，整体布局、资源共享、突出重点、打造精品，点、线、面相结合的旅游景观格局初具规模，为不少林区转型发展提供了有效途径。内蒙古森工集团形成了南部以阿尔山国家森林公园为中心，北部以莫尔道嘎国家森林公园为中心、东部以阿里河相思谷、毕拉河国家森林公园为中心的旅游产业格局，接待游客、旅游收入都有较大幅度增长。天保工程区的部分集体林区在产业发展转型的机制创新方面初见成效。在林业发展模式方面，采取"公司+林场+基地+农户"的形式，依托各级各类乡村林场和林业专业合作社参与林业产业基地建设，有的还通过资金奖励、贷款扶持等多种方式，加强扶持和引导，对于推动林区转型发展起到了非常好的作用。国有林区一些地方，采取"企业+基地+承包户"的方式，发展订单经济，实现产、加、销一条龙的林下经济发展方式；有的以家庭林场管护承包模式，实现资源管护、森林培育、农业种植、林下资源利用有机结合，促进林下经济多角度、立体式开发。

【国家林业局关于切实加强天保工程区森林抚育工作的指导意见】 针对天保工程区开展的森林抚育工作在不同程度上还存在着重视不够、抚育措施不到位、借抚育之名行木材生产之实，以及抚育缺乏科学性反而造成破坏森林资源等问题，为了指导天保工程区更科学、更合理、更有效地开展森林抚育工作，2013年1月9日，国家林业局下发了《国家林业局关于切实加强天保工程区森林抚育工作的指导意见》(林天发〔2013〕6号)，从深刻理解加强天保工程区森林抚育工作的重大意义，准确把握森林抚育工作的指导思想和基本原则，进一步明确天保工程区森林抚育的对象和要求，强化天保工程区森林抚育管理的有效机制，加强组织领导，确保天保工程区森林抚育工作取得实效等5个方面，提出19条指导意见，促进了天保工程区森林抚育质量的提高，增加了职工的收入。 (刘跃辉)

【《国家林业局关于进一步加强天保工程区公益林管护工作的指导意见》(林天发〔2013〕7号)】 针对公益林管理中存在的思想认识不到位、机构职能交叉、区划落界质量不高、管护责任和措施难以全面落实等问题，2013年1月9日，国家林业局下发了《国家林业局关于进一步加强天保工程区公益林管护工作的指导意见》(林天发〔2013〕7号)，从提高认识，切实加强领导、明确职责，加强工程区的公益林管护工作，严格管护责任，强化管护体系建设，加快公益林区划落界，夯实基础工作，加大地方财政保障力度，落实地方公益林生态效益补偿政策，加强补偿资金管理，规范资金使用等方面，对天保工程区的公益林管护工作提出了要求，对国有公益林由国有林业实施单位严格组织管护；对集体和个人所有的公益林，实行林权所有者自主管护与县级林业主管部门组织实施的公共管护相结合的双重管护模式，各司其职，相互补充，全面落实各项管护责任和管护措施。 (刘跃辉)

【国家林业局办公室关于印发2011年度天然林资源保护工程二期实施情况核查结果的通报】 根据国务院批准

的天然林资源保护工程二期(以下简称天保工程)实施方案要求，2012年4月17日至8月31日，国家林业局在各省完成县(局)级天保工程实施情况自查、省级复查的基础上，组织开展了2011年度天保工程实施情况的核查，核查范围包括山西、湖北、吉林等16个省(区、市)，内蒙古、龙江、大兴安岭3个森工(林业)集团和新疆生产建设兵团(以下简称省)。根据核查结果，下发了《国家林业局办公室关于印发2011年度天然林资源保护工程二期实施情况核查结果的通报》(〔2013〕8号)，分别从森林管护、职工转岗就业、政社性职工、职工社会保险、木材生产、资金计划下达到位、工程管理能力、集体国家级公益林生态效益补偿基金兑现等8个方面进行了结果通报，并做出整改部署，要求各地将整改结果于2013年5月底前报国家林业局。

(天保办)

【国家林业局办公室关于东北、内蒙古重点国有林区天然林资源保护工程二期森林培育绩效考评结果的通报】

为深入贯彻全国天然林资源保护工程工作会议和全国天然林资源保护工程二期工作部署会议精神，规范森林培育项目管理，确保工程建设质量，提高资金使用效益，2012年10~11月，国家林业局对东北、内蒙古重点国有林区2011年度森林改造培育实施情况组织开展了绩效考评工作。根据考评结果，下发了《国家林业局办公室关于东北、内蒙古重点国有林区天然林资源保护工程二期森林培育绩效考评结果的通报》(办天字〔2013〕31号)，并做出整改部署，要求存在问题单位将整改结果于2013年5月底前报国家林业局。

(天保办)

【国家林业局办公室关于组织开展2013年天然林资源保护工程二期实施情况核查的通知】 为全面考核天然林资源保护工程二期(以下简称“天保工程”)实施情况，国家林业局决定对2012年度天保工程实施情况(不含公益林建设和中幼林抚育)进行核查，下发了《国家林业局办公室关于组织开展2013年天然林资源保护工程二期实施情况核查的通知》(办天字〔2013〕53号)。《通知》就核查依据、核查内容和核查方法进行了详细说明，并对各级林业主管部门提出了要求，以保证核查工作的顺利开展。 (天保办)

【国家林业局办公室关于召开“加强节能减排、促进生态建设”竞赛活动表彰电视电话会议的通知】 为贯彻落实国务院关于“十二五”节能减排综合性工作方案，推动“我为节能减排作贡献”活动深入开展，全面实现“十二五”期间节能减排目标任务，国家林业局、中国农林水利工会联合在天然林资源保护工程区开展了“加强节能减排、促进生态建设”竞赛。2013年5月13日，国家林业局、中国农林水利工会联合召开天保工程区“加强节能减排、促进生态建设”竞赛活动表彰电视电话会议，对中华全国总工会授予“全国五一劳动奖状”和“全国工人先锋号”的单位进行表彰。会前，国家林业局局长赵树丛，全国总工会副主席、书记处书记张世平接见获奖单位代表并合影。国家林业局党组成员、中央纪委驻局纪检组组长陈述贤主持会议，国家林业局副局长张永利讲话。 (天保办)

【国家林业局办公室关于2012年天然林资源保护工程二期“四到省”考核结果的通报】 2013年9月4日，国家林业局办公室下发了《国家林业局办公室关于2012年天然林资源保护工程二期“四到省”考核结果的通报》(办天字〔2013〕105号)，通报以2011年度天保工程二期核查结果、森林改造培育绩效考评结果、森林抚育国家级抽查结果、全国营造林综合核查结果等为依据，从工程组织管理、木材停伐减产与森林管护、公益林建设与森林改造培育、中幼林抚育、职工就业与社会保障、资金到位和中央森林生态效益补偿基金兑现情况等多方面，对各工程实施单位进行了综合考评，并提出了具体整改要求和建议。 (天保办)

【国家林业局办公室关于贵州省部分天保工程一次性安置人员反映有关问题的复函】 国家林业局针对《贵州省林业厅关于贵州省部分天保工程一次性安置人员反映有关问题的请示》(黔林呈〔2013〕257号)，下发了《国家林业局办公室关于贵州省部分天保工程一次性安置人员反映有关问题的复函》(办天字〔2013〕133号)，复函就“一次性安置职工与企业解除劳动合同关系后，为什么不能享受失业保险”和“要求退还一次性安置费，恢复原有劳动关系”问题做出明确答复。 (天保办)

【国家林业局在黑龙江牡丹江市召开“天保工程区转型发展现场会”】 国家林业局于11月5~6日在龙江森工集团柴河林业局召开了全国天保工程区转型发展现场会，张永利副局长出席会议并发表讲话。他充分肯定了柴河林业局紧紧抓住天保工程和棚户区改造这两项宝贵政策机遇，在林区转型发展方面做出的可喜成绩和宝贵经验。阐述了转型发展是生态文明建设的内在要求，是全面建成林区小康社会的必由之路，是建设生态林业、民生林业的客观选择，是天保工程的重要内容，是国有森工突破困局的希望所在等重要意义。并进一步要求紧紧把握天保工程的建设目标方向，转变观念、加强领导、科学谋划、因地制宜、开拓创新，通过天保工程区转型发展深入推动天保工程的实施。与会期间，6个典型单位做了经验介绍。迎春林业局充分发挥自身区位和环境优势，把闲资产做成了新经济，把小蜜蜂变成了大产业；和龙林业局通过变革森林管护机制和调整生产力布局，实现了生产经营与监督管理两条线，激发了发展活力；加格达奇林业局全面停止主伐，探索出9种林下复合经营模式，实现了兴林富民；根河林业局发展特色生态旅游和森林畜牧业，拥有了产业富民的主攻方向；白龙江林管局的葡萄庄园建设，带动了上下游产业同步发展。会议首次要求全国135个森工局负责同志参加，对于推动天保工程区转型发展起到了很好的促进作用。

(刘　蕾)

【柴河林业局在转型发展方面取得的成功经验】 天保工程的实施，为柴河林业局的发展提供了机遇和挑战。为走出经济与资源的双重危困，柴河林业局高举生态林业、民生林业的旗帜，以保生态、转方式、调结构、促发展、惠民生为主题，以兴林富民强局和全面建成林区小康社会为目标，把握“将资源管起来，把产业兴起来，让百姓富起来”的工作思路，实施生态立局、产业兴局、转型强局、创新活局、富民安局、依法治局“六大可持续发展战略”，推进人口转移、人员转岗、产业转型、经营转制，努力打造“四化四大四强”(新型产业化、城镇化、现代化、信息化，林下经济大局、山产品加工大局、旅游产业大局、木业加工大局，生态强局、经济强局、文化强局、民生强局)林业局，实现了“生态优先、产业优化、城镇宜居、社会和谐、区域一体、管理精细、职工富裕”促进转型发展的新格局，走出了务林不砍林、离木不离林、致富不靠木转型发展的新道路。主要做法是：①坚持保护培育，创新经营理念，促进由木材生产为中心向生态文明建设为中心转型；②坚持多业并举，创新发展方式，促进由单一林木经济向复合林区经济转型；③坚持合作共赢，创新发展路径，促进由相对封闭向全方位开放转型；④坚持科学管理，创新体制机制，促进由传统粗放型向现代精细化管理转型；⑤坚持改善民生，创新社会管理，促进由企业生产经营型向社会管理服务转型。（刘　蕾）

【国家林业局天保办在内蒙古呼和浩特市召开“2013 年度全国天保办主任工作会议”】 2013 年 12 月 5～6 日，国家林业局天保办在内蒙古呼和浩特市召开了全国天保办主任工作会议。国家林业局天保办主任孙国吉就2013年的工作情况做了全面总结，并提出了 2014 年的工作思路。内蒙古自治区林业厅厅长呼群到会致辞。会上，通报了 2012 年度天保工程中央和地方公益林补偿资金兑现情况，讨论了国家林业局天然林保护工程管理中心工作职能和天保工程二期实施情况及问题，各省结合管理创新工作重点，交流了 2013 年工作完成情况及经验，并围绕 2014 年天保工程区转型发展工作思路，提出工作设想。（刘　蕾）

退耕还林工程

【综　述】 2013 年，是实施“十二五”规划承前启后的关键一年，也是全面贯彻落实党的十八大精神的开局之年。《中共中央、国务院关于加快发展现代农业进一步增强农村发展活力的若干意见》(中发〔2013〕1 号)要求“巩固退耕还林成果，统筹安排新的退耕还林任务”。《中共中央关于全面深化改革若干重大问题的决定》进一步要求，稳定和扩大退耕还林范围。退耕还林工作紧紧围绕巩固和扩大退耕还林成果这一核心，继续坚持巩固成果与稳步推进并举，退耕还林与改善民生兼顾，全年退耕还林工程中央共投入各项资金 279.1 亿元，其中种苗造林补助费 12 亿元、退耕农户补助资金 142.4 亿元、巩固成果专项资金 124.7 亿元，退耕还林成果得到进一步巩固和扩大，同时积极研究推动新一轮退耕还林工作并取得重大进展。

巩固成果深入推进

①有关部门下发《关于开展困难退耕地区和困难退耕农户摸底排查的通知》，组织各地对困难退耕地区和困难退耕农户进行摸底排查，有针对性地研究制订解决困难退耕农户长远生计问题的措施。②会同有关部门在对各地上报的 2013 年巩固退耕还林成果专项建设任务申请进行审核的基础上，5 月 15 日下达《关于 2013 年度巩固退耕还林成果建设任务及陕西省专项规划调整的批复》(发改西部〔2013〕913 号)，落实年度建设任务，其中涉林项目 111.1 万公顷，包括补植补造 27.1 万公顷、营造薪炭林 3.9 万公顷以及建设原料林、经果林、速生丰产林等林业产业基地 80.1 万公顷，并明确将基本口粮田建设补助标准长江流域及南方地区由 9000 元/公顷提高到 11250 元/公顷、黄河流域及北方地区由 6000 元/公顷提高到 7500 元/公顷，补植补造补助标准由 750 元/公顷提高到 1500 元/公顷。③协调财政部对四川、贵州等 7 省区倾斜安排巩固成果专项资金 3.6 亿元，并拨付因补助标准提高而增加的专项资金 8.5 亿元，使 2013 年巩固退耕还林成果专项资金达到 124.7 亿元。④汇总过去 6 个年度的阶段验收结果，1999～2005 年全国退耕地造林计划面积保存率达 99.84%，退耕还林成果得到有效巩固。其中，2013 年国家抽查的 52.63 万公顷面积中，达到保存标准的 52.53 万公顷，面积保存率为 99.83%，比 2012 年提高了 0.07 个百分点。在国家核查保存面积中，已成林面积达 39.05 万公顷，成林率为 74.3%，比 2012 年提高了 1.7 个百分点；其中营造乔木林 37.37 万公顷，而且有三分之一的乔木生态林已有立木蓄积量。甘肃省对《甘肃省巩固退耕还林成果项目检查验收办法》进行修改完善，简化市一级验收程序，实行省市联合检查，减轻基层负担。四川省采取面上调查与案例调研相结合的方式，全面总结全省退耕还林后续产业发展的经验做法，并筛选编辑了《退耕还林助农增收 100 例》，发放基层学习借鉴。重庆市组织 12 名工作人员分成 4 个检查组，采取内业检查、外业调查相结合及区县推荐、验收组随机抽查相结合的方式，对万州区等 33 个区县 2012 年度实施的巩固退耕还林成果种植业项目(不包括蔬菜基地)进行市级复查。各检查组共抽取造林小班复查面积 2659.4 公顷，其中薪炭林 488.7 公顷，后续产业 2170.7 公顷；抽查配套基础设施蓄水池 6600 立方米、排水沟 53 740 米、工作便道 80 555 米、公路 2000 米、碑牌 5 块。通过复查，找出了项目建设中存在的问题，提出了整改建议，并督促区县限期整改完善，保障巩固退耕还林成果建设项目健康推进。新疆林业厅针对部分工程县退耕还林经济效益低下、农户管护积极性不高的问题，结合农村发展形势及退耕还林现状，在充分调研的基础上，采取调整巩固成果专项规划、嫁接改造退耕还林树种、推行低质低效林集中连片管理、开展多元化林业生产经营等 4 项措施巩固退耕还林成果，使退耕农户发展后续产业的积极性得到显著提高，巩固成果建设任务作用更加明显。吉

林省人民政府召开春季造林动员大会，对退耕还林工程补植补造工作进行全面部署，要求各地市对阶段验收中发现的不合格面积及时组织补植补造，确保退耕还林质量不降低、总量不减少。

工程建设继续稳步推进

①荒山荒地造林不断扩大。在全面完成2012年退耕还林工程配套荒山荒地造林23.63万公顷和封山育林20.8万公顷的基础上，2013年中央预算内投资12亿元，安排配套荒山荒地人工造林22.53万公顷、封山育林19.2万公顷。7月18日国家计划正式下达后，为保证工程顺利实施，国家林业局与各工程省区人民政府签订了《2013年度退耕还林工程责任书》，落实了各级政府工程建设方面的责任。同时，组织各省认真编制省级年度实施方案，并于9月上旬开始陆续对各省上报的实施方案进行了审核和批复，使工程建设任务得到具体落实。各地按照批复的实施方案，认真组织造林施工。截至12月底，2013年度工程荒山荒地人工造林、封山育林分别完成5.27万公顷和3.86万公顷，分别占计划任务的23.4%和20.1%。②积极推动重启退耕地造林工作。2013年，国家林业局退耕办下发通知，对各地坡耕地及退耕还林任务需求进行调查摸底，并组织编制了新一轮退耕还林工程规划初稿。同时，通过加强与有关部门的沟通，会同有关部门赴重点地区开展调研等途径，多方反映重启退耕地造林的需求，取得了明显成效。国家林业局经过深入研究，提出了《关于实施新一轮退耕还林和巩固退耕还林成果的政策建议》，并报送国务院领导。有关部门经过广泛调研和多次召开退耕还林政策座谈会，研究形成了《新一轮退耕还林还草总体方案》。5月9~11日，国家林业局会同中国工程院开展了中国工程院延安行——延安退耕还林工程咨询活动，汪洋副总理在沈国舫等10位院士联名向国务院报送的《关于进一步推进退耕还林工程建设的建议》上做了重要批示。8月19日，李克强总理在促进西部发展和扶贫工作座谈会上强调，在推进开发式扶贫、增强造血功能的基础上，把生态文明建设作为重要抓手，切实保护好环境，探索生态移民、退耕还林、发展特色优势产业相结合的新路子。十八届三中全会通过的《中共中央关于全面深化改革若干重大问题的决定》要求，稳定和扩大退耕还林范围。为响应党中央、国务院号召，促进生态环境的持续改善，2013年湖北、重庆、贵州、云南、陕西等部分地区继续自筹资金实施退耕还林。湖北省恩施市为贯彻落实李克强在龙凤镇调研时的重要指示，结合移民建镇、扶贫搬迁、产业结构调整开展新一轮退耕还林，截至2013年年底，龙凤镇共完成陡坡耕地退耕还林0.18万公顷，栽植树种主要有漆树、茶叶、红豆杉、桂花等。云南省昆明市2013年下达退耕还林计划任务1.36万公顷，其中，法定在册承包耕地退耕还林的，每亩每年补助500元，种植核桃连续补助8年，种植其他经济林及生态林连续补助5年；因历史原因形成的无证事实耕地，每亩每年补助300元，连续补助5年。同时，退耕还林当年每亩一次性补助种苗费200元，培育成为核桃采穗圃的，每亩当年一次补助种苗费1000元。陕西省延安市出台《关于进一步实施退耕还林的意见》，决定从2013年起，用4年时间，逐步将全市现有的14.9万公顷25度坡耕地全部退耕还林，实现陡坡全绿化、林草全覆盖，其中2013年已完成退耕还林6.55万公顷。同时，2013年陕西省政府决定在榆林市子洲县开展持续推进退耕还林示范建设，并拨付1000万元启动资金。

阶段验收工作圆满完成

①全面完成阶段验收工作。2013年，共组织省级和国家级1.8万余名验收技术人员，对22个工程省区2005年实施的106万多公顷退耕还生态林进行了阶段验收，涉及1262个县、12784个乡镇、59.9万个小班，采集面积保存、建设质量、工程管理等方面信息共计100多项，形成了1262个县级核查报告、22个分省核查报告和全国阶段验收总报告，为兑现退耕还林政策补助资金和进一步加强工程管理提供了重要依据。②及时下拨各项补助资金。按照《退耕还林条例》和《退耕还林财政资金预算管理办法》(财农〔2010〕547号)的规定，2013年9月23日，国家林业局根据2013年度退耕还林工程阶段验收结果，对退耕还林工程政策补助资金兑现进行全面梳理，并向财政部报送了《关于商请财政部补拨退耕还林工程原有政策补助及清算2013年度完善政策补助资金的函》(林函退字〔2013〕128号)，协助财政部下达2013年退耕农户补助资金142.4亿元，其中原有政策补助资金7亿元、完善政策补助资金135.4亿元。同时，根据退耕还林财政资金预算管理办法，向财政部报送了《关于商请预拨2014年度退耕还林工程完善政策补助资金的函》(林函退字〔2013〕131号)，协助财政部提前下达2014年退耕还林财政专项资金255.4亿元。

宣传引导成效显著

①4月，《中国绿色时报》分别以《再给一个支点，退耕还林发力会更猛吗?》《建立长效机制，让梦想越来越近》《列车待发，怎样强根固本?》《顶层设计怎样再上一层楼》《惠泽民生"铁律"镌刻在广袤大地上》《收获金秋，因为拥有不寻常的春天》为题，连续6期头版刊登《退耕还林工程亟待吹响新号角系列报道》，为启动新一轮退耕还林营造良好舆论氛围。②在中国工程院院士延安行——延安退耕还林工程咨询活动中，邀请《人民日报》、中央人民广播电台、《中国绿色时报》记者参加，5月12日中央人民广播电台中国之声新闻纵横栏目以《中国新一轮退耕还林工作开启 延安迈出第一步》、5月14日《人民日报》社会版以《我国投资最大的惠农项目面临新周期，延安自掏腰包退耕还林(民生调查)》、5月30日《中国绿色时报》以《为什么又是延安先试先行——延安的退耕还林探索与实践》为题分别大篇幅报道了院士活动及延安自行实施退耕还林情况。7月11日，中央电视台新闻联播以《延安启动新一轮退耕还林造林治地谋双赢》为题专门报道了延安自行实施退耕还林有关情况。7月25日，《人民日报·要闻版》以《生态红线保护行动启动》为题报道退耕还林工程实施效果、工程接续等情况。③配合中央电视台《焦点访谈》栏目，9月6日播出《黄土高坡的绿色希望》，从2013年7月延安持续降雨引发的灾情入手，重点报道退耕还林在减轻灾害中发挥的重大作用，引起了全社会的广泛关注。④利用互联网做好退耕还林宣传工作。加强对退耕还林网

站的管理，及时更新工程动态信息和工程简报，全年编发退耕还林工程信息450条、图片信息190条、退耕还林工程简报8期，稳步提升退耕还林网站知晓度。四川省以省退耕还林工程领导小组办公室的名义首次发布《2012年退耕还林工程建设公报》，将任务完成、资金投入、产业基地建设、退耕农户经济收入、工程生态功能与价值等内容向社会公布。重庆市通过建设退耕还林网站，全面宣传报道退耕还林的主要政策、经验做法、先进典型，让社会准确掌握退耕还林政策，提供相互交流学习机会，并接受社会监督。同时，收集整理退耕还林建设图片，印发退耕还林画册500本，制作退耕还林宣传光盘500张，并在《重庆日报》专版报道全市退耕还林取得的成效，通过网络发布重庆退耕还林信息104篇。

退耕还林效益监测有序开展

①编制下发《退耕还林工程生态效益监测评估技术标准与管理规范》，初步建立了退耕还林监测技术标准和管理体系。②加强技术标准和管理培训，对25个工程省区、新疆生产建设兵团的退耕办主任和主要技术人员进行了技术培训。③开展效益监测工作试点，确定河北、辽宁、湖北、湖南、云南、甘肃等6省作为退耕还林生态效益监测重点省首批开展省份，召开工作汇报交流会，进一步探索效益监测工作思路和模式。④召开监测工作数据汇总会，对6省监测数据进行审核、汇总，并起草了《退耕还林工程生态效益监测国家报告》。

工程管理进一步强化

①加强森林经营管理。研究制定了《退耕还林工程特大、重大自然灾害损失面积核定办法(试行)》，并组织有关单位和专家进行评审；下发《关于开展退耕还林技术模式回头看活动的通知》，组织开展退耕还林典型技术模式总结。②调度统计并通报了各工程省区2012年度群众举报办理情况，对2013年收到的37件群众举报进行登记、下转、督办和归档，并重点督办了吉林省东丰县退耕还林复耕问题等一批群众举报。③继续开展科技支撑工作。完成了《中国北方退耕还林工程效益监测与评价研究》课题成果申报和答辩工作，承担中国工程院《新时期生态建设与保护——退耕还林部分》的研究工作。④组织开展了2013年度退耕还林工程管理实绩核查。以国家林业局文件下发开展核查工作的通知，制订工作方案，完善核查内容和指标设置。在各省区自查的基础上，组成6个核查组对各省区工程实施进展情况、工程管理情况、成果巩固情况以及存在问题整改情况进行实地核查。（汪飞跃）

【新一轮退耕还林政策调研】 《中共中央、国务院关于加快发展现代农业进一步增强农村发展活力的若干意见》(中发〔2013〕1号)要求“巩固退耕还林成果，统筹安排新的退耕还林任务”。为贯彻落实中共中央、国务院的有关精神，研究制订新一轮退耕还林还草总体方案，有关部门开展了大量的调查研究和座谈讨论。①为落实李克强视察湖北省恩施农民挂坡地时的指示精神，2013年初退耕办周鸿升主任带队赴恩施进行了实地调研，广泛听取农民意见，与恩施州及恩施市的有关部门进行座谈，并在武汉参加了湖北省新一轮退耕还林先行试点工作方案研讨会，向局领导上报了《关于湖北省拟开展退耕还林综合试点有关情况的报告》。②6～9月，国家林业局联合国家发展改革委、财政部、国务院扶贫办赴湖北、贵州、云南、陕西、甘肃等重点地区进行深入调研，并先后召开了3次退耕还林政策座谈会。③国家林业局经过深入研究，提出《关于实施新一轮退耕还林和巩固退耕还林成果的政策建议》，9月13日局党组第18次会议专门听取了汇报，根据局党组会议意见修改后，赵树丛局长亲自给国务院领导写信，呈报了国家林业局的建议。④10月15日，国家林业局张永利副局长主持召开新一轮退耕还林补助政策座谈会，近年来专门给国务院上报要求继续实施退耕还林请示的河北、内蒙古、湖北、湖南、重庆、四川、贵州、云南、陕西、甘肃、青海、新疆等12个省(区、市)林业厅(局)的分管厅(局)长和退耕办主任参加会议。⑤10月25日，国家发展改革委杜鹰副主任主持召开新一轮退耕还林政策座谈会，研究讨论《新一轮重点生态地区退耕还林总体方案》，财政部、国土资源部、农业部、国家林业局、国家粮食局、国务院扶贫办的有关同志参加。⑥11月初，财政部、国家发展改革委分别带队，国家林业局、国土资源部、农业部有关同志参加，分别赴西北、西南地区再次开展新一轮退耕还林政策调研，进一步听取各级干部和农民的意见。11月25日和29日，国家发展改革委西部司及杜鹰副主任分别召开调研情况交流会，听取调研组及有关部门的意见。⑦12月25日，国家发展改革委杜鹰副主任主持召开新一轮退耕还林政策座谈会，听取湖北、四川、贵州、云南、陕西、甘肃6个重点省分管领导及有关部门的意见建议。⑧12月26日，国家发展改革委杜鹰副主任主持召开新一轮重点生态地区退耕还林总体方案修改工作会议，系统地研究了《新一轮退耕还林还草总体方案》的修改工作。（汪飞跃）

【中国工程院院士延安行——延安退耕还林工程咨询活动】 为了贯彻党的十八大精神，推进新一轮退耕还林，加快生态延安建设，应延安市政府邀请，中国工程院8名院士于2013年5月9～11日赴延安市开展“中国工程院院士延安行——延安退耕还林工程咨询活动”。参加这次咨询活动的有中国工程院原副院长沈国舫、农学部主任尹伟伦及山仑、戴景瑞、荣廷昭、李坚、喻树迅、李佩成等8位院士，国家林业局退耕办周鸿升主任、陕西省林业厅党双忍副厅长以及延安市政府副市长杨霄等全程陪同考察调研。《人民日报》、中央人民广播电台、《中国绿色时报》《延安日报》、延安电视台的记者随同调研。院士们一行先后实地考察了吴起县杨青流域、志丹县双河乡麻子沟村、宝塔区枣园镇天河流域退耕还林工程实施情况、甘谷驿镇顾屯村治沟造地项目及吴起退耕还林展览馆。5月11日下午，在延安枣园宾馆召开了“中国工程院院士延安行——延安退耕还林工程咨询座谈会”。延安市委副书记、市长梁宏贤出席会议并讲话，杨霄副市长代表市委、市政府汇报了延安的退耕还林工作，国家林业局退耕办周鸿升主任介绍了全国退耕还林总体情况、相关政策及发展趋势。沈国舫等8位院士分别从森林培育、经济林果、草业畜牧、水利和干旱区农业、农村能源等退耕还林和林业发展所涉及的学科领域进行了发言讨论。通过在延安实地考察，院士们对延安市13年退耕还林所取得的成效和翻天覆地的生态变化感到震撼，认为国家退耕还林政策是正确的、英明的，在延安是深入民心的。延安各级领导站在国家民族发展的高度来认识退耕还林，有着坚定的信心和决心，各项措施得力，水土流失治理和生态建设成效明显，值得在国内其他地区推广和借鉴。并指出，延安实施新一轮退耕还林符合延安现阶段实际，但在具体推进中要妥善解决退耕与粮食安全、治沟造地与水利疏导建设等关系问题，要把生态建设和农民增收结合，保护与利用有机结合，适地适树、适地适草，把生态效益、经济效益、社会效益有机融合，统筹兼顾，相互促进，坚持不懈地科学推进退耕还林，进一步巩固和扩大退耕还林成果，使退耕还林工程为推进生态文明蓄积正能量，在共建共享全面小康社会中写下浓重的一笔，为“美丽中国”写出精彩的绿色篇章。同时，院士们表示要积极向中央有关部门反映延安的退耕还林成效和新一轮退耕还林面临的困难，呼吁给予必要的支持。调研咨询活动后，中国工程院向中共中央办公厅及国务院领导报送了《关于进一步推进退耕还林工程建设的建议》。（汪飞跃）

【2012年退耕还林工程责任书执行情况通报】 国家林业局根据2012年组织开展的退耕还林工程管理实绩核查、退耕还林工程阶段验收和全国营造林综合核查结果，结合2012年度工程实施情况的调度以及日常工作记录、统计情况，印发了《国家林业局关于2012年度退耕还林工程责任书执行情况的通报》（林退发〔2013〕52号），对各工程省（区、市）和新疆生产建设兵团计划任务落实和完成、前期工作准备、责任落实、造林质量、政策兑现和巩固成果专项资金完成、成果巩固、确权发证、群众举报办理、信息统计、人员培训、档案管理和效益监测等情况进行通报，并强调要切实承担起应负的各项责任，进一步强化工程管理，努力提高工程建设质量，维护好退耕农户的合法权益，切实巩固退耕还林建设成果。（王维亚）

【2013年度退耕还林工程责任书】 为全面贯彻落实《退耕还林条例》，强化地方政府实施退耕还林工程的责任，根据《退耕还林条例》第七条“国家对退耕还林实行省、自治区、直辖市人民政府负责制”的规定，国家林业局副局长张永利代表国家林业局与25个退耕还林工程省（区、市）人民政府和新疆生产建设兵团签订了2013年度退耕还林工程责任书。责任书包括4个部分内容：第一部分是建设任务，明确了2013年国家下达给各工程省（区、市）和新疆生产建设兵团的退耕还林工程建设任务；第二部分是省级人民政府责任，主要是切实巩固退耕还林成果、逐级落实年度建设任务、强化工程管理和监督等；第三部分是国家林业局责任，主要是下达计划、审核实施方案、制定和完善退耕还林工程各项管理规定、组织工程实施和检查监督等；第四部分是对未履行责任所采取的惩罚措施。（王维亚）

【2013年度省级退耕还林工程实施方案】 根据《退耕还林条例》第二十条“省、自治区、直辖市人民政府林业行政主管部门根据国家下达的下一年度退耕还林计划，会同有关部门编制本行政区域内的年度退耕还林实施方案，经国务院林业行政主管部门审核后，报本级人民政府批准实施”的规定，在国家发展改革委、国家林业局联合下发《关于下达退耕还林工程配套荒山荒地造林2013年中央预算内投资计划的通知》（发改投资〔2013〕1378号）基础上，国家林业局办公室下发《关于做好2013年省级退耕还林实施方案编制和审核工作的通知》（办退字〔2013〕91号），提出了编制和审核省级实施方案的具体要求。在各工程省区编制上报省级实施方案后，退耕办于9月上旬组织召开了省级实施方案审核会，对各工程省区和新疆生产建设兵团上报的省级实施方案进行了集中审核，并下达了审核意见。（王维亚）

【国家林业局退耕还林办公室关于开展2013年度退耕还林工程省级复查工作的通知】 为了全面掌握退耕还林工程建设情况，为巩固退耕还林工程建设成果打好基础，2013年2月19日，国家林业局退耕还林办公室印发《关于开展2013年度退耕还林工程省级复查工作的通知》（退核字〔2013〕4号），对各工程省（区、市）生产建设兵团和部队2013年度退耕还林工程省级复查工作进行了部署。通知要求：①各工程省要在省级复查工作开始前，组织本省退耕还林工程县认真开展自查工作。凡应开展县级自查而未完成或自查质量不合格的县，不得开展省级复查。对县级自查工作存在严重问题的工程县，各省应采取必要的调控措施。②准确把握复查内容。省级复查内容为：国家下达的2012年度宜林荒山荒地造林和封山育林计划任务完成情况；国家下达的2009年度宜林荒山荒地造林计划任务的保存情况。③严格执行相关办法规定。省级复查工作要严格按照《退耕还林工程建设年度检查验收办法》（林退发〔2009〕294号）执行。④及时、准确上报复查结果。各工程省于2013年4月30日前，将加盖省级林业行政主管部门公章的省级复查工作报告及经省级复查后确认的县级自查结果汇总表的书面材料、电子版一并报国家林业局退耕还林办公室。（曹海船）

【全国退耕还林工程2013年度阶段验收及效益监测工作座谈会】 2013年3月14～15日在湖北省召开国家林业局5个林业调查规划（勘察）设计院的有关领导和阶段验收技术负责人、全国25个工程省区和新疆生产建设兵团退耕办主任参加了会议。国家林业局退耕办主任周鸿升出席会议并讲话，国家林业局退耕办副主任吴礼军主持会议。会议在通报2012年全国营造林综合核查退耕还林工程结果和2012年度全国退耕还林工程管理实绩核查结果，听取湖北、重庆、四川、云南、甘肃和新疆等工程省区在退耕还林效益监测、阶段验收、成果巩固、信息宣传和产业培育等方面的经验介绍，与会代表座谈交流的基础上，客观分析了阶段验收和其他退耕还林工作形势，肯定了前一阶段的工作成绩，指出了存在的问题，并对今后的工作分别提出了要求。关于阶段验收工作，会议提出3项要求：①抓好工作进度，按时完成任务。②抓好验收质量，杜绝质量事故。③抓好廉政纪律，树立良好形象。关于效益监测工作，会议布置了

3项重点工作：①进一步统一标准和规范，提升生态效益监测工作的规范化、科学化水平。②进一步密切与林业生态定位站的联系。③继续做好退耕还林生态效益监测项目申报和资金争取工作。关于当前其他退耕还林重点工作，会议提出了7项要求：①积极协调有关部门，尽快推动重启退耕地造林工作。②努力争取扩大荒山荒地造林投资规模，尽快下达任务及投资计划。③抓住春季造林时机，及时完成造林任务。④认真总结并尽快上报2012年退耕还林工作报告。⑤高度重视责任书执行情况通报，实事求是地填报调度表格。⑥加强组织领导，切实做好信息报送工作。⑦采取有效措施，切实抓好发现问题的整改工作。会议期间，与会代表还实地参观了湖北省丹江口市退耕还林工程现场。（曹海船）

【全国退耕还林工程2013年度阶段验收工作总结会议】 为了深入贯彻落实《国务院关于完善退耕还林政策的通知》(国发〔2007〕25号)精神，进一步做好退耕还林阶段验收工作，切实巩固和发展好退耕还林成果，2013年10月22~23日，国家林业局退耕还林办公室在甘肃省召开全国退耕还林工程2013年度阶段验收工作总结会议。国家林业局5个直属林业调查规划(勘察)设计院的有关领导和阶段验收技术负责人，全国25个工程省(区、市)林业厅(局)及新疆生产建设兵团林业局退耕办主任参加了会议。国家林业局原副局长李育材同志、退耕办周鸿升主任出席会议并做讲话，退耕办吴礼军副主任主持会议。会议在通报2013年度退耕还林工程阶段验收结果，听取各工程省(区、市)工作汇报，考察天水市秦城区、陇南市徽县和成县退耕还林工程现场的基础上，全面总结了2013年度阶段验收工作，并对2014年度阶段验收工作及其他退耕还林重点工作进行了安排部署：①必须防止一个“松”字。各工程省区和国家林业局各林业调查规划(勘察)设计院要对阶段验收工作高度重视，克服松懈情绪，充分认识阶段验收工作的复杂性和艰巨性，教育和引导工程管理人员和验收技术人员克服盲目乐观情绪，在思想上不能松螺丝，而要紧螺丝；工作上不能减压，而要加压，行动上不能减力，而要加力。②必须做到一个“早”字。各工程省区和国家林业局各林业调查规划(勘察)设计院要“早”字当先，不等不靠，对2014年的阶段验收工作早谋划、早准备、早行动，采取有效措施，确保按时完成验收任务。③必须确保一个“质”字。首先要抓好问题整改和补查工作，其次要抓好验收质量监管工作，第三要抓好验收数据分析汇总工作。④必须抓好一个“廉”字。在工作中，要严格执行中央八项规定和国家林业局实施细则，验收工作轻车简从，禁止使用森林公安和森林消防车辆，做到不扰民、不伤民，杜绝“吃、拿、卡、要”等现象的发生，真正实现文明检查、廉洁验收，维护林业行风政风和“务林人”良好形象。会议对退耕还林宣传工作和管理实绩核查工作分别进行了部署，并对启动新一轮退耕还林工作提出了做好摸底调查和政策衔接等要求。（曹海船）

【国家林业局办公室通报表扬退耕还林工程2013年度阶段验收工作集体】 为了激励广大退耕还林工作者的积极性和创造性，进一步做好退耕还林工程阶段验收工作，切实巩固和发展好工程建设成果，2013年10月14日，国家林业局办公室印发《关于表扬退耕还林工程2013年度阶段验收工作集体的通报》(办退字〔2013〕122号)，对甘肃省林业厅、湖南省林业厅、湖北省林业厅、内蒙古自治区林业厅、黑龙江省林业厅、四川省林业厅、青海省林业厅、山西省林业厅、河南省林业厅和国家林业局中南林业调查规划设计院等10个在2013年度退耕还林工程阶段验收工作表现突出的集体进行通报表扬。（曹海船）

【2013年度退耕还林工程管理实绩核查】 为了全面掌握退耕还林工程建设管理情况，进一步强化工程管理，提升工程建设质量和管理水平，切实巩固和发展好退耕还林成果，2013年10月22日，国家林业局印发《关于开展2013年度退耕还林工程管理实绩核查工作的通知》(林退发〔2013〕175号)。2013年退耕还林工程管理实绩核查以退耕还林工程责任书执行情况为重点，主要包括4个方面内容：①2012年和2013年度工程实施进展情况；②工程管理情况；③成果巩固情况；④存在突出问题的整改情况。通知要求：①各工程省要高度重视退耕还林管理实绩核查工作，将其作为了解基层工程管理情况、更加有针对性地加强工程管理、提高工程建设质量、巩固和发展退耕还林成果的一项重要工作抓实抓好。统筹安排年底各项工作任务，确保核查工作顺利进行。②各工程省要抓紧部署各退耕还林工程县开展工程管理自查工作，认真填报有关数据。此次核查结果将作为国家林业局通报退耕还林工程责任书执行情况的重要依据。2013年第四季度，在各工程省(区、市)和生产建设兵团组织工程县开展自查的基础上，国家林业局组成6个核查组分别到各工程省进行核查，并对每省随机抽取若干个工程县进行深入调查。核查工作采取听取工作汇报、查看管理文件、查看技术资料和图表、调查外业小班、核对有关数据、走访退耕农户了解情况等方式进行。（曹海船）

【国家林业局退耕还林办公室关于深入贯彻落实“两转变两服务”精神，切实做好退耕还林工程检查验收工作的通知】 为了进一步转变退耕还林工作职能和工作作风，提升工程管理能力和服务水平，切实发挥好退耕还林在发展生态林业和民生林业中的生力军作用，2013年6月9日，国家林业局退耕还林办公室印发《关于深入贯彻落实“两转变两服务”精神，切实做好退耕还林工程检查验收工作的通知》(退核字〔2013〕29号)，对各工程省退耕还林主管部门和国家林业局各林业调查规划(勘察)设计院退耕还林工程检查验收工作提出了3项要求：①创新管理方法，提升检查验收工作水平。各工程省和各院要对退耕还林工程检查验收工作进行认真总结，查漏补缺，系统排查与“两转变两服务”精神不相适应、不相符合的问题，进一步完善检查验收工作机制，积极探索高标准、高质量地抓好检查验收工作的有效办法，确保退耕还林工程检查验收工作顺利开展和规范实施。②加强作风建设，树立良好行风形象。在检查验收工作中，各工程省区和各院要对作风建设常抓不懈，完善相关制度，严肃工作纪律，严格执行中央八项规定和国家林业局实施细则，轻车简从，不允许使用森林公安和森林防火车辆，切实做到不扰民、不伤民，杜绝“吃、拿、卡、要”等现象的发生，真正实现文明检查、廉洁验收。要从维护林业行风政风和“务林人”良好形象的高度，从一言一行、一点一滴做起，自觉维护林业系统的荣誉和检查验收工作的严肃性，优质高效地完成检查验收工作。③增强服务意识，开创退耕还林新局面。各工程省区和各院要进一步增强服务意识，教育和引导广大工程管理人员和验收队员，在顺利完成检查验收工作的前提下，尽量少给基层添麻烦，真心实意地与基层干部交朋友，以检查验收工作取得的实效推动退耕还林工作再上新台阶，为继续推进退耕还林工程建设创造良好的氛围。（曹海船）

【《退耕还林工程特大、重大自然灾害损失面积核定办法》评审会】 2013 年 5 月 16 日，国家林业局退耕还林办公室在北京组织召开了《退耕还林工程特大、重大自然灾害损失面积核定办法》评审会，国家发展改革委、财政部、北京林业大学、甘肃省林业厅、四川省林业厅和国家林业局计财司、规划院、中南院、昆明院等有关方面的专家参加评审。会议在编写组就其编制背景、过程和主要内容进行说明，回答与会专家质询的基础上，与会专家经认真讨论，并形成 3 项评审意见：①该《办法》明确了退耕还林工程特大和重大自然灾害损失面积核定的对象、范围、方法和申报程序与要求等，对规范退耕还林工程自然灾害损失面积的核定与申报管理，真实反映国家下达计划面积的保存情况，为灾后恢复重建提供决策依据十分必要。②该《办法》政策依据充分，符合相关规程、标准的要求，有较强的针对性和可操作性。③与会专家原则通过该《办法》，提出了进一步修改的意见，并建议根据专家意见尽快修改完善后下发执行。（曹海船）

【退耕办贯彻落实中央关于改进工作作风有关规定实施办法】 为贯彻落实中央关于改进工作作风、密切联系群众的有关规定，根据《国家林业局贯彻落实中央关于改进工作作风、密切联系群众有关规定的实施意见》（林办发〔2012〕335 号），退耕办结合工作实际，于 2013 年 1 月制定了《国家林业局退耕还林（草）办公室贯彻落实中央关于改进工作作风有关规定实施办法》。实施办法包括以下几个方面：①根据需要统筹安排工作调研，杜绝不必要的检查调研活动。办领导及各处室不集中安排或轮番到一个省、一个地方调研，调研工作要深入实际、深入基层，倾听群众呼声，倾听退耕农民的企盼，了解真实情况，提出切实可行的意见建议，防止调研工作走形式、走过场。②因公调研出差人员尽量统一乘车前往机场、车站，并按规定乘坐交通工具，轻车简从，不搞迎来送往，不搞层层陪同，不用警车开道。③办内组织的调研活动原则上不接受地方宴请，不喝酒，不吃高档菜肴，不食用野生动物，不接受超标准安排住房，不收受各类纪念品及礼品。④会议计划严格按程序审批，严格按计划编制和执行会议预算。会场布置一律不摆放花草，原则上吃自助餐，不组织高消费娱乐健身活动，不发放纪念品。⑤减少发文数量、提高办文质量。不发可发可不发的文件，不发文部署、督办可通过电话、网络直接办理的事项，不层层转发上级或其他部门的文件。注重文件的针对性、可操作性和有效性，力求文字精炼、篇幅简短、内容充实、管用有效。报经分管局领导审批同意的简报，在机关及林业系统内部一般采用电子版，不印纸质简报。简报内容力求短而精，有可读性。⑥厉行节约。严格控制接待、公务用车和出国等三公费用。公务接待原则上安排在机关食堂，不上高档菜肴。办内 15 人以下会议不使用专门会议室，市内出行方便的一般性公务尽量使用公共交通，减少公务交通费用支出。大力推行无纸化办公，一般性材料打印、复印提倡双面使用，其他办公需要尽量使用节能、低耗的产品。⑦加强领导，严格检查监督。改进工作作风由一把手负总责，分管办公室的办领导具体负责，各处室主要负责人为第一责任人。对违反相关规定的处室和人员要提醒警示，批评教育，及时处理，年底对执行情况进行专项检查并通报，要把改进工作作风作为民主生活会、干部年度考核的重要内容，自觉接受群众的监督和批评，严格对照检查和整改。（汪飞跃）

京津风沙源治理工程

工程进展情况 截至 2013 年 12 月 31 日，5 省（区、市）共完成林业建设任务为 56.86 万公顷，占年度计划任务的 100%，其中，人工造林 22.26 万公顷，飞播造林 6.17 万公顷，封山育林 28.43 万公顷。京津风沙源治理工程已全面完成一期下达的林业建设任务 752.61 万公顷（含退耕还林 109.47 万公顷）。《京津风沙源治理二期工程规划（2013～2022 年）》经国务院批准由国家发展改革委、国家林业局、农业部、水利部等 4 部门联合印发工程 6 省（区、市），并安排京津二期工程 2013 年中央基本建设投资 17 亿元，二期工程正式实施。同时，制订印发《京津风沙源治理二期工程管理办法》，出台《京津风沙源治理二期工程林业建设项目技术规定》（林沙发〔2013〕225 号），下发《国家林业局防沙治沙办公室关于开展适用技术培训工作的通知》（林沙综字〔2013〕16 号）加大科技支撑力度，强化治沙适用技术推广和培训工作。

工程取得成效 已初步形成护卫京津的 3 道生态屏障——浑善达克沙地灌草结合的防风固沙屏障、坝上及晋北地区以乔灌结合的防风阻沙林带、北京及城郊地区纵横交错的森林绿化网，在其他相关措施的共同作用下，生态、经济、社会三大效益初步显现。在生态效益方面：一是工程区植被增加，物种丰富度和稳定性明显提高。经过工程治理，退耕地上的植被由结构单一的草丛植被或灌草丛植被演替为乔、灌、草结合的复合植被系统；退化严重的荒漠草原区的草地群落经封育后植物种数量由7种增加到11种以上。赤峰市森林覆盖率由2000年的25.6%，提高到2011年的34.61%，年均增加0.75个百分点。内蒙古多伦县森林覆盖率由2000年的6.8%提高到2013年的30%，年均增加1.9个百分点，项目区林草植被综合盖度由2000年的不足30%提高到2013年的85%，严重的沙化区已呈现郁郁葱葱的景象。二是工程区沙化土地呈固定趋势。据第四次全国沙化监测，2005～2009年，工程区固定沙地面积增加9.5万公顷，增加1.75%；半固定沙地面积减少9.99万公顷，减幅为10.67%；流动沙地面积减少10.29万公顷，减幅达30.68%；同时，沙化耕地也不断减少，沙进人退的趋势得到有效遏制。浑善达克沙地流动、半流动沙丘由2004年的83万公顷，减少到16.2万公顷。工程区沙地构成正在向固定沙地类型转变，尤其是从赤峰—锡林郭勒盟的交通大通道两侧以及多伦县的1、2号大沙带经过治理，原活动沙丘基本上被固定下来。三是工程区土壤侵蚀呈下降趋势。据国家林业局监测中心和北京师范大学共同研究表明，工程区土壤侵蚀模数和土壤侵蚀面积逐年呈递减趋势。随着植被的恢复和林草覆盖度的提高，工程区土壤侵蚀模数平均值由2000年的779吨/平方千米·年下降到2010年的242吨/平方千米·年，下降68.9%。工程区土壤侵蚀面积从2000年的1590.5万公顷下降到2010年的969万公顷，下降39.1%。工程区风蚀总量由2001年的11.91亿吨下降到2010年的8.46亿吨，降低29%；工程区释尘总量由2001年的0.31亿吨下降到2010年的0.26亿吨，减少16.2%。目前，张家口、承德地区植被盖度由2005年的57%增加到70%，水土流失面积由2000年的41 731平方千米减少到30 380平方千米。官厅水库年均泥沙淤积量比20世纪90年代减少100多万吨，总量减少50%。四是沙尘天气强度呈减弱趋势。京津地区的沙尘天气总体上呈减弱趋势，工程区已由沙尘天气发生发展过程中的加强区变为减弱区。据国家林业局和气象局统计，2000～2002年北京市沙尘天气发生次数均在13次以上，2010～2012年减少到4次、3次、2次。同时，北京市大气可吸入颗粒物浓度每立方米从2000年的0.162毫克下降到2010年的0.121毫克；大气可吸入颗粒物中的尘浓度从2000年0.064毫克/立方米下降到2010年的0.024毫克/立方米；尘含量从2000年春季的39.5%下降到2010年同期的19.8%。据气象部门23个观测站点监测，张家口、承德两市发生沙尘暴日数由2000年的397日减少为287日，已经由沙尘暴加强区变为阻滞区，项目区生态环境显著改善。近年来，张家口、承德市空气质量良以上天数达到300天以上，成为华北地区空气质量最好的两个城市。在经济效益方面：通过大力发展特色林果、林下种养、生态旅游等产业，拓宽农民增收致富门路，初步实现生态建设和经济发展的良性互动。张家口市有32.4万人依靠发展杏扁、葡萄、错季蔬菜等种植业实现脱贫致富。承德市有164个村靠林果、食用菌收入实现小康。两市农民年人均纯收入由2000年的1456元增加到2011年的4895元，年均增长19.7%。随着生态环境的改善，以塞罕坝林海、坝上草原、崇礼滑雪场等为代表的生态旅游产业规模逐渐壮大，有效带动区域经济发展。内蒙古多伦县依托京津工程，建成2.67万公顷山杏和1.33万公顷樟子松大苗基地，杏核年产量达800万千克，农民直接收入4800万元；6万多公顷樟子松基地建设，直接解决当地农民就业7481人，参与工程建设的农民人均收入4.8万元；2012年，全县出售苗木款达8395万元，惠及农民1669户，户均收入5万多元。与此同时，多伦县积极引导农民发展林下种植养殖业，梅花鹿等特色养殖及油桃、草莓、葡萄等特色种植基地遍布全县，林业产业化格局初步形成。全县农民人均纯收入由2000年的1033元增加到2012年的8052元。生态环境的全面恢复还带动其生态旅游业的发展。在社会效益方面：实施京津工程为劳动力就地转移找到一条稳定出路。据河北省估算，京津一期工程实施期间，总用工量达到28 000万个工日，按照每人每年250天计算，相当于直接为11万个劳动力提供10年的就业机会。工程对区域经济发展的贡献率保持在23%以上，工程区域经济社会可持续发展指数达到71.2。群众的生产经营方式由广种薄收、超载放牧向集约经营、舍饲圈养转变，初步实现人与自然和谐相处，经济、社会与生态协调发展。（白建华）

三北防护林体系工程建设

【综　述】 2013年，各地认真贯彻落实国务院三北防护林工作会议精神，准确把握稳中求进、好中求快的总基调，在中央投资紧缩的前提下，克服春季干旱、秋季内涝等不利因素，全年完成造林育林59.33万公顷，占中央投资计划的126.4%。

【"建设生态文明——三北工程在行动"主题调研活动】 结合春季造林督导工作，组成4个由局领导带队的调研组，深入到河北、山西、辽宁等10个省(区、市)的40个县(区)开展调研。全面了解各地在推进生态文明，建设美丽中国等方面采取的新思路、新举措，取得的新成效、新特点，反映出的新情况、新问题，研究提出了三北工程在推进生态文明建设、打造美丽中国全局中的发展思路、主攻方向、建设重点、途径、举措以及经济、技术、政策诉求和制度保障等。

【"三北工程与生态文明建设"研讨会】 11月11～13日，联合北京林业大学、中国绿色时报社、中国林学会在京举办"三北工程与生态文明建设"研讨会。会议以"推进三北工程，建设生态文明，打造美丽中国"为主题，通过集中研讨，科学总结三北工程建设35年来的成就、经验、教训，深入探讨三北工程在优化国土开发、修复自然生态系统、丰富生态产品供给、健全生态文明制度方面的思路和措施，在建设生态文明中的地位、作用、路径、潜力，进一步拓展了工程发展的新空间。国家林业局副局长张永利出席会议并做重要讲话；中国工程院原副院长沈国舫、北京师范大学副校长史培军、宁夏回族自治区林业局局长王文宇、甘肃省庄浪县县委书记陈铎、北京林业大学校长宋维明、中国科学院生态环境研究中心研究员傅伯杰、西北农林科技大学副校长赵忠、甘肃省定西市林业局局长杨永宁、中国林科院荒漠化研究所所长卢琦、山西联盛集团有限公司副总经理马建民和北京林业大学人文社科学院院长严耕做主题发言。

【下发《国家林业局关于切实加强三北防护林五期工程建设的通知》】 认真贯彻落实国务院三北防护林工作会议精神，着力推进五期工程开好局、起好步。积极协调下发了《国家林业局关于切实加强三北防护林五期工程建设的通知》(林北发〔2013〕159号)，对全面加强三北五期工程建设做出了整体安排部署；积极协调国家有关部门，全面落实五期工程建设计划任务。

【"三北工程统筹生态林业民生林业发展"现场会】 为认真贯彻落实全国林业厅局长会议精神，加快推进三北地区生态林业民生林业协调发展，8月27~28日，国家林业局在甘肃平凉召开了"三北工程统筹生态林业与民生林业"现场会。这次会议以贯彻学习全国林业厅局长会议为主线，参观学习了甘肃平凉统筹生态建设与民生改善的现场，总结交流各地的建设经验，对三北五期工程统筹生态林业与民生林业协调发展进行了全面的安排部署。张永利副局长出席会议并做讲话，全面论述统筹生态林业民生林业发展的深刻内涵，明确提出三北五期工程统筹生态林业民生林业的具体思路、发展方向、发展重点以及具体措施。

【黄土高原地区综合治理林业示范项目】 一是11月7日，在宁夏银川召开了三北工程黄土高原地区综合治理林业示范建设项目会议，深入学习《黄土高原地区综合治理规划大纲》和《国家林业局实施开展黄土高原地区综合治理林业示范建设的通知》精神，讨论修改《三北工程黄土高原综合治理林业示范建设项目管理暂行办法》，安排部署黄土高原综合治理林业示范建设工作。二是研究制定《三北工程黄土高原综合治理林业示范建设项目管理暂行办法》，将黄土高原综合治理林业示范建设项目管理纳入制度化的轨道。三是指导各地科学编制项目实施方案，确保将任务落实到山头地块。

【退化林分修复工作】 一是组织开展了退化林分修复专题调研。专门成立退化林分修复工作小组，派出3个调研组对各地退化林分修复的现状、经验、退化林分的标准、修复的成本、修复技术、管理经验、政策机制、存在的主要问题等进行专题调研，摸清底数，掌握动态，提出措施。二是着手开展退化林分修复技术标准制定工作。启动退化林分修复技术标准编制工作，研究起草《退化林分修复试点管理暂行办法》和《退化林分修复试点实施工作方案》。

【"地球绿飘带、聚焦三北工程"大型报道】 6月，新华社、国家林业局以三北工程建设35周年为背景，联合41家报刊、网络等媒体组织开展以三北工程为载体的"地球绿飘带"大型宣传报道活动。历时4个月，深入黑龙江、辽宁、吉林、天津、北京、内蒙古、河北、山西、陕西、宁夏、甘肃、青海、新疆做了行进式采访，集成文字、图片、音视频和新媒体等不同报道形式，发表集成报道60多篇，充分反映了三北工程实施35年来取得的成就和经验，突出反映出三北人民生态建设的艰辛努力和命运变化。报道以新华通、新华网等为主要平台进行集成展示，新华社"新华视点""中国网事""我报道"等微博、客户端和新华每日电讯等予以呈现。

【工程管理】 一是积极做好《三北防护林条例》的立项、申报等工作。在过去的工作基础上，继续推进三北工程的立法进程，组织有关专家召开《三北防护林条例》座谈会，开展立法专题调研，形成《条例》基本框架和主要条款，并纳入国家林业局2013年立法计划。二是加强工程建设督导检查。依据《三北工程重点项目检查验收暂行办法》，对三北五期工程以来实施的百万亩人工林基地项目进行一次全面的督导检查。三是进一步完善三北工程县级营造林管理信息系统的功能，巩固和扩大科尔沁沙地试点成果，扩大毛乌素沙地试点范围，加快推进工程建设信息化进程，举办了2期系统应用培训。

(刘　冰)

长江流域等防护林体系建设

【综　述】 2013年，紧紧围绕推进生态文明、建设美丽中国的总目标，长江流域防护林体系建设工程、珠江流域防护林体系建设工程、沿海防护林体系建设工程和太行山绿化工程建设(以下简称"长、珠、海、太")全面推进，取得了突破性成就。"长、珠、海、太"工程全年共完成投资21.53亿元，其中中央基建投资12.56亿元，地方投资8.97亿元；4项工程共完成造林面积52.83万公顷，其中人工造林25.27万公顷，封山育林27.56万公顷。

(曾宪芷)

【全面启动实施4个工程三期规划】 2013年2月和4月，《长江流域防护林体系建设三期工程规划(2011~

2020年)》《珠江流域防护林体系建设三期工程规划(2011～2020年)》《太行山绿化三期工程规划(2011～2020年)》《全国平原绿化三期工程规划(2011～2020年)》通过局务会审议并颁布实施。为配合四个三期工程规划的启动实施，组织召开了长江流域等防护林体系建设三期工程新闻发布会和工程建设现场会。

(刘道平、曾宪芷、覃庆锋)

【平原绿化工程建设实现新跨越】 2013年3月8日，为统一平原绿化工程建设技术标准，规范平原绿化工程建设管理，提高平原地区造林绿化的质量和成效，国家林业局颁布了《平原绿化工程建设技术规定》。农田防护林是平原绿化工程的核心建设内容，通过积极向国家发展改革委员会等部委沟通协调，农田防护林工程作为八大建设内容之一纳入国务院批复的《全国高标准农田建设总体规划》，拓宽了平原绿化工程建设投资渠道。

(刘道平)

【科学开展珠防工程评估】 为全面科学地评价1993～2012年珠江流域防护林体系工程建设成效，总结工程建设经验，分析存在问题，提出加快工程建设的对策措施，认真实施好《珠江流域防护林工程建设三期规划(2011～2020年)》，组织开展了珠江流域防护林工程建设评估工作。初步完成了数据整理和各省自评估报告，基本摸清了珠江防护林建设的基本情况，为进一步实施好珠防林工程提供了坚实基础和科学依据。

(覃庆锋)

【积极推动退化防护林改造】 河北省张家口市坝上地区退化防护林问题，引起中央领导高度重视和社会各界的密切关注，促使退化防护林改造工作提上了重要日程。根据局领导的批示，造林司牵头组织，多次赴河北省张家口坝上、吉林等地调研；局领导两次组织召开退化防护林更新改造座谈会，全面分析了全国退化防护林现状、成因及存在问题，有针对性地提出了退化林分更新改造的初步措施；在国家发展改革委、水利部、农业部，河北省林业厅、张家口市林业局和国家林业局相关司局单位的协助下，组织编制了《张家口市坝上地区杨树防护林更新改造试点方案》，经多次修改完善，2013年12月底，正式报送国家发展改革委。

(刘道平、覃庆锋)

【长江流域等防护林体系建设新闻发布会】 2013年7月10日，“长、珠、太、平”三期工程规划新闻发布会在北京举行。国家林业局副局长张永利出席会议并做讲话，国家林业局造林绿化管理司司长王祝雄介绍工程背景情况。张永利强调，要紧紧围绕《规划》确定的总体思路、布局和建设重点，切实做到6个“加强”。一是加强组织领导。二是加强政策支持。三是加强工程管理。四是加强效益监测。五是加强科技支撑。六是加强宣传发动。在抓好“长、珠、太、平”这些大中型生态工程实施的同时，国家林业局还将根据中央与地方事权划分原则，充分发挥地方的积极性，广泛动员社会力量参与，鼓励和支持各地以突出生态问题治理为导向，更有针对性地规划实施一批小型、微型地方生态工程，形成国家和地方互为补充、协调推进的防护林工程建设体系。

(刘道平、覃庆锋)

【长江流域等防护林体系建设现场会】 2013年8月29～30日，长江流域等防护林体系工程建设现场会在湖北省洪湖市举行。全国31个省(区、市)林业厅(局)，新疆生产建设兵团林业局，5个计划单列市林业局主管厅(局)长、造林处长以及各大新闻媒体等单位代表，共计200人出席会议。湖北省郭有明副省长出席会议并致辞，中国林科院首席科学家彭镇华作学术报告。湖北、山西、浙江、广西、新疆5省(区)林业厅作典型发言，与会代表现场考察了洪湖市长防林工程、平原绿化建设情况。

国家林业局张永利副局长出席会议并做讲话。张永利对“长、珠、太、平”三期工程及沿海防护林体系工程建设重点工作进行了安排部署，要求努力构建多元化、多层次，结构稳定、功能完善的综合防护林体系，为长江、珠江流域，太行山、平原及沿海地区经济社会发展提供坚实生态屏障。

张永利指出，今后一个时期工程建设要以长江、珠江流域江河湖泊沿岸，沿海基干林带适宜建设区，平原重点粮食产区和太行山水源涵养区的生态防护为重点，以提升生态防护功能，改善当地民生为目标，以保护现有森林资源，改造低产低效防护林为基础，以体制机制创新为动力，坚持依靠人民群众、依靠科技进步、依靠深化改革，不断加强工程管理，拓宽资金渠道，提升建设标准，努力构建多元化、多层次，结构稳定、功能完善的综合防护林体系，为长江、珠江流域，沿海，太行山、平原地区经济社会发展提供可靠的生态保障。

(刘道平、曾宪芷、覃庆锋)

重点地区速生丰产林基地建设工程

【速丰林基地建设工程情况综述】 重点地区速生丰产用材林基地建设工程截至2013年年底，19个项目省(区)累计完成营造林1009.5万公顷。其中，2013年当年完成64.1万公顷，工程建设初步形成了多主体投资、多形式建设、多功能利用的总体格局。(林章楠)

【特殊林木项目综述】 2013年进一步加强对特殊林木后备资源培育项目的管理，规范了建设标准。特殊林木后备资源培育项目投资4200万元，完成建设任务7286.7公顷，工程的实施有效地增加了木材供给，推动了林业产业发展，对于缓解我国的木材供需矛盾，特别

是珍稀大径材极其短缺的结构性矛盾发挥重要的作用。（林章楠）

【全国木材战略储备基地示范项目全面开展】 为深入贯彻2013年中央一号文件关于"加强国家木材战略储备基地建设"的精神，2013年，全国木材战略储备基地示范项目继续开展，共落实中央投资4.58亿元，建设木材战略储备生产基地25.21万公顷，实现了任务和资金的双增长。截至2013年年底，7个示范项目省（区、市）全部完成计划任务。主要开展的工作有：一是编制和正式印发了《全国木材战略储备生产基地建设规划（2013～2020年）》，指导各地开展木材战略储备基地建设；二是积极配合计财司，编制《推进生态文明建设规划纲要（2013～2020年）》，并将木材储备基地建设作为两个林业载体之一，列为推进生态文明建设行动计划；三是制订木材战略储备基地建设相关规程、办法，编制和下发了《全国木材战略储备基地改培技术规程》《全国木材战略储备生产基地建设模式及典型案例》《国家木材储备基地示范项目标准化材料要求》等重要文件规程；四是组织政策技术培训，先后培训木材储备基地管理和技术人员200多人次；五是开展实地调研和专题研究，先后陪同全国人大、全国政协等赴福建、广西、云南等7个示范省（区、市）开展调研，深入了解基层林场建设木材战略储备基地情况，依托北京林业大学，组建了全国木材战略联盟，开展了主要造林树种供材状况、国内外木材供需分析等4个课题研究。（林章楠）

【启动国家储备林建设工作】 在2012年全国7个木材战略储备省（区、市）示范国有林场的基础上，探索创建国家储备林的选定、运行、动用、轮换机制，实行总量平衡、分级管理和动态监测管理模式，为构建国家储备林体系，推进全国木材战略储备生产基地建设奠定基础。主要工作有：一是编写国家储备林建设试点方案，联合计财司制订了《2013年国家储备林建设试点方案》，把南方7个试点省（区、市）30个重点国有林场作为第一批承储主体，先行先试，选择林地条件优越、科技支撑优良、交通条件便利、林龄阶梯合理的中、近熟林分划定为国家储备林，已完成5.83万公顷的划定工作，为计划任务的108%；二是建立了国家储备林制度，借鉴国内外物资储备的通用做法，初步构建了契约管理、代储代管、轮换动用和动态监测的国家储备林制度，先后制定了《国家储备林树种目录》《国家储备林管理办法》《国家储备林建设试点责任书》《国家储备林建设试点合同书》《国家储备林划定典型案例》以及国家储备林信息化建设方案等一系列制度办法，做到制度先行、有章可循；三是开展了专题研究，积极依托经研中心、林科院、北林大和国家物资储备研究所等单位，重点开展了《国家储备林政策理论研究》，对国家储备林的政策、技术和市场等开展研究，初步界定了中央与地方、政府与市场、储备与动用的界限规范。（林章楠）

森林培育

05

林木种苗生产

【综　述】 2013年，国家林业局国有林场和林木种苗工作总站(简称场圃总站)继续组织开展了林木种苗统计年报工作。党和国家对林木种苗工作高度重视出台了一系列政策和文件。全国各级林木种苗管理机构以贯彻落实国办《深化林业体制改革、提高创新能力的意见》为主线，狠抓种苗生产供应工作，保障了生态和林业重点工程建设的种苗需求。据统计，有28个单位所报苗木供应量较2012年有明显增长。同时，全国林木种子供应数量充足。但名特优新林木种子供应紧俏。珍贵阔叶、优质乡土、彩化观赏等名特优新林木种子始终供不应求。依然存在林木良种供应率偏低、育苗与造林计划衔接不紧密、树种结构不合理等老问题，同时也出现苗木存量持续扩大等新情况，要积极采取措施，降低市场风险。

林木种子生产　全国共采收林木种子2670万千克，同比下降4%。减少原因是以核桃、油茶为代表的经济林树种和樟子松等绿化树种经过近几年的快速发展，市场供应已经趋于饱和，经过种苗管理部门的政策引导和市场自身调控，供应量逐步下降。2013年采收前种子库存量为272万千克，2013年实际用种量为2373万千克。

良种基地生产　据统计，全国良种基地共生产种子167万千克(种子园产种量94万千克，母树林产种量73万千克)，比2012年减少3万千克。2013年全国良种基地生产穗条42亿条(根)，其中采穗圃生产穗条36亿条(根)、良种繁殖圃生产穗条6亿条(根)，比2012年增加10.8亿条(根)，良种穗条产量连续两年增长率超过30%。

采种基地生产　全国采种基地共采收种子506万千克，占全国林木种子采收量的19%，比2012年减少125万千克。甘肃省居减幅榜首，减少31万千克；云南省其次，减少29万千克。

苗木生产　全国共完成育苗面积107.1万公顷，比2012年增加15.5万公顷。其中新育苗面积30万公顷，占育苗总面积的28%。国有、乡村集体和个体育苗面积分别占育苗总面积的10.61%、4.8%和84.59%，与2012年相比，国有育苗面积比重减少2.39个百分点，乡村集体育苗面积比重减少0.47个百分点，个体育苗面积比重增加2.86个百分点，个体育苗面积所占比重连续3年超过80%。2013年育苗总量为600亿株，比2012年增加29亿株，增幅为5%。除留圃苗木外，实际用于造林绿化的苗木量为175.8亿株，其中生态公益林苗木98.3亿株，经济林苗木32.1亿株，其他林种苗木45.4亿株。2013年实际用苗量中26.89%来自国有单位，5.25%来自乡村集体，还有67.86%来自个体。

2013年容器育苗产量为97亿株，良种苗产量165亿株，与2012年相比，容器苗产量减少5亿株，良种苗产量增加15亿株，增幅为10%。

林木种苗基地建设情况　全国林木良种基地建设面积23.78万公顷，其中：种子园2.1万公顷、母树林15.08万公顷、采穗圃0.78万公顷、良种繁殖圃0.55万公顷、测定林0.9万公顷、收集区0.35万公顷、良种示范林3.32万公顷、其他0.69万公顷。2013年全国采种基地可采种面积46万公顷。

育苗单位　到2013年底，全国共有苗圃434512个，国有、乡村集体和个体所占比例分别为1.69%、1.4%和96.91%。在国有苗圃单位中，林业系统内部的苗圃有5493个。（韩文兵）

【林木种苗工程项目建设】

林木种苗工程项目投资　中央预算内投资计划下达林木种苗工程建设投资20 000万元，投资规模与2012年持平。其中，地县级林木种苗机构能力建设投资3827万元，林木良种基地建设投资12 170万元，林木种质资源收集保存库建设投资2087万元，林木采种基地建设投资400万元，其他投资1516万元，依次占该项目中央预算内投资的19.14%、60.85%、10.43%、2%、7.58%。各项目占当年比重与2012年相比，地县级林木种苗质检机构建设降低了2.19%，林木良种基地增加了14.99%，种质资源收集保存库和采种基地项目建设分别降低了15.59%和0.83%，其他投资占当年投资比例增加了3.62%。

林木种苗工程项目建设　建设林木种苗工程项目118个，建设规模6362.7公顷(其中：新建2434.62公顷，续建3928.04公顷)。建设林木良种基地项目77个，林木种质资源保存库项目16个，采种基地项目2个，种苗繁育基地等其他项目12个，开工建设规模依次为4242公顷、783.7公顷、233.3公顷、1103.6公顷，分别占建设规模的66.7%、12.3%、3.7%、17.3%；计划建成项目58个，建设规模达3404公顷。继续建设了11个省的地县级林木种苗机构能力项目，计划在3个省(区)建成72个质检站。（于滨丽）

【林木种苗管理机构建设】　为了适应现代林业发展对林木种苗生产供应监督管理能力的需要，按照《全国林木种苗发展规划(2011～2020年)》(以下称《规划》)的要求，从2011年开始重点加强地(市)、县级林木种苗管理机构建设，对试点省区实施了地(市)、县级林木种苗质量监督检验建设项目。继续把该工作作为贯彻落实《规划》和国务院办公厅印发的《关于加强林木种苗工作的意见》(国办发〔2012〕58号，以下称《意见》)的重要内容，2011～2013年国家共投资1.1亿元，项目涉及11省(区)347地(市)、县。其中，内蒙古自治区、福建省、新疆维吾尔自治区完成76个地(市)、县的建设任务。通过实施林木种苗质量监督检验建设项目，改善了试点省区基层林木种苗管理机构质量检验的基础设施条件，提高了基层林木种苗质量监督检验和服务能力，

林木种苗质量管理水平显著提高。（于滨丽）

【开展林木种苗机构情况调查】 为全面了解和掌握全国各级林木种苗管理机构现状，进一步贯彻落实国务院办公厅《关于加强林木种苗工作的意见》，组织开展了全国林木种苗管理机构情况调查工作。

截至2013年4月末，全国共有林木种苗管理机构1938个，在编在职人员13 813人，中级职称以上人员6371人，占在编在职人员总数的46.1%。其中，省级林木种苗管理机构34个，在编在职人员804人，中级职称以上人员416人，占在编在职人员数量的52%；地(市)级林木种苗管理机构298个，在编在职人员2522人，中级职称以上人员1440人，占在编在职人员数量的57%；县(市)级林木种苗管理机构1606个，在编在职人员10 487人，中级职称以上人员4515人，占在编在职人员数量的43%。

取得成效 各级林业行政主管部门和种苗管理机构以实施《种子法》为核心，以《国务院办公厅关于加强林木种苗工作的意见》为指导，进一步强化种苗行政管理职能，机构能力建设得到进一步加强。截至2013年4月底，全国共有林木种苗管理机构1938个，较2009年底的980个翻了近一番。北京、内蒙古、黑龙江、山西、浙江、安徽、湖南、福建等18个省(区、市)、龙江森工、大兴安岭森工林木种苗管理机构经批准参照《公务员法》管理。林木种苗行政管理逐步向“引导、规范、监管和服务”转变，公共服务水平不断提高。

存在问题 一是林木种苗管理机构亟待加强。截至2013年年底全国仍有近一半的县级行政区没有林木种苗管理机构，地、县级林木种苗管理机构有近一半为合署办公。二是部分省级林木种苗管理站仍为事业编制，以委托执法形式从事种苗行政执法工作，难以充分发挥行政执法、市场监管等行政职能作用。三是基层种苗机构普遍存在管理体制不顺，管理设施设备不足和落后的问题；执法队伍不健全、不稳定，缺乏必要的执法手段和条件。四是基层林木种苗管理人员中，具有中级以上职称人员占在编在职人员比重相对较低，业务能力相对较弱。

相关建议 一是以国务院办公厅《关于加强林木种苗工作的意见》为指导，加大各级林木种苗机构建设力度，尚未建立机构的要尽快建立种苗管理机构，对已经建立机构的，要稳定其人员编制、职能及经费，以保证工作顺利开展。二是近一步加强林木种苗行政管理与执法能力建设力度。在现有国家支持建设的基础上，逐步加大种苗基础设施的建设和扶持力度，配备必要的设施设备，改善林木种苗行政执法和质量检测条件。三是加大林木种苗从业人员教育和培训力度。充分利用高等院校和科研机构的教学资源，定期举办种苗行业管理人员培训班，提升林木种苗管理人员的业务素质。

（于滨丽）

【贯彻落实国务院办公厅《关于深化种业体制改革提升创新能力的意见》】 12月20日，国务院办公厅印发了《关于深化种业体制改革提升创新能力的意见》(国办发〔2013〕109号)。该文件与《国务院办公厅关于加强林木种苗工作的意见》(国办发〔2012〕58号，以下简称《58号文件》)一脉相承，是对《58号文件》的再推动、再落实，突出强调了深化种业体制改革，提高种业自主创新能力，针对制约林木种苗发展的良种使用率低、林木种质资源工作滞后等瓶颈问题再次提出了明确要求。《意见》全文共分7部分。第一部分阐述了《意见》指导思想；第二部分强化企业技术创新主体地位；第三部分调动科研人员积极性；第四部分加强国家良种科技攻关；第五部分提高基础性公益性服务能力；第六部分加快种子生产基地建设；第七部分加强种子市场监管。

（丁明明）

【贯彻落实《国务院办公厅关于加强林木种苗工作的意见》】 场圃总站采取以下措施，进一步贯彻落实《国务院办公厅关于加强林木种苗工作的意见》(以下简称《意见》)。

印发贯彻落实《意见》的通知文件 为深入贯彻落实该文件精神，起草《国家林业局关于贯彻落实〈意见〉的通知》(林场发〔2013〕44号)，并于4月1日印发。阐述4部分内容，一是简要阐述了加强林木种苗工作的重要性和紧迫性，以及出台的重要意义；二是要求各地各单位要认真组织学习，全面准确把握其的精神实质，积极开展宣传工作。三是要求采取有力措施，圆满完成《意见》确定的各项任务；四是要求加强组织领导，确保各项政策措施落实到位。

印发《意见》有关工作分工的文件 起草《国家林业局办公室关于〈意见〉有关工作分工的通知》(办场字〔2013〕75号)，6月17日印发。涉及国家林业局的工作任务共三十五项。在征询相关司局、直属单位意见的基础上，形成国家林业局内部分工方案。共涉及政法司、造林司、保护司、林改司、计财司、科技司、国际合作司、人事司、信息办、工作总站、基金站、退耕办、速丰办、科技中心、人才中心、中国林科院、国际竹藤中心、中国花卉协会等18个司局、直属单位。

开展《意见》宣传工作 为了贯彻落实《意见》，形成全社会关心、支持林木种苗工作的良好氛围，场圃总站与《中国绿色时报》联合开展了系列宣传工作。1月10日《中国绿色时报》头条位置报道《意见》发布的新闻消息、配发评论。4月11日报道国家林业局出台《贯彻〈意见〉的通知》的新闻消息，刊发国家林业局副局长张建龙的访谈文章。4月12日刊发《意见》权威解读专版。

各地贯彻落实《意见》情况 《意见》印发后，各地积极开展贯彻落实工作。截至2013年年底已有河北、江苏、山西、湖南、河南、重庆、江西7个省(市)政府办公厅下发了《贯彻落实〈意见〉的实施意见》，新疆林业厅印发了《贯彻落实〈意见〉的实施意见》，新疆生产建设兵团办公厅下发了《关于加强兵团林木种苗工作的实施意见》。

（丁明明）

【全国林木种苗质量抽查】 2013年，国家林业局委托国家林业局林木种苗质量检验机构重点抽查了河北、黑龙江、安徽、江西、河南、宁夏、青海等7个省(区)的林业重点工程造林使用的林木种苗质量，委托北京、山西、辽宁、吉林、湖北、四川、贵州、新疆等8个省(区、市)林业厅(局)对本辖区林木种苗质量进行抽查。共抽查林木种子样品119个、苗木467批，涉及94个树种(品种)、214个县、264个单位(含个人，下同)。

抽查结果显示，林木种子样品合格率为96.6%，较2012年的90.1%上升6.5个百分点。苗木苗批合格率为96.9%，较2012年的94.7%上升2.2个百分点。在被抽查的264个单位中，落实林木种苗生产经营许可制度的单位261个，占98.9%；落实标签制度的单位258个，占97.7%；建立档案的单位256个，占97.0%；档案内容齐全的单位189个，占71.6%；落实了自检制度的单位236个，占89.4%。抽查的119个种子样品均来源清楚，来源于种子园、母树林、采种基地的64个，占53.8%；来源于一般采种林的55个，占46.2%。抽查的467个苗批中，来源于种子园、母树林、采穗圃、采种基地的266个，占56.9%；来源于一般采种林的195个，占41.8%；育苗种子来源不详的6个，占1.3%。抽查的119个种子样品中，109个为主要林木，经过审(认)定的55个，占50.5%；抽查的467个苗批中，450个为主要林木，经过审(认)定的270个，占60%。抽查林木种子的53个县中，涉及确定采种林以及公布采种期的县50个，其中45个县都按照《种子法》规定确定了采种林，占90%；在采种季节向社会公布采种期的县45个，占90%。

针对检查结果，国家林业局下发《关于2013年林木种苗质量抽查情况的通报》(林场发〔2013〕161号)，对各项工作成绩突出的单位进行表扬，对抽查不合格的单位进行批评。在分析了目前林木种苗质量管理工作存在的问题的同时，要求各地要进一步提高认识，加强种苗质量管理；落实林木种苗许可、标签、档案、检验制度；制订和完善林木种苗标准；强化林木种子生产、经营、使用各环节管理；加强林木种苗质量检验人员培训考核工作。 (李世峰)

【林木品种审定】 2013年度，国家林业局林木品种审定委员会和部分省(区、市)林木品种审定委员会共审(认)定通过了包括用材树种、经济林树种及观赏品种在内的林木良种526个。国家林业局林木品种审定委员会审(认)定的林木良种37个，其中审定27个，认定10个。北京、河北、内蒙古、辽宁、江苏、浙江、安徽、福建、江西、山东、河南、湖北、广东、广西、重庆、云南、贵州、甘肃、青海、宁夏等20个省(区、市)共审(认)定林木良种489个，其中审定334个，认定155个。 (鲁新政)

【《林木种苗工程项目建设标准》通过审查并试行】 场圃总站和四川省林业规划院主持承担完成《林木种苗工程项目建设标准》。该标准4月11日在北京通过了国家林业局组织的专家审查，国家发改委农经司、国家林业局计财司、国家林业局场圃总站、中国林业工程建设协会工程标准化专业委员审查委员会及福建、浙江、吉林、陕西、四川和内蒙古自治区林木种苗管理部门的18位专家参加评审。该标准的颁布实施，对规范我国林木种苗工程项目建设和提高项目建设水平具有重要的指导意义。标准共九章六十三条，对建设林木种质资源库工程、良种繁育工程、采种基地工程、苗木生产基地工程及其基础设施与配套工程建设等具有指导意义。该标准于11月颁布，自2004年1月1日起试行。 (于滨丽)

【启动全国林木种苗质量检验员培训系统建设】 自2013年起，场圃总站启动了全国林木种苗质量检验员培训系统建设，以期实现种苗质量检验人员网上学习、培训和考核。目前建设进展顺利，已完成部分课件的拍摄和全国林木种苗质检员的信息收集、汇总工作。 (李世峰)

【全国林木种苗站站长座谈会】 6月6～8日在贵州省贵阳市召开。参加会议的有来自全国31个省(区、市)、内蒙古、吉林、龙江、大兴安岭森工(林业)集团公司和新疆生产建设兵团林木种苗站负责同志，共70多人。国家林业局场圃总站杨超总站长出席会议并做了讲话。会上，各省(区、市)林木种苗站负责同志就本省区贯彻落实《意见》采取的具体措施以及新形势、新任务下林木种苗事业发展等方面的问题进行了认真的座谈和交流，研究讨论了《种子法》修改意见，安排部署了珍贵树种、油用牡丹种苗生产以及木材战略储备所需种苗供应等工作。 (赵　兵)

【《种子法》修改及全国林木种苗行政执法工作座谈会】 10月21～22日，在陕西省西安市召开。参加会议的有各省(区、市)的林木种苗站分管站长和执法、质检科长及国家林业局《种子法》修改起草小组成员。全国人大农委法案室副主任张福贵、国家林业局政法司有关领导出席会议。全国人大农委法案室副主任张福贵向与会代表详细说明《种子法》修改的背景及修改进展。各省代表根据本省的实际情况，针对目前《种子法》在执行过程中存在的问题及修改建议展开了热烈的讨论。同时，会议还总结交流了各地2013年林木种苗行政执法工作取得的成绩、存在的问题，交流了各地典型经验和做法，研究提出了2014年加强林木种苗行政执法重点工作。会议由国家林业局场圃总站副总站长张周忙主持，杨超总站长做了重要讲话。 (李世峰)

【主办第七届全国林木遗传育种学术研讨会】 10月20～22日，场圃总站与中国林学会林木遗传分会共同主办了第七届全国林木遗传育种学术研讨会。共有来自全国30个省(区、市)科研院校的育种专家及种苗管理部门的430多人参加了会议。 (丁明明)

【全国林木种苗质量抽查工作总结会及质量检验培训】 8月1～2日在新疆举办。国家林业局北方、南方林木种子检验中心、国家林业局林木种苗质量检验检测中心(长沙、呼和浩特、石家庄、沈阳)等6个质检中心的全体人员和吉林、黑龙江、浙江等20个省(区、市)林木种苗站质检科长参加了培训。会上，国家级质检中心汇报了2013年林木种苗质量抽查情况以及发现的问题及建议，研究讨论了在抽查工作中碰到的困难和意见；参会省(区、市)汇报本省种苗质量管理做法及意见和建议。会议还邀请了北京市农林科学院玉米研究中心王凤格副主任就玉米DNA指纹库建设及在质量检验中的应用做了介绍。 (李世峰)

【举办首次全国林木种苗行业科长培训班】 9月10～11日在四川省成都市举办了培训班。来自全国30个省（区、市）林业厅（局）林木种苗站，内蒙古、吉林、龙江、大兴安岭森工（林业）集团公司营林处（种子站），新疆生产建设兵团林业局林木种苗站的林木种苗行业科长及相关领导同志共80余人参加了培训。场圃总站领导和四川省林业厅领导出席会议并做了重要讲话。北京林业大学、南京林业大学、北京新瑞理想软件股份有限公司的专家、教授分别就用材林树种和经济林树种的良种选育与品种审定申报、林木品种申报的流程及存在的问题、国家重点林木良种基地数据及网站信息录入与维护进行了讲解。参会代表就各省区的林木品种审定工作进行了交流发言。 （赵　兵）

【分树种举办国家重点林木良种基地技术培训班】 3月11～14日、3月30～4月1日、11月25～28日分别在湖北武汉市、北京林业大学、湖南省怀化市举办了全国马尾松良种基地建设与管理培训班、全国油松良种选育技术培训班和全国杉木良种基地建设技术培训班。培训内容包括杉木油松和马尾松多世代遗传改良程序与关键策略，高世代种子园营建技术，林木种质资源收集保存和评价利用，子代测定遗传设计和实验数据分析，良种繁育技术等内容。共培训国家重点林木良种基地技术人员200多人次，极大地提高了国家重点林木基地主任的业务能力和管理水平。 （赵　兵）

【林木种苗社会化、信息化服务】 通过加强网站建设、进一步充实林木种苗数据库，举办信息化培训班等手段，支持国家级种苗交易市场活动等多种形式开展社会化和信息化服务。一是建设“四网一库”，即国家种苗网、中国林场信息网、中国森林公园网、中国森林旅游网以及国有林场、林木种苗和森林公园基础数据库，为林木种苗、国有林场和森林公园行业管理提供更加现代、实用的信息服务。全年国家种苗网加载信息数量达到3833条。二是对国家种苗网进行了全面的改版升级，增设了林木种苗行情版块，及时向社会公布全国林木种苗价格行情，为购销双方提供了信息服务平台。三是建立了种苗和森林旅游官方微博以及官方微信，国家种苗网还开通了官方手机日报。同时，开展了《林木种苗周刊》《森林旅游周刊》等电子邮件订阅。四是于10月29～31日，举办了全国林木种苗信息员培训班，培训信息员80余人，为促进基层信息化建设奠定了人才基础。五是支持新疆呼图壁、安徽合肥、山东昌邑、吉林柳河四个国家级苗木交易市场举办种苗交易活动，其中新疆呼图壁苗博会共达成签约项目10个，签约额26.42亿元，为行业发展和带动区域发展起到了积极的推动作用。 （韩文兵）

【2013年行政许可受理送达情况】 场圃总站共承担国家林业局6项行政许可事项，依次为林木种子经营许可证核发、林木种子质量检验机构资质考核向境外提供或从境外引进林木种质资源审批、采集或采伐国家重点保护种质资源审批、国家级森林公园设立、撤销、合并、改变经营范围或变更隶属关系审批、林木种苗进口审批。截至12月31日，共受理行政许可申请2327件，做出行政许可准予决定2221件，不予许可决定4件。发出考察通知书58份，补正通知书28份。（韩文兵）

【林木种苗引进】 为丰富物种资源，保障全国造林绿化种苗的供应。2013年度共从美国、加拿大、澳大利亚、荷兰、比利时、日本、丹麦、中国香港等国家和地区进口林木种子25 896吨，苗木1586.2万株，种球18 667万粒。其中松、杉、柏、槭树、桉树、水果、干果等各类林木种子488.242吨；早熟禾、黑麦草、高羊茅、狗牙根等草坪种子25 126.1吨；鸡冠花、一串红、仙客来、蝴蝶兰、百合、郁金香、唐菖蒲等花卉种子281.965吨；百合、郁金香、唐菖蒲等花卉种球18867万粒 。 （赵　兵）

【林木种子生产经营许可证核发】 按照《种子法》及《林木种子生产、经营许可证管理办法》的规定，场圃总站对全国林木种子生产经营许可证发放情况进行了调度。2012年全国新核发林木种子生产、经营许可证38 864份，其中生产许可证19 490份，经营许可证19 374份。国家林业局核发林木种子经营许可证18份。全国各级林业行政主管部门及其所属种苗管理机构通过加大宣传培训力度，加强行政执法检查，规范行政许可制度，提高后期监管力度，进一步落实了林木种子生产经营许可制度，有效地规范了林木种苗持证销售、合法经营的市场秩序。 （苗　健）

【组织编辑《中国猕猴桃种质资源》】 该书为场圃总站组织编写的种质资源系列丛书之一，于11月出版。本书分上、下两篇。上篇对猕猴桃的驯化简史及主要用途、分类及重要利用价值的物种进行了介绍，下篇以我国27个省（区、市）的猕猴桃种质资源为基础，重点介绍了不同类型的优良品种148个。该书图文并茂，是从事猕猴桃种质资源收集、研究和品种选育工作者有用的工具书。 （鲁新政）

森林培育

【综　述】 2013年，各级绿化委员会、林业部门努力克服去冬今春以来持续低温、雨雪冰冻天气和干旱，雨季南方持续高温、北方遭遇大雨等极端气候给造林绿化带来的不利影响，提前谋划，积极应对，加大了造林绿化工作的组织部署和推进力度，组织发动体现一个“早”字，工作措施体现一个“实”字，造林推进体现一个“快”字，措施得力，成效明显。据统计，2013年全国造林面积610.39万公顷，完成全年计划任务600万公顷的101.73%，其中，人工造林421.05万公顷，完成全年计划任务374.07万公顷的112.56%；飞播造林15.44万公顷，完成全年计划任务15.33万公顷的100.72%；封山育林173.9万公顷，完成全年计划任务210.6万公顷的82.57%；重点生态修复工程造林面积256.9万公顷，完成全年重点生态修复工程造林计划任务320万公顷的80.28%，占全国造林完成面积的42.09%；其他造林面积353.49万公顷，完成全年其他造林计划280万公顷的126.25%，占全国造林完成面积的57.91%。有5.3亿人次参加各种形式的义务植树活动，植树25.2亿株，占全年计划任务25亿株的100.8%。河北、河南、陕西3省超额完成全年全部造林计划任务(重点工程造林、其他造林两项计划任务都超额完成)，天津、山西、吉林、青海、新疆等5省(区、市)超额完成重点工程造林计划任务，内蒙古、辽宁、江苏、浙江、安徽、福建、江西、山东、湖北、湖南、广东、广西、海南、重庆、贵州、云南、西藏、宁夏等18省(区、市)超额完成其他造林计划任务。2013年造林绿化有以下特点：

领导重视，部署及时　中央领导率先垂范参加义务植树，习近平总书记对义务植树做出重要指示。国务院召开全国森林草原防火和造林绿化工作电视电话会议，汪洋副总理出席会议并做重要讲话，在提高全民义务植树运动水平、实施好林业重点工程、积极推进林业改革、引导和支持社会各方面力量参与造林绿化等4个方面对2013年及今后一个时期造林绿化作出指示，提出要求。全国绿化委员会、国家林业局印发《关于做好2013年春季造林绿化工作的通知》(全绿字〔2013〕2号)，在做好春季造林绿化的各项准备、推进工程造林和全民义务植树、提高科学造林营林水平、创新造林绿化组织管理机制、应对自然灾害、加强组织领导等方面部署2013年春季造林绿化工作。各省(区、市)普遍把造林绿化作为推进生态文明、建设美丽中国的一项重要举措来抓，采取印发通知文件，召开动员会、现场会等加大工作部署力度，切实加强造林绿化工作的领导。

准备充分，抢抓时令　为保质保量完成全年造林绿化工作，各地都提前制订工作方案，做好各项准备工作，做到早研究、早准备、早开展。江西、安徽、浙江、河南、广东、广西等地在春节后一上班，即通过义务植树形式拉开了全省春季造林绿化序幕。黑龙江及时组织雨季造林补植补造工作，对春季造林成活率达不到85%的地块，逐地块进行补植。福建、山东等地全面落实种苗生产、经营许可制度，严格市场准入，实行种苗生产全过程质量管理，严防伪劣、带病虫害、不合格种苗流入生产、流通环节，确保苗木质量，同时调整优化苗木结构，加快优良珍贵树种、乡土树种、绿化大苗的培育，提高良种壮苗使用率。四川、云南等省针对持续干旱，提前做好抗旱保苗应急预案，抓紧搞好抗旱设施维护，积极发展滴灌造林、容器苗造林，多措并举搞好保墒保苗工作，并在旱情严重的地区适当调减春季造林计划，确保造林成效。其他地区也都超前做好规划设计、落实地块、订购苗木、技术培训、挖穴整地等各项准备，气候一旦适宜，造林即全面铺开，并迅速推进。

机制创新，投入增加　河北大力推行大户承包、股份合作、公司化等造林机制，鼓励引导企业、大户投入太行山造林绿化，提高造林规模化和集约化程度。同时，加强政策扶持，推进雨季补植补造，确保造林成效，其中，迁安市财政按照每个鱼鳞坑8元的标准对雨季造林给予补助，并免费提供所需容器苗。山西省政府将造林绿化纳入地方各级政府和有关部门年度目标责任考核体系，同时，全面推广“一矿一企治理一山一沟”“挖一吨煤栽一棵树”等资源型企业反哺林业建设的经验做法，将煤炭企业生态环境恢复治理保证金的20%~30%用于造林绿化，对保障当地造林绿化投入起到很大支持作用，其中，柳林、孝义、朔城区等区县全年林业投资分别达到3亿元以上。安徽省在省财政全年安排5亿元专项补助造林资金的示范带动下，各地纷纷出台扶持政策，创新造林发展机制，不断放大政策效应，吸引了大批有实力、有经验的林业龙头企业、加工企业、造林大户、新型合作组织等独资或合伙投资造林绿化。辽宁省通过深化改革、完善政策、加强引导等措施，2013年春季造林绿化投入21.9亿元，创近年新高。江苏省采取以奖代补机制激发各地造林积极性，效果十分明显，其中，苏州市财政用4000万元以奖代补资金，引导各区县对造林绿化投入20多亿元。其他各省(区、市)也普遍加大了造林绿化资金投入，因地制宜创新造林绿化发展机制。

重点突出，力度加大　北京市以城市发展新区为主体，城市功能拓展区为重点，生态涵养发展区为补充，与保护生物多样性相结合，集中力量推进平原造林工程。山西省以“山上治本、身边增绿、产业富民、林业增效”为指导，做到山上山下共建、兴林养水统筹、经济生态并重，实施全流域、跨山系大规模综合生态经济型造林绿化工程。内蒙古以保护建设森林、湿地、荒漠生态系统和维护生物多样性为重点，实施重大生态修复工程，全力打造北方重要生态安全屏障。辽宁省实施青山工程“两退一围”项目，整沟整坡推进，集中连片造林，绿化规模空前。黑龙江省突出村屯绿化、通道绿化、城郊片林和工业园区绿化4个重点，采取大苗木、多树种，乔灌结合的方式绿化，生态景观效果明显。江苏省将京沪高铁生态景观廊道工程作为建设绿色江苏的标志性工程全力打造，将其建成为近年来江苏绿化里程最长、绿化纵深最广、绿化面积最大、使用树种最多的一条绿色生态景观廊道。安徽省按照“主攻丘陵、巩固山区、提升平原”的思路，抢抓造林有利时机，提前完成千万亩森林增长工程年度造林任务，植树造林不仅进度明显加快，而且造林质量大幅度提升。陕西省启动了“陕南山地森林化”建设，按照“一屏、两区、三廊、四点、五片”的林业生态格局推进，全面实施“关中大地园林化、陕北高原大绿化、陕南山地森林化”生态建设战略。宁夏紧紧抓住生态林业、民生林业两大核心任务，推进封山禁牧、绿化美化、退耕还林(草)、防沙治沙、湿地保护等五大生态工程，全力打造沿黄景观林、贺兰山东麓百万亩葡萄、中部干旱带防风固沙林、六盘山水源涵养林四大绿色长廊。甘肃以使用优质乡土树种造林作为重点，按照统一规划、统一标准、统一栽植的原则，坚持整山、整坡、整村推进，造林绿化标准、质量提高。

督导务实，成效提升 以落实造林计划任务，研究解决在管理上、机制上制约造林绿化发展的关键性问题为重点，国家林业局由造林绿化管理司牵头组织，有关司局、直属单位参加，开展造林绿化工作联合调研。通过联合调研，督促了各地造林进度，摸清了造林绿化实际情况、存在困难与问题，研究提出了有关对策意见。各地也加强了造林绿化监督指导力度。北京、天津、青海等省(区、市)领导带队检查造林绿化工作。浙江、甘肃等省(区、市)派出专家组、林业技术骨干深入造林地开展巡回指导。河南各地加强造林督查工作，现场解决生产中遇到的实际问题，南阳市将督查与年终对造林绿化工作进行综合排名和兑现奖惩相挂钩，提升了造林督查的作用和实效。湖南省面对50年一遇的夏季旱灾，组织各地力量了解灾情，采取幼林抚育、整枝修剪、病虫害防治、施肥低改等措施积极应对，并要求及时统计和上报灾情，给予技术和资金扶持。广西、新疆各派出十几个春季督查工作组及时赶赴各地，检查造林绿化准备工作和任务落实，加强情况通报，确保春季造林绿化有序开展。

存在问题 ①困难立地占宜林地比重较大，造林难度越来越大，制约造林绿化进程，干旱半干旱地区造林绿化亟待得到重视和加强；②造林成本提高，资金投入不足，造林机制有待创新；③山区、沙区造林所需的作业道路、水利灌溉等配套设施滞后，造林营林基础建设急需加强；④移栽大树搞绿化，忽视良种壮苗使用的问题，在一些地方还存在，造林营林的科学意识急待强化；⑤速生树、常规树苗木多，珍贵树、优质乡土树、特色经济林木种苗少，造林绿化种苗供应结构仍需不断优化。

(周力军)

【全国绿化委员会办公室发布《2012年中国国土绿化状况公报》】 为大力宣传2012年各地区、各部门在造林绿化和林业生态建设上的重大举措和取得的显著成绩，进一步激发社会各界支持和参与造林绿化事业，推进生态林业民生林业发展，建设生态文明和美丽中国，3月12日植树节，全国绿化委员会办公室发布《2012年中国国土绿化状况公报》。公报全面反映全民义务植树、国家重点生态工程造林、部门绿化、森林保护等实际进展、取得成绩和经验做法，指出了当前存在的困难和问题，提出了2013年造林绿化总体思路。植树节前后，新华社、《人民日报》《经济日报》《中国绿色时报》，以及中国网、中国林业网、新浪、搜狐等几十家新闻媒体全文登载或摘要登发公报，取得很好的宣传效果。

(周力军)

【国家林业局组织开展造林绿化工作联合调研】 为贯彻落实全国森林草原防火和造林绿化工作电视电话会议、全国林业厅局长会议精神，扎实推进造林绿化工作，确保如期实现林业"双增"目标，国家林业局于2013年5月中下旬组织开展了造林绿化工作联合调研。联合调研工作由国家林业局造林绿化管理司牵头组织，森林资源管理司、发展规划与资金管理司、科学技术司、调查规划设计院、中南林业调查规划设计院等司局、直属单位派员参加，组成4个组，每组由司局长带队，3~4人组成，分赴广东、吉林、湖北、新疆4省(区)进行。通过这次联合调研，详细摸清了造林绿化现状，全面总结了各地推进造林绿化的有益做法和成功经验，及时发现了当前制约造林绿化发展的实际困难及体制机制、管理上存在的问题，研究提出了完善造林绿化规划体系、增强造林计划的有效性、完善中央财政造林补贴政策、创新造林绿化管理和推进机制、充分发挥各级绿化委员会的职能作用等对策建议。 (周力军)

【国家珍贵树种培育示范县管理办法】 为加快推进珍贵树种培育，充分发挥国家珍贵树种培育示范县的引领示范作用，进一步调动各地发展珍贵树种的积极性，增加珍贵树种资源，提高森林质量，国家林业局于2月25日印发《国家珍贵树种培育示范县管理办法(试行)》(林造发[2013]27号)(以下简称《办法》)，要求各地认真组织具备条件的单位积极申报国家珍贵树种培育示范县，指导已批复的国家珍贵树种培育示范县做好珍贵树种培育示范建设工作。

2011年6月，国家林业局根据浙江省、海南省林业厅的来文请求，以局文复函，批准浙江省建德市、海南省东方市为国家珍贵树种培育示范市。鉴于当时考虑地方发展珍稀树种的积极性和全国珍稀树种培育示范建设工作的需要，对两市进行了先行批复。

启动国家珍贵树种培育示范县建设工作十分必要。县级政府是贯彻落实中央战略部署的关键主体。开展国家珍贵树种培育示范县工作，树立先进典型，充分发挥其示范带动作用，可以有效推动珍贵树种的培育。通过开展示范县工作，出台申报条件，明确相关标准，规范建设管理，鼓励有一定工作基础、符合示范县条件的县级党委政府更加重视珍贵树种培育，加大政策扶持力度，探索总结培育模式，引导金融和民间资本进入珍贵树种培育和产业发展，提高社会关注度，为辐射带动全国珍贵树种培育工作探路子，出经验，做示范。

(王恩苓)

【国家珍贵树种培育示范建设成效考核评价办法(试行)】 为规范国家珍贵树种培育示范建设工作，提高建设质量，保证建设成效，辐射带动珍贵树种培育健康发展，国家林业局依据《国家珍贵树种培育示范县管理办法(施行)》等相关规定，5月3日，印发了《国家珍贵树种培育示范建设成效考核评价办法(试行)》(林造发〔2013〕72号)(以下简称《办法》)。《办法》的印发，使国家珍贵树种培育示范建设成效考核评价工作有章可循。

(王恩苓)

森林抚育

【综　述】 2013 年，按照全国林业厅局长会议统一部署，各级林业部门认真贯彻落实国务院领导重要指示批示精神，切实把森林经营作为现代林业建设的永恒主题、核心任务和主攻方向，采取积极有效措施，全面开展森林抚育，科学推进森林经营。2013 年，全国完成森林抚育面积 793 万公顷，中央财政安排森林抚育补贴任务 352 万公顷。森林经营工作力度不断加大，成效日益显现，为转变林业发展方式，推动林业转型升级，提高森林质量效益，增强森林生态功能奠定了基础。

主要做法和成效

①加强顶层设计　落实李克强总理、汪洋副总理和赵树丛局长等领导重要批示精神，研究提出全面加强森林经营的总体思路和对策措施，组织研究起草《关于全面加强森林经营工作的意见》。启动《全国森林经营规划(2015～2050 年)》编制工作，组建了由张永利副局长任组长的规划编制领导小组和资深院士专家组成的专家咨询组，完成了规划编制工作方案、规划大纲、前期研究和相关资料收集。

②争取资金支持　2013 年中央财政安排森林抚育补贴资金 58.01 亿元，比 2012 年增加 1.25 亿元，中央财政森林抚育补贴任务规模达到年度森林抚育生产计划任务的 50.2%。落实林业"十二五"规划任务，协调下达 2013 年度森林抚育生产计划 700 万公顷。针对南方集体林区各省份森林抚育任务重、抚育潜力大的实际，2013 年度森林抚育补贴任务适当加大了对南方省区倾斜力度。

③技术标准体系建设　组织专家团队全面修订《森林抚育规程》国家标准，指导制定大兴安岭等区域性森林抚育技术规程。积极协调将热带天然林抚育技术规程等 8 项新的区域或地方规程列入 2013 年林业行业标准制订计划，为科学指导各地开展森林抚育提供技术规范。启动全国林地立地质量分级与评价试点研究等森林经营基础研究，为全面开展森林经营做好技术储备。

④严格监督检查　完成 2011 年度中央财政森林抚育补贴国家级抽查工作，形成国家级抽查报告并通报抽查结果，跟踪整改效果。组织开展 2012 年度国家级抽查，重点从人员资格审查、分层全员培训、调整检查分区、突出查找问题、强化外业监管 5 个方面对抽查工作进行改进，强化技术会商，对重点省份的抽查工作跟班督察。落实群众路线教育实践活动和反对"四风"要求，主动了解各地遭受地震、洪涝等自然灾害情况，国家级抽查尽量避开遭受严重自然灾害的单位，减轻基层负担。修改森林抚育作业设计规定、检查验收办法等管理制度规范，研究开发《全国森林抚育经营信息管理系统》并举办技术培训班，提高森林抚育信息调度的规范性、时效性。

⑤突出人才培训　举办南、北方两个森林抚育经营高级研修班，精心设计研修内容和形式，将课堂搬到森林抚育经营现场，突出现场案例分析讨论，特邀德国森林经营资深专家海因里希·斯皮克和唐守正院士等国内森林经营顶级专家团队现场点评指导并做辅导报告，强化诊断解决问题的针对性，取得非常好的效果。认真做好研修班成果整理和宣传，相关信息在《中国绿色时报》、中国林业网刊载，并被人民网、新华网、搜狐网等媒体转载；专家现场点评讲解内容经过精心整理汇编，以司函印发各地学习参考，并在《世界林业动态(专刊)》、中国林业网等媒体发布，进一步扩大了研修班成果，指导各地科学开展森林经营。

⑥狠抓样板示范　印发《全国森林经营样板基地建设实施方案提纲》，指导各样板基地编制实施方案，并以局文批复各样板基地建设实施方案。组织召开样板基地建设座谈会，研究探讨样板基地建设思路与对策措施，指导各样板基地从理论、技术、管理、政策等方面全方位创新发展模式，积极探索新形势下森林经营的管理体制、运行机制、组织形式和配套政策，力争把样板基地建设成为经验可推广、带动作用强的森林经营典范。

⑦加强国际合作　成功举办中美森林健康十周年纪念暨研讨会，全面总结项目成果和经验，完成《中美森林健康合作 10 周年总结报告》，与美国林务局共同研究确定了下一步中美森林经营等领域合作重点。指导开展《国际森林文书》履约示范单位建设，印发了《国际森林文书履约示范单位建设实施方案提纲》，批复了各单位实施方案。组团赴德国进行森林经营技术培训；与澳大利亚、日本、韩国以及与世界自然基金会、保护国际等国际非政府组织积极开展森林可持续经营合作，吸收借鉴国际森林经营先进理念和成功经验。

⑧发挥领导小组成员作用　组织召开局森林抚育经营工作领导小组会议，全面总结 2012 年森林抚育经营工作，研究提出 2013 年森林抚育经营重点工作，印发《2012 年度森林抚育经营工作总结和 2013 年重点工作安排》，落实工作分工。组织成员单位研究审查、批复 15 个全国森林经营样板基地建设实施方案。组织有关单位研究全国森林经营规划编制思路、修改规划大纲。

通过上述综合措施，以森林抚育为核心的森林经营工作开始步入正轨，森林经营严重滞后状况得到缓解，减少了森林抚育历史欠账，有效促进了森林资源增长，带动了林农和林业职工就业增收，促成了相关制度和政策出台，引入了森林经营先进理念，推广了一批符合中国林情的科技成果，不断提高森林经营水平。

主要问题　我国森林经营工作基础薄弱，特别是法律法规不健全、政策扶持不到位、监管措施不配套、标准规范相对滞后、技术管理人才匮乏、林道等基础设施落后等问题依然突出，全面开展森林经营工作依然任重道远，需要继续长期不懈努力。　　　　（蒋三乃）

【全面修订《森林抚育规程》】 2013年，国家林业局组织有关专家完成《森林抚育规程》国家标准第二次全面修订。本次规程修订，充分吸收了现有科研成果，总结了各地森林抚育生产实践经验，参考了德国、美国等林业发达国家普遍采用的近自然森林经营、目标树经营技术体系、森林生态系统经营等先进森林经营理念，充分考虑与现行营造林相关技术标准、规程衔接，突出了规程的科学性；以中幼龄林抚育为重点，突出抚育间伐等相关环节技术要求，同时兼顾我国森林资源现状，将幼龄林阶段的补植、修枝、割灌、除草、施肥、灌溉等措施纳入森林抚育范畴，更加符合森林抚育生产实际，突出了规程的针对性；弱化了对抚育间伐强度等中间过程相关技术指标设定，具体指标由各地根据当地实际确定，强化了对目的树种和目标树保护、伐后郁闭度、伐后平均胸径等伐后关键指标控制，更加明确了采伐剩余物处理、生物多样性保护等技术环节要求，对森林抚育由过程监管转变为结果控制，更具操作性和可控性。（蒋三乃）

【举办南北方森林抚育经营高级研修班】 为提升各地森林经营管理和技术人员的政策、理论和技术水平，针对我国不同地区的森林状况差异，2013年，造林司、人事司联合在河北省木兰围场林管局、江西省崇义县分别举办了北方地区、南方地区森林抚育经营高级研修班。研修班改变以往以室内理论培训为主的模式，将课堂搬至森林抚育经营现场，特别突出了现场教学、互动研讨环节。研修班特邀德国森林经营权威专家和国内森林经营顶级专家团队，针对不同森林类型的经营实践，从理论、技术等层面进行现场指导和解读答疑，并结合国际森林经营前沿动态和中国森林经营的现状、问题与应对策略做了专题报告。学员普遍反映，研修班经过精心设计，内容丰富，形式新颖，针对性强，理论联系实践紧密，研修效果好、收获大，对正在全面推进的森林抚育工作具有很强的现实指导意义。（蒋三乃）

【全国森林经营样板基地与《国际森林文书》履约示范单位建设】 落实国家林业局《关于开展森林经营样板基地建设的指导意见》，印发森林经营样板基地建设实施方案提纲、国际森林文书履约示范单位建设实施方案提纲，指导有关省级林业主管部门组织编制实施方案，组织审定并以局文批复15个森林经营样板基地建设实施方案、6个森林文书示范单位实施方案。指导各示范样板单位精心组织实施，积极探索创新森林经营管理体制、运行机制、组织形式、配套制度及相关政策。（刘　羿）

【中美森林健康合作10周年纪念暨研讨会】 2013年4月24～26日，中国国家林业局和美国林务局在中国山东省泰安市共同举办了中美森林健康10周年纪念暨研讨会。会议全面总结了中美森林健康合作项目10年建设取得的成果和经验，研究了中美森林经营未来合作的重点领域和主要内容。中美双方专家围绕森林可持续经营、林业应对气候变化和低碳林业、森林保护与入侵物种防控、野生动物及生物多样性保护、林业国际合作和人员交流等主题做了专题报告。北京、河北、江西、山东、四川、贵州、云南、陕西、大兴安岭等地森林健康示范点的代表做了经验交流。（刘　羿）

【2012年度中央财政森林抚育补贴国家级抽查】 2013年，中央财政森林抚育补贴资金58.01亿元，比2012年增加1.25亿元；安排森林抚育补贴任务351.66万公顷，比2012年增加8.32万公顷。2013年，国家林业局会同财政部组织开展了2012年度中央财政森林抚育补贴国家级抽查。抽查工作重点从检查人员资格、轮换检查片区、分层全员培训、强化技术指导、加强跟踪督察等方面进行了改进，全国共抽查35个省级单位，244个县级单位，3049个抚育小班，抽查面积5.56万公顷。抽查结果显示，2012年度中央财政森林抚育补贴总体情况良好，抚育质量保持较高水平，其中，面积核实率98.3%，核实面积合格率98.2%，作业设计合格率96.6%，县级综合评价平均得分94.8分，省级综合评价平均得分96.3分。（程志楚）

经济林建设

【综　述】 近年来，党中央、国务院从全面建设小康社会的战略全局出发，高度重视发展经济林对促进山区尤其是贫困地区农民脱贫致富的积极作用，经济林呈现快速发展的势头。2013年，召开了全国经济林建设现场会，系统总结了21世纪以来经济林产业发展成就，交流推广了先进典型经验，全面部署了下一阶段的工作。组织编制《全国优势特色经济林发展布局规划（2013～2020年）》，按照“突出特色、统筹规划、科学引导、分步实施、重点扶持”的发展思路，重点选择30个优势特色经济林树种，进行科学布局。该《规划》正在会签有关部委。开展了首批国家级核桃示范基地认定，开发了全国经济林数据网上填报平台，以县为单位对主要经济林树种数据进行网上填报。（杨淑艳）

【首批国家级核桃示范基地认定】 为了加大以核桃为重点的木本油料产业的发展力度，实施示范基地带动战略，促进全国核桃产业持续健康发展，国家林业局决定启动国家级核桃示范基地认定工作。2013年3月11日，下发了《国家林业局办公室关于开展国家级核桃示范基地认定推荐工作的通知》（办造字〔2013〕17号），经各省（区、市、新疆兵团）推荐，国家林业局检查评审，决定认定河北省平山县葫芦峪等28个基地为首批国家级核桃示范基地（林造发〔2013〕137号）。（夏国华）

【召开全国经济林建设现场会】 2013年9月4～5日，国家林业局在山东济南组织召开全国经济林建设现场会。国家林业局副局长张永利出席会议并讲话。来自全国各省(区、市、新疆兵团、计划单列市)林业厅(局)分管经济林工作的负责同志，国务院有关部门和国家林业局相关业务司局和直属单位的负责同志，中国经济林之乡、重点龙头企业、专业合作社、核桃示范基地代表以及部分科研院校专家共150人参加了本次大会。大会系统总结了21世纪以来特别是"十一五"期间经济林产业发展成就，交流推广了先进典型经验，扩大了经济林绿色富民产业的宣传影响，全面部署了下一阶段的工作。会议集中体现了转变发展理念、促进产业提质增效的指导思想，明确了目标、原则和重点任务。会上印发了《关于加快特色经济林产业发展的意见(征求意见稿)》《全国经济林建设工作总结汇编》和《全国经济林建设典型经验汇编》，山东省林业厅、河北省林业厅、新疆维吾尔自治区林业厅、湖北省罗田县、云南省凤庆县和山东鼎力枣业食品集团公司做了典型发言。与会代表参观了济南市历城区香玲核桃苗木基地、藕池板栗基地、锦绣源实业有限公司、王家峪大樱桃基地、华鲁食品有限公司和高而核桃生产示范基地。 (杨淑艳)

【编制完成《全国优势特色经济林发展布局规划(2013～2020年)》】 为全面落实2003年《中共中央 国务院关于加快林业发展的决定》和2009年中央林业工作会议精神，有效推动优势特色经济林产业的持续健康发展，在各省(区、市)提报材料的基础上，国家林业局编制完成了《全国优势特色经济林发展布局规划(2013～2020年)》。规划提出了力争通过8年的努力，初步形成科学合理、优势突出、特色鲜明、功能配套的优势特色经济林格局，实现优势特色产品供给、粮油安全保障、富民增收能力显著增强。到2020年，重点发展在国内外市场上有较强竞争力、对农民增收带动作用明显的30个树种，培育一批特色突出、竞争力强、国际知名的优势产区，建设一批高产、优质、高效、生态、安全的重点县，形成一批规模化、标准化、品牌化的产业示范基地的发展目标。 (杨淑艳)

【举办核桃基地建设与加工技术示范培训班】 2013年4～5月，国家林业局先后在云南省临沧市和陕西省西安市举办了两期核桃基地建设与加工技术示范培训班，来自云南、陕西、山西、山东、湖北、新疆等21个省(区、市)林业厅(局)主管经济林工作的业务骨干以及有关科研单位、企业、专业合作社的技术与管理人员共400余名学员参加了培训。培训采取专家授课与典型经验介绍相结合的方式，把课堂搬到田间地头，专家、技术人员与学员现场交流互动，教学形象生动、气氛活跃，取得了良好效果。 (夏国华)

【《全国经济林数据上报系统》试运行】 为全面掌握全国经济林树种生产、加工、销售等方面的现状，加强经济林建设的行业管理，为有关部门的政策决策提供科学依据。国家林业局决定对我国经济林生产加工等情况进行调查统计，2013年3月开发了面向省、地、县的三级网络用户信息采集、审核系统，建立了规范的经济林数据采集网络系统，并下发了《关于开展全国经济林基础数据调查的通知》(造经函〔2013〕33号)，基本掌握了全国53个主要经济林树种在省、地、县三级水平上的生产、加工、销售情况。 (夏国华)

林业生物质能源

【综　述】 2013年，以落实林业生物质能源发展规划为重点，通过示范带动、科技支撑，加大了规划贯彻执行力度，确认了生物质能源综合利用产业化示范基地，组建了林业生物质能源专家咨询组，组织编写了生物质能源原料林木培育技术指南，全面推动林业生物质能源产业持续健康发展。

【印发《全国林业生物质能源发展规划》(2011～2020年)】 2013年5月28日，国家林业局正式印发了《全国林业生物质能源发展规划(2011～2020年)》，《规划》提出了"将林业生物质能作为能源和林业可持续发展的重要内容，发挥市场机制作用，依靠科技进步，完善政策措施，建立健全林业生物质种植、生产、加工转换和应用的完整产业体系，推进林业生物质能源规模化、专业化、产业化发展"的指导思想和总体发展目标。合理布局重点发展区域，提出了规划实施的保障措施，明确将林业生物质能源开发利用项目纳入鼓励类建设项目，完善技术服务体系，提升产业发展水平。 (王桂芝)

【召开文冠果能源林培育利用现场交流会】 为贯彻落实《全国林业生物质能源发展规划(2011～2020年)》，促进文冠果能源林基地建设水平和生物质能源产业技术进步，2013年8月18～20日，在辽宁省朝阳市召开文冠果能源林培育利用现场交流会，并对朝阳文冠果能源产业发展情况进行了全面调研。现场交流会讨论交流文冠果能源林培育和开发利用技术，听取专家介绍文冠果能源林培育、开发利用技术，参观辽宁新大洲生物质能源有限公司文冠果种植基地，讨论文冠果、山桐子原料林可持续培育指南，成立了能源林产业技术创新战略联盟。通过这次会议，旨在促进文冠果能源林基地建设和开发利用技术水平的提高。 (王桂芝)

【确认生物质资源综合利用产业化示范基地】 2013年6月24日，国家林业局印发《关于同意确认内蒙古金娇集团生物化工基地为生物质资源综合利用产业化示范基地的函》(林造发[2013]99号)，确定内蒙古金娇集团生物化工基地为生物质资源综合利用产业化示范基地。 (王桂芝)

生态建设

06

全民义务植树和全国城乡绿化

【综　述】 2013年，各地、各部门按照党的十八大和十八届三中全会关于生态文明建设的战略部署，深入学习贯彻习近平总书记系列重要讲话精神，认真落实全国森林草原防火和造林绿化工作电视电话会议要求，以建设生态文明为总目标，以改善生态改善民生为总任务，稳步实施《全国造林绿化规划纲要(2011～2020年)》和《推进生态文明建设规划纲要(2013～2020年)》，采取有效措施，扎实推进国土绿化，取得显著成效。

全民义务植树

领导垂范　4月2日，党和国家领导人习近平、李克强、张德江、俞正声、刘云山、王岐山、张高丽等参加首都义务植树活动。习近平总书记在植树时强调："要加强宣传教育、创新活动形式，引导广大人民群众积极参加义务植树，不断提高义务植树尽责率，依法严格保护森林，增强义务植树效果，把义务植树深入持久开展下去，为全面建成小康社会、实现中华民族伟大复兴的中国梦不断创造更好的生态条件。"组织举办了"深入开展植树造林，积极建设生态文明"为主题的共和国部长义务植树活动，来自中直机关和中央国家机关各部委、单位及北京市的186名省部级领导参加。全国人大、全国政协、中国人民解放军继续组织开展了"全国人大机关义务植树""全国政协义务植树""百名将军义务植树"等活动。地方各级党政军领导在各地植树季节来临之际也都带头参加义务植树。各级领导带头参加义务植树，为适龄公民履行植树义务发挥了示范引领作用。

组织发动　国务院在京召开全国森林草原防火和造林绿化工作电视电话会议，国务院副总理、全国绿化委员会主任汪洋出席会议并做重要讲话，高位推动全民义务植树和造林绿化。全国绿化委员会、国家林业局印发《关于做好2013年春季造林绿化工作的通知》(全绿字〔2013〕2号)，从"大力推进全民义务植树"等6个方面部署造林绿化工作。浙江、安徽、河南、湖北、广东、重庆、西藏等地方党委、政府召开了造林绿化工作会议，内蒙古、福建、江西、陕西、宁夏等地政府出台了造林绿化相关文件，对2013年全民义务植树和造林绿化工作进行动员和部署。各地还充分利用电视、广播、报刊、网络等广泛开展绿化宣传发动，结合义务植树日(周、月)深入开展绿化公益宣传活动，进一步增强公众生态文明意识，激发各界群众参与义务植树的积极性。上海市在植树节期间，设立义务植树宣传点386个、植树点187个，发动了345家单位、4000多人认建认养绿地和树木。江苏、浙江、安徽、江西、河南、广西、重庆等气候适宜地区，坚持春节后一上班就组织开展义务植树活动，抢抓林时推进造林绿化。河北、辽宁、湖南、云南、甘肃等地及时印发义务植树工作通知，明确年度活动主题，安排活动内容，分解落实任务，提出工作要求。

植树活动　全国绿化委员会、国家林业局在京组织了以"保护发展森林资源、携手共建美丽中国"为主题的首个"国际森林日"植树纪念活动。发动社会各界广泛开展义务植树活动，保护发展森林资源，维护生态安全，共同应对气候变化。各部门通过组织机关干部职工参加植树和抚育、管护森林或采取以资代劳等方式，履行义务。中直机关精心组织系列活动，全年义务植树14.7万株，超额47%完成任务，新开辟义务植树基地56.67公顷。中央国家机关各部门和单位组织机关干部职工参加京郊各区县义务植树活动，栽植各类乔灌木约20万株，植树面积906.7公顷。解放军和武警部队积极组织义务植树活动，支援驻地生态建设，全年义务植树560多万株。北京军区在内蒙古乌兰察布市集宁区新规划了4333.33公顷义务植树基地，采取军民融合共建的方式，2013年植树造林1000公顷。武警森林部队在驻地组织开展"绿色卫士林"建设活动，新建义务植树基地166个，完成植树造林1200公顷。共青团系统组织青少年529.2万人次，开展了2013年度青少年植树行动、珠江流域青少年植树行动、青年万亩示范草场建设等多项义务植树活动。各级妇联动员400多万妇女参加义务植树种草和绿化公益宣传活动，新建国家级"三八绿色工程"示范基地40个。各地义务植树活动深入开展。北京市在首都全民义务植树日当天，有150.1万人参加了运土、挖坑、栽树、养护、抚育、购买碳汇以及绿化公益宣传等各种形式的义务植树活动。内蒙古自治区通过义务植树打造景区、公园，为群众提供休闲娱乐的场所和爱国主义、生态文明教育基地。江苏省以"义务植树，治理大气污染"为主题，开展森林旅游植树、公园游乐植树、乡村旅游植树，全年共营造各类纪念林486处，建设义务植树基地51个，面积2667公顷。安徽省以"全民植树造林，建设生态强省"为主题，开展"植树造林周"活动，营造了一批"八一林""工会林""共青林""巾帼林"等纪念林，有力地促进千万亩森林增长工程建设。吉林省通过义务植树提高村屯绿化水平，改善农村生态环境，有2000个村屯达到省级绿化美化标准。湖南省开展"千万株珍贵树木进农家"植树活动，151万农户在房前屋后栽植珍贵树木1800万株。贵州省直机关、贵阳市直机关在贵阳市郊建立一批义务植树基地，推进贵阳环城绿化建设。河南省各地通过义务植树推进重点、难点地域绿化。东北、内蒙古国有森工企业积极组织开展义务植树活动，绿化局(场)址，建设美丽林区。

制度保障　黑龙江省颁布实施了《义务植树条例》，贵州、陕西省加快了《义务植树条例》的制定进程。截至2013年年底，全国已有12个省(区、市)由省级人大颁布实施了《义务植树条例》。北京、上海、吉林、四川、青海等(省、区、市)和中国人民解放军在绿化条例中对全民义务植树作了相应规定。辽宁省出台了《义

务植树尽责形式及折算办法》，明确了栽种树木、植绿篱、种草坪、抚育、整地、认养树木和绿地、护林防火等义务植树形式及折算标准。截至2013年年底，全国已有北京、辽宁、黑龙江、江苏、福建、江西、广东、广西等多个省(区、市)出台了《义务植树尽责形式及折算办法》，丰富并规范了义务植树尽责形式。黑龙江省制订了《义务植树登记考核管理办法》，明确了各级绿化委员会办公室以及街道办事处和乡镇政府等单位的工作职责。云南省将义务植树纳入地方各级政府森林蓄积量和森林覆盖率约束性指标考核内容。西藏自治区建立了义务植树目标责任制度，层层签订责任书。陕西省创新义务植树机制，宝鸡市采取“企地共建”模式，实行“一企承包一片林”办法推进义务植树基地建设，完成建设任务的，由市绿化委员会在基地竖碑纪念。新疆维吾尔自治区建立了义务植树奖惩制度，对一些地区义务植树完成情况不好的单位进行通报批评。辽宁省确定了全民义务植树月，安徽省确定了全民植树造林周，湖南省娄底市等地确定了全民义务植树日。

2013年全国共有5.3亿人次参加各种形式的义务植树活动，植树25.2亿株。截至2013年年底，全国参加义务植树人数累计144.3亿人次，植树665.2亿株。

重点生态修复工程造林 围绕生态文明和美丽中国建设，各级林业部门超前谋划，精心组织，狠抓落实，大力开展重点生态修复工程建设，取得新的成效。据统计，2013年全国完成造林面积609.2万公顷，其中，重点生态修复工程完成造林面积249.16万公顷，占40.9%。

天然林保护工程二期全年完成造林49.24万公顷、管护森林面积1.17亿公顷。以管理创新为主题，注重过程管理与目标管理相结合，工程政策落实与政策研究、政策储备相结合，将森林改培和森林抚育的绩效考评纳入天保工程核查，相继出台加强天保工程区森林抚育和公益林管护工作的指导意见，工程建设迈上新台阶。截至2013年年底，天然林保护工程累计完成造林1508.99万公顷。林区民生得到进一步改善，林区转型发展势头初显。

退耕还林工程全年完成造林55.84万公顷。退耕还林工程写入十八届三中全会《决定》，新一轮重点地区退耕还林总体方案初步形成。提高了基本口粮田建设和补植补造补助标准，推进了巩固成果专项规划五大项目建设，组织开展了阶段验收，加强了效益监测，退耕还林成果得到进一步巩固。截至2013年年底，退耕还林工程累计完成造林2580.62万公顷。工程建设取得了显著的生态效益、经济效益和社会效益，为维护国土生态安全，促进农民增收、农业增效和农村发展作出了贡献。

京津风沙源治理工程全年完成造林60.58万公顷。一期工程顺利结束，规划的林业建设任务全面完成。启动了二期工程建设，制订了《京津风沙源治理二期工程管理办法》。出台了《京津风沙源治理二期工程林业建设项目技术规定》，加大了科技支撑力度，强化了治沙适用技术推广和培训工作。截至2013年，京津风沙源治理工程累计造林746.03万公顷。经过十多年建设，工程区森林面积明显增加，风沙天气和沙化土地显著减少，工程对区域经济发展的贡献率保持在24.7%～28.3%，生态、经济、社会三大效益逐步显现。

三北及长江流域等重点防护林体系工程全年完成造林83.49万公顷。印发了《国家林业局关于切实加强三北防护林五期工程建设的通知》。启动了黄土高原地区综合治理林业示范县建设项目。颁布实施长江流域防护林体系、珠江流域防护林体系、太行山绿化、平原绿化三期工程建设规划。平原绿化纳入《全国高标准农田建设总体规划》，得到政策资金扶持。国家林业局、新华社等联合开展了“地球绿飘带”大型宣传报道活动。截至2013年年底，工程累计完成造林4940.76万公顷。工程区森林面积持续增加，林种树种结构不断优化，防灾御灾能力有效增强。

各地在认真组织实施国家重点生态修复工程造林的同时，持续推进或启动实施一批地方造林绿化工程。北京市继续推进平原造林工程，全年完成平原造林2.43万公顷，平原地区森林覆盖率已达20.85%；山西省继续实施“两山、两网、两林、两区、双百、双保”等造林绿化工程；安徽省深入实施千万亩森林增长工程；福建省将“四绿”工程列入2013年政府为民办实事项目，继续深入组织实施；广西突出村屯绿化，统筹推进“绿满八桂”造林绿化工程；海南继续组织开展“绿化宝岛大行动”；甘肃省继续推进兰州市等重点区域造林绿化工程；新疆继续推进城市防护林建设和绿色通道等造林绿化工程。天津市启动绿博园、通道、城镇、村庄等造林绿化工程；河北省启动实施农村环境绿化提升工程；辽宁省在深入推进“青山工程”建设的同时，启动实施“万村万树”建设工程；浙江省在持续开展“1818”平原绿化行动的同时，全面启动“四边”(公路边、铁路边、河边、山边)等区域绿化行动；江西省启动森林城乡、绿色通道建设工程；河南省启动高速廊道绿化提升工程；湖北省启动绿满荆楚行动；广东省启动新一轮绿化广东大行动，深入推进生态景观林带、森林碳汇、森林进城围城等三大林业重点生态工程建设；四川省在深入实施珍稀树木用材林基地建设工程的同时，启动川西生态保护与建设工程；云南省启动陡坡耕地治理工程；宁夏回族自治区启动实施绿化美化、封山禁牧、退耕还林(草)、防沙治沙、湿地保护五大生态工程。

治沙造林 颁布实施了《全国防沙治沙规划(2011～2020年)》。国家林业局与防治任务较重的12个省级人民政府及新疆生产建设兵团签订了“十二五”防沙治沙目标责任书，进一步明确了责任和目标。加强了石漠化综合治理工程建设和质量管理，推广成功的石漠化治理技术模式，积极发展林果产业，全年完成造林35.6万公顷。与工程实施前相比，治理区林草植被盖度平均提高15个百分点，农民人均纯收入由3916.13元增加到4394.88元，石漠化扩展势头得到初步遏制。启动了沙化土地封禁保护补助试点，中央财政安排补助资金3亿元，在内蒙古、西藏、陕西、甘肃、青海、宁夏、新疆等7省(区)的30个县实施试点。开展了国家沙漠公园建设试点工作。启动了第五次全国荒漠化和沙化监测工作。2013年新增张家口市等7个全国防沙治沙综合示范区，以点带面推动全国防沙治沙工作。国家林业局与人社部联合开展了全国防沙治沙先进集体和先进个人评选表彰活动，共评选出全国治沙英雄2名、标兵10名、先进集体100个、先进个人100名。参与荒漠化公约谈判，落实决议要求。2013年全国沙化土地治理面积173万公顷。

草原建设 落实草原生态保护补助奖励政策，扎实组织实施退牧还草等草原保护建设重大工程项目，采取健全经营管护制度，转变草原畜牧业发展方式，加强草原防灾减灾，严格执法监督，推广先进技术等各项措施，推动草原生态、牧业生产和牧民生活持续协调发展。全年完成退牧还草、京津风沙源治理、西南岩溶地区石漠化草地治理等重大草原生态保护建设工程任务541.9万公顷，与非工程区相比，工程区草原植被盖度平均提高11个百分点，高度平均提高35.1%，鲜草产量平均提高57.2%，可食鲜草产量平均提高64.3%。2013年中央财政投入草原保护建设资金207.75亿元，种草改良1173万公顷，建设草原围栏493.8万公顷。目前，全国已累计落实草原承包面积2.83亿公顷，草原禁牧0.96亿公顷，草畜平衡1.73亿公顷。监测结果显示，2013年全国草原植被继续保持良好的生长趋势，天然草原鲜草总产量达10.56亿吨，较2012年增加0.59%；重点天然草原牲畜超载率为16.8%，较2012年下降6.2个百分点；全国草原综合植被盖度为54.2%，较2012年增加0.4个百分点。

面临的主要困难和问题 区域、城乡绿化发展还很不平衡，干旱半干旱地区和村屯造林绿化亟待进一步加强；木材供需矛盾依然突出，珍贵树种、优质乡土树种用材林培育亟待进一步加强；森林、草原质量和生产力水平普遍较低，森林经营和草原建设保护亟待进一步加强；乱捕滥猎野生动物、乱挖滥移大树古树现象屡禁不止，侵占林地、绿地、湿地、草原现象较为严重，森林、绿地、草原保护执法和生态文明宣传教育亟待进一步加强。同时，洪涝、干旱、高温、冰冻等自然灾害呈加重态势，森林、草原有害生物和火灾防控形势严峻，全民义务植树和城乡绿化成果巩固任务艰巨。

（周力军）

【“国际森林日”植树纪念活动】 3月21日，全国绿化委员会、国家林业局在北京市东郊森林公园举办了以“保护发展森林资源，携手共建美丽中国”为主题的首个“国际森林日”植树纪念活动。来自联合国、外国使领馆和国际组织的代表，国家和北京市相关部门的干部职工，群众代表，驻京部队指战员等参加活动。整个植树活动共栽种树木2000株。（宫　腾）

【共和国部长义务植树活动】 3月31日，全国绿化委员会、中共中央直属机关绿化委员会、中央国家机关绿化委员会、首都绿化委员会共同开展以“深入开展植树造林，积极建设生态文明”为主题的“共和国部长义务植树活动”。来自中共中央直属机关和中央国家机关各部委、单位的186名部级领导参加植树活动。在北京市海淀区植下2000余株树木。自2002年活动开展以来，累计有2130人次部级领导干部参加义务植树，共栽种树木27 330多株。（宫　腾）

【全国绿化委员会办公室主任会议】 12月11日，全国绿化委员会办公室主任会议在天津市武清区召开。国家林业局副局长张永利在会议讲话中指出，各地区、各部门(系统)绿委办要认真贯彻落实党的十八大和十八届三中全会精神，全面深化体制机制改革，创新推动国土绿化科学发展、健康发展、持续发展，为广大人民群众提供更加丰富的生态产品、更加普惠的民生福祉。各省(区、市)及计划单列市和新疆生产建设兵团等地的绿委办负责人，全国绿化委员会组成单位绿委办代表以及部分企业集团和行业协会代表共120余人参加了会议。

（宫　腾）

部门绿化

【综　述】 2013年部门绿化取得新进展，各部门(系统)按照党的十八大和十八届三中全会关于生态文明建设的战略部署，深入学习贯彻习近平总书记系列重要讲话精神，采取有效措施，深入开展植树造林，不断推进绿化建设，巩固提高造林绿化水平，取得新的成效。

中央直属机关坚持巩固、完善、提高、发展的绿化方针，狠抓绿化新建、改建工程和庭院养护管理工作，积极推进屋顶绿化建设，加快机关庭院绿化美化步伐。全年新建绿地10万多平方米、改建绿地20多万平方米。截至2013年年底，中直机关庭院绿化面积达到500多万平方米，绿化覆盖率达40%以上。中央国家机关组织开展了庭院绿化观摩交流活动，各部门、各单位从实际出发，因地制宜，科学规划，打造庭院绿化精品。全年新建绿地5万多平方米，改建绿地31万平方米。截至2013年年底，中央国家机关建成“花园式单位”417家，绿化覆盖率48%。

交通运输系统以加强绿化建设、成果巩固为重点，深入开展公路沿线植树造林，改善沿线生态环境。2013年新增公路绿化里程10.5万千米。截至2013年年底，实现公路绿化230.7万千米，公路绿化率61.6%，其中，国道绿化率91.28%、省道绿化率86.81%、农村公路(县、乡、村道)绿化率58.08%、各类专用公路绿化率57.04%。

铁路系统按照“强化领导、科学规划、突出特点、保证质量”的原则，多元化开展绿化建设。中国铁路总公司成立了绿化委员会并设立办公室，同步抓好现有铁路绿化成果巩固和新建铁路绿色通道建设。全年铁路沿线新栽植乔木323.1万株、灌木6371.3万穴，新增线路绿化里程1170千米。截至2013年年底，铁路绿化里程3.99万千米，铁路绿化率79.5%。

水利系统加强了水利工程沿线、沿岸和库区周边绿化，持续提高水利工程区植被覆盖度。全年绿化湖库区4050公顷、江河沿岸5800千米。截至2013年年底，绿化湖库区11.5万公顷、江河沿岸6.8万千米。

教育系统将校园绿化作为学校建设发展的重要任务来抓，制定规划，加大投入。在各级各类学校建设标准中不断强化绿化用地等专项指标；在全国基层教育部门和学校基本建设管理人员培训中，将校园绿化美化等作为重要培训内容；将绿色校园理念融入到教育教学全过程。全国各级各类学校绿化率达33%。

农垦系统以发展林业作为改善农田生态环境、壮大农垦经济实力和推进农场小城镇建设的重要支撑，各垦区进一步建立健全各级林业绿化管理部门，完善造林绿化工作领导小组，充实人员和机构，细化明确职责分工。编制了垦区造林绿化规划，对农场实行领导干部任期绿化目标责任制，签订责任状，造林绿化任务落实到地块，责任落实到人。全年新建农田林网2.8万公顷，绿化垦区矿山349.4公顷、道路3078.3千米、江河沿岸1408.1千米。

中国人民解放军在扎实开展绿色营区、生态营区创建活动的同时，积极承担国家生态治理任务，按照国家造林绿化有关要求，编制了《军队京津风沙源治理工程建设规划》以及三荒造林、森林防火、京津风沙源治理项目建设方案。全国绿化委员会、国家林业局、总后勤部联合发文，推广北京军区军民融合开展生态建设的经验做法，进一步动员部队支援驻地生态建设。武警部队积极培育和推广适应不同区域特点的绿化树种，加强营区古树名木保护和绿化养护，聘请专家开展部队绿化技术培训，创新营区绿化建设和养护模式。解放军和武警部队全年完成营区造林绿化2.8万公顷，新创建绿色营区和生态营区140多个。截至2013年年底，全军创建绿色营区和生态营区1400多个，营区绿地率35%。

住建部门以改善人居环境、服务广大百姓为出发点，着力加强城市园林绿化立法和技术标准制定工作，积极推进节约型、生态型、功能完善型园林绿化建设。截至2013年年底，全国城市建成区绿化覆盖面积181.2万公顷，比2012年增加9.3万公顷；城市人均公园绿地面积12.26平方米，比2012年增加0.46平方米。全国城市建成区绿化覆盖率、绿地率分别达到39.59%和35.72%。

共青团系统组织青少年529.2万人次，开展了2013年度青少年植树行动、珠江流域青少年植树行动、青年万亩示范草场建设等多项义务植树活动。

全国妇联动员400多万妇女参加义务植树种草和绿化公益宣传活动，新建国家级“三八绿色工程”示范基地40个。

中国石油系统秉承“奉献能源、创造和谐”的企业宗旨，推进矿区绿化美化。全年共投入绿化资金9亿元，新增绿地1400公顷。截至2013年年底，中国石油矿区生活基地绿化覆盖率达41%，生产基地绿化覆盖率23.6%。中国石化系统实施“绿色低碳发展战略”，做到建设项目与绿化同步规划、同步建设、同步完工，不断推进企业绿化。截至2013年年底，中国石化企业绿化面积达8400公顷，企业绿化覆盖率50%。中国冶金系统坚持实行企业领导任期绿化目标责任制，不断强化企业绿化组织机构和专业技术队伍建设，严格执行企业绿化规章制度，持续推进厂矿区造林绿化。截至2013年年底，中国冶金企业厂区绿化覆盖率达40%、矿山绿化覆盖率35%。（潘　兵　宫　腾）

【北京军区集宁6.5万亩义务植树基地启动仪式】 4月25日，北京军区在内蒙古举办集宁6.5万亩义务植树基地启动仪式。北京军区司令员张仕波、政委刘福连，内蒙古自治区党委书记王君、自治区政府主席巴特尔，国家林业局局长赵树丛，总后勤部副部长刘铮，在启动仪式上植树。从2013年开始，北京军区在完成商都5.5万亩义务植树基地建设后，将以集宁6.5万亩义务植树基地为主开辟新的造林绿化战场，为建设生态文明和美丽中国贡献力量。赵树丛在启动仪式上说，长期以来，解放军和武警部队作为造林绿化的生力军和突击队，组织官兵积极投身国土绿化事业，为我国生态建设作出了重要贡献。全国绿化委员会和国家林业局将一如既往支持军队造林绿化，共同推动国土绿化事业迈上新台阶。（宫　腾）

防沙治沙

【综　述】 2013年，全国防沙治沙工作取得重要进展。组织实施全国防沙治沙规划。国务院批准了国家林业局组织编制的《全国防沙治沙规划(2011～2020年)》，制订措施组织落实全国防沙治沙规划确定的各项任务。正式启动沙化土地封禁保护补助试点。组织开展全国防沙治沙先进集体和个人评选表彰工作。经商国家发展改革委研究解决京津工程营造林投资标准低及更新改造立项等问题，强化工程质量检查验收及国家核查，推广新产品、新技术，保证工程质量。积极协调石漠化工程国家核查绩效评估及工程规划立项和提高营造林投资标准等问题。指导推进全国防沙治沙综合示范区建设，新增设了甘肃省敦煌市等7个县市为全国防沙治沙综合示范区。全力做好沙尘暴预警监测工作。举办沙尘暴灾害应急人员培训班，提高应急队伍应急处置的能力及水平，积极有效应对沙尘天气灾害。认真做好第五次全国荒漠化和沙化监测前期准备工作。进一步修订完善第五次全国荒漠化监测的技术路线、技术方法和指标体系，研究制订《监测技术规定》。强化沙区生态资源保护。开展沙区开发建设项目环评监督检查活动，查处破坏沙区生态典型案例。进一步规范行政审批。开展国家沙漠公园建设试点。启动国家沙漠公园建设试点工作，批复全国首家宁夏沙坡头国家沙漠公园。制订《国家沙漠公园管理办法》。深入推进国际履约和国际合作。积极参与荒漠化公约重要谈判，推进国家对外援助项目，合作举办库布其沙漠论坛。全年完成沙化土地治理面积173万公顷。（张德平）

【沙化土地封禁保护补助试点政策情况】 根据《中华人民共和国防沙治沙法》的规定和国家有关要求，经商财政部同意，2013年国家林业局启动沙化土地封禁保护补助试点项目，在内蒙古、西藏、陕西、甘肃、青海、宁夏、新疆7省区的30个县实施试点。中央财政拨付补助资金3亿元，主要用于补助封禁保护区管护站点、围栏设施、固定界碑和警示标牌等建设，巡护设施设备购置以及边缘地带流动沙丘固沙压沙等支出。封禁保护补助试点已全面展开，包括围栏设施构建、界碑标牌设立、固沙压沙、管护队伍建设等。同时，正在研究制订资金管理办法和项目管理办法，规范建设活动。（刘　萌）

【印发《全国防沙治沙规划(2011～2020)》】 根据《中华人民共和国防沙治沙法》和《国务院关于进一步加强防沙治沙工作的决定》(国发〔2005〕29号)的有关规定，国家林业局会同有关部门编制《全国防沙治沙规划(2011～2020年)》(以下简称《规划》)。2013年年初，经国务院批准，由国家林业局联合国家发展改革委等6部委印发实施。《规划》系统总结"十一五"防沙治沙工作，分析当前面临的形势，提出"十二五"及到2020年防沙治沙的总体思路、目标任务、总体布局、建设重点、主要建设内容和保障措施，是指导全国防沙治沙工作的重要依据。《规划》的总体思路是，以邓小平理论、"三个代表"重要思想、科学发展观为指导，按照科学防治、综合防治、依法防治的方针，遵循自然规律，以构建北方绿色生态屏障为重点，以改善生态、改善民生为目标，坚持依靠人民群众、依靠科技进步、依靠深化改革，坚持预防为主、积极治理、合理利用，建立和巩固以林草植被为主体的沙区生态安全体系，力争经过10年的不懈奋斗，使全国重点沙区得到有效治理，生态状况进一步改善。《规划》的目标任务是，划定沙化土地封禁保护区，加大防沙治沙重点工程建设力度，全面保护和增加林草植被，积极预防土地沙化，综合治理沙化土地。完成沙化土地治理任务2000万公顷，其中2011～2015年和2016～2020年两个阶段各完成沙化土地治理任务1000万公顷。到2020年，全国一半以上可治理的沙化土地得到治理，沙区生态状况进一步改善。（付　蓉）

【沙区行政执法及审批】

规范沙区生态资源保护及行政审批 起草下发《国家林业局关于做好沙区开发建设项目环评中防沙治沙内容工作的意见》(林沙发〔2013〕136号)，制订监督检查工作方案，派出3个工作组赴6个省(区、市)开展沙区开发建设项目环评监督检查活动，查处破坏沙区生态典型案例。按照国务院办公厅的统一部署开展行政许可项目的清理工作，对在沙化土地封禁保护区范围内进行修建铁路、公路等建设活动、建立沙化土地封禁保护区、从事营利性治沙活动等审批事项进行摸底调研，提出保留项目的意见并进入审改办的公示目录，规范行政审批。

国家沙漠公园进展情况 沙漠公园是以沙漠景观为主体，以保护荒漠生态、合理利用沙区资源为目的，在促进防沙治沙和维护生态功能的基础上，开展公众游憩休闲或进行科学、文化、宣传和教育活动的特定区域。通过沙漠公园保护性的观光、考察和利用，也可以让人们体验和认识防沙治沙的成果来之不易，更加珍惜、爱护和维护生态环境，更加科学、有效和强化生态建设，增强建设和保护生态的意识。9月，国家林业局下发《国家林业局关于做好国家沙漠公园建设试点工作的通知》(林沙发〔2013〕145号)，启动国家沙漠公园试点建设工作，批复宁夏林业厅关于建立《宁夏沙坡头国家沙漠公园》的申请，印发《国家沙漠公园试点建设管理办法》(林沙发〔2013〕232号)，规范国家沙漠公园试点建设的有关事项。（戴晟懋）

【荒漠生态文化及宣传】 为加强荒漠生态文化建设，成立中国生态文化协会沙漠生态文化分会，共招募单位会员6个，个人会员60余人，并制定《中国生态文化协会沙漠生态文化分会章程》。在第六届中国生态文化高峰论坛上，召开第一届中国沙漠生态文化分会成立大会，通过分会章程和组织机构人选的提议。同时还开展沙漠文化分论坛专题报告会，会上4名专家就沙漠文化、沙产业发展等问题进行专题报告。

开展形式多样的文化及宣传活动：一是经商人力资源社会保障部、全国绿化委员会同意，联合开展全国防沙治沙英雄、标兵、先进集体和先进个人评选表彰活动，按照"两审三公示"程序，表彰全国防沙治沙英雄2名，标兵10名，先进集体100个，先进个人100名。进一步提高全社会防沙治沙意识，调动广大干部群众和各行各业参与防沙治沙的积极性，建设美丽中国，推动生态文明建设。二是3月25日举行《规划》新闻发布会，在《人民日报》刊登张永利副局长关于《规划》的政策解读，《中国绿色时报》2～3专版刊登《规划》内容，中央电视台"新闻直播间""东方时空"等栏目进行报道，网络转载量达511次。三是5月，组织新华社、《人民日报》、中央人民广播电台、中央电视台、《经济日报》《科技日报》《中国绿色时报》等中央7家主流媒体记者赴宁夏、甘肃沙区进行"走风沙线 寻圆梦路"采访活动，深入防沙治沙第一线，加强媒体记者对治沙事业的了解，深度反映沙区实情。四是组织中央电视台新闻频道记者赴沙区拍摄牛玉琴、石述柱治沙英雄公益广告片，在中央电视台新闻频道"真诚沟通"中连续滚动播放，提高社会的影响力，群众的知晓率，推动更多的社会力量关注和参与防沙治沙。五是结合沙尘暴预警期间、6·17世界防治荒漠化和干旱日、全国防沙治沙规划新闻发布会等一些重要时点，在电视、报刊、网络等媒体上传播防沙治沙文化知识，中国土地沙化形势，全方位宣传中国防沙治沙工作。六是立题组织开展《沙漠生态文化研究》，组织专家编写研究提纲，并广泛收集资料进行课题研究，深度挖掘沙漠生态文化。七是组织编印《绿化荒漠 美丽中国》画册，宣传防沙治沙治理取得的成效。八是开展美丽沙区征文活动。2013 年 5 月 15 日至 6 月 15 日，国家林业局防沙治沙办公室与中国生态文化协会沙漠文化分会联合举办建设“美丽沙区”征文活动，征文活动得到社会各界的大力支持和热情参与，大家从不同的视角和体裁围绕沙漠文化进行创作，展现“美丽沙区”的丰富层面与深刻内涵。共收到征文稿 123 篇，组织专家组评审出 17 篇获奖征文，其中一等奖 2 篇，二等奖 5 篇，三等奖 10 篇，给予不同额度的奖金并将优秀文章编辑成《沙咏·沙叹》一书。（林 琼）

【南方岩溶地区石漠化综合治理】

工程进展情况 截至 2013 年 12 月 31 日，8 省(区、市)全面完成 2013 年林业建设任务 35.58 万公顷。其中，人工造林 8.01 万公顷，封山育林 28.9 万公顷。加强石漠化综合治理工程建设进度和质量管理，确保全年建设任务保质保量完成。强化科技支撑，重点推广成功的石漠化治理技术模式。大力发展林业产业，在抓好植被建设的同时，积极发展林果产业，促进农民增收致富。

工程取得成效 工程实施以来，共完成营造林 115.3 万公顷，石漠化扩展势头得到初步遏制，由过去持续扩展转变为净减少。据监测，截至 2011 年，中国石漠化土地面积为 1200.2 万公顷，与 2005 年相比，石漠化土地净减少 96 万公顷，年均减少 16 万公顷。一是生态效益初显。据监测，治理区林草植被盖度平均提高 15 个百分点。生物量明显增加，植被生物量比治理前净增 115 万吨。群落植物丰富度提高，生物多样性指数从治理前的 0.735 提高到 1.521，治理区水土流失总量从治理前的 511 万吨减少到 170.31 万吨，减幅达 66.68%。二是经济效益提高。石漠化综合治理过程中，通过生态环境改善和培育绿色产业，促进当地的产业结构调整和社会经济可持续发展，促进富余劳动力的转移和就地务工，也促进农民增收，项目区农民人均纯收入从治理前的 3916.13 元增加到 4394.88 元，增幅 12.48%。三是社会效益良好。通过实施石漠化综合治理，探索一条“封、造、改、迁、建、扶”的石漠化综合治理路子。通过工程建设，改善当地生态质量，营造良好的投资和发展环境，为构建和谐新农村起到带动示范作用。

【沙尘暴灾害监测及应急处置工作】 2013 年度，中国北方地区共发生 10 次沙尘天气过程，重点影响西北、华北、东北 13 省(区、市)，国土面积约 150 万平方千米，人口约 4800 万，直接经济损失为 8200 万元，其中，影响北京的沙尘天气过程有 2 次。按沙尘天气类型分，沙尘暴 2 次，浮尘、扬沙 8 次；按月份统计，2 月份发生 2 次，3 月份发生 3 次，4 月份发生 2 次，5 月份发生 1 次，11 月份发生 2 次，春季(3 月 1 日至 5 月 31 日)共发生 6 次；按影响范围统计，影响范围超过 100 万平方千米的有 4 次，50 万～100 万平方千米的 1 次，50 万平方千米以下的 5 次。总体而言，春季沙尘天气影响范围较小，发生次数、强度均低于 2012 年同期，也低于近 12 年(2001～2012 年)均值 12 次，对国民经济和社会发展造成的损失较小。

按照《重大沙尘暴灾害应急预案》的要求，主要采取以下应对措施：一是 1 月 7 日国家林业局与中国气象局联合组织开展 2013 年春季沙尘天气趋势预测分析会商，对春季沙尘天气趋势情况做出综合分析和预测，会商结果上报国务院，并据此制订应急工作方案；二是 1 月份召开北方地区林业厅(局)治沙(造林)处长座谈会，分析形势，部署应急处置工作；三是 3 月 5 日下发《国家林业局关于认真做好 2013 年春季沙尘暴灾害应急处置工作的通知》，全面部署应急工作；四是充分发挥卫星遥感监测，沙尘暴地面监测站、短信平台等现有监测设施和平台的作用，开展沙尘暴灾害预警监测；五是 3 月底在西安举办沙尘暴灾害应急信息管理和监测技术人员培训班，讲授信息报送相关知识，通报上年度灾害信息报送情况，部署信息报送工作；六是 3 月 1 日至 5 月 31 日沙尘暴重点预警期，加强应急值守，建立沙尘暴应急值守和监测值班制度，安排专业人员负责收集遥感监测和地面监测信息，及时掌握灾害发生、发展情况；七是建立健全沙尘暴灾害信息报送管理制度，做好灾害信息日报、周报、月报和半年报和年报工作。完善省级沙尘暴应急信息通报制度和沙尘暴灾害地面监测站数据报送通报制度；八是做好预防常识宣传，利用新闻媒体广泛宣传沙尘暴基本知识及灾害预防常识，在林业局政府网站发布《沙尘暴预防常识》(汉语、维语)，供网民下载、学习。及时向社会公布沙尘暴灾情，采取应急处置措施，正确引导社会舆论；九是完善沙尘暴灾害应急处置短信平台、筹建沙尘暴应急管理平台，升级完成卫星遥感影像提取软件，加强沙尘暴地面站设备维护和管理。（潘红星）

【荒漠化公约履约和国际合作】

荒漠化公约谈判 一是研究和制定中国履行《联合国防治荒漠化公约》战略，明确中国履约总体目标和战略任务，将荒漠化公约履约与国家生态建设、联合国可持续发展目标制定和 2015 年后议程制定相结合，并积极参与联合国可持续发展目标制定工作。二是推动制定全球荒漠化防治目标。充分准备、全面参与荒漠化公约 2013 年重要区域和国际会议，并代表亚洲区域参加公约十年战略中期评估工作政府间特设工作中期战略评估组工作；系统策划、圆满完成第十一届缔约方大会，履约审查委员会和第三次科学大会参会任务。中国代表团通过缔约方大会发言、高级别圆桌论坛发言、参与专题谈判小组文件磋商，深入参与公约关于落实里约 +20 可持续发展大会土地退化零增长目标，公约与资金机制关系、国家报告指标等重要政策制定。三是全面宣传中国履约经验。通过缔约方大会发言、大会案例介绍、制作宣传片、组织缔约方大会中国“防治荒漠化和绿色经济”专题活动，全面宣传中国防治荒漠化成效、事迹，介绍政府鼓励社会参与政策和企业创新技术，获得国际社会高度评价。第十一次缔约方大会期间，中国企业获得全球旱地卫士称号，典型经验纳入大会文件和专辑，中央电视台和新华社进行专题报道，国内外反响强烈。

国际合作 一是“援埃及中非荒漠化防治示范和培训中心项目”取得实质性进展。中埃双方启动可行性评估政府间换文，该项目成为中国林业系统首个国家对外援助综合性项目，列入国家援外项目可行性考察计划、组建可行性评估专家组、启动项目建议书编制、开展可持续性预研究。二是利用多渠道开展对外培训，提高中国技术影响。继 2011 ~ 2012 年对非法语国家荒漠化防治研修获得积极反响后，应非洲国家要求继续举办对非洲英语国家防治荒漠化技术和政策研修，分享中非荒漠化防治经验，为项目合作奠定基础。通过三方合作，利用东北亚环境机制资金对蒙古国技术人员进行荒漠化防治和监测技术培训；在联合国粮农组织全球土地退化技术援助项目支持派遣专家为南亚四国进行土地退化评估技术培训，全年培训近百人。三是配合国家总体外交战略，开展与周边和重要区域合作。根据国家“一带一路”总体发展战略，进一步推动与阿拉伯国家荒漠化防治合作，商定《中—阿拉伯联盟荒漠化监测和防治合作备忘录》内容，并计划于 2014 年中阿合作部长级会议期间签署。四是全面总结中德荒漠化防治合作项目经验，筛选与沙区生态保护与可持续利用相结合的技术和模式、编写《防治荒漠化技术与实践》，召开“防沙治沙与可持续发展国际研讨会”，深入探讨未来中国荒漠化防治面临问题和中德合作领域和新方式，提出共同出资、三方合作思路，特别强调未来要更加重视沙区自然资源保护和利用，将生态改善与绿色发展相结合。五是启动参与联合国环境署世界荒漠化地图集编制工作和合作开展中国民间组织参与治沙评估，利用国际专家资源为中国生态保护和沙漠绿色发展科学评估献计献策。召开世界沙漠地图集中国技术研讨会，确定中国将重点介绍国家荒漠化监测体系建设和库布其沙漠绿色经济典型经验。六是积极参与区域合作机制，参加东北亚土地退化、荒漠化网络指导委员会、东北亚区域环境机制高官会、中日韩三国林业司局长会议，为区域沙尘暴防治示范项目制定，区域沙尘暴防治能力建设和提升区域整体生态状况提出建议。七是争取 GEF“土地退化评估和可持续土地管理决策支持项目”，为完善履约报告监测体系，引进资金和技术。

库布其国际沙漠论坛　与科技部和内蒙古自治区、联合国环境署和荒漠化公约秘书处合作主办第四届“库布其国际沙漠论坛”，李克强总理致信，汪洋总理到会致辞，提出继续做好荒漠化防治，在打造中国经济升级版中推动生态文明建设。赵树丛局长出席并做主题发言。论坛汇集全球知名专家、学者、官员、企业和民间组织共同探讨荒漠化防治和沙漠绿色发展，促进全球科研和时间成果交流、推动中国经验共享。

（贾晓霞）

森林公园建设与管理

【综　述】　2013 年，森林公园建设与发展继续保持平稳增长态势。截至年底，森林公园总数达 2948 处(含国家级森林旅游区 1 处)，资源总面积 1758 万公顷。

管理力度持续增强　森林公园立法取得重要进展。4 月 3 日，国家林业局办公室就《森林公园条例(征求意见稿)》征求中央编办等 15 个相关的部(委、办、局)修改意见，得到各部门的积极反馈和充分赞同。8 月 1 日，山西省出台《山西省森林公园条例》，拥有森林公园法规的省份达 12 个。11 月 11 日，国家林业局森林公园管理办公室印发《关于进一步做好森林公园管理的通知》，对强化国家级森林公园行政许可项目审查、国家级森林公园总体规划审批、建设项目使用国家级森林公园林地审查、森林公园的立法与执法、森林公园的人员培训等事项提出更为具体的要求，云南、宁夏、甘肃等省(区)也专门下发加强森林公园管理的文件。国家林业局依照《国家级森林公园总体规划规范》及相关规定进行认真审查，先后批复了江西天花井等 14 个国家级森林公园总体规划，明确了需加强保护的重要森林风景资源、需严格控制的日游客容量和接待床位数，以及需开展环境影响评价或禁止建设的项目等内容，为森林公园的建设管理提供了有效依据。湖南省林业厅将年度工作重点放在推进森林公园机构建设上，对各森林公园是否建立管理机构、管理机构级别情况、公园定编人数、财政拨款等相关情况进行全面的调查摸底。陕西省林业厅结合《陕西省森林公园条例》的颁布实施，联合省人大环资工委在全省范围内组织开展了森林公园监督检查活动。江西省林业厅组织了 4 个检查组对 24 个省级以上森林公园进行抽查，根据检查情况，向本省下达了情况通报，对违规违法问题提出限期整改。

基础设施条件不断改善　森林公园建设得到更为广泛的关注和重视。6 月 27 日，《中共广西壮族自治区委员会 广西壮族自治区人民政府关于加快旅游业跨越发展的决定》明确提出加强森林公园的有效保护与科学开发。8 月 25 日，广东省委、省政府印发的《关于全面推进新一轮绿化广东大行动的决定》，将森林公园建设发展纳入总体发展目标和地方政府考核任务指标，广州、东莞两市各级财政对森林公园的投入分别达 1.36 亿元和 1.60 亿元。11 月 13 日，宁夏回族自治区人民政府办公室印发《关于加快建设市民休闲森林公园的意见》，要求全区每个地级市和县(市、区)至少建设 1000 ~ 5000 亩的市民休闲森林公园。甘肃省积极争取将森林公园电网改造纳入《甘肃省农村电网改造升级“十二五”规划》，四川省着力抓好中央和省级财政对森林公园专项资金补助，分别制定了《四川省国家森林公园国家重点生态功能区转移支付禁止开发区补助资金管理办法(暂行)》和《四川省省级财政林业自然保护区(森林公园、湿地公园)项目专项资金管理暂行办法》，确保了 4680 万元中央财政资金和 300 万元省级财政资金的落实到位。据统计，全年中国森林公园共投入建设资金 486 亿元，森林公园基础设施状况和接待服务环境不断改善。截至 2013 年年底，森林公园共拥有游步道 7.42 万千米，旅游车船 3.78 万台(艘)，接待床位 80.91 万张，餐位143.84万个，职工总人数达16.49万人。

资源保护工作切实有力 各地、各森林公园采取切实措施强化资源的保护与培育。为进一步摸清森林公园资源状况，科学确定保护对象和保护措施，广西林业厅拨付100万元启动了全区的森林风景资源普查，云南也在全省范围内开展了首次森林风景资源调查。北京西山开展了生物多样性调查，调查样地169块，制作昆虫标本5盒，有效掌握了森林公园内生物资源状况。黑龙江佛手山国家森林公园建立了生物资源档案，针对不同生物种群的分布特点制定相应的保护措施，同时在各景区建立监测点，定期观测各类生物资源的消长情况，以使生物资源保护科学化、规范化。浙江省绍兴市出台了《绍兴会稽山古香榧群保护管理办法》，旨在加强对以诸暨香榧国家森林公园为主的会稽山古香榧群及其相关生物多样性、传统农业生态系统、农业文化和农业景观等的保护、开发和利用。四川省阆中市出台了《关于加强四川阆中国家森林公园保护和管理的通告》，并印制成布告300份在公园范围内进行张贴，同时在市电台、电视台黄金时段播出，使森林公园资源保护更加深入人心。福建王寿山国家森林公园把经营范围内的森林资源和景观资源划成2个管理责任区，聘请了6位有责任心的专职护林员进行日常的管理；龙岩国家森林公园在江山镇铜钵村、雁石镇龙崆村设护林哨，聘请护林员巡查保护景区资源工作。吉林红石国家森林公园专门下发《关于加强吉林红石国家森林公园景区生态环境保护工作的通知》，强化管护员巡山护林制度，全年共办理林业行政案件17起，收缴林政罚款2.27万元，清查收缴被侵占林地16.845公顷。河南石漫滩国家森林公园对公园内毁林开荒、挖山采石、占用林地等违法行为进行全面清理整顿，收回林中耕地上百亩。云南太阳河国家森林公园共查处偷猎2起，没收汽钉枪4支，处罚5人；制止1起盗采虫蝼和石斛案件；处罚1起非法盗采林木案件，1起非法收购黑心木案件。天津九龙山国家森林公园组建九龙山、梨木台和秋子峪林区3支专业扑火队伍共计40人，实行半军事化科学管理，模拟训练加上实战操练，使扑火队员的业务素质和专业技能不断提升，成功参与了蓟县盘山3.9火灾扑救工作，以及配合当地乡镇火情火警的扑救7次，发挥了扑火主力军的作用。据统计，2013年度森林公园共投入56.15亿元专门用于资源保护和培育，全年新营造风景林10.94万公顷，改造林相19.26万公顷，森林公园的资源质量和景观品位进一步提升。

生态文化传播成效显著 各地、各森林公园积极为公众提供丰富多彩的生态文化产品。北京市林业局制定了《2013年森林文化建设实施方案》，确定森林文化建设的组织领导和任务分工，策划推出3大类共48项森林文化活动，并成功组织举办了首届森林文化节、森林文化科普宣传、森林文化体验、森林文化巡回展等活动，全市森林公园完成森林文化建设规划3项，完成森林文化设施建设13项，开展森林文化系列活动50余项。浙江省林业厅与浙报集团《钱江晚报》联合推出"走进森林公园亲子系列活动"，100多个家庭的家长和小朋友走进大奇山、午潮山、杭州西山和长乐森林公园，参加拓展训练、参观展示馆、欣赏自然美景和人文历史，体验人与自然和谐相处的生活理念。湖南五尖山国家森林公园以"藏文于山"为主题，相继举办了"生态文明杯"大赛、廉洁文化书画笔会、重阳登高节—快乐低碳行等一系列生态文化活动。黑龙江兴隆国家森林公园以园内的青风山庄、气象观测站、青峰鸟类环志站和抗联遗址等教育基地为核心，深入发掘最大"人参王"故乡、最长森林窄轨铁路、红松原始林等一系列生态文化资源，着力构建森林文化、山水文化、健康文化、人居文化、饮食文化相结合的森林生态文化体系。吉林龙湾群国家森林公园开工新建2000平方米"龙湾森林示范园宣教展馆"，宁夏花马寺国家森林公园建设的哈巴湖博物馆正式挂牌，山东昆嵛山国家森林公园建设了蝴蝶馆与科普教育基地，聘请专家学者举办生态知识讲座，开展"心明眼亮"学习大讲堂。河北驼梁山国家森林公园实施"2013森林科普进万家"宣传活动，以社区、家庭、青少年等为对象，与石家庄市大、中、小学联合，利用"植树节""儿童节""地球日"等节日开展环境保护、学生认植、野生动物保护、植物种类识别、生态意识教育等科普宣传教育活动，全年科普受众达4.3万余人次。森林公园在传播生态文化、弘扬生态文明方面发挥重要作用，2013年度由国家林业局、教育部、共青团中央命名的13家"国家生态文明教育基地"中有6处森林公园。

森林旅游综合效益突出 各地、各森林公园精心策划特色旅游产品，不断创新宣传促销方式。山东省林业厅组织召开了山东省2013年度森林公园推介会，江西林业厅省组织开展了全省森林旅游摄影大赛活动，陕西省林业厅组织开展了全省森林旅游宣传月活动。湖南省林业厅和《湖南旅游》杂志共同策划"森林旅游"专刊5期，对37个森林公园进行了宣传推介。四川省林业厅积极支持各地举办"花卉果类生态旅游节""红叶节"等节庆活动，并开展"四川花仙子"评选等主题活动。黑龙江雪乡国家森林公园新增了中国雪乡旅游电子商务平台，可提供订房、订票等服务，公园还与百度、黑龙江省旅游资讯网等网站合作开展宣传，并先后与三亚、天津、深圳、大连等城市签订了区域旅游合作协议。广东西樵山国家森林公园推出了樵山官方微信，每天通过微信平台向受众发送樵山新闻、樵山传说等樵山文化资讯，结合西樵山的活动与受众即时互动，受众反响强烈。重庆酉州桃花源国家森林公园先后在重庆、成都、长沙、上海等核心目标市场成功举行营销活动，全年共签约旅行社246家，并与同程网、携程网、乐游天下(旅游交易网)等国内知名旅游网站建立营销合作关系。江苏东吴国家森林公园相续举办了孙子兵法文化旅游月、第四届苏州市健康养生文化节、第二届中国(苏州)海峡两岸孙子兵法学术研讨会、世界女子围棋赛、上真观庙会、乌米饭节、"行走的格桑花——西部助学计划"等一系列大型节庆主题活动和知名赛事，在活动的策划、内容的创新等多方面实现了新的提升。重庆黑山国家森林公园在"三八"节期间，举办"浪漫春游季·蝶变黑山谷"系列活动，3天共接待游客13.5万人。为增强旅游吸引力，黑龙江威虎山国家森林公园建设了水上乐园，配备了滑翔翼、滑索、水上自行车、水上滚筒等设施，同时新购置了55辆观光车，开通了第二列观光小火车，变单向单列观光为双向双列观光，极大地改善了游客的观光体验。据统计，2013 年森林公园共接待游客 5.89 亿人次，占国内旅游总人数的 18.1%，直接旅游收入达 491.1 亿元，分别比 2012 年增长 7.5% 和 8.3%。越来越多的森林公园形成旅游品牌，上海海湾森林公园被评为“青年人喜爱的上海十大公园最具人气奖”之一，重庆茂云山国家森林公园的阿依河景区被评为“巴渝新十二景”之首。森林公园旅游还极大带动了当地社会经济的发展。湖北安陆古银杏国家森林公园仅 9、10 两个月就为当地村民每人增收 1000 余元，依托天津九龙山国家森林公园发展农家院的蓟县穿芳峪镇毛家峪村，全村 72 户、256 人。2013 年人均纯收入超过 5 万元，家家都住别墅，户户都有轿车。据不完全统计，2013 年森林公园共带动创造社会就业岗位 68 万多个，社会综合产值超 4700 亿元。福建“森林人家”有序推进，截至 2013 年年底，全省森林人家的建设面积达到 4534.67 公顷，就业人数达 4851 人，餐位总数 10 679 个，接待床位 1706 个，年接待人数达 59 万人次，年旅游收入达 4621 万元。

生态福祉普惠社会公众 各地、各森林公园积极为公众休闲提供便利和优惠。湖南、陕西、山东、江西等省的森林旅游优惠年票发展工作深入推进，重庆市林业局组织全市 61 个森林公园在“国际森林日”当天免费向游客开放。黑龙江伊春兴安公园开展了“家乡人·家乡情·家乡游”优惠活动，对家乡人实行免票，并对伊春区居民推出“幸福伊春”游园卡，持卡人可享受一年内不限次到公园游玩，陕西牛背梁森林公园则每月针对固定人群免票，如 5 月对全国各级劳动模范免费、6 月对所有小学生免费、7 月对各级优秀党员和优秀党务工作者免费、8 月对所有退伍军人免费、9 月对所有教师免费等等。据统计，2013 年全国有 871 处森林公园免收门票，享受免票服务的游客达 1.59 亿人次，占本年度游客总人数的 27%。同时，山西省的全部县(市)级森林公园免票开放，日接待游客 39 万人次，直接受益人口达 2200 万人。 （许　晶）

【首次国家级森林公园管理高级研修班举办】 3 月 29～30 日，在江苏虞山国家森林公园举办。各省级林业部门森林公园主管人员、2013 年度拟申报国家级森林公园的单位负责人及所在地党政分管领导和林业局局长、承担国家级森林公园可行性研究报告和总体规划编制任务的设计单位业务负责同志，近 200 人参加了研修班。研修班分别对国家级森林公园行政许可事项的申请与审查、国家级森林公园总体规划的编制与审查、建设项目占用国家级森林公园林地的申请与审查进行专题讲解，解答了学员们提出的问题，并对进一步做好近期森林公园管理工作提出具体要求。 （许　晶）

【国家级森林公园行政许可办理】 依照《国家级森林公园设立、撤销、改变经营范围或者变更隶属关系审批管理办法》相关规定，2013 年国家林业局先后做出 28 项行政许可决定，准予设立彭泽等 15 处国家级森林公园，准予梅花山等 11 处国家级森林公园改变经营范围，准予黑大门等 2 处国家级森林公园变更公园名称。截至 2013 年年底，中国共设立国家级森林公园 779 处，规划总面积 1048.1 万公顷。 （许　晶）

【赴台湾森林旅游和林木种苗考察】 应台湾地区自然资源保护协会邀请并经国务院台湾事务办公室批准，场圃总站于 5 月 14～20 日组织了赴台湾森林旅游和林木种苗考察。考察团共 19 人，由国家林业局、国家发展改革委、北京、山西、内蒙古、辽宁、黑龙江、重庆、广西、青海、陕西等省(区、市)有关主管人员参加。在台期间，考察团与台湾地区林业主管部门有关人士座谈并听取了台湾林业基本情况的介绍，先后考察了太平山森林游乐区、罗东林业文化园区(自然教育中心)、垦丁森林游乐区、触口自然教育中心(嘉义林区管理处触口工作站)和阿里山森林游乐区等林业单位，顺利完成了预定的参观考察任务。考察团认为台湾地区的森林旅游和林木种苗工作主要有四点值得借鉴，一是广泛的社会共识为事业的持续发展提供了强大动力，二是健全的法规体系为事业的规范发展提供了良好环境，三是充足的经费投入为事业的健康发展提供了有效保障，四是完善的志工制度为事业的繁荣发展提供了有力支撑。考察团还提出 3 点建议：一是继续推进赴台湾森林旅游和林木种苗考察学习，二是积极推动森林旅游和林木种苗的相关立法，三是突出强化森林的教育功能和自然教育活动的开展。 （许　晶）

【第五批中国国家森林公园专用标志使用授权】 7 月 26 日，国家林业局以林场发〔2013〕113 号下发通知，公布第五批获得中国国家森林公园专用标志使用授权的国家级森林公园名单，同意授权山西太行大峡谷等 49 处国家级森林公园使用中国国家森林公园专用标志。至此，经国家林业局审核，共有 620 处国家级森林公园获得中国国家森林公园专用标志的使用授权，占国家级森林公园总数的 80%。 （许　晶）

【同意建设江苏泰兴国家古银杏公园】 12 月 13 日，国家林业局以林场发〔2013〕209 号致函江苏省林业局，同意建设江苏泰兴国家古银杏公园，建设地点在泰兴市宣堡镇，面积 1600 公顷。文件要求抓紧做好国家古银杏公园的范围划定，编制完成总体规划，健全相关机构和人员，落实保护建设资金，以保护古银杏林木资源为首要任务并充分突出银杏主题，使之真正成为集银杏生产科研、森林生态文化、银杏科普文化、林业观光旅游、康体养生保健于一体的国家级示范公园。截至 2013 年年底，国家林业局批准建设的国家级林业专题公园达 4 处，年投入建设资金 1.61 亿元，接待游客 765.1 万人次，综合收入达 4.6 亿元。 （许　晶）

【参加首届亚洲公园大会】 11 月 13～17 日，场圃总站率团参加了在日本仙台市举办的首届亚洲公园大会(APC)。本次会议由日本环境省和世界自然保护联盟(IUCN)联合主办，来自 40 个国家、地区、非政府组织的 800 多位政府官员、专家学者、国际组织代表及学生参会。会议在自然灾害与保护区域、旅游和环境教育、文化传统和保护区域、保护区域合作化管理、国际化合作、生物多样性保护等方面进行了深入交流与探讨，通过了《亚洲保护区宪章》，提出了充分利用首届亚洲公园大会成果参与2014世界公园大会的讨论。会议期间，专题演讲《中国林业在自然保护领域新的实践与成果——中国森林公园建设与发展》。国家林业局对参加首届亚洲公园大会取得的成果高度重视，并于12月31日专门向国务院呈送了参会情况的报告。（俞　晖）

【中国林学会森林公园分会第三届理事会成立】 5月14日，中国林学会森林公园分会第三次会员代表大会暨森林公园与生态文明建设学术研讨会在福建农林大学召开。会议由中国林学会森林公园分会主办，福建农林大学、福建省林学会承办，部分理事单位和个人参加。大会审议通过了上一届森林公园分会理事会工作报告，并选举产生了第三届理事会。第三届理事会由328个理事单位(个人)和119个常务理事单位(个人)组成，中国工程院院士尹伟伦等3人担任顾问，1人担任理事长，10人担任副理事长，1人担任秘书长，并讨论通过了《中国林学会森林公园分会管理办法》和其他相关事宜。同时举办的森林公园与生态文明建设学术研讨会，以“森林公园与生态文明建设”为主题，中国工程院尹伟伦院士做了题为“生态文明与森林旅游”的主题报告，国家林业局、福建农林大学等26位专家、学者也分别作了相关的专题报告。（许　晶）

【2013年度国家级森林公园主任培训班举办】 6月23日至7月3日，在福建农林大学举办。来自16个省(区、市)的80多位国家级森林公园主任、森林旅游管理部门领导干部参加培训。本次培训班为期11天，前4天在福建农林大学开展理论培训，后7天前往台湾开展实践教学。理论培训内容包括国家森林公园规划、国家森林公园的管理与建设、国家森林公园汽车房车露营地建设、森林旅游景区规划设计理念与产品创新、乡村旅游、福建森林人家品牌创新与发展、生态景观建设、城郊型森林公园的建设与管理、国家森林公园解说体系建设、风景游憩林构建理论与技术等专题课程，并赴福州国家森林公园学习考察。（许　晶）

林业应对气候变化

【综　述】 按照党中央、国务院决策部署和全国林业厅局长会议统一安排，围绕《“十二五”控制温室气体排放工作方案》和《林业应对气候变化“十二五”行动要点》确定的目标任务，2013年5月，国家林业局制订印发了《2013年林业应对气候变化重点工作安排和分工方案》，启动实施了REDD+行动年，扎实推进林业应对气候变化工作取得新进展，为实现林业“双增”目标、增加林业碳汇、服务国家气候变化内政外交大局作出了积极贡献。（章升东）

【调整林业应对气候变化组织架构】 根据多哈气候谈判大会后新形势，2013年2月，国家林业局组织召开应对气候变化领导小组第八次会议，提出了关于建立林业应对气候变化工作框架的报告，调整重组领导小组组成，明确由赵树丛局长担任领导小组组长，国家林业局气候办继续设在造林绿化管理司，由王祝雄司长担任气候办主任。领导小组下设5个工作组，实行以工作组为责任主体的组长负责制，形成职责分工更为明确的组织架构。（章升东）

【扎实推进全国林业碳汇计量监测体系建设】 2013年，全国林业碳汇计量监测体系建设实现全国覆盖，取得重大进展。完成森林碳汇计量监测基础数据库和参数模型库建设，出台了主要乔木树种的立木生物量模型及碳计量参数，初步建成全国森林碳汇计量监测体系，具备了运用调查实测成果科学测算我国森林碳储量和碳汇量的能力。组织编制《土地利用变化和林业碳监测试点技术方案》和林业应对气候变化相关活动基础数据指标体系，为解决土地利用变化和林业活动引起的碳汇核算奠定基础。启动红树林湿地碳储量调查工作，完成全国重点省份泥炭沼泽湿地碳库调查准备。开展全国林业碳汇计量监测体系建设年度报告和全国林业碳汇计量监测总体方案编制工作。积极协调推进陆地生态系统碳监测卫星项目立项取得新进展。（章升东）

【加强林业应对气候变化技术标准建设】 积极协调推进建立全国林业碳汇标准化技术委员会，相关材料按程序报送国家标准化管理委员会。组织编制完成《碳汇造林技术规程》《造林项目碳汇计量监测指南》《立木生物量建模样本采集技术规程》《立木生物量建模方法技术规程》4项林业行业标准，以及《碳汇造林项目方法学》《竹子造林碳汇项目方法学》《森林经营碳汇项目方法学》3个林业碳汇项目方法学并由国家发展改革委备案发布。（张　峰）

【强化林业应对气候变化政策研究】 积极开展林业碳汇交易政策研究，提出《借鉴新西兰碳排放交易经验积极推进中国林业碳汇交易工作》的政策建议报告，组织起草了《国家林业局关于推进林业碳汇交易工作的指导意见》。深入推进应对气候变化立法林业问题研究，配合国家发展改革委完成《国家适应气候变化战略》编制工作。（章升东）

【开展碳汇造林】 结合社会捐资，继续稳步推进碳汇造林试点工作，取得积极成效。截至2013年年底，累计在18个省(区、市)完成碳汇造林2万多公顷，为实

现林业“双增”目标、增加林业碳汇、应对气候变化、建设生态文明作出新贡献。 （章升东）

【参与林业应对气候变化国际履约】 建设性参与REDD+议题谈判，为华沙气候大会通过的由7个决定组成的“华沙REDD+行动框架”作出积极贡献，为发展中国家全面实施REDD+行动奠定了基础，被誉为华沙气候大会的重要成果之一。积极参加LULUCF全面核算方法相关讨论，为应对发达国家统一2020年后土地利用核算方法研究提出谈判策略，并积极建议将森林管理和植被恢复作为2013~2020年合格的CDM项目。完成林业应对气候变化履约战略研究初稿。参与IPCC第五次评估报告编写、讨论和评审，为第五次评估报告相关工作组报告和技术指南的出台作出积极贡献。 （张　峰）

林业产业

07

林业产业

【年度国家级林业重点展会新闻发布会】 6月27日，国家级林业重点展会新闻发布会在国家林业局召开，邀请了黑龙江省牡丹江市、山东省菏泽市、浙江省义乌市及福建省三明市4个林业重点展会城市介绍了展会情况。新闻发布会由国家林业局宣传办李天送副主任主持，包括中央电视台、《人民日报》《光明日报》等50余家主流媒体记者参加了新闻发布会。

【第六届中国(牡丹江)－俄罗斯(远东)国际木业博览会】 8月16~18日，国家林业局和黑龙江省人民政府共同举办了第六届中国(牡丹江)－俄罗斯(远东)国际木业博览会。第六届木博会以"同筑木业梦、共话中俄缘"为主题，将突出"面向东北亚、辐射全世界、服务全中国"的定位和特色，为国际林业发达国家以及国内林业发达省市搭建交流、交易、合作的平台，共谋绿色、环保、低碳发展，增强中国参与国际市场竞争能力。黑龙江省林业厅厅长蔡炳华主持了开幕式。本届木博会展出面积3万平方米，设国际标准展位800个，共设1300多个展位，分为木材制品、木业机械、木业配套产品、森林食品、森林旅游、俄罗斯林产品、全国林业会展城市、牡丹江"五城建设"成果展等八大展区。展会参会嘉宾3000多人，参会企业超过1000户。

【第十届中国林产品交易会】 9月19~22日，国家林业局和山东省人民政府共同举办了第十届中国林产品交易会。第十届中国林产品交易会以"低碳引领美好生活、绿色造福美丽中国"为主题，设家具、建材、工艺品、种苗花卉、森林食品5个专业展区和两个特设展区，参展企业达到660家。展会期间，举办参展产品评奖与发布、中国菏泽投资环境说明会等相关活动。台湾森林产品首次亮相林交会，有26家企业50个展位，参展产品主要包括工艺品、日用品、森林食品、文创产品等。在菏泽举办的中国林交会是中国最早的全国性林产品交易博览会，至今累计参展145万人次，签订合同、协议金额超过800亿元。

【第六届中国义乌国际森林产品博览会】 2013年11月1~4日，国家林业局和浙江省人民政府共同主办了第六届中国义乌国际森林产品博览会。本届展会以"创新驱动，低碳引领"为主题，由展览贸易板块、推介评奖板块、会议论坛板块组成，以产品贸易、采购洽谈、签约协作、高层论坛、推介推广、成果展示、文化交流等为主要内容，突出创新性、经贸性、实效性和交流性，展会内容丰富，经贸特性鲜明，产业引领作用突出，国际化特色明显。本届森博会共有来自全球25个国家和地区的1313家企业参展，设国际标准展位3300个，展览面积7万平方米；来自73个国家(地区)的45.6万人次采购商、参观者到会参观采购；实现成交额46.5亿元，同比增长9.98%，其中外贸成交额22.55亿元，占总成交额的48.5%，同比增长4.69%。

【国家林产品创意研发中心成立】 11月2日，国家林业局发文授予义乌市创意园"国家林产品创意研发中心"称号并挂牌。当前，中国林业产业迅猛发展，产业规模不断扩大，2012年林业总产值达到3.95万亿，但林业产业发展总体质量不高，附加值较高的创意产品研发和生产是弱项。为了加快林业创意产品建设，整合全国创意研发资源，促进转型升级，对有基础和条件的研发机构授予国家林产品创意研发中心称号，发挥引领和示范作用，十分必要。义乌市创意园地处中国重要的林产品会展、流通城市，由义乌市政府投资建设，目前，国家旅游商品研发中心、中国义乌工业设计中心、浙江省特色工业设计示范基地落户创意园。2009年成立创意园以来，开展了首届中国创意林业产品大赛、首届中国创意林业产业发展论坛，并组建了创意林产品研发团队和机构，在开发创意林产品、提升林产品科技含量、增加林产品附加值等方面具有较大优势。

【第九届海峡两岸林业博览会暨投资贸易洽谈会】 11月6~9日，国家林业局和福建省人民政府在福建省三明市举办了第九届海峡两岸林业博览会暨投资贸易洽谈会。本届林博会围绕"发展绿色产业，建设生态文明"主题，采取政府服务、市场主导、企业"唱戏"的运作模式，重点邀请了有实力、有投资意向、有签约项目的客商和上下游供应商、经销商参会，并开展商贸洽谈、订货交易。11月6日开馆当天，举行了浙商所(福建)林业大宗商品交易中心产品上市仪式和林产品网上商城——"林品汇"开通仪式。本届林博会共落实签约项目121项，总投资168.65亿元。302家国内林业企业、10大系列、1500多种林产品及农特产品长期入驻展馆，实现"天天林博会"这一目标。新开业的浙商所(福建)林业大宗商品交易中心仅上市4天总成交额达102.12亿元；新开通的"林品汇"网上商城，展会期间签约入驻电商680家，实现网上交易金额达100多万元。

【中国证监会开展胶合板、木材纤维板期货交易】 12月6日，纤维板、胶合板期货合约在大连商品交易所联袂挂牌交易。随着中国林业产业发展，胶合板、木材纤维板期货交易已十分迫切。2012年全国产量达到10 981万立方米和5800万立方米，均居世界首位，比2012年分别增长11.26%和4.28%，两项产品产值合计达到3300亿元。开展胶合板、木材纤维板期货交易对林业企业规避财务风险和价格风险，稳定企业木材培育、采伐、加工、贸易、消费等生产活动预期，促进林业产业可持续性发展将会起到积极作用。

【国家林业重点龙头企业推选和管理工作实施方案印发】 12月19日，国家林业局办公室印发了《国家林业重点龙头企业推选和管理工作实施方案(试行)》及《关于做好2013年国家林业重点龙头企业推荐与选定工作的通知》。《通知》要求，各地推荐国家林业重点龙头企业，应严格按照规定的标准和要求进行。2013年第一批国家林业重点龙头企业推荐的范围包括，以人造板、家具、木竹制品、木竹浆纸为主的木竹加工类企业，以生产松香、活性炭为主的林产化工类企业，以木本粮油资源培育与加工为主的生产类企业。

（周泽峰　田　野）

油茶产业

【综　述】 2013年全国油茶产业继续保持快速健康发展势头，高产油茶林基地面积持续增长，产值不断增加，改善生态、改善民生作用日益增强。据统计部门统计2013年末实有油茶面积352.9公顷，其中新造林18.2万公顷，改造低产林16.8万公顷，油茶籽产量177.6万吨。

主要成效　一是油茶良种种苗生产供应充足，质量优良，为产业发展奠定了坚实的基础。全国繁育油茶良种苗木7.9亿株，其中新育4.7亿株，两年生留床苗3.2亿株，占育苗总量的40%，容器育苗3.7亿株，占46%。可出圃两年生大苗和容器育苗近4亿株，满足了油茶造林对良种壮苗的需求。二是政策扶持力度不断加大，为推动油茶产业发展提供了有力支持。油茶产业发展总投入达68.60亿元，其中中央投入9.75亿元，省级投入4.28亿元，市县投入3.66亿元，整合其他资金5.92亿元，贷款10.95亿元，企业、合作社等社会投资34.04亿元。三是体制机制逐步优化，油茶产业发展活力不断增强。在油茶主产省区各级政府的大力支持和引导下，油茶企业及专业合作组织参与油茶产业发展积极性持续高涨。据统计，14个省区市参与油茶产业发展的企业达到1216个，带动参与的农民134万人，油茶专业合作社1747个，参与农户21.53万户，大户439个，参与农户12.31万户。2013年新造油茶林332万亩，其中企业造林112.28万亩，占33.8%，合作社造林56.7万亩，占17.1%，大户造林76.47万亩，占23%，农户及其他主体造林86.35万亩，占26%。企业、专业合作社和大户造林占到2/3，在油茶产业发展中起到了主导作用，成为油茶产业发展的主力军。四是产业效益开始显现，对山区农民增收致富的作用明显增强。随着人们对茶油营养保健功能认知度的提高，茶油及其产品供不应求，价格不断攀升。茶油毛油收购价由2008年的每千克8元提高到70元左右，林农来自油茶产业的收益明显增加。五是强化科技支撑，产业发展水平不断提升。科技人员深入基层、深入一线开展技术指导和技术服务，切实解决生产中存在的技术问题，围绕油茶产业发展的各个技术环节开展学术研究和技术交流，取得了一系列成果。油茶良种繁育、造林技术水平进一步提高，容器育苗、地膜覆盖、立体种植、整形修剪、生物防治等技术在造林生产中得到广泛应用，基地建设质量、管理水平明显提高。

（张超英）

【全国油茶技术协作组第一届油茶学术交流会】 12月6～7日，在浙江省建德市举行。会议由场圃总站和中国林业科学研究院主办，全国油茶技术协作组和国家油茶科学中心承办。国家林业局场圃总站、国家林业局科技司，中国林科院、中国林科院亚热带林业研究所等单位代表出席会议，南方14个油茶发展省区油茶办、种苗站、全国油茶技术协作组部分成员单位和国家油茶科学中心各实验室(站)等100余人参加了会议。国家林业局计资司油茶处负责同志到会指导。

大会由中国林科院副院长储富祥主持，国家林业局科技司副司长李兴回顾了近5年来油茶科技创新、成果应用和产业支撑取得的成就，指出今后油茶产业对科技的需求。场圃总站副总站长张周忙传达了第六次全国油茶产业发展现场会精神，充分肯定油茶技术进步对产业发展的重要支撑作用，并针对目前产业发展中存在问题提出几点希望，希望科技人员深入研究油茶产业发展的体制与机制，进一步开展良种选育、繁育技术及栽培示范研究；积极开展机械化采摘技术与采后处理技术研究，创新采收技术方法，提高采摘工作效率，确保林农增产增收；希望行政管理部门在政策、资金、项目立项等方面大力支持科研单位进行成果转化和示范推广；希望基层单位、油茶企业与科研单位建立长期合作共赢的关系，加强科技支撑，不断提高产业发展水平。

中国林科院亚热带林业研究所研究员姚小华、中南林业科技大学教授谭晓风、湖南省林科院研究员陈永忠、湖南科技学院教授管天球、亚林所研究员费学谦等5位专家分别就油茶良种选育进展、油茶分子育种、油茶林地磷高效利用、油茶产业发展模式和机制、油茶加工过程中的质量安全问题等在大会上作学术报告。大会按照专业分成的油茶遗传育种、栽培管理、产业发展及加工利用3个分会场进行学术交流和科技需求进行讨论。会议期间还参观了浙江久晟茶业发展有限公司。

（张超英）

【《粮油市场报·油茶视界》】 继续在《粮油市场报》开办《油茶视界》专栏。通过专栏向业界传递油茶产业发展政策及信息，推广重点油茶企业发展模式与典型经验，解答油茶基地管理、生产、科研中出现的疑点与问题，为政府、企业、市场与消费者之间架起一座油茶产业发展政府、信息、技术传播桥梁，启迪了创业者智慧，加深了消费者认知，为油茶产业持续健康发展提供了正确的舆论导向和有效的宣传手段。2013年刊登相关稿件12篇。

（张超英）

【油茶种苗生产】 14个油茶发展省(区、市)认真贯彻落实全国油茶现场会精神，积极开展“三苗(容器苗、两年生苗、分系育苗)”培育，大力调整苗木结构，2013年虽然油茶育苗总数和可出圃苗木数量比2012年略有减少，但结构更趋合理。据统计，14省区共培育油茶良种苗木7.94亿株(留床苗3.17亿株，新育苗4.77亿株)，其中嫁接苗7.15亿株，占苗木总量的90%。可出圃苗木4亿株，在可出圃苗木中2年生苗达到3.2亿株，占可出圃苗木的80%，两年生苗木比例比上年提高31个百分点，为大力提高油茶造林成活率、保存率奠定了更加坚实的基础。 (张超英)

【油茶种苗生产与质量专题调研活动】 4~6月，由国家林业局场圃总站领导带队组织3个专题调研组，分赴湖南、江西、安徽、重庆、贵州等省市对油茶良种生产、种苗质量和基地建设情况进行了专题调研和督促检查。调研通过召开专题座谈会和深入基层苗圃、采穗圃等林业生产一线，3个专题调研组在切实掌握基层第一手材料的基础上，撰写出了高质量的专题调研报告，报告对2013年油茶良种种苗生产供应和质量管理情况以及当前生产中存在的主要问题进行了深入细致的分析，提出了许多建设性意见。其他省(区、市)也对辖区内的油茶种苗质量和基地建设开展了专题调研和检查。

根据调研和各省报送的情况来看，经过近5年的不懈努力和强力推动，目前全国油茶种苗生产势头良好，“四定三清楚”落实到位，圃地管理水平极大提高，良种生产能力进一步提升，种苗生产供应平稳，“三苗”比例大幅提高，苗木供需结构和价格趋于合理，执法力度不断加大，市场管理逐年规范，假冒伪劣现象大幅减少，良种繁育材料选择余地越来越大。总之，油茶种苗生产无论从数量，还是质量都极大程度地满足了油茶造林对种苗的需求，有力地促进了全国油产业科学健康发展。通过专题调研也发现了当前油茶种苗生产管理依然还存在一些不容忽视的问题：一是“三苗”培育技术措施不到位，认识还有待提高。部分育苗企业仍然采用混系育苗，品种不清，潜在风险大；有的育苗单位容器育苗培育技术不过关，或是为了节约成本，直接将容器摆放在未经处理的苗床上，没有充分利用空气或其他方式进行修根，使得主根直接扎入土中，生产了一些容器袋中根系很少的假容器苗；有的采用劣质不合格不能降解的包装袋开展容器育苗，使得苗木根部不能扎出容器袋外，窝根现象严重，影响了造林成活率；二是部分苗圃管理措施不到位，抹芽不及时，实生苗依然占了一定比例，出圃的苗木品种不纯，质量不高；三是油茶良种基地和采穗圃建设项目竣工验收进度缓慢。个别省区只注重项目的建设，不重视项目竣工验收工作和投产，项目竣工验收工作滞后，影响了项目的后续发展；四是个别省区，审(认)定的“良种”没有经过严格的区域试验和选育程序，是不是真正的良种还有待时间的检验。以上问题，有些虽然是局部的，但必须要予以高度重视，督促各地在今后的生产实践中采取得力措施，逐步加以解决。 (欧国平)

森林旅游

【综　述】 2013年，在各级政府的高度重视和相关部门的大力支持下，国家林业局国有林场和林木种苗工作总站(简称场圃总站)负责的森林旅游工作实现了稳步发展，森林旅游产业进一步壮大，旅游发展环境进一步改善，森林旅游在促进森林资源保护、带动林业产业发展、弘扬生态文明、实现兴林富民的作用进一步增强，在培育旅游新产品、发展旅游新业态、加快旅游业协调快速发展中发挥了积极的作用。

截至2013年年底，全国建立各级森林公园2948处，总面积1758万公顷，其中国家级森林公园779处，面积1214.33万公顷。各级湿地公园723处，总面积390.3万公顷，其中国家级湿地公园429处，面积229.5万公顷。各级林业自然保护区2163处，总面积12 486.5万公顷，其中国家级自然保护区325处，面积7866.78万公顷。目前，全国森林旅游目的地接待床位总数超过160万张，接待餐位总数超过260万个。2013年，全国森林旅游游客量超过7.6亿人次，约占2013年国内旅游人数的23%；森林旅游直接收入685亿元；创造社会综合产值5200亿元，约占2013年国内旅游消费的20%。2013年，从事森林旅游管理和服务的人员数量超过22万人，其中导游和解说人员近3万人。

森林旅游的法制化、标准化建设取得新进展，编制完成了《全国森林等自然资源旅游发展规划纲要(2013~2020年)》，出台了《森林人家等级评定》标准，一些省(区、市)出台了相应的条例或指导性政策文件。森林旅游目的地的基础服务设施条件进一步改善，旅游服务和生态文化教育的水平进一步提高。10个“全国森林旅游示范区试点单位”大胆探索、勇于实践，为推动全国森林旅游示范区建设积累了宝贵经验；同时，部分省(区、市)在不同程度上推进了示范工作。通过举办森林旅游节、拍摄大型电视纪录片——中国国家森林公园、建设完善中国森林旅游网以及各地自行开展的一些宣传活动，森林旅游的社会影响力明显提高。中国森林旅游网、网易、中国林业网联合开展了“全国最美森林旅游景区系列评选活动”，推出了100家“2013年最具网络人气的最美森林旅游景区”、10处“最佳秋色观赏地”、10处“最佳山地花卉观赏地”、10处“最佳野生鸟类观赏地”、10处“最佳温泉度假地”。2013年，把逐年编制全国森林等自然资源旅游发展报告列为森林旅游管理的常态化工作，同时，正式出版发行了《2012中国森林等自然资源旅游发展报告》。另外，举办了首届海峡两岸森林公园与森林旅游论坛，组织参加了首届亚洲公园大会，对外交流与合作呈现新气象。 (陈鑫峰)

【中国最美森林旅游景区系列评选活动】 5月3日，国家林业局森林公园管理办公室下发《关于开展2013年全国森林旅游系列推选活动的通知》。共有31个省(区、市)、4个森工(林业)集团报送了参评材料。经审核，遴选出最美森林旅游景区推选材料133个；最具特色森林旅游精品景区推选材料107个。9月8日，启动由中国森林旅游网、中国林学会森林公园分会、网易联合主办的中国最美森林旅游景区系列评选活动。在中国森林旅游网、网易、中国林业网等网络平台开辟"2013年中国最美森林旅游景区系列评选活动"专栏。活动投票时间一个月，评选活动于10月8日晚12点结束。网页总浏览量超过5000万次，总投票数近400万票。11月25日，根据投票结果，在中国森林旅游网、网易、中国林业网公布了2013年100家"最具网络人气"的最美森林旅游景区、10处"最佳秋色观赏地"、10处"最佳山地花卉观赏地"、10处"最佳野生鸟类观赏地"、10处"最佳温泉度假地"。 (修新田)

【2013年海峡两岸森林公园与森林旅游论坛】 10月14日，由中国林场协会、中华自然资源保育协会共同主办，中国林学会森林公园分会、台湾野生物保育及管理协会、中国生态文化协会森林生态文化分会协办，四川省生态旅游协会承办的2013年海峡两岸森林公园与森林旅游论坛在四川成都成功举办。论坛的主题是：森林公园在促进社会文明和民生发展中的功能与作用。参加论坛的两岸代表共80余人。其中，大陆代表70余人，包括国家林业局相关人员、各省林业厅(局)森林公园和森林旅游主管处室的负责人、有关高校和科研单位的专家、学者以及四川省部分地、县林业局和森林旅游景区的负责人等；中国台湾地区代表10人，其中6人来自"林务局"系统，另外4人来自台湾高校和社团组织。

论坛由开幕式、主题报告、专题报告、座谈交流等几部分组成。国家林业局原总工程师姚昌恬、台湾"林务局"副局长杨宏志分别在开幕式上致辞。来自海峡两岸的13名专家学者做了论坛报告，内容包括两岸森林公园(森林游乐区)与森林旅游发展情况、森林旅游发展的理念与美学、游乐区规划、森林旅游产品开发、社区共建、环境教育、科普解说等等。经过座谈交流，双方就今后的交流与合作形式、重点达成了共识。

(陈鑫峰)

【全国森林等自然资源旅游发展规划纲要(2013～2020年)】 编制完成《全国森林等自然资源旅游发展规划纲要》(2013～2020年)。该《纲要》由3部分组成，即《纲要》的主体部分、附表及附图。主体部分除前言外，共分五章，分别是中国森林等自然资源旅游发展状况、中国森林等自然资源旅游发展面临的形势、森林等自然资源旅游发展总体思路、森林等自然资源旅游发展主要任务、政策和保障措施。附表部分包括全国森林等自然资源旅游发展现状数量统计表、国家级森林旅游景区现状统计表、全国重点推荐森林等自然资源旅游线路。附图部分包括全国森林公园、湿地公园、荒漠和其他类型景区的分布图、全国森林等自然资源旅游发展布局图及全国森林等自然资源旅游带规划图。8月26日，国家林业局第16次党组会议对该《纲要》进行了研究审议，相关内容列入了会议纪要(林党阅〔2013〕16号)。会议原则同意国家林业局场圃总站提交审议的《纲要》，并要求根据会议讨论情况，对《纲要》作进一步修改完善，最后以国家林业局名义印发。 (陈鑫峰)

【2012中国森林等自然资源旅游发展报告】 3月，国家林业局启动《2012中国森林等自然资源旅游发展报告》的编写工作，于12月出版发行。该报告主体部分共十章，包括组织管理与工作部署、规划和标准化建设、政策与法制、景区发展、产业发展、示范建设、宣传推介、网络建设与信息统计、国(境)内外交流与合作。附件部分包括1982～2011年全国森林等自然资源旅游发展简介、2012年全国森林等自然资源旅游发展大事记、2012年新批设的国家级森林公园、国家级自然保护区、国家级湿地公园名单、2012年全国森林等自然资源旅游产业发展情况统计以及2012年各省(区、市)和各森工(林业)集团出台相关文件、编制相关规划、举行森林旅游节庆活动等的情况统计。国家林业局党组副书记、副局长张建龙为该报告作序。 (陈鑫峰)

森林资源保护

08

林业有害生物防治

【综　述】 2013年林业有害生物共发生1202.37万公顷，同比增长2.2%。其中重度发生86.31万公顷；与2012年同期相比发生面积上升2.16%，但重度发生面积同比下降12.55%。其中虫害发生844.98万公顷，病害138.91万公顷，鼠(兔)害218.48万公顷。另外有害植物11.21万公顷。

2013年，在党中央、国务院高度重视下，各地积极采取措施应对林业有害生物灾害，取得了较为显著的防治成效。全年采取各种措施防治720.55万公顷，累计防治作业面积1466.59万公顷次。全国主要林业有害生物成灾率控制在4.5‰以下，无公害防治率达到85%以上，测报准确率达到85%以上，种苗产地检疫率达到95%以上，基本实现了预期目标管理任务指标。 (邱　爽)

【全国林业有害生物防治目标责任落实】 2013年3月20日，在北京召开了美国白蛾等重大林业有害生物防治工作电视电话会议，分析有害生物防控形势，部署林业有害生物防治重点工作。发布了《2013年松材线虫病疫区公告》《2013年撤销的松材线虫病疫区公告》《2013年美国白蛾疫区公告》。完成了对15个省(区、市)报送的松材线虫病防控实施方案的审查、批复。全国重大林业有害生物发生省份以及重点预防区省(区、市)政府成立了应急防控领导指挥机构，由上至下逐级实行政府间、林业部门间防治目标"双线"责任制度，进一步加强政府对防治工作的组织领导。

【林业有害生物监测预警体系建设】 为进一步增强基层检疫机构能力，启动了全国县级林业有害生物防治示范站(局)建设工作，力争通过3~5年时间，在全国建成500个县级示范站(局)。进一步推进监测预报制度化建设，北京、内蒙古等8省(市、区)制订和修订了监测预报管理办法；山东、辽宁、福建、新疆4省(区)开展了监测预报公共服务规范化试点。在央视1套天气预报栏目播放3期《林业有害生物预警信息》，在《中国绿色时报》、中国林业网等多家媒体刊发了相关信息8篇，印发了《病虫快讯》12期、《林业有害生物舆情动态》10期；全国各级测报机构共发布各类公共服务信息3万多条。 (邱　爽)

【林业有害生物防治与督查】 首次发现黑龙江和吉林局部发生松树蜂、广东和海南局部发生椰子织蛾疫情后，及时组织召开防控现场会、专家研讨会，开展了风险分析和专项调查，研究部署了重点防控工作，向全国印发松树蜂警示通报；对贵州安龙、云南延津、四川高县等地新发现松材线虫病疫点防治情况进行督查，对重庆市万州区松材线虫病除治不力问题进行跟踪查办；组织专家对陕西胡蜂袭人问题及时进行调研，提出对策措施。指导开展区域联防联治，上海、江苏、浙江、安徽4省市签订了林业植物检疫执法合作协议，江苏、浙江、安徽、江西签订了4省松材线虫病防控框架协议，江西省林业厅与江西出入境检验检疫局签署《关于共同开展林业有害生物检疫执法协作备忘录》。加强造林苗木、疫木及木质包装材料检疫检查，安徽、福建、贵州等省组织开展了全省植物检疫执法行动，取得丰硕成果。特别是查到从浙江销往贵州"钱江牌"摩托车木质包装材料携带松材线虫活体，完成了包装材料追缴和除害处理。 (邱　爽)

【林业有害生物防治示范推广】 在河南安阳召开了全国无公害防治现场会，展示成效，交流经验，提出了无公害防治工作的发展方向和主要任务。积极促进林业有害生物防治产业联盟列入科技部创新战略联盟试点。开展生物防治示范区建设，13个省(区、市)确定了示范项目，采用生物措施防治本地重点有害生物。完成中央财政林业鼠(兔)害综合防治推广示范项目，防治成效显著，7个省(区)19个县级单位的项目区鼠(兔)害密度明显降低，林木被害率和死亡率大幅度下降，建立了以无公害防治为主的多种防治技术模式。积极推进社会化防治，新疆、辽宁等省(区)采用公开招标、绩效承包方式，推进防治公司、专业队、专业户、防治协会、林农合作组织防治。 (邱　爽)

【林业有害生物防治法规制度建设】 拟定完成《国务院办公厅关于进一步加强林业有害生物防治工作的意见(代拟稿)》，完成部门单位征求意见和局务会审议等程序，已报请国务院审定。印发了《全国林业检疫性、危险性有害生物名单公告》，与农业部、国家质量监督检验检疫总局联合印发《关于将白蜡鞘孢菌列入进境植物检疫性有害生物名录的公告》。组织修订了《森林病虫害防治条例》，制订印发了《全国林业检疫性有害生物疫区管理办法》《关于进一步改进人造板检疫管理的通知》《引进林木种子、苗木检疫审批与监管规定》。

(邱　爽)

野生动植物保护与自然保护区建设

【综　述】2013年是全国野生动植物保护及自然保护区建设工程实施的第13个年头，全年中央在野生动植物保护与自然保护区建设方面总投入为7亿多元，重点加强了自然保护基础设施建设、野生动植物的栖息地保护及野外巡护、野生动物疫源疫病监测防控 、自然保护法规建设及监督检查、坚持不懈地开展对内对外野生动植物保护宣传教育工作，工程建设取得了显著成效。

野生动物保护力度加大　加强野生动物保护规划、计划的编制工作，研究和提出了编制野生动物保护系列规划、方案、行动计划和标准的意见并组织起草；初步完成《全国极度濒危野生动物保护实施方案》和《中国雪豹保护行动计划》的编写和专家评审论证，着手研究编制候鸟保护规划和20余种野生动物保护专项计划；继续加强野生动物拯救保护，研究濒危野生动物拯救保护措施，指导、督促各地抓好实施30多种濒危野生动物野外巡护监测、近20种野生动物栖息地恢复和近30种珍稀濒危野生动物扩大繁育等项目；成功实施丹顶鹤放归自然和朱鹮首次在秦岭以北放归自然，继续推进赛加羚羊、黑叶猴、白颊长臂猿等放归自然前期准备；继续推进第二次全国野生动物资源调查，指导完成了第一期调查项目野外作业检查验收，研究制订野生动物资源同步调查和繁育利用调查工作方案；研究野生动物繁育利用政策，强化指导、规范和监管，完成了委托各省实施审批部分野生动物行政许可事项的公告、委托、培训等全部工作，研究提出象牙、天然麝香、虎骨等敏感物品利用问题的公告、建议或方案；积极开展执法监督，召开春、秋季候鸟保护电视电话会议，督促各地落实各项措施，强化野生动物保护执法，严防乱捕滥猎等破坏野生动物资源的违法犯罪活动。

野生植物保护　继续推进第二次全国重点保护野生植物资源调查，正式开展外业调查，部分省份争取到了调查配套资金；努力推动实施《全国极小种群野生植物拯救保护工程规划》，向局领导呈报了工程启动实施的进展情况，向国家发展改革委提报了申请专项资金的报告，总结了云南省保护建设试点以及全国极小种群野生植物保护情况，召开全国极小种群野生植物保护经验交流会议；继续推进植物园迁地保护工作，与中科院、城乡住房建设部共同建设了中国植物园联盟，参加了中国植物园联盟第一次理事长会议，举办了野生植物迁地保护培训班；推动植物产业发展，开展了野生植物培育利用情况专项调研，召开了全国野生植物培育利用产业发展工作座谈会，讨论完善《国家林业局关于加强野生植物培育利用工作的指导意见》。

自然保护区建设　加强自然保护区规范化、科学化建设，完成《2012年林业自然保护区统计分析报告》，制定了《自然保护区规范建设指导意见》，召开了全国林业自然保护区规范化、科学化建设管理现场会；积极稳妥地组织开展国家级自然保护区晋升和调整的评审工作，完成了2013年的评审工作，对2014年拟申报的材料进行了评估，积极协调推动自然保护区晋升工作，2013年全国林业系统又有21处自然保护区晋升为国家级自然保护区；加大培训力度，加强自然保护区能力建设，编制了《全国自然保护区培训规划》，举办了3期业务培训班，参训人员达450多人；加强建设投入，提高自然保护区的管护能力，认真开展2013年国家级自然保护区基础设施建设可行性研究报告的专业审查工作，会同计财司完成了2013年林业自然保护区能力建设3亿元资金安排方案；加强总体规划、生态旅游规划的编制审查工作，已完成12个国家级自然保护区总体规划审查；积极推动示范自然保护区建设，严格示范保护区实施方案审查批复，提高自然保护区建设管理整体水平。

野生动物疫源疫病　在人感染H7N9禽流感疫情发生后，国家林业局进行紧急动员部署，积极应对，多次发出紧急通知并召开专题会议，研究对策，部署、检查、指导工作，组织专家进行了会商研判，建立联防联控工作机制，全力配合国家H7N9禽流感疫情联防联控工作机制开展防控工作，认真组织溯源排查工作。已采集野生鸟类样品58 298份，已检测52 012份，送检样品中首次发现野生鸟类携带H7N9禽流感病毒阳性样品；强化春秋季防控和野外监测，及时下发通知、召开会议对重点季节、重点地区防控工作提出了明确要求；加强督导检查，组织应急值守抽查和专项督导调查组，确保人员到岗到位，工作不留死角；积极开展预警工作，组织召开2012年主动预警工作总结和2013年试点工作会议，下发了启动2013年主动预警工作的通知，开展了业务培训；完善监测防控体系建设，调整国家级监测站布局，指导完善野生动物疫源疫病监测防控信息采集、上报系统，争取项目资金和专项科研经费。

生物多样性保护工作　切实履行林业生物多样性保护责任，研究确定林业生物多样性保护工作方向，筹备成立全国林业生物多样性保护委员会和专家委员会，加强了林业生物多样性保护宣传工作，开展生物多样性保护与可持续发展研讨。

大熊猫保护　完成了《大熊猫保护国家战略》《大熊猫人工饲养技术规程》《大熊猫国内借展场所宣传教育规范》《大熊猫国内借展场所建设标准》《救护大熊猫放归自然健康标准》的编写工作；加强了栖息地保护工作，强化基层保护管理人员能力建设，开展业务培训，下达保护资金，加强监督管理；继续推进大熊猫放归自然工作，成功放归经过野化培训后的大熊猫人工繁育幼仔1只，推动中国保护大熊猫研究中心和成都大熊猫繁育研究基地大熊猫野化培训工作。优化大熊猫繁育，年度繁育数量创历史新高；完成了第四次大熊猫调查野外工作。

自然保护法制建设　加强野生动物保护立法和政策

研究，提出修改《野生动物保护法》的意见和草案，协调并参与相关调研活动，起草《修改〈野生动物保护法〉专题研究报告》，大力推动《野生动物保护法》修订工作；起草了拟请国务院发布的《关于进一步加强陆生野生动物保护管理的指导意见》《关于打击野生动物非法贸易的紧急通知》；研究《国家重点保护野生动物名录》协调方案，组织进一步修改野生动物驯养繁殖许可证、猎捕、经营利用、收容救护、野外放生及黑熊、象牙利用等一大批管理办法；编制完成《植物回归引种规范》，修订《国家林业局关于实行国家重点保护野生植物采集证有关问题的通知》，起草了兰科和苏铁植物保护行动计划、《野生植物迁地保护（采种、育种）规范》；积极做好《自然保护区法》立法的前期工作，推动落实《陆生野生动物疫源疫病监测管理办法》，组织编写了《管理办法》释义和条文解读，推进《突发陆生野生动物疫情应急预案》编制和发布工作。

宣传教育 对内着重加强保护理念宣传教育，提高公众保护意识，对外着重加强中国自然保护政策和成效的宣传，解疑释惑，树立中国负责任大国形象。参与、配合中宣部、中央外宣办研究拟定野生动物保护内宣和外宣方案，筹备了以国新办名义召开的中国野生动物保护新闻发布会，起草了以赵树丛局长名义发表的署名文章，并组织了系列专家撰文；配合 CITES 公约第 16 次缔约国大会，组织有关我国象牙管理、老虎保护、犀牛繁育、羚羊角入药等工作的对外专题宣传；及时向有关部门提供野生动物保护宣传材料，做好应对媒体、社会舆论的正面宣传，设计、印制一批对外宣传品；完成《中国珍稀濒危植物图鉴》出版发行，编写出版了《云南省极小种群野生植物保护实践与探索》；与中央网络电视台共同举办了《熊猫频道》开播式，广泛开展大熊猫保护宣传活动；充分利用国家林业局官方网站和《中国绿色时报》的各种媒体开设专栏、专版、专刊宣传活动。

国际合作交流 积极研究应对野生动物非法贸易国际事务，参加 CITES 公约第 16 次缔约国大会和非洲象峰会，妥善应对有关老虎、犀牛、赛加羚羊、非洲象保护及贸易国际事务；参与并完成中俄候鸟保护协定会谈，确保协定如期签署；参与研究雪豹保护国际合作事务，提出应对策略和思路，参加全球雪豹保护论坛；参与研究东北亚次区域野生动物保护合作项目，推动老虎、鹤类、黑脸琵鹭保护合作项目和援助蒙古戈壁熊保护繁育项目；组织召开野生虎及其他濒危野生动物跨境保护暨打击非法野生动物贸易策略国际研讨会，推动东北虎保护 GEF 第 5 期项目；落实中韩、中日朱鹮合作内容和与加拿大、比利时、印度尼西亚大熊猫合作有关事宜；与 IUCN 就落实世界自然保护大会动议、研究养熊取胆业与野外黑熊种群关系的方案进行了磋商；组织实施了“中美自然保护议定书附件十一”自然保护区/避难所规划与资源保护项目，接待了美国内政部鱼和野生动物管理局的代表团；参加了第一届亚洲公园大会，推进了中国自然保护区与国际的交流合作；参加中国人与生物圈国家委员会组织的对内蒙古达赉湖、陕西长青国家级自然保护区的评估工作；参与主办首届长白山自然保护区国际论坛，宣传介绍我国自然保护区建设所取得的成就。（张云毅）

野生动物保护与繁育

【委托实施部分行政许可事项】 9 月 2 日，依据《行政许可法》和《国家林业局委托实施野生动植物行政许可事项管理办法》的有关规定，国家林业局发布 2013 年第 12 号公告，宣布从 2013 年 10 月 1 日至 2018 年 9 月 30 日，将 4 项 11 类野生动植物行政许可事项委托给全国 31 个省级林业主管部门实施。此举旨在简化从事梅花鹿、鸵鸟等野生动物人工驯养繁殖、利用、进出口以及野生动物皮革制品和蝴蝶兰等野生植物进出口等活动的行政许可程序，提高行政许可工作实效，更好地适应市场经济和加强野生动物保护的要求。（李林海）

【接返中日朱鹮合作繁育幼鸟】 11 月 24～27 日，国家林业局派团赴日本将中日朱鹮合作繁育的属于中方的 7 只幼鸟接返回国，并安置于广东华南珍稀濒危物种保护中心，至今其健康和适应状况均良好。按照中日朱鹮合作备忘录规定，中日朱鹮合作繁育后代的分属中方和日方，连同此前分 5 次从日本接返归属中方的 36 只朱鹮，现已从日本接返的朱鹮数量累计已达 43 只。

（李林海）

【中国野生动物保护新闻发布会】 5 月 21 日，国务院新闻办在北京组织召开中国野生动物保护情况新闻发布会，从加强野生动物保护立法、加强野生动物保护管理体系建设、重点开展濒危物种拯救、引导规范野生动物繁育利用活动及加大执法监管力度、广泛开展野生动物保护宣传教育及提高公众保护意识、稳步推进野生动物保护国际合作及认真履行国际共同保护义务等 6 个方面，向国内外介绍了中国的有关情况，并阐述了在全面加强生态文明建设的进程中，中国野生动物保护的重点和方向，主要包括：进一步健全保护管理体系，完善执法监管机制，提高保护科技水平，强化对珍稀濒危物种的重点拯救和对野生动物野外种群及其栖息地的普遍保护，强化对资源消耗的宏观调控，加快资源繁育，引导和规范野生动物合理利用，密切监测和严密防控野生动物疫情，切实履行国际义务，为中国和全球生物多样性保护发挥更大的积极作用。（李林海）

【野生动物保护执法及行业整顿】 针对春、秋冬季进入鸟类迁徙和疫源疫病高发季节，为切实防止再次发生乱捕滥猎滥食候鸟等野生动物的恶性案件及其造成的严重负面影响，国家林业局于 2 月 20 日和 9 月 3 日分别召开了候鸟等野生动物保护和疫源疫病防控工作电视电话会。要求总结经验教训，防止松懈、麻痹思想，立即组织力量，部署好候鸟迁飞期间各项保护和疫源疫病监测防控工作。为切实防止乱捕滥猎滥食和非法经营野生动物及其产品现象再次抬头，国家林业局于9月30日又下发《关于切实加强秋冬季野生动物保护执法及行业整顿的紧急通知》（林护发〔2013〕163号），要求各级林业主管部门切实履行好职责，进一步加大野生动物保护监管力度。（李林海）

【首次在秦岭以北放归朱鹮】 7月3日，国家林业局和陕西省人民政府首次在秦岭以北的陕西省铜川市耀州区柳林林场实施朱鹮放归自然。国家林业局局长赵树丛、陕西省省长娄勤俭出席仪式，并共同将32只经野化训练的人工繁育朱鹮个体放归自然。中国在朱鹮人工繁育及放归自然方面成果显著，人工繁育种群超过1000只，并已在秦岭以南地区3次成功实施放归自然。秦岭以北地区是朱鹮历史分布区，经专家调查、评估、论证，确认该区域具备朱鹮适生条件，在该区域实施朱鹮放归自然活动，对进一步扩大现有朱鹮种群生存环境、重建野生朱鹮新种群具有重要意义。（陈涤非）

【丹顶鹤放归自然】 4月14日，国家林业局在黑龙江扎龙国家级自然保护区将5对个体健康、谱系清晰的丹顶鹤放归自然。黑龙江扎龙国家级自然保护区作为中国最大的以保护丹顶鹤等珍稀水禽为主的国际重要湿地，拥有全国最早、规模最大的丹顶鹤人工散放驯养繁殖不迁徙种群，累计成功繁育丹顶鹤近800只，现有种群300余只，建立了稳定的半散放丹顶鹤繁育种群，为丹顶鹤野化放归打下了坚实的基础。（陈涤非）

【中俄签署候鸟保护协定】 中俄两国之间有往返迁飞的候鸟达430多种，两国的合作保护极为重要。自2007年年底开始，中俄政府业务主管部门在对签署两国鸟类保护协定事宜表明积极态度的基础上，开始研究协议草案和保护鸟类附录等具体技术性工作，并于2009年7月双方政府主管部门的代表及鸟类专家在哈尔滨召开了中俄鸟类保护协定磋商会，就中俄候鸟保护协定及所附鸟类名录进行了商讨。在习近平总书记2013年3月访问俄罗斯时，中国与俄罗斯正式签署了《中华人民共和国政府和俄罗斯联邦政府关于保护候鸟及其栖息环境的协定》，进一步推动两国在候鸟保护领域的合作。（陈涤非）

【中国再次向韩国提供朱鹮】 为增进中韩两国友谊，加强两国野生动物保护合作，中国国家林业局与韩国环境部在韩国总统朴槿惠访华期间于2013年6月27日签署了关于朱鹮保护合作谅解备忘录。根据谅解备忘录，中方向韩方提供2只雄性朱鹮，用于合作繁育研究，旨在改善韩国人工繁育朱鹮种群结构和基因多样性。在履行相关手续和检疫程序后，12月23日，双方在陕西举行交接仪式，2只来自汉中洋县朱鹮国家级自然保护区的3岁雄性朱鹮"白石"和"金水"与2名来中方保护区的饲养员，一起乘机飞往韩国。（陈涤非）

【参加非洲象峰会】 12月2~4日，博茨瓦纳政府与国际自然保护联盟（IUCN）在博茨瓦纳首都哈博罗内召开了"非洲象峰会"，博茨瓦纳总统卡马、赞比亚副总统斯科特、世界自然保护联盟总干事莱芙尔及来自31个国家、有关国际组织代表等近200人与会。中国国家林业局副局长印红率团出席了会议。会议阐述了非洲象生存现状以及保护非洲象面临的困难和挑战，与会代表就保护非洲象特别是如何应对非法盗猎、非法象牙贸易等问题进行了热烈的讨论。中方代表团在会议上积极阐述了中国在野生动物特别是大象保护方面采取的措施和取得的成就，强调中方致力于与国际社会一道，为打击非法象牙贸易、加强非洲象保护而共同努力。会议讨论并通过了《保护非洲象宣言》和《保护非洲象紧急计划》草案。（陈涤非）

【参加全球雪豹保护论坛】 10月22~23日，应吉尔吉斯共和国邀请，国家林业局副局长印红率团出席了在吉尔吉斯首都比什凯克召开的全球雪豹保护论坛高级别会议。本次论坛是在世界银行和雪豹信托基金推动下，由吉尔吉斯总统发起的。全球12个雪豹分布国主管部长、有关国际组织包括世界银行、全球环境基金、联合国开发计划署、雪豹信托基金的代表出席了该论坛。中方代表团介绍了中国现已拟定并将尽快发布的《中国雪豹保护行动计划》的主要保护工作，并指出雪豹保护工作需要国际社会对雪豹分布国予以充分的资金和技术援助。会议决定，将每年的10月23日设为国际雪豹日，把2015年确定为国际雪豹年，通过了《关于保护雪豹的比什凯克宣言》和《全球保护雪豹计划》。根据《比什凯克宣言》，雪豹分布国将成立全球雪豹保护指导委员会，在比什凯克成立临时性工作秘书处，待时机成熟后组建永久秘书处。（陈涤非）

【举办野生动物保护国际研讨会】 7月29日至8月2日，国家林业局野生动植物保护与自然保护区管理司在昆明召开野生虎及其他濒危野生动物跨境保护暨打击野生动物非法贸易策略国际研讨会。来自孟加拉国、不丹、柬埔寨、印度、印度尼西亚、老挝、马来西亚、尼泊尔、俄罗斯、泰国、越南等11个虎分布国政府代表，中国国内林业、宣传、公安、海关、工商等部门和CITSE管理机构、地方保护管理机构以及CITES公约秘书处、全球老虎论坛、国际刑警组织、世界海关组织、世界银行及全球老虎倡议组织、联合国开发计划署等国际政府间组织和世界自然基金会等非政府组织、科研机构的专家和人士，共130余人参加了研讨会。国家林业局副局长印红、世界银行全球老虎倡议（GTI）项目负责人安德瑞先生（Mr. Andrey）在开幕式上致辞。会议围绕野生虎等濒危物种保护和打击野生动物非法贸易两大主题分7个专题进行了深入讨论交流，分享经验教训，科学客观分析问题，研究提出今后各方务实合作的优先领域、合作机制，以期进一步推进全球野生虎保护和打击野生动物非法贸易国际合作。中方代表还与印度、俄罗斯代表分别就中印、中俄保护老虎及其栖息地及打击野生动物非法贸易进行了双边会谈，介绍执行政府间保护老虎议定书的进展情况，交换各自目前主要关注点，并就下一步执行议定书的优先合作领域进行了探讨。（陈涤非）

野生植物保护管理

【中国植物园联盟建设启动】 6月6日，中国植物园联盟建设启动会在北京召开。中国植物园联盟是根据《关于加强植物园植物物种资源迁地保护工作的指导意见》的要求设立组建的，主要由各系统植物园组成，目的是加强有关部门、系统之间在植物园建设与发展中的协商沟通，推进植物园间的交流与合作，联盟办事机构设在中科院。 （马凡强）

【极小种群野生植物保护推进】 根据《关于印发〈全国极小种群野生植物拯救保护工程规划(2011～2015)〉的通知》，大力推进极小种群野生植物拯救保护工作。在总结云南极小种群保护工作基础上于2013年7月出版《云南省极小种群野生植物保护实践与探索》一书，10月14～15日在云南召开了全国极小种群野生植物保护经验交流会议，交流情况、介绍经验，部署下一阶段工作。 （马凡强）

【《中国珍稀濒危植物图鉴》出版】 为加强中国珍稀濒危野生植物的保护，提升林业管理人员的专业素质，2013年5月，《中国珍稀濒危植物图鉴》出版。该书由国家林业局副局长印红主编，赵树丛局长作序。书中收录了《国家重点保护野生植物名录(第一批)》(1999年)和《全国极小种群野生植物拯救保护工程规划》(2011～2015年)的所有物种，是野生植物保护工作的重要工具书。 （马凡强）

自然保护区建设

【林业自然保护区数量增加】 全国林业部门围绕拯救东北虎、雪豹、兰花等珍稀濒危物种，保护典型生态系统和重点生态区域不断划建新的自然保护区，2013年全国林业系统新建自然保护区13处，新增国家级自然保护区39处。目前，中国林业系统自然保护区总数达2163处，总面积12 486.50万公顷，占中国国土总面积的13%。其中，经国务院批准的国家级自然保护区325处。这些自然保护区的建立对维护生态和生物多样性、促进可持续发展具有重要作用。 （李 忠）

【国家级自然保护区规范建设得到强化】 为更好地指导自然保护区建设管理工作，全面提高自然保护区建设管理水平和管理能力，强化了对国家级自然保护区总体规划的审查和生态旅游规划的审批工作，提升了自然保护区法律法规和相关规划技术标准、规程的执行力。组织33处国家级自然保护区总体规划的编制和审查工作，其中：通过保护司组织专家审查后已审批的总体规划22处；组织完成7个国家级自然保护区生态旅游规划的编制和审查工作，通过审批了3个国家级自然保护区生态旅游规划。 （李 忠）

【林业系统国家级自然保护区晋升评审会】 3月18～20日国家林业局组织召开2013年林业系统国家级自然保护区晋升评审会。国家林业局副局长、评审委员会主任印红出席会议，中科院、北京大学、东北林业大学等科研院所的29位相关专家对辽宁青龙河、新疆巴尔鲁克山等15个申请晋升和四川海子山、甘肃小陇山等10个申请范围和功能区调整的自然保护区进行了评审。经审查，15处申请晋升国家级的自然保护区全部通过了评审，9处国家级自然保护区调整范围或功能区获得通过。 （李 忠）

【全国自然保护区规范化建设管理工作现场会】 国家林业局保护司11月3～6日组织各省(市、区)自然保护区管理人员在四川唐家河国家级自然保护区召开了全国自然保护区规范化建设管理工作现场会，广东、甘肃、四川等省(区、市)和四川唐家河、陕西长青、云南西双版纳、江西庐山等4个国家级自然保护区介绍了经验，有力推动全国各地组织自然保护区开展科学化、规范化建设工作。 （李 忠）

【自然保护区法制建设座谈会】 国家林业局保护司8月26～29日在甘肃省召开了自然保护区法制建设座谈会，研究各地在自然保护区管理体制、资金来源、人员编制、土地权属、管理权限等方面法制建设存在的问题，对深化开展自然保护区立法工作，加强自然保护区法制建设，强化自然保护区资源管理和生物多样性保护工作等方面起到了积极的促进作用。 （李 忠）

【保护区行政审批项目得到确认】 保护司积极落实国务院简化行政许可审批的文件精神，以对国家生态建设和可持续发展高度负责的态度，坚持实事求是，积极向国家领导和有关部门反应情况，争取保留了"在林业系统国家级自然保护区建立机构审批"项目，确认了"国家级自然保护区生态旅游规划"非行政许可审批项目。 （李 忠）

【自然保护区培训工作】 为使自然保护区的主要负责人能够进一步明确所在岗位的性质和任务，掌握自然保护区的核心工作和思路，能够更好地带领保护区完成好十八大对生态建设的新要求，国家林业局开展了一系列涉及自然保护区的培训。5月7～13日在北京举办了第十七期国家级自然保护区领导干部培训班，60位国家级自然保护区的局长接受了培训。参加培训的人员，均为担任国家级自然保护区新上任的主要行政领导。此项培训自1998年至今，累计培训了国家级自然保护区管理局局长达860多人。此外，为了在建设自然保护区的同时，更好地发挥自然保护区的多种功能，实现自然保护区的可持续发展，国家林业局管理干部学院举办了两期自然保护区可持续发展培训班，共计240人参加了培训。

（郭红燕）

野生动物疫源疫病监测与防控

【《陆生野生动物疫源疫病监测防控管理办法》颁布实施】 1月22日，国家林业局以第31号局长令颁布了《陆生野生动物疫源疫病监测防控管理办法》。《管理办法》兼顾政策性、原则性和指导性、操作性，明确了监测防控工作的方向、内容、方式、配套制度，对疫源物种和异常情况监测、样品检测分析、应急处置等方面的工作提出了明确的要求；并针对各地实际中存在的工作定位不清晰、责权不明确、站点设置不尽合理等突出问题，要求各级林业主管部门加强监测防控机构建设、基础建设投入和运行经费保障以及人员配备等。

（孙贺廷）

【应对人感染H7N9禽流感疫情】 发生在3月底的人感染H7N9禽流感疫情发生后，针对新型H7N9禽流感病毒可能源于野生鸟类并通过候鸟迁徙扩散的潜在风险，国家林业局按照党中央、国务院的统一部署和领导同志有关批示精神，重点从加强组织领导、开展H7N9禽流感溯源和潜在疫源候鸟的隐患排查等方面入手，积极配合做好人感染H7N9禽流感疫情防控工作。一是迅速动员部署。成立国家林业局应急反应工作机制领导小组，先后召开4次专题会议，连续下发《国家林业局关于切实加强H7N9禽流感疫情监测防控工作的紧急通知》等3个文件，派出多个调研督导组，强化对疫情发生省份防控工作督导，确保各项监测防控措施落到实处。二是加大溯源排查力度。组织派出专项溯源组10余组次，积极开展鸟类H7N9禽流感溯源排查和紧急流行病学调查工作，各省累计采集60 539份鸟类样品，在送检样品中首次发现野生鸟类携带H7N9禽流感病毒阳性样品。三是努力防范疫情经鸟类活动扩散。明确要求暂停鸟类猎捕及经营利用、运输活体鸟类及其初加工产品的行为，组织开展了打击非法猎捕、贩卖、运输野生动物等违法行为的专项行动，防范疫情随野生动物非法经营利用活动扩散。四是加强跨部门协同联动。配合卫生计生委、农业部等完成世界卫生组织和世界动物卫生组织考察组的应答汇报和来华考察；与卫生计生委等共同组成联合督导组开展重点地区督导工作，促进区域联防联控工作机制的深入落实。五是推动确立H7N9禽流感溯源排查应急专项及行业公益性项目，初步理顺了科技投入渠道，为提高野生动物疫源疫病监测防控科技水平奠定了基础。六是充分利用《中国林业》《中国绿色时报》等媒介载体，刊发野鸟H7N9禽流感监测防控专刊及专版，宣传野生动物疫源疫病监测工作成效及候鸟H7N9禽流感专题研究进展，提高公众对鸟类与禽流感关系的科学认知及自我防范野生动物疫病的意识、能力。

（孙贺廷）

【野生动物疫病主动预警试点】 为逐步实现野生动物源性重大传染病由被动防控向主动预警的转变，充分发挥野生动物疫源疫病监测防控的前沿哨卡、首道屏障作用，国家林业局继续深入推进主动预警试点工作。在各相关单位的共同努力下，主动监测力度明显加大，2013年度内完成了21 717份鸟类样品的实验室分析工作，检测到约194份禽流感病毒阳性样品，发现H5、H7、H9、H10等多个亚型共52株禽流感病毒。结合这一重要进展，于12月10～11日在山西省运城市组织召开了野生动物疫病发生趋势分析会商会，依托专家共同研究分析了2014年的野生动物疫病发生趋势，强化了疫情风险管理能力，有效提高了禽流感等疫病趋势预测的准确性和应对措施的科学性。（孙贺廷）

【野生动物疫情边境联防联控机制建设】 11月28日，在广西召开野生动物疫情边境联防联控工作会议，总结交流了云南、新疆、内蒙古、黑龙江等边境省份，在开展监测防控体系建设、边境地区重点疫病防控策略、与毗邻国家防控合作等方面的新进展、新成效和好做法，为引导边境地区开展野生动物疫源疫病监测防控工作，进一步探索完善跨国界联防联控机制，切实防堵非洲猪瘟、西尼罗热等跨国境传播的突发野生动物疫情等发挥积极作用。（孙贺廷）

【重大野生动物疫情零发生】 2013年全国共监测、报告野生动物异常情况183起，涉及北京、辽宁、湖北、西藏等26个省（区、市），死亡野生动物74种、2327只（头）。及时发现、有效控制了藏羚羊传染性胸膜肺炎等4起“一般”级别的突发野生动物疫情，与2012年相比，较大疫情减少1起，重大、特大疫情继续保持零发生。（孙贺廷）

大熊猫保护管理

【与加拿大开展大熊猫保护研究合作】 3月25日，来自中国的两只大熊猫“二顺”（雌性）与“大毛”（雄性）顺利抵达加拿大多伦多皮尔森国际机场，加拿大总理哈珀和夫人、中国驻加拿大大使章均赛专程从首都渥太华赶到机场迎接大熊猫的到来。根据中加两国签署的协议，这两只大熊猫将先后在多伦多动物园和卡尔加里动物园各生活5年，中加将围绕大熊猫等珍稀濒危动物饲养、繁育、科研方面开展为期10年的合作。 （张 玲）

【赠台大熊猫产仔】 大陆同胞赠送台湾同胞的大熊猫“圆圆”于7月6日晚顺利产下一只健康的雌性熊猫宝宝，这是台北市立动物园和中国保护大熊猫研究中心密切合作的成果，开创了大熊猫首次在台湾繁殖的记录。 （张 玲）

【中比签署大熊猫保护研究合作协议】 9月11日，中国野生动物保护协会与比利时天堂公园签署了关于开展大熊猫保护研究合作的协议。根据协议，来自中国保护大熊猫研究中心的一对大熊猫“好好”（雌性）与“星徽”（雄性）将赴比利时开展为期15年的合作研究，开创了首次合作研究最长期限的记录。该协议也成为比利时首相迪吕波访华时与中国国务院总理李克强双边会晤的成果之一。 （张 玲）

【第三届两岸四地大熊猫保育教育研讨会举行】 为促进两岸四地大熊猫保护事业的稳定发展，加强大熊猫保护互动及技术交流、推动公众对大熊猫保育及教育工作的支持，第三届两岸四地大熊猫保育教育研讨会于9月25日在香港海洋公园举办，来自两岸四地近40个大熊猫保护相关机构100多位学者及管理人员出席了研讨会。本次研讨会主题为“大熊猫生态、保育及教育”，与会专家学者共作了26个学术及专题报告，内容涵盖大熊猫的圈养管理、保育现状、繁殖育幼、野外培训与放归研究进展及保育教育推广经验等。

作为两岸四地大熊猫保育教育工作讯息的重要沟通平台，研讨会每两年举办一次，由国家林业局协调内地北京动物园、卧龙中国保护大熊猫研究中心及台北市立动物园、香港海洋公园以及澳门民政总署5家合办单位轮流承办。会议期间，5家合办单位签订了《两岸四地大熊猫保育教育研讨会倡议书》，共同推动大熊猫保育教育事业进程，并确认2015年由中国保护大熊猫研究中心承办下一届研讨会。 （张 玲）

【大熊猫保护国际研讨会召开】 11月7～13日，国家林业局在四川成都组织召开了大熊猫保护国际研讨会。此次会议是近年来全球大熊猫保护的最高水平国际盛会，来自全球十多个国家的动物园、主管部门、驻华使领馆和中国大熊猫保护机构的170多名与会代表，齐聚一堂，共同探讨全球最受关注的野生动物保护旗舰物种——大熊猫的保护事宜。国家林业局副局长印红参加会议，并作了题为“加强保护，携手合作，共创大熊猫保护美好未来”的讲话。全体代表就大熊猫保护进行了深入研讨，并通过了《大熊猫保护成都共识》。

（张德辉）

【海外大熊猫达39只】 大熊猫是中国特有的珍稀物种，被列为国家一级保护野生动物，具有极高的生态、科研、文化及美学价值，深受世界各国人民喜爱。截至2013年年底，中国已经与全球12个国家的17个动物园建立了大熊猫长期合作研究关系，共有39只大熊猫在海外参与合作研究项目。这些合作研究项目不但使更多国家的人民有机会直接观赏大熊猫的可爱形象，同时在科技、文化交流方面发挥了特殊作用，也有力地支持了中国的大熊猫保护和研究工作，形成了互利共赢的合作研究模式。 （张德辉）

【人工繁育大熊猫“张想”放归自然】 11月6日，国家林业局野生动植物保护与自然保护区管理司和四川省林业厅在四川省雅安市石棉县栗子坪自然保护区联合举办了“小相岭大熊猫放归自然基地”揭牌和大熊猫“张想”放归活动，将经过系统野化培训的大熊猫“张想”放入基地的适应圈中，在其适应放归环境后，自然进入野生环境。此次放归活动首次启用的“小相岭大熊猫放归自然基地”，是世界上第一个大熊猫放归自然研究基地。此次放归自然的大熊猫“张想”于2011年出生在卧龙自然保护区模仿自然环境建立的“野外放归培训圈”中，并在其母亲“张卡”的带领下，接受了为期2年的野外生存技能培训。“张想”是目前放归野外的第一只人工繁育的雌性大熊猫，据专家从大熊猫野外繁殖特点上推测，其参与野外种群繁育的几率更高。

大熊猫放归自然，标志着中国大熊猫保护已经从“扩繁保种”发展到“野外小种群复壮”的新阶段，开辟了大熊猫保护事业的新纪元。 （张德辉）

濒危野生动植物进出口管理和履约

【综 述】 2013年，野生动植物进出口管理和履行《濒危野生动植物种国际贸易公约》（以下简称《公约》或

CITES)工作成效显著。

野生动植物进出口管理 一是完善规章制度。进一步修订《野生动植物进出口证书核发管理办法(草案)》，完善《被许可人信用评估制度(草案)》，发布《进出口证明书和物种证明被许可人监督检查管理办法》，出台《对国外确认证书工作细则》。二是加强行政许可管理。进一步强化对龙鱼、龟鳖、木材等物种的贸易审批和管理。推动对实验动物、欧洲鳗鲡、龙鱼、兰科植物等大宗物种以及展览博览会管理政策的研究，落实简化进出口程序的机制和措施，推进贸易便利化。对9个办事处及其所管辖区内相关贸易单位、口岸等开展调研和检查活动。对被许可人实施行政许可集中监督检查，试点使用"被许可人行政许可检查信息数据库和信用评估数据库"。三是推进履约能力建设。召开部门间履约执法工作协调小组联席会议第三次会议、第九届敏感物种履约执法联席会议，在全国各省(区、市)建立了省级履约执法协调小组。全面实施"大宗贸易敏感物种调查监测工作"，完成石斛人工培植状况调查，开展了木材进口、个人与家庭财产等问题的研究和分析、匙叶甘松等4种药用植物资源与贸易评估，启动了对龟鳖、药用植物等物种大宗贸易回顾。开展"野生动植物司法鉴定体系建设规划"的编制工作，开展有关审理走私濒危野生动植物刑事案件适用法律若干问题的司法解释的修订调研，设计启用"走私濒危物种案件数据库"。编制《常见贸易药用植物识别手册》《重点执法物种及产品识别手册》，编译履约管理法制培训教材。

2013年，共核发野生动植物进出口证书65 570份，涉及野生动植物出口贸易额75.55亿元人民币(动物27.56亿元，植物47.99亿元)，进口贸易额584.14亿元人民币(动物24.27亿元，植物559.87亿元)；收取野生动植物进出口管理费4080.91万元。

履行濒危野生动植物种国际贸易公约 一是积极参加《公约》第16次缔约国大会，充分参与大会辩论及工作组沟通，表达我方观点意见，妥善处置秘密投票、执法、虎(豹)、大象、犀牛、塞加羚羊、沉香等相关议题。与联合国环境规划署、《公约》秘书长以及南非、印度、泰国部长等开展会谈，参加打击森林和野生生物贩运部长级圆桌会议。会后召开国内各有关部门参加的缔约国大会情况通报会，组织翻译编印《公约》决议和决定及《公约》附录文本，《编写2013~2016履约有关决议决定工作方案》并安排各部门分别实施；组织研究鲨鱼列入附录相关管理和应对措施；协调海关总署进一步规范对濒危木材的进口管制措施。二是加强对外履约交流。派员参与中美战略与经济对话、维也纳国际司法大会、国际雪豹保护会议、国际老虎保护会议、非洲象峰会等，妥善处理敏感物种问题。组团参加中尼应对野生动植物非法贩运研讨会、东盟野生动植物执法网络年会、犀牛标本取样及犯罪现场管理培训班，与乌克兰开展赛加羚羊协调交流。推进与欧盟、越南、印度尼西亚等建立双边履约管理合作交流机制。接待美国、印度尼西亚、尼泊尔、南非、法国以及公约秘书长等来访。组织赴澳门参加内地与港澳履约三方会谈，赴香港执法管理培训，赴台开展野生动植物贸易管理交流。三是协调开展执法。组织亚洲、非洲22国开展"眼镜蛇行动"，查获大量走私大案要案，获得CITES秘书长表彰证书。开展了对网上非法交易濒危物种活动的监控。研究制订《象牙行动计划》，报送《公约》秘书处备案并推动落实。组织研究大象、犀牛、虎、藏羚羊等敏感物种非法贩运问题的应对措施。继续组织开展"非法猎杀大象监测"和"非法贸易象牙监测"工作，在西双版纳举办非法猎杀大象监测项目培训班。 (张 旗)

【濒危野生动植物种国际贸易公约第16次缔约国大会】

该大会于2013年3月3~14日在泰国曼谷召开。全球共170个缔约国、10个非缔约国、40多个政府间组织、200多个非政府组织和私营部门的代表以及有关媒体代表大约2400多人参会。中国组成以国家林业局副局长张建龙任团长，由林业、外交、农业、海关、中科院等部门单位和香港、澳门特别行政区等方面参加的政府代表团参会。此外，中国野生动物保护协会、中国中药协会、香港海产品商会等7个国内非政府组织也派出代表参加了大会。

此次会议讨论政策性议题及物种提案各70多项，作出了100多项决定和决议。大会适逢《公约》签署40周年，现场举办了隆重的纪念活动，并通过泰国提案将每年的3月3日确定为"世界野生动植物日"。

中国代表团在会间全面参与谈判，妥善处理核心议题，在意识规则中的"秘密投票"议题上发挥了关键作用，在虎、象及犀等敏感物种议题上取得了积极进展。并积极开展高层交流，协调多方立场，增信释疑，为具体议题的辩论和沟通打好了基础。同时对外开展宣传报道，改善和树立中国积极履约、严格保护、平衡发展的正面形象。 (吕晓平)

【中国首次牵头组织国际联合打击走私濒危物种行动】

中国会同南非、美国以及东盟野生动植物执法网络、南亚野生动植物执法网络、卢萨卡议定书执法特遣队，在《濒危野生动植物种国际贸易公约》(以下简称《公约》)秘书处、世界海关组织、国际刑警组织的支持下，于2013年1月6日至2月5日，组织博茨瓦纳、柬埔寨、喀麦隆、中国、刚果(布)、刚果(金)、加蓬、印度、印度尼西亚、肯尼亚、老挝、马来西亚、莫桑比克、尼泊尔、新加坡、南非、坦桑尼亚、泰国、乌干达、美国、越南、赞比亚等22个国家的海关、公安和野生动植物保护机构，开展了一次代号为"眼镜蛇行动"的濒危物种联合缉私行动。

行动期间，各国共动用10万人次以上专门力量，在进出口口岸和沿海、沿边地区，重点查验出入境货物和行邮物品，共破获200多起走私濒危物种案件，逮捕100多名走私犯罪嫌疑人，缴获42吨紫檀、6.5吨象牙及其制品、1.55吨藏羚羊绒、0.8吨穿山甲片、324具盔犀鸟喙、22根犀牛角和4件犀牛角制品、10张老虎皮、7张金钱豹皮以及其他大量野生动植物及其制品。

中国海关、公安和林业部门参加了行动，其间共出动上万人次执法人员，查获走私濒危物种案件近80起，处理违法人员90多人，缴获象牙及其制品200多千克、犀牛角10根、犀牛角制品4件、穿山甲片近50千克、石斛60千克、盔犀鸟喙76件、蟒蛇25条以及其他野生动植物及其制品。

该行动是在全球非法贩运濒危物种日益猖獗的背景下由中国发起和领导的，既极大提高了分布国、过境国和消费国合作打击走私濒危物种犯罪的力度，又切实推动了控制下交付违禁品等新型专业调查技术的应用，还合作调查了大量走私濒危物种案件，并获得《公约》秘书长表彰证书。（吴　倩）

【全国履约执法协调机制实现全覆盖】 截至2013年12月16日，全国31个省（市、区）已相继成立省级部门间CITES执法工作协调小组，实现了全国履约执法协调机制全覆盖，为更好地开展履约联合执法奠定了坚实基础。

按照国家林业局等部门《关于成立部门间CITES执法工作协调小组的通知》要求，国家濒危物种进出口管理办公室及其办事处协调各地公安、海关、农业、海洋、渔业、工商和质检等部门，全力推进建立省级部门履约执法协调机制进程，建立联席会议制度，开展联合巡查活动，组织专项打击行动，参与多国联合执法行动，解决一线执法难题，广泛开展培训和宣传教育，取得了良好效果。（张陕宁）

【大宗贸易敏感物种监测评估项目】 为有效推进大宗贸易敏感物种监测评估工作的开展和落实，国家濒管办制定了《2013～2014年度大宗贸易敏感物种监测评估项目实施计划》。要求有关单位按监测方案对实验用猴等7类动植物物种，做好日常监测数据的采集和录入工作；对鲨鱼等15类物种在数据采集基础上，分别提交专项评估报告。国家濒管办同时协调有关单位、科研机构，在项目框架下，集中对我国分布的闭壳龟属和平胸龟属物种野外现状、驯养繁殖、国内外贸易、法律法规等情况，大型类人猿存栏、国内外贸易、利用等情况集中开展调查、监测和评估，并形成相关报告。（何金星）

【推进物种进出口审批程序简化】 为进一步贯彻中央"简政放权"精神，减少审批环节，更好地服务企业，2013年7月5日，国家濒管办与农业部水生野生动植物保护办公室联合发布了《关于简化美丽硬仆骨舌鱼进口审批程序的通知》，明确将美丽硬仆骨舌鱼（龙鱼）贸易审批委托国家濒管办各办事处办理，并提出相关配套管理要求。2013年9月22日国家濒管办发布了《关于进一步授权办事处核发CITES允许进出口证明书的通知》，将人工繁殖的公约附录Ⅱ物种猕猴、食蟹猴的生物学样品的出口，列入公约附录Ⅱ的羊驼、小羊驼的毛、织物及其制品，人工繁殖的卡特兰、文心兰、捕蝇草、列入附录II的大戟属肉质植物等活体，火地亚属标本的进口和再出口，石斛干花和茎的进口委托国家濒管办办事处直接受理核发证明书。上述举措适应了相关物种的生物学特点和贸易规律，减少了审批环节，缩短了审批时限。（何金星）

【进出口野生动植物种商品目录】 为确保国家濒管办与海关总署的合作公告制度继续得以落实，2013年11月13～15日，国家濒管办于北京集中召开《进出口野生动植物种商品目录》专家工作组会议，根据《公约》第16次缔约国大会对公约附录的修订、海关编码结构整体调整情况及实际工作问题，在原有基础上对物种的濒危等级、名称和商品编码等进行了修订调整。修订后的商品目录于2013年12月29日，由国家濒管办与海关总署联合发布。（何金星）

【国家濒管办采取措施完善濒危木材贸易管制】 为履行国际义务，稳妥应对大量木材物种列入《濒危野生动植物种国际贸易公约》附录带来的影响，国家濒管办制定措施，进一步加强对濒危木材进口贸易的管理。一是调整木材进口管理规定。发布《国家濒管办进一步加强濒危木材物种进口管理的通知》，要求国家濒管办各办事处对办理进口木材的物种证明行政许可证书限定为一次性使用，协助海关做好进口木材的商品归类和查验鉴别，加强木材进口事后监管和非法贸易监测。二是做好木材物种列入附录生效前后的过渡工作，向社会发布公告明确相关规定的调整。三是加强宣传培训和舆论引导。通过中国林产工业协会及其红木分会，发布木材物种列入公约附录的进展情况，举办两期木材物种列入公约附录解读培训班；通过网络向中国木材进口企业告知相关木材原产国国内政策变动情况，发出风险提示信息。四是启动实施木材进口状况和形势分析项目，与中国林科院木材工业研究所合作，对近5年来中国木材进口状况和今后发展趋势开展分析，为未来履约谈判提供科学依据。（黄晓珍）

湿地保护管理

【湿地规划项目顺利推进】 按照《全国湿地保护工程"十二五"实施规划》，提出了项目审核条件和标准，对146个项目进行审查，启动实施项目59个，安排中央预算内投资2.4亿元。中央财政湿地保护补助资金规模进一步增加，2013年项目资金达到2.5亿元，组织华东院完成了10个项目的监测评估工作。参与编写《农业环境突出问题治理总体规划》退耕还湿专题规划。对国家重点生态功能区、水资源保护、流域综合管理等100多部战略规划进行了认真研究，提出了加强湿地保护的意见。（刘　平）

【湿地生态补偿制度建设取得重要突破】 国家林业局与财政部、全国人大、全国政协合作，赴云南省、辽宁省、黑龙江省开展了"湿地生态补偿""扩大湿地面积"等调研，配合财政部提出了增加湿地保护投入、建立湿地生态补偿制度的初步设想。中央财政拟安排专项资金，支持开展退耕还湿、湿地生态效益补偿试点、湿地

保护奖励等工作。（王福田）

【第二次全国湿地资源调查胜利完成】 召开了国家湿地科学技术委员会第三次会议和第二次全国湿地资源调查成果专家鉴定会，与会专家一致认为：第二次全国湿地资源调查是我国具有重大战略意义的生态资源国情调查，是推进国土空间规划和生态文明建设的重要基础性工作，在全球范围内率先完成了《湿地公约》倡导的国家湿地资源调查，达到了同类调查国际领先水平。编写了全国湿地资源调查总报告、全国重点区域48个湿地国土空间专题报告，提出了规划编制和制度设计的具体工作措施。国家林业局召开局务会对调查成果进行了审定，对成果完善、发布等提出了明确要求。为满足政府间气候变化专门委员会（IPCC）谈判的需要，部署开展全国重点省份泥炭沼泽碳库调查，编制了工作方案和技术规程，指导吉林省开展了试点准备工作。

（鲍达明、姬文元）

【划定湿地保护红线】 根据第二次全国湿地资源调查初步成果，向国务院上报了到2020年"全国湿地总面积"不低于8亿亩的湿地保护红线。提出了建立湿地红线制度的工作方案，启动了湿地红线专题研究工作。

（鲍达明）

【开展国际重要湿地监测和评价】 在11处国际重要湿地开展了湿地生态系统健康、功能和价值评价。组织开展国际重要湿地生态状况评估，形成《中国国际重要湿地生态状况公报》。（刘　平）

【组织完成鄱阳湖水利枢纽工程对湿地生态与候鸟的影响重大专题研究】 按照国家发展改革委关于深化鄱阳湖水利枢纽相关研究要求，国家林业局组建了由陈宜瑜院士领衔的"鄱阳湖水利枢纽工程对湿地生态与候鸟的影响研究"课题组，对水利枢纽工程进行了深入论证。完成了论证报告，相关成果提交国家发展改革委参考。

（鲍达明）

【GEF5期项目如期启动实施】 国家层面、海南、大兴安岭、安徽、湖北、新疆项目已经获得GEF理事会批准。提出了GEF6期项目概念，主要涉及全球气候变化和生物多样性两个领域。（刘　平）

【湿地公园建设】 组织举办了2期国家湿地公园培训班，培训人员236人次。组织完成新申报158处国家湿地公园（试点）专家实地考察；召开了2013年国家湿地公园专家评审委员会会议，对拟建145处国家湿地公园进行了技术审查，其中131处通过了评审，并在拟建国家湿地公园所在地进行了公示。目前，全国国家湿地公园达到429处，总面积达229万多公顷，保护湿地面积149万多公顷。（王隆富）

【湿地保护立法】 《湿地保护条例（第四次征求意见稿）》在正式征求了国务院20个部门的意见之后，向国务院法制办进行了专题汇报，针对部门提出的意见与环境保护部、农业部、国家海洋局等部门进行了协调和沟通。对该条例草案进行了修改和完善。下发了《湿地保护管理规定》（部门规章），于2013年5月1起实施。

（王隆富）

【湿地保护宣传教育】 与中央电视台联合开展了"美丽中国湿地行"大型宣传活动，50集反映湿地功能价值和湿地保护恢复的系列片在中国国际频道播放；评选了"10大中国魅力湿地"，成功举办了"美丽中国湿地行"颁奖晚会，并在中央电视台1频道和4频道多次播出；2013年2月2日"世界湿地日"的主题是"湿地与水资源管理，湿地守护水资源"，湿地日期间，国家林业局在《人民日报》发表了专题文章，印发宣传张贴画8000张。"湿地中国"网发挥了宣传主阵地作用。通过广泛的宣传，人们的湿地保护意识显著提高，营造了良好的湿地保护氛围。（王隆富）

【指定5处国家重要湿地】 2013年中国向《湿地公约》秘书处提名5处湿地列入《国际重要湿地名录》。分别是山东黄河三角洲国家级自然保护区、东方红湿地国家级自然保护区、吉林莫莫格国家级自然保护区、武汉市蔡甸区沉湖湿地自然保护区和神农架大九湖湿地。

（方　艳）

【国际重要湿地生态特征变化预警方案（试行）】 组织专家讨论研究，征求国际重要湿地所在省林业主管部门及湿地管理部门、国家林业局相关司局及单位、中国履行《湿地公约》国家委员会成员单位意见后，制订出台《国际重要湿地生态特征变化预警方案（试行）》。《方案》规定对国际重要湿地生态特征变化实行由低到高的黄色、橙色和红色三级预警；确定国际重要湿地生态特征变化监测评估指标和方法；明确国家林业局、中国履行《湿地公约》国家委员会成员单位、省级林业主管部门以及国际重要湿地管理机构的职责和任务。

（方　艳）

【湿地公约履约】 组织专家编制完成《湿地公约履约战略研究》。编译出版《湿地保护管理手册》。参加《湿地公约》常委会第46次会议。邀请湿地公约新任秘书长访华，出席"第三届中国湿地文化节暨东营国际湿地保护交流会议"，接受国家林业局局长会见，考察上海和山东的国际重要湿地及国家湿地公园。开展2013年世界湿地日宣传活动。完成6处国际重要湿地数据更新工作。举办1期国际重要湿地管理培训班，培训人员110人。（方　艳）

【国际合作与交流】 按照中德"中国湿地生物多样性保护合作项目"协议，召开成果总结会，执行赴英国、荷兰交流任务。中美经济与战略对话—中美能源和环境合作框架下的"中美湿地合作十年行动计划"和"中国国家林业局和美国内政部关于自然保护交流与合作议定书附件十一"项目，组织双边人员交流互访活动。与美国地质调查局国家湿地研究中心共同出版《湿地》专刊"亚洲湿地的功能、分类与管理"，收录来自中国和韩国7篇论文，于2013年10月起陆续在线发表。专刊纸质版的发行工作将于2014年2月份完成。全球环境基金（GEF）5期"加强中国湿地保护体系，保护生物多样性"项目，完成申请的后期工作和项目启动工作。与湿地国际、世界自然基金会等签署年度备忘录。举办3期香港米埔湿地管理培训班。（方　艳）

森林防火

09

森林防火

【综　述】 受高温少雨、极端天气等不利因素影响，2013年我国西南、西北、华北部分地区旱情严重，云南、四川南部甚至出现了4年冬春连旱，森林火险居高不下。针对严峻的森林防火形势，党中央、国务院高度重视，国家森防指、国家林业局专题部署，各地党政领导亲自督促检查，实现了防火工作高层推动，确保工作部署落实到位。全年未发生特大森林火灾、火烧连营和重大伤亡事故。森林防火工作实现了连续5年火灾次数、受害森林面积下降。

部署落实 国务院组织召开了全国森林草原防火和造林绿化工作电视电话会议，汪洋副总理出席会议并作重要讲话。调整充实国家森防指领导和成员，新增国家旅游局、总后基建营房部、空军司令部为成员单位，国家森防指成员单位由19家增加到22家，进一步壮大力量。国家森防指坚决贯彻落实党中央、国务院领导重要指示、批示精神，多次召开党组会议研究部署森林防火工作。

科学预警监测 密切关注气候、物候和旱情的变化趋势，严密监测天气、可燃物、火源状况，及时制作、发布高火险天气警报和高森林火险预警信号。积极与国家气象中心、国家气候中心进行会商，及时交换各类预报、实况信息，适时调整预报等级和发布模式，满足实际工作需要。组织召开春、夏和秋冬季3次全国森林火险形势会商会，为各地森林火险预防、扑救工作提供科学依据。启动卫星林火监测系统和林火监测热点反馈与统计升级项目，对卫星林火监测系统的图像处理软件、成果发布、热点反馈情况统计等功能进行优化，提高预测预报的精度。

基础保障 以《国家森林火灾应急预案》的发布为契机，全面开展系列贯彻落实工作，完善基层预案体系。完成了《国家林业局森林火灾应急预案》和《国家森防指办公室森林火灾应急处置细则》和《全国森林航空消防应急预案》的修订，制作《森林火灾应急预案手册》《森林火灾应急处置简明操作指南》，下发《国家森防指国家林业局关于认真贯彻落实〈预案〉的通知》，对各地相关工作进行具体部署。举办省级林业厅(局)主管领导预案专题培训班就预案相关内容进行专题授课。制定下发《国家森林防火指挥部关于进一步加强森林消防队伍建设的意见》，为队伍建设工作指明方向。积极协调、配合财政部开展森林防火经费保障工作调研，并在国家财力紧张情况下大幅提高2014年森林防火预算资金。国家林业局审批森林防火项目87个，项目总投资14.72亿元，下达森林防火中央基本建设投资12亿元。协调国家发展改革委开展《全国森林防火中长期发展规划》中期调整工作，对“十三五”规划课题开展前期研究。编写完成3年中央投资10亿元的试点方案，国有林区森林防火应急道路建设取得突破性进展。

加强航空消防，构建综合防控体系 在北京、河北、山西等16个省(区、市)开展了森林航空消防工作，航护面积265万平方千米，占国土总面积的27.6%。指导、协调北方、南方航空护林总站提前落实机源，确保航护工作的正常进行。

强化值班调度，确保信息畅通 开展“天地图”和全国视频系统接入调研，完成指挥中心综合调度指挥系统测试演练，确保实战指挥决策系统正常应用。在防火紧要期，及时启动预案，调整充实值班力量，调度火情信息，全面掌控火情火势，保障处置工作及时高效。严格督促各地落实“有火必报”制度、卫星监测热点核查“零报告”制度和每日火灾报告制度，确保火情报送及时、全面、准确、规范。及时发布森林防火官方微博信息，正确引导社会舆论。

开展宣传表彰，提高群防意识 在中央电视台新闻报道栏目中多次播出“国家森防指发布高森林火险警报”消息，天气预报连续多次播出“林区火险等级天气预报”。中国广播网、人民网、搜狐网、新浪网、网易、中国林业网、中国森林防火网等主要网络报道森林防火信息1000余条，《中国绿色时报》刊发森林防火信息400余条；森林防火微博发布信息487条，粉丝达58 857人次。开展2010～2012年度全国森林防火工作先进单位和先进个人表彰活动。　(李新华)

森林火灾

【全国森林火灾情况】 2013年森林火灾情况(见2013年全国森林火灾统计表)如下：

火灾次数情况 2013年全国共发生森林火灾3929起，比近3年(2010～2012年)平均值下降1817起，下降幅度达31.6%。其中一般火灾2347起，较大火灾1582起，无重大、特大火灾发生。一般火灾和较大火灾分别比近3年平均值下降了30.9%和32.4%。与2012年相比，森林火灾次数减少0.9%，其中一般火灾减少2.1%、较大火灾增加0.9%。

火灾损失情况 2013年全国森林火灾受害森林面积13 724.38公顷，比近3年平均值下降了15 175公顷，下降幅度达52.5%。因森林火灾伤亡55人，比近3年平均值减少18人，减少幅度为25%。其中，轻伤、重伤和死亡人数分别为10人、7人和38人，分别比近3

年平均值减少 43.4%、52.3% 和 7.3 %。2013 年因森林火灾死亡的 38 人中，陕西省 15 人，四川省 6 人，河北省、山西省、福建省、湖北省、广西壮族自治区、重庆市和贵州省各 2 人，浙江省、江西省和湖南省各 1 人。与 2012 年相比，受害森林面积减少 1.6 %，森林火灾伤亡人数增加 161.9 %，其中死亡人数增加 192.3 %，受伤人数比 2012 年增加 112.5 %。

火灾扑救情况 2013 年，全国扑救森林火灾共出动 79.6 万个人工日，出动车辆 5.7 万辆(台)次，分别比近 3 年平均值减少 6.9% 和 21.1%。共出动飞机 255 架次，比近 3 年平均值减少 74.5 %。投入扑救森林火灾经费 0.9 亿元，比近 3 年平均值减少了 57.1%。

火灾原因分析 2013 年全国因雷击火引发的森林火灾次数为 65 起，其他自然火引发的森林火灾次数为 28 起，分别比 2012 年增加了 91.2% 和 833%。2013 年因非生产性火源引发的森林火灾次数为 1571 起，分别比 2012 年减少 32.3%，因生产性火源引发的森林火灾次数为 1505 起，比 2012 年增加 34.3%。而未查明原因的森林火灾 695 起，比 2012 年增加了 75.95%。

2013 年全国发生的森林火灾中，人为因素引发的森林火灾仍然占已查明火源的森林火灾总次数的 96% 以上。其中，上坟烧纸、烧荒烧炭和野外吸烟引发的森林火灾分别占已查明火源的森林火灾次数的 18%、35.1% 和 6.4%。而小孩玩火以及痴呆人弄火引发的森林火灾各占已查明火源的森林火灾次数的 3.2 % 和 3.5%。

森林火灾"三率"情况 2013 年森林火灾发生率(起火灾/10 万公顷森林)为 2.01，森林火灾控制率(公顷受害森林面积/每起森林火灾)为 3.49，森林火灾受害率(受害森林面积/森林总面积)为 0.07‰(按全国森林面积 19 545 万公顷计算)。 (金 博)

【云南省楚雄州禄丰县"4·23"森林火灾】 4 月 23 日，云南省楚雄州禄丰县勤丰镇因当地农民烧地引发森林火灾，大火威胁到林内国家战略物资储备库和周边 3 个村屯安全，国家森防指和云南省森防指迅速启动应急预案，组织当地 2700 余名扑火人员连续奋战 5 个昼夜，于 4 月 28 日将火灾全部扑灭。灾情发生后，汪洋副总理亲自就火灾扑救工作作出重要批示。赵树丛总指挥、孙扎根副总指挥、杜永胜专职副总指挥连夜召开会议传达学习汪洋副总理批示，多次通过明电和电话对火灾扑救工作做出再安排、再部署。国家森防指先后派出由南方航空护林总站和国家森防指办公室领导带队的 2 批工作组赶赴一线协助指导。云南省政府、林业厅、驻滇部队等有关方面的负责同志亲临一线，坐镇指挥，有效保证了各项扑火措施的迅速贯彻落实。 (刘文超)

【湖南省冷水江市禾青镇"8·10"森林火灾】 8 月 10 日，湖南省冷水江市禾青镇因野外电焊施工引发森林火灾，经过 2000 多人昼夜奋战，火灾于 16 日全部扑灭，过火面积 126 公顷。在扑火战斗中，武警森林指挥部机动支队副支队长贾宝龙(正团)英勇牺牲，2 名森林部队战士受伤。灾情发生后，国家森防指和湖南省森防指迅速启动应急预案，连夜调派直升机，先后派出由南方航空护林总站负责同志和国家森防指专职副总指挥杜永胜带队的 2 批工作组赶赴一线协助指导。贾宝龙壮烈牺牲后，湖南省委书记徐守盛、省长杜家豪立即作出批示，向烈士致哀，向森林部队官兵致以慰问，要求有关方面做好善后工作，娄底市委市政府 8 月 16 日发出了《关于开展向贾宝龙同志学习的决定》。 (刘文超)

【陕西省安康市旬阳县"10·12"森林火灾】 10 月 12 日，陕西省安康市旬阳县白柳镇因村民焚烧落叶杂草引发森林火灾，经当地半专业消防队、公安和武警官兵 600 余人进行扑救，火灾于 13 日 10 时全部扑灭，过火面积约 6.7 公顷，扑救中 8 名村民死亡。火灾发生后，国家森防指赵树丛总指挥、孙扎根副总指挥，陕西省委赵正永书记、省政府娄勤俭省长、祝列克副省长第一时间作出重要批示，要求有关方面全力以赴组织扑火，抢救伤员，妥善处理善后工作。国家森防指办公室派出检查督导组赶赴陕西省协助指导善后工作，并要求当地彻查火灾原因，深刻汲取伤亡教训，采取扎实有力措施全面提升火灾防控能力。 (刘文超)

森林防火重要会议及活动

【召开全国森林草原防火和造林绿化工作电视电话会议】 3 月 27 日，国务院组织召开全国森林草原防火和造林绿化工作电视电话会议，国务院副总理汪洋出席会议并作重要讲话。汪洋副总理要求，各地区、各有关部门要迅速行动，周密部署、精心组织，强化工作举措，落实各项责任，严密防范森林草原火灾，加快植树造林步伐，为建设生态文明和美丽中国作出新的贡献。汪洋副总理强调，各级政府要立足当前、着眼长远，全面履行好职责；要强化灾前防范和应急处置，及时排查和整改存在的隐患，加强预警监测和应急值守，提前动员、靠前部署各类森林草原消防力量，确保不发生特大森林草原火灾和重大人员伤亡；要加大防火基础设施建设投入力度，推广使用先进适用防火技术和装备，加强专业扑救力量建设，提升防火科学化、机械化和信息化水平。 (李新华)

【召开全国秋冬季森林防火工作电视电话会议】 9 月 16 日，国家森林防火指挥部、国家林业局召开 2013 年全国秋冬季森林防火电视电话会议，国家森林防火指挥部副总指挥、国家林业局副局长孙扎根出席会议并讲话，国家森林防火指挥部专职副总指挥杜永胜主持会议。孙扎根副总指挥指出，全国秋冬季森林防火工作面临着全球进入森林火灾高发期、林区气候物候十分不利、工作中的隐患和漏洞不容忽视的局面，形势十分严峻，任务

表 9-1　2013 年全国森林火灾分月统计表

月份	森林火灾次数					火场总面积（公顷）	受害森林面积（公顷）			损失林木		人员伤亡（人）				其他损失折款（万元）	出动扑火人工（工日）	出动车辆（台次）		出动飞机（架次）	扑火经费（万元）
	共计	一般火灾	较大火灾	重大火灾	特大火灾		共计	其中		成林蓄积（立方米）	幼林株数（万株）	共计	轻伤	重伤	死亡			共计	其中汽车		
								原始林	人工林												
全年累计	**3929**	**2347**	**1582**	**–**	**–**	**42 890.22**	**13 724.38**	**819.86**	**11 184**	**312 490.4**	**1064.44**	**55**	**10**	**7**	**38**	**6061.63**	**795 921**	**57 438**	**45951**	**255**	**9129**
一月	158	134	24	–	–	581.04	201.391	13.27	149.84	4818.377	12.80	2	–	2	–	31.00	15 060	1294	1086	1	91.22
二月	448	346	102	–	–	7169	921.954	108.73	539.01	12 752.94	64.49	6	1	2	3	915.61	114 702	8401	7486	108	1415.4
三月	1591	985	606	–	–	13 929	5090.7	395.57	4126.8	110 508.5	388.77	27	3	3	21	2241.76	300 277	21 872	17583	34	2849.1
四月	677	383	294	–	–	8199.7	2463.045	67.038	1900.2	84 496.93	284.29	4	2	–	2	893.9933	137 663	10 396	7653	41	1610.8
五月	114	72	42	–	–	2177.7	448.348	28.192	399.53	5835.88	22.55	–	–	–	–	424.31	64 802	3062	2326	10	741.01
六月	24	18	6	–	–	97.95	45.93	5.442	40.488	1520.57	1.21	–	–	–	–	17.9	5456	669	538	–	42.32
七月	41	21	20	–	–	235.87	116.697	26.824	62.973	1518.512	7.12	–	–	–	–	22.51	7921	552	554	2	64.765
八月	334	120	214	–	–	4612.4	2384.874	56.721	2104.9	49 434.12	134.72	6	4	–	2	942.77	89 069	5204	4667	12	1618.1
九月	37	15	22	–	–	567.6	255.137	12.11	228.26	4210.3	15.69	1	–	–	1	79.15	6003	471	361	–	88.015
十月	217	95	122	–	–	2496.3	945.0225	63.003	880.22	27 966.97	55.62	8	–	–	8	211.61	27 160	2860	1669	10	250.58
十一月	74	30	44	–	–	884.36	320.69	10.98	270.48	2768.24	30.82	1	–	–	1	41.24	7069	684	529	26	76.48
十二月	214	128	86	–	–	1939.3	530.59	31.98	480.88	6659.1	46.38	–	–	–	–	239.79	20 739	1973	1499	11	281.21

十分艰巨。他强调，各地森林防火部门要坚决克服侥幸心理和麻痹思想，狠抓各项措施落实，确保不发生重特大森林火灾和重大人员伤亡事故，确保秋冬季森林防火工作不出大的问题。（李新华）

【调整充实国家森林防火指挥部领导和成员】 为充分发挥国务院有关部门和单位在森林火灾预防与处置中的重要作用，强化对旅游景区、军事区域及其重要设施森林防火工作的管理，提高森林航空消防保障能力，2013年8月28日，国务院办公厅正式批准增加国家旅游局、总后勤部基建营房部、空军司令部为国家森林防火指挥部成员单位，明确中国铁路总公司承接原铁道部为国家森林防火指挥部成员单位，相关职能不变；同时调整了部分指挥部领导和成员。此次调整后，国家森林防火指挥部成员单位由19个增加到22个，国家森林防火指挥力量得到进一步增强。（李新华）

【组织开展2010～2012年度全国森林防火工作先进单位和先进个人的表彰工作】 为表彰奖励在森林防火工作中作出突出贡献的单位和个人，调动广大干部职工和林区群众参与森林防火工作的积极性，推动我国森林防火事业的发展，根据《森林防火条例》和国家林业局印发的《全国森林防火工作先进单位和先进个人表彰奖励办法》，防火办组织开展了2010～2012年度全国森林防火工作先进单位和先进个人的表彰工作，并在3月27日国务院召开的全国森林草原防火和造林绿化工作电视电话会上进行表彰，国务院副总理汪洋接见了部分参会先进代表。人力资源和社会保障部、国家林业局联合授予林向东、张辉、贺振平、周国军、刘哲峰等5名同志“全国林业系统先进工作者”荣誉称号，享受省部级先进工作者和劳动模范待遇；国家森林防火指挥部、国家林业局授予北京市门头沟区森林防火指挥部办公室等120个单位“2010～2012年度全国森林防火工作先进单位”称号，授予宁晋杰等239名同志“2010～2012年度全国森林防火工作先进个人”称号，向连续从事森林防火工作20年以上的李学红等1384位同志颁发“全国森林防火工作纪念奖章”。（刘　萌）

森林消防体系建设

【完善我国森林防火预案体系】 国务院发布《国家森林火灾应急预案》后，国家森林防火指挥部、国家林业局迅速下发通知，对各地预案建设工作进行安排部署。国家森防指办公室先后组织完成了对《国家林业局森林火灾应急预案》《国家森防指办公室森林火灾应急处置细则》等修订工作，编制了处置东北、内蒙古林区森林火灾应急预案及赴火场工作组等多个专题应急预案，并举办了全国森林防火应急预案专题培训班。在处置云南楚雄“4·23”、湖南冷水江“8·10”、陕西安康旬阳“10·12”等影响较大的森林火灾时，新预案体系科学性得到了检验。截至2013年年底，全国已有14个省（区、市）完成了预案修订工作。（刘文超）

【《全国森林防火中长期发展规划》进行中期调整】 为确保《全国森林防火中长期发展规划》（2009～2015年）顺利实施，最大限度发挥资金使用效益，在2012年开展中期评估的基础上，经国务院领导同意，国家发展改革委办公厅正式复函同意对全国森林防火中长期发展规划进行中期调整，即在东北、西南重点国有林区启动以水灭火、视频监控和大型防扑火装备试点建设项目；将江西兴国等63个森林资源集中、生态地位重要、防火任务重的森林火险等级二级以上县（市、区）新增纳入规划重点治理范围；在总投资不变的情况下，对现有重点火险区综合治理工程、森林防火通信和信息指挥、森林航空消防等各项建设内容投资结构进行内部调剂。（李　杰）

【组织对《森林防火条例》贯彻落实情况专题调研】 2008年11月19日国务院第36次常务会议对《森林防火条例》（以下简称《条例》）修订通过，2009年1月1日起施行。《条例》颁布实施后，各地依法治火水平进一步提升，全民防火法制意识进一步提高，防火机制体制进一步完善，对规范森林防火工作，促进森林防火事业健康发展，保护森林资源和人民生命财产安全、维护林区和谐稳定、推进生态文明和现代林业建设发挥了重要作用。为全面掌握《条例》修订颁布实施以来的贯彻落实情况，根据国家林业局林业重大问题调研的统一部署，国家森防指办公室会同南京森林警察学院组织森林防火、法律等方面的人员，采取函调和实地调研相结合，以“函调为主、实地调研为辅”的方式，对《条例》贯彻落实情况进行了专题调研，形成了专题调研报告。该报告重点对森林防火行政首长负责制、森林防火组织机构和队伍建设、经费保障、火源管理等方面存在的问题进行了总结分析，研究提出了进一步提高依法治火的对策建议。（刘　萌）

【推进全国基层森林消防队伍规范化建设】 3月7日，国家森林防火指挥部印发《关于进一步加强森林消防队伍建设的意见》，明确了森林消防队伍建设的基本原则，规范了队伍的分类和建设标准，提出了队伍建设的管理和保障机制。《意见》下发后，各地高度重视，及时出台相关政策，制定建设标准，加大投入，扩大队伍规模，提高队伍质量，掀起了队伍建设的新高潮。12月3～5日，国家森林防火指挥部在江西省举办了全国森林消防队伍建设专题培训班，来自全国各省（区、市）的防火办主任39人参加，采取以训代会（现场会）的形式，重点推广了江西、黑龙江、浙江、辽宁、广西等省（区）队伍建设成功经验，实地考察了江西省吉水县森林消防大队、遂川县森林消防大队、遂川县草林镇半专业扑火队建设情况，并培训了相关专业知识。截至2013年年底，我国森林消防专业、半专业队已基本覆盖整个林区，全国有防火任务的2532个县级单位中2531个建设了专业/半专业森林消防队，覆盖率达到99.96%。全国已建有专业森林消防队3015支、10.6万人，半专业森林消防队18 500支、54.1万人，应急森林消防队4848支、23.5万人，群众森林消防队13万支、278.3万人。（刘文超）

【发布《全国森林防火通信和信息指挥系统建设技术指南》】 2013年12月31日，国家森防指办公室委托中国电子科学研究院编制的《全国森林防火通信和信息指挥系统建设技术指南》正式印发。该指南紧贴全国森林防火工作实际，采用国内外先进实用的技术，从建设应用需求角度对森林防火通信和信息指挥系统建设总体架构、技术路线、各分系统组成、系统配置、主要功能、实现目标和各分系统的主要设备技术指标等方面进行了详细论证和设计，对通信和信息指挥系统的运行维护、项目管理、标准体系框架等进行规范，是目前我国森林防火通信和信息指挥系统建设的一项重要技术依据。（聂坤华）

【加强森林火险预测预报工作】 组织召开了春、夏、秋冬季3次全国森林火险形势会商，对全国气候变化、森林火险形势进行综合分析、预测，形成了全国中长期火险形势分析报告。同时，根据扑火工作需要，及时与中国气象局专家进行会商，先后制作发布了森林火险气象等级预报365期、高森林火险天气警报137期、未来一周全国森林火险预测51期、未来一月全国森林火险预测12期、重大森林火灾火场气象专报25期。进一步加强高森林火险预警工作，先后制作发布了高森林火险橙色和红色警报41期，并协调中央电视台及时进行播报，提醒各地立即采取分级响应措施。（张英男）

【启动实施卫星林火监测系统升级项目】 为解决卫星林火监测系统存在的问题，优化系统功能，进一步提升森林防火监测工作水平，2013年6月，国家森林防火指挥部办公室启动实施卫星林火监测系统升级项目。项目分为监测系统软件功能升级、火场动态信息显示系统、卫星轨道过境实时显示功能3部分。此次系统升级，全面提高了卫星林火监测的精度，进一步提升了我国森林防火监测能力和水平。（蒋岳新）

【强化通信保障和火情信息传输能力建设】 利用上广电VSAT通信网卫星信道，为云南禄丰森林火灾扑救指挥提供卫星通信服务，实现前指与国家森林防火指挥中心的视频联通和数据传输，确保火情信息的及时传递。组织南方航空护林总站、四川省防火办及凉山州防火办开展森林防火应急通信及值班调度综合演练，实现了昆明、成都、梁山3地空中及地面视频信号及数据文件传输保障，进一步提升了应急通信保障能力和水平。（袁　润）

【举办森林防火专职指挥长专题座谈会】 7月18～19日，国家森防指办公室在云南省举办了森林防火专职指挥座谈会。来自内蒙古、辽宁、吉林、黑龙江、广东、福建、四川、云南等省（区）及北方航护总站、南方航护总站、南京警院、中国林科院、东北林大、北京林大的部分领导和专家围绕“森林防火与生态文明建设”“森林防火与生态林业、民生林业”“森林防火与碳排放”3个主题进行了研讨。研讨中，各位领导和专家从国家、省域、地域等不同发展层面，用理论思维研究森林防火业务发展，以全新的理念和整体的观念共同就森林防火事业发展的重大理论问题和森林火灾防控的成功实践进行了积极的交流探讨，总结提出了一些亟待解决的森林防火重点问题。（闫　厚）

【开展森林防火指挥员培训】 6月20日至7月19日，国家森防指办公室在广州、南京两地举办3期全国地市级森林防火指挥员培训班，在武警警种学院举办2期全国地市级防火办主任培训班。共培训防火指挥员150人、防火办主任180人。培训采取专题讲座、理论教学、战例评析、经验交流、座谈讨论、现场演示和录像辅导等形式，设置了针对性较强的政策法规解读、林火基础理论、扑火安全、灭火装备、灭火战术和组织指挥等方面的培训内容。重点对当前各级关注的森林防火地方行政首长负责制、专业森林消防队伍建设、森林火灾应急预案、火灾信息报告（有火必报、卫星热点核查零报告等制度）、森林火灾预警和响应等制度作了政策解读。通过培训，学员们的综合素质和业务工作能力明显提高，培训达到了预期效果。（刘文超）

【开展森林火险预警与通信技术研讨活动】 7月10～12日，国家森林指挥部办公室在湖北省恩施州举办了全国森林火险预警系统管理和应急通信技术培训研讨班。培训通报了省级森林火险预警系统建设情况、极端条件下“一键对星”卫星通信系统通信测试情况，安排了森林火险预警技术的最新进展、森林火险信息采集与管理、森林火险预警模型本地化、森林火险监测站的维护要点、林火视频监控系统建设技术标准化与总体设计、便携式应急卫星通信系统使用与管理等专题讲座和加强森林火险预警系统管理、林火视频监控系统建设技术标准编制两场专题研讨会，并现场组织观摩了便携式卫星通信系统的现场培训演练、森林火险监测站标定和维护管理、森林可燃物采集与上报的演练。（张英男）

森林航空消防

【基本情况】 2013年，我国的森林航空消防事业得到快速发展。北京、河北、山西、内蒙古、辽宁、吉林、黑龙江、江西、山东、河南、广东、广西、重庆、四川、云南、新疆等16个省(区、市)开展了森林航空消防工作，总航护面积达265万平方千米，占国土总面积的27.6%，主要执行巡逻报警、火场侦察、火场急救、空投空运、吊桶灭火、机(索)降灭火、化学灭火、防火宣传等任务。据统计，南、北方全年3个航期共租用飞机196架次，其中直升机129架次，固定翼飞机67架次。全年累计飞行3110架次、7071小时36分，空中发现和参与处置林火125起，对其中57起林火实施了吊桶灭火，吊灭飞行144架次、248小时28分，洒水4908吨；机降飞行76架次、83小时02分，运送扑火队员752人；运送扑火物资4.6吨；配合地方森林防火部门开展防火宣传，投撒防火传单21万份，特别是在扑救云南楚雄“4·23”、湖南冷水江“8·10”等多起森林火灾过程中发挥了至关重要的作用。 (刘国珍)

【国家林业局与中信集团签订森林航空消防战略合作协议】 针对我国森林防火任务重、大吨位灭火飞机机源少的情况，2013年4月，国家森林防火指挥部办公室积极协调中国中信集团有限公司与国家林业局签订了《森林航空消防战略合作协议》。该协议签订后，国家林业局将借助大企业集团的资金、技术和商务运作优势，适量引进国外适合森林航空消防直接灭火的直升机和固定翼飞机，扩大我国森林航空消防机群数量，降低航空消防作业成本，提升航空消防综合能力，有效促进森林航空消防事业快速发展。 (刘国珍)

武警森林部队

【综　述】 2013年，森林部队各级深入贯彻党的十八大、十八届三中全会精神和强军目标，依据武警党委和指挥部党委部署要求，持续正规建设部队，提升标准质量，转变作风狠抓落实，大力推进现代化建设，实现了“两个确保”。

思想政治建设 运用“六步法”(理论提示、要点导读、专家辅导、讨论交流、研究问题、形成纪要)系统学习党的十八大、十八届三中全会和习近平主席系列讲话精神，举办团以上干部网上理论读书班，抓好基层官兵对基本思想、基本观点、基本要求的学习掌握。深入开展“坚定信念、铸牢军魂，永远做党和人民的忠诚卫士”主题教育，总结推广“五化”(大课辅导强化、小课串讲细化、班排讨论消化、配合活动内化、岗位践行转化)做法，广泛开展配合活动，打牢高举旗帜、听党指挥的思想政治基础。坚持按纲施教，编发系列教材，开展政治教员授课比武，加强网络查课，不断提高教育质量。四川森林总队成都大队政治教导员姚存通被表彰为全军“四会”(会讲、会教、会做、会做思想工作)优秀政治教员。重视抓好经常性思想政治工作，跟进做好任务中政治工作，活跃基层文化生活，部队保持思想稳定和纯洁巩固。《大森林里的一群兵》获武警部队业余文艺汇演创作一等奖。新闻刊稿总量连续3年位居武警部队前列，指挥部被武警部队表彰为新闻宣传工作先进单位。

现代化建设 抓好“三网”(有线网、无线网、卫星网)融合，完成一体化指挥管理信息平台建设，提前两年实现武警部队中期建设目标。全部配齐通用和灭火主战装备，部分配备处突维稳和抢险救灾装备器材，研发试用部分新装备。严格落实干部任职资格条件，搞好各级主官任前考核，构建士官队伍建设“六位一体”(教育、选拔、培训、管理、考评、使用)机制，持续加强干部骨干培训，提高人才队伍建设质量。吉林森林总队延边州支队和龙大队和龙中队代理排长士官张有证被武警部队表彰为“学习成才标兵”。力量建设初具规模，直升机支队首次完成全部训练科目。

中心任务 狠抓战备工作，通过试点规范普及，战备秩序不断正规。坚持依法按纲施训，举办军事训练集训，深入开展“两化”(野外化、模拟化)训练和“考比拉”(考核、比武、拉动)活动，大抓教练员和参谋业务比武，狠抓新兵训练，健全完善“五评一否决”(评教、评训、评考、评管、评保，落实军事训练一票否决制)机制，训练氛围不断浓厚。认真落实“打防并举、靠前驻防、快速行动、重兵投入、联合作战、全程指挥”防火灭火行动原则，精心指导春秋防工作，24小时扑灭率93%以上，内蒙古大兴安岭林区首次实现春防零火灾。全年动用兵力12.86万人次，参加防火执勤4520次，扑救火灾436起。处突维稳、抢险救灾等多样化任务完成圆满，黑龙江森林总队参加抗洪抢险受到好评。积极拓展部队职能，建立“绿色卫士林”基地166个，植树造林0.23公顷。

部队管理 广泛开展条令学习月活动，抓好经常性管理教育，强化部队作风养成。大力推进正规化建设，90%单位已达标。紧盯“四个安全”(政治安全、任务安全、日常安全、经济安全)不放松，开展安全大检查和车辆管理专项整治，加强重大节日、敏感时段部队管控，严格网络、手机和涉密载体管理，森林部队首次实现连续3年“三无”(无行政事故、无执勤事故、无案件)，6个总队、35个支队连续5年以上实现“三无”。

基层建设 修订颁发《实施办法》，制定动中抓建工作规范，抓好《纲要》轮训、“三学”活动和应用性操作性培训，增强各级按纲抓建的意识和能力。加强对两个计划制定、季度考评、双向讲评等环节的过程控制，组织522名领导和机关干部当兵蹲连，促进基层经常性工作落实。注重抓好“三个一线”(一线指挥部、一线战斗堡垒、一线带兵人)建设，督导一线指挥部履行抓基层职能，着力强化党支部组织功能和一线带兵人事业心责任感，基层建设整体水平不断提高。涌现出武警部队先进支队大兴安岭地区支队、“中国武警十大忠诚卫士”王兴坤、全军学雷锋先进个人马日史初、共青团十七大代表李云龙和“舍身为民抗洪勇士”张池等一批先进典型。

综合保障水平 举办后勤部(处)长集训，确立“三大建设任务”标准。加强基础设施建设，部分单位营房老化、库室短缺和干部士官住房困难得到较好解决。严格管理经费，大幅压减行政消耗性开支，把好预算和报销关口，提高经费使用效益。指挥部被国家财政部分别表彰为预算管理和绩效管理先进单位。跟进搞好任务保障，完善力量体系和装备建设，调整优化物资储备，应急保障效能不断提高。

党委班子建设 认真开展群众路线教育实践活动和“学习贯彻党章、弘扬优良作风”学习教育，突出治理“五超”和重难点问题，刹“四风”(形式主义、官僚主义、享乐主义、奢靡之风)转作风取得阶段性成效。指挥部被武警部队表彰为退休干部移交安置工作先进单位。深入抓好民主集中制学习贯彻，坚持重大问题集体讨论决定，提高议事决策质量。黑龙江森林总队大兴安岭地区支队和直升机支队党委被武警部队表彰为先进党委。狠抓党风廉政建设，搞好党性党风党纪教育，加强重大敏感问题监督，开展基层风气专项整顿，认真查处来信反映问题，努力营造风清气正内部环境。云南森林总队廉政文化建设经验在武警部队座谈会上作介绍。

【抗震救灾】 4月21日8时02分，四川省雅安市芦山县突发7.0级强震。四川森林总队在灾情发生的第一时间全力投入抗震救援行动。120名官兵分赴雅安市芦山县、宝兴县参与抗震救灾。参战官兵先后转战芦山县龙门乡、大川镇2个重灾区，历时半月，累计救治伤员18人，搬运救灾物资365吨，平整场地20 960平方米，发放搭建帐篷1253顶，清理道路30余千米，巡诊及心理干预3000余人次，向灾区捐款28万余元。

7月22日7时45分，甘肃省岷县发生6.6级地震，甘肃森林总队调集陇南支队220名官兵圆满完成转移群众、清理危房、抢救物资、搭建帐篷等阶段性救援任务。四川、甘肃两省抗震救灾行动中，指挥部派出副政委聂增龙赴一线看望慰问官兵。

【抢险救灾】 6月28日，1名竹排工在武夷山市三姑度假区崇阳溪落水，因水流湍急失踪。福建森林总队南平支队武夷山大队接到命令，立即组织人员奔赴现场，将落水竹排工尸体打捞上岸。6月29日，20名竹排工被困武夷山市三姑度假区兰汤桥下方一座孤岛，武夷山大队14名官兵赶往事发地域展开救援，经过一个半小时的努力，将被困孤岛的20名竹排工营救上岸。

【王兴坤当选“中国武警十大忠诚卫士”】 7月5日，第十六届“中国武警十大忠诚卫士”颁奖典礼在北京举行。森林指挥部直升机支队飞行一大队大队长王兴坤当选为第十六届“中国武警十大忠诚卫士”。

【国家林业局领导到指挥部机关慰问】 7月26日，国家林业局局长赵树丛、副局长孙扎根、专职副总指挥杜永胜一行12人，莅临森林指挥部机关看望慰问官兵，并组织召开“八一”慰问座谈会。听取指挥部上半年部队建设、完成任务情况和下半年工作打算简要汇报。赵树丛局长要求部队：一是要高举旗帜听党指挥，始终与党中央、中央军委和习近平主席保持高度一致，确保部队绝对忠诚、绝对纯洁、绝对可靠。二是要不怕牺牲勇于胜利，不断强化官兵“当兵打仗、带兵打仗、练兵打仗”的思想，为保护森林资源安全作出新的更大贡献。三是要发挥双重领导优势，不断完善作战指挥、信息沟通、工作协调、经费保障等工作机制。四是要切实转变工作作风，不断发扬艰苦奋斗、勤俭节约的优良传统，永葆人民军队本色。五是要紧紧围绕灭火作战，大力加强军事训练，提高官兵的遂行任务能力。六是要切实做好扑救准备，保持部队战斗力，确保一旦发生火情，立刻实施扑救工作。

【三江流域抗洪抢险】 8月中旬，松花江、嫩江等主要江河干流同时发生洪水，无法限制邻国俄罗斯布列亚、结雅大型水库持续泄洪，黑龙江省共有120个县(市、区、农场)、905个乡(镇)受灾，损坏堤防2360处841.21千米，直接经济损失达196.05亿元。8月13日至9月13日，黑龙江森林总队全体参战官兵参加三江流域抗洪抢险战斗，累计动用兵力77 741人次，加固堤坝80余千米、装运沙袋400余万袋、打桩2814余根、处置管涌567处、转移群众827人、抢救物资器材2300余件、转移牲畜11 000余头。圆满完成任务。

【森林部队军事训练集训】 8月26～30日，指挥部在机动支队组织森林部队军事训练集训，重点研究教导队职能定位、任务规划、人才培训、功能发挥等内容，探索实战化条件下教导队建设和组训的方法路子。指挥部参谋长彭小国围绕“拓展功能，提升质量，按照实战化要求推进教导队建设”进行辅导授课。武警部队副参谋长齐保文、国家森林防火指挥部副总指挥杜永胜、国家财政部国防司巡视员魏伏生，指挥部司令员何宏成、政委亢进忠、参谋长彭小国出席集训总结大会，并作讲话。

【陈雷部长慰问官兵】 9月3日，国家防汛抗旱总指挥部副总指挥、水利部部长陈雷，在黑龙江省省长陆昊、副省长吕维峰陪同下，到佳木斯市同江抗洪一线，代表党中央、国务院和国家防汛抗旱总指挥部看望慰问奋战在三村镇、街津口、八屯闸口等多处险段的黑龙江森林总队抗洪抢险官兵，对官兵不顾疲劳、连续奋战的出色表现给予充分肯定，对官兵在抗洪抢险中付出的艰辛和努力表示感谢。

【追授张池“舍身为民抗洪勇士”荣誉称号】 8月16日，吉林省森林总队白山支队露水河大队四湖中队士官代理排长张池在吉林省抚松县露水河镇抗洪抢险中牺牲。8月27日，在抚松县外国语学校举行张池烈士追悼大会。吉林省副省长隋忠诚，白山市委副书记、市长彭永林，森林指挥部副司令员郭建雄，吉林森林总队政委白旋，总队政治部主任赵友国，省市其他相关领导、抚松县各级领导干部、军警官兵、人民群众和烈士家属代表参加追悼大会。10月22日，吉林省委、省政府追授张池为“吉林省防汛抗洪抢险救灾勇士”荣誉称号。12月19

日，武警部队在吉林森林总队教导队举行追授张池“舍身为民抗洪勇士”荣誉称号命名大会。武警部队副政委张瑞清、吉林省委副书记竺延风出席大会并讲话，森林指挥部政委亢进忠主持大会。武警部队组织部副部长郝光、吉林省委副秘书长贺东平，白山市、抚松县领导，张池烈士家乡领导和亲属代表参加会议。

【指挥部领导和指挥部各部门正职领导】

司令员　何宏成　少将
第一政治委员　赵树丛
（国家林业局局长兼）
政治委员　亢进忠　少将
副司令员　金林炎　少将
（2 月任武警安徽省总队司令员）
魏凤桐　少将
郭建雄　大校
（2 月任，云南省森林总队原总队长）
副政治委员　聂增龙　少将
参谋长　彭小国　少将
（12 月晋升少将警衔）
政治部主任　徐元鸿　少将
（9 月任武警河南省总队政治委员）
郭小平　大校
（9 月任，武警部队政治部宣传部原部长）
后勤部部长　崔进福　大校
（4 月退休）
魏奕泉　大校
（4 月任，福建省森林总队原参谋长）

（武警森林部队由管黎丽供稿）

森林公安

10

森林公安

【综 述】 2013年，在公安部党委、国家林业局党组的坚强领导下，国家林业局森林公安局紧紧围绕平安林区和生态林业、民生林业建设的大局，开拓创新、锐意进取，妥善处置林区各类突发案(事)件，科学应对高森林火险形势和极端天气变化，全年工作取得较好成绩。

确保森林和野生动物资源安全 组织开展"天网行动"，查办案件679起(其中重特大刑事案件28起)，收缴野生动物10万余头(只)，全部涉案价值790余万元。配合海关总署开展打击走私濒危野生动植物联合行动，先后协调指挥破获多起非法收购、走私珍贵、濒危野生动物制品案，打掉多个犯罪团伙，摧毁多条跨国、跨区域违法犯罪链条。成功指挥侦破"5·20"系列特大野生动物制品案件，查获象牙制品390千克，涉案价值约1500万元。

维护林区稳定 部署重点时段林区安保工作，预防重大突发事件和涉林群体性事件。深化区域警务合作，完成5个警务合作轮值省区第三届联席会议。组织开展夏秋社会治安整治、缉枪治爆等专项行动，查破涉枪涉爆案件365起。发现铲除非法种植罂粟17.33万株，缴获各类毒品83.98千克，打击处理违法犯罪人员225名。部署开展消防安全大排查、大整治和"除火患、保平安"专项行动，确保林区消防安全。

提高执法水平 组织开展派出所、看守所、拘留所等级评定工作，研究制订森林公安派出所整合方案和《森林公安派出所规范化建设指导图册》，规范派出所建设。将野生动植物案件刑侦数据元和代码标准纳入全国公安机关数据库，协调公安部制定下发《关于技侦部门配合森林公安机关打击破坏野生动物资源犯罪的通知》，实现刑侦工作历史性突破。修订《森林公安机关执法细则》，出台《森林公安机关执法规范化建设阶段成效检查验收实施方案》，加快建立完善执法制度体系。组织7700余名民警参加全国公安机关首次高级执法资格考试和1.2万余名民警参加的基本级、中级执法资格考试。加强国际执法合作与交往，树立起负责任大国形象。

基础建设 全面加强森林公安基础设施建设，国家下达的3355个派出所中已建成2204个、在建423个。各地(市)县级森林公安局业务技术用房纳入到省级政法基建"十二五"规划项目数2003个，总投资40亿元(中央投资27亿元)，现立项331个，总投资11亿元(中央投资7亿元)；已建成项目166个，在建122个。协调计财司、财政部赴基层森林公安机关开展中央财政森林公安转移支付资金落实情况调研，分配完成转移支付资金5.87亿元。

信息化建设 森林公安网总体接入率达到96%，较2012年年底提升7%。进一步深化典型引路，选树50个市县级信息化示范单位。加强顶层设计，起草《全国森林公安信息化建设发展规划》，制定下发《县级森林公安机关和森林公安派出所基本业务装备配备指导标准》《信息采集种类规范》《数据库结构设计规范》及《森林公安机关机构代码编制规则指导意见》，积极组织研发"森林公安基层基础信息管理系统"，森林公安信息化建设已进入发展的快车道。

队伍管理 开展为期4个月"森林公安队伍怎么建、工作怎么干、民警怎么当"大调研大讨论活动，整改突出问题6530个。推进省、市、县三级森林公安机关主要领导"进班子或高配"，对河北等9个省(区、市)和单位共21名拟任领导干部履行协管职责，19个省级森林公安机关设立党委。推进空编解决，福建、广西、贵州、青海全部下达预留政法专项编制。推进警员职务套改，11省(区、市)和单位全部完成，套改总数为24 807人。举办各类培训班29期，培训民警近4500人。年内有4名同志被公安部追授二级英模称号，1名同志荣获2012绿色中国年度焦点人物奖，2个森林公安派出所分别被评为全国青年文明号和创建活动成绩突出单位。严格执行警规警纪，强化落实《警车管理规定》、"三项纪律"和"五条禁令"，着力加强警车违规问题的清理整顿，严肃查处通报民警涉车违法违纪案件。做好民警优抚工作，全年发放特别补助金、特别慰问金和因公伤残及特困民警子女助学金300余万元，为9名英雄模范亲属申报了"中国贫困英模母亲——建设银行资助计划"，报送3名英烈子女进公安院校学习，争取公安部专项救助金40万元。

宣传提升 中央电视台播出了《大漠豹影》《熊掌在哪里》《血色象牙》等专题片，《现代世界警察》杂志专访国家林业局森林公安局王海忠局长，《人民公安报》《法制日报》《中国绿色时报》《森林公安》杂志、人民网、新华网等媒体多次开辟专版、专栏，广泛宣传森林公安工作。同时，加大对涉警负面舆情监测处置力度，建立完善涉警涉案舆情信息常态化监测机制，在森林公安信息网上开设"舆情监测反馈"栏目，累计发布《舆情监测信息》163期、涉警舆情369条，各地核查反馈314条。

机关党建 先后部署开展了以"转变职能、转变作风，服务大局、服务基层"为主题的"两转变两服务"活动和群众路线教育活动，集中解决"四风"问题，狠抓学习教育、听取意见、查摆问题、开展批评等重点环节，推动活动取得了阶段性成效，全局干部职工的思想作风发生深刻变化。与此同时，通过局领导的积极争取，预警监测信息中心新增设了调度处、网络处，调整、提任了中心业务处室干部，并新招录6名民警，进一步健全和优化了中心机构及人员结构。 (李新华)

森林公安重要活动

【公安部领导对森林公安工作作出重要批示】 2013年7月10日，国务委员、公安部部长郭声琨在国家林业局森林公安局报送的工作报告上作出重要批示，指出：上半年，在党中央、国务院的正确领导和国家林业局的直接指挥下，国家林业局森林公安局有效防控林区治安，严厉打击涉林犯罪活动，着力加强队伍建设和基层基础工作，切实减少森林火灾损失，各项工作取得了新成绩。望再努力、再提高，作出新贡献。公安部副部长黄明7月9日批示指出，森林公安局的工作思路清晰、重点突出、成效明显，希望继续扎实工作、破解难题，不断取得新的成绩。各级森林公安机关深受鼓舞，决心在今后的工作中，认真贯彻落实部领导重要批示精神，紧紧围绕国家林业局党组决策部署，精心组织、周密安排，以更加奋发有为的精神和扎实的工作作风，力争森林公安工作取得更大成果。（李新华）

【全国森林公安工作座谈会】 7月31日，全国森林公安工作座谈会在宁夏回族自治区银川市召开。国家林业局党组成员、副局长孙扎根出席会议并做讲话。孙扎根副局长在讲话中指出，森林公安是林业执法的主力军，要进一步增强责任感和使命感，严密防范、严厉打击涉林违法犯罪行为，坚定不移地做生态红线的捍卫者，为发展生态林业、民生林业提供有力保障。国家林业局森林公安局局长王海忠通报上半年工作情况，安排部署下半年重点工作。宁夏、北京、吉林、江西、河南、云南及广西、湖北等8个省(区、市)森林公安主要负责同志先后在大会上作典型发言。（李新华）

【全国森林公安重点工作推进会】 6月24日，国家林业局森林公安局以电视电话会议形式召开全国森林公安重点工作推进会。会议传达学习了国家林业局、公安部领导批示精神，通报了森林公安系统取保候审突出问题专项督察和“队伍怎么建、工作怎么干、民警怎么当”大调研大讨论，研究提出了推进措施。会议还就涉警涉案舆情处置、队伍建设和警车管理、信息化工作、执法办案场所改造、民警教育训练等重点工作提出了要求。吉林、河南、湖北、广西4省(区、市)森林公安局作了会议发言。（张晓辉　敖孔华）

【开展森林公安发展问题大调研大讨论活动】 为深入贯彻落实党的十八大精神，进一步理清森林公安发展思路，明确发展方向，着力改进薄弱环节，破解发展难题，国家林业局森林公安局5~8月在全国森林公安机关组织开展了为期4个月的“队伍怎么建、工作怎么干、民警怎么当”大调研、大讨论活动。国家林业局孙扎根副局长强调，大调研、大讨论活动很重要，要高标准、严要求、扎实推进，着力研究解决突出问题，着力健全完善长效机制，进一步提升队伍素质、规范执法行为、树立良好形象。公安部黄明副部长指出，这项工作思路清晰、重点突出、成效明显，要继续扎实工作、破解难题，不断取得新的成绩。国家林业局森林公安局专门成立了王海忠局长担任组长的活动领导小组，制订工作方案，召开3次会议进行部署。各级森林公安机关把大调研、大讨论活动作为“一把手”工程来抓，主要负责同志亲自担任组长、亲自承担课题、亲自撰写论文、亲自协调解决问题，推动活动取得了重要成果。一是广泛征集了一批调研报告。坚持把开门评警和广纳谏言贯穿活动始终，全国共形成调研讨论文章8806篇，其中各地共向国家林业局森林公安局推荐优秀文章405篇。国家林业局森林公安局组织专家评出一等奖1篇、二等奖3篇、三等奖6篇、优秀奖52篇，授予10个单位组织奖。二是梳理整改了一批突出问题。坚持把研究解决突出问题贯穿始终，累计调研问题11 812个，讨论问题15 940个，整改和解决突出问题6530个。问题主要聚焦在森林公安警力不足、内部管理体制有待完善、林业行政执法工作需要进一步明确、《森林法》等法律法规急需完善、森林公安经费渠道需要进一步理顺、投入力度需要进一步加大等方面。三是健全完善了一批警务机制。各级森林公安机关坚持把建立完善长效机制贯穿始终，对原有制度进行了认真梳理，适用的继续坚持，存在不足的作了修订，不适用的予以废止，累计出台政策或完善机制3974个。四是改进和转变了工作作风。各级森林公安机关把调研讨论作为深化党的群众路线教育实践活动、加强和改进工作作风的有效载体，领导干部与基层民警同吃、同住、同学习、同巡逻、同办案，密切了纵向联系，畅通了沟通渠道，听取了基层呼声，激发了队伍活力，和谐了警民关系。

（张晓辉　敖孔华）

队伍建设

【森林公安机构及人员】 截至2013年12月，除上海市外，全国30个省级行政区域(包括22个省，5个自治区、3个直辖市)共建立森林公安机构7000多个。实有警力6万余人，同比增加1.6个百分点，30岁以下占15.69%、31~40岁占29.09%、40~50岁占36.42%，50~60岁人占18.81%。大专及以上文化程度占总警力

的85.98%，同比增加1.72%。（韩　光）

【森林公安机关领导干部协管工作】　根据森林公安机关领导干部双重管理有关规定，国家林业局森林公安局严格执行对省级森林公安机关领导干部的协管工作，2013年，先后13次组成考核组，对11个省级森林公安机关的28位领导干部任免履行了协管程序。扎实推进森林公安机关主要领导"进班子或高配"工作，取得明显进展：截至2013年年底，全国省、市、县级森林公安机关主要领导"进班子或高配"比例分别为52.9%、51.7%、56.2%，派出所按副科级配备比例为72.8%；市级和派出所分别较去年增加3.3和9.1个百分点。（耿淑芬）

【森林公安警力配置标准研究】　为推进森林公安警力配置规范化、标准化、科学化，加强森林公安队伍正规化建设，2013年，国家林业局森林公安局成立以森林公安局王海忠局长任组长，森林公安局其他班子成员和南京森林警察学院主要领导任副组长，森林公安局相关职能处室负责人为成员的"森林公安警力配置标准研究课题领导小组"，统一领导和协调森林公安警力配置标准研究工作。领导小组下设办公室和课题研究组。领导小组的成立为开展"森林公安警力配置标准研究"，科学测算我国森林公安警力实际需求，为争取地方财政支持提供实际数据，进一步开发和优化森林警力配置，制定既符合森林公安实际，又能满足森林公安队伍长远发展需要的森林公安警力配置标准提供保证。（耿淑芬）

【森林公安警衔评授工作】　2013年全年共审核审批森林公安人民警察警衔10 553人（含专业技术18人）。其中：警监警衔38人（首授1人，选升37人），警督警衔7886人（首授104人，晋升7782人），警司、警员警衔2629人（首授1490人，晋升1139人），同时完成了有关省（区、单位）6867人的警察证换发、补办工作。（史淑花）

【森林公安教育训练】　2013年全国森林公安机关共组织各类培训3338期（次），培训民警109 495人（次）。一是落实"三个必训"情况：国家林业局森林公安局在南京警官培训中心和长春林业公安培训中心举办司晋督训练班13期1860人，领导干部首任训练班5期443人，新录用民警初任训练班14期（含委托各省组织新警培训班9期）2291人；基层一线实战训练835期30 076人；警员、警司、警督晋升培训139期6075人。二是各种业务培训情况：省、市、县三级组织各种业务培训共2332期69 020人次。选派19名同志参加公安部举办的全国公安机关警务技能战术教官培训班，进一步提高教官队伍素质能力和组织教学训练水平。做好院校工作，南京警院警务管理系教授张志平被评为首届"全国公安高等学校教学名师"，5名教师入选"全国公安高等教育（本科）规划教材"主编名单，3个节目在"2013年全国公安院校培训基地师生文艺大赛暨汇演"中获奖。（赵　晓）

【森林公安立功创模】　2013年，全国森林公安系统有576个集体受到奖励，占机构总数的8.22%。其中，有9个单位被授予荣誉称号，17个单位荣立二等功，293个单位荣立三等功，257个单位受到嘉奖；有3925人受到奖励，占总警力的6.35%。其中，4人被授予"全国公安系统二级英雄模范"荣誉称号，3人荣立一等功，59人荣立二等功，1306人荣立三等功，2553人受到嘉奖。根据公安部整体部署，建立森林公安局领导联系先进典型制度，采取组织开展向森林公安英模、英烈家属大慰问活动，全面开展摸底调查，开展集中宣传等措施推动森林机关"关爱英模·情暖警心"活动深入开展。（耿淑芬）

【森林公安优抚工作】　2013年，紧紧抓住公安部首次开展"民警专项救助活动"的机遇，多次与中国公安民警英烈基金会沟通协调，并邀请"英烈基金会"领导到森林公安局开展专项调研活动，努力将森林公安民警列入专项救助范围，争取到专项救助金40万元。继续按照有关规定，对符合1980～2002年特别慰问金条件的207名因公牺牲民警的家属发放特别慰问金103.5万元，对符合2003年以来特别补助金发放条件的14名因公牺牲民警的家属发放了特别补助金140万元，对1995年1月1日以来符合一次性特别抚恤金发放条件的67名牺牲病故民警家属发放了一次性特别抚恤金43.6万元，对35名英烈、因公致残及特困民警子女发放了助学金3.03万元，为9名英模家属申报"中国贫困英模母亲——建设银行资助计划"资助金。推荐3名英烈子女保送就读公安院校，其中，南京森林警察学院2名，西藏警官高等专科学校1名。为来自全国14个省（区、市）的荣获一等功以上的民警在贵州安排了6天的休养。2013年共有9名森林公安民警因公牺牲，28名森林公安民警因公负伤，59名森林公安民警在职病故。（张　卫）

【森林公安警务督察工作】　根据修订后的《公安机关警务督察条例》规定，国家林业局森林公安局下发《关于落实森林公安机关行政首长兼任督察长工作的通知》，指导督促各地按照干部管理权限及时办理森林公安机关行政首长兼任督察长的任职手续。为森林公安系统1371名督察人员核发了新式督察证，配发了督察标志。结合全年中心工作，部署开展了2013年春节、全国"两会"和党的十八届三中全会期间林区安全保卫工作现场督察活动，有效促进了林区安保目标要求和队伍内部管理规定的落实。（张晓辉　敖孔华）

【取保候审突出问题专项督察】　按照公安部统一部署，2013年6～11月，国家林业局森林公安局在森林公安系统开展取保候审突出问题专项督察工作，对2011年1月1日至2013年5月31日各级森林公安机关共办理的采取取保候审措施的案件进行全面清理，核查整改了执行监管不到位、案件办理不规范、办理程序不合法、适用条件不合法、保证金管理不规范等一批问题，并制定1431项规范性文件（其中与检法机关联合出台38项），进一步规范了取保候审工作。国家林业局孙扎根副局长、公安部刘金国副部长对专项督察工作作出重要批示。各级森林公安机关高度重视专项督察工作，分别成立由主要负责同志担任组长的领导小组，通过召开党委会、局长办公会、专项办联席会等7858次会议谋划推进，形成了一把手抓总、副手协助、督察牵头、法制把关、分工明确、整体联动、共同推进的工作局面。10月14日，国家林业局森林公安局陆续派出10支机动警务督察队，对森林公安独立办理500起以上取保候审案件的省(区、市)进行了集中督察，地市级以上森林公安机关也累计投入7878人次，开展了1516次抽查核查，推动专项督察工作扎实开展。

（张晓辉　敖孔华）

【森林公安纪律作风建设】 中央八项规定、国家林业局贯彻落实中央关于改进工作作风的实施意见和公安部党委"十项"规定出台后，国家林业局森林公安局及时下发了《关于切实加强纪律作风建设预防和减少民警违法违纪问题的紧急通知》和《关于进一步强化执法安全和纪律作风建设的紧急通知》，对森林公安系统贯彻落实工作提出明确要求。9月份，国家林业局森林公安局及时转发公安部从严治警3项纪律，组织各级森林公安机关签订了责任状。针对警车私用等容易引发炒作的敏感问题，国家林业局森林公安局点名通报了违规问题的单位及民警，有关部门依纪查处16人，进一步严格了警车使用管理工作。加强群众投诉信访案件核查督办，国家林业局森林公安局全年共受理、转办群众投诉信件107件，指导各地注重从源头上改进工作，减少信访投诉问题的发生和矛盾的激化。各级森林公安机关加强队伍内部管理，民警安全意识得到进一步强化，严格、公正、文明、理性执法的理念得到进一步增强，内务管理进一步规范，有效预防了"大、恶、丑"案件的发生。

（张晓辉　敖孔华）

【森林公安宣传工作】 2013年，国家林业局森林公安局和地方各级森林公安机关加强与新闻媒体的合作，不断加大森林公安宣传力度。中央电视台先后制作播出了《大漠豹影》《熊掌在哪里》《血色象牙》等反映内蒙古森林公安保护救助雪豹事迹、湖南省森林公安侦破特大非法猎捕杀害黑熊系列案件、北京查处390千克象牙案件情况的专题片。《现代世界警察》以《筑起生态文明的绿色长城》为题，详细报道了近年来森林公安工作取得的成绩和森林公安队伍建设情况。《中国绿色时报》加大森林公安常规报道的同时，开设3个专栏，集中报道展示了森林公安学雷锋、大讨论活动成果和森林公安英模事迹。《人民公安报》开设专版，专题报道了全国森林公安理论和文艺作品大赛获奖情况以及一等奖作品赏析。《法制日报》在世界野生动物保护日专题中，多次刊发森林公安执法稿件。《人民公安》杂志"镜头"栏目报道了云南、内蒙古野生动物保护情况。人民网、新华网等中央主流媒体，适时报道了森林公安信息化和专项打击等重点工作情况。四川省木里县森林公安民警钱学佳参选并荣获2012绿色中国年度焦点人物奖。国家林业局政务微博展示了广西民警李天友破案能手的风采。地方有关媒体积极关注森林公安工作，云南省森林公安局官方微博"@云岭森警"获新浪网2013年度云南省十大政务微博(排名第六位)。　（张晓辉　敖孔华）

【森林公安舆情监测工作】 为及时回应媒体和群众关切，提升森林公安从严治警水平和执法公信力，自2013年2月份开始，国家林业局森林公安局建立涉警涉案舆情每日常态化监测机制，全年发布舆情监测信息203期，涉及舆情479条。从区域分布看，河南63起，广东54起，湖南33起，陕西31起，浙江24起，江西23起，黑龙江、河北各19起，湖北、福建、山东各18起，山西、广西、辽宁各14起，云南、海南、黑龙江森工各13起，吉林12起，四川11起，安徽9起，北京、内蒙古、贵州、甘肃、江苏各5起，天津、青海、内蒙古大兴安岭各3起，上海、重庆、新疆、宁夏、西藏、黑龙江大兴安岭各1起。从舆情类别看，案件举报356起，民警不作为47起，民警违纪31起，执法不公21起，警车管理15起，民警权益10起。国家林业局森林公安局在森林公安信息网上增设"舆情监测反馈"栏目，及时发布舆情通告，督促各级森林公安机关快速核查、妥善处置、及时反馈，提高群众和社会满意度；定期通报舆情监测反馈情况，提出核查反馈时限、分类处置方式、提升执法公信力等具体要求。各省（区、市）森林公安局均明确了舆情联络员，负责及时接收转办舆情信息，反馈核查结果。辽宁、河南、四川省森林公安局成立领导小组，出台处置规范；云南省森林公安局对一些重大舆情直接进行督办。　（张晓辉　敖孔华）

【全国森林公安"应知应会"知识竞赛】 10月10日，国家林业局森林公安局在南京森林警察学院举办了全国森林公安"应知应会"知识竞赛。经过两天的激烈角逐，来自各省(区、市)森林公安机关34支代表队共决出团体一等奖3名，二等奖6名，三等奖10名，优秀组织奖15名。个人一等奖6名，二等奖9名，三等奖15名，优秀奖20名。　（王　薇）

【森林公安"护航生态民生　建设美丽中国"主题摄影大赛】 为深入贯彻落实党的十八大精神，积极响应习近平总书记"努力走向社会主义生态文明新时代"的重要号召，2013年6~11月，国家林业局森林公安局在全国森林公安系统组织开展了"护航生态民生　建设美丽中国"主题摄影大赛。比赛吸引了森林公安民警摄影爱好者的广泛参与，也引起了部分新闻媒体记者和社会摄影人员的积极关注，共收到参赛作品1028幅。经专家评选，青海省可可西里国家级自然保护区管理局森林公安分局秋培扎西拍摄的《巡山(组照)》、河北省涞源县森林公安局李占峰拍摄的《大美中国(组照)》、吉林省临江森林公安分局李海祯拍摄的《戴胜哺育》等3幅(组)作品荣获金奖；山西省森林公安局李峰拍摄的《调查取证》等7幅(组)作品获银奖；吉林省通化市森林公安局丁大涌拍摄的《东北小江南，魅力鸭绿江》等10幅(组)作品获铜奖；吉林省通化市森林公安局时睿拍摄的《青山光影》等30幅(组)照片获优秀奖；吉林省森林公安局临江森林公安分局等12个单位获组织奖。

（张晓辉　敖孔华）

【开展"向雷锋同志学习50周年"宣传表彰活动】 2013年是毛泽东同志题词号召"向雷锋同志学习"50周年。为大力弘扬雷锋精神，建设亲民爱民警队，国家林业局森林公安局组织开展一系列宣传表彰活动。一是向公安部择优推荐了学雷锋活动成绩突出的集体和个人人选，其中吉林省森林公安局红石森林公安分局帽山中心派出所、北京市公安局海淀分局凤凰岭森林公安派出所副所长闫岩和江西省赣县森林公安局大石下派出所副所长郭荣慈受到公安部表彰。帽山中心派出所所长于源龙作为森林公安代表，于4月3日在京参加了全国公安机关深入开展学雷锋活动先进事迹报告会，受到郭声琨国务委员和公安部领导的亲切接见。二是国家林业局通报表扬了北京市门头沟区西峰寺森林公安派出所等11个先进集体和山西省森林公安局太岳山分局龙泉派出所所长郝建光等12名先进个人。三是3月5日至4月25日，《中国绿色时报》开设“岗位学雷锋 争当好民警”专栏，专题报道了7个森林公安集体和8名森林公安民警学雷锋的感人事迹。四是《森林公安》杂志2013年第2期推出“学雷锋 树新风 森林公安在行动”专版，刊发报道了5个集体和2名个人事迹材料。 （张晓辉　敖孔华）

【开展森林公安理论研究和文化建设活动】 国家林业局森林公安局组织民警积极参加首届“美丽中国”征文大赛，共投稿104篇，其中内蒙古大兴安岭森林公安局杨波的《醉熊记》、内蒙古自治区呼伦贝尔市额尔古纳市森林公安局谢春卉的《笔意额尔古纳》荣获大赛一等奖，国家林业局森林公安局获优秀组织奖。组织30篇稿件，参加了公安大学发起的“城市化进程中警务改革与创新”主题征文活动。按照公安部要求，征集汇总了2012年全国森林公安文学精选材料，组织征集并推荐书画作品参加了“全国公安书画名家精品展”。

（张晓辉　敖孔华）

【开展青年文明号创建工作】 2013年，国家林业局森林公安局系统总结了1994年以来全国森林公安系统青年文明号创建工作情况。经推荐评选，吉林省白石山森林公安分局白石山派出所被公安部、团中央授予全国青年文明号荣誉称号，浙江省舟山市公安局普陀山分局森林派出所被公安部评为全国青年文明号创建活动成绩突出单位，并受到通报表扬。 （张晓辉　敖孔华）

执法办案

【全国森林公安机关查处刑事案件情况】 2013年度，全国森林公安机关共立森林和野生动物刑事案件2.6万余起，同比上升4.7%；破案2.1万余起，同比上升3.6%；打击处理违法犯罪人员28 217人，收缴林木树木10万余立方米、野生动物23万余头(只)，涉案金额达5亿余元。森林刑事案件2.5万余起，同比上升6.1%。其中，盗伐、滥伐林木案稳中有升，非法采伐行为严重威胁森林资源安全；非法占用农用地案持续大幅上升，违法征占用林地问题日益突出；森林火灾案仍然高位运行，森林和林地保护工作面临严峻挑战。野生动物刑事案件1360起，同比下降16.9%。其中，盗猎案件大幅上升，破坏野生动物资源的源头性犯罪有所抬头；流通领域是野生动物刑事案件的主要发案环节，造成大量珍贵濒危野生动物损失。 （郑璐璐）

【全国森林公安机关办理行政案件情况】 2013年，全国森林公安机关共查处行政案件241 658起，同比上升8.3%；共处理违法人员367 365人次，收缴林木树木和木材295 460立方米、野生动物864 043头(只)，涉案金额26.8亿元。森林和野生动物行政案件呈现以下特点：一是森林行政案件总体呈现上升态势。全年共查处223 785起，比2012年上升7.5%，其中森林火灾案、擅自改变或者占用林地案、盗伐林木案等从源头上破坏森林资源的案件增幅较大。二是违法运输木材案、非法收购明知是盗伐滥伐的林木案、违法经营加工木材案等流通领域的行为占比较大，但总体略有下降。以上三类案件合计占全部受理森林行政案件的29.7%，同比下降2.0%。三是野生动物行政案件的发案数量明显上升且违法类型较为集中。全年共受理野生动物行政案件7291起，比2012年上升43.2%。其中，违法猎捕野生动物案件、非法狩猎案件、违法出售运输携带野生动物及其制品案件总计5152起，合计占全部受理野生动物行政案件的70.6%。 （朱晓玉）

【督办大要案件】 2013年，通过加强对破坏森林和野生动植物资源违法犯罪案件办理的指导、督促力度，全年共转办、督办大要案件和举报线索120件。同时，对重大犯罪集团案件和犯罪涉及面广、跨区域、流窜作案的重大复杂案件，加强跟进指导和协调指挥，进一步加大查处力度，有效提升了破案攻坚能力。期间，指挥各地森林公安机关协同作战，成功侦破了北京市“5·20”系列特大野生动物制品案、河北省津秦铁路客运专线项目特大非法占用林地案件、黑龙江省哈尔滨市非法出售珍贵濒危野生动物制品虎皮案、广西壮族自治区南宁市非法收购、运输珍贵、濒危野生动物制品案、四川省阿坝州特大非法运输木材案等一批重特大案件，极大地震慑了违法犯罪分子，受到了国家林业局、公安部有关领导的高度肯定，森林公安机关的办案能力和执法地位在实战中得到普遍提升。 （耿永平）

【“天网行动”】 为贯彻落实中央政法委、国家林业局和公安部领导关于严厉打击破坏野生动物资源违法犯罪行为，切实保护野生动物资源安全的一系列指示精神，森林公安局决定从2013年4月1~30日在全国范围内组织开展打击破坏野生动物资源违法犯罪活动专项行动，代号“天网行动”。据统计，各级森林公安机关共办理案件679起(其中重特大案件28起)，收缴野生动物10万余头(只)，全部涉案价值达790余万元；配合有关部门清查整治古玩城、花鸟市场6020处，取缔小摊点、小档口、小店面、小柜台等5784个和定点生产销售企业328家，清理整治网站和论坛186个，清理屏蔽网上违法信息346条，接受群众举报线索908条，查处涉案定点生产销售企业47家。 （耿永平）

【打击破坏野生动物资源违法犯罪专项行动】 为深入贯彻落实国务院的统一部署和《海关总署、国家林业局关于组织开展打击走私濒危野生动植物联合行动的通知》精神，切实保护野生动物资源，国家林业局森林公安局自2013年8月中旬至12月底，在全国范围内组织开展打击破坏野生动物资源违法犯罪专项行动，取得明显成效。行动期间，共侦办破坏野生动物资源案件2313起，打击处理违法犯罪人员2461人，打掉犯罪团伙35个，收缴野生动物近42万头(只)。同时，与有关部门密切配合，清查整治古玩城、花鸟市场等1万余处，清理取缔网店、实体店等企业、商户1万余家，查处生产销售企业66家，清理屏蔽网上违法信息600余条。

(郑璐璐)

【部署重点时段林区维稳安保工作】 按照公安部和国家林业局统一部署，国家林业局森林公安局结合林区实际及时部署春节、“两会”、清明节、“五一”、国庆期间等重点时段的林区维稳安保工作。要求各级森林公安机关切实增强底线思维，增强政治责任感和工作紧迫感，坚决防止重大涉林违法犯罪活动发生，坚决防止重大突发事件和涉林群体性事件发生，坚决防止队伍内部管理问题发生，全力抓好林区安保各项工作。同时对配合做好森林防火、H7N9禽流感疫情防控等工作也进行了部署。指导各级森林公安机关制订处置林区重大突发群体性事件应急预案并开展演练，增强森林公安应急处置能力。国家林业局森林公安局王海忠局长7月1日考察了新疆吐鲁番市鄯善县森林公安派出所，有针对性地部署了“6·26”事件后的林区维稳工作。及时掌握、指导青海省玛可河林区“10·26”事件处置工作，确保了林区社会治安基本稳定。

(朱晓玉)

【缉枪治爆、夏秋社会治安整治等专项行动战果显著】 认真贯彻落实国家林业局、公安部关于加强社会治安整治工作的部署，国家林业局森林公安局组织开展了缉枪治爆、夏秋社会治安整治等一系列专项行动，取得了显著战果，有效维护了林区特别是大面积国有林区的社会稳定。一是组织开展为期9个月(3~11月)的缉枪治爆专项行动。全国各级森林公安机关在国家林业局森林公安局的精心安排和指导下，紧紧围绕工作目标，精心研究部署，结合各地实际，严厉打击和震慑了涉枪涉爆违法犯罪活动。截至11月，全国森林公安共查破各类涉枪涉爆案件360多起，收缴(含群众主动上交)各种非法枪支1500多支。二是组织开展为期3个月(8~10月)的夏秋社会治安整治专项行动。各级森林公安机关紧密结合本地实际，紧紧围绕“五个严防发生”的工作目标，严密制订工作方案，扎实开展各项整治，为林区社会稳定、群众安居乐业奠定了良好基础。据不完全统计，专项行动开展以来，全国森林公安机关共解决群众反映强烈的突出治安问题233个，查处涉枪涉爆等危爆物品制贩私藏案件210多起，排解各类隐患320多个。三是组织开展为期3个月(7~9月)的清查收缴“大片刀”“大砍刀”等管制刀具行动，各地建立排查发现、及时化解、提前处置个人极端暴力犯罪长效工作机制，集中力量对林区治安复杂区域进行“地毯式”清查，全面清查、彻底收缴非法管制刀具，最大限度地遏制此类违法犯罪活动的发生。

(韩彦君)

【林区禁毒工作取得突出战果】 按照国家禁毒委员会的统一部署，国家林业局森林公安局组织各级林业主管部门和森林公安机关先后开展了“天目－13”铲毒行动、“扫毒害保平安”严打整治、“肃毒害创平安”百日会战等3次全国范围的专项行动，林区禁毒工作取得突出战果。全年共破获毒品刑事案件70起，抓获犯罪嫌疑人74名；缴获海洛因、冰毒、鸦片等毒品83.98千克。林区发现铲除的毒品原植物数量持续保持历史低位，内蒙古大兴安岭、黑龙江等传统种植区域基本实现“零种植”。全年共有11个单位、28名个人受到国家禁毒委员会表彰，其中国家林业局森林公安局等6个单位被表彰为“全国禁种铲毒工作优秀组织单位”。受表彰集体和个人数量创历年之最。

(汶　哲)

警务保障

【刑侦基础工作取得历史性突破】 2013年，为适应新《刑诉法》的新规定，发挥技术侦查在侦办重特大案件中的作用，进一步提高森林公安机关打击破坏野生动物资源犯罪的能力，经积极协调，公安部下发了《关于技侦部门配合森林公安机关打击破坏野生动物资源犯罪的通知》(公技侦〔2013〕431号)，首次明确要求各级公安技术侦察部门要强化主动服务意识，积极配合森林公安机关开展团伙犯罪、系列犯罪的侦查工作，主动发现破坏野生动物资源犯罪线索，适时移交森林公安机关打击处理。

(耿永平)

【森林公安办理林业行政案件权限进一步明确】 12月5日，国家林业局印发《关于森林公安机关办理林业行政案件有关问题的通知》(林安发〔2013〕206号)，对森林公安机关办理林业行政案件权限作出具体规定。《通知》明确，森林公安机关可以依法以其归属的林业主管部门的名义受理、查处林业行政案件，在对外法律文书上加盖林业主管部门的印章；对于法律授权由森林公安机关行使行政处罚权的案件，森林公安机关应当以自己的名义受理、立案、调查、作出处罚决定。《通知》规定，上级森林公安机关在必要的情况下，可以决定查处或者指定其他森林公安机关查处下级森林公安机关有权查处的林业行政案件；下级森林公安机关认为案情重大、复杂的林业行政案件，需要由上级森林公安机关处理的，可以报请上级森林公安机关决定。《通知》还对森林公安

机关实施林业行政处罚的复议机关进行了规范。（汶　哲）

【深化森林公安机关区域警务合作】 按照公安部对区域警务合作的总体部署，国家林业局森林公安局指导全国森林公安机关深化合作、注重实效，森林公安整体防控能力不断提升。一是下发《关于切实加强区域警务合作组织工作的通知》，规范各轮值单位、合作单位在警务合作中的具体职责、任务、分工，部署第三届联席会议召开相关事宜。二是完善警务合作平台建设，指导各轮值省(区、市)加强信息交流，拓展合作空间，及时做好信息收集、审核、修改、发布量统计等工作。同时指导各省(区、市)利用网络平台加强沟通联络，定期发布有关信息，做好宣传。三是指导有关省区组织召开了西部7省(区、市)、东北内蒙古林区、中东部地区、泛西南地区和南方8省(区、市)5大警务合作区第三届联席会议，推动了警务合作向宽领域、全方位、深层次、务实性方向发展，林区警务合作不断深化。四是指导各省开展“平安林区与警务合作”工作调研，编印《森林公安局长论平安林区建设》文集。（朱晓玉）

【组织全国森林公安系统年度执法资格等级考试】 2013年1~3月，国家林业局森林公安局组织完成了2012年中级、基本级考试3.32万名民警的答卷评阅、分数统计、数据录入等工作。经公安部审核，2012年度森林公安系统共有2.21万名民警首次取得中级执法资格，总体合格率为73.49%。基本级考试总体合格率为94.74%。

9月8日，2013年度全国森林公安民警中级、基本级执法资格考试在全国30个省(区、市)的40个考点同时开考，共有10 460名民警参加中级考试、2210名民警参加基本级考试。国家林业局森林公安局局长王海忠到位于济南市第34中学的山东省考点巡考，现场察看了民警答题情况和考场纪律情况。公安部执法资格等级考试办公室派出巡考组到森林公安北京市考点巡考并带回部分答卷评阅。

11月24日，公安部统一举行全国公安民警首次高级执法资格考试，国家林业局森林公安局负责森林公安系统的考试组织工作。全系统共设35个考点、259个考场，7500余名民警参加考试，参考人数位居全国公安机关前列。（汶　哲）

【森林公安信息化工作“攻坚克难年”活动】 2013年是全国森林公安机关信息化建设的“攻坚克难年”。国家林业局森林公安局坚持以信息化引领森林公安工作全局，以信息化破解发展瓶颈，以信息化提升核心战斗力，组织全国各级森林公安机关继续以超常力度和超常举措，全面加快信息化基础建设与实战应用步伐。截至2013年年底，全国森林公安公安网总体接入率达到97%，较2012年年底提升8个百分点。20个省级单位建成警综平台，其中15个全面应用，12个单位正在抓紧建设。10个省级单位建成或初步建成视频综合应用系统。森林公安民警数字身份证书配备率达到91%，一线民警执法记录仪配备率达到82%，县级以上执法单位信息采集室建成率达到55%，执法场所视频监控建成率达到55%，涉林警务信息采集量达到4.2亿条。森林公安民警信息化培训率达到128%。全国信息化投资达到5.7亿元。71%的涉林刑事案件办理实现了网上流转，信息化建设成果已经开始为业务工作发挥支撑和保障作用。（贺　飞）

【森林公安选树50个市县级森林公安信息化建设应用示范单位】 在2012年推进15个省级森林公安信息化示范单位建设的基础上，2013年，国家林业局森林公安局精选出20个市级森林公安局和30个县级森林公安局，作为基层信息化建设应用的示范“排头兵”，将示范建设和典型引路进一步深化到市县两级。一年来，50个市县级信息化示范单位根据年度工作目标，全面分解任务，工作力度明显加大，推进步伐更加迅猛，大部分单位不仅提前完成示范建设目标，而且对今后两年的信息化建设作出进一步探索和布局。（贺　飞）

【森林公安切实加强信息化建设指导和业务培训】 为大力推进森林公安信息化建设，2013年国家林业局森林公安局先后3次办班办会，深入研究解决森林公安信息化建设面临的有关重大问题，督促指导各省级森林公安机关切实加强此项工作。一是于2月28~3月2日举办第一期全国森林公安信息化建设业务培训班，总结2012年信息化建设成效，部署2013年各项重点工作，14个省级森林公安机关在线演示了警综平台的建设和应用情况。二是于7月4日在郑州召开了部分市县级森林公安信息化示范单位座谈会，组织各地实地参观郑州市森林公安局信息化建设和应用情况，并就如何推进市县级示范建设进行座谈研讨。三是于8月28~29日在南京举办第二期全国森林公安信息化建设业务培训班，组织各地实地调研考察了南京市、常州市地方公安机关信息化建设和应用成果，对下阶段森林公安信息化工作作出进一步动员和部署。（贺　飞）

【森林公安印发《森林公安基层基础信息采集技术规范一、二(试行)》】 基层基础信息采集是信息警务工作的起点和信息处理过程的源头，是一项极为重要的基础性工作，涉及森林公安工作各方面。为统一和规范森林公安基层基础信息采集工作，明确基层基础信息采集的种类和数据库建设模式，2013年，国家林业局森林公安局组织编制了《森林公安基层基础信息采集技术规范一、二(试行)》(以下简称《规范》，其中“规范一”为《森林公安基层基础信息采集——信息种类规范(试行)》，“规范二”为《森林公安基层基础信息采集——数据库建设技术规范(试行)》)并于11月20日正式印发。两《规范》既明确了森林公安采集基础信息的种类，即确定了“采集什么”的问题；又从技术角度，明确了基础信息数据库建设的具体模式，即确定了“采集的样式”。国家林业局森林公安局要求，各地要严格执行两《规范》各项要求，确保基础信息数据库建设符合全国统一标准，为今后互联互通奠定基础。（贺　飞）

【森林公安局印发《县级森林公安机关和森林公安派出所基本业务装备配备指导标准(试行)》】 为统一规范

县级森林公安机关和森林公安派出所装备配备，保障森林公安更加充分地发挥职能作用，2013年，国家林业局森林公安局启动《县级森林公安机关和森林公安派出所基本业务装备配备指导标准（试行）》的制订工作，并于2013年3月7日将两标准正式印发各地试行。两标准综合考虑了国家经济社会发展水平、各级财政能力和森林公安工作需求，主要适用于以保护森林和野生动植物资源为主要职能的县级森林公安机关和森林公安派出所，是基本的装备保障标准。（贺　飞）

【重新修订森林公安经费、装备统计年报表】 近年来随着社会经济快速发展，特别是2009年以来国家推进新的政法机关经费保障体制改革，原2000年制定的森林公安经费、装备统计年报表出现了很多不相适应之处。针对这一情况，为进一步加强森林公安经费、装备年度统计工作，更加科学、全面地掌握全国森林公安机关经费保障和装备配备情况，2013年，国家林业局森林公安局启动森林公安经费统计年报表和森林公安装备统计年报表的修订工作，并于2013年3月7日将修订后的《森林公安经费统计年报表（试行）》和《森林公安装备统计年报表（试行）》下发各地实施。（贺　飞）

【森林公安强化警车管理使用工作】 针对近年来个别地方森林公安机关违规使用警车，甚至引发严重违纪事件等突出问题，为进一步加强森林公安警车的监督管理，强化建章立制，树立森林公安良好形象，2013年9月22日，国家林业局森林公安局专门下发《关于进一步加强森林公安警车管理工作的通知》，对警车管理使用工作作出全面部署。通知要求，各级森林公安机关是本单位所属警车管理工作的责任主体，要切实摸清全国森林公安机关现有警用车辆底数，警车购置工作原则上由省级森林公安机关统一组织实施，从严落实警车警管、警用、警开，坚决杜绝在警车管理使用上出现问题。（贺　飞）

【推进森林公安派出所正规化建设】 按照公安部对派出所基层基础工作的有关要求，国家林业局森林公安局着力推动森林公安派出所正规化建设。一是组织全国派出所开展2012年度森林公安派出所等级评定工作。根据53条评定标准，通过听取汇报、实地检查、开展座谈等方法，对各省申报材料逐一审核、严格把关；并派员对部分新申报的一、二级派出所进行实地复核。截至2012年度，全国森林公安系统共有一级公安派出所141个，占全国森林公安派出所总数的3.3%；二级公安派出所566个，占派出所总数的13.2%；三级公安派出所1816个，占派出所总数的42.2%。二是推动森林公安派出所整合工作。下发《关于组织开展派出所基础工作专题调研的通知》，组织全国开展派出所基础工作调研，掌握派出所机构设置、人员配备、基础设施建设、基础业务工作等情况。组织分析五级派出所存在问题，为深入推进不合格派出所整合工作奠定了基础。三是大力规范派出所业务建设，组织编制、论证了《森林公安派出所规范化建设指导图册》，对派出所机构设置、基础设施、警务公开、制度规范、内务管理等进行全面规范并图示，印发指导全国森林公安派出所建设。（朱晓玉）

森林资源管理与监督

11

森林资源与林政管理

【综　述】 森林资源管理监督工作坚持发展生态林业民生林业，积极推进生态文明和美丽中国建设，取得了阶段成效。

森林资源监测

森林增长指标考核评价　森林增长指标年度考核评价，是国家"十二五"规划《纲要》实施情况考核评价的内容之一。国家林业局确定了中期评估任务，制订了《森林增长指标监测评估实施方案》和《森林增长指标监测评估现场数据采集操作细则》，开展了全国范围和县级区域的遥感监测分析，统计测算了各省森林面积和森林蓄积变化量，并根据"十二五"期间各省森林面积净增量目标，测算分析了各省森林增长目标任务完成情况。森林增长指标中期评估结果，客观反映了全国及各省森林资源"双增"目标的实现情况，评估结果被纳入了国家《"十二五"规划〈纲要〉实施情况中期评估报告》，供国务院决策使用。

第八次森林资源清查　组织开展了内蒙古大兴安岭、河南、福建、海南、青海5省(区)6个单位连续清查工作，完成固定样地实测4.6万个，遥感样地监测64.5万个，复查覆盖面积220万平方千米。制订《第八次全国森林资源清查汇总工作方案》，第八次森林资源清查获取森林资源数据1.8亿组，开展了主要树种的生物量调查建模，测算了全国森林碳汇总量和森林生态价值，评估了全国森林生态服务功能和效益，提高了清查成果的利用价值。实现了每年及时发布清查省森林资源最新清查结果，首次在外业调查工作全部结束当年完成了全国汇总分析，首次开发了清查成果的信息发布平台，清查成果的时效性和服务能力进一步提升。

森林资源监测体系优化　按照全国森林资源一体化监测的思路，开展了森林资源年度出数和年度监测试点，研究探索实现一体化监测的技术方法。确定了第九次清查的基本思路，提出的第九次森林资源清查改进方案进行了专家咨询和分析研究，为启动第九次森林资源清查工作打实基础。

林业调查规划设计行业管理　国家林业局林业调查规划设计单位资质专家评审委员会，对各地提交的资质材料进行了5个批次评审，共完成2466家单位申报资质评审工作，通过评审2393家单位，其中，甲A34家、甲B41家、乙级447家、丙级1196家、丁级675家。

国家级公益林管理　国家林业局与财政部联合下发《国家级公益林管理办法》，初步完成国家级公益林落界成果汇总工作，完成了对上报落界成果的审查和初步汇总。继续推进中央财政森林生态效益补偿基金绩效评价试点，及时掌握国家级公益林建设、资源变化以及生态状况情况，科学、全面评价中央森林生态效益补偿基金制度的实施绩效。

林业数表编制　继续推进林业基础数表检验和生物量建模工作，完成了《立木生物量建模样本采集技术规范》和《立木生物量建模方法技术规范》2项行业标准的编制，扩大样本采集和基础数据收集，编制了主要树种的生物量模型，为国家碳汇监测工作奠定了基础。

森林资源利用监管

林木采伐管理　指导浙江省完成了采伐管理改革试点方案，在5个县开展集体商品林的采伐管理改革，探索更大的政策突破。加大调研力度，重点对广西和贵州的采伐管理、云南九州公司托管造林、延边集团采挖树木情况进行专题调研，起草了《关于进一步改革和完善集体林权制度改革林木采伐管理的意见》；向国务院报送了《关于投资者反映投资九州公司流转林木不能采伐调查情况的报告》，提出了加强低产低效林改造和天保工程区森林抚育管理的政策措施；对自然保护区的灾害木采伐清理问题进行了系统研究，制订了《自然保护区灾害木清理方案》；出台了《关于切实加强和严格规范树木采挖移植管理的通知》，有力遏制偷采盗挖、私收滥购树木行为。启用了新版林木采伐许可证，印发了《林木采伐许可证制版与填写规定》，在14个省启动运行全国林木采伐管理系统，研建了东北、内蒙古重点国有林区林木采伐网上申请、审批、发证系统。

森林可持续经营管理　积极参与蒙特利尔进程活动，完成国家报告编制工作，分54项指标对各大工程成果数据、权威科研成果和历史资料进行了统计分析和指标测算，并通过7名院士在内的专家组评审。提交的《中国森林可持续经营国家报告》，是首次从政府层面，向国际组织综合反映新时期中国森林可持续经营进展情况。完成了《中国森林可持续经营管理探索与实践——国家级森林可持续经营试验示范进程》。继续开展200个森林可持续经营管理试点，在龙江森工集团林口林业局开展了东北、内蒙古重点国有林区森林抚育采伐管理试点工作。开展了《国际森林文书》履约示范基地建设工作，起草了《森林经营方案管理办法》和《东北、内蒙古重点国有林区森林改造培育技术规程》，研究了森林抚育成效监测样地设置和监测方案。与瑞典宜家(IKEA)集团签订了新的一期协议，开展中国森林经营方案实施与评价的合作项目。

木材运输管理　对林业系统2012年治理公路"三乱"工作进行总结，与交通部、公安部、农业部和国务院纠风办联合印发了《2013年治理公路"三乱"工作要点》。下发了《国家林业局关于规范木材运输检查监督管理有关问题的通知》，统一了木材凭证运输的范围，强化了木材运输监管要求，规范了木材运输检查执法行为，继续抓好全国木材运输管理系统的运行维护和业务培训。

林地林权管理

林地保护利用规划 全面贯彻落实国务院批准的《全国林地保护利用规划纲要(2010～2020年)》，构建国家、省、县三级林地保护利用规划体系，已有28个省、全国超过90%县编制的规划经同级人民政府批准实施；完成了东北、内蒙古重点国有林区4个森工(林业)集团及所属林业局的规划审查。完成了全国各省林地数据的汇总统计分析，全国林地"一张图"全面建成。对2012年开展林地年度变更调查试点的黑龙江等4个省、311个县的试点工作进行总结，组织对林地变更调查成果进行了检查验收，形成了成果报告。组织开展2013年林地年度变更调查扩大试点，在10个省、970个县开展了试点，购置、处理了高分辨率遥感数据，完善《全国林地年度变更调查技术方案》，组织了技术培训。

林地管理制度建设 下发《国家林业局关于从严控制矿产资源开发等项目占用东北、内蒙古重点国有林区林地的通知》，严格限制风电项目占用重点林区林地，对矿产资源开发占用重点国有林区林地实行区域差别管理。完成《占用征收征用林地审核和审批管理办法》和《森林植被恢复费征收使用管理暂行办法》的修改。指导山西、江西、湖北3省开展了生态移民工程等建设用地与林地"占补平衡"挂钩等3项试点，探索解决林地管理政策与地方经济发展不相适应的问题。修改了《使用林地现状调查评价报告编制规范》《使用林地可行性报告编制规范》，召开座谈会研讨了重点国有林区林地管理政策措施。配合国土资源部做好第二次全国土地调查成果向国务院的汇报工作。

占用征收林地审批 下达了2013年度占用征收林地定额，对部分省申请国家备用定额和提前使用本省下年度定额事项进行了审核批复。全国共审核审批占用征收林地项目19 359项，面积139 075公顷，收取植被恢复费89.22亿元。其中，国家林业局审核审批同意占用征收林地项目540项，面积53 955公顷，收取植被恢复费36.63亿元。

林权管理工作 认真落实《国务院机构改革和职能转变方案》，做好林地登记职能调整的相关工作。召开专题座谈会，多次就实行林地等不动产统一登记问题进行研究，并向中央编办沟通汇报，提出符合林业实际的意见和建议。向国台办和福建省林业厅回复了《国家林业局办公室对拟在第五届海峡论坛上发布有关对台惠民政策意见的函》和《国家林业局办公室关于港澳台人士办理林权变更登记问题的复函》。初步完成对全国林地确权登记发证情况的统计汇总，组织开展了全国国有森林资源流转情况的专题调研。

森林资源监督

林政案件督查督办 下发查办通知督办破坏森林资源案件70起，对《焦点访谈》报道的云南省马关县非法采伐林木案以及中煤陕西榆林能源化工有限公司非法占用林地等一批大要案进行了重点督办，案件得到有效查处。出台了《国家林业局关于进一步加强森林资源保护管理的通知》，对规范林地保护、森林经营和树木采挖管理作出严格规定，部署开展了以林地保护管理为重点的自查自纠行动。

森林资源监督检查 开展林地和林木采伐管理情况检查、重点国有林区森林资源管理情况检查、保护发展森林资源目标责任制检查、行政许可被许可人监督检查和营造林综合核查。森林采伐情况检查了26个县，林地管理情况检查了150个县、重点国有林区检查了18个林业局，保护发展森林资源目标责任制检查了80个县，行政许可被许可人监督检查对210项建设项目占用征收林地进行监督检查，营造林综合核查了119个县。2013年森林资源管理专项检查核查工作，结合党的群众路线教育活动的实施，按照"队伍小、时间少、效率高"的原则，精简检查项目，优化检查方法，对各项检查核查工作进行了整合。与以往相比：检查核查任务明显减少，检查核查项目进一步整合。检查核查单位进行了统筹，检查的技术手段进一步提升，切实减轻了基层负担，提高了检查成效，强化了工作质量。同时，加大对2012年检查核查中发现问题的整改力度，行政处理484人，罚款近7236万元，8名县处级干部被行政问责。针对贵州省赤水市林地管理失控、违法占用林地问题突出的情况，组织局规划院、贵州省林业厅、贵阳专员办开展了林地管理专项检查。检查发现两年来违法占用林地项目62件，违法占用林地67.33公顷。检查结果和处理意见发文告知贵州省林业厅并抄送了省人民政府，得到了贵州省人民政府高度重视；对黑龙江省明水县毁湿开垦组织了专项检查。通过查处一个县，带动一个市，查处一个市，带动一个省森林资源管理水平的提升。召开了新闻发布会，通报了18起严重违法占用林地项目。

森林资源监督建设 举办森林资源行政案件管理和第十五期森林资源监督培训班。强化《森林资源监督报告》制度，整理完成了《2012年度森林资源监督报告汇编》。会同最高检渎检厅开展涉林渎职侵权调研，研究了共同开展在查处林地违法违纪案件中林业主管部门和纪检监察部门配合协作工作。

重点国有林区体制改革 国有林区改革提上了国务院议事日程，由国家发展改革委牵头，国家林业局配合。在国家林业局改革领导小组的领导下，就"十二五"规划《纲要》中的"国有林区管理体制改革"和"国有林区林权制度改革"两项内容进行了中期评估，两次召开了重点国有林区改革座谈会。会同国家发展改革委开展国有林区改革调研，共同起草了《国有林区改革指导意见》(征求意见稿)，并准备了向国务院汇报的材料。积极争取重点国有林区木材停产的政策，推动森工企业加快转型，推动国有林区经营管理体制改革创新。

(陈　昱)

【全国森林资源管理工作会议】 11月26日，在北京召开了全国森林资源管理工作会议，国家林业局8位局领导全体出席会议，相关司局、直属单位和各省级林业主管部门主要负责同志参加了会议。赵树丛局长就贯彻落实十八届三中全会精神，抓好森林资源管理工作几个重点问题作了重要讲话，印红副局长作大会主题报告，福建省林业厅等8个单位介绍交流了在林地管理、采伐管理、可持续经营、开展打击专项行动等方面的经验，演示了林地"一张图"建设成果。会议系统总结了森林资源管理工作取得的成绩，深入客观地分析了资源管理面临的形势和挑战，认真研究了当前森林资源管理工作中存在的问题，并对今后一个阶段森林资源管理各项重点工作作出部署，对于更好地开展下一阶段森林资源管理工作，具有重要的指导意义。 (陈 昱)

【国家林业局进一步加强森林资源保护管理】 在全国经济社会快速发展，工业化、城镇化快速推进的新形势下，森林资源管理面临许多新情况、新问题，主要表现在一些地方建设项目非法占用林地相当严重；以开展土地整理、低丘缓坡未利用地开发利用等为名，随意改变林地用途；在实施低产低效林改造项目时，违反规程规范，随意降低标准，造成资源破坏；对树木采挖移植行为放任自流，毁林毁地。针对这些情况，国家林业局于7月12日发出《关于进一步加强森林资源保护管理的通知》(林资发〔2013〕109号)，要求各地进一步加强森林资源保护管理。 (王 鹏)

【推进林地保护利用规划体系建设】 全面贯彻落实国务院批准的《全国林地保护利用规划纲要(2010～2020年)》，推进国家、省、县三级林地保护利用规划体系。督促各省加快省、县级林地保护利用规划审批工作，27个省(区、市、新疆兵团)省级规划已经省级人民政府批准并颁布实施，95%以上的县级规划已经县级人民政府批准实施。东北内蒙古重点国有林区4个省级规划和101个林业局级规划已完成编制，并经国家林业局批准实施。三级林地保护利用规划体系和全国林地"一张图"建设，第一次把我国3.04亿公顷林地落实到了山头地块并实现了数字化，为建立"以规划管地、以图管地"的现代林地管理模式，落实"分区施策、分类管理、分级保护、分等利用"的差别化林地管理政策奠定了坚实基础。 (韩爱惠)

【开展全国林地变更调查工作】 为贯彻落实《全国林地保护利用规划纲要(2010～2020年)》，推进全国林地"一张图"更新与应用，保障林地"一张图"现势性，监测评估林地保护利用规划实施情况，国家林业局组织开展了林地变更调查试点和扩大试点工作，采用两期高分辨率遥感影像和现地核实相结合的方法，将林地转入转出、森林转入转出的林地变化情况更新到林地"一张图"数据库中，把占用征收林地地块、新造人工林地块、森林灾害地块等林地利用现状和变化信息，及时直观地反映在"一张图"上。上半年，总结完成了2012年试点工作，不仅形成了《全国林地变更调查技术方案》和国家、省、县各级林业部门分工协作、多级联动、分级汇交的工作机制，而且完成了黑龙江、安徽、贵州、新疆4个试点省(区)和其他省(区、市)各1个试点县，共311个县级单位2012年度林地变更调查工作，并汇总形成全国林地变更调查试点成果报告，调查结果显示每县年均有1896公顷林地发生变化。同时，部署开展了2013年扩大试点工作，调查范围扩大到黑龙江、安徽、江西、湖北、重庆、贵州、新疆、内蒙森工、龙江森工、大兴安岭10个省级单位，以及其他省(区、市)各2个县级单位、共970个县级单位，变更调查工作将于2014年4月完成。林地变更调查范围将逐步扩大到全国。 (韩爱惠)

【从严控制矿产资源开发等项目占用东北、内蒙古重点国有林区林地】 国家林业局针对近年来矿产资源开发和风电项目建设占用重点林区林地面积大幅上升，违法违规使用林地情况时有发生，对森林资源安全和森林生态整体功能发挥造成较大影响，加剧森林防火隐患等问题，1月7日，下发《关于从严控制矿产资源开发等项目占用东北、内蒙古重点国有林区林地的通知》(林资发〔2013〕4号，以下简称通知)。对矿产资源开发和风电项目占用重点林区林地事宜进行了规范。

《通知》明确对矿产资源开发占用重点林区林地实行区域化差别管理。将重点林区范围内依据《全国主体功能区规划》确定的禁止开发区域和按照《国家级公益林区划界定办法》划定的国家级公益林地划为禁止建设区域，除国家组织开展的公益性地质调查可以临时占用二、三级国家级公益林地外，原则上不得进行矿产资源开发。

从严控制商业性勘查项目临时占用重点林区林地。对《通知》下发前已经批准并获准延续的商业性勘查项目可以临时占用禁止建设区域外的林地，新批准的商业性勘查项目原则上不得临时占用重点林区林地。同时，要求严格控制采用坑(井)探方式的商业性勘查项目临时占用林地。

提高新建矿山占用重点林区林地准入门槛。只有矿山生产建设规模为中型(国家鼓励开采矿种可以为小型)以上的新建矿山，才可以占用禁止建设区域外的林地。现有矿山改扩建原则上也不得占用禁止建设区域内的林地。

严格限制风电项目占用重点林区林地。明确《通知》下发前已经批准的风电项目，原则上不得占用禁止建设区域内的林地，新批准的风电项目原则上不得占用重点林区林地。并要求风电项目的输电线路应采用高塔跨越方式，道路建设应与林区防火、营林道路网相衔接。

《通知》同时对加强矿产资源开发和风电项目占用林地的管理和监督提出了要求。一是对符合占用林地条件的矿产资源开发项目，在取得勘查、采矿许可证和项目立项批复前，项目建设单位应取得省级林业(森工)主管部门依据有关政策规定，对矿产资源开发项目选址合理性、用地规模、生态影响等出具的审查同意意见。二是有关林业主管部门要落实职责，完善制度，加强监管力度，组织人员对矿产资源开发和风电项目建设占用林地情况进行检查，发现问题，及时纠正。三是矿产资源开发项目占用林地，有关专员办要派人赴现地进行核查。

《通知》自下发之日起执行，有效期至2018年6月30日。 （付长捷）

【2013年度全国占用征收林地定额使用情况】 全国“十二五”期间占用征收林地总额为56.48万公顷（每年年均11.29万公顷），2013年12.98万公顷，其中，下达各省林地定额11.44万公顷，国家备用定额1.54万公顷。根据《占用征收林地定额管理办法》有关规定及全国各省2013年占用征收林地年度定额使用情况，国家林业局和各省级林业主管部门审核同意建设项目实际使用占用征收林地定额11.74万公顷。其中，实际使用下达各省的林地定额9.33万公顷，有11个省提前使用2013年度林地定额0.53万公顷，有12个省申请使用2013年国家备用定额1.88万公顷。 （胡长茹）

【全国审核审批占用征收林地情况】 全国（不含台湾省，下同）共审核占用征收林地项目15 945项，审核同意面积122 505.59公顷；批准临时占用林地和直接为林业生产服务的工程设施占用林地项目3414项，批准面积16 569.68公顷；征收森林植被恢复费892 201.16万元。其中，国家林业局审核占用征收林地项目357项，审核同意面积46 612.39公顷；批准临时占用林地和直接为林业生产服务的工程设施占用林地项目183项，批准面积7342.70公顷；征收森林植被恢复费366 260.58万元（附表一：2013年度国家林业局审核审批占用征收林地情况统计表）。各省（区、市、新疆生产建设兵团）林业主管部门审核占用征收林地项目15 588项，审核同意面积75 893.20公顷；批准临时占用林地和直接为林业生产服务的工程设施占用林地项目3231项，批准面积9226.98公顷；征收森林植被恢复费525 940.58万元[附表二：2013年度各省（区、市、新疆生产建设兵团）审核审批占用征收林地情况统计表]。 （胡长茹）

【国家林业局占用征收林地行政许可被许可人监督检查】 国家林业局组织15个派驻森林资源监督机构（以下统称专员办）开展了国家林业局占用征收林地行政许可被许可人监督检查工作。本次监督检查工作从3月份开始，至10月底全面完成内外业工作，共投入286名检查人员，检查了210项国家林业局审核审批的占用征收林地建设项目，涉及233个县（市、区、局，团场），召开各种形式的座谈会293次，开展社会调查285次，召开情况反馈会议240次。

检查的210项占用征收林地建设项目，实际检查的经审核（批）占用征收林地面积14 789.66公顷，实际使用林地面积12 489.61公顷。其中，193项建设项目依法使用林地；17项建设项目不同程度存在超审核（批）范围使用、异地使用等问题，违法违规使用林地面积14.67公顷。检查同时发现有30个建设项目的附属工程存在违法临时占用林地现象，违法临时占用林地面积38.23公顷。

检查结果表明，大部分建设项目能够按照行政许可确定的地点、面积、范围、用途、期限依法依规使用林地。在施工过程中能够注意对周边野生动物栖息地和森林资源的保护；能够对古树名木积极采取避让、移植保护等措施；对森林生态敏感区（点）能够优化工程设计，采取有效的防护措施。同时，检查也反映出以下问题，一是超审核（批）范围和异地使用林地现象比较突出。一些项目因赶进度、争投资，往往存在边设计、边报批的现象，使主体工程许可使用林地范围与实际不相符，或者是超范围用地，或者是异地使用林地。二是一些项目取土、弃土、堆料、修建临时工棚、施工场地等用地随意性大，因各种原因不能依法及时办理使用林地手续，违法违规使用林地情况较为普遍。三是个别省森林植被恢复费征收仍存在地方政府干涉问题。四是地方林业主管部门存在监管不到位问题。迫于地方经济发展和行政干预压力，地方林业主管部门在监管方面存在畏难情绪，发生违法违规使用林地时，往往不能及时制止或查处。五是监督检查发现一些规划设计单位编制的建设项目使用林地可行性报告不规范。

针对检查反映的问题，各专员办已对违法违规使用林地项目进行了督查整改，基本整改到位。国家林业局将进一步完善占用征收林地相关规章制度建设，强化建设项目占用征收林地监管工作，坚决打击违法违规使用林地行为。 （付长捷）

【全国占用征收林地情况检查主要结果】 国家林业局对全国2012年林地管理情况进行了检查，全国共检查29个省（区、市）和新疆生产建设兵团的150个县（市、旗、区、团）。检查主要结果如下：

共处理遥感影像945景，判读勾绘疑似违法违规使用林地图斑9851个。其中，国家抽查图斑1676个，现地抽查2012年以来占用征收林地项目（包括遥感未判出的项目）699项，调查到期临时占用林地项目119项，查出违法违规使用林地项目282项，毁林开垦13起。另外，对林地保护利用规划编制执行情况、森林植被恢复费使用情况进行了调查。移交地方自查图斑8175个。具体情况如下：

占用征收林地审核（批）情况 抽查699项占用征收林地项目，经林业部门审核（批）同意的451项，面积5145.4公顷，项目审核率64.5%，面积审核率78.2%。项目审核率低于40%的有北京、山西、重庆、四川、陕西、宁夏等6个省（区、市），面积审核率不到30%的有北京、重庆、陕西等3个省（区、市），其中北京市项目审核率和面积审核率均为0；项目审核率和面积审核率均为100%的有江苏、安徽、广东、海南等4个省。

森林植被恢复费收缴情况 在699项占用征收林地项目中，应缴纳森林植被恢复费的657项，应缴纳费用35 757.50万元，实际缴纳项目数412项，实际缴纳费用28 943.16万元。项目收缴率62.8%，费用收缴率80.9%。项目收缴率低于40%的有北京、山西、重庆、四川、陕西等5个省（市），费用收缴率不到30%的有北京、重庆、陕西等3个省（市），北京的项目收缴率和费用收缴率均为0；项目收缴率和费用收缴率均为100.0%的有江苏、安徽等2个省。

达到使用年限的临时占地项目情况 截至检查时，抽查到期临时占用林地项目119项，其中83项已回收，占69.7%；36项没有收回，占30.3%。

恢复植被措施落实情况 近三年各县共落实森林植被恢复费61 677.96万元。截至检查时，使用森林植被恢复费52 049.48万元，费用使用率84.4%。其中，用于资源管护方面的费用为3780.74万元，占7.3%；整地造林费用30 994.23万元，占59.5%。

违法占用林地情况 判读图斑9851个，共查出各类违法项目(包括建设项目、土地开发整理、毁林开垦3类)1413项，违法违规面积8312.8公顷。其中，建设项目1331项，面积3084.8公顷；土地开发整理46项，面积5052.9公顷；毁林开垦36起，面积175.1公顷。

国家抽查 抽查图斑1676个，查出各类违法项目295项，违法违规面积1564.8公顷。其中，建设项目276项，面积623.0公顷；土地开发整理6项，面积812.1公顷；毁林开垦13起，面积129.7公顷。

地方自查 自查图斑8175个，查出各类违法项目1118项，违法违规面积6748.0公顷。其中，建设项目1055项，面积2461.8公顷；土地开发整理40项，面积4240.8公顷；毁林开垦23起，面积45.4公顷。

违法违规项目数在100项以上的有陕西、江西、山西、广西等4个省(区)；面积在100公顷以上的有陕西、山西、新疆兵团、内蒙古、甘肃等5个省(区)。山西、陕西两个省自查土地开发整理违法项目40个，占用林地面积4240.8公顷。

存在的突出问题 部分地区采石采矿侵占林地屡禁不止，工业园区大量圈占林地，毁林开垦时有发生，特别是土地开发整理对林地安全构成严重威胁。同时，一些地方政府行政干预严重，林业部门打击违法案件力度疲软，甚至突击补办手续，助长未批先占之风，林地保护管理形势依然严峻。

违法违规占用林地呈现反弹趋势 抽查和自查发现的各类违法违规占用林地(不含土地开发整理)项目是2012年的1.4倍，面积1.6倍。一是地方政府对招商引资项目“开绿灯”，林业部门难作为。二是利益驱动，采石采矿及各类经营性建设侵占林地情况居高不下。三是毁林开垦依然突出。

土地开发整理造成林地流失严重 地方政府及国土部门运用财政专项资金，在实施土地开发整理补充耕地项目中，忽视生态保护，无序开发导致大量林地流失，本次就查出违法占用林地5052.9公顷。

为规避林地审核地方政府人为将林地调整为非林地 一些地方单纯考虑经济发展需要，将工业资源丰富区域内林地不纳入林地保护利用规划范围，造成林地资源人为流失，逃避林地管理。

突击补办审核(批)手续助长未批先占之风 个别省林业主管部门在检查期间，对违法违规占用林地项目不查处或查处不到位就补办审核(批)手续，助长了未批先占行为。

地方经济发展与林地定额管理矛盾突出 部分重点开发地区或后发展地区近几年引进项目较多，由于林地定额缺口大，满足不了建设项目占地需要，一些急于上马的项目未批先占。 (柏建伟)

森林资源利用监管

【新版林木采伐许可证在全国启用】 为进一步规范林木凭证采伐管理制度，适应新形势下林业改革发展的要求，依据《森林法实施条例》的有关规定，国家林业局对林木采伐许可证的式样进行了修订，自2013年3月1日起在全国启用新版林木采伐许可证(林资发〔2012〕332号)，并制定下发了《林木采伐许可证制版与填写规定》(资用函〔2013〕16号)，以规范新版林木采伐许可证的印刷和填写。为做好新版、旧版林木采伐许可证使用的衔接工作，旧版林木采伐许可证允许使用至2013年6月30日；2013年7月1日以后，旧版林木采伐许可证一律作废。新版林木采伐许可证由各省级林业主管部门统一套色印制、统一编号、统一管理。任何单位和个人不得伪造、买卖林木采伐许可证。新版林木采伐许可证取消了按消耗类型划分的商品材、自用材、烧材等填写内容，增加了国有林采伐四至的GPS定位，对采伐蓄积是否占限额做出了区别，较旧版采伐证更加简洁明了，能够较好地满足采伐管理工作需要。 (新爱仙)

【东北、内蒙古重点国有林区林木采伐管理系统试点运行】 东北、内蒙古重点国有林区(以下简称“东北四大家”)是全国最大的重点国有林区和重要木材生产基地，新中国成立以来为国家基础建设和社会经济发展提供了大量木材，“九五”计划前，平均每年生产商品材2000多万立方米。根据《森林法》及其实施条例规定，重点国有林区由国务院林业主管部门核发林木采伐许可证。2000年，国家林业局林资发〔2000〕667号文件委托国家林业局驻内蒙古大兴安岭、吉林长春、黑龙江、大兴安岭林业公司的4个森林资源监督机构在其驻地核发各企事业单位的林木采伐许可证，每年发证数量达数万份以上。由于技术和经济条件原因，各林业局申请采伐证都要到省城办理。特别是在冬季采伐高峰时期，基层干部携带资料，行程数百千米，历时数日，才能办到一批采伐证。为解决这一实际需求，资源司组织局调查规划设计院在充分调研论证和需求分析的基础上，针对东北四大家采伐管理要求和采伐办证流程，研究开发了东北、内蒙古重点国有林区林木采伐管理信息系统。该系统采用电子印章技术、VPN虚拟专网技术和互联网技术等，将各企业局的二类调查数据、年度木材生产计划、年度采伐限额、上年商品林结余限额、采伐作业设计等办证所需的基础数据全部录入系统，采用人工审核和计算机自动审核相结合的方式，极大地提高了审核发证质量和工作效率，实现了各企业局采伐管理一本账，避免超计划发证和超限额发证，大大缩短了办证时间，方便了广大基层工作人员，对促进森林资源合理利用和可持续发展具有重要意义。同时，该系统与运行多年的全国木材运输管理系统有效对接，实现了木材运输办证、运输检查站管理和林木采伐办证等森林采伐利用管理业务的流程化、一体化和网络化，开启了东北四大家森林资源利用管理现代化的新纪元，彻底打破了历史上异地无法办证的管理模式。系统自2013年12月起率先在吉林重点国有林区试运行，经全员技术培训并现场试运行后，技术人员对系统功能和参数设置等进行了修改完善，目前系统运行性能稳定、效果明显。（靳爱仙　杨雪清）

【树木采挖移植管理】 近年来，受片面追求快速绿化效果和经济利益驱动的影响，一些地方出现大量采挖移植大树进城导致破坏植被、毁坏林地等现象，不仅造成了树木原生地自然生态和景观严重破坏，而且在移植过程中由于树木根系、枝叶严重受损，加上长途运输等原因，树木移植成活率和保存率均难以保证，造成森林资源的严重损失和浪费。为此，国家林业局下发了《关于切实加强和严格规范树木采挖移植管理的通知》（林资发〔2013〕186号）。通知强调，各级林业主管部门要从全面推进生态文明和美丽中国建设的高度，充分认识依法保护森林资源、严格树木采挖移植管理的重要意义。要采取多种形式，加大宣传力度，向全社会广泛宣传无序采挖树木的危害性和规范管理的重要性，引导各有关方面和社会公众树立正确的绿化理念，摈弃在城乡绿化中的急功近利、违背科学规律的做法和行为，为依法规范树木采挖管理创造良好的社会舆论氛围，推动我国城乡绿化事业的健康发展。通知要求，各级林业主管部门要切实加强对绿化工作的监管和引导，城乡绿化不得采挖移植古树名木、原生地天然生长的珍贵树木和具有重要经济、科研、文化价值的濒危、稀有树木。各地要按照城乡绿化一体化的要求，做好科学规划，发展苗木基地，有针对性地培育适合城乡绿化的规格优质苗木，为城乡绿化提供充足的、多样化的绿化苗木资源，充分满足城乡绿化的需要。要积极引导承担和实施绿化任务的单位和个人，坚持以苗木绿化为主，以大苗栽植替代大树移植，切实减少城乡绿化对树木移植的依赖。通知规定，下列区域或类型的树木禁止采挖：古树名木，原生地天然濒危、珍稀树木，名胜古迹和革命纪念地的树木，国家一级保护野生植物，国家级公益林、自然保护区、省级以上森林公园、国家重点林木良种基地以及生态脆弱和生态区位重要地区的树木，坡度25度以上林地内的树木，县级以上人民政府规定严禁采挖的其他树木。采挖树木和运输、经营采挖树木的管理，适用《森林法》《森林法实施条例》有关林木采伐、木材运输和经营（加工）管理的规定。采挖树木，必须办理林木采伐许可证，胸径5厘米以上的树木必须纳入采伐限额管理；运输采挖的树木，必须办理木材运输证。假植的树木再次采挖的，必须提供合法来源证明。农村居民采挖房前屋后个人所有的零星树木不需报当地林业主管部门审批，但古树名木，天然生长的珍贵树木和濒危、稀有树木除外。采挖树木的单位和个人，必须采取有效措施保护好采挖林地上的其他树木，防止破坏周边植被。采挖后要及时回填土壤，防止水土流失，把对原生地的影响降到最低程度。（谢守鑫）

【天保工程区森林抚育、国家级公益林和低产低效林改造管理】 为加强林业重点工程中的采伐利用管理，确保工程实施成效，国家林业局先后发文规范和加强天保工程区森林抚育管理、国家级公益林保护管理和低产低效林改造管理。《国家林业局关于切实加强天保工程区森林抚育工作的指导意见》（林天发〔2013〕6号）明确指出，要严格执行森林抚育规程和天保工程二期实施方案关于公益林和商品林抚育对象、措施等政策规定和要求，合理确定抚育方式和任务，科学安排抚育作业伐区，确保抚育作业质量。下达森林抚育任务要充分考虑森林经营单位的森林资源实际，以国有林场为单位，下达的抚育任务不得大于其现有中幼林应抚育的面积。林木过密和病虫害较重的林分、人工幼龄林、已经冠下造林或者目标幼树较多的林分和风景林，要优先安排抚育。不得在国家一级公益林特别是自然保护区开展抚育经营，不得以商品林抚育作业标准对公益林进行抚育设计，不得以森林抚育为名提高抚育采伐强度、加大天然林资源消耗。

国家林业局、财政部印发的《国家级公益林管理办法》（林资发〔2013〕71号）明确规定，国家一级公益林原则上不得开展生产经营活动，严禁林木采伐行为。因教学科研等确需采伐林木，或者发生较为严重森林火灾和病虫害等特殊情况确需对受害林木进行清理以及人工林、母树林、种子园经营等，县级以上人民政府林业主管部门依法审批前，应当组织森林经理学、生态学等领域林业专家进行评审。国家二级公益林可以进行抚育和更新性质的采伐。其抚育和更新性质的采伐应当执行《生态公益林建设技术规程》《森林采伐作业规程》《低效林改造技术规程》和《森林抚育规程》相关标准，采取有利于生物多样性保护、有利于形成异龄、复层、混交森林群落的作业方式。在不破坏森林生态系统功能的前提下，可以合理利用国家二级公益林的林地资源，适度开展林下种植养殖和森林游憩等非木质资源开发与利用，科学发展林下经济。国家三级公益林应当以增加森林植被、提高森林质量为目标，加强森林资源培育，科学经营、合理利用。东北、内蒙古重点国有林区的国家二、三级公益林经国家林业局批准可进行抚育和更新性质的采伐。

《国家林业局关于进一步加强森林资源保护管理的通知》（林资发〔2013〕109号）强调，各地要科学开展低产低效林改造，严格按照技术规程确定改造对象和改造方式，从严控制低产低效林改造的规模和范围，严格审批和监管，确保不出现乱砍滥伐、不造成资源破坏、不发生水土流失。承担伐区调查设计的单位，要严格按照规程要求开展伐区调查设计，严禁弄虚作假。对因虚假设计导致森林资源破坏的，要依法追究设计单位负责人和设计人员的责任。（谢守鑫）

【明确省级预留采伐限额使用和松材线虫病采伐审批权限】 根据《国务院批转林业局关于全国"十二五"期间年森林采伐限额审核意见的通知》（国发〔2011〕3号）关于省级林业主管部门预留采伐限额使用范围的规定，国家林业局复函（办资字〔2013〕124号）海南省林业厅并抄送各省（区、市）林业厅（局），明确：对因自然灾害、工程建设征占用林地和森林经营保护等特殊需要确需采伐林木，而采伐限额编制单位无相应采伐限额或采伐限额不足的，省级林业主管部门可以统筹使用省级预留采伐限额，不受预留采伐限额分项结构的影响，但涉及天保工程区范围内采伐天然林的，应按照国家林业局林资发〔2011〕92 号文件的规定报批。

针对广东省林业厅关于下放松材线虫病疫区商品林松树采伐审批的请示，国家林业局复函（办资字〔2013〕124 号）广东省林业厅并抄送各省（区、市）林业厅（局），明确：同意省级林业主管部门从松材线虫病防治的特点和实际需要出发，按照国务院关于转变职能、简政放权的要求，将松材线虫病疫区县的商品林松树采伐审批权调整至县级林业主管部门。同时要求，各地林业主管部门要按照国务院关于深入推进行政审批制度改革的要求，进一步转变职能，创新监管方式，提高行政效率和服务质量。对松材线虫病发生区疫木的采伐审批，要从实际出发，哪一级审批更有利于松材线虫病防治和控制疫情扩散、有利于森林资源保护和提高行政效率，就由哪一级审批。采伐审批权限调整的，相关林业主管部门要继续按照国家有关规定，各尽其职，密切配合，修改完善有关管理制度，切实做好松材线虫病发生区疫木采伐及其制品的除害处理、运输和经营加工等管理工作，严防松材线虫病疫情传播扩散。 （谢守鑫）

【下达东北、内蒙古国有森工企业木材生产计划】 根据《森林法》及其实施条例和国务院国发〔2011〕3 号文件、《东北、内蒙古等重点国有林区天然林资源保护工程二期实施方案》等有关规定，《国家林业局关于下达东北、内蒙古国有森工企业 2013 年度木材生产计划的通知》（林资发〔2012〕246 号）下达东北、内蒙古国有森工企业 2013 年度林木总采伐量 778.9 万立方米，其中主伐 128.81 万立方米、占 16.5%，抚育采伐 469.71 万立方米、占 60.3%，更新采伐 90.9 万立方米、占 11.7%，其他采伐 89.48 万立方米、占 11.5%；木材总产量 373.4 万立方米，其中主伐 86.71 万立方米、抚育采伐 201.56 万立方米、更新采伐 50.57 万立方米、其他采伐 34.56 万立方米。抚育采伐出材率 42.9%。木材产量比 2012 年调减 47.3 万立方米，是东北、内蒙古重点国有林区木材产量调减到位的第一年。林资发〔2012〕246 号文件要求，各级森工（林业）主管部门及其所属单位要严格按照年度采伐限额和木材生产计划确定的木材产量组织木材生产，严禁超限额、超计划采伐。各森工企业局要根据森林资源实际，科学合理安排伐区，切实加强伐区调查设计和伐区作业管理，确保伐区调查设计和作业质量。要相对集中组织木材生产，尽量减少因准备作业等环节对森林资源的破坏。为提高采伐作业工效，减少企业采运作业成本，确需跨年度采伐作业的，跨年度期限不得超过 30 天。为促进森林科学经营，提高森林抚育作业质量，各森工企业局要依据木材生产计划，合理安排森林抚育的方式和任务，确保急需抚育的幼、中龄林优先抚育。抚育采伐的出材率不得高于年度木材生产计划所确定的抚育采伐出材率，确保抚育采伐指标优先用于采伐清理林分中的枯立木、病腐木、风倒风折木等影响林分生长发育的林木。 （谢守鑫）

【东北、内蒙古重点国有林区 2013 年“两项检查”结果】 国家林业局驻内蒙古自治区、长春、黑龙江省、大兴安岭林业集团公司森林资源监督专员办事处，按照设计伐区和作业伐区抽查率不得低于 1% 的要求，对东北、内蒙古重点国有林区 83 个林业局 2013 年度的伐区调查设计质量和作业质量进行了抽查，共抽查 1815 个小班，其中伐区调查设计小班 1125 个、面积 14 828.8 公顷、蓄积 157 268 立方米，伐区作业小班 690 个、面积 8567.7 公顷、蓄积 90 656 立方米。经统计分析，伐区调查设计合格率为 92.2%，与 2012 年持平。其中，内蒙古为 93.8%，比 2012 年降低 1.3 个百分点；吉林继续保持 100.0%；黑龙江为 87.6%，比 2012 年降低 0.9 个百分点；大兴安岭为 91.1%，比 2012 年提高 0.5 个百分点。伐区调查设计采伐量误差率为 1.2%，比 2012 年下降 0.8 个百分点，比 2011 年下降 1.1%，调查设计精度近三年连续提高。其中，内蒙古为 1.9%，比 2012 年下降 0.8 个百分点；吉林为 0.4%，比 2012 年下降 1.5 个百分点；黑龙江为 1.5%，比 2012 年下降 0.5 个百分点；大兴安岭为 1.1%，比 2012 年下降 0.2 个百分点。采伐量设计精度均有提高。伐区作业合格率为 64.1%，比 2012 年下降 7.0 个百分点，比 2011 年下降了 17.4%，伐区作业质量连续下降。其中，内蒙古 85.1%，比 2012 年下降 2.6 个百分点；吉林 98.5%，比 2012 年下降 0.7 个百分点；黑龙江 49.2%，比 2012 年下降 16.6 个百分点；大兴安岭 60.4%，比 2012 年提升 17.3 个百分点。伐区凭证采伐率为 97.3%，比 2012 年下降 1.1 个百分点。其中，内蒙古 99.8%，比 2012 年提升 1.1 个百分点；吉林 99.9%，同 2012 年持平；黑龙江 91.6%，比 2012 年下降 3.8 个百分点；大兴安岭 99.8%，比 2012 年提升 0.5 个百分点。伐区验收率为 98.3%，比 2012 年提高 2.3%，伐区验收率连续三年提高。其中，内蒙古 95.4%，比 2012 年提高 2.5%；吉林 98.6%，比 2012 年提高 1.2%；龙江 100.0%，比 2012 年提高了 0.2%；大兴安岭 92.6%，比 2012 年下降 1.4%。 （王亚军）

【木材运输检查监督管理】 为认真执行木材凭证运输制度，进一步规范木材运输检查监督管理工作，国家林业局发出《关于进一步规范木材运输检查监督管理有关问题通知》（林资字〔2013〕96 号）的通知，对木材凭证运输范围、木材运输证核发管理、木材运输执法行为和案件管理以及木材检查站建设等做了进一步规范和要求。

规范木材凭证运输的范围 根据《森林法实施条例》的规定，木材凭证运输的范围包括原木、锯材、竹材和木片的国家标准、行业标准所列全部木材。人造板（包括胶合板、纤维板、刨花板和各类细木工板）、以木（竹）材为主、辅原材料的家具和木（竹）制工艺品统一不纳入凭证运输范围。

规范木材运输证的核发管理 各地林业主管部门要按照木材运输证核发管理的有关规定，切实加强木材运输证的印制、签发和管理工作，并使用全国木材运输管理系统进行核发，切实维护木材运输证的权威性。要进一步严肃核发纪律，明确核发程序，规范核发管理，提高办证效率和服务质量。

各级林业主管部门受理申请办理木材运输证，除按照《森林法实施条例》第三十六条规定应当提交的证明文件外，不得要求申请办理者提交育林基金等有关税费票据，切实保护木材运输证申领人的合法权益。

运输直达进口目的地的进口木材，无须办理木材运输证；进口木材需再次运输的，凭有关进口许可证明办理木材运输证。

规范木材运输检查和执法行为 木材检查站要严格按照规定的职权范围实施木材运输检查，除了查验木材运输证以外，不得检查植物检疫证明、木材购货发票、育林基金收据等其他证明和票据。

各省(区、市)林业主管部门要按照《森林法》《行政处罚法》《行政强制法》等法律法规和程序规定，对木材检查站实施林业行政处罚作出书面授权(委托)和实施规范。木材检查站要严格按照授权(委托)的权限和行政处罚程序规定，对违法运输木材案件实施处罚。

对实际运输木材数量小于《木材运输证》记载数量，又能证明其《木材运输证》确属运输该木材的；运输木材实际检尺数量与《木材运输证》记载数量误差符合国家规定检尺误差范围内的以及由于林业主管部门木材运输证核发原因造成实际运输与证件记载不符且由省级林业主管部门出具证明、情况属实的等，木材检查站应予放行，不得施以处罚。

建立检查呈报和追溯制度 各级林业主管部门要按照案件级别管辖和层级管理的要求，切实建立和完善木材运输检查呈报和追溯制度。

各级林业主管部门要按照管辖权限，认真追溯违法运输木材的有关问题，查明违法运输的原因，依法追究有关单位和责任人的责任。木材检查站要按月向其林业主管部门呈报当月木材运输检查和违法运输木材案件的处理情况。省(区、市)林业主管部门要按年度向国家林业局报告木材运输检查和违法运输木材案件处理的情况及追溯结果。

加强能力建设，切实提高执法成效 各级林业主管部门要加强木材检查员的政治、业务培训，提高木材运输检查队伍的整体素质，强化依法行政和执政为民意识，增强执法能力，提高执法实效，促进木材检查人员在工作中恪尽职守，严格执法，文明服务；要加大投入力度，切实加强木材检查站基础设施建设，为检查站配备必要的交通工具、通讯工具及其他设施装备，逐步改善木材检查站人员的工作条件，提高监督检查能力，以适应木材运输管理工作的需要。 (张厚武)

【全国木材运输管理系统运行情况】 全国木材运输管理系统已在全国31个省(区、市)运行，其中天津、山东、海南、西藏、宁夏、新疆6个省(区、市)使用系统由国家林业局托管，内蒙古、福建、江西、湖南4个省(区)使用系统在内网运行，其他21个省(区、市)使用系统在外网运行。据统计，截至2013年年底，全国共设木材运输证办证点3819个，办证点用户8087人，全年签发木材运输证733.49万份，木材运输量23 919.50万立方米，竹材运输量73 019.26万株。在木材运输量中，原木为12 358.08万立方米(其中针叶树7484.64万立方米、阔叶树4873.44万立方米)，占51.7%；锯材为3083.61万立方米(其中针叶树997.99万立方米、阔叶树2085.62万立方米)，占12.9；木片为357.43万立方米(其中针叶树154.12万立方米、阔叶树203.31万立方米)，占1.5%；活立木为346.01万立方米(其中针叶树58.35万立方米、阔叶树287.66万立方米)，占1.4%；其他木材为7774.37万立方米，占32.5%。木材运输总量中，省内运输量为9546.75万立方米(其中自产材6721.1万立方米、外来材2825.65万立方米)，占39.9%；出省运输量为14 372.75万立方米(其中自产材7085.38万立方米、外来材7287.37万立方米)，占60.1%。 (杨雪清 张厚武)

【森林资源可持续经营管理试点工作】 全国森林可持续经营管理试点工作继续全面推进。一是完成了7个森林可持续经营试点示范成果汇编——《中国森林可持续经营探索与实践》，从森林可持续经营规划、管理制度、经营模式、技术规范、科学研究等方面，系统总结了7个试点单位10年来取得的阶段性成果。该书已于7月在科学出版社正式出版发行。二是召开了6个《国际森林文书》示范基地建设工作座谈会，通过专家讲解、专题解读、试点单位经验介绍等，使各试点单位进一步明确了任务和工作思路。三是召开了"三北"地区森林资源可持续经营管理试点单位培训研讨会，通过专家讲座、老的试点单位介绍经验等，使"三北"地区2011年纳入试点的单位理清了思路，明确了目标。四是在中幼林抚育成效监测方面，在各省(区、市)开展监测、经研中心开展社会经济成效监测的同时，启动了以全国200个森林资源可持续经营试点单位为基础，建立国家层面的中央财政森林抚育补贴政策成效监测体系的相关工作。 (崔武社)

【全国森林采伐管理情况检查】 国家林业局对全国2012年森林采伐管理情况进行了检查，全国共检查26个省(区、市，下同)的36个县(含市、区、旗，下同)。检查主要结果如下：

工作开展情况 2013年森林采伐管理情况检查方法与往年相比，有了较大调整。一是首次全面应用遥感技术，全国森林采伐和林地管理检查逐步统一。二是按照"抓大放小"的原则，国家级检查采伐伐区重点抽查数量较多的部分违法违规项目，从而减少外业天数，减轻地方负担。三是采取重点抽查和地方自查相结合的方式，未被抽取的疑似伐区移交省级林业主管部门自查核实。

检查主要结果 共处理遥感影像264景，判读勾绘疑似林木采伐图斑2545个；核对林木采伐许可证54 186份，现地检查有证伐区710块，实测面积278.3公顷；检查疑似无证成片采伐图斑293个，发现无证采伐伐区76块，采伐面积442.3公顷，蓄积量6986.8立方米。移交地方自查图斑2252个。具体情况如下：

有证伐区凭证采伐情况 林木采伐许可证发证合格率为98.1%，和2012年度相比，上升了9.7个百分点；伐区凭证采伐率为98.9%，和2012年度相比，上升1.2个百分点；采伐作业质量合格率为96.9%。

发现42块伐区存在超采伐许可证规定蓄积量采伐

情况，超采总量1958.5立方米。其中，江西省永新县和吉林省桦甸市超采伐区个数较多，分别为7个和5个。江西省武宁县、永新县和湖南省洞口县有4个伐区超采量在100立方米以上。

无证伐区采伐情况　利用遥感影像264景，判读疑似无证采伐图斑2545个，共发现无证伐区382块；无证采伐面积1008.8公顷，无证采伐蓄积量13 109.0立方米。

国家抽查。抽查图斑293个，发现无证伐区76块；无证采伐面积442.3公顷，无证采伐蓄积量6986.8立方米。其中，盗伐滥伐伐区50块，面积395.3公顷，蓄积量5115.3立方米；工程占地采伐23块，面积41.0公顷，蓄积量1618.8立方米；毁林开垦采伐3块，面积6.0公顷，蓄积量252.7立方米。

地方自查。地方自查图斑2252个，发现无证伐区306块。无证采伐面积566.5公顷，无证采伐蓄积量6122.2立方米。

采伐管理综合评价　森林采伐管理情况综合评价平均为83.8分，评价等级"合格"。36个县中，综合评价"优秀"的有3个县，为吉林省德惠市、福建省武夷山市和明溪县；"良好"的有16个县；"合格"的有15个县；"不合格"的有2个县，为江西省永新县、陕西省城固县，主要扣分原因是无证、超证采伐数量多以及发证合格率低。

存在的突出问题　部分地区无证采伐或超证采伐现象仍较突出，特别是盗伐滥伐天然防护林等国家级公益林，林农随意更换树种将公益林改造为商品林等不合理采伐现象逐步增多。

①非法采伐生态公益林问题较突出。②违规采伐更新等不合理森林经营活动明显增加。③森林采伐管理基础建设仍然薄弱。　　（王　鹏）

森林资源监测

【完成各省森林增长指标"十二五"规划中期评估】　森林增长指标中期评估，是国家"十二五"规划《纲要》中期评估的重要内容。2013年，通过采用全国遥感监测、统计测算分析、现场验证核实和专家综合评估等手段，圆满完成了各省森林增长指标中期评估工作。一是开展了全国遥感调查。处理了覆盖全国的前后2期中分辨率遥感数据1200多景，通过判读区划森林变化斑块，制作了全国森林面积增减变化量区域分布图以及按省统计的全国森林面积净增量遥感监测分布图。二是完成了统计测算分析。在全国遥感调查基础上，结合一类清查、营造林综合核查等相关资料，采用多元回归、趋势分析和综合测算等方法，对全国及各省森林面积和森林蓄积变化量进行了测算，确定了各省森林面积和蓄积变化量区间范围，为评估各省森林增长目标完成情况提供了重要依据。三是开展了现场验证核实。处理了50个典型县前后2期的高分辨率遥感数据，区划判读了森林变化图斑3万多个，并抽取2200多个进行了实地验证，掌握了各省森林资源保护管理的基本情况及存在的主要问题，为开展综合评估提供了第一手资料。四是组织了专家评估。在细化评分标准并对各省进行预评估的基础上，组织召开了专家评估会，由专家组采取集中评议方式，分别对各省进行逐项评分，保证了评估结果的客观公正性。在专家评估基础上形成了森林增长指标"十二五"规划中期评估结果报告。　　（曾伟生　闫宏伟）

【全国森林资源监测体系】　在全国森林资源"一体化"监测总体思路和2012年广东试点基础上，重点总结试点经验，制订第九次清查实施方案。一是对2012年在广东省开展的年度监测试点进行了系统总结，基本肯定了遥感大样地调查方法的可行性，初步掌握了一类清查与二类调查数据不一致的主要原因。二是组织召开了专家研讨会，重点对优化完善清查体系、实现森林资源年度出数、加强森林资源遥感监测等方面进行了集中讨论，并在优化抽样设计、改进调查因子、完善相关标准及遥感技术应用等方面取得初步共识，为制定第九次清查实施方案打下了基础。三是在龙江森工组织开展森林资源年度出数试点工作，继续探索基于大样地区划调查的森林面积年度出数方法以及不同森林资源监测体系数据的协同性，为优化森林资源清查体系，推进全国森林资源一体化监测积累经验。四是提出了第九次全国森林资源清查实施方案。明确第九次清查以固定样地调查框架为主体，适度完善清查内容，优化调查方法，确保清查成果连续可比；采用实测与估算相结合的方法，初步实现森林资源年度出数；持续深化遥感等新技术应用，探索建立国家到地方（省、市、县）森林资源年度监测框架，为推进一体化监测探路子、打基础。　　（闫宏伟　曾伟生）

【主要树种立木生物量调查建模】　为建立全国森林生物量和碳储量计量标准，增强森林固碳监测能力，从2009年第八次全国森林资源清查开始，国家林业局资源司着力推进全国主要树种的生物量调查建模工作。通过前4年的技术准备、方法研究和样本采集，2013年是集中产出成果的关键一年。一是组织开展了冷杉、柳杉、枫香3个树种（组）共计6个建模总体的900株样木的生物量样本采集工作，5年累计完成了15个树种（组）共计38个建模总体的5800多株样木的生物量样本采集任务。二是建立了杉木、马尾松、冷杉、云杉、落叶松等13个树种（组）的立木生物量模型，为第八次清查汇总开展全国森林生物量和碳储量专项评估提供了科学计量依据。三是在编制和试行《森林生物量模型建立暂行办法》《森林生物量建模样本采集技术规定》和《森林生物量建模方法技术规定》基础上，完成了《立木生物量建模样本采集技术规范》和《立木生物量建模方法技术规范》两项行业标准的制定。四是依据上述两项行业标准，完成了第一批杉木、马尾松、云南松、油松、湿地松5个树种的《立木生物量模型及碳计量参数》系列标准的编制，经专家会审定通过后已按程序上报审批。全国主要树种立木生物量模型及碳计量参数系列标准的发布实施，将对规范森林生物量和碳储量计算方法，客观评估其碳汇能力，具有重要的现实意义。

（曾伟生）

【国家级公益林管理】 为了加强和规范国家级公益林保护管理，提高国家级公益林经营质量和生态服务功能，国家林业局会同财政部下发了《国家级公益林管理办法》，对国家级公益林管理提出明确要求。《办法》坚持保护生态和发展民生相结合，以分级管理为基础，从林地保护、采伐管理、资源监测、档案管理等方面进行了具体要求。《办法》的出台，标志着我国国家级公益林保护管理真正做到了有章可循，必将对我国国家级公益林保护管理水平和质量效益的提高起到积极的促进作用。同时，为及时掌握国家级公益林建设、资源变化以及生态状况情况，科学、全面评价中央森林生态效益补偿基金制度的实施绩效，结合《办法》的出台，继续推进国家级公益林监测与评价的试点工作。试点工作重点评价森林生态效益补偿资金的落实情况、国家级公益林的管护成效和社会、生态效益，从工作实绩和实施效果两个方面确定评价指标。（白卫国　闫宏伟）

【全国营造林综合核查情况】 按照"两转变、两服务"的要求，本着"队伍小、天数少、效果好"的原则，大幅度降低核查强度，调减抽查县数，减少抽查面积，并将国家重点生态建设工程营造林项目作为核查的重点。坚持创新工作思路、完善技术方法、强化组织管理、减轻基层负担的工作方法，高效、廉洁地完成了2013年核查任务。

严明纪律、转变作风 为贯彻落实好中央"八项规定"，廉洁开展核查工作，督促各直属院强化廉政教育，向每一名检查人员讲清楚工作纪律；二是严格核查人员筛选，做到技术水平扎实、政治素质过硬；三是继续推行"质量廉政信息反馈卡"等监督机制，接受来自群众、舆论、媒体的监督，公布监督电话；四是要求减轻基层负担，注意言行，树立正面形象；五是核查结束后，要求各直属院专项总结汇报廉政纪律和工作作风情况，提交专题总结报告。在下发的《国家林业局森林资源管理司关于2013年全国营造林综合核查有关问题的通知》（资调函[2013]34号）中明确规定，核查人员在工作期间不得饮酒，不得出入娱乐场所，不得使用警车等特种车辆作为工作用车，非工作需要不得出入或停留景区景点；并请各地林业主管部门对核查人员执行中央"八项规定"、国家林业局十八项要求和《森林资源管理检查十项纪律》的情况进行监督，如实填写并及时反馈"质量廉政信息反馈卡"。

减轻基层负担、提高核查针对性 2013年综合核查工作主要在以下5方面做出了较大的调整。一是突出核查重点，2013年造林实绩核查仅核查了有中央投资的国家重点生态建设工程营造林，没有核查地方投资和社会投资造林。二是重在减轻基层负担，抽查县数和面积抽查比例均减半，严格控制在省、县工作时间。三是取消"面积核实率"指标，不再测算全国的核实面积，不再对统计上报数据进行评价。四是按照统一标准、统一抽样的原则，对国家重点生态建设工程进行统一核查。经与退耕办协调，在2013年的工作中，继续开展退耕还林省级复查结果的核查，但为了减轻基层负担，相应减少了核查工作量。五是对核查因子进行整合缩减，减少了调查因子13项。通过调整和优化完善，2013年全国核查总县数较2012年减少232个，核查面积较2012年减少了15.07万公顷，外业调查时间较2012年缩短至1个多月，达到了减轻地方负担的目的。

建立互信机制、采纳地方建议 进一步改革核查工作理念，实行透明运作，公开核查方法，提前通知抽查单位，让地方有充足的时间准备相关的基础数据和资料，提高了工作效率，也为建立核查工作新机制、形成上下互信的工作氛围打下了基础。核查过程中，充分发挥综合核查点多面广、深入基层的优势，认真听取地方对全国营造林综合核查调整优化的意见，广泛征求对改进综合核查工作的建议；积极提供技术服务，认真做好营造林设计、验收与林地"一张图"管理、更新相结合的宣传与督促工作；对核查发现的问题与地方加强沟通，认真交换意见。地方对综合核查改革措施普遍表示支持和欢迎，认为这是国家林业局深入开展党的群众路线教育实践活动，高度重视基层多年反映的意见，积极为基层办实事、办好事的具体行动。

规范管理、提高工作质量 加强综合核查技术、业务、政策的培训力度，指导五个直属院汇编规程规范类、政策形势类培训教材，从加强思想教育、严肃工作纪律、规范工作程序、强化责任意识等方面开展教育和培训。进一步强调核查工作领导责任制，重申院长是核查工作的第一责任人，对核查质量和廉政纪律负总责，主管院领导是核查工作的主要责任人。全面加强质量管理，强化《质量检查办法》执行力度，规定以监测区为单位提交质量检查报告；加强县级核查成果质量把关，将县级核查成果报告纳入审查范围。坚持了统一培训考核制度、重大事项及时报告制度、成果审核制度、保密制度、联络员制度、责任追究制度等各项工作制度。（白卫国　闫宏伟）

【全国营造林综合核查主要结果】

2012年度重点生态建设工程营造林实绩 2012年度各省（区、市）、森工（林业）集团公司、新疆生产建设兵团，统计上报重点生态建设工程营造林完成总面积301.67万公顷，经核查，合格率（指上报面积的合格率，下同）89.6%，测算合格面积270.2万公顷。其中，

人工造林　上报面积145.67万公顷，合格率95.6%，合格面积141.13万公顷。

封山育林　上报面积143.93万公顷（其中无林地疏林地封育116.2万公顷），合格率83.7%，合格面积118.2万公顷（其中无林地疏林地封育97.93万公顷）。

飞播造林　上报面积12.07万公顷，合格率89.9%，合格面积10.87万公顷。

营造林成效 营造林成效包括2009年度人工造林

(更新)的保存状况和2007年度封山育林、飞播造林的成效情况。经核查，成效率86.7%，测算全国成效总面积484.4万公顷；重点工程营造林成效率89.2%，成效面积311.53万公顷。其中，

人工造林、更新　总体保存率86.4%，保存面积381.87万公顷，其中人工造林352.13万公顷，人工更新29.73万公顷。

封山育林　成效率90.7%，成效面积95.2万公顷。

飞播造林　成效率57.8%，成效面积7.33万公顷。

核查反映，全国营造林继续保持较大规模，2012年度各地统计上报营造林总面积超过600万公顷，相关年度成效总面积超过466.67万公顷。重点工程营造林质量合格率达到89.6%，造林作业设计率、建档率、检查验收率等管理指标均在95%以上，生态公益林地造林比例达70.4%。　（白卫国　闫宏伟）

【林业调查规划设计资质管理】　按照《林业调查规划设计单位资格认证管理办法》(林资发[2012]19号)规定，国家林业局林业调查规划设计资质专家评审委员会，对各地提交的资质材料进行了5个批次评审，共完成2466家单位申报资质评审工作，通过评审2393家单位，其中，甲A34家、甲B41家、乙级447家、丙级1196家、丁级675家。对通过专家评审的单位，在网上予以公示，公示无异议的，由中国林业工程建设协会按照《林业调查规划设计单位资格认证管理办法》规定核发《林业调查规划设计资质证书》。　（白卫国　闫宏伟）

【完成第八次全国森林资源清查】　第八次清查从2009年开始，历时5年，至2013年结束。国家林业局组织全国各省(区、市)和局各直属院近2万技术人员，投入128万个工作日，顺利完成了全国41.5万个固定样地、284.44万个遥感样地的调查、统计和汇总分析工作。

国家林业局专门成立了第八次清查全国汇总分析高级顾问组、专家支撑组和技术工作组。资源司组织60余名专家和技术人员，历时8个月，对全国31个省(区、市)的资源统计数据进行了认真细致的审核、分析、评价，首次在5年调查周期结束的当年，完成了全国汇总分析，汇总形成了第八次全国森林资源清查结果报告，首次开发了清查成果的信息发布平台，清查成果信息的服务能力进一步提升。

本次清查具有如下5个特点：一是完善和扩充调查内容。紧密结合林业改革发展与生态建设的需要，增加了集体林地经营权、造林更新状况、森林经营情况、树种资源调查、林下植被状况和林地土壤侵蚀等监测指标和调查因子，制定并颁发的《〈国家森林资源连续清查技术规定〉补充规定》(办资字[2008]100号)，丰富和完善了清查内容。二是系统开展森林生物量和碳储量调查。制定并颁发了《森林资源连续清查森林生物量模型建立暂行办法》(试行)，伐倒并挖采建模样木5400株，采集并测定分析样品5.4万份，完成了36个树种的生物量调查建模工作，涉及树种的蓄积约占全国森林蓄积总量的70%；并以全国41.5万个固定样地为框架，开展森林生物量和碳储量相关的调查因子，初步构建了全国森林生物量和碳储量宏观调查监测技术体系。三是加强并深化高新技术的集成应用。采用多种尺度的遥感数据，开展了森林植被宏观监测，年度监测全国森林植被变化情况。综合采用3S、PDA、数据库、模型等技术，提高了样地定位精度和复位率，增强了数据采集和校验的效率，提升了调查数据综合处理与评价能力。并采用3S在广东省开展了森林资源年度监测试点，为增加监测信息时效性探索了方法、积累了经验。四是严格规范清查工作质量管理。颁发了《国家森林资源连续清查质量管理办法》，实行了调查队伍组建审核、技术培训评估制度，严格执行调查单位自检、省级检查和国家级检查的"三级检查"以及省级成果初审、复审、终审"三审制"，确保调查数据客观翔实、清查结果准确可靠。样地、样木复位率分别达到99.98%和97.35%，清查工作质量整体达到"优"级。五是实现清查结果使用时效的历史性突破。本次清查实行省级清查主要结果年度发布制度，并首次在外业调查工作结束当年完成全国汇总分析，在增强了各省清查成果数据和全国森林资源清查信息地使用时效性上取得了突破。为确保汇总分析结果科学准确，2012年以来，资源司及早谋划、及早部署、及早落实，及时成立了第八次清查全国汇总分析高级顾问组、专家支撑组和技术工作组，组织60余名专家和技术人员，历时1年多，对31个省的清查数据进行认真复核，对森林资源保护和发展的18个专题进行深入细致的分析，汇总形成了全国森林资源清查结果。同时，采用现代数据库和网络技术，开发了面对公众的清查成果发布平台，有效提升了清查成果信息的服务能力和水平。　（张　敏　曾伟生　闫宏伟）

【第八次全国森林资源清查(2009～2013)主要结果】
第八次全国森林资源清查全面采用了遥感等现代技术手段，调查、测量并记载了反映森林资源数量、质量、结构和分布以及森林生态状况和功能效益等方面的160余项调查因子。

清查结果　全国森林面积2.08亿公顷，森林覆盖率21.63%。活立木总蓄积164.33亿立方米，森林蓄积151.37亿立方米。天然林面积1.22亿公顷，蓄积122.96亿立方米；人工林面积0.69亿公顷，蓄积24.83亿立方米。森林面积和森林蓄积分别位居世界第五位和第六位，人工林面积仍居世界首位。

清查结果表明，中国森林资源呈现出数量持续增加、质量稳步提升、效能不断增强的良好态势。两次清查间隔期内，森林资源变化有以下主要特点：

森林总量持续增长　森林面积由1.95亿公顷增加到2.08亿公顷，净增1223万公顷；森林覆盖率由20.36%提高到21.63%，提高1.27个百分点；森林蓄积由137.21亿立方米增加到151.37亿立方米，净增14.16亿立方米，其中天然林蓄积增加量占63%，人工林蓄积增加量占37%。

森林质量不断提高　森林每公顷蓄积量增加3.91立方米，达到89.79立方米；每公顷年均生长量增加0.28立方米，达到4.23立方米。每公顷株数增加30株，平均胸径增加0.1厘米，近成过熟林面积比例上升3个百分点，混交林面积比例提高2个百分点。随着森

林总量增加、结构改善和质量提高，森林生态功能进一步增强。全国森林植被总生物量170.02亿吨，总碳储量达84.27亿吨；年涵养水源量5807.09亿立方米，年固土量81.91亿吨，年保肥量4.30亿吨，年吸收污染物量0.38亿吨，年滞尘量58.45亿吨。

天然林稳步增加 天然林面积从原来的11 969万公顷增加到12 184万公顷，增加了215万公顷；天然林蓄积从原来的114.02亿立方米增加到122.96亿立方米，增加了8.94亿立方米。其中，天保工程区天然林面积增加189万公顷，蓄积增加5.46亿立方米，对天然林增加的贡献较大。

人工林快速发展 人工林面积从原来的6169万公顷增加到6933万公顷，增加了764万公顷；人工林蓄积从原来的19.61亿立方米增加到24.83亿立方米，增加了5.22亿立方米。人工造林对增加森林总量的贡献明显。

森林采伐中人工林比重继续上升 森林年均采伐量3.34亿立方米。其中，天然林年均采伐量1.79亿立方米，减少5%；人工林年均采伐量1.55亿立方米，增加26%；人工林采伐量占森林采伐量的46%，上升了7个百分点。森林采伐继续向人工林转移。

存在问题 中国仍然是一个缺林少绿、生态脆弱的国家，森林覆盖率远低于全球31%的平均水平，人均森林面积仅为世界人均水平的1/4，人均森林蓄积只有世界人均水平的1/7，森林资源总量相对不足、质量不高、分布不均的状况仍未得到根本改变，林业发展还面临着巨大的压力和挑战。一是实现2020年森林增长目标任务艰巨。从清查结果看，森林“双增”目标前一阶段完成良好，森林蓄积增长目标已完成，森林面积增加目标已完成近六成。但清查结果反映森林面积增速开始放缓，森林面积增量只有上次清查的60%，现有未成林造林地面积比上次清查少396万公顷，仅有650万公顷。同时，现有宜林地质量好的仅占10%，质量差的多达54%，且2/3分布在西北、西南地区，立地条件差，造林难度越来越大、成本投入越来越高，见效也越来越慢，如期实现森林面积增长目标还要付出艰巨的努力。二是严守林业生态红线面临的压力巨大。5年间，各类建设违法违规占用林地面积年均超过13.33万公顷，其中约一半是有林地。局部地区毁林开垦问题依然突出。随着城市化、工业化进程的加速，生态建设的空间将被进一步挤压，严守林业生态红线，维护国家生态安全底线的压力日益加大。三是加强森林经营的要求非常迫切。中国林地生产力低，森林每公顷蓄积量只有世界平均水平131立方米的69%，人工林每公顷蓄积量只有52.76立方米。林木平均胸径只有13.6厘米。龄组结构依然不合理，中幼龄林面积比例高达65%。林分过疏、过密的面积占乔木林的36%。林木蓄积年均枯损量增加18%，达到1.18亿立方米。进一步加大投入，加强森林经营，提高林地生产力、增加森林蓄积量、增强生态服务功能的潜力还很大。四是森林有效供给与日益增长的社会需求的矛盾依然突出。我国木材对外依存度接近50%，木材安全形势严峻；现有用材林中可采面积仅占13%，可采蓄积仅占23%，可利用资源少，大径材林木和珍贵用材树种更少，木材供需的结构性矛盾十分突出。同时，森林生态系统功能脆弱的状况尚未得到根本改变，生态产品短缺的问题依然是制约中国可持续发展的突出问题。 （张　敏　曾伟生　闫宏伟）

【审核发布天津、山东等6省(直辖市)2012年森林资源清查主要结果】 2013年7月，国家林业局下发了《关于公布天津、山东等6省(直辖市)2012年森林资源清查主要结果的通知》(林资发〔2013〕110号)，发布了2012年组织开展的天津、山东、广东、重庆、四川、云南6省(直辖市)的第八次全国森林资源清查主要结果。各省主要结果如下：

天津市：森林面积11.16万公顷，森林覆盖率9.87%。活立木总蓄积453.98万立方米，森林蓄积374.03万立方米。森林面积中，天然林0.60万公顷，人工林10.56万公顷。森林蓄积中，天然林19.14万立方米，人工林354.89万立方米。森林每公顷蓄积量49.74立方米，生态功能等级达到中等以上的面积占74%。

山东省：森林面积254.60万公顷，森林覆盖率16.73%。活立木总蓄积12 360.74万立方米，森林蓄积8919.79万立方米。森林面积中，天然林10.08万公顷，人工林244.52万公顷。森林蓄积中，天然林210.52万立方米，人工林8709.27万立方米。森林每公顷蓄积量55.25立方米，生态功能等级达到中等以上的面积占76%。

广东省：森林面积906.13万公顷，森林覆盖率51.26%。活立木总蓄积37 774.59万立方米，森林蓄积35 682.71万立方米。森林面积中，天然林325.72万公顷，人工林557.89万公顷。森林蓄积中，天然林20 215.02万立方米，人工林15 467.69万立方米。森林每公顷蓄积量49.92立方米，生态功能等级达到中等以上的面积占86%。

重庆市：森林面积316.44万公顷，森林覆盖率38.43%。活立木总蓄积17 437.31万立方米，森林蓄积14 651.76万立方米。森林面积中，天然林153.80万公顷，人工林92.55万公顷。森林蓄积中，天然林11 060.04万立方米，人工林3591.72万立方米。森林每公顷蓄积量69.47立方米，生态功能等级达到中等以上的面积占95%。

四川省：森林面积1703.74万公顷，森林覆盖率35.22%。活立木总蓄积177 576.04万立方米，森林蓄积168 000.04万立方米。森林面积中，天然林891.42万公顷，人工林449.26万公顷。森林蓄积中，天然林152 035.55万立方米，人工林15 964.49万立方米。森林每公顷蓄积量141.92立方米，生态功能等级达到中等以上的面积占96%。

云南省：森林面积1914.19万公顷，森林覆盖率50.03%。活立木总蓄积187 514.27万立方米，森林蓄积169 309.19万立方米。森林面积中，天然林1335.98万公顷，人工林414.11万公顷。森林蓄积中，天然林158 288.86万立方米，人工林11 020.33万立方米。森林每公顷蓄积量110.88立方米，生态功能等级达到中等以上的面积占96%。 （张　敏　曾伟生　闫宏伟）

【审核发布内蒙古、福建等5省(自治区)2013年森林资源清查主要结果】 2013年11月，国家林业局下发了《关于公布福建等5省(自治区)2013年森林资源清查主要结果的通知》(林资发〔2013〕195号)，发布了2013年组织开展的内蒙古、福建、河南、海南、青海5省(自治区)第八次全国森林资源清查主要结果。各省主要结果如下：

内蒙古自治区：森林面积2488万公顷，森林覆盖率21.03%。活立木总蓄积148 416万立方米，森林蓄积134 530万立方米。天然林面积1401万公顷，天然林蓄积124 732万立方米；人工林面积332万公顷，人工林蓄积9798万立方米。森林每公顷蓄积量78.53立方米，生态功能等级达到中等以上的面积占88%。

福建省：森林面积801万公顷，森林覆盖率65.95%。活立木总蓄积66 675万立方米，森林蓄积60 796万立方米。天然林面积424万公顷，天然林蓄积35 943万立方米；人工林面积378万公顷，人工林蓄积24 853万立方米。森林每公顷蓄积量100.20立方米，生态功能等级达到中等以上的面积占95%。

河南省：森林面积359万公顷，森林覆盖率21.50%。活立木总蓄积22 881万立方米，森林蓄积17 095万立方米。天然林面积132万公顷，天然林蓄积6629万立方米；人工林面积227万公顷，人工林蓄积10 466万立方米。森林每公顷蓄积量55.98立方米，生态功能等级达到中等以上的面积占89%。

海南省：森林面积188万公顷，森林覆盖率55.38%。活立木总蓄积9774万立方米，森林蓄积8904万立方米。天然林面积52万公顷，天然林蓄积6591万立方米；人工林面积136万公顷，人工林蓄积2313万立方米。森林每公顷蓄积量91.69立方米，生态功能等级达到中等以上的面积占88%。

青海省：森林面积406万公顷，森林覆盖率5.63%。活立木总蓄积4884万立方米，森林蓄积4331万立方米。天然林面积34万公顷，天然林蓄积3900万立方米；人工林面积7万公顷，人工林蓄积431万立方米。森林每公顷蓄积量114.43立方米，生态功能等级达到中等以上的面积占93%。

（张　敏　曾伟生　闫宏伟）

【编制2015年全球森林资源评估国家报告】 全球森林资源评估(FRA)是由联合国粮农组织(FAO)牵头组织开展的全球周期性森林资源评估活动，其结果是考察森林可持续经营政府间进程，评估世界各国国际公约履约情况的重要依据。根据《联合国粮食及农业组织章程》的规定，FAO从1947年组织开展第一次全球森林资源评估起，迄今已完成了12次评估。2015年评估是第13次全球性评估。

全球森林资源评估工作，紧密跟踪全球森林资源状况和森林问题国际化进程，各次评估的主题、内容和方法均有所变化。1995年以前的历次评估是由FAO组织有关技术专家完成的。2000年以来，国家林业局指定了国家联络员，从政府层面参与全球森林资源评估，向FAO提交反映中国森林资源最新信息的评估报告，全面参与了2000年、2005年、2010年的全球森林资源评估工作。

2013年，FAO先后组织召开了2015年全球森林资源评估国家联络员和亚太区域技术研讨会，对2015年全球森林资源评估工作做了具体的部署和要求，也明确了各国需承担的相关任务。2015年的评估以1990、2000、2005、2010和2015年为评估年度，分别对各国森林和其他林地面积、天然林和人工林、森林蓄积和生长率、生物量和碳储量、保持水土与生物多样性保护、森林干扰与退化、森林经营法律政策、可持续经营状况、木材和非木材产品、林业就业、林业收支、GDP林业附加值和森林增长预期目标等21个方面100余项指标进行评估。

参与全球森林资源评估，向FAO提交国家报告，是作为成员国应承担的责任和义务，也是向国际社会展示中国生态林业和民生林业建设成就、争取国际重大决策话语权、维护国家权益的重要途径。为做好中国国家报告的编制工作，2013年10月以来，资源司、国际司牵头，组织局规划院成立了评估技术组，集中开展了国家报告的编制工作，形成了《2015年全球森林资源评估中国国家报告》。

《2015年全球森林资源评估中国国家报告》编制过程中，在国土面积处理、森林标准对接、生物量和碳储量等指标的评估上，沿用了提交2010年全球资源评估的方法和处理原则，保持了我国对外口径的一致性。

（张　敏）

【全面完成蒙特利尔进程《中国森林可持续经营国家报告》的编制工作】 本次报告是中国首次从政府层面，向国际组织提报综合反映新时期中国森林可持续经营进展的国别报告。主要任务是依据蒙特利尔进程2009年颁布实施的《温带和北方森林保护与可持续经营标准与指标体系》，结合中国林业和森林资源管理实际，对七大标准共计54项指标进行统计分析与综合评价，力求系统、全面反映中国森林可持续经营状况。本报告在2013年7月第23届蒙特利尔进程工作组会议上向进程各国予以介绍和提报。与会代表对中国森林可持续经营国家报告给予了充分肯定，美国、新西兰、加拿大等国家代表都提出本次会议报告印象最深的是来自中国的报告。会议主席Andrew Wilson兴奋地说“中国的报告是我听过的最精彩的报告之一”。

为全面展示我国森林可持续经营进展，进一步加大成果的宣传效果，国家林业局印红副局长为《中国森林可持续经营国家报告》中、英文版写了序言，详细介绍了报告的编写情况。国家报告的中英文版已经编制正式出版，并按蒙特利尔进程要求向进程联络办公室、各成员国予以呈送，履行我国作为蒙特利尔进程成员国的义务。

（张　敏）

林政执法

【重大森林资源行政案件督查督办情况】 根据群众举报、新闻媒体曝光、国家林业局领导批示，资源司(监督办)发函责成省级林业主管部门和专员办查处督办或派工作组现地查处督办破坏森林资源案件78起。重点对《焦点访谈》报道的云南省马关县在低产低效林改造中滥用职权、非法采伐林木案、中煤陕西榆林能源化工有限公司非法占用林地案、湖南省临武县土地整理非法占用林地案等案件进行了督办，引起了当地党委政府的高度重视，采取得力措施，认真查处违法违规案件，取得了良好的督办成效。 （王 鹏）

【全国林业行政案件统计分析】 全国共发生林业行政案件26.90万起，查处26.71万起，查处率为99.28%。

林业行政案件统计结果 全国林业行政案件发生总量较2012年减少0.54万起，下降1.97个百分点，呈持续下降趋势。案件涉及林地9924.89公顷，林木蓄积71.97万立方米，野生动物102.81万只。全国共收回林地2585.95公顷，没收苗木1063.23万株、木材41.53万立方米、种子1.11万千克，挽回经济损失共计14.57亿元，责令补种树木1257.95万株，行政处罚28.95万人次。中南、华东、华北和西南地区案发总量较大，分别为7.05万起、6.59万起、4.65万起和4.47万起。中南、华东、西南地区平均发案量较多，分别为1.18万起、0.94万起和0.89万起。案件造成损失林地7338.94公顷，林木30.44万立方米，竹子1193.43万根，种子2.76万千克，幼树或苗木6101.50万株，野生动物41.43万只。

林业行政案件发生特点及趋势 2013年，全国林业行政案件发生量总体呈下降趋势，个别案件类型发生数量出现反弹上扬现象，西部地区案件发生总量持续增长。结果表明：一是林业行政案件发生总量持续下降。近五年，全国林业行政案件发生总量呈持续下降趋势，2013年较2009年总体减少2.86万起，下降9.60%；二是非法收购、运输木材案件大幅下降。与2012年相比，非法收购、运输木材案持续下降，减少1.33万起，下降10.56%；三是违法占用征收林地案件明显上升。2013年全国共发生违法占用征收林地案2.44万起，比2012增加0.51万起，增长幅度达26.79%，呈大幅上升趋势；四是盗滥伐林木和非法猎捕野生动物等案件有所增加。2013年盗伐林木、滥伐林木案分别比2012年增加了1185起和1251起，增长5.70%和3.26%。非法猎捕野生动物和非法收购、出售、运输野生动物及产品案分别增加了320起和835起，增长25.44%和48.57%；五是西部地区案件发生总量继续增长。内蒙古等14个西部地区的林业行政案件发生总量为10.67万起，较2012年增加0.66万起，增长6.61%。

林业行政案件发生原因 分析全国林业行政案件统计数据，主要原因有以下几个方面：一是林业资源管理和行政执法工作不断加强，全国林业行政案件发生总量稳步下降；二是非法运输案件减少。一方面与加大执法打击力度有关，另一方面与木材检查站设置不合理、林业行政执法机构弱化导致许多非法运输木材案件难以截获息息相关；三是高额利润驱动和供求矛盾升级导致盗伐、滥伐案件频发；四是饮食陋习导致野生动物损失严重；五是不能正确处理发展与保护的关系导致违法占地增多；六是西部地区林业行政执法形势严峻。

（班 奇）

【受理举报林业行政案件办理情况】

案件发生情况 2013年1~12月，国家林业局稽查办共受理并批转群众举报林业行政案件86件。其中：举报政府行为违法案件10件，占11.63%；企业法人违法案件14件，占16.28%；村组负责人违法案件33件，占38.37%；其他行为主体人29件，占33.72%；盗伐林木案件13件，占15.11%；滥伐林木案件6件，占6.98%；毁坏林木和苗木案件47件，占54.65%；非法征占用林地案件14件，占16.28%；非法收购加工木材案件3件，占3.49%；其他林业行政案件3件，占3.49%。

案件办理情况 受理的86件林业行政案件，全部按要求转发到相关省林业主管部门办理。其中，要求各地反馈查处情况的案件65件，占案件总量的75.58%；到期未反馈案件19件，占29.23%。未反馈办理情况的省(区、市)分别是内蒙古5件，山西、吉林、广西、重庆各2件，河北、辽宁、四川、贵州、陕西、甘肃各1件。

案件的特点和存在问题 2013年受理的林业行政案件呈现出以下几个方面的特点和问题：

一是案件数量略有上升。全年共受理林业行政案件86件，与2012年同期受理的林业行政案件相比增加了2件。二是举报毁林和非法占用、征收林地案件较突出。2013年与2012年同期相比该类案件有所上升，分别增加了12件和2件。三是各省案件发生的情况不平衡。举报案件较多的省区有：江西11件，山西9件，内蒙古7件，黑龙江6件，辽宁、吉林、福建各5件，河北、河南各4件，湖北、广西、云南、陕西各3件。四是反馈率较低。要求反馈的65件，除10件未到反馈期外，有19件逾期未反馈，占要求反馈的29.23%。

（宋文龙）

森林资源监督

【森林资源监督综述】 国家林业局各派驻森林资源监督机构紧紧围绕发展生态林业、民生林业的战略目标，以案件督查督办作为工作重点，全面强化各项监督行为，为保护和发展森林资源发挥了重要作用。

督查督办破坏森林资源案件 2013 年，赵树丛局长连续多次对案件督查督办工作做出指示和批示。各专员办按照赵树丛局长的重要指示精神，把督查督办破坏森林资源案件工作作为强化监督工作的重要抓手，强力调查督办各类破坏森林资源案件，取得了显著成效。①做好国家林业局通报问题的整改。各专员办高度重视国家林业局各项监督检查工作中发现问题的整改，及时与驻地林业主管部门交流分析问题，督促地方政府和林业主管部门依法整改。对检查通报整改的 29 起破坏森林资源违法案件，云南专员办领导亲自领导亲自带队到西双版纳、楚雄、文山等地进行督办。②督查督办了一批舆论关心、百姓关注的重大案件。重点对媒体报道和局领导批示或群众反映强烈的云南马关案，新疆生产建设兵团六师 103 团毁林开垦案，陕西省商洛市挖山毁林案，海南省保亭县 33 起违法占用林地案以及中国经济网反映的山西恒山风景区违法占地案、《人民日报》反映的河南嵩县违法占地案等一批破坏森林资源案件及时进行了督办查处，有力打击了犯罪，树立了监督权威。③认真做好来信来访反映问题的处理。各专员办结合党的群众路线教育活动，认真处理好群众来信来访反映问题的调查督办。长春专员办通过督办辽宁省北票市富贵鸟矿业有限公司等 5 家公司非法占用林地案件，督促相关部门依法处理了 2 名县级干部，在两省引进很大震动。④不断探索和建立案件督查督办的有效机制。云南专员办对案件实行分类分级管理，注重督查督办实效，避免案件“烂尾”，确保件件有结果；西安专员办制定了《涉林违法案件督办约谈制度》，研究提出与地方林业和省级检察院的联合办案工作机制；成都、合肥等专员办也通过采取约谈地方政府负责人的方式，加大案件查处落实的力度；黑龙江专员办联合林业、公安、国土、监察等部门开展了黑龙江省查办督办破坏森林资源违法违规案件专项行动，查办案件 81 起。

2013 年 1～11 月，各专员办共督查督办各类破坏森林资源案件 786 起，其中，国家林业局交办案件 75 起，各专员办自查各类案件 711 起。

检查核查工作 ①认真开展征占用林地行政许可被许可人监督检查。各专员办对国家林业局审核同意的 210 个建设项目占用征用林地被许可人使用林地情况进行了监督检查。认定依法使用林地项目 193 项，违法违规使用林地项目 17 项。发现了林地征占用许可后管理方面存在的问题，为规范林地使用管理提供了第一手资料。②不断完善保护发展森林资源目标责任制检查工作。各专员办对 31 个省(区、市)的 80 个县级人民政府 2012 年保护发展森林资源目标责任制建立情况进行了检查。全国县级政府保护发展森林资源目标责任制建立基本完成。③认真完成重点国有林区森林资源管理情况检查工作。2013 年，将原来的东北、内蒙古重点国有林区“三总量”检查，调整为东北内蒙古重点国有林区森林资源管理情况检查。按照队伍小、天数少、效果好的要求，增加了高科技应用，增强了检查针对性，减轻了基层压力，提高了工作效率。组织东北四办对 18 个林业局进行了检查。针对检查中发现的违法占用林地，无证、超证采伐和滥伐等问题，国家林业局已下发通报。④开展重点国有林区森工企业局伐区调查设计和作业质量(两个 1%)核查工作。东北内蒙古 4 个专员办对 87 个受检单位的 1125 个小班进行了作业设计质量核查，伐区调查设计质量合格率 92.2%；对 83 个受检单位的 790 个采伐作业小班的伐区作业质量进行了核查，采伐作业质量合格率 64%。其中吉林省重点国有林业局伐区调查设计质量合格率为 100%，采伐作业质量合格率为 98.5%。针对发现的问题，各专员办及时下发了监督整改意见书，提出了监督检查意见并加强督办。黑龙江专员办向黑龙江森工总局通报了检查结果，并督促对存在问题的 23 个林场场长给予行政撤职处分，确保限额采伐和凭证采伐制度的落实。

日常监督管理工作 ①积极开展林地保护管理的日常监督和专项行动。内蒙古专员办分别与林管局和呼伦贝尔市联合开展专项行动，重点打击各类破坏和非法侵占林地行为。大兴安岭专员办对集团公司落实林地用途管制暨林地定额管理制度情况进行了监督检查，对临时占用林地收回及植被恢复费收缴情况进行了专项调查；贵阳专员办主动开展工业园区建设占用征收林地检查，针对发现的问题，责成地方政府和有关部门进行整改；福州专员办联合江西省厅对江西省 20 个县的林地保护管理情况进行了专题检查；上海专员办对浙江土地整理涉林问题调研后形成了专题报告；广州专员办发现《海南经济特区林地管理条例》下放林地审核权给全省林地管理带来的问题，及时向海南省人民政府和局里作了专题汇报，得到了海南省和国家林业局主要领导的高度重视。②切实规范森林资源采伐利用行为。东北四办认真做好林木采伐许可证核发工作，采取定期检查和集中整顿相结合的方式，加大对林木采伐利用情况的监管。内蒙古专员办进一步完善林木采伐许可证核发管理制度和发证软件系统，严格执行采伐证核发规定，发放合格率达 100%；长春专员办结合发现的新情况和倾向性问题，下发了《关于切实加强绿化树木采挖管理和监督工作的通知》，进一步规范了设计、拨交、采挖、验收等环节，有效地控制了违规采挖和乱采滥挖现象。

《监督报告》的决策参考作用 各专员办分别向国家林业局和33个省(区、市、集团公司)提交了2012年度《森林资源监督报告》。《报告》客观分析了监督区森林资源保护管理工作取得的成绩和存在的问题，提出有针对性的工作建议。各省(区、市)政府高度重视，共有23个省的省级领导对监督报告作出批示，对落实监督报告提出的问题和建议作出了部署。

(董　冶　沙永恒)

【召开新闻发布会公布全国林地管理情况检查结果】 12月25日，国家林业局召开新闻发布会，通报了2013年林地管理情况检查结果，张建龙副局长，资源司(监督办)司长(主任)郝燕湘，宣传办主任程红出席了发布会。会议通报了18个严重违法占用林地项目，并将对这些项目进行重点督办、督促整改。

2013年，国家林业局对全国29个省(区、市，上海、西藏除外)和新疆生产建设兵团的150个县(市、旗、区、团)的林地管理情况进行了检查。检查利用遥感影像判读疑似占用林地图斑9851块：抽查1676块，查出违法违规占用林地295项，面积1564.8公顷，其中建设项目276项、面积623公顷，土地开发整理6项、面积812.1公顷，毁林开垦13起、面积129.7公顷；移交地方自查疑似占用林地图斑8175块，查出各类违法违规占用林地1118项，面积6748公顷。国家抽查和地方自查合计，共查出违法违规占用林地面积8312.8公顷。

张建龙在发布会上说，全国林地管理面临巨大挑战，存在不少问题。第一，乱占林地的现象依然严重。这几年全国各地对乱占林地的非法行为开展了集中打击，但是这种现象仍然非常严重。一些地方政府为追求所谓的政绩，以破坏生态为代价，对招商引资项目“大开绿灯”，导致大量违法占地，土地开发整理和工业园区建设已经成为林地流失的重要原因。第二，私挖乱采现象严重。受利益驱动，采石采矿及各类经营性建设项目非法占用林地的现象非常严重。抽查发现采石采矿等违法项目79项、面积146.73公顷，占抽查违法项目总数的28.6%，面积占到了23.5%。第三，毁林开垦问题在一些地方依然突出。这些年通过打击，非法开垦现象势头有所遏制，但还是非常突出。一些地方为了各自的利益，与不法商户、承包户签订一些合同，造成了大量林地的流失和森林资源的毁坏。

张建龙要求，各省级林业主管部门及时向省政府汇报此次通报及自查发现的问题，采取有力措施，切实加强整改，督促有关部门依法处理；对于涉嫌犯罪或负有行政责任的相关责任人和责任单位，依法依纪严肃处理，并追究问题严重地区县级政府有关负责人的行政责任。要认真贯彻落实党的十八届三中全会精神，落实最严格的源头保护制度，落实林地保护红线，严格执行林地用途管制，建立森林资源保护管理责任追究制度，通过一批大案要案的查处，建立健全森林资源保护管理的长效机制。对通报的严重违法占用林地项目，国家林业局将采取现场督办、新闻曝光、约谈和行政调控等措施，确保违法责任处理到位，行政责任追究到位；对林地管理问题严重且整改不到位的县，取消所在省使用国家备用定额的资格，并暂停所属市(地、州)占用征收林地项目审核审批。国家林业局各派驻森林资源监督专员办事处负责对监督区内的查处工作进行督办，并向国家林业局报告督办结果。(王　鹏)

【国家林业局驻北京森林资源监督专员办事处揭牌】 9月30日，国家林业局驻北京森林资源监督专员办事处(中华人民共和国濒危物种进出口管理办公室北京办事处)揭牌活动在北京举行，国家林业局副局长印红为办事处揭牌。国家林业局政法司、资源司、计资司、人事司、濒管办、监督办有关领导出席揭牌仪式。

国家林业局驻北京森林资源监督专员办事处(中华人民共和国濒危物种进出口管理办公室北京办事处)是经中央机构编制委员会批准成立，参照《公务员法》管理的事业单位。其主要职责是受国家林业局委托，监督北京市、天津市、河北省、山西省森林资源调查监测、开发利用以及林政管理；监督京、津、冀、晋4省(市)保护发展森林资源目标责任制建立和执行；协调配合所辖区域内相关机构履行《濒危野生动植物种国际贸易公约》，代表中华人民共和国濒危物种进出口管理办公室核发野生动植物允许进出口证明书和非进出口野生动植物种商品目录物种证明；协同有关机构开展野生动植物进出口执法，对免税进口的野生动植物进行监督检查；承担国家林业局交办的其他事项。(董　冶)

【森林资源监督专员座谈会】 7月5~6日，国家林业局资源司(监督办)在北京召开森林资源监督专员座谈会。会议的主要任务是传达学习赵树丛局长近期对森林资源管理监督工作作出的重要批示精神，分析新形势下森林资源监督工作面临的新情况新问题，研究切实做好森林资源管理和监督工作的具体措施。国家林业局各派驻监督机构专员参加了会议，印红副局长出席会议并讲话。

会议围绕深入贯彻赵树丛局长的批示精神和加强森林资源监督工作进行了座谈和交流。专员们以案件查办督办为重点，汇报了上半年监督工作开展情况，就案件查办督办过程中出现的困难和问题进行了交流和分析，并就加强森林资源管理监督工作提出了措施和建议。会议还就即将下发的《国家林业局关于进一步加强森林资源保护管理工作的通知》进行了修改讨论。(沙永恒)

【东北内蒙古重点国有林区森林资源管理情况检查】 国家林业局对内蒙古森工集团根河、满归、莫尔道嘎、绰尔林业局，吉林森工白河、红石、汪清、三岔子林业局，龙江森工集团乌伊岭、八面通、东方红、东京城、兴隆、迎春、朗乡、友好林业局以及大兴安岭林业集团新林、韩家园林业局等18个单位的森林资源管理情况进行了检查。检查结果如下：

从检查结果看，存在以下几个问题：一是违法占用林地。有16个局存在违法占用林地现象，共发现148个地块，面积157.52公顷。其中，毁林开垦地块76个，面积101.46公顷。综合自查情况，有11个林业局存在违法探矿采矿问题，共39起。二是无证采伐。有8个局存在无证采伐问题，共发现112个无证采伐地块，面积330.89公顷，采伐蓄积3127.2立方米。三是超证采伐。有3个局存在超证采伐问题，共发现4个超证采伐小班，超采蓄积51.0立方米。四是滥伐(串树种采伐)问题。有15个林业局存在滥伐问题，共发现25个采伐小班，滥伐蓄积886.5立方米。

国家林业局下发了通报，要求各省级林业(森工)主管部门负责本辖区各林业局存在问题的整改，要针对出现的问题，认真分析原因，制订整改方案，落实整改措施，切实加强森林资源管理。国家林业局驻内蒙古自治区、长春、黑龙江省和大兴安岭林业集团公司森林资源监督专员办事处负责对整改情况进行督办，特别要加大对有关企业领导行政问责和林政案件办理情况的督办力度。

总体来说，东北、内蒙古重点林区森林资源管理正在加强，超证采伐问题有所好转，但毁林开垦、违法探矿采矿和无证采伐问题仍不容忽视。违法占用林地面积由2012年9个局的39.88公顷到2013年18个局的161.07公顷，其中毁林开垦面积101.46公顷。违法探矿采矿发生39起，涉及11个林业局。无证采伐蓄积由2012年9个局的997.9立方米到2013年18个局的3127.2立方米。少数企业局违法情况有所抬头，森林资源保护管理形势依然十分严峻。　　(柏建伟)

【保护发展森林资源目标责任制检查情况】 国家林业局森林资源监督管理办公室按照《保护发展森林资源目标责任制检查方案》规定，在全国31个省(区、市)共选定了80个被检查单位，各派驻监督机构圆满完成了检查任务。

检查结果 在80个被检查县中，获得“优秀”评级的66个，占全部被检县的82.5%；获得“良好”评级的11个，占全部被检县的13.75%；获得“中等”评级的2个，占全部被检县的2.5%；获得“差”评级1个，占全部被检查县的1.25%。

取得成效　通过检查 强化了县级政府领导责任制的主体意识、责任意识，探索了工作经验，锻炼了监督干部队伍，全国县级人民政府保护发展森林资源目标责任制建立工作基本完成。截至2013年10月底，全国2732个应当建立责任制的县级政府中，共有2578个已经建立，占总数的94.4%。天津、吉林、浙江、安徽、湖南、海南、贵州、新疆，重庆、西藏等10个省(区、市)人民政府出台了关于建立保护发展森林资源目标责任制的文件，有力地推动了当地责任制的建立和执行工作。

存在问题与下一步工作 一是省级政府责任制建立工作还有大量的工作要做；二是各地签订的责任制内容不统一；三是考核执行存在走过场的问题；四是一些地方政府没有把保护发展森林资源目标责任制摆上重要位置。下一步工作，一是进一步加大宣传力度，推动省级政府责任制的建立；二是逐步将检查工作重点从县级责任制建立转变到考核执行；三是进一步研究确定考核年度目标责任主要内容的方法和手段；四是进一步加大责任制监督检查的力度。　　(段秀廷)

【森林资源监督报告】 国家林业局15个派驻森林资源监督机构分别向33个省(含自治区、直辖市、集团公司、兵团)提交了《森林资源监督报告》。

森林资源保护管理宏观态势 保护发展力度加大，森林资源数量质量双提高；林地保护利用规划编制和林地“一张图”建设进展顺利，林地保护管理水平进一步提升；采伐管理改革不断深入，服务基层不断深化；木材运输及经营加工管理工作更加规范；重点生态公益林保护工作有效加强；森林资源监测工作不断强化；森林资源保护管理法规进一步完善；严厉打击各类涉林违法行为；保护发展森林资源责任制建立工作已基本完成；湿地及野生动植物保护工作进一步加强。

各地森林资源管理存在的问题 违法使用林地多发，林地保护管理形势严峻；森林资源质量不高，生态建设任务艰巨；森林可持续经营工作推进缓慢，木材检查站建设需加强；基层林业机构体制不顺，力量薄弱；保护发展森林资源目标责任制工作需进一步推进；湿地、野生动植物保护管理工作仍需加强。

监督建议 严把林地征用、占用、征收审核关，切实保护好林地资源，加快区县政府林地保护利用规划的编制工作，加强低丘缓坡改造项目监管，规范重点国有林区林下资源开发利用；强化林政执法，研究解决林业案件刑事处罚偏轻问题，切实加大林权纠纷调处，加大查办督办力度，树立林业执法权威；突出抓好森林科学经营，推广试点成功经验，优化森林结构，提高森林质量和综合效益，严格林木采伐管理，严格实施凭证采伐制度，探索简化群众零星采伐林木审批办法；省级人民政府出台保护发展森林资源目标责任制指导性文件，已建立的要进一步规范；加强基层林业机构、队伍建设，增加林业投入；做好湿地、野生动植物保护工作。

监督报告引起相关省领导重视 北京、天津、河北、山西、内蒙古、辽宁、吉林、黑龙江、安徽、福建、江西、河南、湖北、湖南、贵州、云南、海南、西藏、陕西、甘肃、青海、宁夏、新疆生产建设兵团等23个省的党委、政府主要领导或分管领导对监督报告作出了批示。　　(段秀廷)

【对贵州省赤水市开展林地保护管理情况专项检查】 9月，资源司(监督办)在配合监察局调查案件时，发现贵州省赤水市的林地管理失控，非法占用林地问题突出。对此，按照局领导批示精神，组织局规划院、贵州省林业厅、贵阳专员办对该市2011年8月至2013年8

月的林地管理情况开展了林地管理情况专项检查。

检查发现，该市自2011年8月以来，共有62个违法占用林地建设项目，违法占用林地67.33公顷，有1个无证采伐地块，采伐面积0.75公顷。

根据检查结果，发局文对贵州省林业厅提出要求，并抄送省人民政府：敦促赤水市依法依纪追究相关责任人的法律和行政责任，将赤水市存在的问题和处理结果在全省范围内进行通报；争取省人民政府出台加强森林资源管理文件，建立健全森林资源保护管理长效机制。

贵州省林业厅将赤水市存在的问题和处理结果在全省进行了通报，同时，积极争取省人民政府出台加强森林资源管理文件。贵州省赤水市对违法案件依法进行了处理，共罚款571.55万元。（王　鹏）

【对黑龙江省明水湿地保护区开展毁林毁湿开垦情况专项检查】 11月26日，国家林业局赵树丛局长在人民网、《法制日报》等媒体反映的《黑龙江明水湿地保护区违法开垦耕地两万亩》上作出批示："请资源司、湿地办查核，报结果。"根据赵树丛局长批示精神，资源司（监督办）经商湿地办，组织黑龙江专员办和局规划院，于12月17～22日赴现地进行了检查。经查，2011年以来，在该保护区缓冲区有107.27公顷湿地、实验区有6.33公顷林地被开垦为耕地；此外，该保护区从2007年成立至今，有225.8公顷湿地存在老耕地复耕情况。

对此，国家林业局于2014年1月向黑龙江省林业厅发文通报了检查结果，要求其进一步核实相关情况，依法依纪进行处理，将被毁林地、湿地恢复原状，并在全省通报相关情况，同时，将文件抄送了省人民政府。黑龙江省林业厅协调有关部门依法依纪处理了存在的问题，并制定得力整改措施。（王　鹏）

【国家林业局第十五期森林资源监督干部培训班】 8月6～8日，国家林业局第十五期森林资源监督干部培训班在福建省厦门市举办。国家林业局各派驻森林资源监督机构业务骨干，部分东北重点国有林区基层监督机构专员参加了培训。

资源司（监督办）副主任冯树清出席开班仪式并提出要求。培训班结合森林资源监督工作实际，精心设置了课程。邀请了监察部驻局监察局、政法司、北京林业大学等相关专家学者讲解了新时期林业反腐倡廉形势与任务及典型案例剖析、如何规范执法行为、应急管理等内容，组织观看了录像。为进一步提高监督工作能力，推动监督工作发展，培训班还组织部分专员办处长进行了专题研讨。大家就如何应对森林资源管理和监督工作出现的新情况新问题、如何解决监督机构和队伍建设面临的问题、如何进一步规范和加强森林资源监督工作等提出了很好的意见和建议。（沙永恒）

【全国森林资源行政案件管理培训班】 为进一步提高全国森林资源行政案件办案能力和管理水平，7月30～31日，国家林业局森林资源管理司（森林资源监督管理办公室）在贵阳举办了森林资源行政案件管理培训班，对各省级林业主管部门、局各派驻森林资源监督机构负责案件管理人员进行了培训。参加培训人员全部为处级以上干部，学员涵盖了资源林政、监督、森林公安、政策法规、执法监察、稽查、资源管理站等所有涉及森林资源行政案件管理的部门，共计80余人。

培训采取集中授课和座谈交流的形式，共集中授课3次，座谈交流1次。培训前，要求各单位提交案件管理的书面发言材料，并印发全体培训人员交流学习。集中授课分别由张松丹副主任、驻云南专员办万兆奇专员、最高检渎职侵权检察厅重大责任事故调查办公室牛正良主任主讲。培训结束后，还要对本地、本部门的相关人员进行培训，牢固树立法律意识、责任意识，进一步加强森林资源行政案件管理，切实履行好保护管理森林资源的法定职责。（王　鹏）

国有林区改革

【重点国有林区改革进展情况】 重点国有林区改革工作积极稳妥推进，取得了重要进展。一是开展国有林区改革中期评估。根据国家发展改革委和国家林业局要求，分别就"十二五"规划《纲要》中的"国有林区管理体制改革"和"国有林区林权制度改革"两项内容进行了中期评估。吉林、黑龙江、内蒙古3省（区）及森工集团分别报送了有关材料。通过中期评估，总结了改革的进展，分析了存在的问题，并梳理了下一步改革的思路。二是组织召开重点国有林区改革座谈会。7月和11月，国家林业局两次组织召开重点国有林区改革座谈会，召集吉林、黑龙江、内蒙古3省（区）森工集团、省级林业主管部门等单位，交流国有林区改革情况，征求各方面对重点国有林区改革的意见和建议，并就有关问题进行了深入探讨。国家林业局局长赵树丛出席会议并作重要讲话，对下一步工作提出了要求。三是开展重点国有林区改革调研。9月，国家林业局会同国家发展改革委，深入黑龙江兴隆、乌马河、新青、友好林业局等地开展调研，为起草改革指导意见做准备。四是研究起草国有林区改革指导意见。国家林业局会同国家发展改革委，共同起草了《国有林区改革指导意见（初稿）》，并准备了向国务院汇报的材料。在开展黑龙江重点国有林区停止天然林商业性采伐试点等方面达成一致意见，为进一步推进重点国有林区改革实现了重要突破。

（艾　畅）

表 11-1　2013 年度国家林业局审核审批占用征收林地情况统计表

省(区、市)、集团、兵团	审核占用征收林地			审批临时占用林地			审批直接为林业生产服务占用林地	
	项目数	面积（公顷）	森林植被恢复费(万元)	项目数	面积（公顷）	森林植被恢复费(万元)	项目数	面积（公顷）
总　计	**357**	**46 612.37**	**326 098.14**	**133**	**6419.48**	**40 162.44**	**50**	**923.22**
北　京	2	42.39	685.58	1	61.56	657.94		
天　津								
河　北	7	2102.32	11 121.89	3	200.80	1056.7		
山　西	6	857.4	3982.02	2	95.62	357.83		
内蒙古	37	3480.02	25 536.18	4	119.38	432.31		
辽　宁	6	1109.64	13 989.93					
吉　林	35	1788.58	13 324.99	14	319.75	2186.45	17	201.52
黑龙江	4	136.77	740.95	6	92.08	753.27		
上　海								
江　苏	5	224.35	1657.86					
浙　江	4	235.03	1639.15	5	425.72	2812.07		
安　徽	2	232.59	1758.40	1	88.29	635.42		
福　建	25	2828.7	26 551.99	1	17.60	93.70		
江　西	11	3083.41	21 053.55					
山　东	1	184.72	1893.36					
河　南	8	1000.49	7728.57	3	134.48	1217.1		
湖　北	13	1999.3	11 940.95					
湖　南	4	591.23	4399.65	1	78.16	739.18		
广　东	8	3540.53	22 735.64					
广　西	8	2758.64	18 967.27	3	182.45	1319.27		
海　南	4	1010.56	6705.25	1	108.87	829.69		
重　庆	3	221.99	1551.08					
四　川	25	4961.90	26 113.95	17	985.89	6226.42		
贵　州	26	2185.19	20 674.78	1	10.01	150.98		
云　南	26	6154.57	42 279.25	9	829.41	5629.06		
西　藏	1	266.18	2661.85					
陕　西	16	2001.10	13 211.42	6	246.44	1962.03		
甘　肃	7	437.09	2313.34	5	1119.36	3810.32		
青　海	4	467.06	3471.53					
宁　夏	1	137.77	627.33	1	59.96	574.91		
新　疆	11	824.34	6337.76	9	757.49	6085.89		
新疆兵团	1	13.11	131.08	1	49.96	467.21		
内蒙森工	15	362.65	2214.53	21	108.77	210.63	14	585.54
大兴安岭	13	166.20	678.18	8	122.07	246.72	16	94.12
龙江森工	18	1206.55	7418.9	10	205.36	1707.36	3	42.04

表 11-2 2013 年度各省(区、市)、新疆生产建设兵团审核审批占用征收林地情况统计表

省(区、市)、兵团	审核占用征收林地			审批临时占用林地			审批直接为林业生产服务占用林地	
	项目数	面积(公顷)	森林植被恢复费(万元)	项目数	面积(公顷)	森林植被恢复费(万元)	项目数	面积(公顷)
总 计	**15 588**	**75 893. 2**	**490 596. 66**	**1506**	**6585. 57**	**35 343. 92**	**1725**	**2641. 41**
北 京	114	460. 80	6402. 92	15	38. 9	673. 11	2	3. 22
天 津	68	295. 17	1758. 73	2	3. 17	30. 71		
河 北	220	1936. 93	8788. 23	10	64. 99	373. 21	1	1. 42
山 西	183	883. 40	5899. 21	37	190. 16	801. 83	5	44. 24
内蒙古	864	6089. 35	26 803. 17	19	106. 03	526. 32	22	310. 67
辽 宁	238	1331. 72	8235. 45	21	73. 38	463. 49	4	26. 1
吉 林	273	905	7023. 56	22	51. 21	382. 89	12	30. 34
黑龙江	222	511. 12	3092. 26	34	68. 2	538. 05	25	50. 39
上 海	13	16. 56	744. 97					
江 苏	168	672. 63	5982. 94	5	13. 26	101. 09	20	18. 46
浙 江	905	4261. 61	25 365. 28	184	408. 11	1675. 20	1416	1176. 61
安 徽	382	2190. 42	12 333. 93	23	196. 34	1218. 80		
福 建	1299	5668. 81	56 137. 36	47	190. 59	1230. 31	31	80. 27
江 西	850	4456. 70	24 968. 75	35	123. 43	833. 17	21	27. 14
山 东	163	521. 49	3459. 22	20	89. 69	450. 73	19	15. 57
河 南	321	1561. 30	11 407. 78	13	47. 54	303. 64	3	2. 82
湖 北	1439	5899. 37	37 012. 66	16	151. 81	635. 76	18	27. 77
湖 南	2376	6596. 50	55 667. 74	21	100. 84	812. 53	20	86. 54
广 东	773	4740. 13	30534. 70	114	532. 13	3255. 50	3	1. 55
广 西	556	4057. 15	27 724. 16	31	179. 04	1271. 83	26	213. 28
海 南	196	1057. 03	5431. 71	25	219. 22	703. 74	1	0. 49
重 庆	247	1496. 00	9269. 51	24	94. 41	667. 26	21	32. 52
四 川	740	4230. 68	24 263. 52	181	534. 76	2540. 33	3	2. 53
贵 州	629	1969. 08	18 595. 94	20	106. 03	1314. 29	4	10. 25
云 南	882	5694. 21	31 002. 43	162	1155. 75	5254. 68	21	148. 03
西 藏	44	272. 56	1920. 06	9	24. 72	91. 20		
陕 西	718	4700. 22	23 065. 05	5	4. 67	35. 98	5	7. 24
甘 肃	78	540. 42	2499. 35	81	231. 47	897. 85	3	7. 94
青 海	82	247. 69	1559. 95	30	34. 86	195. 50		
宁 夏	143	974. 25	4026. 46	161	705. 61	3618. 17	12	188. 93
新 疆	300	1373. 22	7857. 82	138	834. 4	4348. 94	6	124. 15
新疆兵团	102	281. 65	1761. 83	1	10. 85	97. 80	1	2. 94

林业法制建设

12

林业政策法规

【林业政策建设工作】

建立了规范性文件数据库 在国家林业局官方网站首页开通了"国家林业局规范性文件查询系统"(网址是：http：//gfxwj. forestry. gov. cn/)，在对国家林业局现行有效的规范性文件进行数字化和校对后，上传到规范性文件数据库，面向全社会提供查询服务。

初步建立了规范性文件有效期制度 从2013年开始，国家林业局发布的规范性文件都标注了3~5年的有效期限，成为识别规范性文件的一个重要标志。

做好规范性文件审查及征求意见工作 2013年共审核发布规范性文件21件(规范性文件目录详见专栏)。特别是对检疫审批与监管、防沙治沙内容评价、集体林采伐管理改革、龙头企业确定与管理等涉及面广、影响大、复杂敏感的文件进行了重点审查，进行了全面研究和修改完善。

规范林业检查核查工作 根据党组决定，为提高检查核查成效，减轻基层负担，依据法律、法规、规章和规范性文件以及国家有关部门对林业检查核查工作的要求，对国家林业局检查核查项目进行了全面梳理、确认，对48项检查与核查项目进行统一划分，逐一清理，进行整合或取消，并在此基础上研究制定了《国家林业局规范检查核查工作规定》，明确了检查核查的范围，确定了检查核查项目清单。 (政策处)

表12-1 2013年国家林业局发布的规范性文件列表

序号	文件名称	文号
1	国家林业局关于从严控制矿产资源开发等项目占用东北、内蒙古重点国有林区林地的通知	(林资发〔2013〕4号)
2	国家林业局关于印发《全国林业检疫性有害生物疫区管理办法》的通知	(林造发〔2013〕17号)
3	中华人民共和国濒危物种进出口管理(两项被许可人监督检查办法)公告	(濒管办公告2013年1号)
4	国家林业局关于国营林场自建水库占用林地有关问题的复函(2013年03月11日08时)	(林策发〔2013〕30号)
5	国家林业局　财政部关于印发《国家级公益林管理办法》的通知	(林资发〔2013〕71号)
6	国家林业局和国家标准化管理委员会关于印发《国家林业标准化示范企业认定管理办法》的通知	(林科发〔2013〕85号)
7	国家林业局关于规范木材运输检查监督管理有关问题的通知	(林资发〔2013〕96号)
8	国家林业局关于进一步改进人造板检疫管理的通知	(林造发〔2013〕123号)
9	国家林业局关于做好沙区开发建设项目环评中防沙治沙内容评价工作的意见	(林沙发〔2013〕136号)
10	国家林业局(委托实施野生动植物行政许可事项)公告	(国家林业局公告2013年12号)
11	国家林业局关于做好国家沙漠公园建设试点工作的通知	(林沙发〔2013〕145号)
12	国家濒管办关于以参展为目的进口及再出口濒危野生植物的管理规定	(濒管办公告2013年第4号)
13	国家林业局关于切实加强和严格规范树木采挖移植管理的通知	(林资发〔2013〕186号)
14	国家林业局关于印发《林业专业合作社示范章程(示范文本)》的通知	(林改发〔2013〕190号)
15	国家林业局关于森林公安机关办理林业行政案件有关问题的通知	(林安发〔2013〕206号)
16	国家林业局关于人工培育的珍贵树木采伐管理有关问题的复函	(林策发〔2013〕207号)
17	国家林业局关于印发《转基因林木生物安全监测管理规定》的通知	(林技发〔2013〕215号)
18	国家林业局关于印发《引进林木种子、苗木检疫审批与监管规定》的通知	(林造发〔2013〕218号)
19	国家林业局关于采集管理国家重点保护野生植物有关问题的通知	(林护发〔2013〕224号)
20	国家林业局关于印发《国家沙漠公园试点建设管理办法》的通知	(林沙发〔2013〕232号)
21	国家林业局关于印发《林业固定资产投资建设项目管理办法》的通知	(林规发〔2013〕230号)

* 以上文件具体文本详见国家林业局网站：http：//gfxwj. forestry. gov. cn/

【林业立法】

推进法律法规的修改 一是种子法（修改）工作，完成《种子法》（修改）（征求意见稿）；配合国务院法制办做好种子法中涉及林木种子检验员条款的修改工作，在行政审批改革中保留了省级林业主管部门对林木种子检验员的考核。二是做好《野生动物保护法》（修改）有关工作，与全国人大环资委等进行4次调研、提出了研究修改要点。三是做好《湿地保护条例》工作，第四次征求国务院有关部门意见，并在此基础上修改完善。四是研究完善《森林法》（修改），针对森林经营、林木采伐等重点问题进行专题研究和调研。

规章制定和审查工作 发布了《集体林权制度改革档案管理办法》《中华人民共和国植物新品种保护名录（第五批）》《国家林业局委托实施野生动植物行政许可事项管理办法》《陆生野生动物疫源疫病监测防控管理办法》《湿地保护管理规定》等5件部门规章，并按程序报国务院备案。审查了《森林公园条例》《林业有害生物防治条例》《野生动植物进出口证书管理办法》《林木种子生产经营许可证管理办法》《林业生物遗传资源获取与惠益分享管理办法》等行政法规草案、部门规章草案。

与林业立法有关的其他工作 制定国家林业局2013年立法工作计划，向全国人大常委会、国务院法制办报送林业立法项目。办理征求国家林业局意见的法律法规规章草案的答复意见，如环境保护法修改草案等；办理“两会”建议提案议案等。 （法规处）

【林业执法监督】

行政复议工作 2013年，林业行政复议案件数量高发，涉及申请人较多且社会关注度较高，继续按照“以人为本、复议为民”的原则，认真做好有关行政复议案件办理工作。一是国家林业局共收办行政复议案36件，收办案件数量比2012年同期增加近一倍，尤其是妥善办理了舆论关注度较高的黑熊养殖信息公开案件。二是力求解决实际问题，争取把矛盾化解在基层，在办理国家林业局、广东省林业厅预算决算信息公开案件中，国家林业局多次要求有关业务司局和当地林业主管部门，认真落实信息公开条例有关规定，及时全面公开有关材料，妥善化解了行政争议。三是通过案件办理，规范有关行政行为，针对林地复议案件中反映出来的林地征占用行政许可过程存在的普遍问题，认真研究梳理，并督促地方林业主管部门对相应的许可行为进行规范。

做好国务院法制办布置的其他行政复议工作。一是根据国务院法制办摸底调查的要求，完成了国家林业局林业行政复议机构设置和行政复议人员配备情况的调查、上报工作。二是完成了国家林业局2012年行政复议案件统计分析报告的起草上报工作。三是按照国务院法制办和国家林业局档案室的要求，对国家林业局2012年办理的行政复议案件进行了整理归档，提高了行政复议工作的规范化水平。

依法行政10年回顾总结工作 按照国务院法制办的要求，完成了《国家林业局办公室关于贯彻落实〈全面推进依法行政实施纲要〉开展依法行政工作情况的函》，对国家林业局依法行政工作的贯彻落实情况进行了系统全面的梳理和总结，并就如何进一步推进法治政府建设提出了意见和建议。

林业综合行政执法示范点建设工作 组织河北青龙县等9个林业综合行政执法示范点，开展了林业综合行政执法配套制度研究工作，具体包括林业综合行政执法听证制度、林业综合行政执法案件统计分析制度、林业综合行政执法罚缴分离制度等诸多方面，对于进一步加强林业综合行政执法示范点规范化建设，提升林业综合行政执法水平起到了较好的作用。

林业行政执法证核发工作 为了确保林业行政执法证使用的连续性和有效性，2013年共为重庆、浙江等18个省（区、市）的执法人员，新增、补发林业行政执法证6731套，确保了各级林业主管部门的执法人员能够做到持证上岗、严格执法。

林业行政处罚文书制作管理规定修改工作 为配合新版《林业行政处罚文书格式》的实施，修改完善了《林业行政处罚文书制作管理规定》，并在吸收各地意见的基础上形成了新的《林业行政处罚文书制作管理规范（送审稿）》。

2013年，共完成审查有关司局和直属单位会签及征求意见文件53件，完成国务院法制办征求意见文件2件。 （吕 振）

【林业普法】

制定印发年度工作要点 根据全国普及法律常识办公室《关于印发〈2013年全国普法依法治理工作要点〉的通知》（普法办〔2013〕1号）文件的精神，结合林业系统“六五”普法规划的总体部署和年度重点工作安排，制定并印发了《2013年林业系统法制宣传教育工作要点》（办策字〔2013〕52号）。

开展林业系统“六五”普法中期检查督导工作 按照中央宣传部、司法部、全国普法办《关于组织开展“六五”普法中期检查督导的通知》的要求，结合林业工作实际，制定全国林业系统“六五”普法中期检查督导标准，印发《国家林业局关于开展林业系统“六五”普法中期检查督导的通知》。组织5个抽查督导组对6个省和4个直属单位开展普法工作情况进行了抽查督导。

召开林业法律援助工作座谈会 邀请部分省级林业主管部门法制机构负责人、林业高校专家等就林业法律援助工作进行座谈，总结了林业部门开展法律援助工作的经验，使林业法律援助工作得到推进和深化，使广大林农的权益得到了进一步保障。

举办林业普法骨干培训班 按照“六五”普法规划中“开展法制宣传教育工作者学习培训活动，提高专职法制宣传教育工作者的业务能力”的要求，2013年11月，在福建省厦门市举办了全国林业普法骨干培训班，各省级林业主管部门60余名普法骨干参加了培训。

组织年度普法考试 在“12·4”全国法制宣传日期间，结合林业行业特点，继续将“12.4”法制宣传日活动与林业系统年度普法考试结合起来。通过考试，有力地带动了广大干部职工学法的热情，进一步推动了“六五”普法工作的深入开展。 （李 权）

【林业行政许可】

深入推进行政审批制度改革工作 一是按照国务院和国务院审改办的要求，对国家林业局行政审批项目进行了清理、核对，2013 年共取消和下放 19 项行政审批项目，并拟于2014 年公布国家林业局行政审批项目目录。二是组织对国家林业局实施的工商登记前置审批事项进行研究和评估，提出处理意见。三是组织开展行政审批事项取消和下放后的后续监管研究，制定有效的事中事后监管及衔接措施。

完善行政许可管理制度 一是继续推进行政许可公告修改工作，进一步明确并简化申请人需要提交的材料及申报程序，进一步规范行政许可行为。二是与场圃总站共同开展国家级森林公园被许可人监督检查。三是举办林业行政许可窗口工作人员培训班，促进全国林业行政许可工作的交流，进一步提高行政许可窗口工作人员的能力和水平。

日常程序审查，确保工作质量 2013 年度，共办理林业行政许可事项 167 984 件(准予许可 160 698 件，不准予许可等 7286 件)。其中，按具体承担单位计：国家林业局机关办理许可 6396 件(准予许可 5593 件，不准予许可等 803 件)；植物检疫机构准予许可 2003 件；濒管系统办理许可 65 579 件(准予许可 65 570 件，不准予许可 9 件)；国家林业局驻内蒙古自治区森林资源监督专员办事处办理许可 25 352 件(准予许可 25 156 件，不准予许可 196 件)；国家林业局驻长春森林资源监督专员办事处办理许可 14 199 件(准予许可 14 013 件，不准予许可 186 件)；国家林业局驻黑龙江森林资源监督专员办事处办理许可 39 838 件(准予许可 34 240 件，不准予许可 5598 件)；国家林业局驻大兴安岭森林资源监督专员办事处办理许可 14 617 件(准予许可 14 123 件，不准予许可 494 件)。 (姚　萍)

集体林权制度改革

13

集体林权制度改革

【综　述】 2013年，集体林权制度改革紧紧围绕建设生态林业和民生林业发展大局，按照“改革、稳定、规范、服务、发展”的总体思路，以进一步明晰产权、放活经营权、落实处置权、保障收益权“四权”为重点，加快转变林业发展方式，优化森林资源配置，建立多元化新型林业经营主体，创新林业管理机制，健全林业社会化服务体系，完善林业支持保护制度，极大地调动了广大林农和社会力量发展林业的积极性，激发了林业发展内生动力和活力。

【集体林权制度改革工作取得新进展】 各地认真贯彻落实中央10号文件精神，严格把好方案制订关、外业调查关、产权转让关、确权发证关、政策法规关、质量督查关等“六关”。截至2013年年底，全国除上海和西藏以外29个省(区、市)已确权面积1.80亿公顷，占各地纳入集体林权制度改革(以下简称“林改”)面积的98.97%，全国累积发证面积达1.76亿公顷，占已确权林地总面积的97.65%。发证户数9076.94万户，占涉及林改总户数的60.53%。

各项强林惠林政策正在逐步落实。一是生态效益补偿标准有所提高。各地落实国家级生态公益林补偿面积为5333.33万公顷，中央补偿资金为110.33亿元，地方配套9.02亿元，平均每公顷补偿223.8元，比2012年提高了64.5元/公顷。有26个省(区、市)建立了地方森林生态效益补偿基金制度，补偿地方公益林2586.67万公顷，补偿金额46.15亿元，平均每公顷补偿178.5元。二是林权抵押贷款增长明显。全国有26个省(区、市)抵押贷款面积总计467.67万公顷，贷款金额1166.00亿元，比2012年增加了47.16%，平均每公顷贷款24 931.95元。其中：农民抵押贷款面积233.38万公顷，抵押贷款金额517.68亿元，比2012年增加了49.53%，户均贷款1.17万元。三是森林保险快速发展。有24个省(区、市)开展森林保险，投保面积0.91亿公顷，保险金额6571.84亿元，保费17.20亿元。其中政策性补贴14.81亿元，平均每公顷保险金额约7228.05元，平均每公顷保费18.9元，保费费率0.34%。四是林权服务平台初步建立。全国有24个省(区、市)成立县级及以上的林权交易服务机构(包括综合服务中心中设立的交易机构)1380个，成立855个资产评估机构，其中有资质的资产评估机构570个，据不完全统计，有资质的森林资源资产评估人员4572人。五是集体林地流转趋向规范。全国累积发生集体林地流转面积1460万公顷，占已确权林地的8.11%，其中，通过林权交易机构流转面积459.32万公顷，占流转总面积的31.41%。按流转方式统计，转让586.87万公顷，入股149.16万公顷，出租转包603.55万公顷，其他流转122.72万公顷。流转总金额3136.88亿元，平均每公顷21 451.2元。六是合作组织方兴未艾。全国共建立林业专业合作组织11.57万个，加入合作组织的农户1372.10万户，占林改涉及农户的9.15%；合作组织经营林地面积1513.33万公顷，占已确权林地8.38%。合作组织中，林业专业合作社4.71万个，加入林业专业合作社的农户为756.46万户，林业专业合作社经营的林地面积为729.46万公顷。七是林下经济快速发展。据不完全统计，2013年全国林下经济产值达4575.75亿元，其中林下种植2002.43亿元，林下养殖1137.15亿元，森林景观利用588.86亿元，林下产品采集加工847.31亿元。参与农户5301.90万户。九是增收贡献稳步提升。林改涉及1.5亿农户，5.77亿农民。据29个省(区、市)不完全统计，2013年林改县农民人均年收入为8724.88元，其中来自林业的收入1607.51元，比2012年增加237.56元，来自林业的收入占总收入的18.42%。来自林下经济的收入531.95元，林下经济收入占林业收入的33.09%。

【落实家庭承包经营制度】 为进一步落实“明晰产权、承包到户”的改革任务，2013年4月中旬，张建龙副局长亲自部署林改督导检查工作，组织10个组深入80个村800户农民，全面了解林改情况，调查研究提出深化林改的意见和建议。资源司、林改司、监察局、工作总站等单位负责人分别带队抽查了山西、内蒙古、吉林、黑龙江、湖北、广东、广西、重庆、四川、贵州等10省(区、市)的林改工作。重点核查家庭承包率、发证到户率等情况。从10个省、20个县、40个乡、80个村深入细致的调查看，明晰产权、承包到户的改革任务基本完成。许多地区开展了“回头看”，完善明晰产权、承包到户改革。确保改革质量的同时，结合当地实际，积极深化改革取得了一定进展和成效。各督导检查组总结了各地创新的经验和做法，对发现的问题提出了整改意见，对全面深化集体林权制度改革提出了建议。

在《中共中央国务院关于全面推进集体林权制度改革的意见》颁布5周年之际，2013年6月19~20日在宁夏组织召开了全国深化集体林权制度改革百县经验交流会。局党组副书记、副局长张建龙出席会议并讲话，总工程师陈凤学主持会议，宁夏回族自治区政府副主席屈冬玉在会上致辞。与会人员观摩了吴忠市、中卫市的4个林改基地，听取了9个典型发言，并分组交流研讨。全国31个省林业厅(局)分管厅局长、林改处长，107个典型县林业局长参加会议。会议总结交流各地深化林改的成功做法和典型经验，并研究部署下一步深化改革的重点。会议强调，深化改革重点要做好4件事：一是紧紧围绕维护农民权益，加强林地流转制度、森林资源流转评估制度、林权纠纷调处仲裁制度、交易平台制度、采伐制度、林权档案管理建设。二是紧紧围绕林业“双增”目标，争取造林、抚育、种苗、林机补贴和生态效益补偿、发展林下经济等林业发展的优惠政策。三是围绕农民增收，增加科技投入，要加大金融保险，加强市场信息服务和人才服务，全面提高服务水平。四是围绕转变政府职能，搭建政府和农户沟通的纽带，加强林权管理服务中心建设，要特别重视专业合作组织建设，推进林地的规模经营，通过这一形式，推动政府管理职能的创新。

为了不断加强林权纠纷调处指导，保障农民承包经营权落实到位，5 月 26～31 日，由人力资源和社会保障部批准和资助，国家林业局农村林业改革发展司在湖南长沙举办了农村林地承包经营纠纷仲裁工作高级研修班，来自全国各省(区、市)林业厅及部分县林业局负责林地承包经营纠纷仲裁工作的业务骨干 58 人参加了研修班。在此次研修班上，全国人大法工委民法室主任贾东明、中国社科院法学研究所民法室主任孙宪忠、中南林业科技大学法学院院长周训芳、湖南省高院民事审判第一庭副庭长陈坚等知名法学专家详细解读了农村土地承包经营纠纷调解仲裁的相关法律法规。出版了《中国农村林地承包经营纠纷调解仲裁工作手册》。督办重大信访件 20 件，接访 3 次，指导地方依法维护农民合法权益。

【加强集体林权流转管理】 一是为规范林权流转，3 月 21 日国家林业局下发《国家林业局关于进一步加强集体林权流转管理工作的通知》(林改发〔2013〕39 号)，对林权流转中出现的新情况、新苗头进行了规范，要求进一步加强林权流转管理，防范林权流转风险，保障广大农民、林业经营者和投资者的合法权益，规范集体林权流转。二是为探索林权流转制度建设，7 月 19～20 日林改司在内蒙古自治区呼伦贝尔市海拉尔区举办集体林权流转工作座谈会，与会代表就集体林权流转现状和存在的问题进行了深入探讨，对下一步的工作重点提出了看法。三是开展林权管理服务机构基本情况调查，着手编制《全国林权管理服务中心建设规划(2014～2020 年)》，推进林权管理服务体系规划编制。四是为加强林权流转基础研究，10 月 13 日在北京大学光华管理学院召开林权管理与林权流转研讨会，就林权管理机构和林权信息管理平台建设、区域性林权流转交易服务建设、林权流转管理和服务的主要做法与成效、林权收储与林权收储抵押担保运行机制、专业合作社合作建设等问题进行了深入探讨。五是为加大人才培训，11 月20～21 日林改司与局林干院在四川成都召开中国西部地区林权流转研讨会。与会代表与中外专家进行了有效的互动探讨，围绕林权流转出现的热点问题，进行了广泛的交流，提出了建设性的意见和建议。

【加快林业专业合作组织发展】 8 月 27 日，国家林业局副局长张建龙作为全国农民合作社发展部际联席会议成员，参加了在农业部召开的全国农民合作社发展部际联席会议第一次会议。此次会议不仅将《林业专业合作组织示范章程》作为《国家农民合作社示范社评定及检测暂行办法》评审依据之一，而且明确了林业主管部门也将作为监管单位之一行使监督职权。

9 月 12 印发了《国家林业局关于加快林业专业合作组织发展的通知》林改发〔2013〕153 号文件。《通知》强调，不断增加对林业专业合作组织发展扶持资金，安排部分财政投资项目直接投向符合条件的林业专业合作组织，逐步扩大林业重点生态工程项目由林业专业合作组织承担的规模，对示范社建设鲜活林产品仓储物流设施、兴办林产品加工业给予补助，引导国家补助项目形成的资产移交合作社管护。《通知》提出，要鼓励农民兴办林业专业合作社、股份合作林场、家庭林场、林业协会等多元化、多类型林业专业合作组织。重点支持林业专业合作组织开展林下经济、造林绿化、经济林、加工储藏、流通运输、信息平台建设等生产经营和服务活动。《通知》为进一步增强农村林业发展活力，抓好林业专业合作社、示范社、示范县活动提供了政策保障。11 月 20 日印发了《国家林业局关于印发林业专业合作社示范章程(示范文本)》〔2013〕190 号文件，为林业合作组织作为政策扶持的重点奠定了基础，弥补了林业专业合作组织此方面的空白。8 月 20 日在吉林省延边市召开了全国林业专业合作组织工作座谈会，为更好地服务基层，服务群众，更好地开展林业专业合作组织建设工作奠定了基础。

为促进林业专业合作组织建设，2013 年 9 月 12 日，国家林业局下发了《关于加快林业专业合作组织发展的通知》和《林业专业合作组织示范章程》，进一步规范林业专业合作组织经营和管理，切实保障集体和成员的合法权益。积极争取扶持政策，在合作社生产范围、发展方向、项目扶持等方面予以支持，并在河南、山东等省 50 家专业合作社开展示范活动。

【推进林下经济发展】 结合 2013 年组织开展党的群众路线教育实践活动，在全国建立 30 个林下经济联系点，包括 10 个林下经济示范基地、10 个发展林下经济的龙头企业、10 户发展林下经济的农户联系点。通过实地调研、专题座谈、发放问卷、电话访谈、电子邮件等方式，向基层林业工作者、林下经济示范基地、龙头企业和农民群众代表，就研究当前发展林下经济存在的问题、广泛听取意见与建议。7 月 30 日，以发展林下经济为抓手，以服务林卜经济发展为导向，在北京召开了党的群众路线教育实践活动暨林下经济示范基地建设代表座谈会，来自全国各地近 30 个林下经济示范基地和林下经济龙头企业的代表参加会议，介绍了各自发展林下经济的主要做法、存在问题与困难，并提出了相关建议。

委托林产工业规划设计院、西南林业规划设计院分别完成了《全国集体林地林下经济发展规划纲要(2014～2020 年)》《全国林药林菌发展实施方案(2014～2020 年)》初稿的编制工作。组织召开了《全国集体林地林下经济发展规划纲要(2014～2020 年)》《全国林药、林菌发展实施方案(2014～2020 年)》提纲审定座谈会，国家林业局党组副书记、副局长张建龙参加会议并讲话，国家发展改革委农经司、财政部农业司、国家林业局有关司局领导和专家参加会议，对提纲提出了很好的建议和意见。下发了各省《关于收集林下经济、林药林菌发展有关资料》的通知。根据各省上报资料，形成初稿后，征求各省意见，修改后形成《全国集体林地林下经济发展规划纲要(2014～2020 年)》(征求意见稿)和《全国林药林菌发展实施方案(2014~2020年)》(征求意见稿)。

4月21日，在北京大学召开林下经济和低碳发展战略高层研讨会，国家林业局赵树丛局长、张建龙副局长、北京大学厉以宁教授、全国政协环资委主任贾治邦等领导和专家出席了会议，围绕林下经济、推动低碳发展主题进行深入探讨。会议强调林下经济发展对实现低碳可持续发展具有重要意义，指出林下经济发展能够促进林区农民增收致富，带动林区小城镇建设，并提出了要切实维护农民的林地承包经营权，提高林地面积，加大对农民经营森林的扶持力度，积极发展农业的经营服务。注意不以破坏森林资源破坏生态为代价发展经济，建立健全林业的社会化服务体系等当前的集体林改和发展林下经济需要注意的问题。

中央财政林下经济中草药种植补助试点启动。2013年经与财政部门反复沟通协调，在河北、黑龙江、安徽、浙江、福建、江西、广东、广西、湖南、湖北、陕西、贵州、云南、四川、宁夏启动了林下种植中草药补助试点。试点单位制订试点工作方案，切实组织实施，并根据试点工作进度总结做法、经验、成效和存在的问题，提出改进工作、推动林下经济发展的意见和建议。截至2013年年底，试点工作进展顺利。

命名国家林下经济示范基地。为进一步发挥各地林下经济先进典型的示范带动作用，国家林下经济示范基地评选活动正式启动。按照“地方领导重视、政策环境优越、发展历史悠久、兼顾扶贫开发”4个标准，在全国各地推荐的基础上，经评审后报局领导同意，并经网上公示无异议后，确定天津市静海县、辽宁省本溪市、安徽省黄山区、福建省武平县、江西省武宁县、山东省蒙阴县、河南省栾川县、湖南省靖州县、广西壮族自治区浦北县、海南省儋州市、贵州省毕节市、云南省思茅区、陕西省宁陕县、甘肃省泾川县、新疆维吾尔自治区昌吉州、大兴安岭林业集团公司、北大未名生物工程集团有限公司、内蒙古王爷地苁蓉生物有限公司、广西合浦佳永金花茶开发有限公司、宁夏回族自治区心雨林下产业专业合作社等20个单位为首批国家林下经济示范基地。9月3日，中央财政印发了《关于做好林下经济草本中药材种植补贴试点工作的通知》，正式启动林下经济中药材种植补贴试点工作。

制定《林下经济(非木质产品)产品经营认证标准》，推动林下经济认证试点工作。编辑出版了《国务院办公厅关于加快林下经济发展的意见辅导读本》《林下经济政策汇编》《林下经济典型百例汇编》《林下经济致富典型实例》，开展了“林下经济征文活动”，不断扩大林下经济影响力。　(集体林权制度改革由邢红供稿)

林业科学技术

14

林业科技

【综　述】 2013年是林业科技战线落实全国林业科学技术大会任务、深入推进科技"十二五"规划的关键之年。全国林业科技工作以支撑生态林业和民生林业发展为中心，以开展党的群众路线教育实践活动为契机，以服务大局、服务基层为抓手，实施科技创新驱动，促进成果转化应用，加快标准化步伐，扩大科技合作交流，各项事业成效显著。全年共组织实施中央财政林业科技经费近10亿元、项目800余项，取得各类研究成果400余项，3项成果获得国家科技进步二等奖，1人获得国际木材科学院杰出贡献奖，1人获得国际科学技术合作奖，为林业改革发展提供了强有力的科技支撑。

扎实开展群众路线活动，全面推进林业科技工作 紧密结合"两转变、两服务"活动，按照局党组的部署要求，精心组织、扎实开展党的群众路线教育实践活动。一是注重理论学习。坚持把学习贯穿教育实践活动的始终，组织开展不同形式的学习活动，培养干部职工牢固树立服务群众的思想意识。二是注重调查研究。坚持开门搞活动，广泛征求意见，召开不同层面的座谈会6次，听取广大科研和管理人员的意见建议，听取他们对科技司领导班子和领导干部作风的突出反映。三是注重查改结合。坚持边学边查边改，及时召开班子会议，深入开展批评与自我批评，认真查摆问题，深刻剖析原因，提出整改措施。四是注重"回头看"。按照党组要求，认真总结经验、查找问题、分析差距。五是注重落实责任。对意见建议进行认真梳理归类，分别制订整改落实方案，完善规章制度，落实整改责任、整改期限。

强化科学研究，积蓄创新驱动力量 一是围绕国家大局组织开展前瞻性重大战略研究。联合统计局启动了中国森林资源核算及绿色经济评价体系研究，预计2014年2月下旬可在林地林木资源经济价值、森林生态服务功能价值核算方面取得重大成果。完成了《中国生态文化体系研究总论》。聘请北京大学、清华大学等知名专家开展林下经济与低碳发展战略研究、集体林权制度改革绩效及重大政策研究等。二是围绕林业中心任务组织开展重大关键技术创新。启动了长汀红壤侵蚀区生态经济型植被恢复技术、森林对PM2.5等颗粒物的调控功能与技术等热点问题研究。亚热带主要经济林重大病虫害监测及生态调控、热带乡土树种人工林健康经营、松墨天牛高效诱剂防控等关键技术研究取得重大进展。实施了木材低碳高效干燥与功能性改良、大规格竹重组材制造、林木生物质液体燃料制备等技术研究与示范专项。三是着眼长远发展深入开展科技基础研究。成功完成毛竹全基因组测序研究，成果在世界权威生物学杂志《自然·遗传学》发表，实现了中国林业基因组学研究的重大突破，填补了世界竹类基因组研究的空白，标志着我国在竹类植物基因组学研究领域走在了世界前列。

加速成果转化，支撑和服务林业发展 一是加强先进适用技术推广应用。围绕生态建设的技术需求，组织实施各类推广计划，重点推广荒漠化治理、植被恢复、优良抗逆植物材料、病虫害防治、生态环境监测评估及火灾预警与防控等先进实用技术422项。二是完善林业科技推广体系。印发《全国林业科技推广体系建设规划（2011～2020年）》和《国家林业局关于贯彻落实〈中华人民共和国农业技术推广法〉的意见》。三是开展林业科技特派员创业行动。共选派林业科技特派员2822名，带动了500多项新技术推广应用，培训基层骨干和林农60多万人次，帮扶指导科技示范户3万多户。林业科技特派员科技创业行动被科技部列为全国科技工作先进典型，并被中央国家机关工委确定为百项践行群众路线、解决民生问题典型工作之一。

注重质量安全，加快林业标准化步伐 一是完善林业标准体系。制订修订涉林技术标准209项，发布实施林业国家标准36项，林业行业标准187项。二是加强标委会建设。新筹建林业标准化技术委员会2个，完成全国花卉标委会的换届工作。三是推进标准化示范工作。建设油茶标准化示范区30个和核桃标准化示范区20个，联合国家标准委启动了"国家林业标准化示范企业"建设工作认定23家国家林业标准示范企业。四是积极参与国际标准化活动。参加国际标准化成员国年会，推进2项国际标准研制，继续开展涉林WTO/TBT技术贸易壁垒措施通报及评议工作。五是加强林产品质量监督。启动了"林产品质量提升行动计划"，开展林木制品质量监督抽查工作和林产品质量监测工作。

完善科技平台，提高林业科技创新能力 一是大力推进生态站网建设。推进国家林业局生态定位观测网络中心筹建工作，与中国科学院组建了野外观测台站联盟。新建20个站点，已建生态站总数达到136个。二是积极推动重点实验室建设。编制了《国家林业局重点实验室发展规划》，指导林木遗传育种国家重点实验室完成验收准备工作。三是加快林业科技成果转化平台建设。积极支持159个林业科技推广站能力建设，新认定工程技术研究中心14个，生物产业基地2个，国家林业科技示范园区1个。四是完善林业质检体系建设。新批准成立国家林业局林产品质检中心2个，继续授权国家林业局林产品质检中心12个。五是推动产学研协作平台建设。"木竹产业技术创新战略联盟"以优异成绩通过科技部评估，新获批国家产业技术创新联盟试点（含重点培养）7个，指导新构建专业领域产业技术创新战略联盟4个。

加强基础性工作，提高林业科技管理水平 一是加强项目和资金管理。加强项目立项、中期评估、查定、监理和验收等全过程管理工作，健全管理制度，规范管理程序，保障项目顺利实施和资金运行安全。二是稳步推进国际合作交流。顺利完成中国—全球环境基金第二期"土地退化防治管理与政策支持"项目，成功申报第三期“中国西部适应气候变化的可持续土地管理”项目。三是加强科普宣传。开展形式多样的科普活动，举办2013年全国林业科技周，协助开展科技列车行湘西行活动。（科技司综合处）

林业科学研究

【国家科技支撑计划项目】“经济林高效生产关键技术研究与示范”项目共5个课题获得科技部批复正式立项启动；“油脂松脂基增塑剂和环氧固化剂制备关键技术及示范”项目通过科技部综合咨询和专家论证。

“高效防灾减灾沿海防护林体系构建优化技术研究与示范”顺利通过验收，提出沿海防护林困难立地恢复技术7种，各种高效防护林优化模式35个，防灾减灾综合效果提高达到15%~30%；选育出沿海防护林优质高抗植物材料51种，造林成活率87%~100%；攻克了濒危优良海防林树种水芫花的繁育技术，研发出木麻黄青枯病拮抗制剂2种，已获授权专利18项，获得计算机软件著作权登记1项，发布技术标准（或规程）3项，发表研究论文145篇，其中SCI/EI收录16篇，出版专著15部。

“林业生态科技工程”项目顺利通过验收，共收集抗逆植物种质种源、家系和无性系材料583份，建立抗逆优良种质示范基地和示范林17处，筛选优良抗逆种质33个，建立10个抗逆种质的高效扦插育苗技术和组织培养快繁体系；提出7项基于种间关系的农林复合系统高效经营管理技术；提出水源涵养型植被定向恢复技术与结构定向调控技术12项，提出水土保持林体系构建技术13个，研发侵蚀劣地植被恢复新材料和新技术5项；提出长江防护林优化模式17种；提出高原山区、长江滩地、长江下游低丘岗地、湖沼区血防林集成技术体系，形成长江下游低丘岗地林业血防生态安全体系构建技术体系，12种持续高效抑螺防病优化模式，建立示范林及试验基地43个，共854公顷，编制技术规程21项，获授权专利20项，发表论文258篇，其中SCI收录44篇，出版专著18部。（科技司计划处）

【国家林业公益性行业科研专项】2013年有99个项目获得财政部、科技部批准立项，批复经费较2012年度增长1209万元。这批项目主要结合林业的重点需求，围绕攻克重大共性关键技术，培育战略性新兴产业的创新技术，满足区域性、培育性、实用性、带动性地方林业发展需求，解决生态建设关键技术瓶颈，支撑产业结构调整与升级，开展林业理论与前沿技术研究以及实用技术开发等方面开展相关研究（见表14-1）。

完成2013年度到期行业专项项目的验收工作，通过验收82项，认定成果88项，新产品、材料255种，新技术、新工艺57项，新装置17项，专利123件，标准98项，论文、专著918篇（部）（见表14-2）。

表14-1 2013年度国家林业公益性行业科研专项项目一览表

序号	项目编号	项目名称	第一承担单位
1	201304102	杨树、油桐优质抗病虫性状基因解析	南京林业大学
2	201304103	杨树、悬铃木等人体易过敏树种低致敏新品种选育研究	中国林业科学研究院亚热带林业研究所
3	201304104	柳杉种质资源保存、良种选育及无性系化	南京林业大学
4	201304105	高产脂思茅松良种选育及功能基因克隆与鉴定	云南省林业科学院
5	201304106	吉林西部低耗水杨树良种选育与环境承载研究	白城市林业科学研究院
6	201304108	江南油杉良种选育及栽培关键技术研究	广西壮族自治区林业科学研究院
7	201304109	南北过渡带珍稀树木资源发掘与驯化培育技术	河南省林业科学研究院
8	201304110	黄土高原古枣树群的保护与遗传多样性利用	杨凌职业技术学院
9	201304111	开花基因FT在杨树杂交育种中的应用	南京林业大学
10	201304113	南洋楹无性系和灰木莲种源家系选育	中国林业科学研究院热带林业研究所
11	201304114	塔里木河湿地种子库研究	新疆生产建设兵团林业科学技术研究所
12	201304115	我国北方野生柳树资源评价及开发利用研究	中国林业科学研究院林业研究所
13	201304116	刺槐属种质资源收集保存与创新利用研究	山东省林业科学研究院
14	201304117	艳丽芳香型中国兰新品种选育及开发技术研究	南京林业大学
15	201304202	金沙江河谷生态公益林结构调控与资源培育研究	中国林业科学研究院资源昆虫研究所
16	201304204	林木采伐清林两用机装备关键技术研究	国家林业局哈尔滨林业机械研究所
17	201304205	亚热带常绿阔叶次生林增汇技术研究与潜力评价	福建省林业调查规划院

（续）

序号	项目编号	项目名称	第一承担单位
18	201304206	科尔沁和毛乌素沙地人工灌木林林分结构优化调控技术研究	内蒙古自治区林业科学研究院
19	201304208	人工林结构参数、干扰变化对气候变化的响应	南京林业大学
20	201304211	江苏沿海困难立地造林关键技术研究	江苏省林业科学研究院
21	201304212	杨树人工林连作障碍土壤微生物修复剂的研制与示范	山东农业大学
22	201304215	林业资源多层次信息服务技术研究	中国林业科学研究院资源信息研究所
23	201304216	辽宁省宜林地营林决策平台构建及示范	沈阳农业大学
24	201304224	辽西北油松生态公益林结构调控关键技术研究	辽宁省干旱地区造林研究所
25	201304301	森林对PM2.5等颗粒物的调控功能与技术研究	北京林业大学
26	201304303	长汀红壤侵蚀区生态经济型植被恢复技术研究	福建省林业科学研究院
27	201304305	珍稀濒危植物沙冬青衰退诊断及保育技术研究	国际竹藤中心
28	201304306	高黎贡山主要珍稀濒危树种近地保护技术研究	云南省林业科学院
29	201304307	秦岭山地主要森林类型林地土壤碳管理技术研究	西北农林科技大学
30	201304308	天然林保护等林业工程生态效益评价研究	中国林业科学研究院森林生态环境与保护研究所
31	201304309	秦岭天然林对气候变化的时空响应及管理对策	西北大学
32	201304310	洞庭湖小天鹅栖息环境研究与恢复示范	湖南城市学院
33	201304311	宁夏干旱风沙区退化植被恢复技术研究与示范	宁夏大学
34	201304312	陕北退耕还林区农林景观配置技术研究	西北农林科技大学
35	201304313	森林对 O_3 和大气N沉降胁迫的响应	中国林业科学研究院森林生态环境与保护研究所
36	201304314	极小种群大别山五松针的趋危机理与保护对策	安庆师范学院
37	201304315	应对气候变化重大国际林业问题的技术与对策研究	中国林业科学研究院森林生态环境与保护研究所
38	201304317	亚热带次生阔叶林结构及生态功能研究	中南林业科技大学

（续）

序号	项目编号	项目名称	第一承担单位
39	201304320	海南岛东北部沿海防护林生物量与碳储量监测研究	海南省林业科学研究所
40	201304325	中国沙地补充考察与沙地志编研	中国林业科学研究院
41	201304326	晋北重度盐碱地植被恢复集成技术研究	山西省林业科学研究院
42	201304328	兴安落叶松人工林碳库特征及其固碳潜力研究	内蒙古大兴安岭林业科学技术研究所
43	201304401	松墨天牛高效诱剂及配套技术研发与示范	福建农林大学
44	201304402	热带乡土树种人工林健康经营技术研究与示范	中南林业科技大学
45	201304403	亚热带主要经济林重大病虫害监测及生态调控技术	浙江农林大学
46	201304404	主要造林树种抗病促生内生菌研究与应用	南京林业大学
47	201304405	多功能森林消防车研究与开发	南京森林警察学院
48	201304406	杜仲主要食叶害虫综合防控技术研究	国家林业局泡桐研究开发中心
49	201304407	微生物防治黄山松红蜘蛛关键技术研究	黄山学院
50	201304408	新型高效绿僵菌生物杀虫剂研发	广东省林业科学研究院
51	201304409	抗树木枝干溃疡病活性物质的筛选与性能分析	北京林业大学
52	201304411	红松球果主要害虫无公害综合防控技术研究	吉林省林业科学研究院
53	201304412	检疫性害虫臭椿沟眶象区域性防控技术研究	北京林业大学
54	201304501	木地板坯料/基材质量控制关键技术研究与示范	中国林业科学研究院木材工业研究所
55	201304502	木材低碳高效干燥与功能性改良关键技术研究	东北林业大学
56	201304503	大规格竹重组材制造关键技术、装备研发与示范	国家林业局北京林业机械研究所
57	201304504	木结构工程材制造及应用关键技术研究与示范	中南林业科技大学
58	201304505	脲醛树脂预缩液的合成与应用技术研发	西南林业大学
59	201304506	绿色新型包装材料关键技术研究	东北林业大学

（续）

序号	项目编号	项目名称	第一承担单位
60	201304507	低施胶量环保木质单板复合材料创制与示范	南京林业大学
61	201304508	濒危与珍贵热带木材识别及其新技术研究	中国林业科学研究院木材工业研究所
62	201304509	木材活性染料染色技术研究与示范	中南林业科技大学
63	201304510	实木智能在线分选与协同控制关键技术研究	东北林业大学
64	201304511	重组方材连续生产关键技术与设备研发	西北农林科技大学
65	201304512	足尺人造板力学性能无损检测技术研究与示范	北京林业大学
66	201304513	基于X射线成像的木竹材无损检测技术研究	国际竹藤中心
67	201304514	工程木质复合材料结构承载性能检测技术研究	黑龙江省木材科学研究所
68	201304515	活立木/结构材层析成像技术与设备研究示范	中国林业科学研究院林业新技术研究所
69	201304601	林木生物质液体燃料的制备及其综合利用技术	东北林业大学
70	201304602	湿地松松脂采集及高效利用新技术研究	中国林业科学研究院林产化学工业研究所
71	201304603	桐油和桐枯深加工关键技术研究与示范	中南林业科技大学
72	201304604	油楠树脂油采集与提纯分离技术研究	中国林业科学研究院热带林业研究所
73	201304605	鄂尔多斯高原螺旋藻大型光生物反应器的研究与示范	北京林业大学
74	201304606	基于纤维素乙醇副产物的木材胶黏剂制备技术	中国林业科学研究院林产化学工业研究所
75	201304608	近临界流体萃取蓖麻油关键技术研究	湖南省林业科学院
76	201304609	纤维素纳米纤维材料酶法制备技术研究	南京林业大学
77	201304611	活性炭清洁生产新技术研究与示范	南京林业大学
78	201304614	酶解木质素基酚醛树脂的合成及应用研究	东北林业大学
79	201304701	新疆特色林果提质增效关键技术研究与示范	新疆林业科学院
80	201304702	甘肃沿黄灌区枣产业升级关键技术研究与示范	甘肃省林业科学研究院

（续）

序号	项目编号	项目名称	第一承担单位
81	201304703	四川花椒良种选育及高效优质栽培技术研究	四川省林业科学研究院
82	201304704	东北乡土木本粮油树种良种选育及利用研究	黑龙江省森林与环境科学研究院
83	201304705	主要可食林产品质量监测与限量标准体系研究	中国林业科学研究院亚热带林业研究所
84	201304706	花椒良种选育及丰产栽培技术研究	陕西省森林保护研究所
85	201304707	武陵山油桐良种集约经营技术集成示范	湖北省林业科学研究院
86	201304708	华北主要干果加工共性关键技术研究与新产品开发	河北省林业科学研究院
87	201304710	重要榛属植物资源种质创新与培育	中国林业科学研究院林业研究所
88	201304711	美国山核桃规模化经营技术研究	南京林业大学
89	201304712	核桃抗寒育种研究	北京市农林科学院林业果树研究所
90	201304714	伊犁河谷生态经济林工程建设技术研究与示范	新疆林业科学院
91	201304802	木通科特色菁葵果良种选育及高效栽培技术研究	江西省林业科学院
92	201304804	南方特色浆果红花乌饭良种选育及快繁技术研究	江西省萍乡市林业科学研究所
93	201304805	林区菌藻功能肽的分离和生理调控机制研究	北京林业大学
94	201304807	仙茅、鸡血藤资源培育及林下种植技术研究	中南林业科技大学
95	201304808	白蜡虫抗冻蛋白功能鉴定及遗传转化研究	中国林业科学研究院资源昆虫研究所
96	201304809	紫貂驯养繁殖关键技术研究	东北林业大学
97	201304810	干热河谷牛角瓜人工林定向培育关键技术研究	西南林业大学
98	201304811	林源食用叶类深加工与产品质量控制技术研究	西北农林科技大学
99	201304812	青藏高原野生五裂茶藨子繁育及藏药成分研究	青海大学

表 14-2 2013 年度国家林业公益性行业科研专项验收项目认定成果一览表

序号	成果名称	第一完成单位
1	青海湖周儿种抗寒抗旱固沙植物快繁技术	北京师范大学
2	杉木体胚高效发生体系	南京林业大学
3	额河杨和银灰杨杂交物种保护策略与技术	中国林科院林业研究所
4	青藏高原干旱区优良灌木树种繁育技术	中国林科院林业研究所
5	窄冠型福建柏优良家系选择	北京林业大学
6	云杉体细胞胚的干化技术	北京林业大学
7	地涌金莲新品种繁育栽培技术	中国林科院资源昆虫研究所
8	榉树快速繁育技术	中南林业科技大学
9	红锥改良种子园营建技术	广东省林业科学研究院
10	福建杉木第三代种子园营建技术	福建省林业科学研究院
11	尾叶桉优异核心种质体系构建	北京林业大学
12	沙枣繁殖及苏打盐碱地造林技术	吉林省林业科学研究院
13	采石渣土植生基质化利用技术	北京林业大学
14	青线柳苗木繁育技术	南京林业大学
15	君迁子无核新品种高效栽培技术	国家林业局泡桐研究开发中心
16	生物质能源油桐林生产栽培技术	中南林业科技大学
17	新疆阿克苏地区红富士苹果优质高产培育技术	新疆林业科学院
18	毛竹秋冬季出笋高效培育关键技术	浙江省林业科学研究院
19	草珊瑚种苗培育、林下规范化栽培模式及加工技术	中国林科院亚热带林业研究所
20	漆树种苗高效繁育技术	中国林科院亚热带林业研究所
21	湖北板栗、核桃林高效复合经营技术	中国林科院亚热带林业研究所
22	东北林区主要树种(组)林木及林分动态预测技术	东北林业大学
23	闽南山地桉树人工林土壤质量与维护利用技术	南京林业大学
24	甘肃祁连山高山灌丛净生产力估测	南京林业大学
25	不同经营目的的适宜森林覆盖率的确定技术	北京林业大学
26	马尾松二代种子园营建技术	南京林业大学
27	油茶养分高效管理技术	华南农业大学
28	四川、江西退耕地竹林经营技术	国际竹藤中心
29	杉木人工林林分结构与生长可视化模拟技术	中国林科院资源信息研究所
30	桉树红锥等林下多种经营技术	广东省林业科学研究院
31	基于水资源管理的黄土高原植被承载力确定及调控途径	中国林科院森林生态环境与保护研究所
32	三峡库区消落带植被修复与重建技术	重庆市林业科学研究院
33	上海城市湿地生态系统健康评价与恢复技术	上海市园林科学研究所
34	圈养大熊猫野化培训与放归技术	四川卧龙国家级自然保护区管理局
35	浑河流域困难立地植被恢复技术	辽宁省林业科学研究院
36	森林动植物物证检验技术	南京森林警察学院
37	黄土高原生态脆弱区植被恢复水土保持效应评价技术	北京林业大学
38	森林火灾案件侦查技术	南京森林警察学院
39	农田防护林树木根系管理技术	南京林业大学
40	长白山区天然林资源监测及评估技术	中国吉林森林工业集团有限责任公司
41	都市型自然保护区植被结构调整及恢复技术	北京市园林绿化局国际合作项目管理办公室
42	东北天然次生林生态系统监测技术	北京林业大学
43	东北天然次生林生物多样性调控技术	北京林业大学
44	基于完整生物链修复的综合湿地恢复技术	中国林科院林业新技术研究所
45	基于 MCA 模型的快速识别河流湿地污染源区评估技术	中国林科院林业新技术研究所
46	农林复合模式削减农业面源污染技术	中国林科院林业新技术研究所
47	利用土壤种子库和土壤动物评估岸带湿地恢复效果技术	中国林科院林业新技术研究所
48	串联—并联的复合高效污染处理湿地构建技术	中国林科院林业新技术研究所
49	中国森林生态系统净初级生产力在线查询系统构建	南京林业大学
50	中国森林生产力综合评估	南京林业大学
51	辽东山区落叶松、栎林生态系统净生产力与碳贮量估算	南京林业大学

（续）

序号	成果名称	第一完成单位
52	华南主要森林与优势种群净生产力多尺度长期监测	南京林业大学
53	森林植被与水资源协调综合调控技术	北京林业大学
54	森林植被垂直结构对降水输入过程的影响	北京林业大学
55	亚热带典型人工林生态系统固碳增汇关键技术	中国林科院森林生态环境与保护研究所
56	碳贸易市场机制与管理	中国林科院森林生态环境与保护研究所
57	退化天然林生态恢复与固碳增汇技术	中国林科院森林生态环境与保护研究所
58	森林生物量与碳汇计量技术方法	中国林科院森林生态环境与保护研究所
59	生态建设驱动力耦合模型构建技术	国际竹藤中心
60	华北地区废弃采石场松散堆积体生态修复综合技术	北京林业大学
61	基于小流域的关停废弃矿区近自然地形设计技术	北京林业大学
62	高原磷矿山损毁林地植被恢复技术	北京林业大学
63	基于B/S模式的林改后森林资源管理信息系统	中国林科院亚热带林业研究所
64	毛竹林下药用植物复合生态系统构建技术	中国林科院亚热带林业研究所
65	蔗糖—三聚氰胺—甲醛共缩聚树脂木材胶黏剂制备技术	广西大学
66	西南山地花椒加工剩余物利用技术	重庆市林业科学研究院
67	木质素衍生物制备与高效利用技术	东北林业大学
68	热能自给型木质活性炭连续化生产利用新技术	中国林科院林产化学工业研究所
69	海松酸型树脂酸及其制备技术	中国林科院林产化学工业研究所
70	木豆叶活性成分高效生产新工艺	东北林业大学
71	活性木质碳纤维孔结构调控技术	东北林业大学
72	秦岭林药植物资源挖潜及开发技术	东北林业大学
73	樟树加工剩余物高效利用技术	东北林业大学
74	载银活性木质碳纤维制备技术	东北林业大学

（续）

序号	成果名称	第一完成单位
75	落叶松结构材应力分等装备制造技术	东北林业大学
76	红松球果无损采集技术	东北林业大学
77	灌木饲料与生物质成型燃料技术	东北林业大学
78	薪炭林颗粒成型与燃烧关键设备技术	东北林业大学
79	小型飞机农药静电喷雾喷洒系统	东北林业大学
80	车载多功能高射程喷雾喷烟一体机	东北林业大学
81	悬挂式灌木饲料平茬机	东北林业大学
82	油茶果振动式采摘机器人制造技术	东北林业大学
83	2RZ－J200型林木容器苗自动装播生产线	东北林业大学
84	沙区杨树深栽造林双孔钻机	东北林业大学
85	多功能清林抚育割灌机	东北林业大学
86	环保型多功能集材机	东北林业大学
87	移动式剥皮削片联合作业机	东北林业大学
88	多功能沙生灌木集运装备	东北林业大学

（科技司计划处）

【国家重大基础研究计划（“973”计划）】 “复杂地表遥感信息动态分析与建模”项目正式启动实施。“木材形成的调控机制研究”项目通过科技部组织的中期评估。“速生优质林木培育的遗传基础及分子调控”项目顺利通过科技部组织的验收，该项目针对中国重要的速生造林树种杨树、落叶松开展遗传基础及分子调控研究，建立了杨树高效稳定的分子育种与规模化繁育试验技术体系和技术平台，分离、鉴定并注册了与速生优质性状相关基因247个，揭示了林木速生的分子调控机理、林木逆境下速生的优良农艺性状的形成机理。

（科技司计划处）

【国家高技术研究发展规划（“863”计划）】 与教育部等部门联合组织的“林木花卉转基因育种研究”项目正式启动实施。“林果花草分子育种与品种创制”等在研项目进展顺利。（科技司计划处）

【国家科技基础性工作专项】 “中国森林土壤调查、标准规范及数据库构建”“中国森林典籍志书资料整编”2个项目获得科技部批复立项，“中国森林植被调查”“华北山区经济树种种质资源收集和保存”正式启动实施。

（科技司计划处）

【科研院所技术开发专项】 “人造板连续平压机拖动摆幅精准控制技术”“生物基PVC无酚热稳定剂新产品技术研究与开发”2个项目获得科技部批复正式启动。

（科技司计划处）

【科技基础条件平台计划】 国家林业科学数据平台和国家林木(含竹藤花卉)种质资源平台获得科技部稳定支持，分别于贵州省黔南州等地进行了服务对接，组织相关专家开展实地考察和科技资讯，为基层林业工作建言献策。 (科技司计划处)

【引进国际先进林业科学技术计划项目("948"项目)】 2013年批准新立项83项，该批项目主要围绕林木优良遗传资源及育种、产业发展、生态建设与保护、国际前沿技术等领域开展先进技术引进、创新与示范。(见表14-3)。完成了2013年到期"948"项目的验收工作，通过验收59项，开发出具有自主知识产权的新产品、新技术、新工艺、新装置94项，认定成果26项(见表14-4)，授权专利34件，制定标准2项，发表论文188篇，出版专著5部。 (科技司计划处)

表14-3 2013年度"948"项目一览表

序号	项目编号	项目名称	第一承担单位
1	2013-4-01	木本油脂风味评价与量化技术引进	中南林业科技大学
2	2013-4-02	林木障碍药带精准喷施装备关键技术引进	北京林业大学
3	2013-4-03	新型纤维素溶剂体系制备微纤丝材料技术引进	北京林业大学
4	2013-4-04	高吸附性木质碳纤维活化关键技术引进	北京林业大学
5	2013-4-05	松节油丙烯酸酯改性水性聚氨酯关键技术引进	南京林业大学
6	2013-4-06	人造板VOC快速释放检测技术引进	东北林业大学
7	2013-4-07	高纯度白藜芦醇生物合成技术引进	国际竹藤中心
8	2013-4-08	生物质真空热解油气相重整关键技术引进	西南林业大学
9	2013-4-09	漆器家具用生漆材料纳米改性与数码喷印技术引进	南京林业大学
10	2013-4-10	水解纤维素产烃树木内生真菌资源利用技术引进	中国林业科学研究院森林生态环境与保护研究所
11	2013-4-11	静电纺丝制备功能性纳米材料关键技术引进	东北林业大学
12	2013-4-12	木质素酚醛泡沫保温材料制备技术引进	中国林业科学研究院林产化学工业研究所
13	2013-4-13	集成材用MUF共缩聚树脂应用技术引进	西南林业大学
14	2013-4-14	国外核桃脱青皮加工技术引进	新疆林业科学院
15	2013-4-15	高性能木质复合吸音材料制备技术引进	中国林业科学研究院木材工业研究所
16	2013-4-16	植物酚酸类活性成分阿魏酸高效绿色提取技术引进	南京林业大学
17	2013-4-17	便携式多功能采摘设备技术引进	国家林业局北京林业机械研究所
18	2013-4-18	连续平压机节能生产关键监测技术引进	中国林业科学研究院新技术研究所
19	2013-4-19	车载式采伐剩余物打捆机关键技术引进	中国内蒙古森林工业集团有限责任公司
20	2013-4-20	小型立盘式伐根清除造穴装备制造技术引进	北京林业大学
21	2013-4-21	林下植物荨麻活性成分高效提取分离技术引进	大兴安岭科丽尔生物工程有限责任公司
22	2013-4-22	热带短日照光周期白花泡桐育种材料杂交技术引进	中国林业科学研究院热带林业试验中心
23	2013-4-23	纳米铜树杆内分散及防腐竹子栽培技术引进	国家林业局竹子研究开发中心
24	2013-4-24	日本甜柿精准栽培技术引进	国家林业局泡桐研究开发中心
25	2013-4-25	美国香柏新品种及繁育技术引进	中南林业科技大学
26	2013-4-26	甜柿优良杂交亲本及2n配子育种技术引进	中国林业科学研究院亚热带林业研究所
27	2013-4-27	耐干热红色鸡爪槭品种及护色培育技术引进	河南省林业科学研究院
28	2013-4-28	菊花花期改良优异种质及育种技术引进	北京林业大学
29	2013-4-29	多用途景观半红树植物及其栽培技术引进	中国林业科学研究院热带林业研究所
30	2013-4-30	观赏欧洲卫矛优良种质资源及繁育技术引进	南京林业大学
31	2013-4-31	珍稀树种沉香树产业化培育技术引进	云南省林业科学院
32	2013-4-32	火炬松纸浆材第三代遗传改良关键技术引进	中南林业科技大学

（续）

序号	项目编号	项目名称	第一承担单位
33	2013-4-33	台湾牛樟、肖楠等优良用材树种种苗生物脱毒技术引进	福建省林业科学研究院
34	2013-4-34	优质高产百合新品种选育技术体系引进	南京林业大学
35	2013-4-35	绣球花植物新品种及繁育技术引进	中南林业科技大学
36	2013-4-36	巴西桉树杂种及标准化施肥技术引进	国家林业局桉树研究开发中心
37	2013-4-37	新一代湿地松种子园种质及丰产技术引进	湖南省林业科学院
38	2013-4-38	转基因林木生物安全控制及早期评价技术引进	西北农林科技大学
39	2013-4-39	加勒比松耐寒遗传资源及评价技术引进	广东省林业科学研究院
40	2013-4-40	油棕育种亲本及育种技术引进	中国热带农业科学院椰子研究所
41	2013-4-41	葡萄砧木新品种和优质苗木繁育技术引进	西北农林科技大学
42	2013-4-42	地中海仙客来种质资源及其远缘杂交技术引进	河北省林业科学研究院
43	2013-4-43	植物固相基因提取技术引进	东北林业大学
44	2013-4-44	苹果抗性品种及分子辅助育种技术引进	西南林业大学
45	2013-4-45	能源林树种乌桕高产新品种与经营技术引进	湖北省林业科学研究院
46	2013-4-46	二次花鸢尾、萱草关键亲本和育种技术引进	北京林业大学
47	2013-4-47	崖柏属优良种质资源与培育技术引进	中国林业科学研究院林业研究所
48	2013-4-48	伞房属桉树锯材树种种质资源及其改良技术引进	广西壮族自治区林业科学研究院
49	2013-4-49	加拿大糖槭种质资源及培育技术引进	安徽农业大学
50	2013-4-50	李杏优良砧木品种及其繁育技术引进	北京市农林科学院林业果树研究所
51	2013-4-51	平衡矿质输送育苗基质生产关键技术引进	吉林省林业科学研究院
52	2013-4-52	北美寒带阿拉斯加落叶松种质资源与栽培技术引进	黑龙江森林与环境科学研究院
53	2013-4-53	昆虫细胞—杆状病毒表达系统构建技术引进	中国林业科学研究院资源昆虫研究所
54	2013-4-54	生化黄腐酸高效发酵菌种及生产工艺引进	中国林业科学研究院林业研究所
55	2013-4-55	毛竹林土壤氮循环^{15}N示踪监测技术引进	国际竹藤中心
56	2013-4-56	森林对大气质量影响评价模型应用技术引进	西北农林科技大学
57	2013-4-57	森林甲烷监测与模拟技术引进	中南林业科技大学
58	2013-4-58	基于QEPAS早期森林火灾探测器关键技术引进	东北林业大学
59	2013-4-59	城市森林结构评价技术引进	沈阳农业大学
60	2013-4-60	重大林业食叶害虫信息素分析及缓释技术引进	中国林业科学研究院森林生态环境与保护研究所
61	2013-4-61	森林水源地生态系统评价与规划管理技术引进	黑龙江省森林工程与环境研究所
62	2013-4-62	利用微生物促进污染退化地植被恢复技术引进	江西省林业科学院
63	2013-4-63	富营养化湿地滨岸植被缓冲带构建技术引进	南京林业大学
64	2013-4-64	光肩星天牛信息素及其应用技术引进	东北林业大学
65	2013-4-65	小型无人机林火监测与扑救指挥系统关键技术引进	南京森林警察学院
66	2013-4-66	异龄针阔混交林可持续经营关键技术引进	北京林业大学
67	2013-4-67	荷兰Groasis保水节水造林技术引进	甘肃省治沙研究所
68	2013-4-68	高寒沙地林草植被恢复关键技术引进	四川省林业科学研究院
69	2013-4-69	基于全球化背景的林产品贸易评估技术引进	中国林业科学研究院林业科技信息研究所
70	2013-4-70	林地土壤有机碳储量遥感估测技术引进	国际竹藤中心
71	2013-4-71	森林碳通量模型及无线传感监测技术引进	浙江农林大学

（续）

序号	项目编号	项目名称	第一承担单位
72	2013-4-72	半干旱区公益林可持续经营技术引进	甘肃省林业科学研究院
73	2013-4-73	人工用材林二段林经营技术引进	北华大学
74	2013-4-74	人工林森林碳汇核算技术引进	桂林理工大学
75	2013-4-75	应用于林业害虫自动鉴定和数字化监测的几何形态测量技术引进	河北农业大学
76	2013-4-76	森林认证关键技术与认证模式引进	中国林业科学研究院林业科技信息研究所
77	2013-4-77	湿地水生植物根系原位动态监测技术引进	中国林业科学研究院新技术研究所
78	2013-4-78	可燃物湿度监测技术引进	国家林业局哈尔滨林业机械研究所
79	2013-4-79	沙化土地土壤改良及植物配置技术引进	宁夏林业研究所股份有限公司
80	2013-4-80	喀斯特山区林草间作生态恢复技术引进	中国林业科学研究院
81	2013-4-81	森林游憩资源调查与评价技术引进	中国林业科学研究院资源信息研究所
82	2013-4-82	欧洲栎类先进经营技术引进	重庆市林业科学研究院
83	2013-4-83	矿区废弃地土壤改良及植物材料选择、建植技术引进	山东省林业科学研究院

表 14-4　2013 年度“948”验收项目认定成果一览表

序号	成果名称	第一完成单位
1	基于土壤种子库的植被自然恢复技术	河北农业大学
2	优良马鹿纯繁群体建立与改良关键技术	东北林业大学
3	煤矸石堆积区植被恢复技术	山西省林业科学研究院
4	玫瑰花朵保存技术	中国林科院林业研究所
5	林草种子丸粒化飞播造林技术	南京林业大学
6	榉树优良品种和组培快繁技术	中南林业科技大学
7	麻疯树花粉贮藏及中华蜜蜂高效授粉技术	中国林科院资源昆虫研究所
8	柳枝稷优良品种和高产高效栽培模式	国家林业局泡桐研究开发中心
9	高含油油料植物麻疯树优良种质引进与选育	福建省林业科学研究院
10	核桃种间杂交砧木品种选育	中国林科院林业研究所
11	火炬松、湿地松体胚发生植株再生技术引进与应用	福建省林业科学研究院
12	云南高原苹果矮化栽培技术集成与示范	西南林学院
13	基于 MSAP 的毛竹生理年龄鉴别技术	中国林科院亚热带林业研究所
14	俄罗斯蓝莓繁育技术	大兴安岭林业集团公司农业林业科学研究院
15	木质材料纳米防腐剂制备技术	东北林业大学
16	人造板高压无气喷胶制造技术	国家林业局北京林业机械研究所
17	巴旦木破壳分离技术及设备	新疆林业科学院
18	便携式原木弹性模量分等软件	南京林业大学
19	胶合木结构桥梁工程材制造技术	中南林业科技大学
20	喜树碱纳米胶粒制备关键技术	东北林业大学
21	光皮树果实/蓖麻籽油绿色制备技术	中南林业科技大学
22	超细木粉干法粉碎装备	东北林业大学
23	竹浆羧甲基纤维素制造技术	浙江林学院
24	大型自装卸移动式林业剩余物削片设备	东北林业大学
25	高性能 MUF 共缩聚树脂及室外型刨花板生产技术	西南林学院
26	便携式多级森林消防泵	南京森林公安高等专科学校

（科技司计划处）

【国家林业局重点科研计划项目】 2013 年新立项国家林业局重点科研计划项目 7 项（见表 14-5）。完成了 2013 年度到期局重点项目的验收工作，通过验收 4 项，认定成果 2 项（见表 14-6），开发新产品和材料 10 种、新技术新工艺 2 项，获授权专利 11 件，发表论文 24 篇。

表 14-5　2013 年度国家林业局重点科研项目一览表

序号	项目编号	项目名称	第一承担单位
1	2013-01	油用牡丹种子油及剩余物高值化研发	东北林业大学
2	2013-02	外来树种引种驯化技术研发	中国林业科学研究院亚热带林业研究所
3	2013-03	羽毛微观结构鉴定在濒危鸟类保护中的应用技术研发	南京森林警察学院

（续）

序号	项目编号	项目名称	第一承担单位
4	2013－04	东北天然林资源可持续保护与经营技术研发	东北林业大学
5	2013－05	林业科研项目过程管理系统研发	北京林业大学
6	2013－06	亚太地区林业企业绿色贸易信息系统技术研发	国家林业局亚太森林网络管理中心
7	2013－07	绿色厨房家具设计与关键工艺技术研发	北京林业大学

表 14-6　2013 年度国家林业局重点科研计划项目验收认定成果一览表

序号	成果名称	第一完成单位
1	牡丹新品种繁育技术	北京林业大学
2	热敏性林化产品低温喷雾干燥技术及装备	中国林科院林产化学工业研究所

（科技司计划处）

【国家林业局软课题】　2013 年共组织实施国家林业局软课题 17 项(表 14-7)，总经费 600 万元。

表 14-7　2013 年度国家林业局软课题研究项目一览表

序号	项目名称	第一承担单位
1	森林公安文化建设体系研究	南京森林警察学院
2	城市生态廊道生态安全调控剂实施对策研究	中国林科院科技信息研究所
3	出口竹制品主要技术性贸易壁垒调查及应对措施	国家林业局竹子研究开发中心
4	中国森林核算及纳入绿色经济评价	国际竹藤中心
5	林业行业关键、特殊岗位建立准入制研究	中国林业教育学会
6	国内外提高森林生产力途径的研究	北京大学
7	林下经济与低碳战略研究	北京大学
8	集体林权制度改革绩效及重大政策研究	清华大学
9	森林资源监测体系的改进研究	华南农业大学
10	林权流转政策与城乡一体化研究	北京大学
11	农林复合经营与林下经济的保护与发展	中国科学院地理科学与资源研究所
12	京津冀地区防护林对首都生态环境的影响研究	北京大学
13	集体林权改革背景下新型林业经营主体发展支持政策研究	福建省林业科学研究院
14	基于生态视角的林业企业社会责任信息披露研究	北京林业大学
15	发达国家与发展中国家生态文明理论与实践的比较研究	南京林业大学
16	湖南省森林综合效益的计量及评价	中南林业科技大学
17	基于抵押品的西北地区森林碳汇贷款机制研究	西北农林科技大学

【陆地生态系统定位观测研究网络建设】　2013 年新建生态站 24 个，国家林业局生态站总数达 140 个，其中森林生态站 90 个、湿地生态站 30 个、荒漠生态站 20 个，基本形成了覆盖全国主要生态区、具有国际影响力的大型观测研究网络，为开展生态效益考核与生态服务功能评估等搭建了重要的科技创新平台。(见表 14-8)。国家林业局生态定位观测网络中心筹建工作进展顺利。研究制定筹建方案并成立筹备办公室，及时落实办公设施、部分人员等保障条件。制订了《国家林业局 中国科学院共建野外生态站联盟实施方案》，启动了森林、湿地、荒漠—草地 3 个分联盟建设，合作建设了 3 个生态站。

生态站网标准体系进一步完善。“森林生态系统定位研究站建设规范”等 4 项林业国家标准获批复立项，实现了国家林业局生态站标准化工作在国家层面的重大突破。“极端干旱区荒漠生态系统定位观测指标体系”等 4 项行业标准正式颁布，生态站行业标准总数达 18 项，标准体系得到进一步完善；“湖泊湿地生态系统定位观测技术规范”等 5 项行业标准编制工作正式启动。

表 14-8　林业生态站名录

序号	生态站名称
1	安徽大别山森林生态系统国家定位观测研究站
2	安徽黄山森林生态系统国家定位观测研究站
3	北京燕山森林生态系统国家定位观测研究站
4	福建武夷山森林生态系统国家定位观测研究站
5	甘肃白龙江森林生态系统国家定位观测研究站
6	甘肃河西走廊森林生态系统国家定位观测研究站
7	甘肃祁连山森林生态系统国家定位观测研究站
8	甘肃小陇山森林生态系统国家定位观测研究站
9	甘肃兴隆山森林生态系统国家定位观测研究站
10	广东东江源森林生态系统国家定位观测研究站
11	广东南岭森林生态系统国家定位观测研究站
12	广东汕头沿海防护林森林生态系统国家定位观测研究站
13	广东湛江桉树林生态系统国家定位观测研究站
14	广东珠江三角洲森林生态系统国家定位观测研究站
15	广西大瑶山森林生态系统国家定位观测研究站

（续）

序号	生态站名称
16	广西漓江源森林生态系统国家定位观测研究站
17	广西友谊关森林生态系统国家定位观测研究站
18	贵州荔波喀斯特森林生态系统国家定位观测研究站
19	海南霸王岭森林生态系统国家定位观测研究站
20	海南尖峰岭森林生态系统国家定位观测研究站
21	海南文昌森林生态系统国家定位观测研究站
22	河北塞罕坝森林生态系统国家定位观测研究站
23	河北太行山东坡森林生态系统国家定位观测研究站
24	河北小五台山森林生态系统国家定位观测研究站
25	河南宝天曼森林生态系统国家定位观测研究站
26	河南黄淮海农田防护林生态系统国家定位观测研究站
27	河南鸡公山森林生态系统国家定位观测研究站
28	河南禹州森林生态系统国家定位观测研究站
29	黑龙江凉水森林生态系统国家定位观测研究站
30	黑龙江帽儿山森林生态系统国家定位观测研究站
31	黑龙江漠河森林生态系统国家定位观测研究站
32	黑龙江牡丹江森林生态系统国家定位观测研究站
33	黑龙江嫩江源森林生态系统国家定位观测研究站
34	黑龙江七台河森林生态系统国家定位观测研究站
35	黑龙江小兴安岭森林生态系统国家定位观测研究站
36	黑龙江雪乡森林生态系统国家定位观测研究站
37	湖北大巴山森林生态系统国家定位观测研究站
38	湖北恩施森林生态系统国家定位观测研究站
39	湖北神农架森林生态系统国家定位观测研究站
40	湖北秭归三峡库区森林生态系统国家定位观测研究站
41	湖南衡山森林生态系统国家定位观测研究站
42	湖南会同森林生态系统国家定位观测研究站
43	湖南长株潭城市群森林生态系统国家定位观测研究站
44	华东沿海防护林生态系统国家定位观测研究站
45	河南黄河小浪底森林生态系统国家定位观测研究站
46	吉林松江源森林生态系统国家定位观测研究站
47	吉林长白山森林生态系统国家定位观测研究站
48	吉林长白山西坡森林生态系统国家定位观测研究站
49	江苏长江三角洲森林生态系统国家定位观测研究站
50	江西大岗山森林生态系统国家定位观测研究站
51	江西九连山森林生态系统国家定位观测研究站
52	江西庐山森林生态系统国家定位观测研究站
53	辽宁白石砬子森林生态系统国家定位观测研究站
54	辽宁冰砬山森林生态系统国家定位观测研究站
55	辽宁辽东半岛森林生态系统国家定位观测研究站
56	辽宁辽河平原森林生态系统国家定位观测研究站

（续）

序号	生态站名称
57	内蒙古大青山森林生态系统国家定位观测研究站
58	内蒙古大兴安岭森林生态系统国家定位观测研究站
59	内蒙古鄂尔多斯森林生态系统国家定位观测研究站
60	内蒙古赛罕乌拉森林生态系统国家定位观测研究站
61	内蒙古特金罕山森林生态系统国家定位观测研究站
62	宁夏贺兰山森林生态系统国家定位观测研究站
63	宁夏六盘山森林生态系统国家定位观测研究站
64	青海大渡河源森林生态系统国家定位观测研究站
65	山东黄河三角洲森林生态系统国家定位观测研究站
66	山东昆嵛山森林生态系统国家定位观测研究站
67	山东青岛森林生态系统国家定位观测研究站
68	山东泰山森林生态系统国家定位观测研究站
69	山西吉县黄土高原森林生态系统国家定位观测研究站
70	山西太行山森林生态系统国家定位观测研究站
71	山西太岳山森林生态系统国家定位观测研究站
72	陕西黄龙山森林生态系统国家定位观测研究站
73	陕西秦岭森林生态系统国家定位观测研究站
74	上海城市森林生态系统国家定位观测研究站
75	首都圈森林生态系统国家定位观测研究站
76	四川峨眉山森林生态系统国家定位观测研究站
77	四川卧龙森林生态系统国家定位观测研究站
78	西藏林芝森林生态系统国家定位观测研究站
79	新疆阿尔泰山森林生态系统国家定位观测研究站
80	新疆塔里木河胡杨林生态系统国家定位观测研究站
81	新疆天山森林生态系统国家定位观测研究站
82	云南滇中高原森林生态系统国家定位观测研究站
83	云南高黎贡山森林生态系统国家定位观测研究站
84	云南普洱森林生态系统国家定位观测研究站
85	云南玉溪森林生态系统国家定位观测研究站
86	浙江凤阳山森林生态系统国家定位观测研究站
87	浙江钱江源森林生态系统国家定位观测研究站
88	浙江天目山森林生态系统国家定位观测研究站
89	重庆缙云山三峡库区森林生态系统国家定位观测研究站
90	重庆武陵山森林生态系统国家定位观测研究站
91	北京汉石桥湿地生态系统国家定位观测研究站
92	福建闽江河口湿地生态系统国家定位观测研究站
93	福建泉州湾湿地生态系统国家定位观测研究站
94	甘肃敦煌西湖湿地生态系统国家定位观测研究站
95	甘肃黑河湿地生态系统国家定位观测研究站
96	广东海丰湿地生态系统国家定位观测研究站

（续）

序号	生态站名称
97	广西北海湿地生态系统国家定位观测研究站
98	贵州草海湿地生态系统国家定位观测研究站
99	海南东寨港红树林湿地生态系统国家定位观测研究站
100	黑龙江三江平原湿地生态系统国家定位观测研究站
101	黑龙江扎龙湿地生态系统国家定位观测研究站
102	湖北洪湖湿地生态系统国家定位观测研究站
103	湖南洞庭湖湿地生态系统国家定位观测研究站
104	吉林查干湖湿地生态系统国家定位观测研究站
105	吉林莫莫格湿地生态系统国家定位观测研究站
106	江苏太湖湿地生态系统国家定位观测研究站
107	江苏盐城滨海湿地生态系统国家定位观测研究站
108	江西鄱阳湖湿地生态系统国家定位观测研究站
109	辽宁双台河口湿地生态系统国家定位观测研究站
110	内蒙古包头黄河湿地生态系统国家定位观测研究站
111	内蒙古大兴安岭汗马湿地生态系统国家定位观测研究站
112	内蒙古乌梁素海湿地生态系统国家定位观测研究站
113	青海湖湿地生态系统国家定位观测研究站
114	青海三江源湿地生态系统国家定位观测研究站
115	上海崇明东滩湿地生态系统国家定位观测研究站
116	四川若尔盖高寒湿地生态系统国家定位观测研究站
117	云南滇池湿地生态系统国家定位观测研究站
118	浙江杭州湾湿地生态系统国家定位观测研究站

（续）

序号	生态站名称
119	浙江西溪湿地生态系统国家定位观测研究站位
120	重庆三峡湿地生态系统国家定位观测研究站
121	福建长汀红壤丘陵生态系统国家定位观测研究站
122	甘肃临泽荒漠生态系统国家定位观测研究站
123	甘肃民勤荒漠生态系统国家定位观测研究站
124	贵州黎平石漠生态系统国家定位观测研究站
125	贵州普定石漠生态系统国家定位观测研究站
126	河北丰宁沙地生态系统国家定位观测研究站
127	河南原阳黄河故道沙地生态系统国家定位观测研究站
128	库姆塔格荒漠生态系统国家定位观测研究站
129	辽宁章古台科尔沁沙地生态系统国家定位观测研究站
130	内蒙古达拉特荒漠生态系统国家定位观测研究站
131	内蒙古磴口荒漠生态系统国家定位观测研究站
132	内蒙古多伦浑善达克沙地生态系统国家定位观测研究站
133	内蒙古呼伦贝尔沙地生态系统国家定位观测研究站
134	内蒙古吉兰泰荒漠生态系统国家定位观测研究站
135	宁夏盐池毛乌素沙地生态系统国家定位观测研究站
136	青海共和荒漠生态系统国家定位观测研究站
137	青海贵南荒漠生态系统国家定位观测研究站
138	陕西榆林毛乌素沙地生态系统国家定位观测研究站
139	新疆精河荒漠生态系统国家定位观测研究站
140	云南元谋干热河谷生态系统国家定位观测研究站

（科技司计划处）

中国—GEF 干旱生态系统土地退化伙伴关系项目

【项目年度评估】 2013 年 2 月 19 日至 3 月 1 日，亚洲开发银行评估团对项目 2012 年执行情况进行了年度评估。评估团听取了中央项目办的工作汇报，赴甘肃和陕西进行了实地考察，与伙伴关系框架下 8 个项目代表、6 个省（区）项目办代表以及联合国防治荒漠化公约中国履约委员会代表、LADA 项目代表等进行了座谈，认为土地退化防治管理与政策支持项目实施两年多来，按照工作计划推进项目建设，各项工作整体进展良好，成效显著。

【伙伴关系评估】 2013 年 4 月，全球环境基金、亚洲开发银行组织对土地退化防治伙伴关系项目进行了评估。评估报告指出伙伴关系在推动土地退化防治和生计改善方面作出了卓越的贡献，伙伴关系的创新性方法已经产生影响并融入到了省（区）“十二五”发展规划与行动计划中，伙伴关系发展为当地带来了环境、社会和经济效益。评估报告指出伙伴关系的全球环境效益明显，但还有待于进行系统定量测量或估算。该报告的结论是，伙伴关系应当继续得到支持。

【召开可持续土地管理政策与实践国际会议】 2013 年 5 月 7～8 日，可持续土地管理政策与实践国际研讨会在北京召开。会议由国家林业局主办，全球环境基金和亚洲开发银行协办，国家林业局科技司、中央项目协调办和中央项目执行办共同承办。财政部、国家林业局、国家发展改革委、全国人大法工委、国务院法制办、水利部、农业部、国土资源部、科技部、环保部、中国气象局和中国科学院等项目指导委员会 12 个成员单位有关领导，全球环境基金、亚洲开发银行、世界银行、联合国发展署等国际机构官员，国外驻华使馆官员，国内相关部门、科研机构和高校领导及专家，项目省（区）等 200 多位代表参加了会议。国家林业局副局长孙扎根出席开幕式并致辞，全国政协人口资源环境委员会副主任、中国林学会理事长、中央项目指导委员会主任江泽慧教授出席会议并作主旨报告。会议的成功举办，促进了土地退化防治管理与政策支持项目经验交流和成果应用，扩大了项目宣传和国内外交流，提升了项目的国际影响力，也进一步推动了中国—全球环境基金土地退化防治伙伴关系的深入发展。

【专题研究顺利结题】 2013 年 4 月 18 日，由中央项目办组织完成的“气候变化背景下干旱半干旱区森林生态系统适应性管理及对策研究”“中国—全球环境基金干旱生态系统土地退化防治伙伴关系发展战略研究”两个专题通过了专家评审，顺利结题。

【完成终期评估】 2013 年 11 月 4～19 日，亚洲开发银行评估团对土地退化防治管理与政策支持项目进行了终期评估，国家林业局科技司与亚洲开发银行评估组官员 Frank Radstake 先生正式签署《谅解备忘录》，表示对项目执行评估结果为满意，中长期影响评估为非常满意。这样高的评估级别在 GEF 全球所执行的项目中实属少数。

【干旱生态系统可持续土地管理综合战略技援项目】 2013 年 2 月 26 日，“干旱生态系统可持续土地管理综合战略技援项目”在北京正式启动。在 3 位技术援助专家的努力下，项目制订了综合战略框架报告，于 11 月通过了亚洲开发银行的中期评估。

【中国西部适应气候变化的可持续土地管理项目】 中国西部适应气候变化的可持续土地管理项目作为伙伴关系第二个十年发展阶段的核心项目，其执行框架文本已于 2013 年 2 月获得 GEF 秘书处批准。项目实施期限是 36 个月，项目投资达 1605 万美元，其中赠款资金 365 万美元，国内配套资金 1240 万美元。

（科技司综合处）

林业科技成果

【成果统计与奖励】 2013 年共登记林业科技成果 453 项，其中软科学类成果 6 项，占成果总数的 1.3%；基础理论类成果 22 项，占成果总数的 4.9%；应用技术类成果 425 项，占成果总数的 93.8%。基础研究成果相对较少，成果转化应用率不高。与 2012 年相比，原始创新成果略有增长，成果创新水平继续提升，中青年科技人才已成为科技创新的主力军。2013 年度，3 项科技成果获得国家科技进步二等奖，1 人获得国际科学技术合作奖。国际竹藤中心江泽慧教授获得国际木材科学院杰出贡献奖（见表 14-9）。

表 14-9　2013 年获国家科学技术奖励的林业项目

项目名称	主要完成单位	主要完成人	奖　种
紫胶资源高效培育与精加工技术体系创新集成	中国林业科学研究院资源昆虫研究所、昆明西莱克生物科技有限公司	陈晓鸣 李昆 陈又清 陈智勇 张弘 石雷 陈航 甘瑾 冯颖 王绍云	国家科技进步二等奖
农林剩余物多途径热解气化联产炭材料关键技术开发	中国林业科学研究院林产化学工业研究所、华北电力大学、福建农林大学、合肥天焱绿色能源开发有限公司、福建元力活性炭股份有限公司	蒋剑春 应浩 张锴 黄彪 邓先伦 刘勇 卢元健 许玉 孙康 孙云娟	国家科技进步二等奖
森林资源综合监测技术体系	中国林业科学研究院资源信息研究所、北京林业大学、东北林业大学、国家林业局调查规划设计院、中国科学院地理科学与资源研究所、中国科学院遥感应用研究所、内蒙古自治区林业科学研究院	鞠洪波 张怀清 唐小明 彭道黎 陆元昌 邸雪颖 庄大方 陈永富 武红敢 张煜星	国家科技进步二等奖
许忠允 Chung-yun Hse			国际科学技术合作奖

（科技司综合处）

林业科技推广

【中央财政林业科技推广示范资金专项】 2013 年中央财政林业科技推广示范资金 4.3 亿元，共支持 422 个项目（表 14-10）。其中，跨区域重点推广示范项目 94 项，资金 1.0 亿元，推广成果涉及木本粮油优良品种及丰产栽培、主要用材林丰产栽培、林下种植和林农复合经营、生态修复和治理等技术；其他推广示范项目280项，资金2.8亿元，推广林木优良品种繁育及丰产栽培、林业资源开发及高效加工利用、林业生物质能源树种培育及林业剩余物加工利用、重大林业有害生物防治和森林防火等技术，共在全国31个省（区、市）实施；标准化示范区项目48个，资金0.5亿元。

表14-10　2013年中央财政林业科技推广示范资金项目

项目名称	项目承担单位	项目类型
油用紫斑牡丹新品种在北京平原造林中的示范与推广	北京市林业科技推广站	跨区域
延庆腮扁叶蜂无公害防治技术示范与推广	北京市林业保护站	其他推广
菌根耦合植被恢复技术在平原造林工程中的示范与推广	北京市林业科技推广站	其他推广
药食同源蔬菜在林地的栽培技术示范与推广	北京市八达岭林场	其他推广
优质玫瑰新品种及配套栽培技术引进、示范与推广	北京市大兴区园林绿化局	其他推广
天津市宝坻区生态防护林有害生物无公害防治技术示范	天津市宝坻区林业科技推广中心	其他推广
河北省核桃“三适”配套技术示范与推广	阜平县林业技术推广站	跨区域
核桃新品种——西岭及配套栽培技术推广与示范	卢龙县林业技术推广中心	跨区域
冬枣无公害栽培及贮藏深加工技术推广示范	沧州市林业科学研究所	跨区域
华北落叶松用材林丰产栽培技术示范推广	河北省塞罕坝机械林场	跨区域
华北落叶松低效人工林改建丰产林技术推广	河北省木兰围场国有林场管理局	其他推广
太行山有机核桃生产及综合节水技术推广与示范	邯郸市林业技术推广站	其他推广
美国白蛾全虫态综合防治技术推广	廊坊市林业局林业技术推广站	其他推广
葡萄园减灾及固沙技术示范与推广	河北省林业科学研究院	其他推广
河北平原速生杨根蘖林培育技术示范	河北省林业技术推广总站	其他推广
优质、抗逆核桃“西岭”新品种及栽培技术推广	唐山市丰润区林业技术推广服务中心	其他推广
河北省平山县绿色核桃标准化生产技术示范推广	平山县林业技术推广站	其他推广
山杏、柠条低质林高效可持续经营技术示范推广	河北省林业科学研究院	其他推广
干旱丘陵区核桃集约化栽培技术示范	山西省林业科学研究院	跨区域
困难立地区植被恢复与生态经济林经营集成技术示范	山西省林业科学研究院	跨区域
枣树日光温室早实丰产栽培技术示范	晋中市林业科学研究所	跨区域
半干旱风沙区人工促进杨树成过熟林更新演替技术推广示范	朔州市林业技术推广站	跨区域
黄土丘陵区生态植被重建与质量管理技术示范	静乐县林业技术推广站	其他推广
干旱山地不同造林模式推广示范	五台山国有林管理局上寨林场	其他推广
核桃丰产栽培技术推广示范	山西省林业技术推广总站	其他推广
太行山土石山区林业生态工程构建技术示范	长治市林业技术推广站	其他推广
米槐优良无性系选育及丰产栽培技术推广示范	稷山县林业技术推广站	其他推广
核桃良种规范高效育苗技术推广示范	祁县林业局林业技术推广站	其他推广
干寒地区生态林营造技术示范	阳高县林业技术推广站	其他推广
黄土丘陵区防护林营造综合配套技术推广示范	山西省黑茶山国有林管理局城庄沟林场	其他推广
杨树新品种造林推广示范	山西省杨树丰产林实验局油坊林场	其他推广
科尔沁沙地植被恢复技术模式推广	内蒙古通辽市林业科学研究院、内蒙古通辽市奈曼旗林业工作站	跨区域
半干旱农牧业交错区生态修复与综合治理技术推广示范	内蒙古赤峰市林业科学研究院、内蒙古赤峰市敖汉旗林业科学研究所	跨区域

（续）

项目名称	项目承担单位	项目类型
林蚕复合经营技术推广示范	内蒙古呼伦贝尔市阿荣旗林业工作站、内蒙古呼伦贝尔市阿荣旗柞蚕实验种场、内蒙古呼伦贝尔市阿荣旗珍珠蚕种场	跨区域
呼伦贝尔沙地治理分区及其技术模式推广	呼伦贝尔市林业工作站	其他推广
蒿柳天蚕林可持续经营技术推广示范	兴安盟林业科学研究所	其他推广
呼和浩特市森林鼠害综合治理技术推广示范	呼和浩特市森林保护站	其他推广
包头市南海湿地遗鸥栖息繁育地生境营造技术示范	包头市生态湿地保护管理中心、包头市南海湿地风景区管理处	其他推广
河套平原盐碱地开沟起垄造林技术推广	巴彦淖尔市林业科学研究所	其他推广
梭梭行带式造林－肉苁蓉接种综合配套技术推广示范	阿拉善盟林业治沙研究所	其他推广
云杉属优良树种繁育与推广	内蒙古自治区林业科学研究院	其他推广
两种生态新树种繁育及栽培技术推广	内蒙古自治区林业科学研究院	其他推广
轮叶沙参林下种植培育技术推广	内蒙古图里河林业局、内蒙古大兴安岭林业科学技术研究所	跨区域
森林防火扑救指挥决策系统	内蒙古森工集团(林管局)防火办	其他推广
红皮云杉良种优育及造林技术推广示范	内蒙古库都尔林业局、东北林业大学	其他推广
森林防火无人机航测遥感系统的推广示范	内蒙古大兴安岭林业管理局根河航空护林站、内蒙古森工集团科技处、内蒙古大兴安岭林业科学研究所	其他推广
森林防火北斗导航火场定位轨迹跟踪系统	内蒙古森工集团(林管局)防火办	其他推广
食用菌深加工技术推广示范	内蒙古森工集团得耳布尔森林工业有限公司	其他推广
板栗林下食用菌(香菇)立体开发推广	丹东市林业科学研究院、岫岩县林业技术推广站	跨区域
核桃优良品种示范推广	辽宁省经济林研究所、建昌县林业技术推广站	跨区域
杨树优良品种渤丰1号杨推广	盘锦市林业技术推广站、锦州市林业技术推广站、辽宁省杨树研究所	其他推广
半干旱地区小美旱杨推广	阜蒙县林业技术推广站、阜新市林业技术推广站、辽宁省杨树研究所	其他推广
沙地异砧红松苗木培育及示范林营建技术示范与推广	阜新市林业技术推广站、辽宁省固沙造林研究所	其他推广
落叶松－红松复层林营建技术推广	辽宁省森林经营研究所、本溪满族自治县林业技术推广站	其他推广
辽西生态经济林优化模式营建技术推广	北票市林业技术推广中心、辽宁省干旱地区造林研究所、辽宁省林业技术推广站	其他推广
玉竹、穿山龙人工栽培技术示范推广	营口市林业技术推广总站、鞍山市林业技术推广站、海城市林业技术指导站	其他推广
半干旱区抗晚霜扁杏优良品种丰产栽培技术推广	朝阳市林业技术推广站、凌源市林业技术推广站、辽宁省林业技术推广站	其他推广
栗树丰产栽培技术示范推广	丹东市林业技术推广站、辽宁省经济林研究所、辽宁省林业技术推广站	其他推广
野生榛林垦复技术推广	铁岭市林业科学研究院、昌图县林业技术推广站、辽宁省林业技术推广站	其他推广
珍贵观赏树种花楸繁育技术推广	辽宁省林业科学研究院、新宾县林业技术推广站	其他推广
刺龙芽栽培技术示范推广	本溪市林业技术推广培训中心、桓仁满族自治县林业技术推广站、辽宁省森林经营研究所	其他推广
半干旱区枣树优良品种矮化密植丰产栽培技术推广	朝阳市林业技术推广站、辽宁省干旱地区造林研究所、辽宁省林业技术推广站	其他推广

（续）

项目名称	项目承担单位	项目类型
抗寒大果杂交榛子新品种示范与推广	绥中县林业技术推广站 营口市林业技术推广总站、辽宁省经济林研究所	其他推广
干旱、半干旱沙地治理综合配套技术推广示范	吉林省林业科学研究院	跨区域
林冠下复合经营技术推广示范	延边林业科学研究院	跨区域
红松结实优良无性系及丰产结实经营技术推广示范	吉林省八家子林业局	跨区域
科尔沁沙地蒙古黄榆优良类型推广及生态修复技术示范	白城市林业科学研究院	跨区域
低温热处理三层实木复合地板科技推广	珲春森林山木业有限公司	其他推广
森林鼠害综合防控技术示范与推广	吉林市林科院	其他推广
薄木饰面模压树脂纤维板技术推广示范	吉林省林科院	其他推广
蓝靛果优良无性系繁育及丰产栽培技术推广示范	北华大学	其他推广
长白山主要珍贵阔叶树种人工促进天然更新技术推广与示范	蛟河实验区管理局	其他推广
东北红豆杉科技示范基地建设	延边林业集团和龙林业局	其他推广
红松过熟母树林改造技术推广示范	吉林省露水河林业局	其他推广
北细辛林下生态栽培技术推广示范	吉林省湾沟林业局	其他推广
杂交榛子优良种苗繁育技术推广示范	通化市林业技术推广站	其他推广
E0 级刨花板脲醛树脂复合型固化剂技术推广示范	吉林森工露水河刨花板分公司	其他推广
红松坚果园营建技术示范与推广	长春市林科院	其他推广
云杉规模化嫁接育苗技术推广	吉林省红石林业局	其他推广
红皮型樟子松繁育及栽培技术推广与示范	黑龙江省森林与环境科学研究院	跨区域
北冰红葡萄栽培及加工技术推广与示范	肇源县茂兴营林站	跨区域
人参新品种及其优质高产栽培技术推广与示范	黑龙江省绥棱国有林场管理局三吉台林场	跨区域
杂种落叶松优良家系种子生产、推广与示范	林口县青山国家落叶松良种基地	其他推广
绿化树种山新杨快速繁殖技术推广	黑龙江省齐齐哈尔林业学校	其他推广
法国丁香繁育技术推广示范	黑龙江省森林植物园	其他推广
抗寒大果杂交榛子新品种推广与示范	东宁县通沟林场	其他推广
刺五加经济林营建技术推广示范	牡丹江市五林林场	其他推广
日本落叶松推广与示范	延寿县林业局北安林场	其他推广
松嫩平原枸杞沙枣盐碱地栽培技术推广与示范	双城市永胜林场	其他推广
三江平原杨树工业原料林品种推广利用	富锦市东风岗机械林场	其他推广
落叶松用材林良种丰产栽培技术推广示范	黑龙江省林业科学研究所	跨区域
黄菠萝药用林营建及管理技术的推广与示范	黑龙江省海林林业局	其他推广
胡枝子食用菌原料林栽培技术示范与推广	黑龙江省绥棱林业局	其他推广
寒地代料栽培黑木耳优良菌株及非木质替代料的示范与推广	伊春林业科学院	其他推广
薇菜、大叶芹种苗繁育及高产培育技术推广示范	黑龙江省亚布力林业局	其他推广
高吸附活性炭的生产技术推广与示范	黑龙江省鹤立林业局	其他推广
林下食用菌高效栽培技术示范与推广	上海市青浦区林业站	跨区域
美洲黑杨新品种苏杨 7 号高效栽培技术推广示范	江苏省林业科学研究院	跨区域
江苏丘陵地区薄壳山核桃良种栽培技术体系的推广示范	江苏农林职业技术学院	跨区域
江苏省森林资源信息管理系统推广示范	江苏省森林资源监测中心	其他推广

（续）

项目名称	项目承担单位	项目类型
枇杷等特色林果良种繁育及栽培技术示范推广	苏州农业职业技术学院	其他推广
竹集成材高频加热技术示范及推广	宜兴市林业指导站	其他推广
墨西哥落羽杉良种快繁及容器苗培育集成技术推广示范	苏州市林业技术指导站	其他推广
云台山困难立地条件下森林植被恢复技术示范与推广	连云港市林业技术指导站	其他推广
南林95、895杨树新品种繁育与栽培技术示范推广	宿迁市宿城区林业技术推广服务中心	其他推广
杉木优质丰产培育关键技术示范推广	浙江省林业技术推广总站	跨区域
铁皮石斛活树附生原生态栽培示范推广	浙江农林大学	跨区域
林业剩余物制造清洁炭一体化技术的推广示范	浙江省林业科学研究院	其他推广
毛竹林下多花黄精复合经营技术示范推广	开化县林场	其他推广
乡土彩叶树种快繁及配植技术推广示范	浙江农林大学	其他推广
雷竹退化竹林改造及可持续经营技术集成推广示范	临安市林业科技推广总站	其他推广
浙西香榧良种快繁与丰产栽培技术推广示范	衢州市林业技术推广站	其他推广
香榧生态高效标准化栽培关键技术推广与示范	兰溪市林业技术推广站	其他推广
毛竹笋用林高效生态经营技术推广与示范	湖州市林业科学研究所	其他推广
浙南林药复合经营技术集成推广示范	丽水市林业科学研究院	其他推广
毛竹林生态高效培育集成技术推广与示范	景宁县林业技术推广中心	其他推广
“华特”等猕猴桃优良品种及高效栽培技术推广	温州市林业技术推广总站	其他推广
沿海乡土彩叶景观树种繁育和彩叶景观林营建技术推广示范	浙江省亚热带作物研究所	其他推广
油茶优良品种繁育及丰产栽培技术推广示范	黄山市林业科学研究所	跨区域
黄山区香榧优良品种繁育及丰产栽培技术推广示范	黄山区林业技术推广中心	跨区域
江淮1号杨、江淮2号杨优良品种推广示范	安徽省林业科学研究院	跨区域
四倍体泡桐丰产栽培技术示范与推广	阜阳市林业科学技术推广站	跨区域
毛竹白及复合经营技术推广示范	广德县林业技术推广中心	跨区域
徽州区香榧丰产栽培技术推广示范	徽州区林业科技推广中心	其他推广
香榧优良品种繁育与丰产栽培技术推广示范	岳西县林业工作站	其他推广
潜山县油茶丰产栽培技术示范	潜山县林业科技推广中心	其他推广
皖盐肤木1、2号新品种繁育与可持续增产技术推广示范	六安市林业工作总站	其他推广
旌德县杉木丰产栽培技术示范与推广	旌德县南关林杨	其他推广
优质景观苗木培育示范推广基地建设	桐城市林业科技推广中心	其他推广
蓝莓良种快速繁育及丰产栽培技术推广示范	省林业高科技开发中心	其他推广
蓝莓优良品种繁育及丰产栽培技术推广示范	屯溪区林业科技推广中心	其他推广
马尾松优良品种推广示范	福建省林业科学研究院	跨区域
杉木人工林无节材定向培育技术推广示范	福建省洋口国有林场	跨区域
林下种植太子参等药材的技术推广与示范	柘荣县林业科学技术推广站	跨区域
天然林下正红菇保护地增产技术推广示范	福建省建瓯市林业技术推广中心	跨区域
优良相思营造林技术推广应用	漳州市林木种苗站	其他推广
刨花楠良种繁育及丰产栽培技术推广示范	福建省顺昌县林业科学技术中心	其他推广
珍贵树种红豆树优良种质推广示范	沙县林业科技推广中心	其他推广
无患子原料林高产培育技术推广示范	建宁县林业科技推广中心	其他推广

（续）

项目名称	项目承担单位	项目类型
台湾栾大杉优良用材林树种造林推广示范	龙岩市新罗区林业技术推广中心	其他推广
纯种芳樟良种推广示范	永春县林业科技推广站	其他推广
沿海沙地防护竹林培育及丰产技术推广示范	福建林业职业技术学院	其他推广
蒲城丹桂繁育技术推广示范	福建省林业科学研究院	其他推广
重点生态区位松材线虫病综合控制技术推广示范	福建省林业科学研究院	其他推广
福建山樱花优良株系繁育及栽培推广示范	福建省国有来舟林业试验场	其他推广
金银花药用栽培及景观苗木培育技术推广示范	福建三明林业学校	其他推广
铁皮石斛生态林林下仿野生栽培技术示范	福建武夷山国家级自然保护区管理局	其他推广
优质红椎种苗繁育及栽培技术推广示范	福建省林业科技试验中心	其他推广
楠木优良种质繁育和造林推广	福建农林大学	其他推广
几种野生观赏植物繁育技术推广	福建农林大学	其他推广
森林药材掌叶覆盆子林下种植示范推广	江西省林业科技推广总站、德兴市林业技术推广站	跨区域
杉木良种及丰产栽培技术推广	江西省林业科技推广总站、赣州市林木种苗站	跨区域
“赣州油2号”等8个油茶良种繁育及丰产栽培技术示范	赣州市林业科学研究所、龙南县林业技术推广站、赣县林业技术推广站	跨区域
高亚油酸油茶良种繁育与园艺化栽培技术示范	江西省林业科学院、樟树市试验林场	跨区域
杉木大径材培育技术示范推广	江西省林业科学院、吉水县汇来农林科技公司、泰和县桥头镇店前村林业合作社	其他推广
天敌昆虫防治松材线虫病技术推广示范	江西省林业有害生物防治检疫局、江西省林学会	其他推广
小叶红叶石楠组培规模化育苗技术推广与示范	江西省林业科技推广总站、华南农业大学、江西博豪生态农业公司	其他推广
湿地松松脂高效低频采集技术示范	吉安市林业科学研究所、吉安市林业技术推广站、江西省林业厅林业开发中心	其他推广
平卧菊三七繁育及林下丰产种植技术示范	江西省林业科技培训中心、江西鑫植源农业生态科技开发有限公司	其他推广
毛竹林平衡施肥技术及养分管理模式推广示范	江西农业大学、贵溪市国营双圳林场、兴国县国营均福山林场	其他推广
米老排种苗繁育与栽培技术推广	赣州市林业技术推广站、赣南树木园	其他推广
森林药材裸花紫珠苗木繁育及规范化种植技术推广	江西省药物研究所、兴国县林业技术推广站、江西金赣源林业科技股份有限公司	其他推广
八角引种栽培技术推广与示范	金南县林业局林业技术推广站、赣州市林业技术推广站、江西农业大学	其他推广
优良抗污染景观绿化树种棱角山矾的培育技术推广与示范	江西省林业科学院、万载县强峰园林苗圃	其他推广
湿加松良种试验推广及植被恢复技术示范	宁都县林业技术推广站、江西农业大学	其他推广
珍贵用材和景观树种红豆树高效培育技术推广	上饶市林科所	其他推广
阿丁枫、铁冬青乡土树种苗木繁育和景观绿化大苗培育技术推广	江西环境工程职业学院、赣州市林木种苗站	其他推广
核桃优良品种及丰产栽培技术推广	山东省经济林管理站、烟台市林业科学研究所	跨区域
优良用材树种轻基质容器育苗技术推广	山东省林业科学研究院	跨区域
板栗良种及其林下复合经营技术示范推广	山东农业大学、泰山林业科学研究院	跨区域
杨树优良品种及丰产栽培技术推广	山东省林业科学研究院	跨区域
中山杉优良品种丰产栽培技术推广	山东省林木种苗站、省种苗协会、莱芜职业学院	其他推广

（续）

项目名称	项目承担单位	项目类型
茶树良种选育及栽培技术推广	烟台市林业技术推广站	其他推广
核桃新品种繁育及丰产栽培技术推广	滨州市林业科技教育站	其他推广
杨树超高产栽培关键技术推广	临沂市林业科学研究所	其他推广
生物天敌防控松材线虫病技术推广	泰安市森林病虫害防治检疫站	其他推广
杨树良种工业用材林培育技术推广	菏泽市林业科技推广站	其他推广
白蜡良种及配套造林技术推广	东营市林业科学研究所	其他推广
胶东半岛优良观赏树种繁育及栽培技术推广	威海市中心苗圃、环翠区林业工作站	其他推广
核桃新品种“奥林”示范基地建设及推广	曲阜市林业工作站	其他推广
杨树超高产栽培关键技术推广	昌乐县林业站、昌邑市林业站	其他推广
美国白蛾生物防治技术推广	德州市林业有害生物防控中心	其他推广
黄河故道沙地林业生态综合治理技术推广	聊城市林业工作站	其他推广
鲁林1号杨等优良品种及丰产栽培技术推广	烟台市林木种苗站	其他推广
核桃优良品种“辽宁7号”在南阳地区的示范推广	南阳市林业技术推广站	跨区域
“清香”核桃良种示范与推广	巩义市林业技术指导站	跨区域
嵩县“中嵩1号”核桃栽培推广示范	嵩县林业局林业技术工作站	跨区域
杉木人工林培育技术示范推广	信阳市林业技术推广站	跨区域
扶沟县平原农区杨树人工林集约经营技术推广	扶沟县林业技术推广中心	跨区域
油茶新品种丰产栽培示范推广	固始县林业技术推广站	其他推广
洛宁县刺槐X9、X5、8044等优良无性系繁育及丰产栽培推广示范	洛宁县林业技术指导站	其他推广
“中农红灯笼柿”良种扩繁与推广应用示范	河南省果树瓜类研究所	其他推广
清香、辽宁7号核桃新品种示范与推广	焦作市林业技术推广站	其他推广
播种造林苗木培育及困难地造林技术推广与示范	河南农业大学	其他推广
“硕刺”皂荚良种推广及丰产栽培技术示范	河南省林业科学研究院	其他推广
核桃良种繁育与示范推广	河南省林业技术推广站	其他推广
“清香”核桃良种扩繁与推广应用	鹤壁市鹤山区林业技术推广站	其他推广
武陵山区林药优化模式示范	湖北省林业科技推广中心	跨区域
杨树优良新品种及高效栽培技术推广	湖北省林业科学研究院	跨区域
“八月红”等板栗新品种及高效栽培技术推广示范	湖北省林业科学研究院	其他推广
细木工板、胶合板甲醛捕捉技术推广示范	湖北省林业科学研究院	其他推广
鄂西北汉江水源区小流域水源涵养林营建技术示范	湖北省林业科技推广中心	其他推广
油茶轻基质容器育苗规模化扩繁示范	湖北省林业科技推广中心	其他推广
马尾松良种繁育与丰产栽培技术推广示范	湖北太子山林科所	其他推广
鄂北核桃优良品种与丰产栽培技术示范	湖北省生态学院	其他推广
亚美马褂木优良无性系繁育与推广示范	湖北省种苗站	其他推广
松虫猝倒病生物防治推广示范	湖北省林科院、省森防站	其他推广
黑木耳优良新品种及其林下秋季袋料栽培技术推广与示范	湖北省园林技校	其他推广
森林蔬菜－薇菜高产栽培技术推广示范	宜昌市大老岭自然保护区管理局	其他推广
“朝霞”等油茶新品种高效栽培技术示范	湖南省林业科学院	跨区域
油茶保花保果技术示范推广	浏阳市林业技术推广站	跨区域

（续）

项目名称	项目承担单位	项目类型
马尾松优良家系及应用技术推广	湖南省林业科学院	跨区域
杨树新无性系优质大径材培育技术示范推广	湖南省林业科学院	跨区域
锑矿区废弃地生态修复及植被恢复技术集成示范	湖南省林业科学院	跨区域
黄脊竹蝗无公害综合防控技术推广示范	益阳市林业科学研究所	其他推广
闽楠富根苗培育与丰产栽培技术推广示范	永州市金洞林场	其他推广
洞庭湖区杨树人工林复合经营模式推广与示范	岳阳市林业科技推广站	其他推广
杉木加工剩余物高效利用关键技术推广示范	炎陵县林业技术推广站	其他推广
王锦蛇规模化人工生态繁育技术推广	常德市林业科学研究所	其他推广
凹叶厚朴优良无性系及配套高效栽培技术示范与推广	湖南省林业科学院	其他推广
高品质毛竹笋高效培育技术示范推广	湖南省林业科学院	其他推广
圣音竹等新优观赏竹培育与景观营建技术应用示范	湖南省森林植物园	其他推广
喜湿耐水型杜鹃新品种大花金萼杜鹃推广示范与应用	湖南省森林植物园	其他推广
优良林下地被植物——黄常山繁育和园林应用配套技术示范	湖南省森林植物园	其他推广
檀桥板栗高效栽培技术示范	衡阳市林业技术推广站	其他推广
幼林套种茯苓高效栽培技术推广	靖州县林业科技推广站	其他推广
湿加松优良家系规模化繁育	广东省林业科学研究院	跨区域
杜鹃红山茶新品种等林下花卉繁育与示范	广东省林业科学研究院	跨区域
樟树优良品系的示范推广	汕头市林业科学研究所	跨区域
乡土阔叶树种优良品系推广	广东省林业科学研究院	其他推广
防腐木材在建筑上的应用推广	广东省林业科学研究院	其他推广
枫香优良品系栽培技术推广	广东省天井山林场	其他推广
木荷等优良品种推广	韶关市林业科学研究所	其他推广
火力楠良种技术推广	紫金县林业科学研究所	其他推广
乡土树种樟树栽培技术推广	东源县林业技术推广站	其他推广
枫香等良种与高效栽培技术推广	广东省平远县林业科学研究所	其他推广
樟树优良品种的示范推广	兴宁市林业科学研究所	其他推广
樟树优良品系示范推广	五华县林业科技推广站	其他推广
火力楠优良品种推广	阳春市林业科学研究所	其他推广
能源矿迹地生态恢复技术推广	茂名市林业科学研究所	其他推广
红椎、米老排等丰产栽培技术示范	肇庆市国有北岭山林场	其他推广
樟树良种种植及栽培技术示范推广	国有英德林场	其他推广
马尾松速生丰产配套技术推广与示范	广西百色市百林林场	跨区域
马尾松高产高效采脂林经营技术应用示范与推广	广西梧州市林业技术推广站	跨区域
杉木林下草珊瑚生态种植技术推广示范	广西林业科学研究院	跨区域
广西岩溶峰丛区石漠化治理人工诱导植被恢复技术推广与示范	广西百色市隆林县林业技术推广站	跨区域
森林蔬菜——香椿优良品系及丰产栽培技术推广示范	南宁市林业科学研究所	其他推广
融安县西山林场良种杉木推广与示范	广西柳州市融安县西山林场	其他推广
曼地亚红豆杉无性繁殖技术推广示范	桂林市林业科学研究所	其他推广
肉桂高效培育技术推广示范	防城港市防城区林业技术推广站	其他推广

（续）

项目名称	项目承担单位	项目类型
APF－I 型松墨天牛化学诱剂推广示范	广西壮族自治区森林病虫害防治站	其他推广
优质高产桉树新新品种 DH32－43 示范与推广	广西壮族自治区国有东门林场	其他推广
西南桦人工林丰产技术推广示范	广西生态工程职业技术学院	其他推广
广西优良珍贵乡土树种—格木丰产栽培技术推广示范	广西壮族自治区林业科学研究院	其他推广
无色松香季戊四醇酯产业化技术推广	广西壮族自治区林业科学研究院	其他推广
广西岩溶地区优良树种及其高效栽培模式推广示范	广西壮族自治区林业科学研究院	其他推广
金槐良种选育及配套栽培技术推广	中国科学院广西植物研究所	其他推广
木材胶黏剂连续生产方法与关键技术应用示范	广西大学林学院	其他推广
相思新品种及培育技术示范推广	海南省国营澄迈林场	跨区域
油茶良种栽培示范及技术推广	海南省林科所	其他推广
金不换栽培示范及技术推广	海南省林科所	其他推广
美丽梧桐育苗及栽培示范	海南省林科所	其他推广
橡胶新品种区域性种植示范与技术栽培集成示范	海南省农垦橡胶研究所	其他推广
石漠化地区山桐子植被恢复技术示范与推广	重庆市林业科学研究院	跨区域
麻竹用材林良种丰产栽培技术示范推广	重庆市荣昌县林业科学技术推广站	跨区域
白园橄榄和长果 1 号（橄榄）示范推广	重庆市江津区林业科技推广站	其他推广
优质高产药用栀子种植示范推广	重庆市南川区乐村林场	其他推广
优良品种杜鹃红山茶及其繁育栽培技术推广示范	重庆市林业科学研究院	其他推广
皂荚优良品种繁育及丰产栽培技术示范推广	秀山县林业科技推广中心	其他推广
崖柏扦插繁育技术推广示范	重庆大巴山国家级自然保护区管理局	其他推广
武隆猪腰枣丰产栽培示范推广	重庆市黔江区林业科技推广站	其他推广
三峡库区耐寒优良乡土树种丰产栽培技术推广	丰都县三抚林场	其他推广
林下森林蔬菜无公害标准栽培示范	四川省冕宁县林业局产业科教站	跨区域
低效林封育技术示范	绵阳市林业科技推广中心	跨区域
广元核桃良种丰产栽培技术推广示范	广元市林业技术推广站	跨区域
川西北沙化土地林草植被恢复技术推广与示范	四川省林业科学研究院	跨区域
巴山红香椿丰产技术推广示范	达州市林科所	其他推广
凉山州油橄榄良种推广及丰产示范	凉山州林业科技推广站	其他推广
厚朴丰产栽培技术示范	都江堰市林业科技推广中心	其他推广
绵竹丰产技术集成与示范推广	叙永县林业科技推广站、叙永县荞田林场	其他推广
巴山乌米仔核桃丰产技术推广示范	万源市林业科技推广中心	其他推广
香椿良种高效培育技术推广	四川省林业科学研究院	其他推广
花椒丰产栽培技术推广示范	广安市林科所	其他推广
毛竹复壮丰产栽培技术示范	长宁县林业科技病虫检疫站	其他推广
柳杉丰产经营技术推广	洪雅县林业科技推广中心、洪雅林场	其他推广
薄壳山核桃种植技术推广示范	兴义市林业科技推广站	跨区域
林下仿野生天麻种植技术推广示范	毕节市林业技术推广站	跨区域
石漠化山地植被恢复技术示范推广	安顺市林业科技推广站	跨区域
喀斯特石质山地生态修复技术示范	花溪区林业技术推广站	跨区域
刺梨良种繁育及无公害栽培推广示范	黔南布依族苗族自治州林业技术推广站	其他推广

（续）

项目名称	项目承担单位	项目类型
枇杷优质丰产栽培技术推广示范	黔西南州造林种苗科技管理站	其他推广
樱桃良种栽培技术推广示范	六枝特区花德河林场	其他推广
马尾松良种及速生丰产用材林栽培技术推广示范	台江县国有林场	其他推广
硬叶、杏黄兜兰产业化生产技术示范	黔西南布依族苗族自治州林业科学研究所	其他推广
核桃早实丰产栽培技术推广示范	织金县林业技术推广站	其他推广
杉木良种及速生丰产栽培技术推广示范	从江县林业种苗与科技推广站	其他推广
野生珍稀木本花卉繁育及栽培技术推广示范	贵阳市乌当区林业绿化局科技推广站	其他推广
林下太子参栽培技术推广示范	平坝县国营苗圃	其他推广
贵州主要野生木本观赏植物繁育及人工栽培技术推广示范	遵义县林业科技推广站	其他推广
油茶幼林农林复合经营模式推广示范	铜仁市林业科学研究与技术推广所	其他推广
云南迪庆藏区亚高山退化林地恢复技术推广	云南省林业科学院	跨区域
思茅松良种扦插育苗及丰产栽培造林技术示范推广	普洱市林业科学研究所	跨区域
油橄榄良种及丰产栽培技术示范推广	云南省林业科学院	跨区域
西南桦无性系快繁及培育技术示范推广	云南省林业技术推广总站	跨区域
东川困难造林地植被恢复技术推广示范	昆明市林业科技推广总站	其他推广
林下滇重楼生态复合种植示范推广	昭通市林业科学研究所	其他推广
云南核桃绿色丰产抚育技术推广	大理州林业科学研究所	其他推广
临沧市林下草果丰产管理技术推广	临沧市林业技术推广站	其他推广
云南省怒江州泸水1号泡核桃丰产栽培技术示范推广	怒江州林业技术推广站	其他推广
核桃中幼林抚育管理技术示范推广	云南省林业技术推广总站	其他推广
热区速生乡土树种无土繁育技术示范推广	云南省林科院	其他推广
珍稀观赏竹类快速繁殖与培育技术推广示范	云南省林科院	其他推广
铁皮石斛(黑节草)集约化栽培技术推广示范	云南林业职业技术学院	其他推广
植物生长调节剂及菌根生物制剂在西藏主要乡土树种育苗造林中的应用推广	西藏自治区林木科学研究院	其他推广
陇县核桃标准化丰产栽培技术示范	陕西省林业技术推广总站	跨区域
安康核桃良种丰产栽培技术示范推广	安康市林业技术推广中心	跨区域
凤椒提质增效关键技术示范与推广	杨凌职业技术学院	跨区域
城固楠竹速生丰产林营造技术示范推广	城固县林业工作站	跨区域
蓝莓良种引进及丰产栽培技术示范	陕西省林业技术推广总站	其他推广
陕北优质红枣栽培综合配套技术示范推广	陕西省林业技术推广总站	其他推广
杨凌大马士革玫瑰优质高效栽培技术示范	杨陵区林业技术推广站	其他推广
永寿核桃生态高效栽培技术示范推广	咸阳市林业科学研究所	其他推广
榆林毛乌素沙地长柄扁桃造林技术示范	榆林市林业工作站	其他推广
优质核桃丰产管理技术推广示范	延安市林业技术推广站	其他推广
商洛核桃高效专用肥示范与推广	商洛市核桃研究所	其他推广
渭北旱塬核桃幼园高效复合栽培经营技术推广	陇县林业工作站	其他推广
韩城花椒芽菜丰产栽培及加工利用技术推广示范	韩城市花椒研究所	其他推广
西安核桃主要虫害无公害防治技术示范推广	西安市林业技术推广中心	其他推广
临渭区核桃优质丰产栽培配套技术推广与示范	临渭区核桃研究所	其他推广

（续）

项目名称	项目承担单位	项目类型
千阳县核桃优质丰产栽培技术示范推广	千阳县林业工作站	其他推广
秦巴山区良种漆树集约栽培技术示范推广	陕西省林业技术推广总站	其他推广
渭北旱塬困难立地植被恢复技术示范	渭南市林业技术推广站	其他推广
河西走廊设施葡萄提质增效调控技术示范推广	甘肃省林业科学技术推广总站	跨区域
樟子松育苗造林技术示范推广	甘肃省定西市林业科学研究所	跨区域
枸杞优质高效集成技术示范与推广	甘肃省酒泉市林业科学研究所	跨区域
敦煌红枣标准化栽培技术推广示范	敦煌市林业技术推广中心	其他推广
临夏州库区沿岸花椒低产园改造推广示范	临夏州林业技术推广站	其他推广
康乐县樟子松良种繁育技术推广示范	康乐县夏家寨国有苗圃	其他推广
天水浅山干旱区花牛苹果提质增效技术推广示范	天水市果树研究所	其他推广
啤特果(梨)优质苗木繁育技术推广示范	和政县林业技术推广站	其他推广
张掖市红枣优质丰产栽培技术推广示范	张掖市林业科学技术推广站	其他推广
花椒低产园改造技术集成推广示范	陇南市经济林研究院花椒研究所	其他推广
三江源区祁连圆柏等优良树种繁育及造林技术推广	青海省黄南州林业技术推广站	跨区域
青海湖沙区樟子松造林技术示范	青海省海北藏族自治州林业工作站、青海省海晏县林业技术推广中心	跨区域
小叶杨优良无性系示范推广	青海省林业技术推广总站、西宁市湟水林场、西宁市林业科学研究所	其他推广
高原生态经济灌木树莓种苗及丰产栽培技术推广	互助县林业工作站	其他推广
优良花椒品种大红袍育苗及丰产栽培技术推广	循化县林业工作站	其他推广
高寒干旱地区抗旱造林综合技术推广	乐都县林业技术推广中心	其他推广
林木良种香茶藨子育苗造林技术推广	青海省林业科学研究所	其他推广
甘青瑞香繁育与造林技术示范	互助县北山林场	其他推广
丁香种质资源扩繁与造林技术推广	西宁市北山林场	其他推广
宁夏半干旱荒漠草原区沙地适地适树造林技术推广示范	宁夏哈巴湖国家级自然保护区管理局	跨区域
西北特色生态树种种苗繁育抗旱造林技术示范推广	宁夏林业研究所股份有限公司、国家林业局西北林木种苗工程重点实验室	跨区域
灵武长枣优质丰产栽培技术示范应用	灵武市北沙窝林场、灵武市大泉林场、灵武市农林科技开发中心	跨区域
宁夏平原白蜡良种繁育及推广示范	宁夏银川市苗木场、宁夏林木种苗管理总站	其他推广
宁夏主要造林树种苗木培育与标准化栽培技术示范推广	宁夏仁存渡护岸林场、宁夏金沙林场	其他推广
六盘山生态移民迁出区植被恢复与林药复合经营技术推广示范	宁夏大学、隆德县金华林场、海原县林业技术推广服务中心	其他推广
苹果蠹蛾综合防控技术示范推广	宁夏回族自治区森林病虫防治检疫总站、宁夏仁存渡护岸林场	其他推广
西吉青皮河北杨林木良种繁育及造林技术示范推广	宁夏西吉县林业技术推广服务中心、宁夏西吉县吉强林场	其他推广
树莓丰产栽培技术示范与推广	宁夏金沙林场、宁夏青禾农牧科技开发有限公司	其他推广
欧美杨I－107号苗木繁育及造林技术推广示范	宁夏林业技术推广总站、青铜峡市林业技术推广服务中心、宁夏三林林业开发有限公司	其他推广
抗逆性彩叶灌木及地被植物栽培技术示范推广	银川市园林场、宁夏大学	其他推广
伊犁野果林生态修复技术推广示范	新疆伊犁州林科院	跨区域

（续）

项目名称	项目承担单位	项目类型
阿克苏红枣优质丰产栽培技术推广示范	新疆阿克苏地区林果办	跨区域
喀什地区核桃优质丰产技术示范推广	新疆林科院	跨区域
木纳格葡萄优质丰产栽培技术示范与推广	新疆农业大学	其他推广
果树氮调控与肥料袋控缓释技术应用示范推广	新疆伊犁哈萨克自治州林业科学研究院	其他推广
加工苹果丰产栽培技术示范推广	新疆伊犁哈萨克自治州塔城地区林业科学研究所	其他推广
昌吉州优质绿化苗木繁育技术示范	新疆昌吉州林业技术推广中心	其他推广
吐鲁番地区设施葡萄促早栽培技术示范与推广	吐鲁番地区林果业技术推广服务中心	其他推广
新疆湿地生态系统服务功能监测评估与示范	新疆林科院	其他推广
荒漠林生态系统服务功能监测评估技术推广示范	新疆林科院	其他推广
间作条件下枣丰产栽培技术推广示范	新疆林科院	其他推广
伊犁河谷杂交榛丰产栽培技术示范推广	新疆林科院	其他推广

（科技司推广处）

【农业科技成果转化】 2013 年 3 月，根据科技部和财政部办公厅《关于发布 2013 年度农业科技成果转化资金项目申报指南的通知》(国科办农〔2013〕11 号)，国家林业局组织推荐了 2013 年度农业科技成果转化资金项目共 26 项，科技部批复立项 20 项，国拨经费 1200 万元(表 14-11)。项目主要由中国林科院、国际竹藤网络中心等直属科研单位承担。

表 14-11　2013 年度农业科技成果转化资金项目

序号	项目名称	承担单位
1	木质素改性酚醛泡沫塑料的产业化技术开发	中国林科院林化所
2	油茶采穗圃质量提升技术集成示范	中国林科院亚林所
3	楠木等珍贵树种大规格容器苗培育及高效栽培技术示范	中国林科院亚林所
4	高纯 a－松油醇合成与精制产业化技术	中国林科院林化所
5	人工林杉木增强改性技术推广与示范	中国林科院木工所
6	新型景观灌木植物连蕊茶规模化扩繁与应用示范	中国林科院亚林所
7	木材低切削量锯切加工技术	中国林科院木工所
8	野漆树蜡精制及其改性精细品加工产业化技术	中国林科院林化所
9	基于营养诊断的丛生竹营养管理优化示范	国际竹藤中心
10	沙棘优良生态经济型杂种示范	中国林科院林业所
11	楸树新优良无性系规模化繁育及生产示范	中国林科院林业所
12	环保型改性豆基蛋白胶粘剂推广与应用	中国林科院木工所
13	厚朴优良种源规范化培育关键技术示范	中国林科院亚林所
14	茶油加工过程中质量风险控制技术应用示范	中国林科院亚林所
15	‘中嵩 1 号’核桃中试及高效栽培技术示范	国家林业局泡桐中心
16	毛竹碳储林经营关键技术	国际竹藤中心
17	木材加工高速电主轴制造技术应用与推广	国家林业局北林机所
18	麻栎炭用林定向培育关键技术示范	中国林科院亚林所
19	福建长汀红壤水土流失区植被恢复技术应用与示范	中国林科院
20	淡水森林湿地植被恢复适生树种筛选技术应用示范	中国林科院森环保所

（科技司推广处）

【编制并发布《林业工程技术研究中心发展规划(2013～2020)》】 2013 年 12 月，国家林业局印发了《林业工程技术研究中心发展规划(2013～2020)》(林规发〔2013〕235 号)。该《规划》总体目标是：到 2020 年，建设林业工程中心 100 个；培养工程技术及管理人才 5000 名；孵化和熟化重大科技成果 1000 项；建立一批具有产业化前景的林业新技术试点工程或示范工程；提高科技成果转化率 8～10 个百分点。该《规划》是指导林业工程技术研究中心建设工作的政策性文件，对加快林业工程技术研究中心建设，构建分布格局合理、工作条件完备、运行机制完善的工程中心，支撑现代林业发展和促进国家社会经济建设具有重要意义。　（科技司推广处）

【构建林业科技成果转化平台】 按照《林业工程技术研究中心发展规划(2013～2020)》，2013年，组织完成了落叶松、杉木、银杏、杜仲、八角肉桂、森林防火、香榧、枣、东北食用菌、华南乡土树种、华东核桃、花椒、红松、枸杞等14个国家林业局工程技术研究中心的批复工作(见表14-12)，并完成了湖南常宁油茶、云南大姚核桃等2个生物产业基地认定工作，同意依托哈尔滨市林业局和哈尔滨市林科院建立"黑龙江哈尔滨国家林业科技示范园区"，组织编印了《国家林业局工程技术研究中心资料汇编》。 (科技司推广处)

表14-12 2013年批复成立的国家林业局工程技术研究中心

序号	名称	依托单位
1	国家林业局八角肉桂工程技术研究中心	广西林科院
2	国家林业局杜仲工程技术研究中心	中国林科院经济林中心
3	国家林业局森林防火工程技术研究中心	南京森林警察学院
4	国家林业局杉木工程技术研究中心	福建农林大学、福建林科院
5	国家林业局落叶松工程技术研究中心	中国林科院林业所
6	国家林业局银杏工程技术研究中心	南京林业大学
7	国家林业局华南乡土树种工程技术研究中心	广东林科院
8	国家林业局华东核桃工程技术研究中心	山东林科院
9	国家林业局花椒工程技术研究中心	西北农林科技大学
10	国家林业局东北食用菌(黑木耳)工程技术研究中心	黑龙江林科院
11	国家林业局香榧工程技术研究中心	浙江农林大学
12	国家林业局枣工程技术研究中心	西北农林科技大学
13	国家林业局红松工程技术研究中心	东北林业大学
14	国家林业局枸杞工程技术研究中心	宁夏林业研究所

表14-13 2013年批复成立的国家林业局生物产业基地

序号	名称
1	云南大姚国家核桃生物产业基地
2	湖南常宁国家油茶生物产业基地
3	安徽南陵国家凤丹生物产业基地
4	重庆荣昌国家麻竹生物产业基地
5	陕西眉县国家猕猴桃生物产业基地

表14-14 2013年批复成立的国家林业局科技示范园区

名称	依托单位
黑龙江哈尔滨国家林业科技示范园区	哈尔滨市林业局 哈尔滨市林科院

【召开全国林业科技推广站站长培训班】 2013年3月，国家林业局印发了《国家林业局关于贯彻落实〈中华人民共和国农业技术推广法〉的意见》(林科发〔2013〕42号)。该《意见》对林业科技推广服务任务、健全推广机构设置、确定推广机构职责、合理设置人员岗位、加强推广队伍建设、推广经费投入机制、加强林业技术普及、提高基层推广人员待遇、改善基层推广工作条件、推进社会参与林业科技推广等方面提出了指导意见。为深入贯彻学习和宣传《农业技术推广法》，2013年7，科技司在内蒙古通辽市举办了全国林业科技推广站站长培训班，来自全国各省(区、市)的林业科技推广站站长集中学习了《农业技术推广法》和《指导意见》，并就贯彻落实工作进行了讨论和交流。 (科技司推广处)

【全面推进科技特派员制度】 2013年，选派林业科技特派员2822名，中国林科院曾炳山研究员和国际竹藤中心范少辉研究员作为林业科技特派员创业行动优秀人物，入选科技部组织编印的《凝聚创业精神 汇聚创业英才》丛书。 (科技司推广处)

【强化项目绩效评价工作】 为了实现中央财政林业科技推广示范资金项目的科学管理，积极开展和强化项目绩效评价工作，对各省(区、市)上报的2012年中央财政林业科技推广示范资金省级管理工作绩效评价自评报告及相关材料进行了全面审核，同时抽查了北京、吉林、黑龙江、河南、广东、贵州、云南、青海等11个省(区、市)省级管理绩效评价工作。为今后加强项目管理工作，推动林业科技推广示范资金项目的科学实施，加强中央财政资金的安全、高效运行，会同财政部、计财司对《中央财政林业科技推广示范资金管理暂行办法》进行了进一步修订完善。 (科技司推广处)

【林业科技活动周】 根据科技部、中宣部和中国科协《关于举办2013年科技活动周的通知》(国科发政字〔2013〕404号)要求，国家林业局科技司联合林科院、竹藤中心、林学会等单位开展了以"推进生态文明 建设美丽中国"为主题，以保护自然、保护生态，提高公众生态保护意识为目的，以宣传林业科普知识为主要内容的2013全国林业科技周。活动期间，举办《认知森林》科普专家报告会和互动活动；候鸟迁移、红木知识宣传活动；科学使者进校园(社区)活动，组织林业科技专家、科普志愿者等科学使者到中小学校举办科普讲座，指导科学实验，到社区宣讲科学文明生活知识；举办林木遗传育种国家重点实验室和竹藤科学技术重点实验室开放活动；参与主办全国科技周组委会的科技列车行湘西行活动，联合湖南林业厅组织湖南省林业专家赴湘西开展送科技下乡活动，捐赠图书室、科技资料、适生新品种树苗等；向全国科技周组委会推荐优秀林业科普作品；组织专家赴贵州开展林业科技服务和科普惠民活动；组织开展生态文化进校园活动；组织中小学生开展走进森林活动等。

（科技司综合处）

林业标准化工作

【林业国家标准】 经国家质量监督检验检疫总局、中国国家标准化管理委员会批准，2013 年发布林业国家标准 36 项(见表 14-15)。

表 14-15 2013 年发布的林业国家标准目录

序号	标准编号	标准名称	代替标准号
1	GB 142 – 2013	坑木	GB 142 – 1995
2	GB/T 144 – 2013	原木检验	GB/T 144 – 2003
3	GB 154 – 2013	木枕	GB/T 153 – 2009
4	GB/T 4814 – 2013	原木材积表	GB 4814 – 1984
5	GB 4820 – 2013	罐道木	GB 4820 – 1995
6	GB/T 4823 – 2013	锯材缺陷	GB/T 4823 – 1995
7	GB/T 5390 – 2013	林业及园林机械 以内燃机为动力的便携式手持操作机械噪声测定规范 工程法(2 级精度)	GB/T 5390 – 2008
8	GB/T 7911 – 2013	热固性树脂浸渍纸高压装饰层积板(HPL)	GB/T 7911 – 1999
9	GB/T 17657 – 2013	人造板及饰面人造板理化性能试验方法	GB/T 17657 – 1999
10	GB/T 18101 – 2013	难燃胶合板	
11	GB/T 18103 – 2013	实木复合地板	GB/T 18103 – 2000
12	GB/T 18261 – 2013	防霉剂对木材霉菌及变色菌防治效力的试验方法	GB/T 18261 – 2000
13	GB/T 18958 – 2013	难燃中密度纤维板	GB/T 18958 – 2003
14	GB 19726. 1 – 2013	林业机械 便携式油锯安全要求和试验 第 1 部分：林用油锯	GB 19726. 1 – 2008
15	GB 19726. 2 – 2013	林业机械 便携式油锯安全要求和试验 第 2 部分：修枝油锯	GB 19726. 1 – 2008
16	GB 20888. 1 – 2013	林业机械 杆式动力修枝锯安全要求和试验 第 1 部分：侧挂式动力修枝锯	
17	GB 20888. 2 – 2013	林业机械 杆式动力修枝锯安全要求和试验 第 2 部分：背负式动力修枝锯	
18	GB/T 29591 – 2013	湿地松松香	
19	GB/T 29893 – 2013	轻型木结构锯材用原木	
20	GB/T 29894 – 2013	木材鉴别方法通则	
21	GB/T 29895 – 2013	横向振动法测试木质材料动态弯曲弹性模量方法	
22	GB/T 29896 – 2013	接触土壤防腐木材的防腐剂流失率测定方法	
23	GB/T 29897 – 2013	轻型木结构用规格材目测分级规则	
24	GB/T 29899 – 2013	人造板及其制品中挥发性有机化合物释放量试验方法 小型释放舱法	
25	GB/T 29900 – 2013	木材防腐剂性能评估的野外近地面试验方法	
26	GB/T 29901 – 2013	木材防水剂的防水效率测试方法	
27	GB/T 29902 – 2013	木材防腐剂性能评估的土床试验方法	

（续）

序号	标准编号	标准名称	代替标准号
28	GB/T 29903－2013	人造板工业清洁生产技术要求	
29	GB/T 29904－2013	人造板工业清洁生产评价指标体系	
30	GB/T 29905－2013	木材防腐剂流失率试验方法	
31	GB/T 30356－2013	木质楼梯安装、验收和使用规范	
32	GB/T 30362－2013	植物新品种特异性、一致性、稳定性测试指南 杏	
33	GB/T 30363－2013	森林植被状况监测技术规范	
34	GB/T 30364－2013	重组竹地板	
35	GB/T 30365－2013	寝具竹炭	
36	GB/T 30366－2013	生物质术语	

（标准处）

【2013 年林业行业标准】 经国家林业局批准，2013 年共 发布林业行业标准 187 项(见表 14-16)。

表 14-16 2013 年发布的林业行业标准目录

序号	标准编号	标准名称	代替标准号
1	LY/T 1000－2013	容器育苗技术	LY/T 1000－1991
2	LY/T 1004－2013	热压机热压板技术条件	LY/T 1004－1991
3	LY/T 1008－2013	横向刨切机	LY/T 1008.1－2004 LY/T 1008.2－2004 LY/T 1008.3－2004
4	LY/T 1014－2013	锯片往复锯板机	LY/T 1014－1991 LY/T 1015－1991 LY/T 1016－1991
5	LY/T 1020－2013	纤维板生产用镀锌钢丝垫网	LY/T 1020－1991 LY/T 1021－1991 LY/T 1022－1991 LY/T 1023－1991 LY/T 1024－1991
6	LY/T 1028－2013	链式横截锯	LY/T 1028－1991 LY/T 1029－1991 LY/T 1030－1991
7	LY/T 1033－2013	人造板制胶钢制焊接容器设备	LY/T 1033－1991 LY/T 1034－1991
8	LY/T 1058－2013	日本落叶松速生丰产林	LY/T 1058－1991
9	LY/T 1070－2013	不饱和聚酯树脂装饰人造板	LY/T 1070.1－2004 LY/T 1070.2－2004
10	LY/T 1108－2013	矩形振动筛	LY/T 1108－1993
11	LY/T 1109－2013	履带进给圆锯机	LY/T 1109－1993
12	LY/T 1127－2013	气动剪板机	LY/T 1127－1993
13	LY/T 1128－2013	环式刨片机	LY/T 1128－1993
14	LY/T 1140－2013	单层预压机	LY/T 1140－1993
15	LY/T 1170－2013	茶叶包装箱用胶合板	LY/T 1170－1995
16	LY/T 1179－2013	松香改性酚醛树脂	LY/T 1179－1995
17	LY/T 1185－2013	苗圃建设规范	LY/T 1185－1996

（续）

序号	标准编号	标准名称	代替标准号
18	LY/T 1204－2013	浮雕纤维板	LY/T 1204－1997
19	LY/T 1317－2013	栓皮	LY/T 1317－1999
20	LY/T 1321－2013	软木纸试验方法	LY/T 1321－1999
21	LY/T 1371－2013	原木归楞	LY/T 1371－2002
22	LY/T 1379－2013	双圆锯裁边机	LY/T 1379－2000
23	LY/T 1401－2013	木材层积塑料	LY/T 1401－1999 LY/T 1402－1999 LY/T 1403－1999 LY/T 1404－1999 LY/T 1405－1999 LY/T 1406－1999 LY/T 1407－1999 LY/T 1408－1999 LY/T 1409－1999 LY/T 1410－1999 LY/T 1411－1999 LY/T 1412－1999 LY/T 1413－1999 LY/T 1414－1999 LY/T 1415－1999
24	LY/T 1416－2013	纺织用木质层压板	LY/T 1416－1999
25	LY/T 1430－2013	林业机械 苗圃起苗机	LY/T 1430－2001
26	LY/T 1464－2013	单面推台裁板锯	LY/T 1464－2001
27	LY/T 1504－2013	脚手杆	LY/T 1504－2002
28	LY/T 1608－2013	园林机械 以汽油机为动力的手推式草坪梳草机	LY/T 1608－2003
29	LY/T 1609－2013	园林机械 以汽油机为动力的随进式起草皮机	LY/T 1609－2003
30	LY/T 2083－2013	全国营造林综合核查技术规程	
31	LY/T 2084－2013	国家级公益林区划技术规程	
32	LY/T 2085－2013	森林火灾损失评估技术规范	
33	LY/T 2086－2013	森林人家等级划分与评定	
34	LY/T 2088－2013	国有贫困林场界定指标与方法	
35	LY/T 2089－2013	自然保护区生态旅游管理评价技术规范	
36	LY/T 2090－2013	湿地生态系统定位观测指标体系	LY/T 1707－2007
37	LY/T 2091－2013	极端干旱区荒漠生态系统定位观测指标体系	
38	LY/T 2092－2013	干旱、半干旱区荒漠（沙地）生态系统定位观测指标体系	
39	LY/T 2093－2013	防护林体系生态效益评价规程	
40	LY/T 2094－2013	植物新品种特异性、一致性、稳定性测试指南 臭椿属	
41	LY/T 2095－2013	植物新品种特异性、一致性、稳定性测试指南 黄杨属	
42	LY/T 2096－2013	植物新品种特异性、一致性、稳定性测试指南 桑属	
43	LY/T 2097－2013	植物新品种特异性、一致性、稳定性测试指南 木兰属	
44	LY/T 2098－2013	植物新品种特异性、一致性、稳定性测试指南 蜡梅	
45	LY/T 2099－2013	植物新品种特异性、一致性、稳定性测试指南 枸杞属	
46	LY/T 2100－2013	东北、内蒙古重点国有林区伐区调查设计质量检查技术规程	
47	LY/T 2101－2013	东北、内蒙古重点国有林区伐区作业质量检查技术规程	
48	LY/T 2102－2013	二元立木材积表编制技术规程	

（续）

序号	标准编号	标准名称	代替标准号
49	LY/T 2103－2013	根径立木材积表编制技术规程	
50	LY/T 2104－2013	长江上游地区森林防火生物林带工程建设技术规程	
51	LY/T 2105－2013	东北、内蒙古国有林区森林采伐剩余物计量方法	
52	LY/T 2106－2013	林业有害生物危险性等级分类	
53	LY/T 2107－2013	化学信息诱引松材线虫　快速取样技术规程	
54	LY/T 2108－2013	云斑天牛防治技术规程	
55	LY/T 2109－2013	灰斑古毒蛾防治技术规程	
56	LY/T 2110－2013	春尺蠖防治技术规程	
57	LY/T 2111－2013	美国白蛾防治技术规程	
58	LY/T 2112－2013	苹果蠹蛾防治技术规程	
59	LY/T 2113－2013	光皮桦播种育苗技术规程	
60	LY/T 2114－2013	泡桐育苗技术规程	
61	LY/T 2115－2013	油茶饼粕有机肥	
62	LY/T 2116－2013	油茶林产量测定方法	
63	LY/T 2117－2013	油茶无性系芽苗砧嫁接技术规程	
64	LY/T 2118－2013	大径级用材林培育导则	
65	LY/T 2119－2013	楠木培育技术规程	
66	LY/T 2120－2013	降香黄檀培育技术规程	
67	LY/T 2121－2013	檀香栽培技术规程	
68	LY/T 2122－2013	厚朴栽培技术规程	
69	LY/T 2123－2013	香椿培育技术规程	
70	LY/T 2124－2013	人心果栽培技术规程	
71	LY/T 2125－2013	珍贵用材林栽培技术规程　楸树	
72	LY/T 2126－2013	杨桐培育技术规程	
73	LY/T 2127－2013	杨梅栽培技术规程	
74	LY/T 2128－2013	银杏栽培技术规程	
75	LY/T 2129－2013	甜樱桃栽培技术规程	
76	LY/T 2130－2013	红树林控制米草属植物技术规程	
77	LY/T 2131－2013	山核桃生产技术规程	
78	LY/T 2132－2013	猴头菇干制品	
79	LY/T 2133－2013	榛蘑干制品	
80	LY/T 2134－2013	薇菜干	
81	LY/T 2135－2013	石榴质量等级	
82	LY/T 2136－2013	梅花切花生产技术规程	
83	LY/T 2137－2013	切花芍药分株繁殖技术规程和种苗质量分级	
84	LY/T 2138－2013	早竹笋生产技术规程及产品质量等级	
85	LY/T 2139－2013	棕榈藤材物理性能测试方法	
86	LY/T 2140－2013	藤家具质量检验及评定	
87	LY/T 2141－2013	定向结构麦秸板	
88	LY/T 2142－2013	喷播用木质纤维	
89	LY/T 2143－2013	实木衣架	

（续）

序号	标准编号	标准名称	代替标准号
90	LY/T 2144－2013	空气净化用竹炭包	
91	LY/T 2145－2013	梳篦	
92	LY/T 2146－2013	古建筑木构件的非破坏性检测方法及腐朽分级	
93	LY/T 2147－2013	木材除湿干燥工艺规程	
94	LY/T 2148－2013	脱脂松木锯材	
95	LY/T 2149－2013	木质太阳伞	
96	LY/T 2150－2013	竹窗帘	
97	LY/T 2151－2013	木材综纤维素和酸不溶木质素含量测定　近红外光谱法	
98	LY/T 2152－2013	木材抗冲击压痕性能的测定方法	
99	LY/T 2153－2013	森林工程 木材物流规划设计符号	
100	LY/T 2154.1－2013	基于森林生态系统作用的工程设计审核导则 第1部分：总纲	
101	LY/T 2154.2－2013	基于森林生态系统作用的工程设计审核导则 第2部分：森林采伐	
102	LY/T 2154.3－2013	基于森林生态系统作用的工程设计审核导则 第3部分：林区道路	
103	LY/T 2155－2013	园林机械　以汽油机为动力的液压式劈木机	
104	LY/T 2156－2013	园林机械　杆式电动绿篱修剪机	
105	LY/T 2157－2013	园林机械　以汽油机为动力的随进式草坪滚压机	
106	LY/T 2158－2013	林业机械　苗床播种机	
107	LY/T 2159－2013	林业机械　以汽油机为动力的便携式注药用树木打孔机	
108	LY/T 2160－2013	削片制方生产线通用技术条件	
109	LY/T 2161－2013	通道式刨花干燥系统	
110	LY/T 2162－2013	矩形等截面主管道型吸尘系统	
111	LY/T 2163－2013	间歇式搅拌机	
112	LY/T 2164－2013	规格锯生产线	
113	LY/T 2165－2013	机械三点定心上木机	
114	LY/T 2166－2013	滚筒式剥皮机	
115	LY/T 2167－2013	胶合板热压机	
116	LY/T 2168－2013	连续式辊压机	
117	LY/T 2169－2013	林业数据库设计总体规范	
118	LY/T 2170－2013	林业信息系统安全评估准则	
119	LY/T 2171－2013	林业信息交换体系技术规范	
120	LY/T 2172－2013	林业信息化网络系统建设规范	
121	LY/T 2173－2013	林业信息资源目录体系技术规范	
122	LY/T 2174－2013	林业数据库更新技术规范	
123	LY/T 2175－2013	林业信息图示表达规则和方法	
124	LY/T 2176－2013	林业信息 WEB 服务应用规范	
125	LY/T 2177－2013	林业信息服务接口规范	
126	LY/T 2178－2013	林业生态工程信息分类与代码	
127	LY/T 2179－2013	野生动植物保护信息分类与代码	
128	LY/T 2180－2013	森林火灾信息分类与代码	
129	LY/T 2181－2013	湿地信息分类与代码	
130	LY/T 2182－2013	荒漠化信息分类与代码	

（续）

序号	标准编号	标准名称	代替标准号
131	LY/T 2183－2013	森林资源数据库术语定义	
132	LY/T 2184－2013	森林资源数据库分类和命名规范	
133	LY/T 2185－2013	森林资源管理信息系统建设导则	
134	LY/T 2186－2013	森林资源数据编码类技术规范	
135	LY/T 2187－2013	森林资源核心元数据	
136	LY/T 2188.1－2013	森林资源数据采集技术规范 第1部分：森林资源连续清查	
137	LY/T 2188.2－2013	森林资源数据采集技术规范 第2部分：森林资源规划设计调查	
138	LY/T 2188.3－2013	森林资源数据采集技术规范 第3部分：作业设计调查	
139	LY/T 2189－2013	森林资源数据处理导则	
140	LY/T 2190－2013	植物品种特异性、一致性、稳定性测试指南　枣	
141	LY/T 2191－2013	西南岩溶石漠生态系统定位观测指标体系	
142	LY/T 2192－2013	林木种质资源共性描述规范	
143	LY/T 2193－2013	林木种质资源原地保存林设置与调查技术规程	
144	LY/T 2194－2013	野生动物饲养管理技术规程 美国鹧鸪	
145	LY/T 2195－2013	野生动物饲养管理技术规程 水貂	
146	LY/T 2196－2013	野生动物饲养管理技术规程 非洲鸵鸟	
147	LY/T 2197－2013	野生动物饲养管理技术规程 貉	
148	LY/T 2198－2013	野生动物饲养管理技术规程 东北林蛙	
149	LY/T 2199－2013	野生动物饲养管理技术规程 东北虎	
150	LY/T 2200－2013	象牙及象牙制品注册标记管理技术规范	
151	LY/T 2201－2013	平欧杂种榛绿枝直立压条育苗技术规程	
152	LY/T 2202－2013	木豆种子生产技术规程	
153	LY/T 2203－2013	林用隔离试种苗圃建设技术规程	
154	LY/T 2204－2013	油茶高干嫁接技术规程	
155	LY/T 2205－2013	平欧杂种榛栽培技术规程	
156	LY/T 2206－2013	四倍体泡桐苗木繁育技术规程	
157	LY/T 2207－2013	四倍体泡桐丰产栽培技术规程	
158	LY/T 2208－2013	乐昌含笑栽培技术规程	
159	LY/T 2209－2013	榕树栽培技术规程	
160	LY/T 2210－2013	柞树栽培技术规程	
161	LY/T 2211－2013	钝叶娑罗双培育技术规程	
162	LY/T 2212－2013	柽柳更新复壮技术规程	
163	LY/T 2213－2013	泡桐丛枝病防治技术规程	
164	LY/T 2214－2013	松材线虫病疫木热处理设施建设技术规范	
165	LY/T 2215－2013	落叶松枯梢病检疫技术规程	
166	LY/T 2216－2013	皱小蠹防控技术规程	
167	LY/T 2219－2013	生物柴油用木本油脂	
168	LY/T 2220－2013	棕榈藤材材性试样采集与制备方法 第1部分：物理力学性质	
169	LY/T 2221－2013	竹炭生产技术规程	
170	LY/T 2222－2013	刨切竹单板	
171	LY/T 2223－2013	棕榈藤栽培技术规程	

（续）

序号	标准编号	标准名称	代替标准号
172	LY/T 2224－2013	主要商品棕榈藤采收技术规程	
173	LY/T 2225－2013	结构用竹篾层积材	
174	LY/T 2226－2013	纺织用竹纤维鉴别试验方法	
175	LY/T 2228－2013	轻型木结构—结构用指接规格材	
176	LY/T 2229－2013	木质相框	
177	LY/T 2230－2013	人造板防霉性能评价	
178	LY/T 2231－2013	林业机械 以汽油机为动力的手扶步进式割灌机	
179	LY/T 2232－2013	林业机械 以汽油机为动力的背负式高压细水雾灭火机	
180	LY/T 2233－2013	林业机械 车载式稳态燃烧烟雾机	
181	LY/T 2234－2013	林业机械 林业工厂化育苗 育苗穴盘	
182	LY/T 2235－2013	手持便携式林业机械 可再利用性和可回收利用性 计算方法	
183	LY/T 2236－2013	园林机械 手推式电动草坪松土机	
184	LY/T 2237－2013	林业机械 驾驶室防护装置上使用的阻挡抛射锯齿的玻璃和隔板材料 试验方法和性能要求	
185	LY/T 2238－2013	林间锯段机	
186	LY/T 2239－2013	中国森林认证 森林生态环境服务 自然保护区	
187	LY/T 2240－2013	中国森林认证 森林生态环境服务 自然保护区审核导则	

（科技司标准处）

【2013年林业国家标准计划项目】 经国家标准化管理委员会审查，批准林业国家标准计划项目42项（表14-17）。

表14-17 2013年度林业国家标准计划项目汇总表

序号	计划编号	项 目 名 称
1	20130095－T－432	林业物联网传感器技术规范
2	20130096－T－432	林业物联网传感器数据接口规范
3	20130097－T－432	林业物联网传感网组网设备技术规范
4	20130098－T－432	林业物联网移动多功能智能终端技术规范
5	20131275－T－432	柳编制品通用技术要求
6	20131276－T－432	绿化用有机基质
7	20131277－T－432	木质活性炭鉴别方法
8	20131278－T－432	漆树育苗技术规程
9	20131279－T－432	森林抚育规程
10	20131280－T－432	树莓苗木质量分级
11	20131281－T－432	松节油及萜烯产品组成毛细管气相色谱分析方法
12	20131282－T－432	松脂掺杂评估方法
13	20131283－T－432	松脂中淀粉类掺杂物检验方法
14	20131284－T－432	地采暖用实木地板技术要求
15	20131285－T－432	防腐及改性处理木材接触时金属的腐蚀速率测定方法

（续）

序号	计划编号	项 目 名 称
16	20131286－T－432	改性木材的分类与标识规范
17	20131287－T－432	结构人造板 集中载荷和冲击载荷性能测试方法
18	20131288－T－432	结构用木质材料强度性能数据分析方法
19	20131289－T－432	结构用人造板特征值的确定方法
20	20131290－T－432	木材防腐剂及改性剂对金属的腐蚀速率测定方法
21	20131291－T－432	木材构造术语
22	20131292－T－432	热处理木材鉴别方法
23	20131293－T－432	人造板生产用回收木材质量要求
24	20131294－T－432	室内用化学改性木材通用技术要求
25	20131295－T－432	有机型木材防腐剂分析方法 三唑及苯并咪唑类
26	20131296－T－432	原木锯材批量检查抽样、判定方法 第2部分：锯材批量检查抽样、判定方法
27	20131297－T－432	不饱和聚酯树脂装饰人造板游离苯乙烯含量测定
28	20131298－T－432	成型的胶合板
29	20131299－T－432	浸渍胶膜纸饰面胶合板

（续）

序号	计划编号	项 目 名 称
30	20131300 - T - 432	木材工业胶粘剂用脲醛、酚醛、三聚氰胺甲醛树脂
31	20131301 - T - 432	木材胶粘剂及其树脂检验方法
32	20131302 - T - 432	木门门扇内部结构特征 X 射线检测方法
33	20131303 - T - 432	木质地板表层中铅、隔、铬、汞重金属元素含量测定
34	20131304 - T - 432	人造板甲醛释放量测定大气候箱法
35	20131305 - T - 432	人造板甲醛吸附材料吸附能力的测试方法
36	20131306 - T - 432	人造板用甲醛清除剂清除能力的测试方法
37	20131307 - T - 432	油漆饰面人造板
38	20131308 - T - 432	板式家具生产线验收通则
39	20131309 - T - 432	结构用竹篾层积材
40	20131310 - T - 432	中国主要竹产品名称与定义
41	20131311 - T - 432	竹地板
42	20131312 - T - 432	主要商品竹苗质量分级

（科技司标准处）

【2013 年林业行业标准计划项目】 2013 年，国家林业局批准林业行业标准制修订计划项目 209 项（见表 14-18）。

表 14-18　2013 年度林业行业标准计划项目汇总表

序号	项目编号	项目名称
1	2013 - LY - 001	林木种质资源异地保存库营建技术规程
2	2013 - LY - 002	国有林场森林经营方案编制规范
3	2013 - LY - 003	油茶品种区域化技术规程
4	2013 - LY - 004	森林公园解说牌识设计制作规范
5	2013 - LY - 005	林业数据模型描述规则和方法
6	2013 - LY - 006	森林生态系统碳库调查技术规范
7	2013 - LY - 007	湿地功能效益监测调查方法
8	2013 - LY - 008	热带天然林中幼龄林抚育技术规程
9	2013 - LY - 009	东北虎笼舍设计规范
10	2013 - LY - 010	大熊猫　人工育幼
11	2013 - LY - 011	野生动物饲养管理技术规程 丹顶鹤
12	2013 - LY - 012	东北林蛙产品质量要求
13	2013 - LY - 013	中国森林认证　生产经营性珍贵稀有濒危物种　植物

（续）

序号	项目编号	项目名称
14	2013 - LY - 014	油茶遗传资源调查编目技术规程
15	2013 - LY - 015	木本粮油物种遗传资源调查技术规程
16	2013 - LY - 016	转基因林木环境安全监测技术规程
17	2013 - LY - 017	植物新品种特异性、一致性和稳定性测试指南　金合欢属
18	2013 - LY - 018	植物新品种特异性、一致性和稳定性测试指南　槐属
19	2013 - LY - 019	植物新品种特异性、一致性和稳定性测试指南　崖柏属
20	2013 - LY - 020	植物新品种特异性、一致性和稳定性测试指南　蛇葡萄属
21	2013 - LY - 021	植物新品种特异性、一致性和稳定性测试指南　榉属
22	2013 - LY - 022	植物新品种特异性、一致性和稳定性测试指南　槭属
23	2013 - LY - 023	森林经营认证审核导则
24	2013 - LY - 024	中国森林认证　非木质林产品经营
25	2013 - LY - 025	中国森林认证　竹林经营
26	2013 - LY - 026	中国森林认证　生态环境服务　森林公园
27	2013 - LY - 027	中国森林认证　生态环境服务　森林公园导则
28	2013 - LY - 028	中国森林认证　团体认证指南
29	2013 - LY - 029	林业血防工程建设导则
30	2013 - LY - 030	林用药剂安全使用准则
31	2013 - LY - 031	林业有害生物监测预报总则
32	2013 - LY - 032	侧柏蛀干类害虫植物源引诱剂使用技术规程
33	2013 - LY - 033	苹果蠹蛾检疫技术规程
34	2013 - LY - 034	椰心叶甲检疫技术规程
35	2013 - LY - 035	松突圆蚧检疫技术规程
36	2013 - LY - 036	涉案陆生野生动物及其产品处置规程
37	2013 - LY - 037	戈壁生态系统定位观测指标体系
38	2013 - LY - 038	荒漠生态系统观测基础术语
39	2013 - LY - 039	榛子坚果贮藏技术规程
40	2013 - LY - 040	经济林名词术语
41	2013 - LY - 041	长江中下游防护林工程综合效益监测与评价规程
42	2013 - LY - 042	抑螺防病林营造技术规程

（续）

序号	项目编号	项目名称
43	2013－LY－043	卡特兰种苗生产技术规程
44	2013－LY－044	森林土壤磷的测定
45	2013－LY－045	木结构用材基本要求
46	2013－LY－046	非结构用集成材
47	2013－LY－047	软木类地板
48	2013－LY－048	单板用湿黏性胶纸带
49	2013－LY－049	直接印刷人造板
50	2013－LY－050	以定向刨花板为基材的装饰单板饰面地板
51	2013－LY－051	人造板包装通用技术要求
52	2013－LY－052	以人造板为基材固定式衣柜技术规范
53	2013－LY－053	人造板剖面密度测定方法
54	2013－LY－054	木结构试验　框架墙体软重物体撞击试验
55	2013－LY－055	木结构—结构人造板集中载荷、冲击载荷性能测试方法
56	2013－LY－056	木结构—楼板、墙板和屋顶用承重板的性能规范和要求
57	2013－LY－057	木结构—垂直胶合木性能分等
58	2013－LY－058	柳编制品通用技术要求
59	2013－LY－059	平压生物基塑性复合板材
60	2013－LY－060	涂饰定向结构麦秸板地板
61	2013－LY－061	地采暖用实木地板
62	2013－LY－062	绿色人造板通用技术要求
63	2013－LY－063	木杆
64	2013－LY－064	短原木
65	2013－LY－065	中国野生动物经营利用管理专用标识使用规范
66	2013－LY－066	森林防火地理信息系统建设技术要求
67	2013－LY－067	森林防火指挥调度系统建设技术要求
68	2013－LY－068	森林植物功能性状测定程序与方法
69	2013－LY－069	浅色松香类产品铂钴比色标准试验方法
70	2013－LY－070	马占相思树皮
71	2013－LY－071	对伞花烃
72	2013－LY－072	樟脑磺酸
73	2013－LY－073	改性松香树脂酸气相色谱分析方法
74	2013－LY－074	亚热带泥质海涂消浪林带营造技术规程

（续）

序号	项目编号	项目名称
75	2013－LY－075	山核桃采穗圃营造技术
76	2013－LY－076	马尾松种子园营建技术规程
77	2013－LY－077	油楠栽培技术规程
78	2013－LY－078	热带森林抚育经营技术规程
79	2013－LY－079	白蜡虫种虫
80	2013－LY－080	塔拉育苗技术规程
81	2013－LY－081	杜仲雄花生产技术规程
82	2013－LY－082	仁用杏品种鉴定技术规程—SSR分子标记法
83	2013－LY－083	杜仲育苗技术规程
84	2013－LY－084	竹筷机
85	2013－LY－085	数控门扇四边锯
86	2013－LY－086	蜂窝板胶合热压机
87	2013－LY－087	立式双排钻孔机
88	2013－LY－088	木片水洗机
89	2013－LY－089	竹材剖片机
90	2013－LY－090	以汽油机为动力的手扶推行式草坪切边机
91	2013－LY－091	悬挂式旋刀型割草机
92	2013－LY－092	滚刀式草坪割草机
93	2013－LY－093	林业机械　车载式风送喷雾喷烟一体机
94	2013－LY－094	悬挂式草坪松土平整机
95	2013－LY－095	手持式电动绿篱修剪机
96	2013－LY－096	林业机械　便携式油锯前护手器 尺寸和空隙
97	2013－LY－097	林业机械　通用安全要求
98	2013－LY－098	东北内蒙古林区森林抚育采伐工程技术要求第1部分：大兴安岭林区
99	2013－LY－099	东北内蒙古林区森林抚育采伐工程技术要求第2部分：小兴安岭林区
100	2013－LY－100	竹材生物质固体燃料机械耐久性测试方法
101	2013－LY－101	竹质结构工程材料名词术语
102	2013－LY－102	笋用丛生竹培育技术规程
103	2013－LY－103	纸浆用丛生竹培育技术规程
104	2013－LY－104	林业信息基础数据元标准第1部分：数据元的分类
105	2013－LY－105	林业信息基础数据元标准第2部分：数据元的基本属性
106	2013－LY－106	蓝莓质量等级

（续）

序号	项目编号	项目名称
107	2013－LY－107	森林消防通信指挥车装备要求
108	2013－LY－108	森林防火数字超短波通信系统建设技术规范
109	2013－LY－109	森林防火卫星通信网络建设技术规范
110	2013－LY－110	板栗生产技术规程
111	2013－LY－111	植物新品种特异性、一致性、稳定性测试指南　卫矛属
112	2013－LY－112	滨海湿地恢复技术规程
113	2013－LY－113	滨海城镇盐渍土原位隔离绿化技术规程
114	2013－LY－114	木质活性炭试验方法铅含量的测定
115	2013－LY－115	绿化施工全冠苗移植技术规范
116	2013－LY－116	油松人工林多功能经营技术规程
117	2013－LY－117	燕山山地珍贵阔叶乡土树种经营技术规程
118	2013－LY－118	太行山石灰岩山地造林技术规程
119	2013－LY－119	华北落叶松种子园营建技术
120	2013－LY－120	沙冬青平茬复壮技术规范
121	2013－LY－121	长白山林区森林抚育经营技术规程
122	2013－LY－122	龙胆林下栽培技术规程
123	2013－LY－123	天麻林下栽培技术规程
124	2013－LY－124	刺楸播种繁殖技术规程
125	2013－LY－125	小叶杨种质资源异地保存库营建技术规程
126	2013－LY－126	森林防火预警系统建设技术规范
127	2013－LY－127	竹单板用竹板方材
128	2013－LY－128	竹质门
129	2013－LY－129	饰面模压纤维板
130	2013－LY－130	竹百叶窗
131	2013－LY－131	山核桃有害生物防治技术规程
132	2013－LY－132	青山栾树绿化苗木培育技术规程
133	2013－LY－133	斑嘴鸭养殖技术规程
134	2013－LY－134	华南厚皮香培育技术规程
135	2013－LY－135	林木轻基质无纺布容器育苗技术规程
136	2013－LY－136	白蜡营造林技术规程
137	2013－LY－137	赤松育苗技术规程

（续）

序号	项目编号	项目名称
138	2013－LY－138	银杏观赏品种苗木繁育技术规程
139	2013－LY－139	楤木栽培技术规程
140	2013－LY－140	乌桕育苗技术规程
141	2013－LY－141	杨小舟蛾防治技术规程
142	2013－LY－142	慈竹育苗及造林技术规程
143	2013－LY－143	杉木种子园营建技术规程
144	2013－LY－144	野生动物养殖管理技术规程　白鹇
145	2013－LY－145	竹木材料及其制品表面防霉效果评价方法
146	2013－LY－146	森林防火视频监控图像联网技术规程
147	2013－LY－147	南方地区人工幼龄林抚育经营技术规程
148	2013－LY－148	金花茶扦插育苗技术规程
149	2013－LY－149	桉树速丰林施肥技术规程
150	2013－LY－150	油茶施肥技术规程
151	2013－LY－151	皂荚栽培技术规程
152	2013－LY－152	山茱萸育苗技术规程
153	2013－LY－153	木槿栽培技术规程
154	2013－LY－154	枳椇栽培技术规程
155	2013－LY－155	楠木栽培技术规程
156	2013－LY－156	岩桂栽培技术规程
157	2013－LY－157	毛叶木姜子育苗技术规程
158	2013－LY－158	蜀柏毒蛾防治技术规程
159	2013－LY－159	柏木林森林抚育技术规程
160	2013－LY－160	香桂栽培技术规程
161	2013－LY－161	生物防火林带经营管护技术规程
162	2013－LY－162	川山茶栽培技术规程
163	2013－LY－163	双季米金槐栽培技术规程
164	2013－LY－164	大白杜鹃栽培技术规程
165	2013－LY－165	马尾松抚育经营技术规程
166	2013－LY－166	铁皮石斛杂家育种技术规程
167	2013－LY－167	冬青栽培技术规程
168	2013－LY－168	云南松抚育经营技术规程
169	2013－LY－169	北方刚竹属竹子栽培技术规程
170	2013－LY－170	羚牛人工饲养技术规程
171	2013－LY－171	紫斑牡丹繁育及栽培技术规程
172	2013－LY－172	油橄榄低产园改造技术规程
173	2013－LY－173	西北林区森林抚育技术规程

（续）

序号	项目编号	项目名称
174	2013－LY－174	干旱荒漠区樟子松育苗技术规程
175	2013－LY－175	林区木材生产——油锯燃料消耗量
176	2013－LY－176	林区木材生产——集材机械燃料消耗量
177	2013－LY－177	森林火险预警信号分级标准
178	2013－LY－178	森林火灾监测站建设技术规范
179	2013－LY－179	小兴安岭天然次生林抚育经营技术规程
180	2013－LY－180	野生动物饲养管理技术规程 蓝孔雀
181	2013－LY－181	野生动物饲养管理技术教程 雁类
182	2013－LY－182	濒危物种等级划分
183	2013－LY－183	野生动物饲养管理技术教程 东方白鹳
184	2013－LY－184	竹地板生产综合能耗
185	2013－LY－185	木制卫生筷生产综合能耗
186	2013－LY－186	兴安落叶松森林抚育技术规程
187	2013－LY－187	牡丹籽用种苗生产技术规程
188	2013－LY－188	林业碳汇项目审定和核查指南
189	2013－LY－189	防护林体系营建技术规程
190	2013－LY－190	大熊猫栖息地适应性监测与评价规范
191	2013－LY－191	自然保护区人类干扰强度评估技术规程
192	2013－LY－192	竹塑复合材料
193	2013－LY－193	森林火灾因子采集站建设及可燃物观测技术规范
194	2013－LY－194	人工饲养野生哺乳动物尸体无害化处理技术规程
195	2013－LY－195	日香桂盆栽矮化技术规程
196	2013－LY－196	榉树大田扦插育苗技术规程
197	2013－LY－197	南京椴播种育苗技术规程
198	2013－LY－198	色木槭播种育苗技术规程
199	2013－LY－199	无患子播种育苗技术规程
200	2013－LY－200	木材防虫剂性能及其检测方法
201	2013－LY－201	蒎烷
202	2013－LY－202	黑荆树栽培技术规程
203	2013－LY－203	油桐育苗技术规程
204	2013－LY－204	纺织用竹纤维中纤维素的测定

（续）

序号	项目编号	项目名称
205	2013－LY－205	西南高原山地油茶造林技术规程
206	2013－LY－206	林业信息基础数据元标准第3部分：数据元命名和标识规则
207	2013－LY－207	林业信息交换格式
208	2013－LY－208	林业物联网　术语
209	2013－LY－209	林业物联网　体系结构

（科技司标准处）

【2013年全国林业标准化示范区项目】 加强林业标准化工作，积极推进林业标准化生产示范区建设工作，2013年在14个地区开展了国家林业标准化示范区建设项目(表14-19)，在48个地区开展了林业标准化示范区建设项目(表14-20)。

表14-19　2013年国家林业标准化示范区项目汇总表

序号	项目编号	项目名称	项目承担单位
1	SFQ8－318	国家油茶栽培综合标准化示范区(安徽)	安徽省金寨县林业局
2	SFQ8－319	国家核桃栽培综合标准化示范区(河北)	河北省涉县林业局
3	SFQ8－320	国家刺梨综合标准化示范区(贵州)	贵州省黔南州林业技术推广站
4	SFQ8－321	国家核桃栽培综合标准化示范区(河南)	河南省三门峡市林业工作总站
5	SFQ8－322	国家毛竹栽培综合标准化示范区(江苏)	江苏省宜兴市林场
6	SFQ8－323	国家核桃栽培综合标准化示范区(四川)	四川省广元市朝天区人民政府
7	SFQ8－324	国家核桃栽培综合标准化示范区(云南)	云南省林业科学研究院
8	SFQ8－325	国家山核桃栽培综合标准化示范区(浙江)	浙江省临安市林业科技推广总站
9	SFQ8－326	国家五味子栽培综合标准化示范区(黑龙江)	黑龙江省鹤北林业局
10	SFQ8－327	国家金丝小枣综合标准化示范区(山东)	山东省乐陵市林业局
11	SFQ8－328	国家牡丹栽培综合标准化示范区(北京)	北京国色牡丹科技有限公司
12	SFQ8－329	国家肉桂栽培综合标准化示范区(广西)	广西壮族自治区防城港市防城区林业局
13	SFQ8－330	国家红豆杉培育综合标准化示范区(吉林)	吉林省和龙林业局
14	SFQ8－331	国家低效林改造综合标准化示范区(广东)	广东省天井山林场

表 14-20　2013 年林业标准化示范区项目汇总表

序号	项目编号	项目名称	项目承担单位
1	北京	北京市核桃良种及优质高产技术标准化示范区建设	北京市园林绿化国际合作项目管理办公室
2	北京	北京市房山区核桃标准化栽培示范区建设	北京市房山区林果科技服务中心
3	河北	国家平原核桃栽培标准化示范区	衡水市林业技术推广站
4	河北	全国核桃提质增效标准化示范区	抚宁县林果科技服务中心
5	山西	吕梁山黄土丘陵区核桃标准化栽培技术示范	吕梁市林业技术推广站
6	浙江	浙江省云和县油茶标准化示范区建设	云和县林业技术推广站
7	浙江	浙江省衢州市衢江区油茶标准化示范区建设	衢州市衢江区林业技术推广中心
8	安徽	歙县油茶标准化示范区建设	歙县林业科技推广中心
9	安徽	太湖县油茶标准化示范区建设	太湖县林业科技中心
10	安徽	霍山县油茶标准化示范区建设	霍山县林业科技推广中心
11	安徽	怀宁县油茶标准化示范区建设	怀宁县林业科技推广中心
12	安徽	宁国市山核桃标准化示范区建设项目	宁国市林业技术推广站
13	福建	福建省油茶标准化示范区建设	福建省林业科学研究院
14	江西	江西省赣县油茶标准化示范区建设	赣县林业技术推广站、江西省林业科技推广总站
15	江西	江西省永丰县油茶标准化示范区建设	永丰县林业科技推广中心、江西省林业科技推广总站、吉安市林业技术推广站
16	江西	江西省都昌县油茶标准化示范区建设	都昌县林业技术推广站、江西省林业科学院、九江市林业技术指导站
17	山东	良种核桃标准化示范区建设	济南市林果技术推广站
18	山东	早实核桃标准化生产技术示范区建设	山东省林业科学研究院、国家林业局华东核桃工程技术研究中心产业基地
19	河南	栾川县潭头镇核桃标准化示范区建设	栾川县林业技术服务站

（续）

序号	项目编号	项目名称	项目承担单位
20	河南	河南省济源市核桃标准化示范区建设	济源市林业科学研究所
21	湖北	麻城市油茶标准化示范区建设	黄冈市林科所
22	湖北	通城县油茶标准化示范区建设	通城县林科所
23	湖北	赤壁市标准化示范区建设	赤壁市林科所
24	湖南	湖南省耒阳市油茶标准化示范区建设	衡阳市林业技术推广站
25	湖南	湖南省永州市油茶标准化示范区建设	永州市林科所、湖南科技学院
26	湖南	湖南省邵阳县油茶标准化示范区建设	湖南省林业科学院
27	湖南	湖南省鼎城区油茶标准化示范区建设	湖南省林业科学院
28	广东	广东省兴宁市油茶标准化示范区	广东省林业科学研究院
29	广东	广东省和平县油茶标准化示范区	和平县林业科学研究所
30	广东	广东省茂名市油茶标准化示范区	高州市林业科学研究所
31	广西	广西凤山县凤旁林场油茶低产林改造示范区建设	广西河池市凤山县凤旁林场
32	广西	广西壮族自治区国有三门江林场油茶标准化示范区建设	广西壮族自治区国有三门江林场
33	广西	广西百色市右江区油茶标准化示范区建设	广西壮族自治区林业科学研究院
34	广西	广西苍梧县油茶标准化示范区建设	苍梧县林业技术推广站
35	重庆	重庆市巫山县核桃标准化示范区建设	巫山县林木种苗站
36	四川	盐亭县核桃种植标准化示范基地建设	盐亭县林业科教推广中心
37	四川	核桃优良品种丰产栽培技术标准化示范区建设	甘孜州林科所
38	贵州	贵州省天柱县油茶标准化示范区建设	天柱县林业科技推广站
39	贵州	贵州省水城县核桃标准化示范区建设	水城县林业局林业科技推广站
40	贵州	贵州省赫章县核桃标准化示范区建设	赫章县核桃研究所
41	贵州	贵州省荔波县油茶标准化示范区建设	荔波县林业科技推广站

（续）

序号	项目编号	项目名称	项目承担单位
42	云南	文山州油茶标准化示范区建设	文山州林科所
43	云南	云南省腾冲县腾冲红花油茶标准化示范区建设	保山市林业技术推广总站
44	陕西	咸阳市核桃标准化示范区建设	咸阳市林业技术推广站
45	甘肃	兰州市核桃标准化示范区建设	兰州市林业技术推广站
46	甘肃	临夏县核桃标准化示范区建设	临夏县林业技术推广站
47	新疆	喀什地区核桃标准化示范区建设	喀什地区林业技术推广站
48	新疆	和田地区核桃标准化示范区建设	和田地区林业技术推广中心

（科技司标准处）

【新成立了2个国家林业局质量检验检测机构】 2013年，根据《行政许可法》和《国家林业局产品质量检验检测机构管理办法》的要求，按照行政许可审批有关规定，国家林业局批准依托鞍山市木材木制品检验检测管理中心成立了国家林业局木材及木制品质量检验检测中心（鞍山），授权开展木质林产品质量检验检测工作。依托辽宁省林木种子质量监督检验中心成立了国家林业局林木种苗质量检验检测中心（沈阳），授权开展林木种苗质量检验检测工作。（科技司标准处）

【林产品质量安全监测项目】 2013年，国家林业局开展了2013年经济林产品质量监测工作，对板栗、核桃、枣、竹笋主产区的19个省进行监测，抽样1750个，重点监测了这4类产品的重金属含量、农药残留量等指标。（科技司标准处）

【2013年林产品质量提升行动】 2013年，国家林业局联合国家质检总局开展了"林产品质量提升行动计划"，联合出台了《关于促进林木制品质量提升的意见》，以联合监管促质量提升，以质量提升促行业发展为宗旨，建立完善了林木制品质量提升长效工作机制，开展了9项质量提升行动，重点开展了产品质量国家监督抽查、行业监测抽查、质量风险监测等监管工作，涉及林木制品企业1408家，监督抽查了125家刨花板企业，210家胶合板企业，171家细木工板企业，180家强化木地板企业，39家竹地板企业；监测抽查了188家中密度纤维板企业，138家浸渍纸胶模板企业，140家混凝土模板用胶合板企业，137家集成材企业；风险监测了50批次木（竹）制容器，30批次木质壁纸，促进了林业企业质量提升。（科技司标准处）

【林业标准化培训班】 2013年5月，国家林业局科技司在广西南宁市举办了全国林业标准编写培训班。来自林业科研、教学、生产、管理等单位的200多人参加了培训。主要结合林业特点，针对林业系统的标准化现状，重点培训了《标准化工作导则　第1部分：标准的结构和编写》（GB/T1.1－2009），同时介绍了林业标准体系情况，如何采用国际标准以及如何编写强制性标准等内容；并对标准项目管理、财政补助经费管理、林业标准化项目绩效评价等内容进行了详细的讲解。其目的在于进一步提高林业标准编写人员的标准化水平，提高标准的编写质量。（科技司标准处）

【国家林业局质检机构管理和检测技术培训班】 为进一步加强国家林业局林产品质检机构建设，提高林产品质量检验检测人员业务能力，做好2013年林产品质量检验检测工作，国家林业局科技司于2013年9月在新疆乌鲁木齐市举办了国家林业局质检机构管理和检测技术培训班。重点培训了林产品质检机构相关管理规定，食用林产品质量安全检验检测技术，木质林产品抽样和检验检测技术，林产品质检机构能力建设和管理，探讨了当前林产品质量监管工作现状及设想，交流了各质检机构建设和检验检测技术经验。各质检机构负责人和技术专家60多人参加培训，通过培训提高了质检人员的业务水平，为下一步做好林产品质量监管工作打下基础。（科技司标准处）

【国际标准化工作】 2013年，组团赴芬兰参加了国际标准化组织林业机械技术委员会（ISO/TC23/SC15）全体成员国年会，赴奥地利参加了国际标准化组织木材技术委员会（ISO/TC218）和人造板技术委员会（ISO/TC89）全体成员国年会，积极参与相关国际标准研讨论证，不断提高我国林业在国际标准化领域的影响力。2013年，参与了国际标准化组织林产品产销监管链新技术委员会（ISO/TC287）组建工作，积极推动森林可持续经营国际标准化工作。（科技司标准处）

林业知识产权保护

2013年国家林业局切实推进林业知识产权创造、运用、保护与管理工作，认真组织实施国家知识产权战略和年度推进计划，大力开发和利用知识产权资源，加快林业发展方式转变，带动林农增收致富，提高了林业自主创新能力和核心竞争力，取得了显著成效。

【林业知识产权发展规划】 国家林业局印发了《全国林业知识产权事业发展规划（2013～2020年）》，阐明了中国林业知识产权发展的总体思路，确定了指导思想、发展目标，明确了重点任务、行动计划和保障措施；制订和实施了《2013 年林业知识产权战略实施推进计划》，提出了 22 项年度工作任务，确保战略实施工作顺利推进，取得实效；研究制订了《林产品地理标志管理办法》，已征求省级林业主管部门和有关司局的意见。
（龙三群）

【林业知识产权试点示范】 为深入贯彻实施国家知识产权战略，提升林业企事业单位知识产权创造、运用、保护和管理水平，自 2010 年启动林业知识产权试点工作以来，2013 年 12 月国家林业局公布了黑龙江省森林与环境科学研究院等 20 家林业企事业单位为第三批全国林业知识产权试点单位。试点工作自 2014 年 1 月正式启动，为期 2 年。试点工作由国家林业局统一组织，统一进行工作部署、指导、检查和验收。（龙三群）

表 14-21　第三批全国林业知识产权试点单位名单

序号	试点单位	序号	试点单位
1	黑龙江省森林与环境科学研究院	11	宁波市林业局林特种苗繁育中心
2	黑龙江省牡丹江林业科学研究所	12	安徽龙华竹业有限公司
3	吉林省长白山森工集团和龙人造板有限公司	13	安徽亿佳鑫木业有限公司
4	内蒙古自治区通辽市林业科学研究院	14	江西艺竹实业有限公司
5	上海植物园	15	深圳市兰科植物保护研究中心
6	江苏红豆杉生物科技股份有限公司	16	佛山市沃德森板业有限公司
7	江苏富祥木业股份有限公司	17	四川省林业科学研究院
8	无锡市博大竹木业有限公司	18	重庆市林业科学研究院
9	山东省烟台市林业科学研究院	19	金桥地板集团有限公司
10	山东新港企业集团有限公司	20	大兴安岭神州北极木业有限公司

【林业专利技术产业化】 国家林业局科技发展中心在地方林业部门和有关单位推荐的基础上，经过专家评审，围绕木竹加工等林业重点产业发展需求，2013 年组织实施了“户外高耐竹材专利技术产业化推进”等 5 项林业专利技术产业化推进项目。启动了木地板、竹材加工知识产权联盟的建设，通过建立产学研相结合的机制，在联盟内实现研发资源相互融合，专利技术互通共享，促进林业产业转型升级。（龙三群）

表 14-22　2013 年林业专利技术产业化推进项目

序号	项目名称	承担单位
1	户外高耐竹材专利技术产业化推进	浙江大庄实业集团有限公司
2	环保型木材防腐剂的推广和应用	广东省林业科学研究院
3	平衡根系轻基质容器育苗专利技术产业化开发	山东省林业科学研究院
4	林用专化性白僵菌菌剂产业化关键技术研发与示范	福建省林业科学研究院
5	压力升降式育苗床产业化示范	广西壮族自治区林业科学研究院

【林业重点领域专利分析研究】 2013 年国家林业局知识产权研究中心引进 Thomson Innovation 专利分析平台和德温特世界专利索引数据库（DWPI），建成了集专利检索、管理和分析功能于一体的林业专利信息预警分析系统，为林业专利预警分析研究提供基础数据分析平台；针对林业行业容易遭到国外专利壁垒的重点林产品领域进行动态跟踪和调查分析，做好专利数据统计和预警分析研究；完成了木/竹重组材、木材热处理、人造板连续压机技术等一系列专利分析报告的撰写，出版了《世界林业行业专利技术现状与发展趋势》。
（王忠明）

【林业知识产权基础数据库和共享平台】 维护并管理“中国林业知识产权网”和“中国林业植物新品种保护网”，开通了“2013 林业知识产权宣传周”和“纲要实施 5 周年林业专题”宣传网站，建立了网上林业专利动态决策分析系统；完善和建设了林业专利、林业植物新品种权、林产品地理标志、林业知识产权动态等 15 个林业知识产权基础数据库，入库数据记录累计 50 多万条，提高了林业知识产权信息资源的利用效率和服务水平。
（王忠明）

【林业知识产权奖励和表彰】 国际竹藤中心科技教育处和中国林业科学研究院林业科技信息研究所王忠明研究员分别荣获国家知识产权战略实施工作先进集体和先进工作者荣誉称号。国家林业局推荐的“生物质内循环锥形流化床气化工艺及设备”“利用杨木加工剩余物制取文化用纸配抄用漂白化机浆的方法”“脲醛树脂助剂及其制备方法和应用”，中国林产工业协会推荐的“环保型胶合板生产工艺”和王明庥、李坚院士推荐“一种集装箱底板及其制造方法”5 项林业发明专利获第十五届中国专利优秀奖。（龙三群）

【林业知识产权宣传培训】 组织开展了 2013 年全国林业知识产权宣传周系列活动，4 月 21 日在中央电视台 7 套《绿色时空》栏目播出了《林业知识产权成果显著》专题新闻片，在中国政府网、人民网、国家林业局网、国家知识产权网、中国林业知识产权网、中国林业信息网、中国林业植物新品种保护网等主要网站登载或转载有关林业知识产权的报道 200 多篇；在《中国绿色时报》和《中国知识产权报》上发表林业知识产权相关报道 43 篇；编印了《林业知识产权动态》6 期，发布了《2012

林业知识产权年度报告》；举办了林业知识产权保护管理培训班。 （龙三群）

林业植物新品种保护

2013 年，按照《植物新品种保护条例》等相关法规的规定，国家林业局作为植物新品种权审批机关，积极履行职责，林业植物新品种保护工作取得显著成效。

【植物新品种政策法规】 国务院发布了关于修改《中华人民共和国植物新品种保护条例》的决定，对第三十九条第三款和第四十条进行了修订，自 2013 年 3 月 1 日起施行。国家林业局发布了《中华人民共和国植物新品种保护名录（林业部分）（第五批）》，包括 120 个植物属（种），自 2013 年 4 月 1 日起施行，林业植物新品种保护名录累计达到 198 个属（种）。 （王 琦）

【林业植物新品种权的受理、审查与授权】 林业植物新品种的申请量和授权量大幅增加，2013 年共受理国内外植物新品种申请 177 件，授权 158 件；完成了 5 批 178 个新品种权申请的初步审查，组织对 110 个申请品种进行了特异性、一致性、稳定性的专家现场审查；购买了国外测试报告 3 批 34 份，转田间测试 1 批，发布公告 10 批，确保了林业植物新品种审批和授权的公开公正。截至 2013 年年底，已受理国内外植物新品种申请 1261 件，授予植物新品种权 658 件。 （黄发吉）

【林业植物新品种权行政执法】 组织专家起草了《林业植物新品种保护行政执法办法》，启动了陕西省林业厅和河北省林业厅的林业植物新品种权行政执法试点工作，编印了《植物新品种权行政执法手册》，完成了林业植物新品种权行政执法机构备案工作。开展林业植物授权品种基因图谱数据库建设工作，完成了 152 个月季品种 DNA（脱氧核糖核酸）图谱的测定和建库，为执法取证提供技术支撑。开展了打击侵犯植物新品种权专项行动，有效保护了育种者合法权益，增强了全社会植物新品种保护意识。 （周建仁）

【林业植物新品种测试体系】 组织开展了 6 项林业植物新品种 DUS 测试指南的编制，完成了 57 个申请品种的测试工作。截至 2013 年年底，共开展了 71 项林业植物新品种 DUS 测试指南的编制工作，完成了杏、柳属、山茶属、蔷薇属、核桃属和枸杞属等 27 项测试指南的编制，分别以国家标准或行业标准发布，提高了授权质量和审查测试能力；开展了植物新品种测试技术研究，承担了 UPOV 丁香属和核桃属测试指南编制任务。《山茶属——植物新品种特异性、一致性、稳定性测试指南》已获 UPOV 批准并正式发布。 （马 梅）

【林业植物新品种宣传培训】 成功举办了 UPOV 测试及分子技术会议，来自 UPOV 和欧盟、东盟有关国家以及韩国、日本和中国等 10 个国家的 80 多位代表参加了此次会议。国家林业局副局长孙扎根在北京会见了 UPOV副秘书长皮特·巴顿一行。UPOV官员、欧盟和亚洲国家植物新品种保护专家到中国林业科学研究院进行了访问交流。举办了林业植物新品种保护培训班，提高了林业植物新品种保护意识。编辑出版了《中国林业植物授权新品种（2012）》，在生产单位、林农和品种权人之间架起沟通的桥梁。 （杨玉林）

林业生物安全管理

2013 年，国家林业局继续按照国务院 412 号令和《开展林木转基因工程活动审批管理办法》，深入开展林业转基因生物安全管理工作，取得了显著成效。

【转基因林木安全行政许可】 2013 年，国家林业局共受理并批准了转耐盐基因（TA）山新杨中间试验等 5 项行政许可，分别是中国科学院上海生命科学院植物生理生态研究所的转耐盐基因（TA）山新杨中间试验、东北林业大学的转 BpAP1 基因白桦（Betula platyphylla × Betula pendula）（BAN6 – BAN16）中间试验、转 BpSOC1 基因白桦（Betula platyphylla × Betula pendula）（BSN1 – BSN9）中间试验、转 BpCCR 基因白桦（Betula platyphylla × Betula pendula）（BCN1 – BCN58）中间试验、转 ThbZIP 基因白桦（Betula platyphylla × Betula pendula）（BZN1 – BZN6）中间试验。 （李启岭）

【转基因林木安全监测】 2013 年，国家林业局分两批安排了 10 项转基因林木的安全监测项目。分别是转基因 SacB 银腺杨抗旱 3 号（S13 – 49）环境释放和生产性实验安全性监测、转反义 CCoAOMT 基因白杨杂种（Populus tremula x Populus alba）株系（YAPCOA38）环境释放安全性监测、转 Cry1AC 基因健杨 94 安全性监测、转 BADH 基因苜蓿环境释放和生产性试验安全性监测、转 TPSP 和 OTSAB 基因耐逆草地早熟禾中间试验的安全性监测、转抗虫基因 741 杨安全监测、转抗性基因银中杨中间试验安全性监测、多基因共转化库安托中间试验安全性监测、“转多基因库安托多抗杨 2 号”环境释放和生产性试验安全性监测和“转多基因库安托多抗杨 3 号”环

境释放和生产性试验安全性监测。（李启岭）

【发布《转基因林木生物安全监测管理规定》】 2013 年 12 月 20 日，国家林业局印发了《转基因林木生物安全监测管理规定》。转基因林木生物安全监测适用于中国境内的所有转基因林木的中间试验、环境释放、生产性试验和商品化生产，目的是对转基因林木的表现、性质和效应进行跟踪监测，为安全性评价提供依据。监测的内容包括外源基因对受体植物非目标性状变异的影响；基因漂移及其生态效应；转基因林木的遗传稳定性，对人类和动物健康的影响，对非靶生物的影响和非靶效应，对生态过程和生物多样性的影响以及靶标生物的抗性风险等。监测工作由国家林业局组织实施，国家林业局可以委托符合条件的单位承担监测任务。监测任务承担单位应具有独立法人资格、专门的技术人员、进行监测所需的仪器设备和设施条件、开展生物安全研究的基础和能力。在监测过程中，监测任务承担单位一旦发现被监测对象存在安全问题，应及时报告国家林业局。监测任务承担单位应于每年 2 月底前提交上一年度监测报告，并于监测期限到期 2 个月内提交监测总报告。监测任务承担单位对被监测方的技术资料负有保密义务。监测任务承担单位在监测过程中出现不严格执行实施方案、违规使用监测数据、发生泄密、弄虚作假等行为，国家林业局将视情节严重程度给予警告并责令整改、终止监测任务通报批评和追偿经费等处理。《规定》自 2014 年 2 月 1 日起施行，有效期至 2019 年 1 月 31 日。（李启岭）

【"十二五"规划生物安全部分中期评估】 根据国家林业局统一部署，针对"十二五"规划中生物安全部分进行了中期评估。涉及转基因林木生物安全、林木遗传资源和外来树种。针对"十二五"规划的实施进展情况和实施效果进行评价，总结进展、分析问题，提出对策建议。国家"十二五"规划中"加强生物安全管理"的中期实施状况整体良好，需要加强外来树种遗传资源的调查编目和国家级外来树种信息系统构建，在遗传资源方面应加强国家层面遗传资源的统一管理。（李启岭）

林业遗传资源保护与管理

按照国家林业局的统一部署，认真开展林业生物遗传资源管理工作，整体工作水平不断提高。

【油茶遗传资源调查编目工作】 2013 年 1 月 16～18 日，国家林业局科技发展中心在浙江富阳召开油茶遗传资源调查编目工作中期汇报会，来自 17 个油茶分布省（区、市）林业厅（局）的代表及中国林科院等调查编目工作专家组成员共 60 多位代表参加了会议，总结交流了前一阶段工作，研究部署了后期工作，专家组针对各个省的工作情况进行了点评，重点指出不足、提出下一步工作建议及应该关注的物种和油茶遗传资源等。

5～8 月，国家林业局科技发展中心组织检查组对海南、广西、四川、重庆、湖北、甘肃和陕西等部分省（区、市）的油茶遗传资源调查编目工作进行了检查和督查。（李启岭）

【林业生物遗传资源及相关传统知识获取和惠益分享试点】 6 月 17～18 日，科技中心组织中国林科院、北京林业大学、中央民族大学、贵州省林科院专家赴贵州省凯里市，对林业生物遗传资源及相关传统知识获取和惠益分享试点实施方案进行了评审，同时对参加项目的州林业局、林科所、各县林业局、凯里学院等单位有关人员进行了技术培训，正式启动了黔东南州林业生物遗传资源获取与惠益分享试点项目。（李启岭）

【制订《中国林木遗传资源保护与可持续利用国家行动计划》】 2013 年，根据联合国粮农组织拟定的森林遗传资源 4 个重点领域和 27 个行动重点，国家林业局组织专家研究制订了《中国林木遗传资源保护与可持续利用国家行动计划》，确定了我国的重点领域和战略行动重点，以促进林业遗传资源的研究与利用。（李启岭）

国际交流合作与履约

【国际履约】 派员参加了《植物新品种保护公约》（UPOV）理事会系列会议、UPOV 林木果树和观赏植物技术工作组会议、第六届东亚植物新品种保护论坛、联合国粮农组织（FAO）森林遗传资源委员会技术工作组第二次政府间会议、FAO 遗传资源委员会第十四次例会等，在会上积极提出了意见和建议，履行了成员国责任。经积极争取，我国代表亚洲继续连任 FAO 森林遗传资源技术工作组成员。（龙三群）

【履约战略研究】 根据国家林业局开展履约战略研究的要求，结合国情和林情，组织专家完成了《生物安全议定书》《名古屋议定书》《国际植物新品种保护公约》履约战略研究报告，以保障在履约工作中取得主动。（龙三群）

【国际交流与合作】 成功举办了UPOV测试及分子技术会议，得到UPOV秘书处及成员国与会代表的广泛认可和赞扬。承担了UPOV丁香属和核桃属测试指南编制任务，其中丁香属获得了UPOV通过。参加了中欧、中瑞、中日韩自贸区协定知识产权谈判，与韩国林木植物新品种保护部门签署了谅解备忘录，对加强双方植物新品种保护合作起到了重要推动作用。 （龙三群）

森林认证

2013年，以实现国际互认为重点，森林认证工作取得显著成效。

【国际体系互认】 中国森林认证体系与森林认证体系认可计划(PEFC)的互认取得实质性进展。PEFC董事会于2013年11月批准与中国互认，互认工作进入最后的PEFC成员国投票程序，投票截止日期为2014年2月。此外，还加强了与德国、澳大利亚等国家体系的交流和信息共享。 （于 玲）

【项目管理的规范】 组织编写《森林认证项目管理办法》和《森林认证项目资金管理办法》，进一步规范森林认证项目管理；召开森林认证项目工作会议，进行项目总结并签订新的项目合同；发布森林认证项目申报指南，对申报的项目进行专家评审；对十余个试点单位进行了评估和监督检查。 （于 玲）

【认证体系建设】 召开森林认证利益方论坛第二次会议，选举产生了争议调解委员会；截至2013年年底，发布中国森林认证行业标准2项，报批8项；在全国16个省(区、市)开展森林认证试点，为不同地区探索森林认证模式提供了经验；开展了相关政策研究，特别是森林认证产品纳入采购的政策和补贴政策研究。 （于 玲）

【认证宣传推介】 制作森林认证宣传板、中英文对照宣传册、多媒体宣传片等，编写森林认证审核员教材，举办森林认证培训班，维护森林认证体系网站，积极参加行业协会和跨国企业的供货商研讨会议，多渠道宣传推介中国森林认证体系。 （陈 光）

林业智力引进

2013年，以引进国外高层次人才和提高出国(境)培训质量为重点，以推进林业科技创新和促进林业人才队伍建设为目标，林业引进国外智力工作取得显著成效。

【国外高科技人才引进】 全年获批引进外国专家项目21项，引智成果示范推广项目3项，资助经费81万元。截至2013年年底，实际引进专家31人次，为我国林木遗传育种、林业机械、应对气候变化、林化产品加工、荒漠化防治、森林生态系统动态监测评价等多个研究领域的技术创新提供了宝贵建议。中国林科院马来西亚籍专家弗雷萨拉赫·槟彻勇，荣获2013年度中国政府“友谊奖”。 （龚玉梅）

【出国(境)培训】 全年获批13项出国(境)培训项目计划，其中审批类项目6项、审核类项目7项。在项目执行中，认真贯彻中央关于出国(境)培训工作的新要求，坚持控制总量、优化结构、提高质量的原则，围绕国有林保护与管理、湿地管理、科技成果推广应用等项目，着重选派林业事业急需的党政干部、科技人才、高技能人才出国培训，取得了显著成效。 （龚玉梅）

【引智基地建设】 建立“木材制浆清洁生产技术”“亚热带珍优树种及利用技术”“优质苗木栽培”“园林植物材料引进及应用”4个国家引进国外智力成果示范推广引智基地。各基地立足自身优势，充分发挥引智基地的辐射带动作用，在促进林业科技进步和经济社会发展中发挥了积极作用，取得了较好的经济和社会效益。 （龚玉梅）

【引智管理】 修订印发了《国家林业局引智出国(境)培训管理办法》，对出国(境)培训工作的组织领导和管理、项目申报、项目执行、人员条件、培训渠道、经费管理等内容做了明确规定。深入吉林、黑龙江及内蒙古森工、龙江森工开展引进国外智力工作调研，为确定下一步引智工作重点，有效推进引智成果示范推广、推进行业内引智成果共享做好准备。 （龚玉梅）

林业信息化

15

林业信息化建设

【综　述】 2013年是全面贯彻党的十八大精神的开局之年，是深入实施林业"十二五"规划承上启下的关键之年，也是全国林业信息化全面加快推进的第五年。紧紧围绕林业中心工作，认真贯彻执行党的路线方针政策和国家林业局"加快林业信息化，带动林业现代化"等重要部署，坚持"五个统一"基本原则，践行信息化服务林业大局、服务司局、服务基层、服务林农"四个服务"工作理念，科学谋划、系统部署，扎实推进各项工作，重点加强了战略谋划、工程建设、基础管理、队伍建设等工作，取得了多项新突破，开启了智慧林业建设的新阶段，为发展生态林业和民生林业作出了重要贡献。

【林业信息化建设进展】

顶层设计　一是进行了战略部署。召开了第三届全国林业信息化工作会议，对林业信息化工作进行了再动员、再部署。深入贯彻落实党的十八大精神和国务院关于加快推进信息化建设的一系列决策部署，按照全国林业厅局长会议要求，认真总结"十二五"以来的林业信息化工作，科学分析林业信息化工作面临的形势，进一步理清思路、明确方向，研究部署当前和今后一个时期的工作，发布了《中国智慧林业发展指导意见》，标志着林业信息化由数字林业步入智慧林业发展新阶段，是林业信息化建设的又一个里程碑。二是发布了战略文件。印发了《国家林业局关于进一步加快林业信息化发展的指导意见》，这是林业系统贯彻党的十八大关于推进新型工业化、信息化、城镇化、农业现代化同步发展要求的重要举措，是落实《国务院关于促进信息消费扩大内需的若干意见》的重要行动，是指导全国林业信息化建设的重大政策性文件。三是完成了战略规划。组织编制印发了《中国智慧林业发展指导意见》，系统诠释了智慧林业的内涵意义、基本思路、目标任务和推进策略。智慧林业将在数字林业的基础上，全面应用云计算、物联网、移动互联、大数据等新一代信息技术，使林业实现智慧感知、智慧管理、智慧服务。组织编制了《中国林业云框架设计》和《中国林业物联网框架设计》。

项目建设　一是加快推动支撑林业核心业务的"金林工程"。按照国家林业局的统一部署和国家发展改革委的总体安排，积极落实国家"十二五"重大信息化工程规划，扎实推进生态环境保护信息化相关工作。二是继续推进国家卫星林业遥感数据应用平台建设项目。完成了国家卫星林业遥感数据应用平台建设项目建设、测试和上线工作，为项目终验做好了各项准备，联通了与资源卫星中心的线路，完成了数据接入。国家卫星林业遥感数据应用平台的建成，把国产卫星遥感信息资源批量化引入国家林业遥感监测业务运行体系，提供对林业资源的综合监测所需的各类遥感信息源及数据应用服务，为林业各监测体系监测成果的综合应用提供强有力的技术支撑。三是继续实施国家林业局内外网安全等级保护建设项目。完成了重要信息系统等级保护建设，安全等级保护系统定级及差距分析，系统安全等级保护测评，安全保障体系框架设计，建立了适用于信息安全要求的运维体系和应急保障体系。四是推进"林业生态建设与保护北斗示范应用系统"建设工作。组织召开了建设工作会，研究讨论了北斗应用示范省建设方案，确定了13个首批北斗应用示范省，完成了林业生态建设与保护北斗示范应用系统实施方案编制工作。五是积极推进智能林业物联网应用示范工程。

优化网站质量　中国林业网进一步推进政务信息公开，加强民生服务，拓宽服务渠道，提升在线办事水平，各项工作取得重大进展，互联网影响力日益提高。在2013年11月28日召开的第十二届中国政府网站绩效评估结果发布会上，中国林业网（国家林业局政府网）综合排名列70多个部委网站第三名，首次跻身前三甲，在2011年首次进入部委网站前10名、2012年首次进入部委网站前5名的基础上，再次取得历史性突破。一是加强网站建设。对中国林业网进行改版升级，推出了中国林业网2013版。开展了网站可见性优化，提高了中国林业网在各大搜索引擎的收录量和可见性。提高了中国林业网的收录量和网站影响力，中国林业网资源被百度收录量达到62.8万条，高于部委平均水平24.3万条。建设了中国林业网智能移动客户端。整合梳理1000多项林业相关政策法规和林业技术知识，建设了林业智能服务平台。开展自动化的咨询互动服务，利用即时咨询系统，与用户开展在线实时交流，同时还提供语音播报、网站向导、接入微博、微信和热线咨询等多种交流途径，为用户解答与林业相关政策法规、办事指南、实用知识等问题。二是扩大站群规模。扩大森林公园、国有林场、种苗基地、自然保护区等网站群建设，新上线1000多个。完成了主要树种、珍稀动物、国外林业国家网站群建设工作，建设了中国花卉网站群。积极开展市、县林业网站群建设工作。三是加强基础建设。围绕生态林业民生林业的要求，按照国家和地方两大体系整合了37项林业行政审批事项，整合新增了80多项便民服务资源。积极开展网上办事，实行网上受理、网下办理和审批结果网上查询。完善中国林业数据库，与林业遥感数据库、国家自然资源和地理空间基础信息库链接。扩大数字图书馆规模，为林业系统各单位提供文献信息服务。扩建网络博览会和网络博物馆，对部分功能进行升级、增加数据内容。四是进一步做好网站内容保障，积极推进全国林业信息化发展水平评测和全国林业网站绩效评估工作，形成常态化、制度化。中国林业网每天发布信息100万字，访问量100万人次，主流媒体每天引用超过100条，100多个国家访问，网站访问量突破12亿人次。五是优化升级办公自动化系统。继续优化升级办公自动化系统，完成了林业综合办公系统群建设，完成个性化电子签名的试点工作，进一步提升办公自动化建设应用管理水平。六是开展网络文化建设。中国林业网分别于2013年1月和4月启动了首届“美丽中国”征文大赛和第二届全国生态作品大赛。大赛共收到作品近3000幅，评选出优秀作品200幅，展示了美丽中国，营造了热爱自然、保护自然的文化氛围，为广大公众打造了弘扬生态文化的网络平台，成为创建生态文化的重要基地。

运维管理 一是建立制度保障。编制印发了《国家林业局关于全面加强林业信息安全工作的通知》，从统一工作思路、建立保障体系、标准规范、制度体系及监督检查等8个方面提出了指导性意见，为确保林业行业信息系统安全稳定高效运行提供了政策保障，使行业信息安全工作再上新台阶。二是完成信息安全检查。就信息安全管理、技术防护、应急、安全教育培训等方面进行了检查工作，从源头和关键环节查漏补缺，防范和堵塞信息安全方面存在的各种问题，并及时进行整改。开展以重要信息系统定级备案、安全测评、安全建设、政府网站安全责任落实情况等的网络与信息安全检查。三是着力开展运维精细化管理。对所有与运维服务相关的工作进行细化梳理，优化工作流程，提高规范化水平，建立运维准入和考核制度。进一步明确岗位职责、工作范围及其操作实施流程，提高了运维保障能力。加强国家林业中心机房安全管理及维护。四是提高信息安全保障能力。对发现的安全隐患等问题及时采取有效措施，组织相关人员进行处理，并及时将处理结果进行汇报，加大安全监控、漏洞扫描的监督和检查力度。以等级保护项目建设为契机，提升信息安全运维队伍建设。五是积极推进正版化工作。制定《国家林业局使用正版软件管理规定》，大力推进软件正版化工作。

标准建设和培训交流 一是首批林业信息化行业标准正式颁布。2013年11月，国家林业局正式颁布了《林业数据库设计总体规范》等23项林业信息化行业标准。二是积极申报新标准立项。组织标委会委员及有关专家，讨论完善林业信息化标准项目储备库。国标委已批复6项林业物联网国家标准的立项。三是积极开展林业信息化培训。举办了林业信息化标准和GIS应用培训班。举办多次专题培训，对各省自行举办的林业信息化培训，进行指导和帮助。四是推动战略合作。不断强化合作意识，积极借助外部优势力量，不断形成推进林业信息化的强大合力。联合中国绿色碳汇基金会等单位，共同运营好“中国植树网”。利用微博平台，与央视、新华、人民、新浪、腾讯等单位进一步深化合作，在五大媒体网站开通了“林海微报”微博，建立中国林业微博发布厅，微博影响力正不断扩大。在腾讯网开通了微信，拓展信息发布渠道，促进交流合作。

综合管理 一是建设信息办工作综合管理平台，进一步完善规范工作流程，提高管理水平，提升工作效率。二是深入推进文化建设，办好《林业信息化》《今日网情》。出版了《中国林业信息化发展报告2013》《信息革命与生态文明》《信息改变林业佳作100篇》等。三是加强林业信息化示范省建设，完成25个全国林业信息化示范市、50个示范县实施方案的审核工作，推进了全国林业信息化发展。

【第三届全国林业信息化工作会议召开】 8月27日，第三届全国林业信息化工作会议在吉林省长春市举行。会议的主要任务是深入贯彻落实党的十八大精神和国务院关于加快推进信息化建设的一系列决策部署，认真总结“十二五”以来的林业信息化工作，科学分析林业信息化工作面临的形势，进一步理清思路、明确方向，研究部署当前和今后一个时期的工作，加快推进林业信息化发展，努力打造智慧林业，为发展生态林业民生林业作出新贡献。国家林业局副局长孙扎根作会议主报告，吉林省林业厅厅长兰宏良宣读吉林省副省长隋忠诚致辞，国家林业局信息办主任李世东主持会议。各省（区、市）林业厅局，内蒙古、吉林、龙江、大兴安岭森工（林业）集团公司，新疆生产建设兵团林业局，各计划单列市林业局主管领导和信息办（中心）负责人，国家林业局有关司局和直属单位负责人出席会议。国务院办公厅、国家发展改革委、国家信息中心等有关方面的负责同志应邀出席会议。

【第二届全国林业信息办主任协作组会暨全国林业信息化示范建设交流会】 2013年1月12日，第二届全国林业信息办主任协作组会暨示范建设交流会在广州召开。会议深入学习贯彻党的十八大和全国林业厅局长会议精神，总结交流2012年林业信息化工作，研究讨论2013年工作，发布2012年林业信息化发展水平评测、网站绩效评估、首届“信息改变林业”征文大赛结果和林业信息化示范市县名单，学习信息化前沿技术，开展了技术交流与研讨。国家林业局信息办主任李世东出席会议并讲话。

【全国林业信息化发展水平评测】 国家林业局十分重视林业信息化的建设和管理工作，2008~2012年连续5年开展全国林业信息化发展水平评测，有效推动了林业信息化的建设和发展，对提升林业信息化发展水平起到了重要的推动作用。为全面准确地把脉2013年度全国林业信息化发展状况，国家林业局组织开展了2013年度全国林业信息化发展水平评测工作，旨在通过定性分析及定量分析，掌握林业信息化发展新动向，查检林业信息化发展过程中的问题，矫正不足之处，总结林业信息化建设优秀地区的先进经验，为各地林业信息化主管部门科学决策提供参考依据或优化建议，进一步促进林业信息化向“智慧林业”的目标持续迈进。国家林业局办公室印发《2013年全国林业信息化发展水平评测报告》（办信字〔2014〕1号）。排在前10名的单位分别是辽宁、北京、湖南、广东、吉林、浙江、湖北、四川、江西、福建、河南、甘肃（福建、河南、甘肃并列第10名），前三名处于90分以上，其余9名在80~90分，其中第一名（辽宁）与第十名（福建、河南、甘肃）相差10分左右，前三名单位的信息化建设及保障水平明显高于其他单位。前10名单位的信息化发展水平在不同层面上存在差距。

【全国林业网站绩效评估报告】 2013年秉持“客观、科学、公平、公正”的原则，通过设置科学的评估指标，采取人工测评法、同一指标平行测试、用户体验法、调查法、专业软件测试法等评估方法，对全国林业系统47个司局和直属单位子站、41个省(区、市)林业网站、38个市县级林业网站以及84个专题子站进行了绩效评估。结果表明，福建、北京、上海、四川、湖北、江苏、广东、甘肃、湖南、浙江、河南、黑龙江12个单位被评为全国林业十佳网站；科技司、信息办、场圃总站、造林司、政法司、保护司、濒管办、治沙办、公安局、林科院被评为国家林业局十佳网站；广东广州、江苏连云港等10个市级子站，四川汶川、江西修水等10个县级子站也分别被评为市、县十佳网站。

【2009～2013年全国林业信息化十件大事评选、2013年全国林业信息化十件大事评选】 为全面总结过去5年和2013年全国林业信息化建设取得的成绩，展示林业信息化建设成果，加快推动智慧林业建设，为发展生态林业民生林业作出新贡献，2013年12月，中国林业网(国家林业局政府网)组织开展了“2009～2013年全国林业信息化十件大事”和“2013年全国林业信息化十件大事”网络评选活动，评选活动得到广大网友及社会各界的积极响应和热情参与。评选结果如下：

2009～2013年全国林业信息化十件大事：①首届工作会议成功召开，林业信息化进入全面加快发展新阶段。②林业信息高速公路基本建成，国家林业数据中心完成升级。③国家林业内外网开通运行，林业进入网络办公新时代。④第二届工作会议确立五个统一原则，林业信息化迈上新台阶。⑤示范建设全面推开，开启林业信息化建设新篇章。⑥全国林业一张图取得突破，一批重点项目启动实施。⑦第三届工作会议成功召开，林业信息化进入智慧林业新阶段。⑧首批行业标准正式颁布，林业信息化制度体系基本形成。⑨中国林业网成为网上航空母舰，首次进入部委网站前三名。⑩林业信息化荣获多项殊荣，社会影响力日渐扩大。

2013年全国林业信息化十件大事：①中国林业网首次进入部委网站前三名。②第三届全国林业信息化工作会议圆满召开。③《关于进一步加快林业信息化发展的指导意见》印发。④中国林业网2013版正式上线。⑤首批林业信息化行业标准正式颁布。⑥中国林业网访问量突破10亿人次。⑦物联网等新一代信息技术在林业行业成功应用。⑧首届“美丽中国”征文大赛等成功举办。⑨云数据中心等一批项目启动实施。⑩全国林业信息化获得多项荣誉。

【首届美丽中国征文大赛】 为进一步弘扬生态文化，推进生态文明，建设美丽中国，中国林业网、国家生态网举办了首届“美丽中国”征文大赛。大赛得到全国各地广大网民的热烈响应，自2013年1月正式启动，在6个月的时间里，征集到了1400余篇作品，作品质量高、数量多、来源广、内容丰富、体裁多样，得到了社会公众和专家的一致好评。经过网络评选和专家评选，共选出一等奖5篇、二等奖7篇、三等奖9篇、优秀奖39篇和提名奖40篇。

【第二届全国生态作品大赛】 本届大赛由中国林业网、国家生态网主办，吉林省人民政府网站、吉林省林业厅网站(吉林林业网)、新华网吉林频道、吉林省新闻摄影学会、四川省林业厅网站、重庆市林业局网站共同负责组织及评选工作，大赛自4月1日开展以来，得到了社会公众的热烈响应和积极参与，在6个月的征稿期内，共收到作品1600多幅。经过11月18～20日分别在四川、吉林、重庆3个赛区召开专家评审会，综合网络评选和专家评选，共评出摄影、书法和绘画3个类别的一、二、三等奖和优秀奖，获奖作品共计87件。大赛主办方把获奖作品编辑出版，以向社会公众展示我国优美的自然景观、丰富的动植物资源、多彩的人文风貌，体现贴近自然、向往绿色的生态文化，为公众营造出尊重自然、热爱自然、保护自然的良好氛围，为弘扬生态文化，推进生态文明，共创美丽中国作出积极贡献。

(林业信息化由张会华供稿)

林业教育与培训

16

林业教育与培训

【省部级领导干部推进生态文明建设高级研讨班】 为贯彻落实党的十八大精神，推进生态文明建设，3月2～9日，中央组织部、国家发展改革委、环境保护部、国家林业局、国家行政学院在国家行政学院共同举办了省部级领导干部推进生态文明建设研讨班。

中央政治局委员、国务委员兼国务院秘书长、国家行政学院院长马凯作了题为《大力推进生态文明建设》的重要讲话，对当前和今后一个时期推进生态文明建设必须突出抓好的6项重点任务做出全面部署。

国家林业局赵树丛局长等5位部级领导分别做了专题授课。赵树丛局长在题为《中国林业发展与生态文明建设》专题授课中，阐述了林业在生态文明建设中的6项重大职责，明确了林业推进生态文明建设的战略重点。人民网等中央媒体及时进行了深入报道，引起了强烈的社会反响。这是国家林业局首次参与主办省部级领导干部高级研讨班，彰显了林业在生态文明建设中的重要地位和作用。

除了高层次的领导授课外，研讨班还安排了多种教学形式。专家论坛上邀请了北京林业大学严耕教授等5位专家学者从不同视角阐述生态文明建设的理论和实践问题，同时安排了经验交流和学员论坛、案例教学、结构化研讨等教学环节。

通过学习研讨，大家进一步提高了对推进生态文明建设极端重要性的认识，增强了工作的责任感和使命感。大家广泛交流经验，深入研究问题，进一步开阔了眼界、拓展了思路，提高了对生态文明建设规律性的认识。

中央和地方58人参加了省部级领导干部推进生态文明建设研讨班学习。同时在该院举办了厅局级公务员推进生态文明建设研讨班，两个研讨班合班上课。45名中央和地方的司局级干部参加了厅局班学习。

（吴友苗）

【地方县级党政领导干部林业专题培训】 受中组部委托，6月15～22日，国家林业局在北京组织举办了2013年地方党政领导干部林业专题研究班。赵树丛局长对该班高度重视，多次听取汇报，并在开班仪式上作了《中国林业发展与生态文明建设》的主题报告。研究班以“服务生态文明建设，加快生态林业、民生林业发展”为主题，采取专题授课、学员论坛、与国家林业局相关业务部门领导交流研讨、案例教学、情景模拟、结构化研讨和现场教学等多种培训形式。来自全国20个省（区、市）的52位分管林业工作的县级领导干部参加了培训，取得了良好的效果。在中组部组织的培训班教学质量评估总体满意度得分4.98分（满分5分），位居24个承办部委前列。 （邹庆浩）

【县林业局长培训】 8月14～25日，国家林业局举办了县林业局长培训班，对来自全国各地58名县林业局长进行了集中培训。培训班采用情景模拟、现场教学、结构化研讨、座谈交流、学员论坛等多种培训形式，专门安排了生态文明建设规划与林业投资政策、林业法律制度、林业资源管理等专题讲座，并组织学员考察了第九届中国（北京）国际园林博览园生态建设和北京特色林果业发展。通过理论学习和实地考察，丰富了局长们的林业科技知识，深化了对林业发展新形势的认识，增强了加快当地林业发展的科学决策能力，同时也是对地方组织好干部培训起到了很好的示范引领作用。

此外，国家林业局于2013年5月在北京举办了县林业局长湿地管理培训班，培训87人。 （邹庆浩）

【林业知识培训】 为了进一步加强林业干部队伍能力建设，帮助新进入林业系统工作的不具备林业专业知识背景的干部更好地适应岗位工作要求，7月4～16日，国家林业局举办了第三期林业专业知识培训班，对局机关及直属单位和有关省厅机关及直属单位共93人进行了为期13天的培训。培训班综合运用了讲授式、案例式、参与式等多种教学方式，开设了森林生态、森林培育、森林资源调查与监测、有害生物防治和森林防火、林业政策法规及相关案例分析、十八大报告解读、生态文明视阈下的大林业观建设、林业生态建设、林业产业发展、集体林权制度改革、湿地生态系统保护、中国荒漠化防治、生物多样性保护、生态文化建设、国际森林问题、林业应对气候变化和林业信息化建设等专题讲座，组织参观了北京周边的湿地保护、森林质量健康、宜居生态系统、森林公园等示范点，向学员较为全面地介绍了林业专业知识和当前林业工作的重点。通过培训，学员较为系统地学习和掌握了林业基本知识，进一步提升了他们的林业专业知识和履职能力。

（邹庆浩）

【林业专业技术人才高级研修】 根据人力资源社会保障部专业技术人才知识更新工程2013年高级研修项目计划（人社厅函〔2013〕137号），国家林业局分别于5月26～31日在长沙举办了农村林地承包经营纠纷仲裁工作高级研修班，于6月3～7日在河北省围场县举办了北方地区森林抚育经营管理技术高级研修班。

58名林业主管部门负责森林抚育经营工作的处长和技术专家参加了森林抚育经营管理技术研修班。研修班选择了北方地区落叶松人工林近自然经营、樟子松人工纯林近自然转化的天然更新实验等具有代表性的森林类型的抚育经营样板现场，由实践经验丰富、专业背景强的地方林业领导干部介绍森林经营具体实践，全国顶尖森林经营专家学者现场点评教学，并与学员进行热烈的互动，让学员展开探讨，不仅从技术上对森林抚育经营进行指导，而且通过学习森林经营先进理论和政策，提高了学员对森林抚育经营工作重要性及必要性的认识。

58名负责林地承包经营纠纷仲裁工作的业务骨干参加了农村林地承包经营纠纷仲裁工作高级研究班培训。研修班聘请权威专家授课，合理设置培训内容，创新培训形式，达到了相关法律知识更新，答疑解惑，经验借鉴的培训目的，得到了学员们的一致赞誉。

（陈峥嵘）

【新疆林业干部培训】 2013年国家林业局继续实施林业援疆干部培训工作，会同新疆维吾尔自治区林业厅举办了第六期新疆林业干部培训、新疆林业科技骨干专业技术培训等4期培训班，培训286人。自2010年以来，共举办16期，培训360名新疆林业厅机关、直属单位处级领导、所属林场党政领导和县市分管林业的党政领导干部，840名新疆林业专业技术人员共1200人次，基本完成对新疆维吾尔自治区林业厅直属机关处级干部和技术骨干的轮训，为新疆林业发展提供了有力的人才支持。 （陈峥嵘）

【处级领导干部任职培训】 国家林业局于5月28日至6月8日举办第18期处级领导干部任职培训班，来自各司局、在京直属单位和京外直属单位处级领导干部共计57位学员参加了这期培训。

培训班紧紧围绕“提升领导任职能力”设置课程，采用专题模块化教学模式，突出工作胜任能力与知识的联系。培训内容丰富且形式多样，包含了生态文明、能力建设和综合素质等模块。培训组织工作准备充分，实施过程管理规范；学风校风要求严格，学员学习态度认真。通过培训，学员在宏观视野方面对当前社会发展变化有了深刻认识，对社会突发事件管理、领导艺术及传统文化等有了更深入的理解，对面临的国际、经济、社会等形势有了更加全面的认识，对如何提高领导干部应对突发事件的能力、加强领导干部言语表达艺术等问题有了更进一步的思考和认识，增强了科学发展的责任感和使命感。 （陈峥嵘）

【司局级干部选学及网络学习】 2013年，国家林业局共有75名司局级干部参加了在中央党校、国家行政学院、国防大学、清华大学、北京大学、人民大学和北京师范大学等7所院校开设的专题班和必修课学习，选学课时约3500学时。除选学课程外，学员还统一参加了中央党校的必修课学习。同时，共有298名司局级干部积极报名参加中国干部网络学院党的十八届三中全会精神专题学习班等466门网络课程学习，网络学习时间近1000小时。

通过学习，学员们进一步提高了理论水平，增强了党性修养，提升了解决实际问题的能力。 （陈峥嵘）

【在职培训及初任培训】 4月16～26日，国家林业局举办了在职培训班，机关和直属单位的52人参加了学习。培训班设置了党的十八大到2013年两会期间热点问题观察与思考、中国生态环境问题与生态文明建设、抓住关键改善民生、发展循环经济建设生态文明、当前国际形势与中国外交等课程。教学方式上，开展了破冰活动、情景模拟教学、学员论坛和知识竞赛等丰富多样的教学活动，充分调动了学员的学习热情，收到了良好的培训效果。

2013年，国家林业局还开展了“学习贯彻党的十八届三中全会精神”轮训班等培训，共培训直属机关干部2000余人，进一步提高了直属机关干部理论水平和业务能力。

2013年8月21～26日，国家林业局在北京举办新录用人员初任培训班，60名新录用公务员和事业单位工作人员参加了为期6天的培训。之前，25名新录用的公务员和参照公务员管理的事业单位工作人员还参加了国家公务员局组织的为期7天的初任培训。

培训班围绕生态文明建设与当前林业形势任务，设计了中国林业发展与生态文明建设、保密、林业法律法规、公文起草和会议的筹备与管理、行政公文写作、流转与公文系统应用、实用口才与沟通技巧等专题讲座，并安排了以“如何转变角色、尽快胜任本职工作”和“如何做一名合格的公务员（公职人员）”为主题的交流研讨和影音教学。通过培训，学员们坚定了理想信念，增强了责任意识，明确了角色定位，提高了业务技能，初步掌握了相关的工作方法。 （陈峥嵘）

【党员干部现代远程教育林业专题教程制播】 为进一步加强远程教育制度建设，国家林业局制定出台了《全国党员干部现代远程教育林业教材制播工作管理办法》和《全国党员干部现代远程教育林业教材选题规划（2013～2017年）》，不断规范和加强林业教材制播工作。根据中共中央组织部的统一部署，2013年，国家林业局以宣传林业方针政策、传播科学知识和实用林业技术、弘扬生态文明为重点，开展了全国党员干部现代远程教育林业专题教材制播工作，全年向中组部全国党员干部现代远程教育办公室报送林业教材52期，共173个课件3120分钟，受到中组部的表彰。此外，林业制播教材由于质量高、题材好，受到“中国电视艺术家协会”“中国科教电影电视协会”等专业媒体机构的好评，全年共荣获24个专业奖项，其中一等奖3个、二等奖9个、三等奖7个、提名奖3个、优秀奖2个。

（邹庆浩）

【高等农林教育综合改革】 12月26日，国家林业局和教育部、农业部联合召开推进农林教育综合改革工作会议，就改革林业教育、服务林业行业，提升林业教育竞争力做出具体部署，标志着高等林业教育发展进入新阶段。会前3部门联合印发了《关于推进高等农林教育综合改革的若干意见》和《关于实施卓越农林人才教育培养计划的意见》。 （邹庆浩）

【林业专业硕士人才培养】 为进一步部署开展好林业专业学位研究生教育培养工作，2013年全国林业专业学位研究生教育指导委员会工作会议暨第二届全国林业专业学位研究生教育工作研讨会在哈尔滨召开，国家林业局副局长、全国林业专业学位研究生教育指导委员会主任委员张永利出席并讲话，对加强专业学位研究生教育工作做出明确指示和具体部署。会议讨论通过了《林业硕士专业学位基本要求》和《林业硕士培养质量评估指标体系》2个文件。 （邹庆浩）

【中国西部地区林业人才培养项目】 中日两国政府于2009年11月在北京签署中日技术合作"中国西部地区林业人才培养项目"实施协议，实施期限为2010年3月1日至2014年2月28日，为期4年。该项目由中国国家林业局和日本国际协力机构合作，国家林业局管理干部学院负责实施，针对集体林权制度改革和国有林场改革两个领域，面向中国西部地区培养基层林业改革人才。

2013年，项目组织召开了项目第四次联合委员会会议，围绕"集体林权制度改革"和"国有林场改革"共组织举办了示范培训班及研讨会14期676人次，组织了赴日研修团组1个7人次，邀请来华长短期专家4名、编写了《培训方式方法手册》，开展项目精品示范课程建设，顺利通过中日双方联合组织的期末评估。

项目启动以来，先后组织举办了示范培训班及研讨会52期，培训2491人次；实施了4批赴日研修团组，共25人次；邀请了12位日本长短期专家来华为培训班介绍日本民有林和国有林有关情况；广西林业干部学校、四川省林业干部学校、陕西省林业教育培训站、宁夏生态工程学校等4个培训基地优化了培训方式、方法，制作了《培训实施手册》，编制了《培训方式、方法手册》，有效促进了培训机构的规范化，有力提高了试点省参训学员的能力，规范了项目培训工作，促进了西部地区集体林权制度改革经验分享和国有林场改革的探索。

（吴友苗）

【全国职业院校林业职业技能大赛】 为强化全国高等林业职业院校学生职业技能训练，促进职业教育与劳动就业的紧密结合，推动高职林业类专业的人才培养模式改革和专业建设，培养一批适应现代林业发展需要的技术技能型人才，国家林业局于2013年5月18日在沈阳苏家屯辽宁林业职业技术学院举办了以"加强交流、展示技艺、促进合作、共谋发展"为主题的全国职业院校林业职业技能大赛。

大赛以国家职业标准规定的技能要求为基础，结合高技能人才培养要求和就业岗位需要，适当增加新知识、新技术、新(技能)工艺等相关内容，采用技能操作考核和书面考试相结合的方式进行。经过9个小时激烈角逐，河北政法职业学院的范玉彬等3名选手获得"林木种子质量检测"竞赛项目一等奖；丽水职业技术学院的郑斌等3名选手获得"园林景观设计"竞赛项目一等奖；江苏农林职业技术学院和辽宁林业职业技术学院的两组4名选手获得"花卉艺术设计与制作"竞赛项目一等奖；江苏农林职业技术学院和辽宁林业职业技术学院两组4名选手获得"板式家具设计与组装"竞赛项目的一等奖。国家林业局对获奖选手颁发获奖证书，并按照《林业行业职业资格证书管理办法》规定核发相应的职业资格证书。

河北政法职业学院李银华等10名教师被评为4个竞赛项目的优秀指导教师。辽宁林业职业技术学院获得"特殊贡献奖"。

国家林业局总工程师陈凤学出席开幕式并宣布比赛开始。教育部职业教育与成人教育司、国家林业局人事司有关领导出席并讲话。来自23所高等林业职业院校的115名参赛学生、指导教师、领队、裁判及辽宁林业职业技术学院的在校师生近2000人参加了开幕式。新华网、中国教育新闻网、中青在线、《中国绿色时报》等中央媒体及辽宁省、沈阳市有关媒体及时报道大赛情况。

（吴友苗）

【国家林业局高等职业教育重点专业】 根据《国家林业局办公室关于开展国家林业局高等职业教育重点专业评审等工作的函》(办人字〔2011〕135号)文件精神，国家林业局人事司组织实施了2013年国家林业局高等职业教育重点专业评审工作。经单位申报、资格审查，并依据《国家林业局高职重点专业评审指标及等级标准》进行专家网络评审和会议评审，杨凌职业技术学院的林业技术、江西环境工程职业学院的林业技术、湖南环境生物职业技术学院的园林工程技术、广西生态工程职业技术学院的室内设计技术、甘肃林业职业技术学院的森林资源保护、辽宁林业职业技术学院的森林生态旅游、江苏农林职业技术学院的环境艺术设计、黑龙江生态工程职业学院的园林技术、湖北生态工程职业技术学院的林业技术等9个专业通过了专家评审，随后被确定为2013年国家林业局高等职业教育重点专业。经评审，2012年国家林业局确定辽宁林业职业技术学院的林业技术专业等10个专业为首批国家林业局高等职业教育重点专业。

（吴友苗）

林业教育信息统计

表16-1 2013/2014学年初普通高、中等林业院校和其他高、中等院校林科基本情况汇总表

单位：人

名 称	学校数(所、个)	毕业生数	招生数	在校学生数	毕业班学生数	教职工数	
						合计	其中：专任教师
总 计	**—**	**155 719**	**147 093**	**481 680**	**158 631**	**20 263**	**13 006**
一、研究生	157	8760	9559	28 631	11 732	—	—
1. 高等林业院校	6	5148	5882	16 507	6708	11 671	7425
2. 其他高等院校(林科)	136	3349	3359	11 192	4669	—	—

（续）

名　　称	学校数（所、个）	毕业生数	招生数	在校学生数	毕业班学生数	教职工数	
						合计	其中：专任教师
3. 科研单位	15	263	318	932	355	—	—
二、普通本科生	242	30 030	38 189	145 921	34 707	—	—
1. 普通高等林业院校	7	22 761	27 402	105 435	25 231	—	—
2. 其他普通高等院校（林科）	235	7269	10 787	40 486	9476	—	—
三、高等职业院校学生	121	36 190	39 035	116 059	38 244	—	—
1. 普通林业学校专科	2	1394	582	2716	1288		
2. 高等林业（园林）职业学校	13	22 884	26 331	76 172	24 524	5674	3882
3. 其他高等职业学校（林科）	106	11 912	12 122	37 171	12 432	—	—
四、中等职业院校学生	427	80 739	60 310	191 069	73 948	—	—
1. 中等林业（园林）职业学校	24	16 822	18 410	48 618	14 467	2918	1699
2. 其他中等职业学校（林科）	403	63 917	41 900	142 451	59 481	—	—

表 16-2　2013/2014 学年初普通高等林业院校教职工情况

单位：人

学校名称	教职工数											另有其他人员						
	合计	校本部教职工										科研机构人员	校办企业职工	其他附设机构人员	聘请校外教师	离退休人员	附属中小学幼儿园教职工	集体所有制人员
		计	专任教师						行政人员	教辅人员	工勤人员							
			计	正高级	副高级	中级	初级	无职称者										
总　计	**11 921**	**11 358**	**7577**	**1240**	**2554**	**3083**	**407**	**293**	**1927**	**1188**	**666**	**86**	**143**	**334**	**1098**	**4706**	**33**	**128**
北京林业大学	1781	1688	1180	238	525	360	8	49	249	187	72	0	59	34	293	772	33	0
东北林业大学	2773	2455	1521	306	522	563	81	49	404	375	155	7	67	244	22	1120	0	128
南京林业大学	1893	1803	1231	196	368	601	66	0	322	134	116	37	17	36	289	1052	0	0
浙江农林大学	1586	1566	1054	163	346	409	29	107	302	148	62	8	0	12	73	13	0	0
中南林业科技大学	2330	2317	1461	210	448	657	91	55	421	231	204	13	0	0	209	1148	0	0
西南林业大学	1160	1143	877	102	268	386	92	29	129	95	42	17	0	0	160	420	0	0
南京森林警察学院	398	386	253	25	77	107	40	4	100	18	15	4	0	8	52	181	0	0

表 16-3　2013/2014 学年初普通高等林业院校资产情况

学校名称	占地面积（平方米）			图书资料		拥有教学用计算机（台）	多媒体教室座位数（个）	语音实验室座位数（个）	固定资产总值（万元）	
	总面积	其中		合计（万册）	其中：当年新增（万册）				计	教学、科研仪器设备资产
		绿化用地	运动场地							
一、学校产权	**10 183 602**	**4 259 712**	**531 978**	**1066.3**	**28.74**	**49 970**	**37 359**	**1835**	**942 294.5**	**225 121.9**
北京林业大学	468 796	124 750	56 505	170.4	7.1	6230	3251	154	182 308.8	51 472.3
东北林业大学	1 287 559	400 000	100 291	205.5	4.86	9241	6919	357	169 309.2	56 856
南京林业大学	3 730 262	1 492 104	66 475	166.2	6.2	7607	6299	299	135 735.8	48 316.8
浙江农林大学	1 859 349	920 906	101 198	147.9	5.54	6111	5255	401	140 668	22 129.3
中南林业科技大学	1 307 246	586 000	52 175	180.3	0.3	11 979	8390	320	102 834.4	23 745.9
西南林业大学	801 768	329 750	70 118	137.9	2.6	5927	5097	238	159 532.8	15 861
南京森林警察学院	728 622	406 202	85 216	58.1	2.14	2875	2148	66	51 905.5	6740.6

（续）

学校名称	占地面积（平方米）			图书资料		拥有教学用计算机（台）	多媒体教室座位数（个）	语音实验室座位数（个）	固定资产总值（万元）	
	总面积	其中		合计（万册）	其中：当年新增（万册）				计	教学、科研仪器设备资产
		绿化用地	运动场地							
二、非学校产权	**490 629**	**16 000**	**15 000**	**50 000**	**—**	**1030**	**450**	**—**	**35 100**	**8700**
北京林业大学	—	—	—	—	—	—	—	—	—	—
东北林业大学	—	—	—	—	—	—	—	—	—	—
南京林业大学	—	—	—	—	—	—	—	—	—	—
浙江农林大学	0	0	0	0	0	0	0	0	0	0
中南林业科技大学	33 300	6000	15 000	50 000	0	1030	450	0	35 100	8700
西南林业大学	437 329	0	0	0	0	0	0	0	0	0
南京森林警察学院	20 000	10 000	0	0	0	0	0	0	0	0

表 16-4　2013/2014 学年初普通高等林业院校和其他高等院校、科研院所林科研究生分单位情况

单位：人

学校名称	毕业生数	招生数	在校学生数	毕业班学生数
总　　计	**8760**	**9559**	**28631**	**11732**
一、博士生	**1097**	**1395**	**6058**	**3282**
1. 高等林业院校	524	642	2928	1651
北京林业大学	217	266	1090	564
东北林业大学	150	195	924	532
南京林业大学	114	125	668	417
浙江农林大学	—	3	3	—
中南林业科技大学	43	53	243	138
2. 林业科研单位	106	119	390	158
中国林业科学研究院	106	119	390	158
3. 其他高等院校（林业学科）	467	634	2740	1473
二、硕士生	**7663**	**8164**	**22573**	**8450**
1. 高等林业院校	4624	5240	13579	5057
北京林业大学	1183	1371	3531	1287
东北林业大学	1070	1226	3219	1144
南京林业大学	939	1015	2562	981
浙江农林大学	433	483	1240	479
中南林业科技大学	578	689	1807	684
西南林业大学	421	456	1220	482
2. 林业科研单位	157	199	542	197
中国林业科学研究院	157	199	542	197
3. 其他院所（林科）	2882	2725	8452	3196
安徽农业大学	60	84	234	66
安徽师范大学	13	10	31	11
北华大学	10	16	35	10
北京大学	1	4	16	7
北京农学院	17	6	33	15
北京师范大学	8	4	17	5
东北农业大学	65	36	138	64

（续）

学校名称	毕业生数	招生数	在校学生数	毕业班学生数
东北师范大学	11	9	44	23
福建农林大学	154	68	289	140
福建师范大学	12	13	33	10
复旦大学	4	4	20	9
甘肃农业大学	35	41	124	44
广西大学	58	40	146	63
广西师范大学	13	10	35	13
广州大学	—	3	5	—
贵州大学	51	59	157	54
贵州师范大学	17	11	37	12
哈尔滨师范大学	15	14	51	21
海南大学	49	25	111	55
杭州师范大学	10	11	34	10
河北大学	14	11	31	11
河北科技大学	7	7	23	8
河北科技师范学院	—	2	4	—
河北农业大学	79	61	202	80
河北师范大学	18	15	52	20
合肥工业大学	9	3	13	9
河海大学	1	3	8	2
河南大学	15	12	37	14
河南科技大学	5	3	14	6
河南农业大学	42	41	129	54
河南师范大学	18	12	41	17
黑龙江八一农垦大学	1	2	6	1
湖北大学	1	3	11	4
湖北民族学院	4	15	21	2
湖南农业大学	20	10	56	29
湖南师范大学	10	12	41	15
华北水利水电大学	4	3	10	3
华东师范大学	17	18	55	20
华南农业大学	84	63	207	80
华南师范大学	39	44	119	36
华中科技大学	—	—	—	—
华中农业大学	107	63	249	114
华中师范大学	21	14	36	12
淮北师范大学	18	2	19	15
吉林大学	7	3	13	5
吉林农业大学	29	29	109	45
吉首大学	3	12	33	11
佳木斯大学	—	3	5	—
江苏科技大学	—	2	2	—
江苏省植物研究所	16	16	46	15
江苏师范大学	7	—	8	8
江西财经大学	5	9	15	3
江西农业大学	56	38	130	51

（续）

学校名称	毕业生数	招生数	在校学生数	毕业班学生数
江西师范大学	—	13	34	10
昆明理工大学	11	4	26	15
兰州大学	24	36	106	32
兰州交通大学	—	1	2	1
聊城大学	9	3	12	7
辽宁大学	—	7	12	—
辽宁工程技术大学	6	8	19	7
辽宁师范大学	9	2	21	9
牡丹江师范学院	—	9	14	—
南昌大学	11	11	29	8
南京大学	10	19	57	19
南京农业大学	74	105	362	155
南京师范大学	21	18	62	22
南开大学	11	10	29	10
南通大学	—	3	6	—
内蒙古大学	12	18	50	15
内蒙古科技大学	—	3	7	—
内蒙古农业大学	71	68	225	78
内蒙古师范大学	18	21	52	16
宁夏大学	4	6	15	3
齐鲁工业大学	—	1	3	—
齐齐哈尔大学	3	—	12	12
青岛农业大学	20	9	48	22
青海大学	5	6	16	7
青海师范大学	11	8	20	5
曲阜师范大学	7	—	14	8
三峡大学	—	1	3	—
厦门大学	8	3	20	9
山东大学	3	6	11	2
山东建筑大学	6	2	8	4
山东农业大学	90	68	220	91
山东师范大学	20	25	64	19
山西大学	12	19	44	12
山西农业大学	46	79	190	51
山西师范大学	14	40	69	8
陕西理工学院	5	9	27	14
陕西师范大学	17	25	59	15
上海财经大学	2	2	4	2
上海大学	—	—	2	—
上海交通大学	9	—	6	6
上海师范大学	17	19	60	20
深圳大学	5	—	2	2
沈阳农业大学	87	58	213	101
沈阳师范大学	—	3	5	—
沈阳应用生态所	5	12	25	6
石河子大学	19	17	46	12
首都师范大学	7	2	12	7
水土保持与生态环境研究中心	16	15	46	14

（续）

学校名称	毕业生数	招生数	在校学生数	毕业班学生数
四川大学	24	21	82	39
四川农业大学	101	91	340	158
四川师范大学	—	4	7	—
苏州大学	19	3	19	12
塔里木大学	—	6	10	—
天津科技大学	4	2	9	4
天津师范大学	15	13	42	14
武汉大学	2	12	26	2
武汉植物研究所	15	12	35	11
西安理工大学	3	3	8	2
西北大学	8	10	22	2
西北农林科技大学	208	201	581	194
西北师范大学	16	17	46	15
西藏大学	1	14	29	4
西华师范大学	4	22	32	5
西南大学	104	65	226	103
西南交通大学	5	—	6	5
西南科技大学	31	—	47	37
新疆农业大学	29	36	94	35
新疆师范大学	7	6	15	5
信阳师范学院	2	3	11	4
烟台大学	—	2	5	—
扬州大学	10	6	17	6
云南大学	20	17	53	18
云南农业大学	58	43	148	52
云南师范大学	4	5	13	6
长安大学	—	—	—	—
长江大学	6	1	12	8
浙江大学	28	32	100	36
郑州大学	3	6	19	3
中国科学院大学	9	26	68	20
中国科学院华南植物研究院	24	19	49	13
中国科学院昆明植物研究所	14	14	37	11
中国科学院南京土壤研究所	11	17	41	9
中国科学院上海生命科学研究院	3	56	77	1
中国科学院西北高原生物研究所	3	5	12	2
中国科学院西双版纳热带植物园	15	18	49	16
中国科学院新疆生态与地理研究所	10	8	32	12
中国农业大学	34	44	124	80
中国农业科学院研究生院	7	9	24	8
中国人民大学	4	6	11	5
中科院成都山地灾害与环境研究所	2	5	13	4
中科院成都生物研究所	5	5	15	4
中南财经政法大学	—	—	3	2
中央民族大学	12	6	24	12
仲恺农业工程学院	17	15	43	17
重庆大学	—	20	42	22
重庆师范大学	—	6	10	—

表 16-5　2013/2014 学年初普通高等林业院校和其他高等院校、科研院所林科研究生分学科情况

单位：人

学科名称	毕业生数	招生数	在校学生数	毕业班学生数
总　计	**8760**	**9559**	**28 631**	**11732**
一、博士生	**1097**	**1395**	**6058**	**3282**
1. 林业学科小计	1009	1296	5611	3036
林产化学加工工程	31	36	122	58
林木遗传育种	53	58	221	98
林业经济管理	52	60	345	227
木材科学与技术	46	71	280	148
森林保护学	44	51	209	115
森林工程	26	42	187	111
森林经理学	36	46	198	102
森林培育	79	72	380	226
水土保持与荒漠化防治	54	92	330	155
野生动植物保护与利用	27	36	164	91
园林植物与观赏园艺	43	32	215	136
生态学（森林生态学）	61	71	338	189
土壤学（森林土壤学）	2	3	15	7
植物学（森林植物学）	22	30	126	67
风景园林学	15	35	100	35
其他	418	561	2381	1271
2. 林业院校和科研单位其他学科	88	99	447	246
草学新专业	5	4	20	12
动物学	—	—	2	1
发育生物学	6	4	19	11
机械电子工程	—	2	4	—
机械工程	—	9	16	—
机械设计及理论	13	10	87	70
机械制造及其自动化	—	2	4	—
农业经济管理	22	15	72	40
生物化学与分子生物学	13	11	37	13
生物学	2	1	5	—
微生物学	5	7	31	16
细胞生物学	4	6	24	14
水生生物学	—	1	4	—
食品科学与工程	—	—	5	3
遗传学	5	7	31	16
载运工具运用工程	2	5	16	9
制浆造纸工程	6	4	29	22
思想政治教育	2	5	17	8
作物遗传育种	3	6	24	11
二、硕士	**7663**	**8164**	**22573**	**8450**
1. 林业学科小计	4736	4760	13869	5136
林产化学加工工程	93	92	277	90
林木遗传育种	122	162	472	149
林业经济管理	78	83	238	78
木材科学与技术	168	163	503	154

（续）

学科名称	毕业生数	招生数	在校学生数	毕业班学生数
森林保护学	173	198	569	179
森林工程	56	59	193	70
森林经理学	166	185	566	205
森林培育	258	281	835	290
水土保持与荒漠化防治	339	340	968	336
野生动植物保护与利用	133	146	400	126
园林植物与观赏园艺	900	352	1607	915
土壤学（森林土壤学）	26	32	98	33
植物学（森林植物学）	86	95	288	97
生态学（森林生态学）	195	195	534	179
风景园林	417	525	1162	450
其他林业学科	1526	1852	5159	1785
2. 林业院校和科研单位其他学科	2927	3404	8704	3314
材料加工工程	6	9	25	8
材料物理与化学	—	7	14	—
材料学	10	11	34	12
草学	14	12	39	14
测试计量技术及仪器	12	—	10	10
茶学	—	1	2	—
车辆工程	13	17	44	11
城乡规划学	97	44	175	89
道路与铁道工程	30	21	66	23
地图学与地理信息系统	47	41	132	45
动物学	35	25	84	34
动物遗传育种与繁殖	3	4	14	5
俄语语言文学	—	5	11	—
发酵工程	3	2	12	6
发育生物学	12	18	48	12
法学理论	4	10	25	9
法学	—	28	50	—
翻译	22	59	93	34
防灾减灾工程及防护工程	—	—	1	—
概率论与数理统计	—	5	10	—
高分子化学与物理	19	13	52	27
工程	339	630	1184	554
工商管理	—	129	247	118
工商管理	8	36	76	—
管理科学与工程	58	39	129	43
国际贸易学	13	15	35	9
国际商务	14	6	14	8
果树学	4	6	17	4
汉语言文字学	6	6	19	7
行政管理	43	37	104	31
化学工程与技术	—	11	26	—
化学工艺	16	12	39	15
环境工程	25	17	63	22

（续）

学科名称	毕业生数	招生数	在校学生数	毕业班学生数
环境科学	82	30	105	48
环境科学与工程	—	27	86	25
环境与资源保护法学	76	26	117	70
会计	23	41	75	34
会计学	26	31	69	12
机械电子工程	7	17	39	9
机械工程学科	—	10	21	—
机械设计及理论	44	21	80	40
机械制造及其自动化	29	20	77	34
技术经济及管理	5	3	11	2
计算机软件与理论	7	8	27	8
计算机系统结构	—	2	6	—
计算机应用技术	61	30	111	45
检测技术与自动化装置	15	10	25	6
建筑学	—	17	31	—
交通信息工程及控制	1	6	16	4
交通运输规划与管理	9	8	24	9
结构工程	39	28	105	50
金融学(含:保险学)	7	5	13	5
科学技术哲学	15	—	15	14
控制理论与控制工程	17	19	58	17
伦理学	13	12	38	12
旅游管理	25	16	66	29
马克思主义发展史	—	3	9	—
马克思主义基本原理	10	8	33	14
马克思主义中国化研究	20	26	77	25
美学	—	4	8	—
民商法学(含:劳动法学、社会保障法学)	—	15	25	—
模式识别与智能系统	—	5	8	—
木材科学与技术	138	131	405	122
农产品加工及贮藏工程	18	13	50	18
农业电气化与自动化	7	5	11	2
农业机械化工程	8	10	25	4
农业经济管理	21	13	47	18
农业生物环境与能源工程	5	4	16	5
农业推广	331	543	1033	490
农业资源与环境	—	7	13	—
企业管理(含:财务管理、市场营销、人力资源管理)	68	25	125	71
桥梁与隧道工程	27	15	48	16
人口、资源与环境经济学	10	8	24	7
人文地理学	—	5	9	—
软件工程	—	8	15	—

（续）

学科名称	毕业生数	招生数	在校学生数	毕业班学生数
设计学	25	98	290	86
设计艺术学	199	26	166	117
生理学	9	12	29	7
生物工程	—	4	8	—
生物化工	11	9	27	8
生物化学与分子生物学	47	55	160	49
生物物理学	15	17	52	15
生物学	—	3	3	—
生药学	20	16	50	17
食品科学	5	8	35	22
食品科学与工程	12	23	53	5
市政工程	—	1	2	—
蔬菜学	—	1	3	—
数学学科	—	5	5	—
水产品加工及贮藏工程	—	—	5	5
水生生物学	12	8	28	12
水土保持与荒漠化防治	130	116	334	117
思想政治教育	34	31	101	42
特种经济动物饲养(含:蚕、蜂等)	5	7	18	4
统计学	11	14	38	12
土木工程	—	40	72	—
外国语言学及应用语言学	39	21	80	33
微生物学	41	42	130	36
细胞生物学	24	20	65	26
宪法学与行政法学	—	14	24	—
心理学	—	12	26	—
岩土工程	12	11	33	11
药物化学	10	4	14	6
仪器科学与技术	—	8	16	—
遗传学	17	19	70	26
艺术	63	97	218	83
英语语言文学	37	19	69	26
应用化学	17	13	43	15
应用数学	15	6	24	11
应用统计	12	6	15	9
应用心理学	13	—	14	14
有机化学	—	6	10	—
载运工具运用工程	24	28	81	26
哲学	—	10	24	—
植物营养学	9	12	37	14
制浆造纸工程	32	28	85	30
资产评估	4	10	19	9
自然地理学	6	13	38	6

表 16-6　2013/2014 学年初普通高等林业院校和其他高等院校林科分学校学生情况

单位:人

专业名称	毕业生数	招生数	在校学生数	毕业班学生数
总　计	**30 030**	**38 189**	**145 921**	**34 707**
一、普通高等林业院校	**22 761**	**27 402**	**105 435**	**25 231**
北京林业大学	3195	3441	13 282	3294
东北林业大学	4722	4676	18 846	4502
南京林业大学	3669	4047	16 179	3958
浙江农林大学	3318	3500	14 013	3455
中南林业科技大学	4999	5890	22 968	5537
西南林业大学	2858	4372	15 780	3674
南京森林警察学院	—	1476	4367	811
二、其他高等院校(林科)	**7269**	**10 787**	**40 486**	**9476**

表 16-7　2013/2014 学年初普通高等林业院校和其他高等院校林科分专业学生情况

单位:人

专业名称	毕业生数	招生数	在校学生数	毕业班学生数
	计	计	计	计
总　计	**30 030**	**38 189**	**145 921**	**34 707**
一、林科专业	**10 808**	**15 012**	**56 456**	**13 081**
1. 林业工程类	2451	2870	10 947	2693
森林工程	353	333	1461	432
木材科学与工程	1501	1771	6570	1620
林产化工	377	595	1977	397
林业工程类新专业	220	171	939	244
2. 森林资源类	894	1236	4280	1026
森林保护	427	772	2248	515
森林资源保护与游憩	138	—	492	192
野生动物与自然保护区管理	293	374	1361	319
森林资源类新专业	36	90	179	—
3. 环境生态类	2726	6111	20 035	3938
园林	1400	4497	13 677	2405
水土保持与荒漠化防治	946	1013	4093	984
风景园林	344	521	1902	467
环境生态类新专业	36	80	363	82
4. 农林经济管理类	4737	4795	21 194	5424
农林经济管理	4737	4795	21 194	5424
二、林业院校非林科专业	**19 222**	**23 177**	**89 465**	**21 626**
安全工程	26	—	—	—
包装工程	166	209	746	171
保险学	45	59	169	32
材料成型及控制工程	54	87	244	46
材料化学	131	167	637	154
财务管理	54	83	495	118
草业科学	51	58	246	51
测绘工程	158	212	735	149
测控技术与仪器	57	58	199	46
茶学	—	29	29	—

（续）

专业名称	毕业生数	招生数	在校学生数	毕业班学生数
	计	计	计	计
产品设计	94	247	580	111
朝鲜语	22	28	111	26
车辆工程	319	342	1430	350
城市地下空间工程	—	59	59	—
城市管理	57	—	157	62
城乡规划	255	255	1224	245
地理科学	—	50	50	—
地理信息科学	202	261	1049	246
电气工程及其自动化	192	192	889	244
电子科学与技术	30	55	164	28
电子商务	112	115	411	113
电子信息工程	424	339	1514	404
电子信息科学与技术	57	129	360	55
电子信息类专业	—	238	238	—
动画	98	90	582	170
动物科学	60	139	449	111
动物医学	54	96	271	41
俄语	100	80	300	67
法学	396	398	1580	368
法语	41	76	365	113
服装与服饰设计	44	—	139	47
高分子材料与工程	264	258	1044	260
给排水科学与工程	57	137	447	55
公安管理学	—	159	159	—
公安学类专业	—	403	968	130
工程管理	281	278	1144	280
工程力学	24	49	129	—
公共管理类专业	—	68	70	—
公共事业管理	147	155	687	173
公共艺术	—	21	21	—
工商管理	364	269	1254	325
工商管理类专业	—	249	249	—
工业工程	58	92	326	74
工业设计	479	318	1646	414
广播电视学	28	37	146	27
广告学	224	188	921	228
国际经济与贸易	371	610	2303	515
国际商务	50	77	257	50
过程装备与控制工程	56	55	194	50
汉语国际教育	—	45	45	—
汉语言	25	—	106	31
汉语言文学	121	186	633	150
行政管理	49	46	182	41
化学	41	62	194	44
化学工程与工艺	283	204	890	254

（续）

专业名称	毕业生数	招生数	在校学生数	毕业班学生数
	计	计	计	计
化学生物学	—	38	72	—
环境工程	236	290	1067	269
环境科学	219	233	753	181
环境科学新专业	34	61	212	49
环境设计	599	708	2735	688
会计学	1089	854	4479	1237
机械电子工程	114	224	719	136
机械类专业	—	170	170	—
机械设计制造及其自动化	827	592	3232	1054
计算机科学与技术	656	651	2296	497
建筑环境与能源应用工程	83	61	282	60
建筑学	47	158	785	114
交通工程	76	108	372	92
交通运输	288	246	1064	270
教育技术学	—	89	184	—
金融工程	—	67	67	—
金融学	261	316	1333	358
经济统计学	50	59	227	59
经济学	39	74	292	68
警务指挥与战术	—	70	70	—
酒店管理	—	60	60	—
科学教育	—	—	62	—
粮食工程	—	34	34	—
旅游管理	445	446	1829	458
能源与动力工程	149	194	688	148
农村区域发展	34	43	165	45
农学	57	98	427	94
农业机械化及其自动化	43	—	125	44
农业资源与环境	59	73	276	72
汽车服务工程	71	169	452	54
轻化工程	181	180	751	201
人力资源管理	130	117	577	150
人文地理与城乡规划	97	101	397	97
人文教育	—	—	26	—
日语	235	199	842	239
软件工程	105	142	490	96
商务英语	—	50	153	—
社会工作	84	90	330	85
社会体育指导与管理	28	29	121	32
设计学类专业	—	297	297	—
摄影	39	—	142	49
生态学	65	111	446	121
生物工程	138	124	537	128
生物技术	285	354	1297	269
生物科学	150	84	570	185
生物科学类专业	—	150	150	—

（续）

专业名称	毕业生数	招生数	在校学生数	毕业班学生数
	计	计	计	计
生物制药	—	36	36	—
食品科学与工程	350	404	1508	345
食品质量与安全	97	94	365	40
市场营销	301	297	1207	278
视觉传达设计	155	258	759	163
数学与应用数学	108	116	417	91
数字媒体艺术	113	32	365	115
泰语	—	51	137	—
体育教育	45	51	199	57
通信工程	168	182	719	159
统计学	74	30	252	69
统计学类专业	—	34	34	—
土地资源管理	21	131	288	—
土木工程	877	873	4383	1348
网络工程	—	34	124	31
文化产业管理	56	58	233	63
物理学	44	64	167	33
物流工程	200	223	756	144
物流管理	108	203	606	148
物业管理	112	59	308	117
消防工程	32	59	205	47
心理学	85	—	69	69
信息工程	—	48	140	—
信息管理与信息系统	318	324	1189	272
信息与计算科学	255	271	1017	240
野生动物与自然保护区管理	146	141	565	125
艺术设计学	321	—	1084	386
音乐表演	46	48	211	43
印刷工程	58	47	224	52
英语	626	568	2349	661
应用化学	141	207	664	161
应用生物科学	—	46	125	—
应用统计学	—	35	35	—
应用物理学	25	40	63	—
应用心理学	—	80	226	—
园艺	236	250	1019	274
越南语	—	41	73	—
侦查学	—	459	1695	402
政治学与行政学	54	58	215	58
植物保护	88	89	408	96
治安学	—	385	1475	279
中药学	57	—	129	66
种子科学与工程	—	29	57	—
专科起点本科	329	—	679	409
自动化	238	294	1135	285
自然地理与资源环境	104	97	459	132

表 16-8 2013/2014 学年初高等职业林业院校教职工情况

单位:人

学校名称	教职工数											另有其他人员						
	合计	校本部教职工										科研机构人员	校办企业职工	其他附设机构人员	聘请校外教师	离退休人员	附属中小学幼儿园教职工	集体所有制人员
		计	专任教师						行政人员	教辅人员	工勤人员							
			计	正高级	副高级	中级	初级	无职称者										
合　计	**6006**	**5929**	**4166**	**199**	**1007**	**1551**	**1080**	**329**	**716**	**514**	**533**	**1**	**13**	**63**	**1661**	**2034**	**—**	**—**
山西林业职业技术学院	313	292	219	4	44	73	71	27	31	19	23	—	—	21	116	72	—	—
辽宁林业职业技术学院	509	509	283	28	60	94	63	38	107	22	97	—	—	—	69	207	—	—
黑龙江林业职业技术学院	642	637	292	44	84	83	63	18	169	87	89	—	—	5	188	492	—	—
黑龙江生态工程职业学院	500	500	239	27	73	107	27	5	77	90	94	—	—	—	175	210	—	—
安徽林业职业技术学院	130	130	96	2	27	36	31	—	9	8	17	—	—	—	90	62	—	—
福建林业职业技术学院	413	399	326	2	74	77	120	53	22	39	12	1	13	—	161	83	—	—
江西环境工程职业学院	673	665	462	22	84	169	175	12	53	67	83	—	—	8	151	107	—	—
湖南环境生物职业技术学院	932	932	753	35	235	360	123	—	82	76	21	—	—	—	180	323	—	—
湖北生态工程职业技术学院	521	521	386	5	52	97	159	73	73	35	27	—	—	—	210	87	—	—
广西生态工程职业技术学院	383	354	258	13	68	108	32	37	54	17	25	—	—	29	110	227	—	—
云南林业职业技术学院	541	541	472	4	98	200	135	35	24	16	29	—	—	—	95	108	—	—
甘肃林业职业技术学院	449	449	380	13	108	147	81	31	15	38	16	—	—	—	116	56	—	—

表 16-9 2013/2014 学年高等林业职业教育及普通专科分学校基本情况

单位:人

学校名称	毕业生数	招生数	在校学生数	毕业班学生数
总　计	**36 190**	**39 035**	**116 059**	**38 244**
(一)普通林业学校专科	**1394**	**582**	**2716**	**1288**
中南林业科技大学	733	582	2066	775
南京森林警察学院	661	—	650	513
(二)高等林业职业学校	**22 884**	**26 331**	**76 172**	**24 524**
山西林业职业技术学院	1705	1709	5430	1652
辽宁林业职业技术学院	1464	1915	5661	1599
黑龙江林业职业技术学院	1912	2054	6383	2000
黑龙江生态工程职业学院	1690	2040	5143	1791
河南林业职业学院	—	113	113	—
安徽林业职业技术学院	1049	1051	3090	1069
福建林业职业技术学院	1601	2333	6286	1761
江西环境工程职业学院	2009	1820	6007	2072
湖北生态工程职业技术学院	2045	3629	8740	2420
湖南环境生物职业技术学院	2857	2768	8531	2979
广西生态工程职业技术学院	1922	2132	5526	1972
云南林业职业技术学院	1959	1825	6157	2166
甘肃林业职业技术学院	2671	2739	8483	2833
宁夏防沙治沙职业技术学院	—	203	622	210

（续）

学校名称	毕业生数	招生数	在校学生数	毕业班学生数
（三）其他高等学校（林科）	**11 912**	**12 122**	**37 171**	**12 432**
北京农学院	56	57	170	58
北京联合大学	13	11	34	13
北京城市学院	22	21	74	26
北京农业职业学院	38	70	152	39
天津农学院	107	69	200	61
天津滨海职业学院	26	57	144	42
河北农业大学	120	—	357	182
河北北方学院	66	58	157	66
衡水学院	27	46	85	39
沧州师范学院	56	12	36	22
河北科技师范学院	62	—	54	54
河北政法职业学院	140	76	225	95
沧州职业技术学院	50	136	330	74
保定职业技术学院	75	40	164	70
石家庄工程职业学院	—	102	181	—
唐山职业技术学院	131	163	425	158
衡水职业技术学院	32	39	193	76
河北旅游职业学院	84	102	338	83
河北美术学院	—	29	45	—
廊坊职业技术学院	50	94	197	27
河北女子职业技术学院	—	—	20	20
廊坊东方职业技术学院	57	10	35	18
宣化科技职业学院	—	3	3	—
吕梁学院	37	137	342	46
太原学院	—	30	74	20
长治职业技术学院	43	17	57	24
山西运城农业职业技术学院	53	—	—	—
内蒙古农业大学	24	35	95	29
锡林郭勒职业学院	—	17	35	—
乌兰察布职业学院	85	63	163	28
辽宁农业职业技术学院	127	144	460	154
沈阳大学	31	—	30	30
阜新高等专科学校	23	20	80	27
辽东学院	75	24	127	68
辽宁职业学院	46	79	157	37
辽宁水利职业学院	43	49	138	50
长春科技学院	26	19	64	17
松原职业技术学院	7	—	16	11
伊春职业学院	52	120	275	30
黑龙江职业学院	25	45	90	24
黑龙江建筑职业技术学院	56	74	184	54
黑龙江农业职业技术学院	24	7	38	18

（续）

学校名称	毕业生数	招生数	在校学生数	毕业班学生数
黑龙江农业工程职业学院	57	36	131	57
齐齐哈尔工程学院	16	17	17	—
大兴安岭职业学院	35	27	98	23
黑龙江农业经济职业学院	66	29	90	36
黑龙江生物科技职业学院	74	25	82	33
黑龙江农垦科技职业学院	—	22	36	—
黑龙江民族职业学院	—	3	3	—
上海城市管理职业技术学院	105	115	354	122
上海农林职业技术学院	116	121	336	122
连云港职业技术学院	—	83	138	—
三江学院	18	—	—	—
扬州市职业大学	—	76	76	—
硅湖职业技术学院	8	27	51	12
江苏联合职业技术学院	300	—	458	274
扬州环境资源职业技术学院	72	—	68	68
南通农业职业技术学院	83	141	372	114
江苏农牧科技职业学院	58	56	275	90
苏州农业职业技术学院	132	156	594	212
江苏农林职业技术学院	431	485	1405	331
无锡城市职业技术学院	31	—	73	44
江苏城市职业学院	32	60	194	79
南京旅游职业学院	23	26	65	23
徐州生物工程职业技术学院	—	21	53	—
丽水学院	39	—	—	—
金华职业技术学院	41	189	519	176
宁波城市职业技术学院	45	147	385	92
嘉兴职业技术学院	150	147	436	143
丽水职业技术学院	116	91	342	100
台州科技职业学院	41	45	125	36
温州科技职业学院	173	182	562	184
芜湖职业技术学院	56	54	164	53
宿州职业技术学院	97	81	198	78
六安职业技术学院	51	137	358	70
合肥职业技术学院	36	17	94	53
滁州职业技术学院	78	39	152	64
池州职业技术学院	146	82	384	159
宣城职业技术学院	73	74	199	78
安徽城市管理职业学院	86	142	379	111
安庆职业技术学院	122	157	342	94
黄山职业技术学院	—	21	52	—
漳州职业技术学院	56	73	243	69
闽西职业技术学院	48	32	131	53
福建农业职业技术学院	290	116	549	177

（续）

学校名称	毕业生数	招生数	在校学生数	毕业班学生数
福州黎明职业技术学院	50	38	84	26
宁德职业技术学院	28	15	51	14
漳州城市职业学院	53	46	138	41
武夷山职业学院	14	2	54	40
江西农业大学	33	—	36	36
景德镇学院	52	45	142	59
江西科技师范大学	99	—	104	104
南昌工程学院	26	—	—	—
江西渝州科技职业学院	—	—	—	—
南昌工学院	30	15	50	28
江西生物科技职业学院	114	100	241	64
临沂大学	21	51	80	12
济宁职业技术学院	25	9	64	31
潍坊职业学院	76	67	155	55
东营职业学院	24	31	91	32
聊城职业技术学院	25	15	38	9
滨州职业学院	30	36	86	20
潍坊科技学院	50	37	139	52
山东英才学院	20	22	50	16
山东大王职业学院	1	8	10	—
淄博职业学院	27	8	41	10
青岛求实职业技术学院	21	24	84	33
山东现代职业学院	20	12	57	19
泰山职业技术学院	38	35	70	21
枣庄职业学院	—	13	21	—
潍坊工程职业学院	—	5	10	—
山东农业工程学院	65	100	196	43
河南科技大学	64	—	356	291
河南农业大学	—	60	221	62
河南科技学院	44	99	256	87
三门峡职业技术学院	78	47	153	60
新乡学院	119	32	188	77
信阳农林学院	197	72	342	170
濮阳职业技术学院	78	26	148	84
许昌职业技术学院	51	49	180	64
商丘职业技术学院	133	71	267	90
河南农业职业学院	260	313	977	345
商丘学院	—	36	68	—
许昌陶瓷职业学院	—	—	3	—
长江大学	22	—	—	—
黄冈职业技术学院	39	112	259	65
江汉大学	16	—	23	—
荆楚理工学院	86	68	170	47

（续）

学校名称	毕业生数	招生数	在校学生数	毕业班学生数
武昌理工学院	—	—	—	—
恩施职业技术学院	32	2	35	21
武汉生物工程学院	236	180	519	199
武汉工贸职业学院	—	—	45	32
荆州职业技术学院	31	36	137	40
仙桃职业学院	25	93	152	25
武汉软件工程职业学院	36	—	134	56
湖北三峡职业技术学院	31	63	174	58
湖北生物科技职业学院	114	111	363	133
咸宁职业技术学院	73	86	207	72
武汉民政职业学院	66	24	131	67
三峡旅游职业技术学院	23	19	133	84
永州职业技术学院	28	51	92	33
湖南生物机电职业技术学院	225	280	698	213
娄底职业技术学院	52	83	291	73
长沙职业技术学院	19	20	54	19
岳阳职业技术学院	40	59	155	43
常德职业技术学院	46	30	112	30
湘西民族职业技术学院	10	9	24	—
湖南同德职业学院	—	95	235	53
湖南都市职业学院	—	17	37	—
韶关学院	22	—	—	—
嘉应学院	24	—	—	—
顺德职业技术学院	81	87	198	81
深圳职业技术学院	127	161	436	117
私立华联学院	47	89	226	39
广东农工商职业技术学院	51	157	484	163
阳江职业技术学院	66	84	213	61
河源职业技术学院	—	45	147	51
广州城市职业学院	—	57	202	51
东莞职业技术学院	—	81	224	69
玉林师范学院	29	—	13	13
桂林师范高等专科学校	—	27	50	—
贺州学院	12	—	21	13
广西交通职业技术学院	—	85	148	—
广西农业职业技术学院	133	76	285	83
广西城市职业学院	25	38	106	27
广西英华国际职业学院	9	2	48	26
广西工程职业学院	—	11	19	—
海南职业技术学院	76	101	211	59
琼台师范高等专科学校	23	79	173	47
重庆三峡职业学院	320	327	955	296
重庆工贸职业技术学院	114	109	360	157

（续）

学校名称	毕业生数	招生数	在校学生数	毕业班学生数
重庆城市管理职业学院	164	139	486	168
重庆旅游职业学院	—	40	166	71
西南科技大学	54	41	112	29
四川农业大学	168	—	—	—
西昌学院	34	38	132	22
西华师范大学	64	46	146	39
绵阳师范学院	—	26	71	22
南充职业技术学院	95	33	196	87
内江职业技术学院	45	58	158	52
成都农业科技职业学院	177	122	413	153
广安职业技术学院	25	61	115	23
铜仁学院	28	—	—	—
安顺职业技术学院	19	17	65	17
黔东南民族职业技术学院	18	—	44	20
黔南民族职业技术学院	28	5	30	7
黔西南民族职业技术学院	13	14	97	46
贵阳职业技术学院	102	59	281	115
普洱学院	33	23	95	36
昆明学院	36	—	67	39
云南农业职业技术学院	138	74	473	245
西双版纳职业技术学院	17	31	89	32
玉溪农业职业技术学院	137	70	284	128
云南热带作物职业学院	100	38	173	70
云南国防工业职业技术学院	59	38	145	61
大理农林职业技术学院	—	71	83	—
西藏大学农牧学院	76	35	148	78
西藏职业技术学院	100	100	261	57
杨凌职业技术学院	30	333	860	242
榆林学院	23	—	19	19
安康学院	22	29	69	12
西安东方亚太职业技术学院	16	—	—	—
咸阳职业技术学院	66	35	123	45
西安职业技术学院	11	—	40	9
汉中职业技术学院	21	31	51	12
延安职业技术学院	15	—	14	—
河西学院	35	—	44	44
兰州职业技术学院	—	190	271	35
甘肃农业职业技术学院	43	61	215	102
青海畜牧兽医职业技术学院	21	70	138	36
宁夏职业技术学院	39	67	183	73
伊犁职业技术学院	14	27	65	5
巴音郭楞职业技术学院	35	41	96	29
新疆应用职业技术学院	26	39	76	21

表 16-10　2013/2014 学年高等林业(生态)职业技术学院和其他高等职业学院林科分专业基本情况

单位:人

专业名称	毕业生数	招生数	在校学生数	毕业班学生数
总　计	**36190**	**39035**	**116059**	**38244**
(一)林科专业	**17469**	**18165**	**54888**	**18145**
城市园林	670	1293	3174	740
高尔夫场地管理	43	96	225	50
家具卖场设计与管理	45	161	367	99
经济林培育与利用	75	24	84	29
林产化工技术	75	—	21	21
林业技术	1519	1603	5003	1720
林业技术类专业	151	—	13	13
林业信息技术	—	29	112	46
木材工业机械应用技术	66	29	100	24
木材加工技术	195	114	434	175
人造板自动化生产技术	—	—	78	44
森林防火指挥与通讯	—	58	96	—
森林工程技术	—	16	24	8
森林生态旅游	457	229	893	339
森林资源保护	190	250	740	235
商品花卉	530	544	1679	497
野生动物保护	—	13	58	20
野生植物资源开发与利用	104	106	476	235
园林技术	13182	13412	40888	13760
园林建筑	167	166	311	45
自然保护区建设与管理	—	22	112	45
(二)非林科专业	**18 721**	**20 870**	**61 171**	**20 099**
包装技术与设计	54	56	112	18
财务管理	71	147	257	35
茶艺	—	20	49	—
城镇规划	150	147	475	212
畜牧兽医	76	60	168	66
传媒策划与管理	—	38	38	—
导游	25	38	110	40
道路桥梁工程技术	412	432	1397	505
地理信息系统与地图制图技术	159	111	390	149
电脑艺术设计	83	77	291	114
电气自动化技术	16	57	128	21
电子商务	252	281	777	236
雕刻艺术与家具设计	92	66	228	46
动漫设计与制作	37	110	296	118
都市园艺	—	15	15	—
房地产经营与估价	42	15	66	37
防沙治沙工程	—	20	86	35

（续）

专业名称	毕业生数	招生数	在校学生数	毕业班学生数
服装设计	30	11	51	22
给排水工程技术	81	32	143	68
工程测量技术	282	310	918	264
工程测量与监理	45	169	366	52
工程机械运用与维护	—	—	24	15
工程监理	330	223	783	364
工程造价	650	1110	2782	780
工商企业管理	19	40	82	18
工业分析与检验	—	22	22	—
工业设计	—	11	11	—
广告设计与制作	54	139	354	104
广告与会展	5	16	39	7
国际贸易实务	9	—	13	—
国际商务	71	39	222	85
焊接技术及自动化	20	19	56	14
护理	1370	1379	4515	1541
环境工程技术	38	73	134	42
环境监测与评价	204	145	548	214
环境监测与治理技术	248	222	693	227
环境艺术设计	530	430	1462	521
会计	788	862	2078	656
会计电算化	1193	1376	4118	1178
会计与审计	319	409	1226	394
会展策划与管理	45	51	159	48
机电一体化技术	205	579	1343	398
机械制造与自动化	58	91	311	98
计算机多媒体技术	20	14	33	7
计算机网络技术	436	222	931	443
计算机系统维护	28	5	34	20
计算机信息管理	99	91	264	89
计算机应用技术	392	342	974	276
家具设计与制造	207	327	1070	337
家政服务	62	40	191	43
建筑工程管理	—	79	125	—
建筑工程技术	1340	2147	5363	1613
建筑设计类专业	—	—	20	—
建筑装饰工程技术	140	80	317	89
金融与证券	41	150	340	82
经济管理	79	123	359	132
景观设计	—	116	183	5
景区开发与管理	32	27	80	26
酒店管理	692	522	1575	541
口腔医学技术	—	58	58	—

（续）

专业名称	毕业生数	招生数	在校学生数	毕业班学生数
连锁经营管理	10	21	115	50
楼宇智能化工程技术	—	27	97	35
旅游管理	186	138	737	364
旅游英语	30	27	89	26
绿色食品生产与检验	—	40	88	—
模具设计与制造	37	40	107	17
葡萄与葡萄酒工程	—	81	81	—
汽车电子技术	71	81	243	73
汽车技术服务与营销	152	258	645	189
汽车检测与维修技术	86	232	521	113
汽车运用技术	107	90	325	81
汽车运用与维修	—	41	41	—
汽车制造与装配技术	—	45	45	—
软件技术	79	87	262	88
商务管理	22	—	69	37
商务英语	197	58	240	108
社区管理与服务	—	48	48	—
设施农业技术	—	11	86	51
涉外护理	168	71	304	155
涉外旅游	10	2	10	6
生物技术及应用	173	164	635	294
生物制药技术	174	71	264	90
食品加工技术	—	8	8	—
食品生物技术	28	5	33	18
食品营养与检测	197	157	515	170
市场开发与营销	62	78	201	75
市场营销	338	372	1050	325
视觉传达艺术设计	30	19	77	13
室内检测与控制技术	13	4	29	25
室内设计技术	1376	1498	4455	1583
市政工程技术	73	29	208	94
数控技术	72	57	250	72
数控设备应用与维护	43	28	97	42
水利工程	—	70	240	72
通信技术	—	57	240	—
投资与理财	78	45	171	96
图形图像制作	165	160	476	154
微电子技术	—	18	18	—
文秘	141	70	300	127
物联网应用技术	—	36	83	—
物流管理	426	459	1409	459
物业管理	14	6	18	11
西餐工艺	—	42	42	—

（续）

专业名称	毕业生数	招生数	在校学生数	毕业班学生数
新闻采编与制作	8	16	62	17
新闻与传播	17	—	14	11
休闲服务与管理	—	16	20	—
学前教育	65	225	586	130
药学	213	181	571	218
医学检验技术	133	124	416	132
医药营销	—	18	26	—
艺术设计	131	158	378	110
印刷图文信息处理	—	—	—	—
营销与策划	107	131	407	141
影视动画	33	31	65	16
应用电子技术	74	85	331	123
应用俄语	32	5	27	12
应用化工技术	—	16	132	58
应用日语	13	—	—	—
应用英语	17	—	—	—
园艺技术	415	411	1256	409
侦查	280	—	180	180
治安管理	381	—	470	333
中草药栽培技术	—	25	50	—
中药	74	53	181	76
中药制药技术	31	16	87	43
助产	177	175	542	203
装潢艺术设计	82	52	159	64
装饰艺术设计	28	274	296	19
资产评估与管理	93	62	272	123
资源环境与城市管理	128	154	418	123

表 16-11　2013/2014 学年初主要涉林高等院校及科研单位分学科专业学生统计表

单位名称	分学科、专业学生数	毕业生数	招生数	在校学生数	毕业班学生数
北京林业大学	**学生总数**	**4595**	**5078**	**17 903**	**5145**
	其中：林业学科、专业学生	1632	1685	5967	1996
	占学生总数的比例	35.52%	33.18%	33.33%	38.79%
	一、研究生合计	**1400**	**1637**	**4621**	**1851**
	（一）博士小计	217	266	1090	564
	1. 林业学科	175	228	941	483
	林产化学加工工程	9	8	30	10
	林木遗传育种	15	14	55	25
	林业经济管理	17	22	128	81
	木材科学与技术	7	22	69	28
	森林保护学	6	9	37	18
	森林工程	9	17	58	27
	森林经理学	10	9	57	34
	森林培育	18	16	67	37

（续）

单位名称	分学科、专业学生数	毕业生数	招生数	在校学生数	毕业班学生数
	水土保持与荒漠化防治	30	35	143	70
	土壤学	2	3	15	7
	野生动植物保护与利用	12	15	70	41
	园林植物与观赏园艺	12	15	65	33
	植物学	8	17	65	35
	林业经济管理	13	14	43	19
	生态学学科	7	12	39	18
	2. 其他学科	42	38	149	81
	（二）硕士小计	1183	1371	3531	1287
	1. 林业学科	567	687	1669	606
	林产化学加工工程	19	28	65	14
	林木遗传育种	24	23	67	24
	林业经济管理	10	11	30	9
	木材科学与技术	38	38	111	32
	森林保护学	23	29	73	20
	森林工程	7	9	24	8
	森林经理学	27	22	70	27
	森林培育	33	28	85	30
	水土保持与荒漠化防治	64	69	184	60
	土壤学	6	11	28	9
	野生动植物保护与利用	37	44	129	43
	园林植物与观赏园艺	62	47	161	65
	植物学	15	24	72	25
	生态学	28	29	79	24
	林业（专业学位）	34	73	133	60
	风景园林（专业学位）	79	112	196	84
	林业工程（专业学位）	61	90	162	72
	2. 其他学科	616	684	1862	681
	二、本专科生合计	**3195**	**3441**	**13 282**	**3294**
	1. 林科专业	890	770	3357	907
	风景园林	139	133	578	156
	林产化工	83	89	323	79
	木材科学与工程	139	174	614	141
	农林经济管理	77	51	305	84
	森林资源保护与游憩	25	—	52	28
	水土保持与荒漠化防治	94	103	395	100
	野生动物与自然保护区管理	28	45	138	26
	园林	201	175	739	183
	林学	104	—	213	110
	2. 其他专业	2305	2671	9925	2387
东北林业大学	**学生总数**	**5942**	**6097**	**22 989**	**6178**
	其中：林业学科、专业学生	1350	1416	5474	1589
	占学生总数的比例	22.72%	23.22%	23.81%	25.72%
	一、研究生合计	**1220**	**1421**	**4143**	**1676**
	（一）博士小计	150	195	924	532
	1. 林业学科	113	137	666	387

（续）

单位名称	分学科、专业学生数	毕业生数	招生数	在校学生数	毕业班学生数
	林产化学加工工程	4	5	29	20
	林木遗传育种	8	14	47	21
	林学学科	9	12	58	34
	林业工程学科	12	18	89	51
	林业经济管理	13	11	76	58
	木材科学与技术	14	15	66	33
	森林保护学	14	9	39	22
	森林工程	8	8	45	28
	森林经理学	4	5	26	15
	森林培育	—	4	26	14
	水土保持与荒漠化防治	1	7	27	14
	野生动植物保护与利用	10	12	57	33
	园林植物与观赏园艺	1	3	14	9
	植物学	10	10	35	15
	生态学	5	4	32	20
	2. 其他学科	37	58	258	145
	（二）硕士小计	1070	1226	3219	1144
	1. 林业学科	387	430	1213	382
	林产化学加工工程	9	11	32	10
	林木遗传育种	12	30	82	19
	林学学科	31	32	84	24
	林业工程学科	23	16	46	14
	林业经济管理	7	8	17	2
	木材科学与技术	19	29	83	24
	森林保护学	15	28	63	15
	森林工程	13	22	55	13
	森林经理学	22	19	58	20
	森林培育	6	13	34	7
	水土保持与荒漠化防治	12	12	37	14
	野生动植物保护与利用	16	18	45	8
	园林植物与观赏园艺	28	20	63	23
	土壤学	1	4	13	4
	植物学	13	20	59	19
	生态学	28	20	50	13
	林业（专业学位）	19	27	44	17
	农业推广（林业，专业学位）	88	71	254	96
	工程（林业工程，专业学位）	13	8	43	11
	风景园林（专业学位）	12	22	51	29
	2. 其他学科	683	796	2006	762
	二、本专科生合计	**4722**	**4676**	**18 846**	**4502**
	本科小计	4722	4676	18 846	4502
	1. 林科专业	850	849	3595	820
	风景园林	71	104	447	123
	林产化工	51	59	201	47
	木材科学与工程	145	109	523	140
	农林经济管理	85	59	284	72

（续）

单位名称	分学科、专业学生数	毕业生数	招生数	在校学生数	毕业班学生数
南京林业大学	森林保护	49	53	214	46
	森林工程	108	93	383	96
	野生动物与自然保护区管理	87	65	291	62
	风景园林	28	87	264	27
	农林经济管理	26	94	311	27
	林学	110	62	327	89
	园林	90	64	350	91
	2. 其他专业	3872	3827	15251	3682
	学生总数	**4722**	**5187**	**19 409**	**5356**
	其中:林业学科、专业学生	987	1163	4250	1314
	占学生总数的比例	20.90%	22.42%	21.90%	24.53%
	一、研究生合计	**1053**	**1140**	**3230**	**1398**
	(一)博士小计	114	125	668	417
	1. 林业学科	87	90	489	315
	林产化学加工工程	7	11	36	15
	林木遗传育种	8	9	34	18
	林学学科	—	1	3	2
	林业工程学科	7	8	44	28
	林业经济管理	12	10	69	48
	木材科学与技术	12	10	61	43
	森林保护学	7	4	35	28
	森林工程	4	9	46	32
	森林经理学	—	3	22	17
	森林培育	14	7	40	23
	水土保持与荒漠化防治	3	6	30	16
	野生动植物保护与利用	2	2	5	2
	园林植物与观赏园艺	7	4	31	23
	植物学	4	6	33	20
	2. 其他学科	27	35	179	102
	(二)硕士小计	939	1015	2562	981
	1. 林业学科	362	342	899	326
	林产化学加工工程	16	17	50	16
	林木遗传育种	11	19	53	13
	林学学科	—	1	5	3
	林业工程学科	23	22	71	26
	林业经济管理	10	11	30	8
	木材科学与技术	41	34	102	32
	森林保护学	18	21	59	18
	森林工程	8	5	25	11
	森林经理学	10	13	37	14
	森林培育	21	27	70	20
	水土保持与荒漠化防治	14	14	42	14
	野生动植物保护与利用	1	3	6	2
	园林植物与观赏园艺	30	20	63	23
	土壤学	5	—	6	6
	植物学	29	24	74	26

（续）

单位名称	分学科、专业学生数	毕业生数	招生数	在校学生数	毕业班学生数
	生态学	3	—	5	4
	林业(专业学位)	32	40	67	27
	风景园林(专业学位)	90	71	134	63
	2. 其他学科	577	673	1663	655
	二、本专科生合计	**3669**	**4047**	**16 179**	**3958**
	(一)本科小计	3669	4047	16 179	3958
	1. 林科专业	538	731	2862	673
	风景园林	166	177	729	170
	林产化工	32	50	168	26
	农林经济管理	31	55	167	31
	森林保护	—	21	21	—
	森林工程	25	20	93	27
	木材科学与工程	57	155	557	137
	林学	144	169	662	176
	园林	83	84	465	106
	2. 其他专业	3131	3316	13317	3285
中南林业科技大学	**学生总数**	**6353**	**7214**	**27 084**	**7134**
	其中:林业学科、专业学生	818	971	3307	837
	占学生总数的比例	12.88%	13.46%	12.21%	11.73%
	一、研究生合计	621	742	2050	822
	(一)博士小计	43	53	243	138
	1. 林业学科	32	41	160	87
	林产化学加工工程	1	2	4	—
	林木遗传育种	7	4	25	16
	林业工程学科	2	7	23	9
	木材科学与技术	4	8	28	16
	森林保护学	1	4	8	3
	森林工程	8	12	40	17
	森林经理学	—	3	6	2
	森林培育	5	1	13	11
	水土保持与荒漠化防治	—	—	1	1
	野生动植物保护与利用	1	—	7	7
	园林植物与观赏园艺	3	—	5	5
	2. 其他学科	11	12	83	51
	(二)硕士小计	578	689	1807	684
	1. 林业学科	184	160	500	195
	林产化学加工工程	11	—	8	5
	林木遗传育种	—	3	4	—
	林业(专业学位)	12	7	17	10
	林业工程学科	12	29	49	11
	林业经济管理	4	2	9	3
	木材科学与技术	12	—	24	13
	森林保护学	25	28	89	27
	森林工程	8	—	18	12
	森林经理学	4	23	61	16
	森林培育	25	32	89	32

（续）

单位名称	分学科、专业学生数	毕业生数	招生数	在校学生数	毕业班学生数
	水土保持与荒漠化防治	24	9	26	10
	野生动植物保护与利用	20	2	8	4
	园林植物与观赏园艺	22	10	63	42
	植物学	5	8	21	5
	生态学	—	7	14	5
	2. 其他学科	394	529	1307	489
	二、本专科生合计	**5732**	**6472**	**25 034**	**6312**
	（一）本科小计	4999	5890	22 968	5537
	1. 林科专业	566	709	2498	533
	风景园林	—	112	112	—
	林产化工	37	52	172	33
	木材科学与工程	90	127	445	82
	农林经济管理	54	91	291	56
	森林保护	34	35	144	31
	森林工程	42	87	281	39
	林学	150	142	574	142
	园林	159	63	479	150
	2. 其他专业	4433	5181	20470	5004
	（二）高职小计	733	582	2066	775
	商品花卉	36	61	149	22
西南林业大学	**学生总数**	**3279**	**4828**	**17 000**	**4156**
	其中：林业学科、专业学生	850	1237	3900	1022
	占学生总数的比例	25.92%	25.62%	22.94%	24.59%
	一、研究生合计	**421**	**456**	**1220**	**482**
	（一）博士小计	—	—	—	—
	（二）硕士小计	421	456	1220	482
	1. 林业学科	256	287	734	304
	林产化学加工工程	3	2	5	1
	林木遗传育种	10	10	24	6
	林学学科	—	4	4	—
	林业工程学科	—	3	3	—
	林业经济管理	8	4	19	10
	木材科学与技术	11	7	25	10
	森林保护学	12	11	36	12
	森林工程	10	7	24	11
	森林经理学	14	13	49	24
	森林培育	13	12	39	11
	水土保持与荒漠化防治	11	8	29	13
	野生动植物保护与利用	12	13	45	21
	园林植物与观赏园艺	22	8	35	17
	植物学	24	14	48	19
	生态学	32	33	91	30
	林业（专业学位）	12	26	49	22
	工程（林业工程，专业学位）	9	27	47	20
	风景园林（专业学位）	53	85	162	77
	2. 其他学科	165	169	486	178

（续）

单位名称	分学科、专业学生数	毕业生数	招生数	在校学生数	毕业班学生数
西北农林科技大学	**二、本专科生合计**	**2858**	**4372**	**15 780**	**3674**
	（一）本科小计	2858	4372	15 780	3674
	1. 林科专业	594	950	3166	718
	林产化工	39	70	201	39
	木材科学与工程	77	204	483	94
	农林经济管理	40	53	206	45
	森林保护	85	38	314	100
	森林工程	55	65	275	64
	水土保持与荒漠化防治	35	64	217	47
	野生动物与自然保护区管理	31	31	136	37
	林学	99	190	589	111
	园林	133	235	745	181
	2. 其他专业	2264	3422	12 614	2956
	学生总数	**7521**	**8004**	**29146**	**8411**
	其中：林业学科、专业学生	829	909	3046	856
	占学生总数的比例	11.02%	11.36%	10.45%	10.18%
	一、研究生合计	**2079**	**2481**	**7251**	**3078**
	（一）博士小计	260	385	1883	1132
	1. 林业学科	19	51	194	108
	林木遗传育种	—	—	9	6
	林学学科	—	2	3	—
	林业经济管理	—	1	12	9
	森林保护学	2	6	19	10
	森林经理学	—	3	5	1
	森林培育	5	3	19	13
	水土保持与荒漠化防治	3	22	67	35
	野生动植物保护与利用	1	2	11	6
	园林植物与观赏园艺	2	—	12	12
	植物学	6	12	37	16
	2. 其他学科	241	334	1689	1024
	（二）硕士小计	1819	2096	5368	1946
	1. 林业学科	278	258	693	249
	林产化学加工工程	7	6	20	8
	林木遗传育种	10	6	23	11
	林学学科	—	21	42	—
	林业经济管理	3	2	6	2
	木材科学与技术	3	4	13	5
	森林保护学	11	15	46	16
	森林经理学	6	8	24	7
	森林培育	11	10	25	6
	水土保持与荒漠化防治	41	39	111	36
	野生动植物保护与利用	8	9	28	9
	园林植物与观赏园艺	41	—	28	28
	林业（专业学位）	2	25	50	25
	风景园林（专业学位）	68	32	62	30
	其他林业学科	67	81	215	66

（续）

单位名称	分学科、专业学生数	毕业生数	招生数	在校学生数	毕业班学生数
	二、本专科生合计	**5442**	**5523**	**21 895**	**5333**
	林科专业	532	600	2159	499
	林产化工	55	61	207	54
	木材科学与工程	158	120	395	97
	森林保护	—	60	213	50
	水土保持与荒漠化防治	120	90	438	120
	林学	102	119	408	82
	园林	97	150	498	96
浙江农林大学	**学生总数**	**3751**	**3986**	**15 256**	**3934**
	其中：林业学科、专业学生	718	533	2283	687
	占学生总数的比例	19.14%	13.37%	14.96%	17.46%
	一、研究生合计	**433**	**486**	**1243**	**479**
	(一)博士小计	—	3	3	—
	林学学科	—	3	3	—
	(二)硕士小计	433	483	1240	479
	1. 林业学科	205	118	422	179
	林产化学加工工程	7	—	3	—
	林木遗传育种	13	14	45	18
	林学学科	—	7	13	—
	林业工程学科	4	6	27	16
	林业经济管理	7	—	12	11
	木材科学与技术	8	15	30	—
	森林保护学	19	8	33	16
	森林工程	1	2	5	—
	森林经理学	15	15	45	15
	森林培育	26	16	64	31
	水土保持与荒漠化防治	—	1	2	—
	野生动植物保护与利用	—	3	7	—
	园林植物与观赏园艺	55	13	65	40
	林业经济管理	7	—	12	11
	植物学	—	4	9	—
	生态学学科	31	14	50	21
	2. 其他学科	228	365	818	300
	二、本专科生合计	3318	3500	14013	3455
	(一)本科小计	3318	3500	14013	3455
	1. 林科专业	513	415	1861	508
	风景园林	64	66	390	119
	木材科学与工程	159	148	575	143
	农林经济管理	62	56	253	74
	木材科学与工程	—	—	99	53
	林学	101	85	313	58
	园林	127	60	231	61
	2. 其他专业	2805	3085	12152	2947
中国林业科学研究院	**学生总数**	**263**	**318**	**932**	**355**
	其中：林业学科、专业学生	229	266	792	316
	占学生总数的比例	87.07%	83.65%	84.98%	89.01%

（续）

单位名称	分学科、专业学生数	毕业生数	招生数	在校学生数	毕业班学生数
	一、研究生合计	**263**	**318**	**932**	**355**
	(一)博士小计	106	119	390	158
	1. 林业学科	87	93	314	132
	林产化学加工工程	8	11	23	11
	林木遗传育种	18	17	60	22
	林业工程学科	9	6	32	17
	木材科学与技术	5	12	30	13
	森林保护学	9	10	37	17
	森林经理学	10	8	35	15
	森林培育	14	13	43	17
	水土保持与荒漠化防治	5	7	17	5
	野生动植物保护与利用	—	1	5	2
	园林植物与观赏园艺	3	6	20	7
	林业环境与能源工程	1	—	—	—
	木基复合材料科学与工程	5	2	12	6
	2. 其他学科	19	26	76	26
	(二)硕士小计	157	199	542	197
	1. 林业学科	142	173	478	184
	风景园林(专业学位)	33	54	114	60
	林产化学加工工程	6	7	20	7
	林木遗传育种	6	10	32	9
	林业工程	7	9	27	9
	林业经济管理	3	6	20	7
	木材科学与技术	9	8	30	11
	森林保护学	11	7	23	7
	森林工程	1	2	5	2
	森林经理学	9	4	18	10
	森林培育	18	22	58	17
	生态学	19	25	63	21
	水土保持与荒漠化防治	5	3	14	6
	土壤学	2	3	9	2
	野生动植物保护与利用	2	1	6	1
	园林植物与观赏园艺	4	2	7	3
	植物学	—	1	5	3
	林业环境与能源工程	4	3	12	6
	木基复合材料科学与工程	3	6	15	3
	2. 其他学科	15	26	64	13
内蒙古农业大学	**学生总数**	**7269**	**7764**	**30 532**	**7998**
	其中:林业学科、专业学生	719	681	2858	860
	占学生总数的比例	9.89%	8.77%	9.36%	10.75%
	一、研究生合计	**639**	**884**	**2437**	**929**
	(一)博士小计	95	109	429	216
	1. 林业学科	17	16	83	46
	林木遗传育种	—	—	1	—
	林业经济管理	—	1	2	—
	木材科学与技术	1	2	8	3

（续）

单位名称	分学科、专业学生数	毕业生数	招生数	在校学生数	毕业班学生数
	森林保护学	1	—	3	2
	森林工程	—	1	5	3
	森林经理学	1	2	8	4
	森林培育	1	—	6	6
	水土保持与荒漠化防治	3	4	16	7
	土壤学	1	2	9	5
	野生动植物保护与利用	2	2	8	4
	园林植物与观赏园艺	—	—	1	—
	植物学	7	2	16	12
	2. 其他学科	78	93	346	170
	(二)硕士小计	544	775	2008	713
	1. 林业学科	78	83	237	93
	林木遗传育种	1	5	10	2
	森林培育	7	4	14	6
	森林经理学	8	5	16	6
	森林保护学	1	2	4	1
	水土保持与荒漠化防治	12	13	45	14
	野生动植物保护与利用	5	3	11	6
	园林植物与观赏园艺	10	5	18	9
	森林工程	4	6	25	10
	木材科学与技术	3	7	20	5
	林产化学加工工程	—	1	5	—
	林业经济管理	2	4	9	2
	林业(专业学位)	4	6	12	6
	风景园林(专业学位)	21	22	48	26
	2. 其他学科	466	692	1771	620
	二、本专科生合计	**6630**	**6880**	**28 095**	**7069**
	本科小计	6630	6880	28 095	7069
	林科专业	624	582	2538	721
	林学	57	124	456	106
	森林保护	36	90	179	—
	水土保持与荒漠化防治	107	87	384	106
	园林	253	191	891	259
	森林工程	87	29	284	172
	木材科学与工程	84	61	344	78
安徽农业大学	**学生总数**	**5197**	**5242**	**21 258**	**5489**
	其中:林业学科、专业学生	282	227	848	241
	占学生总数的比例	5.43%	4.33%	3.99%	4.39%
	一、研究生合计	**701**	**909**	**2632**	**867**
	(一)博士小计	30	47	222	127
	1. 林业学科	3	12	49	27
	木材科学与技术	—	—	3	2
	森林保护学	—	2	9	5
	森林培育	3	6	17	9
	森林保护学	—	1	8	6
	木材科学与技术	—	3	12	5

（续）

单位名称	分学科、专业学生数	毕业生数	招生数	在校学生数	毕业班学生数
	2. 其他学科	27	35	173	100
	(二)硕士小计	671	862	2410	740
	1. 林业学科	106	102	306	102
	林木遗传育种	—	—	1	—
	林业经济管理	—	—	1	1
	木材科学与技术	4	8	17	2
	森林保护学	8	2	8	3
	森林经理学	3	2	9	4
	土壤学	11	14	34	11
	园林植物与观赏园艺	30	56	154	41
	植物学	4	2	10	4
	林业(专业学位)	46	18	72	36
	2. 其他学科	565	760	2104	638
	二、本专科生合计	4496	4333	18626	4622
	(一)本科小计	4496	4333	18626	4622
	林科专业	173	113	493	112
	木材科学与工程	45	54	219	59
	农林经济管理	60	59	274	53
	园林	68	—	—	—
福建农林大学	**学生总数**	**7072**	**7159**	**26 375**	**7229**
	其中:林业学科、专业学生	685	617	2374	727
	占学生总数的比例	9.69%	8.62%	9.00%	10.06%
	一、研究生合计	**1030**	**1193**	**3335**	**1371**
	(一)博士小计	86	122	499	262
	1. 林业学科	21	22	89	43
	林木遗传育种	—	1	3	—
	林学学科	2	1	4	1
	林业工程学科	—	7	15	—
	林业经济管理	5	5	18	10
	木材科学与技术	6	—	5	5
	森林保护学	2	1	3	1
	森林经理学	2	3	10	5
	森林培育	—	—	12	10
	水土保持与荒漠化防治	2	3	6	1
	野生动植物保护与利用	—	—	3	2
	园林植物与观赏园艺	2	—	5	5
	植物学	—	1	5	3
	2. 其他学科	65	100	410	219
	(二)硕士小计	944	1071	2836	1109
	1. 林业学科	166	87	326	158
	林产化学加工工程	5	3	10	4
	林木遗传育种	—	1	6	3
	林学学科	4	3	3	—
	林业(专业学位)	12	19	37	18
	林业工程学科	—	2	2	—
	林业经济管理	4	6	13	2

（续）

单位名称	分学科、专业学生数	毕业生数	招生数	在校学生数	毕业班学生数
	木材科学与技术	8	5	20	9
	森林保护学	4	1	4	2
	森林工程	4	5	10	3
	森林经理学	8	10	33	13
	森林培育	13	7	27	8
	水土保持与荒漠化防治	5	12	29	7
	土壤学	9	—	29	18
	野生动植物保护与利用	1	—	1	1
	园林植物与观赏园艺	79	8	88	65
	植物学	10	5	14	5
	2. 其他学科	778	984	2510	951
	二、本专科生合计	**6042**	**5966**	**23 040**	**5858**
	（一）本科小计	6042	5966	23040	5858
	1. 林科专业	498	508	1959	526
	风景园林	—	58	133	—
	家具工程方向	112	88	364	110
	农林经济管理	39	40	148	37
	森林保护	—	47	47	—
	森林工程	36	39	145	34
	水土保持与荒漠化防治	43	58	215	51
	园林	132	58	449	170
	林学	136	120	458	124
	2. 其他专业	5544	5458	21081	5332
山东农业大学	**学生总数**	**7648**	**9092**	**33 246**	**8190**
	其中：林业学科、专业学生	502	766	2386	540
	占学生总数的比例	6.56%	8.42%	7.18%	6.59%
	一、研究生合计	**964**	**1121**	**3029**	**1134**
	（一）博士小计	102	113	398	175
	森林培育	3	3	12	5
	土壤学	4	6	15	7
	（二）硕士小计	862	1008	2631	959
	1. 林业学科	102	87	257	109
	林木遗传育种	8	5	15	6
	森林培育	10	6	20	8
	森林保护学	6	8	22	7
	森林经理学	—	6	15	4
	园林植物与观赏园艺	30	2	29	27
	水土保持与荒漠化防治	11	9	29	12
	植物学	12	20	53	14
	土壤学	13	12	37	13
	林业	12	19	37	18
	二、本专科生合计	**6684**	**7971**	**30 217**	**7056**
	（一）本科小计	6684	7971	30217	7056
	林学	53	74	262	62
	园林	155	104	527	155
	风景园林	—	60	197	—

（续）

单位名称	分学科、专业学生数	毕业生数	招生数	在校学生数	毕业班学生数
	木材科学与工程	40	57	194	37
	农林经济管理	44	78	240	58
	森林保护	61	168	371	57
	水土保持与荒漠化防治	40	73	255	50
	生态学	—	56	56	—
河南农业大学	**学生总数**	**5600**	**6982**	**26 454**	**6662**
	其中：林业学科、专业学生	160	186	611	180
	占学生总数的比例	2.86%	2.66%	2.31%	2.70%
	一、研究生合计	**559**	**642**	**1891**	**755**
	（一）博士小计	19	47	155	63
	1. 林业学科	1	3	12	6
	森林培育	1	—	9	6
	林学	—	3	3	—
	2. 其他学科	18	44	143	57
	（二）硕士小计	540	595	1736	692
	1. 林业学科	46	59	139	62
	园林植物与观赏园艺	19	12	44	21
	森林培育	5	8	19	6
	森林经理学	3	5	12	5
	林木遗传育种	1	2	3	1
	风景园林（专业学位）	18	32	61	29
	2. 其他学科	494	536	1597	630
	二、本专科生合计	**5041**	**6340**	**24 563**	**5907**
	（一）本科小计	5041	6340	24563	5907
	1. 林科专业	113	124	460	112
	林学	56	61	219	53
	园林	57	63	241	59
	2. 其他专业	4928	6216	24103	5795
河北农业大学	**学生总数**	**5101**	**5537**	**20 751**	**5570**
	其中：林业学科、专业学生	436	582	2077	593
	占学生总数的比例	8.55%	10.51%	10.01%	10.65%
	一、研究生合计	**685**	**795**	**2241**	**937**
	（一）博士小计	27	54	262	155
	1. 林业学科	8	13	58	32
	林木遗传育种	3	1	5	3
	林业经济管理	—	2	5	2
	森林保护学	—	2	3	—
	森林经理学	—	1	2	—
	森林培育	3	1	11	8
	土壤学	1	3	17	9
	园林植物与观赏园艺	—	1	1	—
	植物学	1	2	14	10
	2. 其他学科	19	41	204	123
	（二）硕士小计	658	741	1979	782
	1. 林业学科	67	56	176	75
	林木遗传育种	4	6	19	7

（续）

单位名称	分学科、专业学生数	毕业生数	招生数	在校学生数	毕业班学生数
	林业经济管理	3	1	6	3
	森林保护学	3	8	25	8
	森林经理学	4	6	21	9
	森林培育	4	8	25	8
	水土保持与荒漠化防治	4	2	4	1
	园林植物与观赏园艺	21	5	22	17
	植物学	16	13	38	13
	风景园林(专业学位)	8	7	16	9
	2. 其他学科	591	685	1803	707
	二、本专科生合计	**4416**	**4742**	**18 510**	**4633**
	(一)本科小计	4416	4742	18510	4633
	1. 林科专业	342	472	1639	363
	林学	73	115	400	79
	森林保护	26	30	72	—
	园林	122	97	289	62
	风景园林	68	149	631	172
	木材科学与工程	53	81	247	50
	2. 其他专业	4074	4270	16871	4270
山西林业职业技术学院	**学生总数**	**1705**	**1709**	**5430**	**1652**
	其中:林业类专业学生	477	511	1529	423
	占学生总数的比例	27.98%	29.90%	28.16%	25.61%
	林业技术	99	94	364	126
	园林技术	183	181	525	138
	商品花卉	120	102	333	90
	林业信息工程与管理	42	81	199	43
	森林生态旅游	33	53	108	26
辽宁林业职业技术学院	**学生总数**	**1464**	**1915**	**5661**	**1599**
	其中:林业类专业学生	270	362	1452	270
	占学生总数的比例	18.44%	18.90%	25.65%	16.89%
	林业技术	83	111	378	83
	园林技术	49	137	540	49
	商品花卉	37	34	100	37
	森林生态旅游	34	29	102	34
	木材加工技术	45	26	216	45
	木工机械方向	22	—	31	22
	人造板自动化生产技术	—	2	62	—
	家具卖场设计与管理	—	23	23	—
黑龙江林业职业技术学院	**学生总数**	**1912**	**2054**	**6383**	**2000**
	其中:林业类专业学生	180	308	775	195
	占学生总数的比例	9.41%	15.00%	12.14%	9.75%
	林业技术	18	16	44	14
	园林技术	101	89	302	78
	野生植物资源开发与利用	—	12	12	—
	木材加工技术	16	7	35	12
	家具卖场设计与管理	45	136	334	91
	森林防火指挥与通讯	—	48	48	—

（续）

单位名称	分学科、专业学生数	毕业生数	招生数	在校学生数	毕业班学生数
黑龙江生态职业技术学院	**学生总数**	**1690**	**2040**	**5143**	**1791**
	其中:林业类专业学生	191	264	738	272
	占学生总数的比例	11.30%	12.94%	14.35%	15.19%
	林业技术	—	10	42	20
	园林技术	50	76	183	71
	园林工程技术	108	140	370	121
	旅游管理(生态旅游方向)	15	15	60	19
	家具设计与制造	18	23	83	41
安徽林业职业技术学院	**学生总数**	**1049**	**1051**	**3090**	**1069**
	其中:林业类专业学生	351	339	865	327
	占学生总数的比例	33.46%	32.25%	27.99%	30.59%
	林业技术	72	77	227	72
	园林技术	223	229	606	223
	森林生态旅游	24	—	—	—
	资产评估(森林资源方向)	32	33	32	32
福建林业职业技术学院	**学生总数**	**1601**	**2333**	**6286**	**1761**
	其中:林业类专业学生	179	173	541	176
	占学生总数的比例	11.18%	7.42%	8.61%	9.99%
	林业技术	71	42	145	46
	木材加工技术	5	10	48	20
	森林资源保护	29	—	—	—
	园林技术	74	108	335	97
	城市园林	—	13	13	13
江西环境工程职业技术学院	**学生总数**	**2009**	**1820**	**6007**	**2072**
	其中:林业类专业学生	380	504	1312	380
	占学生总数的比例	18.91%	27.69%	21.84%	18.34%
	林业技术	58	127	306	58
	园林技术	300	317	856	300
	雕刻艺术与家具设计	22	60	150	22
河南林业职业技术学院	**学生总数**	**1254**	**1771**	**5033**	**1856**
	其中:林业类专业学生	413	872	1500	835
	占学生总数的比例	32.93%	49.24%	29.80%	44.99%
	一、高职林业类专业学生小计	**281**	**252**	**712**	**259**
	林业技术	33	23	93	34
	森林生态旅游	46	20	101	59
	园林技术	167	171	469	166
	园林工程	35	38	49	—
	二、中职林业类专业学生小计	**132**	**620**	**788**	**576**
	现代林业技术	78	276	347	343
	森林生态旅游	4	15	48	2
	园林技术	50	329	393	231
湖北生态职业技术学院	**学生总数**	**2045**	**3629**	**8740**	**2420**
	其中:林业类专业学生	586	596	1982	625
	占学生总数的比例	28.66%	16.42%	22.68%	25.83%
	林业技术	26	106	225	23
	园林技术	462	468	1573	515

（续）

单位名称	分学科、专业学生数	毕业生数	招生数	在校学生数	毕业班学生数
	木材加工技术	—	—	9	9
	森林生态旅游	98	22	175	78
湖南生物环境职业技术学院	**学生总数**	**2857**	**2768**	**8531**	**2979**
	其中：林业类专业学生	194	176	494	176
	占学生总数的比例	6.79%	6.36%	5.79%	5.91%
	林业技术	25	42	106	48
	森林生态旅游	4	3	9	—
	园林技术	165	131	379	128
广西生态工程职业技术学院	**学生总数**	**1922**	**2132**	**5526**	**1972**
	其中：林业类专业学生	615	583	1664	726
	占学生总数的比例	32.00%	27.35%	30.11%	36.82%
	一、高职林业类专业学生小计	**586**	**553**	**1594**	**650**
	林业技术	199	239	584	230
	林业技术（林政资源管理方向）	96	58	207	82
	林业技术（生态项目管理方向）	27	24	102	47
	园林工程技术	213	178	511	193
	野生植物资源开发与利用	—	—	24	24
	木材加工技术	9	16	40	15
	人造板自动化生产技术	—	—	17	12
	家具设计与制造	23	22	49	20
	林业信息工程与管理	19	16	60	27
	二、中职林业类专业学生小计	**29**	**70**	**137**	**76**
	现代林业技术	29	30	70	40
	园林技术	—	31	58	27
	木材加工	—	9	9	9
云南林业职业技术学院	**学生总数**	**1959**	**1825**	**6157**	**2166**
	其中：林业类专业学生	807	777	2194	857
	占学生总数的比例	41.19%	42.58%	35.63%	39.57%
	林业技术	146	169	461	146
	森林资源保护	44	83	273	91
	经济林培育与利用	82	28	82	29
	自然保护区建设与管理	36	26	107	41
	野生动物保护	23	16	57	19
	野生植物资源开发与利用	32	67	231	82
	园林技术	149	150	322	178
	商品花卉	53	51	94	69
	木材加工技术	58	66	185	56
	林产化工技术	73	—	20	20
	森林生态旅游	50	28	111	54
	林业信息技术	—	36	93	29
	林业经济信息管理	61	57	158	43
甘肃林业职业技术学院	**学生总数**	**2671**	**2739**	**8483**	**2833**
	其中：林业类专业学生	509	664	1646	496
	占学生总数的比例	19.06%	24.24%	19.40%	17.51%
	林业技术	228	221	679	208
	森林资源保护	62	116	229	38

（续）

单位名称	分学科、专业学生数	毕业生数	招生数	在校学生数	毕业班学生数
	园林技术	131	200	467	126
	森林生态旅游	88	81	225	78
	林业信息技术	—	46	46	46
宁夏防沙治沙职业技术学院	**学生总数**	**—**	**203**	**622**	**210**
	其中:林业类专业学生	—	48	172	92
	占学生总数的比例	—	23.65%	27.65%	43.81%
	林业技术	—	10	10	10
	森林资源保护	—	—	59	40
	园林技术	—	38	103	42
上海农林职业技术学院	**学生总数**	**1322**	**1417**	**3869**	**1295**
	其中:林业类专业学生	150	121	398	184
	占学生总数的比例	11.35%	8.54%	10.29%	14.21%
	园林技术	116	121	336	122
	都市林业资源与林政管理	34	—	62	62
江苏农林职业技术学院	**学生总数**	**3540**	**3322**	**11 028**	**3724**
	其中:林业类专业学生	492	615	1710	393
	占学生总数的比例	13.90%	18.51%	15.51%	10.55%
	林业技术	39	86	228	41
	园林技术	344	362	1035	216
	园林建筑	39	90	200	41
	高尔夫场地管理	19	37	91	23
	木材加工技术	29	—	51	51
	家具设计与制造	22	40	105	21

表 16-12　2013/2014 学年初普通中等林业(园林)职业学校教职工基本情况

单位:人

学校名称	校本部职工数	校本部职工数										校办厂(场)职工	附设机构人员	兼任教师(不在教职工数中)
		合计	专任教师						教辅人员	行政人员	工勤人员			
			计	正高级	副高级	讲师	助理讲师	教员						
合　计	**2918**	**2653**	**1699**	**3**	**614**	**625**	**364**	**93**	**355**	**244**	**349**	**1**	**5**	**259**
北京市园林学校	104	104	60	1	16	26	14	3	19	7	18	—	—	—
天津市园林学校	63	53	33	—	12	15	6	—	5	3	12	—	—	10
涿鹿县宝峰寺林业中学	31	31	28	—	10	16	2	—	3	—	—	—	—	—
内蒙古扎兰屯林业学校	159	122	101	—	58	23	14	6	—	7	14	—	—	37
内蒙古大兴安岭林业学校	194	194	106	—	58	35	12	1	11	23	54	—	—	—
沈阳市园林学校	41	40	35	—	10	20	5	—	4	—	1	—	—	1
黑龙江省林业卫生学校	204	199	125	—	25	24	32	44	28	30	16	—	—	5
朗乡林业局职业中学	37	37	26	—	5	15	6	—	4	4	3	—	—	—
黑龙江省伊春林业学校	139	139	78	—	47	9	22	—	20	22	19	—	—	—
黑龙江省齐齐哈尔林业学校	193	193	115	—	51	23	41	—	22	9	47	—	—	—
福建三明林业学校	261	160	127	1	39	40	41	6	11	13	9	—	—	101

（续）

学 校 名 称	校本部职工数	校本部职工数										校办厂（场）职工	附设机构人员	兼任教师（不在教职工数中）
		合计	专任教师						教辅人员	行政人员	工勤人员			
			计	正高级	副高级	讲师	助理讲师	教员						
河南省林业学校	325	288	193	1	58	67	67	—	36	30	28	1	—	36
广东省林业职业技术学校	265	265	150	—	55	62	23	10	69	25	21	—	—	—
广西壮族自治区桂林林业学校	106	106	83	—	13	49	21	—	11	9	3	—	—	—
贵州省林业学校	209	157	84	—	30	40	11	3	36	12	25	—	—	52
普洱林业学校	68	63	44	—	18	19	7	—	6	—	8	—	5	—
陕西省榆林林业学校	196	186	109	—	46	52	11	—	28	33	16	—	—	10
甘肃省庆阳林业学校	130	123	89	—	27	43	13	6	19	4	11	—	—	7
新疆林业学校	193	193	113	—	36	47	16	14	23	13	44	—	—	—

表 16-13　2013/2014 学年中等林业（园林）职业学校和其他中等职业学校林科分学校基本情况

单位：人

学校名称	毕业生数	招生数	在校学生数	毕业班学生数
总　　计	**80739**	**60310**	**191 069**	**73948**
（一）中等林业（园林）职业学校	**16 822**	**18 410**	**48 618**	**14 467**
北京市园林学校	290	144	590	247
天津市园林学校	135	96	1167	759
涿鹿县宝峰寺林业中学	96	114	564	274
内蒙古扎兰屯林业学校	2660	678	2906	1592
内蒙古大兴安岭林业学校	703	200	2418	1441
沈阳市园林学校	70	40	117	46
白山市林业职业高级中学	—	45	97	—
黑龙江省林业卫生学校	2633	2010	6397	410
朗乡林业局职业中学	20	15	62	16
黑龙江省伊春林业学校	1913	2116	4072	1701
黑龙江省齐齐哈尔林业学校	547	870	2196	1053
福建三明林业学校	1755	2311	6812	1822
河南省林业学校	462	877	2784	1255
广东省林业职业技术学校	1506	1780	4717	—
广西壮族自治区桂林林业学校	1036	762	2026	686
贵州省林业学校	798	4381	5911	767
普洱林业学校	136	170	399	184
陕西省榆林林业学校	561	870	1521	946
甘肃省庆阳林业学校	1259	618	2582	540
新疆林业学校	242	313	1280	728
（二）高职院校及其他中等专业学校（林科）	**63 917**	**41 900**	**142 451**	**59 481**

表 16-14　2013/2014 学年初普通中等林业(园林)职业学校和其他中等职业学校林科分专业基本情况

单位:人

专业名称	毕业生数	招生数	在校学生数	毕业班学生数
总　　计	**80 739**	**60 310**	**191 069**	**73 948**
(一)林科专业	**72335**	**47441**	**163113**	**67861**
现代林业技术	10654	5340	19654	8599
园林技术	34091	26465	88521	32467
园林绿化	11350	6088	25807	12035
林产化工	—	30	135	—
木材加工	4083	5026	11105	6132
森林资源保护与管理	4421	1424	5645	3715
生态环境保护	411	243	608	137
其他林业类专业	7325	2825	11638	4776
(二)非林科专业	**8404**	**12 869**	**27 956**	**6087**
采矿技术	16	—	—	—
茶叶生产与加工	83	—	—	—
宠物养护与经营	—	16	33	7
道路与桥梁工程施工	76	30	178	88
电气运行与控制	46	100	260	4
电子电器应用与维修	—	—	71	24
电子技术应用	37	62	62	—
电子商务	341	322	623	129
电子与信息技术	17	—	59	27
动漫游戏	25	31	31	—
服装设计与工艺	74	79	159	6
工程测量	—	51	51	—
工程机械运用与维修	28	87	87	—
工程造价	25	78	148	28
果蔬花卉生产技术	12	12	53	10
焊接技术应用	9	10	37	14
护理	2605	4423	8805	435
化学工艺	189	397	446	331
会计	285	662	1274	411
会计电算化	524	515	1504	251
机电技术应用	33	78	110	5
机电设备安装与维修	166	57	225	100
机械加工技术	19	3	13	7
机械制造技术	—	8	8	—
计算机动漫与游戏制作	—	108	236	30
计算机平面设计	94	135	578	231
计算机速录	14	—	10	10
计算机网络技术	52	170	347	100
计算机应用	1267	1391	3428	1621
家具设计与制作	169	401	631	157
建筑工程施工	97	131	167	19

（续）

专业名称	毕业生数	招生数	在校学生数	毕业班学生数
建筑装饰	—	—	2	2
景区服务与管理	—	11	11	—
酒店服务与管理	42	—	90	63
康复技术	—	22	46	—
客户信息服务	—	—	31	8
口腔修复工艺	233	61	321	110
旅游服务类专业	—	36	59	—
旅游服务与管理	99	217	673	255
美发与形象设计	23	53	112	44
美术设计与制作	40	49	132	—
民族民居装饰	—	40	40	—
农村电气技术	64	—	44	34
农村经济综合管理	126	2	620	228
农村医学	46	829	905	25
农业机械使用与维护	91	14	373	188
农业与农村用水	—	—	164	37
汽车电子技术应用	—	—	29	25
汽车美容与装潢	—	31	70	26
汽车运用与维修	267	843	1470	277
汽车整车与配件营销	—	26	73	12
汽车制造与检修	—	—	2	2
商务英语	—	—	7	7
石油天然气开采	—	—	34	34
市场营销	28	26	122	48
市政工程施工	40	110	339	118
数控技术应用	125	153	302	67
水利水电工程施工	—	43	43	—
体育与健身类专业	—	—	—	—
通信技术	—	34	34	—
通信运营服务	—	—	1	1
文化艺术类专业	—	30	30	—
文秘	319	46	129	83
物流服务与管理	12	—	—	—
物业管理	15	—	—	—
现代农艺技术	79	20	116	81
橡胶工艺	—	20	20	—
学前教育	110	251	806	77
眼视光与配镜	45	43	130	35
药剂	38	65	115	26
药品食品检验	—	29	29	—
医药卫生类专业	—	44	44	—
中草药种植	37	113	365	16
中药制药	47	89	108	16
其他类专业	175	162	281	97

林业教材管理

【国家林业局教材建设工作领导小组成立】 12月5日，国家林业局办公室下发通知，决定成立国家林业局教材建设工作领导小组。旨在加强对林业教育培训教材建设的统筹和指导，进一步提升林业教育培训水平和质量，做好教材建设规划、编制、审定和出版等相关工作，逐步形成特色鲜明、内容丰富、针对性强的林业教育培训教材体系。领导小组组长由国家林业局党组成员、副局长张永利担任。副组长由国家林业局人事司司长谭光明、国家林业局管理干部学院党委书记李向阳、中国林业出版社党委书记柳学军担任。

领导小组下设干部学习培训教材建设办公室和院校林科教育教材建设办公室。干部学习培训教材建设办公室设在国家林业局成人教育研究中心(国家林业局管理干部学院)，负责林业干部学习培训教材建设规划的编制及组织实施，研究制定不同类别、不同层次、不同岗位干部的素质能力模型和分类培训大纲，编写林业干部学习培训系列读本、教材及远程教育课件。院校林科教育教材建设办公室设在中国林业出版社，负责林科高等及职业教育教材建设规划的编制及组织实施，组建由有关院校专家组成的高教、职教教材建设专家委员会，制定工作规则，组织开展林科类及相关学科(专业)教材编制和出版工作。

“教书育人，教材先行”。教材建设在提升林业人才培养质量中起着基础性作用。教材建设一直是中国林业出版社工作的重中之重。多年来，出版社始终坚持“二为”方针，以服务高等院校教学为根基，以编辑出版高质量教材为目标，在服务中高等农林教育中发挥了重要作用。截至2013年年底，出版社教材出版领域已涉及林学、园林与风景园林、水保、木工、食品、动医动科、经济管理、机电与交通类、机械类等20余个专业版块，初步形成了多层次、多类型、多样化的教材出版格局，动销教材品种近千种，年生产品种200余种，生产码洋近3000万元。“十二五”期间，有46种教材被列入国家级规划。院校林科教育教材建设办公室成立后将极大地推进全国林农院校(含涉林院校)教材建设工作，以配合农林院校教育综合改革，提升农林院校服务生态文明、农业现代化和社会主义新农村建设的能力与水平。 (康红梅)

北京林业大学

【林学、风景园林学两学科排名全国第一】 1月29日，教育部学位与研究生教育发展中心公布2012年一级学科评估结果，北京林业大学(以下简称北林大)林学、风景园林学两个学科排名全国第一，林业工程排名全国第三，生态学得分位次进入全国前20%，农林经济管理得分位次进入全国前30%。 (高　斌　张　勇)

【成立艺术设计学院】 北京林业大学整合现有艺术学门类的相关专业和学科，将原材料学院艺术设计系、工学院工业设计系和信息学院动画系优化合并，成立了独立建制的艺术设计学院。

艺术设计学院由“环境设计系、工业设计系、视觉传达设计系、数字艺术系、造型基础部”4系1部构成，开设有数字媒体艺术、动画、视觉传达设计、环境艺术设计、工业设计(工科)、产品设计本科专业。目前有1个设计艺术学一级学科硕士学位授权点，1个动画二级学科授权硕士点。 (高　斌　张　勇)

【校友崔鹏当选中科院院士】 12月19日，中国科学院公布了2013年院士增选名单，北林大校友、中国科学院水利部成都山地灾害与环境研究所研究员崔鹏当选。

崔鹏1987年3月至1990年5月，在北林大水土保持专业攻读博士学位，师从关君蔚院士。他长期从事泥石流、滑坡等山地灾害与水土保持等方面的研究，先后主持和承担了“973”、国家杰出青年科学基金、自然科学基金重点、国家科技支撑、科技部科技合作、中国科学院知识创新方向项目等20余项国家项目，取得了显著成绩。 (高　斌　张　勇)

【学校完成公用房调整】 7月3日至12月初，北林大进行了公用房调整，共组织了3轮大搬家，涉及分布在18座楼宇内的14个学院和23个部门单位。搬家总面积66 514平方米(其中教室搬家面积12 299平方米，实验室搬家面积25 294平方米，办公及其他面积28 921平方米)，11个学院实现了“一个教授一间办公室”的目标。 (高　斌　张　勇)

【与海淀区东升镇共建“北林东升科技园”】 11月29日，北林大和海淀区东升镇举行共建“北林东升科技园”签字仪式。海淀区人大常委会主任关成启、海淀区副区长龚宗元，北林大校长宋维明出席签字仪式。

东升镇提供八家郊野公园设施用房(共计18572.5平方米)和辅助场地约21万平方米，并提供相关公共条件、配套设施及服务。北林东升科技园由北京林业大学与东升镇人民政府合作共建，由北林科技园有限公司负责科技园经营管理，双方约定使用期限20年。
（高　斌　张　勇）

【在辽宁宽甸新建1400万平方米实验林场】 11月27日，北京林业大学和辽宁省林业厅签署合作协议，建设“北林辽宁宽甸实验林场”。

北林大将在辽宁省宽甸满族自治县国营泉山林场范围内建设“北林辽宁宽甸实验林场”，将在实验林场搭建政产学研用一体化科技创新，发展林地经济和人才培养的平台，开展林下种植，林下养殖，苗木繁育栽培，林下产品采集及深加工工艺，森林经营，森林景观综合利用，设林产品认证、经营、销售网络、智能交易平台，开展人才培养合作，建立科研实验基地。实验林场面积约1400万平方米（其中人工林近400万平方米），合作期限为50年。（高　斌　张　勇）

【首创数量性状基因定位新方法】 北林大计算生物学中心邬荣领教授带领团队首创一种新型计算方法，能显著提高数量性状基因发现与定位的精度。

该团队首次把工程学中早已被证实行之有效的控制论思想结合多维微分方程引进数量性状定位的计算框架，提出“系统定位”思想。系统定位的基本原理就是，用复杂的数学模型把系统内这些关系描述出来，理顺理清各因子的作用方式以及与其他因子之间的交互关系。据此，就可以量化这些因子如何通过协同作用对最终表型产生影响的。（高　斌　张　勇）

【举办2013年林业领域全国博士生学术论坛】 11月27～28日，2013年林业领域全国博士生学术论坛在北林大举行。中国工程院院士沈国舫、中国科学院院士傅伯杰、北林大校长宋维明等出席开幕式。

来自东北林业大学、华南农业大学、河北农业大学等近三十所院校的共计169人报名参加此次学术论坛。收到参会论文和摘要129篇，85篇参加分会场报告。论坛分为4个小组：林木花卉遗传育种、水土保持与生态环境建设、森林生态培育与经营管理、动植物保护与灾害防控。

大会共评出8名优秀论文一等奖，8名优秀论文二等奖，20余名优秀论文三等奖。（高　斌　张　勇）

【获中国政府奖学金留学生自主招生资格】 北林大于2013年起正式成为中国政府奖学金来华留学自主招生院校。

中国政府奖学金是中国政府为来华留学生设立的专门奖学金，通过政府渠道招收世界各国优秀留学生到中国高校深造。奖学金涵盖学费、住宿费、汉语培训费、教材费、保险费等各类费用。学生来校报到后按月提供生活补助，全部费用由国家留学基金管理委员会按相关规定拨付。（高　斌　张　勇）

【北林大科技园入选全国高校学生科技创业实习基地】 3月，北京林业大学大学科技园被教育部、科技部列为全国高校学生科技创业实习基地。

在北京林业大学科技园，有30余个创业团队在成长。其中成功落地注册的企业18家，都是本校大学生自主创业，大部分为科技型企业，发起成立了北林生态环保创投基金。（高　斌　张　勇）

【园林学院学生获国际风景园林竞赛大奖】 4月16～18日，第50届国际风景园林师联合会（IFLA）世界大会在新西兰奥克兰召开。由北京林业大学园林学院李雄教授指导，林辰松、肖遥、张海天、刘济姣、贾赢等5位同学共同完成的设计作品《蓝色祈愿——以水为中心进行阿富汗战后地区重建》，获国际风景园林师联合会学生竞赛一等奖。（高　斌　张　勇）

【4项科研成果获高校科研优秀成果奖】 北林大作为第一完成单位有4项科研成果获得教育部2013年度高等学校科学研究优秀成果奖（科学技术），戴思兰教授的《菊花品种及其近缘种间亲缘关系的遗传研究》获自然科学二等奖，冯仲科教授的《森林信息化调查装备技术与平台开发及其应用》获技术发明二等奖，余新晓教授的《防护林体系多尺度系统经营关键技术研究》获科技进步二等奖，张启翔教授的《百合良种选育与繁殖栽培关键技术及应用》获科技进步二等奖。
（高　斌　张　勇）

【新增两个中外合作办学本科专业】 北林大与加拿大不列颠哥伦比亚大学合作举办木材科学与工程、生物技术“3＋2”本科专业获教育部批准，从2013年开始正式招生，每年每专业招生规模30人，达到毕业要求可同时获得两校本科学士学位。（高　斌　张　勇）

【新增一个教育部创新团队】 11月，生物学院的“树木发育遗传调控与抗逆分子机制”研究团队，成功入选教育部2013年度“创新团队发展计划”，获得项目经费300万元。

“树木发育遗传调控与抗逆分子机制”研究团队围绕国家中长期科技发展纲要提出的重点领域和面向国家林业发展的学科建设方向，在树木发育的基因调控、树木抗逆分子机理和林木分子标记和辅助育种等领域开展工作。（高　斌　张　勇）

【成立国家木材储备战略联盟】 12月27日，北京林业大学和国家林业局速丰办发起成立国家木材储备战略联盟。联盟秘书处设在北京林业大学科技园。联盟经过半年多的筹建，明确了组织机构，成立了专家咨询委员会，研究并制定了决策执行机制、协作促进机制、利益分享和共管机制。首批会员80余家。
（高　斌　张　勇）

【学研中心投入使用】 9月23日，学研中心工程竣工。该工程历时2年9个月，建筑面积9万平方米，是一座集教室、实验室、教学科研办公用房、大学科技园、地下停车场为一体的现代化楼宇，是北林大建校以来单体建筑面积最大的建筑。

全校14个学院的用房面积都有了大幅度增加；教室、计算机中心、语音教室用房面积和条件得到改善；学校将近10 000平方米的用房作为大学科技园；增加300余个地下车位。（高　斌　张　勇）

【课程建设取得佳绩】 4门课程成为国家级精品视频公开课，分别是由副校长张启翔教授、园林学院刘燕教授和陈瑞丹副教授主讲的《中国名花》，由人文学院严耕教授、林震教授和徐平教授主讲的《令人憧憬而困惑的生态文明》，由副校长骆有庆教授、林学院田呈明教授和温俊宝教授主讲的《森林有害生物控制》，由水保学院张洪江教授、王云琦副教授和程金花副教授主讲的《土壤侵蚀原理》。

2门课程成为国家级精品资源共享课，分别是由张洪江教授主讲的《土壤侵蚀原理》和马履一教授主讲的《森林培育学》课程。

4个微课获奖，分别是理学院罗宝华老师的《斐波那契数列》获全国微课程大赛理工组一等奖第一名，水保学院丁国栋教授的《沙漠化防治的基本原理》获全国微课程大赛理工组二等奖。理学院赵玉英副教授的《稳定婚姻问题》和汪沛副教授的《指令流水线中的线性流水线技术》两件微课作品获得"北京赛区优秀作品奖"。

（高　斌　张　勇）

【主办生态文明贵阳分论坛】 7月20日，北林大与贵州省林业厅联合举办的"绿色增长与美丽中国梦——对话西部林业生态建设之路"在贵阳举行。

出席论坛的嘉宾有中国工程院院士、国际欧亚科学院院士李文华，北京市政协原副主席、北京大学中国持续发展研究中心主任叶文虎教授等，论坛设置了国家政策、国际经验、地方实践、论坛互动4个板块。采取高端互动形式，秉承学术性、高端性、贴近性，从林业生态建设对绿色增长的支撑作用切入，积聚国际组织、政府部门、高校和高端企业等方面的政产学研用智力资源，针对中国西部林业生态建设的重大政策实践问题，进行深入研讨，提出完善政策体系的实现路径。

论坛发布了"中国西部林业生态建设政策评价与体系完善研究"成果进展报告。（高　斌　张　勇）

【北林大校友会成立】 10月12日，北京林业大学校友会获得教育部及民政部批复，正式成立并召开第一次会员代表大会。会上议审议通过了《北京林业大学校友会章程》，表决通过校友会理事人选，校友会常务理事会、会长、副会长、秘书长、副秘书长人选，宣读校友会顾问名单。（高　斌　张　勇）

东北林业大学

【概　况】 2013年，东北林业大学(以下简称东北林大)设有1个研究生院、17个学院和1个教学部，有63个本科专业，9个博士后科研流动站，1个博士后科研工作站，8个一级学科博士点、44个二级学科博士点，19个一级学科硕士点、135个二级学科硕士点、10个种类33个领域的专业学位硕士点。拥有2个一级学科国家重点学科、12个二级学科国家重点学科、6个国家林业局重点二级学科、1个黑龙江省重点学科群、7个黑龙江省重点一级学科。有国家计委、财政部和教育部联合批准的国家生命科学与技术人才培养基地、教育部批准的国家理科基础科学研究和教学人才培养基地(生物学)。是国家教育体制改革试点学校，国家级卓越工程师教育培养计划试点学校。

学校有林木遗传育种国家重点实验室、黑龙江帽儿山森林生态系统国家野外科学观测研究站、生物资源生态利用国家地方联合工程实验室；有2个教育部"长江学者和创新团队发展计划"创新团队；有森林植物生态学、生物质材料科学与技术、东北油田盐碱植被恢复与重建3个教育部重点实验室，4个国家林业局重点实验室，5个黑龙江省重点实验室，7个省教育厅重点实验室；有1个教育部工程研究中心，1个国家林业局工程技术研究中心，1个高等学校学科创新引智基地，有林学、森林工程、野生动物3个国家级实验教学示范中心和森林工程，1个国家级虚拟仿真实验教学中心，6个省级实验教学示范中心和1个省级虚拟仿真实验教学中心；2个国家林业局生态系统定位研究站，1个省中试基地，1个省哲学社会科学研究基地，3个省普通高校人文社会科学重点研究基地，2个省中小企业共性技术研发推广中心；有东北林业大学大庆生物技术研究院、植物资源生态与分子工程研究院、国家林业局猫科动物研究中心等54个研究机构；有帽儿山实验林场、凉水实验林场等8个校内实习基地和216个校外实习基地。

学校现有教职员工2735人，其中专任教师1273人，中国工程院院士2名，双聘院士6名，"长江学者"特聘教授3名，国家杰出青年基金获得者1名，新世纪优秀人才支持计划入选者36名，享受国务院政府特殊津贴专家31名，国家有突出贡献中青年专家3名，省部级有突出贡献中青年专家16名，全国"百千万人才工程"人选4名，"新世纪百千万工程"人选6名，龙江学者特聘教授8名、讲座教授1名，全国优秀博士学位论文获得者5名。近年来，有国家教学名师奖获得者2人，全国优秀教师5人，省级教学名师奖获得者7人，省级优秀教师6人，全国"五一"劳动奖章获得者2人，全国"五一"巾帼标兵1人。

2013年，毕业本科生4722人，全日制在校生达23 040人，其中，博士研究生924人，硕士研究生3219人，本专科生18 846人，留学生51人。教学行政用房面积432 696平方米，学生宿舍面积161 719平方米，教学科研仪器设备总值5.68亿元，图书馆面积41 765平方米，馆藏纸质文献205.45万册。

【领导视察】 3月1日，教育部副部长杜占元一行来校检查指导2013年春季开学工作。4月12日，黑龙江省委副书记、代省长陆昊一行就加强政产学研一体化、加快科技成果产业化问题到东北林大调研。陆昊一行参观了生物质材料科学与技术教育部重点实验室和生物资源生态利用国家地方联合工程实验室（黑龙江），对东北林大科研工作给予了较高评价。11月7日，教育部副部长、党组成员李卫红来到学校，就思想政治理论课建设情况进行调研。

【中国（哈尔滨）森林博物馆启动运行】 6月9日，东北林大与国家林业局携手全行业共同建设的中国（哈尔滨）森林博物馆举行试运行启动仪式。博物馆布展面积8000多平方米，有化石、动物、植物、昆虫、岩石、文物等各类标本3000余件。作为国内首家专题类森林博物馆，它旨在全面展现林业发展历史，凝练森林文化内涵，传承行业精神，彰显生态文明，耦合社会经济，长效发挥"收藏与积淀、教育与研究、展示与交流、文明与进步"的功能，是传播生态文化、展示林业成就、普及林业知识的重要窗口，是科学研究、艺术熏陶、思想教育的重要阵地。7月，博物馆被命名为黑龙江省青少年科普基地。

【开展党的群众路线教育实践活动】 7月9日，东北林大党的群众路线教育实践活动召开动员大会。教育部党的群众路线教育实践活动第三督导组参加会议，党委书记吴国春做了题为《践行党的群众路线 全面加强作风建设 创一流林业大学 办好人民满意教育》的动员讲话。

【新增1个博士后科研流动站】 8月，东北林大工程咨询设计研究院博士后科研工作站获批建立，这是东北林大首个博士后科研工作站。至此，东北林大博士后站增至10个，其中流动站9个，工作站1个，涵盖学校8个一级学科博士点和1个二级学科博士点。

【2个国家级实验教学示范中心获批】 2013年，东北林大林学和森林工程实验教学中心正式获批为国家级实验教学示范中心。目前，学校已有林学、森林工程、野生动物3个实验教学中心正式被批准为国家级实验教学示范中心，建设水平和数量位于全国农林院校前列，位于全国林业院校首位。生物科学实验教学中心、化学实验教学中心、土木工程实验教学中心、交通运输实验教学中心、材料科学与工程实验教学中心及园林实验教学中心被确定为省级实验教学示范中心。

【顺利通过第三轮学科评估】 2013年，东北林大顺利通过教育部组织的第三轮学科评估。在学校参评的8个一级学科中，林业工程排名第一位，林学排名第二位，生态学得分位次进入该一级学科前20%，生物学、风景园林学得分位次进入相应一级学科前30%。学校新增"刑法学"二级学科硕士点。

【国家"863"计划项目获批立项】 2013年，由校长杨传平教授担任首席科学家主持的国家"863"计划项目"林木花卉转基因育种研究"获批立项，填补了东北林大国家层面"863"项目的空白。

【教育部任命副校级干部】 7月3日，教育部任命东北林大周宏力为副校级干部。8月29日，西藏自治区党委组织部任命周宏力为西藏大学农牧学院副院长、院党委委员。8月26日，教育部党组、教育部任命伍海泉为东北林大党委委员、常委，总会计师。

【东北林大木材单板功能化改良技术】 4月11日，中央电视台报道了东北林大木材单板功能化改良技术。谢延军教授和他的团队从1993年开始研究木材单板功能化改良技术，他们从源头上改善了低质人工速生林木材单板尺寸的稳定性和表面硬度，赋予木材耐腐防虫、阻燃抑烟等新的功能，已经成功申请了6项国家级发明专利。

【1人获全国高校辅导员年度人物】 5月9日，东北林大辅导员郭婷婷获2012全国高校辅导员年度人物。郭婷婷作为获奖代表，在全国高校辅导员现场工作会上发言，并参加了"实现中国梦、青春勇担当"主题团日活动，受到习近平总书记亲切接见。

【1个团队入选教育部创新团队计划】 11月7日，以长江学者特聘教授柳参奎为带头人的"后备耕地修复技术与盐碱逆境分子育种基础"研究团队正式入选2013年"教育部创新团队"发展计划。

【1个项目入围省级领军人才梯队】 12月，东北林大木材科学与技术领军人才梯队项目入围省级领军人才梯队，标志学校实现该领域零的突破。

【成立国家林业局红松工程技术研究中心】 11月21日，国家林业局批准东北林大成立"国家林业局红松工程技术研究中心"。该中心将致力于整合中国红松研究与应用资源，打造国内红松研究领域的信息与合作平台，引进国际先进的保护和研究理念，推广先进的研究和应用技术，培养高水平的专业研究人才，推动中国红松领域相关事业的快速发展。

【黑龙江省林下经济资源研发与利用协同创新中心正式启动】 11月23日，由东北林大牵头的"黑龙江省林下经济资源研发与利用协同创新中心"正式启动。中心下设7个研究平台，核心任务就是面向林区、林业、林工，围绕黑龙江省林区林下经济发展战略规划、产业升级路径；围绕林下经济资源抚育、栽培、养殖、品种选育、初加工、精深加工、完整产业链构建；围绕林下经济资源开发、利用的装备及装备产业化等方向开展体制改革与协同创新，构建黑龙江省林下经济产业提升协同创新体系。

【精品课程】 2013年，室内花卉与装饰、木材与人类生活、森林与人类、走进毛发世界4门课程被教育部确定为精品视频公开课，走进毛发世界、家居装饰面面观2门课程被确定为黑龙江省首批精品视频公开课。动物生理学、保护生物学、毛皮学、木材学、资源昆虫学5门课程入选国家级精品资源共享课立项项目。

【高层次人才队伍建设】 10月，东北林大李英、李鹏、郭垂根、高彩球、魏志刚等5人获选新世纪优秀人才支持计划，自2004年东北林大共有21个不同学科、专业的36位教师入选。其中，有3人入选“新世纪百千万人才”工程，5人成为“龙江学者”，5人成为二级教授，27人成为博士生导师；李明泽获得2013～2014年度中加学者交换项目赞助。

【思想政治教育工作】 2013年，《高教领导参考》连续3期对东北林大学生思想政治教育工作进行刊登报道。获得省高校校园文化建设优秀成果一等奖1项。1人获得黑龙江省大学生道德模范人物奖，1人获得大学生年度人物提名奖。1人荣获全国高校辅导员年度人物和省辅导员年度人物。1人荣获第二届全国高校辅导员职业能力大赛二等奖和省高校辅导员职业技能竞赛一等奖。1人获全国辅导员职业大赛十佳优秀博客。1名学生获2013年度“中国大学生自强之星标兵”称号，成为2013年度黑龙江省唯一一名获此称号大学生。

【国际交流与合作】 2013年，东北林大有100人次外国专家来校访问。与美国科罗拉多大学丹佛分校、日本岛根大学、俄罗斯乌拉尔国立林业工程大学续签了校际合作协议，并增加了新的合作内容；与台湾首府大学、台湾元智大学、台湾屏东教育大学签署了校际学术交流合作协议；与教育部留学服务中心签署了战略合作协议。学校共有48个代表团92人次出国访问。

【科研获奖】 2013年，东北林大共获各级各类科研立项436项，获得各类科技奖励113项，其中，国家科技进步二等奖1项；黑龙江省科技奖19项，第五届梁希林业科学技术奖5项，黑龙江省高校科学技术奖12项。申请专利214件，授权专利312件。

【《林业研究》(英文版)被SCI收录】 2013年，《林业研究》(英文版)被SCI收录，成为中国林业科学领域首个被SCI收录的期刊，同年10月获得“中国科技期刊国际影响力提升项目”(B类)支持，成为中国林业领域首个获得国家经费支持的英文学术期刊。

【学生比赛获奖】 3月16日，东北林大学生在黑龙江省第二届大学生工程训练综合能力大赛中获一等奖3项，二等奖1项；4月，获首届全国学生“国家资助 助我成长”主题征文活动优秀征文二等奖及优秀组织奖；6月8日，东北林大学生在第22届时报金犊奖广告竞赛中获奖8件，其中银犊奖1件，铜犊奖1件，优选奖2件，优秀奖4件；7月21日，在2013全国大学生管理决策模拟大赛中获全国总决赛一等奖；8月16日，在“中荣杯”第四届全国大学生包装结构设计大赛中获一等奖；8月22日，在第八届全国大学生智能汽车竞赛中取得全国一等奖；9月29日，在全国大学生电子设计竞赛中，获得13项奖励，其中国家级二等奖1项；黑龙江省赛区一等奖5项、二等奖1项、三等奖6项；10月19～20日，在第38届ACM/ICPC国际大学生程序设计竞赛亚洲赛区中荣获了1枚银牌，6枚铜牌；10月28日，东北林大师生压花画作品在第八届中国花卉博览会获得金奖4项，银奖3项，铜奖4项，优秀奖5项。11月9日，在2013中国教育机器人大赛中获得全国特等奖2项、一等奖6项、二等奖3项；11月28～29日，在2013年林业领域全国博士生学术论坛上，博士研究生获论坛优秀论文一等奖1项，三等奖7项；12月，学生设计作品获中国工业设计创新大赛“金勾奖”；12月1日，学生在第二届全国“TRIZ”杯大学生创新方法大赛中获得一等奖3项，二等奖1项，三等奖2项，同时学校获得“优秀组织单位”称号。

（东北林业大学由朱立明供稿）

南京林业大学

【概　况】 2013年，南京林业大学(以下简称南林大)各类全日制在校学生29 837人(含三本10 328人)，其中博士研究生668人，硕士研究生2562人。招收本科生6733人(含三本2686人)，毕业本科生5888人(含三本2222人)。招收博士研究生125人，毕业博士研究生114人。招收硕士研究生939人，毕业硕士研究生1015人。教职工1893人，其中，专任教师1231人，中国工程院院士2人，长江学者奖励计划特聘教授1人，江苏特聘教授5人，国家杰出青年基金获得者1人。研究生导师476人，其中，正高级职称223人，副高级职称253人。学校占地面积686.33公顷。

学校有19个学院及研究生院、体育教育部和公有民办南方学院。有8个博士后流动站、7个一级学科博士点、39个二级学科博士点、19个一级学科硕士点、81个二级学科硕士点和23个专业学位授权领域。有1个一级学科国家重点学科(林业工程)，5个二级学科国家重点学科(生态学、林木遗传育种、林产化学加工工程、木材科学与技术、森林保护学)，1个江苏省一级学科国家重点学科培育点，4个江苏省高校优势学科等。

学校有65个本科专业面向全国招生，其中，国家级特色专业建设点6个，省级品牌专业6个，省级特色专业10个。“园林”和“林产化工”专业被列入教育部“十二五”专业综合改革试点专业，林学类等8个专业类和英语专业等23个专业被列入江苏省“十二五”高等学校重点专业建设项目。有国家级人才培养模式创新实验区1个，国家级优秀教学团队1个，国家级精品课程3门，有国家级实验教学示范中心2个。学校具有招收外国留学生和港、澳、台地区学生的资质，与加拿大有两个中外合作办学项目。

2013年，江苏省副省长徐鸣实地调研了南林大溧水白马教学科研基地，木材工业学院更名为材料科学与工程学院，经济管理学院与新加坡特许科技学院共建皇家特许管理会计师培训中心。学校承办了生物质能源与化学品国际会议、世界科学与工程协会2013年年会、“园冶”高峰论坛暨园林植物与观赏园艺研讨会等。

2013年，张金池教授获“全国优秀科技工作者”称号。陈金慧教授、周晓燕教授获“中国林业青年科技奖”称号。王浩教授团队的“基于‘链式理论’的园林专业系列教材建设”项目获江苏省教学成果特等奖。沈文娟、王智恒分别获全国林科研究生组和本科生组十佳毕业生称号。

【赵树丛局长视察南林大】 9月24日，在南京参加2013中国城市森林建设座谈会的国家林业局局长、党组书记赵树丛专程到南林大视察并看望慰问中国工程院院士王明庥。江苏省副省长徐鸣等领导陪同，南林大党委书记封超年向赵局长一行介绍了南林大学科建设、人才培养、科研成果等方面的基本情况，重点介绍了由南林大牵头的“南方现代林业协同创新中心”的相关情况。赵树丛局长充分肯定了南林大为全国林业和生态文明建设所作的贡献，高度评价了王明庥院士为杨树产业发展作出的重大贡献，王院士对赵树丛局长一行在百忙中专程来校看望表示感谢。

【国家林业局银杏工程技术研究中心获批】 3月，依托南林大组建的“国家林业局银杏工程技术研究中心”获批准。该中心的组建将提升中国银杏产业的技术创新能力与核心竞争力，促进高校院所与企业在战略层面上的有效结合，突破银杏产业发展的技术瓶颈和体制约束，形成一个引领银杏产业技术创新的技术研发与产业化团队，对增强中国银杏产业的自主创新能力，进一步促进银杏产业发展均具有十分重要的意义。

【张金池教授获全国优秀科技工作者】 5月，第五届全国优秀科技工作者评选揭晓，南林大森林资源与环境学院张金池教授因在水土保持与荒漠化防治领域作出突出贡献，获“全国优秀科技工作者”称号。张金池教授长期从事水土保持与森林生态学研究，主持或参加完成国家级课题40余项。获国家、省部级科技进步奖14项。其中，主持完成的成果获国家科技进步二等奖2项、江苏省科技进步二等奖2项；主要参加完成的成果获国家科技进步二等奖2项、省部级科技进步二等奖5项。发表学术论文80余篇，主编教材5部、出版专著5部，其中英文专著1部。

【两教授获中国林业青年科技奖】 9月，国家林业局与中国林学会公布第十二届中国林业青年科技奖，南林大森林资源与环境学院陈金慧教授、材料科学与工程学院周晓燕教授获得“中国林业青年科技奖”。该奖主要奖励在林业基础研究领域、工程技术实践、科技成果推广转化、科技管理以及科学技术普及工作中取得显著成绩，为发展现代林业、建设生态文明、推动科学发展作出积极贡献的青年科技工作者，南林大已有10人次获此殊荣。

【7教授入选教育部高校教学指导委员会】 4月，根据教育部《关于成立2013～2017年教育部高等学校教学指导委员会的通知》，南林大曹福亮、王飞、封超年、王浩、戴红旗、温作民、肖飞等教授入选教育部高等学校教学指导委员会，专业涉及林学类、林业工程类、农艺（含农学、植物保护）类、自然保护与环境生态类、轻工类、农业经济管理类、大学外语等。

【南方现代林业协同创新中心获立项】 5月，江苏省公布首批江苏高校协同创新中心名单，南林大申报的“南方现代林业协同创新中心”获立项资助建设。“南方现代林业协同创新中心”由南林大王明庥院士、曹福亮教授负责牵头，联合江苏省林业局、中国林科院、南京大学、江苏吴江苗圃集团有限公司、江苏扬子江林业科技有限公司等协同单位组建而成。中心立足江苏，面向南方，围绕国家生态文明建设与林业“双增”目标的重大需求，有4名院士、2名国家“千人计划”、2名长江学者、3名杰出青年基金获得者在内的18名国家级人才，有5个国家级、1个教育部和18个省部级平台优质资源。中心下设“林木种质创新与良种选育”“林木种苗与森林培育”“森林保护与生物入侵防控”“林业生态与环境保护”等4个创新平台。

【新增本科生国际交流项目】 2月26日，南林大获批3个国家留学基金委2013年优秀本科生国际交流项目，加上2012年的2个项目，共5个本科生国际交流项目。选派规模由2012年的10人增至24人，留学期限为6～12个月。选派专业涉及林学、生态学、生物技术、木材科学与工程、林产化工、轻化工程、工业设计、机械设计制造及其自动化、机械电子等专业。选派国家有加拿大不列颠哥伦比亚大学、加拿大新布伦瑞克大学、美国密西西比州立大学和芬兰坦佩雷应用科技大学，交流形式为课程学习或者毕业设计。

【新设4个本科专业】 4月，获准设置“金融工程、生物制药、森林保护、公共艺术”4个本科专业。教育部新本科专业目录整理后，南林大由61个本科专业增加至65个。增设专业中，“金融工程”由经管学院承办、“生物制药”由化工学院承办、“森林保护”由环境学院承办、“公共艺术”由艺术学院承办。

【一批科研项目入驻南京白马基地】 4月19日，南京市召开现代农业暨美丽乡村建设现场推进会。南京市领导实地调研了南林大白马教学科研基地，南林大副校长王浩教授介绍了白马基地的情况和在美丽乡村建设方面所做的工作。2013年，南林大《银杏长期育种技术研究》《桉树、鹅掌楸转基因育种技术研究》《青钱柳种质资源保存、选育及定向培育技术研究》《南方主要绿化造林树种苗木繁殖技术示范与推广》等一批科研项目入驻白马基地，对江苏白马国家农业科技园区现代化农业建设起到科技示范推广作用，为白马镇美丽乡村示范区建设作出了贡献。

【一团队获省优秀创新团队培育点】 8月，南林大以张智光教授为带头人的“江苏省绿色发展理论与实践研究”团队被江苏省教育厅确定为江苏高校哲学社会科学优秀创新团队培育点。该研究团队几十年如一日研究绿色发展理论与实践中的科学问题，对实现环境和经济共生发展的“绿色江苏”和“绿色中国”之路，进行了开创性的理论与实践探索，在省内外相关领域取得了较大的学术影响。

【多教材入选江苏省重点立项建设】 8月，江苏省教育厅公布2013年高等学校重点教材立项建设名单，南林大肖飞教授主编的《大学英语快速阅读》、祝遵凌教授主编的《园林树木栽培学》入选2013年江苏省高等学校重点教材(修订教材)；何开跃教授主编的《生物化学实验》入选2013年江苏省高等学校重点教材(新编教材)。

【承办城市园林与生态旅游培训】 10月14日，受南京市委组织部委托，南林大承办的“城市园林建设与生态旅游发展”专题选学班开学。南林大副校长王浩出席典礼并致欢迎辞，南京市市级机关和各区的近60名处级领导干部参加培训。王浩副校长结合《2013～2017年全国干部教育培训规划》，阐述了领导干部进高校选学的重要意义，风景园林学院唐晓岚教授等为学员做了“园林城市规划”等专题讲座。

【承办生物质能源与化学品国际会议】 10月14～17日，南林大和加拿大不列颠哥伦比亚大学、江苏省生物质绿色燃料和化学品重点实验室等单位共同承办了2013年生物质能源与化学品国际会议。会议就生物质原料的预处理、生物液体燃料、热化学转化率和气化、生物质化学品、生物质材料等进行大会主题报告和学术讨论。来自美国、加拿大、澳大利亚、丹麦、新加坡、瑞典等国家的能源、生物、材料及化学领域的专家160余人参会。

【举办园冶高峰论坛暨园林植物与观赏园艺研讨会】 10月20日，南林大举办2013年“园冶”高峰论坛暨园林植物与观赏园艺研讨会。东南大学建筑学系主任成玉宁教授、台湾造园学会名誉会长王小璘教授、中国农业大学孟祥彬教授、广州山水比德景观设计有限公司首席设计师孙虎等300余人参加会议。论坛分别就景观设计和园林植物展开讨论，在南方园林与北方园林的交融，大陆园林和台湾园林的异同等方面进行深入探讨。

【多教授增选江苏省“333工程”培养对象】 11月，根据江苏省人才工作领导小组关于江苏省第四期“333高层次人才培养工程”通知，南林大叶建仁入选省“333工程”第一层次培养对象，周宏平、赵林果、尹佟明、邵晓峰入选省“333工程”第二层次培养对象，魏洋、欧阳嘉、祝遵凌、郝德君、陈凤毛、汪贵斌、樊继山、杨红强、刘海龙入选省“333工程”第三层次培养对象。

【一团队获省级科技创新团队】 12月，根据江苏省教育厅《关于申报2013年度江苏高等学校优秀科技创新团队的通知》，南林大以周宏平教授为团队带头人的“林木保护技术与装备及其智能化”获省级优秀科技创新团队。该研究团队长期从事林木保护技术与装备及其智能化的理论和技术研究，针对中国森林病虫害发生和危害形势严峻、防治技术和装备落后、农药安全使用和生态环境保护要求等现状，围绕林业病虫害防治和环境保护的目标，形成了由林业机械、植保机械、林业信息、测控技术、自动控制、生物机电、森林保护等多学科人员组成的林木保护技术与装备及其智能化研究团队。

【一项目获省哲学社会科学重大招标立项】 12月，2013年度江苏省哲学社会科学重大招标项目立项名单公布，南林大江苏环境与发展研究中心王国聘、薛建辉、王浩等教授申请的“江苏率先建成生态文明建设示范区研究”中标，南林大首次获得江苏省哲学社会科学重大招标项目。该项目展现了南林大在江苏省生态文明建设中的特色与优势，项目立足江苏率先建成生态文明建设示范区的重大现实需求，从顶层设计、制度保障、实践路径、评价体系4个方面开展江苏省生态文明建设示范区的研究。（南京林业大学由钱一群供稿）

中南林业科技大学

【教育教学】 新增1个国家级实验教学示范中心(林业工程实验教学中心)，1个国家级虚拟仿真实验室(森林防火虚拟仿真实验室)，1个教育部“本科教学工程”大学生校外实践教育基地(芦头实验林场)。教研教改取得新突破，获国家和省级大学生创新创业训练项目33项，省级课程教学竞赛奖3项，省级教学成果奖10项(其中一等奖1项，二等奖2项，三等奖7项)等。完成实验室建设和改造项目13个以及财政部3300万元实验室建设专项实施方案的论证和编制。

根据教育部颁布的新专业目录，确立新专业、传统专业、特色专业和复合型专业的建设目标。完成4个新专业的申报，开展住建部高等教育土木工程专业评估的自评工作，完成2个新办本科专业办学水平和新增学士学位授权学科专业评估。获批教育部综合改革试点本科专业1个(生态学)、省级“十二五”综合改革试点专业1个(木材科学与工程)。1部教材获评为国家级精品资源共享课程(《木材学》)；5部教材被列入“十二五”规划教材。

建立健全教学质量监控和评估体系，加强对教学过程的全程监控管理。完成学校《2012年本科教学质量报告》的编制、报送和发布。加大教学内容、方法、手段、培养模式等方面的改革创新，学校的考试方法改革探索经中央电视台《新闻直播间》栏目等媒体宣传报道后，在社会上引起了广泛反响。进一步强化"以提高质量为核心、以人才培养为根本"的教育观念，组织召开"增强干部素质，促进校风建设，为切实提高人才培养质量提供有力保障"的专题研讨会。

全面启动研究生综合改革，从招生选拔方式、人才培养模式、导师责权机制、监督评价体系、对外开放合作和政策条件保障等6个方面整体推进。获省优秀博士论文1篇、省优秀硕士论文4篇，立项省研究生教改项目4项、省研究生创新基地项目2个、省研究生创新项目23项。

圆满完成年度招生就业工作。生源质量持续提高，在北京、广东以外全面实现一本招生，文、理科分数线均居湖南省5所新增一本高校之首。硕士研究生第一志愿报考数和上线数均创历史新高。截至2013年7月，本科毕业生就业率为91.5%，就业质量由2010的50%提高到73.2%，研究生就业率为85.71%。学校被评为湖南省"就业工作优秀单位""招生工作先进单位"。学校学生获"挑战杯"全国二等奖和湖南省特等奖、全国大学生英语竞赛湖南赛区特等奖、全国大学生电子设计竞赛湖南赛区一等奖等成绩。学校被教育部评为"2007~2012五年全国亿万学生阳光体育冬季长跑活动优秀学校"。

【学科建设】 加强重点学科建设过程管理，积极开展学位点的调整和申报。新增二级学科博士点、二级学科硕士点各1个，新增5个一级学科教授评审权。学校林学、生物学等学科综合实力在全国学科排名较靠前。认真做好迎接"十二五"省级重点学科的中期检查和申报"十二五"国家林业局一级重点学科准备工作。

【科技创新】 2013年到账科研经费1.12亿元，科研经费总数已连续两年突破亿元大关。全年立项国家、省部级和行业科研项目38项，并首次获得国家软科学研究计划重大项目立项1项。获省部级科技成果奖励12项（湖南省科技进步一等奖1项、二等奖1项，三等奖7项，梁希科技奖二等奖1项，三等奖2项）。获批湖南省"2011协同创新中心"2个（经济林培育与利用、粮油深加工与品质控制），并获得财政资助经费1500万元，资助金额排名省属高校第一；获批省部级科研平台1个（工程流变学湖南省重点实验室）；获评1个省"自然科学创新研究群体"（南方林业生态应用技术创新群体）。

积极开展学术交流，组织主办了"杉木文化国际研讨会"等国际学术会议。廖小平、尹少华教授的研究成果入选全国"两会"湖南团参阅材料。经济林分会获中国林学会"学术交流先进单位"。学校《自科学报》连续入选中国科学引文数据库来源期刊，《经济林研究》和《自科学报》连续入选中国科技核心期刊。

不断推进产学研合作与科技服务。学校先后与中国农林低碳控股有限公司、木村·美丽家园控股有限公司等签署校企合作协议；成立了卓伯根中德设计文化交流中心。全年签署科技服务、技术转让项目200多项，建立科普、产学研等基地40余个。积极服务区域经济发展，学校获评"2012~2013年度湖南省科技特派员工作先进单位"，1人获评"中国十佳绿色新闻人物"。

【师资队伍建设】 坚持引进与培养相结合，继续加大高层次人才队伍建设力度，全年新增博士学位教师65人，教师考取博士43人，专任教师队伍博士比例提升到31.5%。1人获全国"五一劳动奖章"（谭晓风），1人获"中国青年科技奖"（彭万喜），1人入选"国家百千万人才工程"（林亲录）、1人入选教育部"新世纪优秀人才支持计划"（刘高强），2人入选省"百人计划"（王广兴、刘志明）。新增湖南省青年骨干教师培养对象7人，新聘海外讲席教授5人。

【校园建设】 湖南省平江县国有芦头林场整体划拨学校，学校正式拥有相对固定、独立的教学科研实验林场；积极推进长沙商贸旅游职业学院老校区资产有偿划拨，已启动资产评估等相关工作。

稻谷及副产物深加工国家工程实验室正式竣工；"中西部高校基础能力建设工程"项目综合实验楼和西园图书馆改扩建已完成前期基础性工作；完成了3栋学生宿舍改造；推进西大门及周边整体规划论证和规划调整；推进数字化校园建设，已完成多媒体教学设备、部分网络核心和汇聚设备的升级改造；加强图书、档案工作，档案标准化工作进一步推进，数字图书和文献资源更加丰富，学校图书馆荣获省"高校图工委图书馆管理优秀奖"；着手制订"美丽校园"整体规划并分步实施，完成校区园林景观整体规划，学校被评为长沙市"绿化先进单位"。

【国际教育】

教育国际化 与英国班戈大学联合举办的湖南省第一家中外合作办学机构——中南林业科技大学班戈学院，正式经教育部批准成立，2014年开始招生。

中外合作办学项目 与国外19所大学建立了固定的交换生渠道，与5所大学建立了海外教师培训基地。派出海外交换生、海外游学和海外实习生近200人次。

继续教育 培训市场进一步拓展，办学行为进一步规范，学生职业素质和本科毕业生学位授予率不断提高。积极开展全省企业干部教育培训工作，举办干部教育培训班68期，培训4128人次。

【内部管理】 积极开展"校风建设年"活动，从教风、学风、工作作风3个方面整体推进良好校风的形成，管理水平、工作效率、服务质量进一步提高；认真落实中央和省委关于改进工作作风的规定，进一步规范学校办文办会，会议数量比2012年减少16%，发文数量减少20%；实施全面财务预算制度，学校财务管理和内部控制体系不断健全；审计工作重心逐步由事后监督转向事前控制，审计业务不断拓展和深化；建立评标专家库，进一步规范和完善政府采购与招投标管理工作；继续优化目标管理指标体系，强化目标管理效能。

【和谐校园建设】 坚持以人为本，切实关心和解决师生员工的切身利益问题，推进平安和谐校园建设。在学校债务基本化解、财务状况改善后，着力提高教职工收入水平。完善和修订校内分配制度，研究制订并兑现了绩效工资改革方案。认真贯彻执行上级有关离退休政策，优先落实好老同志的各项待遇，维护好老同志权益，积极开展对老同志的走访、慰问、关爱和服务活动。积极稳妥、依法依规地做好株洲校区产权住户的搬迁、安置和过度期内的相关工作，对株洲校区周边遗留问题和村民纠纷积极进行调查、梳理和协调。基本完成了株洲校区资产清点、移交和搬迁工作。

丰富教职工文体生活，成立和改选了9个教职活动协会，学校工会顺利通过省教育工会“模范教职工之家”考核验收。积极承办第九届全国高校“校长杯”乒乓球比赛、中德青少年乒乓球友谊赛、湖南省大中学生排球比赛、中国好声音选手演唱会等国内外重大体育、文艺赛事，得到社会各界的肯定和好评。加强校友联络沟通，完成了第三届校友理事会换届，指导和协调18个地方校友会完成换届工作。妥善处理突发事件，加强校园综合治理及周边环境整治力度，学校顺利通过年度综治工作合格考评。

【党建和思想政治工作】 认真组织学习贯彻党的十八大和十八届三中全会精神，严格执行中央“八项规定”、省委“九项规定”，并以“校风建设年”活动为契机，大力倡导务实清廉、勤俭节约、勤政高效的作风。坚持和完善民主集中制，积极推行党务公开、校务公开，强化民主管理、科学决策，芦头林场整体划拨、绩效工资分配实施办法等重大事项均提交教代会审议表决，学校荣获“湖南省校务公开民主管理工作先进单位”称号。

加强党的基层组织建设，成立了学校党建研究会并开展相关活动，1人获评为湖南省“优秀组工干部”并记一等功。健全科学规范的选人用人机制，制订完善了《处级领导干部选拔任用工作办法(试行)》等制度，7个处级干部岗位在全校进行了公开选拔。深入开展学生思想政治工作，积极推进学风特色项目建设，整体学风进一步改善，学生外语过级率、考研率、晚自习出勤率、到课率上升，违纪率下降。组织开展“基层团组织建设月”、校园“生态文化节”、“高雅艺术进校园”等校园文化活动。深入推进大学生创新创业、社会实践、志愿服务活动。

（中南林业科技大学由李波涛、皮芳芳供稿）

南京森林警察学院

【概　述】 2013年，南京森林警察学院(以下简称学院)设有治安系、侦查系、刑事科学技术系、警务管理系、警务技战术系、信息技术系、森林消防系。国家林业局警官培训中心、森林消防指挥培训中心、森林公安司法鉴定中心和林业职业教育研究中心挂靠在学院。目前学校设置有8个本科专业，分别是治安学、侦查学、消防工程、刑事科学技术、公安管理学、警务指挥与战术、网络安全与执法、信息安全，其中信息安全专业暂未招生；另设有治安管理、侦查等2个专科专业。全日制在校生5014人。学校现有教职工398人，专任教师253人，其中，正高级职称29人，博士、硕士研究生226人，聘请兼职教授31人、高级教官41人。学校占地总面积76.2公顷，总建筑面积近20万平方米。学校拥有教学仪器设备总值7497万元，图书馆馆藏电子图书167.6万种，纸质图书59.7万册。

【《梦中的可可西里》在第八届江苏省大学生文化艺术节“梦想人生”话剧大赛中获二等奖】 1月5日，江苏省高校“梦想人生”话剧大赛暨2012“水杉杯”大学生话剧展演闭幕式在南京林业大学大学生活动中心水杉小剧场举行。南京森林警察学院参赛作品《梦中的可可西里》在比赛中获短剧类二等奖。

比赛由共青团江苏省委、江苏省戏剧家协会、共青团南京林业大学委员会主办，以“戏剧实现梦想”为主题，历时1个月，共有来自全省的43所高校的53个剧社参加。

此项荣誉是学院1994话剧社成立以来取得的第一个奖项。

【国家林业局森林防火工程技术研究中心获批建立】 国家林业局1月16日做出批复，同意建立国家林业局森林防火工程技术研究中心，以加快科技成果转化，推进产学研结合，全面提升中国的森林防火科技水平，保护森林资源。

国家林业局森林防火工程技术研究中心依托南京森林警察学院建立，由国家林业局科技司主管。研究中心涵盖森林火灾预防与林火理论研究、扑救技术与扑火安全研究、扑火装备研发、森林可燃物综合利用研发、咨询与培训、学术交流等6个部门，下辖13个实验室和7个培训多媒体教室。研究中心建成后，将在进一步整合中国森林防火研究力量的同时，充分发挥学院的办学优势和学科特色，推动中国森林防火事业的科学发展。

【学院获江苏省高等学校思想政治教育工作先进集体】 2月1~2日，2013年全省教育工作会议在南京召开。会议表彰了2011~2012年度江苏高校思想政治教育工作先进集体。学院荣获“2011~2012年度江苏省高等学校思想政治教育工作先进集体”称号。

学院在全院范围内深入持久的开展学雷锋活动，以“热爱学校、热爱学生、热爱家庭”为主题，组织全体教职员工开展“学习黄群先进事迹，帮扶困难学生，走访职工家庭”的实践活动，使得全院师生增进了了解，沟通了感情，统一了思想，提高了认识，加强了团结，凝聚了人心，各党支部的战斗堡垒作用进一步增强，形成“抓学习、送温暖、促发展”的良好局面。

【《中国森林公安志》编写组召开工作推进会议】 2月7日，《中国森林公安志》编写组在学院召开工作推进会议，开展编写工作阶段性总结，讨论下一步的工作推进计划。会议通报了新一轮《中国森林公安志》编撰材料征集汇总工作的总体情况，传达学习了相关编撰顾问对《中国森林公安志》主编的审读反馈意见；各章节编写人员分别就研读、利用各地提供的最新材料的情况进行了汇报，并就梳理材料、修改完善资料过程中遇到的问题进行交流讨论。

【学院获江苏省教育科技工会多项荣誉称号】 3月14日，江苏省教育科技工会在《关于表彰江苏教育科技系统"五一巾帼标兵岗""五一巾帼标兵"的决定》(苏教科工〔2013〕12号)文件中，授予学院警务管理系刑事法学教研室为"五一巾帼标兵岗"称号，授予工会副主席孙桂英、侦查系梅蓉为"五一巾帼标兵"称号。

【全国森林公安理论和文艺作品大赛评审会在学院召开】 3月17日，校长张高文出席评审会并致辞。期刊编辑部姚树人主任对全国森林公安理论和文艺作品大赛的开展情况进行汇报。会议成立了由9位专家组成的评审委员会，对理论研究、诗歌散文、小说、相声小品、摄影绘画、影视作品等6类作品进行认真细致地评选。评选产生一、二、三等奖及优秀奖若干名。本次大赛由国家林业局森林公安局主办，南京森林警察学院承办。大赛共收到来自全国17个省(区、市)的各类作品近500件。经过初步筛选，共有100余件进入评审委员会进行复评。

【贵州黔南与学院展开合作】 4月7日，贵州省黔南布依族苗族自治州政府与学院签署合作框架协议。协议商定，黔南州将与学院在人才培养、教育培训、科技研发、学生实习等方面建立合作关系，通过合作继续推进"科技兴州"战略实施，提升黔南州公安、林业人才队伍素质，同时进一步提高学院的办学水平。

根据协议，学院将在黔南州建立教学实习基地，每年选派公安专业的优秀学生到当地基层公安派出所进行警务实习，协助公安机关推进信息化建设。选派优秀骨干教师到当地公安机关进行挂职锻炼或短期业务实践，共同提高民警与教师的业务水平。选派专家和特警教官开展公安业务、森林防火培训和特警训练，帮助当地提升队伍整体素质。双方还将开展社会管理创新、森林防火科技等方面的研发工作。

【全国柔道锦标赛在学院举行】 4月14日，全国柔道锦标赛在学院举行，中央电视台体育频道以"特警学柔道助工作一臂之力"为主题，以国家柔道队队员和学院特警学员交流切磋的形式对学院警务技战术系师生进行了专题访问。节目先后在当日的《体育晨报》《体坛快讯》栏目播出，片长4分19秒。

【学院积极开展为雅安灾区捐款献爱心活动】 四川雅安发生地震后校学生处积极调查并了解情况。学院工会、团委联合发出倡议，4月23日中午分别在教工食堂和学生食堂前组织广大教职工和学生开展"为雅安地震灾区"捐款的活动。

院领导、师生，甚至离退休教师踊跃参与，共计捐款48 717.6元。

【学院学生在"中华号角"2013年上海之春国际音乐节管乐艺术节中荣获银奖】 4月30日，中国第七届非职业优秀(行进)管乐团队展演在复旦大学正大体育馆举行，来自全国10个省市的44支非职业优秀(行进)管乐团队参加了比赛。学院110余名同学组成参赛团队表演的曲目《森警雄鹰》获成人组银奖。警乐团李东秋老师在活动现场受到中央电视台的采访。

【公安部物证鉴定中心"痕检培训班"在学院开班】 5月28日，由公安部物证鉴定中心组织、学院承办的"特殊痕迹检验技术应用培训班"在图书馆大报告厅举行开班典礼。相关教师以及来自全国29个省(区、市)公安系统170余名刑事科学技术人员参加会议。开班典礼由公安部物证鉴定中心培训处副处长吴博韬主持。

本期培训班选派长期从事检验鉴定与教学工作的专家来学院授课讲学，专家们对司法鉴定管理体制改革与发展、各类案件痕迹检验技术及物证鉴定技术新应用等新技术、新方法展开讲解。

【学院工作组赴贵州黔南落实州校合作项目】 为贯彻落实《国务院关于进一步促进贵州经济社会又好又快发展的若干意见》和《国家林业局关于支持贵州省加快林业发展的意见》文件精神，学院与贵州省黔南布依族苗族自治州签署了州校合作框架协议合作承诺，确保州校合作开局顺利，5月28日至6月3日，张高文院长率工作组赴黔南对接各项具体合作项目。

工作组与黔南州州委州政府就深化、细化州校合作进行深入交流；向国家扶贫开发重点县长顺县的教育系统捐赠100台教学电脑，在该县敦操乡实地学习"背篼干部"精神；与黔南校友代表进行座谈交流，举行"南京森林警察学院教学实习基地"挂牌仪式，并与黔南州委州政府、林业部门、公安机关对接了2013年有关合作事宜，达成9项互惠合作项目，包括：分两批安排56名长顺县敦操乡"背篼干部"赴南京学习培训新农村建设；分两期安排96名黔南地方公安和森林公安民警赴学院进行业务培训；安排40名黔南森林防火指挥员赴学院进行业务培训；选派164名学院信息技术系或具有信息技术专长的学生赴黔南实习，助推当地公安和森林公安信息化建设；选派学院警务技战术系教官赴黔南举办两期特警业务培训班，计划培训240名特警业务骨干；选派学院教师赴黔南举办两期森林公安业务(警务)技能培训，培训对象覆盖该州12县(市)全体在编森林公安民警；在《森林公安》杂志专题宣传黔南林业、森林公安工作和队伍建设情况；由学院选派一批骨干教师到黔南公安机关挂职锻炼或业务实践；分两期组织50名学院教职工到黔南学习考察公安工作和林业建设情况。

【学院"学习先进事迹、帮扶困难学生、走访职工家庭"案例获国家林业局党建创新品牌】 6月，国家林业局开展首次党建品牌案例申报评选活动，学院申报的“学习先进事迹、帮扶困难学生、走访职工家庭”案例被评为党建创新品牌。

学院以支部为单位组织教职工开展学习身边先进典型——黄群教授，结合部门正在开展的重点工作，围绕大力倡导勤俭节约、艰苦奋斗的精神，为学院科学发展争作贡献举办一次研讨活动；结对帮扶一个学习或生活中遇到困难的学生；走访一户本支部范围内的职工家庭，共创和谐家庭氛围。

【2篇论文在中国第二届“执法公信力论坛”征文中获奖】 7月2日，根据中国第二届“执法公信力论坛”征文活动论坛组委会公告，全国共有4家公安院校的5篇论文获奖，其中，学院吴志刚老师的《司法区划调整与司法地方化的消解》获二等奖，姜南老师的《关于完善鉴定意见法庭质证程序的若干思考》获优秀奖。中国第二届“执法公信力论坛”征文活动面向全国政法系统干警、法学理论界专家、政法院校师生进行，由中央政法委政法研究所、中国法学会法律信息部、法制日报社、人民法院报社、检察日报社和人民公安报社等部门和单位联合举办。参评论文共4771篇，其中，一等奖10篇，二等奖30篇，三等奖50篇，优秀奖130篇，获奖比率为4.6%。

【安保团队圆满完成亚青会安保任务】 8月24日，学院亚青安保团队成功完成第二届亚洲青年运动会闭幕式安保任务。至此，本届亚青会所有安保任务全部完成。

7月15日，安保团队2700余名学警和带队教师进驻玄武、建邺、江宁营区完成了两次亚青会联调联试、两次实体火炬传递、亚青会动员誓师大会、开闭幕式彩排、举行等重大活动和各赛事场馆、空港物流中心的日常安保任务。得到了社会各界的肯定。

【屈佳文等同学在江苏省国防教育征文中获奖】 9月7日，由江苏省教育厅、江苏省全民国防教育委员会主办的国防教育征文大赛结果揭晓，学院多名学生获奖。治安1112区队屈佳文凭《国之忧患说》获高校组一等奖，侦查1204区队钱楷韬的《入鞘的利刃》获高校组二等奖，特警1102区队李奥锦的《振兴中华，情系国防》获高校组三等奖。

【公安部部长郭声琨接见学院张志平教授等全国公安高等教育教学名师】 9月6日，“全国公安高等教育教学名师”颁奖仪式在中国人民公安大学举行。学院党委书记王邱文，“全国高等学校教学名师”、学院党委委员、信息技术系主任赵明生教授和“全国公安高等教育教学名师”、警务管理系张志平教授出席颁奖仪式，并受到国务委员、公安部党委书记、部长郭声琨的接见。颁奖仪式结束后，郭声琨部长与“全国公安高等教育教学名师”和全国公安院校主要负责同志进行座谈。王邱文书记、赵明生教授、张志平教授出席了座谈会。

张志平教授今年被公安部评为“全国公安高等教育教学名师”，是学院教育教学工作取得的又一重大成果。张志平教授从事一线教学工作20余年，多次获得学院优秀教师称号。主持完成省部级课题2项，主编主干法学课程教材2部，在中文核心期刊和其他专业学术期刊公开发表学术论文近30篇。

【国家林业局赵树丛局长到学院调研】 9月23日，国家林业局党组书记、局长赵树丛在江苏省副省长徐鸣等领导陪同下到学院调研指导工作，要求学院加强内涵建设，不断提高人才培养质量，为生态文明建设作出更大贡献。学院党委书记王邱文、院长张高文等院领导陪同调研。

【全国政协人口资源环境委员会主任贾治邦来学院考察】 9月24日，全国政协常委、人口资源环境委员会主任贾治邦，全国政协人资环委副主任(驻会)庄国荣一行到学院考察工作。院党委书记王邱文、院长张高文等人随行。

贾治邦表示，学校完备的硬件设施、优美的校园环境为满足森林公安教育教学的需要、培养综合型的高素质森林警察提供了良好条件。

【郭志成、杨光在“中国警界明日之星论坛”活动中获奖】 9月28~29日，中国人民公安大学第四届“中国警界明日之星论坛”在木樨地校区举行。来自全国32所公安院校的50余位嘉宾和80余名学生代表参加了论坛活动，学院消防1113区队的郭志成同学获得征文二等奖，刑技1105区队的杨光同学获得征文三等奖，以上两名同学作为代表出席了论坛活动。

以本届论坛的举办为平台，面向全国公安院校开展了以“如何成为一名让人民满意的优秀人民警察”为主题的征文活动，共收到34所院校来稿328篇，其中一等奖10篇，二等奖20篇，三等奖30篇，优秀奖40篇，获奖论文已结集出版。

【全国森林公安“应知应会”知识竞赛在学院举行】 10月10日，在学院举行。国家林业局森林公安局、公安部十六局分党组书记、局长王海忠以及学院党政领导班子出席了知识竞赛。

山东省、宁夏回族自治区、四川省森林公安局获团体一等奖，二等奖6名，三等奖10名，优秀组织奖15名。个人一等奖6名，分别由来自山东省森林公安局的成真、杨爱永，来自宁夏回族自治区森林公安局的杨宁君、刘国聪，来自黑龙江森工的王洪飞和来自贵州省森林公安局的申德获得，个人二等奖9名，三等奖15名，优秀奖20名。

【学院获2010~2012年度江苏省文明单位称号】 11月15日，江苏省文明委召开全省精神文明建设先进单位表彰会议，学院被授予“2010~2012年度江苏省文明单位”称号。

江苏省文明单位是积极培育和践行社会主义核心价值观，坚持物质文明建设和精神文明建设两手抓，各项事业全面协调发展，精神文明建设成效突出，在社会上发挥示范引领作用，群众满意，社会认可，并经有关主管部门测评考核，由省文明委批准并命名、表彰的先进集体。江苏省文明单位实行动态管理，每3年申报表彰一次。

【学院参加首届全国公安院校培训基地师生文艺大赛】 公安部政治部组织开展首届全国公安院校培训基地文艺大赛，全国共有31所公安院校和17个培训基地报送了102个参赛节目。经公安部邀请专家进行评审，学院表演的短剧《我们的1994》和管乐《森林雄鹰》获得大赛铜奖，管乐《玫瑰狂欢节序曲》获优秀奖。

【学院完成江苏省国家公务员考试考点的各项任务】 11月24日，2014年度中央机关及其直属机构考试录用公务员公共科目笔试在全国31个省(区、市)同时进行。学院共安排有35个考场，1050名考生。学院领导高度重视，张治平常务副院长、陶珑副院长专门组织召开协调会议进行动员部署，教务处、招就处精心设置考场，严格遴选监考人员，认真安排考务工作，在校办、学生处、保卫处、后勤处等多部门的通力合作下，在学院全体师生的大力支持下，圆满完成了考试的各项任务。江苏省人社厅规划财务处袁永立处长一行在学院巡考时，对学院准备充分，部署严密，考点秩序井然给予高度评价。

【学院获江苏省2013年度关工委工作常态化建设合格单位】 12月6日，江苏省教育厅公布《2013年度关工委工作常态化建设合格单位名单》(苏教办关〔2013〕4号)，学院荣列其中。

多年来，根据省教育厅、省教育系统关工委相关通知精神，学院领导高度重视并及时部署，院关工委对工作常态化建设情况进行了自我考核，并就申报相关工作认真准备，深入把握评估指标内涵，理清思路，明确分工，将具体工作落到实处，积极申报，最终顺利通过考核评估。

【学院两项成果获江苏省教学成果二等奖】 12月10日，江苏省教育厅公布了标志着江苏省高等教育教学最高水平的2013年江苏省教学成果奖评选结果。根据《省教育厅关于公布2013年江苏省教学成果奖获奖项目的通知》(苏教人〔2013〕14号)学院共有2个项目荣获2013年省教学成果奖(高等教育类)二等奖。这两项成果分别是：周波主任主持完成的《公安特警人才培养模式创新与实践》；赵明生主任主持完成的《基于"五个依托"构建"学训研战"相互作用的教学模式》。

【参加仙林大学城2013年手语操大赛获二等奖】 12月11日，学院心理健康协会与手语协会50余名同学在2013年仙林大学城手语操大赛中获二等奖。

围绕本次大赛"博爱无声，手语传情"的主题，来自南京大学、南京师范大学、南京艺术学院、南京特殊职业教育学院等16所高校队伍参赛。

【印发《关于在全院开展向阮泽来同学学习活动的决定》】 12月15日印发要求各级党组织、各部门、各单位迅速掀起向阮泽来同学学习的热潮，组织广大师生结合实际，认真学习阮泽来同学的先进事迹。这是学院党的群众路线教育实践活动的一项重要内容。一是学习阮泽来奋不顾身、舍己救人的英勇精神。二是学习阮泽来乐于助人、不图回报的高尚风格。三是学习阮泽来勤劳朴实、自强不息的人生态度。

【国家林业局赵树丛局长就阮泽来同志先进事迹作重要批示】 12月18日，国家林业局赵树丛局长获悉学院学生阮泽来同志勇救落水群众的先进事迹后，作出批示。批示全文如下：

阮泽来同志奋不顾身勇救落水群众的英勇事迹，是雷锋精神的生动再现，是社会主义核心价值观的生动实践。希望警院党委要认真开展向阮泽来同志学习的活动，大力弘扬人民利益高于一切的精神，加强思想道德建设，加强校风建设，培养更多的人民满意的、高素质的森林卫士、人民警察。

【国家林业局森林公安局副局长焦德发、人事司副司长丁立新看望阮泽来同学】 12月28日，院首届科技工作大会期间，国家林业局森林公安局副局长焦德发、人事司副司长丁立新等领导亲切看望了"雷锋式好学警"阮泽来，院党委副书记李明等陪同。

座谈会上，院党委副书记李明介绍了学院正在开展的学习阮泽来同学先进事迹活动相关情况，宣教处处长张如宏简要介绍了阮泽来相关先进事迹。

【召开首届科技工作大会】 12月28日，学院召开首届科技工作大会。国家林业局、公安部、江苏省和南京市等相关单位领导、专家出席会议，校全体教职工和学生代表参加会议。

开幕式上，学院对获得"优秀科技工作者""优秀青年科技工作者"称号的赵明生等16名教师、获得"大学生科技创新先进个人"称号的顾漫等8名同学进行了表彰。

院长张高文作了题为《继往开来、谱写华章、共谋科技工作繁荣和发展》的科技工作报告。党委书记王邱文在大会上作重要讲话，信息技术系主任赵明生教授代表受到表彰的优秀科技人员发言。

【师资队伍建设】 2013年学院以能力建设为核心，以优化结构为主线，积极推进师资队伍建设。引进专任教师30人，其中博士6人，硕士24人；教师培养方面，19人晋升高一级职称，其中正高1人，副高9人，中级9人，26人参加公安业务实践，提升了公安专业化教育能力。

【毕业生就业工作】 2013年学院计划招生1500名本科，共计招收新生1483人，较好地完成了招生计划，新生报到率为99.5%，新生录取和报到率都得到显著提高。

2013年学院共有应届毕业生662人，体改生68人，截至2013年12月31日，已有562名学生顺利就业，就业率达到84.9%。从就业单位性质看，毕业生就业绝大多数都进入了各级公务员队伍。其中进入公安机关的有442人，占就业生人数的81.10%；其他进入边防武警部队和事业单位的有120人，占18.90%。

（南京森林警察学院由夏桂林供稿）

林业对外开放

17

林业重要外事活动

【赵树丛局长访问美国、加拿大】 应美国林务局、加拿大国家公园管理局邀请，国家林业局局长赵树丛于2013年7月9～16日率团访问美国和加拿大。在美国期间，赵树丛局长参加了第五轮中美战略与经济对话有关活动，与美国副国务卿霍麦茨共同主持了打击野生动植物非法交易对口磋商会议。会后，赵树丛局长与美国林务局两位副局长李福斯和威尔登就国有林管理进行了深入探讨，并赴弗吉尼亚州乔治华盛顿与杰斐逊国有林管区进行了实地调研。在加拿大期间，赵树丛局长与加拿大国家公园管理局副局长杰夫·安德森共同签署了安徽黄山国家森林公园与加拿大班夫国家公园结对协议。（夏　军）

【陈凤学总工访问美国、墨西哥】 应美国国务院、墨西哥环境和自然资源部邀请，国家林业局总工程师陈凤学于2013年7月14～23日率团访问美国和墨西哥。在美国期间，代表团出席了中美打击木材非法采伐及相关贸易双边论坛第五次会议，讨论了中美林产品贸易木材合法性认定方案及策略研究项目、私营部门和民间团体参与活动、海关数据交换机制、APEC非法采伐及相关贸易专家组活动、《雷斯法案修正案》实施问题、森林认证等议题，就下一步的合作重点初步达成了6点共识。在墨西哥期间，代表团出席了中墨林业工作组第一次会议，双方交流了本国林业发展与政策的基本情况，对未来感兴趣的合作议题进行了深入讨论，并签署了中墨林业工作组工作任务书。（余　跃）

【杜永胜副总指挥访问德国、瑞士】 应德国农业、食品和消费者保护部、瑞士联邦环境署邀请，国家森林防火指挥部专职副总指挥杜永胜于2013年5月5～14日率团访问德国、瑞士。在德国期间，代表团出席了中德林业工作组第一次会议，就多功能林业建设、林业生物质能源利用、林业科技交流合作、《欧盟木材法案》实施情况、国际森林问题等议题进行了深入交流，并与中德技术合作林业专家进行了座谈，观摩了汉诺威国际木工及林业博览会。在瑞士期间，代表团与瑞士联邦环境署进行了工作会谈，讨论了2013年合作活动。（王　骅）

【英国环境、食品和农村事务部大臣访华】 12月2日，国家林业局副局长张建龙在北京会见了英国环境、食品和农村事务部大臣欧文·帕特森。张建龙介绍了中国在保护野生动物、开展野生动物执法及减少相关需求方面所做的工作，并表示国家林业局会积极参与由英国发起的打击野生动物非法交易国际会议。欧文·帕特森赞赏中国在保护野生动物方面所取得的成就，希望中方能在伦敦会议上介绍成功经验，共同推进打击野生动物非法交易国际合作。（廖　菁）

【瑞典国家林业局局长莫妮卡·斯翠兹曼女士访问中国】 应国家林业局邀请，瑞典国家林业局局长莫妮卡·斯翠兹曼于2013年3月4～10日率团访问中国。在华期间，中瑞双方举行了工作会议，同意在双边林业合作谅解备忘录的基础上，适时召开工作组会议，在集体林权制度改革、生物质能源、《国际森林文书》履约示范点建设、林业机械化抚育经营和森林可持续经营5个优先领域推进实质性合作。会后，瑞典代表团考察了辽宁阜新瑞典斯凯孚集团在华造林绿化合作项目及吉林延边林业生物质能源多联产示范合作项目建设。（王　骅）

【尼泊尔森林和土壤保护部秘书长毕什瓦·奈斯·奥利访问中国】 应国家林业局邀请，尼泊尔森林和土壤保护部秘书长毕什瓦·奈斯·奥利于2013年4月22～25日率团访问中国。在华期间，奥利秘书长拜会了国家林业局副局长印红，并参加了4月23日在北京举行的中尼(泊尔)林业工作组第二次会议。与会代表就野生动物保护、社区林业、竹藤加工、天然林保护等方面进行了深入探讨，并就逐步开展上述领域的务实合作达成了初步一致。（余　跃）

【美国副国务卿罗伯特·霍麦茨访华】 4月8日，国家林业局副局长张建龙在京会见了美国分管经济增长、能源和环境事务的副国务卿罗伯特·霍麦茨一行。双方在2012年12月达成的通过加强双边对话和多边合作打击野生动植物非法交易共识基础上，就合作打击野生动植物非法交易的下一步行动、建立野生动植物执法全球性网络、推进APEC林业部长级会议机制化等问题深入交换意见。双方还就建立野生动植物执法网络、加强信息沟通交流、提高公众野生动植物保护意识等达成共识。（肖望新）

【泰国自然资源与环境部部长比差·凌松本素访问中国】 应国家林业局邀请，泰国自然资源与环境部部长比差·凌松本素于2013年5月8～11日率团访问中国。在华期间，国家林业局局长赵树丛在北京会见了凌松本素部长，共同回顾了20世纪90年代以来中泰林业友好合作关系，期待中泰两国林业部门进一步密切合作关系，并就中泰大熊猫后续合作达成一致。9月28日，在泰国出生的大熊猫幼仔“林冰”顺利回到中国。（余　跃）

【瑞士联邦环境署副署长约瑟夫·赫斯访问中国】 应国家林业局邀请，瑞士联邦环境署副署长约瑟夫·赫斯于2013年6月5～10日率团访问中国。在华期间，代表团考察了中国森林病虫害防治情况，学习了光肩星天牛等虫害的生物防治技术和措施，并深入了解了相关进出口植物检疫和防控手段，旨在积极根除并预防瑞士近年来出现的小范围光肩星天牛虫害。（王　骅）

【埃塞俄比亚农业部国务部长塞里西·格塔洪访华】 12月2日，国家林业局副局长孙扎根在北京会见了埃塞俄比亚农业部国务部长兼国际竹藤组织（INBAR）理事会主席塞里西·格塔洪。孙扎根副局长介绍了中方发起成立INBAR和支持INBAR发展的情况，表示中方大力支持并将与埃塞方共同努力，积极推进非洲竹子中心的建立，进一步扩大INBAR在非洲和国际上的影响力。格塔洪部长高度赞赏中方多年来对INBAR发展的大力支持，并表示将与中方一道，早日促成在埃塞俄比亚首都亚的斯亚贝巴建立非洲竹子中心。（廖　菁）

【俄罗斯联邦林务局副局长潘费洛夫和支林访问中国】 应国家林业局邀请，俄罗斯联邦林务局副局长潘费洛夫和支林于2013年11月12～16日共同率团访华。在华期间，国家林业局和俄罗斯林务局召开了中俄林业工作组第七次会议，探讨了森林防火、打击非法采伐、企业合作、科技交流、生态文化教育等议题。会后，代表团考察了北京西山林场森林经营，并赴吉林省考察森林防火和林业执法。（王　骅）

【乌干达水资源和环境部国务部长弗拉维亚·穆娜巴访问中国】 应国家林业局邀请，乌干达水资源和环境部国务部长弗拉维亚·穆娜巴分别于2013年3月11～15日、10月30日至11月5日来华，与国家林业局就竹子产业发展、非木质林产品经营、生态旅游开发，特别是中乌竹产业实质合作进行了深入探讨。双方一致同意商签部门间合作备忘录以拓展两国林业领域的互利合作。在华期间，穆娜巴国务部长还赴浙江参加第六届中国义乌国际森林产品博览会，在临安、安吉等地考察学习竹子种植培育、加工经营技术、生态旅游开发理念以及竹子加工设备和工艺等。（张　仰）

林业对外科技交流与合作

【中国和俄罗斯签署《中华人民共和国政府和俄罗斯联邦政府关于保护候鸟及其栖息环境的协定》】 2013年3月22日，在习近平主席与俄罗斯总统普京的见证下，外交部副部长程国平和俄罗斯自然资源与生态部长谢尔盖·叶菲莫维奇·东斯科伊代表两国政府在莫斯科签署了《中华人民共和国政府和俄罗斯联邦政府关于保护候鸟及其栖息环境的协定》。该协定的签署不仅有利于在保护和管理候鸟及其栖息环境方面进行双边合作，也有利于进一步促进正在开展的中日澳韩候鸟保护工作，推动整个亚太区域的候鸟保护。（王　骅）

【中国和南非签署《中华人民共和国政府与南非共和国政府关于湿地与荒漠生态系统和野生动植物保护合作的谅解备忘录》】 3月26日，在习近平主席与南非总统祖玛的见证下，外交部长王毅和南非环境部长代表两国政府在比勒陀利亚签署了《中华人民共和国政府与南非共和国政府关于湿地与荒漠生态系统和野生动植物保护合作的谅解备忘录》，两国将在湿地与荒漠生态系统保护与开发及野生动植物保护利用等领域开展广泛合作。（张　仰）

【中国和秘鲁签署《中华人民共和国国家林业局和秘鲁共和国农业部关于林业合作的谅解备忘录》】 4月6日，在习近平主席与秘鲁总统乌马拉的见证下，国家林业局局长赵树丛与秘鲁农业部部长冯埃塞在三亚签署了《中华人民共和国国家林业局和秘鲁共和国农业部关于林业合作的谅解备忘录》，决定在森林可持续经营、野生动植物和生物多样性保护、湿地保护与可持续利用、防治荒漠化等领域开展广泛的合作。该协议为开拓中国与拉美国家林业合作、提升区域国际影响力起到先导作用。（张　仰）

【中国和瑞士签署《中华人民共和国国家林业局和瑞士联邦环境、交通、能源和电信部关于林业合作的谅解备忘录》】 5月30日，国家林业局局长赵树丛与瑞士联邦委员、联邦环境、交通、能源和电信部部长多丽丝·洛伊特哈德在北京签署了《中华人民共和国国家林业局和瑞士联邦环境、交通、能源和电信部关于林业合作的谅解备忘录》，决定在森林可持续经营、森林保护、林业政策和法律法规、水土保持和流域管理、木材加工、市场以及原木和加工材的贸易、林业科研和教育等领域，通过交换技术信息、交流专家、技术培训、共同举办会议等方式，开展广阔、深入和长期的双边合作。（王　骅）

【中国和韩国签署《中华人民共和国国家林业局与大韩民国环境部关于中韩朱鹮合作的谅解备忘录》】 6月27日，在习近平总书记和韩国总统朴槿惠的见证下，国家林业局局长赵树丛与韩国环境部部长尹成奎在北京签署了《中华人民共和国国家林业局与大韩民国环境部关于中韩朱鹮合作的谅解备忘录》。按照协议内容，12月23日，中方向韩方提供两只雄性朱鹮。（吴　青）

【中国和土库曼斯坦签署《中华人民共和国国家林业局和土库曼斯坦环境保护部关于林业与荒漠化防治的合作谅解备忘录》】 9月3日，在习近平主席与土库曼斯坦总统别尔德穆哈梅多夫的见证下，中国驻土库曼斯坦大使肖清华与土库曼斯坦环保部部长阿纳巴伊拉莫夫在土库曼斯坦首都阿什哈巴德签署了《中华人民共和国国家林业局和土库曼斯坦环境保护部关于林业与荒漠化防治的合作谅解备忘录》，双方同意在森林经营、荒漠化防治、森林资源和生物多样性保护等方面开展合作。这是国家林业局首次与中亚国家签署林业合作谅解备忘录。（余　跃）

【中韩林业工作组第九次会议】 10月14日，中韩林业工作组第九次会议在韩国首尔召开。国家林业局和韩国山林厅分别派代表团参加了会议。会议商讨了林业、野生动物保护、荒漠化防治、林业病虫害、中日韩林业司局级会议等问题，同意在重点领域继续加强合作，并就商签中韩森林休养合作谅解备忘录达成了共识。

（吴 青）

【中澳林业工作组第十次会议暨中澳打击非法采伐和相关贸易工作组第二次会议】 11月26日，中澳林业工作组第十次会议暨中澳打击非法采伐和相关贸易工作组第二次会议在北京召开。国家林业局和澳大利亚农业部分别派代表团参加了上述会议。在林业工作组会议上，双方就《中澳农业合作协定》(ACACA)框架下的交流、气候变化、人工林经营、森林认证、森林防火等领域的合作进行了探讨。在非采工作组会议上，双方交流了两国在打击非法采伐和相关贸易方面的政策与实践进展，并就今后合作方式进行了探讨。 （余 跃）

【中国和日本签署《〈中华人民共和国和日本国政府关于打击木材非法采伐及相关贸易支持森林可持续经营的合作备忘录〉行动计划》】 2013年10月，中日双方通过外交渠道交换签署了《〈中华人民共和国和日本国政府关于打击木材非法采伐及相关贸易支持森林可持续经营的合作备忘录〉行动计划》，为落实该备忘录制定了具体行动指南。 （吴 青）

林业经济技术交流与合作

【中英技术合作森林施政、市场和气候项目】 10月16日，商务部和英国国际发展部签署了《关于中英森林施政、市场和气候合作的谅解备忘录》，正式确定由英国国际发展部出资300万英镑，用于实施中英技术合作森林施政、市场和气候项目。项目执行期为2013～2016年，将在木材合法性认定、木材行业发展、林权改革经验推广等领域开展合作。 （王 骅）

【商务部发展中国家援外培训项目】 2013年，国家林业局共承办了10期商务部发展中国家援外培训项目，共计培训学员171人次，学员来自亚非拉发展中国家从事林业或自然资源管理的政府官员、技术人员和研究人员等。培训领域包括林业管理、森林执法与施政、竹资源利用与竹产业发展、荒漠化防治、候鸟保护与湿地管理、生物多样性跨国界保护等内容。 （余 跃）

【科技部发展中国家技术培训项目】 2013年，受科技部发展中国家技术培训项目资助，在国家林业局的统筹管理下，湖南省林科院在湖南长沙举办了木本粮油树种应用技术培训班，北京林业大学与甘肃治沙所合作在甘肃武威举办了荒漠化防治科技部发展中国家技术培训班。来自蒙古国、埃及等亚非发展中国家的34名林业官员与研究人员参加了培训。 （余 跃）

【林业科技援外项目】 2013年，国家林业局申报的科技部对发展中国家科技援助项目“马尔代夫重大入侵害虫椰心叶甲综合防控”获得立项。项目计划出资150万元人民币，在马尔代夫开展以生物防治为主，其他防治为辅的重大入侵害虫椰心叶甲综合治理技术示范、推广与应用，为马尔代夫椰子产业的发展提供技术支持，同时开展马尔代夫椰子害虫天敌资源调查。项目期限为2013年12月至2015年10月。 （余 跃）

【商务部物资设备援外项目】 2013年国家林业局协助商务部，设计完成对加蓬、刚果(布)、喀麦隆、柬埔寨等4国1850万元的林业物资设备援助工作；为兑现中非合作论坛第5届部长级会议中方在森林保护领域的援助承诺，国家林业局与商务部积极配合，有针对性地加强对非洲重点国家在野生动物保护和森林资源保护等领域的投入，2013年确定向肯尼亚、津巴布韦、莫桑比克、赞比亚、坦桑尼亚、几内亚6国提供森林及野生动物保护设备。 （张 仰）

国际合作与交流

【综 述】 2013年，林业国际合作积极参与国际林业事务，主动应对国际林业热点问题，充分发挥中国林业在全球和区域治理机制中的作用，不断推进全方位、多层次、宽领域的林业对外开放，拓展林业国际发展空间，促进国内林业可持续发展。新签署了《中华人民共和国政府和俄罗斯联邦政府关于保护候鸟及其栖息环境的协定》《中华人民共和国政府与南非共和国政府关于湿地与荒漠生态系统和野生动植物保护合作的谅解备忘录》《中华人民共和国国家林业局和秘鲁共和国农业部关于林业合作的谅解备忘录》《中华人民共和国国家林业局与大韩民国环境部关于中韩朱鹮合作的谅解备忘录》和《中华人民共和国国家林业局和土库曼斯坦环境保护部关于林业与荒漠化防治的合作谅解备忘录》5个双边林业政府间和部门间合作协议；全年共审批511批、1663人次的出访和来华，其中派出321批、1047人次，请进190批、616人次。 （黄一川）

重要国际会议

【保护非洲象峰会】 博茨瓦纳政府和国际自然保护联盟(IUCN)于2013年12月2~4日在哈博罗内召开了“非洲象峰会”。国家林业局副局长印红率由国家林业局保护司、国际司、濒管办和外交部条法司组成的代表团出席了会议。出席会议的有非洲象分布国和部分欧美、亚洲国家以及主要的国际保护组织共约150人。会议分为3个阶段。在第一阶段，首先由IUCN专家和博茨瓦纳政府代表分别介绍全球非洲象种群状况和近年来盗猎非洲象、象牙非法贸易等情况。随后，各国参会代表先后介绍了本国非洲象保护、打击盗猎及非法贸易措施与成效，阐述了各自立场和观点，并审议了“非洲象峰会承诺及紧急措施”。在第二阶段，所有参会政府代表团团长就遏制盗猎非洲象、打击象牙非法贸易发表讲话，进一步申明各自立场和今后努力方向，审议并通过了“非洲象峰会承诺及紧急措施”。应主办国博茨瓦纳政府的请求，博茨瓦纳、IUCN、赞比亚、德国、美国和英国代表签署了该文件。第三阶段，主要是国际保护组织介绍各自为配合实施“紧急措施”计划开展的具体工作，部分国家(如美国、荷兰)政府代表则宣布了将对非洲象保护予以的资金援助。

会议期间，中国代表团通过散发宣传册、与其他参会代表非正式接触和利用会议发言、辩论等机会，主动进行正面宣传，据理阐述立场观点，积极释放合作善意，争取会议对我方立场观点的重视和理解，确保我方参会目标的实现。代表团团长印红副局长在部长级会议上发表主题讲话，重点介绍了中国对象牙雕刻行业的严格监管措施和对象牙非法贸易的严厉打击行动，强调了在盗猎非洲象和象牙非法贸易各个环节加强国际合作、共同强化执法的必要性和紧迫性，表明了中国继续强化执法监管、提高公众保护意识、支持非洲象分布国保护行动的立场，并呼吁国际社会大力援助非洲象保护。

会议期间，印红副局长还应邀与英国环境部部长进行了简短的双边会谈，就打击野生动物非法贸易和伦敦峰会事宜交换了意见。（刘　昕）

【全球雪豹保护论坛】 10月22~23日，应吉尔吉斯共和国副总理的邀请，国家林业局副局长印红率团出席在吉尔吉斯首都比什凯克召开的全球雪豹保护论坛和高级别会议。本次论坛是在世界银行和雪豹信托基金的推动下，由吉尔吉斯总统发起的。全球12个雪豹分布国主管部长、有关国际组织包括世界银行、全球环境基金、联合国开发计划署、雪豹信托基金的代表出席了该论坛。此次全球雪豹保护论坛包括部长级会议和高级别会议。吉尔吉斯共和国总统阿塔姆巴耶夫和各国代表团团长及主要国际组织的代表出席了高级别会议。

印红副局长在论坛部长级会议和高级别会议上分别致辞，感谢阿塔姆巴耶夫总统发起举办此次全球雪豹保护论坛，着重介绍了中国现已拟定并将尽快发布《中国雪豹保护行动计划》的主要保护工作。

论坛高级别会议最后正式通过了由部长级会议达成的《关于保护雪豹的比什凯克宣言》并批准《全球保护雪豹计划》。根据比什凯克宣言，将成立全球雪豹保护指导委员会，在比什凯克成立临时工作秘书处，待时机成熟后组建永久秘书处。（张忠田）

【濒危野生动植物种国际贸易公约(CITE)第16届缔约方会议】 3月，《濒危野生动植物种国际贸易公约》(CITES)第16届缔约方会议在泰国曼谷召开。张建龙副局长率领由外交部、发改委、农业部、海关总署、中科院和港、澳特区政府代表组成的中国政府代表团与会。会议讨论政策性议题和物种提案各70多个，做出了近100个决议决定，涉及公约财务预决算、议事规则、敏感物种、海洋渔业管理、执法与遵约等内容。

参会期间，张建龙出席了打击野生动植物跨境团伙犯罪部长和高级别代表圆桌会议并发言，介绍中国在野生动植物保护与生态建设方面采取的主要举措、就国际社会妥善应对野生动植物跨境犯罪提出建议，呼吁各资源国、中转国和消费国加强合作，共同打击濒危物种犯罪。

会议期间，张建龙还会见了联合国环境署执行主任阿齐姆·施泰纳、CITES秘书长约翰·斯甘伦、南非环境部长埃德娜·莫莱瓦和泰国资源与环境部副部长等，就大会主要议题和CITES履约及未来发展深入交换意见。（肖望新）

【联合国森林论坛第10届会议】 由国家林业局孙扎根副局长任团长，外交部条法司和国际经济司，国家林业局国际司、造林司、资源司、宣传中心、经研中心、合作中心、中国林科院、辽宁省林业厅及清源县林业局代表组成的中国代表团，出席了2013年4月8~19日在土耳其伊斯坦布尔召开的联合国森林论坛第10届会议(以下简称UNFF10)。会议围绕“森林与经济发展”的主题，重点审议了各国履行《国际森林文书》的进展情况、森林与经济发展、森林合作伙伴关系成员机构间的协同增效、2015年后联合国发展议程、国际森林机制安排的有效性、促进森林可持续经营的执行手段以及联合国森林论坛信托基金等7个主要议题。来自联合国森林论坛197个成员国的代表经反复磋商和谈判最终达成共识，并就森林与经济发展和未来森林机制安排形成了两项大会决议。

在为期2天的部长级会议期间，50多位部级官员或代表做了大会发言，介绍本国林业发展情况，表达对国际森林问题的关切，并对大会重点议题，特别是森林与经济发展的关系和未来国际森林机制安排等，阐述国家观点和主张。中国代表团团长孙扎根在部长级会议上做了大会发言，介绍中国政府保护森林和发展林业的重大举措与成就，在林业生态工程建设、林业产业发展和农村林权制度改革方面的经验与挑战，并提出了将森林纳入2015年后联合国发展议程、全面履行《国际森林文书》、发挥联合国作用并采取"小步走、不停步"的原则推动国际森林问题政府间磋商等3项主张，得到与会代表的高度评价。

会议期间，代表团进行了多次双边会谈。孙扎根副局长会见了联合国副秘书长吴红波和美国助理国务卿凯利·安·琼斯。苏春雨司长分别约见了加拿大、奥地利、巴西、瑞士、阿根廷、印度、土耳其及联合国粮农组织的代表。这些双边会谈促进了中国与世界各国在林业方面的交流，加深了相互理解，开拓了未来合作空间。

4月8日，中国代表团与联合国森林论坛、联合国粮农组织共同举办了题为"中国履行《国际森林文书》的实践"边会活动，全面介绍了中国履行《国际森林文书》的进展情况和示范单位建设情况。辽宁省清源县代表介绍了地方层面实施森林可持续经营的经验和面临的挑战。联合国森林论坛秘书长简·麦凯尔平高度评价了中国在履行《国际森林文书》方面的成效，代表团同时散发了专门印制的《中国林业概况》和《生态林业与民生林业》宣传册。

会议期间，代表团成员全面深入地参与了本届会议的磋商与谈判，并就履行《国际森林文书》的总体情况、森林与经济发展、2015年后联合国发展议程、未来国际森林机制安排、加强森林合作伙伴关系、森林资金机制安排等多项议题发表意见。中方发言受到普遍关注，主要意见和建议被大会纳入决议内容，取得了很好的影响和效果。

中方提出了探讨建立自愿性全球森林基金、开辟全球环境基金林业新窗口和整合现有国际森林资金渠道等3项主张，得到广大发展中国家的拥护并被纳入大会决议。 （刘　昕）

【第二届亚太经合组织（APEC）林业部长级会议】 第二届亚太经合组织（APEC）林业部长级会议于2012年8月14～16日在秘鲁库斯科市召开。国家林业局副局长张永利率由国家林业局和外交部组成的中国代表团参会，充分发挥了中国作为APEC林业部长级会议倡议方和首届会议东道方的作用。张永利副局长应邀在会议开幕式上做主旨发言，阐述中国关于亚太地区林业可持续发展的主张。在会上通过发言宣传中国林业发展建设理念和成就；深入参与和主导会议成果文件磋商，中方关注的APEC林业部长级会议、在APEC框架下建立政策伙伴关系对话平台、亚太森林组织的重要作用和悉尼目标评估等问题在会议成果文件《库斯科宣言》中得到充分体现；在会上做专题发言并担任非法采伐专家小组成员；推荐大自然家居集团作为中国林业企业代表在会上做专题发言，有力提升中国林业企业的国际形象。

会议由秘鲁农业与灌溉部主办，以"科技创新，推动森林可持续经营、林产品贸易和森林保护"为主题，重点讨论了通过森林经营推动绿色增长和改善民生、亚太地区林业可持续发展面临的挑战、通过完善相关法律法规加强森林可持续管理等议题，并通过了《库斯科宣言》。会议期间还举行了部长与企业家对话。

会议期间，张永利会见了秘鲁、俄罗斯、韩国、中国台北等经济体的部长级官员，就在APEC框架下建立固定林业合作渠道、推动部长级会议机制化和双边林业合作等议题广泛深入地交换了意见。此外，中国与日本、马来西亚、美国、澳大利亚等经济体也进行了深入交流。 （肖望新）

【林业生产者组织国际会议】 为宣传林业生产者组织在推动森林可持续经营和社会经济发展中的重要作用，宣传和分享中国在集体林权改革中的成功经验，国家林业局与FAO于2013年11月25～28日在广西桂林市联合举办"林业生产者组织国际会议"。会议由亚太森林恢复与可持续管理组织（APFNet）承办。来自国内外林业部门、林业合作组织、林业服务机构和有关国际组织的约120位代表应邀与会，就林业生产者组织对经济发展的重要作用、提高生产者组织的能力、林业服务机构的作用、政府的作用和未来发展方向等议题深入研讨。会议期间，与会代表还实地考察了广西的林业产权交易所、农民林业专业合作组织等。 （肖望新）

【《联合国气候变化框架公约》第19次缔约方大会】 2013年11月8～23日，来自各国和国际组织以及媒体的8300名代表参加了在波兰华沙举行的《联合国气候变化框架公约》（以下简称"公约"）第19次缔约方大会暨《京都议定书》（以下简称"议定书"）第9次缔约方会。联合国秘书长潘基文、本届联大主席约翰·阿什、波兰总理唐纳德、坦桑尼亚总统基奎特及100多名部长或部长级官员出席了高级别会议。国家林业局派员参加。会议通过了关于进一步推进2020年后全球应对气候变化新协议谈判的决定，同意建立"损失与破坏"国际机制，敦促发达国家兑现1000亿美元资金承诺，尽快向绿色气候基金注资，通过了被大会主席命名为"华沙REDD＋行动框架"的林业相关决定。

2005年，在巴布亚新几内亚和哥斯达黎加的积极倡议下，气候公约缔约方大会同意将"为发展中国家减少毁林排放行动提供激励政策的议题"纳入到气候变化公约谈判中。2007年在中国和印度积极主张下，"为发展中国家减少毁林排放行动提供激励政策的议题"的讨论范围扩大到了包括森林保育、可持续经营森林和增加碳储量的行动。经过8年艰苦谈判，在此次华沙气候大会上取得了突破性进展。 （王春峰）

【亚太经济合作组织（APEC）非法采伐和相关贸易工作组会议】 APEC非法采伐和相关贸易工作组第三次和第四次会议分别于2013年1月29～31日在印度尼西亚雅加达、6月25～28日在印度尼西亚棉兰举行。国家林业局派代表团参加了上述会议。会议讨论通过了专家组2013～2017年战略规划和2013年工作计划。

（王　骅）

【中欧森林执法与行政管理双边协调机制（BCM）第四次会议】 2月22日，中欧森林执法与行政管理双边协调机制（BCM）第四次会议在比利时布鲁塞尔欧盟总部召开。中欧双方深入交流了欧盟森林执法、施政和贸易行动计划(FLEGT)，特别是《欧盟木材法案》的具体实施细则，进一步理顺了中欧森林执法与行政管理双边协调机制，同意推进符合双方利益的务实合作和具体行动，特别是利用BCM平台推动政府、科研机构、行业协会、企业等多层面沟通交流和磋商。会议确定了2013年8项合作活动。（王　骅）

亚太森林恢复和可持续管理网络

【综　述】 2013年，亚太森林网络管理中心(亚太森林组织秘书处)以亚太森林组织平台建设为主线、以亚太森林组织机制化建设为中心，以项目活动、能力建设、政策对话、信息共享为抓手，各项工作取得积极进展。

机构建设　2013年，积极完善亚太森林组织运行机制和管理体制。亚太森林组织运行和管理的基础性文件——《亚太森林组织运行框架章程》已得到20个经济体和5个国际组织正式书面确认。6月召开亚太森林组织指导委员会第三次会议和联络员第四次年会，审议通过了《亚太森林组织董事会成立方案》《亚太森林组织秘书处职员管理规定》及《亚太森林组织项目评审专家组议事规则》等制度文件，并于会后启动了亚太森林组织董事提名程序，着手制定董事会议事规则等运行制度。

政策对话　①积极落实温家宝总理倡议的亚欧林业示范项目，邀请老挝副部长代表团来华商定了落实该项目的具体安排，并派两个专家组赴老挝进行实地调研和项目设计，预计2014年初可签署项目协议。②充分利用第二届APEC林业部长级会议资助方身份，主动参与会议日程和成果文件设计，并配合国际司，发挥中方话语权和影响力，推进APEC林业部长级会议机制化。

示范项目　2013年着重加强项目规划和管理，进一步提升项目质量。①研究制订了"坚持立足周边、突出重点区域"的原则，以总结、提炼和推广森林可持续经营良好实践、政策和模式为项目设计理念。在综合考虑各经济体的实际需求和亚太森林组织发展现状的基础上，精心组织项目的规划和遴选，使项目发展由重数量向重质量转变，项目设计由重影响向重成果转变。②为提高项目执行管理水平，确保项目切实成效，按照"加强计划、重在沟通、适度干预、及时调整"的总体思路和组织项目资金周期特点，进一步明确了项目周期、重点工作、时间节点，完善了《亚太森林组织项目管理办法》，初步制订了项目外部监测评估程序与办法和项目成效考核标准指标，大大提高项目申请、甄选和执行、结题效率。

截至2013年，共资助示范项目和政策研究项目20个，资助资金总额达到7000多万元，涉及加拿大、马来西亚、泰国、老挝、尼泊尔、印度、巴布亚新几内亚和中国台北21个经济体。项目内容涵盖森林与气候变化、跨境生物多样性保护、森林资源管理、森林恢复、林业政策、社区林业、森林资源清查和林业教育等领域。

伙伴关系　①积极落实与联合国粮农组织(FAO)、国际热带木材组织(ITTO)等签订的合作协议。2013年，亚太森林组织与FAO、ITTO、FFF(森林与农场基金)和亚太地区社区林业培训中心(RECOFTC)等合作召开了中国林产品信息统计研讨会、第三次亚太地区林业院校长会、林业生产者组织国际会议、第三届人与森林区域论坛等国际会议，有效地提升了组织的区域影响力，同时宣传了中国在林业领域的成果。②在与秘鲁共同设计、组织召开第二届APEC林业部长级会议的基础上，积极推动并促成亚太森林组织与秘鲁农业部签订了谅解备忘录，确定了森林可持续经营、林业人才培养与信息共享等重点合作领域，为双方未来合作奠定了重要基础。

能力建设　①进一步加强能力建设活动的体系化、规范化和专业化，充分发挥亚太森林组织昆明培训中心和北京林业大学的优势平台，精心谋划和实施"应对气候变化森林可持续经营管理培训班"和"社区林业发展的动功能性培训班"2个主题培训班，集中培训了29位亚太区域林业官员。②"大湄公河次区域森林可持续经营高级研修班"就非法采伐、林业与气候变化、生物多样性保护等问题，邀请大湄公河次区域经济体司局级林业高官进行研讨，交流各经济体的应对策略，确定今后合作的重点及能力需求。③在做好在校奖学金生的管理工作的同时，组织开展了奖学金项目的成效评估，并根据亚太经济体的实际需求，调整奖学金项目的专业设置，重点为各经济体培养林业经济管理专业硕士。④首次组织在校奖学金生赴内蒙古旺业甸林场开展野外教学，以便其更好地了解中国林业管理模式和经营实践。

截至2013年，已培训亚太地区18个经济体176名林业官员。奖学金项目共计招收来自亚太区域11个经济体的30名林业官员和林业工作者，受到发展中经济体的欢迎和高度赞誉。

信息共享　2013年是亚太森林组织成立的第五周年。围绕"五周年"宣传主题，积极谋划并开展了亚太森林组织五周年系列宣传活动，录制亚太森林组织五周年宣传片、参加展览设立展台或展架4次，组织实施在秘鲁APEC林业部长级会议期间举行的五周年纪念招待会、《中国绿色时报》专版宣传"亚太森林组织五周年发展""生态文明贵阳国际论坛分论坛及展览""林业生产者国际会议"等活动。高质量地编辑制作《亚太森林组织五周年发展纪实》《亚太森林组织2012年年报》《亚太林业》第二期减贫专题。

林业多边国际交流与合作

【中美战略经济对话打击野生动植物非法交易对口磋商】 在第五轮中美战略经济对话期间，中美合作打击野生动植物非法交易对口磋商启动会于2013年7月10日在美国国务院举行。会议的主要内容是回顾全球野生动植物非法交易状况，交流双方在执法、贸易管控和各相关领域工作情况，探讨未来合作领域与合作机制。国家林业局局长赵树丛为团长，国家林业局办公厅、国际司、保护司、濒管办，安徽省林业厅，外交部条法司，公安部国际合作局组成的政府代表团出席了本次会议。美国由副国务卿霍麦茨为团长，助理国务卿、鱼和野生动物管理局局长、司法部代理副部长等10多家政府机构高官共40多名代表组成代表团。赵树丛局长和霍麦茨副国务卿分别讲话，表达了当前全球范围内存在野生动植物非法交易问题的严重性，和中美加强这一领域合作的必要性。

会议磋商在中国国家林业局国际合作司司长苏春雨和美助理国务卿琼斯的共同主持下进行。双方对加强执法领域合作、减少对非法获取和交易的野生动植物的需求、加强野生动植物保护国际合作等议题进行了交流，探讨了双方未来在打击野生动植物非法交易的合作机制。会上，中国国家林业局野生动植物保护司总工程师严旬就野生动植物非法交易的全球形势、国际社会和中国面临问题及挑战作了主题报告。美国鱼和野生动物管理局局长丹·艾仕介绍了全球野生动植物非法交易形势和国际社会及美方在打击野生动植物非法贩运方面开展的工作。

经会议磋商中美双方达成以下几点共识：一是确定了5项合作领域，双方承诺，将在以下5个方面合作打击全球非法贩运野生动植物活动：①分析全球野生动植物非法贩运现状以及评估现行机制，寻求更有效的打击非法贩运野生动植物的合作机制；②加强国家、区域和国际层面的执法，包括强化执法部门间的合作；③设法消除对非法获取和贸易的野生动植物及其产品的非法供应和需求；④开发创新技术来支持上述努力；⑤通过与其他国家特别是原产国协作来加强野生动植物保护领域的国际合作。二是达成了4点重要共识，双方认为，野生动植物非法贩运问题重要且急迫，需要加以高度重视和积极应对。①进一步探索在中美战略与经济对话下建立最佳合作平台，双方指定了各自联络员，继续加强沟通；②认真做好各自国内执法工作，既要建立国内部际间的联系协作机制，也要强化国内联合打击行动，更要共享行动信息，在国际社会做出表率，进而推动各国采取行动；③搜集和共享全球野生动植物非法贩运和交易信息，合作分析全球野生动植物非法贩运现状；④共同推动开展多边执法行动。 （刘　昕）

【中欧签署CITES履约合作意向书】 7月18日，国家林业局副局长张建龙在北京会见了欧盟环境委员让奈·博托什尼克一行。双方回顾了中欧在打击非法采伐及相关贸易、《濒危野生动植物种国际贸易公约》(CITES)履约和荒漠化防治等领域的合作，并签署了CITES履约合作意向书。双方同意，今后将重点在以下领域开展合作：一是确保CITES及其缔约方会议通过的各项决议和决定得以适当执行；二是在未来筹备CITES相关会议时，就各自立场更好地进行信息交流，增进相互理解。欧盟委员会环境总司及中国国家林业局拟每年举行一次联合会议，并考虑开展专家交流项目的可能性。

（肖望新）

林业民间国际合作与交流

【综　述】 2013年，林业民间国际合作与交流继续本着服务林业、服务外交的原则，紧密围绕国内林业需求和林业国际热点问题开展工作。民间合作与履行《国际森林文书》等相关活动逐步被纳入中美、中德、中澳、中瑞(士)、中俄、中韩等双边工作组机制，对配合林权制度改革、荒漠化防治、林业企业“走出去”等业务作出了一定的贡献。林业民间国际合作与交流还积极引进并推广林业治山、森林体验等先进理念和模式，为中国林业发展拓展了新的领域和思路。在双边领域，继续与瑞典农民联合会、瑞典斯凯孚集团、韩国国际协力团、日本国际协力机构、小渊基金事务局等机构开展项目合作，新争取小渊基金项目76个，援助金额8亿日元。在多边领域，继续与世界自然基金会、保护国际基金会等国际非政府组织，落实新项目142个，外方援助资金约1.2亿元人民币；逐步建立合作与监管并重的互利共赢模式。在履行《国际森林文书》领域，国家林业局启动并开展了履行《国际森林文书》示范单位建设工作，实施示范单位的森林经营和能力建设项目，宣传了中国林业建设成就，提升了国际影响力。2013年4月，以国家林业局的名义印发了《林业单位与境外非政府组织合作与交流管理暂行办法》，进一步完善了现有的管理体系和制度。 （孙念军）

【中日民间绿化合作工作年会】 2013年2月27日至3月2日，在日本东京举行。会议就项目年度检查、森林档案编制等事宜进行了磋商，并就推动项目可持续发展，进一步深化中日民间在共同关心的领域开展交流与合作等内容进行了探讨。与会双方对目前合作的成果给予了充分肯定，并就项目今后的管理、可持续性以及开发更多的资金和资源实施林业项目等议题交换了意见。（许强兴）

【中日合作“中国黄土高原林业新技术及管理方法推广普及项目”联合协调委员会第三次会议】 2013年3月6日，在陕西西安召开。国家林业局国际合作司、对外合作项目中心，日本国际协力机构中国事务所等单位的负责人以及山西、陕西、内蒙古、宁夏、河南、甘肃、青海7省（区）林业厅（局）分管厅领导和相关处室负责人约40余人出席了会议。会议听取项目参与省（区）2012年度项目实施工作情况，通过了2013年度项目实施框架计划。（许强兴）

【中日技术合作中国西部地区林业人才培养项目第四次联合委员会会议】 2013年4月26日，在国家林业局林业干部管理学院召开。国家林业局国际合作司、人事司、对外合作项目中心、干部管理学院以及科技部国际合作司、日本驻华使馆、日本国际协力机构中国事务所等单位的负责人以及四川、广西、陕西、宁夏4省（区）培训基地的代表共26人参加了会议。

会议听取了2012年度项目工作报告和2013年度工作计划草案，讨论通过了项目2013年度计划，充分肯定了项目取得的阶段性成果，进一步明确了今后的工作重点和任务。（吴　青）

【中日人与朱鹮和谐共存的地区环境建设项目第三次联合协调委员会会议】 2013年5月31日，在河南省郑州市召开。国家林业局国际合作司、野生动植物保护与自然保护区管理司、对外项目合作中心、中国林科院、陕西省林业厅、河南省林业厅以及日本驻华使馆、日本国际协力机构中国事务所的有关官员和该项目在华日方专家出席了会议。会议听取了2012年度项目活动报告，审议了2013年度项目活动计划，项目首席顾问森康二郎提出了项目运行实施计划修改案，并汇报了项目2012年度实施情况。

“人与朱鹮和谐共存的地区环境建设”项目于2010年1月签署实施协议，日本政府提供约4.5亿日元，用于开展完善人与朱鹮和谐共存的环境建设活动，项目为期5年。目标是通过调查完善项目地的自然环境和社会环境信息，通过实施朱鹮的野化放飞和监测活动，建立野化放飞体系，促进种群增长；通过在项目区开展相关环境建设项目，建立示范性的社区参与型保护模式；通过开展环境教育和培训，提高保护工作者和当地社区公众的意识，实现人与朱鹮和谐共存。（吴　青）

【中日民间绿化合作委员会第十四次会议】 2013年7月1~6日，在日本东京举行。委员会成员单位国家林业局国际合作司、外交部亚洲司、日本外务省亚洲大洋洲局、林野厅森林整备部派代表出席了会议，国家林业局对外合作项目中心和日本日中绿化交流基金事务局代表列席会议。会议回顾了一年来双方开展的重点工作，审议了中日民间绿化合作2012年度项目执行情况、项目检查结果、资金使用情况，讨论通过了2013年度项目实施方案和重点领域。（张　喆）

【小渊基金年度新项目磋商会】 2013年9月2~6日，在日本东京举行。国家林业局对外合作项目中心派团参加了会议。会议期间，双方就2013年度新项目实施情况交换了意见，确定新年度小渊基金项目79个（包括延续项目57个、新项目22个），争取日方资金8亿日元，荒漠化防治成为小渊基金合作重点领域。会后，代表团拜会了日本林野厅和森林组合以及日本主要林业民间机构，并赴广岛与日中亲善协会负责人就四川地震灾后生态恢复合作交换了意见。（张　喆）

【小渊基金事务局长访华】 2013年10月14~21日，应国家林业局对外合作项目中心邀请，日本日中绿化交流基金事务局梶谷辰哉局长及须崎幸男副局长来华访问，代表团实地考察了内蒙古、陕西、甘肃的日中绿化交流基金防沙治沙项目示范林备选地。根据2013年7月在日本召开的中日民间绿化合作委员会会议决议，中日双方将加强防沙治沙合作，并将其列为重点领域。梶谷辰哉局长此行是为落实委员会会议决议，对即将开展的第三个日中绿化交流基金示范林项目进行选址考察。代表团表示，通过新防沙治沙的示范林项目的建设，将进一步体现中日民间绿化合作对荒漠化防治工作的重视，并以此扩大中日民间绿化合作的示范效果，为进一步拓宽中日民间绿化合作的重点领域奠定基础。（许强兴）

【中日技术合作中国西部地区林业人才培养项目终期评估】 2013年10月23日至11月1日，中日技术合作中国西部地区林业人才培养项目开展了终期评估工作。来自中日各方代表共21人参加了评估会议。会议讨论通过了项目终期评估报告，并签署了项目联合评估协议备忘录。

通过本次终期评估，围绕妥当性、有效性、效率性、影响性和独立发展性等5个方面总结了项目工作经验，充分肯定了项目阶段性成果，论证了项目实施效果，为实现项目总体目标，提出了建设性的意见和建议。（吴　青）

【林业治山研讨会】 2013年11月21~22日，在四川成都召开。会议由国家林业局对外合作项目中心主办，四川省林业厅承办。研讨会是落实赵树丛局长关于“林地是第一资源，治山就是增加林地质量，保护资源首先要保护林地资源”指示的重要举措，是引进国外林业创新理念的具体行动。国家林业局副局长印红出席研讨会并发表讲话。国家林业局各相关司局、各直属单位，各相关省（区、市）林业厅（局）负责同志以及北京林业大学、四川省林科院的专家出席了研讨会。

印红副局长要求，林业部门要坚定信心，充分理解林业治山的重要意义，充分认识林业治山是生态修复的新的有效途径，是创建“绿色减灾”和生态修复新模式，是实现标本兼治、稳定和增加林地资源、提高林分质量的重要手段，要把林业治山作为发展生态林业、民生林业的重要抓手积极推进。国家林业局相关部门应对日本林业治山的经验进行梳理和总结，结合中国国情和林情，研究日本林业治山模式在中国的应用，创建出适合中国的林业治山模式；林业科研单位要重点研究林业治山的技术措施，加强相关专业的人才培养，强化科技支撑，把林业治山作为科技兴林的新突破口；各地可结合各自特点，适时建立林业治山的试验示范区。总体工作应本着"超前研究、试点先行、及时总结、探索前进"的原则稳步推进。（许强兴）

【中俄林业产业交流机制化】 2013年11月25～30日，以俄罗斯联邦林务局财务预算司长阿基莫夫为团长的俄罗斯代表团一行8人来华访问，代表团在华期间实地考察了中国林业产业、林业资金投入、国家对林业企业扶持政策和森林防火等有关情况。在国家林业局座谈期间，计资司、森林公安局和中国林业产业联合会负责同志向俄方介绍了相关情况。俄方高度评价中国林业生态建设和林业产业发展取得的巨大成就，并表示希望积极推动中俄两国在林业产业、森林防火等领域的交流机制化，欢迎中国林业企业到俄罗斯境内投资。俄代表团在华期间，还考察了北京、浙江两地林业、特别是林业产业发展情况。（许强兴）

【中日合作四川省地震灾后森林植被恢复项目第五届联合协调委员会】 2013年12月17日，在四川省彭州市召开。国家林业局国际合作司、造林司、规划院、对外合作项目中心、四川省林业厅和彭州、汶川、北川、绵竹项目实施地代表，以及日本驻华使馆、日本国际协力机构中国事务所有关官员和日方专家等共45人参加了会议。

会议审议了上年度工作绩效，讨论并确定了下年度重点工作。中日项目组及四川4个县(市)项目实施地代表汇报了2013年项目实施和培训情况并讨论通过2014年项目实施计划。国际合作司领导作了会议总结，强调2014年是项目实施的最后一年，在做好项目计划内工作外，着重总结提炼项目取得的成果，尽早谋划项目可持续发展。林业治山关乎国土安全和林业全局，意义重大，需要上下互动，层层推动，项目为探索中国林业治山模式提供技术支撑，各单位要用好项目平台，发挥林业实施重大生态修复优势和潜力，为构建中国林业治山模式作出积极贡献。会议结束后中日双方签署了《项目第五次联合委会备忘录》。（张　喆）

【陈述贤组长率团出访匈牙利】 2013年7月11～14日，国家林业局党组成员、中央纪委驻局纪检组组长陈述贤率团访问了匈牙利。匈牙利副总理谢姆延·若尔特在议会大厦会见了中国林业代表团一行，双方就林业发展、政策制定等议题交换了意见。代表团在匈期间还专程访问了国际狩猎和野生动物保护理事会总部，会见了博纳德·罗茨主席和塔马斯·马尔盖斯库总干事，参加了匈牙利国家森林联合会年会开幕式和匈牙利年度狩猎节开幕式，实地了解了匈牙利森林与野生动物资源保护与利用情况。（杨瑷铭）

【中德林业可持续合作对话】 2013年4月16日，在北京举行。来自双方项目单位和管理机构的代表以及专家等约60人参加了会议。会议全面回顾了中德合作的历史，总结了项目合作的成果和经验。项目单位向会议报告了中德合作项目产生的效益和创建的管理与经营模式。会议还讨论了中德项目的后期管理及可持续问题。

中德财政合作造林项目自1993年启动以来，累计实施30个生态造林项目，德方援助金额共计1.88亿欧元，截至2012年年底，已完成营造林86.3万公顷，森林经营10.4万公顷，修建林道2319千米，建立苗圃50个，培训人员近12万人次，近104万人受益。近年来，技术合作还逐渐扩展到湿地保护、低碳土地利用、生态宣传教育等新领域。本次会议的主要目的是总结合作经验，宣传并推广项目成果，促进中德双方进一步交流与合作。（杨瑷铭）

【瑞典斯凯孚造林项目指导委员会第五次会议】 2013年10月17日，在辽宁省大连市召开。国家林业局对外合作项目中心、斯凯孚中国区、辽宁省林业厅和瑞典农业科技大学等项目委员会成员代表出席了会议。会议交流了项目实施情况，探讨了项目后续的可持续性。双方还积极考虑项目结束后的管护问题，认真总结项目经验，推广项目成果，充分发挥国际合作项目的优势，为中国林业发展提供样板示范。（杨瑷铭）

【推动国家林业局与瑞典皇家农林学会交流与合作】 2013年1月27～31日，对外合作项目中心组团赴瑞典参加瑞典皇家农林学会成立200周年庆典活动及国际研讨会，并与瑞典农民联合会就双方合作框架下的活动计划进行了交流和讨论。

国家林业局对外合作项目中心2011年与瑞典农林联合会签署了合作谅解备忘录，并据此开展了一系列人员和技术交流活动。鉴于该合作对中瑞林业合作作出了积极贡献，瑞典农林联合会2011年接收对外合作项目中心双边处处长沈素华为瑞典皇家农林学会国际会员，这是第一位被提名为该学会国际会员的中国林业工作者。（杨瑷铭）

【新西兰欧森林业公司执行总裁彼得·克拉克先生访华】 应国家林业局对外合作项目中心邀请，新西兰欧森林业公司首席执行官彼得·克拉克先生一行于2013年7月25日至8月7日来华访问，并赴广西、黑龙江、吉林进行考察，寻求与中方开展森林经营合作的机会。通过考察，代表团认为中新两国在森林信息系统管理和基因改良等方面具有巨大的合作潜力。国家林业局对外合作项目中心领导会见了克拉克先生一行，欢迎欧森公司将新西兰先进的林业技术和管理经验引进到中国，并介绍了合作中心在推动中国林业企业"走出去"方面的考虑与设想，希望该公司为此提供支持，实现互利共赢。（李　博）

【中国林业走出去座谈会】 2013年8月29日，在哈尔滨召开。来自国家林业局国际合作司、对外合作项目中心、内蒙古、吉林、龙江、大兴安岭和长白山森工集团、中林集团和中国纸业投资公司的代表约40人出席了座谈会。会议还特邀美国博闻锐思咨询公司的专家与会。

座谈会期间，对外合作项目中心与锐思咨询公司的代表和专家就国际森林问题及中国林业对外开放形势、中俄林业开发利用合作、世界林业投资趋势等主题进行了阐述。各企业的代表分别介绍了各自实施对外林业投资的现状和经验教训，并提出了推动林业企业走出去的建议。

经过深入讨论，与会代表一致认为，实现国家统筹规划、提供资金和政策支持、建立信息交流平台，开展技术和法律培训以及建立境外投资保护机制等措施是对中国林业企业实施“走出去”战略的重要保障，而企业自身守法，规范经营，履行社会责任，则是“走出去”后持续发展的重要前提。国际司和对外合作项目中心在会上表示，将通过政府间和民间国际合作渠道，开展国别研究，建立沟通平台，开展相关培训，帮助各企业提高“走出去”的成功率，实现“走出去”的可持续性。

（李　博）

【中德财政合作“北方荒漠化综合治理”宁夏项目进展评估】 2013年9月13～17日，德国复兴信贷银行（KFW）检查组赴宁夏回族自治区考察中德财政合作“北方荒漠化综合治理”宁夏项目。在中卫市、中宁县和盐池县，检查组通过实地考察、深入农牧民家中和与官员座谈等方式深入项目地，全面了解当地项目实施进展情况。通过此次评估，检查组一致认为宁夏项目总体进展顺利，基本达到了预期的效果，可为其他德援项目提供示范。

（李　博）

【瑞典农民联合会官员访华】 应国家林业局对外合作项目中心邀请，瑞典农民联合会国际事务高级顾问莱纳特·阿克扎尔先生于11月28日至12月1日来华访问并赴广西壮族自治区桂林市考察了林农合作组织情况。

在桂林市永福县期间，阿克扎尔一行参观了林业经营和草珊瑚种植合作社，对组织机构、成员组成、管理体制等情况进行了详细了解和交流，外宾还考察了当地木材市场和胶合板厂。此次访问进一步促进了合作中心与瑞典农民联合会的合作，推动了双方在林农合作组织建设、林业剩余物加工利用等方面的交流，为今后有针对性地开展合作奠定了基础。

（李　博）

【规范林业单位与境外非政府组织的合作】 4月9日，国家林业局印发了《林业单位与境外非政府组织合作与交流管理暂行办法》（以下简称《暂行办法》）。作为涉林境外非政府组织在华活动的业务主管单位，国家林业局印发《暂行办法》是规范合作、加强管理的一项重要举措。《暂行办法》对各林业单位与境外非政府组织的合作原则和形式做出了规定，明确了报批和备案事项，要求各单位指定具体部门负责与境外非政府组织的合作与交流，《暂行办法》是全国林业单位与境外非政府组织合作与交流的指导性文件。

（胡元辉）

【国家林业局与湿地国际年会】 5月9日，在北京举行。国家林业局对外合作项目中心、湿地保护管理中心以及宁夏、河北等有关省区林业（厅）局、湿地国际中国办事处的代表参加了会议。与会双方回顾了2012年度合作项目的执行情况，讨论并拟定了2013～2014年度的合作项目，通过了《国家林业局与湿地国际2013～2014年度合作谅解备忘录》。根据《备忘录》，2013～2014年度双方将共同开展8个合作项目，湿地国际援助资金约50万欧元。

（王　智）

【推动国家林业局与国际林业研究中心的合作】 为加强在林业政策研究领域的国际交流与合作，2013年6月7日，印红副局长在北京会见了来访的国际林业研究中心总干事彼得·侯姆格林博士，并与其签署了《国家林业局与国际林业研究中心合作谅解备忘录》。会谈期间，宾主双方简要回顾了合作历史，探讨了未来合作的重点领域。印红副局长对国际林业研究中心自成立以来在林业政策研究、林权改革和应对气候变化等领域发挥的积极作用表示赞赏，对国际林业研究中心为中国林业研究领域提供的长期支持表示感谢。彼得·侯姆格林总干事对中国林业建设取得的成就表示肯定，并对双方今后的合作提出了建议。

（王　智）

【国家林业局与世界自然保护联盟年会】 6月8日，在北京召开。国家林业局相关司局和直属单位，北京市园林绿化局、广东省林科院以及世界自然保护联盟的代表参加会议。与会双方回顾了2012年度合作项目执行情况，并就2013～2014年度合作项目进行了讨论，通过了《国家林业局与世界自然保护联盟2013～2014年度合作谅解备忘录》。根据《备忘录》，2013～2014年度，双方将共同开展6个项目，世界自然保护联盟预算投入资金约400万元人民币。

（荣林云）

【国家林业局与世界自然基金会年会】 6月21日，在北京召开。国家林业局相关司局、直属单位、有关省（区、市）林业厅（局）及世界自然基金会的代表参加了会议。会议总结了2012年度合作项目执行情况，并就2013～2014年度合作项目进行了讨论，通过了《国家林业局与世界自然基金会2013～2014年度合作谅解备忘录》。根据《备忘录》，2013～2014年度，世界自然基金会将在湿地保护与管理、生物多样性保护、森林资源保护与可持续经营等领域与中国林业单位共同开展58个合作项目，世界自然基金会预算投入资金约1500余万元人民币。

（荣林云）

【国家林业局与野生生物保护学会年会】 7月18日，在北京举行。国家林业局有关司局、直属单位、相关省（区、市）林业厅以及野生生物保护学会的代表参加了会议。会议回顾了2012年度合作项目执行情况，商定了2013～2014年度合作项目，通过了《国家林业局与野生生物保护学会2013～2014年度合作谅解备忘录》。根据《备忘录》，2013～2014年度，双方将在野生东北虎及其栖息地的保护、青藏高原野生动物及栖息地保护、野生动物贸易控制管理等领域共同开展21个合作项目，野生生物保护学会预算投入资金约363万元人民币。

（荣林云）

【国家林业局与保护国际基金会年会】 9月23日，在北京举行。来自国家林业局有关司局、直属单位，有关省(区、市)林业厅(局)以及保护国际基金会的代表参加了会议。

双方在总结2012年度合作项目成果和经验的基础上，对2013~2014年度的合作项目进行了磋商并达成共识，通过了《国家林业局与保护国际基金会2013~2014年度合作备忘录》。根据《备忘录》，2013~2014年度，双方将在淡水湿地保护、林业碳汇和应对气候变化、社区保护以及CITES履约执法能力建设等领域开展合作，并在青海、四川和云南等省(区、市)实施试点项目，保护国际预算投入资金700多万元人民币。

（王　智）

【国家林业局与大自然保护协会年会】 10月15日，在成都召开。来自大自然保护协会、国家林业局有关司局、直属单位以及有关省(区、市)林业厅(局)的30多位代表参加了会议。

会议期间，双方在总结上年度合作项目成果和经验的基础上，对2013~2014年度的合作项目进行了磋商，通过了《国家林业局与大自然保护协会2013~2014年度合作备忘录》。根据《备忘录》，双方将在气候变化与林业、自然保护与生态修复等领域开展合作，并在四川、云南和内蒙古实施试点项目，大自然保护协会预算投入资金约500万元人民币。（郑思贤）

【林业单位与国际非政府组织合作年度总结与交流】 为进一步引导国际非政府组织围绕中国林业重点工作开展合作，国家林业局对外合作项目中心于2013年12月20日在北京组织召开了国际非政府组织年度座谈会。来自国家林业局22个相关司局及直属单位和12个国际非政府组织的代表约90人参加了会议。国际组织的代表向会议报告了一年来的工作和项目情况，总结了经验，分析了问题。与会代表讨论了林业单位与国际非政府组织有效的合作方式，分析了问题和挑战，形成了12条加强双方合作的建议。座谈会结束后举办了国家林业局国际非政府组织新年联谊会，张建龙副局长出席会议并致辞。（郑思贤）

【开拓与欧洲林业研究所合作渠道】 4月15日，欧洲林业研究所(EFI)所长罗斯特・培文尼博士一行拜会了国家林业局对外合作项目中心。双方介绍了各自的组织情况和工作范围，表达了进一步加强合作的意愿，探讨了可能的合作领域和项目。在会谈的基础上，经过多次磋商，2013年7月，对外合作项目中心与欧洲林业研究所签署了合作备忘录，建立了合作渠道。（郑思贤）

【开展履行《国际森林文书》战略研究】 为科学合理地指导相关单位履行《国际森林文书》工作，推动联合国森林问题磋商，2013年，对外合作项目中心启动并开展了履行《国际森林文书》战略研究。战略研究系统地分析了《国际森林文书》的发展形势，提出了中国履行《国际森林文书》工作的指导思想、基本原则、履约措施和重点工作。主要内容包括：制订中国履行《国际森林文书》行动计划，构建履约领导机制、专家机制和国际合作机制，开展履行《国际森林文书》示范单位建设，建立监测、评估和报告体系，开展《国际森林文书》的培训工作和相关能力建设等。（郑　重）

【进一步完善履行《国际森林文书》工作机制建设】 2013年，对外合作项目中心进一步加强和完善了专家机制建设，组织召开了履行《国际森林文书》专家组会议，研究讨论了履行《国际森林文书》示范单位建设总体思路、2013年履约重点工作等；积极筹建履行《国际森林文书》国际合作机制，得到了有关国家的响应，德国、日本、瑞典、加拿大、瑞士等国表达了参与中国相关履行《国际森林文书》工作的意愿。（蒋英文）

【推动国家林业局与联合国的交流与合作】 2013年3月，联合国副秘书长吴红波和联合国森林论坛秘书长简・麦凯尔平应邀来华访问，国家林业局局长赵树丛在京会见了吴红波副秘书长和简・麦凯尔平秘书长，双方就全球和中国林业发展形势、推动联合国森林问题谈判和履行《国际森林文书》等事宜交换了意见。赵树丛局长提出了联合国森林问题谈判应坚持的原则，强调了森林在解决全球生态问题中的重要作用。吴红波副秘书长对于中国政府切实履行《国际森林文书》给予了充分肯定，感谢国家林业局对联合国森林论坛工作的支持。吴红波一行还参加了国家林业局主办的以“保护发展森林资源，携手共建美丽中国”为主题的首个“国际森林日”植树活动。（蒋英文）

【参与国际磋商，宣传中国林业成就】 2013年，对外合作项目中心组团参加了联合国森林论坛第十届会议、森林资金问题特设专家组第二次会议和国际森林机制安排第一次研讨会等，就联合国可持续发展目标的制定、国际森林资金机制、森林与经济发展和未来国际森林安排等重大议题与相关国家进行了沟通交流，推动了联合国森林问题磋商。

在联合国森林论坛部长级会议期间，对外合作项目中心与联合国森林论坛、联合国粮农组织共同举办了主题为“中国履行《国际森林文书》实践”边会活动，向与会部长和各国代表介绍了中国履行《国际森林文书》的整体思路、示范单位建设情况和在森林可持续经营领域的实践，得到了与会代表及联合国的高度评价和肯定。联合国森林论坛秘书长简・麦凯尔平在致辞中指出中国履行《国际森林文书》实践，彰显了其言必信、行必果的坚定意志，希望中国能够总结林业发展经验和模式，向广大发展中国家推广。（郑　重）

国际金融组织贷款项目

【继续开展世界银行贷款林业综合发展项目实施工作】 世行贷款"林业综合发展项目"截至2013年年底，营造多功能人工林75 917公顷，修复现有人工林26 295公顷，修建集水窖417个。累计造林用苗20 557万株，使用肥料9.3万吨，其中有机肥占93.3%。项目严格按要求使用农药2.69万千克。项目累计使用世行贷款资金6 096万美元，项目配套资金累计到位41 404万元。项目办公设备采购工作已经全部完成，共计采购办公设备725台。扶持组建农民协会20个，完成各级培训、国内外考察和专家咨询23.81万人日，参与项目的农户或其他实体共有11.19万个。项目生态环境成果和社会经济成果的监测与评价工作进展顺利，如期向世行提交了两个方面的成果监测报告。各省高度重视项目安全保障政策，项目的环境保护规程、病虫害管理计划、参与式磋商、少数民族发展计划均得到落实。 （董 晖）

【亚洲开发银行贷款西北三省林业生态发展项目按计划完成年度任务】 亚行贷款"西北三省（区）林业生态发展项目"总投资1.77亿美元。其中，拟利用亚行贷款1亿美元，全球环境基金赠款510万美元。建设内容包括经济林建设、生态林建设和项目管理支持3部分。截至2013年年底，项目共建设经济林35 710公顷，占总任务的83.52%；建设生态林3287公顷，占总任务的60.78%，实现了时间过半、任务过半的目标。

2013年，经过磋商，亚行重新修改了项目贷款协议中有关支付比例；项目制订了项目实施整改工作时间表和路线图，分解落实工作责任，形成了项目实施后续行动方案；推进了亚行项目信息系统建设，强化对省级信息系统建设工作的指导跟踪和督促检查，扩大信息系统的覆盖面和使用率。 （万 杰）

【全球环境基金赠款项目获得批准】 2013年全球环境基金理事会正式批准"中国森林可持续管理增强应对气候变化适应力项目"识别文件。项目围绕林业应对气候变化、森林可持续管理和生物多样性保护等目标，重点支持河南、福建、广西和海南4省（区）开展珍稀大径材经营管理示范，具体包括4方面工作：一是加强森林管理的机构、政策和监管框架；二是将生物多样性保护和可持续利用纳入多功能森林可持续管理；三是建立森林可持续管理模式，加强森林生态系统的碳存储；四是知识开发、教育培训、意识提升、监测评估和推广最佳实践。项目执行期为6年，总预算约5640万美元，其中GEF赠款800万美元、中央和地方配套4800万美元，联合国粮食与农业组织配套40万美元。中央和地方配套的4800万美元，由国家林业局从统一打捆的欧投贷款珍贵大径材可持续经营项目中切块解决。

（万 杰）

国有林场和
林业工作站建设

18

国有林场建设与管理

【综　述】 2013年，在国家高度重视生态文明建设的大背景下，各地抓住机会，加大力度，推动国有林场改革、基础设施建设等工作。国有林场发展整体势头良好，林区职工生活明显改善，改革发展呈现了新的突破，国有林场建设和发展取得了显著成绩。

国有林场基本情况 截至2013年年底，全国有国有林场共4855个，经营面积0.76亿公顷，其中林业用地面积0.58亿公顷，森林面积0.45亿公顷，森林蓄积量23.4亿立方米，分别约占全国林业用地面积、森林面积和森林蓄积量的19%、23%和17%。在0.58亿公顷的林业用地总面积中，公益林面积0.45亿公顷，其中国家重点公益林0.27亿公顷，2465个国有林场纳入了中央森林生态效益补偿范围。

截至2013年年底，国有林场职工总数75万人，其中在职48万人，离退休27万人。2013年国有林场职工实发资总额67.4亿元，人年均工资18000元，较上年增加200元。离退休职工养老金总额51.2亿元，人年均养老金20000元，较上年增加1000元。全年累计拖欠包括退休金、医药费在内的工资费用50.3亿元，主要包括拖欠职工工资37亿元，涉及11万人；拖欠医药费0.4亿元；拖欠离退休金8.3亿元，涉及3.3万人。

国有林场经营情况 2013年年末，全国国有林场总资产1407.5亿元，其中，流动资产364亿元，包括固定资产和林木资产的非流动资产1044亿元；国有林场总负债579亿元，其中流动负债445亿元，非流动负债134亿元。不含林木资产的资产负债率79.1%，比2012年减少2.2个百分点。

2013年国有林场营业总收入179.4亿元，比2012年增加20.4亿元；营业总成本186.4亿元，比2012年增加20亿元。2013年，以木材采伐为主的种植业仍是国有林场营业收入与利润主要的组成部分，全年种植业营业总收入111.3亿元。另外，非林木产业发展势头良好，旅游服务业实现营业收入8.1亿元，比2012年减少1.6亿元。　（郝　明）

【扶持国有贫困林场脱贫】

加大国有贫困林场扶贫工作力度 通过积极协调争取，2013年国有林场扶贫资金新增3000万元，总量达到3.5亿元，支持了28个省的758个国有贫困林场。扶贫资金主要用于支持国有贫困林场改善生产生活条件、发展生产、人员培训、省级林业主管部门提取项目管理费等4个方面。据统计，2013年林场扶贫项目主要建设内容有：新建和维修改造国有贫困林场场部、管护站点及职工危旧房面积17.6万平方米，新建和维修林区道路1845千米，新建和维修桥涵25座，打机井74眼，修建蓄水池89个，新建水质净化厂1座，铺设输水管道101.2千米，新建和改造输电线路216千米；营造经济林1010公顷，培育珍稀树种137公顷，造林及低产林改造1135公顷，毛竹低产林改造1237公顷，新建设和改造苗圃860公顷，发展林下种植业85公顷；培训林场干部和技术人员322人次。总体上看，中央财政资金的投入，使国有贫困林场生产生活条件逐步改善，林场“造血”机能有所增强，职工素质逐步提升，实现了森林面积、蓄积双增长，促进了生态环境的改善。

进一步加强国有贫困林场扶贫资金项目管理 提前下达了2014年中央财政国有贫困林场扶贫资金预算指标2.45亿元。同时，出台了《国有贫困林场界定指标与方法》，编制完成了《国有贫困林场扶贫实施方案》，加强对扶贫工作的宏观指导，努力提高扶贫成效。

（杜书翰）

【国有林场森林经营】 国有林场采取有效措施发展森林经营，取得一定成效。进一步加快了荒山荒地造林绿化步伐，全年国有林场完成造林75.3万公顷。同时还积极发展场外林业，一些地区国有林场利用自身优势走出去投身地方造林绿化，与集体和林农开展多种形式的合作造林，做大国有森林资源规模，带动地方林业发展，全国国有林场场外造林面积达到15.7万公顷。

进一步加大森林抚育工作力度 结合国有林场改革，积极争取国家加大对国有林场森林抚育补贴资金投入力度，中央财政森林抚育补贴任务落实到国有林场面积127.7万公顷，森林抚育项目涉及2696个国有林场，资金20.4亿元，并不断总结国有林场通过森林抚育提升森林质量和为职工提供就业岗位的经验。组织各地编制好国有林场森林经营方案，落实《国家林业局关于国有林场森林经营方案编制和实施工作的指导意见》的要求，组织各地编制好国有林场森林经营方案，并开展国有林场森林经营方案编制和实施工作专项调研。目前已完成编制及修订工作的林场有2249个，正在编制的林场1297个。

抓好森林经营方案实施示范林场建设 为了充分发挥引领示范作用，评选并公布了河北省木兰围场管理局等15个国家林业局首批森林经营方案实施示范林场，与省级林业主管部门签订了示范林场建设责任书，正式启动了国有林场森林经营方案实施示范工作。推进示范林场建设主要是为探索形成适合不同地区、不同森林类型和培育目标的国有林场森林经营管理模式，建立健全长效推进国有林场森林经营方案编制和实施工作的制度和政策体系，促进国有林场森林经营方案编制和实施工作的法制化、规范化和科学化，为建立以森林经营方案为核心的国有林场森林资源经营管理制度创造条件，为发展生态林业民生林业作出新的贡献。　（杜书翰）

【国有林场人才队伍建设】 进一步加强国有林场管理人才队伍建设。采取理论学习、政策解读、先进事迹报告和现场教学研讨相结合的新模式，成功举办了3期场长培训班，培训林场场长360人，收到了增长见识、提高素质、凝聚共识、提振精神的良好效果，深受广大林场场长欢迎，为完成国有林场改革攻坚重任提供了有力的思想武装和能力支撑。在举办的3期培训班之后，山西等省林业厅也相继举办了国有林场场长培训班，也收到了很好的效果。（杜书瀚）

国有林场改革

【综　述】 2013年，国有林场改革不断深入，已经进入实质推进阶段，积极采取有效措施，进一步推进改革进程。

批复国有林场改革试点方案 8月5日，经国务院同意，国家发改委和国家林业局正式批复了河北、浙江、安徽、江西、山东、湖南和甘肃等7省国有林场改革试点实施方案，中国国有林场改革试点进入了实质推进阶段。本次试点涉及865个国有林场，职工18万人，经营面积390.6万公顷，分别占全国国有林场的17.8%、24%、5.1%。8月30日，召开了国有林场和国有林区改革工作小组第三次（扩大）会议，国家发展改革委副主任连维良、国家林业局副局长张建龙出席会议并作重要讲话；财政部农业司副司长褚利明介绍了中央财政支持国有林场改革的政策和要求；国有林场和国有林区改革工作小组与试点省人民政府签订了国有林场改革试点工作责任书，明确了试点省政府在加强对国有林场的组织领导、加强国有林场资源保护、落实支持国有林场改革的各项政策、确保社会稳定等方面的责任。

开展调研督导，推动国有林场改革试点开展 国家发展改革委、中央编办、民政部、财政部、人社部、住建部和银监会组成调研督导组，赴江西、湖南、山东、安徽等省开展了国有林场改革调研，掌握国有林场改革试点进展情况，了解改革中出现的新情况、新问题。下发了《关于开展国有林场改革试点监测工作的通知》，对7个试点省国有林场改革试点省工作进展情况进行定期监测。会同人社部开展了国有林场岗位设置调研，形成《关于国有林场岗位设置管理的指导意见》（送审稿）；会同全国农林水利工会开展了国有林场职工生活困难情况调研，向国务院和中共中央呈报了《关于国有林场职工生活困难情况的调研报告》，并根据汪洋副总理指示，向汪洋副总理呈报了《关于国有林场困难情况的报告》，汪洋副总理作出重要批示，近期将由国务院办公厅召集有关部门研究相关支持政策。

强化改革管理，确保改革顺利推进 切实加强对国有林场改革试点的管理，确保改革顺利进行，国家发展改革委和国家林业局及时下发了《关于做好当前国有林场改革试点工作的通知》（发改办经体〔2013〕129号），就使用好中央财政补助资金、加强森林资源监管、维护林场稳定等提出了明确要求。同时，组成3个调研督导组，对《关于加强国有林场森林资源管理保障国有林场改革顺利进行的意见》（林场发〔2012〕254号）的实施情况进行了专题调研，督促各地切实保护好国有森林资源，防止在改革中出现乱砍滥伐、破坏森林资源的现象。起草《国有林场改革方案》，强化改革顶层设计 中央领导批示精神，林业局正在会同国家发展改革委、财政部等部门在开展国有林场改革试点的基础上，抓紧起草《国有林场改革方案》，已经征求完相关部门意见，即将在进一步修改完善的基础上报国务院。

积极指导推动面上国有林场改革 召开了国有林场工作座谈会，对国有林场改革工作进行了全面动员和部署，指导推动各地国有林场改革工作开展，并取得了积极成效。福建、青海、新疆等省（区）制定了国有林场改革工作方案，并报国家发展改革委和国家林业局；贵州省毕节市出台了《关于进一步加快国有林场改革发展的意见》，全面启动了国有林场改革工作；海南省争取省财政安排800万元林场改革资金，起草了《国有林场改革方案》，已报省政府审议。

有效开展改革宣传，营造良好改革氛围 一是新华社、《人民日报》《经济日报》记者对国有林场改革进行了深入报道，赴浙江、江西等省开展了国有林场改革调研，先后在《人民日报》和《经济日报》刊登5篇报道文章。二是在《中国绿色时报刊》登4篇专题报道，系统介绍国有林场改革的背景、现状及进展情况。三是会同浙江、山东、贵州、安徽等省就本地区国有林场改革进行了专题报道。（李建锋）

【国有林场基础设施建设】 通过多种途径，不断改善国有林场危旧房改造，道路、供水、供电等基础设施建设。

继续做好国有林场危旧房改造 一是配合计财司，实施国有林场危旧房改造10 110户，下达中央预算内投资1.13亿元（含供热等配套基础设施投资配套基础设施建设资金）。通过积极争取，在国家下达的464.2亿元保障性安居工程配套基础设施投资中，落实国有林场危旧房改造配套基础设施投资31亿元。二是组织开展了国有林场和国有林区棚户区（危旧房）改造互检工作，重点就2013年项目整体进展情况、资金到位及使用管理情况、国家政策落实情况、配套基础设施建设情况、住房管理情况进行了督导，并就国有林区（场）管护站点用房等重点问题进行了调研，取得了良好效果。组成专门督察组对湖北省就落实省级配套资金等问题进行了专门督导。三是配合计财司召开了林业棚户区改造工作电视电话会，对下一步国有林场危旧房改造工作进行了全面部署。四是配合计财司下发了《关于做好2014年林业棚户区（危旧房）改造有关工作的通知》，对2014年林业棚户区（危旧房）改造工作进行了统筹安排。五是积极协调住建部、国家发改委争取将国有林场管护站点用房纳入国有林场危旧房改造范围，取得了积极进展。

国有林场道路、供水、供电等基础设施建设进展顺利 据初步统计，截至2013年年底，国家安排投资

20.9亿元，改造国有林场外部连接公路45200千米；安排投资5.75亿元，解决了2万户国有林场职工的供电问题；安排投资3亿元，解决了60万户国有林场职工的安全饮水问题。配合局计财司编制了《国有林区防火应急道路建设工程规划》，国有林场20万千米林区道路纳入规划范围。（李建锋）

林业工作站建设

【综　述】 2013年按照国家林业局党组的总体部署，工作总站以党的十八大精神为指引，认真贯彻落实赵树丛局长、张建龙副局长有关"稳机构、强基础、提素质、抓服务"的重要批示精神，主动转变职能，积极开拓创新，各项工作取得了积极成果。全年工作呈现出"四个特点""四项创新"。"四个特点"：一是领导重视。赵树丛局长、张建龙副局长、印红副局长等局领导先后对林业站行业工作、林政案件稽查工作作出重要批示，张建龙副局长还深入北京市苏家坨镇、上庄镇林业站调查研究，亲自开通"全国乡镇林业工作站岗位培训在线学习平台"，极大地鼓舞了林业站干部职工的干劲。二是部门支持。国家发展改革委农经司有关领导到吉林、江西省基层一线林业站调研。局计财司领导到吉林、江西、广西等省(区)的基层林业站调研，资源司、林改司、监察局领导亲自出席林业站有关业务培训并授课，人事司领导莅临指导"在线学习平台开通"等活动，进一步加强对林业站工作的指导支持力度。三是职工敬业。站内多名职工主动克服个人和家庭困难，部分处室人少任务重，有的同志还身兼数职，绝大多数人员经常加班加点，全站干部职工没有一人休完年假，一心一意干工作，体现出了高度的敬业精神。四是行业齐心。各地按照年初工作总站研究确立的年度重点工作，结合当地实际，研究制定了本省工作计划，上下合力推进工作，确保了重点工作平稳发展、健康有序。"四项创新"：一是创新培训手段，研发建成了在线学习平台，缓解了基层工学矛盾。二是创新林政案件稽查工作，首次将培训对象延伸到一线执法人员，受到普遍欢迎；三是创新经验交流方式，在经济欠发达的广西组织召开了全国林业站现场会，首次采用PPT、录像、展板等辅助方式直观展示经验做法，令人耳目一新。四是创新工作平台，首次和北京市林业工作总站共同举办以"岗位大比武 技能大练兵"为主题的北京市基层林业站人员比武练兵活动，有效探索提升队伍素质的新载体。

行业管理 ①组织修订《管理办法》。为适应林改后的新形势新任务，充分发挥乡镇林业站职能作用，及时对2000年国家林业局颁布实施的《林业工作站管理办法》(以下简称《办法》)展开了修订工作。3月份，组织部分工作出色、经验丰富的省、县及乡镇林业站站长，在北京进行了专题研讨。6~10月，书面征求了国家林业局各司局、单位及省级林业工作站意见，实地听取了福建、广东等省的部分县(市)林业局及其基层林业站的意见。11月初，在充分吸纳各方意见的基础上，研究形成了《办法》征求意见稿。年底，局办公室发文征求相关部委及各省、自治区、直辖市林业厅(局)意见。②组织制订《调查办法》。为认真贯彻落实国家林业局领导"稳机构、强基础、提素质、抓服务"的重要批示精神，进一步提高林业站系统的目标管理和服务效能，组织拟制了《省级林业工作站年度重点工作质量效果跟踪调查办法》，研究提出了当前和今后一个时期6个方面25项重点工作，逐项细化了目标任务及质量标准。该《调查办法》被列入国家林业局党的群众路线教育实践活动的制度建设内容之一。③组织开展管理研究。为积极探索新时期不同区域、不同类型林业站的管理工作，在对2012年河北、吉林、广西、四川等4个省(区)开展林业站建设管理模式研究总结的基础上，2013年进一步扩大了研究范围，新选取了北京、内蒙古、辽宁、湖北、河南等5省(区)组织开展林业站管理模式建设研究，取得了初步成果。

业务培训 ①开通了新平台。联合国家林业局管理干部学院完成了"全国乡镇林业工作站岗位培训在线学习平台"研发，并于2013年11月18日正式开通运行，张建龙副局长出席了开通仪式并开通了"平台"。截至2013年年底，"平台"登记注册学员已达8万多人，占全国林业站人员半数以上。②完成了新任务。按照"十二五"林业站站长能力培训与测试安排，组派了督查组27个、55人次，对河北、内蒙古等25个省(区、市)的6000余名乡镇林业站站长进行了培训与测试，北京、吉林、上海、海南、重庆、宁夏、新疆兵团等7个省(区、市)提前完成了"十二五"期间能力测试任务。③探索了新方法。在广泛征求基层建议的基础上，按照"注重科学谋划、注重突出特色、注重培训需求、注重评估回访"的原则，在北京、江苏两个省(市)分别组织举办了"基层林业工作站站长能力测试培训示范班"，为各地组织开展培训工作探索出了新捷径。全年，全国共举办各类林业站岗位培训班3000多期，培训林业站人员7.5万余人次，有效地提高了林业站队伍综合素质。

基层基础 ①努力稳定机构队伍。多途径对各地林业站机构现状进行跟踪了解和研究分析，编发《全国乡镇林业站机构改革动态》，全面掌握各地机构队伍建设情况。同时，由站领导带队，赴北京、吉林、江西、云南、甘肃、宁夏等10多个省(区、市)开展调研，积极指导帮助各地抓好基层机构稳定工作，做好被撤并林业站的恢复工作。据统计，截至11月底，全国林业站管理机构力量得到加强，乡镇林业站继续稳定在2.8万个、13万人左右。②扎实推进本底调查。对2012年度各省级林业站上报的林业站管理建设中的6个方面约300万个基础数据进行统计汇总与分析，全面掌握全国林业站发展现状及建设"短板"，有针对性地举办林业站管理和本底调查培训，组织研发全国林业站本底调查网络版数据统计软件，对行业工作及基础数据实行动态调查，为科学决策提供重要支持。③积极改善基层条件。狠抓《全国林业工作站"十二五"建设规划》的落实，拟制《林业工作站本底调查与管理项目资金管理办法》《林业工作站本底调查与管理项目申报指南》，为全国每个乡镇林业站配送了《乡镇林业工作站工程建设标准》，积极指导各地科学编制方案、用好经费、建好项目、保证成效。在吉林举办了全国林业站标准化建设试点工作研讨班暨现场会，系统总结了2009年以来标准化林业站建设试点工作开展情况，对2012年实施的140个标准化林业站进行抽查指导和经验推广。与此同时，在全国新确定了136个林业站重点县建设，新遴选了129个乡镇林业站标准化试点，进一步扩大了重点县、标准站试点建设范围，发挥了良好的示范带动作用。在国家投资的带动下，全年各地共投入林业站建设资金近7亿元，基层林业站的基础保障条件得到了有效改善。

林政稽查 ①开展基层执法培训。举办了西南、东北片区基层林业执法人员培训，组织了问卷调查，邀请国家林业局资源司、林改司、监察局有关领导及南京森林警察学院专家教授、讲授林业行政案件的执法程序及法律适用、林权流转管理等课程，首次将培训及调查对象延伸到了县、乡负责林业行政案件管理和稽查工作的人员，取得了良好效果。②探索评价办法。为进一步加强和推进林业行政案件统计分析工作，提高林业行政案件统计的质量和水平，依据《统计法》及相关统计制度规定，拟制了《国家林业局林业行政案件统计分析工作考核评价办法》，对考核评价形式与内容、考核评价计分程序和方法、统计考核指标、考核程序和评价标准等提出了明确要求。③编写执法手册。经过调研、资料收集等前期准备，编写了《林业行政执法实用手册》，全书共计25万字，以问答的形式，详细罗列了执法办案中可能遇到的问题，具有较强的实用性、指导性。④开展案件统计分析。在福州市举办了全国林业行政案件统计分析人员培训班，全面完成了2012年全国林业行政案件统计分析工作，以国家林业局办公室文件进行了全国通报，在《中国绿色时报》刊发了专题报道。适时展开了2013年全国林业行政案件统计分析工作，共统计分析各地数据1.1万组，形成了2013年全国林业行政案件统计分析报告。据统计，全年全国共发生林业行政案件26.9万起，查处26.7万起。其中，全国林业工作站直接查处近7万余起，约占全国查处案件总数的26%。

社会服务 ①积极开展林农培训。在北京、内蒙古、湖北、陕西、河南等5省(区、市)组织开展了林农培训试点工作，积极探索林农培训的有效途径，5省(区、市)共组织试点培训近3000期，培训林农近11万人次。据不完全统计，全国林业站系统共培训林农1.7万余班次、200余万人次，培训内容涵盖经济林树种的丰产栽培技术、后期管护等，受到广大林农的普遍欢迎。②积极探索服务手段。在全国选取36个不同类型的乡镇林业站开展服务能力建设试点，完善全国林业站管理服务触摸屏查询系统，开展管理服务能力项目骨干人员培训。委托北京林业大学开展林改后林业站为林农提供公共服务等问题的课题研究，对新时期林业站的服务方向和服务内容进行了重点探索。③积极开展纠纷调处。选取福建省的尤溪县、泰宁县、邵武市、武夷山市林业局和山林纠纷调处办公室，召开了5次不同层次的座谈会，与近百名林权纠纷调处员和基层调处办的干部进行座谈，总结推广"'1+N'联动调解模式""三合一运作模式"等一批林权争议有效调处方式。组织湖南省江华县、广西壮族自治区贺州市姑婆山自然保护区有关人员，对两省区林权争议进行了协调处理。举办了华东片区6省林权争议处理培训研讨班，组织召开了第四届浙闽赣湘粤桂省际林权争议处理联席会议，进一步深化了林权争议处理工作机制。④积极推动森林保险。开展森林保险专题研究，提出加强森林保险工作指导性意见草案，为有序推进森林保险后续工作奠定了良好基础。召开森林保险工作座谈会，进一步提升林业站管理人员对森林保险政策的理解，提高开展森林保险工作的积极性。组织开展森林保险基层行活动，联合局计财司赴湖南省开展调研，抽调部分省区业务骨干赴青海、内蒙古开展调研，了解基层林业站在森林保险工作中的具体作用。组织部分省林业站管理人员研究制定森林保险数据统计分析表，联合人保财险和部分省区代表修编了《森林保险宣传手册》，委托局经济发展研究中心开展森林保险政策影响评估，开展大范围的农户调查，全面了解林农对森林保险的认识和需求情况以及基层森林保险开展情况。截至目前，全国已有26个省、森工集团及计划单列市开展了中央财政森林保险保费补贴试点工作，2013年，全国参保面积达0.93亿公顷，保费总额达18.2亿元。

行业形象 ①深入推进创建"文明窗口"活动，继续深化林业站涉林渎职犯罪警示教育，规范岗位权力，降低廉政风险，改进工作作风，拉近与群众的距离，树立林业站为民务实清廉的良好形象。②与《中国绿色时报》《中国林业》等媒体合作，继续开展"林业站基层行"系列宣传，组织媒体、记者深入基层林业站采风，发现和宣传乡镇林业站先进典型及先进人物，在《中国绿色时报》《中国林业》等报刊上共刊发宣传稿件10多篇，在央视"绿色时空"栏目播报了全国林业站现场会及广西乡镇林业站工作情况，扩大了林业站在社会上的知名度。③加强信息员骨干力量培训力度，举办全国省级林业站信息员培训班，完善政务信息通报制度，围绕林业站"稳机构、强基础、提素质、促职能"等重要主题，多渠道、多角度宣传展示林业站在建设"美丽中国"、生态林业、民生林业中的作用和成绩。各地林业站政务信息被国家林业局"工作总站"子站采编数量近801条，比2012年全年增加了53%，行业"上镜率"和影响力实现大幅度提升。

自身建设 ①紧密结合事业单位分类改革工作，以"两转变两服务"活动为抓手，积极教育引导全站人员自觉转变思想观念，针对查找出的"不适应"，研究制定改进措施，梳理处室职能，修订完善《工作总站林业政务信息工作办法》《林业行政案件受理与稽查办法》等制度，开展固定资产清理和档案资料整理，站内管理更加规范，每位同志的大局意识、基层意识、服务意识更加牢固。②扎实开展党的群众路线教育实践活动，组织"学领导讲话，端正认识""学资料读本，端正观念""学纪律规定，端正行为”为主要内容的“三学三正”学习教育活动，开展了“开展好一次问题查摆、召开好一次专题组织生活会、制定好一套整改措施”为主要内容的“三个一活动”，查找出了5类19个问题及建议，按照问题的难易程度，有针对性地研究制订了26项整改措施，明确责任分工和整改时限。③改选工会组织，充分发挥党支部和工会的作用，积极组织全站人员学习国家和林业政策、法律法规，全站人员的勤政、廉政水平进一步提高；积极开展登山、游泳、节能减排和生日祝福等活动，主动参加局组织的各类竞赛和学习活动，在局工会组织的献计献策活动中获得单位组织奖、2名个人二等奖、1名个人三等奖，在“美丽中国 姐妹同行”主题演讲比赛中获得了个人二等奖等优秀成绩。

（唐　伟）

【全国林业工作站现场会】 全国林业工作站现场会于12月10日在广西南宁召开，主要任务是学习贯彻党的十八届三中全会、全国森林资源管理工作会议等党中央、国务院和国家林业局近期一系列重要会议精神，扎实推进党的群众路线教育实践活动，全面回顾2013年行业工作，交流工作经验，分析任务形势，安排部署2014年重点工作。国家林业局林业工作站管理总站各位站长及各处室负责同志，各省(区、市)林业站管理机构负责同志参加了会议；国家林业局计财司有关领导、国家林业局林业管理干部学院有关部门负责同志应邀出席了会议。广西、北京、吉林、江西、湖北、云南、新疆等7个省(区、市)在会上交流了林业站工作经验做法，全体会议代表现场参观了广西乡镇林业站。

会议要求在行业建设与发展过程中，要始终把握好、处理好3个方面的问题：一是坚持“管理”与“服务”共促。要充分发挥林业站了解山情、林情、民情的基层优势，认真做好森林防火、防病、防盗等工作，严守林地和森林、湿地、沙区植被及物种4条生态红线。要努力提高自身素质，强化服务林农本领，充分发挥有技术、懂管理、会组织的工作优势，为林农群众兴林致富做好服务、当好帮手，不断提高中国生态林业、民生林业的发展水平。二是坚持“硬件”与“软件”齐抓。要坚决克服重硬轻软的思想，既要按照“高标准、高起点、统一建设标准”的要求，大力抓好站房等办公设施设备等“硬件”建设，打造一个拴心留人的工作环境；又要坚定理想信念，提升能力素质，提高服务本领，健全档案资料，创新机制，完善制度，下工夫提升软实力，切实把硬件建硬，让软件更强。三是坚持“改革”与“稳定”并重。要积极寻找推动改革的着力点，通过改革来实现林业工作站的跨越式发展。要主动向领导汇报工作，始终把稳定基层林业站机构队伍当作一件大事来抓，千方百计稳定机构、稳定队伍，确保改革沿着健康有序的轨道向前推进。（唐　伟）

【全国林业站本底调查关键数据】 截至2013年年底，全国有地级林业站242个，管理人员2533人，县级林业站2042个，管理人员22 923人。与2012年相比，地级林业站减少11个，管理人员增加55人；县级林业站减少了10个，管理人员增加了1600人。全国共建立乡镇林业站27 835个，其中，管理两个以上乡镇林业工作的片站3119个。管理体制为县级林业主管部门派出机构的站有8634个，占总站数的31.0%；县、乡双重管理的站6778个，占24.4%；乡镇管理的站12 423个，占44.6%。与2012年相比，全国乡镇林业站数量增加了63个，派出机构的比例减少了0.7个百分点，双重管理的比例增加了1.9个百分点，乡镇管理的比例减少了1.2个百分点。全国乡镇林业站核定编制108 730人，现有在岗职工124 911人，其中，长期职工121 984人。与2012年相比，核定编制数减少了2330人，在岗职工人数减少3043人，长期职工减少1698人。在岗职工中，经费渠道为财政全额的有96 680人，占77.4%，比2012年减少了0.3个百分点；财政差额8442人，占6.8%，比2012年减少0.9个百分点；林业经费10 789人，占8.6%，比2012年增加1.6个百分点；自收自支9000人，占7.2%，比2012年减少0.4个百分点。

各级林业主管部门通过开展多种形式、多种渠道的培训，提高林业站职工队伍的综合素质。在林业站长期职工中，大专以上学历62 576人，占51.3%，比2012年增加了1个百分点；中专、高中学历49 351人，占40.5%，比2012年减少1.5个百分点；初中以下文化程度10 066人，占8.3%，比2012年增加0.5个百分点。全国完成林业站站长培训48 238人次，其中初任培训7538人次，能力提升培训40 700人次，站员培训82 517人次。林业站长期职工中，35岁以下的28 590人，占23.4%；36岁至50岁的75 433人，占61.9%；51岁以上的17 961人，占14.7%。林业站职工参加林业本(专)科班、中专班毕业生人数为1152人，在校生人数为1606人，新入学人数为536人。

全国完成林业站基本建设投资82 367万元，比2012年增加了14 263万元。其中，国家投资10 425万元，地方配套71 942万元。全国新建乡镇林业站321个，642个林业站新建了办公用房，855个站配备了通讯设备，684个站配备了机动交通工具，2135个站配备了计算机。（建设处）

【林业重点工程区林业工作站建设重点县工作】 林业重点工程区林业工作站建设重点县是新时期加强林业站建设的重要举措。根据重点县建设的相关要求，在指导各地做好2012年度实施重点县的检查验收工作的基础上，在全国选择了136个县(市、区)开展了林业重点工程区林业工作站建设重点县工作，为近1600个乡镇林业站配备了必要的设施设备。（建设处）

【标准化林业工作站建设试点工作研讨班】 为系统总结4年来标准化林业工作站建设试点工作开展情况，研讨不同区域林业站建设发展模式，充分发挥试点林业工作站的示范带动作用，更好地做好标准化林业工作站建设和管理工作。7月29～31日，国家林业局林业工作站管理总站在吉林延边州举办了全国林业工作站标准化建设试点工作研讨班。全国各省(区、市)林业厅(局)、有关计划单列市林业局林业工作站管理部门领导、主管标准化林业站建设的骨干、部分标准化林业站建设单位的代表参加了研讨，国家林业局林业工作总站何美成副总站长在研讨班上作了主题讲话。

全国共选择129个乡镇林业站开展标准化林业站建设试点工作。会议对4年来标准化林业站建设进行了总结，提出通过试点积累经验、树立典型、发挥示范带动作用，实现"管理规范、设施完善、队伍精干、办事高效、保障有力"的建设目标。要求在前期试点的基础上，从2014年开始，全面推进标准化林业站建设。

（建设处）

【重点林区乡镇林业站管理服务能力建设】 在林权制度改革等重点林区，选择36个重点林业站，继续开展重点林区乡镇林业站管理服务能力建设，进行为林农提供林业行政办证、林权管理、森林资源流转、科技信息、政策法律咨询等"一站式"服务的试点，做到林业站与林农接触"零距离"。进一步完善全国林业工作站管理服务触摸屏查询系统的开发和应用。为做好乡镇林业站管理与服务能力建设项目，提高乡镇林业站建设与管理的规范化、科学化水平，充分发挥乡镇林业站职能作用，2013年12月2～4日在北京举办了乡镇林业站管理服务能力建设培训班。来自北京、河北、吉林、福建、江西、四川等6省(市)林业站系统的业务骨干及人保财险公司从事三农保险工作的人员参加了培训，何美成副总站长出席并致辞。培训班代表现场参观北京市大兴区魏善庄林业站管理服务能力建设情况，学习全国林业站管理服务触摸屏查询系统软件的操作与应用，交流乡镇林业站管理服务能力建设项目实施情况，研讨做好乡镇林业站管理服务能力建设工作的方式方法，对做好森林保险工作提出了意见和建议，探索与《人民日报》电子报阅报栏建设相结合，做好林业工作站信息查询系统的可行性。

（建设处）

【林业工作站建设管理模式工作】 对2012年在河北、吉林、广西、四川等4个省(区)开展林业站建设管理模式研究进行认真检查总结之后。2013年在北京、内蒙古、辽宁、湖北、河南5个省(区、市)继续开展林业站建设管理模式研究，认真探索研究在集体林权制度改革进程中，全国林业站工作在科学管理、合理布局、机构设置、编制核定、队伍优化、资金投入、基础设施建设、职能作用发挥等方面的有效手段和措施，研究新时期林业站的发展方向和建设重点。

（建设处）

【全国林业工作站本底调查人员培训班】 为做好全国林业工作站本底调查关键数据年度更新工作，准确掌握全国林业工作站的建设情况，进一步提高林业工作站的规范化、科学化管理水平，根据国家林业局业务培训计划的要求，国家林业局林业工作站管理总站于2013年12月25～27日在国家林业局管理干部学院举办全国林业工作站本底调查人员培训班。何美成副总站长出席培训班并发表讲话。

参加培训班的学员主要是各省(区、市)省级林业站管理部门林业站本底调查管理人员和部分重点地区林业站负责本底调查工作的骨干人员。培训班上，何美成副总站长结合贯彻学习十八大和十八届三中全会、中央经济工作会议、农村工作会议精神，分析了当前林业站工作面临的新形势、新机遇，提出林业站工作要重视基层、深入基层、了解基层、服务基层，要认真把握机遇，重点抓好基层，全面提升林业站的管理水平和服务能力。在总结和回顾全国本底调查工作开展情况的基础上，指出本底调查工作对林业站建设的健康发展，现代林业建设的顺利进行均具有重要意义，并希望大家提高对本底调查工作重要性的认识，切实做好本底调查人员的管理和培训工作，保障本底调查质量，及时上报调查数据，同时做好调查数据的研究应用等工作。

培训班组织学员对林业站本底调查工作尤其是林业站本底调查网络版管理系统软件的开发、使用和操作进行了培训与研讨。学员结合各地区的实际情况，对如何做好全国林业站本底调查工作进行了认真研讨，交流了做好本底调查工作的经验和做法，对加强全国林业站建设，强化本底调查工作提出了意见和建议，对本底调查软件提出了修改完善意见。各省(区、市)还将进一步汇总意见和建议，上报工作总站，力争网络版管理系统软件尽快完善并投入使用。培训期间，按照《国家林业局林业工作站管理总站关于做好2013年林业站工作总结的通知》精神，指导学员做好各省(区、市)林业站工作总结的报送工作。培训班邀请北京林业大学刘俊昌教授作了《统计调查与分析》讲座，邀请精准林业北京市重点实验室冯仲科主任作了《森林资源管理装备与技术》讲座，受到学员的好评。

（建设处）

【全国林业工作站行业培训工作】 一是督促各省落实林业站岗位人员的培训任务，下发《关于2013年林业站行业培训工作安排的通知》。要求各地加强林业站行业培训工作的组织领导，健全和完善分级分类培训制度，省级林业站主管部门要抓好林业站站长的初任培训、知识更新和能力提升培训，地、县级林业站主管部门开展林业站主要岗位人员培训，建立林业站分级分类培训责任制，努力提高培训效果。二是开通"全国乡镇林业工作站岗位培训在线学习平台"。目前，"平台"共上线必修辅导课和自主选学课317门。此外，"平台"将提供与林业站工作相关的各类通知、重要动态、学习资料，并为学员使用中遇到的问题提供支持。"平台"的运行，将对林业站从业人员理论水平的提高、服务技能的加强、工学矛盾的缓解等发挥重要作用。三是继续做好全国乡镇林业站站长能力测试工作，指导各省通过先培训后考试的办法开展测试。共组织培训测试27场，培训测试6000余名乡镇林业站站长。其中，北京、吉林、上海、海南、重庆、宁夏、新疆兵团等7个省级单位提前完成了阶段性能力测试任务。四是指导开展好林农培训工作。全国林业站系统开展林农培训1.7万余期次，培训林农达200余万人次。培训内容涵盖了经济林树种的丰产栽培技术、核桃种植专业培训、管护培训等，培训课程针对性强，对于林业发展、产业增效、农民增收等起到了积极的推动作用。

（郭露平）

【全国乡镇林业工作站岗位培训在线学习平台正式运行】 为了进一步丰富林业站干部职工学习手段，使广大乡镇林业站岗位人员既能灵活自由地安排学习时间和课程，又能有效地掌握理论知识和基本技能，从2012年开始，国家林业局林业工作站管理总站联合局管理干部学院研究开发了"全国乡镇林业工作站岗位培训在线学习平台”，通过近2个多月的试运行，“平台”从2013年11月18日起正式开通运行。国家林业局党组副书记、副局长张建龙出席了开通仪式并开通了“平台”。目前，“平台”共上线317门课程，其中属必修辅导课程67门，自主选学课程250门。学员可通过“乡镇林业工作站站长能力模拟测试”模块进行学习效果的检验，并根据测试结果，确定相应的学习课程，辅助学员完善学习。此外，“平台”还将提供与林业站工作相关的各类通知、重大动态、学习资料，并为学员可能遇到的使用障碍提供技术帮助。“平台”的运行，对于进一步提高林业站队伍的整体素质，提升服务能力，缓解一线人员的工学矛盾等有着重要的作用。（郭露平）

【林业站行业宣传工作】 为抓好林业站行业宣传工作，国家林业局林业工作站管理总站明确了工作要求，下发了《国家林业局林业工作站管理总站关于做好2013年林业站行业宣传工作的通知》，要求各地紧紧围绕国家林业局中心工作，认真落实林业站工作要点，紧密联系林业站建设、管理和职能作用的实际，进一步加强林业站信息宣传工作的组织领导，强化制度建设，强化林业站信息员队伍构建和培养，大力推进信息宣传工作。7月在哈尔滨市举办了全国省级林业站信息员培训班，近80名省级及地县级林业站信息员代表参加了培训，信息宣传能力得到有效提高。2013年以来，工作总站继续与《中国绿色时报》《中国林业》等媒体合作，组织记者深入基层，发现、挖掘乡镇林业站先进典型及先进人物，深入开展“林业站·基层行”活动，共刊发林业站宣传文章14篇。同时，工作总站组织编发《工作简报》共10期，2013年全年在中国林业网“工作总站”子站编发各地林业站站务信息共计801条。（潘明哲）

【基层林业站比武练兵活动】 为激发基层林业站技术人员“学知识、练内功、当能手、比技能”的积极性，深入推进林业站行业培训工作，全面提升林业站队伍的素质，工作总站于2013年12月与北京市园林绿化局联合举办第二届北京市基层林业站技术人员比武练兵竞赛活动。全市共13个区(县)基层林业站代表队近130人参加了预赛和决赛。主要比赛内容包括地形图识别和勾图、病虫害识别与农药配制、林木采伐(移植)申请填写等多项专业技能。通过笔试和预赛有6支代表队晋级决赛，决赛以基础理论知识竞赛为主，内容包括资源管理、园林绿化、造林营林、果树栽培管理、森林防火、有害生物防治等，最终房山区林业站代表队蝉联冠军。天津、河北、山西、内蒙古、辽宁、吉林、黑龙江等7个省(区、市)近30名负责林业站工作的同志及基层林业站站长代表观摩了比赛。（潘明哲）

林业计划统计

19

全国林业统计分析

2013年，按照党中央和国务院的统一部署，全国林业系统深入贯彻落实党的十八大和十八届三中全会精神，坚持以建设生态文明为总目标，以改善生态改善民生为总任务，以全面深化林业改革为总动力，生态建设与保护得到进一步加强，林业产业持续快速发展，林产品进出口贸易稳步增长。生态林业民生林业建设取得了明显成效，为改善生态环境、促进经济社会发展作出了重要贡献。

【生态建设与保护】 2013年国家编制实施了《推进生态文明建设规划纲要》，科学划定生态红线。生态建设与保护工作取得明显成效，造林规模和质量达到自2008年实施扩大内需政策以来的又一历史最高最好水平，森林经营力度加大，生态防护功能增强。

营造林总体状况 2013年造林面积稳步增长，全国共完成造林面积610.39万公顷，比2012年增长9.08%。其中人工造林421.05万公顷，飞播造林15.44万公顷，无林地和疏林地新封山育林173.90万公顷，其中人工造林占全部造林面积的68.98%，人工措施开展生态建设继续成为造林的主导方式。西部12个省(区、市)(含新疆兵团)共完成造林面积318.37万公顷，占全部造林面积的52.16%。

森林抚育和改造是提高森林质量的重要手段。2013年，中央财政森林抚育补贴政策得到认真落实。全年共完成中幼龄林抚育面积784.72万公顷，比2012年增长2.42%；完成低产低效林改造面积75.83万公顷，比2012年增长7.18%；完成有林地造林面积68.78万公顷；更新造林30.40万公顷；四旁(零星)植树23.57亿株。林木种苗是保证造林生产活动的首要环节，全年林木种子采收量、苗木产量和育苗面积分别为2.67万吨、600.41亿株和107.15万公顷，林木种子和苗木抽查合格率稳定在90%以上。

2013年生态建设更加注重优化造林方式，混交林、乡土树种和珍贵树种都保持较高比重，生态防护功能进一步增强。

防护林造林比重占六成以上 从林种用途看，在全部造林面积中，用材林106.14万公顷、经济林123.37万公顷、防护林374.84万公顷、薪炭林2.49万公顷、特种用途林3.55万公顷，占全部造林面积的比重分别为17.39%、20.21%、61.41%、0.41%和0.58%。生态公益林(防护林和特种用途林)占全部造林面积的比重为61.99%。

乡土树种造林保持较高比重 从树种类型看，乡土树种的造林面积为373.58万公顷，占全部造林面积的比重为61.20%，保持较高比例。珍贵树种的造林面积为9.42万公顷。

混交林造林比重有所提高 从结构类型看，混交林面积为259.14万公顷，占全部造林面积的比重为42.46%，比2012年提高近3个百分点。

国家林业重点生态工程 2013年国家林业重点生态工程深入实施，共完成造林面积256.90万公顷，占全部造林面积的42.09%。其中天保工程、退耕还林工程(不含京津工程退耕)、京津风沙源治理工程和三北及长江流域等重点防护林体系工程分别为46.03万公顷、62.98万公顷、62.61万公顷和85.37万公顷，占全部造林面积的比重分别为7.54%、10.30%、10.26%和13.99%。各级地方政府造林、企业造林、大户造林等其他造林面积353.50万公顷，占全部造林面积的比重达到57.91%。其他造林面积已经明显超出国家林业重点生态工程造林面积。

天然林资源保护工程 2013年，天然林保护工程重点国有林区木材产量调减到位，森林资源得到有效管护，一次性安置职工社会保险补助政策逐步落实，林区转型发展迈出新步伐。

工程区木材产量进一步调减，为924.04万立方米，比2012年减少11.53%，仅占全国木材总产量的10.95%。

天保工程完成造林面积46.03万公顷，其中人工造林11.34万公顷，飞播造林6.73万公顷，无林地和疏林地新封山育林27.96万公顷。中、幼龄林抚育面积163.91万公顷。森林管护面积为11 441万公顷，其中国有林管护面积7114万公顷，集体和个人所有的国家级公益林面积2046万公顷，集体和个人所有的地方公益林面积2281万公顷。自1998年工程实施以来，16年间工程已累计完成人工造林322.17万公顷、飞播造林348.00万公顷、新封山育林835.60万公顷。

天保工程区项目实施单位年末人数为80.48万人，其中在岗职工58.02万人，离开本单位保留劳动关系人员21.78万人，其他从业人员0.68万人。在岗职工年平均工资为26 644元。在岗职工参加基本养老保险人数为50.60万人，在岗职工参加基本医疗保险人数为52.58万人。

退耕还林工程 2013年退耕还林工程实现重大突破，写入了十八届三中全会《决定》，新一轮退耕还林还草总体方案初步形成。全年共完成造林面积65.33万公顷(含京津风沙源工程中2.44万公顷)，其中荒山荒地造林45.40万公顷，无林地和疏林地新封山育林19.93万公顷。西部12个省(区、市)(含新疆兵团)共完成36.36万公顷的退耕工程任务，占退耕工程总造林面积的55.66%。

涉及粮款兑现的退耕地面积为745.33万公顷。全年粮食补助资金77.32亿元，生活费兑现金额41.36亿元。全年粮款兑现涉及2221万农户。

自1999年工程试点以来已累计完成退耕地造林906.30万公顷，荒山荒地造林1625.49万公顷，新封山育林288.08万公顷。累计粮食补助资金总计2101.89

亿元，累计生活费兑现金额总计336.75亿元。

京津风沙源治理工程 国务院批准实施《全国防沙治沙规划(2011~2020年)》，明确提出到2020年使全国一半以上可治理的沙化土地得到治理，沙区生态状况进一步改善。京津风沙源区是全国防沙治沙的重点地区，2013年研究并出台了京津风沙源治理二期工程管理办法和建设标准。

全年共完成造林62.61万公顷，其中人工造林25.88万公顷，飞播造林7.51万公顷，无林地和疏林地新封山育林29.22万公顷。草地治理面积2.51万公顷，小流域治理面积2.31万公顷，治理总面积达到67.43万公顷。另外，建设暖棚18.18万平方米；购置各类饲料机械5062台；完成水利配套设施11 165处；易地搬迁815人，涉及227户。

京津风沙源治理工程实施13年来累计完成治理总面积达到1094.49万公顷，其中林业工程748.06万公顷，草地治理239.77万公顷，小流域治理106.66万公顷。在林业工程中，累计完成人工造林361.55万公顷、飞播造林101.79万公顷、新封山育林284.72万公顷。

三北及长江流域等防护林体系建设工程 三北五期工程重点区域规模治理和黄土高原水土流失治理稳步推进。三北工程全年共完成造林51.86万公顷，其中人工造林30.30万公顷，飞播造林0.34万公顷，无林地和疏林地新封山育林21.22万公顷。

长江、珠江流域防护林体系建设工程和太行山、平原绿化三期工程正式启动，农田防护林工程建设纳入《全国高标准农田建设总体规划》。长江流域防护林工程完成造林面积13.04万公顷，沿海防护林工程完成造林面积11.86万公顷，珠江流域防护林工程完成造林面积4.40万公顷，太行山绿化工程完成造林面积3.57万公顷，平原绿化工程完成造林面积0.64万公顷。

在三北及长江流域等防护林体系建设工程全部造林面积中，防护林面积所占比重为91.83%，其中水土保持林和防风固沙林所占比重最高，分别达到了29.33%和24.63%。另外，完成低产低效防护林改造面积1.16万公顷。

自2001年以来，三北及长江流域等防护林体系建设工程累计完成人工造林880.69万公顷、飞播造林30.11万公顷、新封山育林520.95万公顷。其中，三北工程累计完成人工造林541.12万公顷、飞播造林11.12万公顷、新封山育林280.96万公顷。

野生动植物保护及自然保护区建设工程 2013年，野生动植物保护力度进一步加大，第二次全国野生动物资源和重点保护野生植物资源调查扎实推进，极小种群野生植物保护得到加强，新增林业国家级自然保护区39处。

截至2013年年底，林业系统自然保护区达到2163处，总面积1.24亿公顷，占全国国土面积的12.95%。其中，国家级自然保护区325处，面积达到7866.87万公顷，国家级自然保护区面积占林业系统自然保护区总面积的63%。

年末实有自然保护小区4.87万个，总面积974万公顷。野生植物就地保护点786个，总面积400万公顷。野生动物种源繁育基地4403个，其中商业性野生动物驯养繁殖单位4261个。野生植物种源培育基地827个。野生动物观赏展演单位316个，植物园(树木园)176个，狩猎场91个。野生动植物保护管理站4293个，野生动植物科研及监测机构560个，鸟类环志中心(站)102个。全国从事野生动植物及自然保护区建设的人员达5.19万人，其中各类专业技术人员1.65万人。

湿地保护与恢复 2013年，第二次全国湿地资源调查结果公布，此次调查查清了全国范围内8公顷以上湿地类型、面积、分布和保护管理情况。调查结果显示：全国湿地总面积5360.26万公顷(另有水稻田面积3005.70万公顷未计入)，湿地率5.58%。自然湿地面积4667.47万公顷，占87.37%；人工湿地面积674.59万公顷，占12.63%。调查结果显示，中国已初步建立了以湿地自然保护区为主体，湿地公园和自然保护小区并存，其他保护形式为补充的湿地保护体系。纳入保护体系的湿地面积2324.32万公顷，湿地保护率43.51%。其中，自然湿地保护面积2115.68万公顷，自然湿地保护率45.33%。

第一部国家层面的湿地保护部门规章《湿地保护管理规定》正式发布。同时，开展了国际重要湿地生态系统健康、功能和价值评价，形成了《中国国际重要湿地生态状况公报》。全年新增国际重要湿地5处，截至2013年年底，国际重要湿地为46处，面积达到400.22万公顷。2013年共新批国家湿地公园(试点)131处，有20处试点国家湿地公园建成并通过验收。

【林业产业发展】 2013年，中国林业产业快速发展的势头不减，产业规模不断扩大，全年林业产业总产值达到4.73万亿元，产业结构进一步优化，各类经济林产品和木竹加工产品产量稳定增长。

(一)林业产业总产值 2013年林业产业总产值达到4.73万亿元(按现价计算)，比2012年增长19.93%，产业规模不断扩大。自2001年以来，林业产业总产值的平均增速达到22.63%。

分产业看，第一产业产值16 373.79亿元，占全部林业产业总产值的34.60%，同比增长19.09%；第二产业产值24 976.16亿元，占全部林业产业总产值的52.79%，同比增长19.51%；第三产业产值5965.48亿元，占全部林业产业总产值的12.61%，同比增长24.18%。林业三次产业的产值结构已由“十一五”末期的39:52:9调整为目前的34:53:13，林业二、三产业所占比重逐年增大，产业结构逐步优化。

第一产业中，包括干鲜果品、茶、中药材以及森林食品等在内的经济林产品种植与采集业产值为9240.37亿元，所占比重最大，为56.43%；第二产业中，包括锯材、人造板、地板等在内的木材加工及木竹制品制造业产值为9973.33亿元，所占比重最大，为39.93%。其次为木竹浆造纸业产值为5197.43亿元，木竹家具制造业产值为3736.13亿元；第三产业中，林业旅游与休闲服务业产值为4249.65亿元，所占比重最大，为71.24%，全年涉林旅游和休闲的人数达到16.07亿人次。

分地区看，东部地区林业产业总产值为23 992.56亿元；中部地区林业产业总产值为9505.44亿元；西部地区林业产业总产值为9329.32亿元；东北地区林业产业总产值为4488.12亿元。东部地区林业产业总产值所占比重最大，占全部林业产业总产值的50.71%，西部地区受干鲜果品产业和森林旅游业快速发展影响，林业产业总产值增长最快，增速达到26.15%。林业产业总产值超过3000亿元的省份共有6个，分别是广东、山东、福建、江苏、浙江和广西。

(二)木材安全保障 2013年，为保障木材安全，国家将“加强国家木材战略储备基地建设”写入中央一号文件，同时《全国木材战略储备生产基地建设规划(2013～2020年)》颁布实施。全国木材战略储备基地建设稳步推进，划定国家储备林5.83万公顷，探索建立了国家储备林制度，成立了木材储备战备联盟。全年营造用材林106.14万公顷，比2012年增长37.06%。速生丰产用材林基地建设共完成各地类造林38.98万公顷，其中荒山荒地造林26.96万公顷，更新造林8.64万公顷，非林业用地造林3.38万公顷。另外完成改培面积1.87万公顷。

(三)木材生产及林产工业

木材产量 2013年，全国商品材总产量略有增长，为8438.50万立方米，为国家建设、人民生活和下游产业的加工提供了宝贵资源。在全部木材产量中，原木产量7836.90万立方米，薪材产量601.60万立方米。由于东北、内蒙古等重点国有林区木材产量持续调减，商品材产量较大的省份都集中在中国集体林区，分别是广西、广东、福建、山东、安徽、湖南、云南，这些省区的商品材产量都超过400万立方米。此外，全国农民自用材采伐量901.03万立方米，农民烧材采伐量2222.79万立方米。

锯材与木片、木粒加工产品产量 2013年，锯材产量为6297.60万立方米，比2012年增长13.10%。木片、木粒加工产品3935.53万实积立方米，比2012年增长35.38%。

人造板产量 2013年，全国人造板总产量为25 559.91万立方米，比2012年增长14.43%。

在全部人造板产量中，胶合板13 725.19万立方米，比2012年增长24.99%，占全部人造板产量的53.70%；纤维板6402.10万立方米，比2012年增长10.37%，占全部人造板产量的25.05%，其中中密度纤维板产量为5394.53万立方米；刨花板产量1884.95万立方米，比2012年减少19.77%，占全部人造板产量的7.37%；其他人造板3547.67万立方米(细木工板占59.71%)，比2012年增长10.70%，占全部人造板产量的13.88%。

从分省情况看，山东、江苏、广西、安徽、河南、河北6省(区)产量均超过1000万立方米，6省(区)人造板产量共计18 773.87万立方米，占全国人造板总产量的73.45%。

木竹地板产量 2013年木竹地板产量为6.89亿平方米，比2012年增长14.06%。在木竹地板产量中，实木地板1.31亿平方米，占全部木竹地板产量的19.06%；实木复合地板2.58亿平方米，占全部木竹地板产量的37.45%；强化木地板(浸渍纸层压木质地板)1.70亿平方米，占全部木竹地板产量的24.68%；竹地板0.81亿平方米，占全部木竹地板产量的11.80%；包括软木地板、集成材地板等其他木地板0.48亿平方米。江苏和浙江两省是木竹地板产量最大的省份，产量分别达到1.55亿平方米和1.28亿平方米，江苏省主要以强化木地板为主，而浙江省主要以实木及实木复合地板为主。

林产化工产品产量 2013年，全国松香类产品产量164.23万吨，比2012年增长16.48%。松节油类产品产量26.65万吨，比2012年增长42.22%。樟脑产量1.77万吨，冰片产量1662吨，栲胶类产品产量8403吨，紫胶类产品产量5764吨。

(四)经济林、竹、油茶、花卉产业 2013年，经济林产品产量稳定增长，各类经济林产品总量达到1.48亿吨，比2012年增长4.10%。从产品类别看，水果产量为12 661万吨，比2012年增长3.55%；干果产量为1089万吨，比2012年增长10.34%；毛茶等林产饮料产品的产量为185万吨；花椒、八角等林产调料产品的产量为60万吨；竹笋干、食用菌等森林食品产量为328万吨；杜仲、枸杞等木本药材的产量为139万吨；油茶等木本油料产量为185万吨；松脂、油桐等林产工业原料产量187万吨。

2013年大径竹产量为18.77亿根，比2012年增长14.16%，其中毛竹11.46亿根，其他直径在5厘米以上的大径竹7.31亿根。竹产业产值达1671亿元。

油茶作为中国特有的木本食用油料树种，近年来通过《全国油茶产业发展规划(2009～2020年)》的实施，油茶产业得到迅猛发展。2013年，油茶种植面积达到353万公顷，当年新造油茶林18.20万公顷，低产林改造16.80万公顷。繁殖圃516个，苗木产量13.11亿株，油茶籽产量为178万吨，比2012年增长2.82%。从事油茶良种苗木培育、种植、茶油以及其他副产品生产加工的企业有1682个，油茶产业产值达420亿元。

花卉种植面积104.25万公顷，比2012年增长7.58%，花卉种植业产值达到1627亿元。切花切叶182亿支；盆栽植物54亿盆；观赏苗木124亿株；草坪4.73亿平方米。具有一定规模的花卉市场近4200个，花卉企业4.49万个，其中大中型花卉企业9000多个；花卉从业人员432万人，花农137万户；控温温室面积和日光温室面积分别为5997万平方米和19 066万平方米。

林业主要产品销售价格 2013年全国主要林业产品综合平均价格基本保持平稳。木材综合平均价格为每立方米742元，比2012年略有下降，竹材综合平均价格为每根9元，比2012年略有增长；主要木材加工产品综合平均价格与2012年基本持平，锯材综合平均价格为每立方米1266元，木片综合平均价格为每实积立方米765元，木地板综合平均价格为每平方米160元，胶合板综合平均价格为每立方米1896元，硬质纤维板综合平均价格为每立方米1372元，中密度纤维板综合平均价格为每立方米1581元，刨花板综合平均价格为每立方米953元；主要林化产品中，松香和紫胶综合平均价格分别为每吨12 595元和48 373元，分别比2012年增长12.62%和13.53%。栲胶综合平均价格为每吨9572元，比2012年有所下降。

【林业投资】 2013年，中央实施了一系列支持林业发展的政策措施，集体和个人所有的国家级公益林补偿标准由每公顷每年150元提高到225元，巩固退耕还林成果补植补造补助标准由每公顷750元提高到1500元，安排林业棚户区(危旧房)改造及配套基础设施建设投资84亿元，改造任务9.6万户，林业投资规模再创新高。

林业建设资金到位情况 实际到位各类林业建设资金3799.83亿元，比2012年增长12.87%。按来源分，国家预算资金1726.34亿元，占资金总量的45.43%，国内贷款(主要为林业贴息贷款)、利用外资、自筹资金和其他资金为385.57亿元、50.64亿元、1316.37亿元和320.91亿元，分别占资金总量的10.15%、1.33%、34.64%和8.45%。国家预算资金中，中央资金为867.37亿元，地方资金为858.97亿元。

林业投资完成情况 全部林业投资完成额达到3782.27亿元，比2012年增长13.17%，其中国家投资完成1394.21亿元，占全部林业投资完成额的36.86%。全部林业投资完成额中，按照项目管理的且计划总投资在500万元以上的林业固定资产建设项目完成投资1376.21亿元，占全部林业投资完成额的36.39%。

按建设内容分，用于生态建设与保护方面的投资为1870.58亿元，占全部林业投资完成额的49.46%，比2012年增长16.61%；用于林木种苗、森林防火、有害生物防治等林业支撑与保障方面的投资为221.68亿元；用于林业产业发展方面的资金为1077.62亿元，这部分资金主要依靠社会和民间资本注入；用于林业棚户区改造和其他林业社会性基础设施建设资金186.84亿元；其他资金425.55亿元。

分地区看，东部地区林业投资完成额1136.39亿元，占全部林业投资完成额的30.05%；中部地区林业投资完成额620.26亿元，占全部林业投资完成额的16.40%；西部地区林业投资完成额1651.99亿元，占全部林业投资完成额的43.68%；东北地区林业投资完成额360.93亿元，占全部林业投资完成额的9.54%。

2013年，受部分林业棚户区危旧房改造项目顺利完成影响，林业系统房屋施工面积和竣工面积大幅回落。全年房屋施工面积达到1099.01万平方米，竣工面积824.67万平方米，分别比2012年减少45.70%和39.76%。其中，住宅施工面积为866.31万平方米，竣工面积为671.11万平方米。

林业利用外资情况 中国林业利用外资项目个数为240个，实际利用外资规模8.05亿美元，比2012年增长55.41%，其中国外借款1.15亿美元，外商直接投资6.43亿美元，无偿援助0.47亿美元，分别占林业实际利用外资总规模的14.30%、79.84%和5.86%。林业实际利用外资金额占全国外商直接投资的0.68%。

【林业系统从业人员和劳动工资】 截至2013年年底，全国林业系统各种经济类型单位共计44 562个，其中企业2168个，事业单位37 671个，机关4723个。

2013年林业系统年末人数共计156.33万人，比2012年减少3.23%。其中在岗职工122.19万人，离开本单位仍保留劳动关系人员28.16万人，其他从业人员5.98万人。

林业系统在岗职工年平均工资达到30 940元，比2012年增长10.09%。

分地区看，东部地区林业系统在岗职工年平均工资最高，达到43 563元；中部地区林业系统在岗职工年平均工资增速最快，达到27 332元，比2012年增长12.69；西部地区林业系统在岗职工年平均工资为35 748元；东北地区林业系统在岗职工年平均工资最低，仅为23 747元。分行业看，林业工程技术与规划管理业年平均工资最高，为53 599元，木材加工及木竹制品业年平均工资最低，为24 229元。

【林业灾害发生和安全生产情况】

林业灾害发生情况

森林火灾 2013年，国家加大了森林防火工作督查、森林航空消防、重点火险区综合治理力度。全年未发生重特大森林火灾，共发生森林火灾3929起，比近三年(2010~2012年)平均值下降1817起，下降幅度达31.6%。其中一般火灾2347起，较大火灾1582起，一般火灾和较大火灾分别比近三年平均值下降了30.8%和32.4%。受害森林面积1.37万公顷，人员伤亡55人。火灾次数、受害森林面积连续5年下降。

林业有害生物 2013年，林业有害生物防治工作有效应对松树蜂、椰子织蛾等外来有害生物入侵，松材线虫病、美国白蛾防治取得明显成效，有害生物成灾率连续4年控制在5‰以下。全国主要林业有害生物发生面积1202.4万公顷，比2012年发生面积略有增长。其中：虫害发生面积为845.0万公顷，病害发生面积为138.9万公顷，鼠(兔)害发生面积为218.5万公顷。另外，有害植物发生面积为11.2万公顷。

安全生产情况 2013年，林业生产事故伤亡人数比2012年有所增长，其中轻伤、重伤和死亡分别为602人次、45人次和65人，轻伤人数比2012年增长125人次。

【主要林产品进出口贸易】 2013年，受美国经济持续温和好转，美国房地产市场持续复苏以及新兴市场国家总体基本面保持平稳态势的影响，全年林产品进出口贸易额创历史新高。根据海关统计数据汇总分析，2013年全国林产品进出口贸易额为1259.9亿美元，比2012年增长6.1%。其中，进口额634.3亿美元，比2012年增长3.7%；出口额625.6亿美元，比2012年增长8.7%。其中进口额增长主要由原木、锯材、木片等木质原材料所带动，出口额增长主要由木家具、纸和纸制品、胶合板、木制品、干鲜水果和坚果等林产消费品所带动。

主要林产品进口情况 2013年原木进口量4515.9万立方米，金额93.2亿美元，分别比2012年增长19.2%和28.5%；锯材进口量2404.3万立方米，金额68.3亿美元，分别比2012年增长16.3%和23.6%；纸、纸板及纸制品进口量297.1万吨，金额43.7亿美元，分别比2012年减少8.7%和4.9%；纸浆进口量1685.2万吨，金额113.7亿美元，分别比2012年增长2.4%和3.7%；木家具进口量738.5万件，金额7.1亿美元，分别比2012年增长16.0%和18.8%；木片进口量915.9万吨，金额15.5亿美元，分别比2012年增长20.6%和16.6%。

主要林产品出口情况 2013年木家具出口量2.9亿件，金额194.4亿美元，分别比2012年增长0.2%和6.1%；纸、纸板及纸制品出口量692.9万吨，金额127.9亿美元，分别比2012年增长14.3%和16.5%；木制品出口额48亿美元，增长6.1%；胶合板出口量1026.3万立方米，金额50.3亿美元，分别比2012年增长2.3%和5.0%；干鲜水果和坚果出口量292.2万吨，金额38.9亿美元，分别比2012年下降2.6%和增长11.1%。

（注：林产品进出口贸易数据为海关初步统计数，其他数据为林业统计年报数据。）

（刘建杰　于百川　姜喜麟）

林业规划

【《推进生态文明建设规划纲要》】 9月，国家林业局以林规发〔2013〕146号印发了《推进生态文明建设规划纲要》。《纲要》实施期限是2013～2020年。《纲要》的主要目标：紧紧围绕建设美丽中国、实现中华民族永续发展的宏伟目标，按照中央提出的“要把发展林业作为建设生态文明的首要任务”的要求，到2020年森林覆盖率达到23%以上，森林蓄积量达到150亿立方米以上，湿地保有量达到8亿亩以上，自然湿地保护率达到60%，新增沙化土地治理面积达到20万平方千米，林业产业总产值达到10万亿元，义务植树尽责率达到70%，构筑坚实的生态安全体系、高效的生态经济体系和繁荣的生态文化体系，切实担当起生态文明建设赋予林业的历史使命。《纲要》总体布局：在“两屏三带多点”的国土生态安全战略框架下，着力构建东北森林屏障、北方防风固沙屏障、东部沿海防护林屏障、西部高原生态屏障、长江流域生态屏障、黄河流域生态屏障、珠江流域生态屏障、中小河流及库区生态屏障、平原农区生态屏障和城市森林生态屏障等十大国土生态安全屏障，稳固生态基础、丰富生态内涵、增加生态容量，为生态文明建设提供安全保障。以林业资源优势为基础，以市场需求为导向，优化配置林业生产力布局，重点培育和发展木材及其他原料林培育、木本粮油和特色经济林产业、森林旅游、林下经济、竹产业、花卉苗木产业、林产工业、林业生物产业、野生动植物繁育利用产业、沙产业等十大绿色富民产业，构建惠民、富民的绿色产业经济发展框架，为生态文明建设提供经济活力。《纲要》主要任务：一是保护工程。加强自然保护区、国家湿地公园的建设，在“十一五”野生稻保护小区建设的基础上，建立14处野生稻等野生植物保护小区；二是湿地恢复与综合治理工程。按照沼泽、近海与海岸、湖泊、河流4种类型开展湿地恢复与综合治理，在26个重点地区共实施110个湿地恢复项目，恢复各类湿地11.65万公顷；三是可持续利用示范工程。建设农牧渔一体化综合利用示范区项目22项，开展红树林合理利用示范基地项目3项，开展湿地合理利用社区扶持项目1项；四是能力建设。完善中国湿地资源调查监测、宣传教育、科技支撑和湿地生态效益补偿机制。

【《全国防沙治沙规划(2011～2020年)》】 2013年3月，国家林业局联合国家发展改革委、财政部等7部委以林规发〔2013〕35号印发了《全国防沙治沙规划(2011～2020年)》。《规划》实施期限是2011～2020年。《规划》的主要目标：划定沙化土地封禁保护区，加大防沙治沙重点工程建设力度，全面保护和增加林草植被，积极预防土地沙化，综合治理沙化土地，完成沙化土地治理任务2000万公顷，其中第一阶段1000万公顷，第二阶段1000万公顷，到2020年，全国一半以上可治理的沙化土地得到治理，沙区生态状况进一步改善。《规划》总体布局：根据《全国主体功能区规划》和国民经济和社会发展第十二个五年规划纲要关于构建“两屏三带”为主体的生态安全战略格局的要求，结合中国沙化土地空间分布特征，综合考虑危害程度、建设能力等因素，防沙治沙在总体布局上根据中国沙区地形地貌、水文气候和沙化土地现状、分布、存在的问题等自然条件以及防沙治沙的生态、经济、社会功能，考虑治理方向的相似性及地域上相对集中连片等因素，将中国沙化土地划分为干旱沙漠边缘及绿洲类型区、半干旱沙化土地类型区、高原高寒沙化土地类型区、黄淮海平原半湿润和湿润沙化土地类型区、南方湿润沙化土地类型区五大类型区，因地制宜确定主攻方向，实行综合防治。《规划》建设重点：坚持预防、治理、利用有机结合，实行林业、农业、水利等多种防治措施多管齐下，强化植被保护，加强综合治理，开发沙区特色产业，推进防沙治沙综合示范区建设，在生态区位重要的边疆地区、沙尘暴路径区、国家粮食主产区以及重点江河流域等区域，着力构建沙区生态安全屏障。

【《长江流域防护林体系建设三期工程规划(2011～2020年)》】 4月，国家林业局以林规发〔2013〕50号印发了《长江流域防护林体系建设三期工程规划(2011～2020年)》。《规划》实施期限是2011～2020年。《规划》的主要目标：一是构建较为完善的生态防护林体系。通过人工造林、封山育林、飞播造林、低效林改造等技术措施，结合天然林资源保护、退耕还林等工程，建成以各类防护林为主体，农田林网及绿色通道为网络、城镇绿屏为节点的生态防护林体系，着力提高流域水土保持、水源涵养、防灾减灾等生态功能。到2020年，工程区增加森林面积379.26万公顷，森林覆盖率达到39.3%。二是建成中国最重要的生物多样性富集区。不断提高林分质量，完善森林生态系统结构和功能，建设健康稳定的森林生态系统。森林类型多样性指数逐步提高，并维持在一个较高水平。三是建成中国重要的森林资源储备库通过加强现有低效林改造，提高林地生产力和森林蓄积量，建设以珍贵树种资源、大径级用材资源、生物质能源和种质资源为主要内容的森林资源储备库。到2020年，工程区完成低效林改造面积906.2万公顷。四是构建中国应对气候变化的关键区域按照森林可持续经营理论和森林生态系统经营原理，不断提高森林植被固碳能力，建成中国森林碳汇的关键区域，发挥林业在应对气候变化的特殊作用。《规划》建设范围：长江流域防护林体系建设三期工程建设范围包括长江、淮河、钱塘江流域的汇水区域，在延续二期工程范围的基础上，遵循流域完整性和尊重地方政府意愿等基本原则，确定三期工程范围涉及青海、西藏、甘肃、四川、云南、贵州、重庆、陕西、湖北、湖南、河南、安徽、江西、江苏、山东、浙江、福建等17个省(区、市)的1026个县(市、区、林业总场、自然保护区管理局)，面积220.61万平方千米。与二期工程建设范围相比，将福建省六江二溪源头32个县(市、区)和西藏雅鲁藏布江流域28个县(区)纳入建设范围。《规划》主要任务：一是造林。包括人工造林、封山育林、飞播造林；二是低效林改造；三是能力建设。包括监测体系建设、科技推广和科技培训。

【《珠江流域防护林体系建设三期工程规划(2011～2020年)》】 2013年2月，国家林业局以林规发〔2013〕24号印发了《珠江流域防护林体系建设三期工程规划(2011～2020年)》。《规划》实施期限是2011～2020年。《规划》的主要目标：到2015年，新增森林面积92 7635公顷，森林覆盖率由56.80%提高到59.03%以上；森林蓄积由83 029.38万立方米提高到88 594.98万立方米；工程区内61.7%以上规划改造的低效林得到有效改造，林种、树种进一步优化，工程区水土流失、石漠化得到初步治理。到2020年，新增森林面积1 533 734公顷，森林覆盖率提高到60.48%以上；森林蓄积由88 594.98万立方米提高到92 231.58万立方米；工程区内全部低效林得到有效改造，林种、树种结构全面优化，森林保持水土、涵养水源、防御洪灾、泥石流等自然灾害的能力显著增强。《规划》建设范围：工程建设范围涉及广西、广东、云南、贵州、湖南、江西6个省(区)37个市(州)215个县(市、区、厅直属林场)，工程区域土地总面积4163.63万公顷，占国土总面积的4.34%。《规划》主要任务：一是营造林。包括人工造林、封山育林、低效林改造；二是能力建设。包括种苗生产、监测体系建设、科技推广和科技培训。

【《太行山绿化三期工程规划(2011～2020年)》】 2013年2月，国家林业局以林规发〔2013〕23号印发了《太行山绿化三期工程规划(2011～2020年)》。《规划》实施期限是2011～2020年。《规划》的主要目标：到2020年，完成人工造林816 421公顷，封山育林495 881公顷(其中无林地和疏林地封育260 937公顷)，飞播造林40 000公顷。新增森林面积795 605公顷，为工程区森林覆盖率贡献9.7个百分点；完成低效林改造324 679公顷。森林资源质量明显提高，工程区人居环境明显改善，森林综合效益全面提高，基本实现太行山地区“生态良好、经济发展、社会和谐”。《规划》建设范围：三期工程建设范围由二期的77个县(市、区、国有林管理局)，增加到78个县(市、区、国有林管局)，涉及北京4个区、河北24个县(市、区)，山西30个县(市、区、国有林管理局)、河南20个县(市、区)。《规划》主要任务：一是造林。包括人工造林、封山育林、飞播造林；二是低效林改造；三是能力建设，包括监测体系建设、科技推广和科技培训。

【《全国平原绿化三期工程规划(2011～2020年)》】 2013年4月，国家林业局以林规发〔2013〕56号印发了《全国平原绿化三期工程规划(2011～2020年)》。《规划》实施期限是2011～2020年。《规划》的主要目标：通过实施平原绿化三期工程规划，建立起比较完善的平原农田防护林体系，已建成的等级以上公路、铁路等沿线实现全面绿化，平原地区的森林质量得到有效改善，初步建成由点、带、片、网组成的平原农区森林生态系统，使广大农田得到有效庇护，粮食高产稳产得到有效保障，区域木材及林产品供给显著增加，村镇人居环境得到明显改善，有效促进区域和谐社会建设，保障国家到2020年比2008年增加千亿斤粮食产量目标的实现。具体指标为：森林覆盖率增加1.6%，达到18.7%；林木绿化率增加2.3%，达到20.4%；基本农田林网控制率增加20%，达到95%以上。《规划》建设范围：工程建设范围为北京、天津、河北、山西、内蒙古、辽宁、吉林、黑龙江、江苏、浙江、安徽、福建、山东、河南、湖北、湖南、广东、广西、海南、四川、陕西、甘肃、宁夏、新疆24个省(区、市)平原县、半平原县和部分平原县，计923个县(市、区、旗)。在923个县中，平原县615个，半平原县181个，部分平原县127个。《规划》主要任务：一是人工造林，包括宜林地造林、防护林带建设和村镇绿化；二是修复防护林带，对现有林带已老化、防护效能差，需要更新改造的地段，或现有林带缺株断带、树种单一、结构简单、易发生病虫害，需要提高档次的地段，通过实行采伐更新、疏伐更新、补植改造和综合改造等措施，进行农田防护林带修复；三是农林间作，在适宜地区的旱地上，选择适宜的树种，开展农林间作。

【《全国木材战略储备生产基地建设规划(2013～2020年)》】 2月，国家林业局以林规发〔2013〕20号印发了《全国木材战略储备生产基地建设规划(2013～2020年)》。《规划》实施期限是2013～2020年。《规划》的主要目标：到2020年，完成营造用材林1400万公顷，其中集约人工林栽培451.46万公顷，现有林改培497.17万公顷，中幼林抚育451.37万公顷。基地建成后，每年平均蓄积净增加量约为1.42亿立方米，折合木材生产能力约9500万立方米。通过较长一段时间，采取科学措施，着力培育和保护国内珍稀树种种质资源，大力营造和发展速丰林、珍稀大径级用材林，形成树种搭配基本合理、结构相对优化的木材后备资源体系，初步缓解国内木材供需矛盾。《规划》建设布局：为突出重点、优化布局，按照自然条件、培育树种和培育方式相似的原则，将国家木材战略储备生产基地划分为东南沿海地区、长江中下游地区、黄淮海地区、东北内蒙古地区、西南适宜地区、其他适宜地区六大区域。《规划》建设内容：一是营造林。包括集约人工林栽培、现有林改培、中幼林抚育；二是支撑体系建设。包括种苗基地、经营道路、森林防火、林业有害生物防治、科技推广、资源监测体系建设。

【《全国花卉产业发展规划(2011～2020年)》】 2月，国家林业局以林规发〔2013〕19号印发了《全国花卉产业发展规划(2011～2020年)》。《规划》实施期限是2011—2020年。《规划》的主要目标：着力推进现代花卉业建设，着力提升花卉质量效益，花卉品种创新和技术研发能力显著增强，先进实用配套技术得到广泛应用，产业结构和布局更趋合理，市场流通体系基本健全，花文化体系初步构成，基本实现花卉生产标准化、经营规模化、发展区域化、服务专业化。《规划》产业布局：依据中国自然地理条件、历史文化背景和花卉产业发展现状，结合中国城市和城市群发展水平及新农村建设，参照相关规划将全国划分为华北、东北、华东、华南、西南、西北和青藏高原7个花卉产业发展区，并依据各省(区、市)提供的相关资料，确定各区域发展重点。《规划》建设重点：一是主要花卉种质资源保存；二是花卉新品种新技术研发；三是国家重点花卉良种繁育生产示范基地建设；四是花卉质量检测和标准认证；五是国家级花卉市场和物流中心；六是全国花卉信息平台建设；七是国家重点花文化示范基地建设。

【《全国林业机械发展规划(2011～2020年)》】 2013年1月，国家林业局以林规发〔2013〕13号印发了《全国林业机械发展规划(2011～2020年)》。《规划》实施期限是2011～2020年。《规划》的主要目标：到2020年，逐渐步入林业机械制造业强国之列。林业机械制造业年总产值达到2250亿元；全行业年出口贸易额达到150亿美元以上；林业机械化水平达到55%以上。国产装备国内市场占有率稳定在90%以上。高档数控木工机床、连续热压机、智能联合采伐机等重大装备全部实现自主研发。《规划》重点任务：一是构建林业机械技术创新和制造体系；二是加强林业机械产业示范推广；三是开展林业机械基础研究；四是强化林业机械国际合作交流。

【《全国林业生物质能源发展规划(2011～2020年)》】 2013年1月，国家林业局以林规发〔2013〕86号印发了《全国林业生物质能源发展规划(2011～2020年)》。《规划》实施期限是2011～2020年。《规划》的主要目标：到2020年，建成林业生物质能种植、生产、加工转换和应用的产业体系，现代能源林基地对产业保障程度显著提高，培育壮大一批实力较强的企业。到2015年，建成油料林、木质能源林和淀粉能源林838万公顷，林业生物质年利用量超过1000万吨标煤，其中，生物液体燃料贡献率为10%，生物质热利用贡献率为90%。建成一批产业化示范基地；到2020年，建成能源林1678万公顷，林业生物质年利用量超过2000万吨标煤，其中，生物液体燃料贡献率为30%，生物质热利用贡献率为70%。《规划》建设布局：一是能源林建设，包括油料能源林、木质能源林、淀粉能源林；二是重点示范工程，包括良种繁育、能源林培育、林能一体化。

（陈嘉文　覃鑫浩）

林业固定资产投资建设项目批复统计

森林防火项目 共审批森林防火项目81个，批复总投资140 373万元，其中中央投资92 721万元，地方配套投资47 652万元。

表19-1 林业固定资产投资建设项目批复汇总

序号	项目名称	批复文号	批复投资		
			合计	中央	地方
	合 计		**140 373**	**92 721**	**47 652**
1	山西省晋中市森林重点火险区综合治理三期工程项目	林规批字〔2013〕4号	2156	1294	862
2	内蒙古呼和浩特市森林重点火险区综合治理工程建设项目	林规批字〔2013〕8号	2530	2024	506
3	内蒙古鄂尔多斯市森林重点火险区综合治理三期工程建设项目	林规批字〔2013〕9号	1990	1592	398
4	贵州省石阡县森林重点火险区综合治理工程项目	林规批字〔2013〕10号	802	641	161
5	海南省森林重点火险区综合治理工程项目	林规批字〔2013〕11号	2815	2252	563
6	湖北省鄂南森林重点火险区综合治理三期工程项目	林规批字〔2013〕12号	1855	1113	742
7	西藏自治区省级森林防火物资储备库建设项目	林规批字〔2013〕15号	386	386	—
8	内蒙古自治区巴彦淖尔市乌兰布和沙区森林重点火险区综合治理工程建设项目	林规批字〔2013〕29号	886	709	177

（续）

序号	项目名称	批复文号	批复投资		
			合计	中央	地方
9	山东省烟台市森林重点火险区综合治理三期工程项目	林规批字［2013］30 号	1425	570	855
10	陕西省富平县森林重点火险区综合治理二期工程建设项目	林规批字［2013］31 号	1272	1018	254
11	山东省滨州市森林重点火险区综合治理建设项目	林规批字［2013］32 号	1306	522	784
12	黑龙江省铁伊西森林重点火险区综合治理二期工程项目	林规批字［2013］33 号	1440	864	576
13	新疆天东局西片区森林重点火险区综合治理三期工程项目	林规批字［2013］43 号	1690	1352	338
14	新疆天东局东片区森林重点火险区综合治理三期工程项目	林规批字［2013］45 号	1917	1534	383
15	内蒙古乌兰察布市商都县森林重点火险区综合治理建设项目	林规批字［2013］48 号	868	694	174
16	湖北省随州市森林重点火险区综合治理三期工程项目	林规批字［2013］50 号	1978	1187	791
17	西藏林芝地区波密县森林重点火险区综合治理二期工程建设项目	林规批字［2013］51 号	1070	1070	—
18	内蒙古锡林郭勒盟森林重点火险区综合治理二期工程项目	林规批字［2013］52 号	1915	1532	383
19	贵州省六盘水市森林重点火险区综合治理建设项目	林规批字［2013］53 号	1910	1528	382
20	西藏林芝地区林芝县森林重点火险区综合治理二期工程建设项目	林规批字［2013］56 号	925	925	—
21	西藏昌都地区洛隆县森林重点火险区综合治理三期工程建设项目	林规批字［2013］57 号	10 600	1060	—
22	黑龙江省哈尔滨市阿城区森林防火重点火险区综合治理二期工程	林规批字［2013］58 号	1006	603	403
23	河北省张家口市环北京森林重点火险区综合治理三期工程项目	林规批字［2013］59 号	1969	1181	788
24	新疆天东局中片区森林重点火险区综合治理三期工程项目	林规批字［2013］60 号	1952	1562	390
25	湖南省邵阳市森林重点火险区综合治理三期工程建设项目	林规批字［2013］61 号	2000	1278	722
26	福建省长汀县森林重点火险区综合治理三期工程	林规批字［2013］63 号	1080	864	216
27	大兴安岭松岭林业局森林重点火险区综合治理三期工程建设项目	林规批字［2013］64 号	2136	1708	428
28	贵州省安顺市森林重点火险区综合治理二期工程建设项目	林规批字［2013］65 号	2083	1666	417
29	新疆生产建设兵团农十二师森林重点火险区综合治理工程建设项目	林规批字［2013］67 号	8450	6760	1690
30	贵州省黔南州珠江流域森林重点火险区综合治理二期工程建设项目	林规批字［2013］69 号	2440	1952	488
31	甘肃省酒泉市森林重点火险区综合治理建设项目	林规批字［2013］70 号	1660	1328	332
32	贵州省黔南州长江流域森林重点火险区综合治理二期工程建设项目	林规批字［2013］71 号	2379	1903	476
33	河北省丰宁千松坝林场森林重点火险区综合治理项目	林规批字［2013］72 号	763	458	305
34	河北省张家口市西北部森林重点火险区综合治理三期工程项目	林规批字［2013］73 号	2138	1283	855
35	湖南省岳阳市森林重点火险区综合治理二期工程建设项目	林规批字［2013］74 号	2094	1361	733
36	重庆市南川区森林重点火险区综合治理二期工程建设项目	林规批字［2013］75 号	1545	1236	309
37	陕西安康森林重点火险区综合治理二期工程建设项目	林规批字［2013］76 号	20 280	16 220	4060
38	贵州北部乌江流域地区森林防火通信系统（二期）建设项目	林规批字［2013］77 号	17 330	13 860	3470
39	吉林省红石榴河林区（通化、白山片）森林重点火险区综合治理三期工程建设项目	林规批字［2013］78 号	23 100	13 860	9240
40	湖南省郴州市 6 个国有林场（林管局）森林重点火险区综合治理二期工程项目	林规批字［2013］79 号	2128	1277	851
41	甘肃省张掖市森林重点火险区综合治理二期项目	林规批字［2013］81 号	17 980	14 380	3600
42	甘肃省陇南市森林重点火险区综合治理二期工程建设项目	林规批字［2013］82 号	2580	2064	516
43	吉林省长白山西坡森林重点火险区综合治理三期工程建设项目	林规批字［2013］83 号	2116	1270	846

（续）

序号	项目名称	批复文号	批复投资		
			合计	中央	地方
44	湖北省丹江口库区森林重点火险区综合治理三期工程建设项目	林规批字[2013]84 号	1085	868	217
45	吉林省通化老岭林区森林重点火险区综合治理三期工程建设项目	林规批字[2013]86 号	2236	1342	894
46	湖南省浏河源森林重点火险区综合治理三期工程建设项目	林规批字[2013]87 号	1725	1035	690
47	甘肃省兰州市南北两山森林重点火险区综合治理三期工程建设项目	林规批字[2013]88 号	1265	1012	253
48	吉林省红石榴河林区（吉林片）森林重点火险区综合治理三期工程建设项目	林规批字[2013]89 号	1780	1068	712
49	贵州东南部重点林区森林防火通信系统（二期）建设项目	林规批字[2013]95 号	1900	1520	380
50	黑龙江省绥化市森林重点火险区综合治理二期工程项目	林规批字[2013]98 号	1578	947	631
51	河南省卢氏县森林重点火险区综合治理三期工程项目	林规批字[2013]101 号	1423	1138	285
52	贵州中西部喀斯特地区森林防火通信系统（二期）建设项目	林规批字[2013]102 号	1691	1353	338
53	贵州省遵义市森林重点火险区综合治理二期工程建设项目	林规批字[2013]103 号	1775	1420	355
54	江西省兴国县森林重点火险区综合治理二期工程建设项目	林规批字[2013]105 号	1610	1288	322
55	山西省黑茶山国有林管理局森林重点火险区综合治理建设项目	林规批字[2013]106 号	1680	1008	672
56	山西省桑干河杨树丰产林实验局森林重点火险区综合治理工程项目	林规批字[2013]107 号	1524	914	610
57	广东省惠汕片森林重点火险区综合治理工程建设项目	林规批字[2013]108 号	2637	1055	1582
58	广东省潮揭片森林重点火险区综合治理工程建设项目	林规批字[2013]109 号	2663	1065	1598
59	湖南省宁乡县森林重点火险区综合治理二期工程建设项目	林规批字[2013]110 号	618	371	247
60	天津市秋子峪水源涵养林重点火险区综合治理工程项目	林规批字[2013]112 号	2582	1033	1549
61	山东尼山山系森林重点火险区综合治理工程建设项目	林规批字[2013]114 号	1955	782	1173
62	山西省吕梁山国有林管理局森林重点火险区综合治理二期工程项目	林规批字[2013]115 号	18 960	11 380	7580
63	天津市盘山防风阻沙林重点火险区综合治理工程项目	林规批字[2013]117 号	2164	866	1298
64	山东鲁山山系森林重点火险区综合治理二期工程项目	林规批字[2013]125 号	23 300	9320	13 980
65	黑龙江省庆安国有林场管理局重点火险区综合治理工程项目	林规批字[2013]126 号	1263	758	505
66	新疆青河县大小青河森林重点火险区综合治理工程建设项目	林规批字[2013]128 号	1162	930	232
67	河北省崇礼县森林重点火险区综合治理三期工程项目	林规批字[2013]130 号	850	510	340
68	广东省梅州东片森林重点火险区综合治理三期工程项目	林规批字[2013]134 号	2416	966	1450
69	陕西省华县森林重点火险区综合治理二期工程建设项目	林规批字[2013]136 号	797	638	159
70	天津市黄花山森林重点火险区综合治理工程项目	林规批字[2013]142 号	2255	902	1353
71	湖南省湘西土家族苗族自治州森林重点火险区综合治理二期工程项目	林规批字[2013]155 号	23 680	18 940	4740
72	甘肃省天水市森林防火物资储备库建设项目	林规批字[2013]168 号	468	140	328
73	广东省梅州西片森林重点火险区综合治理三期工程项目	林规批字[2013]169 号	2216	886	1330
74	内蒙古自治区兴安盟森林重点火险区综合治理三期工程	林规批字[2013]170 号	2235	1788	447
75	内蒙古额尔古纳市、新巴尔虎左旗森林重点火险区综合治理三期建设项目	林规批字[2013]171 号	1263	1010	253
76	内蒙古海拉尔区、鄂温克族自治旗森林重点火险区综合治理三期建设项目	林规批字[2013]172 号	1572	1258	314
77	湖南省中北部地区森林防火应急通信系统建设项目	林规批字[2013]173 号	2383	1430	953
78	广西壮族自治区桂中片区森林防火信息指挥系统建设项目	林规批字[2013]174 号	1236	989	247
79	河北省秦皇岛市环海滨森林重点火险区综合治理三期工程项目	林规批字[2013]175 号	1903	1142	761
80	广东省清远东片森林重点火险区综合治理三期工程项目	林规批字[2013]176 号	2420	968	1452
81	广东省清远西片森林重点火险区综合治理三期工程项目	林规批字[2013]177 号	2470	988	1482

国家级自然保护区建设项目 共审批国家级自然保护区基础设施建设项目18个，批复总投资36 626万元，其中中央投资29 135万元，地方配套投资7491万元。

表19-2 国家级自然保护区建设项目

序号	项目名称	批复文号	批复投资		
			合计	中央	地方
	合 计		**36 626**	**29 135**	**7491**
1	四川老君山国家级自然保护区基础设施建设项目	林规批字[2013]1号	1928	1422	506
2	内蒙古大青山国家级自然保护区乌兰察市分局基础设施建设项目	林规批字[2013]3号	2015	1612	403
3	山东荣成大天鹅国家级自然保护区栖息地保护与恢复工程	林规批字[2013]36号	2543	2034	509
4	福建梁野山国家级自然保护区基础设施三期工程建设项目	林规批字[2013]44号	20 700	16 120	4580
5	河南连康山国家级自然保护区基础设施三期工程项目	林规批字[2013]46号	1422	1137	285
6	浙江古田山国家级自然保护区基础设施三期工程项目	林规批字[2013]49号	1809	1447	362
7	甘肃太子山国家级自然保护区基础设施建设项目	林规批字[2013]54号	2277	1822	455
8	辽宁章古台国家级自然保护区基础设施建设项目	林规批字[2013]55号	2129	1703	426
9	广西猫儿山国家级自然保护区基础设施二期工程项目	林规批字[2013]62号	1979	1583	396
10	内蒙古黑里河国家级自然保护区基础设施三期工程项目	林规批字[2013]66号	1850	1480	370
11	河北驼梁国家级自然保护区一期基础设施建设项目	林规批字[2013]68号	22 000	17 600	4400
12	河北小五台山国家级自然保护区三期建设工程	林规批字[2013]80号	2093	1674	419
13	安徽清凉峰国家级自然保护区基础设施建设项目	林规批字[2013]93号	22 270	17 820	4450
14	吉林哈泥国家级自然保护区基础设施建设项目	林规批字[2013]96号	17 810	14 250	3560
15	呼伦贝尔国家级自然保护区生态宣教用房建设项目	林规批字[2013]100号	28 920	23 130	5790
16	新疆西天山国家级自然保护区基础设施三期建设项目	林规批字[2013]129号	1540	1232	308
17	陕西韩城黄龙山褐马鸡国家级自然保护区基础设施建设项目	林规批字[2013]131号	2200	1760	440
18	河北滦河上游国家级自然保护区基础设施二期工程项目	林规批字[2013]132号	1671	1337	334

林业有害生物防治项目 共审批林业有害生物防治基础设施建设项目21个，批复总投资17 489万元，其中中央投资11 576万元，地方配套投资5913万元。

表19-3 林业有害生物防治项目

序号	项目名称	批复文号	批复投资		
			合计	中央	地方
	合 计		**17 489**	**11 576**	**5913**
1	青海省藏区林业有害生物应急防控体系基础设施建设项目	林规批字[2013]16号	1422	1138	284
2	宁夏林业有害生物检疫御灾体系建设项目	林规批字[2013]17号	716	573	143
3	石羊河流域武威属区危险性林业有害生物预警体系建设项目	林规批字[2013]19号	484	387	97
4	四川西部地区松材线虫病等林业有害生物防控体系基础设施建设项目	林规批字[2013]20号	1449	1159	290
5	广东林业天敌昆虫繁育中心建设项目	林规批字[2013]21号	464	186	278
6	湖南省雪峰山区域松材线虫病等林业有害生物防控体系基础设施建设项目	林规批字[2013]22号	844	506	338
7	黑龙江省倭肯河流域中游主要林业有害生物综合治理体系建设项目	林规批字[2013]23号	480	288	192
8	武汉兴泰林业病毒杀虫剂厂建设项目	林规批字[2013]24号	830	249	581
9	四川赤水河流域松材线虫病防控体系建设项目	林规批字[2013]25号	513	410	103
10	新疆天山西部雪岭云杉有害生物防控体系基础设施建设项目	林规批字[2013]26号	962	770	192
11	辽西半干旱地区重大林业有害生物应急防治检疫御灾体系建设项目	林规批字[2013]27号	645	387	258
12	江苏省东部地区沿江林业有害生物综合防控体系基础设施建设项目	林规批字[2013]34号	322	193	129
13	赣南苏区松材线虫病等林业有害生物监测预警体系建设项目	林规批字[2013]35号	1573	1258	315

（续）

序号	项目名称	批复文号	批复投资		
			合计	中央	地方
14	黑龙江省牤牛河流域林业有害生物综合治理体系建设项目	林规批字[2013]113 号	468	281	187
15	新疆维吾尔自治区林业主要害虫天敌繁育场建设项目	林规批字[2013]141 号	600	600	—
16	山东省潍坊市林业有害生物综合防控体系建设项目	林规批字[2013]143 号	1505	903	602
17	青海省互助土族自治县害鼠天敌繁育中心建设项目	林规批字[2013]144 号	635	254	381
18	泰安市林业有害生物综合防治体系建设项目	林规批字[2013]145 号	10 150	6090	4060
19	淄博市林业有害生物天敌繁育中心建设项目	林规批字[2013]149 号	5650	2260	3390
20	青岛市林业有害生物检疫御灾体系建设项目	林规批字[2013]150 号	796	478	318
21	吉林省西部林业有害生物综合防控体系基础设施建设项目	林规批字[2013]152 号	1201	721	480

森工非经营性建设项目 共审批森工非经营性建设项目9个，批复总投资12 452万元，其中中央投资9962万元，地方配套投资2490万元。

表 19-4 森工非经营性建设项目

序号	项目名称	批复文号	批复投资		
			合计	中央	地方
	合 计		**12 452**	**9962**	**2490**
1	吉林省敦化林业局职工医院异地建设项目	林规批字[2013]116 号	2953	2362	591
2	大兴安岭阿木尔林业局职工医院改扩建项目	林规批字[2013]120 号	627	502	125
3	黑龙江省桃山林业局职工医院改扩建项目	林规批字[2013]121 号	5710	4570	1140
4	吉林省八家子林业局职工医院改扩建项目	林规批字[2013]122 号	750	600	150
5	黑龙江省穆棱林业局林区医院改扩建项目	林规批字[2013]123 号	1660	1328	332
6	黑龙江省苇河林业局职工医院改扩建项目	林规批字[2013]124 号	810	648	162
7	内蒙古图里河林业局2013年水毁桥涵复建工程项目	林规批字[2013]158 号	16 320	13 060	3260
8	内蒙古伊图里河林业局2013年水毁桥涵复建工程项目	林规批字[2013]159 号	1541	1233	308
9	大兴安岭高级中学艺体楼及体育场建设工程	林规批字[2013]160 号	1908	1526	382

直属单位基础设施建设项目 共审批直属单位建设项目38个(包括初步设计21个、可研报告17个)，批复总投资41 508万元。

表 19-5 直属单位基础设施建设项目

序号	项目名称	批复文号	批复投资		
			合计	中央	地方
	合 计		**41 508**	**41 508**	**—**
—	**直属单位初步设计**		**20 834**	**20 834**	**—**
1	中国林科院华北林业实验中心野外试验基础设施建设项目初步设计	林规批字[2013]2 号	905	905	—
2	南京森林警察学院北区基础设施配套工程初步设计	林规批字[2013]5 号	945	945	—
3	局竹子研究开发中心实验基地初步设计	林规批字[2013]6 号	626	626	—
4	局管理干部学院主楼等设施维修工程初步设计	林规批字[2013]7 号	2830	2830	—
5	局管理干部学院培训学员运动场地及健身设施配置建设项目初步设计	林规批字[2013]47 号	470	470	—
6	国际竹藤中心图书馆建设项目初步设计	林规批字[2013]90 号	661	661	—
7	局经济发展研究中心胜古南里办公区维修改造工程初步设计	林规批字[2013]91 号	125	125	—
8	南方航空护林总站成都站直升机场建设项目初步设计	林规批字[2013]99 号	2125	2125	—
9	南方航空护林总站江川直升机场暨南方森林航空消防训练基地建设项目初步设计	林规批字[2013]104 号	2702	2702	—
10	甘肃白水江国家级自然保护区野外巡护监测系统建设项目初步设计	林规批字[2013]111 号	1826	1826	—
11	退耕还林工程管理系统初步设计	林规批字[2013]127 号	320	320	—
12	中国保护大熊猫研究中心河道治理和防洪堤建设项目初步设计	林规批字[2013]133 号	1517	1517	—

（续）

序号	项目名称	批复文号	批复投资		
			合计	中央	地方
13	中国林科院亚林所试验林场森林防火综合治理工程建设项目初步设计	林规批字[2013]135 号	591	591	—
14	中国林科院热带林业实验中心森林防火基础设施项目初步设计	林规批字[2013]137 号	705	705	—
15	中国林科院亚林中心实验林场森林防火综合治理工程建设项目初步设计	林规批字[2013]138 号	536	536	—
16	中国林科院华北林业实验中心森林防火基础设施建设项目初步设计	林规批字[2013]139 号	686	686	—
17	中国林科院亚热带林业实验中心所属林场基础设施建设项目初步设计	林规批字[2013]146 号	669	669	—
18	中国林科院荒漠化所青海共和荒漠生态系统定位研究站基础实验设施建设项目初步设计	林规批字[2013]147 号	523	523	—
19	中国林科院沙林中心实验场森林防火综合治理工程建设项目初步设计	林规批字[2013]148 号	990	990	—
20	贵州普定荒漠生态系统定位研究站建设项目初步设计	林规批字[2013]151 号	727	727	—
21	广东湛江桉树人工林生态系统定位研究站建设项目初步设计	林规批字[2013]153 号	355	355	—
二	**可研报告批复**		**20 674**	**20 674**	**—**
1	中国林业科学研究院黄河三角洲综合试验中心建设项目建议书	林规批字[2013]13 号	—	—	—
2	局森林碳汇研究与实验中心项目建议书	林规批字[2013]14 号	—	—	—
3	陕西佛坪国家级自然保护区森林防火基础设施建设项目	林规批字[2013]28 号	1452	1452	—
4	西山绿化基地建筑节能及安全工程与配套设施改造项目	林规批字[2013]37 号	1139	1139	—
5	中南林业调查规划设计院综合信息系统改造工程建设项目	林规批字[2013]38 号	837	837	—
6	局调查规划设计院综合监测数据处理业务系统建设	林规批字[2013]39 号	2140	2140	—
7	局森林碳汇计量监测中心基础设施建设项目	林规批字[2013]40 号	1961	1961	—
8	三北防护林建设局院区附属设施建设项目	林规批字[2013]41 号	448	448	—
9	国际竹藤组织(INBAR)青岛科技基地建设项目	林规批字[2013]42 号	2953	2953	—
10	局森林碳汇研究与实验基地建设工程	林规批字[2013]85 号	2920	2920	—
11	林产工业规划设计院专业图文及档案设备购置项目	林规批字[2013]92 号	492	492	—
12	南京森林警察学院实验 C 楼建设项目	林规批字[2013]94 号	2983	2983	—
13	国家油茶核心种质(浙江)资源库建设项目	林规批字[2013]97 号	475	475	—
14	国家储备林信息系统建设项目	林规批字[2013]118 号	398	398	—
15	南方森林航空消防航行管制及火情监测系统建设项目	林规批字[2013]119 号	1688	1688	—
16	南京森林警察学院森林消防教学科研仪器设备购置项目	林规批字[2013]140 号	257	257	—
17	濒危野生动植物进出口联网审批系统建设项目	林规批字[2013]165 号	531	531	—

林业科技教育基础设施建设项目 共审批林业科技教育基础设施建设项目 9 个，批复总投资 4372 万元。

表 19-6 林业科技教育基础设施建设项目

序号	项目名称	批复文号	批复投资		
			合计	中央	地方
	合　计		**4372**	**4372**	**—**
1	局经济林产品质量检验检测中心(济南)建设项目	林规批字[2013]156 号	4430	4430	—
2	局木材及木制品质量检验检测中心(鞍山)建设项目	林规批字[2013]157 号	318	318	—
3	云南滇池湿地生态系统定位研究站建设项目	林规批字[2013]161 号	502	502	—
4	吉林松江源森林生态系统定位研究站扩建项目	林规批字[2013]162 号	548	548	—
5	湖南长株潭城市圈森林生态系统定位研究站建设项目	林规批字[2013]163 号	493	493	—
6	内蒙古包头黄河湿地生态系统定位研究站建设项目	林规批字[2013]164 号	568	568	—
7	局经济林产品质量检验检测中心(兰州)设备购置项目	林规批字[2013]166 号	406	406	—
8	广东海丰湿地生态系统定位研究站建设项目	林规批字[2013]167 号	528	528	—
9	甘肃省白龙江森林生态系统定位研究站建设项目	林规批字[2013]178 号	566	566	—

【出台《森林生态站工程项目建设标准》】 为切实提高中国森林生态站工程建设的管理水平和投资效益，国家林业局组织制定了《森林生态站工程项目建设标准》(以下简称《标准》)，自2013年6月1日起在各省、自治区、直辖市、计划单列市林业厅(局)，内蒙古、吉林、龙江、大兴安岭森工(林业)集团公司，新疆生产建设兵团林业局及国家林业局有关直属单位施行。《标准》对森林生态站的组成部分、建设条件、人员配置等作出了规定。明确了森林生态站工程建设项目由观测设施、综合实验楼、辅助设施、仪器设备等部分组成。其中，观测设施包括测流堰、水量平衡场、坡面径流场、固定样地、综合观测塔、气象观测场、林内气象观测场、人工气候室等生态要素观测设施；综合实验楼包括功能用房和辅助用房两部分，建筑总面积应为600～1200平方米；辅助设施包括观测用车、道路、供水、供电、暖气、通讯设施和网络等；仪器设备包括实验仪器、设备、工具和辅助设备等，包括水文观测、土壤观测、气象观测、生物观测、通量观测以及数据管理等各种设备的购置。根据《标准》，森林生态站建设必须有主管部门下达的建立森林生态站的批文，涉及多个单位的必须有共建或合作协议，必须要有长期的土地使用权，同时要明确研究人员、观测人员和管理人员的数量与比例。专业技术人员在森林生态站所有人员配置中所占比例不宜低于80%，其中研究人员应占60%以上、观测人员占20%。该《标准》的出台，对于指导中国森林生态站工程项目的咨询、审查、设计和建设的实施，科学控制工程造价，确保工程建设质量，推进林业生态文明进程具有十分重要的意义。

【出台《国有林场基础设施建设标准》】 为切实提高中国国有林场基础设施建设的工程管理水平和投资效益，国家林业局组织制定了《国有林场基础设施建设标准》(以下简称《标准》)，自2013年6月1日起在各省、自治区、直辖市、计划单列市林业厅(局)，内蒙古、吉林、龙江、大兴安岭森工(林业)集团公司，新疆生产建设兵团林业局及国家林业局有关直属单位施行。《标准》对国有林场基础设施项目建设的具体内容作出了详细规定。其中，将国有林场按照经营面积分为超大型、大型、中型、小型4个规模等级。规定国有林场基础设施项目建设应具备相应各级政府批准建场文件或省级林业主管部门证明材料、经省级有关主管部门批准的国有林场建设与发展规划、行业部门立项投资的依据、健全的管理机构、稳定的人员及人员经费。《标准》明确，国有林场基础设施项目由房屋建筑、道路、给排水、供电、供热、通信、环境美化、生产设施设备、其他配套设施等工程构成，并将其按性质分为公共服务设施、生活服务设施和生产基础配套设施。同时要求国有林场基础设施项目建设应分生态公益型和商品经营型林场，确定建设与管理策略。该《标准》的出台，对于指导中国国有林场基础设施建设，合理地控制工程造价，确保项目的建设质量，推进林业生态文明进程具有十分重要的意义。

【修订《林业固定资产投资建设项目管理办法》】 《林业固定资产投资建设项目管理办法》(以下简称《办法》)自2006年实施以来，对加强林业固定资产投资建设项目管理，规范项目建设程序和行为发挥了重要作用。随着国家新的法规、规定、办法的出台，原《办法》部分内容已不能满足项目管理的需要。为此，2103年8～12月国家林业局计财司对《办法》进行了组织修订，并于12月31日起在各省、自治区、直辖市、计划单列市林业厅(局)，内蒙古、吉林、龙江、大兴安岭森工(林业)集团公司，新疆生产建设兵团林业局及国家林业局有关直属单位施行。修订的主要原则和思路是进一步明确国家林业局、省级林业主管部门、建设单位的权、责，规范项目申报程序，切实加强项目全过程管理，确保项目管理公开、公平、公正。①原《办法》共十一章二十九条，修订后为十二章三十三条，主要修订内容包括：经征求国家发展改革委投资司、农经司意见，对国家林业局审批权限作了修改，将国家林业局审批权限由原来的总投资3000万元修改为中央投资3000万元。根据项目管理的实际需要，取消关于大中型项目划分的规定。②为提高林业建设项目前期工作质量，增加了参与编制可研报告、初步设计的咨询(设计)单位必须达到“甲级”资质的规定。③为规范各省项目申报，提高各省项目申报质量，合理控制项目储备规模，增加“第三章 建设项目申报管理”。进一步明确了省级林业主管部门在申报过程中对项目初审的职责。④考虑到项目批复的时效性，避免出现项目长时间批复不落实投资的情况，增加了“项目批复后，3年以上未开工建设且建设条件发生变化的，需重新履行项目立项审批程序”。的规定。⑤进一步加强项目变更管理。根据部分省区意见，结合近几年林业建设项目出现的项目调整情况，进一步明确国家林业局、省级林业主管部门对项目变更调整的职责。国家林业局重点负责对概算、主体工程建设规模、建设地点的变更调整。在中央投资及项目功能不变的前提下，省级林业主管部门负责其他项目建设内容调整。⑥根据《招投标法实施条例》规定，项目审批部门必须对招标范围、方式、组织形式进行审批。《办法》增加了在项目初步设计审批时，对招标范围、方式、组织形式进行审批的要求。⑦为全面掌握林业建设项目申报、储备、建设进展、竣工验收等信息，将原来“第七章 项目监督管理”修改为“建设项目信息管理”，通过强化信息管理，达到对项目的监督管理。⑧增加建设项目责任追究手段。主要是增加国家林业局能做到的一些责任追究手段，如在网上通报等。⑨考虑到直属单位将另行制订管理办法，本办法取消了对直属单位的相关条款内容。《办法》的此次修订，对进一步加强林业固定资产投资建设项目管理，规范项目建设程序和行为，确保项目的建设质量，推进林业生态文明进程具有十分重要的意义。

(闫春丽　曾德梁)

林业基本建设投资

【林业基本建设投资情况】 2013年是全面深入贯彻落实党的十八大精神的开局之年，是实施"十二五"规划承前启后的关键一年。一年来，以建设生态文明为总目标，以改善生态改善民生为总任务，以加快发展、推进改革、改善民生、强化基础为重点，继续优化投资结构，努力提高投资效益，进一步加强重点和薄弱环节，切实发挥好中央投资对加快转变林业经济发展方式和结构调整的引导作用，为全面提升生态林业民生林业发展水平继续提供支撑保障条件。

在统筹考虑现代林业建设需求的基础上，依据新情况，按照新要求，全面落实各项林业投资。2013年累计安排中央林业基本建设投资188.4亿元，继续保持较高投资水平。

继续加大造林投资力度，继续深入推进百万亩人工林基地等重点区域治理工程，在防护林工程投资中安排75%以上投资专项用于重点区域治理工程。抓好重点火险区综合治理，加快防火基础设施建设，改善林区道路和通信条件，提高防火物资储备和保障能力。进一步加大木材战略储备基地示范工作投资力度，安排中央投资1.5亿元用于福建、广西等7省(区、市)木材战略储备基地试点。在不改变现有管理模式和不减少投资规模的前提下，继续优化整合防沙治沙示范区、基础林业工作站等林业专项投资结构。

营造林生产计划继续保持高位运行，全年安排生产任务600万公顷，并于年初全部下达到各省区。其中：人工造林374.0万公顷，飞播造林15.33万公顷，封山育林面积210.6万公顷。

全年安排林业棚户区危旧房改造任务9.6万户，安排中央投资15.07亿元。按照国务院常务会议对加快棚户区改造工作的专题部署要求，全力加快推进林区基础设施建设，继续强化对各地区、各单位的督促指导和监督检查，确保高质量完成计划改造任务。同步改善职工居住区配套公共服务条件，确保建得起、住得下。认真研究改造后的住房分配、管理等问题，探索形成科学有效的林区住房保障机制。 (张利明 郭 伟)

林业区域发展

【国家林业局组织修订林业扶贫攻坚规划】 依据《中国农村扶贫开发纲要(2011~2020年)》，结合国务院批复的11个集中连片特殊困难地区区域发展与扶贫攻坚规划及《林业发展"十二五"规划》等，国家林业局组织对11个片区进行2011年、2012年林业扶贫情况的统计分析，完成了全国林业扶贫攻坚规划及11个片区扶贫攻坚规划修改，对片区区域发展与扶贫攻坚规划赋予林业的任务进行了细化。 (赵治华)

【国家林业局开展林业扶贫政策调研】 参与了罗霄山、滇西边境、六盘山、武陵山、吕梁山等片区林业扶贫政策的研究；参加了广西国家扶贫开发工作重点县对接会，会后进行了定点扶贫对接调研；组织国家林业局赴定点扶贫九万大山地区进行综合调研并与挂职干部进行座谈；两次组织对河北阜平、甘肃临夏州进行专项扶贫调研，与河北阜平对口支持单位国管局进行了阜平支持政策的反复对接，并向国务院扶贫办报告了国家林业局对河北阜平、甘肃临夏州的支持意见。配合有关部门赴西北、西南，特别是贫困地区开展了新一轮退耕还林政策调研，充分听取各级干部和农民的意见；与中国林业科学院共同完成了《林业扶贫攻坚政策支持体系研究总报告》。 (郝学峰)

【国家林业局与水利部共同召开部际联系会议】 国家林业局与水利部是国务院确定的滇桂黔石漠化片区联系单位，2013年，国家林业局与水利部联合筹划召开了滇桂黔石漠化片区部际联系会议第一次全体会议，国家林业局局长赵树丛参会并讲话。与水利部共同拟定了《滇桂黔石漠化片区扶贫工作组联系工作规则》，参加了由中央督查办组织的对滇桂黔石漠化片区云南、贵州省的扶贫督查。 (解炜炜)

【国家林业局计财司组织智力扶贫】 国家林业局计财司坚持扶贫先扶智，2013年委托国际竹藤中心举办了5期林业扶贫专项技术培训班，聘请国内知名竹类专家和油茶专家讲授竹材加工利用与创新技术、竹资源丰产培育技术、竹林病虫害防治技术、竹与竹制品艺术、油茶良种繁殖及高产栽培与低产林改造技术、茶油营养品质及加工质量控制技术等课程，共培训林业部门生产第一线管理人员、技术人员、种植大户、林农等430人。2013年继续开展送报下乡活动，委托中国绿色时报社向贵州、广西九万大山19个贫困县每期发送《中国绿色时报》800份。 (郝学峰)

【国家林业局深入开展援疆援藏工作】 积极动员组织广东、浙江、吉林等省及内蒙古、龙江、大兴安岭森工集团对口支持青海、西藏建设美丽乡村6个，并分别在西藏、青海举行了启动仪式；对云南、四川、甘肃藏区进行综合调研，并在青海召开援藏工作座谈会，制定并印发了《国家林业局援藏工作规则》。组织对新疆进行综合调研，举办了两期新疆林业专项培训班，拟定了国家林业局援疆工作规则。及时整理援疆工作情况，按季度向国家发展改革委报送林业援疆材料。　（解炜炜）

【国家林业局积极参与中东西部发展】　按照国家发展改革委的要求，2013年初上报了东北振兴、西部开发2012年工作总结和2013年工作计划，并配合国家发展改革委完成了东部振兴、西部开发、中部崛起发展涉及林业的相关工作。与内蒙古、宁夏、广西共同拟定了局省合作协议（备忘录），牵头联系统一战线参与毕节试验区建设的相关事宜。　（郝学峰　解炜炜　赵治华）

林业对外经济贸易合作

【林业利用外资项目的实施】　紧紧围绕国家利用外资总体要求和部署，加快推进在建外资项目的组织实施，积极谋划新的外资项目。一是扎实做好欧洲投资银行2.5亿欧元林业专项贷款8个省（区、市）的相关工作。配合国家发展改革委、财政部已完成辽宁、浙江、湖南、重庆项目评估工作，联合国家发展改革委、财政部召开欧投行林业专项贷款项目培训会。二是跟踪做好《“十二五”林业利用国际金融组织贷款规划》组织实施工作，同时做好与发展改革委、财政部的对接。跟踪调度正在实施的欧投行江西生物质能源林项目、内蒙古碳汇造林项目、世行1亿美元林业综合发展项目、亚行1亿美元林业生态发展项目等国外贷款项目进展情况，协调解决实施中存在的问题，总结经验，切实发挥示范带动作用。

【务实推进境外森林资源合作】　积极创新合作模式，推动境外森林资源合作向纵深发展。①强化服务企业，搭建政、银、企合作平台，推进项目合作。一是在国家林业局与开行签署的《合作协议》框架下，进一步加强政府主管部门、银行和企业间的合作交流，召开开发性金融支持林业走出去座谈会，指导各有关省林业部门及企业与开行有关分行积极做好对接工作，协助符合贷款条件的林业企业申请开行贷款。目前已落实中航林业有限公司（俄罗斯项目）、大兴安岭林业集团公司（圭亚那项目）、中林集团（新西兰项目）等项目贷款3.2亿美元。二是国家林业局与中国诚通集团签署《关于开展林业战略合作框架协议》，组织规划院为中国诚通集团圭亚那农林业综合开发项目编制完成发展规划，协助做好印度尼西亚、柬埔寨林业投资合作项目前期工作。②组织编制全国进口木材加工交易示范基地建设规划。一是根据国务院领导批示，协助黑龙江省推进绥芬河进口木材加工交易示范基地建设，创新政府扶持、企业为主体、市场化运作新模式，推介中林集团与黑龙江省绥芬河市合作，联合开展绥芬河进口木材加工交易示范基地建设。二是创新调研模式，联合开行、中林集团对中国进口木材重点口岸进行调研，共同研究示范基地建设布局，银行、企业、市场充分对接。三是按照国务院领导要求，对林业走出去开展境外林业投资合作及海外购买林地情况以及促进林业走出去的政策需求进行系统研究，报国家发展改革委汇总后已上报国务院。③充分发挥中俄林业合作机制作用，推进中俄林业务实合作。一是中俄双方召开了森林资源开发利用合作常设小组第11次会议，审议通过对俄三期（即伊尔库茨克州）森林资源开发利用合作规划。二是跟踪一期、二期规划实施情况，研究解决实施中存在的问题。三是召开中俄林业工作组会议，推动双方在森林资源开发等方面的合作。④开展丝绸之路经济带和海上丝绸之路生态建设专题研究工作。

【林业援外工作】　在国家整体援外框架下，我们按照量力而行、突出重点、功能示范、树立形象的要求，积极稳妥做好林业援外工作，为开展境外森林采伐利用合作创造良好氛围，努力扩大中国林业的对外影响和国际地位。①积极推进援外项目落地进展。一是完成对加蓬、刚果（布）、喀麦隆、柬埔寨等4国1850万元的林业物资设备援助工作。二是落实中非合作论坛第五届部长级会议精神，帮助非洲国家加强森林保护与管理，经与商务部援外司协商，选定坦桑尼亚、津巴布韦、赞比亚、莫桑比克、肯尼亚、几内亚非洲6国家作为林业物资设备援助对象国。三是稳步推进援建中埃荒漠化防治科学技术实验示范和培训中心项目，编制完成项目建议书，与埃及农业部达成共识，得到商务部援外司及中国驻埃及大使馆的支持，该项目已纳入国家援外成套项目库，目前处于两国换文阶段。四是申请开展森林培育和恢复（友谊林）援外项目，编制了援外项目建议书，积极与商务部援外司沟通，争取列入项目库。②夯实援外工作基础。一是组织编制《国家林业局利用援外渠道与受援国开展对口交流合作规划纲要》，并争取纳入国家援外规划总体思路。二是协调林业规划设计单位申报对外援助资质。黑龙江省林业设计研究院已经获得了商务部的对外援助资质，局规划院已被列为国家对外援助成套项目设计骨干企业。三是加强与商务部援外司的沟通、协调。联合援外司开展国内苗圃、治沙示范点、人工林基地、保护区、森林防火及病虫害防治物资库等建设情况调研，增强对林业的认知，取得理解和支持，谋划林业援外工作思路，灌输生态援外理念，在国家援外工作大局中抢占林业援外地位。

【国际林业热点问题应对工作】 按照以我为主、积极应对、合作共赢、树立形象的要求，积极主动应对打击非法采伐和贸易壁垒问题，促进林产品贸易便利化，维护国家及企业利益。①系统性推进打击非法采伐国际合作。一是与英国国家开发署合作，研究建立了“中国木材合法性证明体系”，并组织有关单位完成了对珍贵树种贸易、地板、家具、森林经营等重点领域类型的8家企业认定审核工作。二是系统研究了中国应对木材非法采伐及相关贸易的行动策略，回应了一些国际非政府组织对中国的指责，先后在北京、广州组织召开了打击木材非法采伐及相关贸易座谈会。三是落实中欧森林执法与行政管理双边协调机制(BCM)第三次对话成果，召开了中欧森林执法与行政管理双边协调机制第四次会议，就欧盟森林执法、施政和贸易行动计划和《欧盟木材法案》的最新进展做了深入交流。四是在APEC框架下全面参与打击非法采伐进程，利用打击非法采伐专家工作组平台，宣传中国开展打击木材非法采伐等方面工作，全面维护中国利益。五是在“中日打击木材非法采伐及相关贸易支持森林可持续经营的谅解备忘录”框架下，与日方举行工作组会议，研究确定了“基于中日打击木材非法采伐及相关贸易合作备忘录的行动计划”。六是召开了中美打击木材非法采伐及相关贸易双边论坛第五次会议，继续与美国开展打击非法采伐方面的合作。七是落实中欧第四次BCM会议成果，对越南与欧盟签署VPA情况进行研究，特别是多利益相关机构的参与机制、木材合法性认定体系以及第三方监督体系的建立，加强在推动负责任林产品贸易方面的对话和合作。八是组织召开了欧盟VPA协议国际研讨会，探讨签署VPA协议对各国森林资源管理的影响，为中国与欧盟协商VPA协议提供借鉴。九是会同国际司继续推进中澳、中印尼打击非法采伐及相关贸易合作进程，着力推动中国提出的木材合法性认定办法的合作。②积极应对林产品国际贸易壁垒。一是在美国对中国出口胶合板进行“反倾销、反补贴”调查后，迅速部署中国林产工业协会组织企业应对调查，积极进行抗辩，并最终艰难赢得胜利，维护了中国胶合板行业利益。二是积极针对美国对中国企业违反《雷斯法案》修正案的指责，积极组织有关部门、协会、企业进行研究并进行实地调研指导，努力降低该事件对中国林产品国际贸易的影响，维护中国企业的正当权益，树立和维护中国良好国际形象。

【林产品国际贸易服务】 利用多种资源、汇集各方力量，促进林业国际合作，努力提高林产品国际贸易服务水平。①进一步做好基础性工作。一是开展国别研究，目前已经初步完成了70多个国家林业相关情况的研究和资料汇总，为今后有重点开展国际林产品贸易和经贸合作提供依据。二是继续推进中国林产品指标机制建设，并发布FPI30、FPI地板指数。三是召开林产品国际贸易研究中心第四届年会。四是加强宣传工作，继续在《中国林业产业》《中国绿色时报》以及网络等媒体开展林业对外贸易的有关宣传工作，解读相关政策，介绍相关动态。②加强与有关部门的协调配合。一是积极配合国家发展改革委研究中国扩大进口有关事宜，并提出了林业行业建设性意见。二是向海关总署申报了红木产品加工贸易单耗课题研究项目的制定。三是按照国家机电办的要求，完成了国家林业局机电产品进出口有关工作。四是利用海关协调制度，向世界海关组织积极申请将科技木增列海关编码。五是继续做好林业技术性贸易措施相关工作。③加强与国际组织的广泛合作。主动与WWF、TNC等有关国际组织、NGO等单位开展合作，巩固和扩大《中国企业境外森林可持续经营利用指南》试点成果，扩大试点范围，树立中国企业良好形象。

(付建全　田　禾　荆　涛)

山区综合开发

【批复2013年农业综合开发林业项目投资计划】 根据《国家农业综合开发部门项目管理办法》，9月，国家林业局会同国家农业综合开发办公室联合下发了《国家林业局、国家农业综合开发办公室关于2013年农业综合开发林业生态示范和名优经济林等示范项目计划的批复》(林规发〔2013〕139号)，下达了2013年农业综合开发林业项目投资计划。2013年，共安排农业综合开发林业项目中央财政资金70 967万元，比2012年增加11 828万元。其中：林业生态示范项目20 206万元，名优经济林等示范项目50 761万元。

【制定下发2014年农业综合开发林业项目申报指南】 为做好2014年农业综合开发林业项目的申报工作，2013年8月，国家林业局计财司会同国家农业综合开发办公室联合制定下发了《2014年农业综合开发林业项目申报指南》(规山函〔2013〕136号)，并在国家林业局、财政部官方网站以及《中国绿色时报》等媒体上向社会公开发布，做到公开、公平、公正。《指南》明确了2014年农业综合开发林业项目建设的指导思想、申报程序、扶持对象和建设重点等相关申报要求，让社会各界和林业基层单位能够及时、详细掌握农业综合开发项目管理政策，做好项目申报准备和前期工作。

【下达2014年农业综合开发林业项目分省投资指标】 根据《国家农业综合开发办公室关于下达2014年中央财政农业综合开发部门项目存量资金指标的通知》(国农办[2013]189号)，下达国家林业局存量资金70 944万元。按照要求，国家林业局计财司会商有关司局、直属单位，研究提出了2014年农业综合开发林业项目分省投资方案，上报国家农业综合开发办公室。经国家农业综合开发办公室同意后，国家林业局计财司下发了《国家林业局计财司关于开展2014年农业综合开发林业项目申报工作的通知》(规山函〔2013〕213号)，开展了2014年项目申报工作。

【举办农业综合开发林业项目管理培训班】 为加强农业综合开发项目和资金管理，国家林业局计财司于9月中旬在广西壮族自治区南宁市举办了农业综合开发林业项目管理培训班。培训班邀请了国家农业综合开发办公室的同志讲授了《国家农业综合开发部门项目管理办法》，对《2014年农业综合开发林业项目申报指南》等农业综合开发林业政策进行了讲解，通报了近年来农业综合开发林业项目评审、检查工作情况，座谈研讨了项目和资金管理存在的问题和政策措施。来自有关省林业厅(局)主管农业综合开发工作的处长和具体工作人员参加了培训。

【配合国家农业综合开发办公室对2012年项目进行综合检查】 按照《国家农业综合开发办公室关于开展2013年农业综合开发综合检查的通知》(国农办〔2013〕187号)要求，组织有关省开展自查。在此基础上，配合国家农业综合开发办公室对河北、吉林、江苏、安徽、河南、湖北等省(区、市)的农业综合开发林业项目进行了检查。

【完成2012年农业综合开发统计工作】 按照《国家农业综合开发部门项目管理办法》要求，国家林业局计财司于2013年2月组织开展了2012年农业综合开发林业项目统计报表编报工作，并于5月份参加农业综合开发统计会审后上报国家农业综合开发办公室。

【召开第六次全国油茶产业现场会】 2013年11月5日，国家林业局在湖北省咸宁市召开了第六次全国油茶产业发展现场会，赵树丛局长参加会议并作了讲话。会议现场参观了通城县高产油茶示范基地和油茶加工企业，总结了五年来全国油茶产业发展取得的成效，对今后一个时期重点工作进行了部署。来自全国14个油茶主产省(区、市)林业厅(局)负责同志和油茶办主任，部分油茶产业发展重点县、重点企业、科研院所的代表和国家林业局有关司局、直属单位负责同志参加了会议。

【召开油用牡丹产业发展座谈会】 国家林业局于2013年4月17日在山东省菏泽市召开了油用牡丹产业发展座谈会。会议总结了近年来中国牡丹产业发展的总体情况，分析了油用牡丹产业发展潜力，部署了下一步工作。张建龙副局长出席会议并作了讲话。来自全国22个省(区、市)林业厅以及中国林业经济学会油用牡丹分会的专家参加了会议。

【召开油用牡丹产业发展专家座谈会】 国家林业局和菏泽市人民政府于2013年12月26日在山东省菏泽市共同召开了油用牡丹产业发展专家座谈会。国家林业局陈凤学总工程师出席会议并作了讲话。中国工程院李文华、张齐生、宋湛谦、李坚4位院士以及有关专家出席了会议。国家发展改革委、国家粮食局有关代表参加了会议。来自全国10个省(区、市)的林业厅(局)代表以及国家林业局有关司局、直属单位负责同志参加了会议。

【批复5个全国油茶产业发展示范市】 为进一步提高地市一级地方政府支持油茶产业发展的积极性，整市推进油茶产业发展，国家林业局下发了《国家林业局关于同意将安徽省六安市等确定为全国油茶产业发展示范市的复函》(林规发〔2013〕1号)，将安徽省六安市，江西省宜春市、赣州市，湖南省衡阳市、永州市确定为全国油茶产业发展示范市。

【开展木本油料课题研究】 根据李克强总理考察国家粮食局时对发展木本粮油产业做出的重要指示精神，国家林业局计财司与国家粮食科学研究院合作开展了“中国木本粮油产业发展战略研究”工作。通过该课题研究，摸清中国主要木本粮油产业基本情况和发展潜力，借鉴国内外先进的发展经验和模式，分析中国木本粮油产业存在的问题，研究提出下一步发展木本粮油产业的政策建议。

【开展油茶产业发展的调度统计】 为全面掌握全国油茶产业发展情况，科学指导油茶产业发展，国家林业局组织对2012年全国油茶造林及生产加工情况进行调度和统计分析，提出下一步全国油茶产业发展的重点工作和政策建议。

【抓好油茶产业发展宣传工作】 在《粮油市场报》上开辟了《油茶视界》专栏，共刊出18篇27 000多字宣传文章，对油茶产业发展政策和成效以及茶油的功能和作用进行了全方位解读和宣传。 (刘跃祥　韩　非)

林业生态环境

【组织完成《国内外林业生态监测》编订工作】 2011年，组织有关专家、学者开始编撰《国内外林业生态监测》一书。书中全面介绍了国际上现行的“生态效益评价指标体系”和已开展生态监测国家的生态监测状况，对于研究制定既符合国际规范又具有中国特色并客观反映中国林业建设生态效益的监测体系具有积极借鉴意义。目前，《国内外林业生态监测》一书已基本完成编撰工作。

【推进三峡库区林业生态效益监测与评价示范研究】 为科学客观地反映三峡工程建设达标（蓄水175米等高线）运行后，三峡库区对区域生态环境的影响，国务院三峡办组织国家林业局开展了三峡库区林业生态监测工作。作为世界最为关注的敏感区域，三峡库区生态监测工作不仅成效显著，还在相关工作基础上，逐步摸索出一整套生态监测方式，建立起比较完善的生态监测体系，具有较高的推广示范作用。为进一步总结三峡库区生态监测工作经验，并为全国推广打下坚实理论基础，我们拟通过三峡库区生态监测这个平台，深入研究森林生态效益的监测与评价指标体系设定、监测规范确定和监测评价分析等，力争完善林业生态效益监测与评价及展现的技术体系和能力建设标准、布局、规范等。我们已经组织有关单位正式向国务院三峡办申报“三峡库区森林生态效益监测与评价”项目课题研究，并在2013年召开了课题研究启动前期工作会议，具体确定了森林资源在三峡库区建设及其生态效益的意义和影响，商定了课题参加单位和主要研究内容。

【组织编制《全国林业生态监测体系建设规划（2014～2020年）》】 为加强中国林业生态综合监测与评估工作，增强生态建设决策管理的针对性、科学性和有效性，全面规范和布局中国林业生态监测体系建设，组织局规划院等有关单位编制《全国林业生态监测体系建设规划》。《全国林业生态监测体系建设规划》将在分析和吸收现有森林、湿地、荒漠等资源监测技术体系的基础上，确定全国生态监测与评估体系建设规划大纲，明确规划目标、重点、主要任务和体系框架。

【组织编制《林业对口支援三峡库区移民工作规划（2013～2020年）》】 三峡库区对口支援工作是国家林业局长期开展的工作，成效十分显著。按照国务院三峡办开展新一轮对口支援三峡库区有关要求，为应对新时期对口支援工作特点，扎实推进互助合作支援新模式，组织局规划院开始编制《林业对口支援三峡库区移民工作规划（2013～2020年）》。

【完成2012年三峡工程生态监测工作】 2013年，按照国务院三峡办有关要求，组织中国林科院、局规划院等有关单位开展了2012年三峡工程生态监测工作。圆满完成了2012年三峡工程生态与环境监测系统森林资源监测工作，并顺利通过国务院三峡办评审。一是提高三峡库区基层生态监测能力。协调国务院三峡办继续推进三峡库区生态监测由专项监测向常规监测的转变，加大资金投入和培训力度，普及生态效益监测基础知识和内容，夯实三峡库区林业生态效益动态监测基础，提高库区基层生态监测能力和水平，为把三峡库区建设成林业生态建设和生态效益动态监测高地打下坚实基础。二是初步形成三峡库区生态监测技术体系模式。通过几年的三峡库区生态监测工作，初步总结形成了国家与地方相统一的森林资源监测组织管理机制，以往监测成果与当前补充调查相衔接的区域森林资源监测模式，遥感判读与地面调查和模型估测相结合的森林资源监测技术方法，对中国森林资源监测工作的组织管理和技术进步具有重要的借鉴和推广价值。

【完成第一批生态原产地产品保护评审授牌工作】 协助国家质检总局开展了第一批生态原产地产品保护评审工作，并于7月在贵阳完成了第一批保护产品的授牌工作，其中包括茶油、茶叶、蓝莓、猕猴桃、苹果等多种林业产品。此举标志着中国生态原产地产品保护工作正式启动。

【林业生态原产地产品保护管理工作】 为进一步推进涉林产品生态原产地产品保护管理工作，我们多次与国家质检总局开展对话，就共同推进涉林产品保护、双方共建合作等事宜展开深入的探讨研究。国家质检总局不仅对林业在生态原产地产品保护工作中的关键作用高度认可，也原则同意建立国家林业局涉林产品生态原产地促进办公室。这些为国家林业局重点培育的林产业创造良好环境和条件。

【开展林业生态原产地产品保护工作相关研究】 为进一步理顺林业系统工作程序和内容，丰富涉林产品保护内涵，完善涉林产品保护品种，国家林业组织编制了《林业生态原产地产品保护工作草案》《林业生态原产地产品评定标准编制实施方案》《林业生态原产地产品分类》。目前相关工作正在有序开展。

【循环经济工作】 充分利用林业三剩物资源利用，发展林业循环经济，是促进林业健康发展、解决中国能源危机、促进林区经济社会可持续发展的有效方式。为进一步促进林业三剩物资源的利用，2013年，经多次与国家发展改革委协商，拟开启林业三剩物资源能源循环经济综合利用项目。并经国家发展改革委同意，编制《林业三剩物资源（能源）循环经济综合利用实施方案（初稿）》。目前该《方案》已经多次与国家发展改革委有关部门协商修改。同时，结合相关工作，赴武汉、东营、包头等地开展相关调研。林业三剩物资源能源循环经济综合利用项目的开启，对进一步拓展林业资源利用空间、展现林业功能特点、促进林区功能性转型、实现林区经济社会可持续发展具有重要意义。

【南水北调对口协作工作】 按照国家发展改革委等有关部门的总体工作部署，开展丹江口库区对口协作相关工作，组织编制《丹江口库区及上游地区林业对口协作实施方案》。 （陆诗雷 张明吉）

表 19-7　全国营林生产主要指标 2013 年与 2012 年比较

指 标 名 称	单 位	2013 年	2012 年	2013 年比 2012 年增减 (%)
一、造林面积	**公顷**	**6 103 925**	**5 595 791**	**9.08**
(一)按造林方式分				
1. 人工造林	公顷	4 210 486	3 820 704	10.20
其中:竹林面积	公顷	47 794	41 424	15.38
2. 飞播造林	公顷	154 400	136 409	13.19
3. 无林地和疏林地新封	公顷	1 739 039	1 638 678	6.12
(二)按经济成分分				
1. 公有经济造林	公顷	3 255 217	3 009 993	8.15
①国有经济造林	公顷	1 602 727	1 506 978	6.35
②集体经济造林	公顷	1 652 490	1 503 015	9.95
2. 非公有经济造林	公顷	2 848 708	2 585 798	10.17
(三)按林种用途分				
1. 用材林	公顷	1 061 426	774 398	37.06
2. 经济林	公顷	1 233 676	1 101 053	12.05
3. 防护林	公顷	3 748 409	3 650 842	2.67
4. 薪炭林	公顷	24 898	41 145	-39.49
5. 特种用途林	公顷	35 516	28 353	25.26
(四)按树种类型分				
其中:速生树种	公顷	1 031 244	755 149	36.56
其中:乡土树种	公顷	3 735 831	3 593 927	3.95
其中:珍贵树种	公顷	94 174	60 563	55.50
(五)按结构类型分				
1. 纯林	公顷	3 512 495	3 387 397	3.69%
2. 混交林	公顷	2 591 430	2 208 394	17.34%
二、有林地造林面积	**公顷**	**687 778**	**581 520**	**18.27**
1. 林冠下造林	公顷	169 518	150 484	12.65
2. 飞播营林	公顷	—	—	—
3. 有林地和灌木林地新封	公顷	518 260	431 036	20.24
三、更新造林面积	**公顷**	**304 046**	**305 065**	**-0.33**
四、四旁(零星)植树	**万株**	**235 734**	**239 418**	**-1.54**
五、年末实有封山(沙)育林面积	**公顷**	**25 178 730**	**24 140 908**	**4.30**
六、森林抚育改造面积				
1. 低产低效林改造面积	公顷	758 327	707 499	7.18
2. 未成林抚育作业面积	公顷次	7 751 527	9 396 281	-17.50
3. 中、幼龄林抚育面积	公顷	7 847 187	7 661 686	2.42
七、林木种苗				
1. 林木种子采集量	吨	26 680	27 831	-4.14
2. 当年苗木产量	万株	6 004 062	5 707 761	5.19
3. 育苗面积	公顷	1 071 459	915 643	17.02
其中:本年新增育苗面积	公顷	299 639	272 013	10.16

表 19-8 各地区按造林方式和按林种用途分的造林面积

单位:公顷

地 区	总 计	按造林方式分			按林种用途分				
		人工造林	飞播造林	无林地和疏林地新封山育林	用材林	经济林	防护林	薪炭林	特种用途林
全国合计	**6 103 925**	**4 210 486**	**154 400**	**1 739 039**	**1 061 426**	**1 233 676**	**3 748 409**	**24 898**	**35 516**
北 京	45 813	30 871	—	14 942	—	436	44 737	—	640
天 津	5792	5792	—	—	618	1116	4058	—	—
河 北	318 737	238 007	20 001	60 729	31 127	45 852	240 298	—	1460
山 西	298 796	240 843	1732	56 221	2267	83 995	202 872	9662	—
内蒙古	805 156	349 624	78 666	376 866	8357	16 489	777 993	—	2317
内蒙古集团	1438	1438	—	—	507	334	153	—	444
辽 宁	237 457	134 459	—	102 998	16 899	26 565	193 993	—	—
吉 林	112 446	48 448	—	63 998	8255	136	104 055	—	—
吉林集团	2669	2669	—	—	—	—	2669	—	—
长白山集团	10 346	10 346	—	—	250	—	10 096	—	—
黑龙江	124 122	81 512	—	42 610	13 491	1409	106 778	4	2440
龙江集团	—	—	—	—	—	—	—	—	—
上 海	862	862	—	—	—	85	777	—	—
江 苏	65 258	64 925	—	333	7848	11 446	43 923	—	2041
浙 江	42 362	30 310	—	12 052	3266	9690	28 856	224	326
安 徽	172 086	162 488	—	9598	63 164	40 285	60 790	716	7131
福 建	100 185	100 185	—	—	72 977	9055	15 081	272	2800
江 西	153 368	141 041	—	12 327	86 665	37 867	28 207	140	489
山 东	220 473	219 129	—	1344	32 569	63 604	122 536	—	1764
河 南	253 914	201 208	—	52 706	55 701	41 444	156 769	—	—
湖 北	246 858	165 652	—	81 206	83 439	58 163	103 083	112	2061
湖 南	349 772	188 680	—	161 092	183 884	36 111	125 879	2161	1737
广 东	139 058	119 083	—	19 975	29 986	5143	102 917	—	1012
广 西	153 743	134 310	—	19 433	93 054	35 510	24 339	—	840
海 南	12 829	12 829	—	—	1888	8192	2103	—	646
重 庆	227 883	152 832	—	75 051	60 683	28 605	133 465	3447	1683
四 川	126 191	67 992	—	58 199	31 306	23 961	70 791	—	133
贵 州	340 000	256 253	—	83 747	100 000	144 727	90 000	4333	940
云 南	524 334	467 658	—	56 676	61 336	352 109	110 010	879	—
西 藏	69 629	30 540	—	39 089	—	1426	68 203	—	—
陕 西	343 981	215 732	54 001	74 248	8371	73 744	261 866	—	—
甘 肃	174 470	108 377	—	66 093	—	12 514	156 923	—	5033
青 海	152 755	44 397	—	108 358	—	6868	145 887	—	—
宁 夏	101 145	60 695	—	40 450	—	10 118	91 027	—	—
新 疆	164 450	115 752	—	48 698	4275	47 011	110 193	2948	23
新疆兵团	17 093	16 093	—	1000	600	4841	11 652	—	—
大兴安岭	—	—	—	—	—	—	—	—	—

注:全国合计造林面积中包括军事管理区 20000 公顷人工营造的防护林。

表 19-9 各地区营林生产

地区	有林地造林面积				更新造林	四旁(零星)植树(万株)	年末实有封山(沙)育林面积
	合计	林冠下造林	飞播营林	有林地和灌木林地新封			
全国合计	**687 778**	**169 518**	**—**	**518 260**	**304 046**	**235 734**	**25 178 730**
北京	19 424	826	—	18 598	784	223	146 674
天津	—	—	—	—	—	362	26 014
河北	76	76	—	—	5017	10 914	774 918
山西	4164	—	—	4164	—	10 507	868 747
内蒙古	14 733	14 733	—	—	14 976	3359	3 613 217
内蒙古集团	14 733	14 733	—	—	—	25	—
辽宁	245	46	—	199	2199	6646	1 368 320
吉林	42 072	35 737	—	6335	8545	1014	666 387
吉林集团	18 870	18 870	—	—	836	6	215 647
长白山集团	10 516	10 516	—	—	109	73	178 002
黑龙江	87 555	53 750	—	33 805	25 569	1116	822 630
龙江集团	54 193	52 658	—	1535	25 569	221	327 220
上海	—	—	—	—	—	57	—
江苏	1201	15	—	1186	1948	10 696	23 786
浙江	2848	503	—	2345	13 686	2975	959 477
安徽	16 203	—	—	16 203	—	17 355	526 415
福建	102 804	37 263	—	65 541	8229	2846	714 757
江西	41 318	2992	—	38 326	9657	6618	1 130 726
山东	6887	221	—	6666	7219	19 145	231 241
河南	—	—	—	—	146	22 948	362 777
湖北	10 945	513	—	10 432	2952	12 014	1 094 480
湖南	143 001	3238	—	139 763	23 670	12 915	1 655 787
广东	83 649	10 367	—	73 282	83 650	9361	461 525
广西	7672	369	—	7303	71 579	5994	1 926 336
海南	328	328	—	—	13 271	1261	136 339
重庆	8732	2934	—	5798	—	10 512	295 407
四川	666	—	—	666	6140	24 279	734 134
贵州	—	—	—	—	—	4363	563 671
云南	76 790	1011	—	75 779	1167	9855	1 449 699
西藏	—	—	—	—	—	53	44 175
陕西	7535	—	—	7535	36	11 221	898 387
甘肃	3667	—	—	3667	—	11 964	877 634
青海	—	—	—	—	—	1395	1 096 845
宁夏	—	—	—	—	—	1659	326 220
新疆	5263	4596	—	667	2586	2108	1 382 005
新疆兵团	2084	2084	—	—	317	173	198 370
大兴安岭	—	—	—	—	1020	—	—

主要指标完成情况

单位:公顷

森林抚育			林木种苗			
低产低效林改造面积	未成林抚育作业面积（公顷次）	中、幼龄林抚育面积	林木种子采集量（吨）	当年苗木产量（万株）	育苗面积	
					合　计	其中:本年新增育苗面积
758 327	**7 751 527**	**7 847 187**	**26 680**	**6 004 062**	**1 071 459**	**299 639**
322	17 323	67 296	53	21 341	8947	1413
—	74 600	50 860	—	5522	8318	3051
14 484	393 374	348 424	1283	364 228	75 102	27 160
3799	53 414	90 503	353	500 432	66 735	25 135
4606	509 224	764 092	2037	515 953	43 274	11 090
—	10 133	351 300	—	10 690	105	30
6394	95 639	104 491	1831	416 248	18 791	6466
5315	552 093	220 603	621	160 392	9976	4058
550	187 433	37 522	65	15 099	136	30
1265	117 504	81 594	29	4321	108	30
10 444	455 159	612 574	257	206 980	10 031	2835
2145	250 241	492 997	47	55 612	480	71
872	16 900	13 274	—	8827	10 451	125
332	80 419	40 000	—	322 182	148 028	19 668
7074	14 494	225 145	22	409 386	132 765	13 568
23 297	386 336	166 667	537	79 370	70 450	1200
19 929	576 798	161 313	39	42 630	947	587
46 925	283 608	217 818	149	226 694	71 672	20 292
11 333	557 467	413 850	1024	396 382	89 181	35 057
18 506	400 728	323 945	1046	227 612	40 838	24 328
27 133	363 080	417 983	1099	132 475	43 830	19 900
151 540	475 415	342 415	295	74 701	1677	1591
49 501	135 183	348 952	54	78 097	8324	2547
5067	581 047	497 036	363	130 520	19 658	4023
470	52 330	71 352	33	15 742	2830	357
3866	49 756	133 391	159	72 773	25 423	6505
48 480	29 189	125 858	1242	89 212	19 588	8412
50 000	3333	29 0667	970	94 303	3808	2793
122 615	6471	148 151	4729	96 891	4405	2810
—	—	7333	—	—	—	—
49 745	66 314	129 881	2169	392 710	27 123	8021
9890	95 797	181 416	1636	419 613	33 230	16 560
533	5000	23 533	125	46 027	5246	1338
1400	47 419	21 331	1141	291 400	31 652	6153
47 122	1 373 617	1 108 673	3409	152 687	38 973	22 569
1662	269 062	233 057	34	17 058	6636	5848
17 333	—	178 360	4	12 732	186	27

表 19-10 林业重点工程

指标	总计	天然林资源保护工程	退耕还林工程	京津风沙源治理工程	合计
一、造林面积	**2 568 952**	**460 301**	**628 929**	**626 078**	**853 644**
（一）按造林方式分					
1. 人工造林	1 337 432	113 387	432 302	258 841	532 902
2. 飞播造林	145 731	67 332	—	75 066	3333
3. 无林地和疏林地新封	1 085 789	279 582	196 627	292 171	317 409
（二）按林种用途分					
1. 用材林	167 262	16 447	110 122	11 124	29 569
2. 经济林	225 488	18 921	150 841	16 785	38 941
3. 防护林	2 152 071	422 022	351 632	594 542	783 875
4. 薪炭林	13 439	—	11 858	1571	10
5. 特种用途林	10 692	2911	4476	2056	1249
二、低产低效防护林改造面积	**11 623**	**—**	**—**	**—**	**11 623**
三、年末实有封山育林面积	**14 188 192**	**5 758 320**	**1 978 641**	**2 686 580**	**3 764 651**
四、全部林业投资完成额	**5 361 512**	**2 301 529**	**1 962 668**	**378 669**	**569 772**
其中：国家投资	4 378 163	2 020 503	1 557 260	357 304	354 732

建设情况

单位:公顷,万元

三北及长江流域等重点防护林体系建设工程						野生动植物保护及自然保护区建设工程
三北防护林工程	长江流域防护林体系工程	沿海防护林体系工程	珠江流域防护林体系工程	太行山绿化工程	平原绿化工程	
518 556	**130 352**	**118 590**	**43 985**	**35 745**	**6416**	**—**
303 022	78 905	94 084	28 317	22 158	6416	—
3333	—	—	—	—	—	—
212 201	51 447	24 506	15 668	13 587	—	—
11 810	7796	5333	4572	58	—	—
24 207	6160	4524	3099	951	—	—
482 238	116 324	107 847	36 314	34 736	6416	—
10	—	—	—	—	—	—
291	72	886	—	—	—	—
5482	**3281**	**1854**	**873**	**133**	**—**	**—**
2 513 508	**392 914**	**452 444**	**238 918**	**165 859**	**1008**	**—**
274 469	**65 806**	**178 784**	**21 154**	**17 539**	**12 020**	**148 874**
170 664	33 863	116 389	11 354	10 442	12 020	88 364

表 19-11 各地区林业重点生态工程造林面积

单位:公顷

地 区	全部造林面积	重点工程造林面积					其他造林面积
		合 计	天然林资源保护工程	退耕还林工程	京津风沙源治理工程	三北及长江流域等重点防护林体系建设工程	
全国合计	**6 103 925**	**2 568 952**	**460 301**	**628 929**	**626 078**	**853 644**	**3 534 973**
北 京	45 813	28 463	—	—	20 251	8212	17 350
天 津	5792	5792	—	—	800	4992	—
河 北	318 737	162 788	—	15 818	99 548	47 422	155 949
山 西	298 796	143 309	39 920	46 415	18 272	38 702	155 487
内蒙古	805 156	685 036	88 297	421 59	468 988	85 592	120 120
内蒙古集团	1438	—	—	—	—	—	1438
辽 宁	237 457	80 536	—	24 336	—	56 200	156 921
吉 林	112 446	51 541	—	19 240	—	32 301	60 905
吉林集团	2669	—	—	—	—	—	2669
长白山集团	10 346	—	—	—	—	—	10 346
黑龙江	124 122	83 113	—	30 494	—	52 619	41 009
龙江集团	—	—	—	—	—	—	—
上 海	862	—	—	—	—	—	862
江 苏	65 258	18 647	—	—	—	18 647	46 611
浙 江	42 362	17 748	—	—	—	17 748	24 614
安 徽	172 086	36 865	—	21 741	—	15 124	135 221
福 建	100 185	6595	—	—	—	6595	93 590
江 西	153 368	32 561	—	20 665	—	11 896	120 807
山 东	220 473	40 585	—	—	—	40 585	179 888
河 南	253 914	55 852	3332	27 038	—	25 482	198 062
湖 北	246 858	85 157	29 397	23 070	—	32 690	161 701
湖 南	349 772	35 184	—	15 180	—	20 004	314 588
广 东	139 058	47 295	—	—	—	47 295	91 763
广 西	153 743	29 665	—	16 101	—	13 564	124 078
海 南	12 829	2849	—	1294	—	1555	9980
重 庆	227 883	48 003	23 668	24 335	—	—	179 880
四 川	126 191	72 764	52 103	20 661	—	—	53 427
贵 州	340 000	35 113	19 113	12 000	—	4000	304 887
云 南	524 334	158 318	31 711	117 937	—	8670	366 016
西 藏	69 629	18 360	2200	7332	—	8828	51 269
陕 西	343 981	194 517	89 550	45 385	18 219	41 363	149 464
甘 肃	174 470	118 635	40 340	19 634	—	58 661	55 835
青 海	152 755	78 885	21 290	16 000	—	41 595	73 870
宁 夏	101 145	42 980	19 380	8000	—	15 600	58 165
新 疆	164 450	131 796	—	34 094	—	97 702	32 654
新疆兵团	17 093	15 083	—	634	—	14 449	2010
大兴安岭	—	—	—	—	—	—	—

注:退耕还林工程中包括军事管理区 20000 公顷荒山荒地造林。

表 19-12　天然林资源保护工程建设情况

指　标	单　位	合　计	东北、内蒙古等国有重点林区	长江上游、黄河上中游地区
一、工程区木材产量	**立方米**	**9 240 417**	**4 173 275**	**5 067 142**
其中:人工林木材产量	立方米	4 914 362	319 429	4 594 933
二、造林面积	**公顷**	**460 301**	**—**	**460 301**
1. 人工造林	公顷	113 387	—	113 387
2. 飞播造林	公顷	67 332	—	67 332
3. 无林地和疏林地新封	公顷	279 582	—	279 582
按林种用途分				
1. 用材林	公顷	16 447	—	16 447
2. 经济林	公顷	18 921	—	18 921
3. 防护林	公顷	422 022	—	422 022
4. 薪炭林	公顷	—	—	—
5. 特种用途林	公顷	2911	—	2911
三、中、幼龄林抚育面积	**公顷**	**1 639 135**	**1 239 807**	**399 328**
四、年末实有封山(沙)育林面积	**公顷**	**5 758 320**	**823 802**	**4 934 518**
五、年末实有森林管护面积	**公顷**	**114 405 827**	**38 528 237**	**75 877 590**
1. 国有林	公顷	71 137 248	38 528 237	32 609 011
2. 集体和个人所有的国家级公益林	公顷	20 459 698	—	20 459 698
3. 集体和个人所有的地方公益林	公顷	22 808 881	—	22 808 881
六、工程区项目实施单位人员情况				
1. 年末人数	人	804 815	641 962	162 853
其中:混岗职工人数	人	90 309	89 494	815
(1)在岗职工	人	580 187	425 187	155 000
(2)其他从业人员	人	6805	941	5864
(3)离开本单位保留劳动关系人员	人	217 823	215 834	1989
2. 在岗职工年平均人数	人	556 781	403 459	153 322
3. 在岗职工年工资总额	万元	1 483 464	997 084	486 380
4. 年末实有离退休人员	人	639 457	502 551	136 906
5. 当年离退休人员生活费	万元	1 396 647	1 073 518	323 129
6. 年末参加基本养老保险人数	人	815 881	648 564	167 317
其中:在岗职工	人	505 950	384 126	121 824
7. 年末参加基本医疗保险人数	人	1 098 030	859 567	238 463
其中:在岗职工	人	525 818	392 870	132 948
七、全部林业投资完成额	**万元**	**2 301 529**	**1 185 688**	**1 115 841**
其中:国家投资	万元	2 020 503	1 142 986	877 517
1. 公益林建设	万元	91 109	—	91 109
2. 后备资源培育	万元	21 653	21 653	—
3. 森林管护	万元	676 237	288 587	387 650
4. 森林抚育	万元	298 496	225 950	72 546
5. 生态效益补偿	万元	394 736	3616	391 120
6. 社会保险(养老、医疗、失业、工伤、生育)	万元	437 465	322 313	115 152
7. 政社性支出	万元	331 693	311 108	20 585
8. 其他	万元	50 140	12 461	37 679

表 19-13 退耕还林工程建设情况

指　标	单　位	合　计	退耕还林工程	京津风沙源治理工程中的退耕还林
一、造林面积	**公顷**	**653 348**	**628 929**	**24 419**
1. 退耕地造林	公顷	—	—	—
其中:生态林面积	公顷	—	—	—
25°以上坡耕地退耕面积	公顷	—	—	—
严重沙化耕地退耕面积	公顷	—	—	—
2. 荒山荒地造林	公顷	454 056	432 302	21 754
3. 无林地和疏林地新封	公顷	199 292	196 627	2665
按林种用途分				
1. 用材林	公顷	110 505	110 122	383
2. 经济林	公顷	157 943	150 841	7102
3. 防护林	公顷	366 995	351 632	15 363
4. 薪炭林	公顷	13 429	11 858	1571
5. 特种用途林	公顷	4476	4476	—
二、年末实有封山(沙)育林面积	**公顷**	**2 257 872**	**1 978 641**	**279 231**
三、当年种草面积	**公顷**	**—**	**—**	**—**
其中:退耕地种草面积	公顷	—	—	—
四、补助粮、款兑现				
1. 当年粮款兑现退耕地总面积	公顷	7 453 335	6 725 562	727 773
2. 自工程实施以来累计粮食补助资金总计	万元	21 018 851	19 030 232	1 988 619
其中:当年粮食补助资金合计	万元	773 153	703 286	69 867
其中:当年新退耕地粮食补助资金	万元	—	—	—
3. 自工程实施以来累计生活费兑现金额总计	万元	3 367 533	2 959 032	408 501
其中:当年生活费兑现金额合计	万元	413 554	369 217	44 337
其中:当年新退耕地生活费兑现金额	万元	—	—	—
4. 当年粮款兑现涉及户数	户	22 206 999	20 116 831	2 090 168
五、全部林业投资完成额	**万元**	**2 174 217**	**1 962 668**	**211 549**
其中:国家投资	万元	1 729 247	1 557 260	171 987
1. 粮食补助资金	万元	773 153	703 286	69 867
2. 种苗费	万元	88 665	88 085	580
3. 生活费补助	万元	413 554	369 217	44 337
4. 巩固退耕还林成果专项资金	万元	694 202	632 696	61 506
5. 其他费用	万元	204 643	169 384	35 259

表 19-14 京津风沙源治理工程建设情况

指　标	单　位	本年实际
一、治理情况		
(一)造林面积	公顷	626 078
1. 人工造林	公顷	258 841
2. 飞播造林	公顷	75 066
3. 无林地和疏林地新封	公顷	292 171
按林种用途分		
1. 用材林	公顷	11 124
2. 经济林	公顷	16 785
3. 防护林	公顷	594 542

（续）

指　　标	单　位	本年实际
4. 薪炭林	公顷	1571
5. 特种用途林	公顷	2056
（二）年末实有封山（沙）育林面积	公顷	2 686 580
（三）草地治理面积	公顷	25 147
（四）暖棚建设面积	平方米	181 817
（五）饲料机械台数	台	5062
（六）小流域治理	公顷	23 099
（七）水利设施	处	11 165
（八）易地搬迁人数	人	815
（九）易地搬迁户数	户	227
二、全部投资完成额	**万元**	**421 203**
其中：林业投资完成额	万元	378 669
其中：国家投资	万元	357 304
1. 造林	万元	352 957
2. 科技费用	万元	459
3. 其他	万元	25 253

表 19-15　三北及长江流域等重点防护林体系工程建设情况

单位：公顷，万元

指　　标	三北及长江流域等重点防护林体系建设工程						
	合　计	三北防护林工程	长江流域防护林体系工程	沿海防护林体系工程	珠江流域防护林体系工程	太行山绿化工程	平原绿化工程
一、造林面积	**853 644**	**518 556**	**130 352**	**118 590**	**43 985**	**35 745**	**6416**
1. 人工造林	532 902	303 022	78 905	94 084	28 317	22 158	6416
2. 飞播造林	3333	3333	—	—	—	—	—
3. 无林地和疏林地新封	317 409	212 201	51 447	24 506	15 668	13 587	—
按林种用途分							
1. 用材林	29 569	11 810	7796	5333	4572	58	—
2. 经济林	38 941	24 207	6160	4524	3099	951	—
3. 防护林	783 875	482 238	116 324	107 847	36 314	34 736	6416
其中：水源涵养林	95 035	29 330	27 482	23 402	9259	5562	—
水土保持林	250 416	145 706	44 682	29 174	11 573	19 281	—
防风固沙林	210 280	192 202	1855	10 635	—	2297	3291
农田、牧场防护林	39 470	26 790	5007	4148	—	400	3125
护岸护堤林	8896	653	2490	5753	—	—	—
护路林	7749	1807	2615	2627	700	—	—
4. 薪炭林	10	10	—	—	—	—	—
5. 特种用途林	1249	291	72	886	—	—	—
二、年末实有封山（沙）育林面积	**3 764 651**	**2 513 508**	**392 914**	**452 444**	**238 918**	**165 859**	**1008**
三、低产低效林改造面积	**11 623**	**5482**	**3281**	**1854**	**873**	**133**	**—**
四、全部林业投资完成额	**569 772**	**274 469**	**65 806**	**178 784**	**21 154**	**17 539**	**12 020**
其中：国家投资	354 732	170 664	33 863	116 389	11 354	10 442	12 020
1. 造林	511 287	244 025	56 507	164 876	16 399	17 480	12 000
2. 低产低效防护林改造	2626	1089	792	706	39	—	—

（续）

指　标	三北及长江流域等重点防护林体系建设工程						
	合　计	三北防护林工程	长江流域防护林体系工程	沿海防护林体系工程	珠江流域防护林体系工程	太行山绿化工程	平原绿化工程
3. 种苗	24 110	14 311	3692	3902	2193	2	10
4. 森林防火	2725	1306	637	635	147	—	—
5. 病虫害防治	5812	3535	451	1709	117	—	—
6. 科技费用	3929	1290	1036	1557	46	—	—
7. 其他	19 283	8913	2691	5399	2213	57	10
五、群众投工投劳（折合资金）	**111 771**	**50 741**	**21 264**	**23 131**	**8929**	**7706**	

表 19-16　林业系统野生动植物保护及自然保护区工程建设情况

指　标	单　位	本年实际
一、年末实有自然保护区个数	**个**	**2163**
其中：国家级	个	325
二、年末实有自然保护区面积	**百公顷**	**1 243 984**
其中：国家级	百公顷	786 687
三、年末实有自然保护小区个数	**个**	**48 675**
年末实有自然保护小区面积	百公顷	97 410
四、野生植物就地保护点个数	**个**	**786**
野生植物就地保护点面积	百公顷	40 045
五、禁猎（采）区个数	**个**	**1869**
禁猎（采）区面积	百公顷	574 301
六、国际重要湿地个数	**个**	**46**
国际重要湿地面积	百公顷	40 022
七、野生动物种源繁育基地	**个**	**4403**
1. 公益性野生动物救护繁育基地	个	142
2. 商业性野生动物驯养繁殖单位	个	4261
八、野生植物种源培育基地	**个**	**827**
九、野生动植物保护管理站	**个**	**4293**
十、鸟类环志中心（站）个数	**个**	**102**
十一、野生动物疫源疫病监测站个数	**个**	**1264**
十二、野生动植物科研及监测机构个数	**个**	**560**
在野生动植物科研及监测机构中各类专业技术人员	人	3083
十三、野生动物观赏展演单位	**个**	**316**
1. 动物园	个	162
2. 野生动物园	个	50
3. 马戏团等展演单位	个	104
十四、植物园（树木园）个数	**个**	**176**
十五、狩猎场个数	**个**	**91**
其中：对外国人开放的狩猎场个数	个	19
十六、从事野生动植物及自然保护区建设的职工人数	**人**	**51 865**
其中：各类专业技术人员	人	16 485
十七、野生动植物及自然保护区建设投资完成额	**万元**	**148 874**
其中：国家投资	万元	88 364

表 19-17 林业产业总产值

（按现行价格计算）

单位：万元

指　　标	总产值	指　　标	总产值
总　　计	**473 154 396**	（2）人造板制造	51 910 432
一、第一产业	**163 737 921**	（3）木制品制造	23 731 634
（一）涉林产业合计	156 523 685	（4）竹、藤、棕、苇制品制造	7 560 467
其中：湿地产业	1 107 058	2. 木、竹、藤家具制造	37 361 255
1. 林木育种和育苗	12 774 978	3. 木、竹、苇浆造纸和纸制品	51 974 253
（1）林木育种	1 126 493	（1）木、竹、苇浆制造	11 428 095
（2）林木育苗	11 648 485	（2）造纸	24 906 970
2. 造林和更新	10 707 534	（3）纸制品制造	15 639 188
3. 森林经营和管护	7 198 061	4. 林产化学产品制造	5 990 768
4. 木材和竹材采运	10 102 975	5. 木质工艺品和木质文教体育用品制造	5 244 217
（1）木材采运	7 813 521	6. 非木质林产品加工制造业	34 224 022
（2）竹材采运	2 289 454	（1）木本油料、果蔬、茶饮料等加工制造	25 506 647
5. 经济林产品的种植与采集	92 403 685	（2）野生动物食品与毛皮革等加工制造	1 535 904
（1）水果种植	46 141 257	（3）中药材加工制造	7 181 471
（2）坚果、含油果和香料作物种植	14 427 279	7. 其他	8 667 272
（3）茶及其他饮料作物的种植	8 639 600	（二）林业系统非林产业	6 566 604
（4）中药材种植	5 969 778	**三、第三产业**	**59 654 834**
（5）森林食品种植	8 800 422	（一）涉林产业合计	53 260 049
（6）林产品采集	8 425 349	其中：湿地产业	948 698
6. 花卉及其他观赏植物种植	16 268 437	1. 林业旅游与休闲服务	42 496 485
7. 陆生野生动物繁育与利用	5 073 821	2. 林业生态服务	4 577 331
8. 林业生产服务	1 994 194	3. 林业专业技术服务	1 532 224
（二）林业系统非林产业	7 214 236	4. 林业公共管理及其他组织服务	4 654 009
二、第二产业	**249 761 641**	（二）林业系统非林产业	6 394 785
（一）涉林产业合计	243 195 037	补充资料：竹产业产值	16 707 524
其中：湿地产业	1 037 864	油茶产业产值	4 197 905
1. 木材加工和木、竹、藤、棕、苇制品制造	99 733 250	林下经济产值	34 725 101
（1）木材加工	16 530 717		

表 19-18　全国主要林产工业产品产量 2013 年与 2012 年比较

主要指标	单位	2013 年	2012 年	2013 年比 2012 年增减（%）
木材产量	万立方米	8438.50	8174.87	3.22
1. 原木	万立方米	7836.89	7494.37	4.57
2. 薪材	万立方米	601.60	680.50	-11.59
竹材产量	万根	187 684.91	164 412.03	14.16
锯材产量	万立方米	6297.60	5568.19	13.10
人造板产量	万立方米	25 559.91	22 335.79	14.43
1. 胶合板	万立方米	13 725.19	10 981.17	24.99
2. 纤维板	万立方米	6402.10	5800.35	10.37
3. 刨花板	万立方米	1884.95	2349.55	-19.77
4. 其他人造板	万立方米	3547.67	3204.71	10.70
木竹地板产量	万平方米	68 925.68	60 430.54	14.06
松香类产品产量	吨	1 642 308	1 409 995	16.48
栲胶类产品产量	吨	8403	6926	21.33
紫胶类产品产量	吨	5764	2494	131.11

表 19-19　各地区主要林产工业产品产量

单位：万立方米，万平方米，万根，吨

地区	木材	竹材	锯材	人造板					木地板	松香类产品产量	栲胶类产品产量	紫胶类产品产量
				合计	胶合板	纤维板	刨花板	其他人造板				
全国合计	**8438.50**	**187 685**	**6297.60**	**25 559.91**	**13 725.19**	**6402.10**	**1884.95**	**3547.67**	**68 925.68**	**1 642 308**	**8403**	**5764**
北　京	20.81	—	—	20.50	—	20.50	—	—	127.30	—	—	—
天　津	15.38	—	—	11.30	—	8.70	2.60	—	10.70	—	—	—
河　北	84.68	—	172.85	1494.59	504.60	435.65	261.53	292.80	140.00	—	1560	—
山　西	11.92	—	4.27	35.33	0.97	16.35	11.38	6.63	—	—	—	—
内蒙古	186.24	—	641.70	75.44	29.34	6.39	26.63	13.08	15.08	—	610	—
内蒙古集团	109.32	—	—	—	—	—	—	—	—	—	—	—
辽　宁	178.27	—	383.41	562.48	272.22	131.93	48.18	110.15	2952.24	—	—	—
吉　林	347.41	—	140.60	361.82	155.55	97.80	61.29	47.17	3574.83	—	—	—
吉林集团	57.45	—	0.59	65.29	0.45	22.56	42.28	—	365.61	—	—	—
长白山集团	77.59	—	2.06	25.43	0.95	24.08	—	0.40	321.48	—	—	—
黑龙江	219.63	—	536.53	417.55	242.78	68.93	66.30	39.54	528.48	—	—	—
龙江集团	77.43	—	51.34	62.78	4.50	15.68	27.39	15.21	234.46	—	—	—
上　海	0.21	—	1.60	21.38	6.84	14.54	—	—	3243.59	—	—	—
江　苏	144.10	409	209.31	4463.96	2799.63	936.67	269.62	458.05	15 481.94	—	—	—
浙　江	154.37	19924	303.09	676.00	281.52	104.01	13.88	276.59	12 766.50	17 600	—	—
安　徽	477.54	12915	437.38	1841.67	1006.11	401.07	65.31	369.18	7394.09	6547	—	—
福　建	572.27	56888	165.53	826.14	394.21	135.93	141.24	154.77	1972.20	123 903	—	157
江　西	266.91	16 170	164.94	388.14	138.05	134.85	25.14	90.10	3541.32	119 999	—	—

（续）

地　区	木材	竹材	锯材	人造板					木地板	松香类产品产量	栲胶类产品产量	紫胶类产品产量
				合计	胶合板	纤维板	刨花板	其他人造板				
山　东	559.10	—	1289.98	6422.25	4412.53	1097.34	466.62	445.76	8070.90	—	—	—
河　南	243.13	126	200.66	1581.20	705.00	386.55	87.46	402.19	126.99	2650	—	—
湖　北	251.93	3297	88.84	500.89	117.86	258.15	47.61	77.28	3099.26	19784	—	—
湖　南	474.92	6875	281.82	540.50	289.88	53.70	16.25	180.68	1216.62	61 988	—	3
广　东	809.15	13 510	136.09	980.48	248.17	513.65	136.85	81.81	2884.09	110 334	—	2783
广　西	2288.03	34 656	542.07	2970.20	1719.91	738.42	102.31	409.55	180.85	945 722	6233	—
海　南	122.33	1514	48.68	24.61	17.16	2.00	5.00	0.45	13.80	9553	—	—
重　庆	30.06	503	27.69	83.36	37.13	44.66	0.40	1.17	5.00	940	—	—
四　川	237.10	8591	194.01	764.69	209.22	481.97	20.36	53.14	1146.61	1689	—	60
贵　州	180.86	654	78.96	76.18	51.33	7.82	0.10	16.94	57.82	5459	—	—
云　南	430.22	10 774	196.76	273.97	66.70	186.12	7.69	13.47	350.85	216 140	—	2761
西　藏	6.39	—	4.80	—	—	—	—	—	—	—	—	—
陕　西	10.16	881	24.12	108.30	10.23	97.48	0.29	0.29	5.76	—	—	—
甘　肃	3.11	—	0.23	0.80	0.80	—	—	—	—	—	—	—
青　海	0.61	—	0.07	—	—	—	—	—	—	—	—	—
宁　夏	0.90	—	—	1.60	—	1.60	—	—	—	—	—	—
新　疆	38.85	—	9.14	15.37	7.37	8.00	—	—	—	—	—	—
新疆兵团	11.33	—	0.24	0.02	0.02	—	—	—	—	—	—	—
大兴安岭	71.92	—	12.45	19.22	0.09	11.33	0.93	6.86	18.87	—	—	—

表 19-20　全国主要木材、竹材产品产量

产品名称	单位	全部产量
木材及竹材采伐产品		
一、商品材	**万立方米**	**8438.50**
其中：热带木材	万立方米	1049.06
其中：针叶木材	万立方米	1434.06
1. 原木	万立方米	7836.89
2. 薪材	万立方米	601.60
按用途分：		
1. 直接用原木	万立方米	2258.63
2. 加工用材	万立方米	4023.29
3. 造纸用材	万立方米	1126.31
4. 其他	万立方米	1030.26
按生产单位分：		
1. 系统内国有企业单位生产的木材	万立方米	651.16
2. 系统内国有林场、事业单位生产的木材	万立方米	1301.04
3. 系统外企、事业单位采伐自营林地的木材	万立方米	410.67
4. 乡（镇）集体企业及单位生产的木材	万立方米	715.04
5. 村及村以下各级组织和农民个人生产的木材	万立方米	5360.59

（续）

产品名称	单位	全部产量
二、非商品材	**万立方米**	**3123.82**
1.农民自用材采伐量	万立方米	901.03
2.农民烧材采伐量	万立方米	2222.79
三、竹材		
（一）大径竹	万根	187 684.91
其中：村及村以下各级组织和农民个人生产的大径竹	万根	128 326.91
1.毛竹	万根	114 557.75
2.其他	万根	73 127.16
（二）小杂竹	万吨	956.21

注：大径竹一般指直径在5厘米以上，以根为计量单位的竹材。

表19-21　全国主要林产工业产品产量

产品名称	单　位	产　量
木竹加工制品		
一、锯材	**万立方米**	**6297.60**
1. 普通锯材	万立方米	6044.92
2. 特种锯材	万立方米	75.10
3. 枕木及其他锯材	万立方米	177.58
二、木片、木粒加工产品	**万实积立方米**	**3935.53**
三、人造板	**万立方米**	**25 559.91**
（一）胶合板	万立方米	13 725.19
1. 木胶合板	万立方米	12 087.54
2. 竹胶合板	万立方米	533.59
3. 其他胶合板	万立方米	1104.06
（二）纤维板	万立方米	6402.10
1. 木质纤维板	万立方米	6253.26
（1）硬质纤维板	万立方米	806.67
（2）中密度纤维板	万立方米	5394.53
（3）软质纤维板	万立方米	52.05
2. 非木质纤维板	万立方米	148.84
（三）刨花板	万立方米	1884.95
1. 木质刨花板	万立方米	1858.35
其中：定向刨花板（OSB）	万立方米	54.16
2. 非木质刨花板	万立方米	26.60
（四）其他人造板	万立方米	3547.67
其中：细木工板	万立方米	2118.25
四、其他加工材	**万立方米**	**476.25**
1. 改性木材	万立方米	801.76
2. 指接材	万立方米	440.25
五、木竹地板	**万平方米**	**68 925.68**
1. 实木地板	万平方米	13 139.70
2. 实木复合木地板	万平方米	25 813.00
3. 浸渍纸层压木质地板（强化木地板）	万平方米	17 011.11
4. 竹地板（含竹木复合地板）	万平方米	8135.07
5. 其他木地板（含软木地板、集成材地板等）	万平方米	4826.79

（续）

产品名称	单　位	产　量
林产化学产品		
一、松香类产品	**吨**	**1 642 308**
1. 松香	吨	1 424 300
2. 松香深加工产品	吨	218 008
二、松节油类产品	**吨**	**266 504**
1. 松节油	吨	179 503
2. 松节油深加工产品	吨	87 001
三、樟脑	**吨**	**17 704**
其中:合成樟脑	吨	11 939
四、冰片	**吨**	**1662**
其中:合成冰片	吨	610
五、栲胶类产品	**吨**	**8403**
1. 栲胶	吨	8403
2. 栲胶深加工产品	吨	—
六、紫胶类产品	**吨**	**5764**
1. 紫胶	吨	4955
2. 紫胶深加工产品	吨	809
七、木竹热解产品	**吨**	**1 100 279**
其中:木炭	吨	418 767

表 19-22　全国主要经济林产品生产情况

单位:吨

指　标	产　量	指　标	产　量
各类经济林产品总量	**148 337 384**	10. 其他干果	484 299
一、水果产量	**126 608 205**	**三、林产饮料产品(干重)**	**1 848 566**
1. 苹果	33 773 914	1. 毛茶	1 590 229
2. 柑橘	27 165 180	2. 咖啡	112 086
3. 梨	17 098 139	3. 其他林产饮料产品	146 251
4. 葡萄	11 211 999	**四、林产调料产品(干重)**	**596 428**
5. 桃	11 728 772	1. 花椒	320 715
6. 杏	2 622 915	2. 八角	133 619
7. 荔枝	1 969 026	3. 桂皮	108 837
8. 龙眼	1 486 425	4. 其他林产调料产品	33 257
9. 猕猴桃	945 448	**五、森林食品(干重)**	**3 276 916**
10. 其他水果	18 606 387	1. 竹笋干	574 793
二、干果产量	**10 894 136**	2. 食用菌	2 077 069
1. 核桃	2 325 010	3. 山野菜	369 732
2. 板栗	2 132 301	4. 其他森林食品	255 322
3. 枣(干重)	4 315 602	**六、木本药材**	**1 390 129**
4. 柿子(干重)	1 025 745	1. 杜仲	167 729
5. 仁用杏	115 341	2. 黄檗	25 267
6. 山杏仁	172 393	3. 厚朴	186 183
7. 银杏(白果)	119 956	4. 枸杞	221 325
8. 榛子	114 971	5. 山茱萸	42 697
9. 松子	88 518	6. 其他木本药材	746 928

（续）

指　标	产　量	指　标	产　量
七、木本油料	**1 851 435**	1. 生漆	25 154
1. 油茶籽	1 776 506	2. 油桐籽	418 924
2. 油橄榄	15 402	3. 乌桕籽	37 003
3. 文冠果	3502	4. 五倍子	23 694
4. 油用牡丹籽	8369	5. 棕片	54 134
5. 其他木本油料	47 656	6. 松脂	1 307 747
八、林产工业原料	**1 871 569**	7. 紫胶(原胶)	4913

表 19-23　全国油茶与花卉产业发展情况

指　标	单　位	产　量
一、油茶产业发展情况		
1. 年末实有油茶林面积	公顷	3 529 178
当年新造面积	公顷	182 023
当年低改面积	公顷	167 959
2. 繁殖圃个数	个	516
繁殖圃面积	公顷	5374
3. 苗木产量	万株	131 089
其中：一年生苗木产量	万株	71 850
二年留床苗木产量	万株	30 002
4. 油茶籽产量	万吨	178
5. 油茶企业	个	1682
二、花卉产业发展情况		
1. 年末实有花卉种植面积	公顷	1 042 505
2. 切花切叶产量	万支	1 817 082
3. 盆栽植物产量	万盆	540 054
4. 观赏苗木产量	万株	1 243 162
5. 草坪产量	万平方米	47 273
6. 花卉市场	个	4199
7. 花卉企业	个	44 907
其中：大中型企业	个	9172
8. 花农	万户	136.58
9. 花卉从业人员	万人	431.67
其中：专业技术人员	万人	27.79
10. 控温温室面积	万平方米	5997
11. 日光温室面积	万平方米	19 066

表 19-24　速生丰产用材林建设情况

指　标	单位	本年实际
一、各种地类造林面积	**公顷**	**389 760**
1. 荒山荒(沙)地造林	公顷	269 563
2. 更新造林	公顷	86 371
3. 非林业用地造林	公顷	33 826
二、改培面积	**公顷**	**18 711**
三、当年造林和改培面积按投资主体分		
1. 林场(国有．集体)	公顷	83 086
2. 内资企业	公顷	14 873
3. 外资企业	公顷	2357
4. 合资企业	公顷	1516
5. 农户	公顷	263 809
6. 其他	公顷	42 830
四、当年造林和改培面积按培育目的分		
1. 浆纸原料林	公顷	62 468
2. 人造板原料林	公顷	161 483
3. 大径级和珍贵树种用材林	公顷	76 208
4. 其他	公顷	108 312
五、当年造林和改培面积按树种分		
1. 桉树	公顷	107 564
2. 湿地松、火炬松、马尾松	公顷	39 074
3. 杉木、柳杉	公顷	98 838
4. 杨树	公顷	81 347
5. 落叶松、红松、云杉、冷杉、樟子松	公顷	12 121
6. 柚木、楠木、西南桦、桃花心木	公顷	3281
7. 水曲柳、核桃楸、黄波罗、椴树	公顷	1570
8. 竹类	公顷	20 009
9. 其他	公顷	44 667
六、全部林业投资完成额	**万元**	**494 061**
1. 国家投资	万元	91 318
2. 国内贷款	万元	11 992
3. 利用外资	万元	3255
4. 自筹资金	万元	352 341
5. 其他	万元	35 155

劳动工资统计

表 19-25　林业系统从业人员和劳动报酬主要指标 2013 年与 2012 年比较

主要指标	单　位	2013 年	2012 年	2013 年比 2012 年增减%
一、单位个数	**个**	**44 562**	**45 060**	**-1.11**
二、年末人数	**人**	**1 563 271**	**1 615 527**	**-3.23**
1. 从业人员	人	1 281 649	1 329 057	-3.57
①在岗职工	人	1 221 890	1 262 385	-3.21
②其他从业人员	人	59 759	66 672	-10.37
2. 离开本单位仍保留劳动关系人员	人	281 622	286 470	-1.69
三、年末实有离退休人员	**人**	**1 015 200**	**999 800**	**1.54**
四、在岗职工年平均工资	**元**	**30 940**	**28 105**	**10.09**

表 19-26　各地区林业

地　区	总　计	按性质分				
		企　业	事　业	机　关	合　计	林木育种育苗
全国合计	**44 562**	**2168**	**37 671**	**4723**	**26 323**	**2439**
北　京	237	1	210	26	143	16
天　津	76	—	67	9	67	4
河　北	1508	30	1285	193	1096	168
山　西	2155	17	2005	133	1171	186
内蒙古	1579	56	1295	228	919	96
内蒙古集团	52	28	24	—	24	—
辽　宁	1527	16	1384	127	1089	71
吉　林	1430	254	1067	109	463	38
吉林集团	59	59	—	—	9	—
长白山集团	22	14	7	1	12	—
黑龙江	1942	169	1616	157	855	112
龙江集团	193	119	57	17	73	8
上　海	39	—	38	1	10	1
江　苏	738	57	666	15	474	75
浙　江	1005	17	881	107	789	41
安　徽	1421	36	1162	223	775	112
福　建	1960	230	1525	205	1252	104
江　西	2332	322	1800	210	1078	71
山　东	2450	31	2256	163	1828	300
河　南	1118	25	878	215	630	125
湖　北	1985	98	1729	158	725	85
湖　南	2970	97	2570	303	1540	85
广　东	1933	38	1642	253	871	55
广　西	2090	162	1690	238	1385	80
海　南	213	30	151	32	117	7
重　庆	1131	14	1047	70	191	25
四　川	3462	133	2971	358	2484	140
贵　州	2235	79	2014	142	2074	30
云　南	1831	124	1455	252	1130	70
西　藏	107	9	48	50	56	2
陕　西	1553	36	1313	204	727	103
甘　肃	1490	7	1291	192	1077	125
青　海	352	—	245	107	170	24
宁　夏	283	3	249	31	241	22
新　疆	1252	51	1009	192	881	66
新疆兵团	—	—	—	—	—	—
局直属单位	158	26	112	20	15	—
大兴安岭	71	20	32	19	15	—

系统单位个数

单位:个

按行业分							
农林牧渔业							
造林与经营管护	木竹采运	经济林产品种植与采集	花卉及其他观赏植物种植	陆生野生动物繁育与利用	林业有害生物防治	森林防火	其他
11 726	**1098**	**586**	**143**	**126**	**1789**	**1164**	**7252**
34	—	3	2	1	22	6	59
6	1	4	—	1	19	1	31
319	25	30	7	6	75	59	407
532	—	—	—	—	95	76	282
393	24	2	2	—	72	47	283
—	19	—	—	—	—	—	5
630	44	24	2	3	63	33	219
328	22	—	—	3	35	24	13
—	8	—	—	—	—	—	1
—	11	—	—	—	1	—	—
419	70	1	1	1	77	42	132
4	52	—	—	—	2	2	5
—	—	—	—	—	—	—	9
240	5	54	3	1	51	19	26
98	3	9	—	6	66	25	541
365	55	1	9	1	77	28	127
507	115	5	9	3	50	51	408
318	201	7	5	8	61	65	342
1183	27	66	10	5	101	59	77
130	34	19	16	9	94	45	158
358	14	22	2	4	76	31	133
533	114	58	17	33	58	48	594
306	28	12	—	2	51	38	379
495	49	21	11	5	74	84	566
24	7	2	—	1	9	6	61
74	1	—	—	—	35	12	44
904	50	107	11	3	94	55	1120
1490	119	72	23	7	89	89	155
379	43	27	2	7	81	63	458
24	10	—	—	—	8	9	3
334	18	13	6	9	43	38	163
534	6	20	4	3	65	45	275
116	—	—	—	1	12	5	12
127	—	1	—	—	17	18	56
525	4	6	1	3	119	41	116
—	—	—	—	—	—	—	—
1	9	—	—	—	—	2	3
1	9	—	—	—	—	2	3

地　区	按行（制造业）合计	木材加工及木、竹、藤、棕、苇制品业	木、竹、藤家具制造业	木、竹、苇浆造纸业	林产化学产品制造	其他	合计
全国合计	**314**	**202**	**14**	**2**	**18**	**78**	**17 616**
北　京	—	—	—	—	—	—	80
天　津	—	—	—	—	—	—	9
河　北	10	5	—	—	2	3	398
山　西	5	—	—	—	—	5	979
内蒙古	2	1	1	—	—	—	628
内蒙古集团	1	1	—	—	—	—	5
辽　宁	1	1	—	—	—	—	435
吉　林	36	20	1	—	1	14	912
吉林集团	26	12	—	—	1	13	9
长白山集团	3	2	1	—	—	—	7
黑龙江	39	24	1	1	2	11	1005
龙江集团	33	22	1	1	1	8	61
上　海	—	—	—	—	—	—	29
江　苏	—	—	—	—	—	—	262
浙　江	—	—	—	—	—	—	202
安　徽	10	5	1	—	—	4	628
福　建	14	6	—	—	3	5	672
江　西	11	5	2	—	2	2	1232
山　东	—	—	—	—	—	—	620
河　南	1	1	—	—	—	—	476
湖　北	16	12	—	—	1	3	1244
湖　南	40	26	4	1	2	7	1378
广　东	9	9	—	—	—	—	1050
广　西	51	45	—	—	1	5	629
海　南	1	1	—	—	—	—	93
重　庆	3	2	—	—	—	1	931
四　川	21	4	4	—	2	11	948
贵　州	7	5	—	—	1	1	149
云　南	6	6	—	—	—	—	660
西　藏	—	—	—	—	—	—	51
陕　西	9	6	—	—	1	2	808
甘　肃	2	2	—	—	—	—	411
青　海	—	—	—	—	—	—	180
宁　夏	—	—	—	—	—	—	42
新　疆	15	15	—	—	—	—	353
新疆兵团	—	—	—	—	—	—	—
局直属单位	5	1	—	—	—	4	122
大兴安岭	5	1	—	—	—	4	35

（续）

业	分						
服务业							其他行业
野生动植物保护和自然保护区管理	林业工程技术与规划管理	林业科技交流和推广服务	林业公共管理和社会组织	其中：林业行政管理、公安及监督检查机构	其中：林业专业性、行业性团体	其他	
954	**713**	**2337**	**12 190**	**11 289**	**901**	**1422**	**309**
1	4	3	46	41	5	26	14
—	—	—	9	9	—	—	—
4	12	4	120	231	213	18	31
34	22	34	702	699	3	187	—
26	28	12	554	536	18	8	30
3	1	—	1	—	1	—	22
31	24	59	297	247	50	24	2
9	10	18	864	864	—	11	19
—	—	—	—	—	—	9	15
—	1	1	5	5	—	—	—
43	31	15	32	832	816	16	95
—	4	5	27	17	10	25	26
2	3	5	1	1	—	18	—
—	—	194	63	58	5	5	2
16	4	63	119	117	2	—	14
21	98	148	348	319	29	13	8
32	53	48	524	396	128	15	22
66	56	70	824	673	151	216	11
34	3	125	455	416	39	3	2
34	25	81	298	293	5	38	11
60	82	111	938	938	—	53	—
70	68	276	829	767	62	135	12
122	9	88	588	451	137	243	3
36	28	71	438	402	36	56	25
23	2	4	50	48	2	14	2
11	17	17	882	854	28	4	6
67	23	161	661	623	38	36	9
6	1	—	142	142	—	—	5
78	42	123	395	372	23	22	35
—	—	—	50	50	—	1	—
36	34	292	367	345	22	79	9
52	27	73	206	206	—	53	—
2	3	54	120	120	—	1	2
4	1	5	32	32	—	—	—
31	19	28	264	219	45	11	3
—	—	—	—	—	—	—	—
16	7	8	22	61	22	39	24
4	2	2	20	20	—	7	16

表 19-27　各地区林业系统单位

地　区	总　计	按性质分				
		企　业	事　业	机　关	合　计	林木育种育苗
全国合计	**1 221 890**	**510 139**	**613 243**	**98 508**	**926 659**	**61 016**
北　京	10698	76	9735	887	6233	1370
天　津	817	—	675	142	675	110
河　北	24 334	2213	18 540	3581	16 515	2032
山　西	24 595	174	22 458	1963	15 579	2149
内蒙古	101 829	53 887	42 119	5823	89 245	1870
内蒙古集团	54 249	51 898	2351	—	51 492	—
辽　宁	22 407	506	20 266	1635	17 192	779
吉　林	108 758	76 132	28 713	3913	84 705	1173
吉林集团	30 023	30 023	—	—	19 619	—
长白山集团	27 798	27 203	265	330	25 871	—
黑龙江	296 674	231 945	58 867	5862	270 011	22 567
龙江集团	239 877	229 799	7421	2657	222 161	21 412
上　海	1898	—	1722	176	265	39
江　苏	14 238	4257	9840	141	12 770	3765
浙　江	11 221	443	8706	2072	7544	491
安　徽	22 149	2031	17 841	2277	15 823	3631
福　建	22 485	5675	13 217	3593	14 179	471
江　西	56 023	12 276	37 568	6179	40 228	1926
山　东	23 835	356	20 955	2524	18 069	3514
河　南	30 178	466	25 310	4402	18 834	2896
湖　北	27 491	2944	21 081	3466	13 397	1123
湖　南	48 622	5823	35 022	7777	24 092	1276
广　东	30 386	2903	21 170	6313	16 067	640
广　西	39 880	3716	32 493	3671	31 272	652
海　南	6441	2833	2505	1103	4076	171
重　庆	8103	291	6537	1275	3413	196
四　川	45 604	16 424	22 673	6507	31 579	1372
贵　州	18 836	3215	13 406	2215	15 785	261
云　南	34 056	9521	17 065	7470	20 502	1541
西　藏	4484	3047	457	980	3456	77
陕　西	36 832	5032	28 638	3162	23 633	1753
甘　肃	39 755	2836	32 934	3985	29 430	1345
青　海	9158	—	8139	1019	6744	216
宁　夏	8938	294	8144	500	7494	996
新　疆	22 619	4905	15 042	2672	16 553	614
新疆兵团	—	—	—	—	—	—
局直属单位	68 546	55 918	11 405	1223	51 299	—
大兴安岭	60 009	55107	3923	979	51 299	—

在岗职工年末人数

单位:人

按行业分							
农林牧渔业							
造林与经营管护	木竹采运	经济林产品种植与采集	花卉及其他观赏植物种植	陆生野生动物繁育与利用	林业有害生物防治	森林防火	其他
380 886	**364 047**	**6612**	**1658**	**909**	**14 154**	**15 471**	**81 906**
829	—	141	25	6	836	510	2516
159	3	58	—	2	151	10	182
6118	193	236	57	30	691	1541	5617
9467	—	—	—	—	747	1054	2162
30 690	51 086	27	17	—	728	750	4077
—	50 970	—	—	—	—	—	522
9998	2646	136	6	9	497	179	2942
32 757	49 411	—	—	11	284	293	776
—	19 600	—	—	—	—	—	19
—	25 860	—	—	—	11	—	—
56 471	186 321	22	11	5	404	1516	2694
13 945	185 576	—	—	—	18	43	1167
—	—	—	—	—	—	—	226
7541	77	511	52	23	298	176	327
3335	24	37	—	21	404	104	3128
7895	742	15	74	2	501	224	2739
7284	3268	9	21	6	150	298	2672
27 097	5088	881	107	97	335	1303	3394
11 205	307	535	108	55	705	694	946
9077	887	308	509	93	1047	323	3694
9553	383	116	11	29	453	179	1550
11 045	2622	402	172	137	342	316	7780
9175	804	81	—	9	311	686	4361
20 767	857	301	72	40	400	1347	6836
2590	68	275	—	12	58	135	767
2504	14	—	—	—	281	76	342
22 173	2314	475	103	5	536	250	4351
10 635	1029	156	125	56	233	292	2998
9220	3367	193	20	22	470	664	5005
2663	578	—	—	—	66	22	50
12 672	3823	287	106	173	736	606	3477
23 861	22	229	58	8	662	281	2964
6199	—	—	—	38	121	25	145
3955	—	222	—	—	196	777	1348
11 786	12	959	4	20	1511	214	1433
—	—	—	—	—	—	—	—
2165	48 101	—	—	—	—	626	407
2165	48 101	—	—	—	—	626	407

地区	按						行
	制造业						
	合计	木材加工及木、竹、藤、棕、苇制品业	木、竹、藤家具制造业	木、竹、苇浆造纸业	林产化学产品制造	其他	合计
全国合计	**30 030**	**19 547**	**1280**	**119**	**974**	**8110**	**248 253**
北京	—	—	—	—	—	—	3119
天津	—	—	—	—	—	—	142
河北	1672	262	—	—	21	1389	6133
山西	11	—	—	—	—	11	9005
内蒙古	43	5	38	—	—	—	10 087
内蒙古集团	5	5	—	—	—	—	418
辽宁	50	50	—	—	—	—	5101
吉林	9868	7578	524	—	242	1524	12 810
吉林集团	8485	6729	—	—	242	1514	685
长白山集团	1343	819	524	—	—	—	584
黑龙江	4831	4131	171	21	115	393	16 665
龙江集团	4662	4051	171	21	28	391	7961
上海	—	—	—	—	—	—	1633
江苏	—	—	—	—	—	—	1316
浙江	—	—	—	—	—	—	3521
安徽	175	149	2	—	—	24	5534
福建	924	737	—	—	180	7	7278
江西	24	9	3	—	7	5	15 692
山东	—	—	—	—	—	—	5744
河南	5	5	—	—	—	—	11 201
湖北	702	541	—	—	2	159	13 392
湖南	2875	1620	518	98	29	610	21 297
广东	140	140	—	—	—	—	14 017
广西	1106	703	—	—	320	83	7110
海南	2	2	—	—	—	—	2296
重庆	34	33	—	—	—	1	4464
四川	563	338	24	—	26	175	12 967
贵州	214	204	—	—	7	3	2577
云南	556	556	—	—	—	—	12 648
西藏	—	—	—	—	—	—	1028
陕西	721	678	—	—	25	18	11 615
甘肃	1137	1137	—	—	—	—	9188
青海	—	—	—	—	—	—	2409
宁夏	—	—	—	—	—	—	1444
新疆	60	60	—	—	—	—	5808
新疆兵团	—	—	—	—	—	—	—
局直属单位	4317	609	—	—	—	3708	11 012
大兴安岭	4317	609	—	—	—	3708	2475

（续）

业分							
服务业							其他行业
野生动植物保护和自然保护区管理	林业工程技术与规划管理	林业科技交流和推广服务	林业公共管理和社会组织	其中：林业行政管理、公安及监督检查机构	其中：林业专业性、行业性团体	其他	
21 633	**14 201**	**31 082**	**156 460**	**145 680**	**10 780**	**24 877**	**16 948**
35	304	109	893	759	134	1778	1346
—	—	—	142	142	—	—	—
615	152	886	4151	4046	105	329	14
599	371	433	5801	5792	9	1801	—
649	326	417	8603	8246	357	92	2454
314	61	—	43	—	43	—	2334
466	282	652	3482	3170	312	219	64
332	543	812	10 421	10 421	—	702	1375
—	—	—	—	—	—	685	1234
—	44	33	507	507	—	—	—
624	1431	1234	10 790	8913	1877	2586	5167
—	967	1046	4496	2668	1828	1452	5093
40	56	242	176	176	—	1119	—
—	—	761	544	390	154	11	152
313	107	782	2319	2303	16	—	156
150	733	1061	3394	2967	427	196	617
423	580	248	5914	5025	889	113	104
808	640	945	10 645	9776	869	2654	79
182	179	813	4542	4431	111	28	22
1192	309	2115	6492	6291	201	1093	138
1056	783	1528	9107	9107	—	918	—
3419	979	2568	12 561	11 825	736	1770	358
1103	215	1350	8709	7550	1159	2640	162
758	279	639	4951	4657	294	483	392
650	138	154	1293	1260	33	61	67
229	155	184	3865	3703	162	31	192
1105	1265	1181	8904	8418	486	512	495
234	128	—	2215	2215	—	—	260
1762	513	1190	8800	8602	198	383	350
—	—	—	980	980	—	48	—
1067	776	3261	4744	4584	160	1767	863
1688	535	1559	4235	4235	—	1171	—
19	71	1251	1062	1062	—	6	5
722	45	146	531	531	—	—	—
595	438	675	3845	3038	807	255	198
—	—	—	—	—	—	—	—
798	1868	3886	2349	1065	1284	2111	1918
385	356	200	1032	1032	—	502	1918

表 19-28 各地区林业系统单位

地区	总计	按性质分				
		企业	事业	机关	合计	林木育种育苗
全国合计	**30 940**	**24 430**	**33 518**	**47 369**	**27 177**	**26 378**
北京	84 311	52 500	80 296	129 570	76 989	62 702
天津	53 461	—	50 320	68 389	50 320	53 808
河北	30 435	35 375	29 123	34 168	28 018	22 163
山西	33 275	17 231	32 743	40 815	30 222	25 075
内蒙古	35 705	31 323	38 070	59 299	33 268	34 671
内蒙古集团	32 355	31 810	44 551	—	31 962	—
辽宁	30 140	71 790	27 921	45 579	26 738	26 197
吉林	28 272	27 599	27 665	45 982	24 580	22 496
吉林集团	33 297	33 297	—	—	31 444	—
长白山集团	27 803	26 923	59 828	77 451	26 962	—
黑龙江	20 680	19 400	22 981	44 309	19 302	18 568
龙江集团	20 575	19 453	41 580	49 909	19 427	18 292
上海	89 844	—	86 906	118 039	94 448	112 975
江苏	30 873	40 505	25 907	80 410	29 557	42 253
浙江	64 166	42 593	61 390	81 222	58 713	56 547
安徽	28 649	20 248	27 495	44 520	25 382	22 446
福建	45 913	30 385	50 706	53 025	42 215	43 261
江西	26 452	20 876	26 367	37 828	21 884	21 211
山东	34 755	23 059	33 590	45 758	31 679	32 550
河南	22 986	23 159	21 683	30 178	20 540	19 310
湖北	25 196	21 790	24 418	33 125	22 216	24 363
湖南	28 461	26 544	27 448	34 538	25 091	19 706
广东	42 278	26 229	38 785	62 477	35 220	32 745
广西	29 276	20 190	28 944	41 293	27 543	29 460
海南	34 619	29 703	30 243	60 141	29 270	25 424
重庆	42 363	32 628	41 431	50 604	40 962	41 954
四川	38 237	31 565	40 023	49 085	35 198	38 361
贵州	24 010	18 945	24 616	28 845	23 498	15 031
云南	38 098	24 577	42 020	46 443	33 408	25 979
西藏	43 766	38 437	48 657	60 709	39 573	54 206
陕西	37 873	25 698	39 000	47 844	34 853	41 528
甘肃	35 228	12 952	34 899	48 484	33 619	31 872
青海	38 858	—	35 842	63 644	34 583	48 304
宁夏	40 753	28 735	40 258	56 585	38 871	35 657
新疆	39 592	34 315	38 740	54 175	35 085	39 386
新疆兵团	—	—	—	—	—	—
局直属单位	34 121	27 229	63 367	59 410	25 824	—
大兴安岭	27 536	26 065	41 259	51 363	25 824	—

在岗职工平均工资

单位:元

按行业分							
农林牧渔业							
造林与经营管护	木竹采运	经济林产品种植与采集	花卉及其他观赏植物种植	陆生野生动物繁育与利用	林业有害生物防治	森林防火	其他
27 521	**24 336**	**27 488**	**26 100**	**37 316**	**42 376**	**32 393**	**34 283**
94 069	—	60 170	80 850	76 850	82 973	43 319	85 961
51 838	53 875	52 809	—	53 875	38 650	53 875	55 484
32 253	24 384	22 727	13 184	25 162	28 189	29 609	25 550
32 768	—	—	—	—	32 250	20 544	28 095
32 905	31 841	47 807	36 581	—	56 269	47 933	46 419
—	31 812	—	—	—	—	—	46 860
26 792	22 891	29 412	31 670	36 636	33 946	37 803	28 149
18 343	28 561	—	—	79 314	37 478	41 315	18 753
—	31 402	—	—	—	—	—	74 401
—	26 948	—	—	—	59 944	—	—
17 232	20 010	47 530	21 149	66 414	34 487	20 919	20 216
14 365	20 031	—	—	—	44 051	41 265	12 252
—	—	—	—	—	—	—	91 193
20 460	34 573	31 756	40 100	46 357	82 859	45 556	35 727
52 971	64 718	59 423	—	75 748	72 095	69 326	63 010
24 843	28 730	41 148	22 053	35 000	40 214	34 036	26 541
48 065	33 890	51 889	45 313	38 898	48 639	44 961	35 768
19 746	24 011	27 729	27 541	41 819	31 171	24 653	28 954
31 019	28 974	33 449	26 004	30 440	37 311	35 475	29 937
20 164	17 624	19 646	15 041	27 275	22 378	24 633	22 536
21 045	21 935	21 528	21 818	21 345	23 884	30 175	26 710
23 046	27 358	21 199	22 912	33 067	29 003	24 836	28 122
31 981	29 218	34 541	—	39 000	50 677	45 514	41 298
28 032	24 260	25 511	33 761	32 318	36 104	23 653	26 611
34 197	30 454	20 393	—	35 149	42 776	30 618	22 329
40 601	36 933	—	—	—	47 489	41 911	37 897
35 379	28 575	37 505	39 870	46 859	44 188	39 465	35 025
27 182	28 936	24 082	25 121	28 655	26 553	23 814	21 366
32 834	28 357	36 243	26 769	42 294	42 757	39 630	38 389
39 074	37 631	—	—	—	55 652	41 810	58 459
35 226	24 693	41 260	26 559	46 647	40 603	36 550	38 866
32 662	32 329	45 676	28 387	37 375	40 573	37 753	38 816
33 033	—	—	—	56 053	57 805	44 374	54 984
34 327	—	30 936	—	—	49 300	50 227	50 198
33 720	48 254	27 478	55 011	47 774	42 791	48 654	39 326
—	—	—	—	—	—	—	—
28 264	25 631	—	—	—	—	22 188	39 589
28 264	25 631	—	—	—	—	22 188	39 589

地　区	按						行
	制　造　业						
	合计	木材加工及木、竹、藤、棕、苇制品业	木、竹、藤家具制造业	木、竹、苇浆造纸业	林产化学产品制造	其他	合计
全国合计	**26 255**	**24 229**	**26 118**	**31 992**	**24 588**	**31 116**	**44 471**
北　京	—	—	—	—	—	—	98 223
天　津	—	—	—	—	—	—	68 389
河　北	40 014	24 140	—	—	11 330	43 442	34 330
山　西	41 331	—	—	—	—	41 331	38 583
内蒙古	28 027	48 600	25 320	—	—	—	56 118
内蒙古集团	48 600	48 600	—	—	—	—	36 699
辽　宁	12 000	12 000	—	—	—	—	41 750
吉　林	29 777	30 029	22 927	—	21 140	32 217	46 277
吉林集团	30 346	30 261	—	—	21 140	32 245	37 538
长白山集团	26 451	28 806	22 927	—	—	—	69 358
黑龙江	16 596	16 207	98 12	22 726	25 247	19 661	38 472
龙江集团	16 699	16 640	98 12	22 726	24 003	19 591	43 054
上　海	—	—	—	—	—	—	89 095
江　苏	—	—	—	—	—	—	43 399
浙　江	—	—	—	—	—	—	77 270
安　徽	14 340	14 544	4800	—	—	13 745	40 273
福　建	29 271	27 361	—	—	38 439	11 571	55 374
江　西	16 260	18 000	12 000	—	31 200	12 000	36 605
山　东	—	—	—	—	—	—	44 365
河　南	12 000	12 000	—	—	—	—	26 967
湖　北	18 015	17 727	—	—	16 200	19 427	28 665
湖　南	29 854	28 121	34 800	33 600	28 725	29 918	31 995
广　东	9320	9320	—	—	—	—	51 409
广　西	23 500	24 792	—	—	20 064	21 187	38 157
海　南	2400	2400	—	—	—	—	46 417
重　庆	22 737	23 135	—	—	—	9600	44 218
四　川	27 039	23 882	30 562	—	27 475	32 558	47 325
贵　州	15 331	16 759	—	—	17 714	2070	28 755
云　南	2339	2339	—	—	—	—	47 489
西　藏	—	—	—	—	—	—	60 966
陕　西	27 153	27 492	—	—	19 472	25 035	45 225
甘　肃	10 901	10 901	—	—	—	—	43 060
青　海	—	—	—	—	—	—	51 252
宁　夏	—	—	—	—	—	—	50 237
新　疆	20 714	20 714	—	—	—	—	52 247
新疆兵团	—	—	—	—	—	—	—
局直属单位	28 649	30 640	—	—	—	28 324	70 804
大兴安岭	28 649	30 640	—	—	—	28 324	46 866

（续）

业			分				
服务业							
				其中			
野生动植物保护和自然保护区管理	林业工程技术与规划管理	林业科技交流和推广服务	林业公共管理和社会组织	林业行政管理、公安及监督检查机构	林业专业性、行业性团体	其他	其他行业
39 216	**53 599**	**43 719**	**44 375**	**44 369**	**44 454**	**45 459**	**41 481**
86 945	93 878	98 339	126 829	129 291	112 479	84 232	83 428
—	—	—	68 389	68 389	—	—	—
43 148	47 369	25 886	34 237	34 484	24 712	35 698	19 840
33 209	43 570	45 132	36 923	36 918	39 879	43 209	—
50 491	46 924	63 036	56 698	56 988	49 948	43 290	40 917
37 283	18 672	—	58 000	—	58 000	—	40 253
41 725	41 822	80 656	36 104	36 463	32 162	31 262	17 403
45 583	53 478	47 769	46 433	46 433	—	37 045	72 362
—	—	—	—	—	—	37 538	75 993
—	57 610	50 730	71 692	71 692	—	—	—
32 614	38 737	41 226	39 486	39 807	37 998	34 350	33 868
—	41 176	42 174	45 190	49 657	38 605	38 226	33 903
90 822	107 491	107 367	118 039	118 039	—	79 465	—
—	—	32 377	57 807	55 496	62 679	32 636	31 162
67 772	84 735	74 526	79 115	79 069	85 502	—	42 522
35 196	33 641	37 025	44 337	45 228	38 634	15 500	20 760
35 289	40 491	44 807	58 846	62 231	39 138	43 482	33 661
40 649	33 633	43 375	36 206	36 057	38 228	35 343	26 349
37 398	40 070	43 103	45 106	45 182	42 068	32 229	30 872
20 164	20 767	20 854	29 864	29 918	28 169	31 063	15 027
27 494	29 806	28 766	28 221	28 221	—	33 175	—
28 788	36 649	26 297	32 712	32 922	29 323	38 579	34 063
53 401	91 490	47 582	54 340	57 681	31 828	39 624	24 798
43 635	27 837	31 977	39 223	39 982	27 170	32 916	28 501
22 270	34 922	29 688	64 771	65 471	38 400	30 682	11 635
45 827	62 664	42 649	43 487	43 565	41 701	41 051	27 460
37 316	56 147	43 687	48 431	48 258	51 492	37 031	10 339
26 266	21 384	—	28 881	28 881	—	—	20 069
66 943	38 355	39 523	45 353	45 464	40 554	42 582	36 908
—	—	—	60 709	60 709	—	69 178	—
39 401	59 806	48 312	45 015	45 567	29 165	37 231	30 863
36 780	39 630	40 705	48 283	48 283	—	38 507	—
70 107	59 731	39 445	64 128	64 128	—	53 663	53 370
44 796	72 630	52 544	55 409	55 409	—	—	—
46 814	62 947	47 945	52 115	54 007	44 769	60 169	54 963
—	—	—	—	—	—	—	—
35 036	104 935	62 350	68 034	51 172	81 991	72 870	43 522
30 571	53 733	40 340	50 136	50 136	—	49 939	43 522

表 19-29 林业系统按行业分职工伤亡事故情况

国民经济行业	轻 伤（人次）	重 伤（人次）	死 亡（人）
总 计	**602**	**45**	**65**
一、农、林、牧、渔业	**546**	**45**	**58**
其中:国有林场	98	13	26
木材及竹材采运业	423	28	5
二、采矿业	**—**	**—**	**—**
三、制造业	**27**	**—**	**1**
1. 木材加工及木、竹、藤、棕、苇制品业	21	—	1
2. 木、竹、藤家具制造业	6	—	—
3. 木、竹、苇浆造纸业	—	—	—
4. 林产化学产品制造	—	—	—
5. 其他	—	—	—
四、建筑业	**—**	**—**	**—**
五、其他	**29**	**—**	**6**

固定资产投资统计

表 19-30 林业投资完成情况

单位:万元

指 标	本年实际	指 标	本年实际
一、本年计划投资	**32 017 547**	其中:油茶示范基地建设	310 833
二、自年初累计完成投资	**37 822 690**	核桃示范基地建设	138 890
其中:国家投资	13 942 080	(4)花卉	902 779
1. 生态建设与保护	18 705 774	(5)林下经济	2 011 993
(1)造林	10 900 848	(6)其他	4 959 803
(2)更新	366 457	4. 林业民生工程	1 868 405
(3)森林抚育	1 388 410	(1)棚户区(危旧房)改造	1 046 166
(4)野生动植物保护及自然保护区	155 484	(2)社会性基础设施	634 859
(5)湿地恢复与保护	255 517	(3)其他	187 380
(6)森林生态效益补偿	2 257 877	5. 其他投资	4 255 491
(7)其他(含生态工程补助资金)	3 381 181	其中:财政事业费	1 456 570
2. 林业支撑与保障	2 216 819	**三、本年实际到位资金合计**	**37 998 294**
(1)林木种苗	842 635	1. 上年末结余资金	689 635
(2)森林防火与森林公安	501 085	2. 本年实际到位资金小计	37 308 659
(3)林业有害生物防治	187 258	(1)国家预算资金	17 263 438
(4)科技教育	79 853	①中央资金	8 673 690
(5)林业信息化	22 921	②地方资金	8 589 748
(6)其他	583 067	(2)国内贷款	3 855 681
3. 林业产业发展	10 776 201	(3)债券	173
(1)工业原料林	1 613 756	(4)利用外资	506 374
(2)特色经济林(不含木本油料)	679 213	(5)自筹资金	13 163 683
(3)木本油料	608 657	(6)其他资金	2 519 310

表 19-31 各地区林业投资完成情况

单位:万元

地 区	总 计	其中:国家投资
全国合计	**37 822 690**	**13 942 080**
北 京	2 071 603	731 382
天 津	112 535	112 535
河 北	676 512	448 108
山 西	1 101 015	776 415
内蒙古	1 500 005	1 157 814
内蒙古集团	398 477	369 109
辽 宁	1 363 756	797 243
吉 林	606 084	382 492
吉林集团	179 890	94 079
长白山集团	195 452	127 095
黑龙江	1 246 000	1 103 379
龙江集团	983 223	905 525
上 海	102 636	61 229
江 苏	1 255 738	52 357
浙 江	923 541	463 090
安 徽	983 084	209 833
福 建	2 384 170	104 211
江 西	820 201	301 388
山 东	2 700 406	406 089
河 南	1 019 382	65 000
湖 北	674 917	394 179
湖 南	1 603 967	702 468
广 东	983 675	557 245
广 西	8 283 917	444 065
海 南	153 080	129 859
重 庆	474 109	383 841
四 川	1 901 917	943 066
贵 州	390 000	324 000
云 南	854 863	408 287
西 藏	166 755	42 058
陕 西	1 012 633	890 385
甘 肃	784 173	442 929
青 海	268 967	233 728
宁 夏	186 810	122 189
新 疆	695 760	388 551
新疆兵团	189 261	38 211
局直属单位	520 479	362 665
大兴安岭	393 445	251 381

表 19-32　全国历年造林面积

单位:千公顷

年　别	造林面积				年　别	造林面积			
	合计	人工造林	飞播造林	新封山育林		合计	人工造林	飞播造林	新封山育林
1949～1952	1707.33	1707.33			1990	5208.47	4353.34	855.13	
1953	1112.93	1112.93			1991	5594.47	4751.80	842.67	
1954	1166.20	1166.20			1992	6030.40	5083.70	946.70	
1955	1710.53	1710.53			1993	5903.40	5044.40	859.00	
1956	5723.27	5723.27			1994	5992.66	5190.24	802.42	
1957	4355.07	4355.07			1995	5214.61	4629.35	585.26	
1958	6098.67	6098.67			1996	4919.38	4314.96	604.42	
1959	5449.67	5442.67	7.00		1997	4354.93	3737.75	617.18	
1960	4143.93	4136.93	7.00		1998	4811.05	4086.00	725.05	
1961	1441.33	1432.33	9.00		1999	4900.71	4276.85	623.86	
1962	1198.73	1188.73	10.00		2000	5105.14	4345.01	760.13	
1963	1530.13	1516.03	14.10		2001	4953.04	3977.32	975.72	
1964	2911.33	2893.23	18.10		2002	7770.97	6896.04	874.93	
1965	3425.33	3403.23	22.10		2003	9118.89	8432.48	686.41	
1966	4533.33	4351.83	181.50		2004	5598.08	5018.89	579.19	
1967	3904.00	3540.99	363.01		2005	3637.68	3221.29	416.39	
1968	3413.33	2858.81	554.52		2006	3838.79	2446.12	271.80	1120.87
1969	3479.33	2753.31	726.02		2007	3907.71	2738.52	118.67	1050.52
1970	3884.00	2976.48	907.52		2008	5353.74	3684.26	154.07	1515.41
1971	4525.13	3404.40	1120.73		2009	6262.33	4156.29	226.34	1879.70
1972	4635.73	3473.33	1162.40		2010	5909.92	3872.76	195.95	1841.21
1973	4982.87	3925.47	1057.40		2011	5996.61	4065.69	196.93	1733.99
1974	5002.47	4114.74	887.73		2012	5595.79	3820.70	136.41	1638.68
1975	4973.73	4437.66	536.07		2013	6103.93	4210.49	154.40	1739.04
1976	4925.73	4323.06	602.67		1949～1952	1707.33	1707.33		
1977	4793.27	4218.54	574.73		1953～1957	14 068.00	14 068.00		
1978	4496.33	4125.73	370.60		1958～1962	18 332.33	18 299.33	33.00	
1979	4489.27	3910.27	579.00		1963～1965	7866.79	7812.49	54.30	
1980	4552.00	3940.00	612.00		1966～1970	19 213.99	16 481.42	2732.57	
1981	4110.07	3681.00	429.07		1971～1975	24 119.93	19 355.60	4764.33	
1982	4495.60	4115.80	379.80		1976～1980	23 256.60	20 517.60	2739.00	
1983	6324.40	5603.13	721.27		1981～1985	31 520.54	27 639.47	3881.07	
1984	8253.67	7290.74	962.93		1986～1990	26 453.27	21 403.14	5050.13	
1985	8336.80	6948.80	1388.00		1991～1995	28 735.54	24 699.49	4036.05	
1986	5274.00	4158.20	1115.80		1996～2000	24 091.21	20 760.57	3330.64	
1987	5414.20	4207.27	1206.93		2001～2005	31 078.66	27 546.03	3532.64	
1988	5533.27	4574.80	958.47		2006～2010	25 272.49	16 897.96	966.82	7407.71
1989	5023.33	4109.53	913.80		1949～2013	293 413.01	249 285.31	31 608.29	12 519.41

注:1. 1985 年以前,造林成活率达到 40% 即统计造林面积,以后为达到 85% 以上统计。

2. 根据《造林技术规程》(GB/T 15776－2006),本表自 2006 年起将无林地和疏林地新封山育林面积计入造林总面积。

表 19-33　全国历年新封山育林和迹地更新面积

单位:千公顷

年　份	新封山育林面积	迹地更新面积	年　份	新封山育林面积	迹地更新面积
			1990	4910.47	671.50
1953		16.53	1991	6220.47	664.10
1954		38.80	1992	5874.10	673.60
1955		39.20	1993	4795.60	739.20
1956		94.13	1994	4844.44	722.70
1957		55.80	1995	4538.49	750.96
1958		391.13	1996	3659.83	794.75
1959		560.33	1997	3865.81	798.38
1960		483.73	1998	9699.10	806.30
1961		157.07	1999	6704.50	1042.83
1962		106.33	2000	6130.00	919.80
1963		183.00	2001	5821.90	515.29
1964		206.53	2002	2561.36	379.00
1965		238.93	2003	1817.34	285.99
1966		321.00	2004	1196.55	319.31
1967		303.00	2005	1763.00	407.55
1968		240.00	2006	1120.87	408.24
1969		233.00	2007	1050.52	390.91
1970		325.00	2008	1515.41	424.00
1971		307.53	2009	1879.70	344.25
1972		319.00	2010	1841.21	306.71
1973		356.73	2011	1733.99	326.64
1974		362.00	2012	1638.68	305.07
1975		422.00	2013	1739.04	304.05
1976		420.80	1949～1952		22.53
1977		416.40	1953～1957		244.46
1978		458.40	1958～1962		1698.59
1979		409.33	1963～1965		628.46
1980		421.93	1966～1970		1422.00
1981	3652.33	442.60	1971～1975		1767.26
1982	5732.00	438.80	1976～1980		2126.86
1983	5678.07	508.80	1981～1985	26 889.87	2580.47
1984	6780.67	552.00	1986～1990	25 277.07	3308.40
1985	5046.80	638.27	1991～1995	26 273.10	3550.56
1986	5736.13	577.40	1996～2000	30 059.24	4362.06
1987	5449.13	703.50	2001～2005	13 160.15	1907.14
1988	4646.00	636.90	2006～2010	7407.71	1874.12
1989	4535.33	719.10	1949～2013	134 178.83	26 428.65

注:2004 年后新封山育林面积指无林地和疏林地新封山育林面积。

林业财务会计与资金稽查

20

林业财务和会计

【综　述】 2013年，林业计财部门认真学习贯彻党的十八大和十八届三中全会精神，紧密围绕建设生态文明的总目标和改善生态改善民生的总任务，全面贯彻落实全国林业厅局长会议部署，深入开展党的群众路线教育实践活动，继续以"健全完善林业计财工作七大体系"为目标，牢固树立大局意识、服务意识、改革创新意识、学习研究意识、合作意识、程序意识和廉政意识，认真履行职责，强化团队建设，转变职能、转变作风、服务大局、服务基层，充分发挥全体干部的积极性和聪明才智，圆满完成了各项工作任务，取得了新的成果，为发展生态林业、民生林业提供了有力保障。

现代林业建设规划体系　一是加强顶层设计，强化规划引导。为大力推动生态文明建设，发挥林业在生态文明建设中的主体地位，编制印发了《推进生态文明建设规划纲要》，并联合国家发展改革委下发了《国家生态文明建设先行示范区方案》，同时，国务院批复了《全国防沙治沙规划》。印发了长江和珠江防护林等12个专项规划。二是加强战略研究，强化了基础工作。完成中央布置的《经济社会重大课题研究》中"加强生态文明建设"和"水安全战略"两个课题研究。会同国家发展改革委代中央、国务院起草《关于加快推进生态文明建设的意见》，代国务院起草向全国人大常委会汇报的《关于加快建立生态补偿机制的报告》，同时完成了《国内外林业生态监测》编订工作。三是加强规划实施监督，强化中期评估。开展国家"十二五"规划纲要林业中期评估，完成森林覆盖率、蓄积量两个约束性指标和林业相关工作评估报告。配合中咨公司完成天保二期工程等中期评估工作。开展林业规划管理信息系统建设，完成林业规划实施监督评估研究。

现代林业建设公共财政体系　一是积极推进启动新一轮退耕还林政策。在专题调研和召开座谈会听取部分省(区、市)意见的基础上，会同有关单位起草了《关于实施新一轮退耕还林和巩固退耕还林成果的政策建议》，并报国务院领导。二是提高了森林生态效益补偿基金标准。通过积极协调财政部，2013年中央财政将集体和个人所有的国家级公益林补偿标准由每公顷每年150元提高到225元，中央财政森林生态效益补偿基金比2012年增加40亿元。此外，对各省(区、市)开展森林生态效益补偿情况进行了全面调研，并扩大了森林生态效益补偿基金绩效评价试点范围。三是支持国有林区改革政策取得新进展。会同有关部门研究起草了《中共中央 国务院全面推进国有林区改革指导意见》。会同财政部对解决国有林区两级管理费和全面停止天然林商业性采伐等问题，开展了实地调研，并对中央财政政策进行了深入研究，初步形成一致意见；调查了东北内蒙古重点国有林区天保工程一期未免除金融债务和天保工程二期新增金融债务情况。四是加大了农业综合开发力度。批复了2013年农业综合开发林业项目投资计划。2013年，共安排农业综合开发中央财政资金70 967万元，比2012年增加11 828万元。安排各类林业生态示范项目4.62万公顷，名优经济林示范项目4.19万公顷。通过加强培训和项目自查等工作，进一步加强了农发项目管理。五是加大国家预算内基本建设投资力度。2013年营造林生产计划继续保持高位运行，全年安排生产任务600万公顷，争取中央林业基本建设投资188.4亿元。编制完成并上报了2014年中央预算内林业基本建设投资建议计划。六是启动实施了沙化土地封禁保护补助试点工作。中央财政新增沙化土地封禁保护补助试点资金3亿元，在西部7省区30个县启动实施沙化土地封禁保护试点。七是扩大了2013年部门预算盘子。2013年，财政部批复部门预算指标52.89亿元，年中财政部统一压减预算0.9亿元，当年追加部门预算5.16亿元，全年部门预算资金57.15亿元，比2012年度同口径预算增加2亿元，确保了机关和参公事业单位职工规范津补贴的及时足额到位，提高了科学教育事业单位基本支出预算标准，规范了机关事业单位医疗费来源渠道，为机关和事业单位的正常运行提供了有力保障。八是林区基础设施建设取得突破。积极推进林区道路建设，编制完成《国有林区防火应急道路建设规划》和《国有林区防火应急道路建设试点方案》，与国家发展改革委初步达成一致，2014~2016年，中央拟投资10亿元，启动林区防火道路建设试点。完成了《全国森林防火中长期发展规划》中期评估，并报请国务院批准，适当扩大了重点治理火险区范围，增加了重点地区林火视频监控体系建设及装备等建设内容。九是林区棚户区危旧房改造稳步推进。2013年安排改造任务9.6万户，共计安排投资15.07亿元。林业棚户区(危旧房)改造配套基础设施建设共计安排投资68.9亿元，进一步改善了林区职工的生活条件。十是加强了建设项目管理、审查。会同有关单位草拟了《林木种苗项目管理办法》，并积极推动制订《湿地保护与恢复项目管理办法》。审查林业项目126个，林木种苗项目142个，湿地项目133个。

现代林业建设金融支持体系　一是林权抵押贷款政策取得突破。会同银监会出台了《关于林权抵押贷款的实施意见》，解决了农村融资缺乏有效抵押物的难题；真正实现了森林资源向森林资本的转化；解决了林业贷款周期过短的问题；大大降低了林农贷款的成本；疏通了银行系统林业贷款的障碍，规范了林业金融服务。到2013年年底，涉林贷款余额已达2026亿元，同比增加276亿元，增长15.8%。二是扩大了中央财政森林保险保费补贴范围。截至2013年年底，纳入中央财政森林保险保费补贴范围的共有22个省(区、市)，3个计划单列市，一个重点国有林区。2013年中央财政安排森林保险保费补贴资金13.3亿元。

林业产业发展和林产品对外贸易政策环境体系　一是加强林业产业宏观指导，促进林产品贸易发展。启动

《全国林业产业倍增计划（2013～2020年）》编制工作，印发《国家林业重点龙头企业推选和管理工作实施方案》；配合省级林业主管部门，圆满完成2013中国牡丹江木博会等5个展览展会的组织工作，并指导会展城市之间加强合作交流。把贯彻落实国务院文件精神和现场指导相结合，加大安全生产的监督指导力度，保障林业企业安全运营，有力促进林业产业和林产品贸易发展。据初步统计，2013年全国林业总产值为4.46万亿元，比2012年增加了5100亿元，增长了13.04%。二是加大了油茶等木本粮油产业的推进力度。按照中央领导批示精神，以发展油用牡丹产业为契机，向中央领导提出了木本粮油下一步的发展思路和政策建议。由于基础研究、宣传工作到位，国务院决定由国家林业局起草关于加快木本油料产业发展的意见，以进一步加快木本油料产业发展；组织召开第六次全国油茶产业发展现场会和油用牡丹产业发展座谈会，总结经验，谋划木本粮油产业发展。三是着力提升利用外资的引导和示范作用。创新利用外资管理机制和项目建设模式，充分吸收外资项目中搭载的创新能力和先进管理经验。积极配合欧洲投资银行对2.5亿欧元林业专项贷款8个省（区、市）项目实施前期评估；跟踪调度已有外资项目实施情况，积极谋划新的外资项目；组织编制林业利用外资项目申报文件，规范和完善项目申报程序。四是境外森林资源合作取得积极进展。强化服务企业，搭建政、银、企合作平台，创新合作机制和模式，引导企业开展绿地投资、并购投资和联合投资，推进项目合作。按照与开行签署的合作协议，落实中航林业有限公司（俄罗斯项目）等项目贷款3.2亿美元。根据与中国诚通集团签署的《关于开展林业战略合作框架协议》，组织编制完成了《中国诚通集团圭亚那农林业综合开发项目规划》。联合开行、中林集团共同研究全国进口木材加工交易示范基地建设布局，促进了银行、企业、市场充分对接。按照国务院领导要求，配合国家发展改革委提出了境外林业投资合作及海外购买林地等促进林业走出去的政策需求并报国务院。中俄双方审议通过了对俄三期（即伊尔库茨克州）森林资源开发利用合作规划。中埃荒漠化防治科学技术实验示范和培训中心项目已纳入国家援外成套项目库。五是稳步推进打击非法采伐国际经贸合作。积极稳妥推进打击非法采伐国际经贸合作，有序开展中国木材合法性证明体系试点工作；应对林产品国际贸易壁垒特别是应对美国《雷斯法案修正案》取得积极成效。针对美国对中国出口胶合板进行“反倾销、反补贴”调查，积极协调商务部，协助产业协会和企业研究对策，积极抗辩，并取得成功，维护了行业利益。六是强化了区域协调发展。在充分调查研究的基础上，与中国林科院共同完成了《林业扶贫攻坚政策支持体系研究总报告》；以扶贫挂职干部为依托，在滇桂黔设立了15个扶贫重点项目；组织对14个片区进行林业扶贫情况的统计。组织对国家林业局定点扶贫九万大山地区进行综合调研并与挂职干部进行座谈。为贯彻习近平总书记的指示，两次组织对河北阜平、甘肃临夏州进行专项扶贫调研；与水利部共同筹划并联合召开滇桂黔石漠化片区部际联系会议第一次全体会议，国家林业局主要领导参会并讲话；下发了国家林业局支持宁夏和毕节推进林业生态建设的意见。与内蒙古、宁夏、广西共同拟定了局省合作协议（备忘录）。组织有关单位对口支持青海、西藏建设美丽乡村；在青海召开援藏工作座谈会；制订并印发了国家林业局援藏工作规则。开展了援疆援藏的综合调研。组织编制《林业对口支援三峡库区移民工作规划（2013～2020年）》，圆满完成了年度三峡工程生态与环境监测系统森林资源和陆生野生动物监测工作，并顺利通过国务院三峡办验收；开展丹江口库区对口协作相关工作，组织编制《丹江口库区及上游地区林业对口协作实施方案》。七是生态原产地涉林产品保护工作取得新成效。协助国家质检总局开展了第一批生态原产地林产品保护评审、授牌工作，标志着中国生态原产地产品保护工作正式启动。开展涉林原产地产品保护相关研究，组织编制林业生态原产地产品保护的实施方案和分类标准，丰富了涉林产品保护内涵。同时，启动了林业循环经济综合利用工作。

现代林业建设统计评价体系 一是完善了林业统计方法制度。修订了林业产业总产值报表，林业产业分类注释、木竹材产品、林产工业产品相关指标和分类，进一步明确林业及相关产业的含义和内容。二是加强统计研究基础工作。出版了《现代林业统计评价研究》；完成林业就业调研和各省级林业就业调查数据的分析工作；加强林业重点展会统计工作。三是数据巡查核实采取新举措。选取在全国具有代表性的山东省临沂市等地，主要围绕人造板和木地板产量数据，首次以数据核实为目的，下基层、到企业开展数据巡查、核实和服务指导工作，并提出了提高数据质量有针对性的建议。

森林资源资产化管理制度体系 一是初步完成评估技术标准修订工作。协调有关单位完成了《森林资源资产评估技术规范》的修订工作并报财政部。二是森林资源资产评估研究课题取得新成果。完成“森林资源资产评估咨询人员培训师资人选和培训班试题”的评审工作，建立“森林资源资产评估咨询人员培训师资库和试题题库”；对“集体森林资源资产评估管理体系研究”课题进行了验收，为集体林区开展森林资源资产评估管理与技术工作提供技术标准和制度支持；开展森林资源资产研究工作，两次组织专家组对此项工作进行了论证研究，确定研究方向和研究重点。

林业资金和资产使用管理安全运行体系 一是加强警示教育，不断深化资金资产安全运行意识。结合警示教育，加强三项检查。开展法制学习检查、内部审计检查和巡视检查，重点检查党员对会计法和财经知识是否学会弄懂，对局里制定的廉政管理办法以及各项财务管理是否熟知；加强内部审计检查，重点对近几年出问题的单位、有苗头倾向的单位实行重点审计，提高资金安全意识。二是加强教育培训，强化严格执行财经法纪的意识。组织直属单位主要负责人、财务处长、财务骨干培训；将国家有关财经法律法规的内容，列入各级培训的教学计划，提高各级领导干部和工作人员严格执行财经法纪的意识，提高资金、项目管理水平。三是加强制度建设，提高自我约束意识。完成《农田防护林工程设计规范》等15项国标和《森林生态站工程项目建设标准》等11项行业标准，加强林业建设标准体系建设；加强预算管理制度建设，完成《国家林业局中央部门预算管理工作规程》等预算制度的制定修订工作，对部门预算中尚未制定管理办法的项目资金全部纳入规章制度建设计划；会同有关单位起草一系列行业财政资金管理办法，并商有关单位对7个林业财政专项资金相关管理办法进行整合。加强林业建设标准、部门预算和行业财政资金管理。四是加强监管制约机制，提高计财管理水平。及时将部门预算正式批复下达到预算单位和项目承担单位，并向社会公开了部门预算和"三公经费"。预算执行再创佳绩，1～11月份国家林业局的预算执行进度排在中央农口部门前列；根据局党组决定，依托北京林业大学成立了全国林业财政资金绩效研究考评中心，财政项目支出预算绩效考评试点工作上了新台阶。积极组织开展绩效评价工作，报送全国湿地资源普查等项目评价报告，研究制订27个项目绩效评价指标体系，规范绩效目标的申报，提高绩效目标报送的准确性和有效性；制定下发《国家林业局关于加强政府采购评审工作的通知》，开发国家林业局政府采购及信息统计管理系统，切实提高财政资金使用效益；积极落实中央"八项规定"精神，严格控制"三公经费"，降低机关运行成本，把厉行节约工作纳入党风廉政建设重要内容。五是加大自查自纠工作力度，进一步规范资金管理。组织开展涉及民生林业专项资金和各司局、直属单位2011～2013年度预算执行的自查自纠工作，及时发现和纠正可能存在的问题。完成自查自纠情况报告上报局领导及国办；聘请独立的会计师事务所对局机关本级财务收支情况进行专项审计，并根据审计结果，及时进行整改。确保资金安全运行和国有资产保值增值，提高了财政资金使用效益。六是积极配合审计署开展审计工作。2013年审计署进驻国家林业局，开展预算执行情况、财政存量资金和行业专项资金的审计工作。国家林业局部署各司局以及所属事业单位结合此次审计工作开展自查自纠工作，并传真各省（区、市）林业厅局计财处，要求做好相关迎检工作。同时对审计提供的财政存量资金审计报告进行认真研究，对报告的内容进行逐条核对，并提出了修改意见和建议。（袁卫国）

【预算管理】 2013年，部门预算工作围绕"夯实基础，提高水平，注重实效"的部门预算管理要求，紧紧抓住部门预算资金争取这个中心，进一步加大预算管理，完善规章制度，规范支出管理，切实提高部门预算管理水平。

2013年部门预算争取工作 2013年年初财政部批复部门预算资金52.89亿元（不含预算内基本建设投资），年中财政部压减年初预算0.90亿元，扣除大兴安岭林区天保二期工程补助资金、公检法及义务教育补助经费、石油价格改革补贴等固定预算因素，同口径相比2012年初批复预算增加4.05亿元，增长16.6%。同时，根据林业发展需要和突发情况，积极申请财政追加预算6.25亿元。

2014年部门预算编制工作 2014年部门预算编制，充分考虑机关事业单位的人员支出和正常运转支出需求，重点申请解决包括规范津贴补贴、医疗经费挂账等基本支出需求。经积极争取，财政部累计安排2014年初部门预算指标58.24亿元（不含预算内基本建设投资），相比2013年初压减后预算数增加6.25亿元，增长12%。增加较多原因主要是2014年森林保险保费补贴、石油价格改革补贴、森林抚育补贴、林木良种补贴、湿地保护补助、林业有害生物防治等6项财政专项资金上划中央本级指标增加3.35亿元。若扣除地方转移支付上划指标，相比2013年同口径预算增加2.91亿元，增长6.13%。2014年初部门预算重点增加内容包括：一是基本支出预算解决了包括机关事业单位医疗经费挂账、适当提高对科学事业单位的基本支出补助水平、提高对南京警院生均拨款标准等一系列涉及单位基本运行和人员稳定的相关经费；二是项目支出预算重点增加了森林防火专项5238.88万元、直属事业单位维修与设备购置1362万元等。

批复2013年部门预算和2012年部门决算 按照"中央各部门应当自财政部批复本部门预算之日起15日内，批复所属各单位预算"的规定，国家林业局按时将部门预算正式批复下达到预算单位和项目承担单位，做到一个单位一本预算，保证了部门预算批复的及时和完整，为预算单位履行职能和开展专项业务工作创造了条件。同时，根据财政部批复国家林业局2012年部门决算，及时向各单位批复了部门决算。

国家林业局预算信息公开工作 根据《财政部关于进一步做好预算信息公开工作的指导意见》，提前做好预算信息公开的准备工作，并报经局领导审核同意后及时通过国家林业局政府网站向社会公开，包括国家林业局2013年部门预算、2013年"三公"经费财政拨款预算和2012年国家林业局部门决算。

财政项目定额标准制定工作 根据中央本级项目支出定额标准管理规定，结合国家林业局部门预算项目具体情况，2013年开始，国家林业局将部门预算中所有项目均纳入定额标准体系建设范围（除一次性或即将终止等项目外），分别不同情况全面推进项目定额标准制定工作：一是对2010～2012年已制定的项目定额标准初稿，进一步开展有针对性的调研工作和项目定额标准整理，条件成熟的项目定额标准将择机正式予以发布；二是对新纳入定额标准制定工作的项目，各单位抓紧研究拟定项目定额标准初稿，提交专家审核、广泛征求意见、反复修改完善后，力争尽早予以发布执行。

财政项目支出预算绩效评价试点工作 根据《财政支出绩效评价管理暂行办法》（财预〔2011〕285号）要求，一是面对绩效评价项目不断增加、评价难度不断提高的情况下，积极组织开展2013年选择确定的林业科技成果国家级项目推广、野生动物疫病监测和预警系统维护、全国湿地资源普查、国家森林病虫害预测预报补助经费、荒漠化监测和森林资源清查与动态监测等6个项目的绩效评价工作。二是根据《财政支出绩效评价管理暂行办法》（财预〔2011〕285号）要求，按时完成2012年确定的林业科技成果国家级项目推广、野生动物疫病监测和预警系统维护和全国湿地资源普查等3个项目绩效评价报告的报送工作。2013年财政部对国家林业局2012年绩效评价工作给予通报表彰。三是根据财政部绩效评价工作新要求，选择确定2014年绩效评价试点项目12个，比2012年增加6个；填报绩效评价目标项目15个，比2012年增加2个。研究制定了上述27个项目绩效评价指标体系，规范了绩效目标的申报，提高了绩效评价目标报送的准确性和有效性。四是根据局党组决定，依托北京林业大学成立了全国林业财政资金绩效研究考评中心，加快了财政支出绩效评价科学化、规范化进程，推进国家林业局绩效评价工作上新台阶。

制度建设工作 为加强部门预算项目资金管理，规范项目资金使用方向和支出内容，2013年继续推进项目预算管理规章制度的建设：一是圆满完成了作为局群众路线教育实践活动制度建设的《国家林业局中央部门预算管理工作规程》修订发布工作。二是适应强化因公出国（境）预算管理修订发布了《国家林业局因公出国（境）经费预算管理办法》，严格规范因公出国（境）预算管理要求。三是制定发布《国家林业局直属事业单位维修与设备购置项目资金管理办法》《国家林业局中央部门预算编制考核评比办法》等制度办法，规范部门预算维修和设备购置项目管理，推动部门预算编制管理水平的提升。四是保质保量完成预算管理的日常工作。主要包括：组织完成2013年部门决算的编制汇总上报工作，2012年国家林业局部门决算在财政部组织的部门决算评比中连续第八年荣获一等奖，受到了通报表扬；配合农林水审计局完成预算单位财政资金存量审计工作；部署2013年度预算的清理核对和决算布置工作；完成机关事业单位因公出国（境）经费预算来源的审核确认工作，杜绝超预算和无预算安排出国情况，严格控制因公出国（境）支出规模。 （徐旺明）

【全国林业行业财政资金收支状况】 2013年全国林业行业预算投入1758.7亿元，其中：中央投入978.9亿元，地方投入779.8亿元。与2012年相比，增加16.6亿元，其中：中央减少38.3亿元（基本建设投资减少9.4亿元，财政投入减少28.9亿元），地方增加54.9亿元。全年实际到位资金1854.9亿元，实际支出1793.2亿元。具体如下：

中央预算投入（投资计划） 2013年中央预算林业投入952.4亿元，其中：基本建设投资176.8亿元，财政投入775.6亿元。①基本建设投资176.8亿元，主要包括棚户区改造81.2亿元，“三北”、沿海等防护林建设工程22.1亿元，退耕还林工程11.4亿元，天然林保护工程12.0亿元，森林防火11.5亿元，京津风沙源治理工程7.3亿元，野生动植物及自然保护区建设工程2.9亿元，林业有害生物防治3.3亿元。②财政投入775.6亿元，其中财政专项资金775.0亿元，机构运行支出0.6亿元。财政专项资金主要包括：天然林保护工程资金140.8亿元，退耕还林工程资金265.3亿元，森林生态效益补偿基金146.9亿元（不含总参），森林抚育补贴58.1亿元，造林补贴28.5亿元，林木良种补贴4.8亿元，林业（含基本建设）贷款贴息补贴13.5亿元，林业科技推广示范补贴4.3亿元，林业有害生物防治补贴2.0亿元，林业国家级自然保护区补贴3.0亿元，湿地保护补贴2.5亿元，林业成品油价格补助专项资金49.7亿元，国有贫困林场扶贫资金3.5亿元，农业综合开发林业项目7.1亿元。与2012年相比，2013年中央预算林业投入减少4.3亿元。主要情况：一是基本建设投资减少2亿元。棚户区（危旧房）增加14.9亿元，“三北”和沿海等防护林建设工程减少11.8亿元，京津风沙源治理工程减少4.2亿元。二是财政投入减少2.3亿元。森林生态效益补偿增加38.8亿元，森林保险保费补贴增加11.4亿元，新增安排沙化土地封禁保护补贴3亿元，造林补贴增加3.1亿元，森林抚育增加1.3亿元，农业综合开发增加1.2亿元。2013年，天然林保护工程一次性安置职工社会保险补贴和国有林场改革补贴未安排，分别减少50.6亿元和12亿元；林业成品油价格补助专项资金减少14.8亿元、退耕还林减少2.8亿元。

地方预算投入（投资计划） 2013年地方各级财政投入779.8亿元，其中：省级340.3亿元，比2012年增加54.9亿元，地市级157.3亿元，比2012年增加0.1亿元，县级282.2亿元，比2012年增加9.7亿元。按项目分，包括：基本建设投资92.5亿元，财政投入687.2亿元（机构运行支出245.9亿元，财政专项资金441.3亿元）。财政专项资金主要包括：森林培育139.8亿元，森林生态效益补偿基金63.1亿元，森林防火16.5亿元，天然林保护工程6.5亿元，退耕还林工程7.5亿元。与2012年相比，2013年地方预算投入增加54.9亿元，其中：基本建设投资减少5.9亿元，财政投入中财政专项资金（项目支出）支出增加60.8亿元。

资金到位与支出情况 2013年，中央与地方林业行业财政资金到位1854.9亿元，实际支出1793.2亿元，加上年初结余357.6亿元，年末结余419.3亿元。①基本建设投资。本年实际收到276.2亿元，支出279.2亿元，年末结余91.6亿元（上年末结余94.5亿元），主要包括棚户区（危旧房）改造结余23.4亿元，天然林保护结余8.7亿元，“三北”、沿海等防护林工程建设结余8.3亿元。②财政资金。本年实际收到1578.7亿元，支出1514.0亿元，年末结余327.7亿元（上年末结余263亿元）。结余较多的原因主要是：财政专项资金结余322.3亿元，主要包括森林生态效益补偿基金53.3亿元，退耕还林工程37.8亿元，天然林资源保护工程33.1亿元，森林培育49.0亿元。

天然林资源保护工程财政专项资金 2013年全国天然林资源保护工程（以下简称“天保工程”）财政资金实际收入167.8亿元（不含基本建设投资），比2012年的169.0亿元减少1.2亿元。具体是：中央财政专项资金142.0亿元，地方财政补助6.6亿元，利息等其他收入2.5亿元，天保工程实施单位自筹16.7亿元。当年实际支出165.8亿元，年末累计结余33.1亿元。分项收入与支出情况为：①森林管护费收入67.1亿元（比2012年减少2.3亿元），其中：中央财政补助61.8亿元，地方财政补助3.1亿元，天保工程实施单位自筹1.8亿元，其他0.4亿元；全年实际支出67.7亿元。②社会保险补助费收入46.1亿元，其中：中央财政补助43.0亿元，地方财政补助1.6亿元，天保工程实施单位自筹1.6亿元；全年实际支出45亿元。③政策性社会性支出收入52.5亿元（比2012年增加2.5亿元），其中：中央财政补助36.7亿元，地方财政补助0.2亿元，天保工程实施单位自筹13.6亿元，其他收入1.9亿元；全年实际支出51.5亿元。

2013年年末，全国天保工程财政资金结余33.1亿元，主要是森林管护费15.0亿元，社会保险费10.7亿元，政策性社会性支出5.3亿元，其他2.1亿元。从省（区、市）和单位来看，内蒙古森工集团和四川省最多，达13.2亿元，其次为云南省、龙江森工集团和内蒙古，分别结余5.1亿元、3.9亿元和2.7亿元。

造林补贴　2013年中央财政共下达造林补贴28.5亿元，比2012年增加3.1亿元。根据各省决算数据，各实施单位共到位造林补贴76.4亿元，其中：中央财政补贴26.7亿元，地方财政补贴49.7亿元，利息等其他收入0.02亿元。2013年共支出造林补贴资金70.5亿元，其中种苗费、人工费等直接补贴65.6亿元，作业设计、检查验收费等间接补贴4.9亿元，年末结余13.5亿元（比2012年增加6.7亿元）。

2013年实际完成补贴造林面积102.98万公顷，占计划任务的84%。补贴造林范围涉及1730个县（区），补贴林农59.2万户，补贴林农合作组织4734个，补贴承包经营国有林的林业职工1.5万人。

森林抚育补贴　2013年中央财政共下达森林抚育58.1亿元，比2012年增加1.3亿元。根据各省决算数据，各实施单位共到位森林抚育补贴63.1亿元，其中：中央财政补贴57.2亿元，地方财政补贴5.9亿元。2013年共支出补贴资金61.9亿元，其中：人员工资、机械燃油费等直接费用59.1亿元，作业设计费、检查验收费等间接费用2.8亿元。年末大部分省（区、市）补贴资金存在结余，共计16.7亿元，结余量较大的有龙江森工集团3.2亿元，云南省1.4亿元，吉林省1.3亿元。

2013年年底前已开工面积250.55万公顷，占当年计划任务的68%，年底已完工面积291.51万公顷。参加抚育单位5784个，参与抚育人数154.3万人。

森林生态效益补偿基金　2013年中央财政共下达森林生态效益补偿146.9亿元，比2012年增加38.8亿元。根据省决算数据，森林生态效益补偿预算211.7亿元（比2012年增加45亿元），其中：中央补偿基金146.9亿元，比2012年增加38.8亿元，区划界定面积1.2亿公顷。地方补偿基金63.1亿元，比2012年增加5.9亿元。实际收到补偿基金208.2亿元（比2012年增加34.8亿元），中央、省级、地市级、县级分别为144.3亿元、51.5亿元、8.7亿元、3.6亿元。2013年，省级补偿基金最多为广东省9.5亿元，其次为上海市6.2亿元，浙江省6.0亿元，江西省4.9亿元，云南省4.7亿元。

2013年森林生态效益补偿基金实际支出195.6亿元（比2012年增加24.9亿元），其中：中央补偿基金支出133.0亿元（比2012年增加22.7亿元）。年末结余56.2亿元（年初结余为43.6亿元），其中：中央补偿基金结余43.5亿元。中央补偿基金结余最多的为四川省8.4亿元，其次为内蒙古自治区5.2亿元，广西壮族自治区4.9亿元，贵州省4.2亿元，云南省4.1亿元。

育林基金

征收与提取情况　2013年，全国征收提取育林基金43.9亿元，其中：林业主管部门征收24.1亿元，国有森工企业和林场（苗圃）等国有林业单位提取14.7亿元。与2012年相比少征收提取育林基金1.6亿元，主要是国有森工企业和林场（苗圃）少提取1.1亿元。

育林基金征收主要集中在南方集体林区，广西、湖南、福建和江西4省区分别征收育林基金4.9亿元、3.1亿元、3.2亿元和2.9亿元，合计14.1亿元，占全国征收育林基金总额的58.5%。育林基金提取主要集中在吉林省、龙江森工集团、广西重点国有林区，分别为6.9亿元、1.0亿元、1.5亿元，合计9.4亿元，占全国育林基金提取总额的63.9%。

收支情况　林业部门收到（含自提自用）育林基金58.5亿元，其中：国有森工企业、林场与苗圃自提自用11亿元，财政和林业主管部门拨入30.9亿元。全年实际支出52.6亿元，其中：森林培育15.6亿元，有害生物防治1.2亿元，森林防火与扑救4.8亿元，森林资源监测1.8亿元，林业技术推广0.9亿元，营林护林等基础设施建设和设备购置4.0亿元，其他支出24.2亿元（含林业行政事业经费支出6.0亿元）。全国共有24个省（区、市）将育林基金用于林业行政事业经费支出，支出最多的为福建省1.4亿元，其次是吉林省1.1亿元，安徽省0.7亿元，江西省0.6亿元，湖南省0.6亿元。2013年年末，全国育林基金结余93.5亿元，与年初结余87.6亿元相比增加5.9亿元，结余主要集中在东北内蒙古重点国有林区，共45.3亿元，占全国的70.3%，其中龙江森工集团25.3亿元，吉林省21.0亿元，内蒙古森工集团11.7亿元，大兴安岭林业集团公司7.7亿元。

森林植被恢复费　2013年全国征收森林植被恢复费46.6亿元，征收数额最大的为福建省9.6亿元，其次为江西省7.7亿元，广东省5.6亿元，浙江省3.8亿元，湖北和云南省分别为2.9亿元。按收入级次分，中央级0.1亿元，省级33.7亿元，地市级1.7亿元，县级11.0亿元。与2012年征收42.8亿元相比，本年多征收3.8亿元。

2013年林业部门实际收到各级财政拨入森林植被恢复费75.3亿元（比2012年增加5.6亿元），其中：中央级1.4亿元，省级53.6亿元，地市级6.2亿元，县级14.1亿元。本年实际支出64.6亿元（比2012年减少0.1亿元）。

具体支出资金用途为：一是整地、造林、抚育等营林生产47.9亿元，比2012年减少1.6亿元；二是营林管理费、调查规划设计、森林保护等营林费用支出11.5亿元；三是其他支出5.1亿元（含林业部门行政事业经费支出1.0亿元）；四是年末结余53.7亿元，比上年增加5.2亿元。　（孔　卓）

【全国国有森工企业财务状况】　2013年全国国有森工企业财务报表共汇总19个省（区、市）980户企业，经营面积6600万公顷，其中林地面积4333.33万公顷；年末职工143.8万人，其中：国有职工62.3万人，混岗职工15.2万人，离退休职工66.3万人；企业总资产1158.8亿元；全年营业总收入234.3亿元；实现净利润－0.4亿元，比2012年减少亏损1.9亿元。

资产负债情况　2013年年末，全国国有森工企业总资产1158.8亿元，其中流动资产532.3亿元（货币资金138.9亿元）、非流动资产626.5亿元（固定资产净值326.0亿元）；总负债818.6亿元，其中：流动负债

516.2亿元、非流动负债302.4亿元；所有者权益340.2亿元，其中：实收资本178.6亿元(国家资本156.7亿元)，资本公积191.4亿元，专项储备0.7亿元，盈余公积12.9亿元，未分配利润-87.5亿元，少数股东权益44.2亿元。2013年年末，含林木资产的资产负债率70.6%，比2012年提高2.4%。不含林木资产的资产负债率73.4%，比2012年提高2.5%。

损益情况 2013年全国森工企业营业总收入234.3亿元，比2012年增加13.2亿元；营业总成本275.7亿元(其中：主营业务成本146.8亿元，管理费用89.4亿元，财务费用8.5亿元)，比2012年增加18.3亿元；营业外净收入44亿元，比2012年增加8.6亿元。2013年，盈利企业465户，亏损企业515户，亏损面52.6%，比2012年减少4.2%，亏损企业亏损额11.9亿元，比2012年亏损减少3.2亿元。2013年全国森工企业净利润-0.4亿元，比2012年减少亏损1.9亿元。种植业中的木材营业收入仍是影响整体利润的主要因素。此外，2013年森工企业政策性社会性支出共46.4亿元(比2012年增加0.8亿元)，其中：教育13.5亿元、医疗卫生5.4亿元、公检法司6.1亿元、政府经费8亿元、环卫等其他13.4亿元。扣除各级财政补助29.7亿元和事业等收入2亿元后，企业损益实际负担政社性支出14.7亿元，也是森工企业净利润减少的主要因素。

收入和利润主要情况及分析 2013年全国森工企业营业收入234.3亿元，比2012年增加13.2亿元；经营利润56.6亿元(剔除营业总成本中管理费用、财务费用等期间费用后的产品或行业销售利润，下同)，比2012年增加1.4亿元。以木材采伐为主的种植业是森工企业营业收入与营业利润的最主要组成部分。2013年，全国森工企业种植业营业收入74亿元，占总收入的31.6%；营业利润29.8亿元，占总营业利润的52.7%，其中原木营业收入占种植业营业收入的76.9%。

主要产品产销情况及分析

木材　全年产量543.6万立方米，比2012年减少37.0万立方米；销售量631.5万立方米，比2012年增加23.9万立方米。木材销售收入56.9亿元，比2012年减少4.3亿元。木材平均售价901.7元/立方米，比2012年降低106.9元/立方米。营业利润22.7亿元，比2012年减少5.3亿元，占森工企业营业利润总额的40.1%。

纤维板　全年产量46.2万立方米，比2012年减少10.6万立方米；销售量56.4万立方米，比2012年减少11.6万立方米；实现销售收入7.3亿元，比2012年增加1.7亿元；平均售价1287.6元/立方米，比2012年增加459.7元/立方米；实现营业利润-0.1亿元，比2012年略有好转。纤维板的产量主要在广西、吉林、福建、云南等4省区，分别为24.8万立方米、12.3万立方米、4.7万立方米和3.5万立方米。

刨花板　全年产量76.5万立方米，比2012年减少12.6万立方米；销售量85.6万立方米，比2012年增加9.1万立方米；实现销售收入11.2亿元，比2012年增加1亿元；平均售价1304.3元/立方米，与2012年基本持平；实现营业利润-0.3亿元，比2012年减少亏损1亿元。刨花板产量主要集中在吉林和福建省，分别为46.5万立方米和23.9万立方米。

税费缴纳和财政资金收入情况

缴纳税费　2013年全国森工企业上缴税费15.7亿元，比2012年增加4.2亿元，其中：增值税3.4亿元、营业税3.0亿元、所得税3.9亿元。缴纳社会保险费40.4亿元，其中：基本养老保险23.5亿元，基本医疗保险12.7亿元。年末未交税费3.6亿元，其中：增值税-1.7亿元，营业税0.7亿元，所得税1.5亿元。年末欠缴社会保险费6.5亿元，其中：基本养老保险5.3亿元，基本医疗保险0.6亿元。以前年度应返还增值税0.2亿元，本年实际返还0.7亿元，年末应返还0.6亿元。

财政资金收入　2013年森工企业实际收到财政资金255.6亿元(比2012年增加6.8亿元)，其中：一是基本建设投资67亿元，比2012年减少5.1亿元，主要是棚户区改造58.8亿元，天保工程2.8亿元，森工非经营性项目2.9亿元(比去年减少7.1亿元)；二是财政投入188.6亿元，比2012年增加11.9亿元，主要是机构运行支出0.1亿元，财政专项资金188.1亿元(其中：天保工程118.9亿元、森林培育24.3亿元、石油价格补助16.2亿元、森林生态效益补偿3.1亿元)，其他0.4亿元。

投入按级次分：中央投入217.7亿元，比2012年减少5.8亿元，包括：①基建投资58.2亿元，主要是天保工程2.7亿元，棚户区改造51.8亿元；②财政投入159.5亿元，其中财政专项159.5亿元。主要包括天保工程97.2亿元，森林培育24.2亿元，石油价格补助16.1亿元，森林生态效益补偿2.2亿元。省级投入15.7亿元，其中：基本建设投资3.6亿元，财政投入12.1亿元。地市级投入1.9亿元，主要为财政投入。县级投入0.8亿元，其中：基本建设投资0.5亿元，财政投入0.3亿元。

社会保险与职工工资福利情况

参保情况　国有职工62.3万人，应参加基本养老保险人数56.1万人，实际参保53.5万人，参保率95.5%；应参加基本医疗保险人数59万人，实际参保57.1万人，参保率96.8%；应参加失业保险人数55.9万人，实际参保53.3万人，参保率95.3%；应参加工伤保险人数57.7万人，实际参保56.1万人，参保率97.2%；实际参加生育保险人数52.7万人。离退休职工66.3万人，比2012年增加7.4万人(吉林增加0.4万人、龙江森工增加6.6万人、内蒙古森工增加0.4万人)，实际参加基本养老保险48.9万人，参保率73.8%；参加基本医疗保险53.7万人，参保率81%。

工资福利情况　全年林业国有职工工资总额100.1亿元，人年均工资1.6万元；离退休职工养老金总额126.8亿元，其中企业负担6.2亿元，人年均养老金1.9万元。年末累计拖欠职工工资费用总额2.1亿元，其中主要包括：职工工资1.8亿元，涉及1.2万人；拖欠医药费0.1亿元；拖欠离退休金0.1亿元，涉及0.3万人。

(孔　卓)

【全国国有林场财务状况】 2013年全国国有林场财务

报表共汇总31个省(区、市)4719个国有林场(比2012年减少100个，主要是湖南减少178个)，经营面积6466.67万公顷，其中林地面积4066.67万公顷。年末职工69.2万人，其中：国有职工41.8万人，混岗职工1.5万人，离退休职工25.8万人。年末总资产1407.5亿元，负债579亿元，所有者权益828.5亿元。全年营业总收入179.4亿元，比2012年增加20.4亿元，实现净利润14.6亿元，比2012年增加4.6亿元。

资产负债情况 2013年年末，全国国有林场总资产1407.5亿元，其中：流动资产363.6亿元(货币资金141.2亿元)，非流动资产1043.9亿元(固定资产净值188.8亿元，林木资产675.3亿元)；总负债579.0亿元，其中：流动负债445.1亿元，非流动负债133.9亿元。含林木资产的资产负债率41.1%，比2012年增加0.6%。不含林木资产的资产负债率79.1%，比2012年减少2.2%；所有者权益828.5亿元，其中：实收资本132.1亿元(国家资本64.9亿元)，林木资本621.8亿元，资本公积65.1亿元，盈余公积21.9亿元，未分配利润-12.3亿元。

损益情况 2013年全国国有林场营业总收入179.4亿元，比2012年增加20.4亿元；营业总成本211.9亿元，比2012年增加25.5亿元；营业外净收入8.4亿元，比2012年增加4.4亿元。承包户上交净收入10.3亿元，比2012年增加1.5亿元。补贴收入27.5亿元，比2012年增加3.1亿元。2013年全国国有林场实现净利润14.6亿元，比2012年增加4.6亿元。2013年，在4719个国家林场中，盈利林场2690个，亏损林场2029个，占林场总数的43%，亏损林场比2012年减少12.8%；亏损林场亏损额13.3亿元，比2012年多亏损1.1亿元。此外，2013年国有林场政策性社会性经费收入5.3亿元，其中：各级财政补助和事业等其他收入4.4亿元，企业自筹0.9亿元。全年共支出3.7亿元(比2012年增加0.9亿元)，其中：教育0.5亿元、医疗卫生0.5亿元、公检法司0.4亿元、政府经费0.9亿元、环卫等其他1.4亿元。

收入和利润主要情况及分析 2013年全国国有林场营业收入179.4亿元，比2012年增加20.4亿元；营业利润57.6亿元(剔除营业总成本中管理费用、财务费用等期间费用后的产品或行业销售利润，下同)，比2012年增加1.6亿元。

以木材采伐为主的种植业是国有林场营业收入与利润主要组成部分。2013年全国国有林场种植业营业收入111.3亿元，占总收入的62%；营业利润44.5亿元，占总营业利润的77.3%。另外，非林非木产业发展比较快，经济效益开始显现，实现营业收入42亿元(比2012年增加5.5亿元)，占林场总收入的23.4%；营业利润13.1元，占总营业利润的22.7%，与2012年对比增加2.3亿元。

按地区分，营业收入最多的是广西、吉林和湖南省(区)，分别是69.4亿元、13.8亿元和14.3亿元。以上3省区合计97.5亿元，占全国54.5%。净利润最多的是广西8.9亿元。

主要产品产销情况及分析

木材　全年产量1178.3万立方米，比2012年增加115.3万立方米；销售量1404.3万立方米，比2012年增加255.3万立方米。木材销售收入86.6亿元，比2012年增加8.2亿元。木材平均售价617.0元/立方米，比2012年降低65.5元/立方米。销售利润35.9亿元，比2012年增加1亿元，占国有林场总营业利润的62.3%，占种植业营业利润的80.7%。

纤维板　全年产量94.3万立方米，比2012年增加8.3万立方米；销售量94.3万立方米，比2012年增加9.3万立方米；实现销售收入12.2亿元，比2012年增加1.3亿元；平均售价1297.3元/立方米，比2012年增加了22.2元；销售利润-2088.6万元，比2012年利润增加2711.4万元。纤维板的产量集中在辽宁省和广西壮族自治区，分别为6.4万立方米和87.9万立方米。

苗木　销售收入15.5亿元，比2012年增加0.3亿元。实现销售利润6.3亿元，比2012年增加0.9亿元。

旅游服务业　营业收入8.1亿元，比2012年减少1.6亿元。营业利润1.4亿元，比2012年减少0.9亿元。

税费缴纳和财政资金收入情况

缴纳税费　2013年全国国有林场上缴税费5.5亿元，比2012年增加1.4亿元，其中：增值税3.2亿元、营业税0.6亿元、所得税0.3亿元。缴纳社会保险费24.8亿元，其中：基本养老保险17.3亿元，基本医疗保险5.8亿元。以前年度应返还增值税14.3万元，本年缴纳1607万元，实际返还1163.3万元，年末应返还458.0万元。

财政资金收入　2013年国有林场实际收到财政资金170.5亿元，比2012年增加9.1亿元，其中：基本建设投资22.5亿元，比2012年减少6.6亿元，其中：天保工程2亿元，与2012年基本持平，危旧房改造12.4亿元，比2012年减少7.8亿元，其他建设投资8.1亿元。财政投入148.1亿元，比2012年增加15.8亿元，主要包括机构运行支出36.1亿元，比2012年增加3.2亿元；财政专项资金110.4亿元，比去年增加15.3亿元(天保工程20.9亿元，森林生态效益补偿21.6亿元，森林培育21.9亿元，石油价格补助21.6亿元，贫困国有林场扶贫资金2.9亿元)；其他1.6亿元。

投入按级次分：中央投入97.2亿元，比2012年减少2.3亿元，包括：①基建投资15.2亿元(天保工程1.9亿元、危旧房改造8亿元，其他5.3亿元)；②财政投入81.9亿元，其中财政专项81.7亿元(主要包括天保工程18.7亿元，森林生态效益补偿15.9亿元，森林培育17.4亿元，石油价格补助21.5亿元)。省级投入26.4亿元，比2012年减少2.1亿元，包括：基本建设投资4.3亿元，财政投入22.1亿元(其中专项资金16.6亿元)。地市级投入15.4亿元，比2012年增加2亿元，包括：基本建设投资0.4亿元，财政投入15亿元。县级投入26.7亿元，比2012年增加2.5亿元，包括：基本建设投资0.6亿元，财政投入26.1亿元。

职工参保与工资福利情况

参保情况　国有职工41.8万人，应参加基本养老保险人数36万人，实际参保31.2万人，参保率86.7%，比2012年增加0.8%；应参加基本医疗保险人数35.3万人，实际参保29.8万人，参保率84.4%比

2012年增加1.4%；应参加失业保险人数23.1万人，实际参保17.7万人，参保率77%，比2012年增加2.4%；应参加工伤保险人数24.6万人，实际参保19.1万人，参保率77.6%，比2012年增加2.4%；实际参加生育保险人数15.5万人。离退休职工25.8万人，实际参加基本养老保险17.2万人，参保率66.7%；参加基本医疗保险18.7万人，参保率72.5%。

工资福利情况　全年国有职工工资总额77.3亿元，人年均工资1.8万元，比2012年增加0.2万元。离退休职工养老金总额51.2亿元(其中林场负担15.7亿元)，人年均养老金2万元，比2012年增加0.1万元。年末累计拖欠职工工资费用总额50.3亿元，主要包括：拖欠职工工资37亿元，涉及11万人；拖欠医药费0.4亿元；拖欠离退休金8.3亿元，涉及3.3万人。

（孔　卓）

【全国国有苗圃财务状况】　2013年全国国有苗圃财务报表共汇总31个省(区、市)1665个国有苗圃，与2012年持平。总资产55.8亿元，比2012年增加6.3亿元；全年总收入16.0亿元，比2012年增加1.8亿元；净利润0.7亿元，比2012年增加0.3亿元。苗圃总经营面积15.69万公顷，其中育苗面积2.87万公顷，有林地苗圃面积9.56万公顷；年末职工4.6万人，其中国有在册职工2.8万人，离退休职工1.8万人。

资产负债情况　2013年年末，全国国有苗圃总资产55.8亿元，其中：流动资产26.8亿元(其中：货币资金10.4亿元)，非流动资产29.0亿元(固定资产净值17.0亿元，林木资产2.5亿元，其他非流动资产0.5亿元)；总负债30.6亿元，其中：流动负债26.4亿元、非流动负债4.1亿元；所有者权益25.3亿元，其中：实收资本14.9亿元(国家资本4.8亿元)，林木资本3.5亿元，资本公积5.7亿元，盈余公积1.6亿元，未分配利润-0.4亿元。与2012年相比，国有苗圃资产增加6.3亿元，负债增加1.8亿元，所有者权益增加4.5亿元。2013年末，含林木资产的资产负债率54.7%，比2012年减少3.9%。不含林木资产的资产负债率57.3%，比2012年减少3.4%。

损益情况　2013年国有苗圃营业总收入16.0亿元，与2012年相比增加1.8亿元。其中主营业务收入14.2亿元(主要是苗木收入11.5亿元)，与2012年相比增加1.5亿元；其他业务收入1.8亿元，与2012年相比增加0.3亿元。营业总成本18.7亿元，比2012年增加1.7亿元。营业外净收入0.2亿元，与2012年持平。另外，承包户上交净收入0.3亿元，与2012年持平；补贴收入3.0亿元，比2012年增加0.2亿元。2013年国有苗圃实现净利润0.7亿元，与2012年相比增加0.2亿元。年末未分配利润-0.4亿元，比2012年增加1.2亿元。2013年，国有苗圃盈利999个，占60.0%；国有苗圃亏损666个，占40.0%，比2012年减少2.3%，亏损额为1.1亿元，比2012年增加0.7亿元。

税费缴纳和财政资金收入情况

缴纳税费　2013年全国苗圃上缴税费1385.4万元，主要包括：增值税289.8万元、营业税557.6万元、所得税139.5万元。缴纳社会保险费1.3亿元，其中：基本养老保险8773.6万元，基本医疗保险3699.8万元。年末未交税费420.9万元，主要包括：营业税101.8万元。年末欠缴社会保险费8553万元，主要是基本养老保险费7814.9万元。

财政资金收入　2013年苗圃实际收到财政资金11.1亿元，比2012年增加2.5亿元，其中：基本建设投资1.7亿元；财政投入9.4亿元，主要包括：机构运行支出4.5亿元，财政专项资金4.9亿元，其他财政资金221.9万元。投入级次如下：中央投入3.2亿元，与2012年基本持平，包括①基建投资0.1亿元(含种苗投资775.4万元)；②财政投入3.1亿元，其中主要是财政专项资金(包括天保工程1419.8万元，森林生态效益补偿1976.8万元，石油价格补助1.6亿元)。省级投入2.6亿元，比2012年增加1.5亿元，包括：基建投资1.5亿元，财政投入1.1亿元(其中专项资金8176.1万元)。地市级投入1.8亿元，比2012年增加0.4亿元。包括：基本建设投资429.6万元，财政投入1.7亿元。县级投入3.4亿元，比2012年增加0.4亿元。包括：基建投资312.4万元，财政投入3.4亿元(主要是机构运行支出3.1亿元)。

职工参保与工资福利情况

参保情况　年末国有在册职工2.8万人，参加基本养老保险人数1.8万人，参加基本医疗保险人数1.8万人，参加失业保险人数1万人，参加工伤保险人数1万人，参加生育保险人数0.8万人。离退休职工1.8万人，参加基本养老保险1.2万人，参保率66.7%；参加基本医疗保险1.2万人，参保率66.7%。

工资福利情况　全年国有职工工资总额5.7亿元，人年均工资2.1万元(比2012年增加0.2万元)；离退休职工养老金总额3.7亿元，其中苗圃负担0.9亿元，人年均养老金2.1万元。年末累计拖欠职工工资费用总额2.4亿元，其中主要包括：职工工资2亿元，涉及5738人；拖欠医药费111.4万元；拖欠离退休金0.4亿元，涉及1753人。

（孔　卓）

【森林保险工作基本情况】　截至2013年，纳入中央财政森林保险保费补贴范围的共有22个省(区、市)，3个计划单列市，1个重点国有森工企业(大兴安岭林业集团公司)。森林保险投保总面积为1.3亿公顷，比2012年增加了0.44亿公顷，其中：公益林投保面积0.95亿公顷，商品林投保面积0.35亿公顷。交纳保费23.9亿元，其中：中央财政安排保费补贴资金13.3亿元，约占总保费的56%，保险金额达9036.9亿元。中央财政保费补贴比例为：公益林在地方财政至少补贴40%的基础上，中央财政补贴50%；商品林在省级财政至少补贴25%的基础上，中央财政补贴30%。对重点国有森工企业(大兴安岭林业集团公司)的补贴比例为公益林90%，商品林55%。公益林的费率为1‰~5‰，商品林的费率为1‰~10‰；单一火灾险的费率为1‰~1.5‰，综合险的费率为1.5‰~10‰；公益林保额平均为7950元/公顷，商品林为8055元/公顷。2013年，纳入中央财政森林保险保费补贴的地区共发生各类森林灾害46778起，完成理赔45166起，赔付金额4.35亿元，占总保费的18%。

（吴　今）

【国家出台《关于林权抵押贷款的实施意见》】 2013年7月16日，中国银监会与国家林业局联合印发《关于林权抵押贷款的实施意见》(银监发〔2013〕32号，以下简称《实施意见》)。《实施意见》主要内容：一是明确提出林农和林业生产经营者可以用承包经营的商品林做抵押，从银行贷款用于满足林业生产经营、森林资源培育和开发、林产品加工及借款人其他生产、生活相关的资金需要。二是银行业金融机构应遵循依法合规、公平诚信、风险可控、惠农利民的原则，探索创新业务品种，加大对林业发展的有效信贷投入，促进林业和农村经济可持续发展 。三是银行业金融机构要根据借款人的生产经营周期、信用状况和贷款用途等因素合理协商确定林权抵押贷款的期限，贷款资金用于林业生产的，期限要与林业生产周期相适应。四是对于贷款金额在30万元以下的林权抵押贷款项目，银行业金融机构要参照当地市场价格自行评估，不得向借款人收取评估费，以降低林农和林业经营者的经营成本。《实施意见》印发后，涉林贷款和林权抵押贷款数额快速增长。人民银行统计数据，截至2013年12月底，涉林贷款余额2096亿元，同比增长16.45%。林权抵押贷款574亿元，同比增长15.19% 。 (吴　今)

【政府采购工作】 2013年进一步强化了政府采购工作管理：一是建立国家林业局政府采购计划及信息统计管理系统。将政府采购预算指标导入政府采购计划及信息统计管理系统，实现政府采购计划的编报与采购预算的衔接；实现使用统一的软件编报，使局机关及直属单位上下一致，统一编报。二是继续加强培训。举办了局机关和直属单位政府采购业务培训班，聘请财政部和中央国家机关政府采购中心的领导讲解国家政府采购政策，规范采购行为，强化采购人员业务素质。同时组织局机关和直属单位政府采购相关人员参加中央国家机关政府采购中心举办的集中采购业务培训班。三是完成了进口产品采购审核上报财政部审批工作，汇总89台(套)进口仪器设备、软件及图书，采购预算总计5453.8万元。四是按时保质汇总上报了2012年度局政府采购信息统计年报，连续5年获得财政部通报表扬。五是按月及时汇总上报了2013年局机关及直属单位批量采购月报，按季审核、汇总、上报了局机关及直属单位政府采购计划、计划执行和信息统计报表。2013年国家林业局政府采购预算36 262.5万元，实际完成政府采购34 383.98万元，比2012年的29 246.36万元，提高了17.57%，节约资金1 878.51万元，资金节约率5.18%。

(张丽媛)

【林业基本建设贷款财政贴息资金】 2013年，财政部下达国家林业局中央财政基本建设贷款贴息金额1.52亿元，涉及68个林业项目，贷款金额80亿元。

(李　斌)

林业资金稽查

【综　述】 2013年，国家林业局审计稽查办公室按照国家林业局强化资金管理的总体要求，紧紧围绕确保林业资金安全有效运行这个主题，突出工作重点，创新工作方法，不断加大对重点林业资金的稽查监管力度。

全年共派出14个稽查工作组、56人次，对国家级自然保护区中央预算内投资和森林抚育补贴试点资金进行稽查，稽查资金总额16.77亿元，重点抽查资金4.32亿元，查出违法违规资金376.15万元。

【稽查工作】 2013年，国家林业局审计稽查办公室组织开展了国家级自然保护区中央预算内投资稽查，共派出12个工作组、49人次赴山西、黑龙江、浙江、安徽、福建、河南、广东、广西、海南、云南、甘肃和宁夏12个省(区)，重点对国家级自然保护区二期、三期工程投资和2010~2012年中央财政国家级自然保护区补助资金进行了稽查。稽查资金总额为11.32亿元，查出违规金额375.34万元。同时，开展了森林抚育补贴试点资金稽查，共派出2个稽查工作组、7人次赴山东和江西2省，重点对2011~2012年森林抚育补贴试点资金进行了稽查，稽查项目资金总额5.45亿元，查出违规资金0.81万元。

【稽查调研】 2013年，国家林业局审计稽查办公室组织开展了对林业财政专项资金和国有林场改革资金的稽查调研，分别对吉林省林业财政专项资金和江西省2012年中央财政拨付国有林场改革资金的使用管理情况进行了稽查调研。

【林业资金稽查监管信息系统建设】 2013年，国家林业局审计稽查办公室进一步推进林业资金稽查监管信息系统建设，完成了林业工程资金稽查监管信息系统数据库的建立和系统开发工作。

【稽查监管年度报告编撰工作】 2013年，国家林业局审计稽查办公室首次完成稽查监管年度报告编撰工作，编制了2012年度林业资金稽查监管年度报告，呈送局领导参阅并发送相关司局、单位及各省级林业主管部门交流。

【稽查工作宣传与交流】 2013年，国家林业局审计稽查办公室继续加强稽查工作的宣传与交流。全年编报稽查工作信息8条，组织各地发布稽查工作信息上千条。

(王　囡)

林业审计

【综 述】 2013年，林业内部审计工作围绕林业中心工作，立足于林业科学发展大局，全面审计，突出重点，科学评价，强化运用，充分发挥"免疫系统"功能，全力服务于局直属机关行政效能建设、作风建设和惩防腐败体系建设，取得了明显的成效。

经济责任审计工作 完成对12名局直属单位主要负责人的经济责任审计工作，审计金额16.43亿元，查出违规违纪和管理不规范问题金额3775.87万元。

预算执行审计工作 完成了对国家林业局科技中心等7个单位2010～2012年度预算执行情况的审计，审计金额14.62亿元，查出违规违纪和管理不规范问题金额7745万元。

召开经济责任审计工作联席会议 2013年3月6日，国家林业局党组副书记、副局长张建龙主持召开了2013年国家林业局经济责任审计工作联席会议，局党组成员、中央纪委驻局纪检组组长陈述贤代表局党组作了讲话。会议结合深入贯彻党的十八大和十八届中央纪委二次全会精神，全面总结了过去两年的内部审计工作，安排部署了2013年工作任务。会议还研究审议了《国家林业局直属单位领导干部任期经济责任审计规定》《国家林业局内部审计回访规定(试行)》和《国家林业局内部审计意见(建议)整改落实反馈规定(试行)》。

内部审计制度建设 国家林业局颁发了《国家林业局直属单位领导干部任期经济责任审计规定》，国家林业局办公室颁发了《国家林业局内部审计回访规定(试行)》和《国家林业局内部审计意见(建议)整改落实反馈规定(试行)》，使国家林业局内部审计工作进一步制度化、规范化。 (李世旭)

林业贴息贷款

【综 述】 2013年，林业贴息贷款管理工作紧紧围绕实现林业"双增"目标和改善生态、改善民生的总体要求，全面加强林业贴息贷款项目管理工作，不断提升服务大局、服务基层的能力，积极促进生态林业、民生林业发展和现代林业建设。

林业贴息贷款规模持续增长 2013年，国家林业局协调财政部下达林业贴息贷款建议计划规模260亿元，总规模比2012年增加25亿元，增长11%，再创历史新高。2013年度实际落实新增林业贴息贷款249亿元，林业贴息贷款累计余额近390亿元，中央财政安排贴息资金12亿元，均与2012年度持平。

林业贴息贷款结构情况 2013年，林业贴息贷款继续大力支持工业原料林、木本油料经济林、林下经济和林业小额贷款项目建设。据统计，2013年度，在约390亿元林业贴息贷款余额总额中，投向有利于改善生态环境和实现林业"双增"目标的工业原料林和沙区、石漠化地区种植业项目建设125亿元，占当年度林业贴息贷款累计余额总额的32%，比上年略有下降，中央财政予以贴息4亿元。其中，2013年度新增林业贴息贷款79亿元，占当年度新增林业贴息贷款总额的32%，比上年略有下降，中央财政予以贴息2.4亿元；投向有利于保障国家粮油安全的木本油料产业项目建设62亿多元，占当年度林业贴息贷款累计余额总额的16%，比上年略有下降，中央财政予以贴息近2亿元。其中，2013年度新增贴息贷款37亿多元，占当年度新增贴息贷款总额的15%，比上年略有下降，中央财政予以贴息1亿多元；投向有利于深化集体林权制度配套改革，帮助广大林农兴林致富的林业小额贷款项目建设65亿元，占当年度林业贴息累计贷款余额总额的17%，与上年基本持平，中央财政予以贴息1.9亿元。其中，2013年度新增林业小额贴息贷款45亿元，占当年度新增贴息贷款总额的18%，比上年略有下降；投向有利于巩固林改成果、改善民生的林下经济项目近40亿元，占当年度林业贴息累计贷款余额总额的10%，比上年略有增长，中央财政予以贴息1亿多元。其中，新增林下经济贷款30亿元，占当年度新增林业贴息贷款总额的13%，比上年略有增长，中央财政予以贴息近1亿元。

林业贴息贷款使用效益 据统计，2013年度，项目单位利用林业贴息贷款及其配套资金营造工业原料林29.6万公顷，抚育46.1万公顷·次，整地未造林1.9万公顷；新造改造经济林28.7万公顷，种植其他经济作物19.9万公顷。建设林产品加工等多种经营项目610多个，项目总投资330.2亿元，年度投资额176.9亿元。其中，已投产项目478个，林业龙头企业联结农户72.3万户，带动基地面积52.3多万公顷，创产值297.1亿元，创利税38.4亿元，带动农民年增收40.6亿元，安置就业人员20.8万人；未投产项目140个，预计创产值124.8亿元，创利税23.1亿元，预计安置就业人员10万多人。

【与金融机构业务合作】 一是开展联合调研，大力推进银林深度合作。为了深入贯彻党中央关于加强生态文明建设和加快林业发展的战略部署，落实国家林业局与中国农业银行签署的《共同推进林业产业建设发展合作框架协议》，基金总站与中国农业银行先后赴福建、陕西和新疆省(区)开展了金融服务林业及深化银林合作情况联合调研，通过与地方农行、林业部门进行座谈以及对林业重点企业和项目进行实地考察，深入了解林业贷款业务开展情况以及基层林业部门、金融机构和林业企业对完善金融服务林业工作的具体意见和建议，总结了银林合作的主要做法及取得的成效，深入探讨了银林合作中存在的主要问题，进一步明确了今后一段时期内银林合作主要方向和林业金融服务工作重点。二是协调中国农业银行修订了《林权抵押担保贷款管理办法》。新办法根据不同林种、林龄和当地林权交易中心建设情况对林权抵押率进行了差异化的规定，对金额较大的信贷业务要求内外部评估相结合，对金额较小的信贷业务允许采用内部评估并适当简化流程，使新修订的办法更具可操作性、更方便林改后林农利用林权抵押贷款。三是召开银林联席工作会议，推进落实林业建设的金融措施。2013 年，多次与中国农业银行、中国农业发展银行召开联席工作会议，沟通交流双方业务合作情况，确定年度业务合作工作方案，进一步完善全国木材战略贮备基地建设试点方案、推进落实银林双方框架协议相关内容等业务工作，不断推进落实支持现代林业建设的金融措施。四是积极协调金融部门加大林业贷款支持力度。分别向中国农业银行和中国农业发展银行推荐了 2013 年度林业贴息贷款建议计划备案项目 311 亿元。中国农业银行和中国农业发展银行分别向各自省分行正式推荐了林业贴息贷款项目，有效地促进了林业贴息贷款的落实。

【组织开展林业贴息贷款专项检查】 为了进一步完善林业贴息贷款项目监管机制，切实加强林业贴息贷款项目检查监督工作，不断提高林业贴息贷款管理水平，3 月，国家林业局林业基金管理总站下发了《关于进一步加强林业贴息贷款项目检查监督工作的通知》，全面部署对 2012 年度林业贴息贷款项目和中央财政贴息资金管理情况进行监督检查，并要求进一步完善林业贴息贷款项目监督管理工作机制，切实加强组织领导，落实监管责任，坚决杜绝违规违纪行为的发生，确保中央财政贴息资金安全有效运行。根据各地自查情况，基金总站组成 4 个工作组分别对山东省、浙江省、安徽省和湖南省进行了重点抽查。针对各地自查及重点抽查中发现的问题，下发了《关于 2012 年度林业贴息贷款项目检查工作情况通报》，要求各地林业部门严格按照《林业贷款中央财政贴息资金管理办法》的要求，认真抓好问题的排查及整改工作，切实把林业贴息贷款监督检查工作落到实处。

【开展林业贴息贷款管理业务培训】 2013 年 9 月，在湖南省长沙市举办了全国林业贴息贷款项目及贴息资金管理培训班。培训班上通报了对 2012 年度林业贴息贷款项目及贴息资金检查情况，强调进一步加强新形势下林业贴息贷款项目监督管理工作，落实监管责任，切实发挥林业贴息贷款服务于生态林业和民生林业建设的重要作用。培训班对申报 2013 年度林业贷款中央财政贴息资金以及 2014 年度林业贴息贷款计划工作进行了全面部署，对林业贴息贷款项目管理网络操作系统进行了业务培训。来自各省、自治区、直辖市、计划单列市林业厅(局)、内蒙古、吉林、龙江森工集团、有关中央单位和新疆生产建设兵团林业局的代表 90 余人参加了培训。 (刘文萍)

林业精神文明建设

21

林业纪检监察

【综　述】 2013年，中央纪委监察部驻国家林业局纪检组监察局深入贯彻党的十八大、十八届中央纪委第二次全会和国务院第一次廉政工作会议精神，认真落实中央纪委监察部转职能、转方式、转作风的部署要求，紧密围绕建设生态林业民生林业中心任务，全面履行监督和协助职责，深入研究新情况新问题，积极探索新措施新方法，扎实推进林业反腐倡廉工作，取得了新的进展和成效。

认真学习党的十八大和十八届三中全会精神，围绕中心工作谋划和部署林业系统反腐倡廉建设任务　一是组织林业系统纪检监察干部学习党的十八大和十八届三中全会精神，紧密结合党风廉政建设和反腐败工作实际，深入思考和研究纪检监察工作思路和举措。二是认真传达贯彻十八届中央纪委第二次全会、国务院第一次廉政工作会议工作部署，召开专题党组会，研究和采取符合林业工作实际的贯彻落实具体措施。三是召开局党员领导干部电视电话会议、全国林业系统党风廉政建设工作会议、全国林业系统政风行风建设研讨会。党组书记、局长赵树丛同志在党员领导干部电视电话会议上亲自部署反腐倡廉工作。中央纪委驻国家林业局纪检组组长陈述贤同志分别在3次会议上作工作报告。四是制定下发《中共国家林业局党组关于2013年党风廉政建设和反腐败工作任务的分工意见》《关于做好2013年全国林业系统党风廉政建设和反腐败工作的意见》，分国家林业局直属机关和全国林业系统2个层面，明确任务，落实责任，加强指导。局直属机关共明确3个方面24项具体任务，分别确定了责任部门和单位。

认真贯彻落实中央重大决策部署，切实加强作风建设，改进工作作风　一是狠抓中央"八项规定"精神的贯彻落实。研究提出对各单位贯彻落实八项规定情况进行审计监督、对检查核查项目进行集中清理和整合等工作建议。协助制定局党组贯彻落实八项规定的18条实施意见。邀请中央纪委李本刚作贯彻落实八项规定专题辅导讲座。对各部门各单位贯彻执行八项规定情况进行集中检查和明察暗访。对举报反映违反八项规定的问题进行核实，对有关责任人员给予批评教育。及时掌握林业系统违反八项规定的案件处理情况，并在有关会议上对干部职工进行警示教育。二是狠抓群众路线教育实践活动和"转变职能、转变作风，服务大局、服务基层"主题实践活动。作为领导小组成员单位，从思想上和行动上高度重视，安排骨干人员，投入时间精力，抓好督导和机制建设等工作。对部分单位开展"两转变、两服务"活动的情况进行了集中督查，督查报告所提建议得到了赵树丛局长批示和高度评价。目前，正在按照局党组"两个方案一个计划"确定的整改任务和要求，指导督导组开展"两周一通报一检查"工作，加强对各部门、各单位承担任务和整改情况的督促检查，确保整改落实到位，让群众见到实效。三是狠抓机构改革和职能转变情况的监督检查。按照中央纪委《关于开展政府机构改革和职能转变情况监督检查的通知》要求，督促各部门各单位认真梳理和研究解决内部职能交叉问题，减少行政审批和许可事项，加强取消和下放项目的监管，完善保留项目的程序和办事规则。2013年，已取消和下放行政审批19项，并向国务院提出了再取消下放10项行政审批事项的建议。

认真履行监督职责，促进领导干部廉洁自律工作　一是加强对党组和党纪执行情况的监督。通过参加党组会、局务会和了解核实有关举报问题，对党组执行党的政治纪律、民主决策、廉洁自律等情况进行监督。结合年终班子考核工作、教育实践活动督导工作，对各部门各单位领导班子执行党的政治纪律、贯彻落实中央和党组工作部署情况进行监督检查。二是加强对干部工作的监督。督促落实领导干部报告个人有关事项、述职述廉等廉洁自律规定。派员对机关和事业单位人员招考、竞争上岗工作实施全过程监督。对拟提拔任用和评优评先进行廉政审核87人次。对领导干部的苗头性问题进行谈话提醒11人次。三是加强审计监督。召开审计监督工作联席会议。制定出台《国家林业局直属单位领导干部任期经济责任审计规定》《国家林业局内部审计意见整改落实反馈规定》。对7个直属单位进行了预算执行情况审计，对12个单位的主要负责人进行了离任经济责任审计。四是加强对重点领域和关键环节的监督。对部分单位和省区实施政府采购招投标、查处破坏森林资源案件、落实中央林业投资项目、实施天然林资源保护二期工程、推进集体林权制度改革等情况进行督查督办督导。

加大信访举报工作力度，严肃查处违纪违法案件　坚持领导带头接待群众来访，认真倾听群众意见和呼声，认真处理群众来信来访事项，耐心做好缠访人员的思想政治工作。把实名举报、线索具体明确的举报和中央纪委转来的举报作为办理的重点，直接进行初步核实。对转有关单位和地方办理并要求反馈结果的事项，定期进行跟踪督办。对发现的一般性问题，及时进行诫勉谈话。对调查属实的严重问题，坚决予以责任追究和党纪政纪处分。认真完成委部机关交办的案件查办任务，了解、报告有关问题和情况。派出骨干人员参加专案组工作。一年来，共办理群众信访举报139件次。其中，反映局直属机关的43件，占信访总数31％，反映全国林业系统的96件，占信访总数69%。对反映局直属机关的问题，进行初步核实35件，了结30件，给予2名司局级领导干部党内严重警告处分。

加强教育、制度、预防和纠风工作，推进惩治和预防腐败体系建设　一是开展正反两方面教育。一方面，通过在教育实践活动、干部培训、有关会议中传达中央反腐倡廉精神，安排廉政建设专题讲座等方式，加强正面引导和教育。另一方面，通过印发《关于全国绿化办韩国祥严重违纪违法案件的通报》、利用林业系统违反八项规定的典型案例、组织参观廉政教育基地等方式，充分发挥反面典型的警示教育作用。教育效果正逐步显现，2013 年已有 2 人次主动上交礼金 10.5 万元。二是建立健全相关制度。通过开展群众路线教育实践活动，针对作风建设、林业行政管理、机关内部管理方面的问题，加强建章立制工作。公布废、改、立制度建设任务 179 项，计划在教育实践活动结束前完成 8 项重点制度，目前已经出台了《关于进一步加强作风建设密切联系群众的意见》《因公出国(境)管理办法》。三是加强廉政风险防控和预防涉林职务犯罪工作。在直属机关继续深入开展廉政风险防控工作，督促各单位进一步调整和完善风险排查表和防控措施，组织编发了《国家林业局机关和直属单位廉政风险排查表汇编》。在全国林业系统继续深入开展预防涉林职务犯罪工作，继续联合最高人民检察院深入开展相关调研和指导，共同推进预防涉林职务犯罪工作常态化机制建设，初步形成了全国省市县三级预防涉林职务犯罪网络体系。四是加强林业系统纠风工作。在推进集体林权制度改革过程中促进农村基层组织政风行风建设，加强村级财务规范管理。深化林业基层站所管理体制改革和规范化制度化建设，稳定机构，理顺体制，保障经费，加强对工作站人员的教育、培训和管理。继续巩固治理公路“三乱”工作成果，积极探索建立木材运输检查管理长效机制，积极推动解决一些地方和企业反映的进口木材流通方面的“三乱”问题。

强化自身建设，干部队伍履行职责的能力得到全面锻炼和提高 一是强化作风建设。带头贯彻落实中央“八项”规定，切实简化会议，转变文风，厉行节约。带头开展群众路线教育实践活动，认真召开民主生活会，针对查找出的 12 类 37 条“四风”方面问题认真进行整改。二是强化纪律建设。修订和完善组局内部管理和工作制度 14 项，汇编成册印发执行。加强工作纪律教育，对干部进行严格要求，严格管理，严格约束。组织开展纪检监察干部会员卡专项清退活动，实现了“零持有、零报告”。三是强化组织建设。加大干部交流轮岗力度，3 人进行了内部轮岗，1 人参加与委部机关双向挂职在委部机关二室挂职，1 人交流到委部机关四室任职。加大干部培养锻炼力度，1 人被派到教育实践活动中央督导组工作，1 人被派到中央纪委专案组工作。加大干部选拔任用力度，1 名副司级干部被提拔为正司级。对组局处级以下干部进行了内部轮岗交流。四是强化业务建设。围绕完善派驻机构统一管理体制机制、转变职能改进作风深化改革献计献策、加强林业系统政风行风建设等方面主题，组织开展专项调研，形成并报送了一批理论成果。举办国家林业局直属机关党务干部暨纪检监察干部培训班，组织部分省区参加中央纪委举办的纪检监察干部培训班。选派 6 人参加有关培训班，鼓励 2 名年轻同志参加了团中央组织的“根在基层——中国梦”主题调研实践活动。

【全国林业系统党风廉政建设工作会议】 4 月 9 日，在湖南省长沙市召开。国家林业局党组成员、中央纪委驻国家林业局纪检组组长陈述贤在讲话中指出，要完成林业建设的各项任务，必须依靠党风廉政建设作为强有力的保障；党风廉政建设也必须通过发挥服务、促进和保障作用，为林业改革发展事业作出应有的贡献。

会议总结了 2012 年林业系统党风廉政建设工作，分析了当前的形势和任务，安排部署了今后一个时期的工作。湖南省委常委、省纪委书记黄建国到会并致辞。

陈述贤要求，2013 年林业系统党风廉政建设要重点抓好五个方面的工作：认真贯彻党中央、国务院关于党风廉政建设工作的要求和部署，着力做好反腐倡廉长期性和基础性工作，促进林业部门廉洁机关建设；紧紧围绕推进生态林业建设，着力开展监督检查和执法行动，保障森林资源安全和生态修复工程资金安全；紧紧围绕推进民生林业建设，着力解决群众反映强烈的涉林问题，保障广大林农和林业职工的合法权益；紧紧围绕推进林业体制改革，着力加大机制创新和源头治理力度，保障公平的林业市场竞争环境；紧紧围绕推进林业系统行风建设，加强林业基层党风廉政建设，保障林业系统干部队伍安全。

【全国林业系统政风行风建设研讨会】 8 月 20 日，全国林业系统政风行风建设研讨会在吉林松江河林业局召开。国家林业局党组成员、中央纪委驻局纪检组组长陈述贤出席会议并作重要讲话。他强调，要以党的群众路线教育实践活动为契机，大力推进林业系统政风行风建设。

陈述贤指出，近年来，林业系统持之以恒地推进政风行风建设，不断加强作风建设，构建具有林业特点的惩治和预防腐败体系，强化监督检查和案件查办工作，推进依法行政和政务公开，加强林业基层政风行风建设，加大源头治理力度。各项工作取得了明显成效。

陈述贤说，十八大以来，中央关于加强作风建设、加快转变政府职能、深化反腐倡廉建设、推进生态文明建设的决策部署对林业系统政风行风建设提出了新要求。要充分认识林业系统政风行风建设面临的形势与任务，自觉把思想认识统一到中央的决策部署上来。

陈述贤要求，当前和今后一个时期，要把开展党的群众路线教育实践活动与贯彻落实中央八项规定有机结合起来，把国家林业局开展的“两转变两服务”活动纳入其中。改进调查研究，深入了解真实情况，切忌走过场。改进会风、文风，精简会议活动、文件简报。加大财政预算公开力度，从严控制行政经费支出。要切实减少行政审批事项，对需要新设立的重要审批事项必须严格遵守行政许可法报批。从“重事前审批”向“重事中事后监管”转移，依法履行行政监管职能。坚持政务及时主动向社会公开，把人民群众普遍关心、涉及群众切身利益、容易产生不正之风、滋生腐败现象的事项作为公开的重点。在决策过程中，要通过林业门户网站、报章杂志等载体，广泛征求社会各界的意见建议。

陈述贤说，要把监督中央八项规定贯彻落实作为一项经常性工作来抓，督促各地建立长效机制，防止走形式、搞变通。督促各级林业部门简政放权、推进机构改革、完善制度机制、提高行政效率。抓好对中央林业惠民利民政策落实情况的监督检查，进一步规范和清理涉林收费。严肃查处各类违纪违法案件，保持惩治腐败的高压态势。要加强信访举报处理工作，认真贯彻落实

《信访条例》，建立信访信息分析制度，定期分析研判，深入开展林业信访案件集中查处督办工作。要抓好林业基层政风行风建设，积极探索在集体林权制度改革中加强基层政风行风建设的方式方法，加强林业基层站(所)勤政廉政建设。要继续推动各级林业部门与检察机关联动的长效机制，严格规范林业行政处罚的自由裁量权。要继续加强专项治理，巩固林业治理公路“三乱”成果。要深入开展民主评议行风活动，利用在线网站、政务微博等互联网技术完善行风监督评价体系。要广泛宣传林业系统文明窗口单位先进典型。

陈述贤强调，打铁还需自身硬，在当前开展党的群众路线教育实践活动中，林业纪检监察部门既要主动承担起有关组织任务，又要以此为契机带头开展好自身的教育实践活动。要加强思想建设，改进工作作风；加强调查研究，改进工作方法；加强组织协调，提高工作实效；加强纪律建设，自觉接受监督。（钟华友）

局直属机关党的建设和机关建设

【综　述】 2013年，国家林业局直属机关党的建设工作以邓小平理论、“三个代表”重要思想和科学发展观为指导，以学习贯彻党的十八大和十八届三中全会精神为主线，以落实中央八项规定和开展党的群众路线教育实践活动为重点，以开展“两转变两服务”活动为抓手，着力推进学习型、服务型、创新型党组织建设，切实加强党务干部自身建设，努力提高党建工作科学化水平，为发展生态林业和民生林业提供了坚强保证。

学习贯彻党的十八大和十八届三中全会精神 按照中央的部署要求，把深入学习宣传贯彻党的十八大和十八届三中全会精神作为首要政治任务，采取多种形式，狠抓了学习教育。一是党组带头学习。党的十八届三中全会召开后，党组中心组集中两天时间，研读了公报、决定原文和说明，深入交流了学习体会。各司局主要负责同志全程参加集体学习活动。二是司局长专题学习。举办了学习贯彻十八届三中全会精神司局长理论研修班，局党组书记、局长赵树丛亲自做专题辅导，中央政策研究室副主任潘盛洲解读全会精神，近300名司局级干部参加了学习。三是处级干部集中轮训。开展了处级以上领导干部学习贯彻党的十八大精神集中轮训活动，采取干部自学、集中辅导和知识答卷等形式开展培训，邀请中财办、中纪委、中组部有关领导围绕生态文明建设、改进工作作风、严明党的纪律、学习贯彻党章等内容做专题辅导。四是组织各单位全员学习。印发了学习贯彻党的十八届三中全会精神的安排意见，发放了学习辅导资料，举办了党员领导干部进修班、公务员和党员干部培训班，通过开展中心组学习、主题党课、研讨交流等活动，组织党员干部深入学习十八届三中全会精神，切实把思想和行动统一到中央决策部署上来。

深入开展党的群众路线教育实践活动 按照中央统一部署，在中央第31督导组精心指导下，国家林业局教育实践活动从2013年7月5日启动，历时202天，局党组和京内外70个单位，4992名党员干部参加了活动。局党组对这次教育实践活动高度重视，及时成立以赵树丛为组长、张建龙、陈述贤为副组长的活动领导小组，认真制定实施方案，加强对活动的组织领导。活动开展以来，局党组召开了20次党组会和活动领导小组会议，坚持领导带头，率先垂范。党组同志全程参加学习教育，带头交流学习体会。召开了22次座谈会，开展了32次调研，广泛听取了基层群众、机关干部和服务对象的意见建议。党组同志带头查摆问题，开展批评与自我批评，认真制定整改落实方案、专项整治方案和制度建设计划，并按照分工负责抓好落实，着力解决“四风”方面存在的突出问题，发挥了示范作用。

在党组领导下，各司局各单位认真组织学习教育，广泛听取意见建议，深入查找“四风”问题，真诚开展批评和自我批评，狠抓整改落实和制度建设，取得了明显成效。切实精简了文件、会议和检查核查，加强节庆论坛展会和评比表彰管理，清理办公用房、公务用车，减少“三公”经费支出。修订了作风建设、因公出国(境)管理、引智出国(境)培训、会议管理、机关办公用房使用等多项制度，形成了一批管用的制度成果。中央第31督导组对局教育实践活动给予了充分肯定，局教育实践活动的主要做法及成效两次在中央活动简报刊登，工委简报和共产党员手机报多次进行了刊载。

扎实开展“两转变两服务”活动 为配合教育实践活动，国家林业局党组结合林业实际，从5月20日开始，在全局开展了“转变职能、转变作风，服务大局、服务基层”活动。局党组对活动高度重视，成立由赵树丛任组长、张建龙任副组长的活动领导小组，认真制定实施方案，加强对活动的领导。活动分为学习讨论、检查梳理和创新管理3个阶段进行。通过活动，组织广大党员干部认真学习十八大报告、中央领导有关转变职能的讲话，进一步增强了对转变职能、转变作风的重要性和紧迫性的认识。认真梳理查找行政审批、项目管理、评比表彰、会议文件、检查核查等重点领域和关键环节，取消了19项行政审批事项，严肃整治了一些单位“松、散、懒”和团队意识、担当意识、责任意识差等作风问题，创新了群众参与林业建设的政策措施，健全了林业发展的动力机制。教育实践活动正式启动后，局党组及时把“两转变两服务”活动作为教育实践活动的重要载体和自选动作，坚持突出转职能、转作风这两个重点，延长期限，统筹推进，产生了显著效果。

大力推进学习型党组织建设 一是开展党组中心组学习。党组中心组利用5天开展了两次集体学习活动，举办了10期绿色大讲堂，邀请权威专家、知名学者、部门领导及先进人物等做专题辅导。赵树丛局长带头撰写了《自觉践行党的群众路线 全面提升生态林业民生林业发展水平》等理论文章。党组带头学习的做法得到了中央国家机关工委的充分肯定，赵树丛局长在中央国家机关部门党组中心组经验交流会上做发言。二是学习先进典型。号召党员干部向杨善洲、兰辉、郭明义、余锦柱、孙建博等先进人物学习，组织观看了《周恩来的四个昼夜》《信仰》等影视片，深化了党员干部思想理论武装。三是学习重点书籍。为党员干部购买了《之江新语》《闲来笔潭》《道与法》等书籍，并向有关单位提供了绿色大讲堂学习光盘，提高了党员干部自学的积极性。四是开展廉政文化教育。及时组织党员干部学习中纪委坚决刹住节庆公款送礼等不正之风的一系列通知精神，转发中纪委关于违反中央八项规定精神典型案例的通报，深刻剖析了近年来国家林业局发生的违法违纪案件，组织党员干部参观廉政教育基地，利用反面典型进行警示教育。

大力推进服务型党组织建设 一是服务林业党建。在江苏常熟召开了全国林业党建研究会年会，来自各省（区、市）林业厅、新疆生产建设兵团林业局、四大森工集团（公司）的机关党委负责同志共120余人参加了研讨交流。为促进林业系统党建工作交流，就创办《学习交流》内部读物事宜，组织人员到中组部、工委、公安部等部门学习调研相关刊物的办刊经验。二是服务基层组织。坚持“三会一课”制度，指导基层党组织进行换届改选，共有10个支部（党委、总支）换届调整，及时补充健全党组织领导成员，确保各项工作正常开展。开展“践行党的群众路线、总结支部工作法”活动，总结国家林业局基层党组织在推动民生工作、服务人民群众方面的经验做法，形成了践行群众路线支部工作法15项，解决林业民生问题的典型工作11项。三是服务青年团员。开展了“根在基层·中国梦”青年调研实践活动、纪念毛泽东同志诞辰120周年主题团日活动、青年义务植树活动和青年成长讲座，促进青年干部成长成才。开展了直属机关团委换届工作，选举产生了新一届团委。增补了5位青联副主席，明确了秘书长人选。组织了优秀团干、团员、五四红旗团组织评选，激发了青年干部争创意识。四是服务统战对象。为民主党派围绕林业中心工作开展专题调研活动提供服务，积极建言献策。开展了统战人物信息汇总工作，摸清了统战队伍底数及构成情况。做好归侨侨眷代表大会的协调服务工作。五是服务干部职工。开展统计、登记、更新和发放局工会会员证，全面掌握了工会会员基本情况。开展了“转变职能、改进作风、深化改革”献计献策征文活动、书香“三八”征文活动和演讲比赛。组织开展劳模休假、送温暖活动、扶贫帮困工作、央务阳光助学和鹊桥工程，为干部职工办实事解难事。成功举办了林业系统羽毛球、象棋比赛，积极支持林业体协和文体协会开展文体活动，努力构建和谐机关。中组部调研组到局机关专题调研服务型党组织建设情况时，对局加强基层服务型党组织建设的做法成效给予了充分肯定。

大力推进创新型党组织建设 一是创新绿色大讲堂学习平台。年初制定学习计划，每个专题明确牵头部门，有效调动各方资源。以视频直播方式，将学习范围扩大到京外直属单位，扩大了学习范围。严格进行签到考勤，确保了学习效果。二是创新基层党建品牌。开展了优秀党建品牌评选表彰活动，挖掘、总结各单位党组织在学习型组织建设、主题党日活动和党建创新等方面好经验好做法，授予资源司党支部“森林资源管理大课堂”等27个学习品牌、保护司党支部“红＋绿”等19个主题党日品牌、办公室党总支“创新党建方式方法、提升服务质量效率”、森林公安局“处长大讲堂”等20个党建创新品牌作为局优秀党建品牌，基层党组织活力不断增强。三是创新党建宣传工作。联合《人民日报》、新华社、中央人民广播电台、中央电视台、《紫光阁》杂志、《求是》《中国绿色时报》等主要新闻媒体和网站，围绕“十八大”“十八届三中全会”“党的群众路线教育实践活动”和“两转变两服务活动”等展开密集报道，共刊发林业党建宣传专题稿件近400余条。在局门户网站和绿色时报开辟两转变两服务、群众路线教育实践活动专栏，刊发消息600余篇。

着力打造过硬的党务干部队伍 一是加强基层党组织书记素质能力建设。坚持举办司局长理论研修班、党员领导干部进修班和党支部书记示范培训班，强化基层党组织领导一岗双责、两手抓的意识和能力。二是加强党务骨干队伍素质能力建设。举办了党务和纪检监察干部培训班、工会主席和妇工委委员培训班、民主党派和侨联组织负责人培训班，强化了业务学习，提升了履职能力。三是加强入党积极分子素质能力建设。举办了入党积极分子培训班，深化对党的基本知识的学习培训，坚定理想信念和信仰追求。中央国家机关工委领导来局机关调研时，对党务干部队伍建设给予了充分肯定，并在工委信息交流专题刊发了国家林业局的经验做法。

（周勘供稿）

林业宣传

【综　述】 2013年，林业宣传工作认真学习贯彻党的十八大、十八届三中全会和习近平总书记系列重要讲话精神，紧紧围绕局党组的决策部署、竭力服务林业中心工作，精心谋划，周密安排，狠抓落实，组织开展了70多项大型林业宣传活动，圆满完成了全年的各项工作任务。中央主流媒体和网站共播发林业报道13 000多条，其中，《人民日报》207条，新华社1800多条次，中央人民广播电台200多条次，中央电视台等主流电视媒体1600余条，新闻联播112条。新授予国家森林城市17个、国家生态文明教育基地13个，全国75个“创森”城市全年林业总投资1157.5亿元，新增造林面积174.18万公顷。

【刊发领导署名文章和有关高端访谈】 一是刊发赵树丛局长署名文章和专访13篇。包括《人民日报》的《为实现中国梦创造更好生态条件》《转变作风须汲取基层营养》《林改要赋予农民更多财产权利》《遏制荒漠化实现中国梦》《保护野生动物增进人类福祉》，《求是》杂志的《美丽中国不能缺林少绿》，《瞭望周刊》的《林业夯实生态文明根基》，以及《人民日报》、新华社、《光明日报》、《经济日报》《农民日报》植树节专访，新华社荒漠化专访。二是刊发其他局领导专访4篇。新华社两会期间播发张建龙副局长专访，《人民日报》刊发张永利副局长防沙治沙专访，《中华英才》刊发印红副局长野生动物保护专访。三是刊发权威人士谈林业文章40篇。人民网、《中国绿色时报》开辟"学习贯彻十八大精神 大力推进生态文明建设"专栏，推出十八大代表、院士专家、领导干部署名文章22篇。《经济日报》推出5位院士谈林业与生态文明的专访，相关媒体刊发了多篇野生动物保护的专家署名文章。

【"美丽中国·湿地行"大型公益宣传活动】 为系统报道、深度解析湿地生态系统，在2012年拍摄6集纪录片《湿润的文明》之后，2013年又与中央电视台联合开展"美丽中国·湿地行"大型公益宣传活动。在为期8个月的时间内，共拍摄50集专题片《寻找中国最美湿地》，并在中文国际频道、中国网络电视台连续播出。在此基础上，组织专家学者、借助官方微博，评选出了"中国十大魅力湿地"，网上参与者达2.6亿人次，魅力湿地颁奖晚会在央视黄金时段播出。局领导对此高度重视，赵树丛局长亲自出席了活动启动式和颁奖晚会。此外，还以人文古树为载体，加强林业生态文化宣传，与中央电视台联合拍摄并播出30集《中国古树》，讲述了一棵棵古树承载的历史、文化、生态等动人故事，观众好评如潮。2014年计划再拍70集，最终形成100集《中国古树》，这也是落实梁衡先生关于实施人文森林工程的具体行动。

【开展"地球绿飘带"大型集成报道活动】 借助学习宣传十八大精神和三北防护林35周年之机，国家林业局与新华社联合开展了"地球绿飘带"大型集成报道活动。在活动开展的3个月内，新华社发动13家分社、联合42家地方媒体，派出400多名记者深入三北地区采访，仅新华社所属的新华网、新华通、内参报道、每日电讯等媒体，就刊播文字、图片、视频等稿件2000多篇条（含内参报道20篇），受众量超过1.2亿。特别是长篇通讯《"三北"造林记》，被《人民日报》《光明日报》《经济日报》、中央电视台等1000多家媒体采用，收到了很好的宣传效果，赢得了中央领导同志和赵树丛局长的高度肯定。为延伸宣传、扩大效果，宣传办还启动了"地球绿飘带"公益活动，举办了"地球绿飘带"主题展览，编印了《"三北"造林记》《地球绿飘带——走近三北工程》等书籍。

【野生动物保护外宣工作】 宣传办联合各相关方面将野生动物宣传上升为国家外宣战略，打响了野生动物保护外宣战役。一是与中宣部、外宣办共同策划，开展了为期半年的野生动物保护宣传活动。中宣部向12家媒体下发了宣传报道通知，推出了野生动物保护的典型报道、政策解读、言论文章、系列报道和公益广告。国家林业局和外宣办联合制定了实施方案，重点开展新闻发布、中外媒体实地采访、向出境公民发送野生动物保护手机短信等6项宣传活动。二是协调中央电视台开展野生动物保护系列报道。《新闻联播》《焦点访谈》《新闻调查》《朝闻天下》《新闻直播间》《共同关注》《东方时空》等名牌栏目，分别推出"国之瑰宝""关注候鸟迁徙""藏羚羊迁徙""朱鹮放归""大熊猫野外放归""寻找海南长臂""怒江金丝猴"等专题节目。三是组织国内主要外宣媒体，围绕CITES公约第16次缔约国大会、野生虎保护研讨会、国际雪豹大会进行报道，有力阐明了中方立场和主张，配合宣传了中国野生动物保护成就。同时，组织报道了中国牵头开展的跨国"眼镜蛇行动"，向国际社会传递了中国作为负责任大国的正能量。

【重大生态修复工程系列报道】 为充分展示中国林业重点工程的进展和成效以及在生态修复方面的主体作用，策划实施了重大生态修复工程系列报道。一是在《经济日报》推出"林业生态修复工程纵深行"系列报道，对中国十大林业生态工程进行实地采访和深度报道，刊发1篇评论和10篇专题报道。二是组织北京、辽宁、江西、河北等11个省（区、市）开展了"重点生态工程巡礼"主题宣传活动，在省级主要新闻媒体和网站刊登和转载报道1000多条。三是召开了"长江、珠江流域防护林体系和太行山、平原绿化建设三期工程"、《全国防沙治沙规划》、野生动物保护新闻发布会，在6·17世界防治荒漠化与干旱日前夕，开展了"走风沙线 寻圆梦路"主题采访活动，近60家媒体和网站刊发相关报道800多条次。

【加快搭建林业宣传新平台】 在切实用好传统媒体的同时，积极借力新媒体的传播优势，开展了多项有影响力的网络宣传活动。一是在新浪网、人民网办好国家林业局官方微博。围绕信息发布、生态服务、舆论引导、情感沟通、网络公关五大功能与广大网民互动，仅新浪林业官方微博就播发林业新闻、资讯4000多条，粉丝数量近200万。二是自办互联网传播平台。借助央视网的影响力，开通了"中国林业"频道，组织拍摄和上传了《美丽中国·林业厅局长访谈》《人大代表话林业》等一系列专题视频节目。继续办好关注森林网以及绿色时空、绿野寻踪两个电视栏目。三是做好林业舆情监控与应对。实现了全天候监测网络、微博和媒体的涉林舆情，并及时编发《舆情快报》40期，每天编发7～8条舆情手机简报，为局领导和各有关单位掌握舆情、应对舆情提供依据和参考。

【推进"创森"等宣传实践活动】 经过不断实践和探索，闯出了一条通过开展林业宣传实践活动来动员全社会参与林业建设的新途径，关注森林活动、创建国家森林城市、创建国家生态文明教育基地就是号召力强、影响力大、成效突出的方式。这项工作2013年又有新进展：一是组建了新一届关注森林活动组委会机构，王刚继续担任组委会主任，成员单位由6家扩大到10家，进一步增强了活动组织力量。二是召开了2013中国城市森林建设座谈会，全国77个大中城市市长及社会各界280

名代表参加了会议，17 个城市、13 家单位被分别授予国家森林城市和国家生态文明教育基地，进一步扩大了活动影响。三是组织专家 280 多人次，对 30 多个“创森”城市和 20 多个生态文明教育基地创建单位进行指导、督促，启动了《国家森林城市管理办法》等规章制度的起草工作，进一步推进了这项活动科学有序的开展。

【做好林业宣传常规工作】 一是围绕全国林业厅局长会议等重大会议的召开，配合 30 多次司局业务会议和 10 多个涉林节日和活动(包括森林日、植树节、湿地日、荒漠日及论坛、展会、节庆等)，组织开展了内容丰富、形式多样的新闻报道。二是会同海南省委成功推出海南鹦哥岭自然保护区青年团队重大典型，连续报道半个多月，发稿超过 200 篇条；会同人事司、机关党委共同开展“林业英雄”余锦柱先进事迹宣讲报道活动。三是启动《关于加强生态文明建设的意见》起草和中国林业文联换届工作，协助筹备贵阳国际生态文明论坛，在局办公楼一层大厅举办展览 8 次，编辑出版 6 期《生态文化》杂志。四是制订印发《林业宣传要点》，指导局属报刊和行业做好宣传工作。适时召开新闻出版通气会，向局属报刊明确宣传主题和任务。做好年度国家出版基金资助项目的申报审核工作，组织编辑出版《党政领导干部生态文明读本》。五是召开 8 个民主党派全国工商联全国总工会参政议政会议，组织全国“两会”代表委员提交林业提案建议 401 件。与全国工商联、中国光彩会召开第七次联席会议，联合下发《关于引导和鼓励非公有制经济参与现代林业发展推进生态文明建设的意见》，共同举办第九期全国民营企业家林业培训班。与农工民主党中央联合开展第六届“中国环境与健康宣传周”活动，与中国农林水利工会联合召开第十二次联席会议，举办了职工技能竞赛活动。

(林业宣传周霄羽供稿)

林业出版

【综　述】 2013 年是贯彻落实党的十八大精神的开局之年，是大力建设美丽中国和生态文明的奠基之年，是继续推进生态林业民生林业建设的关键之年。对中国林业出版社来说，2013 年是出版社建社 60 周年，也是出版社转企后第一轮聘期的最后一个整年。纵观出版社全年发展历程，2013 年是快速发展、创收最多的一年，是取得各种荣誉和奖励最多最高的一年，还是专业队伍培训力度最大、成长性最好的一年。

图书生产销售 出版社全年生产图书 534 种，其中新书 417 种，比 2012 年的 385 种新书多了 32 种；重印书 117 种。生产码洋 8182 万元，其中新书生产码洋 6820 万元，重印书生产码洋 1362 万元。印数 119 万册，其中新书 81 万册，重印书 38 万册。全年累计发货码洋 5022 万元，实洋 3279 万元。实现回款 2812 万元，比 2012 年增加 182 万元。这些都是在出版业普遍下滑的情况下取得的，为员工收入持续增长提供了保障。

重大项目取得和开展 一年来，出版社紧紧围绕林业中心工作做好出版服务，实现重点项目带动和稳定发展，开创了林业出版工作的崭新局面。“中国森林生态网络体系建设系列著作”出版工程获国家出版基金资助 116 万元；《党政领导干部生态文明建设读本》列入中宣部、国家新闻出版广电总局宣传贯彻党的十八大精神主题出版重点电子出版物；“中国林业出版按需印刷系统”项目被批准为国家新闻出版改革发展项目库 2013 年度入库项目，获国家财政资助 500 万元；数字出版选题《筑力北京(中国)——数字化建筑资源传播平台和教育服务系统》项目入选 2013 年“北京市数字出版原创出版工程”；出版社等 61 家出版单位被列为第一批数字化转型升级项目实施单位，获财政资助 676 万元；中国鸟类彩色图志(3 卷)、新型城镇规划设计指南丛书(10 卷)入选“十二五”国家重点图书出版规划增补项目名录，使出版社入选“十二五”国家重点图书出版规划的项目已达到 8 种(套)56 卷；《中外竹乐器大观》(作者：江泽慧、王巍)、《中国根雕艺术》(作者：徐华铛)两个项目入选 2013 年度“经典中国国际出版工程”资助项目；《中国植物保护百科全书》《中国林业百科全书》两个选题入选国家辞书出版规划。

荣誉奖励 《中国林业发展区划》获得第三届中国出版政府奖图书奖；金旻获得第三届中国出版政府奖优秀出版人物奖；《中国梅花品种图志》《种子植物名称》获得第三届中国出版政府奖优秀出版物提名奖；《湿地资源检测技术》《种子植物名称》入选第四届“三个一百”原创图书工程；《中国林业年鉴(2011)》《北京林业大学年鉴(2011)》获得全国年鉴第七次编校质量特等奖；《唐亮钢笔画》《景观美学》获得第八届全国书籍设计艺术奖入围奖；《中国荒漠植物图鉴》等 3 种图书获第五届梁希林业科学技术二等奖；《广西珍贵树种高效栽培技术》获第四届梁希科普奖；《生态建设与改革发展》等 5 种图书获第五届关注森林奖图书期刊奖；《邮票上的林业史》等 7 种(套)图书入选《2013 年中小学图书馆(室)推荐书目》。一批图书获得黑龙江、浙江、福建等地方的自然科学奖、科技进步奖、科技兴林奖、社会科学优秀成果奖等奖项。全社还在党务、社区、精神文明建设以及工青妇等多个领域获得奖励，如获得北京地区出版社联盟杯篮球邀请赛亚军和西城区文明单位称号。

重点工作进展 ①狠抓数字出版工作。成立了数字出版工作领导小组和项目办公室，两个中央文化产业项目正在实施，数字化转型升级项目和按需印刷项目又获得批准进入到建设阶段，累计国家预算投资两千万以上，ERP 项目二期上马，第一部数字教材上线，启动了林业图书手机 APP 的建设，与吉林动漫集团合作编制了“威威消防队”系列森林防火动画片策划初步方案。

②狠抓管理。坚持了编务会等实现民主集中制的会议制度，坚持每次会议都有纪要，坚持重大事项广泛征求意见和公告公示，使得出版社各项管理和决策行为接受群众监督。制定出台了一批新制度，加强了财务管理，引进了社会审计，坚持财务公开和“三重一大”决策原则，出版社财务在国家审计署例行审计中获得好评。③狠抓人才。开展了部分中层干部岗位选拔补缺工作，公开选拔5名同志担任中层干部。公开选拔6名优秀毕业生。积极参加和组织各项业务能力培训，建立了全社员工的培训信息数据库。首次举办“中国林业出版社管理能力提升培训班”，社领导班子全体和全社各部门主要负责人共19人参加了培训。开展了转企后的第一次专业技术职务聘任工作，研究解决出版社转企后的专业技术职务聘任机制问题和2009年事业单位岗位认定工作后取得技术职称但未聘任到相应职务的人员的待遇问题。积极参加了有关行业协会和主管部门组织的多项业务活动。④狠抓教材工作。恢复成立了国家林业局教材建设办公室。在新疆伊宁召开了林业出版社2013年教材工作研讨会。加快推进高职教材新一轮建设工作，分别在昆明和牡丹江召开了教材提纲审定会。及时组织了高等学校“十二五”规划教材的补充申报工作。探索了组编行业培训教材工作和教材发行工作。⑤狠抓基础建设。实施了院区安防和音视频信息发布系统建设；完成院区保安和保洁的社会化工作；完成西楼卫生间的改造；中国数字森林博览馆项目新机房即将建成；进行了百善书库扩容、清库和后续完善工程。⑥狠抓图书营销。开办网上书店，行业发行迈出新步伐，参加了多种营销活动。⑦开展了群众路线教育实践活动和严格遵守中央廉政建设规定。做到规定动作不走样，自选动作有特色。⑧召开了社庆60周年座谈会，赵树丛局长、陈述贤组长和国家新闻出版广电总局邬书林副局长应邀出席座谈会，会上发表重要讲话并做重要指示。

【中国湿地报告】 包云、马广仁主编。2013年1月出版。该书为中央人民广播电台的记者行走湿地、记录中国的采访结晶。客观报道目前中国湿地保护的现状、取得的成就、面临的挑战，为广大听众和读者提供来自遍布祖国各地不同种类湿地的鲜活信息。激励了全社会人们关心人与自然的和谐相处，强化各级政府和广大民众的湿地保护意识。

【中国林木机械志】 中国林业机械协汇编。2013年1月出版。本书总结了林木机械的发展历程，回顾历史，总结经验，以利于林木机械行业的更好发展。林木机械制造业是为整个林业生产建设和木材加工提供技术装备的行业。主要包括林木机械制造体系等以及为其服务的行业协会。本书从学科、行业及协会的发展对历史进行了全面总结。

【出水芙蓉图——荷花景观集锦】 王其超、马元浩主编，陈龙清译。2013年6月出版。全书包括湿地野荷景观、人工湿地荷景、街村庭园荷香、荷展景点璀璨、情萦荷园万象、荷品万千姿韵等内容。以300余副精美彩色图片展现原生态湿地中荷花的自然面貌，有经过设计创作的人工水景中荷花造景的最佳景观效果、历届全国荷花展览会上各地独具特色的精美荷花景点、社区庭院荷花水景等。

【中国银杏种质资源】 邢世岩编著。2013年11月出版。本书系统描述了中国银杏种质资源。该书从银杏种质资源保存和评价、国外银杏及中国银杏古树资源，核用、叶用、材用、观赏、雄株、特异银杏资源及国外引银杏资源等多层面、多角度进行了描述。初步查明了中国银杏古树的分布及株数，古银杏群落的面积、地点和株数。描述了中国优良核用、观赏、材用品种、优系、优株。本书图片量巨大、内容丰富，是一部系统研究银杏的权威著作。

【森林资源监督管理工作手册】 王志高主编。2013年5月出版。本书将森林资源监督机构的工作内容、工作方法、操作细则和法律依据等归纳在一起，为森林资源工作者理清了脉络，规范了程序，提供了经验。本书可读性强，具有极强的可操作性，是森林资源监督管理工作的实践积累和理论升华，是广大森林资源监督工作者桌边案头必不可少的工具书。

【中外园林景观品鉴】 林小峰著。2013年10月出版。本书集作者20多年园林专业工作的观察、思考与实践。内容涉及风景园林理论、城市及绿地规划、历史风貌保护、风景区公园及绿地的设计施工与管理，对不同类型的景观及园林做了系统论述和详细的举例品鉴。既有对中外城市及景区的评价，又有世博会、奥运会、园林博览会等大型活动景观的对比与追踪等。

【植物生理学(第3版)】 郑彩霞主编。2013年5月出版。此书为普通高等教育“十一五”国家级规划教材，教材的主要内容包括植物细胞生理与信号转导、植物生物化学基础、植物的呼吸作用、光合作用、有机物代谢运输与分配、植物的水分代谢、植物的矿质营养、植物激素、植物的生长生理、休眠与萌发、植物的成熟与衰老、植物的逆境生理、环境污染与植物响应、树木的分子调控机制及基因工程等。

【经济林栽培学(第3版)】 谭晓风主编。2013年6月出版。本教材较为全面地介绍了经济林的相关基础知识，包括经济林资源、经济树木生长发育规律、经济树木生长环境、经济林苗木培育、经济林营造、经济林抚育管理、经济林矮化密植与设施栽培等。教材被列选为普通高等教育“十一五”国家级规划教材。

【水土保持学(第3版)】 余新晓、毕华兴主编。2013年2月出版。本教材是根据“十二五”全国重点教材编写计划以及水土保持工作范畴的不断扩大和新需求的不断出现，在第2版的基础上修编的。主要内容包括：水土流失与土壤侵蚀、水土保持调查与规划、小流域水土流失综合治理、荒漠化防治、山地侵蚀灾害综合防治、生态退化区水土流失综合防治、生产建设项目水土保持、水土保持工程材料与施工、水土保持工程概预算，水土流失监测与水土保持效益评价、水土保持监督执法与工程管理等。

【园林植物病虫害防治(第2版)】 陈友、孙丹萍主编。2013年8月出版。本教材破除了传统教材编写体例，从内容到形式体现高等职业教育发展方向，从园林植物保护工的国家职业标准和典型工作任务入手，以园林植物有害生物的识别诊断、标本技术、发生规律与测报、制订防治方案、组织实施的工作过程为主线，设计7个学习情境，切实体现“教、学、做合一”的工学结合教学模式，突出教材的职业性与实用性。

【园林植物景观设计】 朱红霞主编。2013年7月出版。本教材采用项目式教学，以任务驱动为指导、以学生为核心构建教学体系。教材共有6个项目12个任务，项目具体为：园林植物景观设计基本方法，园林植物在环境中的运用，园林植物景观设计的图纸表现，园林植物景观构成要素设计，小环境的园林植物景观设计，城市绿地植物景观设计。教材内容实用性强、适应性广。教材附带光盘包括参考案例、巩固训练和相关图例等内容。

【木结构建筑材料学(木结构建筑教学丛书)】 张宏健、费本华主编。2013年5月出版。本教材以现代轻型木结构建筑的基本结构、性能为依据，以木材的宏、微观基本结构和物理、力学、化学、表面和环境等基本性质为基础，介绍了实木类规格材、胶合板、单板层积材、圆筒形单板层积材、轻型木桁架、预切割木构件、木质预制墙、木质预制房等各种承重性或非承重性木基建筑材料的性能和检测、基本制备方法和在木结构建筑中的应用，同时介绍了聚醋酸乙烯酯、聚氨酯、环氧树脂等木结构建筑胶黏剂，介绍了水泥、混凝土、玻璃、金属等木结构建筑通用材料的基本性质、用途以及钉、螺钉、螺栓、齿板等木结构建筑连接件及其典型连接方法，介绍了机械、振动、应力波等木质建筑材料主要性能的无损检测与评价方法。

【中国珍稀濒危植物图鉴】 国家林业局野生动植物保护与自然保护区管理司、中国科学院植物研究所编著。2013年5月出版。本书是“十二五”国家重点图书出版规划项目，全书原则上收录了《国家重点保护野生植物名录(第一批)》和《全国极小种群野生植物拯救保护工程规划》的所有物种，是一部濒危植物保护方面的工具书，也是中国珍稀濒危野生植物资源的一次梳理和总结。

【中国泥炭地碳储量与碳排放】 马学慧等编著。2013年1月出版。本书为国家科学技术学术著作出版基金项目。泥炭地是重要的碳汇，在生态平衡中具有重要作用。本书首次对中国泥炭地碳储量和碳密度进行估算，填补了中国沼泽学中泥炭地碳储量和碳密度研究的空白。同时，为区域湿地生态保护和政府碳减排规划提供科学依据。

【黄河三角洲鸟类】 刘月良主编。2013年9月出版。本书共记录黄河三角洲野生鸟类19目64科367种，详细介绍了鸟类的分类地位、形态特征、分布范围、生态习性和野外识别要点等，精选照片830余幅，是教学和科研工作者的重要参考资料，也是观鸟爱好者的专业工具书。本书曾是“第三届中国湿地文化节暨东营国际湿地保护交流会议”献礼作品。

【中国猕猴桃种质资源】 黄宏文主编。2013年11月出版。全书分上、下两篇，上篇为总论，包括3章，分别对猕猴桃的驯化简史及主要用途、猕猴桃属植物的分类概要及重要的特征、猕猴桃属中具有重要利用价值的物种进行了介绍；下篇包括3章，分别对美味猕猴桃、中华猕猴桃、软枣猕猴桃和毛花猕猴桃的优良品种或品系进行详细的描述介绍。

【中国菊花全书】 张树林、戴思兰主编。2013年9月出版。本书系统介绍了中国菊花的历史文化和中国菊花界近20年来的研究成果。内容包括中国菊花发展历史、菊花文化和艺术、中国菊属植物资源、菊花起源和品种群形成的过程等。资料翔实，内容丰富，可供园艺学、园林学、植物学、育种学和花文化等相关学科从事研究和生产的有关人员参阅。

【古建园林大全(南方卷，北方卷)】 郭成源主编。2013年3月出版。本书对全国各地古典园林的建造年代、历史变迁、形态及结构特点进行了全面、系统的调查，图文并茂，容知识性、技术性、实用性、观赏性于一体，并专门邀请中国知名园林专家对所述古典园林逐一进行点评，可谓知识面广、权威性强，可供广大园林工作者学习、借鉴及应用。

【美丽中国的建设模范】 国家林业局编。2013年3月出版。本书是生态文明建设系统进行社会主义荣辱观教育实践活动的重要教材，也是精神文明建设和思想政治工作的一项精品工程。本书选取了一大批先进个人和先进集体的先进事迹，是全国生态文明建设战线的旗帜。这些典型的宣传推出，极大鼓舞和振奋了建设系统广大干部和职工，激发了全系统广大干部职工学习典型、争当先进的热潮。

【(中欧天然林管理项目丛书)森林多资源清查、规划与经营管理】 国家林业局天然林保护工程管理中心组编。2013年1月出版。为了总结中欧天然林管理项目的经验，分享项目成果，选取项目中一些有代表性的成果集结“中欧天然林管理项目丛书”出版。通过多种天然林资源的可持续经营措施，提高环境的稳定性，促进当地的可持续发展，并结合项目区社会经济条件和森林资源现状，在项目区进行示范，取得了一系列成果。

(林业出版由段植林供稿)

林业报刊

【综　述】 2013年，中国绿色时报社“一报两刊一网”全年策划了65个重点报道主题，推出了120多个专栏，刊发了60多组系列报道。报社有15件作品获得中国产经新闻奖，48件作品获得关注森林奖。《中国绿色时报》发行量创历史新高；《中国林业》杂志发行量比2012年增长22%，《森林与人类》单期订数首超9000份，全年发行量提高10%。

2013年，报社突出抓了7个方面的重点报道。

中央和国家林业局重大决策部署宣传 2013年报社先后组织策划了党的十八大关于生态文明和美丽中国建设、习近平总书记关于生态环境的重要指示精神、党的群众路线教育实践活动以及国家林业局“两转变两服务”宣传报道工作，推出了《学习贯彻十八大精神 大力推进生态文明建设系列谈》《弘扬生态文明 建设美丽中国》《走群众路线 促作风转变》《党的群众路线大家谈》等专栏，刊发国家林业局局长赵树丛和院士、专家系列文章22篇，以及《用思想的转变引领长久的行动》等3篇系列评论员文章和《绿色广东，勇当生态文明的探路先锋》等40多篇深度报道。

突出生态林业宣传展现林业多彩亮点 报纸集中报道了义务植树活动，其中包括习近平总书记等中央领导、百名部长、各省(区、市)党政军领导义务植树活动，首个“国际森林日”植树活动等。以系列、专题专刊等形式重点对退耕还林工程、天保工程、三北工程、防护林体系工程、湿地工程等做了突出报道，对北京平原地区百万亩造林工程、安徽千万亩森林增长工程、广西绿满八桂工程、辽宁青山工程、浙江平原绿化工程等林业生态工程建设进行了连续报道。报纸还先后刊发了江苏南京、云南昆明等20多个城市“创森”系列报道和专题报道。国家林业局副局长张永利对报纸刊发的《生态与民生林业的奏鸣曲》系列报道做出批示：对长防、珠防、平原绿化、太行山绿化四项工程的宣传报道做得很不错，有声势、有深度、有分量。

民生林业宣传 2013年，报纸推出了《生态就业 守望幸福》《聚焦林下经济》《聚焦民生林业》等6个专栏，重点关注各地林业惠民富民新闻，涉及林下经济、森林旅游、经济林果、苗木花卉、林木产品、林纸产业等，涵盖政策措施、市场信息、经验做法等。其中《生态就业 守望幸福》专栏全年共刊发报道30多篇。

资源保护管理宣传 2013年，报纸杂志加大了关于生态红线保护的宣传力度。一是曝光违法征占用林地及毁林现象，强化舆论监督；同时推出7篇森林资源管理系列报道。二是森林防火宣传由过去季节性变为全年基本期期有报道、月月有重头文章。三是开设《保护野生动物在行动》《生物多样性保护行动》等专栏，共刊发报道50多篇；对“眼镜蛇行动”成果、CITES第十六次缔约方大会、野生虎保护国际研讨会进行了集中宣传，同时推出了湿地保护、森林病虫害防治、森林经营、防沙治沙等一批重点报道。

集体林改和国有林场改革宣传 报社针对林农权益保障、生产发展、林农需求等热点问题，从10方面做了专题解析性报道，相继推出《探索创新 深化林改》《聚焦林业专业合作社》等专栏，报道林权流转、专业合作组织、集约化经营、发展林下经济等方面的典型经验。国有林场改革试点进入实质性推进阶段，报纸及时报道国家有关政策措施、各地推进改革的动态，并适时推出了国有林场改革系列报道。

关注林业和社会热点引导社会公众舆论 2013年，报社对全国和地方两会、雾霾天气、H7N9禽流感疫情、芦山地震等进行了重点报道，推出了《聚焦2013地方两会》专栏，刊发稿件17篇；全国两会报道，推出《两会聚焦》等8个栏目，报道涉及林业小康梦、国有林场改革、生态补偿等热点话题。“4·20”芦山地震发生后，报纸推出了《聚焦芦山抗震救灾》专栏，以整版篇幅全方位报道林业部门抗震救灾情况。报纸开设的《应对H7N9禽流感在行动》专栏，刊发报道24篇。同时，报社对林业简政放权、“地球绿飘带”、防护林更新、美国对中国胶合板双反调查等热点问题也进行了跟踪报道。

强化典型人物宣传 2013年，报社报道了林业英雄余锦柱等一批重大典型、第四届全国道德模范获得提名的3位务林人的事迹；以《森林防火先锋》专栏重点报道了获得人力资源和社会保障部、国家林业局及国家森林防火指挥部表彰的先进个人和先进集体；推出了《岗位学雷锋　争当好民警》专栏，报道了12位优秀森林公安民警；同时关注普通务林人的事迹，开设了《基层一线》栏目。

2013年，报纸增加了言论报道的比重，新增了创刊以来第一个新闻评论板块《生态·话题》专版，每周一期。其他言论栏目《深度点经》《微聊新闻》《漫画与杂文》《绿化论道》《纸上谈经》增加了见报频率，质量不断提高。

2013年，报社积极开展“走转改”活动。7月28日总编辑厉建祝在河北省塞罕坝机械林场进行“听取基层读者办好报纸的建议”调研活动。7月16日，常务副社长柳维河带领记者到河北省阜平县进行“《中国绿色时报》走进阜平农家书屋”调研活动。报社向阜平农家书屋赠送《中国绿色时报》166份。报社记者分批进林区、进林场、进苗圃、进企业，积极参加“根在基层·中国梦”活动，参与“美丽中国·鹦哥岭”调研，报纸杂志“短、新、实”生动活泼、质朴感人的新闻作品不断涌现。

2013年，报社首次组织了“中国最美森林”评选授牌、2013年全国油茶产业发展战略研讨会、山杏论坛、“我心目中的十大生态歌曲”评选等活动，继续提升了十大生态美文评选、中国花木产业年度人物评选、林业产业十大新闻事件评选、人造板工业发展研讨会以及生态文明三面翻宣传牌建设、“保护大熊猫徽标设计大赛”等活动的质量。国家林业局副局长张建龙在浙江萧山花木节上为年度人物授牌、时任国家林业局副局长印红在生态文明贵阳国际论坛上为“中国最美森林”授牌，局党组成员、中央纪委驻局纪检组组长陈述贤在报社呈送的全国油茶产业发展战略研讨会情况汇报上作出批示，对报社开展活动给予充分肯定。

2013 年，报社员工在国家林业局主办的学习十八大精神“赛诗会”中，多篇作品获奖，报社获得优秀组织奖。报社组建了新一届团支部，报社党建品牌——“编前会上说党建”荣获国家林业局优秀党建品牌。

（杜艳玲供稿）

表彰与奖励

全国绿化委员会关于表彰全国绿化模范单位和颁发全国绿化奖章的决定

全绿字[2013]4 号

各省、自治区、直辖市及计划单列市绿化委员会，各有关部门(系统)绿化委员会，中国人民解放军、中国人民武装警察部队绿化委员会，新疆生产建设兵团绿化委员会：

为加快国土绿化步伐，进一步调动广大人民群众和社会各界参与生态建设的积极性，大力推进生态文明建设，努力实现人与自然和谐发展，全国绿化委员会决定，对在国土绿化事业中做出突出成绩的城市(区)、县(市、区)、单位和个人予以表彰，授予北京市石景山区等 29 个城市(区)，河北省大厂回族自治县等 134 个县(市、区)，北京市卫生局绿化基地等 239 个单位“全国绿化模范单位”荣誉称号(附件 1)；向张敬等 943 名同志颁发全国绿化奖章(附件 2)。

希望获得荣誉称号的城市(区)、县(市、区)、单位和个人珍惜荣誉，充分发挥模范带头作用，以十八大精神为指导，大力弘扬生态文明理念，为加快国土绿化事业发展、建设美丽中国作出新的更大贡献。

各地区、各部门(系统)要广泛宣传受表彰的单位和个人的先进事迹，组织动员广大干部群众和社会各界积极投身绿化祖国的伟大事业，扎实开展造林绿化，为建设生态文明和美丽中国，全面建成小康社会，实现中华民族伟大复兴而努力奋斗。

附件：1. 全国绿化模范单位名单

2. 全国绿化奖章获得者名单

全国绿化委员会

2013 年 4 月 15 日

附件 1

表 21-1 全国绿化模范单位名单

一、城市(区)29 个

北京市石景山区	河北省邯郸市	山西省阳泉市
内蒙古自治区乌海市	内蒙古自治区鄂尔多斯市	辽宁省朝阳市
黑龙江省双鸭山市	黑龙江省牡丹江市	上海市宝山区
北京市石景山区	河北省邯郸市	山西省阳泉市
江苏省宿迁市	浙江省台州市	安徽省淮南市
福建省莆田市	江西省吉安市	山东省烟台市
河南省新乡市	河南省安阳市	河南省南阳市
湖北省咸宁市	湖北省随州市	湖南省岳阳市
广东省佛山市	广西壮族自治区柳州市	广西壮族自治区玉林市
重庆市大渡口区	陕西省铜川市	青海省格尔木市
宁夏回族自治区石嘴山市	宁夏回族自治区吴忠市	

二、县(市、区)134 个

河北省	大厂回族自治县、涉县、青龙满族自治县、宁晋县、井陉县、张北县、内丘县、宽城满族自治县、滦县、肃宁县、临漳县、赞皇县、丰宁满族自治县、隆化县
山西省	祁县、大同县、吉县、沁水县、沁县、潞城市
内蒙古自治区	包头市石拐区、库伦旗、巴彦淖尔市临河区、赤峰市松山区、太仆寺旗
辽宁省	阜新蒙古族自治县、铁岭县、法库县、辽阳市弓长岭区、建昌县
吉林省	磐石市、镇赉县
黑龙江省	克山县、加格达奇区
江苏省	姜堰市、句容市、高淳县、徐州市贾汪区、建湖县、昆山市、海安县、宜兴市、仪征市
浙江省	长兴县
安徽省	桐城市、广德县、蒙城县、阜阳市颍东区
福建省	永春县、福清市、武平县、云霄县
江西省	浮梁县、九江县

（续）

山东省	泗水县、新泰市、广饶县、平邑县、商河县
河南省	遂平县、中牟县、民权县、内黄县、汝阳县、武陟县、沈丘县、卢氏县、长葛市、商水县、灵宝市
湖北省	松滋市、公安县、蕲春县、钟祥市、郧西县、谷城县、武穴市、神农架林区、黄石市铁山区、宜昌市夷陵区
湖南省	汝城县、芷江侗族自治县、新宁县、长沙市望城区、湘潭县、江华瑶族自治县、桃江县、衡阳市南岳区
广东省	大埔县、怀集县、新兴县
广西壮族自治区	浦北县、天峨县、容县、鹿寨县、三江县
海南省	白沙黎族自治县、澄迈县
重庆市	荣昌县、秀山县、巫溪县
四川省	金堂县、犍为县、德昌县、南江县、青神县、成都市新都区、泸县、西充县
贵州省	习水县
云南省	昌宁县、沧源佤族自治县
陕西省	甘泉县、麟游县、黄陵县、彬县、太白县、洛南县、平利县、神木县、宁强县、华阴市
甘肃省	高台县、兰州市城关区、徽县、酒泉市肃州区、兰州市安宁区、华亭县
青海省	循化县
新疆维吾尔自治区	昌吉市、乌什县、哈巴河县、策勒县
大连市	瓦房店市

三、单位 239 个

北京市	北京市卫生局绿化基地
	北方工业大学
	海淀区园林绿化局
	延庆县地方税务局
	北京市八达岭林场
	北京龙泉宾馆有限公司
天津市	天津泰达园林建设有限公司
	中新天津生态城管理委员会
	静海县交通局
	蓟县国营苗圃
	天津市海河二道闸管理所
	天津财经大学
	天津工业大学
	中海油天津化工研究设计院
	天津天铁冶金集团有限公司

（续）

河北省	华北石油管理局华丽综合服务处
	张家口市塞北林场
	石家庄市公安局
	北京市北戴河干部休养所
	宣化科技职业学院
山西省	山西潞安矿业（集团）有限责任公司
	五台山风景名胜区
	山西农业大学
内蒙古自治区	内蒙古自治区公安厅
	内蒙古师范大学
	内蒙古自治区广播电影电视局七〇六台
	五原县林业局
	内蒙古伊泰集团有限公司
	内蒙古得尔布尔林业局
	内蒙古绰尔林业局
	内蒙古满归林业局
	内蒙古包头钢铁（集团）有限责任公司
辽宁省	营口高新技术产业开发区
	辽宁医巫闾山国家级自然保护区
	沈阳建筑大学
	沈阳铁路局林业总场
黑龙江省	大庆油田电力集团宏伟热电厂
	黑龙江省乌马河林业局
	黑龙江省尖山林场
	黑龙江省东京城林业局
	黑龙江省查哈阳农场
	黑龙江省柴河林业局
	黑龙江省创业农场
	黑龙江省东方红林业局
上海市	上海国家会计学院
	上海西郊宾馆
	闵行区烈士陵园
	上海烟草包装印刷有限公司
	上海外高桥第三发电有限责任公司
	上海市自来水市北有限公司杨树浦水厂
	上海城投污水处理有限公司吴淞污水处理厂
江苏省	中国共产党宿迁市委员会党校
	中国电子科技集团公司第十四研究所
	武进西太湖管委会
	江苏师范大学

（续）

	常州国家高新技术产业开发区管理委员会
	江苏阳光集团
	淮阴工学院
	连云港市连云区人民政府连岛街道办事处
	扬州市城市防洪工程管理处
	南京师范大学附属中学
浙江省	淳安县富溪林场
	浙江省永嘉中学
	嘉兴学院
	绍兴市镜湖新区管理委员会
	浙江金华第一中学
	衢州市林业局
	中国佛学院普陀山学院
	丽水学院
安徽省	安徽省稻香楼宾馆
	安徽财经大学
	安徽省桐城中学
	淮沪煤电有限公司丁集煤矿
	中国宣纸集团公司
	安徽省烟草公司阜阳市公司
	淮北矿业股份有限公司孙疃煤矿
	安徽工业大学
	安徽省淠史杭灌区管理总局横排头管理处
	河海大学文天学院
福建省	福建省聚龙养生发展有限公司
	福建中医药大学
	福州大学
	中国人民解放军92383部队
	福建省清流监狱
	福建莆田华林经济开发区管理委员会
江西省	江西前湖迎宾馆
	江西宜春供电公司
	新余市孔目江生态经济区管理委员会
	贵溪发电有限责任公司
	兴国平川中学
	南昌高新技术产业开发区管委会
	萍乡市卫生学校
	抚州市林业局
山东省	济南大学
	山东理工大学
	山东建筑大学
	胜利石油管理局胜利发电厂

（续）

	莱芜钢铁股份有限公司棒材厂
	烟台公路管理局
	淄博市王庄煤矿
	滨州职业学院
河南省	商丘工学院
	洛宁供电公司
	济源市金马焦化有限公司
	郑州煤炭工业（集团）有限责任公司
	中原工学院
湖北省	华中科技大学
	湖北警官学院
	省水利厅
	省林业科学研究院
	省军区后勤部
	武汉钢铁集团矿业有限公司金山店铁矿
	湖北省电力公司黄龙滩水力发电厂
	恩施土家族苗族自治州电力总公司
	宜昌市中级人民法院
湖南省	株洲攸县黄丰桥国有林场
	常德市桃源县第一中学
	张家界市人民防空办公室
	郴州市财政局
	湖南省电力公司益阳电业局
	衡阳县第六中学
	湘潭技师学院
	湖南生物机电职业技术学院
	南车株洲电力机车有限公司
	湖南紫薇投资集团有限公司双龙紫薇园和苑
	益阳市第六中学
	中共娄底市委党校
广东省	增城中学
	肇庆学院
	佛山市林业科学研究所
广西壮族自治区	青秀山风景名胜旅游区
	广西师范大学
	广西机电职业技术学院
	桂林两江国际机场
	广西国有三门江林场
	贺州学院
	广西国有七坡林场
	天峨县林朵林场
	广西电网公司玉林供电局

（续）

海南省	海南鹦哥岭省级自然保护区管理站
	海南省岛东林场
	海口市园林管理局
重庆市	重庆鸿恩寺森林公园
	北部新区农林水利管理所
	重庆师范大学
	合川中学
	两江中学
	三峡中心医院百安分院
四川省	四川石油管理局川南矿区
	乐山军分区
贵州省	武警贵州省总队黔西南州支队
	清镇市林业绿化局
云南省	普洱市卫国林业局
	红塔烟草（集团）有限责任公司昭通卷烟厂
	中国人民解放军77263部队
陕西省	长庆油田矿区事业部泾渭苑物业服务处
	陕西省榆林林业学校
	延长油田股份有限公司
	宝鸡中燃城市燃气发展有限公司
	西藏民族学院
	西安浐灞生态区管理委员会
	富平县迤山中学
	陕西理工学院
甘肃省	中国石油兰州石化公司
	徽县金徽酒业有限公司
	金昌市区北部绿色长廊管理站
青海省	大通县林业局
	互助县林业局
	青海陆军预备役步兵旅
宁夏回族自治区	宁夏德龙酒业公司
	武警宁夏总队
新疆维吾尔自治区	中国石油塔里木油田公司矿区事业服务部
	伊犁公路管理局则克台分局
	中国石油新疆油田分公司准东采油厂
	新疆天富热力（集团）有限责任公司
	新疆石河子绿洲医院
	伊犁哈萨克自治州平原林场
新疆生产建设兵团	农业建设第四师六十三团场
	农八师一二一团
宁波市	华翔集团股份有限公司

（续）

厦门市	中国人民解放军92674部队
	厦门国家会计学院
	厦门英才学校
	厦门电子职业中专学校
青岛市	山东科技大学
	青岛二中
深圳市	龙岗区城市管理局
中共中央直属机关	北京万寿庄宾馆
	中华全国总工会国际交流中心
中央国家机关	铁道部绿化基地
	全国人大机关服务中心北戴河休养院
	中国环境科学研究院
	北京体育大学
	北京达园宾馆
	国家烟草专卖局北京金叶园会议中心
	国家行政学院
	中国科学院植物研究所北京植物园
	中信黄羊滩生态科技有限责任公司
教育系统	新疆华山中学
	内蒙古农业大学
	云南师范大学
	中国农业大学
	南京大学
	西藏拉萨中学
	清华大学
	中南大学
	南开大学
铁道系统	呼和浩特铁路局乌海工务段
	昆明铁路局昆明工务段
水利系统	山东黄河河务局德州黄河河务局
农业系统	黑龙江省二龙山农场
全国总工会	石家庄信息工程学院
中国石油天然气集团公司	长庆油田分公司
	大庆油田供水公司
	西南油气田重庆公共事务管理中心
	中国石油天然气第六建设公司
中国石油化工集团公司	中国石化集团茂名石油化工公司
	胜利石油管理局胜北社区管理中心
	中国石化仪征化纤股份有限公司
	中国石化上海石油化工股份有限公司
	北京燕山石化公司
	中国石油化工股份有限公司天津分公司

（续）

中国人民解放军（14 个单位，略）	
中国人民武装警察部队（3 个单位，略）	

附件 2

表 21-2　全国绿化奖章获得者名单

北京市		
张　敬	（女）	东城区园林绿化局科长
刘朝阳	（女）	西城区园林绿化局科长
张建国		朝阳区园林绿化局三队队长
石景良		海淀区园林服务中心副主任
关国英	（女 满族）	石景山区园林管理局玉泉花圃工人
高盛印		丰台区绿化委员会办公室主任
李怀全		门头沟区园林绿化局科长
孔庆远		房山区园林绿化局局长
杨怀珍		怀柔区园林绿化局技师
刘　卉	（女）	通州区园林绿化局局长
李玉峰		延庆县园林绿化局高级技工
李占国		平谷区园林绿化中心主任
张凤文	（女 满族）	密云县绿化委员会办公室综合科科长
关　玲	（女 满族）	北京市林业保护站书记
穆希凤	（女）	房山区林果科技服务中心林保站站长
冯天爽	（女）	北京市黄垡苗圃生产经营科科长
岳　虹	（女）	北京市财政局农业处助理经济师
邓　敏	（女）	北京市北海公园管理处副科长
张　伟		北京市卫生局主任科员
高桂华	（女）	北京首都旅游集团有限责任公司办公室职员
天津市		
张素芬	（女）	天津市森林病虫害防治检疫站推广研究员
潘学东		天津市林木种子管理站高级农艺师
冯一多	（女）	天津市园林规划设计院高工
翟丽江		天津市园林建设总公司总经理
张春暄		天津市市容园林委调研员
赵　怀		蓟县森林植物检疫站站长
周俊启		武清区林业局副局长

（续）

天津市		
刘存福		北辰区种植业发展服务中心科长
刘宝国		宁河县林业局局长
刘晓卫		河东区市容园林委科长
王洪泉		河西区市容园林委主任
刘立民		天津港（集团）有限公司绿化委员会办公室高工
邹朝辉		天津市格瑞园林发展有限公司总经理
高庆东		滨海新区中塘镇农业服务中心主任
麻忠宏		天津市公路处高级工程师
河北省		
肖金艳	（女）	兴隆县六里坪林场工程师
吴时茂		元氏县委书记
王双臣		衡水市桃城区邓家庄乡武家庄村农民
李英波		石家庄市园林局局长
苏胜利		秦皇岛市林业技术推广站站长
尚　飞		鹿泉市林业局局长
孙明臣		丰宁满族自治县林业局局长
李清江		沧州市绿化委员会办公室工程师
王海东		张家口市林业局局长
杨双牛		内丘县侯家庄乡岗底村农民
穆飞云		张北县林业局局长
温守文		抚宁县龙泉庄村农民
孙宝水		大厂回族自治县委书记
刘建旺		香河县林业局局长
王建书		定州市林业局局长
董秀芳	（女）	高碑店市林业局科长
吴金茹	（女）	邯郸市林业局副局长
贝　军		南皮县委书记
赵春斌		衡水市园林管理局正高
王文龙		省城乡规划设计研究院风景园林所所长
葛兴敏		邢台市林业局局长
邸济民		省森林病虫害防治检疫站高工
刘　俊		省林业科学研究院农业技术推广研究员
王　潭		魏县林业局局长
王忠于		中国人民解放军66457部队分管绿化副主任
范明祥		省林业宣传中心高工

（续）

河北省		
申书民		曲周县林业局局长
王　越	（女）	省妇联城乡工作部主任科员
于　勇		唐山钢铁集团有限责任公司总经理
山西省		
张爱红		屯留县国营吴寨林场工人
段祥瑞		静乐县林业局副局长
樊建宏		忻州市林业技术推广站站长
魏　民		太原市杏花岭区委书记
王长青		晋中市榆次区绿化委员会办公室副主任
史元胜		长治市林业工作站站长
王安太		晋城市林业局副局长
吉茂堂		25 基地后勤部部长
王洪波		阳泉市林业局副局长
韩文茂		晋中市林业局局长
陈学武		陵川县国营第一山林场工人
焦　温		朔州市绿化委员会副主任
葛光云	（女）	省住房和城乡建设厅科员
李定生		太原市园林局助理农艺师
王忠坤		晋煤集团林业分公司经理
燕建平		交城县林业局局长
刘艳青	（女）	吕梁市林业局工人
王友栓		山西农业大学高工
于文珍		襄汾县林业局局长
刘敏星	（女）	临汾市林业工作站技师
王志峰		运城市盐湖区委书记
师蕊新	（女）	临猗县孙吉镇林业站站长
席有福		大同市林业局局长
梁丽珺	（女）	省林业有害生物防治检疫局副科长
李广文		关帝山国有林管理局工程师
田双保		太原市东西山绿化委员会办公室主任
曹　元		大同市矿区园林管理处处长
周庆民		太钢装备部副部长
内蒙古自治区		
杨雪芹	（女）	额济纳旗林业局林工站站长
刘凤玲	（女）	呼和浩特市赛罕区绿化办主任
乌仁陶迪	（女 蒙古族）	鄂尔多斯市鄂托克旗苏米图苏木伊莲陶老盖嘎查牧民
俞海生	（女 回族）	锡林郭勒盟多伦县林业局副局长

（续）

内蒙古自治区		
杨文亮		巴彦淖尔市临河区乌兰图克镇隆强八社农民
张炳清		锡林浩特市林业局副局长
郝秀华	（女）	赤峰市元宝山区林工站站长
刘玉山		赤峰市绿化委员会办公室主任
张秀君	（女）	通辽市科左中旗林业局种苗站站长
张大力		科左后旗林业局局长
夏文德	（蒙古族）	新巴尔虎右旗宝格德乌拉苏木呼伦嘎查牧民
张学军		巴彦淖尔市林业局副局长
曲香枝	（女）	呼伦贝尔市林业局造林治沙科科长
牛金儒		乌兰察布市林业局副局长
梁　堂		卓资山县巴音锡勒镇板凳沟行政村农民
梁振金		鄂尔多斯市绿化委员会办公室主任
牛景富		赤峰市林业局森防站站长
胡立森		呼伦贝尔市林业局副局长
于　明		通辽市林业局森防站站长
赵国江		通辽市林业局局长
张树礼	（蒙古族）	乌兰浩特市林业局造林绿化股股长
王秀莲	（女）	包头市林业局局长
张艳青	（女 蒙古族）	兴安盟突泉县林业工作站站长
云光中	（蒙古族）	鄂尔多斯市委书记
李建军		二连浩特市林工站副站长
宋云敖		内蒙古广播电影电视局七三一台台长
黄五喜		内蒙古军区基建营房处助理员
赵永军		内蒙古自治区团委青工农牧部部长
徐鹤忠		内蒙古森林工业集团有限责任公司金河林业局副局长
张会武		内蒙古森林工业集团有限责任公司克一河林业局安全生产营林中心主任
田凤奇		内蒙古森林工业集团有限责任公司乌尔旗汉林业局副局长
邵　华	（蒙古族）	内蒙古森林工业集团有限责任公司甘河林业局副局长
宋秀丽	（女）	内蒙古森林工业集团有限责任公司营林生产处综合调度科科长
王学君		乌拉特前旗旗委书记

（续）

辽宁省		
谷学伟		沈阳市林业局造林处处长
崔　仑		锦州市林业局三北站股长
李鸿志		康平县人民政府副县长
张国强		阜新县他本镇林业站站长
刘士忠		鞍山市林业局副局长
付洪涛	（满族）	铁岭县白旗寨乡孤家子村农民
罗继尧		丹东市林业局副局长
常　建		盘锦市农委林业科长
张　军		阜新市林业局副局长
李久雨	（满族）	兴城市羊安乡羊安村农民
陈崇学		彰武县林业局局长
刘　刚		葫芦岛市林业局造林科科长
吴雪冰		辽阳市弓长岭区委书记
隋玉林		抚顺矿业集团副总经理
李三军		朝阳县林业局局长
李宪臣		省林业厅种苗站站长
王　兴		本溪县林业局局长
王忠彬		省林业厅退耕办主任
孙　彪		铁岭市林业局局长
郑红旗		朝阳市森林病虫害防治检疫站站长
刁亚东	（女）	昌图县林业局副局长
张俊信		省林业厅外资项目办公室主任
韩　辉		绥中县林业局副局长
张文学	（满族）	北镇市森林病虫害防治检疫站站长
张洪生		省林业厅林改处处长
王　珏		省林业厅造林处处长
姜生伟	（满族）	省青山局生态治理处处长
高　祥		沈阳铁路局土地房管处处长
武大伟		鞍山钢铁集团公司安全环保部主任科员
吉林省		
赵成才		长春净月经济开发区林业局局长
毛春汇	（女）	长春西新经济技术开发区住房保障和公用事业服务中心市政公用科科长
任庆士		吉林市林业局局长
张旭东		长春市绿化管理处绿化工程队班长
李钟洙	（朝鲜族）	龙井市林业局局长
李兵臣		吉林省白河林业局高工

（续）

吉林省		
张志伟		吉林市绿化委员会办公室主任
郑常山	（满族）	敦化市林业局乡村绿化科科长
刘春葆		通化县林业局局长
朱丽君	（女）	吉林市丰满区绿化委员会办公室主任
孙金生		四平市林业工作总站站长
赵信连		长白森林经营局局长
崔新华		东辽县森林病虫害防治检疫站站长
林　森		白城市绿化委员会办公室主任
兰海军		通榆县新兴乡东太村农民
姚文江		通化市绿化委员会办公室主任
王丽慧	（女）	松原市森林病虫害防治检疫站副高
刘建春		四平市林业局副局长
徐书英	（女）	长白朝鲜族自治县林业局总工
赵旭波		前郭尔罗斯蒙古族自治县林业局局长
刘泉福		辽源市林业工作总站站长
吴　军		泉阳林业局经济师
林永红		临江林业局高工
田永青		白石山林业局营林处高工
闫秀征		吉林森工集团松江河林业有限公司绿化委员会办公室主任
刘秀琴	（女）	露水河林业局营林处绿化巡护小队长
黄乃伟		长白山保护开发区林业局绿化科科长
任恩伟		吉林市市政公用局园林绿化管理处科员
陈　岩		省军区后勤部基建营房处处长
黑龙江省		
李风凯		哈尔滨市林业局造林处处长
马　振		哈尔滨市林业局高级工程师
褚世民		克山县委书记
白　梅	（女）	齐齐哈尔市林业局造林科副主任科员
闫志刚		牡丹江市绿化委员会办公室科长
肖　诚		佳木斯市林业局局长
马晓道		大庆市林业局造林科科长
岳兴中		双鸭山市绿化委员会办公室副主任
陈振国		鸡西市林业局造林科科长

（续）

黑龙江省		
李成伟		鹤岗市林学会秘书长
宋诗利		七台河市林业局技术推广站站长
房敏杰		黑河市林业局局长
刘丽华	（女）	绥化市林业局造林科科长
顾百文		望奎县委书记
杨本涛		齐齐哈尔市青年林场工人
李　勇		大兴安岭地区绿化委员会办公室主任
王修文		佳木斯孟家岗林场工人
周明成		呼玛县林业局局长
邝玉珠		大庆市大同区红旗林场护林队队长
胡秀云	（女）	十八站林业局苗圃副主任
岳　宝		伊春市乌马河林业局工人
解亚春		大兴安岭林业集团森林经营部副主任
张学武		省林业厅计划处处长
牛振文		明水县明水镇民乐村农民
仉玉祥		农垦宝泉岭管局绿化委员会办公室主任
黄伟国	（女 满族）	五常市二河乡辛庄村农民
闵　伟		柴河林业局副总工程师
杨传林		绥阳林业局营林科科长
李国军		松花江林管局高工
王秀敏	（女）	农垦建三江管局创业农场工人
杨　斌		鹤立林业局局长
于春友		金山屯林业局营林科副科长
吕允强		莲江口农场有限公司总经理
王文毅	（女）	省森工总局林木种子站站长
高祥利		大庆市城管委绿化委员会办公室副主任
刘士明		加格达奇林业局工人
孙　伟		中国人民解放军65165部队营房处处长
王丽莉	（女）	绥化市妇联发展部科长
黄清新		友好林业局绿化施工队队长
上海市		
周玲琴	（女）	普陀区社区绿化管理所所长
朱建华		上海市林业总站站长
张振国		上海市黄浦江上游堤防管理所所长
沈　强		上海鲜花港企业发展公司副总经理

（续）

上海市		
王　燕	（女）	上海汇龙园林绿化建设工程公司经理
邹锦忠		崇明县农业委员会副主任
钱　军		金山区园林管理署署长
易解放	（女）	“NPO 绿色生命”组织理事长
王宝华		上海漕河泾开发区园艺发展公司总经理
蔡铭鸿		黄浦区绿化管理所所长
张　浪		上海市绿化和市容管理局处长
蔡　杰		闸北区绿化管理署副署长
吴四军		奉贤区农业委员会主任
龚燕峰		上海沪宁实业公司部门副经理
姚仁忠		上海交通大学后勤保障处副处长
王建平		上海静安园林绿化发展公司部门经理
董政云		上海铁路局高工
薛　松		宝钢发展有限公司经理
江苏省		
章美英	（女）	无锡南长园林绿化工程有限公司养护所工人
陈小冬		溧水县人民政府副县长
吴林林		南京市浦口区林业局林业科科长
赵志刚		徐州市贾汪区农委主任
王志华		苏州高新区阳东林场工人
江兴荣		常州市绿化委员会办公室副主任
江尧凯		云台山风景区管委会山东分场工人
吴　珂		无锡市规划局规划科科长
靳彩英	（女）	金坛市园林管理处主任
许小玲	（女）	镇江市京口区谏壁街道林业队工人
刘慧平		徐州市财政局农业科科长
朱进华		南通市农业资源开发局高工
鲁金武		连云港市绿化委员会办公室副主任
高冬平		苏州市林业站站长
郑加琴	（女）	淮安市林业局林政科科长
吴希从		南通市林业局林业科副科长
胡建军		江苏月亮山生态农业发展有限公司董事长
符文华		盐城市林业局局长
周　林		建湖县林业站站长
朱柏兴		扬州市林业局局长

（续）

江苏省		
郑阿宝		省林业局造林处处长
杨　波		宿迁市绿化委员会办公室主任
程向东		宿迁市宿城区林业站站长
孙　进		省军区绿化委员会办公室主任
吴建华		扬州市林政科科长
胡利民		靖江市林业中心主任
殷亚南		镇江市农委林业站站长
浙江省		
楼　君	（女）	富阳市林业局林技推广中心工程师
胡卫平		桐庐县瑶琳镇舒家村农民
叶建新		建德市林业局经济师
夏慧海		泰顺县林业局助理经济师
钱素芳	（女）	洞头县农林水利局经济师
林　毅		海宁市委书记
周卫文		嘉兴市秀洲区新塍镇农技服务中心工人
章根明		长兴县委书记
陈林泉		安吉县林业局高工
何加顺		绍兴县委书记
李苏萍	（女）	嵊州市林业局森防站高工
翁正辉		金华市林业局工程师
王忠明		义乌市林业局副科长
赵文刚		浦江县杭坪镇程家村农民
陈　雁	（女）	衢江区林业局高工
毛小健		江山市新塘边镇日月村农民
贺位忠		舟山市农林局高工
钱晓红	（女）	舟山市市政园林管理局高工
周先苗		温岭市委书记
庞伟峰		台州市林业局办公室主任
阮秀春		丽水市生态公益林管理站高工
祝先明		丽水市莲都区林场工人
潘文英	（女）	青田县林业局工程师
陈　林		杭州市绿化委员会城区绿化委员会办公室工程师
陈纪蔚		《浙江日报》记者
陈征海		省森林资源监测中心教授级高工
陈顺伟		省林业科学研究院研究员
华正媛	（女）	衢州市森林病虫害防治检疫站站长
何彭君		杭州钢铁集团公司安全环保处副处长

（续）

安徽省		
徐　进		淮南市林业局局长
王劲松		芜湖市林业局工程师
周菊香	（女）	无为县城北园艺场总经理
陈景涛		滁州市林业局副局长
梁　红	（女）	淮北市林业局高工
陈继东		六安市林业有害生物防治检疫局局长
邹怀斌		淮滨园艺有限责任公司总经理
王新生		涡阳县林业局高工
宋　超		铜陵县林业局副局长
陈义周		宿州市森林病虫防治检疫站高工
苏元功		马鞍山市林业工作站高工
余仁富		宣城市林业局局长
黄其宏		宣城天宇生态林业开发有限公司总经理
刘　斌		武警安徽省总队后勤部营房处处长
李文化		阜阳市林业局局长
段金超		合武铁路安徽有限公司高级工程师
孙亚洲		太和县林业局森防站工人
胡　志		合肥佳洲园林绿化有限责任公司董事长
程月平		黄山市屯溪新潭果亭山名优水果生产基地农民
梅国胜		合肥市林业和园林局局长
李金珠		淮南矿业集团绿化委员会办公室科长
陈伯云		桐城市林业局局长
刘　韶		蚌埠市林业局科长
司开国		宿松县林业局局长
葛家德		安徽省皖北煤电集团公司董事长
王贵松		池州市贵池区林业局营林站站长
吴五九		青阳县五九农业发展有限公司总经理
张新法		省绿化委员会办公室副处长
福建省		
李周坤		福州市林业局林场处主任
戴荣宗		长泰岩溪国有林场工人
谢绍舟		云霄县人大常委会副主任
林　郁	（女）	福州市白马河公司管理处工人
连硕卿		德化县林业局局长
林安娜	（女）	泉州集源林果有限公司农民

（续）

福建省		
林金泉		福州市交通运输委员会高工
陈美高		三明市林业局副局长
苏定土		安溪县桃舟乡桃舟村农民
郑成华		莆田市城厢区人民政府副区长
蔡炳辉		尤溪县国有林场工人
张文旭		南平市延平区林业局局长
金　文	（女）	漳州市园林管理局工程师
陈巧梅	（女）	福建三钢（集团）三明化工有限责任公司工人
陈昌平		省直机关绿化委员会办公室副主任
蔡金清		莆田市林业局营林技术推广站站长
聂耀洪		武平县林业局局长
黄爱芝	（女）	浦城县铁炉村农民
吴　勇		宁德市林业局副局长
任　锋		中国人民解放军73303部队后勤处股长
邱维坚		古田县林业局局长
吴沂隆		连城邱家山国有林场场长
任建设		省林业厅林政处处长
修连金		龙岩市公路局长汀分局工人
林同龙		南平市林业局速生丰产林基地办公室主任
陈丽英	（女）	惠安县小岞林场农民
黄文书		省纪委驻福建省林业厅纪检组组长
肖善颖		共青团福州市委青年农村工作部部长
江西省		
古福长		于都县靖石乡黄沙村农民
涂传建		南昌市林业局副局长
陆主生		九江市林业局副局长
邹莲英	（女）	峡江县水边镇湖洲村农民
雷必春		安义县林业局党委委员
熊道牛		南昌市青云谱区城乡建设局局长
廖铅生		萍乡市林业局总工程师
吕灵郎		景德镇市林业局副局长
叶长娣	（女）	赣县林业局总工程师
黄敬怡		赣州市林业局副局长
邹吉和		乐安县戴坊镇农民
李苏荣		宜春市林业局副局长
潘雪林		九江市中堂生态园林公司经理

（续）

江西省		
简建新		新余市林业局副调研员
温小遂		省林业有害生物防治检疫局工程师
江　波		贵溪市林业局局长
余红梅	（女）	宜春市飞宇竹业集团总经理
刘远标		全南县林业局局长
饶玉喜		喜果绿化有限公司董事长
万冬梅	（女）	铅山县委书记
康国华		吉安县森林病虫防治检疫站站长
王志强		上饶市森林公安局局长
丁光明		省交通运输厅基建处主任科员
刘　曦		吉安市吉州区人民政府副区长
傅　明		抚州市林业局调研员
吴茂林		金溪县企业家联合会副会长
程　晖		省政府办公厅秘书一处副处长
梁小文		江西天人生态股份有限公司董事长
饶新明		九江市庐山区林业局局长
山东省		
周庆明		省林业厅造林绿化处处长
安道升		烟台市福山区东厅街道办事处丁家夼居委会农民
纪葆东		东营市林业局局长
辛兆年		济南市历城区仲宫镇高而办事处林业站工人
陈景和		省林业监测规划院研究员
刘相连		平邑县流峪镇北申庄村农民
孙来斌		淄博市林业局局长
周玉峰		济宁市林业局经济师
赵延奎		梁山县林业局局长
孙增富		莱芜市林业局高级工程师
林东全		冠县林业局副局长
刘德玺		省林科院研究员
秦道战		荣成市林业局局长
王　翔		共青团山东省委主任科员
李增峰		中国人民武装警察部队山东省总队环保绿化委员会主任
李政玉		省教育厅高校后勤处副处长
李宜文		日照市林业局高级工程师
刘运伟		郓城县林业局局长
陈丕玲	（女）	新泰市青云街道办事处林业站高级农艺师

（续）

山东省		
张光峰		滨州市人民政府市长
姚学让		泰安市岱岳区林业局局长
邵　伟		临沂市林业科技推广中心副主任
张明财		烟台市林业局副局长
刘传利		滨州市林业局站长
李方明		昌邑市林业局书记
张举恒		德州市林业局高级工程师
侯　林		济南市林业局副局长
邵明柱		枣庄市林业局高级农艺师
王玉昌		莱芜钢铁集团有限公司副总经理
河南省		
胡冬梅	（女）	鸡公山国家级自然保护区管理局高级工
姜现钊		郑州市林业局党委书记
王家田		省国有桐柏毛集林场高级工程师
陈新房		开封县林业局副局长
郭朝蓝		鹤壁市林业局森林资源管理科科长
张玉琪		洛阳市林业局局长
师军杰	（女）	漯河市林业和园林局科长
王清河		平顶山市林业局局长
吉彩霞	（女）	三门峡市林业和园林局经济师
梁仲明		安阳市森林公安局局长
朱玉正		焦作市林业局局长
李中福		济源市林业局科长
李金明		濮阳市林业局副局长
徐　忠		省林业厅办公室主任
刘纳新		许昌市林业局副局长
蔺建伟		河南电视台新闻中心记者
张亚民		商丘市林业局副调研员
王纪祥		中国人民武装警察部队河南省总队开封市支队支队长
杜民庄		周口市林业局局长
杨志超		河南黄河河务局高级工程师
宋国恩		驻马店市林业局副局长
赵　翔		交通运输厅计划处科长
吕本超		省林业厅造林绿化管理处副处长
薛崇林		共青团河南省委农村部部长
李学章		郑州铁路局铁路林业局局长
李学锋		中国人民解放军72495部队基建营房处助理员

（续）

河南省		
薛富生		河南日报报业集团大厦物业管理公司经理
李芳娟	（女）	濮阳市妇女联合会妇女发展部部长
张清学		安阳钢铁集团有限公司副总经理
湖北省		
孙志强		枣阳市太平镇寺庄村农民
操朝阳		武汉市江夏区林业局局长
罗利华		湖北中烟工业有限责任公司生产部经理
罗应中		黄石市林业局局长
权　力		十堰市林业局总工程师
杜支虎		宜昌市林业局副局长
邓学基		房县森林病虫害防治检疫站站长
丁次平		荆州市林科所所长
向德友	（土家族）	恩施市龙凤镇凉风垭林场农民
李德明		襄阳市林业局副局长
蔡瑞平		鄂州市麻羊垴林场场长
王　玲	（女）	荆门市委书记
李文乔		红安县森林病虫害防治站站长
谢蔗麟		云梦县林业局局长
罗家林		华润电力湖北有限公司总经理
樊金先		黄冈市黄州区林业局局长
徐合军		潜江市林业局林场科科长
张宏胜		咸宁市林业局副调研员
胡守挚		随州市林业局总工程师
刘书泉		神农架林区林业管理局局长
胡云权	（土家族）	利川市林业局总工程师
谢玉祥		仙桃市林业局局长
谢寒松		长寿林场场长
杜　平		省委政法委办公室调研员
李　宏		中南财经政法大学后勤集团总经理
赵育民		省委农办秘书处调研员
李新水		省林业厅副厅长
胡必平		省林业调查规划院总工程师
张学运		武汉钢铁（集团）公司后勤集团公司绿化公司经理
湖南省		
肖志伟		邵阳市双清区火车站乡莲荷村农民
张庆红		长沙县人民政府县长

（续）

湖南省		
刘真茂		宜章县长策乡护林员
张　令	（女）	宁乡县绿化委员会办公室专职副主任
粟多兴	（侗族）	会同县金龙乡地灵村农民
夏昌武		株洲市绿化委员会办公室主任
李乐文		茶陵县虎踞林场场长
袁建芳	（女）	韶山市绿化委员会办公室专职副主任
陈浴清		湘乡市林业局高级工程师
唐贵琳	（女）	常宁市弥泉林场党委书记
廖立鹃	（女）	衡阳市园林管理处南郊公园副主任
曾铁钧		邵东县林业局局长
郑长生		张家界市永定区大坪镇森工林场场长
易少满		岳阳市林业局退耕办副主任
张耀忠		常德市林业局高级工程师
龙新毛		省林业厅造林处处长
何运才		湖南森华集团有限公司董事长
龚新智		新田县委书记
许玲丽	（女）	常德市石门县林业局造林股股长
蒋红星		省绿化委员会办公室专职副主任
鄢丙顺	（土家族）	张家界市武陵源区协合乡林业管理站站长
王学琳	（女）	岳阳县林园生态农业科技有限公司董事长
邓少林		郴州市林业局副局长
徐琼花	（女）	益阳市绿海园林有限公司董事长
丁建国		怀化市林业局总工程师
黄远军		蓝山县木材总公司工人
周首一		冷水江市林业局工程师
丁子健		湘西土家族苗族自治州绿化委员会办公室主任
广东省		
周春生		佛山市林业局副局长
杨宏宇		广州市林业和园林局绿化管理处主任科员
黄健文		珠海市斗门区林业局营林股股长
罗育平		韶关市林业局局长
吴天佑		汕头市林业局营林科科长
陈文沛		广州市番禺区城市管理局营林绿化管理科科长
刘水洪		仁化县黄坑镇林茂联办林场场长

（续）

广东省		
叶碧华		广东东源康禾省级自然保护区管理处主任
陈光胜		龙川县林业科学研究所所长
甘林昌		平远县林业局营林股股长
李珍凤	（女）	梅县天草农业发展有限公司经理
严朝东		东莞市大屏嶂森林公园管理处主任
林卓斌		中山市南区林业站站长
江雪梅	（女）	茂名市林业局营林科科长
文锦柱		鹤山市林业局科员
范美仙	（女）	阳春市森林病虫害防治检疫站站长
李观翔		湛江市林业局副局长
陈荣雄		德庆县林业局副局长
冯秋林		广宁县古水镇林业站站长
何建伟		清远市自然生态区管理处主任
叶宝鑑		佛山市南海区绿宝生化技术研究所所长
曾球根		清远市林业局营林科科长
张仕平		潮州市林业局局长
林怀建		揭阳市林业局营林科科长
吴国辉		省连山林场巾子工区副区长
梁树源		云浮市林业局科长
于　海		广东曲江罗坑鳄蜥省级自然保护区管理处科长
刘祝赞		广东鸿利丰生物科技有限公司董事长
广西壮族自治区		
张旭均		合浦县常乐镇北城村会潘屋农民
颜　阳	（壮族）	南宁市绿化工程管理处副主任
蒋富先		桂林市资源县资源林场场长
韦玉林	（苗族）	融水苗族自治县林业局局长
吴昌应		巴马县民安林场场长
汪绪斌		柳州市园林局副局长
岑绍荣	（壮族）	西林县林业技术推广站站长
刘　洪		梧州市林业局营林科副科长
张建国		浦北县委书记
李　权		玉林市林业局营林科科长
李承棠		防城港市林业局局长
罗基同		自治区森林病虫害防治站站长
曹红羽	（女）	来宾市林业局书记
黄礼勒	（壮族）	崇左市林业科学研究所所长

（续）

广西壮族自治区		
黎有深		贺州市八步区林业局贺街林业站站长
李兴南		贵港市林业局局长
邱海萍	（女）	梧州市林木种苗站站长
李瑞龙		玉林市森林病虫害防治检疫站站长
李飞林		自治区高速公路管理局副局长
陈秋华		自治区林业厅厅长
张向京		来宾市绿化委员会办公室副主任
戴　军		自治区国有三门江林场场长
窦春林		容县公路管理局局长
尹国平		自治区林业厅营林处副站长
龙勇明		自治区国有钦廉林场场长
莫祝平	（女）	自治区林业勘测设计院副总工程师
吴前卫		广西军区后勤部基建营房处助理员
韦谋勇	（壮族）	融安县林业局副局长
海南省		
王敬华		临高县波莲镇和盛村农民
严　正		白沙黎族自治县县委书记
倪明强		省岛西林场场长
沈有孝		省林业厅营林处处长
黎丽霞	（女）	儋州市农业委员会营林科科员
韩松元		文昌市林业局副局长
莫燕妮	（女 黎族）	省野生动植物自然保护局调研员
刘　磊		海南鹦哥岭省级自然保护区管理站副站长
李之龙		海南鹦哥岭省级自然保护区管理站森林公安局副局长
林明衍		省农垦总局林业局局长
单憬岗		海南日报社记者
重庆市		
张成兴		万州区新田镇义和村农民
戴要武		重庆花卉管理处调研员
姚忠国	（苗族）	市教委基建后勤处调研员
冉　蕾	（女）	市妇联主任科员
黎　峰		市公路局养护管理处副处长
蒋家成		重庆市绿化委员会办公室副主任
易前应		重庆警备区助理员
杜锦兴		大渡口区农林水利局局长
唐学文		市水利局水土保持处处长

（续）

重庆市		
陈绍墉		北碚区林业局局长
高显强		市移民局副处长
廖光明		璧山县林业局局长
叶　青	（女）	共青团重庆市委员会副部长
罗六一	（女）	荣昌县林业局副局长
胡玉平	（女）	黔江区林业局纪检组长
张　明		云阳县林业局局长
黄朝忠	（土家族）	政协酉阳自治县委员会主席
白正彬		奉节县林业局局长
刘武洪		丰都县林业局局长
四川省		
陈云华		青神县南城镇兰沟村农民
刘　建		成都市高新区城管局综合处处长
刘慧英	（女）	自贡市林业局造林科副科长
谢建明		崇州市林业和旅游发展局局长
陈　宾		攀枝花市林业局造林处处长
黄永香		泸州市江阳区农林局绿化造林站站长
蒋大勇		省林业厅造林绿化管理处副处长
腾文霞	（女）	攀枝花市森林检疫站站长
郭荣跃		梓潼县林业局副局长
何　越	（女）	广元市林业局造林站副站长
杨佐忠		省森林病虫害防治检疫总站高级工程师
陈　仁		蓬溪县林业局副局长
钟光树		犍为县林业局造林股工人
张　俊		广汉市林业局副局长
曾永强		眉山市林业局绿化造林科科长
郭　杰		内江市市中区林业局局长
闫玉荣	（女）	渠县天星镇长青村农民
何修礼		南部县委书记
高进芬	（女）	宝兴县陇东镇崇兴村农民
周家兵		简阳市林业局副局长
毛志明		武胜县林业局林业技术推广站站长
益西泽仁	（藏族）	巴塘县林产品公司工人
马利春		宜宾市林业局副局长
帅　克		省财政厅副厅长
何永华		巴中市林业局副局长
杨利民		凉山州林业局总工程师
蒙嘉文	（回族）	若尔盖县林业局综合业务股股长

（续）

贵州省		
周映荷	（女）	贵阳市林业绿化局调研员
杨细妹	（女）	贵阳市顺海林场生产经营科科长
李远超		习水县土河林场高级技工
吴月英	（女）	遵义市林业局天保办主任科员
黄仕平		赤水市林业局副局长
骆寿珍	（女）	紫云县达帮乡林业工作站站长
刘永达		平坝县天龙镇林场护林员
王德智	（水族）	黔南州天保工程管理中心主任
项德友	（苗族）	大方县兴隆乡狮子村农民
乔国斌	（水族）	贵州桥盛农业综合开发有限责任公司总经理
王应兴	（布依族）	望谟县复兴镇第十村农民
邓锦光		黔东南州人民政府秘书长
杨　怡	（女 苗族）	黔东南州林业局林改办高级工程师
吴启能	（侗族）	岑巩县水利局局长
吴乃刚		江口县林业局助理工程师
钟兴和		铜仁市碧江区林业局营林科科长
糜小林	（女）	毕节市林业局办公室副主任
王启翠	（女）	六枝特区郎岱镇林业站站长
黄佑伦		赫章县综治委办公室副主任
韦兴林	（布依族）	兴仁县林业种苗站站长
蒋敏关		盘县林业局副局长
綦山丁		省营林总站站长
刘隆德	（苗族）	省林业调查规划院高级工程师
宋志鑫		中国人民武装警察部队贵州省总队铜仁支队后勤处助理员
王　琪		省军区后勤部基建营房处助理员
云南省		
王小苗		陆良县龙海乡树搭棚村农民
王家云		陆良县龙海乡树搭棚村农民
王长启		陆良县龙海乡树搭棚村农民
王云方		陆良县龙海乡树搭棚村农民
王开和		陆良县龙海乡树搭棚村农民
王德映		陆良县龙海乡树搭棚村农民
王家寿		陆良县龙海乡树搭棚村农民
王家德		陆良县龙海乡树搭棚村农民
和晓水	（纳西族）	昆明市海口林场工人
张艳春		寻甸县林业局总工程师
谢云华	（女）	曲靖市绿化委员会办公室主任
和健全	（白族）	兰坪县林业局营盘营林站站长

（续）

云南省		
蒋远福		省委机关事务管理局副局长
陈桂芬	（女）	玉溪市林业局营林站副站长
赵晓静		财政厅农业处处长
赵学瑛	（女 白族）	香格里拉县林业局工程师
卫官祥		红河州林业局局长
李天俊	（彝族）	云南财经大学校园管理中心高级工程师
钟　楠		师宗县林业局局长
刘菊梅	（女 彝族）	丘北县温浏乡小丁响村农民
西艳芳	（女 满族）	临沧市临翔区林业局副局长
王　芳	（女 哈尼族）	镇沅县恩乐镇团结村农民
和郁荣	（纳西族）	丽江市林业局副局长
李怀宝		大理州怀宝经贸有限责任公司董事长
彭德伟		云南祭龙苗木绿化工程有限公司总经理
程汝青	（傣族）	省林业厅助理调研员
傅中见		省住房和城乡建设厅工程师
宋　平	（傣族）	澜沧县林业局局长
徐　良		昭通市林业局天保退耕办主任
果永洪	（彝族）	大姚县桂花乡小河村农民
余家书		楚雄州林业调查规划院院长
卓刚华		威信县国营林场工人
王亚丽	（女 白族）	云南林业职业技术学院教授
西藏自治区		
何国庆	（女）	林芝地区林业局科长
索朗伦珠	（藏族）	日喀则定结县林业局副局长
索朗次仁	（藏族）	日喀则地区林技中心主任
次旦央金	（女 藏族）	曲水县林业绿化局局长
白　玛	（藏族）	山南地区乃东县林业局局长
张友明		山南地区林业局中心苗圃高级工程师
索朗益西	（藏族）	山南地区洛扎县边巴乡柏日村农民
次仁德嘎	（女 藏族）	那曲地区林业局科长
仁青郎加	（藏族）	昌都地区林业局中级工
白玛桑珠	（藏族）	那曲地区索县林业局局长
陕西省		
党黑谋		西安市林业局造林处副调研员
田志平		西安市市容园林局园林绿化管理处处长
李　红	（女）	高陵县农林局林政科科长

（续）

陕西省		
李天宏		西安市现代化综合苗圃高级工
胡志友		榆林市子洲县林业局局长
叶竹林		榆林市横山县治沙绿化办主任
王志兰	（女）	榆林市定边县郝滩镇高寨子村农民
马明富		延安市绿化委员会办公室主任
金小平		延安市富县林业局局长
李忠宏		铜川市林业局副局长
郭全建		宝鸡市林业局总工程师
闫玲芳	（女）	麟游县崔木镇三义村农民
石民哲		咸阳市彬县林业局局长
李润民		咸阳市旬邑县马栏林场助理工程师
王智锋		渭南市林业局副局长
孙忠庆		渭南市澄城县林业局局长
雷莉红	（女）	汉中市宁强县森林病虫防治站站长
宁海坤		陕西润丰园林景观工程有限公司董事长
罗　钢		安康市林业局副局长
吴安金		石泉县林业局副局长
刘代存	（女）	平利县城关镇纸房沟村农民
王立栋		山阳县人民政府副县长
桂国华		商南县林海木业有限责任公司董事长
卢从祥		省绿化委员会办公室副主任
白亚平		省森林资源管理局副局长
赵宏义		宁西林业局两河林场工人
魏延安		共青团陕西省委农村青年工作部部长
甘肃省		
郑君善		玉门玉港实业有限公司董事长
杨　青		山丹县林业局局长
柳　枫		张掖市林业科学研究院技师
张得道		永昌县林业局局长
李发江		武威市林业局正高级工程师
郎得晨		兰州市林业局局长
赵　勇		甘肃银光化学工业集团有限公司园林绿化公司经理
牛志东		康乐县林业局长
魏永宏		通渭县林业局长
杨全洲		定西市森林病虫害防治检疫站站长

（续）

甘肃省		
王全顺		天水市林业局副局长
朱九林		平凉市林业局局长
牛忠本		泾川县飞云乡坡头村农民
杨兴成		宁县湘乐镇瓦窑村农民
刘庚怀		庆阳市湘乐林业总场梁掌林场工人
李生军		陇南市武都城区绿化指挥部办公室主任
王俊杰		陇南市康南林业总场清河林场副场长
索南加措	（藏族）	合作市林业局副局长
林学义		白龙江林业管理局迭部林业局高级工程师
白丰萍	（女）	敦煌市河州堡村农民
马赵飞		中国人民武装警察部队甘肃省森林总队兰州大队副大队长
张全民		小陇山林业实验局李子园林场场长
张可荣		三北防护林建设局局长
刘世增		省治沙研究所所长
陶　鹏		省军区后勤部基建营房处副营职助理员
青海省		
李长明		玛可河林业局副局长
项　智	（藏族）	贵南县居布林场护林员
夏吾才让	（藏族）	黄南州麦秀林场护林队队长
徐　勃	（女 藏族）	黄南州林业局林业技术推广站站长
韩生德	（撒拉族）	西宁市塔尔山林场护林员
张忠良		海北州林业(环保)局林业科科长
董守莲	（女）	湟源县林业站站长
刘明星		海东地区林业站站长
费兰春	（女）	互助县林业站高工
赵　昀	（女）	西宁市林业站高工
张全有		互助县李丰苗圃主任
卢元儒		海南州林业局副局长
马文乾	（女）	西宁市小桥苗圃主任
周有清		海北州门源县浩门林场场长
马生辉		湟源县林业局局长
马正彪		平安县林业局种苗站站长
宁夏回族自治区		
杨占峰		银川绿丰园源工程咨询有限公司总经理

（续）

宁夏回族自治区		
翟世霄		银川市园林（林业）管理局副局长
张廷谢		石嘴山市绿森林绿化产业公司工人
鄂海霞	（女）	石嘴山市大武口区林业技术推广中心主任
王国兴		青铜峡市林业局生态办副主任
吴兴耀		吴忠市园林局林业科科长
刘自祥		中宁县林业局局长
苗吸旺		海原县林业局林技中心高工
杨凤鹏		彭阳县林业局造林队队长
陈　凯		固原市六盘山林业局东山坡林场场长
荣　琦		自治区林业局植树造林与防沙治沙处调研员
赵世华		自治区葡萄花卉产业发展局研究员
宝　山		自治区森防总站正高级工程师
楼晓钦		自治区林业规划调查院总工程师
新疆维吾尔自治区		
陈龙贵		新疆伊犁龙坤农林开发有限公司总经理
亚力坤·司拉木	（维吾尔族）	泽普县林业局副局长
艾斯卡·卡吾力	（维吾尔族）	克孜勒苏柯尔克孜州林业局局长
席文明		巴音郭楞蒙古自治州绿化委员会办公室主任
王斌堂		哈密市林业局局长
刘允会		玛纳斯国家湿地公园管理局局长
张新平		呼图壁县二十里店镇斗工村农民
布尔勒克·哈甫多拉	（哈萨克族）	塔城地区林业局副局长
张　虎		克拉玛依区区委书记
金茂林		博尔塔拉蒙古自治州绿化委员会办公室专职副主任
崔永占		鄯善县林业局副局长
鄢　军		五家渠市城市建设管理处书记
李雪萍	（女 哈萨克族）	石河子市向阳街道办事处科员
谷忠义		乌鲁木齐市园林绿化工程队队长
郭　红	（女）	乌鲁木齐市米东区园林队副队长
段宏平		于田县林业局局长
王　文		阿瓦提县林业局局长

（续）

新疆维吾尔自治区		
杨兆清		富蕴县林业局局长
曾　赟		自治区住房和城乡建设厅城建处副处长
王毅民		宝钢集团新疆八一钢铁有限公司绿化委员会副主任
王永昌		中国石油吐哈油田矿区服务事业部物业管理部科长
陈　梦	（女）	新疆林业有害生物防治检疫局局长
赵德刚		新疆天山西部国有林管理局特克斯林场副科长
黄　峰		中国石油乌鲁木齐石化公司矿区服务事业部环卫绿化中心副经理
卢本荣		新疆军区联勤部基建营房处副处长
新疆生产建设兵团		
龚新富		农一师十团林业工作站副站长
唐自力		农四师六十三团林业工作站站长
吴大江		农八师一四七团林业工作站站长
程雪飘		农十二师林业局副总农艺师
大连市		
倪伟东		大连市林业局造林处处长
汪家林		普兰店市人民政府副市长
栾振芳		庄河市林业局局长
王长学		瓦房店市林业局书记
柳丽芳	（女）	大连中山区桂林街道办事处工人
宁波市		
华　伟		北仑区区长
张冠生		宁波市林业局绿化造林与林业经济处副处长
陈建江		镇海区城管局局长
王云华	（女）	江东区绿化委员会办公室工程师
张俙何		宁波永丰园林绿化建设有限公司农民
厦门市		
许百春	（女）	集美区农林水利局高工
陈沾水		同安区林业工作站高工
许海燕	（女）	市绿化委员会办公室调研员
艾火庆		思明区旅游园林局工程师
王英明		湖里区社区公园管理中心工程师
青岛市		
郭仕涛		青岛市林业局总工
陈　虹	（女）	青岛市林业局造林处处长

（续）

青岛市		
王修吉		胶州市林业局局长
董治良		胶南市林业局副局长
李德茂		青岛港(集团)有限公司港运公司经理
深圳市		
宋建春		深圳市城管局副局长
梁敏国		坪山新区城管局主任科员
陈永新		光明新区公明农林水务办公室主任
巫　冰		深圳市公园管理中心人民公园工人
陈　萃	（女）	深圳市绿化委员会办公室主任科员
中共中央直属机关		
宋京京	（女）	中共中央办公厅毛主席纪念堂管理局科长
李宝森		中共中央统一战线工作部办公厅副主任
宋守文		中共中央对外联络部机关服务中心机关服务部副处长
满朝旭		中央人民广播电台中国之声记者
刘彦龙		中共中央党校后勤服务中心副巡视员
张德臣		中共中央对台干部培训中心副主任
陈　雷		中共中央办公厅机要局副调研员
蒋志鹏		人民日报社管理保障局局长
雷向明		新华社机关事务管理局接待处处长
王柏森		中共中央纪律检查委员会机关综合服务中心副局长
谢井断		中共中央办公厅人事局高级技师
李正明		中国日报社高级编辑
王秋书		中国劳动关系学院总务处科长
石如龙		中国共产主义青年团中央委员会机关服务局党组书记
乔世英		中共中央直属机关事务管理局绿化委员会办公室主任
中央国家机关		
蒋善勇		财政部机关服务局行政资产管理处主任科员
侯兴祥		铁道部机关服务中心人防绿化处副主任
李彦君	（女）	农业部机关服务局行政管理处主任科员

（续）

中央国家机关		
王孟钊		国家税务总局机关服务局主任科员
郑维海		国家体育总局训练局行政处处长
黄秀生	（满族）	国家质量监督检验检疫总局机关服务局处长
肖东华		国家烟草专卖局机关服务局绿办主任
常广威		国家国防科技工业局综合司副处长
赵连杰		国务院国有资产监督管理委员会石化机关服务中心绿化委员会办公室主任
张晓林		中国人民对外友好协会绿化办主任
刘新伟	（女）	中国人民对外友好协会绿化队队长
庄中伟		中国农业银行干部培训基地主任
贺宝民		国务院机关事务管理局北戴河服务局房管处副科长
教育系统		
于延健		北京外国语大学绿化管理员
姚清明		北京大学校园管理服务中心绿化队队长
汪元超		西南林业大学校园环境管理中心主任
李春子	（女 朝鲜族）	吉林农业大学后勤处处长
李建华		福建省教育厅发展规划处副处长
储洪裕		青海大学副教授
铁道系统		
陈超美		西安铁路林业局局长
宋桂云	（女）	郑州铁路局洛阳建筑段白马寺林场副场长
于　铭		大秦铁路股份有限公司介休车务段主任
胡明亮		上海铁路局杭州林业绿化管理所所长
明芳武		昆明铁路局工务处副处长
高永峰		呼和浩特铁路局乌海工务段线路科副科长
石　岩		哈尔滨铁路局农林管理所主任
单德礼		济南铁路局兖州工务段绿化委员会办公室主任
交通系统		
郭洁平		中国海事服务中心主任
任美龙		广东省公路管理局副局长
孙国华	（女）	北京市交通委员会路政局昌平公路分局科员

（续）

交通系统		
胡晓亮		宁夏公路管理局银川分局助理工程师
朱汉轩		中华人民共和国广东海事局汕头航标处航标工
水利系统		
雷启祥		黄河水利委员会天水水土保持科学试验站副站长
杨树江		水利部淮河水利委员会水土保持处综合治理科科长
廖建文		中水珠江规划勘测设计有限公司水保生态设计院院长
张长印		水利部水土保持监测中心副主任
沈　莹		水利部交通运输部国家能源局南京水利科学研究院综合服务中心副主任
胡丹文		长江水利委员会水土保持局副调研员
农业系统		
崔泽民		农业部发展计划司行业规划二处处长
黄　涛		农业部畜牧业司草原处主任科员
王卓然		农业部草原监理中心调研员
苏红田		全国畜牧总站农业部草业产品质量监督检验测试中心副主任
徐　鸿	（女）	中国农垦经济发展中心技术推广处副处长
赵映红	（满族）	黑龙江省农垦九三管理局林业局局长
全国总工会		
曹左峰		中华全国总工会北戴河疗养院工会主席
孙玉柱		工人日报社副主任
姜　涛		商河县县委书记
张羡洲		中国平煤神马能源化工集团有限责任公司林业处处长
郝峻青		山西焦煤西山煤电西铭矿矿长
共青团中央		
尹　婋	（女）	共青团中央农村青年工作部处长
张　正		共青团辽宁省委员会农村青年工作部部长
李晓林		共青团沁阳市委团委书记
李立红	（女 满族）	中国青年报社主任编辑
王秀海		山东久久绿化林木花卉种植园总经理

（续）

全国妇联		
王淑琴	（女）	北京市延庆县园林绿化局副局长
扈长艳	（女 满族）	辽宁省新宾满族自治县永陵林场工人
俞菊香	（女）	浙江省淳安县千岛湖林场副场长
郭变花	（女）	河南省林州市东姚镇石大沟村农民
谢美见	（女 土家族）	重庆市妇联农村部部长
中国石油天然气集团公司		
党满仓		青海油田公司社区管理中心园林公司经理
张友才		华北油田公司华佳综合服务处副处长
钟福斌		辽阳石化公司行政事务管理中心科长
夏洪流		独山子石化公司矿区服务事业部园林绿化公司经理
寇育郡		乌鲁木齐石化公司矿区服务事业部助理工程师
董　霖	（女）	中国石油天然气管道局矿区服务事业部高级主管
李永富		中国石油化工集团胜利油田公共事业管理部副主任
柯宏华	（女）	中国石化集团茂名石油化工公司综合管理部主任科员
郭庆成		中国石油化工股份有限公司天津分公司科长
肖铁岭	（满族）	中国石化集团西南石油局基地管理处处长
汤静青	（女）	中国石化集团北京燕山石化有限公司生活社区服务管理中心副部长
罗顺友		中国石化集团江汉石油管理局公共事业处处长
中国人民解放军(25 人，略)		
中国人民武装警察部队(8 人，略)		

【“中国武警十大忠诚卫士”——王兴坤】 6月9日，武警部队党委授予武警森林指挥部直升机支队飞行一大队大队长王兴坤“中国武警忠诚卫士”荣誉称号。

王兴坤，男，汉族，1978 年 9 月出生，1997 年 8 月入伍，大学文化，中共党员，少校警衔，国家一级飞行员。荣立二等功 1 次、三等功 2 次，2 次被评为飞行训练标兵，3 次被表彰为优秀共产党员，被评为森林部队“绿色卫士”。王兴坤先后驾机参加“和平使命—2009”中俄联合军演、“绿色卫士—11”灭火实兵演习等重大任务，安全飞行 1840 多小时、4400 多架次，执行 130 余架次灭火任务，被誉为国家森林生态安全的“空中守护神”。他潜心钻研、刻苦攻关，掌握多种气象条件下飞行技能，成为支队首名“昼简单气象”和“夜简单气象”指挥员。先后完成最大载重吊桶、最长时间空中悬停、最低气温下启动等高难度试飞课目，验证50多项技战数据，改进170余个技术问题；编写《森林航空消防领航规范》《吊桶、吊囊飞行手册》等6部教材，填补国内森林消防直升机训练空白。

【“舍身为民抗洪勇士”——张池】 11月22日，武警部队党委决定，追授武警吉林省森林总队白山市支队露水河大队四湖中队代理排长张池“舍身为民抗洪勇士”荣誉称号。

张池，男，汉族，吉林省长岭县人，1989年9月出生，2007年12月入伍，2009年11月加入中国共产党，高中文化，中士警衔，3次荣立三等功，2010年被白山市委市政府评为“抗洪抢险先进个人”。2013年8月16日，在执行抚松县露水河镇抗洪救援任务中，张池带领救援小组转移、疏散、营救群众52人。在连续9个小时与洪水搏斗中，张池为解救遇险群众被洪水卷走，壮烈牺牲。10月22日，中共吉林省委、省政府追授张池为“吉林省防汛抗洪抢险救灾勇士”荣誉称号。

【一等功——贾宝龙】 11月22日，武警部队党委为森林指挥部机动支队原副支队长贾宝龙追记一等功。

贾宝龙，男，汉族，河南省方城县人，1966年5月出生，1985年11月入伍，中共党员，研究生学历，正团职，上校警衔。先后荣立三等功5次。2013年8月10日，湖南省娄底市冷水江市和新邵县发生森林火灾，贾宝龙在指挥部队成功扑灭江西上饶森林火灾后，即刻赶赴湖南省冷水江市禾青镇森林火灾现场指挥灭火作战。8月15日16时许，贾宝龙在火场与地方联指人员研究灭火后清理方案时，受小气候影响，火场风力突然增至7级以上，火线复燃，形成火旋风。危急关头，贾宝龙立即组织身边人员向安全地带撤离避险，成功脱险，贾宝龙被大火吞噬，壮烈牺牲。2013年8月17日，森林指挥部批准贾宝龙为革命烈士。

【一等功——王兴坤】 11月26日，武警部队党委为森林指挥部直升机支队飞行一大队大队长王兴坤记一等功（事迹见荣誉称号）。

【一等功——朱　江】 11月11日，森林指挥部党委决定，为四川省森林总队阿坝支队马尔康大队二中队中士朱江记一等功。

朱江，男，陕西周至人，1985年9月出生，2005年12月入伍，2010年12月入党。2013年“4·20”芦山地震发生后，朱江带领司训队战士冒着余震进入随时会垮塌的危房，从废墟中抢救粮食和各类生活物资3000余千克，开设宿营地，搭设帐篷300余顶；带领战友昼夜抢通，疏通受阻路段10余千米。在抗震救灾的15个日夜里，朱江和战友们帮助灾区群众搬运救灾物资20余吨，排除9处16个危房、松石险情，协助地方政府动员、转移19户群众。（管黎丽）

各省、自治区、直辖市林业

22

北京市林业

【概　述】 2013 年，全市新增造林绿化面积 2.95 万公顷，新增城市绿化面积 1100 公顷，改造绿地 583 公顷，新建城市休闲公园 27 处，全市林木绿化率达到 57.4%，同比增长 1.9%，森林覆盖率达到 40%，同比增长 1.4%，城市绿化率达到 46.8%，同比增长 0.6%，人均公共绿地面积达到 15.7 平方米，同比人均减少 0.2 平方米，超额完成平原造林任务，共造林 2.43 万公顷，比计划造林 2.33 万公顷，超额完成 0.09 万公顷。植树 1700 万株。2012 年至 2013 年，全市已完成平原造林 4.11 万公顷，植树 3300 多万株，平原地区的森林覆盖率提高了 6%，取得显著的生态、经济、社会效益，成功举办第九届中国(北京)国际园林博览会，完成市委、市政府和首都绿化委员会第 32 次全会部署的各项任务。

【超额完成平原地区造林工程】 按照市委、市政府完成平原造林任务 2.33 万公顷的部署，超额完成造林任务，共造林 2.43 万公顷，植树 1700 万株。2012～2013 年，全市完成平原造林 4.11 万公顷，植树 3300 多万株，平原地区的森林覆盖率提高了 6%。平原造林按照“两环、三带、九楔、多廊”(“两环”，即五环路两侧各 100 米的永久性绿化带，形成平原区第一道绿色生态保障，六环路两侧绿化带外侧 1000 米、内侧 500 米形成平原区第二道绿色生态保障；“三带”，即永定河、北运河、潮白河每侧不少于 200 米的永久性绿化带；“九楔”，指的是在 9 个楔形限建区，通过建设功能明确、规模适度的四大郊野公园组团和多处集中连片的大尺度森林，形成连接市区与城市外围、隔离新城之间、缓解热岛效应、生态作用明显的九大楔形绿地；“多廊”，即重要道路、河道、铁路两侧的绿色通道以及贯通各区域森林景观、公园绿地的健康绿道)的规划布局，集中打造“一园、三带、三廊、五区、四片”(“一园”，即一个东郊森林公园；“三带”，即永定河、北运河、潮白河 3 条生态景观带；“三廊”，即京平高速平谷段、104 国道、大广高速榆垡段 3 条生态廊道；“五区”，即六环路内通州台湖、丰台槐房、中关村森林公园、锦绣大地、朝阳东坝环铁五大特色区；“四片”，即房山燕化周边、昌平西部沙坑煤场、延庆蔡家河、密云西田各庄 4 个大型绿色板块)等 16 处大规模城市森林区域。截至 2013 年年底，平原地区千亩以上生态片林已达到 119 块，形成 11 处万亩以上大型绿色板块；平原造林突出科技支撑，制定《平原造林工程技术实施细则》，栽植各类树木达到 168 种，集成使用新技术、新材料达 100 余项；优先利用拆迁腾退地、废弃地、沙荒地、坑塘藕地，加大土地整理和生态修复，共实施拆迁 352 万平方米，营造生态景观林 0.67 万多公顷、湿地森林 0.11 万公顷；驻京解放军、武警部队，从 4 月 7 日至 5 月 6 日，历时 29 天，出动建制兵力 68 300 人次，民兵预备役官兵 26 200 人次，车辆 2830 台次，参加支援首都地区平原绿化造林工程，在海淀区中关村森林公园二期、昌平区南口农场煤场、沙荒地和马池口镇水南路砂坑等 39 个重点地段平整土地 141.6 公顷，挖树坑 208 594 个，运送树苗 18 300 余株，参与植树 551.67 公顷，铺设草坪 15 000 平方米，栽种各类苗木 63 200 株。

【城市绿色空间持续拓展】 推进规划建绿和补绿插绿，全年新增绿地 1100 公顷，改造绿地 583 公顷，新建城市休闲公园 27 处。全年新建公园、道路、居住区等各类规划绿地 563 公顷，丰台园林博览园、南大荒城市休闲公园绿化建设全面完成，正式对游人开放；怀柔雁栖湖生态发展示范区公共景观绿化工程年内开工绿化面积 152 公顷，栽植乔木 1.2 万株、花灌木 2.8 万株；永定河莲石湖景观提升工程完成绿地改造 35 公顷，为“五园一带”(“五园”，即城滨水公园、麻峪水源净化工程、永定河文化公园、晓月文化休闲园、园博园；“一带”，即滨河风景带)项目的顺利实施奠定良好基础；昌平未来科技城、门城滨水公园项目启动工程建设。

【增绿添彩成效显著】 全面实施见缝插树、补绿插绿、增绿添彩工程，积极开拓城市可绿化空间，在全市中心城区广泛开展见缝插绿工程；东城区实施“千棵大树”和“十万株攀援植物”进社区绿化加密工程；西城区开展以“植绿、爱绿、护绿”为主题的“小树苗”行动，鼓励广大居民充分利用社区空地、边角地、废弃地、房前屋后以及其他一切可利用空间，种花栽树，美化环境。

【立体绿化蓬勃发展】 各区县贯彻《北京市人民政府关于推进城市空间立体绿化建设工作的意见》精神，通过广泛动员、创新机制、开拓思路，大力推进屋顶绿化、垂直绿化建设，积极开拓城市立体绿色空间，全年共完成屋顶绿化 11 万平方米、垂直绿化 87 千米。

【城市休闲公园建设】 以代征绿地为土地来源，在居住区及人口密集区周边，大力开展生态型、服务型绿地建设。全年高质量完成新建公园绿地 450 公顷、改造公园绿地 90 公顷，提高城市公共绿地 500 米服务半径居住区覆盖率。

【北京健康绿道建设】 以“服务市民健康生活，推进滨河、郊野公园绿道建设”议案办理工作为契机，编制《北京市级绿道建设总体方案(2013～2017 年)》，确定北京市级绿道“三环、三翼、多廊”(“三环”，即沿二环路的环城公园绿道、第一道绿化隔离带的郊野休闲环绿道、第二道绿化隔离带的森林公园环绿道；“三翼”，即以三环、多廊绿道为中心向郊区延伸的东翼大河绿道、西翼山水绿道、北翼山水绿道；“多廊”，即沿昆玉河、永引渠、凉水河、通惠河等城市水系，由中心城向外辐射与三环绿道相连通的多条绿道）的总体布局；完成《北京市绿道建设工作意见》《北京绿道设计建设导则》《绿道标识系统设计方案》等文件；启动海淀三山五园绿道、丰台园博绿道、环二环绿道、温榆河滨水绿道等示范建设，其中三山五园绿道、园博绿道已获市发展改革委批复，开始施工建设；区县级绿道规划编制工作正在展开，其中顺义、丰台、大兴、通州等区级绿道规划区率先完成。

【开展最美社区创建】 各区（县）园林绿化局积极做好新建居住区批后监督工作，确保新建居住区按审定方案、标准实施建设，全年完成新建居住区绿化55公顷，主动与老旧小区综合整治牵头部门协调沟通，加强对老旧小区绿化建设的协调、指导、监督和技术服务工作，全市共完成100处老旧小区绿化改造，使居民生活环境得到直接改善。全年创建首都生态文明宣传教育示范基地10处，创建花园式街道4个、花园式社区58个、花园式单位148个、园林小城镇7个、首都绿色村庄86个。

【胡同绿化景观提升工程】 经过科学选址、征集民意、精心设计、精品建设，实施100条胡同街巷绿化景观提升工程。东城区重点打造南锣鼓巷、五道营、东花市大街等特色胡同街巷绿化美化工程，西城区以杨梅竹斜街为中心对大栅栏地区胡同进行成片改造，通过增种乔灌木、砌筑花池、栽摆时令花卉等方式，深受附近居民的喜爱。

【开展全民义务植树活动】 4月2日，党和国家领导人习近平、李克强、张德江、俞正声、刘云山、王岐山、张高丽等来到北京市丰台区永定河畔参加首都义务植树活动；3月25日，中共中央政治局委员、中央军委副主席范长龙，中共中央政治局委员、中央军委副主席许其亮，中央军委委员张阳、赵克石、张又侠、马晓天、魏凤和及中央军委、四总部和驻京部队的百名将军，来到大兴区南海子公园参加义务植树活动。中共中央政治局委员、北京市委书记郭金龙，市委副书记、市长王安顺，市委副书记吉林等市领导陪同植树；3月31日，来自中直机关、中央国家机关各单位的186名部级领导，在海淀区苏家坨镇平原造林工程项目区参加一年一度的共和国部长义务植树活动。市领导王安顺、吉林、叶青纯、李士祥、牛有成、赵凤桐、鲁炜、柳纪纲、张工、林克庆、张延昆、夏占义、闫仲秋等陪同植树；4月10日，全国人大常委会副委员长兼秘书长王晨，副委员长沈跃跃、吉炳轩、张平、艾力更·依明巴海、陈竺和全国人大常委会、各专委会部分组成人员，来到丰台区北宫国家森林公园参加义务植树活动，市人大常委会主任杜德印陪同；4月12日，全国政协副主席罗富和、张庆黎、苏荣、马飚、马培华和全国政协机关工作人员400余人，来到北京昌平区参加义务植树活动。市委副书记、市政协主席吉林，市政协副主席陈平、赵文芝、王永庆、马大龙、闫仲秋参加植树劳动。在今年义务植树活动中，16个区县、各街道乡镇共组织500多次主题义务植树活动，参与义务植树活动人数达58.3万人次、植树69.3万株；石景山区、西城区、海淀区组织碳汇宣传和购买主题活动，全市共有37个单位、3427人，通过购买碳汇的形式履行植树义务，共购买林业碳汇58.3万元。

【第29个首都义务植树日活动】 4月6日，首都第29个全民义务植树日期间，各区县、各系统、各单位绿化委员会（领导小组）以“弘扬生态文明、建设美丽北京”为主题，组织本区县、本系统、本部门干部群众开展形式多样的义务植树和绿化美化活动，据统计，全市共有150.1万人参加了形式多样的义务植树劳动。共动土方282.2万立方米，挖树坑158.2万个，栽植各类树木149.6万余株，养护树木491.2万株，清扫绿地1630.5万平方米，设立宣传咨询站944个，发放宣传材料738万份，出动绿色小信使6.3万名，悬挂宣传标语2788幅。

【“城乡手拉手、共建新农村”活动】 在西城区、怀柔区和延庆县开展“城乡手拉手、共建新农村”全面对接活动，各区县继续从多个层面稳步开展该活动，截至2013年年底，已有67个中央单位、190个市属单位、735个区属单位和56个驻京部队与651个村结成对子，通过提供绿化规划设计技术指导、提供绿化资金和苗木帮助、提供义务植树劳动支持、提供农产品销售市场信息、到新农村开展民俗旅游等多种形式提供绿化扶持资金达6326.6万元，植树15.6万株，支援郊区村庄绿化美化建设，改善农村村庄的村容村貌、拓宽郊区农民增收致富的渠道搭建新平台。

【推进小城镇城乡绿化一体化建设】 全市重点扶持小城镇绿化共5个镇，分别是顺义区北石槽镇、平谷区熊儿寨镇、怀柔区琉璃庙镇、密云县东邵渠镇、延庆县大庄科镇。据统计，5个小城镇共完成绿化266.8公顷，栽植乔木12.3万株，花灌木28.8万株，地被7.04万平方米。2013年，顺义区李遂镇、平谷区熊儿寨镇、怀柔区宝山镇、密云县东邵渠镇、昌平区阳坊镇、延庆县四海镇和珍珠泉乡、门头沟区妙峰山镇等8个镇参加园林小城镇创建活动；8个参加园林小城镇创建的镇共完成绿化841.5公顷，栽植乔木57.6万株，花灌木39万株，地被15.5万平方米。

【山区生态建设】 推进京津风沙源治理、三北防护林建设、太行山绿化等国家级生态工程，完成人工造林0.75万公顷、封山育林3万公顷，彩色树种造林0.15万公顷。完成森林抚育4万公顷，启动7个山区县森林健康经营示范区建设。完成区县、乡镇级公路河道绿化300千米。积极推进京冀生态合作，完成生态水源保护林建设0.67万公顷。

【造林营林建设】 完成造林营林面积8.67万公顷，其中：人工造林3.03万公顷，栽植各类乔灌木2324万株，超额完成3万公顷任务；营林任务中，森林健康经营林木抚育3.2万公顷、封山育林2.44万公顷，全市林木绿化率由2012年底的55.5%提高1.9个百分点达到57.4%，森林覆盖率由38.6%提高1.4个百分点达到40%。

【国家重点生态工程】 年内，国家京津风沙源治理、三北防护林建设、太行山绿化工程，完成人工造林0.73万公顷；封山育林2.45万公顷；三北防护林工程完成造林0.04万公顷、封山育林0.03万公顷，植树30万株；太行山绿化工程完成造林0.08万公顷、封山育林0.2万公顷，植树90万株。

【市级重点通道绿化】 年内，重点绿色通道111国道一期完成绿化面积0.08万公顷，植树34万株。同时，区县、乡镇级公路河道绿化完成300千米，植树180万株。

【林下经济发展】 6月14日，在景山公园，成功举办2013年北京市林下经济成果展，组织12个区县，57家林下企业、166种特色的林下经济产品参展，开通北京林下经济精品网，为林下经济产品的销售开拓更广阔的市场和渠道。年内，结合北京郊区林业和林地实际情况，因地制宜，以点带面，继续开展示范推广工作，通过林下中草药、林下仿野生食用菌、林缘玫瑰、治沙植物新材料示范、芳香类植物等为主要内容的示范建设，2013年在12个区县示范推广林菌、林药、林花、林粮等林下模式1万公顷。结合平原造林工程，积极开展林下经济模式示范建设，在保护景观效果和巩固生态建设成果的同时，提高林地综合效益，推动当地农民增收与绿岗就业，重点示范推广林花、林草、林粮等林下经济建设模式，种植面积突破0.47万公顷；编制《北京市林下经济发展总体规划》相关基础数据调查统计等前期准备工作。开展山区林下野生中草药及食用菌扩繁试验示范项目，引进示范种植桔梗、射干、知母、旱半夏等中草药，完成示范栽植365万株，面积23.33公顷；引进林下野生菌，完成猪苓、松蘑等菌种的栽植工作。

【湿地保护恢复力度不断加大】 推进野鸭湖、汉石桥和松山、百花山等重点湿地和国家级自然保护区建设，完成湿地恢复建设318公顷，推进3个湿地公园和2个湿地保护小区示范建设，结合平原造林工程，在通州、大兴等区县启动湿地恢复建设1066公顷。

【森林火灾防控】 加大森林防火投入，市、区县两级财政投入森林防火经费均超过亿元，全市森林防火数字通讯网完工，森林防火阻隔系统建设持续推进；完善森林防火联防机制，在军地联防上，武警森林指挥部机动支队第四次实施“靠前驻防”；在省市联防上，筹办京津冀晋蒙等华北5省（区、市）联席会议，制订《京津晋冀蒙交界区森林火灾联合处置应急预案》；严格森林防火队伍管理，全市113支专业森林消防队统一挂牌，专业森林消防队员实行统一考试，持证上岗，各山区县开展以水灭火专项演练；强化重点防控，制订专项方案，有针对性地加强部署、检查，完成园博会及“十八大”期间森林防火工作。森林防火重点时段租用直升机开展空中巡护，在重点森林防火区域喷洒阻燃剂10万千克，并开设隔离带、清理林下可燃物超过8万公顷。本年度森林防火期，共接报火警57起，同比下降了61%；形成一般森林火灾1起，与上年持平，未发生较大以上森林火灾。

【开展野生动物执法和专项行动】 森林公安系统以查处野生动物案件作为重点，对野生动物非法交易的上下线链条全程打击，开展“天网行动”，破获多起野生动物非法贸易重大案件；强化区域警务合作，逐步启动跨派出所、跨区县乃至跨省市警务合作，在“5·20”专案行动中，联合天津、河南、广东3地森林公安协同作战，抓获犯罪嫌疑人10名，查扣象牙制品390千克；全市开展区域性专项行动2次，协同破获刑事案件13起；稳步推进执法规范化建设，制定《森林公安工作规范》，明确对本市野生动植物案件的刑事管辖权，并强化内部培训，构建全新考评体系，严格执法质量。年内，全市共受立案428起，较去年同期366起增加17%，办理刑事案件67起，林业行政案件361起，刑事拘留83人，行政处罚490人次，涉案单位55个。其中，破获案件43起，同比增加126%，包括重大案件6起，特别重大案件13起。

【林木有害生物防治】 累计完成防治作业面积111.33万公顷次，无公害防治率达到100%，测报准确率达到98.45%，种苗产地检疫率达到100%，成灾率0.03‰，全市未发生美国白蛾灾害，全面完成国家林业局下达的“四率”（指林业有害生物的成灾率、无公害防治率、测报准确率、种苗产地检疫率）指标和美国白蛾防控任务。多层次争取防控资金，强化防控物资储备；加强重点地区、重点部位、重点路段、重点树种林业有害生物发生情况的检查、巡查和抽查工作；狠抓监测测报站点和测报基础设施建设与管理，重新修订《北京市林业有害生物监测预报管理办法》，并于2013年7月15日起正式施行；全力做好绿化造林工程林业植物检疫和园博会参展植物及其应检展品的检疫报关和服务保障工作；采取无公害防治技术措施，加大环境保护力度；探索承包防治、应急防控等社会化防治新模式，推动林业有害生物社会化防治试点工作。

【公园景区分级分类管理】 启动公园精细化管理三年行动计划，在26个试点公园建立“一制度六台账”（“一制度”，即公园管理制度，“六台账”，即年度工作台账、运营基础台账、绿化养护台账、安全管理台账、检查整改台账、游客投诉处理台账）管理模式；围绕治理会所中的歪风，开展公园高档餐饮和私人会所专项整治，引起较大反响。争取旅游资金对八达岭、百望山森林公园进行了配套设施提升改造，完成颐和园、天坛等一批历史名园的景观提升和环境改造。全市注册公园达到387个，精品公园达到100个，免费开放比例达到87%。

【第九届中国（北京）国际园林博览会成功举办】 5月18日至11月18日，第九届中国（北京）国际园林博览会在北京丰台永定河畔举办，本届园博会“化腐朽为神奇”，在原永定河建筑垃圾填埋场的基础上，因地借势实施最大规模的生态修复工程，建成永定塔、园博馆和主展馆三大标志性建筑、128个城市展园和公共展园，国内最大的下沉式花园——锦绣谷，整个园区总面积513公顷，绿化面积349公顷，开园以来，共接待国内外游客610万多人次。

【组织筹办2019年世界园艺博览会】 3月18日，市政府召开专题会议，研究2019年中国北京世界园艺博览会筹备等工作。市委副书记、市长王安顺主持会议。会议同意世园会办会主题和组织机构初步方案，并向国际展览局递交相关程序文件，完成国际组织进行实地考察的接待工作，国务院正式批复世园会组委会、执委会组织机构方案。

【第十一届中国(北京)菊花展举办】 9月26日至11月16日，在北京国际鲜花港举行本次花展，由中国风景园林学会、北京市园林绿化局、北京市顺义区人民政府、北京市公园管理中心、北京花卉协会共同主办，为期52天，主展区北京国际鲜花港吸引36座参展城市，打造20万平方米壮美大地花海，建设37个特色展园，云集千万花卉竞相开放，来自全国40个城市、80余家单位参展。

【筹办2016年世界月季洲际大会】 世界月季洲际大会是由世界月季联合会(World Federation of Rose Societies，以下简称WFRS)主办，各成员国承办的全球月季界的最高级别盛会，每3年举办一次。参加国家为WFRS成员国。在大会举办期间，将组织各成员国交流月季在栽培、造景、育种、文化等方面的研究进展及成果，展示新品种、新技术、新应用，为举办国和举办城市推介地区品牌、开展国际合作提供平台。世界月季联合会由世界各国月季协会组成，现包括英国、美国、法国、德国、中国等在内的41个成员国。北京市作为此届盛会的主办城市，成立了以市委副书记、市长王安顺为主任的组委会及议事协调机构。

【举办首届“国际森林日”植树纪念活动】 3月21日，全国绿化委员会、国家林业局在北京市东郊森林公园举办以“保护发展森林资源，携手共建美丽中国”为主题的首个“国际森林日”植树纪念活动，全国绿化委员会副主任、国家林业局局长赵树丛，联合国副秘书长吴红波，北京市政府党组成员、市平原地区造林工程建设总指挥部总指挥夏占义分别致辞，联合国森林论坛秘书长简·麦凯尔平等出席活动并参加植树。此次纪念活动由全国绿化委员会、国家林业局主办，首都绿化委员会办公室、通州区人民政府承办。参加首个“国际森林日”植树纪念活动的有来自联合国、外国使领馆和国际组织的代表，国家和北京市相关部门的干部职工，群众代表，驻京部队指战员，整个植树活动共栽下2000株银杏、白蜡、雪松和楸树等树木。

【“十一”期间景观布置】 完成庆祝中华人民共和国成立64周年、“十一”期间向人民英雄纪念碑敬献花篮等重大活动绿化环境保障和节日城市花卉布置工作，“十一”期间，全市共栽摆各色花卉1000余万株，布置立体花坛200余处，其中天安门广场及长安街沿线地区累计用花160万株、涉及100余个花卉品种。

【果树发展】 全市春季完成果树发展0.4万公顷、699.5万株，其中，新发展果树0.23万公顷、532.7万株，这其中有0.07万公顷新植果树是按照“矮化密植现代化果树种植管理”模式完成的，占新发展果树面积的29%，在面积比去年减少15%的情况下，株数反而增长28%。全市大力推广矮密高效现代化果园的建设，每公顷地种植3330棵或4755棵，与传统的大冠稀植或密植相比，单位面积种植棵树大幅度提高，因而在面积有所减少的情况下，种植株数反而大幅增加。在新发展果树中，鲜果0.19万公顷、509.5万株，其中：苹果483.27公顷、85.4万株，同比增长1.3倍、3.6倍，主要集中在顺义、昌平和密云；梨新发展308.4公顷、78.8万株，面积同比略有增长，株数同比增长3.3倍。全年新发展干果370.67公顷、23.2万株。全市更新老杂劣果树0.1万公顷、121.8万株；品种改良、高接换优果树0.07万公顷、45.0万株。其中，传统硬肉桃高接水蜜桃等优良品种275.67公顷、14.5万株，板栗改造158.13公顷、13.1万株。全市共完成野生资源嫁接果树22.7万株。其中，酸枣嫁接大枣21.1万株，山杏嫁接仁用杏1.6万株。

【投资新建设施果树】 各区县共新发展设施果树7.33公顷、106个棚室，其中，砖钢结构的温室3.33公顷、49个；钢架大棚3.73公顷、56个；联栋式温室0.27公顷、1个；共涉及农户24户。总投资721.0万元，其中农民自筹406.0万元、市级补助315.0万元。

【设施果品总收入达2.4亿元】 全市共有设施果树面积770.2公顷(草莓除外)，其中结果面积455.27公顷、5652个棚室。设施果品总产量达到777.6万千克，总收入高达2.4亿元，同比分别增长5.9%、17%；结果面积的平均公顷收入达到52.5万元。设施果树现有面积最多的是平谷507.73公顷、大兴97.87公顷、顺义37.13公顷、房山36.6公顷、延庆31.13公顷。从树种来看，全市大桃的设施面积最多达540.8公顷、葡萄157公顷、樱桃22.53公顷、无花果15.87公顷、杏10.27公顷以及少量的李子、桑葚等。设施桃中有275.83公顷结果，产量592.4万千克，收入1.5亿元；设施葡萄有141.53公顷结果，产量160.1万千克，收入6505.8万元；樱桃有12.93公顷结果，产量6.5万千克，收入1463.8万元。

【设施果品采摘收入达376.22万元】 “五一”小长假与陆地果树花期相遇，吸引大量游客去果园踏青赏花同时采摘设施果品。据统计，全市“五一”期间设施果品采摘量为5.75万千克、采摘收入376.22万元。京郊果园共接待游客37.08万人次，观光旅游收入1667.82万元。市民采摘主要集中在平谷、密云和怀柔，这3个区县的采摘量为5.68万千克，占全市的98.78%；采摘收入为360万元，占全市的95.69%。设施栽培向游人提供了桃、樱桃、杏、桑葚等果品采摘，且观光采摘效益显著。温室桃的采摘量居果品首位，全市合计5.37万千克、采摘收入313.90万元，分别占全市的93.39%和83.44%；樱桃位居第二，采摘量2910千克、采摘收入49万元。

【观光采摘系列旅游文化工程】 6月1日，在景山公园举办"北京首届微信樱桃文化节"；6月18日至7月18日，在海淀举办"蓝梦庄园第三届蓝莓文化节"；6月26日至7月16日，在北寨举办"红杏文化节"；8月18日至10月30日，实施"香味葡萄大观园首届微信采摘节"，陆续向市民推出64个香味葡萄品种；9月4～30日，"春华秋实——第十一届梨王擂台赛"，在大兴区幸福果园评比；10月19日至11月18日，实施"第十届昌平苹果文化节"，建立昌平苹果网并与北京市园林绿化局政务网、首都之窗、搜狐实现链接。

【蜂产品加工】 全市蜜蜂饲养总量为23.6万群，比2012年减少11.9%；蜂蜜产量1000万千克，比2012年增长166.7%，蜂王浆产量9.5万千克，比2012年增长8%，蜂胶产量4.3万千克，蜂蜡产量30万千克，全市共有蜂业专业合作组织79个，有蜂业产业基地56个，有养蜂户1万户，养蜂万元户超过3000户，售蜂收入471万元，蜂授粉收入1500万元，养蜂总产值1.5亿元，蜂产品加工产值超过9亿元，出口创汇超过1000万美元。

【森林旅游业】 3月28日至10月31日，在北京西山国家森林公园举办森林文化节活动，文化节期间共举办48项活动，分别在相关森林公园进行，内容包括浏览观光、科普教育、休闲健身、森林体验、森林医疗等，北京电视台新闻频道给予了报道，并在首都园林绿化网上开辟专栏。全市各类森林公园累计接待游客650万人次，实现综合经营收入3亿多元。

【第31届"爱鸟周"和"保护野生动物宣传月"宣传活动】 组织开展主题为"关爱鸟类，保护湿地，建设美丽北京"的第31届"爱鸟周"和"保护野生动物宣传月"宣传活动。在元大都城垣遗址公园主办了启动仪式，100多名首都师范大学和东城区东高房小学师生及100余名野生动物保护志愿者参加了活动。

【京津风沙源治理工程】 京津风沙源治理工程林业项目建设造林营林总任务3.3万公顷，其中，人工造林0.47万公顷、爆破造林0.07万公顷、封山育林2.76万公顷。为确保工程顺利完成，各项目区县提早落实地块，组织专业队伍整地，采购优质苗木，准备造林辅助材料，全市7个工程区县共组织专业施工队伍147支、施工人数7217人。全市共栽植各类苗木570万株，施用有机肥407.80万千克，保水剂2.4万千克；修建作业道路22.8万延米、防火道4万延米，配备水泵684台，铺设管线53.57万米。

【深化集体林权制度改革】 7月3日，在北京会议中心召开全市林权抵押贷款工作推进会，市委常委牛有成、副市长林克庆和市集体林权制度改革领导小组成员单位相关领导及有关区县主管区县长、农委主任、园林绿化局局长，30家在京金融机构、北京农村产权交易所，中国北京林权交易所负责人，合作社代表、局相关领导及有关新闻媒体130余人参加会议。市6部门联合制定出台《关于推进集体林权抵押贷款工作的指导意见》，全年争取林业贷款1.2亿元，发放抵押贷款4000多万元，涉及1300户农民和企业。新型林业经营主体发展迅速，全市各类林业专业合作组织已达到647家，入社农户6.6万多户。

【组织召开北京园林绿化科技创新大会】 8月8日，组织召开北京园林绿化科技创新工作会，会议发布《北京市园林绿化科技创新行动计划(2013～2020)》和《关于加快首都园林绿化科技创新工作的意见》，提出2013～2020年期间加快首都园林绿化科技创新体系建设的14个重点行动，为90名创新团队专家颁发了证书，对北京市园林绿化2012年度科学技术奖获得者进行表彰和奖励，为8个北京园林绿化创新团体、17个北京园林绿化科技创新示范区、27家北京园林绿化科普教育基地颁发聘书和奖牌。

【举办园林绿化科技创新暨科学普及活动月】 4月28日至5月24日，举办"绿色科技 多彩生活——2013园林绿化科技创新暨科学普及活动月"活动，活动由市园林绿化局、北京科学技术委员会和北京科学技术协会共同举办，活动月主要由"园林绿化与百姓生活""园林绿化与森林体验""园林绿化与防灾减灾"和"园林绿化与文化感知"4个活动周组成。集中展示园林绿化在生态建设、产业发展、安全保障、防灾减灾以及在涉及文化、民生和健康等园林绿化各个方面的科技成果116项，组织开展内容丰富、形式多样的科普活动27项。活动以园林绿化科技创新和文化创新相结合，以科普的形式，展示首都园林绿化科技创新成果，普及园林绿化科技、文化知识，以带领公众进入森林，开展各种体验活动的方式来感知、深化和丰富森林文化的内涵。

【完善政策法规支撑体系】 发布《北京市级绿道建设总体方案(2013～2017年)》，确定"三环、三翼、多廊"的总体空间布局，并制定出台相关配套的指导性文件，14个区县政府全部完成县级林地保护利用规划的批准实施工作，完成城市中心区8500余公顷公共绿地的绿线划定工作。八达岭—十三陵国家级风景名胜区总体规划得到国务院批准，详细规划全面启动，出台《关于2013年实施平原造林工程的意见》，制定出台公园精细化管理、风景名胜区管理规范、征占用林地定额管理等政策性文件。加大了《北京市湿地保护条例》的宣传，开展"依法行政——湿地年"主题活动。

【《北京市湿地保护条例》实施】 为贯彻落实《北京市湿地保护条例》，以"依法行政——湿地年"主题和"保护湿地资源，建设美丽北京"世界湿地日学术报告会及湿地知识竞赛活动，市园林绿化局和中国林科院联合组织开展“保护湿地资源，建设美丽北京”世界湿地日学术报告会及湿地知识竞赛活动。市人大农村办、市环保局、水务局、农业局有关部门负责人，各区县园林绿化局负责人以及人大附中学生代表等近百人参加活动。活动邀请中国林科院湿地所两位专家就湿地与水、湿地与城市热岛效应作了专题报告，并向人大附中的学生代表赠送《认识湿地》科普读物。

【科技服务与交流合作】 召开了市园林绿化科技大会，发布《首都园林绿化科技创新行动计划(2013～2020)》。组织实施各类科研计划39项、科技成果推广项目52项，制定修订地方标准21项。中德、中韩等国际合作项目扎实推进，八达岭森林体验馆全面竣工。完善网上审批等信息管理平台，启动基于“一张图”管理的园林绿化资源动态监管系统项目建设。

【古树名木保护示范点创建】 在东城区、西城区、昌平区和西山试验林场选择15处35株古树名木，开展地上和地下生长环境改良、围栏保护、有害生物防治、枯枝死杈清理、树洞修补、支撑加固、地被种植以及宣传标牌建立等古树保护示范。首次开展古树名木认养工作，公布古树名木认养点27处，提供可认养古树名木905株，动员社会参与古树名木保护管理工作。

(北京市林业由齐庆栓供稿)

【林业大事】

1月1日 柳荫公园开始免费对社会公众开放。

1月9日 北京市山区生态公益林森林健康经营项目检查验收工作正式启动。

2月4日 市园林绿化局与中国林科院联合开展“世界湿地日”宣传活动。

2月20日 市园林绿化局在全市安全生产大会上被评为2012年市安全生产先进单位。

2月22日 北京市人民政府、首都绿化委员会召开首都绿化委员会第32次全体会议暨首都绿化美化总结动员大会。

3月14日 北京市人民政府召开专题会议，北京市市长王安顺要求北京市园林绿化局全力推进春季造林工作。

3月18日 市委书记郭金龙、市长王安顺等市委、市政府领导赴通州区实地调研平原造林工程东郊森林公园建设和2012年造林成效。

3月21日 全国绿化委员会、国家林业局在北京市东郊森林公园举办以“保护发展森林资源，携手共建美丽中国”为主题的首个“国际森林日”植树纪念活动。

3月25日 中共中央政治局委员、中央军委副主席范长龙，中共中央政治局委员、中央军委副主席许其亮，中央军委委员张阳、赵克石、张又侠、马晓天、魏凤和在中共中央政治局委员、北京市委书记郭金龙，北京市市长王安顺的陪同下，到北京市大兴区南海子公园参加义务植树劳动。

3月28日至10月31日 在北京西山国家森林公园举办森林文化节活动。

3月30日 市委书记郭金龙，市长王安顺，市人大常委会主任杜德印，市委副书记、市政协主席吉林等市领导率领市委、市政府各部委办局主要负责同志，同首都绿化委员会成员单位及社会各界代表800余人到东郊森林公园树木园参加2013年首都全民义务植树劳动。

3月31日 2013年“共和国部长义务植树活动”在海淀区举行。来自中共中央直属机关和中央国家机关各部委、单位的186名部级领导，在苏家坨镇锦绣大地景观生态林建设项目区，参加了以“深入开展植树造林，积极建设生态文明”为主题的义务植树活动。

4月1日 北京市政府党组成员、北京市平原地区造林工程建设总指挥夏占义检查督导春季平原造林工程建设。

4月2日 党和国家领导人习近平、李克强、张德江、俞正声、刘云山、王岐山、张高丽等来到北京市丰台区永定河畔参加首都义务植树活动。

4月10日 全国人大常委会副委员长兼秘书长王晨，副委员长沈跃跃、吉炳轩、张平、艾力更·依明巴海、陈竺和全国人大常委会、各专委会部分组成人员，来到丰台区北宫国家森林公园参加义务植树活动，市人大常委会主任杜德印陪同。

4月12日 全国政协副主席罗富和、张庆黎、苏荣、马飚、马培华和全国政协机关工作人员400余人，来到北京昌平区参加义务植树活动。市委副书记、市政协主席吉林，市政协副主席陈平、赵文芝、王永庆、马大龙、闫仲秋参加植树劳动。

4月14日 在景山公园成功举办2013年北京市林下经济成果展。

4月27日 市平原造林工程建设总指挥夏占义检查东郊森林公园建设。

4月28日 “绿色科技、多彩生活——2013园林绿化科技创新暨科学普及活动月”启动，北京市副市长林克庆出席。

5月1日 《北京市湿地保护条例》正式实施。

5月3日 《北京市园林绿化科技创新行动计划》编制完成。

5月17日 北京林下经济精品网站(http://www.bjlxjp.com/0)正式开通。

同日 原中共中央总书记、国家主席胡锦涛，原中央政治局常委李长春，国务院副总理汪洋先后到园博园考察。中央政治局委员、北京市委书记郭金龙，市长王安顺等参加。

5月18日至11月18日 第九届中国(北京)国际园林博览会在北京丰台永定河畔举办。

5月23日 第五届北京月季文化节启动。

6月1日 “北京首届微信樱桃采摘文化节暨2013年北京百万市民观光果园采摘游”启动。

6月15日 副市长林克庆参观2013年北京林下经济成果展。

6月18日 北京生态文化协会成立。

6月18日至7月18日 在海淀举办“蓝梦庄园第三届蓝莓文化节”。

6月20日 联合国秘书长潘基文先生出席北京市“碳足迹计算器捐赠仪式”活动。

6月26日至7月16日 在北寨举办“红杏文化节”。

6月27日 中国生态文化协会授予北京市延庆县妫河森林公园为“全国生态文化示范基地”称号。

7月3日 北京市委常委牛有成、北京市政府副市长林克庆召开全市集体林权抵押贷款工作推进会。

同日 2014世界葡萄大会指挥部专题会议召开，市委常委牛有成、副市长林克庆、市委副秘书长赵玉金出席，市政府副秘书长赵根武主持。

7月4日 市平原地区造林工程建设指挥部总指挥夏占义组织召开全市平原地区造林工程林木养护管理现场会。

7月15日 中国贸促会副会长王锦珍调研2019北京世园会筹备工作，中国贸促会展览部副巡视员姚瑞，筹委会办公室主任邓乃平、李志军，副主任贲权民参加。

7月27日 首届森林音乐会暨零碳音乐第四季在北京西山国家森林公园开幕。

7月29日 2014世界葡萄大会倒计时一周年新闻发布会举行。

8月7日 北京市园林绿化局局长邓乃平组织召开会议研究平原地区苗圃发展工作。

8月8日 《北京园林绿化科技创新行动计划(2013～2020)》正式启动实施。

8月16日 市政府党组成员夏占义率队到市园林绿化局专题审查通州、顺义、昌平、延庆4区县新增森林资源养护管理方案，研究推进平原地区新增森林资源养护管理工作。

8月18日至10月30日 举办“香味葡萄大观园首届微信采摘节”，陆续向市民推出64个香味葡萄品种。

9月3日 北京市第七批国家级农业标准化示范区“百合栽培标准化示范区”顺利通过验收。

9月4～30日 “春华秋实——第11届梨王擂台赛”在大兴区幸福果园评比。

9月8日至9日 市领导林克庆、夏占义参加北京市2013年绿化拉练检查。

9月14日 中共中央政治局常委、中央书记处书记刘云山和刘延东、刘奇葆、李源潮、赵乐际、郭金龙、韩启德等领导到北京园博园，同首都群众一起参加全国科普日北京主场活动。

9月18日 北京市人大常委会副秘书长李福祥带队考察绿道议案办理工作。

9月26日至11月16日 十一届中国(北京)菊花展览会在北京国际鲜花港举行。

9月29日 市政府副市长林克庆、副秘书长赵根武到西城区调研绿道建设情况。

10月12日 北京市园林绿化局局长邓乃平、副巡视员蔡宝军到顺义调研平原造林工作。

10月19日至11月18日 举办“第10届昌平苹果文化节”。

11月1日 北京市开展以“人人防火、珍惜森林、共享绿色”为主题的森林防火宣传活动。

11月6日 联合国开发计划署驻华代表考察北京市森林经营碳汇项目示范区。

11月12日 财政部、国家林业局调研“中央财政林业科技推广示范资金项目”实施情况。

11月18日 第九届中国(北京)国际园林博览会落下帷幕。北京园博会共接待游客615万余人次，日均接待3.3万余人次，单日最高游客接待量10.6万人次，均创历届园博会之最。

11月26日 俄罗斯联邦林务局财务司司长阿基莫夫一行考察北京市林业产业工作。

12月26日 北京市园林绿化标准化技术委员会成立大会暨第一次全体会议召开。

(林业大事由陈楠供稿)

天津市林业

【概　述】

植树造林 ①年度造林任务全面完成。2012～2013年度完成造林1.26万公顷，其中市级重点工程完成0.43万公顷。②郊野公园建设进展顺利。北辰、西青、东丽郊野公园一期工程已经完成。津南郊野公园已经启动建设；滨海新区北三河、官港和独流减河郊野公园规划正在编制。③示范小城镇绿化改造提升工程取得进展。对6个示范小城镇进行了造林绿化提升改造，共完成造林303.73公顷，植树18.96万株，圆满完成计划任务，并为全市其他示范小城镇的绿化改造提升工程提供了样板。④全民义务植树工作成效显著。分别组织市党政军领导、市直机关干部和全市大专院校师生以及在津外国专家、留学归国人员代表开展义务植树活动，不断扩大义务植树范围和影响。截至2013年年底，全市有林地面积达到24.93万公顷，林木覆盖率22.8%。

资源保护与管理 ①扎实做好林业有害生物防治工作。顺利完成全年美国白蛾防治工作，防治作业面积18.67万公顷，同时完成春尺蠖、杨扇舟蛾等其他林业有害生物防治作业面积6.44万公顷。②加强森林防火工作，落实森林防火责任制；修订《天津市森林火灾应急预案》；实现了连续23年无重大森林火灾的目标。③加强征占用林地管理。制定并印发了《天津市占用征收林地定额使用管理办法》，对天津市林地征占用审批实行分级管理。全年审核审批征占用林地58项、面积204公顷，收取森林植被恢复费1773.2万元。④加强野生动物保护工作。全年共接到救助电话1000余个，救护野生动物1500余只。同时，开展陆生野生动物H7N9禽流感病毒溯源排查工作，采集送检样本1438份，经天津市动物疫病防御控制中心检测，未检出H7N9亚型禽流感病毒核酸。

支撑保障能力建设 ①积极申报国家级项目。申报病虫害防治项目2个、森林防火项目4个、湿地及自然保护区项目建设项目4个，共申请国家投资9590.8万元。截至2013年年底，国家林业局批复了3个森林防火项目，共落实投资计划7001万元，其中中央投资2801万元，地方投资4200万元。②加大林业宣传工作力度。先后组织开展了植树节、“爱鸟周”“津沽环保行”等林业宣传教育活动。在天津电视台新闻频道开辟了《走进绿色天津》专题栏目，同时利用门户网站展示天津市的林业建设成果，取得了良好的社会效果。

党建工作 ①强化理论武装。通过中心组理论学习、上党课、专题讲座、学习体会交流等活动，组织党员干部认真学习贯彻党的十八大、十八届三中全会精神和市委十届三次、四次全会精神，坚持用中国特色社会主义理论体系武装头脑，指导实践，不断提高党员干部政治素养和理论水平。②抓好教育培训工作。全年举办了为期4个半月的干部职工教育培训活动，分别邀请了党校老师、资深教授和各部门、各单位负责同志就政治理论、业务知识、文明礼仪、履职能力等方面进行了科学系统的讲解，全局400余人次参加了培训。同时，配合天津市委、市委农工委做好处级以上领导干部的集中培训和调训工作。③加强基层组织建设。全面落实“三会一课”制度，定期开展党员承诺和民主评议活动，加强党员教育、管理和监督。按照《党章》规定的入党程序，严把党员“入口关”，全年新发展党员4名，5名预备党员按期转正，3名入党积极分子参加了集中培训，确保了党员队伍的生机与活力。

党风廉政建设 ①聚焦“四风”，转变工作作风。坚决执行中央八项规定和《党政机关厉行节约反对浪费条例》，精简文风会风，提高工作效率；深入开展清理公务用车、清理会员卡、清理办公用房等专项治理活动；厉行勤俭节约，严格控制“三公”经费的开支范围和标准。②落实党风廉政建设责任制。按照“一岗双责”的要求，把党风廉政建设和反腐败工作纳入林业工作总体部署，明确“一把手”负总责，班子成员抓好职责范围内的反腐倡廉工作，纪检部门发挥组织协调作用，责任部门各负其责，一级抓一级、层层抓落实。③深化反腐倡廉教育，加强对重点领域和关键环节权力行使的监督检查，通过观看廉政教育专题片、组织廉政建设知识竞赛、参观廉政图片展等活动，促进党员干部牢固树立廉洁自律意识，自觉遵守《廉政准则》。

机关自身建设 以党的群众路线教育实践活动为契机，按照“立、改、废”的原则，对全局已有的制度规定进行了全面梳理，梳理后继续执行的制度规定23项，修订完善了《天津市林业局学习制度》《天津市林业局工作人员请假制度》《天津市林业局工作人员离津报告制度》3项制度规定，新制定出台了《天津市林业局机关办公设备用品采购及管理规定》《天津市林业局公务接待等日常工作八不准》《天津市林业局党员领导干部联系点制度》《关于开展美丽机关建设活动的通知》《天津市林业局关于密切联系群众畅通信访渠道的有关规定》等5项制度规定，力求逐步建立起涵盖机关管理各方面、各环节的制度体系，促进机关管理的规范化、制度化、科学化。

【美丽天津绿化工程专项实施方案】 为深入贯彻落实习近平总书记考察天津时提出的“加快打造美丽天津”的要求，市委、市政府制定了《美丽天津建设纲要》。《美丽天津绿化工程专项实施方案》是该《纲要》的组成部分。《方案》依据天津市目前情况和自然地理条件制订，计划实施郊野公园、公路、铁路、河道、水库、山区、示范小城镇、示范工业园区、农业示范园区、美丽乡村、农田林网等绿化工程。到2020年，实现造林面积6.95万公顷。其中：第一阶段(2014~2016年)规划造林4.67万公顷；第二阶段(2017~2020年)规划造林2.29万公顷。到2016年，全市林木绿化率达到25%。

【绿化美化行动方案】 按照天津市政府第15次常务会议对美丽天津一号工程建设有关要求，结合《美丽天津建设绿化工程实施方案》，天津市林业局研究制定了《绿化美化行动方案》(以下简称《方案》)。

《方案》明确了建设目标任务：确定2014~2015年，全市完成造林3.33万公顷。重点实施“一环两河七园”绿化工程，造林0.41万公顷，其他绿化工程2.92万公顷。两年造林绿化工程总投资115.36亿元，其中，“一环两河七园”绿化工程投资52.1亿元。其他工程投资63.26亿元。对各项工程的建设标准，《方案》中也有明确规定。

同时，为保证工程顺利推进，《方案》明确了市政府对绿化行动实行统一领导，外环线外侧500米绿化带、郊野公园、其他造林工程由市林业局组织推动，各区县是建设责任主体独流减河和永定新河绿化工程，外坡堤角以内由市水务局组织推动，外坡堤角以外100米宽林带建设由市林业局组织推动，所在区县是建设责任主体。目前，《方案》已经启动，今冬明春造林1.77万公顷，其余造林于2015年年底前完成。

【市级重点造林工程】 2013年，市级重点工程共完成造林面积0.43万公顷，植树625.2万株。其中：①高速公路绿化工程完成造林287.51公顷，植树33.6万株；②重要道路绿化工程造林125公顷，植树13.8万株；③重要河道绿化工程造林705.2公顷，植树60.1万株；④成片林地绿化工程造林692.89公顷，植树67.2万株；⑤园区绿化工程造林386.27公顷，植树50万株；⑥滨保高速宁河段两侧葡萄带工程造林166.67公顷，植树162.5万株；⑦京沪高铁静海段两侧枣树带工程造林554公顷，植树70.9万株；⑧武清生态林绿化工程造林1000公顷，植树100万株；⑨京沪高铁新建绿化带工程造林349.19公顷，植树67.1万株。

【全市造林绿化推动会】 10月24日，天津市政府召开2013~2014年度造林绿化工作会议，贯彻落实10月17日全市“美丽天津一号工程”建设动员部署会议精神，安排部署2013~2014年度全市造林绿化任务。副市长王宏江出席会议并讲话。市政府副秘书长于忠诚主持会议。市农委、市财政局、市水务局、市林业局负责同志，滨海新区、有农业区县分管林业的区县长及林业主管部门主要负责同志参加会议。

王宏江强调，各有关部门、各区县一定要充分认识实施绿化美化行动对实现美丽天津建设的重大意义，按照市委、市政府的总体部署，统一思想、尽快行动，着重抓好以下几项重点工程：一是外环线外侧500米绿化带。今冬明春重点对现有可绿化地块进行绿化，要按照大绿、自然、生态的总要求，多色彩、多树种合理搭配，栽植要做到错落有致、层次分明。二是独流减河和永定新河。独流减河要严格按照规划设计方案实施。永定新河今冬明春先实施外坡堤脚以外100米宽林带建设，每隔500米要留出一个施工通道。滨海新区河道绿化要结合郊野公园建设，突出景观效果。三是郊野公园。西青、东丽郊野公园要抓紧完成一期工程建设，津南、官港郊野公园要抓紧启动。四是水库绿化。着重抓好蓟县于桥水库和宝坻尔王庄水库的绿化工作。五是村庄绿化。各区县要确定试点，优先抓好重点区域的村庄绿化。六是绿博会。武清区要切实抓好各项工程的筹备建设工作。

【爱鸟周】 2013年4月14～21日，由天津市林业局主办了天津市第32届“爱鸟周”宣传活动，本届“爱鸟周”的主题是“科学护鸟，共建和谐家园”。

活动中，市野保站的工作人员通过图片展板向广大群众讲解了野生动物保护法律法规，禽流感预防及救护等相关知识，并发放野生动物法制宣传册、野生动物保护知识宣传单等资料3000余份，倡导社会各界携起手来，共同关爱鸟类，预防禽流感。

本届“爱鸟周”期间，市野保站还为一线巡护人员和护鸟志愿者举办了鸟类摄影培训班。同时，为加强陆生野生动物疫源疫病防控工作，赴市重点野生动物驯养繁殖单位，中环花鸟鱼虫市场、千里堤花鸟鱼虫市场等地进行了巡查，宣讲禽流感防控知识，确保全市公共卫生安全。

【林业有害生物防治】 ①落实目标管理责任制。2013年全市林业有害生物发生面积5万公顷，全部进行了有效防治，其中无公害防治面积4.81万公顷，无公害防治率为96.24%；主要林业有害生物的平均测报准确率为95.36%；全市应施产地检疫种苗面积0.58万公顷，全部实施了产地检疫，种苗产地检疫率达到100%；全年成灾率为0。全面完成了国家林业局下达的成灾率2.5‰、无公害防治率95%、测报准确率90%、产地检疫率99%的指标。②加强检疫执法，有效遏制危险性林业有害生物传入。2013年天津市检疫工作以进一步规范检疫执法为主线，重点加强产地检疫和复检工作。一是根据各重点林业有害生物发生动态及时进行产地检疫，对全市0.58万公顷苗圃全部进行了产地检疫，对发现的危险性病虫害发放产地检疫除害处理通知书，指导林农进行有害生物防治工作，全市产地检疫率达到100%；二是各级森检机构对重点绿化工程苗木加强复检，共复检苗木190.75万株，为提高造林质量保驾护航；三是公路检查站严格执法，有效地避免了危险性有害生物入侵。天津市下仓和邦均两个森林植物检疫检查站2013年共检疫各种苗木花卉等繁殖材料1342万株，检疫各类木材7万立方米，检疫各种果品700多吨，依法查处违章调运案件270多起。③防止松材线虫病入侵。天津市进一步在唯一的山区县——蓟县进行了松材线虫病监测普查。市森检站会同蓟县森检站共同制订了普查方案和普查路线，采取4种方式对松材线虫病进行全面监控，未发现不明原因死亡松树：一是每年10月初至翌年4月底，利用森林防火巡查队伍兼职进行松材线虫病监测，每周上报一次监测情况；二是利用森林防火远程监控系统，选择能见度高的日期，每月进行大面积观测；三是在代表区域布设松褐天牛引诱剂50套；四是每年的4月下旬和11月中下旬进行两次踏查，踏查路线为5条主线(主要公路)、17条支线、5个点(重点油松分布区)。④加强基础设施建设。在国家林业局及市财政的大力支持下，天津市林业有害生物防控体系建设速度加快，为基层森防机构配备了一批效率高、技术先进的监测、检疫、防治设备，林业有害生物防控能力有效提高，为全面搞好林业有害生物防治工作奠定了坚实基础。市财政预算项目《天津市林业有害生物应急防控能力建设项目》已进入实施阶段。项目建设期为2013～2015年，投资概算为3988万元，计划购置静电式高射程喷雾机等各类林业有害生物防控设备1786台(套)，以满足不同类型林地应急防控需要，并建设药剂药械库7775平方米。同时，天津市还向国家林业局申报了《天津市重大危险性林业有害生物预防体系基础设施建设项目》和《天津市杨树食叶害虫应急防治体系基础设施建设项目》。

【林业大事】

1月9日 市林业局召开安全稳定工作会议。局领导齐龙云、李果丰出席会议并讲话，有关处室和直属单位负责同志参加了会议。

1月17日 市林业局召开全体干部职工大会。局党委书记陶润立主持会议并讲话，局长张宗启总结了2012年林业工作，安排部署了2013年林业任务，副局长齐龙云传达了全国林业厅局长会议精神。局领导吴学东、李果丰、李俊柱出席会议。局机关全体干部职工、直属单位领导班子成员参加会议。会议特邀国家濒管办北京办事处有关负责同志参加。

1月17日 市林业局召开全市林业系统审计工作会议。市林业局局长张宗启、副局长齐龙云、吴学东，党委委员李俊柱出席会议。各区县林业局长、分管财务工作的副局长，环城四区、滨海新区和塘、汉、大林业主管部门负责同志，市林业局各直属单位及有关处室负责同志参加了会议。

1月25日 市林业局召开专门会议。局长张宗启主持会议并讲话，副局长齐龙云、李果丰分别传达《中共中央办公厅印发习近平同志关于厉行节约反对铺张浪费重要批示的通知》、习近平在十八届中央纪委二次全会上的讲话和市委农工委、市农委关于改进工作作风密切联系群众的规定和市农委安全稳定工作会议精神。局机关全体干部职工、直属单位领导班子成员参加会议。会议特邀国家濒管办北京办事处有关负责同志参加。

1月29～30日 市林业局结合年终工作安排，由局领导分别带队对局机关和直属单位进行安全生产、消防安全大检查。同时，局安委会与各单位签订了《2013年市林业局安全生产和消防目标责任书》。

1月31日 天津市机构编制委员会批复，同意成立天津市森林防火预警监测中心，为市林业局管理的全额拨款事业单位，等级规格相当处级，核定事业编制6名(津编发〔2013〕6号)。

2月28日 副市长王宏江、市政府副秘书长于忠诚带领市农委、财政局、林业局负责同志到蓟县检查推动森林防火和林业有害生物防控工作并召开座谈会，听取关于蓟县森林防火工作和林业有害生物应急防控项目建设的情况汇报。蓟县县委书记肖松、县长景悦陪同。

3月12日 市政府召开天津市春季造林绿化暨郊野公园建设现场推动会，组织考察东丽区华明示范镇、华明工业园区和东丽郊野公园造林绿化现场，总结去年冬季造林绿化和郊野公园建设工作，安排部署今年春季林业重点工作。副市长王宏江出席会议并讲话，副秘书长于忠诚主持会议。东丽区、西青区、静海县、宁河县负责同志作发言。市有关部门负责同志，有农业区县分管区县长和林业主管部门负责同志参加会议。

3月20日 市林业局召开处级以上领导干部会议，传达学习全国“两会”精神，部署当前重点工作。局党委书记陶润立主持会议并讲话，局长张宗启传达“两会”精神并部署工作，局领导齐龙云、吴学东、李果丰、李俊柱出席会议。局机关处级干部、局属事业单位领导班子成员参加了会议。

3月25日 经市委农工委研究决定：伍春华任天津市林业局调研员；刘捷任天津市森林防火预警监测中心主任(试用期一年)(津党农干〔2013〕11号)。

3月29日 王宏江副市长带领市发改委、市农委、市财政局负责同志，市林业局主要负责同志，深入津蓟、津宁高速公路、东丽区金钟示范镇和武清区梅石路造林绿化现场，检查春季造林绿化工作。东丽区、北辰区、宁河县、武清区负责同志参加检查并汇报本区县春季造林绿化工作。

4月1日 市林业局召开林业宣传工作会议，研究讨论“绿色天津——林业在行动”宣传活动方案，部署近期林业宣传重点工作。副局长李果丰参加会议并讲话。市林业局办公室，各区县林业主管部门分管领导和信息员参加会议。

4月8日 市林业局召开全市陆生野生动物疫源疫病监测防控及专项执法工作紧急会议。局党委委员李俊柱主持会议并讲话，市林业局森林公安局、市野保站负责同志部署工作。全市有农业区县林业行政主管部门分管领导和部门负责人共40余人参加了会议。

4月8日 市林业局召开了天津市2013年美国白蛾防治工作会议，传达国家林业局2013年美国白蛾防治工作电视电话会议精神，安排部署全市2013年美国白蛾防治工作。局党委委员李俊柱出席会议并讲话，市森防站站长康长华主持会议，有农业区县林业部门主管局长及森防站长参加会议。

4月9日 市林业局党委委员李俊柱到武清区检查指导林业有害生物防治工作，并对防治工作提出具体要求，武清区林业局、市森防站负责同志陪同检查。

4月26日 市委农工委研究同意：高鹏远任天津市林业局森林公安局督察长(兼)(津党农干〔2013〕17号)。

5月7日 国家林业局局长赵树丛一行来天津调研天津市郊野森林公园建设、示范小城镇造林绿化、湿地保护和造林绿化工作。期间，市委书记孙春兰和市委副书记、市长黄兴国在天津迎宾馆会见了赵树丛局长一行，就如何进一步加快天津林业生态建设等问题交换了意见。

5月15日 市林业局召开市林业系统干部会议，传达学习市委孙春兰书记和国家林业局赵树丛局长讲话精神，并就贯彻落实领导讲话作出安排部署。市林业局党委书记陶润立主持会议并讲话，局长张宗启传达了孙春兰书记和赵树丛局长的重要讲话精神，并就下一步工作提出了落实意见。局领导齐龙云、吴学东、李果丰、李俊柱出席会议，局机关各处室(局)、直属单位主要负责同志，有农业区县林业主管部门负责同志参加了会议。

5月16~17日 国家林业局驻北京森林资源监督专员办事处(国家濒危物种进出口管理办公室北京办事处)专员(主任)苏祖云一行4人，来天津市考察林业工作并与天津市人民政府和天津市林业局进行工作衔接。

5月24日 市林业局召开林业项目建设工作布置会议，局领导班子成员和各部门主要负责同志参加了会议。会议通报了市林业局与国家林业局发展规划与资金管理司、国家林业局基金管理总站和国家林业局防沙治沙办公室等部门，就林业建设具体项目进行对接的情况，安排部署了林业项目建设的具体内容，明确了责任分工，同时就下一步项目申报工作提出了具体要求。

6月7日 为做好新版林木采伐许可证启用工作，规范林木采伐行政审批程序，市林业局举办了全市林木采伐行政审批培训班，市水务局、市政公路局和涉农区县林业行政主管部门的林政科长及林木采伐审批工作人员近40人参加了培训。

6月24~25日 国家林业局森防总站党委书记李青松、项目处处长郭文辉一行到天津市调研美国白蛾等林业有害生物防治工作，市林业局局长张宗启、局党委委员李俊柱以及相关负责同志陪同调研。

7月9日 市人大常委会考察天津市郊区县绿化工程建设工作并在武清区会议中心召开座谈会。市人大常委会副主任张俊芳出席活动并讲话，市政府副秘书长于忠诚、市人大农业与农村委员会主任委员张家星出席。市农委、市林业局、市财政局、市国土房管局负责同志，北辰、武清区负责同志和部分市人大代表参加了考察活动。

7月10日 为进一步加强天津市市级重点造林绿化工程项目及资金管理，确保重点造林绿化工程顺利实施和资金安全有效运行，市财政局、市林业局召开全市重点造林绿化工程项目及资金管理工作会议。市林业局分管负责同志、有关业务处室主要负责同志和市财政局农业处负责同志出席了会议。有农业区县财政局和林业主管部门分管领导、业务科长共50余人参加了会议。

7月21日 市林业局党委委员李俊柱到静海县检查飞机防治美国白蛾工作。静海县林业局及市森防站负责同志陪同检查。

7月31日 市委农工委研究决定：庞清顺任天津市林业局(市绿化委员会办公室)党委委员、党委副书记、纪委书记(津党农干〔2013〕40号)。

7月31日至8月1日 国家林业局驻北京森林资源监督专员办第三检查组高德明处长一行3人到天津市检查宝坻区保护发展森林资源目标责任制建立执行情况。检查组先后到宝坻区牛家牌镇林业站、南河村和牛道口镇考察林业建设情况，检查乡村两级保护发展森林资源目标责任制档案管理情况，并与村镇林业管理人员进行了座谈。

8月12日 经市林业局党委研究决定：杨明众任天津市林业局办公室副主任(津党林办〔2013〕18号)。

8月12~13日 市野保站在蓟县举办了天津市第二次野生植物资源调查技术培训班。市林业局党委委员李俊柱出席开班仪式并讲话。有关区农(经)委、区县林业(农林)局，滨海新区农业局，塘、汉、大林业主管部门、八仙山国家级自然保护区管理局调查领导小组成员及调查队员共100余人参加了此次培训。

8月16日 市林业局举办干部职工教育培训系列讲座开班式，森检站推广研究员张素芬主讲"天津市主要林业有害生物监测与防治"。局党委副书记庞清顺作动员讲话，局领导齐龙云、李果丰、李俊柱出席讲座，机关处室、直属单位处级干部和干部职工40余人参加讲座。

9月12~13日 市林业局在蓟县举办了林业行政许可研讨班。市林业局李果丰副局长、蓟县林业局赵国明局长出席开班仪式。有关区农(经)委、区县林业局、滨海新区农业局，塘、汉、大城乡一体办负责许可工作的相关科室负责人、进驻区县行政许可服务中心首席代表和具体从事许可工作的工作人员50余人参加了研讨。

9月22日 国家林业局与天津市人民政府在北京召开第三届中国绿化博览会筹办工作联席会议，专题研究绿博会相关工作。国家林业局副局长张永利和天津市人民政府副市长王宏江出席并共同主持会议。全国绿化委员会办公室、国家林业局办公室、造林绿化管理司、计财司、宣传办有关负责同志，天津市政府副秘书长于忠诚，市林业局(市绿委办)局长(主任)张宗启、副局长吴学东，武清区区长罗福来、副区长李丽君参加会议。

9月22日 市森防办在蓟县召开了全市森林防火动员会议。主要任务是深入贯彻落实9月16日全国秋冬季森林防火电视电话会议精神，总结部署天津市森林防火工作。市林业局副局长李果丰出席并讲话。各区县林业主管部门分管森林防火工作的领导和部门负责同志，蓟县5个国有林区主管领导参加会议。

9月23日 市森林防火指挥部办公室和蓟县森林防火指挥部办公室在蓟县组织召开了全市森林防火培训班。有关区县林业主管部门分管森林防火领导和部门负责同志，蓟县14个山区乡镇主管乡镇长、林业站长、护林队队长，5个国有林区主管领导和部门负责同志以及蓟县专业扑火队员，共计200余人参加培训。

9月24日 市委决定：王宜民任天津市林业局(天津市绿化委员会办公室)党委委员、书记；免去陶润立天津市林业局(天津市绿化委员会办公室)党委书记、委员职务，退休(津党任〔2013〕58号)。

10月16日 市林业局组织召开了《天津市森林火灾应急预案》评审会。国家森林防火指挥部办公室、市农委、市政府应急办、市政府法制办、市公安局消防局、武警天津市总队、蓟县森防办7位专家听取了市林业局关于预案修订背景、依据、内容等情况的汇报。专家组全体成员一致同意预案通过评审。

10月24日 市政府召开2013~2014年度造林绿化工作会议，副市长王宏江出席会议并讲话。市政府副秘书长于忠诚主持会议。市农委、市财政局、市水务局、市林业局负责同志，滨海新区、有农业区县分管林业的区县长及林业主管部门主要负责同志参加会议。

10月24日 2013年全国林业统计年报布置暨培训会议在天津召开。国家林业局计财司副司长孙建，天津市林业局副局长齐龙云出席会议。各省(区、市)林业厅(局)，内蒙古、吉林、龙江、大兴安岭林业集团公司，新疆生产建设兵团林业局主管统计工作的处长和统计人员、国家林业局直属单位有关人员参加了会议。

10月31日 市林业局召开了局领导班子专题民主生活会情况通报会，局党委书记王宜民主持会议并通报情况。市委第五督导组组长李培生、副组长刘顺源，市委第五督导组成员李庆松、周仲山、王芳、付婷兰，市委农工委教育实践活动推动组孙力出席会议。局领导班子成员、局机关处级干部和直属单位主要负责同志参加了会议。

11月4~5日 市林业局举办了全市森林资源管理工作培训班。安排部署2014年度林地保护年度变更调查及"一张图"变更工作，规范征占用林地、林木采伐、运输行政审批行为。

11月6日 按照王宏江副市长的指示要求，市林业局在蓟县组织召开冬季造林绿化现场观摩汇报会，对冬季造林绿化工作进行再部署、再安排、再推动。市林业局局长张宗启、蓟县副县长田建国出席会议。市林业局有关负责同志，滨海新区、有农业区县林业主管部门主要负责同志及分管负责同志参加会议。

11月11~12日 市林业局党委书记王宜民、副书记庞清顺赴蓟县、宝坻调研，推动秋冬季造林绿化工作。蓟县、宝坻区政府分管领导，林业局主要负责同志陪同调研。

11月25日 副市长王宏江在市政府副秘书长于忠诚、市农委副主任沈欣、市林业局局长张宗启陪同下赴蓟县检查森林防火工作。

11月27~29日 天津市野生动植物保护管理站举办了全市陆生野生动物疫源疫病监测培训班。市林业局党委委员李俊柱出席开班仪式并讲话。全市各国家级、市级陆生野生动物疫源疫病监测机构(含监测站)负责人及网络直报系统负责同志、野外巡护专职人员共60余人参加了培训。

12月17日 天津林学会召开第七次会员代表大会，选举产生了第七届理事会。会议选举陶润立为天津林学会第七届理事会理事长，选举吴学东、王如立、王芝学、荣万成、刘萍为副理事长，选举郑兆欣为秘书长。

12月18日 市林业工作站召开2013年度基层林业工作站建设情况座谈会，对天津市8个标准化林业工作站和区县林业工作站的年度工作情况进行全面总结、查找不足，制定下一步工作计划。市林业局党委委员、市林业站站长李俊柱出席，市林业站副站长郑兆欣主持会议。标准化林业工作站和各区县林业站站长20余人参加。 （天津市林业由王浩供稿）

河北省林业

【概　述】 2013年全省林业系统紧紧围绕“增林扩绿，林果并重，改善生态环境，推动经济发展”的总体思路，求真务实，开拓创新，完成了全年各项目标任务。省林业厅作为第一批党的群众路线教育实践活动单位，按照中央和省委统一部署，以“照镜子、正衣冠、洗洗澡、治治病”为总要求，以补精神之“钙”、除“四风”之害、祛行为之垢、立为民之制为重点，大力转变作风，圆满完成教育实践活动各项要求，为民服务的质量和水平显著提高。

造林绿化 2013年全省完成造林绿化31.87万公顷，为年度任务的113.8%。完成中幼林抚育34.84万公顷，义务植树1亿株，分别为年度任务的174.2%、100%。一是狠抓造林绿化重点。京津风沙源治理、退耕还林、三北防护林、沿海防护林、太行山绿化等国家重点工程造林和中央财政造林补贴试点、京冀生态水源保护林建设合作项目高质量完成。10个人工造林大县和10个封山育林大县完成造林占全省总任务的24.5%。坝上防护林更新改造被国务院列为试点，完成防护林更新改造试点任务666.67公顷。二是大力提升造林质量。把质量管理贯穿于造林生产各个环节，加强造林督导核查，全省实地检查造林面积3.23万公顷，有效提高了造林质量。2013年全国营造林核查河北省人工造林合格率达到97.8%，高出全国平均水平2.2个百分点。三是切实抓好净增量考核。进一步修改完善《河北省森林覆盖率净增量目标考核办法》，邀请省人大、省政协领导带队对全省森林覆盖率和城市绿地率净增量进行了考核。

林果产业 全省林业产业总产值达到1230.5亿元，同比增加16%。一是培育壮大果品产业。各地认真落实省政府《关于加快建设果品产业强省的意见》，七大优势果品基地建设快速发展，10个果品特色县和10个果品龙头企业示范带动能力进一步增强。全省新增果品基地13.67万公顷，完成果树结构调整和树体改造13.47万公顷，建设观光采摘果园244个，分别为年度任务的103%、101%和122%。全省果品产业产值达到595亿元，同比增长19%。二是优化提升林板（纸）产业。实施了木材战略储备和特殊林木培育等项目，完成670公顷特殊林木新造林任务，全省速生丰产林基地达到53.33万公顷，正定、文安、邢台三大人造板加工企业产业集中度进一步提高，全省人造板年生产能力达到1495万立方米，位居全国前列。三是加快发展林业新兴产业。省政府出台了《关于加快林下经济发展的实施意见》，各地相应制定了扶持林下经济发展的政策性文件，林药、林菌、林禽等林下经济快速发展。省政府办公厅下发了《关于加强林木种苗工作的实施意见》，编制完成《河北省林木种苗发展规划》，全省种苗面积达到7.47万公顷。新建涿州等3个花卉核心产区，新增花卉面积0.4万公顷，占年度任务的120%。森林旅游、野生动物繁育利用等呈现出良好发展势头。

资源管护 坚持保护优先，严格执行林地和林木保护制度，森林资源保护力度进一步加大。一是林地林木管理全面加强。省政府批复了《河北省林地保护利用规划（2010～2020）》，181个县级林地保护利用规划全部通过本级政府批复，全省175.67万公顷公益林落界成图工作全部完成。严格执行林木采伐限额制度和征占用林地审核制度，林地林权、木材经营加工和运输管理等工作进一步规范。二是森林防火成效显著。建立健全火险天气会商机制，落实防火责任，争取省级专项资金4032万元，火灾监测科技化、信息化水平大幅提升。全年森林火灾数量、过火面积、受害面积三项指标同比分别下降37.3%、79.7%、85.4%，森林火灾受害率0.01‰，远低于0.3‰的控制目标。全年没有发生重特大森林火灾、重大人员伤亡和“进京火”。三是林业有害生物防控力度加大。强化防控体系建设，建立健全联防联治机制，绿色通道、风景名胜区等重点区域和松材线虫病、美国白蛾等危险性林业有害生物防控力度进一步加大。全省林业有害生物成灾率0.23‰，远低于4.2‰的控制目标。四是自然保护区和湿地建设不断加强。省政府第15号令发布了《河北省湿地保护规定》，新建青龙都山省级保护区和崇礼清水河源、木兰围场小滦河2处国家湿地公园及井陉静港、崇礼西湾子2处省级湿地公园，全省林业系统自然保护区达到34处、面积63.2万公顷，湿地公园达到21处、面积4.27万公顷。五是林业综合执法水平明显提升。开展了“天网”“燕赵绿剑”等专项行动，侦破了秦皇岛非法猎捕收购出售珍贵濒危野生动物等一批大案要案，全省查处涉林违法案件5582起，有效保护了森林资源安全。

林业改革 一是集体林权制度改革全面深化。全省累计完成林地登记发证543.67万公顷，占总任务的98.3%。累计建立林权流转服务机构70个，流转林地24.8万公顷，落实林权抵押贷款9亿元，全省林果合作组织达到2512个。培育壮大了平山县葫芦峪农业科技开发有限公司等一批规模大、实力强、带动广的新型林果经营主体，得到省委书记周本顺和国家林业局有关领导的充分肯定。二是国有林场改革稳步推进。《河北省国有林场改革试点实施方案》得到国家批复，丰宁、隆化两县21个国有林场界定为生态公益型林场，理顺了试点林场管理体制。全省国有林场危旧房改造争取补助资金1.67亿元，新开工建设2964户，为年度任务的100%。三是森林保险试点工作扎实开展。经与多家保险公司反复磋商，将森林保险费率由原来的4‰降到3.8‰，取消了绝对免赔率，增加了旱灾、病虫害和鼠害3项保险责任，全省森林保险承保面积达到43.33万公顷。

保障能力 一是资金项目落实。在国家重点工程投资大幅调减的形势下，全年落实省级以上林业建设资金比2012年增加1.3亿，同比增长3.19%，中央投资位居全国第四位。落实资金6058万元支持3029个农村面貌改造提升重点村完成绿化任务。大力实施《燕山、太行山扶贫攻坚实施规划》，支持22个重点县实施林业生态和林业产业建设。全省森林生态效益补偿等投资增量达3.5亿元，自然保护区、湿地等15个重点项目得到国家批复。二是科技支撑保障。紧密围绕林业两大体系建设组织开展科研攻关、技术推广和林农培训，大力实施"林业科技惠民行动"。加强林业科研院校合作，新建国家标准化示范区3个，全省国家级林业标准化示范区达到16个，国家级林业科技示范县(林场)达到4个。三是林业法治建设。开展了"六五"普法宣传活动，深化行政审批制度改革，取消、下放或委托行政审批事项12项，建立了"零障碍"服务全程协办机制，减少了审批环节，缩短了审批时限。四是干部队伍建设。深入学习贯彻党的十八大、十八届二中、三中全会和省委八届六次全会精神，深入开展党的群众路线教育实践和解放思想大讨论活动，广大干部职工振奋精神，开拓进取，全省林业系统始终保持着昂扬向上的良好精神风貌。

【全省各级党委政府高度重视林业工作】 2013年，全省各级党委、政府对林业工作高度重视，省委书记周本顺多次强调："前人栽树，后人乘凉。老一辈革命家栽了革命树，我们现在乘到了凉，也要为子孙后代着想，艰苦奋斗栽好树，使后人能够乘凉。""植树造林是一根本大计，坚持不懈往前推。"省长张庆伟指出：必须从全局和战略的高度认识林业的地位和作用，力争把河北林业上升到国家战略层面，不断提升林业建设的质量和水平。周本顺书记、张庆伟省长等省领导一年来对林业工作批示多达255次，赵勇副书记、沈小平副省长等省领导亲自调度研究林业工作，省四大班子领导带头参加春季义务植树活动，有力推动了各级各部门参与林业建设的积极性。石家庄市启动了2万公顷环省会经济林带建设，邢台市实施环市区防护林等八大重点造林工程绿化邢襄大地，邯郸市实施了"绿美邯郸"攻坚行动，衡水市大力推进"一人一亩林"绿化工程，张家口市启动了建设千万亩新型生态屏障，承德市把发展经济林作为实现小康的主要基础产业高位推动，廊坊市全面实施"两年攻坚战，造林一百万"绿化工程，秦皇岛市实施了"绿满秦皇岛"工程，唐山、沧州、保定市和定州、辛集市等县(市、区)也把造林绿化摆上重要议事日程，全省上下形成了党委重视、政府主导、社会参与的造林绿化氛围。

【全省林业局局长会议召开】 2月27日，全省林业局局长会议在石家庄召开。会议总结了2012年的全省林业工作，对2013年林业工作进行了部署。河北省林业厅党组书记、厅长王海洋作了题为《深入贯彻落实党的十八大精神为建设生态文明美丽河北而努力奋斗》的讲话。王海洋强调，2013年全省林业工作要深入学习贯彻党的十八大精神，认真落实省委、省政府决策部署，以实现"双增"目标为核心，以"四个十工程"为抓手，全面实施以生态建设为主的林业发展战略，增林扩绿，林果并重，改善生态环境，推动经济发展，为建设生态文明美丽河北作出应有贡献。确保全年完成造林绿化28万公顷，森林覆盖率增加1个百分点，森林蓄积量增加400万立方米，果品总产量达到140亿千克，林业产业总产值达到1150亿元。突出抓好以下7项工作：一是大力推进造林绿化，二是加快发展林果产业，三是强化森林资源管护，四是继续深化林业改革，五是增强支撑保障能力，六是创新工作方式方法，七是加强机关及队伍建设。

【河北省出台加快林下经济发展的实施意见】 1月4日，河北省人民政府出台了《关于加快林下经济发展的实施意见》(冀政函〔2013〕1号)。《意见》明确了加快林下经济发展的总体要求、主要任务和政策措施。发展林下经济，要正确处理保护与开发的关系，坚持政策扶持与多元投入相结合，科学选择发展模式，合理进行产业布局，加快龙头企业和农民合作组织发展，着力培育一批生态旅游观光基地、绿色食品种植基地、林下产品采集基地和特色养殖基地，扶持一批具有较大规模、较大潜力、较大辐射带动能力的林下经济龙头企业。力争到2020年，全省林下经济经营面积达到133.33万公顷，林下经济综合产值达到400亿元以上。《意见》指出要科学编制林下经济发展规划，培育龙头企业和示范基地，提高科技支撑水平，健全社会化服务体系，加强市场流通体系建设，强化林地和林下开发管理，保证产品安全。加快发展林下经济，要加强组织领导，加大资金投入力度，加快基础设施建设，加强税费扶持，加大金融保险支持。

【河北省政府出台《关于加强林木种苗工作的实施意见》】 4月16日，河北省人民政府办公厅印发了《关于加强林木种苗工作的实施意见》(冀政办[2013]4号)。《意见》明确了当前和今后全省林木种苗工作的指导思想、重点任务、政策措施和保障措施。提出要牢固树立"林以种为本，种以质为先"的理念，以有效保障造林绿化种苗供应为中心，以提高种苗质量和推进林木良种化为抓手，以严格执法监管为保障，坚持科技兴种、依法治种，加大政策扶持和资金投入，全面提升林木种苗生产供应能力和良种化水平，为改善全省生态环境，推动林业可持续发展发挥重要作用。力争到2020年，全省林木种苗面积稳定在6.67万公顷以上，林木种苗年产值达100亿元以上，带动相关产业综合增加值300亿元以上。《意见》提出，要科学编制林木种苗发展规划，完善林木良种补贴政策，建立林木种子贮备制度，加大林木种苗资金投入，落实林木种苗生产优惠政策。同时要求各级人民政府切实加强组织领导，各有关部门积极配合，健全林木种苗法规，加强机构和能力建设，创新社会化服务机制，推动全省林木种苗工作更好更快发展。

【河北省政府召开电视电话会议部署森林防火工作】为贯彻落实国务院召开的全国森林草原防火和造林绿化工作电视电话会议精神，切实做好全省森林防火工作，4月1日，河北省政府召开电视电话会议，对森林防火工作进行动员部署。副省长沈小平在会上指出，当前大风天气多，地表可燃物多，野外用火多，森林防火形势仍十分严峻。各地各有关部门一定要高度戒备，坚决克服麻痹思想和厌战情绪，真正把防火工作放在心上、抓在手上、落在地上，合力打赢春防这场硬仗。沈小平要求：一是火源管控务必严之又严，切实筑牢封山禁火、巡护检查和宣传教育3条防线，确保不出大的问题。二是隐患排查务必细之又细，对各类隐患要进行拉网式排查，对排查出的隐患，明确整改责任人，落实具体措施和完成时限，定期调度，跟踪问责。三是应急处置务必快之又快，要建立和完善森林火险预警体系，全方位全天候监测火情。四是履职尽责务必实之又实，要认真执行行政首长负责制，森防指成员单位认真履行职责，森林草原经营管理单位要管好自己的山，守住自己的林，防好自己的火。

【河北省林业厅举行袁德水先进事迹座谈会】4月26日，河北省林业厅举行"全国五一劳动奖章"获得者袁德水先进事迹座谈会，号召全省林业系统干部职工要以袁德水为榜样，爱岗敬业、艰苦奋斗、务实创新，为推动全省林业生态建设作出新的更大贡献。袁德水是林业系统先进人物的杰出代表，他把事业当生命、视工作为使命，35年如一日，扎根偏僻山区，始终坚守在林木育种第一线，刻苦钻研，求真务实，无私奉献，在平凡的岗位上作出了不平凡的成绩。作为一名最基层的普通林业工作者，袁德水用自己的模范行动，生动诠释了务林人的优秀品质，是时代的先锋，是我们学习的楷模。

【河北省6个科技推广示范项目通过国家验收】1月8~11日，在国家林业局推广项目验收会议上，河北省6个中央财政林业科技推广示范资金项目通过了验收。分别是平山县林业技术推广站"平山县山地良种核桃规模化栽培技术推广"项目，张家口市林业科学研究所"冀西北浅山丘陵区旱地仁用杏造林及丰产技术推广示范"项目，河北农业大学"杨树优良速生用材树种繁育及丰产栽培技术示范与推广"项目，河北农业大学"优质早实薄皮核桃'绿岭''绿早'及其配套栽培技术示范与推广"项目，滦南县国营林场"廊坊杨4号繁育与推广技术示范"项目，承德市林业技术推广总站"承德瘠薄山地植被恢复技术推广"项目。

【河北省林业厅召开党的群众路线教育实践活动动员大会】7月12日，河北省林业厅召开了党的群众路线教育实践活动动员大会，会议深入贯彻落实了中央和河北省委群众路线教育实践活动有关会议精神，对全厅党的群众路线教育实践活动进行了全面部署。河北省委教育实践活动第五督导组到会督导，组长安云防发表讲话，对省林业厅开展教育实践活动提出了明确要求。河北省林业厅党组书记、厅长王海洋作动员讲话，要求省厅广大党员干部务必充分认识开展教育实践活动的重大意义，全面落实开展教育实践活动的基本要求，切实加强教育实践活动的组织保障。要结合林业发展实际，认真贯彻"照镜子、正衣冠、洗洗澡、治治病"的活动总要求，重点聚焦"四风"问题，始终贯穿整风精神，坚持领导干部带头，扎实推进专项行动，针对群众反映强烈的突出问题，改进作风，完善促进党员干部坚持为民务实清廉的长效机制。省厅各处室、单位要结合职能，一是开展领导干部正风肃纪行动，二是落实重点部门提质提效行动，三是推进大气污染综合防治行动，四是深化农村面貌改造提升行动。

【河北省正式启动国有林场改革试点工作】河北省国有林场改革协调小组于12月10日在承德市召开会议，对国有林场改革试点工作进行了安排部署。河北省国有林场有林地已经达到61.4万公顷，占全省的12.6%；森林覆盖率达到79%，是全省平均水平的2.8倍；林木蓄积量3370万立方米，占全省的27.8%，单位面积蓄积量是全省平均水平的2.2倍。但是国有林场长期存在的管理体制不顺、基础设施薄弱、森林质量下降、职工生活困难已严重影响国有林场发展和生态功能的发挥，推进国有林场改革，已经刻不容缓，势在必行。河北省成为第一批7个全国国有林场改革试点省之一，承德市的丰宁县国营林场总场、隆化县国营林场管理局共21个林场成为全国国有林场改革试点单位。会议强调，改革国有林场领导体制、理顺管理体制、创新经营机制，是本次国有林场改革试点的重中之重。一是要切实加强组织领导，二是要落实改革资金，三要强化督导调度，四是要搞好宣传发动。

【河北出台指导意见规范扑火队伍跨区增援作业】面对森林防火日益严峻的形势，为切实提高跨区扑救能力，河北省森林防火办公室出台了《关于规范扑火队伍跨区增援的意见》，对全省设区市之间跨区增援作业制定了规范。一是明确了跨区增援条件。跨区增援作业可由火灾发生地人民政府及其林业主管部门提出申请，报省森林防火办公室批准；省森林防火办公室也可根据森林火灾的发展态势、扑救难度、危险程度等实际情况，直接下达跨区增援命令。二是明确了组织实施程序。省森林防火办公室负责组织实施设区市之间跨区增援作业，下达跨区增援命令，调动跨区增援队伍。相关设区市森林防火办公室接到跨区增援命令后，应按照要求，立即抽调力量，集结队伍，携带标准数量的机具装备以及基本保障用品，在规定时间内做好出发准备。到达火场后，应服从当地扑火前线指挥部的统一指挥调配，积极配合当地开展火灾扑救。三是明确受援地区责任。火灾发生地政府或扑火前线指挥部应指定专人负责增援队伍的联系接洽和路线指引，保证增援队伍及时到达火场。在扑救森林火灾中，火灾发生地政府负责增援队伍的临时性装备、燃料以及食品、饮水供应等，切实做好后勤保障工作。火灾扑灭后，火灾发生地政府应对增援队伍产生的车辆费用、人员补助等直接费用给予适当补助。

【林业大事】

1月17日 河北省林业厅科技下乡服务团，赴涞水县开展“科技三下乡”大型集中活动。

1月31日 经河北省编办批准，河北省林业示范场更名为河北省洪崖山国有林场管理局。

3月23日 河北省委书记周本顺，省委副书记、省长张庆伟，省政协主席付志方等30多位省领导，在革命圣地西柏坡参加完弘扬“赶考”精神集体学习教育活动后，来到西柏坡镇通家口村与省会各界干部群众、驻石部队官兵、教师学生等1000余人一起参加义务植树活动。

4月15日 全国绿化委员会对在国土绿化和生态文明建设事业中作出突出成绩的城市（区）、县（市、区）、单位和个人进行了表彰，河北省邯郸市，大厂回族自治县等14个县，华北石油管理局华丽综合服务处等7个单位被授予全国绿化模范单位荣誉称号；肖金艳等31名同志被授予全国绿化奖章。

4月18~19日 全省果品工作会议在平山县召开，与会代表参加了平山县葫芦峪核桃生产基地、一坡苹果专业合作社苹果基地等现场；承德市、平山县、遵化市、晋州长城公司分别作了典型发言；河北出入境检验检疫局、省商务厅、河北农大的专家分别就果品出口、市场体系建设、国内外果品生产形势进行作了专题讲座。

5月14日 省林业厅召开“解放思想、改革开放、创新驱动、科学发展”大讨论活动动员大会，对全厅深入贯彻省委八届五次全委（扩大）会议精神进行动员部署。

7月29~30日 由国家林业局、中国农林水利工会主办，河北省林业厅承办的“首届国有林场职业技能竞赛”在塞罕坝机械林场举行，河北省代表队分别获得团体第一名、个人一等奖和三等奖。

8月1日 河北省机构编制委员会办公室批准河北省野生动植物保护站加挂河北省湿地保护管理中心牌子，继续承担省人民政府赋予林业厅的“组织、协调、指导和监督全省湿地保护工作，拟定全省湿地保护规划、湿地保护的有关地方标准和规定，组织实施建立湿地保护区、湿地公园等保护管理工作，监督湿地的合理利用”职责。

8月26日 河北省林业厅召开加强纪律和作风建设视频会议，会议通报了开展正风肃纪专项行动以来厅机关和直属单位在纪律和作风建设方面存在的突出问题，进一步提高认识，对加强纪律和作风建设进行安排部署。

8月27日 河北省造林现场暨秋冬季造林动员会在张家口市康保县召开。与会人员参观了康保县通道绿化工程、卧龙图3333.33公顷建设工程、南天门绿化工程区等现场，张家口市林业局和康保县政府等8个单位做了典型发言。

9月4日 环京5省（区、市）森林防火工作联防会在张家口市召开。

9月28日至10月27日 在第八届中国花卉博览会上，河北省荣获“团体奖”银奖，“组织奖”金奖，室内展区设计布置奖金奖、室外展园设计布置奖银奖，“展品奖”单项奖246项（其中金奖14个，银奖49个，铜奖101个，优秀奖82个），获奖率达60.8%，总分排名位居全国第四。

10月9日 河北省林业厅召开全体干部会议，学习贯彻习近平总书记在参加河北省委常委会党的群众路线教育实践活动专题民主生活会上的重要讲话。

10月22日，河北省林业厅机关标准化管理体系顺利通过方圆认证集团组织的第三方认证专家组现场审核。

10月25日 第三届中国湿地文化节暨东营国际湿地保护交流会议在山东省召开，对河北坝上闪电河国家湿地公园等进行了授牌。河北坝上闪电河国家湿地公园成为河北省首个正式国家湿地公园。

10月28~29日 河北省林业鼠（兔）害防治技术现场交流会在围场召开。

12月3日 河北省绿化委员会、河北省林业厅、河北省人力资源和社会保障厅、河北省总工会联合下发了《关于表彰2009~2011年度河北省绿化奖章获得者的决定》，决定授予田耀筠等100名同志“河北省绿化奖章”，赠授杨志远、刘宏江、赵书壮3名同志“河北省绿化奖章”。

山西省林业

【概　述】 2013年，山西林业工作按照省委省政府绿化山西、生态兴省战略部署，围绕“山上治本、身边增绿、产业富民、林业增效”的工作思路，大力推进林业六大工程建设，转变作风，狠抓落实，完成了各项工作任务。

造林绿化 深入推进林业六大工程，全年完成营造林30.27万公顷，占年度任务的100.9%。其中，“两山”造林工程完成13.2万公顷，“两网”绿化工程完成6.13万公顷，“两林”富民工程完成6.67万公顷，“两区”增绿工程完成2.27万公顷，“双百”精品工程完成2万公顷。

森林资源保护 全面强化森林防火工作，重点推行网格化巡查和定点责任看护制度。全省共发生森林火情221起，其中林火32起、荒火189起，过火面积2146.67公顷，受害森林面积421.6公顷，森林火灾受害率0.15‰，低于省政府确定0.5‰的控制目标，未发生重大森林火灾。查处涉火肇事者213人，追究相关责任人380名。重点实施林业有害生物防治12.87万公顷，成灾率控制在1.4‰，远低于4.3‰的控制指标。开展专项整治行动，严厉打击涉林犯罪行为，共查处森林和野生动物案件3350起，林政处罚5585人次，挽回直接经济损失2000余万元。加快湿地公园建设步伐，对全省湿地开展了调研摸底，新批建省级湿地公园7处，申报国家级湿地公园试点2处。

集体林权制度改革 继续深化集体林权制度改革，山西省委、省政府印发了《关于深化集体林权制度改革的实施意见》，安排专项资金900万元扶持林业专业合作社建设。林权配套改革有序推进，制定出台《山西省集体林权流转办法》，森林保险试点已通过财政部审批。

林业产业 全年林业产值达到360亿元以上，比2012年增长15%。经济林发展势头强劲。以核桃、红枣为主的传统经济林产业稳步推进，以连翘、双季槐为主的新兴经济林态势良好，新发展经济林6.67万公顷。种苗花卉产业稳步发展。山西省人民政府办公厅印发了《关于加强林木种苗工作的意见》，举办了2013年山西苗木及绿化资材博览会；全省新育苗2.51万公顷。参加第八届中国花卉博览会，获3项金奖，综合排名全国第五。全省森林公园接待游客达到1105万人次，门票收入1.86亿元。全省林下经济经营面积达到36.73万公顷，产值16.5亿元，参与农户近11万户，人均收入1599元。

林业科技 围绕山西林业区域特点，重点在九大国有林局、市县安排中央财政和省煤炭可持续发展基金项目37项。突出科技推广，红枣"双调"（上调树势，下调土壤）和裂果防控叶面施肥、核桃"五个一"（一级苗，一米坑，一担肥，一桶水，一张膜）栽植、低产林土肥水管理等20项林业实用技术得到有效推广。强化科技创新，积极申报"森林多目标多功能经营技术引进""Forest Watch林火智能监测与决策支持系统技术引进"2项国际先进林业科学技术引进项目。"抗逆速生白杨优良杂交无性系选育""松柏柽柳扦插及盐碱地造林技术研究"等3项科技成果通过山西省科技厅鉴定，"黄土丘陵区防护林营造综合配套技术研究"获山西省科技成果二等奖。

林业对外开放 继续实施中日合作"中国黄土高原林业新技术及管理方法推广普及项目"；完成中日民间绿化交流基金项目营造生态示范林186.7公顷。

林业投资 2013年，山西林业投资总量110.1亿元，比2012年增长9.2%。其中：中央和省级投资37.84亿元，社会投资72.26亿元。

【吕梁山生态脆弱区林业生态建设工程启动】 4月13日，山西省人民政府在吕梁市岚县启动吕梁山生态脆弱区林业生态建设工程。按照规划，8年内，山西将在忻州、吕梁、临汾3市23县和4个省直林区全面铺开规模达49.07万公顷的造林绿化和林业产业富民工程，从根本上改善吕梁山生态环境状况。山西省委副书记、省长李小鹏就工程建设作出指示，副省长郭迎光在吕梁市岚县检查指导工程建设情况，并提出具体要求。

【党政军民义务植树】 4月15日，山西省委书记袁纯清，省长李小鹏，省政协主席薛延忠等省党政军领导和太原市干部群众、少先队员，在太原市万柏林区参加义务植树活动，以实际行动为建设美丽山西作贡献。省委书记袁纯清强调，要加快绿化山西建设步伐，坚定每年造林400万亩的目标不动摇，力争10年造林4000万亩，实现森林覆盖率26%以上，达到国际通行生态良好标准。要大力学习弘扬右玉精神，持之以恒、坚韧不拔，各级领导干部带头、广大干部群众积极参与，一张蓝图绘到底，一年接着一年干，使植树造林成为自觉行动，爱绿植绿护绿形成浓厚氛围。省长李小鹏指出，对太原西山地区进行综合治理，是省委、省政府部署实施的重点工程，目前工程建设已经取得了阶段性成效。太原市和有关部门要继续以提升改造传统产业、优化城市布局、改善生态环境、加大基础设施建设力度为目标，着力彰显"绿色西山、活力西山、和谐西山、人文西山"内涵，努力将这一区域打造成生态环保、绿色宜居、人地和谐、山川秀美的新区域，为全省转型综改试验区建设积累经验。参加义务植树劳动的省领导和部队领导还有：胡苏平、高建民、汤涛、李兆前、王建明、聂春玉、白云、刘云海、周然、安焕晓、田喜荣、张建欣、任润厚、王一新、张复明、李雁红、刘滇生、王宁、朱先奇、负自博、喻军、徐洪生、左世忠、杨司等。

【山西省低产低效干果经济林改造技术示范现场培训会】 6月14日，山西省低产低效干果经济林改造技术示范现场培训会在中阳县召开。长治、临汾、运城、大同、阳泉、晋中、吕梁7个市林业局分管局长、林业站长或经济林站长、推广站长，17个项目示范县林业局长和技术负责人，山西省林业厅机关有关处室及有关单位负责人以及部分核桃专家70多人参加会议。山西省林业厅党组成员、总工程师刘虎山出席会议并讲话。会议听取了中阳县核桃科学管理经验介绍，观摩了中阳县核桃科学管理的典型现场，邀请山西农业大学牛铁荃副教授就核桃管理的关键技术进行讲授。会议确定，将用2年左右的时间，在省、市两级建成干果经济林专家指导组和服务组，每个县至少建成100人以上的干果经济林技术服务队；在新确定的17个核桃低产林改造示范县中，每县至少建立5处以上示范片区，率先建成省级示范样板，并推出一批乡村示范园区，学习借鉴中阳经验，出台相关扶持政策，调动企业、农民等投入的积极性，多渠道、多元化筹集资金，大力度开展技术服务，确保技术应用到位，管理管护到位，为林业增效、农民增收作出更大贡献。

【山西省造林绿化现场会】 9月12日至13日，山西省政府在太原召开全省造林绿化现场会。李小鹏省长和与会代表一起考察太原造林绿化工程，并在西山万亩生态园工程现场和与会人员进行座谈。省委常委、太原市委书记陈川平，副省长郭迎光出席，各市分管副市长、林业局局长参加会议。与会代表实地考察了307国道劣质地类治理示范点、东山山庄头生态园、国家三北防护林店头示范点、晋峰城郊森林公园、康培城郊森林公园等造林绿化工程。与以往历次现场会不同的是，这次太原会议不设主会场、不挂会标、不摆鲜花，与会代表边实地考察，边交流探讨，会期由过去的2～3天压缩为两个半天，参会人员也由过去的300多人大幅压减到30人左右，真正把会议开到了现场、把重心放在了一线，起到了交流经验、推动工作的作用。

【造林绿化先进集体】 9月24日，山西省政府印发《关于表彰全省造林绿化先进集体的决定》(晋政发[2013]34号)，授予太原市"全省造林绿化先进市"称号，奖励100万元；授予娄烦县、朔州市朔城区、柳林县、晋中市榆次区、沁县、高平市、翼城县、平陆县等8个县"山西省林业生态县"称号，各奖励30万元。

【"绿化山西、生态兴省"优秀县委书记、县长】 9月5日，山西省绿化委员会、山西省林业厅印发《关于表彰"绿化山西、生态兴省"优秀县委书记、县长的决定》(晋绿字[2013]3号)，决定授予魏民(太原市杏花岭区区委书记)、张齐山(太原市万柏林区区委书记)、张磊(娄烦县县长)、姚振华(天镇县县委书记)、王凤瑞(大同县县委书记)、王智杰(怀仁县县委书记)、王源(偏关县县委书记)、李德新(静乐县县委书记)、张建国(临县县委书记)、李志安(交城县县委书记)、郝向明(太谷县县委书记)、丁雪钦(昔阳县县委书记)、张玉斌(盂县县委书记)、唐立浩(潞城市市委书记)、吴小华(平顺县县委书记)、张利峰(晋城市城区区委书记)、王天朗(隰县县委书记)、梁秀娟(浮山县县长)、郭宏(平陆县县委书记)、陈杰(永济市市委书记)等20名同志"绿化山西、生态兴省"优秀县(市、区)委书记、县(市、区)长。

【群众路线教育实践活动】 按照山西省委部署，山西省林业厅于8月份开展党的群众路线教育实践活动。8月6日，山西省林业厅召开党的群众路线教育实践活动动员会，李永林厅长代表厅党组对开展党的路线教育实践活动进行了动员部署，并提出"六对照""十查摆""六必须"的具体要求。厅领导、历任老厅长、近五年退下来的厅领导，厅机关全体公务员，厅直单位党政主要负责人，厅群众路线教育实践活动领导组办公室相关人员等122人参加了动员会。省委第三督导组到会督导。活动开展以来，按照不转段、不分段的原则，认真搞好学习教育、听取意见，查摆问题、开展批评，整改落实、建章立制3个环节。厅领导班子集中学习培训50学时，开展专题讨论3次；广泛征求群众意见、开展调研5次，征求"四风"方面意见建议45条；在班子民主生活会上提出批评意见81条。厅直各单位累计集中学习培训243天，开展专题讨论102次，共征求到各类意见建议1294条，其中"四风"方面意见建议552条。全系统在班子民主生活会上发言提出批评意见507条，共召开139个支部专题生活会。制定了《制度建设计划》《厅领导班子整改方案》《专项整治方案》，形成了作风建设的新"十项办法"。整个活动共有14名厅级以上领导干部、234名县处级领导干部，14个职能处室，65个直属事业单位，310个基层党组织，3658名党员参与。通过开展活动，全厅的作风建设得到了整体提升，宗旨意识进一步强化，大局观念进一步增强，工作能力进一步提升，作风进一步转变，廉洁自律能力进一步增强，工作落实更加到位，党员干部推进六大工程建设的能力得到加强，路线教育活动取得了明显成效。

【山西省森林公园条例】 8月1日，山西省第十二届人民代表大会常务委员会第四次会议审议通过《山西省森林公园条例》(下称《条例》)，自10月1日起施行。《山西省森林公园条例》共6章42条，《条例》规定，森林公园建设应按照森林公园总体规划进行，森林公园内的项目建设应与周边景观和环境相协调，相应的旅游服务设施、环境保护设施和防火设施应同时规划、同时设计、同时施工、同时使用。森林公园内禁止建设破坏自然景观、地质遗迹、历史文化遗址、古生物化石遗迹和妨碍游览、污染环境、破坏资源的工程设施和不得新建高尔夫球场、狩猎场等项目。《条例》还明确了相关法律责任，违反《条例》相关规定，造成森林资源风景破坏的，将会被处10万元以上30万元以下的罚款，构成犯罪的，依法追究刑事责任。

【山西省人民政府办公厅关于加强林木种苗工作的意见】 6月24日，山西省人民政府办公厅印发《关于加强林木种苗工作的意见》(下称《意见》)。《意见》指出，加强林木种苗工作是林业生态建设的基础保障，要实现到2015年全省森林覆盖率达到23%，到2020年达到26%的目标，今后每年必须完成营造林400万亩以上，造林任务还相当艰巨，苗木需求还相当巨大。林木种苗作为林业生产的基础资料，其品种是否对路，结构是否合理，质量是否优良，将直接影响着林业发展的质量和效益。必须进一步加强林木种苗工作，把发展林业种苗与增加农民收入有机结合起来，在满足林业生态建设的同时，有力促进农民林业收入稳步增长。《意见》提出，坚持统筹兼顾、优化区域布局的原则，逐步在全省建立三大林木种苗生产区：以临汾市、运城市、晋城市和中条林局、吕梁林局为重点，建立南部暖温带半湿润区种苗生产区；以长治市、晋中市、阳泉市、太原市、吕梁市和太岳林局、太行林局、关帝林局、黑茶林局为重点，建立中部暖温带半干旱半湿润区种苗生产区；以忻州市、朔州市、大同市和五台林局、管涔林局、杨树林局为重点，建立北部中温带半干旱重半干旱区种苗生产区，形成南部以阔叶树种为主、北部以针叶树种为主的苗木生产格局。《意见》还明确了今后全省林木种苗八项重点工作，一是加快推进林木种苗良种化进程；二是加强苗木生产管理；三是完善市场化服务体系；四是强化科技支撑；五是严格林木种苗执法监管；六是落实林木良种补贴政策；七是建立健全保障性苗圃管理机制；八是落实林木种子贮备制度。《意见》要求，地方各级人民政府要切实把林木种苗工作作为林业生态建设的基础性任务来抓。并把林木种苗发展纳入市、县林业目标责任制重要内容进行考核。各级发展改革、科技、财政、农业、林业、工商、税务、金融等部门，要各司其职、各负其责，加强协作配合，在林木种苗项目立项、资金投入、土地流转、税费减免、信贷融资等方面给予政策扶持，形成加快林木种苗发展的强大合力。同时，各市、县人民政府要重视林木种苗管理机构和队伍建设。

(山西省林业由冀瑞平供稿)

内蒙古自治区林业

【概　述】

林业生态建设　①造林绿化。全区共完成林业生态建设面积80.4万公顷，占全年计划的103.9%，其中完成人工造林34.8万公顷，飞播造林7.9万公顷，封山(沙)育林37.7万公顷。完成中幼林抚育41.3万公顷，义务植树8600万多株，四旁植树3333.4万株，补植补造19.2万公顷。4月19日，启动了北京军区在乌兰察布市集宁区第二个五年义务植树基地建设活动，完成义务植树866.67万公顷。②重点工程。按照全国三北防护林体系建设五期工程规划，编制完善了省级规划。强化京津风沙源治理工程管理，对2012年第二批京津风沙源治理工程林业项目年度作业设计进行现地核实。完成天保工程二期和森林生态效益补偿投资61.23亿元，完成公益林建设任务10.36万公顷、国有中幼林抚育任务46.32万公顷。自治区2005年14.31万公顷的退耕地还生态林顺利通过国家组织的阶段验收，已连续6年受到国家林业局的通报表扬；完成了退耕还林工程省级确认工作，确保了自治区退耕补助足额到位，已全部兑现。启动实施了山化土地封禁保护区试点项目，共涉及6个旗，封禁保护沙化土地6.2万公顷。组织编制了《内蒙古自治区防沙治沙规划(2011～2020年)》(征求意见稿)，待自治区政府批准后组织实施。③重点区域绿化。4月8日，自治区党委政府召开推进重点工作动员大会，决定启动重点区域绿化工作。7月，自治区人民政府制定出台《关于加快推进重点区域绿化工作的意见》。全年共完成重点区域绿化13.07万公顷，其中公路绿化4537千米、3.6万公顷；城镇绿化4.67万公顷；村屯绿化1.6万公顷；厂矿园区绿化0.73万公顷；黄河两岸绿化1.6万公顷；大青山前坡绿化0.87万公顷。

森林资源管理　①认真落实林地用途管制等各项制度，严格征占用林地审核审批，开展了林地执法检查，对违法使用林地行为进行督办查处。②积极争取国家林业局支持，增加用地指标3071.6公顷。坚持优先保障基础设施、重点工程和民生项目用地，从严限制矿产、商业性开发用地，规范用地行为，全年审核审批征占用林地项目947项、面积10 125.5公顷，收取森林植被恢复费5.6亿元。③严格落实林地占补平衡，返还森林植被恢复费10.97亿元，安排植树造林面积5.4万公顷。④完成了全区第七次森林资源清查工作。清查结果显示，全区森林面积已达到2487.90万公顷，活立木蓄积量14.84亿立方米，森林覆盖率21.03%，分别比第六次清查(2008年)增加121.50万公顷、1.2亿立方米和1.03个百分点，继续保持森林面积、蓄积量双增长态势。⑤组织6个旗县编制森林可持续经营试点方案，开展了2013年营造林综合核查。⑥完成阿拉善盟、锡林郭勒盟二类调查数据整理入库以及乌兰察布市、包头市部分年度数据及和阿左旗、免渡河林业局等旗县(局)二类调查数据更新。

森林资源保护　①森林草原防火。继续执行厅领导防火分片包干制度，全面加强各项预防和扑救措施，实现了“力争不发生大的人为森林草原火灾，力争不发生人员伤亡事故”的工作目标。全区共发生森林火灾74起，其中一般火灾33起，较大火灾41起，受害森林面积242公顷，森林火灾受害率0.01‰；共发生草原火灾37起，其中一般火灾17起，较大火灾16起，重大火灾4起，受害草原面积3.38万公顷，草原火灾受灾率0.38‰；所有火灾均在最短时间内被成功扑灭，当日灭火率达到100%。火灾次数、受害面积均比2012年大幅度减少，同时，边境地区受蒙古国和俄罗斯火袭扰20余次，11次大的火灾被成功堵截，确保了边境地区的安全。②林业有害生物防治。进一步落实防治责任，强化检疫工作，加强灾害预警能力，完善监测预警网络建设，防治水平不断增强。全区共发生林业有害生物面积101.9万公顷，其中轻度50.8万公顷，中度34.5万公顷，重度12.6万公顷。通过积极采取措施，实现有效防治46.7万公顷。③野生动植物、湿地保护管理及自然保护区建设。认真组织实施湿地保护与恢复及自然保护区建设工程项目，加强对野生动物驯养繁殖和经营加工的监督检查，积极开展H7N9禽流感疫情防控监测和宣传工作。完成25处重点湿地日常监测工作。申报了3个国家湿地公园，对包头南海子、居延海湿地保护工程进行了验收。④森林公安工作。组织开展了保护过境候鸟、天网、打击非法占用林地等专项行动，有力打击了涉林违法犯罪活动。深入推进全区林区缉枪治爆专项行动，维护了林区治安稳定。全区森林公安机关共受理各类森林及野生动植物案件37 546起，侦破、查处各类森林及野生动植物案件37 454起，综合查处率99.7%，共挽回直接经济损失6861.9万元。

林业产业　大力培育“一县一业，一乡(村)一品”，继续做大做强林下经济。完成2013年自治区林业产业化项目的申报、评定工作，落实1150万元扶持资金，扶持26个林业产业化项目。开展地理标志产品认证工作。2014青岛世界园艺博览会内蒙古园建设工作进展顺利。组织开展了全区林业产业普查。2013年全区林业产业总产值达到280亿元，农牧民人均林业收入超过470元。

林业改革　①巩固和扩大集体林权制度改革成果，全力推进配套改革，在建立和落实林业公共财政支撑制度、林权流转制度、林木采伐管理制度、金融保险支持制度以及健全林业社会化服务体系等方面进展顺利，成效明显。2013年，全区新增集体林地确权2.2万公顷，累计达到2173.33万公顷，确权率99.82%，累计发放林权证182万本、2166.67万公顷，占确权面积的99.49%。自治区人民政府制定出台《自治区森林保险保费补贴实施方案》，全面启动实施了森林保险工作，实现协议投保森林面积2513.33万公顷(包括未成林造林地、疏林地等)。②组织开展国有林场改革调查研究。

支撑保障能力建设 ①积极推进林业法制建设。出台了地方性法规《内蒙古自治区大青山自然保护区管理条例》。按照自治区林业厅"六五"普法依法治理工作规划要求，制订了全区林业系统普法工作要点，部署了年度普法工作。②强化科技支撑。组织开展了全区冬春林业科技培训和林业送科技下乡活动，共举办各级各类科技培训班500余次，培训人员3万多人，发放科普图书资料实用技术手册等12万余份。与北京林业大学签订了产学研合作协议。依托中央财政林业科技推广示范资金，推广了困难立地造林技术、林下经济实用技术、防沙治沙技术等10余项科技成果。开始实施林业科技成果发布制度，以服务重点区域绿化和林业产业两个主题发布22项成果。积极开展林业标准制(修)订工作，《飞播治沙造林技术规程》等6项林业地方标准通过审定发布。组织申报了科尔沁湿地等4个生态站。③国有林场危旧房(棚户区)改造工程进展顺利。截至10月30日，开工户数为2697户，开工率为88%；竣工户数为1786户，占计划的58.4%；完成投资8516万元，占投资计划的39%。④积极推进林业扶贫开发工作。按照自治区党委政府关于推进省级领导干部联系贫困旗县工作的总体要求，9月29日，林业厅组织38个贫困旗县的林业局局长和相关盟市林业局的分管领导在呼和浩特市召开座谈会，对林业扶贫开发工作进行了专题研究部署。⑤对外合作继续深入。日元贷款内蒙古植树造林项目已竣工，并顺利通过日方组织的项目后评价。欧洲投资银行内蒙古清洁发展机制造林项目、美国大自然内蒙古盛乐国际生态示范项目、中日合作黄土高原林业新技术推广普及项目地块落实工作、日元贷款内蒙古风沙治理项目进展顺利。与松下公司合作的松下中国公益林造林项目启动。

存在问题 ①一些地区生态建设任务很重，但重点工程任务量较小，不能满足实际需要，影响了治理规模和速度。②国家重点林业生态工程投资偏低。造林地块的立地条件越来越差，造林难度加大，造林成本越来越高。同时，新造林地面积不断增加，管护任务加重。③重点区域绿化进展不平衡、规划不到位、筹资渠道少，部分地区没有形成政府主导、部门配合、社会参与的工作机制。④一些地区依法、节约使用林地意识不强，未批先占、少批多占等违法占林地行为屡有发生，个别地区比较严重。

【自治区人民政府安排部署2013年全区森林草原防火工作】 2月27日，自治区人民政府在呼和浩特市召开全区森林草原防火工作电视电话会议，全面总结了2012年全区森林草原防火工作，安排部署了2013年工作。同时，自治区人民政府与各盟市签订了防火责任状。

会议由自治区人民政府办公厅副巡视员任茂主持，自治区副主席王玉明，林业厅厅长高锡林，农牧业厅厅长郭健，气象局局长乌兰，武警内蒙古森林总队总队长肖燕波，林业厅副厅长呼群，自治区防火指挥部专职副总指挥阿勇嘎，自治区防火指挥部成员，各盟市、内蒙古森工集团防火办主任，各航空护林站站长，林业厅各处室单位负责同志在自治区主会场参加了会议。

王玉明副主席指出：2013年，自治区防火工作的总体思路是以科学发展观为统领，坚持以人为本、预防为主、积极消灭的工作方针，坚持政府全面负责、部门齐抓共管、社会广泛参与的工作机制，坚持因地制宜、分类指导、分区施策的工作举措，坚持专群结合、军地协同、各方支持的工作方式，全面落实责任制度，加强基础设施和队伍建设，强化预防扑救的能力和手段，最大限度地减少火灾损失，为建设生态文明、推动科学发展、构建和谐社会而全力做好森林草原防火工作。总的目标是力争不发生重特大人为火灾，力争不发生人员伤亡事故，力争火灾当日扑灭率保持在95%以上。突出抓好以下几方面工作：一要强化火险预警监测，二要强化野外火源管控，三要强化应急预案的落实，四要强化火灾应急扑救和联防联治，五要强化基础建设。此外，王玉明副主席还就做好2013年集体林权制度改革工作提出了相关要求。

【自治区人民政府安排部署2013年全区森林草原防火和造林绿化工作】 3月27日，全国森林草原防火和造林绿化工作电视电话会议结束后，自治区人民政府召开了全区森林草原防火和造林绿化工作电视电话会议，对全区2013年森林草原防火工作进行了再动员、再部署，对2013年及今后一个时期全区造林绿化工作进行了具体安排。

会议由自治区林业厅厅长高锡林主持，自治区副主席王玉明、自治区防火指挥部成员、绿化委员会成员、防火办主任、绿化办主任、有关厅局单位的负责同志在自治区主会场参加了会议。

王玉明副主席对森林草原防火工作和造林绿化工作进行了部署和动员。

【内蒙古自治区党委、政府启动重点区域造林绿化工作】 4月8日，自治区党委政府在呼和浩特市召开了自治区推进重点工作动员大会。自治区党委书记、人大常委会主任王君主持会议并作了讲话。会上，自治区党委副书记、政府主席巴特尔对重点区域造林绿化工作进行了全面部署。

巴特尔主席指出，当前，要抓紧启动实施六大重点区域造林绿化工作。一是加快公路绿化。力争用3年时间，使自治区京藏高速公路及省际大通道两侧、国省道15个出口实现高标准绿化，县乡公路绿化率明显提高。到2020年，高速公路适宜绿化路段全部实现高标准绿化，完成30个国省道出口及其他国省道高标准绿化5000千米。二是加快村屯绿化。当前，要加快推进300个示范绿化村建设，力争到2015年完成900个村屯的绿化，到2020年完成3000个村屯的绿化，使全区40%以上的村屯得到绿化。三是加快厂矿园区绿化。力争到2015年全区一半以上的工业园区实现绿化达标，到2020年全区所有工业园区实现绿化达标，老煤矿采空区全部实现复垦绿化。四是加快城镇周边绿化。力争用3年时间建成30个环境优美的特色城镇，到2020年全区90%以上的城镇建成绿化美化、生态宜居的绿化体系。五是加快黄河两岸绿化。力争到2020年，在自治区境内黄河沿岸营造防护林100万亩。六是加快大青山绿化。力争用 3 ~ 5 年时间，实现京藏高速公路以北、大青山前坡以南宜林地段全部绿化，使大青山生态环境得到根本改善。

【自治区党政军领导在大青山参加全民义务植树活动】 4 月 12 日，自治区党委书记、人大常委会主任王君，自治区党委副书记、政府主席巴特尔，自治区政协主席任亚平等领导来到自治区党政军义务植树基地参加 2013 年的义务植树活动。王君书记在活动中指出，要增强生态意识，创新工作机制，调动各方力量，坚持不懈地开展造林绿化，为建设美丽内蒙古创造更好的生态条件，努力把内蒙古建成中国北方重要的生态安全屏障。

据悉，自治区党政军义务植树基地规划总面积 200 公顷，从 2009 年开始建设，计划 5 年内完成，已建成 160 公顷，2013 年计划建设 40 公顷。

【呼群任自治区林业厅党组书记、厅长】 4 月 27 日，自治区党委组织部召开林业厅干部会议，宣读自治区党委关于自治区林业厅主要领导职务任免的决定：自治区林业厅副厅长呼群任林业厅党组书记、厅长。自治区林业厅原党组书记、厅长高锡林任自治区人大常务委员会委员。

【重点区域造林绿化工作】 为深入贯彻落实自治区推进重点工作动员大会和王君书记、巴特尔主席关于重点区域造林绿化工作的重要指示精神，自治区林业厅及各盟市采取积极有效措施，全力推进重点区域绿化工作。

各盟市采取多项措施，深入贯彻落实自治区推进重点工作动员大会精神。一是召开专题会议安排部署重点区域造林绿化等工作。自治区动员大会结束后，各盟市都召开了会议，党政主要领导对重点区域造林绿化等工作进行了安排部署。自治区党委常委、通辽市委书记杜梓要求各地、各部门认真学习领会自治区会议精神，切实把思想和行动统一到“8337”重大工作部署上来。锡林郭勒盟盟委、行署于 4 月 10 日专题召开了推进重点工作电视电话会议，将推进重点区域造林绿化与正在实施的京津风沙源治理二期、水域和湿地保护、宜居城镇和和谐矿区建设等工程相衔接。阿拉善盟云喜顺书记、冯玉臻盟长要求各旗区抓紧编制实施方案，不折不扣地做好重点区域绿化工作。二是专题听取林业部门关于重点区域绿化工作的汇报。包头市孙炜东市长、任福副市长于 4 月 10 日，听取了市林业局关于全市推进六大重点区域绿化工作的汇报，并提出明确要求。兴安盟行署召开了盟长办公会议，专题听取了林业局关于 2013 年春造林绿化工作情况汇报。赤峰市包满达市长先后听取了分管市长和林业局负责同志的工作汇报，要求林业局牵头，经信委、住建委、交通局等部门各负其责，认真抓好重点区域绿化工作。三是抓紧制订本地区的贯彻落实意见和实施方案。自治区绿化委员会要求各盟市尽快制订出台并上报本地区的实施方案。目前，包头市的实施方案已于 4 月 15 日经常委会研究通过。全市计划通过多元投入机制筹措 50 亿元资金用于六大重点区域造林绿化。在大青山南坡绿化上，建设 0.53 万公顷节水滴灌造林工程；在黄河北岸绿化上，着力打造 165 千米的绿色防护林带；在村屯绿化上，完成 407 个村屯绿化工作；在厂矿园区绿化上，组织 29 个厂矿园区开展绿色园区建设工程，着力打造生态工业园区；在通道绿化上重点打造“一环”“两纵”“三横”的绿色通道体系；在城镇绿化上，实施 22 个城镇片区 0.73 万公顷的绿化工程，实现六大重点区域绿化全覆盖。其他盟市的实施方案正在制订过程中。其中，呼和浩特市结合“建设美丽首府”的总体安排，2013 年拟启动首府境内高速公路绿化(包括绕城高速公路绿化、京藏高速公路绿化、城壕高速公路绿化)、国省道绿化和平原区综合绿化等重点工程。通辽市在规划中以防沙治沙、公路绿化、河道绿化、湿地保护、村屯绿化和农牧防护林建设为重点，在以市中心为原点 50 千米半径的范围内，利用 3 年时间投资 8 亿元，新规划造林 4 万公顷，形成通辽市城郊百万亩森林工程。巴彦淖尔市计划于 2014 年完成京藏高速绿化和集镇绿化工作，2015 年完成黄河堤防公路和现有厂矿企业的绿化工作，“十二五”末期完成现有村庄 80% 的绿化工作。乌海市拟今后五年投资 40 亿元，新增造林面积 1.67 万公顷。四是抓好国家林业重点工程建设。为全面完成国家林业重点工程建设任务，各盟市积极做好春季造林各项准备工作。呼伦贝尔市提前下达了 2013 年的治沙造林计划，造林所需苗木及造林地块已经基本落实。乌兰察布市人民政府与各旗县(市、区)签订了生态建设与保护任务责任状，将生态建设任务纳入年终目标管理考核的内容。五是深入开展全民义务植树活动。各盟市将开展全民义务植树活动作为落实重点区域绿化工作的一项具体行动，精心组织，周密部署，不断扩大规模和声势。鄂尔多斯市于 3 月 28 日至 4 月 30 日，集中开展城市核心区绿化暨全市春季全民义务植树活动，全市党政机关领导以身作则，广大职工自行解决植树、交通工具和植树期间的饮食，迅速掀起义务植树活动高潮。呼和浩特市、包头市、锡林郭勒盟等地动员各级干部职工和广大群众，分批次组织开展了声势浩大的义务植树活动。呼伦贝尔市、兴安盟等地下发了通知和实施方案，组织开展义务植树活动。

【北京军区启动在自治区的第二个义务植树绿化工程】 4 月 25 日，在乌兰察布市集宁区马莲渠乡植树基地，北京军区 7000 余名官兵、3000 多名民兵预备役和当地干部群众一同植树造林，标志着北京军区在乌兰察布市的第二个义务植树绿化工程全面启动。解放军总后勤部副部长刘铮，北京军区司令员张仕波、政委刘福连，国家林业局局长赵树丛，自治区党委书记王君，自治区主席巴特尔，军地有关领导黄汉标、董明祥、杜连英、车华松、杨俊兴、李佳、符太增、王玉明、海力斯，乌兰察布市市委书记王学丰，市长陶淑菊等与万余名官兵挥锹培土，一同植树。从 2013 年开始，北京军区启动在乌兰察布市的第二个义务植树绿化工程，新的义务植树基地位于乌兰察布市集宁区北部，规划 5 年建设面积 0.43 万公顷，投入建设资金 6 亿元，采取“部队出兵植树，地方维护管理”的模式，栽植各类苗木 360 余万株。

【自治区人民政府出台关于加快推进重点区域绿化工作的意见】 为了切实加强生态文明建设，维护生态安全，改善人居环境，建设美丽内蒙古，加快推进公路、城镇、村屯、矿区园区、黄河两岸、大青山前坡等六大重点区域绿化工作，自治区人民政府出台了《关于加快推进重点区域绿化工作的意见》，明确了推进重点区域绿化工作指导思想、主要目标、基本原则、建设内容和保障措施。

《意见》指出：重点区域是自治区生态建设不可或缺的重要组成部分。各地区、各部门要充分认识重点区域绿化在建设祖国北方重要生态安全屏障中的特殊地位，着力强化组织体系、投入体系、种苗体系、政策体系、科技体系、监督体系等六大体系建设，高位推动，齐抓共管，努力开创重点区域绿化工作的新局面。到2015年，80%的高速公路、省际大通道、省际出区出口公路实现绿化，70%以上的城镇、60%以上适宜绿化的村屯得到绿化，50%以上的矿区、园区实现绿化达标，黄河两岸、大青山前坡绿化基本完成，全区森林覆盖率达到21.5%，重点区域绿化初显成效，人居环境得到基本改善。到2020年，高速公路、国省干道、县乡公路适宜绿化地段、城镇、适宜绿化的村屯、矿区园区及黄河两岸、大青山前坡全部绿化，全区森林覆盖率达到23%，人居环境和生态状况明显改善，主要生态系统步入良性循环，基本建成北方重要生态安全屏障。

【第四届库布齐国际沙漠论坛在鄂尔多斯库布齐沙漠七星湖开幕】 8月2日，第四届库布齐国际沙漠论坛在鄂尔多斯库布齐沙漠七星湖开幕。中共中央政治局常委、国务院总理李克强发来贺信，中共中央政治局委员、国务院副总理汪洋宣读贺信并讲话。联合国秘书长潘基文发来视频贺辞。全国政协副主席、科技部部长万钢，内蒙古自治区党委书记王君出席开幕式。内蒙古自治区主席巴特尔、环境规划署执行主任阿齐姆·施泰纳，联合国前副秘书长、里约+20峰会秘书长沙祖康联合主持开幕式。日本前首相鸠山由纪夫，新西兰前总理迈克·穆尔，联合国防治荒漠化公约秘书处执行秘书吕克·尼亚卡贾等应邀参加论坛并发表主题演讲。中央统战部副部长、全国工商联党组书记、常务副主席全哲洙，国家林业局局长赵树丛，环境保护部副部长李干杰出席并发表演讲。以色列驻华大使马腾·威尔耐，科技部副部长王伟中，中科院副院长詹文龙，自治区领导符太增、王玉明、杨成旺等出席论坛开幕式。来自30多个国家的政府官员、科学家、企业家、各界知名人士等中外来宾300余人参加本届论坛。

【林业厅召开全区重点区域绿化工作现场会】 9月4~8日自治区林业厅召开全区重点区域绿化工作现场会。自治区林业厅厅长呼群、副厅长龚家栋、副巡视员乔云、各盟市林业局局长、满洲里市林业局局长、二连浩特市农牧林业局局长和林业厅相关处室、单位负责人参加会议。会议先后观摩考察了内蒙古乌兰察布市集宁区、凉城县，山西省大同市新荣区、大同县、左云县，朔州市右玉县和内蒙古鄂尔多斯市伊金霍洛旗、康巴什新区、东胜区等9个旗县区。

【自治区人民政府召开构筑祖国北方重要生态安全屏障工作电视电话会议】 9月27日，自治区人民政府召开构筑祖国北方重要生态安全屏障工作电视电话会议。自治区主席巴特尔出席会议并作讲话。

巴特尔主席强调，各级党委、政府要把生态保护和建设摆在更加重要的位置，建立生态保护和建设目标责任制，政府一把手是第一责任人，分管领导是主要责任人。建立责任追究和奖励机制，加强监督检查和考核奖惩，确保责任任务落到实处。各有关部门要按照职能分工，各负其责，密切配合，形成合力。要有效整合资源，充分调动各方面参与生态保护和建设的积极性，努力形成全社会共同参与、上下齐抓共管的工作格局。

自治区人大常委会副主任赵忠，自治区政府副主席王玉明，自治区政协副主席、发展改革委主任梁铁城，内蒙古军区副司令员海力斯出席会议。

【赤峰市被授予"国家森林城市"称号】 10月，全国绿化委员会和国家林业局在南京召开2013年中国城市森林建设座谈会，内蒙古赤峰市被授予"国家森林城市"称号，成为继包头、呼和浩特、呼伦贝尔市之后，全区第四家获此殊荣的城市。

通过4年的不懈努力，赤峰市国家森林城市创建的42项指标全部达标。其中：森林覆被率由2009年的31.0%达到35.1%，建成区绿化覆盖率由32.0%达到40.12%，人均公共绿地面积由6.2平方米达到11.13平方米，道路绿化率由78.9%达到87%，河流绿化率由74%达到80%，群众对创建森林城市知晓率和满意度达到97%。全年城市空气质量二级以上标准天数达到317天，一个远郊生态林、近郊森林与城区景观林"三位一体"，农田林网、水系林网和道路林网"三网结合"，林水相依、山水相连、城乡一体的森林城市正在形成。

【自治区林业厅专题研究部署林业扶贫开发工作】 9月29日，自治区林业厅组织38个贫困旗县的林业局局长和相关盟市林业局的分管领导在呼和浩特市召开座谈会，对林业扶贫开发工作进行了专题研究部署。

全面推进林业扶贫开发工作，自治区林业部门将从以下5个方面入手。一是突出抓好林业重点工程，改善贫困地区生态面貌。在省级领导干部联系的38个贫困旗县中，林业重点工程实现全覆盖，同时大力推进重点区域绿化进程，增加地区森林面积，提高森林质量，发挥森林综合效益，全面提升生态服务功能，改善贫困地区生产生活条件。初步安排2013~2017年，38个贫困旗县共计划完成植树造林147.21万公顷，森林覆盖率提升1个百分点。二是着力加强资源保护，维护贫困地区生态安全。牢固树立生态红线意识和底线思维。按照《全国林地保护利用规划纲要》的要求，严格履行林地征占用审批程序，遏制林地过快过多减少的势头。认真落实国家禁止"滥开垦、滥放牧、滥樵采"三禁制度和自治区"五个严格"保护制度，强化林地、湿地和沙地保护。全面加强森林草原防火、林业有害生物防治、野生动植物保护和湿地保护管理，充分发挥森林公安、资源林政的作用，严厉打击毁林占地、破坏野生动植物等违法犯罪行为，维护贫困地区的生态安全，夯实发展基础。三是大力发展林业产业，加快贫困地区脱贫步伐。立足当地资源条件，逐步培育符合当地发展特点，带动能力强、增收致富贡献大的特色主导产业，扩大规模，提高效益。因地制宜推进经济林、能源林、原料林、饲料林和沙生中药材种植等基地建设，大力发展林产品精深加工，积极推进森林绿色食品等产业发展，为农牧民提供更多的就业岗位和增收途径。落实优惠政策，加大扶持力度，做大做强龙头企业；强化政策引导和宏观调控，推行经营模式向集约化、标准化转变，努力实现一县(乡)一品。充分利用资源优势，加快森林景区、沙漠景观建设，满足人们休闲旅游观光需求，在增加收入的同时，提高贫困旗县人民群众的生活质量。四是深化集体林权改革，增强贫困地区发展活力。紧密结合林业扶贫工作，在稳定和完善集体林地家庭承包制度的基础上，积极探索实施配套改革，逐步建立起促进林业发展和农牧民增收的长效机制。建立健全社会化服务体系，完善林业金融支持体系，完善森林采伐管理政策，充分调动农牧民经营林业的积极性，大力发展林下经济，转变林业经济增长方式，实现资源增长、生态改善、农牧民增收。五是全面落实林业惠民政策，提高贫困地区民生福祉。要贯彻落实好天然林保护、退耕还林、国有林场危旧房(棚户区)改造、森林生态效益补偿和造林补贴试点等惠民工程和项目，及时足额兑现各项政策补助经费，让贫困旗县的人民群众切实享受到林业带来的实惠。（内蒙古自治区林业由武国庆供稿）

内蒙森工集团林业

【概　述】 2013年，内蒙古森工集团(林管局)围绕生态文明建设和产业转型发展需要，以开源、节支和提高企业经营管理水平为重点，克服木材售价持续下跌；项目建设和生产经营成本上涨；夏季洪涝灾害损失的不利影响，采取有效措施严格资源管理加快项目建设，全面完成了国家林业局、内蒙古自治区国资委下达的各项生态经济建设计划指标，保证了企业生产经营的正常平稳运行。全年实现林业生产总值69.41亿元，较2012年同比增长32%；实现营业收入19.1亿元，同比增长5.8%；完成固定资产投资34.66亿元，同比增长14.34%；接续替代产业收入增长率27%，较内蒙古自治区国资委下达指标提高5%。全年完成木材销售118万立方米，较2012年同比增加11.5万立方米；实现木材平均售价754.4元/立方米，同比下降114元/立方米；实现主产品销售收入8.9亿元，同比减少1.3亿元；实现利润4.9亿元，同比减少2462万元。全面完成了自治区国资委和集团董事会确定的各项经营责任目标和工作任务。（杨建飞）

【森林资源管理】 严格林地林权管理，完善森林资源行政管理体系、检测体系和执法体系建设，生态保护建设的基础更加牢固。全年获得国家林业局批复占用林地行政许可项目47项，收缴森林植被恢复费2435万元。森工集团与国家林业局驻区资源监督办、森林公安局紧密配合，加强木材流通加工管理，打击涉林违法犯罪行为，全年共立林业行政案件2155起，查处2101起，查处率97.49%，行政处罚2543人次，罚款62.31万元。严格保护林业生态功能区完整性，开展了打击毁林开垦和非法侵占林地违法犯罪行为专项行动，查处案件827起，刑事立案41起，收回林地244.6公顷，打击违法犯罪嫌疑人285人，其中以非法占用林地罪刑事判决11人。北部原始林区开展春秋季节武装“三清”专项行动，遏制了非法采金和渔猎行为，落实了全封闭保护措施。开展了大杨树、毕拉河林业局农地核查工作，全面查清现有农地情况，建立健全林地台账，为依法回收林地提供了法律依据。按照国家林业局部署开展第八次全国森林资源连续清查工作，完成了全林区1536块固定样地，3072个实地验证样地的调查任务，国家林业局检查样地合格率达100%。据国家林业局2013年11月26日首批公布的5省区森林资源连续清查结果显示，与2008年第七次全国森林资源连续清查结果比较，内蒙古大兴安岭国有林区取得了森林面积、蓄积量增长，森林质量提高的好成绩。（张亮）

【森林经营】 全年完成森林抚育35.1万公顷，为计划的100.4%；完成人工造林1439.8公顷，为计划的101.4%，其中植被恢复完成1106.5公顷，经济林栽培完成333.3公顷；完成补植补造13384.1公顷，为计划的100.3%；完成育苗生产105.6公顷，为计划的378.9%，总产苗量1.07亿株；义务植树计划21万株，完成23.3万株，为计划的110%。各项作业质量均超过行业标准。（周喆）

【森林保护】 全年林业有害生物发生面积18.7万公顷，成灾面积1.53万公顷，成灾率1.9‰；防治面积13.4万公顷，其中无公害防治12.3万公顷，无公害防治率为92%；预测发生面积为18.5万公顷，实际发生18.7万公顷，预报准确率为98.9%；种苗产地检疫率100%，圆满完成国家林业有害生物防治“四率”指标。

全年发生一般森林火灾2起，受害森林面积5.3公顷，当日灭火率为100%，火灾起数和受害森林面积较2012年环比下降75%和98.5%，实现了不发生重特大森林火灾和人员伤亡事故的工作目标，取得了开发建设以来的最好成绩。（张亮）

【生态保障能力建设】 全年新申报省部级、国家级湿地保护区3处，进入国家湿地公园试点2处；北部原始林区国家森林公园通过国家林业局内审，毕拉河自然保护区通过国家级评审。争取自然保护区、森林公园、湿地保护区基础设施建设投资9308万元，启动额尔古纳保护区基础设施建设二期工程，完成保护区内生物多样性调查。汗马自然保护区示范方案获得国家林业局批复，并加入“世界人与生物圈保护区网络”。实施了重点火险区综合治理三期、防火微波通讯改扩建、有害生物检疫御灾体系和苗圃改扩建等14个生态基础设施建设项目。组织实施了林区森林碳汇计量工作。企业投资4789万元，财政补贴2.47亿元，全面启动了森林保险业务。举办“中国林科院·内蒙古森工集团(林管局)科技支撑对接会”，成立了“中国林科院内蒙古大兴安岭研究与示范基地”；红皮云杉良种培育、北斗卫星导航定位等林业科技推广项目得到国家林业局批复，提高了生态保护建设的科技支撑能力。 (张大楼)

【产业发展】 深入研究国家、自治区惠林转型政策，以加快经济转型为重点，提出了建设全国最大的商品林储备基地，内蒙古最大的碳汇基地、绿化种苗基地、生态旅游休闲度假基地和绿色林特产品加工，及建成森林资源综合利用、清洁能源开发龙头的转型发展目标，全年共争取国家、自治区各类项目批复49个，总投资15.92亿元，对转型项目建设起到了重要的推动作用。 (朱显明)

【生态旅游】 重点围绕东部、北部、南部3大板块布局，加快推进旅游产业发展。东部板块，完成了涵盖阿里河、北大河、毕拉河景区的总体规划和项目筹划。争取到达尔滨湖国家森林公园基础设施一期项目建设投资5139万元。争取国家和自治区投资合计1099万元，启动阿里河相思谷仙子湖二期扩建项目；毕拉河诺敏水利工程纳入国家“十二五”建设规划，为发展包括旅游在内的综合产业创造了条件；将涉及该区域的重点防火道路优先纳入国家林业局防火应急道路升级改造计划，为全面开展景区建设做好了前期准备。北部板块，全面完成了北部原始林区自然资源野本底调查，两条重点公路纳入交通部国防公路建设计划，同步规划了公路沿线旅游配套项目；满归机场项目落实了森林防火机场建设投资和自治区国有资本金预算投资3158万元，同步争取了民航补贴资金，具备开工条件；莫尔道嘎、恩和哈达、毕拉河机场建设纳入了自治区通用机场建设规划；莫尔道嘎森林公园观光小火车建设项目开展了设备选型定制、人员培训和路基建设；改造升级了界河游室韦码头；完成了根河房车营地建设项目。南部板块，统筹国有资本投资、转型项目补贴、旅游专项等资金1.5亿元，开工建设了阿尔山森林公园景区服务调度平台、环保客车、景区标识、特美尔峰支线公路等重点项目，扩大了景区容量，提高了服务水平。莫尔道嘎国家森林公园、内蒙森工阿尔山国家森林公园被评为2013年“中国最具网络人气森林旅游景区”，毕拉河达尔滨湖国家森林公园被评为2013年“中国最具网络人气最佳山地花卉观赏地”。

2013年林区旅游累计接待游客67.1万人次，同比增长27.5%，实现旅游综合收入3.57亿元，同比增长23.5%。 (岳连鹏)

【赴俄采伐】 推进森林资源开发利用，全年赴俄采伐过货原木13.2万立方米，板材6.3万立方米，劳务输出234人次。满洲里木材精深加工项目完成了资产评估工作。完成了对玖龙兴安浆纸有限公司的股权收购，使其成为森工集团全资企业，并投资1.25亿元实施浆改纸技改升级项目，完成了土建工程和设备订购，计划2014年7月实现试生产。 (袁红民)

【林下经济】 开展北部、中部林区野生中草药资源和库都尔、绰尔野生浆果资源调查。实施满归野生浆果冷储项目建设，开工建设图里河酒厂扩建项目。图里河中草药种植面积达到106公顷；扩大库都尔大果沙棘、大杨树蓝莓种植基地规模，种植面积达到1733公顷；毕拉河开展林蛙试养；投资270万元扩大克一河木耳种植加工生产规模；绰尔马养殖、金河北极狐养殖规模进一步扩大，根河开展了驯鹿试养；根河等苗木生产基地规模进一步扩大，并进行了对外承揽绿化业务的积极尝试。林下经济开发的有序推进，为建设绿色林特产品生产基地，打造加工龙头项目奠定基础。 (李明)

【企业管理】 现代企业制度进一步完善。向森工集团下属7家单位派驻了监事；制定《内蒙古森工集团(林管局)国有资产监督管理办法》，强化了母子公司以资产为纽带的管理体制；对新组建的全资企业大兴安阿尔山旅游公司和矿业公司实行了公司法人治理结构。提高决策管理水平，企业年度生产建设计划、财务预算、经营目标责任方案等重大事项全部纳入董事会决策审议范围，建立“三重一大”事项决策制度机制，完善了集体决策的酝酿、形成、执行程序；集中管理企业信贷，落实大额资金集体决策制度和资金拨付程序，开展重大资金稽查，维持了企业合理现金流量；扩大财务预算口径，推进全面预算管理，严格控制两级管理费和“三公”经费支出，“三公”经费较2012年减少1086万元，下降15.35%；开通国库系统专线，严格天保、棚改等国投资金管理。大幅压缩自有资金投资规模，调减非经营性投资比重，保证了重点转型项目和生态民生项目配套建设。积极应对夏季洪涝灾害，在2013年夏季林区发生百年一遇的洪涝灾害后，集团公司两级企业紧急筹措资金2679万元用于保证重要交通干线畅通和职工转移，灾后又争取自治区复建财政补助2000万元，并向国家林业局申请调整非经营性投资方向，保证了企业生产经营正常运行。 (金明举)

【提高职工收入】 克服资金紧张压力，按照自治区国资委批复的工资增长标准，在岗职工年均工资由2.9万元提高到3.2万元。完善保障体系，落实林区1396名局级劳模每人每月60元津贴待遇；加大困难职工帮扶力度，全年发放“送温暖”资金1991.7万元，帮扶贫困学生2059人次，扶持困难职工家庭1094户，做到了走访慰问“全覆盖、无盲区”；推进厂办大集体改革，制定申报了改革方案和人员安置方案；开展大集体职工特殊工种认定和劳动能力界定工作。全年办理特殊工种退休和正常退休3126人。 (朱显明)

【棚户区改造】 全力实施民生工程。棚户区改造工程当年新开工 17 930 户，结转完工 22 813 户。新开工棚户区改造配套供热项目 7 项，配套道路项目 15 项，配套供水项目 10 项，基础设施配套项目 10 项，棚改小区道路和供水、供暖等问题得到基本解决。

（袁红民、毕书鹏）

【党建和精神文明建设】 开展党的群众路线教育实践活动，制定实施《关于改进林区干部作风的五项规定》《关于改进工作作风密切联系群众实施细则》《林区开展严肃工作纪律整顿工作作风专项活动实施方案》等廉洁自律制度。森工集团（林管局）党政班子成员根据“五访纳谏”活动征集到的 153 条意见建议，制定了森工集团群众路线活动整改方案、“四风”突出问题专项整治方案和制度建设计划，明确了 6 个方面 21 个整改项目，开展 7 个方面 19 项专项整治，推进 44 项制度建设；在林区 1789 个基层党组织和 27 101 名党员中，深入开展了党的群众路线教育实践活动，高效完成自治区第一批教育实践活动任务。以学习型领导班子建设为主线，全年举办各类干部培训班 549 期、培训 26 280 人次。强化各级党组织抓党建工作的责任，推动各级领导班子成员抓党建“一岗双责”的落实。开展第三次公开选拔中层领导干部考试，考录选拔正处级干部 1 名、副处级干部 9 名，实现了干部公开选拔常态化。加强宣传工作，建立外宣长效机制，开展“梦美兴安”系列宣传文化活动；面向全国征集林区形象宣传语；广泛开展深化学雷锋活动，评选表彰了“梦美兴安·务林人”林区第二届道德模范。严肃查处违纪违规案件，给予党政纪处分 37 人。着重开展职工代表巡视工作，保证职代会审议事项的落实。开展优秀职工提案评比工作。森工集团荣获“全国厂务公开民主管理先进单位”。重视信访稳定工作，高效解决事关民生的重大问题，切实解决职工群众合理诉求，信访形势持续好转，个体访批次、人数同比分别下降 29%、24%；集体访批次同比下降 28%。（张宏）

【森工大事】

2 月 18~22 日 森工集团总经理、林管局局长巴树桓率有关单位、部门负责人开展北部原始林区科学考察。北京生态文明工程院研究员、中国生态学会科普委员、中国科学探险协会常务理事王方辰参加考察。

4 月 2 日 森工集团（林管局）公开选拔中层领导干部闭卷考试在牙克石第五中学举行，考试报名人数为 489 人。

4 月 15 日 “壮行中国·全国书画名家采风交流团”到林区展览写生，采风交流。

4 月 16 日 森工集团（林管局）召开严肃工作纪律、整顿工作作风活动动员大会。

4 月 19~21 日 全国企业党建工作高峰论坛暨党建十年创新成果表彰大会在井冈山召开，森工集团（林管局）党委荣获“党建十年·企业党建创新先进单位”荣誉称号；森工集团董事长、森工集团（林管局）党委书记张学勤荣获“党建十年·党建理论创新先进个人”荣誉称号。

5 月 13 日 2013 中国内蒙古大兴安岭杜鹃节在毕拉河林业局达尔滨湖国家森林公园开幕。

5 月 31 日 内蒙古大兴安岭林区《党的建设大事记》（1946~2012）由内蒙古文化出版社出版，填补了林区党史文献研究的空白。

6 月 3 日 国家林业局科技发展中心·森工集团（林管局）科技工作座谈会在牙克石召开。

同日 国家首次在林业系统应用的 Z5 中型无人直升机在内蒙古大兴安岭林区根河航空护林站首航成功。

7 月 15 日 森工集团（林管局）党委党的群众路线教育实践活动工作会议召开，森工集团董事长、森工集团（林管局）党委书记张学勤主持会议，自治区党委党的群众路线教育实践活动第十三督导组组长陶克出席会议并讲话。

7 月 19~21 日 在生态文明贵阳国际论坛分论坛——中国贵州生态产品（技术）博览会上，内蒙古大兴安岭兴安落叶松林入选“中国最美森林”景观。

9 月 11~14 日 全国政协常委、人口资源环境委员会主任、国家林业局原局长贾治邦率全国政协人口资源环境委员会调研组来到林区调研。

9 月 15 日 2013 年内蒙古大兴安岭金秋摄影节在阿尔山国家森林公园开幕。

11 月 13~17 日 内蒙古森工集团首届企业科技支撑对接活动召开，科技部原部长、中国科学院院士徐冠华，中国工程院院士尹伟伦等 12 名国内生态研究和科研推广方面的专家参加活动并作科技报告。同期举行了中国林科院内蒙古大兴安岭研究示范基地签约授牌仪式。

（杨建飞）

辽宁省林业

【森林资源状况】 辽宁省林地面积 716.73 万公顷，占国土总面积的 48.4%；有林地面积 580.73 万公顷；活立木总蓄积量 3.25 亿立方米；森林覆盖率 40.82%。森林覆盖率、有林地面积和活立木蓄积量位居全国中等水平。

【林业建设】 2013 年，辽宁省各项林业工作取得了显著成绩：造林绿化工作卓有成效；以清退“小开荒”、超坡地还林和围栏封育工程（以下简称“两退一围”工程）为重点的青山工程取得积极进展；集体林权制度改革进一步深化；森林资源管护成效明显；林业总产值再创新高；基层基础建设进一步夯实，生态文化建设有效开展。

【造林绿化工作】 完成造林绿化作业面积 29.3 万公顷。其中，人工造林 19 万公顷、封山育林 10.3 万公顷。森林抚育10万公顷。全民义务植树1.2亿株。三北、退耕、海防林和中央财政造林补贴试点任务等国家重点生态工程稳步推进。省级重点工程完成年度计划任务。“万村万树”村屯绿化工程稳步实施，在辽河干流和大伙房、桓仁水源区域的1594个村组织开展了全省农村环境治理“村屯绿化示范村”创建活动，绿化乡镇道路16 000余千米，植树300余万株。

【青山工程】 完成生态治理38万公顷，投资37.72亿元。八大工程基本完成：清理“小开荒”5.03万公顷，全部清退停耕，完成造林4.79万公顷；超坡地还林完成6.07万公顷；围栏封育完成围栏里程15 661.3千米；闭坑矿生态治理面积0.15万公顷；生产矿生态治理完成治理面积1.3万亩；公路建设破损山体生态治理面积0.2万公顷；铁路建设破损山体生态治理面积40公顷；墓地坟地整治工程，14个城市公益性公墓均已开工建设，农村公益性公墓建设120个项目，48个项目建设完成。

【林权改革】 基础改革完成确权面积525.2万公顷，占应改面积的99.6%。配套改革深入推进。新建4处乡级林权管理服务中心。新建林业合作组织122个。规范了林改合同、纸质档案建设和林改电子档案建设工作。新增林抵押贷款10.6亿元。落实林业贴息贷款总额16.4亿元，获得中央财政贴息资金4808万元，共104家林业企业和890名农户受益。全省政策性森林保险面积达到316万公顷，较2012年增加20多万公顷。保险金额达到189.7亿元。新编制简易村级森林经营方案146个，总数达到1734个。

【林业经济】 全省实现林业总产值1700亿元，同比增长9.9%。组织开展了全省千万亩干坚果等十大经济林产业带等相关规划的论证和编制工作，为今后全省林业产业发展提供科学依据。组织开展首批辽宁名牌林产品评选认定工作，92个产品被命名为辽宁名牌林产品。完成第三批省林业产业龙头企业命名工作，62家企业被命名为辽宁第三批林业产业龙头企业。举办了第四届铁岭榛子节和中国北方(开原)种苗花卉博览会。积极争取中国林业产业联合会对宽甸县“中国产业示范县”、凤城市“中国板栗产业示范县”、朝阳县“中国鲜食枣产业第一县”的命名工作。

【森林资源管护】 森林防火工作卓有成效。共发生森林火灾25起，24小时扑灭率100%，森林火灾发生次数、过火森林面积和受害森林面积与2012年同期相比分别下降了50.9%、61.7%、74.5%，创历史同期最低。未发生重、特大森林火灾和人员伤亡事故。强化封山禁牧工作，集中开展了封山禁牧专项整治“百日行动”。林区治安工作战果显著。查处各类森林案件2520起。结合“两退一围”、火源管理、候鸟保护等工作组织开展了“冬季行动”“春风行动”“候鸟行动”等一系列专项行动。依法加强森林采伐限额管理和建设项目占用征收林地审核工作。严格审批省控采伐限额。依法办理占用征收林地审核审批项目214项。强化了木材检查站及木材流通管理工作。制定了新的木材运输执法检查名录，组织开展了“执法规范年”活动。开展了全省公益林管护情况调研，探索了生态公益林“封育、禁牧、管护”三位一体的管护模式。完成了国家公益林等级划分工作。补偿资金直补到户工作稳步推进。积极开展林业有害生物防治防控工作。全省林业有害生物发生面积65.05万公顷，防治作业面积73.9万公顷。积极开展全运会场馆等重点绿化工程项目植物检疫工作，保障第十二届全运会绿色生态环境安全。野生动植物保护和自然保护区建设取得明显成效。扎实开展野生动物疫源疫病，特别是H7N9禽流感监测工作。自然保护区建设水平不断提高。

【基层基础建设】 林业信息化系统服务能力持续增强。“智慧林业”建设工作实现良好开局，编制完成《辽宁省“智慧林业云数据中心、应用支撑平台”建设项目可行性研究报告》；示范省、市、县建设成效显著，辽宁省被国家林业局确定为林业生态建设与保护北斗示范应用系统示范建设单位。门户网站群共发布各类信息12.8万条，门户网站访问量近200万人次；省、市、县三级林业协同办公自动化系统为近130个单位提供服务，归档各种文件13万余份，累计实现网上办证近40万件。圆满完成了国家林业站建设重点县和标准化林业站建设任务，积极推进全省林业站职工工资纳入县级财政管理工作，林业站纳财率达到93.5%。种苗工作成效显著。育苗面积1.44万公顷，育苗数量35亿株。国有林场工作稳步推进。启动了2013年国有林场危旧房改造工作。重点推进了沈阳等7市7700户危旧房改造工作，开工率为100%，完工率87.3%。林业科研和推广工作成效明显。共申报各类科研项目32项。

【生态文化建设和宣传工作】 积极推进森林城市创建工作。抚顺市成为辽宁省第五个国家级森林城市。同时开展争创省级森林城市活动，庄河等7个县(市)被省绿化委员会命名为首批辽宁省森林城市。“关注森林”活动再获殊荣，辽宁省被全国政协等6部门授予了“全国关注森林组织奖”。7家单位被命名为辽宁省生态文化教育示范基地。举办新闻发布会3次、组织省级以上媒体集体采访35次，在国家级和省级主流媒体上发稿900篇。在全国生态建设会议上，有14件林业新闻作品获奖。在全国林业系统宣传工作综合考核评价中，辽宁省被评为“全国林业宣传十佳单位”。

（辽宁省林业由姜忠灏供稿）

吉林省林业

【概　述】 2013年，全省林业在省委、省政府和国家林业局的正确领导下，深入贯彻落实党的十八大和全国林业工作会议精神，以生态文明建设为核心，紧紧围绕生态林业、民生林业和建设林业经济强省的总目标，开拓创新，真抓实干，全面完成了各项生产建设任务。林业产业健康快速发展，生态建设成效显著，民生工程成果丰硕，林区社会繁荣稳定，全省林业发展建设取得了新的成就。

【林业资源】

森林资源　全省林业用地面积929.9万公顷，有林地面积828.8万公顷。全省活立木总蓄积量95 613万立方米，有林地蓄积量94 077万立方米，森林覆盖率43.8%。

湿地资源　全省有湿地面积172.8万公顷，其中天然湿地102.5万公顷。有国家级重要湿地8处，有湿地野生动物30目59科297种，湿地植物112科253属613种。建有湿地保护区18个，其中10个国家级保护区，5个省级湿地保护区，3个湿地保护小区。建有湿地公园7个，其中6个为国家级湿地公园。

野生动物资源　全省有陆生野生动物446种，其中：两栖类15种，爬行类16种，鸟类335种，兽类80种，其中鸟类占全国种类数量30.36%。列入《国家重点保护野生动物名录》的76种。列为国家保护有益的或者有重要经济、科学研究价值的陆生野生动物291种。东北虎、豹、梅花鹿、东方白鹳、丹顶鹤、白鹤、大鸨等一批国家Ⅰ级保护野生动物在国际濒危物种的拯救与保护中具有极为重要的地位。东北虎作为国家一级保护野生动物，在全世界仅存450余只，在吉林省分布8~10只；白鹤在全世界仅为4000余只，在吉林省分布3800余只。

野生植物资源　全省现有野生植物3890种。其中地衣类270余种、苔藓类350余种、真菌类900余种、蕨类140余种、裸子植物30种、被子植物2200余种。列入《国家重点保护野生植物名录（第一批）》的有16种，其中国家一级保护野生植物3种，国家二级保护野生植物13种。2009年吉林省人民政府公布《吉林省重点保护野生植物名录（第一批）》中，所列省重点保护野生植物219种，其中一级11种、二级88种、三级120种。

森林景观资源　2013年，全省已开发建设的森林公园56个，其中国家森林公园34个，国家级森林旅游区1个，森林公园区域面积223.3万公顷，开发建设森林旅游景区99个，主要自然景观600多处，其中山石岩峰189座，江潭湖泊113处，溶洞25个，瀑布35个，峡谷35处。此外，还有42处古遗、29处革命遗址和近10种民俗风景点54处。

芦苇资源　全省共有芦苇湿地面积23.4万公顷，年芦苇产量达50万吨。主要分布在白城、松原8个县（市、区），以白城市为主，是全国5大重点芦苇产区之一，经营面积居全国第二位。

自然保护区　截至2013年年底，全省林业系统建立和管理的自然保护区达到37个，总面积250.23万公顷。有长白山、向海、莫莫格、龙湾、三湖、珲春、天佛指山、雁鸣湖、哈尼、波罗湖、黄泥河、汪清12个国家级自然保护区，面积94.77万公顷。拥有国际重要湿地2处，面积24.95万公顷；自然保护小区5个，面积0.7万公顷；野生动物种源繁育基地33个，野生植物种源培育基地16个，野生动植物保护管理站109个，鸟类环志中心（站）2个，野生动植物科研及监测机构35个，从事野生动植物及自然保护区建设的职工人数达1947人。

【职工队伍建设】 截至2013年年底，全省林业系统拥有各类经济单位1430个，其中国有单位1422个，城镇集体单位8个。按性质分，企业254个，事业1067个，机关109个。全省林业系统在册职工总数156 933人，其中，在岗职工108 758人，在岗职工中女性职工35 990人。从专业技术岗位看，专业技术人员27 994人。从行业分类看，从业人员主要集中在木材采运企业和地方国有林场，共有职工127 940人，占全部在册职工的81.52%。

【生态建设】 全年完成各类生态建设任务154 596公顷，其中人工造林面积48 448公顷，无林地和疏林地新封面积63 998公顷，林冠下造林面积35 815公顷，有林地和灌木林地新封6335公顷。退耕、三北两大重点工程共完成各类生态建设任务57 876公顷，占总生态建设任务的37.44%。完成林业重点生态工程建设任务的同时，完成更新造林8545公顷，低产低效林改造面积5315公顷，幼林抚育作业面积552 093公顷，义务植树3896万株。

【森林防火】 提前发布了《2013年森林防火命令》，制定下发了《2013年全省森林防火工作要点》和《2013年全省森林防火宣传教育方案》，制定厅领导及相关处室包保检查方案。省政府与各市（州）政府签订森林防火责任状，调整省森防指成员。进入防期以前，分别召开防火形势分析会议，并以省政府名义召开春季、秋季森林防火工作会议。在防期各个关键时段，在省内主要媒体集中开展森林防火公益宣传。防期中，全省4万余名森林防火管护力量全部在一线实行定点把守和巡护检查，保证了对野外用火管控无疏漏。2013年，全省共发生森林火灾11起，其中，春防期间发生7起，秋防期间发生4起。全部火灾中，一般森林火灾9起，较大森林火灾2起，没有发生重大森林火灾。火灾过火总面积62.96公顷，受害森林面积6.88公顷，共出动扑火人员841人次，实现连续33年无重大森林火灾。

【林业有害生物防治】 2013年全省应施调查监测的林业有害生物种类61种，通过调查监测达到发生的种类54种，全省应施调查监测面积598.24万公顷，实施调查监测面积579.27万公顷，平均调查监测覆盖率为96.83%。2013年全省预测发生面积为22.6万公顷，实际发生面积为24.59万公顷，测报准确率为91.91%；全省现有林地面积825.7万公顷，全省林业有害生物成灾面积为0.14万公顷，成灾率为0.17‰。全省林业有害生物无公害防治面积为21.67万公顷，发生面积为24.59万公顷，无公害防治率为88.14%；全省应施种苗产地检疫99 113.7万株，实施种苗产地检疫99 113.7万株，种苗产地检疫率达到100%。“四率”均达到或超额完成国家林业局下达吉林省的指标任务。

【林政稽查】 2013年，全省共发生林业行政案件17 996起，其中盗伐林木案件6316起；滥伐林木案件1133起；毁坏林木、苗木案件222起；违法征、占用林地案件3098起；违法运输木材案件1342起；非法收购、经营、加工木材案件55起；非法猎捕野生动物案件26起，非法收购、出售运输野生动物及其产品案件5起，违反森林植物检疫规定案件634起，违反林木种苗管理规定案件1起，其他林业行政案件5164起。依法处罚各类涉林行政违法人员17 848人次，罚款5318.181万元，收缴木材1101.97立方米，补种树木158.13万株，收回林地1099.88公顷。

【森林案件】 开展“打击破坏森林资源和野生动物资源违法犯罪专项行动”“天网行动”等专项行动，破获各类涉林案件12 149起。其中森林刑事案件789起，林业行政案件11 291起，野生动物刑事案件25起，野生动物行政案件44起。查处违法人员21 583人，收缴木材3455立方米，收缴野生动物2164只，收缴作案工具猎枪46支、猎具5857件，林政罚款2767万，为国家挽回经济损失5000余万元。开展“打黑除恶”“命案攻坚”“网上追逃”及“打击侵犯知识产权和制售伪劣商品犯罪”专项行动，破获各类刑事案件410起，其中重特大案件77起，打处犯罪嫌疑人159人，抓获网上逃犯73人。开展“缉枪治爆”“打四黑、除四害”及“肃毒害、创平安”专项行动。收缴民用枪支729支，子弹2787发，炸药67千克，黑火药27.25千克，索类爆炸物品1491.5米，雷管621枚，手榴弹2枚，炮弹8枚，管制刀具103把。检查各类手工作坊、食品加工点、农贸市场、药店、饭店等场所1309家，依法取缔黑食品加工点12处、销售伪劣食品点17处、家禽类食品加工点2处、制酒加工点2处，打击处理违法人员23人，收缴非法加工工具18件，收缴劣质食品158.5千克。破获涉毒案件27起，抓捕犯罪嫌疑人18人，收缴大烟膏65克、罂粟种子109枚、摇头丸78粒、冰毒7克、干罂粟壳9千克，铲除毒品原植物94 400株。

【野生动植物保护】 下发了《关于联合开展今冬明春野生动物保护执法大检查的通知》，组成两个督导检查组，对野生动物执法检查落实情况进行了督导检查。执法检查活动中，全省共出动9500人次、车辆2800台次，收缴夹子、粘网、套子等猎具2600多套，查获各种非法猎捕、经营的野生动物个体6500多头(只)。下发了《关于开展打击走私濒危野生动植物联合行动的通知》，对各地开展打击走私濒危野生动植物行动进行检查，形成对走私濒危野生动植物高压打击态势。为黑熊养殖户换发了《国家重点保护野生动物驯养繁殖许可证》；审核办理国家重点和非国家重点保护野生动物驯养繁殖许可证44份，审核上报野生动植物及其产品进出口19份，物种来源证明6份；继续开展对熊胆、穿山甲片、赛加羚羊角、稀有蛇类、梅花鹿产品贸易实行专用标识制度，完成了2014年中央预算内项目的申报和2013～2014年穿山甲片消耗计划的编制工作；为18家制药企业审核上报和批准利用羚羊角、豹骨、穿山甲片、乌梢蛇、熊胆粉1412.1千克入药，并申请使用中国野生动物经营利用管理专用标识974.1万枚；下达了《关于2013年野生红松籽、松茸采集限额指标的通知》，明确了2013年野生红松籽、松茸采集限额指标。完成4000余起补偿卷宗的复核、审核和认定工作，补偿金额1200余万元，补偿案件受理率100%。

【林业政策法规】 《吉林省野生植物保护条例》《吉林省森林防火条例》和《吉林省松花湖三湖保护区管理条例》纳入省人大5年立法工作计划。《吉林省封山禁牧管理办法》通过省政府第十一次常务会议审议，将于2014年2月1日起正式实施。

【天然林资源保护工程】 2013年天保工程区实有森林管护面积396.3万公顷，木材产量148.58万立方米。工程区年末在岗职工57 117人，离开本单位保留劳动关系27 571人。参加基本养老保险人数为96 960人，其中在岗职工54 555人；参加基本医疗保险人数108 934人，其中在岗职工55 774人。工程全年完成投资14.62亿元，其中国家投资12.60亿元。

【退耕还林工程】 全年完成生态建设任务20 864公顷，其中，荒山荒地造林5907公顷，无林地和疏林地新封13 333公顷，林冠下造林290公顷，有林地和灌木林地新封1334公顷。全年兑现粮食补助资金24 373万元，生活补助费6630万元。完成工程建设投资44 261万元，其中国家投资43 615万元。已累计兑现粮食补助资金410 796万元，生活补助费73 955万元，23.6万户农民从中受益。

【“三北”防护林五期工程】 完成生态建设任务37 415公顷，其中人工造林18 301公顷，无林地和疏林地新封14 000公顷，林冠下造林113公顷，有林地和灌木林地新封5001公顷。完成工程投资7434万元，其中国家投资7006万元。工程以防沙治沙、农田防护林更新改造、村屯绿化为主攻方向，通过大力营造防风固沙、水源涵养、水土保持等防护林，使沙漠化土地得到了有效治理，水土流失现象得到了有效控制。通过更新改造原有农田防护林，形成了网带片、乔灌草相结合的高标准农田防护林体系，为国家粮食主产区的稳产高产提供了防护屏障。

【国有林场改革】 成立国有林场改革领导小组及其日常办事机构，印发了《关于开展吉林省地方国有企事业单位职工社会保险问题调查摸底工作的通知》，举办两期国有林场改革数据收集和职工养老保险调查摸底培训班和两期地方国有林场基本情况调查摸底培训班，对各地方国有林场和省直有关单位数据库填报人员进行培训。编制了《吉林省地方国有林场改革试点指导方案》，将长白县、梨树县、蛟河市作为全省国有林场试点单位，待全省国有林场改革试点正式启动后即可实施。

【集体林权制度改革】 加快林权管理服务机构建设，全省林权管理服务机构已达到22个，农民林业专业合作社达到430个。在市、县林业站加挂林业改革管理中心牌子。与吉林银监局联合转发了《中国银监会 国家林业局关于林权抵押贷款的实施意见》，制定下发了《吉林省林权抵押贷款的实施意见》。全省累计发放林权抵押贷款4.7亿元。启动了森林保险试点工作，争取中央财政森林保险补贴资金700万元，省财政安排配套专项资金500万元。

【林木种苗】 完成了《关于加强林木种苗工作的意见》的起草送审工作。加大林木种苗市场执法检查力度，严厉打击假冒伪劣种子、苗木，特别是针对绿化苗木管理和发展问题开展座谈讨论，有针对性地落实关键性措施，确保了绿化苗木市场规范有序。建设1.5代良种基地312.1公顷，嫁接红松、落叶松18.74万株。全年苗木产量31.04亿株，林木种子采集量1451吨，育苗面积13 123公顷。

【荒漠化治理】 对有治沙专项资金造林任务的县(市、区)进行了造林作业设计，所有造林地块全部进行外业调查落实，对地类不符，工程间重复的造林地，严格把关，保证了治沙造林的质量。7月份，对治沙专项资金造林质量进行了检查验收，全年共完成治沙专项资金造林面积867公顷。制定了《吉林省防沙治沙规划(2011～2020年)》并组织专家进行了评审论证，已报请国家林业局等7部委审批。对全省有治沙任务的14个县(市、区)防沙治沙目标责任工作进行了检查，对检查中发现的问题及时进行了整改。

【湿地管理】 召开全省湿地保护管理工作会议，确立了“要像抓造林绿化一样抓湿地保护”的理念。完成了莫莫格保护区和牛心套保国家湿地公园等试点单位的年度补水计划。制定了重要湿地生态补水长效机制和生态效益补偿机制实施方案，落实了1000万元补水资金，将重要湿地核心区生态移民纳入了省委、省政府的重要日程。莫莫格国家级自然保护区晋升为国际重要湿地，大安嫩江湾和梅河口磨盘湖国家级湿地公园通过了国家林业局的验收。

【民生实事】 对全省国有林区城镇化建设进行了系统谋划，组织18个国有林业局编制《2014～2018年森林生态城镇社会性基础设施建设规划》。继续推进林业棚户区(危旧房)改造惠民工程，全年计划棚户区改造10 051户，开工率达到100%，主体竣工率达到60%以上，全省累计已有17.4万户林区职工迁入新居。天保工程全年争取一次性安置职工社保补贴中央专项补助资金10.1亿元，地方财政安排专项补助资金7.81亿元，实施方案已报省政府批准同意。积极扶持引导林区职工发展致富项目，增加职工的工资性收入。2013年全省重点国有林区在岗职工年平均工资达到30 705元，比2012年增长11.8%。协调省统计局将国有林区职工家庭情况调查纳入了全省统计工作范畴，为下一步制定增收措施提供科学依据。经积极争取实现了林业救灾计划单列，为受灾较重的林区协调灾后重建资金2311万元，有力推动了灾后重建工作。

【林业投资】 2013年全省实际到位各类建设资金总额63.67亿元，其中中央资金39.25亿元，地方资金5.37亿元，国内贷款和债券2.21亿元，利用外资0.05亿元，自筹资金和其他资金16.59亿元。林业投资中，用于生态建设与保护25.95亿元，用于林业支撑与保障9.16亿元，用于林业产业发展3.97亿元，用于林业民生工程13.21亿元，用于各类其他资金8.32亿元。

【林业产业】 2013年全省完成林业产业总产值1350.98亿元，比2012年增加200.04亿元，增长17.38%。其中第一产业产值362.32亿元，第二产业产值827.0亿元，第三产业产值161.66亿元。从地区看，东部地区林业产业总产值为1090.96亿元，占全部林业产业总产值的80.75%；中部地区林业产业总产值为178.13亿元；西部地区林业产业总产值为80.49亿元。东部地区林业产业总产值的增速最快，与其他地区的差距进一步拉大。林业产业中，龙头产业的带动日益增强。包括水果、干果、中药材以及森林食品等在内的经济林产品的种植与采集业产值达到182.75亿元，包括中药材加工、果酒果汁制造、坚果加工以及山野菜、食用菌加工在内的非木质林产品加工制造业产值达到415.99亿元，非木质林产品加工制造业已成为加快林业产业发展的重要砝码。森林旅游业成为林业第三产业的主要增长点，2013年全年森林旅游及休闲服务业产值达到69.74亿元，比2012年增长12.26%。

【林产品展销】 组织80户企业参加义乌国际森林产品博览会和牡丹江林业产品交易博览会，展出林业企业3大类上千种产品，提高了吉林林业的知名度。建立吉林省长白山特色产品电子商务平台，发布大量企业和商品信息，促进了林产品产销衔接。举办2013第四届中国(长春)苗木花卉展销会，16个省区市500多家企业参展，签定购销合同600多笔，交易额5000多万元，意向性合同近亿元。举办了“龙湾野生杜鹃花卉旅游节”“拉法山金秋红叶节”“中国镇赉白鹤节”等系列宣传活动，组织引导辉南森经局、东北虎园、向海保护局、莫莫格保护局等单位，努力克服宏观经济下行压力带来的影响，加大促销工作力度，大力培育以旅游为主体的经济增长点，确保在困境中实现了经济稳定增长。

【森林保险】 制定《吉林省2013年森林保险保费补贴试点工作实施方案》，选择敦化市、汪清县、珲春市作为2013年森林保险的试点单位。争取中央财政森林保险补贴资金700万元，协调省财政安排配套专项资金500万元。

【林业科研与技术推广】 2013年共争取国家和省林业科技项目37项，资金2100万元；获省、部级科技成果24项；申报省林业科技进步奖12项，有2项获二等奖，7项获三等奖；深入开展“科普服务林改行动”，组织1000名科技特派员深入企业提供技术支持，完成技术服务项目109个。

【林业大事】

1月16日 省政府下发《关于命名吉林省绿化标准县的通知》（吉政函〔2013〕12号），磐石市、桦甸市、珲春市、镇赉县被命名为“吉林省绿化标准县”。

1月18日 吉林省林场协会在长春召开成立大会，会议表决通过了《吉林省林场协会章程》和协会首届理事、常务理事、会长、副会长名单。

1月30日 国家林业局批准建立吉林兰家大峡谷国家森林公园（林场许准〔2013〕16号）。

3月12日 省政府召开春季森林防火工作视频会议，副省长、省政府森林防火指挥部总指挥隋忠诚到会讲话。

4月9日 吉林林业网（吉林省林业厅网站）新版网站正式上线运行，标志着全省林业网站群建成，林业网上宣传工作全面步入集成化、规范化管理轨道。

4月11日 省林业厅召开全省林业工作视频会议，厅长兰宏良作讲话。

4月16日 省林业厅、省绿化委员会在长春世界雕塑公园组织义务植树活动，省委书记王儒林、省长巴音朝鲁、省政协主席黄燕明等参加。

4月17日 省政府办公厅印发《关于调整吉林省绿化委员会组成人员的通知》（吉政办函〔2013〕50号）。

4月21日 2013年吉林省“爱鸟周”活动正式启动，活动由吉林省林业厅、四平市人民政府、省野生动植物保护协会联合主办。

4月27日省绿化委员会召开第26次绿化委员会全体会议，副省长、省绿化委员会主任隋忠诚讲话。

5月8日 省政府办公厅印发《关于调整吉林省湿地保护管理协调领导小组组成人员的通知》（吉政办函〔2013〕61号）。

5月9日 省政府办公厅印发《关于调整吉林省人民政府森林防火指挥部组成人员的通知》（吉政办函〔2013〕64号）。

6月4日 国务院办公厅公布新增吉林汪清国家级自然保护区（国办发〔2013〕48号）。

6月15日 全省春季森林防火期结束，全省圆满完成了2013年春季森林防火任务，胜利实现春防无重大森林火灾目标。

6月23日 吉林延边林业集团有限公司名称变更为长白山森工集团有限公司，吉林延边林业集团变更为长白山森工集团。

7月30日 全国标准化林业工作站建设试点工作研讨班在延吉市举行，国家林业局林业工作站管理总站副站长何美成到会讲话。

8月15日 吉林省东部部分林区发生百年不遇特大洪水，省委书记王儒林、省长巴音朝鲁等分别深入到红石林业局、露水河林业局两个重灾区指挥抗洪救灾工作。

8月20日 省人大常委会副主任王守臣赴白城市、吉林市、延边州检查《吉林省林地保护条例》贯彻实施情况。

8月27日 全国林业信息化大会在长春召开，国家林业局副局长孙扎根到会讲话，省林业厅厅长兰宏良受副省长隋忠诚委托宣读大会致辞，中国林业网、吉林省政府网、吉林林业网3网同步在线直播会议实况。

9月5日 吉林省林业体育协会成立大会在长春召开，会议表决通过了《吉林省林业体育协会章程》《吉林省林业体育协会会费收取及使用管理办法》，选举产生了协会领导机构。

9月13日 省政府召开2013年秋季森林防火工作视频会议，副省长、省政府森林防火指挥部总指挥隋忠诚到会讲话。

9月14日 吉林省举办2013第四届中国（长春）苗木花卉展销会，16个省（区、市）500多家企业参展，签定购销合同600多笔，交易额5000多万元，意向性合同近亿元。

9月16日 2013国际生态论坛在吉林长白山开幕，中国社会科学院院长王伟光，吉林省省长巴音朝鲁，中国人与生物圈国家委员会主席许智宏，环境保护部部长李干杰，国家林业局党组成员、中央纪委驻局纪检组组长陈述贤，中国绿化基金会副主席卓榕生，15个国家和地区的保护组织代表、国内人与生物圈保护区代表以及来自国际保护组织、国内外著名院校和科研院所的专家学者参加了开幕式。

9月24日 中科院东北地理所、吉林省林业厅湿地恢复与合理利用研究示范基地在大安牛心套保国家湿地公园成立，是吉林省第一个湿地研究示范基地。

9月27日 省政府森林防火指挥部首次在敦化市组织了“9·27警地联合扑火演练”，630余人、700多件装备器材、70余台车辆和4架直升机参加演练。

10月12日 吉林省电子商务平台正式上线测试运行，标志着吉林省第一个依托政府网站的商务平台诞生。

10月14日 省林业厅召开林地清收工作会议，厅长兰宏良到会并作重要讲话。

10月15日 省林业厅召开绿化苗木培育管理工作会议，出台《吉林省树木采挖管理若干规定》，厅长兰宏良作重要讲话。

10月15日 国家林业局批准建立吉林长白山北坡国家森林公园（林场许准〔2013〕2048号）。

10月18日 省政府批准建立吉林威虎岭省级自然保护区（吉政函〔2013〕135号）。

10月21日 “2013中国镇赉白鹤节”启动仪式暨全省湿地保护管理工作会议在镇赉县召开，厅长兰宏良到会并讲话。

10月24日 莫莫格自然保护区成功晋升为国际重要湿地，在全国湿地工作会议上颁牌。

同日 梅河磨盘湖和大安嫩江湾国家湿地公园通过国家验收，被正式批准为国家湿地公园。

11月5日 省政府批准建立吉林甑岭省级自然保护区(吉政函〔2013〕140号)。

11月6日 省政府批准建立吉林圆池湿地省级自然保护区(吉政函〔2013〕144号)、吉林九台湿地省级自然保护区(吉政函〔2013〕145号)。

11月13日 “吉林长白山森林生态系统定位观测研究站”和“吉林省长白山西坡森林生态系统定位观测研究站”建设项目通过国家林业局组织的专家论证，至此，吉林省国家级陆地生态系统定位研究站总数已达到6个。

11月19日 省政府批准建立吉林长岭龙凤湖湿地省级自然保护区(吉政函〔2013〕149号)。

11月27日 中国银行业监督管理委员会吉林监管局、吉林省林业厅联合印发《吉林省林权抵押贷款实施意见》。

11月30日 全省秋季森林防火期结束，全省圆满完成2013年森林防火任务，实现连续33年无重大森林火灾。

12月2日 省政府第十一次常务会议讨论通过《吉林省封山禁牧管理办法》，自2014年2月1日起施行。

12月3日 吉林省第三届关注森林活动工作会议在长春召开，省政协副主席、省关注森林活动组委会主任别胜学出席会议并作讲话。

12月25日 国务院办公厅公布新增吉林白山原麝省级自然保护区(国办发〔2013〕111号)。

12月31日 国家林业局批复吉林省长白泥粒河、和龙泉水河、通化蝲蛄河、八家子古洞河、长白山碱水河、集安霸王潮、临江五道沟、辽源凤鸣湖等8处湿地公园为国家级试点公园。

(吉林省林业由踪念毅供稿)

吉林森工集团林业

【概　述】 中国吉林森林工业集团有限责任公司(简称集团)是1994年经国家三部委批准成立的全国首批57户大型试点企业集团、全国四大森工集团之一。实行母子公司体制，由集团母公司、子公司和生产基地3个层级组成。现有规模以上子公司20户，其中林业局8户、全资子公司2户、控股子公司10户。现有员工6.7万人，离退休人员3.7万人。截至2013年年底，资产总额284.8亿元，净资产61.7亿元，资产负债率78.3%。

森林经营 2013年，集团投入3.38亿元用于抚育造林，有林地面积达122.47万公顷，森林覆盖率达90.8%，有林地总蓄积量达1.76亿立方米。有林地平均公顷蓄积量达143.68立方米，在全国已开发林区位居第一。成过熟林蓄积量占有林地总蓄积量39.7%，珍贵树种蓄积比量重达22.7%，针阔混交林面积占有林地面积86.8%。森林蓄积量比2012年净增260万立方米。投入防火经费5600万元、病虫害防治经费610万元，全年未发生大面积森林病虫害，实现辖区连续34年无重大森林火灾。依托林地和森林资源，发展种、养、培植业，实现产值7.45亿元。绿化苗木实现销售收入3000多万元。

经济运行 克服国际国内经济增速放缓、房地产持续调控、建材市场低迷、市场需求滞缓和企业竞争加剧等诸多不利因素的影响，向非林非木产业转移，推进转型发展，建设重点项目，开拓产品市场，集团经济呈现持续稳健发展的良好态势，主要经济指标继续创历史最好水平，销售收入突破100亿元，提前两年完成“十二五”规划提出的主要经济指标比“十一五”末翻一番的目标。实现总产值163.3亿元，同比增长13.2%；销售收入102亿元，同比增长27%；利润总额7.3亿元，净利润2.7亿元。截至2013年年底，资产总额达284.8亿元，比年初增长49%。净资产61.7亿元，比年初增长22.5%。在2013年全部销售收入中，木材销售收入9.1亿元，占9%，林木加工业销售收入23.4亿元，占22.9%，其他非林产业销售收入69.5亿元，占68.1%。一、二、三产业比例为23∶36∶41。

重点项目 组建吉林森工开发建设集团，借林业棚户区改造之机开发房地产，实现销售收入28.4亿元，净利润1.5亿元。融信公司、投资公司和财务公司实施增资扩股，3家金融类企业实现销售收入8.7亿元，净利润3.8亿元。与央企合作，重组并控股中盐银港人造板公司，产能由60万立方米扩大到200万立方米，奠定了全国行业龙头企业地位。股份公司新建20万樘实木复合门、通化胶黏剂异地改造建厂、长春水泥刨花板外墙挂板等项目完成厂房建设和设备安装。重组白山三林木业，推进实木高档家具扩建项目建设。金桥地板集团开发引进年产300套北欧木结构房屋项目已投入生产。集团矿产业实现销售收入2.19亿元。仙人桥温泉旅游度假区酒店项目开工建设。露水河森林公园获评国家4A级旅游景区。泉阳泉饮品公司完成矿泉水厂扩建项目。“吉森参”人参制品和“瑞富德”森林食品入选全国林业后勤系统推荐产品。长春东北亚国际皮草城项目开业运营，贸易食品板块实现收入3.91亿元。临江林业局建成年产12吨二氢槲皮素保健品项目，填补了国内空白，实现产值7500万元。

市场开拓 实施加工企业市场营销指导意见，实行营销工作一把手负责制，根据市场变化适时调整营销策略。组织参展东北亚博览会等展会，借助各种媒体和户外广告等形式，进行产品展示和宣传。组建电子商务公司，启动直销网站建设，探索开辟产品销售新渠道。全年销售刨花板49.3万立方米，同比增长21%；销售实木复合地板417万平方米，同比增长11%；销售矿泉水20.8万吨，同比增长38%。

经营管理 启动管理提升活动，健全落实基础制度，强本固基，提质增效。围绕资金、应收账款、存货和费用支出实施管理和控制。实行运行、财务和统计分析"三位一体"的运行管理机制，应对市场形势变化。拓宽融资渠道，发行短期融资券和中期票据，募集资金12.3亿元，每年可节约财务费用1900多万元。落实集团投资管理办法和资产损失责任追究暂行办法，规避了项目建设和投资风险。完善资产监督体系，对二级企业项目投资、资金使用和资产运营等方面实施有效监督，及时督导整改，确保了资产安全。落实"以人为本、生命至上、安全第一"方针，坚持党政工青齐抓共管，健全分级管理责任体系，进行安全生产隐患排查和整治，连续5年实现无重伤和死亡事故、无工业火灾事故。抗击8月份特大洪灾取得胜利，转移安置员工群众5000余人，无一人伤亡。投入1.59亿元，进行抢险救灾、生产自救和恢复重建。

科技创新 申报各类国家级科技项目13个，获批5个；申报各类省级项目22个，获批2个，共争取项目资金500万元。研发出7项产品，其中4项通过科技成果鉴定，3项通过新产品鉴定；获批2项专利技术。根据客户需求，开发出30种地板、27种人造板和4种矿泉水新款产品投放市场。"超低甲醛释放农林剩余物人造板制造关键技术与应用"项目获得国家科技进步二等奖。经营运行管理系统项目通过专家论证，森林防火预警与监控系统项目通过国家科技成果鉴定。

党建和思想政治工作 学习和贯彻习近平总书记系列讲话精神。在新建和重组企业同步建立党组织机构，推进创先争优活动进林场、进车间、进班组、进工队。坚持党管干部与市场选聘相结合，建立完善科学合理的选人用人机制。省委组织部对集团干部工作给予好评。落实中央八项规定，发挥"四位一体"监督体系作用，开展"知足感恩，廉洁勤政"教育，抓好厉行勤俭节约、纠正"四风一顽症"等专项检查。立项监察26项，增加收入4123万元，节省资金3289万元。立案查处2件，行政处分5人。集团廉洁文化建设被评为吉林省廉洁文化建设百佳示范点。提炼完善了"为国效力、为民造福、忠诚做人、和谐创业"的吉森精神，并开展主题实践活动。采取职代会、股东会、会员代表大会"三会合一"的形式民主选举产生了第三届董事会，落实党务公开、厂务公开和职代会民主评议领导干部制度。实行信访包保、责任倒查追究机制，妥善化解积案21件。加强政法工作，推进平安企业建设，林区社会和谐稳定。

民生工作 完成14.92万平方米棚改工程建设，近3000户林区群众迁入新居。实现员工社会保险全覆盖，全年缴纳"五险一金"1.87亿元。松江河林业集团投入4500多万元推进城区基础建设。露水河林业局投入3000万元用于修建街区道路和文化广场。临江林业局投入600万元改造林区公路。筹集资金576万元，走访慰问困难员工14 300多人次。4600多名员工群众发展林下经济人均增收11 800多元，林农关系进一步和谐。对投资公司等企业进行股份制改造，吸纳员工入股，增加了财产性收入。

【集团荣誉】 集团获得国家级企业管理现代化创新成果一等奖。集团荣获2012年全国林业网站绩效评估技术创新领先奖，吉林森工松江河林业局在"全国林业信息化示范县"评比中被评为先进单位。集团和集团工会被全国总工会分别评为全国厂务公开民主管理先进单位和模范职工之家。集团被国家体育总局评为2012年度全民健身活动优秀组织奖。集团被省政府评为2012年度绩效考核安全生产工作专项奖优胜单位。集团被吉林省政府评为2012年度信访工作先进单位。集团被吉林省科协评为2012年度"讲理想、比贡献"先进集体。集团职业技能鉴定站被国家林业局人才开发交流中心评为林业行业优秀鉴定站。集团13名优秀技师被吉林省总工会授予"五一"劳动奖章。

【林业大事】

1月23日 集团在长春召开2013年工作会议。

1月31日 集团董事长、党委书记柏广新连选连任，当选第十二届全国人大代表。

3月31日至4月30日 集团集中开展安全生产大检查活动。

5月14日 吉林省副省长隋忠诚到集团检查春季森林防火工作。

6月8日至9月30日 集团全面进行安全生产隐患大检查、大整改行动。

6月21日 集团与国家开发银行在长春召开的全省重大项目融资对接会上签署全面战略合作协议。

8月8日 吉林森工松江河林业集团揭牌成立。

8月10日 吉林森工开发建设集团有限公司揭牌成立。

8月16日 吉林省委书记王儒林在桦甸视察灾情期间，到吉林森工红石林业局现场指挥防汛抗洪工作。

8月16日 吉林省省长巴音朝鲁到吉林森工露水河林业局视察抗洪抢险救灾工作。

8月19～25日 全国林业系统政风行风建设研讨会在吉林森工松江河林业集团召开期间，中纪委驻国家林业局纪检组组长陈述贤到集团所属四户企业局和三大名牌生产企业调研指导工作。

8月29日 国家林业局副局长孙扎根到集团慰问指导工作。

11月15日 集团召开第三次职工代表、会员代表、股东代表大会，选举产生了集团新一届董事会和工会委员会。柏广新再次当选新一届董事会董事长。

12月10日 吉林省委宣讲团在集团举行党的十八届三中全会和省委十届三次全会精神报告会。

12月23日 集团旗下长春东北亚总部经济开发有限公司东北亚国际皮草城项目开业运营。

（吉林森工集团由路增春、吴在军供稿）

黑龙江省林业

【概　述】 2013 年，全省造林绿化、资源管护、林业产业、湿地保护与管理、林业改革等各项工作都取得了显著成绩。

造林绿化 4 月 24 日省委书记王宪魁作出了抓紧做好乡镇和村屯、道路、工业园区、城市郊区绿化规划，并立即组织实施的重要指示，确定黑龙江省春季造林绿化的重点。省林业厅立即组织技术人员编制和修订了 4 个《规划》，并于 4 月 26 日印发了《关于加强乡镇和村屯、道路、工业园区、城市郊区造林绿化的紧急通知》的明传电报，对全省造林绿化工作作出具体的调整部署。王宪魁在 5 月 14 日省委督查室《关于我省乡镇和村屯、道路、工业园区、城市郊区绿化工作情况的报告》上批示："同意。并先搞规划将四条建议抓好落实。"各市(地)、县把造林绿化纳入党委和政府重要工作议事日程。

按照年初省委、省政府春季造林绿化、森林防火汇报会精神，确定造林绿化要努力实现"五个转变"，即坚持由注重生态效益向生态、经济、社会效益并重转变；由注重造林数量向绿化美化、提高造林质量转变；由人居远离森林向人林相伴、人与自然和谐转变；由分散造林向城郊营造大片林转变；由以政府为主体向政府引导、社会公民自主参与为主转变。按照这一思路，春季造林突出了村屯绿化、通道绿化、大片林和经济林建设 4 个重点。村屯绿化采取大苗木、多树种，乔冠结合的方式高标准建设。全省营造千亩以上的大片林 16 块，500 ~ 1000 亩片林 60 块，100 ~ 500 亩的片林 939 块，15 ~ 100 亩的片林 5584 块。全省共完成造林 21.12 万公顷，其中人工造林完成 8.97 万公顷，封山育林完成 12.15 万公顷；完成义务植树 5268.39 万株。全年完善和新绿化村屯 2383 个；绿化道路 3398.44 千米；城市郊区绿化 256 块，面积 1366.67 公顷；工业园区绿化 530.67 公顷。

资源管护

安排布置 提前召开春、秋季森林防火形势分析会议，会商前期背景，研判防期形势，保持清醒认识。第一时间传达贯彻国家、省里有关会议及领导讲话精神，印发《森林火险趋势预测》，对清明"五一""十一"等节日以及森林高火险时段的森林防火工作进行有重点、有针对性地部署，切实做好各项防范工作。全年共发明传电报 12 份，印发通知、办法、意见等文件 106 份。①宣传教育工作。印发《黑龙江省 2013 年森林防火宣传工作方案》，组织全省各地利用多种形式对森林防火工作进行大规模宣传。全年全省共进行森林防火媒体宣传 58 543 次，建宣传街 8137 条，出动宣传人数 185 635 人，印发宣传制品 4815 539 份。②规范火源管理。4 月 2 日，印发《关于抓紧清理林区农田剩余物的紧急通知》，要求各地立即组织开展清理林区农田剩余物的专项行动，严格执行野外用火审批制度，在森林高火险期到来之前完成农田剩余物处理工作；5 月 8 日，针对严峻的森林防火形势，省委、省政府多位领导相继作出重要批示，省林业厅印发《关于加强火源管理严防森林火灾的紧急通知》，要求各地全面禁止在森林防火区内点烧秸秆；秋防期间，全省利用有利天气形势，在严格按照操作规程和确保队伍到位的前提下，全面开展了防火线开设及林内可燃物清理工作，共计点烧林边、道边和村屯、林场周边防火线 3 459 千米，点烧草塘沟 119 万公顷，点烧林内可燃物 2 205 公顷。③应急处置。修订完善《黑龙江省森林防火应急预案》，并组织各地根据实际情况对本地区森林防火应急预案进行及时修订和完善，形成森林火灾分级响应机制；春秋两防期间，森防的检查、瞭望、护林、值班、通信等人员全部到岗到位，武警森林部队、地方森林消防队伍和航空护林飞机一道，迅速进入战备状态，靠前驻防，全年全省共有 42 架飞机在防期投入使用，靠前驻防兵力达到 9 619 人，发生的 14 起森林火灾均在当日扑灭。全年共发生森林火灾 14 起，其中一般森林火灾 13 起，较大森林火灾 1 起；全年森林火灾过火面积 106.4 公顷，其中有林地面积 11.01 公顷，在进入防期前分卫星监测热点的及时反馈率和火灾当日扑灭率均达到 100%。

严格征占用林地审批，规范使用林地专家评审制度 全年召开使用林地专家评审会 9 次，省林业厅审核审批占用征收林地项目 235 项、面积 563.1770 公顷，上报国家审核同意占用征收林地项目 10 项、面积 228.8512 公顷，共收取森林植被恢复费 4853.3048 万元。认真执行采伐限额制度，切实加强①林木采伐管理。分解下达了全省 2013 年度木材生产计划和 2012 年度商品林结转计划，控制黑龙江省林木采伐量。严格林木采伐审批管理，对省尚志、庆安国有林场管理局，鸡西绿海林业有限公司等单位开展调查设计现地核实工作，对不符合规定的伐区调查设计不予核发采伐许可证。共受理审批林木采伐许可 97 项，核发林木采伐许可证 1745 份。②打击破坏森林资源的违法犯罪活动。2013 年全省发生林业行政案件 1 317 起，查处 1 302 起，查处率为 98.86%。没收违法所得 10.99 万元，罚款 467.48 万元，赔偿损失 16.90 万元，没收木材 211.63 立方米，收回林地 98.30 公顷。③开展森林资源保护管理情况大检查。全省共发现破坏森林资源案件 870 起，向 6 个县(市、区)政府发出了《黑龙江省林业厅关于商请依法查处破坏森林资源案件的函》，责成有关地方政府限期查处，同时，对问题多的县(市、区)政府领导进行约谈。

野生动植物保护和林业有害生物防治 开展珍稀濒危野生动植物保护，恢复种群数量。与 WWF 合作开展东北虎监测取得阶段性成果，6 月份在东宁县林业局朝阳沟林场内通过远红外监测相机拍摄到一只雄性成年东北豹。巴彦沿江被省政府批准为省级自然保护区。2013

年，林业有害生物发生29.49万公顷，同比上升21%；成灾面积为2933公顷，成灾率0.04‰；防治面积23.07万公顷，无公害防治率95.33%；应施调查监测面积1877.47万公顷，实施调查监测面积1582.4万公顷次，预测预报准确率达到90%；全年产地检疫苗木0.54万公顷，种苗产地检疫率100%。调运检疫木材284万立方米、苗木5389.8万株；开展国际性检疫害虫松树蜂专项调查，在4个市（地）发现有分布；对有传入危险的美国白蛾沿吉林及黑龙江省边境和木材集散地6市（地）设立120个监控点进行监控，未发现美国白蛾。森林鼠害发生面积8.81万公顷，被害率控制在10%以下，防治面积7.35万公顷，新植林鼠害防治率达到90%以上。

林业产业 2013年，全省林业产业推进省重点项目42个，截至2013年11月，完成项目投资66.3亿元，投资完成率达到86%。编制了林业产业总体规划，林下经济、国家森林·湿地公园旅游名省、木材加工生产、森林经营暨其他产业专项规划，出台《黑龙江省林下经济发展规划》，配套出台多项扶持政策，林菌、林果、林药、林下养殖、种苗花卉等产业快速发展；木材加工、家具制造、造纸等产业克服市场低迷等不利因素，也保持了上升势头，全省全年实现林业总产值1400亿元。审批评定12家企业为第十一批省级林业龙头企业。

湿地和自然保护管理 加大湿地恢复力度，2013年全省退耕还湿1万公顷，并公布了首批黑龙江省湿地名录。东方红湿地列入国际重要湿地名录，全省6处湿地公园晋升为国家湿地公园，批准建立了1处省级湿地公园。黑龙江省现有国际重要湿地总数8处，国家级湿地公园总数33处。2013年全省有5处保护区晋升为国家级保护区，全省现有国家级保护区33处。扎龙湿地入围全国十大“魅力湿地”，三江湿地和珍宝岛湿地荣获“最佳关注奖”。

集体林权制度改革 全省集体林权制度改革明晰产权面积119.73万公顷，占集体林总面积的99.38%，确权发证面积115.15万公顷，占明晰产权面积的96.17%，有51.2万户农民获得了林权。大力推动和引导农民林业专业合作组织发展，积极为林农提供金融支持。现全省林业专业合作组织212家，入社农户1.26万户。全省金融机构投放林权抵押贷款5.9亿元。完成了农垦宁安农场、八五一〇农场，鹤岗市林业贸易公司和宾县国有森林林木和林地流转面积2 851.87公顷，招标拍卖成交6827万元。

森林经营

完成珍贵树种培育555.67公顷，森林抚育补贴任务10.67万公顷，落实省级森林生态效益补偿面积32.26万公顷。低产林改造12333.3公顷，特殊林木培育2万公顷，在6个县（市）实施了国家木材战略储备生产基地特殊林木培育项目，培育面积1182.2公顷，落实国家级公益林培育任务320公顷，补植5966.67公顷。

科技和信息化建设

黑龙江省林业厅与中国林科院等单位联合组成课题组，对全省森林与湿地生态系统价值进行了评估，在项目研究过程中引入了生态GDP理念，对全省生态GDP进行了核算。全年共组织实施科研、推广项目72项，其中科研项目5个，中央和省级推广项目67个。邀请中国科学院、中国工程院的院士，省内和国内知名专家学者为全省林下经济发展建言献策，探求黑龙江省林下经济快速发展之路。从电子政务建设入手，加快推进林业信息化建设步伐，从2013年1月1日起，包括办公自动化、在线审批等系统的综合办公平台在厅机关正式使用，并在全省林业系统启用。改版升级了省林业厅门户网站，建立了省林业厅直属机关和各市（地）、县林业局，国营林场、种苗基地、自然保护区和森林公园子站群。

【国有林场工作】 组织全省国有林场开展新农村星级林场建设活动，申报三星级林场35处，四星级林场10处，五星级林场2处。参加国家林业局、中国农林水工会举办的首届国有林场职业技能竞赛，参赛的尚志管局3名工人获得优秀成绩奖。按照国家林业局《国有林场管理办法》规定，批准鸡西矿业（集团）公司林业处所属林场纳入全省国有林场管理序列，当年按照国有林场管理的单位达到414处。

【全民义务植树活动】 制定了全省全民义务植树统一行动方案，4月20日，分别在天恒山和韩家店，集中组织在哈尔滨的省、市党政军200多个单位4500多人参加的大型义务植树。各地积极开展“巾帼春绿行动”“绿化黑土地、共建爱民林”“我为家乡种棵树”“让森林走进城市”“关爱自然、义务植树”等系列主题活动，栽植了“读者爱心林”“公仆林”“学子林”“八一林”“政法林”“金融林”“成长林”“栋梁林”“夫妻林”“长寿林”“恋人林”等纪念林。

【林业站标准化建设】 全省现有乡镇882个，设有乡镇林业站866个（其中片站20个），在岗职工总人数2655人。目前，全省866个乡镇林业站中，林业局直管的370个，双重管理的236个，乡镇独立管理的260个。2013年全省有6个县（市、区）被列为全国林业站建设重点县，有9个基层林业站列为全国标准化林业站。为巩固黑龙江省首批标准化林业站建设成果，省林业厅统一授予40个“黑龙江省标准化林业站”称号，予以统一挂牌。

【林木种苗】 2013年全省完成育苗面积0.95万公顷，占计划0.67万公顷的143%；其中新育面积0.27万公顷，占计划0.13万公顷的205%；总产苗量15.1亿株；采收各类林木种子20.98万千克，是计划5万千克的419.6%；母树林、种子园抚育面积0.27万公顷。全省2013年可供雨季造林和造林补植的容器苗木7124.33万株。

【尚志国有林场管理局产业发展】 全局共投资7000万元，养殖种貂3万余只，繁育子貂18万只，实现产值1.8亿元，利润1.1亿元。木耳栽植产业已初具规模采取单位集体栽植与职工分户栽植相结合的方式，全年共栽植木耳3000万袋，共生产黑木耳干品532吨，实现产值3150万元。全年完成林冠下营造红松坚果林0.08万公顷，采取林农合作利用熟化地营造红松坚果林的办法，实现退耕还林53.33公顷。3月，与上海洪鑫源实业有限公司等联合开发黑河爱辉区上马场岩金矿，投资152万元，享有该项目投产盈利后8%的分红权。

【庆安国有林场管理局资源保护】 完成造林1000公顷，完成封山育林2000公顷。育苗35.33公顷，总产苗960万株。完成幼林抚育任务5355.6公顷次。2013年采伐设计出材52 600立方米。查处各类案件42起，处罚行为人38人，行政拘留1人，侦破刑事案件2起。林业有害生物发生面积0.24万公顷，成灾率为0，无公害防治率86.6%，测报准确率为87%，种苗产地检疫率达100%。

【林业大事】

1月12日 第二届全国林业信息办主任协作组会暨全国林业信息化示范建设交流会公布了2012年全国林业网站绩效评比结果，黑龙江省林业厅网站被国家林业局评为2012年全国林业十佳网站，黑龙江省林业厅获得首届“信息改变林业”故事网络征文大赛优秀组织奖。

1月19日 召开全省林业局局长会议，传达全国林业厅局长会议精神，总结2012年、部署2013年全省林业工作，厅长蔡炳华主持会议，厅领导杨克杰、李树铭、王瑞斌、张恒芳、李跃民、杨国亭、金强，厅总工程师、湿地中心主任张学武，厅总会计师、厅办公室主任孙永刚出席会议。

2月28日 《黑龙江日报》就《黑龙江省全民义务植树条例》有关问题对省绿化委员会副主任、厅长蔡炳华进行专题采访。

3月1日 《黑龙江省全民义务植树条例》开始施行，标志着黑龙江省义务植树相关工作有了法规保障。

3月26日 在宾县三宝乡大泉子村小学举行全省“森林防火知识进校园”赠书活动启动仪式，副厅长李树铭出席仪式并讲话。

4月8~9日 黑龙江省2013年春季林木种苗调剂暨技术信息交流会在哈尔滨市召开。黑龙江省林业厅、黑龙江省森工总局、黑龙江省农垦总局及黑龙江省各市(地)、县(市、区)林业(营林)局主要负责同志、黑龙江省各国有苗圃和民营林木种苗生产者、经营者、使用者及辽宁、吉林、内蒙古等省(区、市)代表近200人参加会议。

4月14日 省林业厅根据国家林业局统一安排，联合扎龙国家级自然保护区举办全国首次丹顶鹤放归野化活动，省野生动植物保护协会李延芝会长、国家林业局保护司领导和厅领导参加了放飞仪式。

6月8日 黑龙江省第32届“爱鸟周”活动仪式在黑龙江省森林植物园举行，省野生动植物保护协会李延芝会长、省林业厅蔡炳华厅长等有关单位领导出席了仪式。

6月15日 厅长蔡炳华、副厅长李跃民陪同副省长吕维峰出席第六届中国(牡丹江)——俄罗斯(远东)国际木业博览会新闻发布会，厅长蔡炳华主持发布会。

8月14日，金马集团与宾西实验林场进行合作项目签字仪式，副厅长杨国亭主持仪式。

8月17~18日 国家林业局局长赵树丛一行到黑龙江省检查指导工作，厅长蔡炳华，厅总会计师、厅办公室主任孙永刚陪同检查。

8月19日 汪洋副总理在伊春市考察，厅长蔡炳华陪同考察。

同日 黑龙江省东宁县成立了牡丹江市(东宁)林权交易市场，成为黑龙江省第一家统一管理、辐射周边县市的区域性林权交易平台。

9月17日 全国政协人口资源环境委员会、全国绿化委员会、国家林业局、国家新闻出版广电总局、中华全国新闻工作者协会、中国绿色基金会等联合发布《关于颁布第五届“关注森林奖”的决定》，省林业厅副厅长杨克杰被授予第五届关注森林奖。

11月30日至12月6日 美国林下资源考察团到省考察，副厅长杨国亭接待并陪同考察。

12月20日 黑龙江省林业厅代省政府起草的《黑龙江省人民政府办公厅关于印发黑龙江省林下经济发展规划(2013~2020年)的通知》正式出台。

(黑龙江省林业由崔祥娟供稿)

黑龙江森林工业

【概　述】 2013年，国家林业局和省委、省政府的正确领导下，龙江森工牢牢把握“稳中求进”工作总基调，紧紧抓住天保二期工程和大小兴安岭生态保护与经济转型规划的战略机遇，坚持科学发展，建设生态文明，加快经济转型，全面深化改革，在广大干部职工的共同努力下，圆满完成了年度各项工作任务。产业总产值完成495.2亿元，产业增加值完成211.7亿元，增长12.2%，森工经济实现连续5年平稳较快增长，林区经济社会发展取得新成绩。

【主要经济指标】 2013年主要经济指标完成情况：完成产业总产值495.2亿元，比2012年增长12.2%；产业增加值完成211.7亿元，比2012年增长12.8%。固定资产投资增长7.1%(不含棚户区改造)。实现了全行业减亏5%的目标。实现营林产值15.6亿元；完成木材生产77.4万立方米，实现产值8.7亿元；工业园区达到24个，占地面积达到32.7平方千米，林产工业实现产值66亿元；种植养殖业实现产值97.6亿元；森利食品业实现产值60.1亿元；北药产业实现产值13.5亿元；接待游客790万人次，实现产值38.5亿元；清洁能源业实现产值3.9亿元。在岗职工人均年工资性收入达到2.42万元。

【营林生产】 2013年更新造林完成1万公顷，森林改培1.1万公顷，补植补造3.7万公顷，森林抚育49.9万公顷。累计绿化局场址面积787.7公顷。新建设绿色通道1243.4千米。62.8万人次义务植树516.2万株。育苗面积244公顷；病虫鼠害防治面积19万公顷；完成秋整地作业面积4736公顷。

花卉苗木基地产业化 经过2~3年的发展，森工绿化苗木花卉产业已初具规模，现有鹤立、双鸭山、海林、乌马河、兴隆五大绿化苗木基地，培育绿化苗木百余种，绿化苗木面积186公顷，成苗量852.1万株；培育花卉十多种，花卉面积16.6公顷，产量843.2万株，为黑龙江省城市、城镇绿化和林区绿化提供丰富的乡土树种，逐步形成林区新的经济增长点。

开展碳汇造林示范工作 2013年在林口林业局进行碳汇造林试点项目。项目地块涉及1个林场所、14个林班、38个小班，项目总面积666.7公顷。按地类现状分：荒山荒地501公顷、退耕还林地165.7公顷。该项目林种确定为生态林，坚持因地制宜，适地适树原则，优先选择速生丰产、生物量大、固碳能力强的适生树种。主生树种选择长白落叶松、红皮云杉。调查设计、档案建设、碳汇造林试点项目实施合同的签订、碳汇造林活动的记录、管护措施等达到项目的要求。

森林抚育经营 在各林业管理局核查的基础上，黑龙江省财政厅与黑龙江省森林工业总局联合组成10个省级复查验收工作组，对全省森工林区2012年度森林抚育补贴工作进行了全面复查验收，复查结果：面积合格率99.9%，作业质量平均得分92.56，完成了年度计划，达到了国家质量标准。

【多种经营】 2013年多种经营产值完成268.1亿元，比2012年增长16%。其中：种植养殖业产值97.6亿元，比2012增长15 %；森林食品业产值60.1亿元，比2012增长23%；北药业产值13.5亿元，比2012年增长14%。全年落实粮食综合直补及良种补贴资金约2.3亿元，争取并落实农机补贴1000万元，购置农机560台。

完成播种面积39.8万公顷、粮食产量实现12亿千克、黑木耳栽培量18亿袋(产量6.9万吨)、养殖大牲畜148.5万头、养禽1600万只、养蜂17.2万箱、人工药材栽培面积1.1万公顷。

制定下发《黑龙江省森工总局关于大力发展林下经济的意见》，编制了《2013~2020年黑龙江森工林区林下经济发展规划》，确定了近期和长远发展目标，对产业基地、加工企业及产品市场进行了合理布局，提出了具体措施。编制完成《黑龙江森工林区(2013~2020年)林药、林菌模式发展实施方案》。

种植业 积极鼓励引导种植结构调整，全系统种植经济作物4.8万公顷，占总播种面积的12%，比2012增长1 %。桦南局以紫苏种植为依托，形成紫苏油加工、紫苏叶系列加工，紫苏油渣做饲料和肥料的产业链，建成黑龙江省紫苏之乡，最大的紫苏种植和加工基地，紫苏种植面积已达4000公顷。各单位普遍推行"订单引路、科技先行"，通过引进订单，使广大种植户由各自为战向抱团获益转变。迎春林业局订单种植面积已实现2.3万公顷全覆盖；全系统落实蔬菜种植面积4000公顷，产各类蔬菜11.6万吨；棚室种植已发展到347公顷。

养殖业 牡丹江、松花江、合江林区各类规模化、养殖小区(场)已达到536个，其中以猪、牛、羊、禽等为代表的常规项目养殖小区(场)450处，以鹿、狐、野猪、兔等为代表的林区特色项目养殖小区(场)86处。东京城局团山子经营所生猪养殖基地已发展成由种猪繁育、商品育肥、粪便沼气化处理为一体的综合性生产基地，生猪年出栏量2万头，养殖户人均年收入达到2.2万元。紧抓林区特色养殖产品需求多、售价高的优势，大力发展林蛙、山猪、狐、鹿、河蟹为主的特色养殖项目。清河局规范化金鳟、虹鳟冷水孵化养殖面积已达5万平方米；方正局河蟹养殖面积已达33万平方方米。

森林食品业 全林区木耳栽培量达18亿袋，其中亚布力、苇河、绥阳分别达到2.2亿袋、2.1亿袋和1.7亿袋。棚室吊袋等生产方式得到推广。该技术具有占地面积小，节省土地资源，节约劳力资源，不受气候影响，节约水电资源，耳型好，售价高，单位产量提高，生产周期缩短，一次投资、循环使用等诸多优势。截至2013年年底绥阳、亚布力棚室吊袋栽培分别为490栋和112栋，栽培木耳1200万袋和450万袋。大力推广蓝莓、树莓等市场前景广阔的浆果项目，开展试点栽培，力争把小浆果做成大产业。亚布力局以草莓、树莓、黑加仑和蓝靛果为主的小浆果种植面积已达万亩，其中鱼池经营所栽培面积达152公顷，并在鱼池、华山配套建立了两座冷库。在"2013首届黑龙江省消费者最喜欢的100种绿色食品"评选中，森工有7家企业的7个产品入选。"黑森"品牌注册使用产品种类由原有的189种增至205种；已完成39个产品认证标示，其中有机食品认证7个，绿色食品认证4个，无公害农产品认证28个。

北药业 沾河局林下参绿色面积已达348公顷；穆棱两参种植面积达到333公顷以上；海林平贝种植规模已达到360公顷。穆棱局推广种植松杉灵芝30万袋；沾河局返魂草栽培项目，现已建成药源基地6.7公顷、栽培基地26.7公顷；通北局水飞蓟栽培面积已达7300公顷，产量7787吨。

龙头企业建设 全林区年销售收入500万元以上的企业已达44户，其中亿元以上的企业12户，5000万元以上的企业8户。柴河局威虎山饮品公司，年产各种饮品15 000吨、加工果仁350万吨、豆制品300吨、纯净水1200万瓶、加工山野菜2000吨、产蜂蜜300吨，实现年产值近1.25亿，利润2236万元。迎春局蜂产品加工企业建成具有先进水平的蜂蜜自动灌装、片剂、硬胶囊、软胶囊、口服液加工生产线，是全国唯一从蜜源植物、收购、运输、加工、销售全产业链可追溯的特大型蜂产品加工企业，在产品研发方面拥有典藏蜜系列、玉脂蜜系列、蜂花粉系列、蜂王浆系列等8个品类25种产品，在北京、上海、苏州、无锡、南京等全国50个城市建立了销售网点，并出口马来西亚。迎春、桦南、双鸭山等物流园区粮食仓储能力达到100多万吨。绥阳局宏福山特产品公司年可加工3000吨黑木耳原料，年创产值3.6亿元。

【森林旅游】 2013年，全森工系统累计完成接待790万人次，实现产值38.4亿元。与浙江远见旅游设计有限公司于2013年6月签订了《黑龙江省森林工业总局旅游发展总体规划委托编制合同书》，编制作业时间为18个月，远见公司规划设计团队分5次赴森工林区进行现场踏勘，第一阶段踏勘工作已经基本完成。立足优势，适应市场需要，组建完成了"黑森旅游有限公司"和"森工国际旅行社有限公司"。山河屯林业局凤凰山旅游景区和柴河林业局九寨旅游景区晋升为国家4A级旅游景区。多渠道扩展森工景区对外宣传，森工10家景区入选国家林业局评选的"最美景区"和"最具潜力景区"。"2013美丽中华特色旅游品牌推广会"上，凤凰山风景区、雪乡风景区获"中国最受游客关注旅游目的地"和"中国最美生态休闲游目的地"称号，亚布力国家森林公园获"中国最佳养生休闲旅游目的地"和"中国最具魅力自驾游旅游目的地"称号。

成立了旅游监察大队，加强行业管理和执法力度，规划旅游市场，受理违反有关旅游法律、法规、规章行为的投诉和举报，并进行调查处理。分两期重点景区的24个单位约200位林业局管理人员、旅游公司及从业人员进行了培训，进一步提高了林区广大旅游从业人员业务素质。

【木材生产销售】 2013年，全省森工系统木材生产完成77.4万立方米，其中原木73.6万立方米，薪材3.8万立方米。实现产值8.7亿元，增加值4.7亿元。木材平均售价1028.74元/立方米，比2012下降103.73元/立方米。

继续加强木材生产目标管理考核，对效益造材、清选清归商品化进行了检查。原木合格率达到99.0%，比2012年提高0.1个百分点，贮木场商品化合格率98.9%，比2012年提高0.2个百分点。柴河局在贮木场精挑细选，清选清归，商品化管理实现"五清两化"，木材平均售价为2155.20元/立方米。

2013年受国际国内经济低迷影响，黑龙江森工木材销售面临着需求低迷、产品销售不畅、木材库存积压等不利因素，全省森工各级木材经销部门抢前抓早定策略，完善思路谋全局，灵活应对，及时调整价格策略和销售策略，充分发挥森工整体优势，防止各企业间出现恶性竞争，全力以赴稳定了全年售价。实施和不断创新形式多样的木材竞价销售方式，千方百计提高木材售价。开展各种形式竞价354次，共计竞价销售53.9万立方米。大力推进网络信息服务平台建设，对森工木材经销信息网进行改进和优化，突出了价格信息、竞价信息、政策导向、供求信息等栏目，为森工企业拓宽销售渠道，提高市场占有率提供了保障。

【林产工业】 2013年林产工业产值完成66亿元，比2012年增长10%；产品销售收入56.4亿元。

锯材完成51.3万立方米，比2012年增加10%；胶合板完成2.4万立方米，比2012年增长26.3%；刨花板完成27.4万立方米，比2012年增加5.8%；中密度纤维板完成15.6万立方米，与2012年持平；细木工板完成12.4万立方米，比2012年增加26.5%；集成材完成8.2万立方米，比2012年增加21%；家具完成8.6亿元，比2012年增加14.7%；卫生筷子完成138万标箱，比2012年增加2%；强化复合地板完成105万平方米，比2012年减少20%。

2013年通过招商引资、外引内联，上项目、建园区，产业规模不断发展和壮大，在木材数量减少的情况下实现产值、销售收入双增长。推进的重点林产工业建设项目12个，其中超亿元的项目有4个，累计完成投资5.86亿元。工业园区达到24个，占地面积达到32.7平方千米，年加工木材能力155.6万立方米，实现了产业集聚，增加了职工就业。

对院墙企业提出改革发展方案。根据松江、哈木器、香木、绥化、兴隆、佳木斯等城市院墙企业的特点，提出完善一厂一策方案，促进城市院墙企业改革发展。牡丹江木材厂在传统产业上，采取体制改革、机制创新、结构调整等一系列措施，成了板业、仓储业同步发展的良好局面。齐新工厂按照开发建设新型物流产业的发展思路，盘活土地、厂房、机械设备等资产，努力增加资产经营收入，减轻总局、企业资金压力，逐步实现自立。松江厂实施营销体制机制、干部人事制度、劳动分配制度、销售模式等4项改革，按生产经营设置机构定岗定编，实施竞聘上岗和绩效工资，调动职工积极性，降低生产成本，提升经营水平。

积极研究外向型经济发展，利用境外木材资源，扩大原料来源。海林局通过股份合作，发挥耐力集团在俄罗斯开发的原料优势，面向国内外产品市场，实现了两头在外的经营模式。海林局与耐力集团投资2000万元，在俄罗斯犹太自治州斯米多维奇区的耐力园区，建设年产5万立方米胶合板生产项目，已经建成投产，产品在俄销售。绥阳局持股51%的源通木业公司，年生产实木地板40万平方米，其中生产"拿舍"牌实木地板出口英国，年销售收入达到6500万元，实现利润1300万元。2013年6月1日，源通木业公司在俄罗斯丘古耶夫卡市成立境外分公司，投资300万元租赁占地5000平方米的厂房场地，年加工柞木、水曲柳、榆木等树材种原木1.5万立方米，生产地板坯料、板方等产品6000立方米，实现产值3660万元，利润360万元。

龙江森工集团加入中国林业产业诚信联盟，并担任联盟轮值主席。龙江森工集团被评为全国共30家的中国林业产业5A级诚信企业和全国共20名的中国林业产业诚信标识试点企业。森工在履行联盟成员诚信义务的同时，享有优先申请林业贴息贷款、优先获得境外森林可持续开发扶持、相关产品标准制定、即征即退等政策支持，以及企业维权、品牌推广、市场开拓、企业宣传、全国龙头企业荣誉支持等权利，森工产业获得了良好的外部发展环境。

【资源保护和管理】 截至2013年年末，森工林区有林地面积由2012年的853.2万公顷增加到857万公顷，活立木总蓄积量由2012年末8.17亿立方米增加到8.3亿立方米，平均公顷蓄积由2012年末93立方米提高到94立方米，森林覆盖率达到85%。3个省级调查规划设计单位获得甲A资质；14个林业局级调查规划设计单位获得乙级资质；30个调查设计队获得丙级资质。

森林资源管护承包责任制 完成管护面积927.1万公顷，比规划管护面积多管护26万公顷(主要为湿地)。全林区共有森林资源管护人员23 041人，其中，专业管护22 306人，个人管护735人；建立管护站点421个，设置管护标牌6833个。

林地林政管理 2013年森工林区可使用林地定额1389.7公顷(含上年结转)。经国家林业局审核批准占用林地1224.4公顷，其中使用林地定额1022.5公顷，节余林地定额367.2公顷。2013年共清理回收被侵占林地2.3万公顷。完成退耕还林面积8820.5公顷。2013年度全林区共发生林政案件5032起，查处5032起。其中：盗伐林木案件3461起、滥伐林木案件5起、毁坏林木苗木案件179起、违法征占用林地案件787起、非法收购运输木材案件73起、非法经营加工木材案件4起、非法猎捕野生动物等案件523起。全年共损失林地22.15公顷、林木284.71立方米、幼树1.34万株，野生动物567只。收缴木材413.5立方米、没收苗木2120株，野生动物592只。责令补种树木18 703株，行政处罚5040人次。与2012年相比，案件总数减少1008起，盗伐案件下降明显(减少15%)。

【森林防火】 2013年全省森工系统的森林防火工作认真贯彻“预防为主，积极消灭”的森林防火工作方针，不断加强对森林防火工作的领导，超前布防，狠抓落实，经过全林区广大干部职工群众、森林部队官兵，特别是森林防火战线全体工作人员的不懈努力，圆满完成了各项森林防火工作任务，春、秋防期间实现了无森林火灾。

层层落实责任，各林管局、林业局也陆续召开各种形式的会议共计201次，总局、林管局、林业局党政领导及机关部门负责人全部落实了森林防火包片责任区，做到了每一个山头、每一个地块都落实了责任人。建立了局县共建、场村共建，局局联防、场场联防的联防责任制，确保有火同打，无火同防。在农林交错地带普遍开展了“五户一包、十户联防”。

在重点区域共增设临时哨卡1150处，组织各级森林防火督查组937个次。在林区公路干线、要道口布设了9793块各种固定森林防火标语牌，签订森林防火公约11余万份，设立防火宣传一条街536条，出动各类森林防火宣传车2155台次。完善应急机制，各林业局、林场(所)的森林消防队集中待命；共有213支、8239人的专业防火队伍布防在防火最前沿，集中食宿，时刻保持临战状态；在重点火险区组建了8~10人一组的快速扑火队，带着扑火工具在边远林区流动巡查，并按预案内容开展实战演练和业务技能比武活动39次。共配备风力灭火机19 077台、各类扑火工具4.9万把(支、套)、指挥车178辆、运输车1171辆、履带式运兵车40辆、水泵672台、太阳能发电机631台、微型发电机485台、各种电台2811部、对讲机8089部、GPS定位仪1826部、野营装备18 852套。对林区道路、桥涵进行养护和检修，完善了林场(所)、周边村屯、林区重要设施周围的防火隔离带开设工作，为有效预防和扑救森林火灾提供了强有力的装备能力保障。

【天然林保护工程】 2013年，龙江森工天保工程财政专项资金的中央投资到位54.3亿元。完成了对2011年度国家级核查发现问题的整改工作，制订了《黑龙江省森林工业总局天然林资源保护工程2012年度考核办法》，量化了各项指标，采用打分的办法评定各项工作。完成了天保信息系统数据采集和相关统计数据的汇总工作，组织开展2013年天保工程实施情况的企业自查，所属40个林业局全部完成了自查工作，林业局自查率达100%。通过了2012年度天保工程实施情况国家级核查验收。承办了国家林业局2013年11月5~6日召开的全国天保工程区转型发展现场会，参观了柴河林业局，对其转型发展方面所做的工作给予高度评价。

存在的问题 随着近几年国家天保后续政策的不断出台，黑龙江省也加大了对天保工程的支持力度，个别单位有了等、靠、要，盲目乐观的思想，改革和创新进展缓慢。在转型发展方面，各单位发展还不平衡。工程管理的调控手段比较少，难以形成有效的奖惩机制。

【招商引资与对外贸易】 2013年成功组织了招商之冬、第二十四届哈洽会、第六届菏泽林产品交易会、香港美食博览会、2013中国黑龙江-俄罗斯远东区域合作暨大型企业项目洽谈会、第六届中国义乌国际森林产品博览会投资贸易洽谈会、福建三明第九届海峡两岸林业博览会暨投资贸易洽谈会、2013中国国际绿色创新技术产品展等活动，并取得了满意成果。共计签订项目48个，签约总额61.86亿元，项目涉及木材精深加工、绿色食品加工销售、北药开发、森林生态旅游、种植养殖业、林产工业、生物质能源等产业领域。48个项目中44个已开工，开工率91.7%，签约额59.48亿元，占总签约额的96.2%，其中到位资金33.5亿元，占总签约额的54.1%。

2013年森工系统完成进出口8500万美元，其中，进口额162万美元，出口额8338万美元，与2012年持平。

【送家电下乡】 在黑龙江省财政厅和商务厅的大力支持与帮助下，森工系统家电、汽车、摩托车下乡政策于2013年4月30日全面结束。全省森工林区累计销售家电下乡产品73 776台(件)，销售金额1.64亿元，兑现补贴金额2020万元；累计销售摩托车下乡产品2631台，兑现补贴金额164.6万元；累计补贴地产汽车数量549台，补贴资金86.8万元。林区职工共获得补贴资金2952.39万元，约有20.3万户林区职工受益。

【新林区建设】 全年棚户区改造计划5万户，开工率100%。上年结转26 738户全部完成。城镇配套建设得到加强，争取国家财政资金24.9亿元，新建供热、给水、道路项目95项，新增绿化面积29.6万平方米。林区教育、医疗、卫生、养老等公共服务设施得到加强，城镇承载能力得到提高，城镇整体功能得到发挥。

有26个林业局的86个林场(所)申报了三星级以上和以奖代投林场(所)；其中：19个林场(所)申报了“五星级”(四星升级五星8个)，24个林场(所)申报了“四星级”，43个林场(所)申报了“三星级”。

【民生工作】 2013年为在岗职工调整工资200元，职工人均年工资性收入达到2.42万元；多种经营从业人员年均收入达到2.3万元，比2012年提高了10%。牡丹江、松花江、合江林区人均收入超过2万元的林场(所)365个，占林场(所)总数的97%；年收入超10万元、50万元、100万元大户分别为6259个、589个、129个，比2012年提高22.1%、160%和138%。新增就业2.97万人，下岗再就业1.73万人，“五险”参保99.4万人，工伤、失业、生育、医疗保险参保率达到100%，养老参保率达到80%。开展“一帮一”结对帮扶困难职工2742户，完成脱贫100%。局址社区卫生服务标准化率达到70%，覆盖率达到90%以上。

【党的群众路线教育活动】 按照中央、省委统一部署，扎实开展了第一批党的群众路线教育实践活动，紧扣目标要求，把握环节步骤，突出活动重点，坚持统筹兼顾，对群众反映强烈的“四风”问题进行了专项治理，整改问题121个，总局机关“三公”经费比2012年减少25.5%，全系统“三公”经费比2012年减少31.7%，发文数量比2012年减少26.3%，会议数量比2012年减少34.9%，促进了党风政风的进一步好转。

【党的建设】 加强了理论武装和舆论引领，进一步统一了思想，凝聚了人心，为森工发展提供了有力的理论指导、正确的舆论支持和强大的精神动力。深入开展“三建四争”活动，党的基层组织基础得到进一步夯实，党员的先锋模范作用得到进一步发挥。坚持正确的用人导向，配强了各级领导班子，选拔任用干部70人。加强了干部教育培训，累计培训干部1934人。加强了党风廉政建设和反腐败工作，巩固了廉控工作成果，查处案件188起，信访举报件下降20%。工会、共青团等工作均取得了新成效。

【林业大事】

2月5日 黑龙江省副省长孙尧到亚布力滑雪旅游度假区和大海林林业局调研冰雪旅游情况，总局领导高金芳、马建路陪同调研。

2月5日 黑龙江省副省长张建星率黑龙江省委推进惩防体系建设和落实党风廉政建设责任制工作检查组到龙江森工检查调研，总局领导高金芳、魏殿生、马建路、吴爱国、姜传军、陈德志、刘庆林、王东旭、姜宏伟、王春杰、张雷参加调研。

2月22日 中国企业家论坛第十三届年会在亚布力滑雪旅游度假区举行，魏殿生局长出席开幕式并致辞。

3月1日 总局召开全省森工工作会议。总局党委书记高金芳，局长魏殿生，国家林业局驻省专员赵恩举做了讲话。总局领导胡传义、毕卫星、马建路、吴爱国、姜传军、陈德志、王东旭、张维铎、姜宏伟、王春杰、张雷出席会议。

3月27日 国家林业局人教司副司长郝育军、国家林业局北方航空中心总站党委书记姜机生、站长张惠新到龙江森工调研。总局领导高金芳、姜传军陪同调研。

4月9~11日 总局党委书记高金芳、副局长毕卫星率团赴大连、北京、河北廊坊等地招商考察。桦南、双鸭山、亚布力、柴河等林业局分别在三地与各合作企业签署项目合同13个，其中超亿元大项目9个，投资总金额22亿元。

4月16~21日 总局魏殿生局长、王东旭副巡视员、张雷总经济师率团赴济南、广州、东莞、深圳、北京等地招商引资，柴河、绥阳、双鸭山、穆棱等林业局分别与合作企业签署合作项目9个，总金额12.36亿元。

4月26日 黑龙江省检察院检察长徐明到龙江森工调研。总局领导高金芳、胡传义陪同调研。

4月29日 总局党委书记高金芳会见香港-黑龙江经济合作促进会会长刘宗明带队的黑龙江访问团一行，双方就绿色食品、生态旅游、生物质能源等多领域合作进行了洽谈。黑龙江商务厅赵武君，总局领导毕卫星、马建路、王春杰出席洽谈。

5月6日 总局党委书记高金芳会见大连良运集团董事长王永彬一行，双方就合作开发森工优势资源进行了洽谈。总局领导毕卫星、总经济师张雷出席洽谈。

5月20~22日 全国总工会副主席、书记处书记张世平，国家林业局副局长陈凤学，黑龙江省总工会主席王悦华到森工亚布力、柴河林业局调研林区改革与经济社会发展。总局领导高金芳、刘庆林陪同调研。

5月27日 黑龙江省委办公厅副主任、督查室主任周峰率队到森工林区就改作风、促发展、惠民生工作调研。总局领导胡传义、毕卫星、姜传军、陈德志、张维铎陪同调研。

5月31日 总局魏殿生局长会见日本北海道大学北方生物圈科学部教授星野洋一郎、岛根大学生物资源科学部教授青木宣一郎、日本松江市工业高等专业学校博士叶玉红及沃林农业(青岛)有限公司经理姜惠铁，双方就中日小浆果育种技术合作研究进行了交流洽谈。副局长马建路出席洽谈。

6月2日 国家林业局天保办主任孙国吉率队到森工柴河、迎春林业局，就天保二期实施以来森工林区经济转型、民生改善及中期评估等情况进行调研。总局领导魏殿生、总经济师张雷陪同调研。

6月19日 总局领导高金芳、魏殿生出席第四届东北内蒙古四大森工集团年会，国家林业局副局长张永利，黑龙江省政府副秘书长金济滨出席会议并作讲话。

6月20日 国家林业局科技发展中心常务副主任王伟一行来森工就森林认证、植物新品种保护与管理、引进国外智力等进行调研。总局领导魏殿生、马建路陪同调研。

7月9日 总局党委书记高金芳会见浙商全国理事会理事长朱仁华代表团一行，双方就森林食品、生态旅游等方面的合作进行了洽谈。总局领导王东旭、王春杰、张雷参加会见。

7月9日 中国蜂产品营销会在迎春林业局召开，总局领导魏殿生、副局长姜传军，中国蜂产品协会会长王啉出席会议。

7月19日 全省森工系统党的群众路线教育实践活动工作会议在哈尔滨召开。省委第十八督导组组长、佳木斯市政协主席黄福清出席会议并讲话，总局领导高金芳、魏殿生、胡传义、毕卫星、马建路、吴爱国、姜传军、董杰、陈德志、刘庆林、王东旭、张维铎、姜宏伟、王春杰、张雷出席会议，高金芳书记做了讲话。

7月28~30日 黑龙江省省长陆昊到森工鹤立、桦南、清河林业局调研生态建设、民生和产业发展情况，并召开座谈会。副省长吕维峰参加座谈会。总局领导高金芳、魏殿生、毕卫星、马建路、吴爱国、姜传军、董杰、刘庆林、张维铎、姜宏伟、王春杰、张雷参加座谈。

8月17日 魏殿生局长会见圭亚那森林局局长威廉姆斯·克林顿一行，双方就合作开发圭亚那森林资源项目进行了洽谈。

9月5~7日 魏殿生局长、王东旭副巡视员参加俄罗斯滨海边区政府在符拉迪沃斯托克市举办的第六届太平洋大会暨远东投资大会，并实地考察了耐力在俄罗斯工业园区。

9月10~11日 国家发展改革委体改司司长孔泾源带队的国家发展改革委、国家林业局国有重点林区改革调研组到森工林区调研改革发展情况。国家发展改革委体改司副司长王强、国家林业局资源司副司长冯树清、国家林业局计资司副司长刘金富、黑龙江省发改委副主任何忠华参加调研。总局领导高金芳、魏殿生、毕卫星、马建路、姜传军、张维铎陪同调研。

10月10日 俄罗斯犹太州斯米多奇区副区长罗曼一行到森工进行访问洽谈，并就境外耐力园区、旅游、山特产品加工、种植业和养殖业与龙江森工签订框架合作协议。总局领导高金芳、魏殿生、王东旭出席洽谈。

11月7日 全国天保工程区转型发展现场会在森工柴河林业局召开。国家林业局副局长张永利、黑龙江省人民政府副省长吕维峰出席会议并讲话。黑龙江森工总局党委书记高金芳、局长魏殿生参加会议。

11月19日 黑龙江省委副书记陈润儿到森工调研深化改革工作。总局领导高金芳、魏殿生、胡传义、马建路、吴爱国、姜传军、董杰、刘庆林、王东旭、张维铎、姜宏伟、王春杰、张雷参加调研座谈。

12月9日 黑龙江省纪委副书记杨涛到森工调研党风廉政建设和反腐败工作。总局领导高金芳、魏殿生、胡传义、陈德志参加汇报会。

12月29日 黑龙江省省委书记王宪魁深入苇河林业局调研城镇化建设和林区转型发展情况。省委常委、哈尔滨市委书记林铎，省委副秘书长李坤，省民政厅厅长杨喜军，省农委主任王忠林，省森工总局党委书记高金芳、局长魏殿生陪同调研。

（黑龙江森林工业由姜东涛供稿）

大兴安岭林业集团公司

【概　述】 2013年，大兴安岭林业集团公司围绕国家林业局“生态林业、民生林业”总体要求，深入实施“把资源管起来，让百姓富起来”发展战略和建设生态型花园式新林区总体部署，加强林区生态建设和森林抚育，推进境外采伐和林下经济发展，经济社会发展取得明显成效。全年实现林业产业总产值118.18亿元，同比增长14.6%，其中第一产业完成54.54亿元，同比增长22.2%；第二产业完成44.93亿元，同比增长8.0%；第三产业完成18.71亿元，同比增长21.6%。义务植树102万株，尽责率83%，高于全省平均水平。全区活立木总蓄积量、森林面积分别增加1438万立方米、1.14万公顷，森林覆盖率提高0.14个百分点。开展打击破坏森林资源“兴安五号”专项行动，查处森林资源案件130起，行政处罚111人。全年未发生人为火灾，6起雷击火全部当日扑灭，林地过火面积历史最低。组建完成黑龙江绰纳河、多布库尔国家级自然保护区管理局，新增黑龙江漠河笃斯越橘省级自然保护区。全年境外生产木材61.2万立方米，实现产值4.3亿元，增长15%，被国家商务部、国家林业局和国家开发银行作为典型案例在全国推广。全区林产工业实现产值23.2亿元，同比增长2.0%；实现增加值9亿元，同比增长11.3%。推行林下资源经营权调剂，全年调剂林下资源经营权79 759公顷。落实林下资源承包面积466.5万公顷，建成示范基地230处。全年林下经济实现产值31.21亿元，同比增长105%，集团公司被确定为全国首批林下经济示范基地。实施企业经营绩效财务分类管理，集团公司全年增收节支1.6亿元。林业企业在岗职工月人均增加工资117元，企业退休人员月人均增加工资239元。

【生态建设】 2013年，在全国林业系统地市级率先出台《大兴安岭地区生态文明建设规划（2013~2020）》。漠河、呼玛通过省级生态县验收。实施二期天保工程，全年完成中幼林抚育补贴试点16.83万公顷、补植补造1.73万公顷，森林经营碳汇项目0.4万公顷，抚育质量连续3年位列全国前三名。全区活立木总蓄积量、森林面积分别增加1438万立方米、1.14万公顷，森林覆盖率提高0.14个百分点。森林保险补贴和森林防火应急道路建设纳入国家试点。大兴安岭农林科学研究院获国家级林业碳汇计量监测资质。塔河固奇谷、松岭砍都河湿地公园晋升国家级，漠河野生蓝莓保护区晋升省级自然保护区。严格落实木材调减政策，将木材产量调减至56.5万立方米。开展“兴安五号”“砂金禁采”等专打行动，查处破坏森林资源、盗采砂金及乱捕滥猎野生动物案件300起，收回林地469公顷，收缴木材2621立方米，销毁采金船6条，收缴野生动物1320只。全年未发生人为火灾，6起雷击火全部于当日扑灭，林地过火面积历史最低。

【森林防火】 坚持“预防为主、防救并举、综合治理”的防火工作方针，落实森林防火制度，严控人为火源，控制人为火灾发生。修订完善《大兴安岭地区森林火灾应急预案》和《大兴安岭地区集中爆发森林火灾应急预案》，建立“有制度、有落实、有督导、有评价、有奖惩”的森林防火管理体系，修订完善23项制度并汇编成册。建立领导奖惩制度，实行党政同责和县、区、林业局党政领导目标奖惩年薪与森林防火工作挂钩机制，严查“第一把人为火”。督促防火责任落实和制度执行，森防期间包片领导蹲守责任区，确保火险隐患立即整改。提升林火预警监测能力，制发《大兴安岭地区森林火险预警与响应暂行规定》。全年投入防火资金1.41亿元，维修水毁道路1396.4千米、桥涵1793处，新建直升机停机坪7处，新增加油车、运兵车等防火设备216台(套)。开展远程智能视频监控系统建设试点，建设视频监测点64个、视频监测分中心2个。重点火险区实行靠前布防，增加靠前驻防队伍9支，全区达91支3135人。利用广播、电视、网络、标语等宣传手段，营造防火氛围。全年悬挂彩旗8万面，印发各类宣传品120万份，张贴布告1.2万份，发送手机短信63万条。举办各类森林防火业务培训89次4492人。全年出动“三清”工作组340个6168人次，清除无证入山人员747人，捣毁地窨子22个，没收销毁鱼具161套。全年发生雷击一般森林火灾6起，过火总面积6.01公顷，其中有林地面积2.24公顷，林地过火率0.0003‰，低于1‰的省控指标，投入兵力23 351人，火灾当日扑灭率100%，未发生重特大森林火灾，未发生烧毁林场、村屯现象，无人身伤亡事故。

【天保工程】 完善《大兴安岭林业集团公司天然林资源保护工程二期实施方案》，编制完成县局级天保二期实施方案。组织完成《大兴安岭林业集团公司天保二期工程中期自评估报告》《森林培育方案》报国家林业局备案。全年完成木材产量56.5万立方米，完成年度计划100%。根据各林业局实际情况，分解中幼林抚育和森林补植补造任务，加强作业设计调查、认证及审批，按技术规程组织生产作业。全年到位天保工程资金18.02亿。其中森林管护费5.85亿元，社会保险补助费3.36亿元，政社性支出4.98亿元，补植补造费5200万元，中幼龄林抚育补助资金3.31亿元。落实“四到省”目标核查，与各林业局签订目标责任状，完成林业局自查和林业集团公司复查，中幼林抚育通过国家林业局核查验收。完善《森林管护实施细则》，明确管护模式、责任、任务和人员，规范森林管护站设置。全年落实森林管护人员17 523人，管护林地780.6万公顷，管护责任落实率100%。

【森林资源管理】 坚持项目建设与林业区划相结合原则，统筹安排使用林地定额，28个工程项目占用林地获国家林业局批准，占用林地面积441公顷，3个项目上报国家林业局待批复。加强林地使用执法检查，开展林下经济使用林地情况专项检查、涉农林地专项清查等专项行动，查处非法侵占破坏林地案件93起，收回林地463.17公顷。强化林木采伐利用管理，落实减产政策，木材产量调减到56.5万立方米。开展三类调查设计标识改革，提高伐区调查设计和作业质量，全年验收调查设计面积31.8万公顷，出材71.9万立方米，合格面积31.2万公顷，出材70.2万立方米，验收合格率97.9%。开展林地清查，成立林地执法检查组3个，全区查处毁林开垦等非法侵占林地案件93起，其中刑事案件25起，行政案件68起，收回林地463.17公顷。开展打击破坏森林资源“兴安五号”专项行动，查处各类森林资源案件130起，行政处罚111人，依法取缔木材加工厂点1家，收回林地179.5公顷，没收木材290立方米，为国家挽回经济损失2155万元。

【森林资源监督】 加强采伐管理，完善采伐证核发制度，全年核发林木采伐许可证14 674份、面积24.5万公顷，核发蓄积量173万立方米，出材72.2万立方米。核查调查设计小班190个，其中抚育伐小班170个、更新采伐小班10个、其他采伐小班10个，合格率91.1%。核查作业质量小班101个，其中森林抚育采伐80个、更新采伐14个、火烧迹地清理采伐2个、其他采伐5个，合格率60.4 %。加强对征占用林地项目日常监督，抽查项目10个，查处违法使用林地1.33公顷。全年调查和督办林业行政案件7起，收回林地1.17公顷。

【森林经营】 加强森林抚育作业管理，制发《森林抚育补贴工作产中检查方案》和《规范化作业点建设标准》，全年完成森林抚育补贴试点16.83万公顷，完成计划91.5%；补植补造1.73万公顷任务，完成计划100%。全年开展森林经营碳汇项目0.4万公顷，加漠公路0～9千米通道绿化碳汇项目完成，2011年度碳汇造林项目通过国家核查。地区农林科学院获国家级林业碳汇计量与监测证书，成为全省首家获此资质的单位。宣传《黑龙江省全民义务植树条例》，制定《义务植树宣传活动方案》，义务植树与城乡绿化相结合，全年义务植树102万株，尽责率83%，高于全省平均水平。发挥国有苗圃优势，培育林下经济发展用苗，制发《苗木产业示范基地建设标准》《大兴安岭林下经济苗木产业实施方案》《苗木产业考核实施细则》等规章制度。全年培育林下经济发展用苗1.26亿株，其中常规造林苗木10 014.1万株、绿化苗木1424.1万株、经济林苗木1162.8万株，完成计划112%。加强营林生产专业化队伍建设，集团公司所属10个林业局71个林场组建专业营林大队78个、作业组513个，吸纳生产作业人员8195人。提升森林经营管理和技术人员理论和技术水平，采取集中培训、以会代训、以检代训和示范地实际操作培训等方式，举办培训班106期，参训17 427人次。

【林产工业】 转变林产工业经营机制，采取承包经营、内部整合、股份制合作等多种模式，实现产权明晰，责权利相统一，自主经营、自负盈亏。通过品牌整合，集中打造“神州北极”“华驿”“大森林”三大品牌，全区完成整合和改制企业11户。加强质量监管，制定《大兴安岭地区木材加工企业ISO9001质量认证方案》、统计报表表式，把“5S”延伸到企业管理全过程，绩效考核纳入企业员工岗位责任制，制发《绩效管理评估细则》。参加全国人造板产品抽样检测，抽取8家企业11种产品，样品合格率均达100%。制定林产工业人才发展三年规划和培训计划，与北京林业大学协商合作，开展人才培训合作。举办人造板及地板质检员培训班，为9家企业培训检验员10名，上门培训专业技术人员20余人次。全年林产工业实现产值23.2亿元，完成年计划102.4%，同比增长2.0%；实现增加值9.0亿元，完成年计划102.4%，同比增长11.3%。

【生态文明建设规划】 贯彻党的十八大关于生态文明建设的总体要求，围绕国家林业局生态文明建设“五大体系”和“十大行动”，出台《大兴安岭地区生态文明建设规划(2013～2020年)》(以下简称《规划》)。《规划》立足保障国家生态安全，按照“在保护中发展，在发展中保护”原则，将大兴安岭自然生态领域划分为森林、湿地、草地、野生动物、野生植物、水资源和自然保护区七大区域，针对各区域不同生态状况，实施分级控制管理，对禁止开发区，实行严格保护；对限制开发区，实行严格准入；对集约开发区，引导协调持续发展。《规划》确立生态建设、经济发展、社会民生和制度建设4大类40项指标，与国家环保部《国家生态文明建设试点示范区指标(试行)》、国家林业局《推进生态文明建设规划纲要(2013～2020年)》和黑龙江省《生态县、生态市、生态省建设指标》相衔接。《规划》提出到2020年，全面形成生态文明“五大格局”，在林业系统率先建成生态文明示范区，与全国同步全面建成小康社会。此《规划》是黑龙江省市地中首个出台的生态文明建设规划，也是全国林业系统市地级第一个生态文明建设规划。

【森林资源调查规划设计】 完成2012年度全区森林资源动态监测，全区资源总消耗量175.3万立方米，活立木总生长量1142万立方米，消长比为1∶6.5。有林地面积增加1.14万公顷，森林覆盖率增加0.14%。开展西林吉林业局二类调查和森林资源动态监测，制发《西林吉林业局森林资源规划设计调查操作细则》，采用全新GPS、PDA和高分辨率卫片估测的调查方式，调查质量和精度得到提高。采用点、线、面相结合的调查方法，应用3S技术完成西林吉林业局野生经济植物资源、森林天然更新和森林病虫鼠害等3项林业专业调查。完成野生经济植物调查线11条，调查样地82块，调查样方465个；病虫害调查标准地60块，线路调查50千米，虫害标本60号次，病害标本30号次，布设鼠夹80架次。天然更新调查线73条，调查样方4380块。

【林业科研】 承担国家林业局“林业应对气候变化碳汇计量和监测体系建设”项目，完成2012年林业碳汇统计数据，建立起森林资源基础数据库，编制《大兴安岭林业集团公司森林碳汇计量监测总结报告》，大兴安岭农林科学研究院获国家林业局《林业碳汇计量与监测证书》，成为黑龙江省首家获国家级林业碳汇计量与监测资质单位。承担国家公益性行业科研专项“寒温带湿地景观格局与湿地保护恢复模式研究”，通过国家林业局中期评估。与中国林科院森环森保所合作承担中央级公益性科研院所基本科研业务费专项资金“火后寒温带森林湿地生态系统恢复的研究”项目，外业调查标准地36块，做土壤剖面36个，采集混合土样36袋。完成西伯利亚红松适龄林选择、选优、优良母树挂牌建档、接穗采集10 500个，完成樟子松幼林地高位异砧嫁接苗培育10 500株，营造西伯利亚红松林100公顷。实施国家林业局“黑龙江大兴安岭嫩江源森林生态系统定位观测研究站改扩建”项目，新建600平方米综合实验楼，对集水区测流堰和径流观测场进行选址，采购仪器设备。

【招商引资】 2013年，集团公司将招商引资作为加快林区产业结构调整、促进全区经济转型的重要措施之一，按照“精细化、专业化、产业化”招商思路，推进招商引资工作。坚持招商与引税、招商与延伸产业链条相结合，采取主要领导带头招商和小分队招商等方式，重点引进一批龙头型、纳税型企业。强化责任机制落实，招商引资项目实行地县两级领导包保推进制度，实行“一个项目、一位领导、一套班子、一抓到底”的工作机制。健全招商引资统计制度，建立地县两级在谈、签约、开工、投产项目管理台账及异地项目前期、开工建设督办台账，按季通报项目进展情况。强化招商绩效考核，制定《大兴安岭地区招商引资工作方案》及配套的《考核办法》，按照引资质量与规模并重原则，健全招商引资工作考核体系。全年招商引资签约总额116.9亿元，到位资金125.2亿元，增长50.1%。

【项目建设】 坚持项目引进与延伸产业链条相结合，重点引进一批龙头型、纳税型企业。全年签约项目100个，到位资金125.2亿元，增长50.1%，其中新签约项目到位资金41.6亿元。肇东、安达项目区签约6个总投资8.9亿元的亿元以上加工型纳税项目，工业园区新增项目21个。加强落地项目考核与管理，提高项目履约率和资金到位率，全年开复工产业项目76个，当年建成投产14个，完成投资43.8亿元，增长57%。松岭岔路口钼铅锌矿“路条”获省批复，三合屯铁矿等4个项目试生产，规模以上矿业实现增加值8.5亿元。境外生产木材61.2万立方米，实现产值4.3亿元，增长15%，被国家商务部、国家林业局和国家开发银行作为典型案例在全国推广。完成野生蓝莓集约化经营1.5万公顷，养殖食用菌3亿袋。全区马铃薯、玉米、水飞蓟等高效益农作物种植面积2.77万公顷，增长48.2%，绿色食品实现产值31.2亿元，增长28.7%，大兴安岭被命名为“中国马铃薯种薯之都”。

【生态旅游】 2013年，集团公司强化生态旅游宣传，加强推介旅游资源优势和产业发展潜力，全年推进旅游产业项目13个，完成投资13.27亿元。参加“4+1”城际旅游联盟产品北京推介会，叫响“神州北极”旅游品牌，实现齐齐哈尔等4市与大兴安岭地区的旅游资源共享和优势互补。启动南部旅游功能区2013清凉避暑旅游季活动，推出多布库尔湿地漂流、兴安旅游联盟成立、“激情夏日”旅游狂欢等11项系列活动。举办全国自由式滑雪雪上技巧“冠军赛”暨加格达奇国际冬泳邀请赛，映山红滑雪场被国家体育总局命名为“自由式滑雪空中技巧国家队训练基地和雪上技巧国家队训练基地”。寒温带植物园晋升国家AAAA级景区。全年接待各类旅游者380.3万人次，增长8.0%，实现旅游业总收入35.94亿元，增长8.6%。

【民生工程】 全年民生工程建设投入33.7亿元，增长13.1%。漠大线林区伴行路等9条公路竣工通车。保障性安居工程结转项目全部竣工，新建项目竣工率81%。全年完成棚户区改造24 627户125.6万平方米，回迁安置15 080户。实施城乡清洁工程，建成“三供两治”项目19个、生态型花园式乡镇林场24个，新增绿地238.9万平方米，48个小区达“十个一”标准。投入1.25亿元改造加格达奇区热网，新增供热能力130万平方米，60%老旧热网实现彻底改造。在全省13个市地开展慢性病调查，基本药物制度实现人口全覆盖，地区医院与解放军301医院等国内著名医院实现实时远程会诊。林业企业在岗职工月人均增加工资117元，企业退休人员月人均增加工资239元。城市低保标准和农村低保标准分别增长22.6%、24.6%。城镇居民人均可支配收入16 656元、农民人均纯收入9032元，分别增长12.6%和12%。完成企办中小学教师资源整合，新建改扩建公办幼儿园8所，4个县区局实现学前免费教育，技师学院晋升国家级高技能人才培训基地。大兴安岭获全国社会管理综合治理暨平安建设优秀市地称号。

【林木产品经销】 适应市场需求，开展“抓质量、促销售、提售价、增效益”活动，强化木材市场调研和促销力度，完善与市场相对接的营销体系，加强“招标、定价、出场、复检”四道关口管理，实现木材销售效益最大化。全年销售原木88.82万立方米(内销15.9万立方米)，比2012年同期多销11.9万立方米；平均售价656.7元/立方米，比2012年同期降低186.74元/立方米；实现销售收入5.83亿元，其中经济材销售68.03万立方米(内销13.42万立方米)，平均售价768.33元/立方米，实现销售收入5.23亿元。直销坑木3.1万立方米，售价770元/立方米，比林管局最低限价提高120元/立方米，增收372万元。加强销售总量和运输总量管理，经济材平均载量53.72立方米/车，较2012年同期降低1.12立方米/车。

【林下经济】 制发《大兴安岭林区林下经济发展规划》《林下经济考核办法》《林下经济补贴扶持办法》等实施办法，完善基地建设、龙头培育等7个方面措施。制定完善《林下资源承包经营权流转管理办法》，全年林下资源承包地块流转职工1026人，流转林下资源面积79 759公顷。制发《加强林下经济使用林地资源保护管理的通知》，加大林下经济监管力度。全年投入林下经济发展专项资金1.28亿元，落实承包面积466.5万公顷，占适宜承包面积77.71%；参与人员40 773人，占林业在岗职工66.8%。全区建成示范基地230处，探索林下经济9种模式，重点发展蓝莓、食用菌、北药等五大产业，全年投入贴息贷款5933万元。以“风险共担，利益共赢”为准则，成立各类合作社、联合体131个，参与职工7640人。开展形式多样的座谈、讲座和培训，全年举办林下经济技术巡回培训班12期，参训3500人次。宛西制药、康恩贝等全国知名食品药品加工企业9家落户大兴安岭，培育本地林下产品加工企业84家，建设原料种养基地46个，吸纳承包职工172名，初步形成“公司+基地+承包户”的产业化发展格局。构建以特色产品批发市场、电子商务平台等为主体的营销网络。在淘宝网注册成立“大兴安岭特色产品商城”，入驻大兴安岭绿色食品企业28家，销售林下经济产品12大系列368个品种。全区4家企业10种产品获绿色食品标志，8家企业64种产品获有机产品标志，9家企业59种产品获无公害农产品标志，无公害农产品种植面积11.33万公顷。全年林下经济实现产值31.21亿元，完成年计划103.7%，比2012年增长105%。大兴安岭林业集团公司被确定为全国首批林下经济示范基地。

【野生动物保护】 开展打击乱捕乱猎野生动物资源的“猎鹰”“兴安五号”“秋冬季野生动物保护”等专项行动。实行联合执法和重点地段巡护等措施，震慑和遏制破坏野生动物资源违法犯罪行为。全年出动2840人次，收缴锁套、铁夹和粘网1441件，收缴野生动物1320只，放飞活鸟580只，查处案件19起，处理违法人员33人。开展“建设美丽兴安，让鸟儿自由飞翔”爱鸟周主题宣传活动，设立宣传咨询台15处、宣传牌(板)7个，发放宣传单28 240余份，悬挂宣传条幅106余幅，粘贴(发放)宣传画4680余张，发送手机短信4000余条。

【自然保护区管理】 组建完成黑龙江绰纳河、多布库尔国家级自然保护区管理局。《南瓮河国家级自然保护区生态旅游总体规划》通过地区级评审，上报国家林业局待批。修改完善北极村、岭峰自然保护区晋升国家级自然保护区科学报告和总体规划，上报国家林业局待批。《黑龙江呼中国家级自然保护区总体规划(2012～2020年)》获国家林业局批复。《黑龙江双河国家级自然保护区管理条例》通过黑龙江省第十一届人民代表大会常务委员会第三十六次会议审议，自2013年2月1日起正式施行。新增黑龙江漠河笃斯越橘省级自然保护区，面积2.78万公顷，全区林业省级以上自然保护区增加至9个，总面积100.9万公顷，占全区总面积12.08%。黑龙江呼中国家级自然保护区被评为国家生态文明教育基地。

【林业有害生物防治】 健全林业有害生物监测预警体系，强化机构和人员队伍建设，国家级自然保护区建立监测防治站，监测范围扩大47.2余万公顷。全区已建立林业有害生物监测预报站点107个(国家级测报点9个)，测报人员674人(专职测报员52人，兼职测报员66人，管护员兼职556人)。与专家合作开展航天遥感监测技术实验研究，研究成果填补国内相关领域空白，可发现1公顷以上森林虫灾。林业有害生物监测精度实行分级管理，制定《大兴安岭林业有害生物标准地调查和线路踏查代表面积统计办法》，明确区分踏查和标准地调查的方法和内容，对平安区、偶发区、常发区、成灾区等在调查精度上实行分级控制。健全监测预报网络体系，实现监测调查数据网络传输，地区森防站与国家林业局森防总站实现网络数据直报。全年林业有害生物成灾率、测报准确率、无公害防治率和种苗产地检疫率均达国家林业局下达的“四率”指标要求。

【境外采伐】 规范境外投资合作企业生产经营行为，建立生产、资金、销售三分开管理体制。实行承包管理，将木材生产中各项成本进行综合核算，全口径包给生产经营主体，制定指令性生产计划，由公司包给前线指挥部，指挥部包给班组，班组包给个人，公司按生产时序进度拨付生产成本，严格控制成本计划，超支部分不予支付，并追究主要管理者的经济责任和行政责任。制定生产和管理控制措施，制发《生产成本管控实施细则》《财务管理的几项规定》《木材销售管理办法》《木材生产组织实施方案》《境外采伐考核细则》等。通过完善境内外海关、税务等手续，完成银行贴息和运保费材料申报工作，争取国家对外投资专项资金101.3万元。俄罗斯项目稳步运行，兴邦公司阿玛扎尔项目组织7个工队70人赴俄生产。新林后贝加尔公司项目获批劳务指标400个。圭亚那项目采伐、集材、运输设备全部到位，派出生产、管理人员104人，采伐集材10万立方米。全年境外采伐生产商品材61.22万立方米，完成年计划102%，其中直接生产35.12万立方米、劳务生产26.1万立方米，加工板材10.62万立方米。

【神州北极木业公司经营】 2013年，公司完善经营管理机制，实行科技创新，强化企业绩效管理，打造现代企业文化。全年完成木结构建筑工程2.49万平方米，同比增长7980.81平方米。实现销售收入1.21亿元，同比增长438万元。实现利润2203万元，同比增长801万元。上缴税金1191万元，同比增长18万元。员工月人均收入4426.83元，同比增长1760.04元。全年增加研发费用20%，13项研发成果填补国家空白，获发明专利5项、实用新型专利5项、外观设计专利3项，其中发明专利为公司首次获得。公司2013年获全国木屋木结构行业“双十佳”十强企业、中国诚信经营AAA级示范企业、中国行业最具竞争力十大诚信品牌企业、国际诚信企业、中国质量放心品牌企业、中国木结构建筑行业十大质量品牌企业、中国质量500强企业等称号。

【国林旅游公司管理】 2013年，公司围绕“强管理、提服务、树品牌”的经营思路，完善管理体制和经营机制。推行财务管理“微体核算”的成本核算模式，做到日清月结、每月分析，控制管理漏洞。管理人员实行公开竞聘上岗，解聘不称职中层管理人员5名。实行绩效管理，车辆油脂消耗推行“三级审批法”，物资采购做到“三级确认法”。员工分层面开展素质培训，细化岗位职责和考核机制，实现从简单的乡村式服务，向规范服务流程、服务细节和服务理念转变。创新开发旅游资源，在圣诞村建造世界最大圣诞袜。丰富旅游纪念品市场，设计研发找北转运星、金鸡之冠玉玺、最北水晶雕塑等纪念品。展示优势旅游资源，在天津召开旅游推介会两次，20余家媒体和50余家旅游企业参加；天津航空80余架航班3个月投放宣传册45万份。搭建网络平台，建立公司官方网站、国林旅行社和北极圣诞村网站及纪念品电子商务平台。改革用工模式，观光车队、游船、餐饮住宿场所等部门由过去的全年性用工改为“季节性用工”模式，年节约用工成本100余万元。组建内部稽核队，实施“立体透明稽查法”，稽查整改管理漏洞110余处，处理违纪人员62人，挽回直接经济损失70余万元。

【国林矿业公司经营】 2013年，公司发挥地缘优势，搭建外地企业进入大兴安岭矿产资源勘查开发平台，引进大企业资金和资质。与山东招金集团签订合作协议，推进旁开门金矿勘查和选厂建设；与深圳首冠集团达成意向，合作开发三十二站岩金矿。完成塔源二支线铅锌铜矿股权矿权整合。争取省财政地质勘查项目资金2815万元，比2012年增加791万元。全年开展地质勘查项目9个，投入勘查资金2242万元，完成槽探工程量3.5万立方米，钻探工程量5800米，探明成果较好项目4个。实地踏勘找矿靶区，分析地质成矿条件，筛选出有前景区块6处，取得探矿权3个。公司全年实现收入1582万元，其中投资收益1478万元，其他业务收入104万元，利润611.5万元，完成年度上缴任务。

【林业大事】

1月10~11日 国家林业局局长赵树丛在漠河县看望慰问林业职工，并就天保工程实施情况进行调研。

5月23日 黑龙江省委书记王宪魁在加格达奇林业局检查春季森林防火工作。

6月26日 大兴安岭林业集团公司印发《关于建立黑龙江大兴安岭呼玛河砍都河国家湿地公园的批复》。

7月6日 东北、内蒙古4省区森林防火联防第五次会议在加格达奇召开，国家森林防火专职副总指挥杜永胜出席会议并讲话。

7月10日 全区林下经济现场会在韩家园林业局召开。

8月7日 中国·大兴安岭第五届国际蓝莓节暨山特产品交易会开幕。

9月13日 大兴安岭林业集团公司与阳光财产保险股份有限公司黑龙江省分公司在哈尔滨签订大兴安岭林业集团公司2013年度政策性森林综合保险试点项目保险服务协议。

11月6日 《大兴安岭地区生态文明建设规划(2013~2020年)》出台，是黑龙江省市地中首个出台的生态文明建设规划，也是全国林业系统市地级第一个生态文明建设规划。

（大兴安岭林业集团公司由张羽、赵青供稿）

上海市林业

【概　述】 2013年，以“绿地、林地、湿地”融合发展为基础的生态环境建设全面推进，以“无害化、减量化、资源化”为目标的生活垃圾管理工作不断强化，以“管理、执法、作业”协调运行为手段的城市长效管理更加完善，以“转变职能、高效便民”为核心的公共服务能级大幅提升，以“深化改革、保障发展”为目的的行业自身建设切实增强，为打造“绿色、整洁、有序、宜居”的美丽上海贡献了力量。

生态环境建设全面推进。加强基本生态网络规划执行，加快生态建设项目落地，促进“三地”协调发展。全年新增绿地1050公顷，其中公共绿地519公顷，新增造林926.67公顷，建城区绿化覆盖率达38.35%，森林覆盖率约13.13%，湿地保有率达32.28%，生态环境得到有效保护。一是生态环境建设项目稳步推进。外环生态专项工程累计完成建绿883公顷，占总量的56%。积极推进彭越浦、桃浦等楔形绿地，宝山南大等地区防护绿地，大型居住区结构绿地、郊区新城绿地以及虹桥商务区、世博园区、前滩等重点功能区配套绿化建设。积极推进5个郊野公园试点建设，启动郊野公园生态建设导则编制。崇明东滩生态修复项目顺利开工建设，围堤基本全线合龙，涵闸基础全面铺开。二是城乡绿化结构品质持续优化。重点推进16座老公园改造，中山公园重新对市民开放。制定《林阴道三年实施规划》和《林荫道建设导则》，完成38条林阴道创建命名、20条林阴道改建提升。完成古树勘测定位并开展试点。完成绿地调整和改造60公顷，人民广场、外滩等重点区域绿化景观品质得到明显提升。完成40余个地铁站点绿化恢复工作。立体绿化纳入清洁空气行动计划，全年新增立体绿化33万平方米。三是生态保护措施得到加强。全面启动新一轮三年林业发展计划。积极推进农田林网建设，落实疏林地改造计划463.33公顷、林地基础设施建设1800公顷。全面建立保护和发展森林目标责任制并获得国家林业局考核优秀。大力推进林业三防体系建设以及“野生动物重要栖息地保护管理和极小种群物种野放”项目。通过国家林业局对上海第二次湿地资源调查成果的检查和验收，全面开展野生动物资源调查。建立奉贤野生动物禁猎区。开展野生动物保护专项治理，检查相关场所6183次，开展联合执法129次。

【制定上海市林阴道三年(2013～2015)实施计划】 2月26日，市绿化市容局印发《上海市林阴道三年(2013～2015年)实施计划》(沪绿容〔2013〕42号)，主要任务是创建命名林阴道100条，改建提升100条，新建储备100条；建设苗圃基地提供优质苗源；制定法规标准强化林阴道管理。

【完成创建命名100条林阴道工作】 “林阴道建设”是上海市“十二五”规划的重点工作内容，是惠及民生的绿荫工程。根据林阴道评定办法，经过专家现场评定、开会讨论和网上公示等环节，2011年评选出20条，2012年53条，2013年38条，共计创建命名111条林阴道。《上海市林阴道三年(2013～2015年)实施计划》中“创建命名林阴道100条”工作已全面完成。

【街头绿地花卉布置“瘦身”】 2013年全市五一、国庆等重要节庆花卉布置面积单季约12公顷、用花量700万盆左右，相比2012年花卉布置量下降约40%、单季用花量减少300万盆。尽管用花量下降，但是由于今年花卉布置以突出特色、强化重点区域布置，一批新的花卉系列有较大比例的应用，既达到了节俭的效果，又突出了节日喜庆的氛围。

【推进植物群落结构调整与功能提升】 继续通过实施以新优品种引种、土壤改良、设施完善为重点的绿地群落结构调整与功能提升市级示范项目，推动全市绿地调整优化工作的开展，指导虹口、黄浦区完成了北外滩、外滩区域的绿化改造工程，截至2013年年底，全市完成绿地调整优化近60公顷。

【对外展会获殊荣】 完成第九届中国(北京)国际园林博览会上海展园建设和参展布展工作，“上海·梦之园”获园博会最高奖项——“室外展园综合大奖”，以及“展园设计奖”“展园施工奖”“植物配置奖”“建筑小品奖”等4个单项奖大奖，市绿化市容局获“特别组织奖”和“博览会展园特优建设奖”，上海市人民政府获“特别贡献奖”“特别成就奖”。在2013年加拿大蒙特利尔国际立体花坛大赛上，由市绿化市容局、黄浦区人民政府代表上海市政府参赛的展品——“一个真实的故事”，获大赛最高大奖和唯一的“最高荣誉奖”。完成2013年第十一届中国(井冈山)杜鹃花展上海参展布展工作，获“室内展台布置金奖”等12项奖；完成2013年第十一届中国(北京)菊花展览会上海参展布展工作，获“室外景点大奖”“室内展台大奖”等20项奖。

【成功应对特大暴雨考验】 10月6～8日，受到台风“菲特”“丹娜丝”外围以及南下冷空气持续、叠加影响，上海普降大暴雨到特大暴雨。截至10月8日8时，上海154个测站测得24小时雨量超过200毫米的特大暴雨标准，241个测站测得超过100毫米的大暴雨标准降雨集中在松江、嘉定和中心城区。由于雨量大、持续时间长、降雨范围广，加之潮位高影响排水，造成全市50多条段马路积水10～20厘米，30多个居民小区积水5～15厘米，600多户民居进水5～10厘米。市防汛指挥部3次提升防汛防台预警信号至最高的红色级别，全市防汛系统紧急启动一级应急响应。全市绿化部门启动应急方案，集结应急队伍，全力应对特大暴雨。由于风力不大，全市倒伏行道树仅几十株，但大面积积水与交通堵塞，使得绿化应急队伍行动受阻，大部分现场处置是由抢险人员徒步涉水进入，仅依靠便携轻便设备，及时有效地排除了险情。暴雨红色预警发布后，市绿化市容防汛防台指挥部针对部分公园积水严重的状况，及时采取了公园临时闭园措施。全市共有64座公园先后实施了临时闭园，公园管理单位同时采取了一切有效手段进行自救抢险，经过近20多小时的努力，大部分停闭的公园陆续开放。古猗园、莘庄公园、古藤园、航华公园、闵联生态公园、月浦公园、淞南公园受灾较重，经过近48小时的修整，排除了各类安全隐患后也正常开放。

【防暑抗旱确保全市公共绿地安全度夏】 6月下旬至8月底，由于副热带高压异常稳定、异常偏少的台风活动以及南海夏季风明显偏弱，中国长江以南大部地区出现了历史罕见的持续高温少雨天气，上海市出现35℃以上高温日达46天，极端高温40.8℃，堪称百年一遇。高温带来的干旱也前所未有，本市年平均降雨在1100～1200毫米之间，7、8两月降雨约在260毫米左右。据上海气象台内部初步统计今年7、8月降雨量仅为常年雨量的40%，减少雨量156毫米。全市绿化养护单位全体动员，积极落实抗旱保绿工作措施，把绿化浇水抗旱作为高温期间养护工作重点，调整养护作业时间，合理安排浇水时间，避免高温时段作业，确保良好的浇灌效果。全市公共绿地安然度过百年一遇高温季节。

【举办"古木春秋"古树名木国画展】 4月28日，上海市绿化和市容管理局以及上海海上水墨画院在上海动物园科普馆隆重举行"古木春秋"古树名木专题国画展开幕仪式，拉开了"古木春秋"画展巡展活动的序幕。市绿化市容局党组书记、局长陆月星，副局长方岩出席开幕仪式，市绿化市容局相关处室、市绿化管理指导站、上海动物园、各区县古树管理部门以及上海海上水墨画院领导及部分画家也参加了开幕仪式。举办此次活动旨在向全社会普及古树名木知识，提高市民群众古树名木保护意识。画展展出的41幅作品，是从林曦明等29位著名画家的80幅画作中精挑细选出来的。它给我们展现了一部形象的、浓缩的上海古树名木史和多姿多彩的古树名木"长篇画卷"。

【开展古树名木保护专项规划测绘定位工作】 为从源头上保护古树名木和古树后续资源，加强古树名木规划建设管理，由市绿化市容局和市规划国土局牵头，在市、区两个层面，共同开展本市古树名木及后续资源保护规划编制工作。2013年，市、区联手，开展古树现状调研，对全市2600余株古树进行了测绘定位并在长宁、青浦开展了规划编制工作试点。

【中山公园完成整体改造】 10月，中山公园完成整体改造工作正式对游客开放。此次改造的主要内容是：对公园的基础设施进行改造更新和完善(给排水、灯光照明、技防监控、园路铺装、水体驳岸、绿化景观、围墙桥梁修缮、园林街俱小品等)；恢复部分历史上的12处景点(水榭絮羽、绿茵晨辉、芳圃吟红、双湖环碧、荷池清月、林苑耸秀、石亭夕照、虹桥蒸雪、独木傲雪、花墅凝香、银门叠翠、旧园遗韵)；恢复4处景观小品(铜顶、铜钟、四不像、露天音乐台)。通过系统的整体改造，为游客提供更人性化、更舒适的游园环境。

【推进公园噪声管理工作】 以闸北区为试点，开展专题调研，完成《上海市闸北公园噪声污染防治办法对策研究》课题。邀请部分公园志愿者、活动团队领队、街道社区等共同参与《上海公园噪声控制规约(范本)》制订工作，并将《上海公园噪声控制规约(范本)》推广到各公园实施。

【60座公园延长开放时间】 为满足市民夏季纳凉、休闲健身的需要，发挥公园公共资源最大效应，更好地为市民游客服务，在2012年试点夏令延长50座公园开放时间的基础上，2013年又新增了几座公园，使全市公园夏令延长开放公园数达到60座，延长开放时间自2013年7月1日起至2013年9月30日止。在公园延长开放时段，积极倡导市民群众晚间游园以散步、纳凉等相对安静的休闲方式为主，按照《上海市社会生活噪声污染防治办法》要求，在每日22时至次日6时时段，不使用外置扩音装置的音响器材干扰他人正常生活。

【丰富全民义务植树宣传发动方式】 2013年，全市围绕"建设生态文明、共建美丽家园"的主题开展全民义务植树宣传活动，发掘全民义务植树的有效载体，为适龄公民履行义务植树责任搭建平台。市绿化委员会办公室秘书处策划制作了新版市民绿化宣传手册，宣传普及绿化知识、森林碳汇知识、绿化与PM2.5等内容；配合中国绿化基金会在滨江森林公园开展渤海银行绿地(森林)认养工作；采用报纸、网络等媒体形式进行宣传，《联合新民晚报》、上海电视台在高温季节组织立体绿化专题宣传，被全市几十家媒体转载；及时向社会发布全市义务植树活动计划及认建认养信息，并推进以认建认养为主的各类义务植树尽责活动常态化。2013年，本市共设立义务植树现场集中宣传点386个，植树点187个，直接义务植树26万株，发动了345家单位，40000多个人认建认养，媒体绿化宣传260多篇次。全市开展绿化"六进"(绿化服务进社区、进校区、进营区、进园区、进楼宇、进村宅)活动1270场次，送出盆花13万盆(株)。

【拓展社会绿化行业多层次管理】 落实社会绿地长效管理，组织社会绿地市级巡查9次，重点对虹桥商务区、机场和市政隧道口绿化进行市级巡查及督促整改。开展群众绿化技术协作活动，深化国有企业参与绿化技术协作网络，扩大绿化技术协作覆盖面；配合市教委完成《高校绿化建设管理导则》，研究制定《上海市新建住宅环境绿化导则》贯标情况核查方案，会同市房管部门制定《居住区绿化内部布局调整技术规范》，提高社会单位绿化管理水平。组织开展2013年市绿化合格单位创建及花园单位复查工作，新创绿化合格单位162家，新创园林式居住区18个。以绿化行业文明创建为契机，对申报市级文明的小区进行绿化核查；对复查不达标的园林式小区督促整改；联合房管部门组织居住区物业管理人员绿化培训3次，共近千人次参加。

【提升立体绿化建设管理水平】 完善立体绿化推进工作顶层设计，将立体绿化纳入市政府防治大气污染——清洁空气行动计划。进一步完善立体绿化配套政策，完成《上海市立体绿化建设和管理政策研究》课题。制定出台2013年度《上海市立体绿化示范项目扶持资金申请申报指南》，开展立体绿化项目和屋顶绿化奖补项目检查工作。推进年度立体绿化城维项目实施，基本完成四行仓库屋顶绿化和外环声屏障垂直绿化项目。组织推进《立体绿化技术规程》修订；编制立体绿化专项规划方案。启动全市高架桥柱绿化可行性调查工作。2013年，全市共完成立体绿化建设32万平方米。

【加强森林防火基础工作】 进一步完善森林防火组织机构，嘉定、金山、青浦、奉贤等区分别成立森林防火指挥部。强化重点时段森林防火工作，分别在春季和秋季森林防火期组织召开两次市森林防火指挥部工作会议，姜平副市长和白少康副市长出席。推进森林防火基础设建设，全市新增森林消防道路7.5千米，新增防火隔离网60千米，新增预警监测点1个，共投入森林防火基础设施建设经费580万元。抓好重点时段、重点林区的森林火险排查工作，全市各级森林防火责任部门共出动936人次，对重点有林地区开展森林火险隐患排查，共查处火灾隐患81处。向全市各社会团体、企事业单位和广大农民发放森林防火告知书近4万份，在重点有林地区增设森林防火宣传牌380块，全市森林防火宣传牌增至1800余块，基本做到重点有林地区森林防火宣传牌设置全覆盖。开展上海市首届森林防火技能竞赛活动，9个郊区(县)林业主管部门和佘山、东平、海湾国家级森林公园组成12支代表队，共120余人参赛。

【严格林地管护和征占用管理】 奉贤区顺利通过国家林业局对本市保护和发展森林资源责任制考核。严格林地征占用管理，注重批后监管，杜绝未批先占、少批多占现象，保护森林资源。全年共审批林业行政许可事项93项，对67项许可事项实施了批后监管。全年共查处滥伐林木、毁坏林木、苗木、违法征、占用林地的行政案件共有9起。

【落实新一轮林业三年政策】 配合市发展改革委、市投资咨询公司完成林业"三防"体系规划评估工作。进一步细化林业"三防"体系规划年度建设项目计划，制定并印发项目实施管理办法。推进林业保险工作，全市共4.47万公顷公益林、900公顷经济果林纳保。落实疏林地改造计划463公顷，完成年度计划。

【加强乡镇林业队伍建设】 根据市农委、市林业局、市编办、市人保局、市财政局等5部门联合下发的《关于进一步加强本市基层农业(林业)公共服务队伍建设的意见》，制定并印发《上海市林业局关于加强乡镇林业队伍建设的实施意见》，并于5月份召开专题工作会议，全面部署加强乡镇林业工作机构与队伍建设工作。

【推进林地综合利用】 积极探索合理开放和利用郊区生态林地资源，结合佘山国家森林公园20周年庆祝活动，组织开展本市首届森林公园建设和森林旅游发展论坛，探讨和交流本市林地资源综合利用的途径方法。会同市委研究室开展林木管理权属及经营状况课题调研，深入分析当前本市林地、林木管理经营现状，研究探讨林地、林木的确权问题，完成专题调研报告。

【完善公益林生态补偿制度】 自2009年建立市级生态补偿制度以来，5年共落实市级财政转移支付资金24.5亿元，年均增长15%。2013年全市纳入生态补偿的公益林面积4.75万公顷，下拨市级公益林生态补偿资金6.2亿元，比2012年增长9%。

【启动公益林养护定额试点】 全面启动本市生态公益林养护定额试点工作，组织《上海市公益林养护定额》技术培训，建立9个市级试验示范点。

【崇明东滩互花米草生态控制与鸟类栖息地优化示范工程正式启动】 2月7日，崇明东滩生态修复项目建设领导小组召开第一次工作会议；4月成立项目建设领导小组和项目建设指挥部，推进并完成工程各项前期工作；9月29日工程正式开工，进入全面建设阶段，按照"规范、可控、优质、高效"的要求，进行日常施工和管理；12月28日，崇明东滩生态修复项目主体工程3标段顺利完成龙口合龙。

【市绿化市容局(市林业局)受国家林业局委托审批部分行政许可事项】 1月22日，国家林业局发布第30号令《国家林业局委托实施野生动植物行政许可事项管理办法》，8月与各省级林业行政主管部门法人签订野生动植物行政许可事项委托书，9月发布国家林业局第12号公告，将委托事项向社会公告。受委托事项涉及国家林业局行政许可四大项11小项，委托时间从2013年10月1日到2018年9月31日。9月29日，市绿化市容局(市林业局)发布《上海市林业局关于受国家林业局委托实施野生动植物行政许可事项的公告》(沪林〔2013〕96号)，明确委托事项的程序、材料、期限、内部审查流程、审批要求等。

【加强野生动植物行政许可审批】 2013年共审核或审批各类野生动物驯养繁殖与野生动植物资源经营利用、猎捕等行政许可148份，比2012年度增长14.7%，经营利用野生动物及其制品贸易金额17 075.04万元；濒危野生动植物进出口许可1296份，比上年度减少4.7%，其中国家林业局委托下放审批298件，进出口贸易额达54 700万元。上报本市野生动植物种源免税进口2批，免税动物9头，免税金额672万元。11月开展2013年度行政许可后续监管专项检查工作，监管行政审批项目涉及239项，涉及企业42家，实地抽查野生动物经营利用类企业5家，进出口木材企业3家。

【建立野生动植物保护日常巡查制度】 3月，对本市"驯养繁殖、经营利用、进出口"3类日常管理对象档案资料进行收集整理，建立管理对象数据库。10月，正式下发《上海市绿化和市容管理局关于进一步加强本市野生动物日常巡护管理工作的通知》(沪绿容〔2013〕332号)，正式实施野生动植物保护日常巡查制度。11月，市绿化市容局(市林业局)组织2013年度行政许可后续监管专项检查工作，监管行政审批项目涉及239项，涉及企业42家，实地检查野生动物经营利用类企业5家、木材进出口类企业3家。

【"贯彻落实国家林业局249号、289号文件"专项执法行动结束】 2012年11月2日至2013年5月31日，上海市野生动植物保护管理部门在全市范围内开展了为期6个月的"贯彻落实国家林业局249号、289号文件"专项执法行动。本次行动全市出动野生动物保护工作人员共14 227人次，4549车次，检查各类农贸市场、花鸟批发市场、餐饮饭店、驯养繁殖企业、林地湿地等共6965次，处理违规摊位31家，处理违规餐馆饭店24家，拆除网具4528张，清除毒饵、窝棚83处，收缴、解救鸟类1415只，收缴非法野生动物及其制品数986只(件)。

【本市破获3起非法空运野生鸟类案件】 3月5日，一批非法运输的野生鸟类从桂林空运至上海市虹桥机场被截获，共8种136只，其中包含两种广西壮族自治区重点保护物种；3月11日，一批非法从柳州空运至本市浦东机场的野生鸟类被截获，共10种242只，其中包含4种广西壮族自治区重点保护物种；10月11日，在虹桥机场截获两批非法运输野生鸟类，分别是从广西及广东空运至上海市。其中从广东来的鸟类中发现CITES附录Ⅱ物种灰鹦鹉10只，蓝额亚马逊鹦鹉2只，从广西来的鸟类中共8种223只，包含2种广西重点保护物种。

【完成上海市第二次湿地资源调查】 2013年4月，市绿化市容局(市林业局)向国家林业局正式上报本市第二次湿地资源调查成果，包括《上海市第二次湿地资源调查报告》、调查数据库和成果图形库，并通过国家林业局组织的检查和验收；8月，组织奉贤、崇明、松江、浦东新区等9个郊区(县)湿地调查报告的检查验收工作；11月，正式将湿地资源调查数据库、图形库、照片等湿地调查档案资料移交上海市野生动植物保护管理站；12月，组织技术力量开展上海湿地画册和上海湿地资源调查报告的出版工作。

【推进"栖息地保护管理和极小种群物种野放"项目】 2月，召开工作推进会议，明确9个区县12个项目任务，介绍项目工作流程图；5月，印发《关于印发2013～2015年公益林建设项目实施管理办法等九项林业建设管理办法的通知》和《上海市林业局关于下达2013年林地建设和林业管理实施计划的通知》，明确项目计划和项目管理；5～11月，完成技术支撑专家与项目责任单位对接，实地调研各区县项目实施区域基本情况，明确项目实施区域边界范围，指导项目实施方案编写；12月，推进嘉定浏岛、崇明西沙、宝山陈行－宝钢水库、浦东金海4个扬子鳄、獐、狗獾等极小种群恢复与野放项目，4个野生动物重要栖息地项目完成了实施方案编写并通过市专家评审。

【全国第二次陆生野生动物资源调查工作全面启动】 4月23日，召开上海市第二次陆生野生动物资源调查启动会，正式启动调查工作，同月进行了调查方案专家评审及调查人员培训。按进度安排，本年度有常规调查、林绿地调查、崇明专项、鸻鹬类专项、水鸟同步调查、白头鹤等5个子项目开展野外工作。截至12月底，5个子项目已经确定调查样区及调查样线(点)，野外调查稳步推进，并且顺利完成夏季调查和秋冬季调查。人工驯养繁殖调查、遥感解译和数据库建设处于内业准备过程中。其中人工驯养繁殖调查已完成资料收集；遥感解译完成了类型解译和现场验证；数据库已经完成录入系统的开发。11月，领导小组办公室组织专家和技术人员对调查质量进行了第一次检查。调查进入全面推进阶段。

【开展人感染H7N9疫情野生动物应急防控工作】 2013年4月，本市发生人感染H7N9禽流感疫情，市绿化市容局(市林业局)作为市联防联控机制成员，积极开展应急防控工作。4月7日，印发《上海市绿化和市容管理局关于做好防控H7N9禽流感病毒传播相关工作的紧急通知》(沪绿容〔2013〕106号)，明确绿化市容、林业、城管执法各部门防控H7N9的职责，以及26个陆生野生动物疫源疫病监测站日报告和零报告制度。全市共出动1798人次进行野外巡护监测，监测到各类鸟类90余种223 175只次。各级野生动物保护部门共收到鸟类异常情况举报112起，处理异常鸟类216只。4月19～22日，世界卫生组织(WHO)和国家卫计委组成的联合考察组来上海检查H7N9禽流感疫情防控相关工作，本市野生动物疫源疫病监测防控工作在防治疫情中的作用得到了肯定。5月，按照《国家林业局办公室关于进一步加强H7N9禽流感病毒溯源排查等野生动物疫源疫病监测防控工作的紧急通知》要求，市绿化市容局(市林业局)和市卫计委、国家林业局中科院野生动物疫病研究中心联合开展野生鸟类溯源采样工作，完成了2500份样品的采集和送检工作，检测到28份禽流感基因阳性样品。

【陆生野生动物疫源疫病监测体系进一步完善】 2013年，上海市陆生野生动物疫源疫病监测工作有序开展。1月，国家林业局出台《陆生野生动物疫源疫病监测防控管理办法》，上海制定《上海市林业局关于贯彻落实〈陆生野生动物疫源疫病监测防控管理办法〉的实施意见》(沪林〔2013〕88号)，对监测的主体、内容和监测时间、监测方法等方面都做了详细规定；7月，为贯彻该意见，市绿化市容局(市林业局)和市野生动植物保护管理站组织全市50余名监测员进行技能培训和应急演练；8月，对全市26个站点及其应急物资储备进行检查，并对工作人员的监测水平进行考核。《上海市林业"三防"体系建设规划(2013～2015)》中58个野生动物疫源疫病监测站点规划建设得到持续推进，并通过了规划评审。主动预警工作继续开展，完成了1500份的采样检测任务。

【持续推进生态环境建设】 全年新增绿地1050公顷，其中公共绿地519公顷；新一轮林业发展三年计划全面启动，全年新增林地面积1400公顷。建成区绿化覆盖率达到38.35%，森林覆盖率达到13.13%。协同推进外环生态专项，以及南大、彭越浦等大型结构绿地建设。虹桥商务区、世博园区、前滩等全市六大重点功能区绿化配套政策全面优化，5个试点郊野公园有序推进，崇明东滩互花米草生态修复项目顺利开工。

【启动郊野公园建设规划研究】 推进《上海市基本生态网络规划》实施落地，参与郊野公园规划和实施研究。编制完成了《本市郊野公园功能定位及实施内容》；配合市发展改革委调研兄弟省市郊野公园建设情况，编写上海市郊野公园实施若干意见；配合市规土局启动郊野公园建设导则编制研究；组建郊野公园建设管理专家组，涵盖规土、农业、生态、水务、园林绿化、林业、湿地野保、环卫、建筑、市政、旅游等11个专业类别。拟定工作方案，开展郊野公园建设导则编制研究。

【实施新一轮林业三年政策】 市政府办公厅转发《2013～2015年本市推进林业健康发展促进生态文明建设的若干政策措施》(沪府办〔2013〕12号)。这一轮林业三年发展政策延续了经济果林规模化、标准化生产基地建设补贴政策，以及林地抚育、林地管护、林业产业等政策；提高并统一了公益林建设标准；新增了疏林地改造、林业"三防"体系、林业保险、生态片林综合利用以及野生动物重要栖息地建设和极小种群物种保护等政策。按照新一轮林业三年政策，市绿化市容局(市林业局)会同市发改委、市财政局联合印发《2013～2015年上海市生态公益林建设项目实施管理办法》等9项管理办法，进一步夯实林业基础管理。

【研究制定上海市绿化基金扶持项目实施管理办法】 针对"十二五"绿化建设发展重点，研究制定上海市绿化基金扶持项目实施管理办法(初稿)，重点扶持区县、郊区新城、大居周边结构性大型公共绿地建设，同时梳理2014年首批补贴项目，并上报市建交委。

(上海市林业由胡建文供稿)

江苏省林业

【概　述】 截至2013年年底，江苏省林木覆盖面积224.7万公顷，林地面积194.3万公顷，林木覆盖率21.9%，活立木总蓄积量8760万立方米；全省有国家森林城市4个(无锡市、扬州市、徐州市、南京市)，全国绿化模范城市3个、全国绿化模范县(市、区)33个、全国绿化模范单位44个；国家森林公园18个、省级森林公园48个；省级以上湿地公园43个，其中国家湿地公园7个、国家湿地公园(试点)11个、省级湿地公园25个，保护以湿地为主的生态系统4.4万公顷。2013年，实施林业生态建设工程，全省造林6.91万公顷，实际净增4.53万公顷；推进低效低产林抚育改造，开展丘陵次生林、平原杨树林、绿色通道抚育示范及成效监测，完成森林抚育10.1万公顷；全面完成京沪、宁杭高铁生态景观廊道绿化工程，其中京沪高铁沿线绿化面积8100公顷，栽植树种110余种、425.5万株，宁杭高铁沿线绿化面积1880公顷；深入推进村庄绿化，提升树种多样性和整体绿量，新建省级绿化示范村1050个；广泛开展全民义务植树活动，共营建"财富林""车友林""小记者纪念林"等纪念林486处，新建义务植树基地51个，面积2785公顷；与团省委联合开展"保护母亲河——2013年度青少年植树行动"，组织青少年植树20万人次。

森林资源管理 规范林地占用征收和林木采伐审核审批，严控林地占补平衡，重点公益林面积比2012增加1.54万公顷。按照林地定额管理规定依法进行林地征收占用的审核审批，2013年全省共审核审批建设项目占用征收林地173件，面积896.97公顷。征收森林植被恢复费7640.79万元，森林植被恢复费征收率100%。2013年批准采伐林木173批次，涉及单位220家，批准采伐面积4953公顷，批准采伐蓄积量19万立方米，其中水利系统采伐蓄积量10.6万立方米。加强公益林管护和林地确权发证管理工作，及时下达公益林管护补助资金。推进木材检查站标准站建设，对新沂西郊、高淳区双牌石、句容西郊、溧阳燕山岭、东海牛山等5个木材检查站每站投资40万元用于标准站建设；中央财政投入江苏省木检站标准化建设共5个，即徐州东郊、南通九华、东台范公、宿城区南蔡、泗阳来安木材检查站。11月22日，召开全省木材检查站管理工作会议，总结近年来全省木材检查站工作，部署今后一个时期加强木材检查站规范化管理工作。严格木材运输管理，2013年共下发各市林业主管部门运输证2.3万本，网上开证约90万份。严抓林业案件查处，2013年全省发生林政案件1569起，查处1559起，查处率99%；刑事立案29起，破案26起，打击处理55人，打掉破坏森林资源犯罪团伙8个，没收木材1123立方米，罚款1424万元，责令赔偿3.8万元，责令补种树木23.3万株，行政处罚1437人次。

湿地及野生动植物资源保护 以自然湿地保护率列入全省生态文明建设规划考核指标为抓手，大力推进湿地保护与恢复。2013年新增受保护自然湿地面积13.21万公顷，恢复湿地4068公顷，全省自然湿地保护率提高到36.5%。全省新建自然保护小区119处，新建江苏建湖九龙口等省级湿地公园7处，新申报江苏同里等国家湿地公园(试点)5处，3个国家湿地公园(试点)通过国家验收。实施苏州东山东太湖湿地恢复一期工程等18个太湖流域湿地保护与恢复工程，流域内恢复湿地

912公顷。加强湿地保护项目管理，2013年国家财政湿地保护与恢复补助资金共计1000万元对南京长江新济洲、苏州三山岛、无锡蠡湖、溧阳天目湖、姜堰溱湖等5家国家湿地公园予以补助；实施苏州市阳澄湖富营养化治理工程、苏州太湖湿地生态系统定位研究站、盐城滨海湿地生态系统定位研究站等中央湿地保护基本建设项目。

濒危物种保护工作稳步推进。安排2013年绿色江苏野生动植物保护专项资金用于濒危物种保护，鹤类、麋鹿、秤锤树、宝华玉兰、银缕梅、榉树、金钱松、河鹿等江苏省内有自然分布的国家重点保护或珍稀濒危野生动植物得到有效保护，濒危状况逐步缓解。推进陆生野生动物、重点保护野生植物和林木种质资源3项资源调查。开展江苏省第二次陆生野生动物资源野外调查，完成了沿海湿地、洪泽湖、连徐黄淮平原等苏北3个地理单元的野外调查工作，主要调查对象是两栖爬行类动物、夏季鸟类和兽类，开展河鹿和鹤鹳类2个专项物种调查工作。加强野生动物资源保护工作。安排2013年绿色江苏专项资金用于各市级以上救护中心建设，加强对各地救护中心的指导监督，规范救护收容程序，2013年全省各地共救助珍稀濒危野生动物1000余只。大丰麋鹿国家级自然保护区麋鹿种群持续增长，麋鹿种群数量达到2027头，其中野生种群达到205头。加大省级自然保护区建设力度，安排2013年绿色江苏专项资金用于宜兴龙池、句容宝华玉兰、吴中光福、连云港云台山4个省级自然保护区开展续建工程。建立《江苏省野生动物保护实施条例》相关配套制度，3月，印发《江苏省重点保护和国家保护的"三有"陆生野生动物驯养繁殖许可证管理办法》。积极开展部门间联合执法行动，按照《南京海关 江苏省林业局关于加强濒危野生动植物进出口管理的合作备忘录》关于移交机制的相关规定，6月，南京海关向江苏省林业局移交了其近年来没收、收缴的象牙、羚羊角、鳄鱼等濒危野生动物及制品共计2008件、160千克。以H7N9禽流感为重点，严抓野生动物疫源疫病监测防控，落实日报制度和疫情零报告制度，加强监测基础设施建设和人员培训。安排2013年野生动物疫源疫病监测防控专项经费300万元，用于加强各市监测中心、各监测站基本监测设施设备建设，提高了全省野生动物疫病监测防控水平。组织两次专项行动，严厉打击非法猎捕、运输和经营利用野生动物的违法行为。

林业有害生物防治 2013年度江苏省主要林业有害生物发生面积12.04万公顷，同比上升3.2%，属于偏重发生年份。林木病害发生1.07万公顷，同比下降14.4%，林木虫害发生10.97万公顷，较2012年上升6.2%。全省林业有害生物监测覆盖率92%，成灾率1.2%，防治率85.4%，无公害防治率84.1%。2013年全省松林面积约6.67万公顷，疫情发生面积9973公顷、比2012年同期下降3.4%，病死松树17.4万株、同比下降17.9%，连续9年实现发生面积与病死株数"双下降"，全省新拔除七里甸街道、谏壁镇、丁岗镇、西渚镇、青山镇、月塘乡等6个乡镇级疫点。全省共完成松材线虫病疫情监测及普查面积6.67万公顷，综合防治1.33万公顷，其中清理除治1.03万公顷，累计清除病死树及衰弱木25万株，灭虫处理病材3万吨，销毁病枝梢6万多吨。美国白蛾快速扩散蔓延态势得到遏制。全省美国白蛾发生面积4.34万公顷，疫情涉及连云港、徐州、盐城、宿迁、淮安5个省辖市、26个县（市、区）、335个乡（镇、场）、2871个村（居委会），新增盐城市的射阳县、阜宁县2个县级疫区。全省全年美国白蛾疫情监测面积146.7万公顷，监测覆盖率达90%，监测准确率85%以上，防治面积累计超过20万公顷次，其中飞机防治12万公顷次。受气候等多种因素影响，2013年全省杨树食叶害虫发生范围广、危害重。全省以舟蛾为主的杨树食叶害虫发生危害6.01万公顷，成灾面积比往年大幅增加，第一代以轻度发生为主，第三代、第四代均暴发成灾，第五代在局部地区形成危害。部分地区受灾严重，大面积成片林（农田林网）、长距离绿色通道的杨树树叶被吃花，局部被全部吃光。全省杨树食叶害虫综合防治面积13.33万公顷次，其中飞机防治8万公顷。杨树食叶害虫防治率达98%，无公害防治率达82%。全省杨树食叶害虫危害灾害得到全面控制，受灾范围有效压缩，危害程度大幅降低。

印发《江苏省国家级、省级林业有害生物中心测报点管理办法》，加强国家级、省级中心测报点建设管理力度，提升全省林业有害生物监测预警水平。落实林业有害生物疫情信息周报和月报制度，启用"林业有害生物信息报告和管理系统"，实现监测预报数据的信息化管理。全年各监测预警点累计发出林木病虫情报400多期，计3万余份，为有效防治林业有害生物提供了科学依据。

强化对林业植物及其产品的检疫检查。印发《关于切实加强林业植物检疫监管工作的通知》，加强对各类造林绿化施工单位和木材加工企业的检疫监管，重点监控涉林涉木物流和货运承载车辆，严厉打击违法收购、加工、调运未经检疫合格的松材线虫病疫木及制品的行为，集中打击无证运输、弄虚作假和货证不符等违法违规行为，规范国外引种审批及普及型国外引种试种苗圃建设行为，建立和完善检疫案件报告制度和告知制度，对重大案件进行重点查处。加强联合执法，建立林业植物检疫执法合作机制，签订了《沪、苏、浙、皖三省一市林业植物检疫执法合作协议》和《苏浙皖赣四省松材线虫病防控框架协议》。2013年全省共签发《植物检疫证》70万份，受理审批《国外引进林木种子、苗木和其它繁殖材料检疫审批单》32份，组织开展林业检疫执法行动200余次。

林业有害生物防控基础设施建设得到加强，中央和省级相关经费对林业有害生物基础设施及专业队伍建设给予了重点扶持，建设完成省级林业有害生物检疫检验实验室，全省3家生物天敌繁育场生产条件得到改善，新组建林业有害生物专业防治队伍8支，新增省级中心测报点3个，新建林业有害生物检疫标准站12处，为基层配发高扬程车载大型喷雾机械85台，电脑、打印机、相机各40台，其他各类仪器设备360多台。各地积极探索林业有害生物防控新模式、新机制。2013年铜山区、贾汪区、丰县、沛县、睢宁县、邳州市、新沂市，沭阳县、东海县、赣榆县、灌云县等11个县（市、区)组织开展飞机防治美国白蛾和杨树食叶害虫，飞防效果显著。为实现林业有害生物的可持续控制和无公害防治，部分市县针对当地林情、病虫情，积极探索无公害综合防治途径，建立无公害防治示范区、示范点，大力推广应用生物天敌、生物制剂，选用高效适用机械，采用环保的施药方法，将生态文明理念贯穿于林业有害生物防控的全过程。

森林防火 2013 年全省共发生森林火警、火灾 28 起，过火总面积 51.5 公顷，受害面积 13.7 公顷，森林火灾受害率为 0.008‰，控制率为 0.48 公顷/次，未发生重特大森林火灾。加强森林防火基础设施建设，省森林防火指挥中心完成升级改造并投入使用；全省森林防火数字通信系统基本建成，实现全省无线电通讯的互通互联，共安装 84 部固定数字中继台、59 部移动数字中继台，配备背负式图像传输系统 13 套、单兵背负式图像传输系统 36 套、3004 部对讲机及 275 个车载台；森林火险预警监测系统建设逐步推进。为全省森林防火重点市、县(市、区)配发 44 辆森林火案勘查车，采购 100 辆护林巡防专用摩托车及扑火装备，配发给林场基层护林员和森林消防专业队。以水灭火在全省普遍推广，为基层采购配发森林消防水车 3 辆、水泵及高压细水雾灭火机 23 台。抓舆论宣传，全省共印发《森林防火条例》1 万份、防火宣传资料 3.2 万份，张贴、悬挂宣传标语、横幅 1.8 万条，出动宣传车 3000 余辆次，新增、翻新固定宣传牌 1000 多块，电台、电视台播放 12 万余次。江苏省森林防火指挥部制作的森林防火公益宣传片在省公安厅举办的“公共安全宣传片”竞赛评比中获得二等奖。开展技能竞赛和演练，锻炼了队伍，增强了实战能力。全省共开展各类应急演练 18 次，12 月组织开展了江苏省第四届森林消防技能竞赛；举办各类扑火培训班 32 期，参加人员 2000 人次。为提升全省森林防火基础设施保障能力、特别是森林防火现代化建设水平，全面提高森林火灾预防和控制综合能力，江苏省森林防火指挥部在 7 月和 8 月举办了苏南地区森林防火现代化建设推进会和苏北苏中地区提升森林防火保障能力现场观摩活动，集指挥调度、队伍营房和物资储备等“三位一体”的复合型森林防火指挥系统已初具规模，南京、无锡、徐州、常州、苏州、连云港和镇江等 7 个森林防火重点市均建成森林防火指挥中心，南京市浦口区及高淳区、江阴市、金坛市、苏州市所辖区(市)、镇江市丹徒区，以及连云港市级与云台山景区和南云台林场三级联合建设的 11 个县级复合型森林防火指挥中心建成并投入使用。

林业产业 2013 年，江苏省林业产值达 3608 亿元，同比 2012 年增长 11.5%，占全国的 7.7%。省政府办公厅印发了加快林木种苗工作和林下经济发展的政策意见，林木良种基地面积新增 373.3 公顷，新审(认)定林木良种 20 个，林下经济发展面积达 28.67 万公顷，产值超 200 亿元。根据《江苏省省级林业产业龙头企业认定和管理办法》，首批认定 106 家省级林业产业龙头企业，充分发挥林业龙头企业典型示范效应。积极搭建林业产业合作交流平台，组织 16 家企业申报《国家森林标志产品体系认定通用要求》标准编制单位；组织相关企业参加“第七届国际地板博览会”“山东菏泽中国林产品交易会”“第六届义乌森博会”等活动，在第六届义乌森博会上有 8 件产品获得金奖，9 件产品获得优质奖，江苏省林业局获得最佳组织奖，江苏省展区获得最佳展台奖，江苏参展企业现场达成意向协议 42 个，意向协议额 2.16 亿元。与加拿大艾伯塔省环境与可持续资源发展部联合举办林产工业合作推进活动，达成一批投资合作意向。

科技兴林 推进林业科技创新，各类林业科技项目立项 85 个，颁布一批省级林业地方标准。组织实施中央财政林业科技推广示范资金项目 8 项，“江苏丘陵地区薄壳山核桃良种栽培技术体系的推广示范”“美洲黑杨新品种苏杨 7 号高效栽培技术推广示范”2 项跨区域重点推广示范项目共申请中央财政补助资金 300 万元，“江苏省森林资源信息管理系统推广示范”等 6 个其他推广类项目申请资金 600 万元。2013 年结合绿色江苏建设科技需求，组织各级林业科研、教学、推广等单位申报立项省林业三新工程项目 66 项、省级补助资金 2900 万元，其中创新成果试验项目 2 个，财政补助资金 60 万元；重大集成示范项目 6 个，财政补助资金 940 万元；专项示范推广项目 54 个，财政补助资金 1760 万元；林业科技培训项目 4 个、财政补助资金 140 万元。2013 年立项“江苏省生态公益林与商品林分类技术指标”“北美栎树播种育苗技术标准”2 项省级林业地方标准，审定垂枝海棠嫁接繁殖技术规程、中山杉造林技术规程、草履蚧防治技术规程、杨树立木一元材积表、光叶楮造林技术规程、苏楝 1 号栽培技术规程、江苏滨海淤长型湿地健康快速评价规范等 7 项省级林业地方标准。面向基层编制印发林木良种手册、森林病虫害防治手册、沿海造林技术手册等林业实用知识读本。

依法治林 5 月，召开江苏省林业法规处长会议，规划和部署 2013 年度全省林业法制工作，对林业行政处罚程序规范进行培训。会议要求全省林业法制部门要积极推进林业立法立规，促进林业制度建设；认真执行行政程序规定，稳步推进林业行政执法；加强林业行政执法监督管理，进一步提高执法水平。依据《行政处罚法》《国家林业局林业行政处罚案卷评查标准》《江苏省林业行政处罚案卷评查办法》，5 月印发《江苏省林业局关于开展林业行政处罚案卷评查活动的通知》《江苏省林业行政处罚案卷评查相关政策法规文件汇编》和《江苏省林业行政处罚案卷评分表(一般程序)》，在全省开展 2010 至 2012 年度林业行政处罚案卷质量评查活动，评查组共抽查全省 13 个市县林业行政处罚案卷 200 卷。严格执行规范性文件报备制度，制定《江苏省重点保护和国家保护的“三有”陆生野生动物驯养繁殖许可证管理办法》和《江苏省林木种子生产经营许可证管理办法》2 个规范性文件。认真做好行政审批制度改革，组织清理江苏省林业局负责运行的行政许可和非许可行政审批事项，共报送行政许可事项 35 项，非许可行政审批事项 34 项，其中建议下放 5 项由省政府常务会议通过。

森林公安 规范化执法取得成效。3 月 13 日，江苏省编办批复江苏省林业局森林公安处更名为江苏省林业局森林公安局，对外挂江苏省森林公安局牌子；徐州、常州、连云港、淮安、镇江、宿迁 6 个省辖市所辖 17 个森林警察大队加挂所在县(市、区)公安局森林公安派出所牌子，为理顺执法权限打下坚实基础。启动省级执法示范化单位创建工作。制定《江苏省森林公安机关执法质量考评办法》，开展了全省森林公安派出所等级评定工作，评定二级森林公安派出所3个、三级森林公安派出所25个。举办两期执法规范化培训班，对涉林刑事案件的侦破和法律适用问题进行培训。全年共查处涉林案件958起，其中刑事案件27起。组织全省森林公安开展代号"天网行动"的打击破坏野生动物资源违法犯罪活动专项行动，共出动警力1886人次，办理野生动物案件21起，打击处理违法犯罪人员21人。清查整治古玩城、花鸟市场等171处，清理取缔小摊点、小档口、小店面、小柜台等295个，查处涉案定点生产销售企业31家。收缴野生动物3159头(只)，野生动物皮张85张，野生动物肉80.6千克，违法所得3.27万元，全部涉案价值7.4万元。组织全省森林公安开展"查隐患、破火案"专项行动，排查整改火灾隐患429处，发放送达整改通知书150余份；查办火灾案件15起，当场制止并教育处罚野外违法使用火源88起。

林业改革 6月14日，江苏省政府办公厅印发《关于加快发展林下经济的实施意见》，要求各级政府要高度重视林下经济发展工作，将其作为促进农民增收、林业增效、农村发展的一项重要举措，加强统筹规划，积极组织协调，层层落实责任制。各有关部门要强化协同配合，加大督查力度，充分发挥资金扶持、技术支撑、市场服务、设施建设等方面的职能，合力推动林下经济实现更大发展。《意见》提出，坚持以林为主，生态优先，确保森林资源和生态环境得到保护。坚持因地制宜、科学规划，确保林下经济发展符合实际。坚持科技支撑、政策扶持，确保农民得到实惠。坚持机制创新、合理利用，确保林地综合生产效益持续提高。《意见》指出，科学规划林下经济发展、大力推进示范基地建设、加快构建科技服务平台、健全林下经济服务体系是全省加快发展林下经济的重点任务。各级政府要加大资金投入，给予立项支持。银行业金融机构要认真贯彻中央支持林权制度改革的有关要求，给予信贷扶持、保险扶持和税收优惠。要加强基层林业服务体系建设，充分发挥其社会化服务职能，为林下经济发展提供技术服务保障。推进全省国有林场危旧房改造工作，2013年开工511套，基本建成1332套。国有林场危旧房改造项目自2010年实施以来，全省已安排改造任务9822户，涉及9个省辖市，22个县(市、区)的45家国有林场，基本建成5820套，其中竣工1542套。2013年，开展了《江苏省林下经济总体规划》《江苏省生态公益林补偿机制及补偿标准研究》《杨树和银杏林下经济体系构建技术》等软课题研究。

项目资金管理 省级财政对林业建设投入持续增长。2013年，绿色江苏建设专项资金提高到3.49亿元，同比2012年增长4%；做好国家林业建设项目可研报告和投资计划编制申报工作，向国家发改委、国家林业局、财政部积极争取国家资金支持。造林补贴、林木良种补贴、森林抚育补贴、湿地保护与恢复项目补助、森林病虫害防治补助、森林生态效益补偿基金、森林公安转移支付、国有贫困林场扶贫资金、油价补贴等补助范围继续扩大，补助标准相应提高，其中中央财政个人和集体公益林补偿标准由每亩10元提高到15元，省级以上公益林补偿标准由每亩20元提高到25元。加强业务培训，举办两期林业产业政策暨林业贴息贷款和一期国家农业综合开发林业项目培训班，对全省各市、县(市、区)计财和林业项目管理人员进行授课培训，进一步提高全省林业项目和资金管理人员业务素质和管理水平。

林业信息化 2013年，江苏林业网发布信息5300条，获得2013年度"全国林业十佳网站"称号。不断完善办公自动化与行政权力网上公开透明运行信息系统的功能，加大行政权力网上公开透明运行工作的推进力度，组织开展自查、督查工作，落实整改措施，优化办事流程。全年实现网上运转公文586件、办理行政权力事项616件。调整江苏林业网政府信息公开栏目设置和分类，按照《政府信息公开条例》及时主动公开各类政府信息，特别是公开了"2013年江苏省林业局省级部门预算""2012年度江苏省林业局部门决算"。实施"江苏省林业科技综合管理系统"项目，加快林业科技项目管理的信息化建设。实现林业科技业务信息互联互通、申报指南发布及计划编制、申报、受理、分组、评审、审批、公示、立项、跟踪监督、结题验收全流程信息化，提高了林业科技业务管理行政效能和公共服务能力，加快林业科技成果转化和推广。

林业生态文化 积极组织国家森林城市和全国绿化模范市县(市、区)创建，森林文化得到广泛传播。继无锡、扬州、徐州市之后，9月南京市建成国家森林城市。全省新建10个全国绿化模范市、县(市、区)。加强古树名木保护宣传，出版《江苏古树名木》画册和名录。生态文化载体建设取得进展，青岛世园会"江苏园"建设高质量完成，成为中华园园区示范园；泰兴国家古银杏公园获国家林业局认定，省级森林公园新增4个。举办爱鸟周、世界湿地日等形式多样的生态科普知识宣传活动。绿色江苏建设的行动和成效先后在央视、《人民日报》中国绿色时报《新华日报》、江苏电视台等各类媒体上得到广泛宣传，涌现出一批绿化好新闻。全年编发《江苏林业工作简报》43期，编辑出版《江苏绿化》6期。

林木种苗 5月15日，《江苏省人民政府办公厅关于加强林木种苗工作的实施意见》正式印发。《意见》的出台作为全面加快种苗事业发展、巩固绿色江苏建设成果的具体举措，为江苏省林木种苗事业的健康发展注入新的活力。积极争取国家和省财政增加省级林木良种补贴资金，2013年对全省6个国家级、20个省级林木良种基地和主要造林树种苗木培育进行补贴，安排补贴试点资金2456万元，重点林木良种基地生产条件得到初步改善，种质资源得到有效保护，实施效果明显。举办了10期林木种子生产经营人员资格培训班，培训林木种苗从业人员1030人，核发江苏省林木种苗从业人员资格证1030份。修订《江苏省林木种子生产经营许可证管理办法》，于9月1日开始实施。开展林木种苗执法，加强种苗质量监管。印发《关于开展打击制售假劣林木种苗和保护植物品种权工作的通知》，在全省苗木重点产区开展了执法检查活动。通过开展打击制售假冒伪劣种苗和保护植物新品种权专项行动及苗木"两证一签"的执法检查活动，提高社会各界和广大林农依法治种、依法兴种的意识，打击了各种林木种苗违法犯罪行为，维护了品种权利人的合法权益。

【省领导参加义务植树活动】 2月25日，江苏省委书记、省人大常委会主任罗志军、省长李学勇、省政协主席张连珍等省领导同志，来到京沪高铁生态景观廊道南京麒麟段参加义务植树。副省长、省绿化委员会主任徐鸣及省委、省人大、省政府、省政协、省军区、省纪委和南京市领导同志一起参加了植树活动。为加快绿色铁路建设，彰显绿色江苏良好形象，江苏省规划部署在京沪高铁沿线，建设一条以森林植被为主体、景观优美、安全稳定、现代化风貌和区域人文景观相得益彰的绿色生态廊道。位于南京麒麟新城科技园的这一段是生态景观廊道的核心段之一，将主要种植树型较好、规格较大、景观价值较高的常绿、色叶及观花乔木，营造丰富优美、色彩纷呈、层次多样的景观林带，建设成为京沪高铁进入南京的门户景观。

【江苏省林业局局长会议召开】 1月13日在南京召开。会议总结了绿色江苏建设10年来的工作，传达贯彻全国林业厅局长会议精神，分析林业工作面临的形势任务，部署安排2013年工作。会议指出，十年绿色江苏建设，全省共完成植树造林面积110.7万公顷，超过此前35年造林面积总和。林业生态体系逐步完善，城乡生态环境明显改善；林业产业发展提速增效，产品供给能力明显增强；林业生态文化蓬勃发展，社会生态意识明显提高；林业系统自身建设得到增强，支撑保障能力明显提升。会议强调，党的十八大对建设生态文明作出了全面部署，提出了中国特色社会主义事业“五位一体”的总体布局，并将建设生态文明作为党的执政纲领写入党章。面对日益趋紧的资源环境约束，省委、省政府提出大力实施生态文明建设工程。全省各级林业部门要高举生态文明大旗不放松，坚持绿色江苏建设方向不动摇，科学规划符合江苏实际的“蓝图”，明确奋斗目标和工作重点，并严格按照考核指标督促加快林业发展步伐，切实承担林业在生态文明建设中的光荣使命。要深入推进植树造林和国土绿化，加快实施湿地保护与恢复，加强资源保护管理和灾害减控，提升林业产业发展水平。会议代表观看了《绿色江苏建设十年巡礼》专题片。

【江苏省生态文明建设林业行动计划发布】 为贯彻落实中央和江苏省委、省政府关于生态文明建设的决策部署，充分发挥林业在生态建设和环境保护中的重要作用，根据《江苏省生态文明建设规划(2013～2022年)》、《中共江苏省委、江苏省人民政府关于深入推进生态文明建设工程率先建成全国生态文明建设示范区的意见》和《国家林业局推进生态文明建设规划纲要(2013～2020年)》，江苏省林业局制定了《江苏省生态文明建设林业行动计划》。江苏省委书记罗志军在《江苏省生态文明建设林业行动计划》上批示，要求坚持不懈抓下去，为江苏子孙后代造福。经省政府同意，《林业行动计划》于2013年12月印发全省各地实施。《林业行动计划》提出了一个指导思想：以邓小平理论、“三个代表”重要思想、科学发展观为指导，深入贯彻党的十八大、十八届三中全会和江苏省委十二届五次、六次全会精神，把生态文明建设作为实现“两个率先”的标杆，以率先建成全国生态文明建设示范区为总目标，以改善生态、改善民生为总任务，深入实施以生态建设为主的林业发展战略，全面加强生态建设、修复和保护，健全生态文明制度，提升绿色发展水平，改善生态环境质量，努力建设美好家园。《林业行动计划》指出，全面加强生态建设、修复和保护，大力实施森林生态屏障建设、森林质量提升、湿地生态修复、城乡绿化美化、森林资源保护、林业产业提升、林业生态文化建设等七大重点工程，努力构建稳定的森林生态系统、健康的湿地生态系统两大系统及坚实的林业生态安全体系、优质的林业生态产品生产体系、繁荣的林业生态文化体系三大体系，力争到2022年全省林木覆盖率提高到24%，森林保有量达到118万公顷，活立木蓄积量达到1亿立方米，净增造林面积23.3万公顷，森林抚育改造100万公顷，湿地保有量达到282万公顷，新增受保护自然湿地40.9万公顷，自然湿地保护率提高到45%。《林业行动计划》将通过科学布局林业生态空间、划定林业生态安全红线、严格林地湿地用途管控等3项举措努力构建生态安全格局；从加强林业法制建设、完善生态补偿制度、健全保护支持制度、完善考核评价制度4个方面健全林业生态文明法规制度。从加强组织领导、严格监督考核、强化科技支撑、加强能力建设等方面，对提高组织保障水平提出要求、作出部署。

【国家森林城市——南京市】 2013年9月，全国绿化委员会、国家林业局授予江苏省南京市“国家森林城市”称号。南京于2002年启动实施了“绿色南京”战略，11年来，南京累计新增造林10.67万公顷，林木覆盖面积达到18.47万公顷，森林覆盖率超过35%，建成区绿化覆盖率、城市绿地率、人均公共绿地面积等3项指标居全国前列。作为现代化大都市，南京市荣获“国家森林城市”称号显示出其在生态建设和环境保护方面取得的巨大成就。森林覆盖面积的增加不仅有利于南京市自身环境的改善以及为社会的健康发展提供保障，同时也将对周边地区产生良好的环境效应。江苏省委常委、南京市委书记杨卫泽说，绿色是南京的显著特色和城市名片，多年来南京致力于将特色放大，把名片擦亮，坚持大生态定位、大规划布局、大工程推动、大力度推进，走出了一条“生态经济共赢、人文景观相融、山水城林一体、城市乡村互动”的“森林南京”建设之路。

（江苏省林业由吴小巧供稿）

浙江省林业

【概 述】 2013年，浙江省林业工作紧紧围绕年初确定的工作目标，克服高温干旱、台风等自然灾害影响，全面推进现代林业建设，林业事业继续保持良好的发展态势。全省共完成造林更新6.54万公顷，参加义务植树2360万人次，完成植树6800万株。实现林业行业总产值达3965亿元。

【林业生态建设】

"1818"平原绿化行动 浙江省委、省政府连续第四年召开浙江省平原绿化工作座谈会，省委书记夏宝龙出席会议并讲话。全省共完成平原绿化3.04万公顷，是年度任务的115.1%，总计投入资金100.1亿元。

森林抚育经营 加快抚育机械推广步伐，全面落实森林抚育任务，全省完成森林抚育任务21.77万公顷。

生态公益林建设 浙江省省级以上公益林面积保持在267.92万公顷，补偿标准从每公顷285元提高到375元，新增优质林分面积5万公顷，累计优质林分面积达到215万公顷。

重点林业生态工程建设 加快绿色通道建设，浙江省新建和改造绿色通道5925.5千米，绿化面积0.68万公顷。加快重点防护林体系建设，全省完成建设任务1.77万公顷，完成率为102.5%。

【林业改革】

林权抵押贷款和政策性林木保险 浙江省林权抵押贷款规模和覆盖面进一步扩大，14家银行和48个县市开展了林权抵押贷款业务，余额超过60亿元，累计超过145亿元，落实林业贷款贴息8000多万元。全省政策性林木保险面积达到373.33万公顷，占有林地总面积(不含宁波)的64%。

林权作价出资 浙江省已登记林权出资的公司有25家，已出资林地0.84万公顷，作价金额7.09亿元。

山林纠纷调处 抓好重点山林纠纷调处，浙江省共调处山林纠纷560起，落实争议面积866.67公顷。

国有林场改革 2013年正式启动浙江省国有林场全国试点工作，省政府出台《关于加快推进国有林场改革试点工作的意见》，中央财政对改革到位的开化、临安、永嘉等地10个林场下达了首批补助资金共计2414万元。

【林业产业】

2013年浙江省林业产业总产值达3965亿元，位列全国前茅。

现代林业园区 浙江省已公布现代林业园区创建点492个，其中以林业为主综合区45个、主导产业示范区127个、精品园320个，建设规模22.45万公顷，总投资103.4亿元。

木本油料产业 继续抓好油茶、香榧、山核桃等木本油料提升项目，全省累计投入资金6.89亿元，完成良种推广面积0.77万公顷、技术推广和生态复合经营面积0.31万公顷。

林下经济 继续在重点扶持的综合区开展林下经济发展试点，重点推广林药、林菌、林苗等模式，落实林下木本药材建设任务0.27万公顷。加快林区道路建设，完成林区道路建设8910.4千米。

森林旅游 举办2013中国(温州)森林旅游节和丽水市、磐安县森林旅游节，评定了12家省级森林观光园区，启动了"寻找浙江最美森林"活动。

2013中国(萧山)花木节 3月23日，2013中国(萧山)花木节暨第八届中国园林绿化产业交易会在浙江(萧山)花木城隆重开幕。本次花木节由国家林业局、浙江省人民政府、中国花卉协会联合主办。为期3天的"花木节"共吸引来自全国各地的参观者6万多人次，达成销售意向5.51亿元。

第六届中国义乌国际森林产品博览会 11月1~4日在义乌市举办。为期4天的森博会有来自全球25个国家和地区的1313家企业参展，设国际标准展位3300个，其中境外展位661个，占20%。本届展会实现成交额46.5亿元，其中外贸成交额22.55亿元，占总成交额的48.5%。展会期间共有5000多名境外采购商前来采购，并吸引29个国家的110名外宾参会，其中包括13名副部级官员、大使、公使和总领事。

"浙江笋竹产品齐鲁行"活动 3月29~30日，在山东济南举办"浙江笋竹产品齐鲁行"活动，浙江省60多家笋竹加工企业和山东100多家超市商场、宾馆餐饮、食品和建材市场等交流和接洽，部分企业达成了初步合作意向。

【森林资源保护】

林地管理 加强林地管理，发布实施《浙江省林地保护利用规划》，56个县级规划经当地政府批准实施。省林业厅会同国土厅下发《关于进一步严格林地管理切实加强生态保护的通知》，进一步规范采矿征占用林地选址和审批，严格垦造耕地选址，加强建设项目征占用林地审核审批。依法办理征占用林地项目审核审批2515项，涉及林地面积6374公顷，征收森林植被恢复费3亿多元。

湿地管理 成立省湿地保护委员会，新建镇海九龙湖省级湿地公园，德清下渚湖升格为国家湿地公园，西溪国家湿地公园被评为"中国十大魅力湿地"。

森林灾害防控 浙江省森林火灾受害率0.21‰、发生率3.4起/10万公顷，受害面积1270公顷，未发生重特大森林火灾事故、人员伤亡事故和火烧连营事故。狠抓松材线虫病防治，共完成松材线虫病除治面积4.11万公顷，拔出疫点县3个，疫点乡镇10个。科学应对极端异常天气，组织湿地指导抗灾救灾，下达灾后恢复

生产补助资金2251万元。

【“关注森林”活动】

生态文明主题植树活动　组织开展党政军领导义务植树活动，引导全社会广泛参与林业建设，2360万人次参加义乌植树活动，植树6800万株，44个县市5万多人参加春节后上班第一天植树，种植树木18.6万株。

森林系列创建　召开浙江省森林城市创建工作现场会，有效推动创森工作，湖州市被命名为“国家森林城市”，19个县市、56个乡镇、337个村创建为省级森林城市、城镇、村庄。

生态文化宣传　举办了第十七个“世界湿地日”“迎浙江生态日”、森林消防等宣传活动，召开了浙江省濒危野生动植物物种拯救保护状况新闻发布会，开展“平原绿化书记访谈”“美丽浙江湿地行”采访活动；加强生态文化基地建设，半山国家森林公园和江山市廿八都南方红豆杉群保护区被授予“国家生态文明教育基地”，命名桐庐县江南镇荻浦村等21个省级生态文化基地，湖州市梁希森林公园升格为国家森林公园。

【林业支撑保障】

重大林业科技项目　7项科研成果获得省政府科学技术奖，9个项目荣获第五届梁希林业科学技术奖，省政府与中国林科院签署了第三轮省院合作协议。举办第十届林业科技周，推广先进适用技术60多项，建立示范基地1.37万公顷，制定或修订省级地方标准12项。

林木种苗　启动实施现代林业种业工程，加强省、市、县三级林业保障性苗圃建设，重点培育珍贵、彩色树种，通过“珍贵树种进万村”“彩色树种发展行动”，省级赠送容器苗440万株，营建珍贵树种示范村244个、示范林130片、0.1万公顷。

【林业大事】

1月28日　浙江省“关注森林”工作会议在杭州召开。省政协主席乔传秀出席会议并讲话，省政协副主席陈艳华主持会议，全国政协文史和学习委员会副主任周国富，省人大常委会副主任程渭山，省政协代秘书长孙文友参加会议。会上表彰了衢州市、慈溪市、永嘉县等7个“省森林城市”，余杭区余杭街道、鄞州区姜山镇等46个“省森林城镇”，杭州半山森林公园、桐庐县江南镇环溪村等24个“省生态文化基地”。

2月2日　第十七个“世界湿地日”宣传活动暨中国最美湿地展在中国湿地博物馆举行。省政协副主席、省生态文化协会会长陈艳华宣布活动启动。

2月26日　浙江省“发展彩色森林·建设美丽浙江”植树行动暨嘉兴市春季万人义务植树活动在嘉善举行。省人大常委会副主任程渭山宣布活动启动。

3月1日　由浙江省绿化委员会、省林业厅主办的2013年浙江省“珍贵树种进万村行动”启动仪式在浙江省安吉县上墅乡刘家塘举行，浙江省副省长黄旭明出席仪式并宣布启动。

3月13日　浙江省林业厅召开干部大会，省委组织部常务副部长于跃敏到会宣布省委对省林业厅主要领导的任命决定。省委决定任命林云举为省林业厅党组书记，楼国华不再担任厅党组书记。

3月21日　浙江省委、省政府在海宁市召开2013年浙江省平原绿化工作座谈会。省委书记夏宝龙出席会议并讲话，副省长黄旭明主持会议。

3月29～30日　由浙江省林业厅、浙江省政府经济合作交流办公室、山东省林业厅共同主办的“浙江笋竹产品齐鲁行”活动在济南举办。

4月1日　2013中国(温州)森林旅游节在温州市永嘉县举行。国家林业局总工程师陈凤学在开幕式上致辞并宣布开幕，省人大常委会副主任程渭山参加活动并讲话。

5月8日　浙江省政协在庆元县组织开展“走进基层、走进群众”送科技下乡活动，省政协主席乔传秀、副主席陈小平、秘书长孙文友及省级有关部门负责人带队参加。

6月9日　“迎浙江生态日——花卉园艺进社区”活动在浙江杭州举行。浙江省政协副主席陈艳华宣布活动开幕。

7月4日　浙江省委副书记、省长李强在景宁考察香榧产业基地。

7月11日　浙江省林业厅召开党的群众路线教育实践活动动员大会。厅党组书记、厅长、厅教育实践活动领导小组组长林云举主持会议并对本厅教育实践活动进行动员部署，省委第十督导组组长徐林到会指导并作讲话。督导组副组长许子敏等7位督导组成员、厅党组成员、厅机关及直属单位全体党员干部参加会议。

7月16日　由国家林业局集体林权制度改革领导小组原副组长黄建兴、北京大学光华管理学院学术委员会主任朱善利、国家林业局农村林业改革发展司司长张蕾组成的调研组到浙江省对集体林权改革及新型林业合作组织改革工作进行调研，省林业厅总工程师蓝晓光陪同调研。

7～8月　浙江省大部分地区遭遇60年来气温最高、持续时间最长、降雨量最少、蒸发量最大的极端灾害天气。全省林业部门全力以赴开展抗旱救灾和森林防火等工作。省林业厅发布《林业抗旱抗高温技术措施》，先后3次组织由厅领导和相关专家组成的指导组，赴重灾区实地指导林业抗旱救灾和森林防火工作。

9月4日　由浙江省林业厅、绍兴市人民政府、中国林业科学研究院联合举办的浙江省第十届林业科技周活动在嵊州举行。浙江省副省长黄旭明宣布活动启动，国家森林防火指挥部专职副总指挥杜永胜参加活动并讲话。

9月24日　2013中国城市森林建设座谈会在南京召开。湖州市被全国绿化委员会和国家林业局授予“国家森林城市”称号，杭州半山国家森林公园和江山市廿八都南方红豆杉群保护区被国家林业局、教育部、共青团中央授予2013年“国家生态文明教育基地”称号。

10月10日　浙江省第二次重点保护野生植物资源调查工作正式启动。

10月24日　浙江省政府召开全省林业重点工作电视电话会议，部署全省森林消防、国有林场改革、沿海防护林建设和松材线虫病防治等工作。副省长黄旭明参加主会场会议并讲话。

11月2~3日 乌干达水资源和环境部国务部长弗拉维亚·穆娜巴女士、乌干达林业署种植业司代理司长大卫·穆努努奇到浙江考察竹产业发展情况。

11月24~25日 全国政协常委、经济委员会委员、著名经济学家厉以宁率全国政协经济委员会专题调研组一行到浙江省龙泉等地考察调研"林权流转和林业金融"工作。

11月25日 浙江省财政厅发布文件（浙财农〔2013〕528号），将浙江省2013年省级以上公益林的最低补偿标准在年初已由每公顷285元提高到315元的基础上，再次提高到375元。每公顷增加的60元由省级财政全额承担，全部用于对公益林投资经营者（林农等）的补偿。

12月6日 经浙江省编委办批复同意，省林业厅成立"浙江省国有林场和森林公园保护总站"，以加强国有林场和森林公园省级管理机构的建设，充实管理力量，逐步完善国有森林资源资产实行国家所有、省级管理、林场依法保护及经营的管理体制。

12月12日 浙江省政府出台《关于加快推进国有林场试点工作的意见》，要求各地、各单位认真开展国有林场改革试点工作，促进国有林场可持续发展。

（浙江省林业由谢力供稿）

安徽省林业

【**概　述**】 2013年是安徽省全面实施千万亩森林增长工程的第一年，各地、各有关部门认真贯彻落实省委、省政府的决策部署，加强组织领导，加大工作力度，强化保障机制，千万亩森林增长工程建设首战告捷，林业改革发展全面推进，各项工作任务圆满完成。这一年，是安徽省林业建设实现重大突破、林业发展取得显著成绩、林业形象得到明显改善的一年。2013年7月，国家林业局在安徽省召开全国林业厅局长会议，参观学习安徽省千万亩森林增长工程建设现场，与会领导和代表对工程实施和建设成效予以肯定。

营林生产 全省共完成新造林20.28万公顷，超额完成省政府下达的19.07万公顷年度造林任务。其中，退耕还林荒山荒地造林5360.5公顷，巩固退耕还林成果专项规划造林9676.5公顷，林业血防工程4426公顷，长防林工程造林10 394.3公顷，农发名优经济林1206.9公顷，农发生态示范林造林1400.3公顷，油茶示范林2235.3公顷，现代农业生产发展油茶基地4397.4公顷，造林补贴试点造林78 157.6公顷，石质山造林绿化工程12 204.3公顷，生物质能源林造林1113.9公顷。完成退耕还林专项规划补植补造4428.85公顷，退耕还林专项规划现有林培育24 351.1公顷；新增封山育林2.58万公顷；完成国家森林抚育补贴试点2万公顷。世行五期完成营造林7067公顷。全省新续建林木良种基地877公顷，新增育苗面积12 575公顷，采集林木种子940吨，生产苗木15.68亿株。

创建森林城镇、森林村庄、森林长廊取得明显成效。池州市荣获"国家森林城市"称号，成为我省首个国家森林城市；合肥、安庆市"创森"工作通过国家专家组核查验收；黄山、宣城、六安等市"创森"工作扎实推进；淮南市在成功创建"全国绿化模范城市"之后，又加入到"创森"行列；淮北市正在积极创建"全国绿化模范城市"。同时，颍上县、黄山区、宁国市、祁门县、桐城市、岳西县、青阳县、霍山县、肥西县等9个县、市、区成功创建省级森林城市，合肥市包河区大圩镇等113个乡镇成功创建省级森林城镇；与美好乡村建设同步推进，淮北市烈山区烈山镇榴园村等954个村成功创建省级森林村庄；建设森林长廊2011千米，其中创建示范路段1197千米。

全民义务植树活动深入开展。从春节后上班第一天开始，全省组织开展千万亩森林增长工程"植树造林周"活动，省委书记张宝顺等35位省党政军领导带头参加义务植树劳动。省军区、省武警总队、省总工会、团省委、省妇联在全省部署开展"八一林""工会林""青年林""巾帼林"等基地创建活动；广大市民、机关干部职工、青年学生、共青团员、解放军和武警官兵在义务植树中发挥着先锋模范作用。据统计，2013年全省完成义务植树1.398亿株，义务植树尽责率达92.6%，全省新建义务植树基地1277个，面积1.63万公顷。

森林资源保护 ①加强森林资源监测。马鞍山、滁州市二类调查数据审核工作已基本完成，其他各市已基本二类调查完成外业调查工作，汇总工作进展顺利。②加强林地保护管理。严格执行林地用途管制和定额管理制度，首次编制了省级林地保护利用规划并经省政府批准实施，同时完成115个县级单位的林地保护利用规划编制；制定出台《安徽省占用征收林地定额管理办法》；首次开展全省林地年度变更调查，林地管理工作逐渐步入规范化轨道。2013年共审核占用征收林地项目315宗，使用林地定额2066.7公顷，控制在国家下达的限额指标以内。③加强林木采伐管理。认真执行森林采伐限额管理、林木凭证采伐、木材凭证运输和经营加工等制度，严格控制森林资源消耗，2013年纳入限额管理的森林采伐量为247.8万立方米，控制在省政府下达的857.9万立方米目标以内。启用全国林木采伐管理系统，实行林木采伐网上在线申请审批。④强化林业执法工作。2013年全省共发生林业行政案件18 268起，查处18 189起，案件办结率99.57%；处罚19 433人，补种树木624 349株，补征林业金费1321.98万元，罚款1856.1万元，没收违法所得770.17万元，没收木材30365.26立方米。4月、8月至12月，全省两次组织开展了打击破坏野生动物资源违法犯罪专项行动（代号"天网行动""雷霆行动"），有效地保护了森林资源。2013年各级森林公安机关共立各类刑事案件360起，破案295起，破案率达82%。⑤加强森林资源保护监督管理。会同国家林业局驻合肥专员办，先后对芜湖市无为县、安庆市岳西县、滁州市来安县等3县人民政府保护发展森林资源目标责任制建立和执行情况进行了检查，3县均获得优秀等次；配合国家林业局华东院对芜湖、太湖、怀远、灵璧、濉溪、颍上等6个县年度林地管理情况和太湖县2012年度森林采伐管理情况开展检查，总体情况良好；配合国家林业局专员办开展了滁马高速、望东大桥等4个国家级使用林地许可被许可人项目检查，组织开展了全省林地保护管理清理整顿和省级使用林地许可被许可人检查工作，总体情况良好。

林业有害生物防治 坚持"预防为主，科学治理，依法监管，强化责任"的方针，以落实重点区域防治责任为抓手，以松材线虫病和美国白蛾防治为重点，以监测预警、检疫执法、防治减灾为主线，遏制林业有害生物的高发态势。据统计，2013年全省主要林业有害生物发生面积40.17万公顷，比2012年增加1.9万公顷，增幅5%，成灾率5.9‰，控制在省政府下达的6.5‰目标以内。其中轻度发生29.8万公顷，中度发生7.5万公顷，重度发生2.8万公顷；病害发生3.9万公顷，虫害发生36.3万公顷。其中：松材线虫病发生面积2308.1公顷，全省12个有松树分布的市中，发现松材线虫病疫情的有10个市，涉及50个县(市、区)，被国家林业局宣布为疫区的有18个县(市、区)；黄山市虽尚未发现松材线虫病疫情，但毗邻的浙江、江西有关县已发现疫情，最近的疫点距歙县边界只有5千米，距祁门县境仅为100米。美国白蛾疫情分布面积2093.3公顷，其中：受害面积1160公顷、低虫口面积933.3公顷，造成重灾面积153.3公顷，共涉及芜湖、宿州、淮北、阜阳4个市11个县(区)的63个乡镇。同时还在全椒县、巢湖市、肥东县监测到美国白蛾成虫，但未发现幼虫和实际危害。受持续高温干旱等影响，松褐天牛大发生，7月以后枯死松树大量增加，发生面积5.1万公顷，比2012年增加3.2万公顷；全省范围内枯死松树数量急剧增加，累计达到142.68万株，按小班统计，面积达6.1万公顷；其中松材线虫病疫区及其毗邻的高危区发现枯死松树79.8万株。以舟蛾类为主的杨树食叶害虫下半年大发生，全省杨树食叶害虫发生面积14.5万公顷，比2012年增加4.2万公顷，在皖北、皖中等杨树大面积分布区均造成不同程度的危害，局部地方暴发成灾，一些路段杨树叶片被食光。草履蚧累计发生面积5238.7公顷，发生面积大幅度下降。马尾松毛虫虫情普遍较轻，思茅松毛虫在黄山市休宁县局部地区发生严重。

全省林业有害生物防治面积34.7万公顷，防治率86.32%，成灾率5.9‰，无公害防治率90.4%，测报准确率98.3%，种苗产地检疫率96.2%，防治"四率"指标均达到国家林业局要求。其中完成松材线虫病发病山场枯死松树清理2461公顷，病区皆伐497.2公顷，发病小班外围超前皆伐730.1公顷，疫木除害处理73 677立方米，烧毁枝丫6609.3吨，挖除销毁伐桩71 570个，药物处理伐桩203 785个。

全省组织开展了为期7个月的"绿盾2013"检疫执法检查行动。据统计，此次检查行动，全省共组织相关人员开展联合行动和专项行动1022次，出动执法人员共计5411人次，检查种苗花卉市场、造林现场11 112个(次)，检疫苗木花卉21 046万株(次)，检查2958家(次)涉木企业，涉检竹木材391 916立方米，检查木质包装箱、线缆盘43 193个；查处检疫案件541起，涉案竹木材数量2146立方米、木质包装箱和线缆盘4041个、种苗花卉5374株，涉案金额共计125万元，依法行政罚款64.4万元；组织宣传活动375次，发放宣传材料13.6万份。

森林防火 进一步落实森林防火行政首长责任制，省委、省政府、省森防指、省林业厅多次召开专题会议、发出文件和通知，及时部署森林防火工作；省、市、县(区)、乡(镇)政府层层签订责任状，各级政府主要负责同志为森林防火第一责任人，分管负责同志为直接责任人，各级森林防火指挥部成员单位领导包片负责，全面分解落实责任；继续实行森林防火重点单位责任人上岗制度，做到责任到人；启动森林防火约谈工作机制，对火灾发生频繁的安庆市及太湖、岳西、宿松分别开展约谈，责令整改、跟踪检查。加强建章立制，依法治火。省政府修订、发布了《安徽省森林防火办法》和《安徽省森林火灾应急预案》，进一步明确了森林防火责任，加强了森林火灾的预防措施，规范了森林火灾扑救程序和方法。强化预警机制，加强检查督促。3月8日、8月16日，省森林防火指挥部两次向淮河以南地区发布高森林火险红色警报。在高火险时期和清明、端午、五一、国庆等重要时段，省林业厅11位厅领导分片包干，多次带领督查组深入基层一线开展防火督查；省森林防火办公室先后派出8个森林防火工作督查组赴重点林区、火灾高发地区开展专项督查。强化能力建设，科学防控。突出加强生物防火林带建设、专业森林消防队伍能力建设、森林防火基础设施建设和国家级森林重点火险区综合治理，提高森林防扑火综合水平；加强森林火灾预警能力建设，初步建成以省气象台为主的，皖东、皖西、皖南、沿江4片林区火险预测预报网；新建(改建)防火瞭望台205座、火险监测站157个、电子视频监控点64个，购置短波、超短波电台3000余部。武警森林驻皖部队除驻守黄山外，还靠前布防安庆和宣城两市；森林防火期内全省158支专业森林消防队伍实行集中食宿，严阵以待。2013年全省共发生森林火灾67次(其中：一般森林火灾38次，较大森林火灾29次)，受害森林面积157.69公顷，森林火灾受害率0.041‰，远低于省政府下达的0.5‰控制目标，没有发生重、特大森林火灾和重大人员伤亡事故。

【野生动植物资源保护与自然保护区建设】 组织开展了第二次国家重点保护野生植物资源调查和第二次野生动物资源调查，扬子鳄专项调查已完成并通过国家林业局专家组的检查验收，全省重点保护野生植物人工栽培情况和大别山区野生动物资源调查工作基本完成；完成了全省第二次湿地资源调查任务。加强陆生野生动物疫情监测防控，全省建立国家级陆生野生动物疫源疫病监测站10个、省级陆生野生动物疫源疫病监测站40个。认真做好H7N9禽流感监测防控和病毒溯源排查工作，收到监测日报近2000份，发现死鸟160余只，采集野鸟样本4537份。加强湿地资源保护，积极推进《安徽省湿地管理管理条例》立法进程。在国务院批准的《全国湿地保护工程"十二五"实施规划》中，安徽省有25个项目列入其中。2013年成功申报了4个项目，总投资5323.5万元。实施中央财政湿地保护补助资金项目5个，总投资1000万元，项目区湿地得到有效保护，扩大了湿地保护面积，部分湿地生态状况得到显著改善。开展了第9次扬子鳄扩大野外种群放归自然活动，成功放归野外的扬子鳄累计达54条，累计产卵5窝88枚、自然孵出幼鳄54条，扬子鳄野外放归取得阶段性成果；当年人工孵化扬子鳄2293条。2013年新增界首两湾、来安池杉湖省级湿地公园试点2处、合肥龙栖地市级湿地公园试点1处，新增湿地保护面积1635.6公顷。全省已建林业系统自然保护区35处，面积35.6万公顷。其中，国家级5处，省级28处，市级2处。全省湿地公园试点总数达15处，总面积52 836.7公顷；其中，国家级12处，省级2处，市级1处。

林业改革 巩固集体林权制度主体改革成果，在全省部署开展了林改确权发证阶段"回头看"以及主体改革完善提高工作，切实解决联户发证、已流转的集体林产权不明等问题。加快推进集体林权制度配套改革。全省林权管理服务信息系统建设进展顺利，已有81个县(市、区)完成了林权档案转换，开通了林权登记发证及档案信息系统，78个县(市、区)开通了林权信息发布系统，基本实现省、市、县三级平台联网全覆盖。积极推进林权规范流转，全省已办理林权流转40.8万公顷，占可流转面积的近20%，流转林地18万宗，流转金额73.12亿元。积极探索金融支持林改和银林合作新途径，全省已办理林权抵押贷款1.9万宗，抵押贷款金额48.22亿元。积极争取国家支持，首次正式启动森林保险工作，宣城、安庆、池州、六安和黄山5个山区市作为试点市，共完成森林保险投保面积199.82万公顷，保险金额144.44亿元，保费收入5318.42万元；各地因灾害理赔面积146.8公顷，理赔金额43.41万元。加快培育林业龙头企业、专业合作组织和家庭林场等新型林业经营主体，修订完善了《安徽省林业产业化龙头企业申报、认定、监管办法》，与省财政厅联合出台了省级农民林业专业合作社示范社评选办法和示范项目资金管理办法，全省已有省级林业产业化龙头企业691家，比两年前的第四批增加了267家；林业专业合作组织6580个，其中省级农民林业专业合作社示范社达148家。积极推进国有林场改革，安徽省被国家列为全国7个国有林场改革试点省份之一，确定滁州市和黄山市黄山区作为试点单位，《安徽省国有林场改革试点实施方案》已经国家批复，省有关部门正在细化方案、制定配套政策，将适时启动改革试点工作。

林业产业 2013年全省林业总产值达2059.5亿元，比上年增加459.7亿元，同比增长28.7%，位于全国前10位行列。分市看，宣城、宿州两市林业总产值突破300亿元，六安、滁州两市林业总产值突破200亿元，安庆、阜阳、黄山、池州4个市产值超过100亿元。分县看，砀山县林业产值超过100亿元，林业产值50亿元至100亿元之间的有10个县(市、区)，20亿元至50亿元之间的有17个县(市、区)，10亿元至20亿元之间的有19个县(市、区)。从产业分类看，第一产业实现产值630.98亿元，比2012年增加123.32亿元，同比增长24.3%；第二产业实现产值1137.91亿元，比2012年增加262.82亿元，同比增长30%；第三产业实现产值290.65亿元，比2012年增加73.62亿元，同比增长33.9%。一、二、三产业结构为31:55:14，产业结构日趋合理。

大力发展林下经济 省政府办公厅出台了《关于加快林下经济发展的实施意见》；经省政府批准同意、省林业厅印发了《全省林下经济发展规划(2012～2016)》，确定实施林下经济发展"5211"战略，引导和鼓励开展林下养殖、林农间作、林药间种等。各地抓住契机，积极行动，大胆尝试，把发展林下经济作为林改后激活林业生产力的重要突破口，坚持政策推动，科技支撑，龙头带动，全省初步形成了以林下种植养殖、林下资源采集加工、森林生态旅游为主体的林下经济产业格局，广大林农尝到了"不砍树也能致富"的甜头。据统计，全省发展林下经济面积达59万公顷，从事林下经济的农业人口625万人，2013年实现产值148.5亿元。

加快发展森林旅游业 全省新建省级森林公园6处，合肥大蜀山省级森林公园成功升格为国家级森林公园；全省森林公园达到70处，经营总面积15万多公顷，其中国家级森林公园总数已达30处，位于全国第八位。加快森林公园总体规划编制工作，完成梅山等6处森林公园总体规划编制、评审和审批，指导6处森林公园开展总体规划设计。省林业厅与省旅游局联合出台了《安徽省森林旅游示范景区评定办法》，积极开展省级森林旅游示范景区建设；省林业厅与省旅游局联合开展了第二批省级森林旅游人家评选认定活动。2013年全省林业旅游与休闲服务产值达204亿元；森林公园接待游客达1500万人次，直接收入6.34亿元，其中12处森林公园对游客免费开放、接待游客750万人次。

加快发展苗木花卉产业 结合实施千万亩森林增长工程，扩大林业苗木培育面积，大力发展林苗两用林和花卉、其他观赏植物。全省苗木花卉种植面积达到13万多公顷，林木育种育苗和花卉、其他观赏植物种植产值达112.8亿元，从业人员60多万人。到2013年底，全省花卉种植面积28 766公顷，鲜切花切叶6451万支，盆栽植物499.3万盆，观赏苗木1.8亿株，草坪产量3605平方米。省政府组团参加在常州举办的第八届中国花卉博览会，室外展园"古徽拾风"荣获特等奖，室内展馆"美好安徽"获金奖，送展花卉展品获金奖1项、银奖8项、铜奖18项、优秀奖11项。合肥"苗交会"已发展成为全国四大苗木花卉交易平台之一。2013年合肥"苗交会"参展企业达1450家，成交金额达20.38亿元，规模、效益再创新高。

全年共生产木材商品材477.54万立方米，其中原木412.25万立方米、薪材65.30万立方米；生产竹材12 914.63万根，其中毛竹11 395.21万根；生产小杂竹42.71万吨；水果产量257.26万吨，干果产量20.13万吨，林产饮料产品9.03万吨，林产调料产品512吨，森林食品11.29万吨，木本药材19 576吨，木本油料68 910吨，林产工业原料18 337吨。

表 22-1　主要经济林产品产量

产品	单位	产量
苹果	万吨	36.25
柑橘	万吨	4.21
梨	万吨	104.54
葡萄	万吨	29.59
桃	万吨	53.17
杏	吨	20 656
猕猴桃	吨	15 204
柿子(干重)	吨	41 591
枣(干重)	吨	11 848
核桃	吨	17 805
板栗	万吨	12.42
银杏	吨	1763
毛茶	吨	89 255
食用菌(干重)	吨	67 472
竹笋干	吨	25 661
山野菜(干重)	吨	7976
油茶籽	吨	63 932
油用牡丹籽	吨	4860
杜仲	吨	2662
山茱萸	吨	1715
生漆	吨	410
油桐籽	吨	2830
乌桕籽	吨	106
五倍子	吨	83
棕片	吨	3767
松脂	吨	11 141

表 22-2　主要森林工业产品产量

产品	单位	产量
一、锯材	万立方米	437.38
二、木片	万实积立方米	142.31
三、人造板	万立方米	1841.67
(一)胶合板	万立方米	1006.11
1. 木胶合板	万立方米	737.96
2. 竹胶合板	万立方米	91.46
3. 其他胶合板	万立方米	176.69
(二)纤维板	万立方米	401.07
其中：中密度纤维板	万立方米	323.92
(三)刨花板	万立方米	65.31
(四)其他人造板	万立方米	369.18
其中：细木工板	万立方米	305.96
四、木竹地板	万平方米	7394.09
1. 实木木地板	万平方米	512.03
2. 实木复合木地板	万平方米	1508.06
3. 强化木地板	万平方米	1184.57
4. 竹地板	万平方米	1102.93
5. 其他木地板	万平方米	3086.5

表 22-3　主要林产化工产品产量

（续）

产品	单位	产量
松香	吨	6547
松节油	吨	1747
木炭	吨	51 444
竹炭	吨	5460
木质活性炭	吨	316

林业科技　①组织万名林业科技人员服务千万亩森林增长工程活动。根据省委、省政府关于组织开展2013年千万亩森林增长工程“植树造林周”活动的总体安排和厅里统一部署，在春季植树造林造林期间，组织了全省林业系统1万名左右林业科技人员，进村入户，深入山场地块，服务千万亩森林增长工程。省林业厅组织24个专家组、70多名专家，深入到各市及16个重点县，面向基层一线进行技术指导，为林业重点工程建设提供科技支撑。②继续实行首席专家制度，“三大树种”建设取得新成效。新造油茶林1.75万公顷、低改抚育7867公顷，建设了一批高标准油茶示范基地；以淮北、沿江地区为重点，积极组织实施杨树产业发展示范项目，新造杨树速生丰产林2.24万公顷；大力实施竹林增产增效工程，制订出台了《竹子科技示范园建设技术标准》，择优扶持金寨等12个县(市、区)竹子科技示范园建设，完成竹林造林3760公顷。③加快林业科技推广与示范。组织实施了一批国家和省级林业科技推广示范项目，加强科技兴林致富示范户的培育，建设林业科技示范基地32个，示范林1667公顷。④加快林业标准化建设。申报立项21个安徽省地方标准和2个国家林业行业标准。省林业标准化技术委员会组织审定了《草履蚧防治技术规程》等10个省地方标准，并由省质监局发布实施；完成了国家行业标准《毛环竹丰产栽培技术规程》的审定工作。歙县、宁国等5个县市获国家林业局批复为全国油茶、山核桃标准化示范区，安徽省全国林业标准化示范区达到20个。⑤林业科研攻关取得一批成果。获省科技进步三等奖1项，梁希林业科技二等奖1项，省科技成果9项。“国家林业局经济林产品质量检验检测中心(合肥)”筹建进展顺利，已具备进行土壤、水分、空气及部分林产品检测能力；黄山森林生态定位研究站正在建设，大别山森林生态定位研究站获国家林业局批复，同时积极申报太平湖湿地生态系统定位研究站。

林业对外交流与合作　加强林业对处交流与合作，共组织14个团组44人次出国(境)考察、5个团组49人次赴中国台湾地区考察，接待来自德国、日本、国际竹藤组织成员国等官员、专家、友好人士60余人次。完成黄山国家森林公园和加拿大班夫国家公园建立友好公园的各项工作，于7月14日在加拿大阿尔伯塔省班夫国家公园举行缔结“友好公园”签字仪式，国家林业局局长赵树丛与加拿大国家公园管理局副局长杰夫·安德森代表双方共同签署结对协议。世行贷款林业五期项目年度造林任顺利完成，项目中期评估检查获得世界银行检查组肯定。中德合作三期林业项目进展顺利，森林经营总任务完成50%以上。中日绿化基金项目在淮北市、舒城县、阜阳市同时实施，达到了预期成效。全球环境基金赠款项目“加强中国湿地保护地体系建设和保护生物多样性”的子项目——加强安徽省湿地保护地体系管理有效性项目获得批准，该项目将由全球环境基金支持赠款265万美元，重点用于升金湖等自然保护区湿地生物多样性保护管理。天柱山国家森林公园成功申请德国政府优惠贷款1526万欧元建设生物多样性保护项目，德方已完成了项目官方评估，双方签署了评估会谈纪要，项目进展顺利，预计今年底前签署两国政府间财政协议。

林业保障能力建设 ①加强法制保障。省人大常委会审议通过了《安徽省林权管理条例》，省政府修订发布了《安徽省森林防火办法》和《安徽省森林火灾应急预案》，林业立法工作取得重大进展。10月，省人大常委会组织开展了《森林法》执法检查，加强执法监督，有力促进了林业依法行政。②加强宣传保障。积极争取省委宣传部支持，主动与新闻媒体沟通，在《安徽日报》、安徽广播电视台、中安在线开设宣传专栏，连续推出宣传专版，滚动刊播公益广告，形成省、市、县主要媒体联动，中央媒体积极参与宣传安徽林业的新格局。2013年省以上主要媒体正面报道安徽省林业新闻超过1000条。③加强投入保障。做好项目谋划，整合项目资源，加大项目和资金的争取力度，2013年中央和省财政安排林业项目建设资金达到26.8亿元，较上年增加4.8亿元，其中中央财政18.9亿元、省财政7.9亿元；新增林业贴息贷款27.96亿元、贴息资金8320万元，贷款增量位居全国第二位、存量位居全国第三位。特别是在实施千万亩森林增长工程中，省政府安排5亿元造林补助资金，并首次于造林前下达各地，带动市、县财政投入28.8亿元，吸引社会资本投入150多亿元。④加强队伍保障。基层林业机构和队伍建设进一步加强，阜阳市、怀宁县、凤台县等地正式恢复乡镇林业站机构设置；森林公安派出所正规化建设深入推进，认定和续认三级以上派出所110个；“三优”木竹检查站创建活动扎实开展，全省已有29个县(市、区)75个木竹检查站共703人基本实现了财政供给保障。林业系统认真落实中央八项规定和省委三十条规定，扎实开展群众路线教育实践活动，作风建设和党风廉政建设不断加强，监督检查力度进一步加大，继续开展了林业重点项目资金稽查，查处了个别地方森林公安违规上路执法问题，预防涉林职务犯罪和林业系统治理公路“三乱”工作取得了明显成效。

存在问题 ①深入推进千万亩森林增长工程的任务还很艰巨。尽管工程建设开局良好，但进展不平衡，少数任务重的地方压力较大、推进困难，任务完成还有缺口；有些地方挖掘造林空间不扎实，规划不科学，分配落实任务依靠行政命令，没有很好发挥市场机制作用，没有充分尊重基层和群众意愿；一些地方造林主体不落实、管护不到位，加上受持续高温干旱天气影响，新造林补植补造任务艰巨；不少地方森林抚育工作滞后，重造轻管，粗放经营较为普遍，林分质量整体偏低。②森林资源保护管理的任务还很艰巨。不少地方不同程度地存在违法违规占用林地情况，森林火灾在局部区域和时间段呈高发态势，松材线虫病、美国白蛾等重大林业有害生物蔓延和危害呈加剧趋势，“大树进城”现象还未得到遏止，乱捕滥猎、乱采滥挖野生动植物现象时有发生。③全面深化林业改革的任务还很艰巨。集体林权制度配套改革推进不平衡、成效不突出，林权管理服务体系不健全，林权交易市场不完善，还存在规则不明晰、流转不顺畅、监管不到位和资源评估、林权抵押、林业担保的实现机制不健全等问题；营造林、防火防虫等专业队伍和森林资产评估、采伐调查设计、木材检验等社会化中介机构培育不充分，现代林业经营体系建设相对滞后；强林惠林的公共财政政策尚不配套，林业投融资渠道不畅通、总体投入不足，公益林补偿标准较低、补偿方式单一，国有林场民生问题突出、发展活力不足，改革任务刚刚破题；林业综合执法改革、林木采伐改革等进展不快、成效不明显等。④林业产业经济发展的任务还很艰巨。森林资源利用率不高，不少企业仍然采用“小作坊”的生产方式，林业产品低端化；林业“航母”企业缺乏，企业与农民的利益连接机制不完善；家庭林场、农民林业合作社等新型林业经营主体不多、不强，林业产业化经营程度不高；林业三产明显偏低，森林生态休闲等服务业和林下经济发展尚未形成区域规模和特色优势等。

【《安徽省林权管理条例》出台】 9月26日，《安徽省林权管理条例》(以下简称《条例》)经安徽省第十二届人民代表大会常务委员会第五次会议审定通过，自2013年12月1日起施行。《条例》分为总则、林权登记、林权流转、林权市场服务、林权争议处理、法律责任和附则7章，共45条，是安徽省第一部系统全面的林权管理地方性法规，也是全国第一个林权管理综合性地方立法。《条例》规定，公民、法人、其他组织获得林权，依申请而进行林权登记；在林权流转时，林地所有权不变，林地使用权和森林、林木的所有权或者使用权可以依法进行转包、租赁、互换、转让、入股、抵押等。《条例》对林权登记制度和登记程序进行了规定，并明确了林权流转方式和流转双方权利和责任，以规范集体经营林权的流转；同时，突出了林权市场服务体系建设，规范了林权争议处理程序等。《条例》的出台对于规范林权管理，维护林权权利人的合法权益，保护森林资源，将起到重要的保障作用。

【全省组织开展千万亩森林增长工程“植树造林周”活动】 2月6日，省委省政府决定，从2013年春节后上班第一天(2月16日)开始，在全省组织开展千万亩森林增长工程“植树造林周”活动。“植树造林周”的主题为“全民植树造林，建设生态强省”；主要内容有丘陵增绿突破工程、山地造林攻坚工程、平原农田防护林提升工程、创建森林城镇、森林村庄、建设美好乡村、创建森林长廊等十大系列植树造林活动。春节后上班第一天，省委书记张宝顺、省长李斌、省政协主席王明方、省委副书记孙金龙等35位省级领导，与省市机关干部群众、在肥部队官兵1200余人，在合肥滨湖新区开展义务植树活动，带头转作风、树新风，为打造生态强省、建设美好安徽挥锹添绿。各市、县(市、区)纷纷响应，把开展植树造林作为农村工作的中心任务，紧紧围绕千万亩森林增长工程，党政领导和干部职工带头参与，广泛动员机关干部、城镇居民、农村居民等社会力量，上下联动，因地制宜开展了形式多样的植树造林活动。各部门、各行业、各社会团体积极响应，踊跃投身造林绿化，驻地部队、工青妇组织纷纷组织营造“八一林”“工会林”“共青林”“巾帼林”等纪念林；人防、气象、银行等部门和武警部队主动参战，积极营造“人防林”“气象林”“银行林”和“武警林”；交通部门认真谋划、科学规划，积极开展森林长廊建设；林业部门组织开展了全省万名林业科技人员服务千万亩森林增长工程活动，广大林业科技人员陆续奔赴林业生产一线，开展技术服务指导；省委宣传部专门部署春季植树造林活动的宣传报道工作，中央及省内主要媒体积极行动，《安徽日报》、省电视台、省广播电台和中安在线均开设专栏、专版，加大宣传力度，全省植树造林的氛围空前浓厚。处处呈现“植树造林、人人参与”“新年添新绿、新春树新风”的生动局面。“植树造林周”期间，全省共组织县级以上党政机关干部参加的植树活动477项，参加义务植树的机关干部和群众达20多万人、植树296万株。其中，省、市两级党政机关为主体的植树造林活动137项。

【实施林下经济发展“5211工程”】 2013年2月，安徽省政府办公厅出台《关于加快林下经济发展的实施意见》，决定全面实施林下经济发展“5211工程”，提高林地利用率和产出率，促进农民增收和经济发展，力争到2016年，全省形成五大特色林下经济示范片（即沿淮淮北林下中药材与蔬果种植、沿江苗木种植与生态旅游休闲、江淮丘陵种植养殖、大别山中药材种植与采集加工、皖南山区采集加工与森林旅游五大特色林下经济示范片），发展林下经济面积达到133万公顷，林下经济产值在2011年基础上翻一番，直接参与林下经济发展的林农人均收入翻一番。

《意见》提出了加快林下经济发展的三大支持政策：①多渠道筹集发展资金。积极引导社会资本、工商资本、金融资本投入林下经济发展，整合和统筹资金支持林下经济发展，逐步建立政府引导，农民、企业和其他社会主体共同参与的多元化投入机制。②落实税收优惠政策。符合条件的小型、微利农民林业合作社、合作林场等，可享受国家相关扶持政策。农民生产林下经济产品，符合税收相关规定的，依法享受有关税收优惠政策。从事林下经济发展的各类市场主体在生产经营中所得，依法减征、免征所得税。对林农销售自产的林下产品，免征增值税；农民、村民委员会签订的林下产品收购合同，免征印花税；企事业单位从事林业生产所得，可以免征、减征企业所得税。③加大金融扶持力度。对具备发展潜力的林农、大户、林业合作组织及龙头企业发展林下经济，优先给予信贷扶持；支持符合条件的企业创办林权抵押担保收贮机构，建立村镇银行支持林下经济发展新机制；支持开办林权抵押贷款；加大对符合条件的林下经济发展项目财政贴息扶持力度。

各地抓住契机，积极行动，大胆尝试，把发展林下经济作为林改后激活林业生产力的重要突破口，坚持政策推动，科技支撑，龙头带动，全省初步形成了以林下种植养殖、林下资源采集加工、森林生态旅游为主体的林下经济产业格局。据统计，到2013年年底，全省发展林下经济面积达59万公顷，从事林下经济的农业人口625万人，实现产值148.5亿元。其中，以食用菌和中药材主的林下种植面积16.8万公顷，产值34亿元；林下养植面积4.6万公顷，产值26亿元；森林生态旅游面积16万公顷，产值64亿元；林下采集加工面积21.6万公顷；产值16亿元。

【“兴林抑螺”工程建设成效显著】 2013年5月，第三次全国林业血防工作会议在安徽省召开，与会代表参观了安庆市抑螺防病林工程建设现场，对省林业血防工程建设成效予以充分肯定。主要做法：①在思路上逐步完善。从单纯的造林向综合治理转变，从单一目标向多重目标转变，确立了“预防为主，标本兼治，综合治理，群防群控，联防联控”的工作方针，建立了多部门联动的协调机制，明确了“兴林、抑螺、利民、富民”四位一体的发展目标。②在空间上逐渐拓展。从20世纪80年代中后期的小面积试验造林，到“八五”期间全省实施“兴林抑螺”工程，再到2006年国家启动实施抑螺防病林工程，工程建设范围由个别乡镇逐步扩大到9个市33个县（市、区），治理区域从“三滩地”全面拓展延伸到平退圩垸和支流岗冲的低洼地、丘岗等，并且更加注重血吸虫病的预防和防治成果的巩固。③在经营机制上不断创新。加强政策扶持，充分发挥市场机制的作用，创新林业经营主体。企业、单位和造林大户等各种社会主体纷纷通过拍卖、租赁、承包或出资购买等形式承包造林，林苗一体、林农一体、林经一体、林禽一体、林游一体等新型造林模式不断涌现，开辟了农民致富的新途径。全省共兴办“兴林抑螺”乡村林场90多个。④在改善民生上积极作为。广泛开展林下间作，发展林下经济，增加农民收入，不断改善疫区民生。

【扬子鳄野外放归取得阶段性成果】 作为国家15个野生动植物重点拯救项目之一，从2003年起，国家林业局决定启动扬子鳄保护与放归自然工程，将人工繁育的扬子鳄放归大自然，就地恢复野生种群。到2013年，安徽扬子鳄国家级自然保护区共计在郎溪县高井庙放归区实施了9次扬子鳄扩大野外种群放归自然活动，成功放归野外的扬子鳄已达54条。目前，这些放归的扬子鳄均已适应当地生活环境，并开始繁育后代，累计产卵5窝88枚，自然孵出幼鳄54条，扬子鳄野外放归取得阶段性成果。

【池州市成功创建“国家森林城市”】 池州市是全国首个国家生态经济示范区，境内山区丘陵圩区兼有，森林类型多样，有国家级自然保护区2个、省级自然保护区3个，国家、省级森林公园4个，国家湿地公园2处。长期以来，该市始终高度重视造林绿化和资源保护，坚持“生态立市”发展战略不动摇。特别是自2011年启动创建“国家森林城市”以来，池州市引入“林水相依、林城相依”的先进理念，按照“以城带乡、城乡一体、部门联动、整体推进”的总体部署，坚持高位推动、工程驱动、科技带动、宣传发动、上下联动的工作机制，着力构建“一核、四级、三区、多点”的城市森林空间格局，全力打造山水环绕、城乡一体、特色鲜明、景观优美、充满活力的江南绿色新城。全市共实施城镇、道路、村庄等“创森”重点工程项目217个，完成投资13.1亿元，共栽植乔灌木1300多万株，花草370多万平方米，道路绿化400多千米，新增城市绿地600多万平方米，绿化河流5条，改扩建市县级公园41个。全市森林覆盖率达到58.21%；城市绿地面积达到2500万平方米，中心城区绿化覆盖率达到47.9%，净增2.3个百分点；人均公园绿地达到17.1平方米，净增3.2个百分点，树种的自然丰富度等40项主要指标均达到或超过国家标准。据评估，池州市森林和湿地服务功能价值近1000亿元。2013年8月，池州市通过了国家验收组组织的创建国家森林城市考核验收；9月被全国绿化委员会、国家林业局授予"国家森林城市"称号，成为安徽省首个获此殊荣的城市。

【林业大事】

1月17日 省长、省千万亩森林增长工程建设领导小组组长李斌主持召开省领导小组第一次全体会议，部署2013年工程建设任务。省领导小组副组长、省委副书记孙金龙、副省长梁卫国、省军区副司令员陈德亮出席会议并讲话，省领导小组副组长、武警安徽总队司令员朱永和，省政府秘书长韩先聪和领导小组全体成员参加会议。省领导小组办公室主任、省林业厅厅长程中才参加会议并汇报工程建设进展情况。

1月30日 省林业厅党组召开2012年度民主生活会，梁卫国副省长参加会议并作讲话。省林业厅党组书记、厅长程中才主持会议。

2月5日 省政府办公厅出台《关于加快林下经济发展的实施意见》(皖政办〔2013〕4号)，决定全面实施林下经济发展"5211工程"。

2月16日 省暨合肥市党政军领导和机关干部大型义务植树活动在合肥滨湖新区举行。省委书记张宝顺、省长李斌、省政协主席王明方等领导及来自省市60多家机关单位的干部群众共1200余人参加义务植树劳动。

2月17日 省军民共建"八一林"活动在合肥启动。梁卫国、陈德亮等领导与驻皖部队官兵共同参加义务植树，陈德亮副司令员发表动员讲话。

3月8日 省政府在合肥召开千万亩森林增长工程重点县植树造林调度会，梁卫国出席会议并讲话。会议通报了全省和重点县千万亩森林增长工程植树造林进展情况。

3月9日 省森林防火指挥部召开2013年全省春季森林防火工作电视电话会议，研究部署春季森林防火工作。副省长、省森林防火指挥部指挥长梁卫国出席会议并做讲话，会议通报了近期全省森林火灾发生情况。

3月12日 省政府举行2012年安徽省国土绿化状况新闻发布会并发布《2012年安徽省国土绿化状况公报》。

4月1~30日 省林业厅组织在全省范围内开展打击破坏野生动物资源违法犯罪专项行动(代号"天网行动")。

4月15日 省林业厅制定出台《安徽省占用征收林地定额管理办法》(林资〔2013〕23号)，进一步规范占用征收林地定额管理工作。

4月15日 安徽省淮南市荣获全国绿化模范城市称号，桐城市等4个县(市、区)荣获全国绿化模范县称号，安徽省稻香楼宾馆等10个单位荣获全国绿化模范单位称号，徐进等28名同志获得全国绿化奖章。

5月6日 省林业厅在合肥召开全省林业局局长会议，总结2012年工作，研究部署和推进2013年各项工作。梁卫国对会议召开作出重要批示，程中才在会上作工作报告，国家林业局驻合肥森林资源管理监督专员办专员向可文到会指导。

5月19~20日 中国林学会竹藤资源利用分会在安徽省霍山县召开第一届中国竹藤资源利用学术研讨会。全国政协人口资源环境委员会副主任、中国林学会理事长、国际竹藤组织董事会联合主席江泽慧和副省长梁卫国出席会议开幕式并讲话；省林业厅厅长程中才、国家林业局驻合肥专员办专员向可文、国家林业局有关司局负责同志以及来自全国竹藤资源培育和加工利用领域的专家学者、相关企业负责人参加会议。

5月19~21日 江泽慧一行来皖，先后来到霍山县、金寨县，考察大别山区生态建设。程中才、向可文及有关司局负责同志陪同考察。

5月24日 省政府在歙县召开全省油茶产业发展调研座谈会。副省长梁卫国和原省人大常委会主任、省木本油料协会名誉会长孟富林出席会议并讲话，原省人大常委会副主任、省木本油料协会名誉会长吴天栋出席会议，省林业厅厅长程中才作工作报告。

5月28日 第三次全国林业血防工作会议在安徽省安庆市召开，国家林业局局长赵树丛，全国政协人口资源环境委员会副主任、国家林业局血防顾问组主任江泽慧，副省长梁卫国出席会议并讲话。与会代表参观了安庆市抑螺防病林工程建设现场。

6月25日 《安徽省森林防火办法(修订草案)》经省人民政府第7次常务会议审定通过并颁布，于2013年9月1日起正式施行。

7月14日 中国安徽黄山国家森林公园与加拿大班夫国家公园缔结"友好公园"签字仪式于在加拿大阿尔伯塔省班夫国家公园举行。国家林业局局长赵树丛与加拿大国家公园管理局副局长杰夫·安德森代表双方共同签署结对协议。

7月23~24日 全国林业厅局长座谈会在合肥召开。国家林业局局长赵树丛出席会议并讲话。省委常委、合肥市委书记吴存荣陪同与会代表参观合肥市千万亩森林增长工程会上，安徽等10个省、市作典型汇报。

8月5日 《安徽省国有林场改革试点方案》获国家发展改革委、国家林业局批复。安徽省作为全国7个国有林场改革试点地区，滁州市和黄山市黄山区被列入试点地区，共涉及39个国有林场。

8月17日 省政府办公厅印发实施新修订的《安徽省森林火灾应急预案》。

8月19日至12月31日 根据国家林业局的统一部署，安徽省组织在全省范围内开展打击破坏野生动物资源违法犯罪专项行动(代号"雷霆行动")。

8月20日 省林业厅公布第四批安徽省林业产业化龙头企业名单，共691家(复审企业373家、新申报企业318家)。

9月9~10日 全国油用牡丹产业发展战略研讨会在铜陵市召开，原国家林业局副局长、中国林业经济学会理事长、中国油用牡丹专家委员会主任李育材出席会议并作主题报告；省林业厅厅长程中才出席会议并致辞。

9月24日 在南京召开的2013中国城市森林建设座谈会上，池州市被全国绿化委员会、国家林业局授予“国家森林城市”称号，成为安徽省首个获此殊荣的城市。

9月26日 《安徽省林权管理条例》经省第十二届人民代表大会常务委员会第五次会议通过、公布，自2013年12月1日起施行。

10月 省人大常委会开展《中华人民共和国森林法》和《安徽省实施〈森林法〉办法》执法检查。省人大常委会副主任沈卫国、宋卫平分别率队赴宿州、滁州市和铜陵、安庆市实地开展森林法执法检查；同时委托亳州、淮南、六安、宣城、黄山5市人大常委会组织开展执法检查。

10月25~26日 国家林业局副局长张建龙来皖考察指导林业工作，先后深入到合肥、宣城市实地考察国有林场、森林公园、自然保护区和苗木基地建设工作。副省长梁卫国在肥会见张建龙一行，省林业厅厅长程中才陪同考察。

10月25~27日 由国家林业局和安徽省政府共同主办、主题为“促进林业发展，圆梦美丽中国”的第十一届中国·合肥苗木花卉交易大会在肥西县中国中部花木城成功举办。张建龙、梁卫国、牛立文等领导参观了交易展览现场，并启动开通中国中部花木城网络信息交易平台。

11月18日 省长王学军专程到省林业厅调研指导工作。要求要全面深化改革，在造林护林活林兴林上下功夫，推进林业持续快速健康发展。

11月19日 省政府批复同意《安徽省林地保护利用规划(2010~2020年)》。

11月20日 全省农田水利基本建设暨造林整地现场会在定远县召开，省委副书记李锦斌出席会议并讲话。

12月13日 省绿化委员会、省千万亩森林增长工程建设领导小组办公室、省林业厅发出《关于开展“三线三边”绿化提升行动的指导意见》，组织各地从2014年起，结合创建森林城镇、森林村庄和森林长廊，以“三线”补绿扩带、“三边”扩绿改造和城乡绿化见缝插绿为重点，实现“三线”、“三边”和城乡绿化增量提质的目标。

12月30~31日 省林业厅在阜阳市颍上县召开全省“三线三边”绿化提升行动暨“三项创建”现场会。省委宣传部副部长、省文明办主任贺懋燮和省林业厅厅长程中才出席会议并讲话。

（安徽省林业厅办公室供稿）

福建省林业

【概　述】 2013年，福建省林业部门围绕建设“生态省”和“美丽福建”目标，按照改善生态、改善民生要求，推进林业改革与发展，圆满完成各项任务。

森林资源“双增” 据第八次全国森林资源清查结果，福建省森林覆盖率65.95%，森林面积801.27万公顷，森林覆盖率持续保持全国第　；森林蓄积6.08亿立方米。其中，天然林面积423.58万公顷，天然林蓄积3.59亿立方米；人工林面积377.69万公顷，人工林蓄积2.49亿立方米。与第七次全国森林资源清查相比，森林面积净增34.62万公顷，森林覆盖率由63.10%提高到65.95%，森林蓄积净增12 359.87万立方米，提前实现省第九次党代会和“十二五”规划确定的森林资源“双增”目标。

造林绿化美化 全省完成造林绿化总面积22.56万公顷，占任务的112.8%。其中，“绿色城市、绿色村镇、绿色通道、绿色屏障”工程造林3.75万公顷，福银高速公路福州至南平段森林生态景观示范段建设完成造林221.67公顷。完成中幼林抚育29.73万公顷、封山育林59.2万公顷，木材战略储备基地建设3.92万公顷。森林城市创建取得新突破，2013年新增省级森林城市(县城)7个(累计19个)，厦门市成为全省首个“国家森林城市”。

集体林权制度改革 认真落实《福建省政府关于进一步深化集体林权制度改革的若干意见》，2013年全省新增各类林业贷款211.93亿元，其中林权抵押贷款20.88亿元；森林综合保险参保面积超过733.33万公顷、参保率超过90%；新增林业专业合作社187家、累计1945家，涉及农户41.1万户，经营面积45.87万公顷。加快扶持林下经济发展，落实省级以上专项资金5900万元，市、县(区)财政同期安排资金对林下经济发展予以扶持，建设林下经济发展示范基地666.67公顷，2013年全省林下经济产值706亿元。

林业产业 全省林业产业总产值3610亿元，比2012年增长17%。其中，规模以上林产工业产值完成3137.2亿元，销售产值实现3030.2亿元，出口交货值完成243.49亿元。新增中国驰名商标3枚(累计22枚)，区域品牌1个，新获评福建名牌产品73个(累计170个)。成功举办林博会、花博会、中国·海峡项目成果交易会林业项目对接会、中国国际投资贸易洽谈会林业投洽会，全省利用外资6.6亿美元，新增涉林台资企业10家、实际利用台资6317万元(累计465家、实际利用台资7.5亿美元)。

森林资源保护 加强自然保护区、重要湿地、“三沿一环”等重点生态功能区的强制性保护，省级以上公益林补偿标准每公顷提高到255元。在全国率先开征森林资源补偿费，森林资源补偿费征收标准为国家级生态公益林每平方米收取90元，省级生态公益林每平方米收取60元，重点生态区位商品林每平方米收取30元。

新增国家级自然保护区2处(累计13处)，新增国家湿地公园1处(累计4处)，闽江河口湿地被评为“中国十大魅力湿地”。开展福建“树王”评选活动，首批评出10个树种的“树王”。15个县(市、区)完成古树名木挂牌保护工作。组织实施10多个珍贵、濒危野生动植物小种群保护繁育项目，加强野生动物保护和疫源疫病防控，有效保护国土生态安全和生物多样性。出台《福建森林防火条例》，修订完善《福建省森林火灾应急预案》，加强森林消防队伍建设，提高森林火灾防控水平，全省森林火灾发生率1.48次/10万公顷，受害率0.15‰，低于省定“双控”指标。落实松材线虫病等重大林业有害生物防控责任，强化监测预警、检疫御灾和应急防治工作，全省林业有害生物防治率92.5%，其中松材线虫病除治率100%。强化林业执法，组织开展打击破坏鸟类等野生动物资源、非法占用征收林地、“绿盾2013”检疫执法等专项行动。

林业科技　推进省种业创新与产业化工程、花卉品种引进与创新和省第四期林木种苗科技攻关等项目，新建林木良种基地179.93公顷，认定首批林业骨干苗圃54家，供应各类苗木4.86亿株。组织实施森林培育、生态建设与修复、林产品深加工等重点领域40多项省级以上科研项目，13项林业科研成果获省科学技术奖。通过第11届中国·海峡项目成果交易会平台，成功对接林业项目成果87项。完成7个省地方标准制修订工作，推进8个国家级、2个省级以上林业标准化示范区建设。实施林业科技推广示范项目34个，新增示范基地2000公顷，省级以上科技推广资金2450万元。举办农村实用技术远程培训12期，1700多名林农免费参加大中专学历教育。成立国家杉木工程技术研究中心，福建省林业职业技术学院被科技部命名为第二批国家级科技特派员创业培训基地。

林业生态文明　依托森林公园、湿地公园、自然保护区等平台，持续推进林业生态文明教育基地等创建管理，传播生态文明理念。新评选认定省级生态文明教育基地21个(累计30个)、生态文化村20个(累计50个)、生态文化示范企业12个(累计32个)。编辑出版《林业谚语浅析》等森林文化丛书，编印《福建树王(一)》画册。

机关建设　深入开展机关党建机制创新，在省直机关基层党组织书记学习贯彻十八大精神示范培训班交流会上作典型发言。开办8期海西林业大讲堂，推进厚德净心工程。认真落实中央八项规定和福建省实施办法，厅机关会议费、公务接待费等均同比减少40%以上；深入开展“四下基层”活动，践行“工作要上去，干部沉下去”抓落实机制，选派40名干部参加驻点指导造林绿化、第八次森林资源清查、推进重点项目建设、援藏、援疆等。在全省推进领导干部“四下基层”活动视频会议上作典型发言；深入开展“马上就办、办就办好”自查整改和示范点创建工作，进一步规范和提升行政服务中心建设水平；扎实开展党的群众路线教育实践活动，全厅征集意见1192条，梳理归类问题282个、已整改178个，已建章立制12个。深入开展民主评议政风行风和纠风工作，2013年民主评议政风行风省级参评单位电话暗访和57个省直单位服务基层群众满意度测评中省林业厅均名列第一。厅机关成立9个活动兴趣小组，开展丰富多彩的文体活动。厅机关工会被授予“全国模范职工之家”称号，省林业厅荣获“爱国拥军模范单位”。

【福建省第八次森林资源清查】　1月7日，福建省人民政府办公厅印发《关于做好第八次全国森林资源清查和第二次全国野生动植物资源调查工作的通知》，首次由省政府层面部署森林资源清查工作；省级财政配套500万元清查经费，各市、县(区)配套；在南平、三明、龙岩、福州举行4期培训班，培训调查人员700多人；抽调30名工程师以上的林业专业技术人员，组成15个质量检查组；每周调度清查工作进展和质量检查情况，定期编制工作简报。根据第八次全国森林资源清查结果，福建省森林覆盖率65.95%、持续保持全国第一，森林面积801.27万公顷森林蓄积6.08亿立方米。其中，天然林面积423.58万公顷，天然林蓄积3.59亿立方米；人工林面积377.69万公顷，人工林蓄积2.49亿立方米。乔木林每公顷蓄积量100.2立方米，生态功能等级达到中等以上的面积占95%。与第七次全国森林资源清查相比，森林面积净增34.62万公顷，森林覆盖率由63.10%提高到65.95%；活立木蓄积净增13 448.61万立方米，森林蓄积净增12 359.87万立方米；提前实现省第九次党代会和“十二五”规划确定的森林资源“双增”目标。

【福建省森林防火条例实施】　福建省首部森林防火方面的地方性法规《福建省森林防火条例》于2013年12月1日起正式施行。《条例》强化各级政府森林防火责任，实行行政首长负责制，并将森林防火工作纳入政府绩效考评内容；加强防火机构建设，县级以上地方人民政府和有森林防火任务的乡(镇)人民政府应当设立森林防火指挥机构；强化森林防火保障，对森林防火基础设施建设、森林防火经费、扑火队伍建设、森林火灾保险等保障措施专设一章予以规定；强化林权主体的防火责任，森林、林木、林地的经营者在其经营范围内承担森林防火责任；强化生物防火林带建设，新造林地应当配套建设生物防火林带；明确护林员应当履行的森林防火职责；规定森林防火期在森林防火区进行野外用火应当经县级人民政府或其委托的单位批准，野外用火应当符合安全要求；强化有关单位的森林防火宣传责任，规定中小学校应当将森林防火和避险知识纳入安全教育内容；对森林火灾扑救和灾后处置进行细化规定，规定灾后更新造林、恢复植被的责任落实；完善法律责任规定，对违反规定进行野外用火的，对单位最高可处以5万元的罚款。

【新增生态公益林补偿金超2亿元】　2013年度福建新增加省级以上生态公益林补偿金2.14亿元，全年省级以上生态公益林补偿金7.3亿元。《福建省人民政府关于进一步深化集体林权制度改革的若干意见》要求，从2013年起省级以上公益林补偿标准每年每公顷提高到255元。部分市、县财政加大对生态公益林补偿的投入，如厦门市级财政另补540元/公顷、达795元/公顷，晋江市在省、市基础上再补 75 元/公顷、达 360 元/公顷。

【"2013 年福建十大树王"评选】 由福建省绿化委员会、福建省林业厅联合主办的"2013 年福建十大树王评选"结果于 12 月 10 日揭晓。南平市夺取福建柏、柳杉、闽楠、银杏和桂花 5 项树王"桂冠"，成为首批入选树王最多的设区市。福州、宁德、龙岩、三明和泉州市推送的古树分别夺得榕树王、马尾松王、杉木王、南方红豆杉王和樟树王。评选活动于 5 月全面启动，在"福建省林业厅官方网站"和"人民网福建频道"开通两个投票渠道，按照公众投票与专家评审相结合的办法，评选出综合得分最高的"树王"，并对"树王"的古树名木管理单位给予 10 万元专项保护资金。评选树王的范围为分布在福建省行政区域内、目前存活且树形完整的古树名木。"树王"应是在原有生态环境下自然生长的完整树木，并且满足树龄最老、树木最高、胸径(地径)最粗、冠幅最大、树形最奇特、保护价值最高等 6 项指标中一项以上。

【福建"五个一"部署防范禽流感】 针对春季一些地方 H7N9 禽流感发生的严峻形势，福建省林业厅采取"五个一"部署进行防范。即：启动一个预案——《福建省陆生野生动物疫源疫病应急预案》，加强巡护监测，实行日报告制度；下发一个通知，要求各地把野鸟 H7N9 禽流感病毒作为近期重点监测防控对象，及时收集、分析疫病动态；采集 1100 份样本，做好野鸟 H7N9 禽流感病毒监测溯源工作；在重点疫源鸟类分布区和疫情发生传播高风险环节、场所，加大排查力度，消除隐患；集中力量组织开展"保护野生动物资源，科学防控野鸟 H7N9 禽流感"等主题宣传活动。

【福建新增一处国家湿地公园】 12 月 31 日，长汀汀江国家湿地公园获批，成为福建第四个国家湿地公园。长汀汀江国家湿地公园位于长汀县中南部，地理坐标为北纬 25°31′43″~25°38′5″，东经 116°20′18″~116°24′54″，公园总面积 590.9 公顷，其中湿地面积 448.7 公顷。长汀汀江国家湿地公园生物多样性丰富，已查明维管束植物 115 科 304 属 424 种，其中湿地植物有 145 种；野生脊椎动物 180 种，其中湿地动物鱼类 50 种、两栖类 7 种、爬行类 1 种、鸟类 11 种，共 69 种。

【福建新增闽江河口湿地和茫荡山 2 处国家级自然保护区】 6 月 4 日国务院办公厅发布，福建新建闽江河口湿地和茫荡山 2 处国家级自然保护区，累计 13 个国家级自然保护区。福建闽江河口湿地国家级自然保护区位于福建省长乐市境内，地处中亚热带和南亚热带过渡区的滨海湿地，具典型的中、南亚热带过渡区滨海湿地生态系统。总面积 2260 公顷，保护区是东亚—澳大利西亚候鸟迁徙通道上的重要驿站、越冬地和庇护所，以河口湿地生态系统、中华燕鸥、黑脸琵鹭、东方白鹳、勺嘴鹬等众多濒危动物物种和丰富的水鸟资源为主要保护对象，属野生动物类型自然保护区。福建茫荡山国家级自然保护区位于福建省南平市延平区，总面积 9442.3 公顷，以重要的杉木原生种群和种质资源、典型的中亚热带沟谷森林生态系统、丰富的珍稀濒危野生动植物资源为主要保护对象，属森林生态系统类型自然保护区。

【南平市林业】 2013 年南平市林业经济保持持续发展的良好势头，林区社会和谐发展。

造林绿化 全市造林绿化面积 3.47 万公顷，占任务的 109.9%，其中人工造林更新 1.7 万公顷，林分修复补植 1.22 万公顷，"绿色城市、绿色村镇、绿色通道、绿色屏障"工程 4466 公顷。大力推广不炼山造林，全市不炼山造林面积达 4026 公顷，为历年最多；森林抚育 3.82 万公顷。

示范项目扎实开展 认真组织实施森林资源培育示范项目，完成福银高速公路森林生态景观示范段 36.35 公顷，浦南高速公路森林生态景观示范段 38.57 公顷，无患子示范片 186.4 公顷，油茶示范片 88.67 公顷，生物防火林带示范带 179.8 公顷，毛竹丰产高效示范片 6 片，丹桂示范点 3 个，百合花示范点 2 个。

森林"双增" 开展年度森林覆盖率和蓄积量约束性指标完成情况检查考核工作，2013 年市森林覆盖率 74.75%，超过省政府下达的 2013 年度目标 2.17%，森林蓄积量为 15 815.09 万立方米，超过省政府 2013 年度目标值 1419.16 万立方米。

林业产业 全市林业规模以上工业产值 375 亿元，增长 18%。木材产量继续降低，全市人造板产量 137.43 万立方米，同比下降 8.59%。其他较少消耗本地林木资源的林工产品稳中有升，机制纸、活性炭、松香及再加工产品产量增幅增大，机制纸及纸板产量 41.72 万吨，增长 24.28%；活性炭产量 7.85 万吨，增长 9.94%；松香及再加工产量 0.97 万吨，增长 83.02%。

资源保护 在宁上、松建、浦南、龙浦等 4 条省际高速公路口设立武夷山洋庄、松溪木城、浦城官路、浦城富岭 4 个省际林业检查站，遏制林木资源非法外流。全市共发生森林火灾 18 起，森林火灾发生率 0.86 次/10 万公顷，下降 18.18%。全市林业有害生物累计监测面积 206.07 万公顷，主要林业有害生物发生面积 3.86 万公顷，防治面积 3.79 万公顷，防治率达 98.97%。

特色林业 出台《南平市苗木花卉产业规划》《无患子产业发展实施意见》等文件，完成《南平市林下经济发展规划》编制。森林旅游发展加快，新增光泽武夷天池国家级森林公园 1 处，顺昌华阳山、邵武瀑布林、邵武云灵山 3 家森林人家获评五星级森林人家，茫荡山自然保护区升级为国家级自然保护区。

民生工程 林业危旧房改造工程改造续建项目 4276 套，竣工、基本建成和封顶装修 4027 套，主体施工和基础地下室施工 249 套，完成投资 2.04 亿元，累计投资占总投资的 92.5%；新开工项目计划 2139 套，实际开工 2143 套，开工率 100%。

【三明市林业】 三明林业创新思路、扎实工作，林业改革与发展呈现良好态势。

资源培育 营造林超额完成，完成造林绿化 3.61 万公顷、占省定任务的 114%。珍贵用材树种造林 1400

公顷、生物防火林带建设1533.33公顷、福银高速尤溪段森林生态景观示范段建设86.67公顷，超额完成省定任务。永安实行造林绿化更新保证金新机制，成立全省首个中国绿色碳汇专项基金；森林经营逐步提高，森林抚育10.46万公顷、封山育林2.41万公顷，占省定任务的448%、103%。实施国家木材战略储备基地、森林抚育补贴等项目4.71万公顷。制定全国首个《国家木材战略储备基地地方规范》。建设各类示范片233.33公顷；特色种植快速发展，笋竹产业新建基地8000公顷，产值109.2亿元、同比增长13%。油茶产业新建基地4066.67公顷，产值12.6亿元、同比增长34%。花卉苗木产业新建基地4133.33公顷，产值12.7亿元、同比增长56%。

林权改革 新建合作组织199个、累计1284个，新发放林权抵押贷款10.6亿元、累计75.7亿元、余额31.8亿元。121.49万公顷商品林参加森林综合保险、参保率96%。林下经济经营面积10.33万公顷，实现产值90.2亿元。梅列、三元、永安、明溪、建宁被评为省级林下经济发展示范县。

林业产业 规模以上林产工业产值493.6亿元、同比增长9.7%。人造板、制浆造纸、林产化工等产业链63项投资千万元以上重点项目开工率89%，19项龙头技改项目开工率79%。新增省林业产业化龙头企业9家。三明被中国林业产业联合会评为中国木质活性炭产业基地。中国(永安)竹具城与淘宝、建行等联合开展网络营销。清流春舞枝成为销售过亿电商龙头。"林品汇"网上商城实行线下体验和线上购买营销新模式。

生态林业 资源管理日益完善，根据第八次全国森林资源清查结果，森林覆盖率74.17%，森林蓄积量1.65亿立方米，提前实现"十二五"目标。完成《2011～2015年林地保护利用规划》编制；重要生态区位保护持续有力，调整划定重要生态区位林61.71万公顷，天宝岩、峨嵋峰等自然保护区规范化项目进展顺利，省级以上自然保护区均完成全省第二次野生植物资源调查，无发生野生动物重大疫情；森林生态文化加快开发，开展三明林业精神、标志、歌曲征集活动，编撰《三明市森林文化形成、探索与发展》，新增省级生态文明教育基地4个，三明市、尤溪县荣获省级森林城市(县城)称号。森林旅游业产值1.3亿元、同比增长28%。"三防"体系得到强，全市森林火灾发生率1.5次/10万公顷、受害率0.17‰，病虫害成灾率0.6‰、防治率100%，均控制在省定指标内。查破行政和刑事案件5319起、挽回损失0.3亿元。泰宁、大田等实行联防联动管护新机制，永安率先建立森林巡防专业队。

开放林业 第九届海峡两岸林业博览会按照"政府服务、市场主导、企业唱戏"运作模式，建成林业商品交易中心、全国首家林业大宗商品交易中心，"林品汇"网上商城，体现新定位、新布展、新价值，从短期办会向天天林博会、从政府主导向市场运作、从注重场面向节俭实效、从传统业态向现代商务、从综合会展向专业特色等转变。现场销售额3206万元、贸易订单26.7亿元，林业大宗商品交易额突破1600亿元，签约项目121项、总投资168.7亿元。林产品进出口贸易实现"双增长"，林产品进口1.2亿美元、同比增长64%，出口2.0亿美元、同比增长31%、占全市的15%。项目合作和科技对接更加密切，新引进台资项目12项、总投资2.0亿美元，台企12家、总投资1.1亿美元，台湾"五新"成果23项、推广74.67公顷。

管理服务 自身建设不断增强，在全省率先开展"美丽林场"建设，全市国有林场营业收入1.6亿元、利润0.2亿元。完成18个基层林业站和森林派出所修缮或新建。创建二级森林派出所4个、三级6个。服务基层有效落实，在中国·海峡项目成果交易会上对接林业项目25项、总投资5.2亿元。新建扑火、营造林、采伐、森防等专业队伍42支、累计418支。开展科技培训186期、科技下乡375次，实施省级以上科技攻关和推广项目21项、总投资3150万元。林业管理水平提高，创新智慧林业，启用市县一体化协同办公系统，将乐县金森林业被国家林业局评为智慧林业管理示范单位。

【龙岩市林业】 龙岩市大力推进生态市建设，开展"生态建设年"活动，加快森林龙岩建设，有效促进生态文明建设。重点实施林业生态"六大工程"。

森林生态景观工程 全市完成造林绿化3.19万公顷，占任务的119.6%，其中"绿色城市、绿色村镇、绿色通道、绿色屏障"工程建设5913.33公顷，占任务的118.3%；建立珍贵树种用材林基地示范片374.53公顷。①重点生态区位生态景观林。在高速公路进出口、服务区、枢纽互通周边可视一面坡建立生态景观林示范点101公顷。②美丽乡村。建设市级绿化示范乡镇35个、绿化示范村120个、绿色社区(居委会)35个、绿色校园115个。加快长汀全国现代林业和生态文明示范县建设。

森林生态修复工程 全市完成水土流失区造林1.36万公顷，占任务的123.9%。汀江国家湿地公园成为福建第四个国家湿地公园，以林业生物措施为主的水土流失治理"长汀经验"进一步提升推广。①林分结构改造。全市种植阔叶树2.52万公顷，占造林总面积的79%，阔叶树造林面积连续两年超过针叶树。②森林生态修复。在沿路、沿江和环城一重山等重要生态区位修复森林生态2.26万公顷，占造林总面积的70.7%。③近自然经营。全面实行不炼山造林，推广机械条带劈杂造林。实施25.27万公顷重点生态区域封山育林。

森林生态保护工程 ①加强林地保护管理。认真组织开展打击非法占用林地专项整治行动，抓好整改措施落实。做好林地报批工作，积极服务"五大战役"项目建设。②加强生物多样性保护。在全省率先全面暂停天然阔叶树采伐，组织开展打击非法采伐天然阔叶树专项行动。出台《关于切实加强森林生态保护工作的通知》，从严限制开垦，禁止毁林种竹，禁止乱挖树桩、树根。③加强森林防火和森林病虫害防治。全市发生森林火灾23起，受害面积255.8公顷，分别占省控指标的15%和16%；防治林业有害生物3.55万公顷，防治率100%。④严厉打击破坏森林资源行为。先后组织开展市区联合打击整治龙津河流域非法占用林地行为、打击破坏候鸟等野生动物资源、打击整治非法运输木材专项执法行动等专项行动。⑤加强涉林矛盾纠纷调处。开展涉林矛盾纠纷“大排查、大调处”活动，建立由林业局、法院和司法局组成的人民调解、行政调解和司法调解“三位一体”的大调解体系。全市调处山林纠纷432起、166.67公顷。

生态富民产业工程 ①林产工业加快转型升级。全市实现林业工业产值143.2亿元，同比增长16.1%。新创福建省名牌产品6个，龙岩市知名商标10件。②花卉苗木产业发展强劲。市政府从2013年连续3年安排1000万元资金用于扶持花卉苗木产业发展。全市种植花卉苗木8866.67公顷，实现产值30亿元，同比增长30.3%、22.4%。上杭、武平、连城3县省级现代农业(花卉)发展专项资金项目建设全面完成。③竹业稳步发展。实施60个革命基点村丰产毛竹林示范工程。实现竹业总产值43.7亿元。上杭、永定2县省级现代农业(竹业)发展专项资金项目建设全面完成。④林下经济发展加速。积极探索林药、林菌、林蜂、林禽、林旅等林下经济发展模式，加快巴戟天、铁皮石斛、金线莲等产业发展壮大。全市林下经济经营面积达20.35万公顷，实现产值49.4亿元。

森林文化发展工程 ①加强文化阵地建设。新建省级生态文明教育基地4个。②发展森林旅游。全市新增2处19户星级森林人家，达19处61户。全市森林旅游接待游客418万人次，同比增长4.3%；创造社会总产值16亿元，同比增长18.5%。③创建森林城市。市委、市政府把创建森林城市作为2013年为民办实事项目，成功创建省级森林城市，龙岩市被第五届中国生态文明与绿色竞争力大会评为“2013中国最具生态竞争力城市”。在全省率先开展“树王”评选活动，开展“创森杯”摄影大赛、征文赛等活动。

林权制度改革工程 ①放活经营权。全市林权流转面积累计10.67万公顷。②落实处置权。在坚持限额采伐的前提下，全面推行按可伐森林资源份额分配指标、按林龄大小排序安排伐区，落实林农对商品林的采伐自主权。③确保收益权。森林综合保险实现全覆盖，参保面积达153.4万公顷，完成2013年任务。开展林权抵押贷款，成立林权收储担保中心和林权流转交易中心，累计放贷30.03亿元，居全省前列，贷款余额9.25亿元，抵押林地面积13.96万公顷，其中2013年新增贷款7.44亿元。全面开展生态公益林护林员管理机制改革，改“村聘村管村用”为“乡聘站管村用”，取得明显成效。

【福建森林资源补偿费1月1日执行】 根据福建福建省财政厅、林业厅联合下发的《福建省森林资源补偿费征收使用管理暂行办法》，从2013年1月1日起，对使用国家级生态公益林、省级生态公益林、重点生态区位商品林林地的，分别按照每平方米30元、60元、90元的标准收取森林资源补偿费(2013～2015年交通基础设施建设项目减半征收，所收资金用于高速公路两侧红线内造林绿化)。森林资源补偿费收入全额纳入省级财政国有资源有偿使用收入预算管理，实行专款专用，专项用于森林生态景观改造、树种结构调整和重点生态区位非国有林赎买等森林资源培育、保护和管理。

【林业大事】

1月24日 国家林业公益性行业科研专项“长汀红壤侵蚀区生态经济型植被恢复技术研究”项目启动会在长汀召开。

2月4日 武夷山自然博物院选址论证会在福州召开，省委常委、副省长张志南出席会议并讲话。

3月22日 省委书记尤权、省长苏树林、省政协主席张昌平等前往福州市马尾东江滨生态休闲公园，与省委、省人大常委会、省政府、省政协班子领导及300多名机关干部、驻榕部队官兵一起参加全民义务植树活动。

3月24日 省野生动植物保护协会与省博物院在福州联合举办第31届爱鸟周科普知识讲座，主题为“与鸟共舞，爱护鸟类”。

3月25日 福建省第八次全国森林资源清查动员大会在福清灵石国有林场召开。

4月3日 福建省林业厅召开全省墓地植树绿化电视电话会议。

5月15日 福建省绿化委员会、省林业厅在福清灵石山国家森林公园召开2013年福建省“树王”评选活动启动会。

5月26日 省文明办、省民政厅、省林业厅、团省委和省广播影视集团共同主办的“为爱种福——大型生态公益行”活动在华南女子学院正式启动。各主办单位主要负责人与社会各界500多名爱心人士一起参加植树活动。

5月27日 省林业厅举办2013年第二期“海西林业大讲坛”活动，国家林业局气候办常务副主任、中国绿色碳汇基金会秘书长李怒云博士，就“应对气候变化与生态文明建设”作专题报告。

6月8日 陈荣凯副省长到省林业科技试验中心考察现代农业花卉设施项目。

6月17日 第十一届中国·海峡项目成果交易会在福州海峡国际会展中心开幕。

6月18日 省林业厅在会展中心召开林业院(校)企项目对接会。

7月22日 省林业厅召开全厅党的群众路线教育实践活动动员部署大会，省委督导组到会指导，厅党组书记、厅长、厅教育实践活动领导小组组长陈家东代表厅党组作动员报告，厅机关全体干部职工、厅直属单位领导班子成员、厅机关离退休干部职工中的党员共400人参加会议。

7月31日 武夷山市洋庄、松溪县木城、浦城县官路、浦城县富岭等4个省际林业检查站获省政府批准建立。

8月7～9日 福建省林业厅党的群众路线教育实践活动处级以上领导干部专题研讨班在武警福建省森林总队教导队集训基地开班，学员包括7名厅级干部和近100名处级干部。

8月23日 福建省重大动植物疫情防治指挥部林业办公室启动厦门、漳州、泉州松材线虫病联防联控机制。

8月26日 在福州召开省林业厅机关第九届一次工会会员暨第四届一次职工代表大会，选举产生新一届工会委员会。

9月8日 福建省林业厅与加拿大不列颠哥伦比亚省政府国际贸易投资办公室、林业发展投资处和艾伯塔省政府中国办事处在厦门共同召开福建—加拿大不列颠哥伦比亚省、艾伯塔省林业投资贸易洽谈会。

9月21日 由福建农林大学和福建省林业科学研究院联合组建的国家林业局杉木工程技术研究中心挂牌成立。

9月18日 厦门市荣获"国家森林城市"称号。

12月5日 福建省林业厅召开干部职工大会，省委组织部宣读省委关于陈则生为省林业厅党组书记、厅长的任职决定。

12月13日 科技部公布第二批国家级科技特派员创业培训基地，福建省林业职业技术学院申报的"国家林业局南平国家科技特派员创业培训基地"成为福建获批的3家单位之一。

12月26～27日 全国木材战略储备基地建设暨国际贷款现场会在顺昌县召开，福建省洋口林场等30家单位被授予国家储备林示范林场。

12月28日 "中国梦 中国福"首届十大新闻人物颁奖典礼在福州举行，厦门渔民林北水数十载致力荒岛造林绿化，获"十大新闻人物特别奖"。

（福建省林业由刘建波供稿）

江西省林业

【**概　述**】 2013年，江西务林人紧紧围绕建设生态文明示范省和生态林业民生林业的目标任务，坚持"一手抓稳定，一手抓发展"的工作思路，大力实施"森林城乡、绿色通道"建设，深入推进集体林权制度改革和国有林场改革，狠抓森林资源培育、保护和利用，不断繁荣生态文化，各项林业事业又好又快发展，为建设富裕和谐秀美江西作出新的贡献。

森林资源培育 通过开展"造林质量年"活动，大力实施林业重点工程，全面推进"森林城乡、绿色通道"建设，全省完成植树造林16.91万公顷，占年度造林计划的106.6%，其中山上造林13.43万公顷，占年度任务的106.4%；山下造林3.48万公顷，占年度任务的107.5%。完成国家重点工程项目人工造林9.84万公顷，实施封山育林工程4.52万公顷，实施森林抚育补贴试点项目10.67万公顷。完成欧投贷款江西生物质能源林示范项目造林3088.16公顷、亚行贷款江西林业发展项目造林7878.7公顷、亚洲开发银行贷款"江西省林业发展"全球环境基金赠款项目示范林380公顷。新建各类速生丰产林6.67万公顷，完成毛竹低产林改造0.2万公顷。全省划定国家储备林0.75万公顷，完成木材战略储备基地示范项目造林1.13万公顷。出台《省政府办公厅关于加强林木种苗工作的意见》《江西省保障性苗圃管理暂行办法》，进一步规范林木良种的生产和使用，落实国家级和省级重点林木良种基地建设、省保障性苗圃基础设施建设和省级种子贮备库建设专项资金1500万元。启动全国林业碳汇计量体系建设，在87个县(市、区)布设12个类型的211个固定监测样地，采集与测定样品4285份，实施江西林业碳汇储量和年森林碳汇增量定量监测。

森林资源保护 省林业厅出台《关于进一步加强和规范全省林政资源保护管理工作的通知》，确定全省林地保有量到2020年达到1076万公顷，明确市、县(区)林业部门林木采伐审批权限，强化林地保护管理和森林经营利用监管，规范树木采挖移植，打击破坏森林资源违法行为。开展全省林政资源管理大检查，对30个县(市、区)领导干部保护发展森林资源目标责任制执行情况、2012年度森林采伐限额执行情况、林地征占用及木材经营加工企业监管、近3～5年内林地变化图班等林政资源管理工作进行全面检查，查处林业行政案件19 228起。对南城、都昌、金溪3县开展重点整治行动，查处各类案件440起，对相关林业行政工作人员实行问责。严格森林采伐限额管理，全年下达木材生产计划688.5万立方米，占全省采伐限额的34.5%。省级审核(批)占用征收林地项目917项、面积7690.1公顷，征收植被恢复费4.68亿元，审核(批)项目数同比减少23%，植被恢复费同比增长6%，网上审核率和提前审核率均达100%。继续在崇义等8个县(市)开展森林可持续经营试点，推行森林经营方案编制，推进森林采伐改革，提高森林经营水平。

国家和省级生态公益林补偿标准统一由2012年的15.5元/(亩·年)提高到17.5元/(亩·年)，补偿资金由2012年的7.91亿元增加到8.92亿元。开展公益林省、市、县3级年度检查验收，对12个县(市、区)的公益林管护和补偿资金发放使用情况进行省级核查。全面开展公益林信息更新工作，实现公益林落界与全省林地"一张图"完整对接。继续对全省公益林实行综合险统保，全年公益林保险理赔81起，受损面积1490.5公顷，拨付赔付资金1789.53万元，恢复森林植被2700公顷。

省政府办公厅印发新修订的《江西省处置重特大森林火灾应急预案》，建立火险预警四级应急响应机制。森林武警部队营区建设顺利竣工，航空护林站示范化建设取得阶段性成果，全省县级专业森林消防队实现正规化管理，乡镇半专业扑火队标准化建设全面完成，全省森林消防队伍达到5万人，初步建成"以专业队为主体、半专业队为补充、森林武警和航空消防为尖兵"的多层次、立体式、专业化的扑火力量体系，实现全国森林防火综合考评"五连冠"。克服三季连旱异常气候的不利影响，森林火灾继续保持历史较低水平，全年发生森林火灾85起，过火面积2061.33公顷，受害森林765.4公顷，与"十一五"年均值相比，分别下降72.7%、65.5%和72.8%。

全省林业有害生物发生面积27.08万公顷，同比下降11.3%，连续4年呈下降趋势，未出现集中连片灾情，其中成灾面积0.14万公顷，成灾率0.15‰，低于国家下达的“十二五”5.5‰的控制目标。开展“森林城乡、保林护绿”林业植物检疫执法检查行动，连续3年在环庐山区域开展松材线虫病飞防作业。2012~2013年度，各疫情发生区采伐疫木31.6万余株，除治松林面积1.15万公顷，全面完成松材线虫病防控目标任务。

自然保护区、森林公园、湿地公园建设 江西大力推进保护地建设和管理，建立林业自然保护区、森林公园、湿地公园(简称“一区两园”)总面积186.2万公顷，占全省国土面积的11.1%。一区两园成为保护鄱阳湖“一湖清水”、保障区域生态安全的绿色屏障。

自然保护区 全省建立林业自然保护区240处，总面积121.7万公顷，占全省国土面积的7.3%，其中国家级13处，面积22.02万公顷；省级28处，面积27.90万公顷；市县级199处，面积71.77万公顷。建立自然保护小区1360个，总面积11.68万公顷。国务院批准庐山、赣江源2处保护区晋升国家级自然保护区，广丰铜钹山、婺源森林鸟类自然保护区晋升国家级保护区通过国家林业局评审。省级自然保护区标桩定界工作基本完成，规范并公布所有省级自然保护区功能区划图。经省政府同意，马头山、九岭山国家级自然保护区划归省林业厅管理。井冈山国家级自然保护区被省委宣传部、省社联授予2013年度江西省优秀社科知识普及宣传基地。

森林公园 建立森林公园170处，其中国家级45处、省级111处、市县级14处，经营总面积50.6万公顷，占全省国土面积的3%。国家林业局批准新增江西彭泽国家森林公园，省政府批准新增宁都县老鹰山等9处省级森林公园。全省森林公园年度投入资金16亿元，同比增长50%。

湿地公园 建立湿地公园65处，总面积13.9万公顷，占全省国土面积的0.8%，其中国家湿地公园18处，总面积11.4万公顷；省级湿地公园47处，总面积2.5万公顷。新增景德镇玉田湖、宁都梅江、婺源饶河源3处湿地纳入国家湿地公园试点，德安隆平等11处湿地纳入省级湿地公园试点。新余孔目江国家湿地公园获国家林业局正式授牌，东鄱阳湖国家湿地公园成为首批长江湿地保护网络试点自然学校。

湿地保护管理 省政协开展为期4个月的“江西省湿地保护与建设”专题调研，形成《省政协关于加强湿地保护，加快推进生态文明示范省建设的建议案》。常务副省长莫建成对该建议案作出批示，要求加强湿地保护的执法检查，加大宣传力度，处置非法占用及污染问题。省林业厅、省住建厅组成3个联合督查组赴11个设区市26个县(市)，对《江西省湿地保护条例》贯彻执行情况进行督查。省林业厅开展湿地生态补偿专题调研，并在永修县召开调研座谈会，听取环鄱阳湖各级政府和村民代表对湿地生态补偿的意见和建议。全面完成第二次全省湿地资源调查，启动《江西省省级重要湿地标准及第一批重要湿地名录》的拟定工作，积极组织鄱阳湖南矶湿地国家级自然保护区、东鄱阳湖国家湿地公园向国家林业局申报列入国际重要湿地。全省10个湿地保护项目获中央和省级湿地保护补助项目资金4118万元。

野生动植物保护 9月，省政府召开鄱阳湖越冬候鸟保护等4项工作电视电话会议。全省开展打击破坏鸟类等野生动植物资源专项整治行动，查处野生动植物行政案件220起，其中野生植物案件27起，涉及国家、省级重点保护野生植物800株；野生动物案件193起，查缴野生动物3986只(条，头)，没收鸟铳32支，清理“林网”309张，销毁“天网”400余张，收缴有害猎具4170副。召开鄱阳湖区越冬候鸟和湿地保护工作会议，11个单位、55个乡镇、3个民间组织获“2012~2013年度鄱阳湖区越冬候鸟和湿地保护工作先进单位”。

鄱阳湖区陆生野生动物资源调查通过国家林业局验收。完成2012年度环鄱阳湖区水鸟同步调查，记录到水鸟265 006只，其中白鹤3224只、雁鸭类215 589只。鄱阳湖因每年有大量的白鹤栖息而入选世界七大濒危野生动物栖息地奇观名单。全国首家候鸟医院在都昌县多宝乡李洞村揭牌成立。开展珍稀濒危物种黄喉噪鹛人工繁殖技术研究，成功繁育黄喉噪鹛3只。全省环志鸟类80余种4000余只，进一步掌握江西野生鸟类种类、数量和迁飞路线。1996~2012年间，江西鸟类资源新增记录61种，总量达481种。全省设置禁猎(采)区27个，总面积8.43万公顷。资溪、崇仁县村民搬离祖居地，养殖基地迁出水库，为保护野生动物腾地方。宜黄县干溪村105户村民整体搬迁，把山水之家让给国家一级保护动物中华秋沙鸭。

编制完成《江西省极小种群野生植物拯救保护工程实施方案》，全省11个重点市、县实施极小种群野生植物保护和珍稀濒危野生动物救护繁殖项目。全省建立野生植物就地保护点233个，总面积9.09万公顷。全省重点保护野生植物资源调查工作启动，完成华东黄衫、长柄双花木、长序榆、落叶木莲野外种群资源调查工作。第二次全省古树名木普查基本完成，全省有古树名木122 311株。玉山县采用GPS定位方法，将古树名木具体方位、图片、生长状况等信息录入电脑，用信息化手段科学管理古树名木。

省林业厅与国家濒管办福州办事处等7个部门联合成立“江西部门间CITES执法工作协调小组”，联合开展执法活动；并在南昌设立“国家濒危物种进出口管理办公室福州办事处南昌工作站”，开展江西野生动植物进出口许可监督检查等工作。

森林资源利用 2013年，全省林业总产值达2025.02亿元，同比增长24.4%，其中第一产业751.59亿元、第二产业816.58亿元、第三产业456.85亿元，分别同比增长9.1%、45.8%和20.5%；一、二、三产业产值比重由2012年的42:34:23，调整到2013年的37:40:23。全省有省级林业龙头企业258家，其中总资产超亿元的有57家，年销售收入超亿元的有56家。30家企业获发明或实用新型专利，20家企业获省级以上科技成果奖，5家企业进入上市辅导前的准备阶段。江西春源的“得尔乐”等7家企业产品商标获“中国驰名商标”，7家企业的9种产品在第十届中国林产品交易会上获金奖6个、银奖3个，2家企业的8种产品在第六届义乌国际森博会上获金奖2个、银奖3个、优秀奖3

个。江西南丰振宇实业集团有限公司等6家企业和奉新县县委书记张家良等5人被授予2012~2013年度"中国林业产业突出贡献奖"。

木竹加工业 全年生产商品木材324.06万立方米、大径竹13 722.15万根、小杂竹14.89万吨，生产木竹加工产品3861.76万立方米、林产化工产品38.70万吨、各类经济林产品585.33万吨。全年新增木材加工企业12家，总数达4745家，年耗木材687.35万立方米、竹材1.50亿根。《江西省凭证运输木材名录》实行重大调整，胶合板、木竹家具等24种木竹产品运输不再办理木材运输证，使4000多家企业(经营户)受益。飞宇竹业集团有限公司、绿洲人造板有限公司被列为2013年国家林业标准化示范企业。都昌县周溪镇民间艺人张立新创作的竹雕"中华五千年"成功申报吉尼斯世界纪录。南康家具博览会升格为国家级重点林业展会，成为江西木竹加工业发展的新亮点。

油茶产业 全年完成油茶林新造3.76万公顷、低改3.51万公顷，高产油茶林总面积突破20万公顷；油茶鲜果产量190多万吨，生产茶油10.3万吨，实现油茶产业总产值121.31亿元。全省规模油茶加工企业有37家，其中年产能超万吨的油茶加工企业9家，超5000吨的企业12家。国家林业局确定宜春市和赣州市为全国油茶产业发展示范市。全省认定24家企业为"江西省油茶产业重点企业"、37个油茶基地为"江西省油茶示范基地"和34家育苗户为油茶定点育苗单位。全省批复实施富硒山茶油股份有限公司等8个"五位一体"的油茶产业科技园建设，每个补助项目建设经费200万~800万元。丰城"御润坊"列入省政府重大项目调度名单。"高亚油酸油茶良种繁育与园艺化栽培技术示范""江西省都昌县油茶标准化示范区建设"项目申报获国家林业局批准。《油茶树整形修剪技术规程》《低产油茶林改造技术规程》经省质量监督局批准发布执行。

苗木花卉产业 全省实现苗木花卉产业综合产值240亿元。省政府办公厅出台《关于加强林木种苗工作的意见》，提出建立林木种子贮备制度和林木良种补贴制度。全省持有林木种子生产经营许可证的企业有7147家企业，其中新增林木种子生产许可证1048个、种子经营许可证1034个。全省有专业育苗户2000余家，采收种子149.1吨，可供2014年春季造林绿化苗木12.37亿株。实施国家种苗工程建设，建成种质资源库5个、良种基地40个、采种基地22个，省级种苗示范基地、省林木育种中心、省良种繁育中心各1个。确定国家级、省级重点林木良种基地各10处；落实林木良种补贴等专项资金4000万元。首次确定省级保障性苗圃34个，每个安排基础设施建设资金20万~30万元。全年新增苗木花卉基地1.73万公顷，同比增长25%；基地总面积突破8.33万公顷，同比增长24.9%。赣西花木大世界基础设施建设列入全省100个加大力度建设的基础设施方面重大项目，江南花卉苗木大市场列入100个加大力度建设的民生改善方面重大项目。

林下经济产业 2013年，江西被列为全国林下经济发展试点省，武宁县被列入首批国家林下经济示范基地。启动省级林下经济示范基地的推选认定工作，认定江西淦鑫实业发展有限公司林下种植基地等100个林下经济基地为"江西省省级林下经济示范基地"，认定安义县尚富种养专业合作社林下养殖基地为"江西省十佳林下经济示范基地"。乐安县采用"公司+基地+农户"的模式，引导山区农民发展林下经济，绿色农产品销售量达4万余吨，实现产值3.2亿元，带动3.5万户林农致富。全省林下经济总产值达154.24亿元，同比增长1.71倍。

野生动植物产业 全省新增野生动植物经营企业490家，总数达1548家，其中野生动物驯养繁殖企业580家、野生动物经营利用企业490家、野生植物经营利用企业478家。全年实现陆生野生动物繁育与利用产值8.2亿元。依法办理野生动植物行政许可424起，其中野生动物行政许可202起，涉及利用企业57个；野生植物行政许可222起，涉及樟树、香榧、桂花等重点保护植物7021株，涉及工程建设项目37个。国家林业局正式批复实施鄱阳湖引进麋鹿项目。江西萍乡衍龙生态王蛇有限公司、万安县野猪豪猪养殖合作社启动森林认证生产经营性珍贵濒危野生动物饲养管理试点。省林业厅安排野生动植物产业发展扶持资金200万元，扶持野生动物繁育利用企业13家、野生植物繁殖利用企业11家。

森林旅游产业 全年森林旅游与休闲产业实现收入321.15亿元，同比增长29.9%，直接带动相关产业产值1526.75亿元；接待游客5437.69万人次，同比增长25.2%，其中境外游客690万人次。全省有森林旅游专业队伍7000人，吸收社会从业人员4万余人；有车船1748台(艘)、游步道9842千米、接待床位4万张、餐位6.7万个。宜春明月山等7个森林公园入选2013年"中国最具网络人气最美森林旅游景区"，婺源县灵岩洞等3个景区入选全国特色精品旅游目的地，宜春明月山被评为"中国最具影响力森林公园"。省林业厅与北京锦绣嘉华国际文化有限责任公司、江西独好文化传媒有限公司联合推出"江西风景独好·森林旅游"年票，将全省55处森林公园和湿地公园旅游景点整体打包，向全国发行10万册。

集体林权制度改革 1月18日，武宁县罗坪镇长水村村民致信国务院总理温家宝。2月19日，温总理批示，要坚定不移地推进林改，把林区建设好，把农村发展好。为打造长水村林改品牌，省林业厅成立挂点帮扶工作组，完成长水村林业发展总体规划等10项帮扶措施。

林权交易 2013年，全省累计开展林权交易777项，成交面积3.57万公顷，成交金额10.28亿元。26个县全面实现林权交易信息披露、交易报价、资金结算、规则制度和监督管理"五统一"，40个县(市、区)实现信息披露和交易报价的统一。遂川、信丰等56个县级林权交易中心转变为林权管理服务中心。发展林产品网上销售电子商务，引进2000余家企业入驻商城，6000余个林业产品上线销售，实现销售额0.34亿元。

林权抵押贷款 全省开展林权抵押贷款业务17.98亿元。南北联合林业产权交易股份有限公司分别与交行等4家银行签订战略合作协议，新获业务授信96亿元。兑现2012年度林权抵押贷款贴息补助资金1370余万元；新增林权抵押贷款贴息补助资金961万元，对3000

余家林业龙头企业、国有林场、造林大户、林农的林权抵押贷款给予贴息。

专业合作社　全省有林业专业合作社2129个，入社农户28.6万户。创建新建县绿源井冈油茶专业合作社等50家农民林业专业合作社省级示范社，并从中遴选出泰和县桥头镇店前等“全省十佳农民林业专业合作社”。

森林保险　全面推行林木综合自然灾害保险，全省在保森林面积866.67万公顷，其中公益林340万公顷，商品林526.67万公顷，参保率94.2%，参保面积、保费及综合险参保率继续走在全国前列，形成森林保险的“南昌模式”和“宁都模式”。全省累计获中央财政森林保险补贴4.37亿元，提取巨灾风险准备金1582万元。

国有林场改革　8月5日，国家正式批复江西国有林场改革试点方案。9月10日，省政府召开全省国有林场改革工作电视电话会，对国有林场改革试点工作进行再动员、再部署。本着“先行、先试、先改”的原则，国有林场改革试点工作总体平稳。赣州、宜春等9个设区市改革实施意见出台，寻乌、星子等92个县(市、区)改革方案上报省国有林场改革领导小组。袁州、湖口等61个县(市、区)基本完成人员分流安置工作，累计分流安置职工3.42万人。全省林场职工参加基本养老保险8.5万人，参保率87.4%；参加基本医疗保险9.1万人，参保率93.8%；96.4%的场办学校和82.3%的医疗单位移交地方。未参保退休职工享受生活补助5003万元，232个林场的49 977名职工享受到困难企业职工参加城镇医疗保险补助政策。国家新安排的13 951户国有林场危旧房改造任务全面开工，落实中央和省级资金2.1亿元，全年竣工1.5万户(含2012年续建项目在内)。

林业科技教育　省林业厅作出《关于加快林业科技创新 推动生态文明示范省建设的决定》，召开全省林业科技大会，制定《江西省林业科技发展规划(2013～2020)》，表彰省林科院农林生物技术应用研究所等25个林业科技工作先进集体和中国林科院亚林中心钟秋平等51名林业科技工作先进个人。争取中央财政科技推广项目20项和国家林业局、省公益性行业科研专项等项目13项，合计经费2500多万元。国际珍稀濒危动物——白颈长尾雉就地保护关键技术与应用研究获江西省科技进步奖二等奖；木本生物质能源树种选择、繁殖与油脂转化技术研究，油茶实用技术图解丛书2项获省科技进步奖三等奖。江西人工公益林的关键生态过程与调控等4个项目、广东紫珠规范化种植技术研究与示范等3个项目分获第五届梁希林业科技奖二等奖和三等奖。宜春市举办的全国林业科普基地之博物馆科普活动和笋竹集约经营及加工利用关键技术培训获第四届梁希科普活动奖。跨区域中央财政林业科技推广示范项目“杉木湿地松抚育经营繁育技术”获全国项目验收排名第一。国家林业局同意支持建设九连山和庐山2个生态定位站。

油茶科技服务　开展以“油茶科技入基层，指导林农促增产”为主题的“2013年全省油茶科技服务活动”，组建油茶科技服务咨询、科技特派员、科技服务指导员3支队伍，对列为2012年度油茶产业示范县的39个油茶种植企业和大户提供技术服务；建立覆盖全省的油茶科技服务网络，签订服务协议98份，开展技术指导949日次，撰写服务日志485篇；举办油茶技术培训班92期次，参训人员4812人次；开展送油茶科技下乡活动63次，发放技术手册等各类资料5.87万份。省林业厅出台《油茶产业科技园建设项目绩效评价办法》，赣县“宝葫芦”等8个在建油茶科技园实施进展顺利。全省实施油茶标准化示范区项目8个。

樟树科研开发　国家林业局樟树工程技术研究中心筛选出樟树5个化学类型的优良品系17个，收集、保存樟科6属31种共510份基因资源，系统开展樟科5属17个树种的核型研究、6属21个树种的系统发育研究，以及樟科31个树种的采种、育苗和生物学特性等观测研究，研究出旋光性乙酸龙脑酯和乙酸芳樟酯生产新技术并试生产。芳樟香料林和林下经济复合经营2个省级林业标准化示范区建设进展顺利。

森林认证　完成靖安县首个南方集体林区森林认证试点任务并获认证证书。启动森林食品基地认定工作，出台《江西省森林食品基地认定办法(试行)》，明确森林食品基地认定的原则、程序和审核监督措施。开展林业转基因安全状况调查，掌握全省林业转基因发展的总体情况。

林业教育　省林业有害生物控制技术实训基地被评为国家林业局高等职业教育示范性实训基地。江西环境工程职业学院联合120多家单位组建江西林业职业教育集团，完成大专招生2216人，五年制招生1545人，并先后与赣州市光华职业技术学校等8所学校开展中高职对接培养，毕业生就业率90.8%，获全省2010～2013年度就业工作先进集体荣誉称号。江西环境工程学院学生邹微获“北美枫情杯”2014届全国林科高职生组十佳毕业生，7名学生被评为全国林科优秀毕业生。

林业生态文化　启动省级林业生态文化示范教育基地(村)创建活动，出台《江西省林业生态文化示范教育基地(村)创建实施办法》《江西省林业生态文化示范教育基地创建考评标准》和《江西省林业生态文化示范村创建考评标准》，并决定从“森林城乡、绿色通道”建设省级资金中对创建单位实行以奖代补。鹰潭、萍乡等7个设区市和芦溪、广昌等11个县(市、区)开展林业生态文化示范教育基地和示范乡镇(村)建设。全省新建森林生态科教馆(博物馆)19个，宁都县东龙古村等10个村确定为全省生态文化教育示范村。省林业厅与中国绿色时报社合作开展生态文明三面翻科普宣传牌项目基本完成，分别在庐山国家级自然保护区、赣州市森林动物园、鄱阳国家湿地公园安装。7月1日，第27届全国荷花展暨国际荷花学术研讨会在萍乡市莲花县开幕，中国荷花协会和全国26个省(自治区、直辖市)荷花协会代表，105家莲产企业代表，以及俄罗斯、澳大利亚等7个国家和地区的代表参加展会。2013年12月，首次举办2013中国永修吴城国际湿地观鸟节，300名国内外专家、旅游团体代表参加开幕式。鹰潭市入选中国国际广播电台“国际在线”主办的全球网民推选中国生态城市。新建县南矶中心小学、龙南县龙南镇第三小学被中国野生动物保护协会命名为全国未成年人生态道德教育示范学校。省林业厅被评为全省鄱阳湖文明生态示范村创建暨“文明帮建”先进单位。

林业资金投入 全年林业计划投资74.10亿元，实际完成投资82.02亿元，同比增长7.9%。其中，实际到位国家预算内资金50.43亿元，增长1.04%；国内贷款5.09亿元，增长54.71%；利用外资0.65亿元，减少46.3%；自筹资金13.52亿元，减少4.1%；其他资金9.60亿元，增长22.9%。生态建设与保护完成投资35.18亿元，同比增长5%；林业支撑与保障完成投资7.67亿元，同比增长13%；林业产业发展完成投资14.86亿元，同比增长13.4%；林业民生工程完成投资6.71亿元，同比增长32.1%。全年林业固定资产计划投资2.47亿元，同比增长149%；实际完成4亿元，增长33.8%。实施林业利用外资项目17个，实际利用外资1138万美元。累计林业贷款余额23.8亿元，同比增长4.5%。下达中央财政贴息资金6837万元，同比增长4.1%。

全年落实中央和省级林业建设资金40.1亿元，其中中央资金26.05亿元、省级资金14.05亿元。落实国有林场危旧房改造中央配套基础设施建设资金1.7亿元、省级资金1.4亿元。下达中央和省级财政生态公益林补偿资金8.9亿元，其中新增补偿资金1.02亿元，省级补偿资金居全国前列。森林防火项目中央基建投资4933万元，同比增长10%；森林病虫害防治项目中央投资1100万元，同比增长10%，投资总额居全国前列。国家林业局安排江西农业综合开发项目资金3560万元，同比增长23%。落实省财政竹产业发展专项资金5000万元，是2012年的5倍。全省林业规费收入9.85亿元，同比增长29%，其中征收森林植被恢复费6.86亿元，同比增长50%；征收育林基金2.99亿元，同比减少2.2%。

【温家宝总理回信武宁县长水村】 1月18日，武宁县罗坪镇长水村村民致信国务院总理温家宝。2月19日，温总理批示：“林改是强大的动力，它使林区生产生活条件得到改善，使生态环境得到保护，使林农得到实惠。长水村的变化，充分说明了这一点。要坚定不移地推进林改，把林区建设好，把农村发展好。林改很有潜力，大有可为。请向长水村的村民问好。”2月22日，省委书记苏荣、省长鹿心社分别批示省林业厅，要求派专人去长水村转达温家宝总理的关心和问候，继续深化林改工作，加快发展林业经济，进一步促进农村发展、农民增收。2月24日，省林业厅厅长阎钢军等专程到长水村传达温总理以及省委书记苏荣、省长鹿心社和国家林业局局长赵树丛的批示精神，并就帮扶长水村发展进行调研。2月25日，省林业厅召开党组会议，专题研究全省继续深化林改、帮扶长水村加快发展的意见和措施，并成立长水村挂点帮扶工作组。

【连续第五年新春植树团拜活动】 2月16日，春节后上班第一天，省委书记苏荣、省长鹿心社、省委副书记尚勇、省政协主席黄跃金率省四套班子领导，与省市机关党员干部、驻赣部队官兵、青年志愿者和当地群众2000余人一起，在南昌市经济技术开发区杜鹃茶花博览园参加义务植树活动，栽植各类苗木1万余株。全省11个设区市和116个县(区)也举行新春植树活动，参加人数达34.77万人，栽植树苗399.84万株。2013年，全省参加义务植树人数2056万人。央视《新闻联播》《人民日报》等中央新闻媒体对活动进行报道。自2009年以来，省领导和省市机关干部在每年春节后上班第一天参加“新春植树团拜活动”，以植树的形式互贺新年。5年来，3.25万省直机关干部参加新春植树活动，共栽植树苗17.1万株，使南昌市红谷滩新区卧龙山景区、青山湖区世界都市候鸟公园、高新区瑶湖森林公园、高新区瑶湖郊野森林公园郁郁葱葱，成为南昌绿色休闲区的新亮点。

【鄱阳湖入选世界七大濒危野生动物栖息地奇观】 3月，零灭绝联盟(AZE)公布经网络评选出的世界七大濒危野生动物栖息地奇观名单，江西鄱阳湖因每年有大量的白鹤栖息而入选。AZE从其研究确定的全球587个濒危野生动物栖息地中选出20个入围栖息地，通过社交媒体(Facebook)发起世界七大濒危野生动物栖息地奇观评选，全球超过10万网民进行网络投票。其他6大濒危野生动物栖息地奇观为：毛里求斯罗德里格斯大陆——罗德里格斯狐蝠，秘鲁阿布拉·帕特里夏——长须鸮，哥伦比亚——金毒蛙，印度尼西亚罗地岛——麦氏长颈龟，巴西拉苏达卡捷琳娜——李尔氏金刚鹦鹉，智利鲁宾逊·克鲁索岛——胡安·费尔南德斯火冕蜂鸟。世界七大濒危野生动物奇观评选，旨在通过联合国生物多样性保护公约，使世界各国共同致力于拯救世界级野生动物物种及其栖息地。AZE由35个国家的88个杰出保护生物多样性组织为呼吁国际社会保护濒危野生动物栖息地而发起。

【林业植物检疫执法专项行动】 3~10月，全省开展“森林城乡、保林护绿”林业植物检疫执法检查专项行动，组织检疫执法1125次，出动林检人员4867人次，省林业厅与相关部门开展联合执法检查355次，检查涉木企业2724家、电力部门205家、通信部门215家、大型建筑工地314家，检查木竹材10.7万余立方米，木质包装箱和线缆盘7908个，查处案件50起，涉案木竹材701.3立方米。

【首次林业碳汇监测专项调查完成】 6~9月，按照国务院《国家“十二五”控制温室气体排放工作方案》和国家林业局《林业应对气候变化“十二五”行动要点》，江西首次开展林业碳汇计量监测体系建设专项调查工作，并顺利通过国家级验收。调查内容包括乔木层、灌木层、草本层、枯落物层调查和土壤调查，按森林起源、类型布设样地。全省完成分布在87个县(市、区)的211个样地调查、4285份样品的采集与测定工作，其中灌木样品2490份，枯落物样品635份，草本样品590份，土壤环刀样品379份，土壤有机质样品191份；完成2010年森林碳储量和2010、2011、2012年森林碳变化量的测算，分析了森林碳库空间分布状况和单位面积碳储量(碳密度)。

【“森林城乡、绿色通道”建设】 “森林城乡、绿色通道”建设列入省政府绩效管理10项重点内容之一。6月20日，省政府办公厅转发《全省“森林城乡、绿色通道”建设工作考核办法》，对各市、县(区)开展该项建设情况进行量化考评，评出设区市一等奖1名、二等奖2名、三等奖3名和优秀县(区)20个，由省政府通报表扬，并在资金安排上予以倾斜；对考核评分低的市、县(区)政府，要求向省政府作出书面说明，同时调减林业项目资金；对被列为森林防火、有害生物防控重点管理的县(市、区)，取消其评先资格。11月5日，省林业厅、省财政厅印发《关于对全省“森林城乡、绿色通道”建设实行项目化管理的通知》，从2013年起对该项建设实行项目化管理，实施内容包括森林城市创建、森林乡村创建、通道绿化提升、绿道建设、生态富民产业5大工程。项目实行自下而上的申报程序，在县级自查和市级复查基础上，由省林业厅组织省级核查，提出综合评价意见，作为表扬奖励和核拨省级补助资金的重要依据。省林业厅抽调110名干部，组成35个调研督导组，由挂片厅领导带队，先后对全省各市、县(区)开展3次大规模集中调研督导，并对各地建设情况进行通报和排名。继新余市成功创建“国家森林城市”之后，其他9个设区市申报创建“国家森林城市”得到国家林业局批复同意；全省54个市、县(区)启动“省级森林城市”创建工作。“森林十创”活动继续推进，全省新增“森林社区”“森林街道”“森林单位”“森林小区”“森林校园”“森林营区”“森林园区”“森林学校”等743个，新增“森林乡镇”260个、“森林村庄”1469个。全省新增通道绿化达标里程513千米，达标率68.2%；提升通道绿化达标里程2052千米，达标率75.6%。各地依托城郊、乡村田野和森林景区的生态资源，建成一批生态型、郊野型和都市型绿道，为群众健身、休闲、娱乐提供更多去处。全省投入“森林城乡、绿色通道”建设经费100多亿元。中国绿化基金会与南昌市政府、江西省林业厅合作，共同设立“中国绿化基金会绿色南昌专项基金”，作为南昌市建设“森林城乡、花园南昌”募集社会资金的平台。

【竹雕“中华龙”入吉尼斯世界纪录】 6月22日，吉尼斯世界纪录中国认证官到都昌县对该县周溪镇张家垅村民间艺人张立新的竹雕“中华五千年”进行现场认证，宣布竹雕“中华五千年”申报吉尼斯世界纪录成功，并现场颁发吉尼斯世界纪录荣誉证书。竹雕“中华五千年”又名“中华龙”，系张立新耗时1240天创作而成，采用天然毛竹雕刻，没有胶接和拼装，纯属手工镂空艺术，其造型独特、巧妙。作品以天然竹兜做龙头，竹根做龙须，竹梢做龙尾，竹身56节象征中华56个民族，长度13.461米象征中华13亿多人口。从盘古开天地至孙中山先生共有288位历史代表人物跃然其上，其中78位帝皇、210位惊世名人，呈现华夏子女为龙的传人。

【江西首条绿道开通】 6月25日，南昌市举行全省首条绿道——艾溪湖绿道开通仪式。仪式结束后，省、市领导等骑自行车体验该条绿道。该绿道总长15千米，分人行道和自行车道，自行车道用红色沥青摊铺，统一宽度为3米，顺时针骑行安排在右侧；人行道用黑色沥青摊铺，宽度因地制宜。艾溪湖绿道的建成，对于倡导绿色、低碳、文明的新理念，培养市民亲近自然、保护生态、热爱绿色的健康生活方式将产生积极的推动作用。随着江西首条绿道的开通，各地掀起绿道建设高潮。赣州市会昌县以湘江为纽带，启动百里湘江绿色生态长廊建设，将湘江沿线革命历史、人文古迹和现代文化点串联起来，既创新绿道建设模式，又丰富绿道文化内涵；井冈山市在泰井高速及其连接线33千米路段投入1900万元，精心打造杜鹃长廊绿化景观林带，栽植10余个杜鹃品种310万株，实现通道绿化锦上添花。

【森林公安获全国森林公安工作考评“六连冠”】 6月27日，全国森林公安机关2012年度综合考评结果揭晓，江西省森林公安局获第一名，实现“六连冠”，省委书记强卫、省长鹿心社专门作出批示给予表扬。7年来，江西省森林公安一直保持全国“排头兵”的引领地位，成为全国森林公安工作的一面旗帜。江西森林公安机关在全国率先理顺管理体制，解决执法、保障不畅等历史遗留问题的基础上，全面开展园林式派出所、规范化派出所创建活动，新建、改建森林公安派出所267个，占派出所总数的95%，获全国“三基”建设第一名。率先出台《江西省森林公安机关效能现场督察记分及处罚办法(试行)》，实现“3000民警无大的违纪违法、上千警车无大的违规使用、400多局所无大的效能投诉”的“三无”佳绩，首创的“32条铁规铁纪”从严治警经验在全国推广。建成全国第一个独立的森林公安案件检测鉴定中心，录入信息2000多万条。全面实现网上办公、办案，“以信息主导警务”的崭新格局走在全国前列，成为全国森林公安信息化示范建设单位。开展“绿色旋风”行动、打击非法侵占林地、保护鄱阳湖候鸟行动、“两清理一禁止”专项整治、打击野生动物及其制品网络犯罪等战役，查处各类案件2万多起，追究刑事责任超千人，挽回直接经济损失过亿元，保障江西林业改革发展顺利推进。

【《江西国有林场改革试点实施方案》获批】 8月21日，国家发展改革委员会、国家林业局正式批复江西省国有林场改革试点实施方案，要求江西加强国有林场改革组织领导，统筹推进林场管理机构和基础设施建设等改革试点工作，建立支持国有林场健康发展的长效政策体系；科学界定国有林场性质，理顺国有林场管理体制；妥善安置林场职工，全面剥离场办社会职能；创新经营机制，加强国有林场森林资源监管。

【《关于加强林木种苗工作的意见》出台】 10月8日，省政府办公厅印发《关于加强林木种苗工作的意见》。提出到2020年，全省主要造林树种良种使用率达到80%以上，项目造林良种使用率达到100%；全省苗木花卉种植面积达到13.33万公顷，苗木花卉综合产值突破1000亿元。确定林木种苗工作八项重点任务是加强林木种质资源保护和利用，加强林木良种基地建设，完善种苗生产供应体系，加大品种审定和推广力度，强化科技支撑，推进苗木花卉产业发展，提高种苗质量与市场监管水平，健全社会化服务体系。提出建立林木种子贮备制度，加大资金投入，重点支持林木良种补贴、省级林木良种基地建设等。要求各市、县(区)逐步建立林木良种补贴制度，强化各项政策支持。

【首个竹木企业集装箱国检区建成】 10月14日，江西省首个竹木产品企业集装箱国检监管区在位于宜丰县的江西康替龙竹业有限公司建成并运行。集装箱进入厂区后，检验检疫部门通过远程“遥控”就地检疫消毒、封柜，凸显出口竹木产品仓储、集装箱检疫消毒、监装、直通放行等一体化口岸放行功能。从而实现竹木产品出口检验放行“零距离”和出口竹木从公司到国外客户的“门对门”运输，以及竹木出口时间的可控，增强公司订单生产、货物出运的计划性，缩短物流周期，降低企业成本。国检区建成后，该公司的竹木产品出口与原在上海港口报关出口相比，每个集装箱报关出口费用降低5000余元，全年可降低成本1000多万元；原需3~7天的报关报检，可一天完成。

【粤赣湘桂携手推进南岭生态功能区规划】 9月8日，广东、江西、湖南、广西4省(区)在贵州省贵阳市共同签署《推进粤赣湘桂南岭山地森林及生物多样性生态功能区规划编制和建设工作备忘录》，4省(区)政府主要领导出席仪式，分管领导分别代表所在省区签署备忘录。根据备忘录，各省区将结合各自比较优势，争取国家支持该区域作为国家重点生态功能区保护和建设试点，推进功能区基础设施相互衔接，建立区域公益林生态补偿机制，共同开展信息库建设、生态环境保护合作、旅游资源开发合作、重大项目规划编制等工作。4省(区)将成立由省级政府分管领导共同参与的粤赣湘桂推进生态功能区规划编制工作小组，统筹协调重大事项，保障工作顺利开展。南岭山脉为中国南部最大山脉和重要自然地理标记，是长江水系与珠江水系的重要分水岭，也是中国南方保存面积最大的原始森林，有2000多种植物和200多种野生动物。

【环鄱阳湖候鸟保护骑行活动】 11月18~22日，第四届环鄱阳湖国际自行车大赛组委会组织江西科技师范大学候鸟保护骑行队、鄱阳县双港镇长山村候鸟保护骑行队、江西鄱阳湖国家级自然保护区执法骑行队以及10多家新闻媒体记者，联合开展以“骑行生态区，守护母亲湖”为主题的环鄱阳湖候鸟保护自行车骑行活动。省委书记强卫为骑行队授旗，省委常委赵智勇、副省长谢茹、省政府顾问孙刚出席出征仪式。骑行队从南昌出发，途经鄱阳湖畔的永修、湖口、都昌、鄱阳、余干5县，行程1000余千米，通过宣传调查、座谈交流、观鸟护鸟、环保体验等系列公益活动，在全社会倡导爱护母亲湖、爱鸟护鸟理念。途中向湖区群众发放候鸟保护宣传资料3000余份，向2000多名小学生捐赠候鸟知识读本以及体育器材，并到湖口县石钟山景区、永修县吴城大湖池候鸟观测站、鄱阳县长山岛开展环保体验。活动结束后，队员们畅谈感悟，并为保护母亲湖、保护候鸟建言献策。

【森林防火综合演练举行】 12月9日，省森林防火总指挥部在南昌市新建县举行江西森林消防历史上规模最大、阵容最强、装备最全的一次综合演练。省委副书记尚勇、国家森林防火指挥部专职副总指挥杜永胜观看演练并讲话。省政协副主席刘礼祖、武警森林指挥部副司令员魏凤桐、省军区副司令员曹文献等观看演练。上午9时，演练拉开序幕。来自武警森林指挥部驻赣部队、省森林消防总队机动支队、各设区市森林消防支队等14支代表队的徒步方队，以及指挥车、运兵车、消防水车、摩托车4个车辆编队依次接受检阅。紧接着，模拟扑火实战演练开始，新建县李家山场因村民不慎引发“火灾”，当地森林消防大队、森林武警部队等迅速集结扑火，并出动3架直升机进行支援，经过1个多小时的奋力扑救，“火势”终被扑灭。参加演习人员总计1088人。尚勇在观看后指出，这次演练充分展示了江西森林消防队伍专业化、正规化、军事化的精神风貌和扑火作战能力，达到了演练预案、磨合机制、锻炼队伍的目的。杜永胜指出，江西森林防火工作创造了许多好经验、好做法，希望江西再接再厉，为加强林业生态建设，为建设美丽中国作出新的更大贡献。

【第二次全省湿地资源调查完成】 2011年5月至2013年12月，江西省开展第二次湿地资源调查，《江西省湿地资源调查报告》顺利通过国家鉴定。调查采用以遥感为主、地理信息系统和全球定位系统为辅的“3S”技术，区划、核实、调查湿地斑块13 495块，重点调查植物样方4420个和样带120条、动物样带102条，查清全省湿地资源的分布、类型、面积、自然环境、野生动植物种类与分布、湿地保护与管理情况、湿地功能效益与利用情况、湿地被破坏或威胁的现状及主要威胁因子等，建立全省湿地资源数据库。据调查结果，全省湿地总面积90.98万公顷，其中河流湿地31.07万公顷，占34.2%；湖泊湿地37.40万公顷，占41.1%；沼泽湿地2.58万公顷，占2.8%；人工湿地19.93万公顷，占21.9%。有湿地高等植物157科432属969种，湿地野生动物8纲42目113科315属688种(亚种)。调查还发现湿地动植物在永修、鄱阳、万年3县的新分布。

【森林防火获全国森林防火工作考评“五连冠”】 2013年国家森林防火指挥部通报2012年度全国森林防火综合考核结果，江西再次荣获第一名，实现“五连冠”，受到国家森林防火指挥部的表彰，省委书记强卫、省长鹿心社专门作出批示给予表扬。江西在全国率先建立森林防火重点管理制度，建成第一个省属航空护林站，实现森林武警部队定点驻防，成立省森林消防总队，完成专业森林消防队标准化、正规化建设，开展乡镇半专业扑火队标准化建设，建成省、市、县三级联网的森林防火指挥系统，全省森林防火能力显著提升。2012年，全省发生森林火灾起数、过火面积、受害森林面积，同比分别下降69.5%、69.8%和71.3%，为江西历史上森林火灾最少、防火成效最好的年份之一。

【林业大事】

1月10日至4月30日 省森林防火总指挥部组织全省开展森林防火“平安春季行动”。期间，全省发生森林火灾26起，过火面积443.58公顷，受害森林面积220.37公顷，森林火灾次数、过火面积和受害森林面积同比分别下降39.5%、60.7%、43.8%。南昌等9个设区市获"2013年春季森林防火平安市"称号，安义等72个县(市、区)获"2013年春季森林防火平安县"称号。

1月20日 省森林防火总指挥部、省林业厅隆重举行武警森林指挥部驻赣部队营区落成揭牌暨"军民共建森林营区"义务植树活动。省政府副省长姚木根、省政协副主席刘礼祖、省林业厅厅长阎钢军等为"武警森林指挥部驻赣部队"和"江西省森林消防总队"揭牌。

1月28日 省林业厅厅长阎钢军当选第十二届全国人大代表。

2月26~27日 省林业厅在上高县召开全省"森林城乡、绿色通道"建设现场会，总结全省实施"森林城乡、绿色通道"建设情况，研究部署下一步工作。厅长阎钢军出席会议并讲话。

3月6日 省森林防火总指挥部办公室发布2013年第一号高森林火险红色警报。

3月28~29日 省政府在吉安市和赣州市召开全省"森林城乡、绿色通道"建设流动现场会，总结交流全省"森林城乡、绿色通道"建设启动以来的工作成效和经验，研究部署下一步工作。副省长姚木根就推进"森林城乡、绿色通道"建设作出批示，省政府副秘书长谢茂林主持会议，省林业厅厅长阎钢军出席会议并讲话。

4月9日 省财政从2013年开始，将生态公益林补偿标准每亩提高2元，达到17.5元/亩·年。

4月16日 全国绿化委员会授予吉安市、浮梁县、九江县，以及江西前湖迎宾馆、江西宜春供电公司、新余市孔目江生态经济区管委会、贵溪发电有限责任公司、兴国县平川中学、南昌高新技术产业开发区管委会、萍乡市卫生学校、抚州市林业局"全国绿化模范单位"荣誉称号，于都县靖石乡黄沙村农民吉福长等29人获全国绿化奖章。

4月25日 省第十二届人大常委会第三次会议任命阎钢军为江西省林业厅厅长。

4月28日 江西武夷山国家级自然保护区管理局首次通过自然受精人工孵化出一只国家一级保护鸟类黄腹角雉，这在全国尚属首次。

5月17日 全省下达2013年度中央林业贴息贷款计划20.53亿元。

5月20日 中国绿化基金会同意与南昌市政府和江西省林业厅合作，共同设立"中国绿化基金会绿色南昌专项基金"。

5月28日 省林业厅决定在实施"森林城乡、绿色通道"建设中开展林业生态文化示范教育基地(村)创建活动。

6月4日 国务院批准建立江西庐山、赣江源2处国家级自然保护区。

6月5日 省委、省政府授予省林业厅和省木材流通监督管理局、省林业厅林业工程稽查办公室、省庐山自然保护区管理处"江西省第十三届文明单位"称号。

7月14日 省林业厅召开党的群众路线教育实践活动动员大会。省委第9督导组组长、省政协人资环委主任文红莲等出席会议。厅党组书记、厅长、厅党的群众路线教育实践活动领导小组组长阎钢军做动员报告。

7月17日 省委书记强卫、省长鹿心社一行走访国家林业局，与国家林业局局长赵树丛及有关司局领导亲切会见。国家林业局副局长孙扎根、张永利等和江西省委常委赵智勇、副省长姚木根、省林业厅厅长阎钢军等参加会见。

8月12日 省森林防火总指挥部向全省发布高森林火险红色预警。

8月23日 江西省庐山自然保护区管理处更名为"江西庐山国家级自然保护区管理局"。

8月26日 省林业厅、农业厅、公安厅、工商局、南昌海关、出入境检验检疫局等单位联合成立国家濒危物种进出口管理办公室福州办事处南昌工作站，站牌授省林业厅。

9月4~6日 省林业厅在鹰潭、抚州、上饶、景德镇、九江市召开全省"森林城乡、绿色通道"建设流动现场会，厅长阎钢军出席会议并讲话。会议部署集中精力抓好灾后恢复生产、"森林城乡、绿色通道"建设省级核查准备和项目化管理准备3项工作。

9月10日 省政府召开全省森林防火、松材线虫病防控、国有林场改革暨鄱阳湖越冬候鸟和湿地保护工作电视电话会议。总结2012~2013年度全省森林防火、松材线虫病防控、国有林场改革、鄱阳湖越冬候鸟和湿地保护4项工作，表彰先进，布置工作。副省长姚木根出席会议并讲话。省委宣传部、省人大环资委、省综治办、省森林防火总指挥部成员单位、省林业有害生物防控工作指挥部成员单位、省国有林场改革试点工作领导小组成员单位、省鄱建办等单位负责人，以及新闻媒体记者参加会议。各市、县(区)政府及相关部门和乡(镇、场)负责人在各分会场参加会议。

9月26日 省林业厅在南昌召开全省林业科技大会。副省长姚木根就会议召开作出批示，国家林业局科技司司长彭有冬出席会议并致辞，省林业厅厅长阎钢军出席会议并讲话。会议由省林科院院长黄小春主持，副厅长罗勤作工作报告。中国林科院亚林中心、江西农大、省林科院有关负责人，各设区市林业局局长、分管副局长、科技科科长、林科所所长、推广站站长，以及全省林业科技先进集体和先进个人代表参加会议。

10月1~31日 省政府森林防火总指挥部组织全省开展以"规范野外用火、预防森林火灾、促进绿色崛起、共建生态文明"为主题的森林防火宣传月活动。

10月14日 省林业厅重新修订印发《江西省林业行政处罚自由裁量权适用规则》和《江西省林业行政处罚自由裁量权参照执行标准》。

10月18日 全国政协副主席何厚铧率澳门特别行政区全国政协委员考察团一行30人到进贤县考察高正集团油茶产业，并出席江西省"高正集团"全国"农业产业化示范基地"揭牌仪式。省政协主席黄跃金、副主席刘礼祖等陪同考察，并参加揭牌仪式。

11月5日 省林业厅印发《江西省森林食品基地认定办法(试行)》，提出对森林蔬菜、林源药材、木本粮油、木本浆果、特色干果等无污染、安全、优质的食用类林产品产地认定的程序和审核监督措施。

11 月 7 日 省林业厅厅长阎钢军在南昌会见日本岐阜县林政部长正村洋一郎一行 3 人。双方介绍各自的林业现状，并表达今后开展合作、互惠共赢的愿景。副厅长罗勤参加会见。

11 月 11 日 省政府召开全省“森林城乡、绿色通道”建设 2013 年度总结暨 2014 年度工程建设动员电视电话会议。总结去冬今春全省“森林城乡、绿色通道”建设情况，对今冬明春工作作出部署。省政府副秘书长谢茂林主持会议，副省长姚木根讲话，省林业厅厅长阎钢军通报 2012～2013 年度全省“森林城乡、绿色通道”建设秋季核查情况。会议还对森林防火和鄱阳湖越冬候鸟保护等工作作出部署。省委农工部、省新村办、省发改委、省财政厅、省交通厅、省住建厅、省农业厅、省水利厅、省国土资源厅、省中小企业局及省林业厅负责人等在主会场参加会议。各市、县(区)政府分管领导及有关部门负责人、林业局局长，各市经济开发区管委会及相关风景名胜区分管领导和农林局局长等在分会场参加会议。

11 月 23 日 由省林业厅和中国花卉报社主办、省花木产业协会和江南花卉苗木大市场有限公司承办的 2013 中国园林花木行业创新大会暨以“创新、联合与发展”为主题的聚焦江西千亿花木产业发展高峰论坛在南昌举行。省林业厅厅长阎钢军、国家林业局国有林场和林木种苗工作总站总站长杨超、中国花卉报社社长周金田等出席会议并分别致辞。省林业厅副厅长邱水文主持会议。全国园林花木领域 240 多位高端才智参加会议。

12 月 2 日 省林业厅与江西出入境检验检疫局在南昌举行“林业植物检疫执法协作备忘录签字仪式”。省林业厅厅长阎钢军、省出入境检验检疫局局长吕志平出席，省林业厅副厅长邱水文主持仪式。省林业厅总工程师胡跃进和江西出入境检验检疫局副局长易克钦代表双方在《备忘录》上签字。

12 月 6 日 省林业厅在南昌召开全省农民林业专业合作社建设暨林权制度改革工作会议。副厅长郭家出席会议并讲话。会上颁发省十佳农民林业专业合作社证书，部署 2014 年林权工作。

12 月 13 日 省林业厅印发《关于进一步简化和规范苗木花卉流通环节办证和手续的通知》，将所有出省和省内森林植物检疫证全部下放到县(市、区)办证窗口办理，实现网上办证。

（江西省林业由谢利玉供稿）

山东省林业

【概　述】 山东省新增造林合格面积 22.37 万公顷，完成年度任务的 167.8%；加强资源保护与管理，新增国家森林公园 3 处，新增国家湿地公园 15 处、省级湿地公园 40 处；全省林业产业总产值 5574 亿元，比 2012 年增长 21.76%；全省发展新育苗面积 6.41 万公顷，完成年度任务的 240.3%；稳步推进集体林权制度配套改革，新增林业专业合作组织 1048 家，评选出 100 家省级林业合作示范社。积极开展林权抵押贷款业务，新增贷款额度 4.3 亿元；加快国有林场改革，全省财政拨付林场事业费近 2 亿元，有 64 处林场成为全额拨款事业单位，40 处林场成为差额拨款事业单位；森林防火形势总体平稳，省政府出台《山东省实施〈森林防火条例〉办法》和《关于切实抓好全省森林防火能力建设重点工作的意见》，召开 4 次森林防火工作会议，防火期内全省共发生森林火灾 19 起，受害森林面积 109.35 公顷，没有发生重大以上森林火灾和人员伤亡现象；林业有害生物防控工作扎实有效，主要林业有害生物发生面积 51.13 万公顷，防治作业面积 273.97 万公顷次，美国白蛾发生范围比 2012 年度压缩了 1 个市、16 个县、121 个乡镇；启动开展航空护林工作，全省布设 10 处航空护林基地、35 处直升机起降点，飞行 22 架次，巡护面积 8 万平方千米；严格执行征占用林地审批制度，审核占用征收林地 672.7 公顷；加大林业执法力度，全年查处林业案件 5073 起，比 2012 年度下降 25.1%；争取省及省以上林业建设投资 16.59 亿元，同比增长 7.4%。争取国家贴息贷款 30 多亿元，居全国第一位；加强林业宣传工作，在中央主流媒体刊播新闻稿件 479 篇，是 2012 年的 4 倍多。开展“多彩森林·美丽山东”大型公益宣传活动，举办山东省首届“美丽乡村生态文明”论坛。

【《山东省实施〈森林防火条例〉办法》出台】 10 月 21 日，山东省政府第十七次常务会议审议通过《山东省实施〈森林防火条例〉办法》(以下简称《办法》)，11 月 13 日，郭树清省长签署第 268 号省长令。《办法》于 2014 年 1 月 1 日起施行。

《办法》规定，森林防火工作实行各级政府行政首长负责制，各级政府应当加强森林防火工作领导，将森林防火工作纳入国民经济和社会发展规划，并将森林防火经费纳入本级财政预算；省政府应当加强航空护林工作，建立航空护林机制，完善航空护林基础设施建设和经费保障措施，同时要求设区的市人民政府应当根据森林防火实际，做好相关的航空护林配套工作；森林防火重点县(市、区)人民政府、乡(镇、街道办事处)和国有森林经营单位应当建立森林火灾专业扑救队伍，推动山东森林防火队伍的规范化、专业化建设；各级政府要加强森林防火基础设施、指挥体系和队伍建设，做好宣传教育和预防扑救工作，及时处置森林火灾。

【第三届中国湿地文化节暨东营国际湿地保护交流会议】 10 月 24 日，在山东省东营市开幕，会议主题为“湿地保护与可持续发展”。全国政协副主席罗富和出席开幕式。国家林业局局长赵树丛、湿地公约秘书长克里斯托弗·布里格斯出席开幕式并讲话，山东省副省长赵润田致辞，国家林业局副局长张永利主持开幕式。25日上午，会议举行“保护湿地资源建设美丽中国‘8+1’对话”活动，中国工程院院士、著名生态学和森林学家李文华，国家林业局湿地保护管理中心主任马广仁，省林业厅厅长燕翔，东营市委副书记、市长申长友等出席活动，就湿地保护与经济发展协调发展等话题对话交流，并接受媒体采访。

作为此次会议的重要成果，《东营宣言》提出保护现有湿地及其生物多样性、进一步加强湿地公园的建设与发展、开展湿地保护宣传教育活动等倡议，对各国积极推进湿地保护具有重要意义。

【全国经济林建设现场会议】 9月4~5日在山东省济南市召开。国家林业局副局长张永利讲话，国家林业局造林司司长王祝雄宣读《国家林业局关于认定首批国家级核桃示范基地的通知》。省政府副省长赵润田致欢迎辞。山东省林业厅、河北省林业厅、新疆维吾尔自治区林业厅、湖北省罗田县、云南省凤庆县和山东鼎力枣业食品集团公司做典型发言。会议期间，与会代表参观了济南市核桃苗木基地、板栗基地、锦绣园实业公司、大樱桃示范基地、华鲁食品有限公司和核桃生产示范基地。

【全国油用牡丹产业发展座谈会】 2月26日，国家林业局在菏泽市召开全国油用牡丹产业发展专家座谈会。来自全国各地的70多名林业专家、学者参会。国家林业局总工程师陈凤学，中国林业经济学会理事长、国家林业局原副局长李育材，省政府办公厅巡视员高洪波，省林业厅副厅长亓文辉，菏泽市委副书记、市长孙爱军出席会议。国家林业局计财司副司长孙建主持会议。

座谈会上，农业部原副部长尹成杰，中国工程院院士、中国科学院地理科学与资源研究所研究员李文华，中国工程院院士、南京林业大学教授张齐生，中国工程院院士、中国林科院首席科学家宋湛谦，中国工程院院士、东北林业大学原校长李坚等一批林业专家、学者，围绕中国油用牡丹发展战略规划、产业开发、栽培和加工实用技术以及产业发展扶持政策等问题进行研讨。与会人员参观了尧舜油用牡丹加工企业。

【全省林业科技工作会议】 5月30日，在山东大厦召开。国家林业局科技司司长彭有冬、省政府办公厅巡视员高洪波、省林业厅厅长燕翔、省科技厅副厅长郭九成分别讲话。省林业厅副巡视员李登开宣读《山东省林业厅关于表彰全省林业科技工作先进集体、先进个人的通报》和《山东省林业厅关于授予从事林业科技工作30年以上人员荣誉称号的通报》。烟台市林业局局长周旦、济南市历城区林业局局长程公远、泰山林科院院长冯殿齐、新港集团有限责任公司董事长魏孝新、山东省林科院副院长邢尚军做发言。中国工程院院士尹伟伦、张齐生分别做了《国际林业发展趋势和中国森林经营战略思考》《中国木材工程发展应注意的几个问题》讲座。会议下发《山东省林业厅山东省科技厅关于加快林业科技创新推进现代林业建设的意见》。

【“齐鲁园”荣获第八届中国花卉博览会设计布置特等奖】 9月28日至10月27日，第八届中国花卉博览会在江苏省常州市武进区举办。山东省室外展馆“齐鲁园”精彩亮相，获得设计布置类特等奖。另外，山东省还有216项花卉苗木展品获奖，其中金奖达15项、银奖48项、铜奖91项、优秀奖62项，列总分第七名。

“齐鲁园”占地面积2079平方米，建造了齐鲁牌坊、牡丹照壁、观川亭、论语竹简等齐鲁特色元素景点，园内配置临沂金银花、枣庄石榴、东营柽柳等50多种植物，集中展示了山东省种苗花卉新技术、新成果。室内展厅“山东厅”以“花开齐鲁、美德山东”为主题，以“海岱文化”为主线，主要有切花、盆栽植物、盆景、观赏石等8类359项。

【省林业厅与有关市、高等院校签订合作共建协议】 3月5日，省林业厅与济宁市政府签订《关于共同推进山东南四湖流域水系林业生态建设合作框架协议》，到2017年，济宁市有林地面积达到25.33万公顷，其中新造林6.67万公顷，森林覆盖率达到并稳定在30%以上；完成湿地保护与恢复6.67万公顷，退耕还林、退耕还湿1.33万公顷，林业产业总产值达到700亿元以上。省林业厅副厅长辛福智、济宁市政府副市长田志锋分别代表省林业厅、市政府签订合作框架协议。

7月11日，省林业厅与莱芜职业技术学院在莱芜签订合作共建涉林专业协议。省林业厅厅长燕翔与莱芜职业技术学院院长孟平代表双方签字。根据《协议》，双方在科学研究、人员培训、技术交流、资源共享、文化交流等方面进行合作，共同支持莱芜职业技术学院涉林专业建设，突出办学特色，发挥涉林专业学科优势，培养涉林专业人才，为完善林业社会化服务体系、推进现代林业建设提供坚实的人才保障。

9月21日，省林业厅与潍坊市政府加快潍坊现代林业发展合作协议签约仪式在昌邑举行。省林业厅厅长燕翔，潍坊市委副书记、市长刘曙光分别致辞并代表双方签署合作协议。双方确定，将进一步研究和落实好保障措施，建立健全林业产业管理体系，加大扶持力度，强化科技支撑，完善社会服务，尽快把合作协议的内容转化为具体的政策和项目，全面推动生态潍坊建设，加快建设美丽山东，共建生态文明。山东省副省长赵润田，潍坊市委副书记王献玲等出席签约仪式。

【黄河三角洲国家级自然保护区晋升为国际重要湿地】 10月24日，在第三届中国湿地文化节暨东营国际湿地保护交流会上，湿地公约秘书长克里斯托弗·布里格斯向黄河三角洲自然保护区颁发国际重要湿地证书。这标志着山东省实现了国际重要湿地的“零突破”。

黄河三角洲国家级自然保护区是中国暖温带最年轻、最广阔、保持最完整、面积最大的河口湿地生态系统，总面积15.3万公顷。黄河口湿地在蓄滞洪水、保护生物多样性、维护生态平衡等方面发挥着重要作用，在中国乃至世界上具有十分重要的生态地位。保护区鸟类由建区时的187种增加到367种，数量由200万只增加到600万只，其中国家一级重点保护鸟类由9种增加到12种，东方白鹳、丹顶鹤、黑嘴鸥3种珍稀濒危鸟类种群数量分别占全球的11.7%、15.2%和25.8%。

【山东省新增15处国家湿地公园】 12月31日，国家林业局下发《国家林业局关于同意天津武清永定河古道等131处湿地开展国家湿地公园试点工作的通知》（林湿发〔2013〕(243)号），山东省潍坊禹王国家湿地公园、昌邑海滨国家湿地公园、青州弥河国家湿地公园、沂南汶河国家湿地公园、汤河国家湿地公园、沂沭河国家湿地公园、云蒙湖国家湿地公园、麻大湖国家湿地公园、曹县黄河故道国家湿地公园、邹城太平国家湿地公园、日照付疃河口国家湿地公园、养马岛国家湿地公园、青岛唐岛湾国家湿地公园、沂水国家湿地公园和浚河国家湿地公园共15处湿地公园被确定开展国家湿地公园试点工作。截至2013年年底，全省国家湿公园总数达到39处，跃居全国第一位。

【1市5县10单位获全国绿化模范单位】 4月15日，全国绿化委员会下发了《关于表彰全国绿化模范单位和颁发全国绿化奖章的决定》（全绿字〔2013〕4号），山东省1市5县10单位获全国绿化模范单位。

1市：烟台市；5县：泗水县、新泰市、广饶县、平邑县、商河县；10单位：济南大学、山东理工大学、山东建筑大学、胜利石油管理局胜利发电厂、莱芜钢铁股份有限公司棒材厂、烟台公路管理局、淄博王庄煤矿、滨州职业学院、山东科技大学、青岛二中。

【临沂市荣获国家森林城市称号】 9月24日，在江苏省南京市举办的2013中国城市森林建设座谈会上，临沂市获得"国家森林城市"称号，这是山东省继威海市之后第二个获此殊荣的城市。临沂市委副书记、市长陈先运代表临沂市领奖，并做了《生态发展　绿色增长》的主题演讲。

自2010年开始，临沂市全面启动了创建国家森林城市工作，全市上下围绕"城市、森林、民生"主题，以"让森林走进城市、让城市拥抱森林"为目标，努力推动城市与绿色森林相依相伴、人与碧水蓝天相亲相融，生态宜居临沂建设取得明显成效。截至2013年年底，全市有林地面积达到46.53万公顷，森林覆盖率32.5%，城区绿化覆盖率42%，人均公园绿地面积17平方米。

（山东省林业由王树军供稿）

河南省林业

【概　况】 2013年，河南省林业工作围绕实施国家粮食生产核心区、中原经济区、郑州航空港经济综合实验区3个国家战略性部署，在前期专家论证的基础上，进一步完善了《河南林业生态省建设提升工程规划(2013～2017年)》，注重与财政等省直相关部门的沟通，再次征求各省辖市、省直管县政府的意见，多次向省政府汇报。6月8日省政府正式印发了《规划》，《规划》以3个体系建设为骨架，描绘了今后5年全省林业发展的总蓝图。各省辖市、省直管县也编制了当地提升规划或实施方案，并由当地政府印发。一年来，全省林业系统认真组织实施《规划》，各项工作都取得了新的成效。

造林绿化　积极组织实施天然林保护、退耕还林、重点地区防护林等国家重点林业生态工程和生态廊道网络、"百千万"农田防护林、城镇社区绿化美化、山区营造林等省级重点林业生态工程建设以及外资造林项目。据核查，全省共完成林业生态省提升工程造林27.33万公顷，完成森林抚育和改造10.29万公顷。积极开展义务植树活动，全省参加义务植树人数4935万人次，义务植树2.12亿株。3个市、11个县、5个单位被授予全国绿化模范单位称号，2个市成功创建国家森林城市；新增1个国家级、13个省级生态文明教育单位；又有4个县成功创建林业生态县，全省达到林业生态县建设标准的县(市、区)已达138个。

林业产业　加快经济林和工业原料林基地建设，实施木材战略储备基地试点示范项目，完成国家储备林划定任务，新建速生丰产用材林基地1.43万公顷，新发展经济林面积1.79万公顷。认真落实《河南省花卉产业发展规划》，新发展花卉和园林绿化苗木1.11万公顷。加强林产品质量检测，共检测样品312个批次。大力推进林业对外开放和招商引资，组织召开了全省林业招商引资工作现场观摩会，成功举办了第13届中原花木交易博览会，积极推介招商合作项目，已签约项目22个，合同引进资金53.33亿元，全年实际到位8亿元以上。加快发展森林旅游，森林旅游接待游客3600万人次。全省实现林业总产值1258亿元。

森林资源　省政府批准了《河南省林地保护利用规划(2010～2020年)》，155个县(市、区)政府批准了本地的林地保护利用规划，为河南省划定生态保护红线、实行最严格的森林资源源头保护管理打下了坚实基础。严格规范征占用林地审核审批管理，认真执行占征用林地定额管理制度，建立审核审批绿色通道，完成郑州航空港区等重点项目使用林地手续办理，保障了国家、省级重点建设项目建设需要，全年共审核审批林地占征用项目400余起。加强天然林保护，积极推进天保工程二期建设。完成国家级公益林区划落界工作，加大森林生态效益补偿力度，集体林区公益林补助标准由每公顷150元提高到225元。加大林业执法力度，全省各级森林公安机关组织了一系列严打专项行动，共办理案件1.4万起。认真落实森林防火各项制度措施，加强航空巡护和火情监测，森林火灾受害率0.18‰，低于国家下达的1‰以下的控制目标，防火紧要期没有发生重特大森林火灾。加大了松材线虫病、美国白蛾等防控力度，林业有害生物成灾率0.38‰，低于4‰的国家控制目标。认真做好野生动物救护和疫源疫病监测防控工作，全省没有发生野生动物疫病疫情。

林业改革 进一步巩固集体林权制度改革确权发证工作成果，落实并稳定农民林地承包经营权，全省集体林地家庭承包率达73.5%，林权证发放率达95%以上。林地流转逐步规范，目前全省流转面积43.33万公顷，流转金额16.2亿元。推动林权抵押贷款，贷款面积5.03万公顷，贷款金额23.5亿元。7个省辖市、4个省直管县、64个县（市、区）成立了林权管理服务机构。大力发展林下经济，印发了《河南省林下经济发展规划（2013～2017年）》，林下经济产值达171.1亿元。加强林业合作组织建设，全省农民林业合作社达3052家，社员27.5万户。继续开展农民林业合作社示范创建活动，全省林业合作社示范社达180家。推进森林保险工作，启动了商品林保险试点，森林保险实施规模达157.47万公顷。

支撑保障 加大资金筹措力度，2013年，在国家压缩投资、省级年初预算批复较低的情况下，经过多方不断努力，共争取到国家和省无偿投资35.8亿元，其中国家无偿投资25.8亿元，省级无偿投资10亿元；国家安排的贴息规模达到26.9亿元，两项投资均创历史新高，为各项工作的顺利完成奠定了良好的基础。加强林业法治建设，《河南省湿地保护条例（草案）》已上报省政府法制办，并列入省人大常委会2014年度地方立法审议计划。加强执法监督，修订了《河南省林业行政执法责任追究规定》，规范了林业行政处罚裁量权。调整了木材凭证运输范围，全省未发生大的涉林公路“三乱”事件。强化科教兴林力度，继续推进林业科技支撑示范县和示范园区建设，制定省级以上林业标准18个，落实国家和省科研项目21项、推广项目25项，推广新品种16个、新技术13项，取得科技成果19项。进一步发挥林业专家咨询组作用，组织编制木本粮油发展规划，开展廊道绿化等调研。河南省林业学校正式升格为专科层次的普通高等职业学校，为学校的发展揭开了新篇章。中职、高职毕业生就业率均超过90%。全国林业信息化示范省建设进展顺利。加强各市、县森林公安局班子建设，推进森林公安业务用房、信息化建设，不断改善警务装备。落实16个重点林业技术推广中心站、9个县基层林业工作站建设项目，改善了基层办公条件。完成了全国第八次森林资源连续清查、第二次全国湿地资源调查工作。积极推进国有林场危旧房改造，787户年度改造任务已全部开工。天保工程一次性安置职工社会保险补贴政策得到落实。

党的群众路线教育实践活动 按照“照镜子、正衣冠、洗洗澡、治治病”的总要求和“一学三促四抓”的工作部署，以为民务实清廉为主要内容，弘扬焦裕禄精神，着力解决“四风”方面存在的突出问题。坚持边学边改，切实精简文件、会议和检查核查，减少三公经费支出。不断完善制度，制定了《河南省林业厅重大决策听取意见制度》等思想政治、行政管理、业务工作、党风廉政4类27项制度。切实加强党风廉政建设，引导广大党员干部牢固树立底线思维，提高拒腐防变、廉洁从政的自觉意识。同时，干部队伍和专业技术人才队伍得到加强，机关党的建设及工青妇、后勤服务和离退休干部工作扎实推进，加强精神文明建设，厅机关及7个厅直单位通过了省级文明单位复查或连创验收。

【省政府支持林业工作】 2013年，省四大班子主要领导和分管领导都非常重视、关心林业工作。省人大常委会对林业生态建设情况进行了调研，省十二届人大常委会第二次会议专题听取了省政府所作的《关于林业生态建设情况的专项工作报告》，郭庚茂书记在会议结束时对林业工作作出重要指示。谢伏瞻省长在会见国家林业局局长赵树丛时，指出将对林业工作给予支持。省委副书记邓凯、省纪委书记尹晋华、副省长王铁、省政协副主席靳克文多次视察林业工作或作出重要批示。省政府专门召开了全省林业生态建设现场会和森林防火电视电话会议，对植树造林、森林防火等工作做了具体安排，省政府与各省辖市、省直管县（市）政府签订了林业生态建设、重大林业有害生物防控和森林防火目标管理责任书，为全省林业改革发展奠定了良好基础。

【全省林业局局长视频会议召开】 1月8日，全省林业局局长视频会议在郑州召开。会议传达了省委经济工作会议和全国林业厅局长会议精神，全面总结回顾了2012年全省林业工作，安排部署了2013年林业工作。

2013年推进了关系林业长远发展的几个大事，一是组织编制林业生态省建设提升工程规划，二是推进了多项合作协议的签署，三是推进了林业招商引资。总体来说，林业仍处于可以大有作为的重要战略机遇期，党的十八大对生态文明建设作出了全面部署，对林业提出了新的更高要求，《中原经济区规划》提出构筑“四区三带”区域生态网络，建设绿色中原、生态中原，明确了实施林业生态省建设提升工程的任务，林业肩负着为中原经济区建设提供支撑和保障的重大使命。

【刘满仓调研花卉产业发展】 1月上旬，省委常委、副省长刘满仓到郑州陈砦（双桥）花卉市场和绿金园花卉基地就花卉产业发展情况进行调研。刘满仓副省长指出，要充分利用大环境优势、区位优势、人口大省的优势，拓宽销售渠道，提高花卉销量，努力创造出更多的拳头产品，培育更多的龙头企业，带动河南花卉产业更好更快发展。调研结束时，刘满仓副省长对当前双桥花卉基地发展和绿金园蝴蝶兰基地发展所取得的成绩以及基地发展的思路给予了充分肯定，对他们在全省花卉产业发展中所作出的突出贡献给予了高度赞赏，并将调研中花卉经营者和生产者提出的意见建议请郑州市、惠济区认真加以研究解决。

【全省“百日会战行动”圆满结束】 为打击冬季涉林违法犯罪，维护全省林业生态安全和林区社会稳定，省森林公安局于2012年10月26日至2013年2月2日在全省组织开展的“百日会战行动”已圆满结束，取得丰硕成果。据统计，在“百日会战行动”期间，全省共出动民警52 429人次，出动车辆18 627台次，立各类案件3334起，侦破3230起。其中刑事案件立案320起，侦破256起；治安案件立案257起，查结247起；林业行政案件立案2757起，查结2727起。总体破案率达到95%以上，打击处理违法犯罪人员3222人。

【省政府批复设置河南林业职业学院】 2013年3月，省政府以豫政文〔2013〕81号文件正式批复，同意设置河南林业职业学院，明确河南林业职业学院为专科层次的普通高等职业院校，由省林业厅举办和管理。河南林业职业学院前身为河南省林业学校，始建于1951年，是全国创建最早的5所林校之一。新成立的河南林业职业学院以林业、园林、电子信息、电脑艺术等专业为主，适度发展其他专业，着力培养专业特色鲜明、实践能力强、适应林业发展需要的高等应用型技术人才，全日制在校生的规模可达到3000人。河南林业职业学院的成立，将进一步完善河南林业行业高等教育结构，提高林业职业教育水平，为提升林业生态省建设水平、建设美丽中原提供强有力的智力支持。

【航空护林2012~2013年冬春航顺利结航】 3月24日，河南省航空护林2012~2013年冬春航正式结束，此次航期自2012年11月11日开航，历时134天，共飞行47架次(含调机)，115小时28分。其中巡护10架次，吊训5架次，火场侦察21架次，吊灭10架次，洒水75桶。3月2~11日，航空护林飞机连续奋战9天，先后在南阳、平顶山、三门峡等17个火场，实施吊桶洒水灭火，累计飞行39小时07分，与地面人员密切配合，打赢了一场又一场林火歼灭战，充分发挥了森林消防直升机在森林火灾防、扑救中的“尖兵”作用，圆满完成了森林航空消防任务。3月22日，河南省召开2012~2013年冬春航航护工作座谈会，回顾本航期航护工作，总结经验、查找不足，充分肯定了森林航空消防直升机在森林防、扑救中不可替代的作用，高度赞扬了近段连续奋战在一线工作人员的不怕吃苦、无私奉献精神，探讨了进一步提高地空配合、快速反应、防扑火能力的改进措施，为今后航空护林工作奠定了坚实的基础。

【省林学会被评为全国林业科学普及工作先进单位】 3月22~23日，中国林学会在江西南昌召开了全国林学会秘书长会议，会上，河南省林学会被评为全国林业科学普及工作先进单位。长期以来，省林学会充分发挥科技团体“三主一家”作用，即成为科普工作主力军、学术交流主渠道、对外民间交流与合作主代表和科技工作者之家，以科技创新为动力，创造性地开展学会工作，为推动全省林业事业发展作出了应有贡献。2012年以来，省林学会推动全省各地积极开展科普活动，奔赴全省各地开展“送科技下乡”“科技送春风”等工作，解决“林业技术棚架”问题，取得了良好的效果。在省林学会的带动下，全省各级林业主管部门、科研院所、大专院校及广大科技人员积极行动，全省共开展送科技下乡4660多次，受培训林农和林业职工达到50多万人次，发放林业科普宣传资料150多万份，受教育总人数达到200多万人次。

【《河南省林下经济发展规划》印发实施】 2013年3月，《河南省林下经济发展规划(2013~2017年)》印发实施。

为贯彻落实《国务院办公厅关于加快林下经济发展的意见》精神，河南省自下而上开始编制林下经济发展规划，在125个县(市、区)和18个省辖市编制林下经济发展规划的基础上，省林业厅组织人员编制完成了《河南省林下经济发展规划(2013~2017年)》(以下简称《规划》)。《规划》将全省林下经济发展布局划分为北部山区、西部山区、南部山区和平原地区，并提出了每个区域及各省辖市、直管县(市)林下经济建设任务。《规划》确定的总体目标是：到2017年，全省林下经济利用林地面积达160万公顷，占全省林地总面积的30%以上，产值达到420亿元，建成产业集群30个。

2013年3月10日，由省政府参事室、发展改革委、财政厅、农业厅、畜牧局、河南农业大学、河南中医学院等有关单位专家组成的评审委员会对《规划》进行了评审。评审委员会一致认为，《规划》指导思想明确，目标任务可行，内容全面，规模适度，布局合理，重点突出，具有较强的前瞻性、科学性和可操作性。《规划》编制依据充分，资料翔实，保障措施得力，投资估算和效益分析基本合理。《规划》的实施将对河南省深化集体林权制度改革、建设“美丽中原”发挥重要作用。评审委员会一致同意该《规划》通过评审。

【陈传进任河南省林业厅党组书记、厅长】 3月28日，河南省委组织部召开省林业厅干部大会，宣读省委、省人大常委会关于林业厅主要领导职务任免的决定：陈传进任河南省林业厅党组书记、厅长。

【省林业厅组织专家赴洛宁开展送科技下乡活动】 4月19日，省林业厅组织林业科技专家在洛宁县罗岭乡路沟村举行送科技下乡活动。省林科院、省森防站、洛阳市林业局选派的10余名林业科技专家和省林业厅科技处相关负责同志、洛阳市林业局有关领导、当地县乡领导以及来自当地的林业技术骨干和核桃种植专业户300多人参加了此次活动。专家进行了现场培训，来自省林业厅和洛阳市林业局的专家进行了现场技术咨询。现场培训结束后省林业厅向洛宁县赠送了科普书籍和技术资料。此次活动，举行了专题讲座3个，现场技术咨询500多人次，向林农赠送了《林业实用技术汇编》《核桃丰产栽培技术》等科普书籍和技术资料3000多份，取得了良好的效果。

【省政府印发《河南林业生态省建设提升工程规划》】 6月8日，省政府下发通知，正式印发实施《河南林业生态省建设提升工程规划(2013~2017年)》。《规划》将全省划分为太行山地生态区、伏牛山地生态区、桐柏大别山地生态区、平原生态涵养区和沿黄生态涵养带、南水北调中线生态走廊和沿淮生态保育带，形成“四区三带”的区域生态网络。按照《规划》确定的建设目标，到2017年，全省森林覆盖率提高，生态系统稳定性增强，人居环境明显改善。其中，营造林200多万公顷，森林面积达到409.33万公顷，森林覆盖率达到24.5%；森林蓄积量达到17 360万立方米以上，森林植被总碳储量力争达到10 130万吨以上，年林业生态效益价值达到6080亿元以上；林业产业年总产值达到1780亿元以上，形成销售收入10亿元以上的林业产业化集群60个。为实现上述目标，将实施四大提升工程：一是实施国土生态安全体系提升工程。加强生态廊道网络、“百千万”农田防护林、城镇社区绿化美化、山区营造林建设。二是实施绿色富民产业体系提升工程。加快花卉苗木、特色经济林、林下种植养殖、林产工业发展。三是实施生态文化体系提升工程。大力推进生态文明教育基地建设，加强生态文化宣传，引导全社会树立生态道德观、生态价值观、生态消费观等生态文明观念。四是实施支撑体系提升工程。加强资源管理能力，加强基础设施建设，做好防灾减灾，强化科教兴林和林业信息化建设。据了解，《河南林业生态省建设规划（2008～2012年）》实施5年来，全省造林绿化成效显著，林业产业稳步发展，固碳减排效果显现，生态保护意识不断增强。到2012年年底，全省森林面积达到383.77万公顷，森林蓄积量达到14 227万立方米，森林覆盖率达到22.98%，134个县建成林业生态县，全年林业总产值达1088亿元。此次《河南林业生态省建设提升工程规划（2013～2017年）》的印发实施，将充分发挥林业在“两不三新”三化协调科学发展中的基础保障作用，推进河南现代林业发展，提升林业生态省建设水平，为建设美丽中原作出新的贡献。

【林业院士工作站】 6月上旬，根据《河南省院士工作站管理办法（试行）》的规定，经过河南省科技厅和河南省院士工作办公室组织的现场考察和专家评审，以河南省林业科学研究院为依托的河南省林业生态保育与生态工程院士工作站获得批准建立，中国工程院院士、著名林学家尹伟伦院士为进站首位院士。批准建立的河南省林业生态保育与生态工程院士工作站将重点围绕河南省典型生态区林业生态保育与恢复综合技术、粮食生产核心区农田防护林构建与调控增效技术、中部地区困难立地植被恢复技术、中部地区优质抗逆绿化植物新材料选育与标准化培育技术、中部地区城镇与新农村人居森林构建技术、区域森林生态系统生态服务功能评估、工业原料林可持续经营与林下经济高效开发技术开展研究，在林业生态保育和生态工程领域形成鲜明特色，培养和造就一支高水平的学术队伍，承担若干国家级和省部级重要科研项目，在相关研究领域获得有原创性和显示度的标志性成果，成为国内有影响的林业生态保育和生态工程研究中心和人才培养基地，为河南省的林业生态建设提供强有力的科技支撑。

【申报7个国家级湿地公园】 6月下旬，河南唐河国家湿地公园、陆浑湖国家湿地公园、汾泉河国家湿地公园、台前金水国家湿地公园、息县淮河国家湿地公园、民权黄河故道国家湿地公园、安阳漳河峡谷国家湿地公园等7个国家级湿地公园总体规划通过了由国家林业局中南林业调查规划设计院、河南农业大学、河南师范大学的湿地管理、规划设计、动物学、植物学等方面的专家组成的省级评审委员会评审。省林业厅已正式向国家林业局提出了申请。7个国家级湿地公园包括了河南省典型的湿地河流生态系统、库塘湿地生态系统、黄淮平原水网生态系统、洪泛平原和草本沼泽湿地生态系统、黄河故道湿地生态系统，具有丰富的生物多样性资源、多样的湿地景观、深厚的历史文化资源。这些湿地公园的建设对于维护河南省区域水生态安全、保护湿地生物多样性、保护城市水源、开展湿地资源合理利用、研究黄河河道变迁的历史及其生态过程、促进区域生态建设及经济社会发展具有重要意义。

【全省林业局局长视频会议召开】 7月10日，全省林业局局长视频会议在郑州召开。陈传进厅长总结了上半年工作情况，安排了下半年工作任务，动员部署了《河南林业生态省建设提升工程规划》实施工作。6月8日，省政府印发《河南林业生态省建设提升工程规划（2013～2017年）》，标志着林业生态省建设提升工程的正式启动实施。河南林业生态省建设提升工程是在成功实施《河南林业生态省建设规划》基础上的延伸和发展，是今后5年全省林业发展的总蓝图。一是深刻认识实施林业生态省建设提升工程规划的重要意义。二是明确林业生态省建设提升工程规划的目标和重点。三是切实做好提升规划的贯彻落实工作。要加大学习宣传力度，组织好市级（直管县）提升规划或实施方案的编制，积极筹措市、县两级建设资金。

【河南省第八次森林资源连续清查外业调查】 截至7月15日，河南省第八次全国森林资源连续清查外业调查任务全部完成，已有128个县（市、区）通过国家林业局组织的检查验收。河南省森林资源连续清查共设固定样地10 355个，样地多、任务重，省政府对此高度重视。清查工作开始前，省政府办公厅印发了《关于开展第八次森林资源清查工作的通知》，要求各市、县政府和有关部门精心组织，合理安排，全面加强质量管理，建立健全并严格执行技术质量责任制、质量责任追究制等工作制度。省林业厅组织开展了全省省、市、县三级森林资源清查技术培训，所有森清工作人员都经过专门的技术培训并取得上岗证。从5月起，全省经过分级培训的1600多名林业技术人员投入森清工作中。经过两个多月的努力，完成了全省10 355个固定样地的复测调查、样地标志加固完善工作。省林业调查规划院派出150多名工程技术人员，组成18个森清技术指导组，分片包干，明确责任，深入各县（市、区），紧跟各个工组，认真落实“首件必检制度”（每个工组完成的第一块测树样地必须进行检查），全方位指导外业调查，确保了森清工作质量。

【全省林业招商引资工作现场观摩会】 7月18～19日，省林业厅在商丘召开了全省林业招商引资工作现场观摩会。会议代表先后参观考察了商丘市柘城县、睢县、民权县、宁陵县、虞城县的部分在建、投产的林业招商引资项目，商丘、开封、洛阳、周口、濮阳市林业局分别介绍了各自招商引资的经验，会上表彰了在扩大开放招商、大力发展林业产业中成绩突出的10个单位和30名个人。商丘市委书记陶明伦、省林业厅厅长陈传进等领导出席会议。各省辖市、省直管试点县林业局和省林业厅有关处室、单位负责同志参加会议。

陈传进厅长要求，各级林业主管部门要着眼充分发挥市场配置资源的基础性作用，充分调动协会、商会、企业以及其他社会组织的积极性，形成自身开放、支持开放、协力开放的强大合力；要注重“筑巢创优”请进来，积极塑造动态比较优势，尽快形成新的综合竞争优势；要守信践诺，把对外开放的各项优惠政策落到实处，对已约定事项坚决落实好，把落地项目服务好，把承诺事情兑现好，以实际行动树立河南省林业亲商、安商、富商的良好形象，着力营造良好的开放环境和河南形象。

【全省深化集体林权制度改革工作现场观摩交流会】 8月27 ~28日，省林业厅在嵩县召开全省深化集体林权制度改革工作现场观摩交流会。嵩县、信阳市浉河区、内乡县、栾川县、内黄县、西峡县分别介绍了深化林改的经验做法。国家林业局农村林业改革发展司司长张蕾，省林业厅厅长陈传进，省林业厅副巡视员谢晓涛，洛阳市委常委、农工委书记史秉锐出席会议。张蕾司长对河南集体林权制度改革工作取得的成绩给予充分肯定，指出深化集体林权制度改革，要解决好的问题。陈传进厅长回顾了全省集体林权制度改革工作，对下一步深化改革工作进行了部署。

【谢伏瞻会见国家林业局局长赵树丛 】 9月15日，省委副书记、省长谢伏瞻在许昌会见前来参加第十三届中国·中原花木交易博览会的国家林业局局长赵树丛一行，副省长王铁参加会见。谢伏瞻介绍了河南省情和林业工作情况。赵树丛表示，河南历来高度重视林业工作，在平原绿化、集体林权制度改革、农田林网建设和发展林业经济等方面创造性地开展工作，积累了丰富的经验。林业既是生态产业也是富民产业，许昌鄢陵的花卉苗木产业有传统、有规模、有特色、有档次，是典型的民生产业，引领了北方地区林业经济的发展。我们将带着感情和责任支持河南林业发展，为中原经济区建设尽绵薄之力。

【第十三届中国·中原花木交易博览会开幕】 9月16日，第十三届中国·中原花木交易博览会在河南省鄢陵县中原花木博览园开幕。国家林业局局长赵树丛、省人大常委会副主任王保存、省政协副主席靳绥东共同启动开幕式水晶球。副省长王铁主持开幕式。本届花博会以“魅力花都·绿色家园”为主题，其间将举办花木产业高层论坛、项目签约、花木展销和交易、插花花艺大赛、中州盆景大赛和室内外布展等活动。依托本届花博会，许昌市还启动了以“突出生态特色、体验三国文化”为主题的许昌生态文化游活动。副省长王铁表示，中国·中原花木交易博览会是扩大经贸交流与合作的广阔平台，是展示花木产业最新发展成果的重要窗口，是促进林业产业又好又快发展的有效载体，是调整农业结构、增加农民收入的现实途径，是加快林业生态建设、推进生态文明的具体举措，已经成为全国有较大影响力的花事盛会。

【朱鹮首次放飞大别山】 10月10日，34只朱鹮在罗山县董寨国家级自然保护区的大网笼被放飞。这次放飞活动是朱鹮在原产地以外首次野化放飞尝试，其野外种群分布范围由秦岭山脉扩大到了大别山区，是朱鹮拯救保护取得的一个重大进展。为了解决朱鹮野外种群分布过于狭窄、对自然灾害和疫病的抵御能力较弱等问题，2005年国家林业局在河南省罗山县董寨国家级自然保护区设立朱鹮繁育基地。2007年，17只朱鹮来此安家落户，现在这里的朱鹮家族不断壮大，数量已达128只。为了让朱鹮早日回归大自然的怀抱，董寨国家级自然保护区朱鹮繁育基地建设了一个2850平方米的大网笼，网笼内模拟朱鹮野外生存的环境，设置了池塘、沼泽、河流等。2013年3月，34只身体健壮、亲缘关系相对较远的朱鹮入住大网笼，在这里接受了为期半年的觅食、飞翔、繁殖和疫病抵御能力等方面的野化训练。此次放飞的朱鹮都在2岁以上，脚上戴有脚环，繁育中心将继续跟踪监测它们的行踪，以了解它们回到大自然后的生存状况。

【省政府全面安排部署今冬明春森林防火工作】 10月25日，省政府召开全省森林防火工作电视电话会议，全面安排部署今冬明春森林防火工作。省政府护林防火指挥部指挥长、副省长王铁、省政府护林防火指挥部副指挥长、省军区副司令员杨宏杰、省政府护林防火指挥部成员单位，省委宣传部、农办、省政府应急办负责同志在主会场出席了会议；18个省辖市和74县(市、区)分别设立了分会场，各级政府森林防火成员单位、有森林防火任务的乡镇的乡镇长和国有林场负责同志在当地分会场参加了会议。会议由省政府副秘书长胡向阳主持，省林业厅厅长陈传进传达了全国森林防火工作会议精神，总结了去冬今春全省森林防火工作，对下步工作进行了具体部署，王铁副省长作了讲话。

针对河南点多面广特殊地理条件和交通四通八达、人口流动大、火源管理难度大等问题，王铁副省长要求各级政府要牢固树立“宁愿千日无火，不可一日不防”的思想，强化措施，突出重点，做好森林防火工作。

【8项省级林业地方标准通过专家评审】 10月21日，省质量技术监督局和省林业厅组织专家组分别对河南省8项省级林业地方标准进行审查。专家组一致同意通过，建议省质量技术监督局批准发布。这8项标准分别是郑州市林业局制定的“生态廊道绿化设计技术规程”，河南林业职业学院制定的“森林害鼠预测预报与防治技术规程”“粗榧育苗技术规程”“皂荚栽培技术规程”“枳椇育苗技术规程”，漯河市林业和园林局制定的“南天竹栽培技术规程”，开封市农林科学研究院制定的“栾树栽培技术规程”和省林业调查规划院制定的“河南省林业重点工程营造林作业设计编制规范”。

【全省冬季严打专项行动成效显著】 冬季严打专项行动开展以来，全省各级森林公安机关积极行动，取得了显著战果。截至12月初，全省共清查各大花鸟市场、古玩城56处，办理野生动物案件51起，打击处理违法犯罪人员46人，收缴野生动物(制品)5.5万余只(头、件)。三门峡、新乡、开封等沿黄地区，加强了与湿地、野生动物保护部门的沟通，及时掌握白天鹅等候鸟的基本情况，加大了对野生动物迁徙通道区域的巡逻检查力度，发现违法案件及时侦破，并且启动了黄河滩区警务合作机制，实现了市与市、市与县、县与县之间的警务联动。安阳市及通许县组织开展了“平安候鸟行动”，对野生动物栖息繁衍地、迁徙停歇地、迁徙通道等场所进行全面排查整顿。罗山、永城、泌阳等地针对辖区破坏林地资源违法犯罪多发势头，及时开展了打击非法占用林地专项行动。仅罗山县森林公安局在行动期间就查处破坏林地案件8起，其中立刑事案件7起，刑拘6人、取保直诉3人，立行政案件1起、处罚1人。

【省委副书记邓凯调研林业工作】 12月13日，省委副书记邓凯先后调研了花卉生产、野生动物救护、防护林、义务植树基地、生态廊道绿化、绿博园建设等林业工作，调研途中听取了省林业厅的工作汇报和贯彻十八届三中全会精神、加快林业改革发展意见的汇报，与省林业厅主要负责人研究了当前和今后一个时期的林业工作。省委副秘书长苏长青、省林业厅厅长陈传进、郑州市正市级领导干部王林贺等参加了调研活动。

（河南省林业由李灵军　杨晓周　张志阳供稿）

湖北省林业

【人工造林与封山育林】 2013年，全省完成荒山荒地造林总面积24.69万公顷，其中人工造林面积16.57万公顷，在人工造林面积中，有竹林面积2841公顷。按林种分，用材林8.34万公顷，经济林5.82万公顷；防护林10.31万公顷；薪炭林112公顷；特种用途林2061公顷。按树种分，速生树种8.41万公顷、乡土树种12.82万公顷、珍贵树种3567公顷；按权属分，公有经济成分造林6.67万公顷，其中国有经济成分造林3.31万公顷，集体经济成分造林3.36万公顷；非公有经济成分造林18.02万公顷。在人工造林中，林业重点工程完成人工造林面积2.98万公顷，其中完成天然林资源保护工程人工造林3463公顷，退耕还林工程1.41万公顷；长江流域防护林二期工程造林1.22万公顷。全省完成无林地和疏林地新封山育林面积8.12万公顷，有林地和灌木林地新封山育林面积1.04万公顷。全省共完成中幼林抚育面积41.80万公顷、完成四旁零星植树1.2亿株。湖北省造林绿化工作启动实施绿满荆楚行动，通过竞争遴选的方式，启动10个县创建林业生态示范县。通过试点示范启动实施绿色示范乡村工程建设。承办了全国防护林体系工程建设洪湖现场会。在全国血防林工程建设会议上，湖北省作了典型经验发言。作为主办单位之一，举办了湖北罗田板栗节。实施“以工程项目为主要依托、以基地造林为主要形式、以社会造林为主攻方向”的造林新机制，推行“企业基地科技农户”的造林模式，各地纷纷出台造林直补等优惠政策。在进一步整体推进“四化造林”的基础上，重点突破“科技化造林”和“专业化造林”，实行了造林绿化资质管理制度，发放造林资质34个，使“专业化造林”上台阶，使国家重点工程专业化造林率有较大幅度提升。全年造林投资形式已由“政府投入为主、农民投工投劳为辅”向“政府投入引导，市场和社会投入为主”的多元化投入转变。造林绿化模式形成了山区“政府投资、大穴整地、植苗造林、林药结合”，丘陵“公司造林、机械整地、立体栽植、多种经营”，平原地区“林水结合、宽窄行造林、截杆造林、林粮间作”等造林模式和“政策补贴地租、业主经营、利益分成、乔灌草结合”等绿化模式。形成了杉木林下栽植日本花柏，核桃或板栗林下栽植油茶或茶叶等经营模式。已把重点工程造林任务完成率，作为考核市州县党政领导班子年度工作实绩的重要内容。这一新的考核机制，使各地党政领导更加重视造林绿化，林业的地位大幅度提升。

【绿满荆楚行动】 9月19日，中共湖北省委办公厅、省政府办公厅《关于实施绿满荆楚行动的意见》的通知（鄂办发[2013]27号），印发全省各地认真贯彻执行。至此，全省“绿满荆楚”行动正式启动。这是湖北省林业厅新一届党组践行生态林业和民生林业，贯彻落实十八大把生态文明建设放在突出地位和学习与领会习近平总书记2013年7月考察湖北时要求“着力在生态文明建设上取得新成效”，推进五个湖北建设的重要举措。绿色决定生死，林业关乎生态与民生，是生态建设的主战场。绿满荆楚行动，通过示范引领，把创建林业生态示范县和绿色示范乡村作为工作抓手，按照扩绿提质、连线成片、整县推进的要求，每年通过竞争性分配方式，公开竞争，网上公示等环节，遴选10个县市予以重点扶持；并制定绿色示范县与示范乡村建设标准，要求见缝插针，应绿尽绿，力争用10年时间，使全省50%以上县市、90%以上村达到示范建设标准，使全省森林覆盖率达到45%，森林蓄积达到4亿立方米。项目实施实行绩效评估，评分结果与奖补资金直接挂钩。绿满荆楚的新机制，调动了县市造林绿化的积极性，各地党政主要领导亲自抓、部门分工合力抓的绿化工作新格局已基本形成。10月24日，通过所属市州林业局的推荐，16个县市参加了在武汉举办的林业生态示范县竞争性分配评审会，以现场打分的办法，遴选出武汉市黄陂区、宜昌市夷陵区、谷城、咸宁市咸安区、仙桃、鄂州梁子湖区、武穴、松滋、京山、孝昌等10个县市作为首批示范试点，整县整体推进绿满荆楚行动拉开帷幕。

【出台林业生态示范县和绿色示范乡村建设标准】 2013年，湖北省开展林业生态示范县和绿色示范乡村建设。作为贯彻落实“五个湖北”建设的重大举措和全面实施绿满荆楚行动的重要载体，湖北省林业厅加强全省林业生态示范县（市、区）和绿色示范乡村建设，确立评价尺度，出台了《湖北省林业生态示范县（市、区）建设标准（试行）》和《湖北省绿色示范乡村建设标准（试行）》。建设标准围绕森林覆盖率、森林蓄积量、林地保有量、绿色示范乡村建设、资源管护、湿地保护、自然保护区建设、造林更新和国土绿化等，设置了可测可量的评价指标，是全省林业生态示范县(市、区)绿色示范乡村建设的行动指南和考评依据。

【新农村建设】 2013年，根据湖北省委"三万"活动安排，推进城乡绿化一体化，提高了全省"生态林业、民生林业"的建设水平。在全省新一轮"三万"活动中，按照建设"村庄绿化"新景的要求，首次将全省2.6万个行政村的绿化美化纳入活动任务。率先出台《全省"万名干部进万村洁万家"活动村庄绿化实施细则》，扎实推进"三万"活动村庄绿化工作全覆盖，整理的7篇典型材料由省"三万"办编发简报推广。新农村绿色家园建设持续开展。通过低产林改造项目年度计划倾斜等办法，支持"万名干部进万村洁万家"等新农村绿色家园建设活动。选取洪湖、咸安、黄州3个县市15个村开展了"乡村绿化"试点，推进美丽乡村建设。新的"三万"活动把林业生态示范县、"四化"同步试点镇、绿色示范乡村建设结合起来同步推进。

【集体林权制度改革】 2013年，全省主体改革"回头看"活动取得新进展。全省确权面积新增0.16万公顷，发证面积新增786.67公顷，新发放林权证788本，调处了一批林权纠纷，解决了一部分历史遗留问题。全省已完成林改确权面积790.54万公顷，发证面积790.06万公顷，确权登记发放林权证368.21万本。全年新成立林业专业合作组织222个，入社会员1.35万户。全省林业专业合作组织累计已达2387个，入社会员达到57.77万户，年纯收入近40亿元。9月，湖北省林业厅联合湖北监管局转发《中国银监会 国家林业局关于林权抵押贷款实施意见》的通知。要求全省积极开展林权直接抵押贷款，大力发放小额林业贷款，鼓励开展专业担保公司担保贷款。全省新增林权抵押面积2.37万公顷，抵押贷款金额10.68亿元。全省林权抵押面积累计已达15.61万公顷，贷款农户89.43万户，贷款金额70.25亿元。全省共设立各级林权管理服务机构72个，森林资源资产评估机构67个，初步建立了林权管理服务体系。省林业厅与省档案局联合印发了《集体林权制度改革档案管理办法》的通知。5月，对14个试点县市的政策性森林保险工作进行了全面调研；7月，组织召开了全省政策性森林保险试点县市座谈会，14个试点县市共签订保单1848份，投保森林面积159.06万公顷，占应投保面积的66.00%，其中：公益林投保面积102.64万公顷，占应投保面积的97.50%，商品林投保面积14.97万公顷，占应投保面积的11.03%。省林业厅印发了《关于切实加强林权纠纷调处工作的通知》(鄂林改〔2013〕163号)。全省共接待群众来信来访3600多起，已办结3420起，调处率95%。

【森林保险试点工作】 湖北省林业森林保险试点工作自2013年正式启动实施以来，14个试点县市共完成公益林投保面积80.63万公顷，投保金额1814.14万元，公益林投保任务基本完成；完成商品林投保面积4.30万公顷，投保金额96.78万元。湖北省森林保险工作在国家新近启动的8个省份中名列前茅。省林业厅组织制订了《森林保险理赔程序或方案》，使理赔有章可循；各试点县市林业部门开展林改"回头看"活动，对有问题的林权证逐一核实，不留后患；各地还进一步简化程序、丰富产品，不断推出更符合实际和林农欢迎的保险产品，为林农提供优质的森林保险服务。

【油茶产业】 2013年湖北省年末实有油茶林面积17.10万公顷，其中当年新造面积1.87万公顷、当年低产林改造的油茶面积6479公顷，全省油茶繁殖圃56个，面积1921公顷，油茶苗木产量8384.99万株。全省油茶籽产量8.75万吨。全省油茶产业年产值10.34亿元。

省油查办成立专班对全省各地造林及育苗情况进行了10余次检查。11月4~5日，在湖北省咸宁市召开了第六次全国油茶产业发展现场会，国家林业局赵树丛局长参加了会议。按"四定三清楚"要求，继续强化全省油茶种苗的质量管理，开展了全省油茶定点苗圃的检查评比工作，严格实行末位淘汰、动态管理。对全省油茶造林、育苗、加工企业、茶籽产量等情况进行了系统的统计分析，及时掌握全省油茶产业发展动态。

【林业血防工程造林】 2013年度全省有30个县(市、区)实施林业血防工程，共完成当年造林任务0.978万公顷，完成投资7334万元，其中，中央预算内投资4400万元。湖北省政府与省林业厅等省直相关部门签订了2013年度血防目标责任书。省林业厅对所联系的黄州区血防联系点，由主管厅领导亲自带队检查督办4次，促进了血防综合治理的整体推进。各实施单位编制了县级实施方案，将具体建设目标与任务层层分解落实到基层建设单位，落实到山头地块和田间地头，做到重点突出、布局合理、任务明确。在工程建设中，积极推行项目法人责任制、合同制和监理制。建立和完善规章制度，规范工程管理，把工程建设纳入到法制化、规范化和科学化管理的轨道。省林业厅组织省财政、省发改委、省血防办及相关林业专家对林业血防工程"年度作业设计"进行了评审。各项目县市根据"年度作业设计"组织施工，省林业厅派出工程监理专班对实施质量进行检查与监督。为提高造林质量打下基础。省林业厅被省政府与省血防办评为血防工作先进单位。

【"林水结合 兴林抑螺"模式】 2013年在第三次全国林业血防工作会议上，湖北省"林水结合 兴林抑螺"模式作典型发言。湖北省是"千湖之省"，水网密布，滩涂面积大，血吸虫病疫区涉及全省10个市58个县(市、区)，是中国血吸虫病防控工作重点省份。湖北省开创出"林水结合"防治模式，在平原湖区以对河渠沟汊的疏浚换取两岸林地的经营权，营造抑螺防病林。这一做法效果明显，据统计，全省共有26家公司、127个涉林专业合作社、600多个造林大户投入血防林建设，投入资金12.95亿元，是中央投资的4.3倍，营建抑螺防病林5.73多万公顷，占全省防病林总面积的68.7%。"林水结合"模式依靠中央政策引导社会资金进入林业血防工程，有效缓解了政府投入压力，疏通了水利"死角"，改变了钉螺孳生环境，净化了农村水源，美化了农村环境，促进了林业发展，实现国家得绿、企业得利、群众得益的多方共赢。

【林业碳汇工作】 2013年，湖北省成为全国首批17个省(区、市)林业碳汇计量体系建设工作试点省市之一。同时，湖北省还是国家发展改革委确立的全国5省8市低碳经济发展试点省之一，国家7个碳排放权交易试点省市之一。4月，派员参加了在北京举办的全国林业碳汇计量监测体系建设启动暨培训会。在碳交易工作开展方面，2月，湖北省人民政府办公厅印发了《湖北省碳排放权交易试点工作实施方案》，上半年，制定出台《湖北省碳排放权交易管理办法》。荆门市委、市政府作出规定：对公用车辆每年收取碳排放管理费，将费用用于造林绿化工作；武汉凯迪公司和毕达公司在武汉光谷交易中心完成了2万吨碳交易活动；东风汽车公司与恩施市开展"碳平衡"生态经济林产业基地战略合作，由东风汽车股份有限公司按9000元/公顷的标准全额投入，建设面积666.67公顷，实现抵冲东风汽车股份有限公司工厂碳排放，实现自愿性碳减排目的。在碳汇造林方面，中国绿色碳基金中国石油武汉市碳汇造林项目在江夏区和黄陂区营造了666.67公顷碳汇林。东风汽车公司、蒙恩林业发展有限公司、神州生物质能源发展有限公司、骆驼蓄电池股份有限公司等，分别在湖北省恩施市、当阳市、襄阳市出资营造大面积碳汇林，企业投资自主参与碳汇造林的积极性高涨。在林业碳汇计量体系建设方面，依据国家林业局在湖北省布置森林碳汇专项调查所建立的湖北省森林碳汇基础数据库，进一步完成数据模型参数的构建和数据库的构建，结合湖北省最新森林资源连续清查数据，计算了湖北省森林碳储量和碳密度，初步摸清湖北省森林碳汇现存量。利用湖北省森林生物量计量模型及参数，进一步完善湖北省2010~2013年森林碳储量，测算了湖北省森林碳储量和碳变化量，根据湖北省发展改革委确认的湖北林业碳汇交易类项目及有关管理规定，分析估算湖北省林业碳汇可交易的碳汇量。研究提出作为碳排放权交易的森林应满足的条件和基本要素，为湖北省碳排放权交易提供有效、可交易的森林碳汇产品。依据国家林业局林业碳汇计量建设体系2013年实施方案，完善了湖北省林业碳汇计量监测建设体系总结报告，主要包括森林碳储量和碳变化量测算、碳汇项目计量监测、碳排放权交易进展等内容，且已按国家林业局要求将湖北省森林碳汇总结报告和森林生态系统各碳库碳储量统计表提交至中南监测中心，完成了初步审核。按照国家林业局相关技术要求，对湿地松等3类森林类型碳汇计量行业标准提出了修改意见。

【湖北省林科院获国家林业碳汇计量与监测单位资质】 国家林业局下发批复，批准湖北省林业科学研究院为林业碳汇计量与监测单位。这是该院继国家林业局调查规划设计院等单位之后首批获得的相关资质证书的省级林科院。根据《国家林业局林业碳汇计量与监测管理办法》的规定，拥有资质证书的单位可在全国范围内从事林业碳汇计量与监测业务活动。湖北省林科院先后承接了国家林业局的多个林业碳汇计量与监测项目，培养了一批从事林业碳汇计量与监测的专业技术人才。随着全球应对气候变化形势的发展及中国越来越重视碳排放权的交易活动，林业碳汇计量与监测工作将逐步得到全社会的认同与关注。

【全国首个碳交易试点县挂牌】 11月11日，湖北省碳排放交易中心与通山县政府在通山共同为碳排放交易试点县揭牌。通山县成为全国首个碳交易试点县。此前国家首批试点的7个碳交易省市分别为北京、上海、深圳、天津、重庆、广东省和湖北省，作为县级碳交易试点，通山是全国第一家，成为全国碳排放交易的开路先锋。通山县凭借丰富的林地资源、丰富的沼气体系以及水电、风电、太阳能发电等清洁能源项目，全县有国有林场14个，占全县国土面积9.5%，林场温室气体年减排量约为17万吨等碳排放交易市场中的有效资源一举夺得首个试点县。通山模式成熟后将向全省推广。

【公益林生态效益】 2013年湖北省全境内的公益林生态效益达644.42亿元，是同年度森林生态效益补偿资金的114倍。2月起，省林业厅组织省林科院和部分地市(州)林科所科研人员，对全省生态公益林生态效益进行全面监测与评价。评估组按照《森林生态系统服务功能评估规范》的评价方法，从水源涵养、水土保持、固碳释氧、生物多样性保护等方面对全省公益林生态效益进行了系统评估。评估涉及十堰、宜昌、襄阳、黄冈、咸宁、恩施和神农架7个地区、五大森林类型、115个监测样地的年度监测。经评估，2013年，全省生态公益林水源涵养物质量119 132.93万吨，蓄水和净水价值29.55亿元；固土5839万吨、防淤1041.42万吨、保肥173.08万吨，价值45.11亿元；固碳量1428.88万吨、释氧量1071.64万吨，价值278.63亿元；生物多样性保护价值效益291.13万元。

【国有林场改革与建设】 2013年，是实施国有林场危旧房改造项目的第四年，累计完成了27 491户31.96万平方米的危改任务，当年房屋竣工面积26.67万平方米。先后深入17个市州的国有林场，开展了各项调研、督办、检查共计86人次，争取、落实危改各项配套资金计1.41亿元。派专人参加国家林业局举办的国有林场数据库录入操作培训班和国有林场网站建设培训班。4月举办了两期国有林场子站建设培训班，共150多个国有林场参加培训，全省已有80多个国有林场网站已在中国林场信息网上线。共组织16位场长参加了国家林业局场圃总站与林干院联合举办的3期国有林场场长素质能力培训班。选派了6名场级干部分别前往山东原山、广西林朵和江苏虞山林场等3省区进行为期3~6个月的挂职锻炼，接收了安徽、河南、重庆和宁夏等省区的4名场级干部前来湖北省浠水县三角山林场和太子山林管局挂职锻炼。组织全省各地国有林场主管部门负责人和林场场长分3批共91人次赴江西、安徽和山西进行了考察学习。10月16~17日，在湖北省孝感市双峰林场举办了中南地区国有林场年会。中南地区6省60多人参加了会议。派员于3月参加了中国林场协会在福建召开的中国林场协会三届三次常务理事会暨全国国有林场工作座谈会，湖北省浠水县三角山林场被评为年度

“全国十佳国有林场”。湖北省国有林场管理站完成经济收入1440万元，占全年计划的127%，所属的林工商公司全年实现收入1219万元。其中：美环园林公司完成产值495万元；出租车队完成收入514万元，卓刀泉物业部完成收入210万元，沙口林场在实现苗木销售收入4.54万元的同时，加强了对苗木、试验林的田间管理。金口良种基地按照年初签订的目标责任书要求安排生产与工作。注册成立了武汉福汇林物业管理有限责任公司，申报巴东县巴山松林木良种繁育基地建设项目。

【外资造林】 2013年，全省林业利用外资项目6个，实际利用外资金额302万美元，其中20万美元全部为无偿援助。中德财政合作小农户项目终期评估工作稳步开展。督促蕲春县完成森林抚育298.07公顷，并组织开展了检查监测；组织项目骨干赴江西学习德援项目终期评估先进经验，召开了项目终期评估准备工作座谈会，对项目终期评估工作进行了一次再动员再部署。日本政府贷款植树造林项目委托湖北省林勘院开展复查，复查合格面积974.5公顷，造林成活率93.6%，拨付了项目资金。配合审计部门对项目开展全面审计检查，对20个县市区及时下发了整改通知，要求限时限质整改到位，为项目终期评估提前做好准备。已启动实施德国政府贷款湖北省森林经营项目，德贷项目总投资6768.26万元，其中申请德国政府贷款资金4146.2万元，地方配套2622.06万元，项目引进德国先进的近自然森林经营理念和技术，为提升湖北省森林经营水平打下基础。利用欧洲投资银行贷款实施湖北省珍稀森林可持续经营项目预计总投资41 000万元，其中申请欧洲投资银行贷款20 500万元，折合2500万欧元，国内配套及劳务折抵20 500万元，计划营造林面积40 410公顷的争取工作，项目已列入全国6个项目省份之一。

【速生丰产林】 2013年，全省完成速生丰产用材林2.87万公顷，改造培育面积50公顷，其中，浆纸原料林5934公顷，人造板原料林15 667公顷，大径级和珍贵树种用材林2613公顷，其他4518公顷。按树种分：湿地松、火炬松、马尾松6356公顷，杉木、柳杉2736公顷，杨树14 312公顷，桉树100公顷，落叶松、红松、云杉、冷杉、樟子松1469公顷，竹类1893公顷，其他1866公顷。完成全部林业投资额3.15亿元，其中：国家投资7683万元，自筹资金23 136万元，其他702万元。按照《湖北省特殊林木培育项目管理暂行办法》，5个项目县市全面完成项目营造林任务，其中新造林353.33公顷，改造培育633.4公顷，总投资842.55万元，其中中央投资资金500万元，单位自筹资金342.55万元。木材战略储备基地建设项目，国家林业局已经下达计划在湖北省两个林场开展试点建设项目。速丰林基地基建贴息项目前期工作举办了全省林业基本建设贷款中央财政贴息政策培训班。

【义务植树】 2月21日，湖北省委书记李鸿忠、省长王国生、省政协主席杨松等27位省领导和省绿委委员及江夏区部分干部群众到武汉市江夏区藏龙岛国家级湿地公园参加义务植树活动。全年全省共完成义务植树12 040万株，占年度任务的126.7%。开展“美丽湖北、绿色畅想”摄影大赛活动，共收到参赛作品7200多幅，经《湖北日报》和摄影家协会等专家评审，评选出400多幅优秀作品。从中选出部分作品编辑出版《美丽湖北 绿满荆楚》大型画册。全省共有2个城市、10个县(市)、11个单位被授予“全国绿化模范单位”荣誉称号，29名同志荣获“全国绿化奖章”。3月19日，湖北省政府下发了《关于表彰全省国土绿化先进单位和先进个人的决定》(鄂政发〔2013〕14号)，共有46个单位被授予“全省国土绿化先进单位”，49名同志被授予“全省国土绿化先进个人”。湖北省绿委和省教育厅继续在全省中小学组织开展“绿色文明校园”创建活动。3月22日，省绿化委员会、省教育厅、省林业厅决定，授予武汉市江汉区北湖小学等100所学校“绿色文明校园”荣誉称号，并于4月11日召开表彰大会，为获奖学校颁发了奖牌和证书。省绿委、省林业厅、团省委在全省联合组织开展了“2013年度保护母亲河青少年植树行动”，全省54万青少年植树260万株，面积2800余公顷，发放植树护绿宣传资料40万份。省直机关义务植树共有141个单位参加，有87%的人员分别采取植树、养护、出资等形式，折合完成义务植树6.8万余株。3月12日，湖北省外侨办、省外国专家局组织来自美国、加拿大等13个国家的近百名专家，到鄂州市鄂城区银山生态园义务植树，共栽植香樟等“外国专家友谊林”600多株。全省共有129万青少年参加了植树造林和生态保护活动。3月11日，湖北省军区与省直部分单位在鄂州市庙岭乡省军区司机训练大队龙脉山基地开展了军民共植“双拥林”活动。为贯彻落实《湖北省古树名木保护管理办法》，全年共受理信访件3起，依法办理重点工程涉及古树保护行政许可事项。湖北省参加的于9月28日在江苏常州举办的第八届中国花卉博览会，获组织金奖，并获得2金4银6项科技成果奖，送展的293件作品获得12金、33银66铜。

【4单位获“全国林业系统先进集体”荣誉称号】 2013年由人力资源和社会保障部、国家林业局联合发文，决定授予湖北省太子山林场管理局、黄冈市林业局、神农架大九湖国家湿地公园管理局、谷城县林业局4家单位“全国林业系统先进集体”荣誉称号。全国共有100家单位获此殊荣。其中，湖北省获奖单位总数位居全国第二位。

【低产林改造】 2013年度，全省已完成低产低效林改造3.33万公顷。按照《省人民政府关于推进低丘岗地和低产林改造工作的意见》《湖北省低产林改造总体规划方案》《湖北省低产林改造工程建设管理办法》和《省林业局关于加强和改进低产林改造工作的意见》的政策要求和制度规定，创新低改工作机制。编制印发了《低产林改造资料汇编》《低产林改造成果掠影》。工程建设继续坚持省级财政每公顷补助3000元，取消用国家林业项目配套。制订了2013年度低改工程《年度作业设计要求》和《审核要点》。单列5200万元资金，支持全省2.6万个行政村和1067万户农户，开展以庭院绿化、村庄绿化、路渠绿化和一村一片林为主要内容的绿色家园建设，确保了户平新增10棵树目标，推动了造林绿化规模化发展，确保工程建设实现优化森林结构，提高林分质量，培育速生、丰产、优质、高效森林资源和林特产品以及高产出、高效益、生态好的目标。

【洪湖市螺山镇村屯绿化新模式】 村屯绿化是新农村建设的重要内容，洪湖市螺山镇创新村屯绿化经营投入和管护机制，形成了营管结合的新理念，初步摸索出了独具特色的村屯绿化新模式，有效地提高了“四旁”地利用率，拓宽了绿化空间，增加了农民收入，改善了农村面貌。为了搞好村屯绿化，该镇逐步形成了“产权民营化，绿地苗圃化”的经营理念。出台了《关于创新体制推动农民房前屋后花草覆盖创建生态村镇的意见》，摸索出了3种不同的村屯绿化新模式。一是公司租赁自主经营模式。对村庄中间集中连片的空地，采取“政府招商、部门支持、公司经营、农户参与”的方式，承包给企业作为园林苗圃基地经营。二是个人包租自主经营模式。对村庄周边零星的村湾空地和管护难度大的沟、渠、路，采取鼓励有一定经济实力和绿化苗圃生产经验的个体业主承包经营，包租个人与村委会签订合同，实行园林苗圃式的经营管理的办法，确保包租地段绿化效果。三是镇村建设分包管理模式。对所辖的公路沿线、村庄主干道、村庄河、公共绿化景点和连线成片的房前屋后空地，采取政府投入和部门项目资金整合以及村集体筹资相结合的方式，由当地花木协会或绿化公司进行统一规划实施绿化。绿化完成后，根据“谁管理，谁受益”的原则，将农户房前屋后的苗木交由农户管理，所有权归农户；主干道或公共绿化景点的苗木承包给有实力、有兴趣的个人业主管理，所有权归个人业主。在不影响整体绿化效果的前提下，承包人可以把承包地段作为园林苗圃经营，实行挖一补一的办法。

【咸宁市林业局荣获“湖北省绿化模范单位”】 2013年，咸宁市林业局获“全省绿化模范”称号，局长王槐生同志获得“湖北省绿化奖章”，该市属辖的咸安区、通城县、崇阳县获“湖北省绿化模范县”称号。咸宁市委、市政府把绿化模范创建工作作为“打造香城泉都、推进强市建设、实现绿色崛起、构建‘中三角’重要枢纽城市”的重大举措，纳入全市经济社会全面发展的重要内容，统一思想、强化责任、加大投入，形成了造林绿化管理的强大合力。该市林业局大力实施“生态立市”和“在山上再造一个咸宁”战略，造林绿化工作成效显著。全市森林面积发展到44.37万公顷，其中竹林12万公顷、活立木蓄积1376.8万立方米，其中楠竹立竹2.24亿株、森林覆盖率54.2%、绿地率37.10%、城市绿化覆盖率40.4%，“绿色咸宁、生态咸宁”的理念深入人心。

【荆门全面推进国家现代林业示范市建设】 2013年，荆门市围绕“生态林业”“民生林业”建设目标、突出“发展现代林业、建设生态荆门”主题，大力发展生态产业和园区建设，一是以园区为引擎，助推林业产业发展。坚持走“园区带动产业发展”之路，把森工产业园作为集聚林业科技、人才、资源的“洼地”，全力打造现代林业科技园区，走出一条科技支撑园区、园区带动产业、产业促进生态的发展之路。加快全国第一个国家级现代林业森工科技产业园建设。同时，推进钟祥森林食品、京山绿色能源、掇刀花卉苗木、屈家岭梅花鹿繁殖利用等4个特色产业园建设。全市现代林业科技产业园产值超过50亿元。二是以龙头为核心，带动林业产业发展。坚持发展“木材加工”“绿色饮品”“绿色能源”和“生态旅游”四大产业，做大做强宝源、汇源和凯迪等森工龙头企业，全市规模以上涉林企业突破30家。加大招商引资力度，促成汇源集团与钟祥市签订140亿元投资合同，当年投资达4亿元。三是以科技为支撑，保障林业产业发展。建立市、县、镇、村4级林业科技推广网络，培养2000多名“懂政策、会经营、有技术”的科技带头人。加强与美国、加拿大有关院校和中国林科院的合作，加快推进林业生态、产业和文化的发展。邀请2名院士入驻中国农谷院士村，研究开发林业新品种，培育拥有自主知识产权的产品。派员赴美国学习研究经济林和彩叶植物新品种引进繁育技术。新建中国农谷核心区200公顷精品小苗繁育中心、十里牌林场高科技林业先行区、杨竹流域城郊林业发展示范区。

【天然林保护】 2013年，全省天然林资源保护工程荒山荒地造林面积3.23万公顷，其中人工造林3600公顷，新封山育林面积28 667公顷。2013年末全省实有森林管护面积332.93万公顷，管护人员11 508人。全年全部林业投资完成额65 183万元。其中用于公益林建设4630万元，用于森林管护7288万元，用于森林抚育4272万元；用于生态效益补偿42 872万元，社会保险4330万元，政策性支出1791万元。全省天保区34个实施单位继续停止天然林商品性采伐，森林资源消耗大幅下降。建立森林管护站点1233个，森林管护站383个，管护片1427个，管护点5905个，采取竞争上岗的方式确定管护人员10 025人，其中专职护林员5663人，兼职护林员4362人。职工社会保险及政社性支出全面得到落实。天保工程一次性安置职工社会保险补贴工作。全省共建立省、市、县天保中心办公室36个，配备工程管理人员152人。各乡镇、村成立了管护站，下设管护片，完善了从天保中心、森林管护总站、管护站、管护责任区到管护片、管护点的6级管护网络。规范了质量管理，各天保县市在建立森林管护网络的基础上，对从事森林管护的人员实行竞争上岗、择优聘用，护林员实行培训后持证上岗，并填写巡山记录，同时严格执行护林人员考勤、考核制度，并将考勤、考核结果作为工资兑现和聘用的依据。各项目县市严格按照设计施工、按照设计自查，做到作业设计与自查结果一致。组织省、市级有林业监理资质单位进行天保工程监理招标，监理单位对工程建设过程中各个环节进行检查监督，省天保中心在3~4月安排各项目县市对上一年度工程实施情况进行全面自查，5月组织人员对各项目县市自查情况进行省级复查。各地合理开发利用林下资源，发展林下种植业、养殖业、加工业，开发森林、生态旅游业，发展势头强劲。依托天保工程，发展以茶叶、油茶、五倍子、红花玉兰苗木为主的非木质林产品，探索出了一条“不砍树能致富”的林业经济发展之路。各县市依据《天然林资源保护工程建设资金管理办法》及财务规定，对天保工程资金做到“专户存储、专款专用、封闭运行，实行报账制”。接受省、市(州)审计部门和天保财务部门的资金审计和综合检查。

【郧西县被列为国家二期天保工程示范点】 此次被列入全国示范点的单位有24个，其中湖北省2个，郧西县主要是生态公益林管护和林下替代产业建设示范。郧西县地处鄂西北端，是国家南水北调中线工程核心水源区，该县实施二期天然林资源保护工程，全县纳入森林管护面积为15.62万公顷。工程实施以来，该县成立了县工作领导小组，组建了工程管理办公室，落实了3名全额人员编制。加强了森林管护队伍和管护站建设，健全了县、乡、村三级森林管护网络建设，全县落实管护人员528人。层层落实管护责任，2013年签订年度目标责任书、管护合同书。加强了基础设施建设，在人、畜活动地段设置了钢丝围栏，在主要交通路口建立宣传碑牌等。落实资金兑现报账制，坚持补偿资金兑现前的公示，对农民实行“一卡通”直达。完善了县、乡、村档案建设。开展森林抚育和人工造林，加大森林资源培育。严厉打击各类破坏森林资源行为。

【生态公益林】 2013年，全省生态公益林总面积370.47万公顷，其中：国家级公益林面积221.13万公顷，省级公益林面积92万公顷，县级公益林面积57.34万公顷，落实补偿资金56 381万元，其中：国家级公益林补偿资金42 409万元，省级公益林补偿资金11 394万元，县级公益林补偿资金2578万元。完成了公益林区划落界及数据库建设工作，在完成国家级公益林区划落界的同时，也一并完成了省级和县级公益林的区划落界工作，并分别编制了成果报告。按照省财政的要求，抽取了6个县市开展了中央森林生态效益补偿基金绩效评价。

【英山县荣获“中国生物多样性保护与绿色发展示范基地”称号】 2013年，英山县被中国生物多样性保护与绿色发展基金会授予“中国生物多样性保护与绿色发展示范基地”，成为湖北省首个获此殊荣的县市。该县森林覆盖率达68%，物种资源丰富，共有维管植物172科697属1421种，野生动物种类334种。其中，国家二级保护野生动物11种，省级保护41种，是大别山动植物种质资源的主体和核心，珍稀濒危植物的集中分布区。全县茶、桑、药、栗为主的高效经济林面积4万余公顷，林特产业总收入占农村经济总收入的比重达84.2%，农民人均纯收入的64.6%来自林特产业。英山县委、县政府争取国家和省级生态建设项目，精心实施造林绿化、东西河流域综合治理、白莲河湿地保护，农村清洁能源工程等一批生态建设项目；积极招商引资，开发生态资源和绿色产业，启动了大别山茶产业城、华润风能发电等一批重点项目，为建设绿色大别山增添了活力。

【退耕还林工程建设】 2013年，全省退耕还林工程完成营造林2.23万公顷，其中荒山荒地造林1.33万公顷，新增封山育林0.9万公顷。年末实有封山育林面积2.93万公顷。粮款兑现及林业投资完成额11.25亿元，其中钱粮补助资金5.87亿元，巩固退耕还林成果专项资金4.69亿元，其他资金0.69亿元。组织完成了巩固退耕还林成果林业后续产业基地建设。湖北在恩施市开展了新一轮退耕还林试点。完成了全省坡耕地退耕还林的摸底调查工作。于2月5日上报了相关材料。于9月26日召开市州林业局局长会议，刘新池厅长对做好新一轮退耕还林前期准备工作进行了安排部署。组织开展了2013年退耕还林阶段验收省级复查。开展了2013年退耕还林阶段验收国家级核查。验收结果各项指标均好于2012年，其中面积保存率达到100%，成林率达到97%，建档率达到100%，林权证发放率达到100%，管护率达到99.3%。组织开展了18个县市区2013年退耕还林配套荒山造林省级复查。开展了2013年造林综合实绩退耕还林核查。组织开展了退耕还林生态效益监测工作。湖北省是国家林业局确定的6个生态效益监测试点省之一。全省已建成小流域测流堰3座、坡面径流场73个、小型气象站6个、固定标准地36个、调查样地85个，基本涵盖了全省退耕还林生态效益监测方案所要求的全部监测对象。组织开展了退耕还林群众来信来访的查处工作。加强了对退耕还林工作的宣传。在国家林业局政府网、国家退耕还林网上刊载的报道达39篇，3月13~15日，承办了全国退耕还林阶段验收及效益监测工作会议，各省市区退耕办主任、分管效益监测工作的副主任、效益监测技术人员以及国家林业局5个直属规划院、中国林科院等单位共135人参加了会议。湖北省等9个省份退耕还林阶段验收工作得到国家林业局的通报表扬。

【长江防护林工程】 2013年，全省65个县市区完成工程造林面积3.23万公顷，其中：人工造林1.13万公顷，封山育林2.10万公顷。完成投资计划9125万元，其中：中央投资7300万元，地方配套1825万元。加强了三峡库区、丹江库区、大别山区和引江济汉工程沿线等重点区域的生态治理，促进生态脆弱地区的生态修复，确保长防林工程建设质量和成效，积极培育造林公司、林业专业合作组织、造林大户“三大主体”，参与长防工程建设，优化了社会资源向林业聚集和配置。全省共有407家企业、319个林业专业合作社和3374个面积6.67公顷以上造林大户，成为长防林工程建设的主力军。全面推进专业化、机械化、科技化、四季化造林，有效提升工程建设的标准化、规模化、集约化和现代化水平。实行林水结合、林粮间作、立体种植、林下经营等林下经营模式，使长防工程建设当年亩平均收入近千元，增加了农民收入。严把作业设计关、种苗标准关、整地规格关、栽植质量关、检查验收关，提高造林质量。推行行政推动、部门联动、政策驱动、示范带动、龙头拉动、全民齐动参与项目建设。执行目标责任制、项目业主制、造林合同制、质量监理制、资金报账制、实绩通报制追究责任。8月28~30日，全国长江流域等防护林体系建设现场会，在湖北省洪湖市召开，刘新池厅长在会议上作了典型发言，国家林业局副局长张永利对湖北省长防林工程建设的做法与成效，给予了高度肯定。

【自然保护区建设】 2013年全省实有自然保护区个数56个、面积96.92万公顷，其中国家级自然保护区个数10个、面积36.81万公顷。完成了堵河源和十八里长峡自然保护区晋升国家级自然保护区和上涉湖、五朵峰、八卦山、大崎山4个自然保护区晋升省级的工作，国务院办公厅国办发(2013)7号、(2013)111号文和湖北省政府批准。协调组织谷城南河、湖北大别山、保康五道峡、巴东金丝猴、房县野人谷等6个省级保护区申报国家级、麻城狮子峰等4个市级保护区申报省级的工作。组织召开了8次自然保护区规划和功能区调整的专家会议，组织安排了6次接待国家环保部、国家林业局专家组现场考察论证自然保护区建设项目、规划论证、申报国家级保护区实地评审等会议；联合省环保厅组织了对6个省级保护区建设工作情况进行了检查评估。国家级自然保护区中央预算内投资建设项目安排经费1698万元。中央财政国家级自然保护区补助资金1300万元。协调从环保口帮助自然保护区争取经费300余万元。组织了在部分自然保护区宣传贯彻全省林业工作座谈会精神和开展调研的工作。

【湿地保护与管理】 2013年，湖北省境内国际重要湿地1个，面积41 412公顷。全省湿地示范区面积59 745公顷。组织完成了湖北省江夏安山、襄阳汉江、五峰后河、通山富水、孝南府河、松滋洈水、宣恩双龙湖、宜城汉江、蔡甸后官湖、十堰黄龙滩、远安沮河、荆门仙居河、房县古南河和随县封江14个湿地公园申报建立国家湿地公园的材料申报及省级初审工作。争取湿地项目资金。其中，中央财政湿地补助资金1800万元，主要实施范围为江夏藏龙岛等9个项目点。湖北省已有大九湖湿地等6个湿地工程项目获得批复，资金总额1.02亿元。洪湖湿地保护区获得了GEF资助，资金总量300万美元。申报了惠亭湖国家湿地公园、莫愁湖国家湿地公园等7个湿地工程项目，项目资金总量为1.39亿元。完成了荆门漳河和神农架大九湖国家湿地公园的检查验收工作，其中神农架大九湖国家湿地公园通过检查验收，已被国家林业局正式授牌。完成了蔡甸沉湖和神农架大九湖湿地申报国际重要湿地的野外考察和各项文件准备工作，国家林业局华东林业调查规划设计院对湖北省中央财政湿地保护补助资金项目监测评估工作。组织了湖北省长江湿地网络成员单位参加国家林业局在贵阳市召开的全国长江湿地网络年会及湖北省新批建的国家湿地公园试点单位主要负责人赴香港米埔湿地自然保护区参加湿地业务培训工作。湖北省法制办进行了湿地立法工作的调研并赴外省进行了湿地立法考察调研工作。

【武汉市湿地资源保护工作】 武汉市作为“百湖之市”“湿地之城”，一手抓建设、一手抓保护，湿地资源保护再上新台阶。该市先后划建了5个湿地自然保护区，建立了4个湿地公园，设立了4个省级自然保护小区。目前，该市湿地面积3358.35平方千米，占全市国土总面积的39.54%，野生动物达293种，高等植物达408种。市财政2013年累计近2000万元用于湿地保护区建设，先后建成湿地自然保护区和湿地公园管理站、监测站17处，建设界桩、界牌、界碑400多个，恢复湿地植被5000多公顷。该市在全国副省级城市中率先完成湿地立法，出台了《武汉市湿地自然保护区条例》，为全面加强湿地水域的依法保护提供了有力保障；与教育部门联合编印《走进沉湖湿地》《湿地——生命的摇篮》等教材，以媒体专访、短信群发、出租车滚屏等方式，宣讲政策；充分发挥野保协会、观鸟协会作用，在汉口江滩多次举办观鸟活动，举办“荆楚沉湖杯”首届湿地观鸟节，倡导全社会关注湿地、保护湿地。该市对湿地保护区、野生动物园等鸟类野生动物集中的重点地段、重要部位开展日常巡查；对野生动植物保护、保护区保护与管理、古树名木等进行专项督查，通报评分结果，限期整改；联合工商等部门，对集贸市场、野味一条街、餐馆、酒店等场所等开展清理整顿；通过开展江城闪电、保护候鸟等专项活动，加大对滥挖乱占、滥捕乱猎、滥买乱卖等违法行为查处力度，打击违法犯罪，有效保障湿地资源安全。

【野生动物疫源疫病监测与防控】 2013年，全省野生动物疫源疫病监测站71个，全省野生动植物科研及监测机构69个，专业技术人员227人。7月16日，面向全省各级监测站举办了学习贯彻国家林业局31号令新发布的《陆生野生动物疫源疫病监测防控管理办法》培训班。11月，在武汉召开了湖北省野生动物疫源疫病监测模式研讨会。向国家林业局争取在湖北省建立国家级预警站、在湖北省设立鸟类环志站共计8个。印发了湖北省林业厅《关于进一步明确自然保护区和湿地公园野生动物疫源疫病监测防控职能的通知》(鄂林护[2013]249号文)。确定了53种野生动物、26种病源微生物为湖北省重点监测物种、重点监测疫病。与中科院武汉病毒所签订了战略合作协议，并依托其技术力量成立了湖北省野生动物疫病检测中心，开展了H7N9禽流感溯源排查工作，累计规范采样检测12批次2212份，完成了国家林业局规定的任务，没有检测出H7N9禽流感病毒。8月，参加了在北京举办的全国野生动物疫源疫病监测专家会商会；9月，作为林鸟监测模式的代表，受邀参加了在陕西西安召开的全国野生动物疫源疫病监测模式座谈会。

【野生动植物保护与管理】 2013年，全省野生动物种源繁育基地与野生植物种源培养基地73个，其中：野生植物种源培养基地13个，野生动植物保护管理站122个，野生动物园2个，植物园2个，狩猎场4个。湖北省政府批准成立湖北省野生动物保护工作领导小组，分管省长任组长；联合武汉海关开展打击进出口走私濒危野生动植物行动，首次获得海关移交的罚没进出口野生动物象牙制品157件；首次获得国家林业局委托的四大类11小类30余科、种国家一级保护动植物的行政审批权，湖北省林业厅厅长刘新池签发了公告。全年完成了行政审批85项，其中驯养繁殖和经营利用行政许可35项，相关审批、审核和证明50项；组织了3次驯养繁殖和经营利用专家现场论证会、1次全省野生动植物执法抽查，对网上行政审批流程进行了重新设计。3月，在湖北省荆门市京山县组织举办了“爱鸟护鸟观鸟，共享自然之美”为主题的全国暨湖北省“爱鸟周”活动启动仪式，刘新池厅长主持，国家林业局、省政协领导讲话。4月，在湖北省黄冈市罗田县组织举办了中国野生植物协会授予罗田县“中国兰花之乡”的授牌仪式。7月30日，组织召开了全国第二次野生动、植物资源调查湖北启动会。

【野生动物救护】 2013年，成立了湖北省野生动物救护专家组，并对全省野生动物救护机构进行了调查摸底，参与中国野生动物保护协会野生动物救护委员会筹备与组建。严格执行电话登记、档案管理、野外放生、动物托管和科学饲养等5项救护制度，全年共接听各种救护电话656次，电话指导193次，急救行动412次，救护动物429只条，救护成活率81%，组织野外放生26批次，放生野生动物298只条。守住了“救护零投诉”这条底线，提升了救护形象。加强与福建恒达标本制作公司合作，初步选定了红腹锦鸡、蓝孔雀等3个品种。

启动和完成了“湖北省野生动物救护标识”的征集活动，对来自全国21个省（区、市）的50余位作者的70余幅作品进行了全面评审，最终选定了辽宁鞍山白世刚先生创作的作品。维修更新了动物笼舍和围网，改善园区环境。7月参加中国动物保护协会野生动物救护委员会成立大会，并被选为全国3个副理事单位之一。

【荆门市京山县举办全国“爱鸟周”活动】 3月31日，2013年全国暨湖北省“爱鸟周”活动启动仪式和“集泰杯”中国（京山）第六届野生鸟类观鸟摄鸟大赛在京山县启动，湖北省政协副主席、省野生动植物保护协会名誉会长郑心穗，国家林业局野生动植物保护与自然保护区管理司司长张希武参加仪式并分别讲话。湖北省林业厅党组书记、厅长刘新池主持仪式。启动仪式上，荆门市副市长郑中华致欢迎词，中国野生动物保护协会秘书长臧春林宣读了《授予京山县为“中国观鸟之乡”的决定》，湖北省林业厅巡视员李新水宣读了《湖北省未成年人生态道德教育特别贡献奖表彰决定》，湖北省野生动植物保护协会会长李德珍宣读了《关于表彰湖北省爱鸟周活动先进单位的决定》。仪式结束后，来自全国的嘉宾、观鸟队、摄影爱好者参观“爱鸟爱自然”书画摄影作品和环保手工作品展以及“爱鸟爱自然”校园文化展，并参加“不打鸟不吃鸟、不买卖野生鸟类”万人签名活动。

【林产工业】 2013年全省林业产业年总产值1431.51亿元，其中第一产业638.08亿元、第二产业578.11亿元、第三产业215.32亿元。全省商品木材产量251.93万立方米，竹材产量3297.30万根。主要林产品锯材88.84万立方米、木片35.05万立方米，人造板产量500.89万立方米，其中胶合板117.79万立方米，纤维板258.15万立方米，刨花板47.61万立方米，细木工板等其他人造板77.28万立方米。木竹地板3099.26万平方米。湖北省林业产业促进会两次召开理事代表会议，选举湖北省林业厅刘新池厅长兼任省林业产业促进会会长，黄德华副厅长兼任省林业产业促进会常务副会长，并报湖北省委组织部同意。省林业产业促进会完成了网站设计制作和试运行，完成了协会财务审计和年度审验工作。全年促进会已组织3批企业分别赴第六届中国牡丹江与俄罗斯远东国际木业博览会、第十届中国菏泽林产品交易会和第六届中国义乌国际森林产品博览会。荣获全国优秀组织奖3个，产品金奖、优质奖31个。全省产业园新增投入达48.5亿元，新增入园企业51家，新增开工投产企业46家，园区建设向质量型、规模型和效益型方向发展。3～5月，湖北省林业厅黄德华副厅长3次率工作人员赴崇阳循环经济、汉川金鼓城家居、潜江华中家具、拍马纸业等4个科技产业园进行了现场调研。对产业园集群发展、科技支撑、园区管理、服务功能等方面提出了要求。6月27日，湖北省林业厅召开全省重点林业企业座谈会，邀请20家重点林业企业负责人参加会议，听取林业产业发展意见和建议，厅长刘新池出席会议并讲话。省林业厅出台了《关于支持林业企业转型发展的意见》，会同湖北省工商联、湖北省光彩会下发了《关于加快推进非公有制林业发展的意见》，与国家开发银行湖北省分行举行银企对接座谈会，组织康欣、万树、福汉3家企业赴北京参加国家林业局和国家开发银行共同举办的“开发性金融资本支持林业走出去战略”座谈会。湖北省林产品出口贸易势头强劲。蕲春燕加隆地板70%的产品畅销全球170多个国家和地区，产品供不应求。邓村绿茶、随州三友、宜城大山、房县神武山珍等一批出口型企业全年出口额突破5亿美元。全年省林业厅赴基层实地调研和接受企业家上门咨询110余批次，联系北京林业大学、北京化工大学、华中农业大学专家5次赴林业企业开展科技对接服务。以拍马纸业、宝源木业为龙头的森工科技产业链被纳入省级重点农业科技产业链，分别获得科技产业链建设专项资金500万元。推荐10个单位和个人申报第二届“林业产业突出贡献奖”；推荐5家企业申报2013年国家林业标准化示范企业。按照国家林业局全国油用牡丹产业发展山东座谈会的精神，组织专班，开展了全省牡丹资源普查、油用牡丹产业发展研究等一系列工作，形成的专题报告引起省政府主要领导的重视。湖北省财政厅已安排专项资金500万元支持油用牡丹试点工作。4月19日，中国林业经济学会油用牡丹经济专业委员会正式成立。湖北省林业厅派专人参加了学术研讨，并成为专业委员会委员。5月上旬，参加了全国林业产业重点工作座谈会。全程参与了《国家林业产业化龙头企业认定与运行监测管理办法》《国家级林产品加工贸易示范区申报和认定管理办法》《国家级林业特色区域经济示范县认定管理办法》3个文件以及《全国林业产业倍增计划》标准制定和论证工作。9月5～6日，全国政协委员、全国林业经济学会理事长李育材专程到湖北省蕲春县调研油用牡丹产业发展工作。国务院、湖北省政府、国家林业局、湖北省食品安全办、省安监局下发安全生产和质量监督检查文件20份，召开相关会议10次。省林业厅调整了安全生产工作领导小组组成人员，明确了成员单位职责分工，厅党组会专题安排部署了全省林业系统安全生产大检查和林产品质量检验监测工作。全年全省林业系统和涉林企业没有发生重大安全生产事故。

【主要经济林产品】 2013年全省主要经济林产品生产情况分别为：水果产量514.72万吨，年末实有种植面积45.51万公顷，年末实有结果面积40.26万公顷，其中：苹果1.76万吨、柑橘330.40万吨、梨61.19万吨、葡萄24.13万吨、桃78.59万吨、杏6350吨、猕猴桃2.46万吨、其他水果15.56万吨。干果产量58.29万吨，年末实有种植面积38.76万公顷，年末实有结果面积29.33万公顷，其中：核桃9.40万吨、板栗41.10万吨、枣3.13万吨、柿子2.22万吨、银杏1.95万吨。林产饮料产品14.07万吨，年末实有种植面积28.59万公顷，其中：毛茶13.83万吨。林产调料产品4550吨，年末实有种植面积7840公顷，其中：花椒3324吨、桂皮48吨。森林食品17.64万吨，其中：竹笋干8428吨、食用菌14.13万吨、山野菜1.47万吨。木本药材8.28万吨，年末实有种植面积8.45万公顷，其中：杜仲1.41万吨、黄檗4238吨、厚朴1.26吨、枸杞378吨、山茱萸1429吨、其他木本药材5.01万吨。木本油料8.87万吨，年末实有种植面积17.38万公顷，年末实有结果面积12.11万公顷，其中油茶籽8.75万吨，油用牡丹籽894吨。林产工业原料9.78万吨，其中生漆6897吨、油桐籽2.53万吨、乌桕籽1.83万吨、五倍子3710吨、棕片3656吨、松脂3.99万吨。2013年全部经济林产品的种植与采集产值431.01亿元，其中水果及干果种植与采集178.43亿元，茶及其他饮料作物的种植与采集产值118.80亿元，林产中药材的种植与采集27.11亿元，森林食品的种植与采集总产值84.55亿元。竹产业产值14.40亿元。

【启动油用牡丹产业发展试点工作】 湖北是野生牡丹传统产区，有较好的油用牡丹适生地环境，全国原生野生牡丹9个种群中，有5个种和1个亚种属湖北省原生，种质资源丰富，栽培历史悠久、技术成熟，尤其是近年来开展了大量的牡丹选育、繁育及栽培管理技术研究，为湖北省发展油用牡丹产业打下了良好基础。为此，湖北省林业厅组织召开全省油用牡丹产业发展试点工作启动会，对全省启动油用牡丹产业发展试点工作进行动员部署。会议指出，油用牡丹是一种新兴产业，对保障中国粮油安全、改善林区民生、提高生态质量意义重大。湖北省委、省政府对发展油用牡丹产业高度重视，省长、分管副省长分别作出重要批示，要求林业部门作好调研，启动试点。会议要求，开展油用牡丹产业发展试点工作势在必行，要按照“种苗先行、高位推进”的原则，通过精心培育种苗基地，严格制定技术规范、引导企业积极参与、用活政策鼓励发展的办法抓好试点示范工作。

【华海股份公司在天交所成功挂牌】 位于湖北省襄阳市南漳县的湖北华海纤维科技股份有限公司在天津股权交易所成功挂牌，成为湖北省成功在天交所挂牌的首家涉林企业，是林业企业探索多渠道融资方式的一次创新。企业挂牌后，为有效缓解发展亟需的资金问题，促进企业规范运作和发展打下基础。

【林业产业集群发展成为全省第9个千亿产业】 2013年，湖北省林业产业总产值达1431.51亿元，比2012年增长20%以上，4年时间实现产值翻番，成为全省第9个千亿元产业。湖北省大力发展林业科技产业园区，培植龙头企业，林业产业呈集群发展态势。全省现代林业科技产业园区已达23个，实现年产值436亿元，省级重点龙头企业达301家。省林业厅积极搭建产业发展平台，举办首届中国·中部(武汉)绿色家居博览会，现场交易与合同交易总额达40.6亿元；省林业厅2次随湖北省委、省政府赴广州、香港开展招商和经贸活动，全省共落实招商资金77亿元，同比增长23%；先后4次组织近百家涉林企业参加全国各类展会，全省林业企业知名度和影响力不断提升。

【远安县兴利公司香菇出口创外汇1200万美元】 2013年，远安县兴利公司自营出口干香菇1000吨，创外汇1200万美元，产品远销泰国、韩国、越南等国。该县大力实施农产品走出去战略，勇于开拓国际市场，紧盯香菇这一优势主导产业，坚持以国际市场需求为导向，以香菇质量安全监管为核心，大力开展出口香菇质量安全示范区建设，林业、财政、商务等部门积极协作，大力培育扶持出口创汇龙头企业，多方筹资为企业出口提供融资担保和流动资金4000万元，有力地促进了林农增收、社会增效。

【湖北首条“重组竹”生产线在咸宁正式投产】 2013年，总投资1.1亿元的湖北巨宁竹业科技股份有限公司一期生产线正式投产，该项目设计年产量5万立方米，年产值可达6亿多元。项目全部建成后，将成为华中地区最大的竹基纤维复合材料生产基地。咸宁是楠竹之乡，作为全国七大楠竹主产区之一，全市现有楠竹面积10.67万公顷，占全省竹资源的80%，立竹量2.24亿株，竹林面积和蓄积量均居全省第一。该市一直把发展竹产业作为财源工程、就业工程和致富工程来抓，提出了加快竹产业发展的“十三条”意见，明确了“全市打造百亿竹产业”的发展目标。

【武汉市举办2013年优质绿茶评选活动】 由武汉市林业科技推广站和武汉茶叶协会联合主办的“武汉2013优质绿茶暨黄鹤楼杯第三届名优茶评选会”在武汉举行。主办方共收到来自黄陂、新洲和江夏等茶叶主产区38家茶叶企业、农村经济合作社和种植大户的41个参赛产品。举办本次活动，旨在进一步提升武汉茶叶基地建设水平，提高茶叶加工工艺和品质，增强汉产茶的市场竞争能力，加快武汉茶产业向生态、有机、高效、和谐方向的发展步伐。本次评茶也是继2011年以来的第三届黄鹤楼杯名优茶评选。在武汉市委市政府优化产业政策的扶持下，武汉市茶产业呈现出快速、有序、健康发展的新格局。全市茶叶产业建设已形成了区域化、板块化、基地化、设施化发展趋势。该市茶叶年产量已达2000吨以上，产值逾4亿元。

【林业项目引资工作】 湖北省常务副省长王晓东在湖北省林业厅厅长刘新池呈报的《抓项目引资载体 促林业提质增效》的专题报告上，给予了“思路清晰，抓得有力，成效显著，再接再厉”的高度评价。2013年，为促进“五个湖北”建设、区域经济发展和农民增收，湖北省林业厅狠抓项目争取，搭建投资平台，推进项目实施，努力放大项目投资的带动和辐射效应，充分发挥了投资拉动和市场推动两只手的作用，取得明显成效。全省争取到位的中央和省级林业投资达到115亿元，年均增幅超过10%，争取到位的中央林业投资连续多年在中部6省位居前列；同时吸引各类社会投资500多亿元，全省林业总产值突破千亿元大关，项目资金为林业生态建设和产业发展提供了重要支撑，促进了湖北省林业的提质增效。

【苗木花卉】 2013年林木种子采集量4278吨，育苗面积3.94万公顷，其中本年新增育苗面积8181公顷，当年苗木产量11.59亿株。当年的育种与育苗总产值31.14亿元。实有花卉种植面积4.32万公顷，切花切叶产量0.874亿支，盆花植物产量1.24亿盆，观赏苗木产量2.75亿株，草坪产量978.83万平方米，全省共有花卉市场266个，花卉企业1291个，花卉从业人员11.61万人，全年花卉种植总产值44.84亿元。

【竹溪县发展花卉产业】 自2013年起，竹溪县按“依法、自愿、有偿”的原则，加大土地流转组织力度，为花卉生产主体规模化经营提供支撑。全县土地出租、转包以家庭经营为主，土地流出以承包经营权入股为主，农户闲置土地及无种植能力农户土地以村级土地股份合作社经营为主，大力发展土地集中型、合作经营型，推动花卉苗木生产上规模。全县花木总面积已达0.37万公顷，有效促进花卉生产上规模。全年创建“服务成员好、经营效益好、利益分配好、民主管理好、示范带动好”的“五好”示范社21家，产加销一条龙合作社比重达到60%。通过建设功能齐全的花木交易市场、建立网络创业孵化中心，发展花木经纪人等途径带动了该县花农苗木销售，促进农民致富。该县市场建有交易摊位1000多个，辟有盆景区、苗木区、散户区等。齐全的配套设施为来自全国各地的客商搭建起了良好的经营平台。市场年交易额可达3000万元。该县还以“历史文化、绿色农业”为主题，开辟出苗木花卉休闲观光旅游精品线路，形成由花卉苗木研发中心、花卉博览园、珍稀植物园、草本花卉园、花卉盆景园等景点组成的花卉主题观光旅游区。使全县苗木花卉休闲观光旅游产业形成规模。集观光、旅游、休闲、娱乐、健身、科普教育、餐饮、娱乐为一体的生态农业观光园区，有效提升花卉种植效益。

【森林公园和森林旅游】 2013年，全省林业旅游与休闲产业4247.28万人次，旅游收入145.57亿元，林业旅游与休闲产业直接带动的其他产业产值507.84亿元，其中全省林业旅游3734.07万人次，旅游收入131.79亿元，林业旅游直接带动的其他产业产值479.34亿元；林业疗养与休闲513.21万人次，休闲收入13.78亿元，直接带动的其他产业产值28.50亿元。开展全省森林公园监督检查工作。组织编制了《随城山省级森林公园可行性研究报告》《随城山省级森林公园总体规划》《绿林山省级森林公园可行性研究报告》，并通过省级评审。编制完成了《偏头山国家森林公园总体规划》《大洪山国家森林公园总体规划》，已报送国家林业局审批。组织编制《西塞国国家森林公园可行性研究报告》《尧治河国家森林公园可行性研究报告》，2013年申报的《汉江源瀑布群国家森林公园》《崇阳国家森林公园》已经国家林业局专家组现场考察。开展了麻城西张店、嘉鱼官桥八组、来凤等3个省级森林公园前期可研工作。加强森林公园森林旅游网络建设，组织各森林公园填报森林旅游信息上网；加强森林旅游宣传工作，组织各森林公园参加旅游推介会，宣传森林旅游线路，推广森林旅游产品。加强与媒体、报刊等新闻单位的合作，会同“楚风行”旅游联合体共同打造精品森林旅游线路。建设湖北省森林国际旅行社的官网网站“湖北森林旅游网”，编制《森林旅游》期刊，拓宽宣传营销平台。完成了巴西、阿根廷与印度两批林业考察团任务和两批中国台湾地区考察团的任务。

【野生动物驯养繁殖】 2013年全省野生动物种源繁育基地60个。全年陆生野生动物繁育与利用总产值8.79亿元。全省已建有野生动物养殖经营企业(户)528家，其中新增35家。对有场地和设备、有资金和技术、有合法种源和饲料来源的驯养繁殖企业(户)，实行即报即批，提高审批规范性和时效性。对42项审核转报国家林业局审批和向对口省出具函件的，做好跟踪催办。对老养殖经营企业(户)，提供技术和销售信息。

【林下经济发展】 2013年，全省林下经济总产值50.77亿元。编制完成了《湖北省林下经济发展规划(2013～2020年)》；制定了林下经济示范基地建设标准，创建了首批20个省级林下经济示范基地。11月，在蕲春县组织召开了全省林下经济现场会，推广了有效的林下种养殖模式。全年全省林下经济面积已发展到41.07万公顷。创建了一批农民林业专业合作组织建设示范县和一批省级农民林业专业合作社示范社；新成立林业专业合作组织222个，入社会员1.35万户。全省林业专业合作组织累计已达2387个，入社会员达到57.77万户，年纯收入近40亿元。

【恩施州深化林权改革发展林下经济】 恩施州林业资源丰富，拥有林地171.93万公顷，占国土面积的71.5%，农民年收入中有26%来自林业。全州完成集体林权制度主体改革任务。形成了州、县、乡、村四级书记抓林改的格局，累计落实林改资金4959万元，调处林权纠纷3.65万件，集体林权确权率、发证率、合同签订率达到99.35%、99.5%、99.3%。稳步推进集体林权制度配套改革。规范林权流转，优化资源配置。各县市建立了林权管理服务中心，加强了林权流转管理。截至2013年，该州共流转林地4.44万公顷，流转金额13 791万元。推进抵押贷款，让资源变资产。积极开展林权抵押贷款试点工作，累计抵押面积0.48万公顷，贷款7446万元。发展林业专业合作组织。共建立林业专业合作社361个，加入农户4.73万户，经营林地3.13万公顷。林下经济发展主要有4种经营模式：一是林药模式。发展厚朴、黄檗、黄连等300多个中药材品种，中药材面积9万公顷。二是林果模式。建成板栗、核桃等干果基地3.67万公顷，柑橘、白柚、猕猴桃等鲜果基地2.13万公顷。三是林禽、林牧模式。重点驯养繁殖野猪、豪猪、七彩山鸡等35个品种，野生动物人工驯养繁殖户达到228家，经营利用户50家，专业合作社55家，年养殖总量达到382万头(只)，年总收入超过1亿元。四是林旅模式。仅2013年，该州森林生态旅游业产值达到33亿元以上。

【森林防火】 2013年，全省共发生森林火灾217起，过火面积687.2公顷，受害森林面积146.5公顷，受害率0.018‰。森林火灾造成2人死亡。与2012年同期相比，森林火灾起数下降44%、过火面积下降43%、森林受害面积下降38%，人员伤亡事故升高。十堰市房县两起森林火灾各致1人死亡。全省于8月5日提前进入重点防火期，全省持续高温干旱，森林火险等级较高，防火形势严峻，卫星监测共发现27个热点。这是自1951年有防火记录以来湖北首次在夏季进入重点防火期。2013年国家林业局下达湖北省森林防火项目投资资金5741万元，已批复立项咸宁市、随州市、丹江口市森林防火综合治理项目4918万元。省森林防火物资储备库、物资储备项目纳入审批。湖北省森林火险预警监测、信息指挥项目建设已基本完成，鄂东北、鄂西南两片森林防火通信项目建设稳步推进。航空护林前期准备基本就绪、编制体制及实施航空护林取得突破进展。武警驻鄂森林部队先后协助各地开展森林防火培训10余次、集中宣传教育20余次，组织联合演练8次，部队正规化建设和战斗力水平得到提升。3月27日，在国家森林草原防火和造林绿化工作电视电话会后，召开了全省森林防火和造林绿化工作电视电话会议。10月17日，组织召开全省秋冬季森林防火电视电话会议，省林业厅刘新池厅长对森林防火工作进行了再动员、再部署。省防火办对全省17个市(州)人民政府森林防火工作行政首长负责制落实情况进行了全面考核，并将考核结果进行了通报。各市州建立了森林防火责任体系，层层签订了森林防火责任状。全年先后分发防火宣传手册18 000份，编发《森林防火简报》22期，向国家林业局报送信息18条，向省政府报送信息8条。向湖北林业网报送信息32条，向《中国绿色时报》和《湖北日报》报送正面新闻3篇；为宜昌、襄阳、鄂州、神农架等地进行森林防火业务理论授课。全省增设森林防火检查站1400余个，增加临时护林员1.6万余人，省林业厅先后4次派出11个由厅领导带队的督查组，分赴全省各地，督查森林防火工作。分别于5月、7月及10月，在黄冈蕲春、省生态学院、省林业厅招待所培训中心组织了森林防火通信项目建设、装备管理水平和扑救能力、全省防火办主任三期培训班，为森林防火工作打下了坚实基础。

【森林病虫害防治】 2013年，全省森林病虫害防治站76个，从业人员即在册职工人数462人。林业有害生物防治林业建设资金完成投资2185万元。全省林业有害生物发生面积29.17万公顷，比2012年同比下降11%。成灾面积控制在1.33万公顷，成灾率为1.57‰，无公害防治率96.31%，测报准确率85.32%，种苗产地检疫率99%，均超额完成了国家林业局下达的年度目标管理指标。全省林业有害生物防控基础建设项目中央投资到位资金1199万元，防治补助经费到位750万元。完成了全省第二批31台防控专用车辆的集中采购、配发工作，使全省县级以上森防站基本都有了1台防控专用车辆，方便测报、防治及检疫执法等工作的开展。集中采购了一批办公设备，配发相关地区，改善装备条件。启动实施了《湖北省三峡库区松材线虫病防控基础设施建设项目》编制工作。向国家林业局申报了《南水北调工程汉江中下游生态防护林林业有害生物防控体系建设项目》。召开了全省森防站长会议，采购了天敌及药剂药械，调拨配发给所需基层森防站，全年全省累计投入防治经费4417万元。开展联防联治，通过飞机喷药防治、仿生药剂机械防治、生物制剂防治以及天敌防治和人工防治多种方式相结合，推进无公害防治率创历史新高，达96.31%。加强防治成效督办检查，全年先后派出20多批次督办组，赴各地督查林业有害生物防控情况，确保林业有害生物防控工作成灾面积创全省新低。开展了松材线虫病春季和秋季疫情普查工作，组织除治专业队对疫区及周边病死、枯死松树进行全面清理，采伐的疫木均安全运送至定点加工厂进行除害处理。红安县与河南省新县再次联合开展飞机防治松褐天牛，防控面积达0.1万公顷，有效控制了疫情扩散蔓延。全省马尾松毛虫发生面积8.07万公顷，杨树食叶害虫发生面积6.67万公顷，各地采取了用飞机喷洒阿维除虫脲、实施烟剂补充防治、提供白僵菌和防治器械、推进赤眼蜂传递病毒等形式多样的防治措施，有效控制了危害。组织开展杨树舟蛾和杨扇舟蛾监测调查，采用高射程喷雾机开展防治，取得良好防治效果。全年共发布全省性预测预报7期、虫情专报2期。完成了全省36个国家级中心测报点的摸底调查和综合考核，为全省国家级中心测报点的布局和调整奠定了基础。4月中旬，举办全省林业有害生物监测预报技术培训班，培训83人。加强对林业《植物检疫证书》的管理，规范各地林业《植物检疫证书》使用台账及检疫收费标准。完善湖北网络森林医院建设，省、市、县三级都安排了专家在线坐诊，为基层和林农提供在线防治技术咨询服务。春尺蛾生物学特性及防治技术研究课题取得了重要进展，在《中国森林病虫》2013年第6期发表了《几种无公害药剂防治春尺蛾试验初报》。启动实施“赤眼蜂传递病毒防治松毛虫技术”项目防治试验工作，在荆门市、钟祥市、十堰市等地辐射推广“生物导弹”的运用，全省共释放肿腿蜂200万头、花绒寄甲成虫10万头、卵卡6万盒及卵块16 000管，用于防治松材线虫病传播介体松褐天牛。申报了《桦三节叶蜂无公害防治技术推广示范》项目。参与撰写了《松质苏可湿性粉剂安全使用技术标准》《苏云金杆菌安全使用技术标准》。

【森林公安队伍建设】 2013年，湖北省森林公安局连续3年在全国省级森林公安局考核中排名前3名。全省森林公安机关有32个集体和119名个人受到了公安部、国家林业局森林公安局、湖北省林业厅和省公安厅等主管部门的表彰。全省 97% 的森林公安局实现了领导进班子或高配；公开招录了 42 名新民警，集中训练民警 600 余人次；在全省公安机关乒乓球比赛中夺得女子团体第七名和道德风尚奖；开展督察活动 70 次，查纠警容风纪、内部管理各类问题 34 处，违规车辆 3(台)次，提高了队伍的规范化意识。无重大民警违纪违法事件。全年配备执法车辆 30 辆、设备 1385 台套；落实业务技术用房和派出所项目 19 个，总建筑规模 26 107 平方米；40% 的公安局和 67% 的派出所完成了执法场所规范化改造；利用森林公安警综平台实现了网上办案、侦察、追逃、监督、考核，公安网接入率、计算机配备率、民警培训率和网上办案率均达 100%。2013 年，落实项目资金共计 9185 万元，比 2012 年增加 487 万元。其中：中央财政森林公安转移支付资金 2160 万元；省财政森林公安转移支付资金 1387 万元；森林公安业务技术用房建设资金 5378 万元；政法机关“两所一庭”建设资金 175 万元；中央预算内林业基本建设投资森林公安警用装备经费 120 万元；省财政资源保护专项资金森林公安信息装备建设经费 50 万元。湖北省森林公安信息化建设、业务装备建设和业务用房建设等多项工作经验在全国森林公安机关推广；湖北省被确定为全国第一批森林公安信息化建设示范省，随州市、钟祥市和神农架自然保护区 3 个森林公安局被确定为第一批全国市县级森林公安信息化建设应用示范单位，一次性获批 3 个国家级信息化建设应用示范单位的省份仅有 3 个，湖北是其中之一。在全国森林公安重点工作推进会、治安和法制工作会议、信息化建设座谈会上湖北都作典型发言。

【森林公安办案】 2013 年，组织开展了“楚天天网”“破案攻坚”“火案查处”“禁种铲毒”等专项行动，共查处各类涉林案件 13 792 起，其中刑事案件 1424 起，行政案件 12 368 起，省森林公安局直接侦办和督办大要案件 150 起，处理各类违法犯罪人员 21 532 人次，为国家挽回直接经济损失 6194 万元，追缴林业规费 5790 万元。以五峰县郭某非法收购、出售国家珍贵濒危野生动物案为突破口，侦办破坏野生动物资源刑事案件 46 起，其中破案 31 起，摧毁窝点 41 个，打掉团伙 43 个，采取刑事强制措施 37 人，收缴野生动物及制品 12 万头(只、条、件)，其中二级以上野生动物及制品 248 头(只、条、件)，追缴违法所得 200 余万元，挖掘违法犯罪线索 294 条，涉及省内 11 个市州、直管市、27 个县市区以及全国 8 个省份，基本上摧毁了鄂西、鄂中非法交易野生动物的地下市场。

【森林公安局开展专项行动】 1 月 23 日以来，湖北省森林公安局在全省开展针对破坏野生动物资源违法犯罪网络的专项行动，通过加大直接办案和异地用警力度，集中精干力量，捣窝点、挖团伙，查网络、破大案，在各地森林公安机关配合下，由该局直接侦办的破坏野生动物资源刑事案件 46 起，梳理违法犯罪线索 210 余条，摧毁非法经营野生动物窝点 25 个，打掉违法犯罪团伙 21 个，收缴野生动物及制品 12 万头(只、条、件)，其中国家二级以上野生动物及制品 248 头(只、条、件)，追缴违法所得 82.2 万元，涉及省内 11 个市州、直管市、27 个县市区以及周边多个省份。此次专项行动是该省森林公安成立以来破获野生动物刑事案件数量最多、范围最广、影响最大、战果最丰硕的一次。

【森林采伐】 2013 年，全省网上办理林木采伐许可证 10.48 万份，采伐木材 260.44 万立方米，楠竹 1095.48 万根。启用了全国林木采伐管理系统，形成林木采伐管理国家、省、市、县四级联动、规范运行的良好局面。为林业管理信息化和采伐管理高效化打下良好基础。完成了南水北调中线工程库区林木采伐及林木清理工作并通过国务院南水北调办终验专家组验收。

【林地管理】 2013 年共审核审批占用征收林地项目 1451 宗，面积 7894.28 公顷，征收森林植被恢复费 4.89 亿元。启动林地年度变更调查试点工作。黄梅县林地年度变更调查试点工作已按期完成，全省林地年度变更调查试点工作已正式启动，已上报林地变更调查成果数据库的有关成果报告。全面完成全省省县两级 98 个单位林地保护利用规划批准实施工作，实现了林业以规划管地、以图管地，为全省林地保护管理工作提供了有效保障。建立完善“三农”(农业、农村、农民)考核指标。在“三农”考核中新增加“森林覆盖率”“森林生态价值”两项指标，提高林业分值权重。服务重点工程项目建设。预审使用林地项目 87 个，面积 745 公顷，为省重点工程和地方经济发展提供了优质快捷服务。争取国家备用林地定额。在全国林地定额机动指标较少的情况下，向国家林业局申请增加了林地定额指标 1320 公顷。

【林业案件】 2013 年，全省共发生林政案件 14 450 起，查处 14 368 起，查处率 99.43%。直接查办经省领导批示、新闻曝光的林业行政案件 19 起和国家林业局督办的重大案件 7 起。回复政风行风热线群众举报信 30 余件。会同国家林业局驻武汉专员办完成行政被许可人检查、2012 年保护发展森林资源目标责任制检查。

【木材流通管理】 2013 年，共办理木材运输证 16.2 万份。统一木材检查站人员工作服装。经向省政府、省纠风办等部门多次汇报、协调，全省木材检查站工作人员于 10 月正式着装上岗。统一着装规范了全省木材检查站标准化建设，提升木材检查站整体形象。

【林业工作站】 8～9 月在武汉举办全省林业工作站站长培训班。到国家林业局等有关单位汇报，推进项目申报工作，取得较好成绩。从批复情况看，落实全国标准化林业站建设项目单位 15 个，建设资金达 300 万元。国家林业局林业工作总站于 6 月 18～19 日在宜昌召开林业工作站森林保险工作座谈会，国家林业局领导和全国 17 个森林保险试点省市区的代表到会。7 月 29 日组织全省 14 个试点县市在省林业厅培训中心召开了全省试点县市森林保险工作座谈会，刘新池厅长到会作了专题讲话，省财政厅、省保监局的领导到会指导。全省 14 个试点县市共签订保单 1848 份。

【森林资源监测】 2013 年，推进森林资源动态监测体系建设，成立技术专班，上报全省森林资源动态监测体系建设工作方案；通过与国家林业局联系、沟通，完成全省林地更新遥感影像的接收工作，组织对影像进行分幅等处理工作；开展全省所有县市遥感影像判读工作，全省97个县市区共判读疑似变化小班95 000多个；开展全省森林资源动态监测技术培训，累计培训市、州、县技术人员2500多人次；领导带头，全员参与蓄积量调查，共完成2029个样点调查任务。完成三峡库区森林资源样地和小班数据更新工作，并上报国家三峡库区森林资源监测重点站；组织了"三峡库区森林生态系统生态效益监测与评价技术研究"项目工作会。

【林业勘察设计】 2013年，湖北省精心设计、组织施工的湖北园荣获第八届常州花博会建设成果金奖。湖北园以"凤栖楚园，花昭盛世"为主题，结合凤纹、编钟等文化标志，花草种植、水、钢铁、杉木等物质材料展现了湖北千湖之省、鱼米之乡、荆楚大地的特色。建立与完善"林业重点工作督办机制"，共印发"重点工作督办通报件"11期，督办与落实重点工作207项，现场督办42项，下发督办通知单7份。选择竹山县、南漳县、团风县3个县开展林地核查工作，并督导鹤峰县、崇阳县进行林地核查自查工作。编制湖北林业发展"十二五"规划中期评估和生态建设"十二五"规划中期评估报告。完成黄梅县林地变更和森林蓄积量调查试点工作，按照国家林业局中南院的检查意见，黄梅县林地变更试点的工作进度和质量居中南检测区首位。开展全省林地年度变更调查试点工作。完成湖北省古树名木画册出版工作，出版印刷古树名木画册400余本。全年完成咸安贺胜桥太阳垴苗木示范基地、荆门市公民纪念林苗木等资产评估工作11项，完成蕲春县非法占用林地、森林灾害等司法鉴定工作16项。林业"设计院"全年新增合同232项，合同额9237万元。林业规划院2013年共承担全省各类林业建设项目约26项，到账额1769万元。

【林业法制建设】 2013年，做好了全国人大《野生动物保护法》调研组来鄂调研的接待和协调工作，向调研组提出了详细的法律修改建议。推动《湖北省湿地公园管理办法》和《湖北省森林资源流转条例》立法进程，省领导李鸿忠、王国生、张昌尔、王晓东、李春明、王玲、王祥喜等先后多次作出重要批示。《湖北省湿地公园管理办法》在省政府法制办征求各市州和省直有关单位的意见后，赴甘肃、青海及湖北黄州、蕲春等地开展了立法调研。《湖北省森林资源流转条例》列入省人大"公推公选"下一年度计划项目。先后对《中华人民共和国种子法(修订)》《建设项目使用林地审核审批管理办法(征求意见稿)》《湖北省水污染防治条例(草案)》等32件法律法规征求意见稿进行了研究，提出修改意见或建议240条。组织开展与完成了省级行政权力和服务事项清理规定工作，建立了省林业行政权力清单并进行公示。做好了国务院取消下放的林业行政审批项目的衔接工作，实行了无缝对接，确保不出现管理真空。聘请湖北今天律师事务所为厅法律顾问单位。提供专业法律咨询服务20余次。组织完成了全省林业系统新增人员的《执法人员信息卡》的录入工作，经省级《林业行政执法证》管理系统审核，2013年共上报国家林业局办理《林业行政执法证》1230个。全年办理行政复议案件2件、信访复议案件1件。指导各市州开展林业法律宣传教育和执法培训工作，对市州林业局举办的林业行政执法培训进行了专门指导，安排12人次分别参加了国家林业局举办的林业普法骨干培训、省政府法制办举办的行政执法骨干人员培训班、执法监督培训班等培训。组织厅机关和厅直单位在编全体干部职工安装学法用法无纸化考试系统，安装率、参学率、考试合格率均为100%。得到省人大常委会副主任赵斌的肯定。

【科技推广】 2013年，国家林业局已批复3个《武陵山区林药优化模式示范》等中央财政项目、2个木本油料发展项目的落实。组织实施的《日本落叶松优良种源及家系推广示范》项目获得国家林业局专家组的验收。组织实施的《大别山区板栗低产林改造技术示范》等4个项目开展绩效评价，通过听取汇报、现场检查、量化评分，项目绩效评价综合排名连续4年全省第一。主持的《油茶新品种丰产栽培技术示范》等3个中央财政林业科技推广示范项目通过国家林业局组织的现场查定。本省培育的长林3号、23号油茶品种已经省林木良种委员会省级良种审定；申报研究编制的《油桐地产林改造技术规程》和《板栗低产林改造技术规程》等2个地方标准已经湖北省质量技术监督局发布实施。组织对《油桐丰产栽培配套技术示范》7个科技推广示范项目进行现场查定和验收。组织林业专家赴英山"送林业科技下乡"，向林农讲解林业政策，发放林业实用技术手册，向社会宣传、展示林业成果；组织专家参加2013年省科技厅等有关省直部门组织的襄阳科技活动周活动。完成了2013年度全省科技特派员的选派工作，在全省共选派60名科技特派员并上报国家林业局备案。完成了"全国林业科技推广示范基地"和"全国农业标准化示范区先进工作者"推荐与上报国家林业局工作。营建了油茶、板栗、核桃等示范林项目。成立了湖北省林业专家服务团，重点对全省造林绿化、资源保护、林木种苗花卉、湿地、石漠化治理等生态修复、速生丰产工业原料林、经济林等林业资源培育及产业发展提供技术服务。先后到恩施、罗田、夷陵、秭归、英山20多个县市区组织实用技术培训15次，发放资料4000多份，培训林农、种植大户、基层技术人员1800多人次。

【教育与培训】 2013年，承办了由国际竹藤中心主办的湖北省竹资源培育与加工利用技术培训班。国际竹藤中心、湖北省林业厅、咸宁市委等领导出席开班仪式并讲话。来自全省9个市(州)26个县(市)林业局、林场、林科所的业务主管负责人及相关技术人员、竹类种植大户和加工利用企业100余人参加了此次培训班。推进生态学院与园林技校两校的合并工作，提高了学校的综合办学实力和核心竞争力。在湖北生态职业技术学院召开了湖北省林业厅教师节慰问座谈会，成立了以生态学院为牵头单位，由湖北省林业厅厅直单位、行业协会和院校共同结成融教育性、职业性、行业性于一身的湖北省林业职业教育集团。2013年生态学院共招生3898人，全日制在校生已达万人，创建校以来的历史最高纪录。

输出毕业生2392人，毕业生就业率达98%。全年共举办23期培训，培训科技人员超过5000人次。

【鄂州市林业局开设“林间课堂”】 2013年，鄂州市林业局把“学创”(学习十八大、创建新业绩)、“三抓一促”(抓学习、抓环境、抓作风、促改革发展)主题实践活动和开展的民主评议政风行风工作有机结合起来，设身处地为林农着想，组建了由26名林业技术骨干组成的林业专家服务队，深入到鄂城区、华容区、梁子湖区11个重点乡镇，按照林农的意愿开设“林间课堂”，在实地宣传林业法律法规和强林惠林政策，传授林木种苗的生产管理、特色高效经济林栽培管理、发展林下经济的生产模式以及病虫害防治等生产管理技术，提供林业种苗咨询、市场销售形势预测信息，手把手、一对一地指导林农开展嫁接、修剪、施肥、防虫防病措施，现场为林农解疑释惑。该局组织林业专家服务队开设“林间课堂”18场次，参与“林间课堂”学习的人员达600余人次，得到了林农的一致好评。

【湖北省林业厅与中科院武汉病毒所首度合作】 湖北省林业厅与中国科学院武汉病毒研究所在武汉签订《野生动物疫源疫病预警防控战略合作协议》，共同推进湖北省野生动物疫源疫病预警防控工作向高水平发展。签约仪式上，湖北省林业厅向中科院武汉病毒所授予“湖北省陆生野生动物疫病检测中心”牌匾；中科院武汉病毒所向省林业厅授予“中国科学院武汉病毒研究所科研合作基地”牌匾，标志该省首家野生动物病毒科研合作基地正式成立。湖北省林业厅和中科院武汉病毒所发挥各自优势，在开展疫病本底调查、溯源排查及预警防控上深入合作，共同开展课题研究、探索和推广防控新方法，助推湖北省野生动物疫源疫病监测防控工作不断创新，提升林业应对生态安全、公共卫生安全、社会稳定的能力。

【林业科研】 2013年，组织申报各类项目86项，已立项51项，争取项目资金3930万元，比2012年同期增长20%。全年共验收、鉴定成果16项，经筛选向省政府科技奖励办公室推荐了“湖北杨树可持续育种体系构建与新品种选育”等7项优秀成果，获奖6项。推荐3项林业科技成果参与中国林学会行业最高奖——梁希奖的角逐，获奖2项，其中《提高银杏叶萜内脂含量的调控技术研究与示范》获梁希科技进步二等奖。通过湖北省林木品种审定委员会审定品种“鄂薇2号”等3个品种，认定品种“鄂薇4号”一个。通过湖北省质监局发布《板栗低产林改造技术规程》等2个省级地方标准，通过了《湿地松针叶束水培育苗技术规程》等10项省级地方标准的审定工作。组织编制了《湖北省陆地生态系统定位研究网络规划(2011~2020)》，在全省建设14个森林生态站、2个沙地生态站、6个湿地生态站，进而构建较为完备的全省陆地生态系统定位研究网络。《湖北恩施星斗山森林生态系统定位观测研究站》通过国家林业局组织的专家论证。2013年全国共通过7个森林生态系统定位观测研究站，湖北省生态系统定位观测工作在全国属于先进行列。联合湖北省气象局启动了全省负氧离子监测系统建设工作，签订《湖北省林业厅与湖北省气象局战略合作框架协议书》，编制了《湖北省负氧离子监测网建设方案》，签订了项目合同。承办了“国家林业局‘948’及局重点生态建设与保护组项目验收会”和“中国林科院国家科技支撑计划课题年会”，国家林业局、中国林科院、中南林业科技大学、浙江农林科技大学、中国林科院亚林所等100多名领导、专家出席了在武汉举办的会议。

【建始县长岭岗林场获科技成果】 2013年，建始县国有长岭岗林场承担的“日本落叶松混交林营造技术”荣获恩施州科技成果三等奖。该县先后完成了40公顷日本落叶松种子园改造、二代优树嫁接，6.67公顷日本落叶松二代育种园营建、4公顷无性系保存林，新建生产性采穗圃0.67公顷；参与完成的“中北亚热带高山区日本落叶松多水平遗传评价与高世代育种研究”课题，获湖北省政府科技进步一等奖，与湖北省林木种苗站共同完成的日本落叶松“长岭岗1号”和“长岭岗2号”通过湖北省林木品种审定委员会专家认定；2013年，又成为“十二五”国家科技支撑计划重点项目“北方针叶树种高世代育种技术研究与示范”协作单位。

【对外合作交流】 2013年，修改完善了《湖北省林业厅出国(境)管理办法》。全年完成了3个批次出国考察学习和5个批次赴中国台湾地区交流。共组织林业系统27人赴国外进行技术交流及项目合作，5批次45人赴台湾地区交流。4月11日，国家林业局对外合作中心组织专家对小渊基金造林项目进行了检查验收，并获得了国家林业局对外合作项目中心和日方好评。3月11~14日，承办国家林业局对外合作司、日本国际协力机构在武昌召开了中日合作林木育种项目成果推广会，日本林木育种中心部长近藤祯二等7名日本官员和专家，湖南、安徽、浙江、江西、四川、重庆、广东、广西、福建、湖北等省(区、市)72名代表参加了会议。日方官员生方正俊作了《日本林木育种战略》《关于林木育种领域的中日技术合作》演讲。3月12日，会同湖北省外侨办、省外国专家局组织在湖北工作的100名外国专家在鄂州银山生态公园开展义务植树，共同种下600株香樟树。

【资金与计划管理】 2013年，全省全年争取到位中央和省级林业投资39.68亿元，同比增长6%。组织完成了湖北林业发展、湖北生态建设、湖北森林增长指标等“十二五”规划中期评估报告，编制完成了《湖北省基层林业单位棚户区改造规划方案》《湖北省幕阜山片区林业扶贫攻坚规划》等专项规划。完成了林业统计报表、年度财务决算报表的编制、上报等工作。配合省纪委、省审计厅等单位各项审计检查，进一步规范了机关财务支出管理。组织召开支持鹤峰县脱贫奔小康暨“616”工程对口帮扶工作会议。省林业厅脱贫奔小康成员单位在会议上做典型发言，得到了湖北省政府领导的好评。

【林业贴息贷款与资金稽查管理】 2013年，落实林业贷款财政贴息资金4649.80万元。完成林业贷款12.2亿元，比2012年度增加2.33亿元，增长23.70%，争取中央财政贴息资金 3649.80 万元，比 2012 年度增加 740.52 万元，增长 25.45%；争取省级财政贴息资金 1000 万元，比 2012 年度增加 400 万元，增长 66.67%。组织申报 2014 年度中央财政贴息贷款计划 16.93 亿元。组织各市州林业部门对 2012 年度贴息贷款项目进行了监督检查并进行了重点抽查。举办全省林业贴息贷款政策培训班，全省各市州林业局具体负责林业贴息贷款工作的同志和 120 多名林业企业的财会人员参加了为期 2 天的业务培训。对森防检疫站、培训中心两家厅直单位的主要领导干部任职期间履行经济责任情况进行了审计，对生态学院、园林学校清产核资情况进行了审计。完成了 2013 年度稽查工作年报编写工作。

【种苗管理】 2013 年，全省林木育种育苗站 85 个，年末在册职工人数 1188 人。全年共发放林木种苗生产、经营许可证 2061 套，办理省级“两证”14 家。初选了 12 个第二批省级林木良种基地；出台了省级林木良种补贴资金实施细则；重点开展了杉木、日本落叶松二代种子园，核桃和油茶等高品质采穗圃建设工作；开展了林木种苗质量专项检查，对全省林木种苗管理机构情况进行了摸底调查；开展了打击制售假劣林木种苗和保护植物新品种权工作，共查处无证生产、经营户 42 家，没收并销毁假劣苗木 180 万株，假劣种子 560 千克；分别在宜昌、潜江市举办了 2 期全省林木种苗质量检验员培训班，培训学员近 400 人。清理规范 16 项行政许可和服务工作，编制了流程图；规范林木种苗“两证”的发放及管理，全年全省引进了山核桃、核桃、杉木、油用牡丹等 21 个品种，丰富了全省林木种质资源；营建亚美马褂木、油茶、核桃、胡柚等新品种示范林 21 处面积 30 公顷。共受理 18 家单位申报的 28 个品种，受理了其中 20 个品种。造林绿化良种使用率达 61%，比 2012 年提高了 2 个百分点。争取国家林木种苗投资 3002 万元，其中，良种补贴 1780 万元，种苗工程 797 万元，其他林业项目 425 万元，比 2012 年提高 9.2%。争取到省财政木本油料产业发展专项资金 1000 万元。申报了中央财政林业科技推广示范资金项目、省科技厅 2 个项目。完成湖北省马尾松用材林遗传改良与示范推广、亚美马褂木优良无性系选育及规模化繁殖技术体系研究 2 个项目的成果鉴定与“园林树木控根栽培技术推广与示范”“嘉鱼县油茶标准化示范区建设”“通城县油茶标准化示范区建设”等项目的绩效评价工作。承办了中日合作林木育种项目成果推广会和马尾松良种基地建设与管理培训班。

【行政审批工作】 2013 年，全年完成林业行政审批项目 1296 件，按时办结率 100%。其中林地占用征收项目 1229 件，野保类项目 50 件，种苗类项目 17 件。所有项目均在规定时限内予以办结，全年省电子监察系统无红黄牌，行政相对人满意率 100%。2～4 月组织“我为窗口提意见”活动，通过林业门户网站广泛征集基层群众对林业审批服务的意见建议 316 条。推进了网上审批平台建设，统一了政务服务大厅标识等工作。建设省市县三级林业行政网上审批平台。2013 年年底前完成全省林业行政网上审批平台的建设并试运行。6 月，为随县石材加工企业下拨林地定额 245 公顷，组织成立现场办公小组，进行现场指导审批，解决了随县 43 家石材加工厂的占用林地审批问题。建立了首席代表制，启用行政审批专用章。林业行政审批的材料审查环节由 8 人减少到 5 人，实行窗口专人管理，采取即时审批、会签和会审 3 种方式相结合，对重大项目实行会审制度。全年组织对 86 个重大项目进行了严格审查审批，其中报国家审批 7 件，合格率 100%。开发建设林业行政许可事项网上审批应用系统，建立林业“三网一库”，实现省市县三级数据共享、行政审批事项集中管理和内部监察，并与国家行政审批系统对接。按照林业行政审批申报材料电子化、县市网上申请、省电子政务窗口受理，专家远程审批、网上办结送达、行业网络全时监管的流程，使审批管理更加规范高效。统一了林业系统全部 23 项行政审批事项的审批流程和审批规范。

【宣传、信息管理】 2013 年，在省部级以上新闻媒体刊发反映全省林业建设成就的报道 2000 余篇，内容涵盖了湖北林业改革发展的各个方面。《湖北日报》《中国绿色时报》在头版刊发湖北林业新闻 50 余篇，刊发湖北林业系列报道和专版 15 版，湖北卫视新闻联播节目播发林业新闻 40 多条。4 月 29 日，中央电视台新闻联播播出“麻城杜鹃花生态游火爆”新闻，11 月 3 日，中央电视台播出两集《神农架》专题片，5 月 22 日，《湖北日报》头版头条和二版连载了《绿满荆楚——湖北“林业梦”印记》，《中国绿色时报》湖北记者站被中国绿色时报社表彰为“先进记者站”。湖北林业网共编发最新要闻、综合信息、荆楚林讯、新闻传真、社会关注、林情论坛、生态文化、关注森林、公示公告等栏目的文字、图片和视频信息 9000 多条；开设“学习贯彻十八大，争创发展新业绩”“建设生态文明，打造美丽湖北”“抓学习、抓作风、抓环境、促跨越”“全省林业民主评议政风行风”和“廉政文化园地”5 个专栏，发布文字、图片和视频信息共 1200 多条。新华网、人民网、新浪网、搜狐网、腾讯网、国家林业局政府网、中国林业新闻网、湖北省政府门户网、荆楚网、长江网等知名网站刊载反映湖北省林业建设成就的报道达 600 余条(篇)。会同湖北省电视台录制了《美丽湖北湿地行》系列新闻报道专题片等一系列林业电视专题，相继在湖北电视台播出；录制了湖北油茶发展专题片在全国油茶现场会上交流；录制了林业政风行风建设专题片在全省电视问政现场作专题汇报；录制湖北林业改革发展和生态建设专题片宣传了湖北林业发展和生态建设重大成果。组织专家对十堰市、宜城市进行了创森总规评审。推荐襄阳、随州、荆门等市创建国家森林城市。会同湖北省教育厅、团省委推进湖北省生态文明教育基地创建活动。襄阳市砚山森林公园等 15 家单位提交申报材料。组织对襄阳市砚山森林公园、湖北五脑山国家森林公园、恩施市望城坡林场、赤壁国有陆水林场等 4 个候选单位进行了严格考核。10 月，在 2013 中国城市森林建设座谈会上，湖北省九峰山国家森林公园等 13 家被国家林业局、教育部、共青团中央授予“国家生态文明教育基地”称号。建立全省三级林业专网、林业行政审批系统、林业综合办公平台。3 项工程涉及省级资金投入近 5000 万元，市县配套资金投入1000余万元。实现了网站在全省林业部门的全覆盖。新建林业门户网站317个，全省已建成约400个林业门户网站，包括省林业厅、厅机关26个处室、直属二级单位10个、17个市州林管局、105个县市区林业局、23个省级以上自然保护区、9个国家级种苗基地、190个省级国有林场、42个省级以上森林公园，形成了功能齐全、管理精细的林业门户网站群。已举办3期全省林业网站建设培训班，培训全省信息化专业人才近400人。湖北林业门户网站被首部《中国电子政务年鉴》收录至网站精品栏目。公文电子传输、网上签批的文件数量显著增加。厅机关"短信平台"开通，短信公务使用频率较好，为厅机关下一步全面推行无纸化办公打下了基础。省政府门户网站"在线沟通"系统启用，制订了《林业厅门户网站在线沟通值班制度》。"在线沟通"已解答20个群众关切的问题。确保厅机关视频会议正常运行。

1月，襄阳、荆门被国家林业局确定为25个全国林业信息化示范市，潜江、谷城被确定为50个全国林业信息化示范县。

【林业大事】

1月4日 湖北省林业厅、财政厅、保监局3家联合发文，出台《森林保险保费补贴试点实施方案》，对森林保险费实施财政补贴。此次补贴试点区域涉及湖北省神农架等14个县、市，以后将逐年推开。

1月13日 由《森林与人类》杂志社发起，国家林业局、中国科学院、北京林业大学专家进行推介、评审决定的"中国最美森林"——湖北省神农架是中国最具审美价值的20个森林景观之一。

2月2日 湖北省湿地保护基金会在省林业厅于"世界湿地日"举行表彰会，原湖北省政协副主席、省湿地保护基金会理事长宋德福出席会议并作讲话。

2月17日 国家林业部门专家组论证后同意在湖北省境内大巴山森林生态系统定位研究站建站申请。该站建在湖北十堰市竹山县，这是湖北省继神农架、秭归之后设立的第三个森林生态站。

2月19~20日 湖北省政府副省长许克振深入咸宁市崇阳、通城、咸安，就咸宁市楠竹产业化工作进行调研。

2月21日 湖北省委书记、省人大常委会主任李鸿忠，省长王国生，省政协主席杨松，省委副书记张昌尔等，来到武汉市江夏区藏龙岛省级湿地公园，与省直机关干部、江夏区干部群众共400多人一道参加义务植树活动，湖北省委、省人大、省政府、省政协其他领导同志一道参加植树活动。

3月13日 国家林业局局长赵树丛与湖北省省长王国生在北京举行会谈。国家林业局副局长张建龙参加会谈。

3月20日 湖北省十二届人大常委会第二次会议决定任命新一届湖北省政府组成部门负责人，其中，任命刘新池为湖北省林业厅厅长。

3月22日 首届湖北省麻城市五脑山茶花展开展，来自中国林科院、台湾新竹茶花园艺研究学会、华中农业大学园艺林学院等单位的茶花专家齐聚五脑山，赏花品花，共商茶花产业发展大计。

3月27日 国务院召开全国森林草原防火和造林绿化工作电视电话会议之后，湖北省政府接着召开了全省森林防火和造林绿化工作电视电话会议。省政府领导出席会议并作讲话，省政府副秘书长梅祖恩主持会议，省林业厅厅长刘新池等出席会议。

3月31日 2013年全国暨湖北省"爱鸟周"活动启动仪式和"集泰杯"中国(京山)第六届野生鸟类观鸟摄鸟大赛在湖北省荆门市京山县启动。中国野生动物保护协会会长赵学敏宣布仪式启动。湖北省政协副主席、省野生动植物保护协会名誉会长郑心穗、国家林业局野生动植物保护与自然保护区管理司司长张希武在启动仪式上分别讲话。启动仪式由湖北省林业厅党组书记、厅长刘新池主持。中国野生动物保护协会、省林业厅、省野生动植物保护协会、荆门市、京山县等有关领导出席启动仪式。

4月2日 湖北省黄冈市罗田县被授予"中国野生兰花之乡"授牌仪式暨新闻发布会在该县天堂寨林场举行。本次授牌仪式由中国野生植物保护协会主办，湖北省野生动植物保护协会，中共罗田县委，罗田县人民政府承办。

4月27日 湖北省人大常委会副主任王玲、省人大常委、省人大农委主任委员刘田喜，省人大常委、省人大农委副主任委员左雄中等一行到湖北省林业厅调研。省林业厅党组书记、厅长刘新池，副厅长董祚华、刘晓洪、王铭德陪同调研。

5月3日 湖北省林业厅召开全省林业系统民主评议政风行风工作动员电视电话会议。省林业厅党组书记、厅长刘新池，省政协常委、省政协提案委员会副主任、省民主评议政风行风工作督查组第六组组长王建华等出席会议，省林业厅在家的厅领导，厅机关副处以上干部，厅直单位党政主要负责人参加会议。

5月6日 湖北省神农架金丝猴种质资源保育关键技术研究项目近日获得国家科技支撑计划正式立项支持，国家将投入2915万元在湖北省神农架建立国内最大的金丝猴种源基地。项目由中科院动物所、华中农业大学、中南林业科技大学、湖北大学等15个研究团队共同实施，执行时间为2013年1月至2017年12月。

5月27日至6月2日 由全国人大常委会委员、环资委主任委员陆浩，环资委副主任委员罗清泉，环资委委员张兴凯，九三学社中央副主席、国家林业局副局长印红等组成的全国人大环资委调研组在湖北省开展野生动物保护法修订调研。调研组一行赴宜昌、神农架开展三峡库区生态环境保护和野生动物保护实地调研。

6月5日 首届湖北省环境保护政府奖颁奖暨"六·五"世界环境日纪念大会在湖北省武汉市武昌洪山礼堂举行。

6月6日 国务院办公厅公开发布《关于公布辽宁大黑山等21处新建国家级自然保护区名单的通知》(国办发〔2013〕48号)，最新发布21处新建国家级自然保护区名单，湖北省堵河源自然保护区名列其中。

6月7日 湖北省政协原副主席，省湿地保护基金会理事长宋德福、副理长王学雷和副理事长兼秘书长罗昌文到湖北省林业厅拜会省林业厅领导，共商湿地保护发展。湖北省林业厅党组书记、厅长刘新池率厅办公室、人事处、计资处和湿地中心的相关同志参加座谈会。

6月18日 中国野生植物保护协会在北京正式授予湖北省襄阳市保康县“中国紫薇之乡”称号。

6月28日 湖北省总工会党组成员、副主席冀群风向太子山林管局颁发了“湖北省五一劳动奖状”。

6月19～21日 国家林业局宣传中心主任程红、国家林业局退耕办总工程师敖安强一行3人对襄阳市创建国家森林城市工作进行调研。调研考察期间，湖北省副省长、襄阳市委书记王君正，市委副书记虞国旗等领导会见了程红一行。

7月10日 湖北省林业厅召开开展党的群众路线教育实践活动动员部署会。湖北省人大常委、省人大农业与农村委员会副主任委员、省委第十督导组组长曲颖；省委第四巡视组副组长、省委第十督导副组长文国运等出席会议并作讲话。湖北省林业厅领导刘新池、董祚华、刘晓洪、黄德华、蔡静峰、陈年山、洪石、陈毓安、李新水出席会议。省林业厅党组书记、厅长刘新池对省林业厅开展教育实践活动进行动员部署。

7月18日 中国科学院水生生物研究所系统与流域生态学学科组关于神农架地区发现蜻蜓新种的论文在国际蜻蜓学报上发表。

7月19日 中国绿色时报社主办的《森林与人类》杂志组织中国科学院植物研究所、北京林业大学、国家林业局调查规划设计院、国家林业局野生动植物和自然保护区管理司等单位的专家、学者，评选出20处中国最美丽的森林。于2013年在生态文明贵阳国际论坛上举行“中国最美森林”授牌仪式，国家林业局副局长印红向20处“中国最美森林”管理单位授牌。湖北省的神农架原始林是其中之一。

8月2日 湖北省政府副省长张通率省直有关部门负责人深入湖北省恩施州利川市境内的星斗山国家级自然保护区，现场督办湖北省政协十一届一次会议《关于加强湖北省武陵山少数民族经济社会发展试验区自然保护区建设的建议》重点提案。

8月29～30日 全国长江流域等防护林体系工程建设现场会在湖北省洪湖市召开。国家林业局副局长张永利部署工作。湖北省领导致辞。中国林科院首席科学家彭镇华作学术报告。湖北省林业厅党组书记、厅长刘新池等5省(区)林业厅厅长作典型发言，与会代表现场考察了洪湖市长防林工程和平原绿化建设情况。

9月6日 首次由中国经济林协会、湖北省林业厅、黄冈市政府主办，由中国经济林协会板栗专业委员会、黄冈市林业局、罗田县政府承办的、以围绕“相约罗田，共谋中国板栗产业合作与发展”为主题的2013湖北罗田板栗节暨大别山生态文化旅游节在湖北省罗田县人民会场开幕。国家林业局党组原副书记、副局长、中国林业经济学会理事长李育材，国家林业局计资司副司长、国家木材办主任孙健，中国经济林协会会长、国家林业局科技司巡视员张志达，湖北省林业厅党组书记、厅长刘新池，湖北省黄冈市市长陈安丽等出席开幕式。来自北京、河北、陕西等17个省(区、市)的有关领导、科研工作者和企业代表，《人民日报》、新华社等40多家新闻媒体记者应邀参加开幕式。

9月9日 在韩国济州岛召开的世界地质公园评审会，湖北省神农架正式成为联合国教科文组织世界地质公园网络成员，荣膺“神农架世界地质公园”称号，为湖北省赢得第一张世界地质公园名片。

9月12日 湖北省委常委、宣传部部长尹汉宁到湖北省林业厅调研，湖北省林业厅厅长刘新池作了工作汇报。

10月8日 湖北省委副书记张昌尔率领省委、省人大和省政府相关部门的负责同志到省林业厅调研，并召开了林业推进生态文明建设工作协调会。省委组织部、省委财经办、省人大农村委、省人大法规室、省政府法制办、省发改委、省财政厅、省国土资源厅、省环保厅、省林业厅部门负责人出席了协调会。

10月9日 湖北省首个“陆生野生动物疫病检测中心”由湖北省林业厅和中科院武汉分院共同组建成立。湖北省林业厅党组书记、厅长刘新池，中国科学院武汉病毒研究所陈新文出席签约仪式并作重要讲话。

10月18日 湖北省省长王国生到湖北省林业厅调研林业促进生态文明建设，听取转变经济发展方式的意见建议。湖北省政府秘书长王祥喜、省政府副秘书长刘良谋陪同调研。

10月24～25日 在国家林业局举办的第三届中国湿地文化节暨东营国际湿地保护交流会议上，国际湿地公约组织宣布，中国5个自然保护区列入国际重要湿地名录，其中，湖北省的武汉市蔡甸区沉湖湿地、神农架大九湖等两处湿地自然保护区成功入选。

11月4日 国家林业局局长赵树丛到湖北省咸宁市咸安区桂花镇柏墩村调研退耕还林工作，并在农户家与退耕户面对面恳谈。湖北省政府领导，省林业厅党组书记、厅长刘新池，咸宁市委副书记、市长丁小强等陪同。

11月5日 全国油茶产业发展现场会在湖北省咸宁市召开，来自全国14个省(区、市)林业系统和国家林业局以及相关部门的代表与会，总结交流5年来油茶产业发展的成功实践，研讨中国油茶产业发展大计。国家林业局局长赵树丛讲话。湖北省政府领导致辞，中国林业经济学会理事长李育材参加会议。

11月16日 由湖北省气象局、省林业厅共同权威发布，湖北省气象、林业两部门首次共建监测网，全省从2013年1月1日起，定时发布17个市、州、林区空气中负离子的含量。

11月25日 湖北省林业厅与中国联通湖北分公司在武汉市省林业厅1号会议室就加快湖北林业信息化建设与推进智慧林业建设等进行了会商。湖北省林业厅党组书记、厅长刘新池和中国联通湖北分公司党委书记、总经理熊昱出席并发表了讲话。陈年山组长和陈仲亭副总经理代表双方签订了《湖北林业专网建设协议》，标志着湖北林业信息专网工程建设全面启动。

12月9日 湖北省武汉市首创湿地生态补偿政策，出台措施，由市、区两级财政每年出资1000万元，对全市5个湿地自然保护区进行生态补偿。

12月18日 湖北省委、省政府召开电视电话会，为启动新一轮的“三万”活动进行动员部署。会议决定

2013年12月底至2014年4月，湖北省集中开展“万名干部进万村惠万民”活动。湖北省林业厅党组书记、厅长刘新池代表省林业厅作典型发言。

12月18日 湖北省人大常委会党组副书记、副主任赵斌率省直有关部门负责人巡视了湖北省林业厅生态学院考场，对省林业厅普法工作给予肯定。

12月19日 国家自然保护区评审委员会在北京召开了晋升国家级自然保护区评审会，湖北省两处省级自然保护区即“湖北南河省级自然保护区”和“湖北大别山省级自然保护区”获得全票通过，晋升国家级自然保护区。

12月25日 国务院办公厅以国办发〔2013〕111号《关于公布山西灵空山等23处新建国家级自然保护区名单的通知》中，湖北省十堰市竹溪县的十八里长峡国家级自然保护区是其中之一。

12月25日 湖北林业网上审批系统正式上线运行。这是湖北林业系统的一件大事，它标志着林业信息化建设和林业行政服务上了一个新台阶。

12月31日 湖北省林业厅发布通告，经湖北省人民政府同意，在全省境内对所有野生鸟类禁猎，2014年1月1日至2018年12月31日为禁猎期，5年期满后再根据情况决定是否延续。

（湖北省林业由彭锦云供稿）

湖南省林业

【概　述】 2013年，湖南省各级林业部门把建设绿色湖南作为首要任务，统筹推进十大绿色行动，全面完成了“六上两下”（营造林867万公顷以上，森林覆盖率稳定在57%以上，森林蓄积量增长1500万立方米以上，林地保有量稳定在1267万公顷以上，林业产业总产值增长15%以上，湿地保护率提高6个百分点以上；森林火灾受害率控制在1‰以下，林业有害生物成灾率控制在4‰以下）工作指标和省政府“湘林杯”确定的18项考核任务。

造林绿化 全省完成营造林89.81万公顷，超计划3.6个百分点。义务植树1.22亿株。培育无节良材6.83万公顷，优材更替0.96万公顷，珍贵树种造林1.35万公顷。启动了31个县市区石漠化综合治理。林地测土配方信息系统造林使用率达70%以上，主要造林树种良种使用率达85%，营造林质量连续5年在全国领先。全省林地保有量为1266.67万公顷；森林覆盖率57.52%，比2012年增加0.18个百分点；活立木总蓄积量4.45亿立方米，比2012年增加1586万立方米。

产业发展 全省实现林业产业总产值2380亿元，同比增长26.37%，居全国第七位。其中，油茶产业增长4.08%，竹产业增长18%，家具产业增长30%，森林旅游产业增长31%。全省启动19个国家级和52个省级林下经济试点建设。新晋和增建了2个国家级自然保护区、8处国家湿地公园、6处省级森林公园，全省自然保护区、国有林场、森林公园、国家湿地公园等分别占国土总面积的5.9%、5.2%、2.2%和0.9%。中部林业产权交易服务中心、省民用枪支弹药管理中心、省森林航空护林站等3个新机构投入运行。

资源管护 全省森林公安机关共办理各类涉林案件18562起，打击处理违法犯罪人员18 993人（次），成功侦破1起特大非法收购、运输、出售（珍贵）濒危野生动物及其制品案。成功应对了夏季罕见的持续晴热高温天气带来的旱情和火情，全力开展抗旱救灾和森林防火工作。全省发生森林火灾471起，受害率0.21‰，控制在了国家规定的1‰目标以下，没有发生重特大森林火灾。全省防治松毛虫、竹蝗面积7.67万公顷，松材线虫疫点得到有效除控。全省林业有害生物成灾率2.9‰，控制在了国家规定的4‰目标以下。候鸟等野生动物保护专项行动取得实效，全省没有发生滥捕乱猎候鸟事件，没有爆发野生动物疫源疫病情况。湿地管理进一步走向规范，全省湿地保护率达到60.98%，较2012年增长10.9个百分点。全省800万公顷森林纳入森林保险，保额达到478亿元。

生态文化 纳入省《政府工作报告》并依托省青羊湖国有林场开展的湖南生态文化示范园建设加快推进。成功举办了张家界国际森保节、植树节、爱鸟周、世界湿地日、樱花节等生态文化节庆活动。《绿色恋歌》《香樟年记》分别荣获全国第五届关注森林——梁希文化艺术特等奖和一等奖；《油茶前景依然看好，宜加大对“东方橄榄油”产业的扶持》《湖南：竹经济搭建致富跳板》和《森林生态旅游崛起三湘凭什么》等作品分别获“梁希新闻奖”一、二、三等奖。由湖南省林业厅编剧、中国电影家协会拍摄的全国首部国家森林公园题材的电影《梦萦张家界》成功试映。

支撑保障 全省各类林业资金总投入159.8亿元，较2012年增加26%。实施中央财政林业科技推广项目21个，推广马尾松优良家系、杨树新无性系、油茶保花保果等新成果43项。全省参与项目实施的技术人员216人，培训林农2400人次，推广示范面积989.67公顷。安排在19个县实施林业科技进村入户示范行动，选择示范村26个，建立示范户263户。共选派国家级林业科技特派员68名，对当地林农进行了实用技术培训及生产技术指导。湖南省林业厅信息中心新机房投入使用。

绿色湖南建设 全面启动“绿色湖南”建设，全省实现了经济社会和资源环境的协调发展。①绿色环境呈现新面貌。全省森林覆盖率与活立木蓄积量实现“双增”，省政府批准的主要污染物排放控制目标和重金属治理任务基本完成。县级以上城镇生活污水、垃圾收集处理设施实现全覆盖，城镇卫生大大改观，城乡环境面貌进一步改善。②绿色生产取得新突破。全省实现地区生产总值24 501.7亿元，同比增长10.1%。全省规模工业增加值增长11.6%，增幅高于全国平均水平1.8个百分点。全省完成固定资产投资18 381.4亿元，增长26.1%，战略性新兴产业投资增长35.5%，高新技术投资保持较快增长势头，长株潭城市群、湘南产业转移示范区、大湘西国家扶贫攻坚示范区、洞庭湖生态经济区发展势头强劲。③绿色消费成为新观念。全省城镇居民可支配收入23 414元，农民人均纯收入8372元，城乡居民收入比为2.8∶1，连续4年下降。全省实现社会消费品零售总额8940.6亿元，增长13.8%，城镇居民人均消费支出15 887元，其中文教娱乐、交通通信、医疗保障消费分别增长19.7%、15.6%和17.5%，消费结构进一步升级。④绿色文化唱响新风尚。全省深入开展形式多样的生态文明建设宣传教育活动，全民生态文明意识全面增强，在文化载体建设、绿色创建活动、生态文化作品等方面都取得较大发展。社会各界精心培育文化软实力，生态文明意识不断增强。

党的群众路线教育实践活动 湖南省林业厅积极开展党的群众路线教育实践活动，执行规定动作到位，自选动作有特色，省委组织测评的群众满意率达99.4%，得到了中央督导组的好评。①推进审批便民。把行政审批事项从42项减少到22项，并下放7项。全力推行网上行政审批，2013年网上办证300多万份，平均用时7.6个工作日，比规定的时间20天减少12.4天，提速62%。②推进改革惠民。推进国有林场改革试点，5.8万名国有林场职工100%参与养老保险、99.19%参与医疗保险，国有林场危旧房改造5.17万套。取消了全民义务植树绿化费、免征了陆生野生动植物资源保护费中的陆生野生动物资源保护费。③推进科技富民。首次获得部省级科研重大专项2项、鉴定科研成果26项。同时，开展"百千万"行动，选派国家级科技特派员68人，免费培训林农30万人次，重点扶持联系服务100家林产示范企业和国有林场、1000家林业合作社、10 000家林业种植农户。（吴振明　毕　凯）

【湖南森林公安代表队在全国森林公安"应知应会"知识竞赛中荣获团体二等奖】 10月10～11日，国家林业局森林公安局在南京森林警察学院举办了全国森林公安"应知应会"知识竞赛。在34支代表队中，湖南省代表队荣获团体二等奖，获多个个人二、三等奖。（谭政平）

【湖南森林公安两人被公安部追授为全国公安系统二级英雄模范称号】 2013年，宁远县森林公安局消防股副股长彭海燕、古丈县森林公安局默戎派出所所长向智勇等两位同志被公安部追授为全国公安系统二级英雄模范称号。（谭政平）

【森警军官贾宝龙在扑救冷水江森林火灾中壮烈牺牲】 8月15日，在扑救冷水江"8·10"森林火灾中，增援湖南的中国人民武装警察部队森林指挥部机动支队副支队长贾宝龙不幸牺牲，年仅47岁。（谭政平）

【湖南省委常委会专题研究森林防火工作】 9月5日，湖南省委书记徐守盛主持召开省委常委会，专门听取省人民政府关于森林防火工作情况的汇报，省林业厅邓三龙厅长在会上发言。会议就全省森林防火工作进行了认真研究，并提出4点要求：一要严格落实森林防火责任制，二要切实加强野外火源管理，三要加强森林防火专业队伍建设，四要加快航空护林站建设。（谭政平）

【湖南农业信用担保有限公司林业分公司成立】 7月，由湖南省林业厅和湖南农业信用担保有限公司合作组建的农业信用担保林业分公司在长沙成立。该公司注册资金为3000万元，通过为林业龙头企业提供担保，提高企业的融资能力，分担银行风险，为信贷资金投入林业产业开辟了通道。（陈英睿）

【湖南国有林场改革先行试点】 8月5日，国家发展改革委、国家林业局正式批复了《湖南省国有林场改革试点实施方案》。9月13日，湖南省人民政府召开了国有林场改革专题会议。11月29日，湖南省成立了以省长任组长、省委副书记和省政府分管副省长任副组长、11个委厅局为成员的全省国有林场改革领导小组，全面推动国有林场改革试点工作。（张长虹）

【湖南国有林场医疗保险全面参保】 2013年，湖南在全国率先为全省国有林场5.6万名职工购买了养老保险，并将国有林场医疗保险参保率纳入"湘林杯"考核指标，督促抓好参保工作的落实。据统计，全省国有林场职工58 013人，通过城镇职工医保、城镇居民医保、新农村合作医疗3种形式参加医疗保险57 542人，参保率达到99.19%。（张长虹）

【世界银行贷款湖南森林恢复与发展项目正式启动】 7月29日，世界银行贷款湖南森林恢复和发展项目启动会在长沙召开。该项目将在宁乡、醴陵、耒阳等22个项目县市区重建和恢复受损人工生态林58 900公顷，以增加树种和结构的多样性及植被面积，提高森林生态系统对气候灾害的适应性和抗逆性。（邓鹰鸿）

【法国开发署贷款——湖南森林可持续经营项目启动】 4月25日，法国开发署署长与中国财政部正式签署贷款协议，标志着湖南省申报的利用法国开发署贷款开展湖南森林可持续经营项目生效。该项目旨在通过森林可持续经营，提供森林应对气候变化能力和林产品产量，增加实施主体收益，为湖南森林可持续经营提供示范。实施以毛竹低产林改造和新造商品用材混交林并机构能力建设为主，总规模16 733公顷。项目建设地点在炎陵、茶陵、汉寿等13县市区。（邓鹰鸿）

【湖南省生态文化协会在长沙成立】 12月30日，湖南省生态文化协会在长沙正式成立。来自全省林业、教育、科技、文化、旅游等相关单位共计100名会员代表出席会议。该协会旨在聚集全省有志于生态文化建设的力量，深入研究生态文化建设的重大问题，挖掘宣传生态建设成果，普及生态文化知识。（康用权）

【湖南省开展候鸟保护】 在炎陵等10个候鸟迁徙重点通道县（市）建成10个候鸟保护站点，在洞庭湖区候鸟越冬地相关保护区及县市区设立了18个保护站点。从2013年8月20日开始至11月30日，全省开展了鸟类等野生动物保护"百日专项行动"。在候鸟迁飞季节，各个保护站点坚持24小时值守巡护，劝退企图捕鸟人178人，抓获捕鸟人18人，收缴鸟类1849只，收缴作案工具1103件。全省林业部门共出动执法人员4000多人次，检查宾馆、酒店、市场5000多个，查处各类违法案件154起，其中刑事案件6起，罚款28.07万元，没收违法所得27.6万元，刑事拘留15人，移交起诉3人。通过上述活动，非法猎捕候鸟等野生动物的行为得到有效遏制，候鸟保护工作取得了明显成效。

（徐永新）

【湖南省开展湿地保护】 新建8处国家湿地公园（试点），全省试点国家湿地公园达32处，位居全国第二；新建县级湿地自然保护区、湿地保护小区及水源保护地等101处，全省新增湿地保护面积约11.1264万公顷，湿地保护率提高10.90%，超过了年初7%的计划目标，全省湿地保护率达60.98%。（徐永新）

【湖南省林科院第三个分院成立】 2013年，经湖南省林业厅复函永州市人民政府，同意将永州市林业科学研究所设为湖南省林科院永州分院，实行一套班子、两块牌子，业务工作接受省林科院指导。此举标志着在继湘潭、岳阳之后，湖南省林科院有了第三个分院。

（彭　湃）

【湖南省林科院陈永忠同志入选2013年"国家百千万人才工程"】 湖南省林科院陈永忠同志成功入选人力资源社会保障部公布的2013年"国家百千万人才工程"入选人员名单，并被授予"有突出贡献中青年专家"荣誉称号。陈永忠同志是湖南林业系统获此殊荣第一人，他的入选是湖南林业在高层次人才培养和队伍建设方面取得的又一成果。（彭　湃）

【湖南开展"十二五"森林资源二类调查】 2013年，全省积极开展"十二五"森林资源二类调查，除开展常规调查外，还全面采用卫星遥感、地理信息系统等新技术对森林碳汇监测与计量、城市森林和林木资源、森林重点区位和景点空气负氧离子等进行监测，确保了调查质量和精度。截至2013年年底，全省基本完成外业调查工作，全面转入数据统计和成果汇总阶段。

（朱　昕）

【湖南林地管理简政放权】 8月9日，湖南省林业厅印发了《关于进一步规范和加强林地使用审核审批管理工作的通知》，将森林经营单位修筑直接为林业生产服务的工程设施占用林地项目，委托市州林业局审批；明确农村居民修建自用住房占用林地，不再报省林业厅审核，直接由县市区林业行政主管部门审核同意后，依法办理用地审批手续；取消了"占用征收林地补偿协议"等申报材料；明确规定占用林地1公顷以下的项目只搞现状调查，占用林地2公顷以下的项目不搞现场核实等；放宽了民生建设项目占征收用林地的条件和范围。

（朱　昕）

【湖南积极应对黄脊竹蝗灾害爆发】 2013年，湖南省遭遇历史罕见的持续高温干旱天气，引发了黄脊竹蝗大爆发，发生面积3万公顷，受灾面积1.04万公顷，直接经济损失13 460.1万元。灾害发生后，国家林业局和湖南省政府高度重视，国家林业局赵树丛局长、省政府张硕辅副省长都对竹蝗防治作出批示，省政府还为竹蝗防治按批专项资金500万元。全省林业部门沉着应战，采取毒把诱杀、竹腔注射、喷雾喷烟等多种方法进行防治，全省防治面积2.95万公顷，遏制住了灾害的蔓延，将损失降低到最低程度。（刘　循）

【2013年湖南林业十件大事评选活动】

为宣传生态文明理念，引导社会各界广泛参与绿色湖南建设，湖南省林业厅通过湖南林业信息网向全社会开展了2013年"湖南林业十件大事"评选活动，得到了社会各界的积极响应，共有400多万人次参与投票。根据投票结果，评选出2013年"湖南林业十件大事"。

（1）湖南省林业厅党的群众路线教育实践活动成效显著。湖南省林业厅在7月至12月开展了第一批党的群众路线教育实践活动。湖南省林业厅结合林业行业特点开展了"十百千万"自选动作。"十"即解决党员干部在理想信念、求真务实、廉洁从政、联系群众等十个方面的现实问题；"百"即重点扶持100家林产示范企业和国有林场；"千"即重点联系1000家林业合作社；"万"即重点服务10 000家林业种植农户。在湖南省委督导组组织的对厅党组班子民主测评中，好票率达99.44%。"四风"整改、办公用房清理、公车治理、"三公"经费控制等多项工作得到了湖南省委省政府的肯定。

（2）绿色湖南建设全面铺开2013年绿色湖南建设正式启动，湖南省委重新调整了领导小组组成人员，将绿色湖南建设重点工作全部纳入湖南省政府绩效考核范畴。长沙等9市成立了领导小组及办公室，湘潭等4市召开了动员大会，岳阳等6个市出台了实施意见，株洲市编制了建设规划。38个责任部门开展了扎实有效的工作。绿色环境、绿色生产、绿色消费、绿色文化都发生了实实在在的变化。

（3）湖南省森林防火指挥中心正式投入使用。湖南省森林防火指挥中心是全省森林防火的7大体系之一，建筑面积345平方米。7月，湖南省森林防火指挥中心正式投入使用，省、市、县区林火视频监控实现三级联网，森林火灾预测能力大幅度提升，为全省森林火灾的监测、扑救、指挥调度奠定了坚实基础。

（4）湖南建成全国一流省级林业数据中心。2013年，按照国家和省级林业机房建设规范，遵循安全、先进、实用的总体要求，具有国内领先水平的湖南省林业数据中心正式建成，并顺利通过了湖南省国家保密局组织的验收。数据中心总面积达600多平方米，分为安全、工作、辅助、消防4个功能区。48个机柜按照功能细分为内网应用、政务外网等8个区，实现了人和物完全分离。机房建设采用了一系列先进技术，尤其是机房玻璃隔断墙采用特殊材料，可作为投影载体。机房还配备了现代化培训室、会商室，为信息化的推广应用提供了科学便捷的环境。

（5）邓三龙厅长当选为第十二届全国人大代表；余锦柱同志被授予全国"林业英雄"荣誉称号。2013年2月27日，十一届全国人大常委会第三十一次会议表决通过，邓三龙同志正式当选为十二届全国人大代表。在2013年全国两会期间，他认真履行人大代表职责，先后做了“坡耕地退耕还林需尽快启动”“评判机构改革成败关键有‘五看’”“生态补偿机制建设亟需完善”等建议或发言，有力地向全国人大传递了生态建设管理者、保护者和消费者的声音，为国家新一轮退耕还林启动等重大工作部署提出了良好建议。

江华瑶族自治县林业局尖子岭水口瞭望台护林员余锦柱，自1978年7月参加工作以来，一直驻守在人迹罕至的森林防火瞭望台。34年来，他翻越管护区70多座高山、3000多条峡谷，踏遍了3万多公顷林区，准确报告火警284次，实现了看守区内34年无重大森林火灾，避免了森林资源和群众生命财产重大损失，被当地瑶汉人民誉为守望大瑶山的“森林眼睛”。在常年的护林生涯中，他克服了山上工作、生活环境恶劣，甚至先后遭遇雷击数次，被毒蛇咬伤10多次。2013年3月，全国绿化委员会、人力资源和社会保障部、国家林业局共同发布决定，授予余锦柱同志“林业英雄”荣誉称号。

（6）湖南森林航空护林站正式启用。9月，湖南省森林消防航空护林站正式组建，森林防火K－32直升飞机入驻黄花国际机场。与此同时，森林防火视频监测系统建设开始启动，森林武警驻湘部队继续壮大，初步构建起地、空结合的森林防火体系，森林火灾扑救进入立体扑救时代。2013年，湖南成功应对了夏秋季超历史的森林防火严峻形势，全年全省共发生森林火灾471次，受害森林面积2733公顷，损失活立木蓄积量5.1万立方米，造成1人伤亡、4人轻伤，火灾次数、受害面积、损失蓄积量、伤亡人数分别较2012年下降48.9%、44.1%、36.3%和67%，森林火灾受害率0.21‰，均明显低于年初目标。

（7）全国首部国家森林公园题材的电影《梦萦张家界》在10月12日的张家界森保节上与观众见面。

（8）湖南省国家森林防火物资储备库投入使用。物资储备库共有二层仓库，一层为车辆存放区，二层为大宗物资存放区和设备检修区。与国家防火办对接的物资储存管理信息系统正式运行，实现了物资入库、出库的电子自动识别、录入、登记和统计，国家防火办随时能掌握湖南物资储备库的情况。

（9）湖南省“十、百、千”珍贵树种培育取得重大成果。2013年湖南省林业厅下发了《关于加快发展珍贵树种的意见》，开展了“十个珍贵树种苗木培育示范基地、百个珍贵树种培育示范基地、千万株珍贵树木进农家”的“十百千”珍贵树种培育活动。全省新造珍贵树种1.35万公顷，栽植珍贵树木3400多万株，其中151万农户在房前屋后栽植珍贵树木1800万株。

（10）首个国家城市森林生态系统定位观测研究站落户湖南。湖南省衡山森林生态系统定位观测研究站和长株潭城市圈森林生态系统定位观测研究站顺利通过国家林业局组织的专家考察论证，正式获批并入国家陆地生态系统定位观测研究网络，晋升为国家林业局78号和79号森林生态系统定位观测研究站。长株潭城市圈森林生态系统定位观测研究站是全国首个城市森林生态系统定位观测研究站。（周彰军）

广东省林业

【概　况】 2013年，广东省林业用地面积1096.7万公顷，有林地984.9万公顷，森林（含非林地上的森林）蓄积量5.16亿立方米，森林覆盖率58.20%，林业产业总产值5595亿元，连续位居全国第一，其中，第一产业690亿元、第二产业3862亿元、第三产业1043亿元。全省参加义务植树3348万人次，植树1.03亿株。全年落实中央和省级林业部门预算及专项资金44.25亿元（中央级专项资金13.93亿元，省级部门预算及专项资金30.32亿元），比2012年40.96亿元增长8.03%，落实贴息贷款12亿元。全省完成造林作业面积24万公顷，中幼林抚育44万公顷，封山育林8.6万公顷。截至2013年年底，全省已建立各种类型、不同级别的林业系统自然保护区270个，总面积124.51万公顷，其中国家级7个，省级51个，市、县级212个，占全省国土面积的6.9%。

【集体林权制度改革】 2013年，广东省集体林权制度改革的重点是进一步巩固完善林权登记发证工作。全省山林权属更加明晰。截至2013年年底，完成宗地确权面积940万公顷，林地确权率96.8%；发放集体林地所有权林权证40.9万本，发证面积940万公顷，占全省林改面积的96.6%；发放集体林地使用权林权证108.5万本，发证面积920万公顷，占全省林改面积的93.8%；发放集体山林股份权益证书823万本，涉及林地面积606万公顷。修改完善《广东省林地林木流转管理办法》，拟从立法层面加强林地林木承包流转管理。严格规范林地林木流转，推行林地流转合同、承包合同示范文本。全省规范完善19.6万份合同，流转林地面积118.6万公顷，流转金额达23.5亿元。加快建设全省林权信息管理系统，已进入调试运行阶段。推广翁源、德庆、始兴3个国家级林业专业合作组织建设示范县经验做法，已建立各类农民林业专业合作社1230个，加入合作社的农户有39.7万户。累计办理林权抵押贷款近70亿元，发展林下经济100万公顷，实现林下经济产值239亿元。

【林业重点生态工程建设】 2013年，新一轮绿化广东大行动取得重要进展。全年完成森林碳汇造林24.1万公顷，累计完成49.7万公顷；建设生态景观林带3160千米，累计完成5880千米，重点路段生态景观林带基本成行成带；新增建设森林公园90个、湿地公园39个；惠州、东莞、佛山、肇庆、中山、汕头、茂名等7

市启动创建"国家森林城市"工作；建设乡村绿化美化示范村960个。森林碳汇工程和生态景观林带建设基本实现了第一阶段时间过半、任务过半的目标。2013年扩大落实了省级生态公益林面积26.7万公顷，界定了国家级公益林面积69.4万公顷，省级以上生态公益林面积达到414.3万公顷，占林业用地面积的37.7%，生态公益林平均补偿标准由270元/公顷提高到300元/公顷。率先实施生态公益林激励性补助政策，全省共有33个单位、167万公顷省级以上生态公益林成功竞得52.5元/公顷的激励性补助资金。启动生态公益林示范区建设，建立第一批生态公益林示范区31个共8.4万公顷。全年落实生态公益林补偿资金12亿元，惠及2600万农村人口。2013年，江门市和清远市获得省政府授予的"广东省林业生态市"称号；普宁市和龙川县获得省政府授予的"广东省林业生态县"称号。截至2013年年底，全省有13个地级以上市、96个县(市、区)获得省政府授予的林业生态市县称号。

【资源林政管理】 2013年11月，省林业厅经省政府批准出台了《广东省林地保护利用规划(2010～2020年)》，在全省范围内实施最严格的林地保护措施。广东省审核审批征占用林地项目964宗，使用林地面积0.91万公顷，收缴森林植被恢复费5.8亿元。全年占用征收林地项目审核率、面积审核率、森林植被费收缴率均为100%。推行森林采伐指标阳光分配，强化采伐过程监管，切实降低林木生产性消耗。从严批准采伐总蓄积量1066.5万立方米，仅占年度森林采伐限额的52.5%。出台了《关于进一步规范省级以上生态公益林更新改造工作的通知》，从严控制省级以上生态公益林的更新改造行为。继续在52个县(市、区)开展木材流动巡查工作，不断强化木材流通监管。严厉打击，有效遏制破坏森林资源违法犯罪行为，确保森林资源持续稳定增长。2013年，全省森林面积1073万公顷、森林蓄积量5.16亿立方米，分别比2012年增加13万公顷、3000万立方米，实现森林资源"双增"目标和约束性指标。

【森林灾害防治】 2013年，省政府办公厅修订并印发了《广东省处置森林火灾应急预案》。省防火办编印了《广东省处置森林火灾应急预案手册》，分发各地贯彻执行。继续推进森林防火行政首长负责制，逐级签订防火责任书，强化森林防火工作问责。省林业厅与省气象局继续联合制作森林火险等级预报，每天在广东电视台等媒体上适时发布高森林火险红色预警信号，同时滚动播放森林防火公益广告。加大巡山护林力度的同时，强化森林航空灭火工作。当发生较大山火时，及时调派直升机与地面扑火队伍配合，安全有效地进行扑火任务。全省共发生森林火灾158起，过火面积1965公顷，其中受害森林面积679公顷，没有发生重大以上森林火灾，没有发生人员伤亡，森林火灾受害率仅为0.07‰，森林火灾损失控制在最低限度。全省林业有害生物防治继续以松材线虫病、薇甘菊等重大林业有害生物防控为重点，大力提升防治装备和防治社会化服务能力，完善联防联治与协商机制，认真开展有害生物监测预报，严格林业检疫执法，积极除治林业有害生物灾害。全省实施防治作业面积23.27万公顷，林业有害生物发生面积30.66万公顷，比2012年减少4.15万公顷，全省林业有害生物成灾率为1.05‰。全省松材线虫病发生面积和薇甘菊发生面积有所下降。正式启用了松材线虫病信息管理系统，全面启动网上受理、审核、办理林业植物检疫行政许可。

【林业产业】 2013年，全省各地依靠资源禀赋，扎实推进绿色产业发展，提升林业产业惠民效益，加快建设现代林业产业体系，促进产业与生态协调发展。全省林业总产值首次突破5000亿元，继续居全国首位，绿色惠民效益不断显现。全省林产品专业市场110个。全省评定省级林业龙头企业累计127家、省级森林旅游示范基地83家，24个林业项目被确定为广东省现代产业500强项目，拥有联邦、红苹果家具和大自然、圣象木地板等9个中国名牌产品、55个省驰名商标。全省有木材加工企业20 240家，其中家具企业6000多家、胶合板企业90家、纤维板企业81家、刨花板企业81家、木地板企业160家、造纸企业400家。纤维板产能达1280万立方米，全省年处理消化70万立方米废旧木材、废旧家具和"三剩物"。全省花卉产值达67.5亿元。全省有速生丰产林70.7万公顷、工业原料林77.3万公顷、竹林46.7万公顷、经济林基地100万公顷、珍贵树种种植面积2.13万公顷、油茶种植面积15.87万公顷。油茶年产能达12万吨。全省建设有苗圃2161个，面积达8333.33公顷。全省森林公园459处，总面积106.88万公顷，占全省国土面积的5.9%，其中，国家级25处，省级73处，市县级361处。森林公园接待游客人数8500万人次，带动地方经济产值超过100亿元。

【林业科技】 2013年，广东林业科技推广示范取得重要进展，营建樟树、枫香、中华楠、红锥、土沉香、格木等优良树种推广示范林880.67公顷，繁育优质苗木570多万株。林业科技创新取得新突破，选出樟树、木荷、黎蒴、枫香和火力楠优良种源5个、家系110个、单株152株；44项省林业科技创新专项的项目通过了验收，收集林木优良种质资源272份，建立种质资源圃133公顷；繁育优质苗木900多万株。进一步抓好林业科技创新示范平台建设。省优良珍贵树种培育试验示范等三大林业科技创新示范基地已达467公顷；在示范基地补植土沉香6万株，并繁育樟树等组培苗100万株。继续加强林业标准化工作和知识产权保护。有9项广东省地方(林业)标准经广东省质量技术监督局批准发布；承担林业行业标准制定项目4项；新建3个全国油茶标准化示范区；进一步加强植物新品种保护，有19个林木花卉新品种申请了植物新品种权，有1项获得植物新品种授权。6项重点林业科技成果通过鉴定；获2012年度广东省科学技术奖7项；获广东省农业技术推广奖12项；获第五届梁希林业科学技术奖1项。

【野生动植物及湿地资源保护】 2013年，广东省深入推进野生动植物资源调查，不断夯实野生动植物资源保护基础。珠三角地区野生动物资源调查通过国家验收。启动云开大山陆生野生动物资源调查、广东省陆生脊椎野生动物多样性编目。实施极小种群野生植物和重点物种保护工程，开展喜树、扣树、仙湖苏铁等极小种群建设；华南珍稀野生动物物种保护中心已成功繁育11只朱鹮，并做好从日本返回7只朱鹮的饲养工作。广东曲江罗坑鳄蜥国家级自然保护区成功野外放归60条人工驯养繁殖的鳄蜥。加强野生动植物资源培育，规范经营利用行为。建立健全野生动物行政审批制度。加强协作，会同省交通运输厅、卫生厅、工商局、食品药品监管等，建立健全野生动物保护执法长效机制。开展系列执法检查活动，打击各种破坏野生动植物和湿地资源的违法犯罪行为。在湛江设立禁猎区，发布禁猎野生鸟类公告。落实国家监测防控管理办法，切实加强野生动物疫源疫病监测防控工作管理，深入排查病毒溯源，采集样品1332份。举办粤港澳湿地与野生动植物保护座谈会，落实2013年粤港、粤澳框架合作协议相关工作。星湖国家湿地公园试点建设工作通过国家林业局验收，正式成为国家湿地公园。怀集国家湿地公园完成国家湿地公园试点申报工作，并获得国家林业局批复同意。截至2013年年底，广东省已建立3个国际重要湿地；94个湿地类型自然保护区，面积78万公顷；8个国家湿地公园、5个省级湿地公园，面积5万多公顷。

【林业大事】

1月4～6日 中共中央政治局委员、省委书记胡春华在韶关、清远两市调研时强调，粤北山区要切实增强加快发展的紧迫感，加快区域中心城市建设，积极承接珠三角产业转移，把生态优势转化为发展优势。

1月12日 第二届全国林业信息办主任协作组会暨全国林业信息化示范建设交流会在广州召开。广东省又荣获“全国林业信息化建设十佳单位”，省厅网站荣获“全国林业十佳网站”和“在线服务领先奖”。广东省已连续3年荣获这两项荣誉称号。

1月28日 省林业厅、珠海市人民政府合作建设生态文明森林珠海框架协议签字仪式在广州举行，标志着广东省第一个省市共建的森林围城、森林进城项目正式启动。

2月27日 广东省政府在广州召开全省林业工作会议，部署2013年林业工作和新一轮绿化广东大行动。邓海光副省长出席会议并亲自部署新一轮绿化广东工作。

3月2日 以“加快造林绿化、建设美丽广东”为主题的义务植树活动在广州番禺区举行。广东省委书记胡春华，广州军区徐粉林、魏亮中将，广东省朱小丹省长、广东省人大常委会黄龙云主任等参加了植树活动。

3月12日 广东省民族宗教委在广州市花都区举行“广东省宗教界万人植树活动”启动仪式。宗教界万人植树活动自2008年起至2013年已连续开展6年，共植树250多万棵。

3月19日 邓海光副省长到省林科院、省龙眼洞林场、省林校和省林业调查规划院等单位调研，强调林业系统要加大基础投入，培养林业科技人才，推进新一轮绿化广东。

3月27日 省政府召开会议贯彻全国森林草原防火和造林绿化工作电视电话会议精神，邓海光副省长强调，要绷紧森林防火这根弦，抓紧抓好近期森林防火工作；要落实主体责任，全面完成今年造林绿化任务。

3月29日 省林业厅在广州召开了2013年全省森林公安工作会议。

3月29日 中华全国妇女联合会授予省林业厅妇工委“全国农村妇女岗位建功先进集体”称号。

4月12日 《广东省占用征收林地定额管理暂行办法》经广东省人民政府同意正式出台。

4月12日 省委常委、省纪委书记在黄先耀率领调研组到省林业厅调研时强调，要以有效管用的惩防体系为新一轮绿化广东大行动保驾护航。

5月6～8日 朱小丹省长先后到惠州、河源、梅州3市，察看了近20个具有代表性的造林绿化现场，检查新一轮绿化广东大行动开展一年来的实施情况，并召开座谈会研究下一步努力方向。

5月10日 全国绿化委员会授予广东省8个单位“全国绿化模范单位”荣誉称号，38名个人获得全国绿化奖章。

5月27日 省林业厅召开全省推进三大重点林业生态工程建设电视电话会议。

6月5日 国家林业局局长赵树丛在北京会见了广东省省长朱小丹一行，强调全力支持广东林业生态建设，共同推进新一轮绿化广东。

6月21日 省财政厅、省林业厅联合召开全省生态公益林补偿资金管理工作电视电话会议，部署全省生态公益林效益补偿资金管理使用情况专项治理工作。

7月15日 由广东省林业厅主办的粤林清风书画摄影展在广东省文联艺术馆隆重开幕，拉开了全省林业系统纪律教育学习月活动的序幕。

7月17日 省委常委、组织部长李玉妹深入省龙眼洞林场开展党的群众路线教育实践活动调研，看望全国优秀护林员张来仔同志。

7月26日 省政府党组成员李容根深入河源市连平县油溪镇小溪村开展党的群众路线教育实践活动专题调研。

7月31日 长隆野生动物世界华南珍稀动物物种保护中心的大熊猫“梅清”顺利产下熊猫幼仔。这是在广东省出生的首只大熊猫。

8月28日 省委书记胡春华、省长朱小丹在广州会见国家林业局局长赵树丛。省领导李玉妹、林木声、邓海光参加了会见。

8月29日 新一轮绿化广东大行动工作会议在广州召开。省委书记胡春华主持会议，国家林业局局长赵树丛、省长朱小丹出席会议并讲话。会议还印发了《中共广东省委、广东省人民政府关于全面推进新一轮绿化广东大行动的决定》。

8月29日 国家林业局局长赵树丛在邓海光副省长的陪同下，前往佛山考察绿化工作，对佛山绿化工作给予充分的肯定。

8月29日 粤港澳湿地保护合作座谈会在广州召开。

9月5～6日 省林业厅在五华县召开全省重点生态工程、林业补贴试点暨林木种苗工作现场会议。

10月6日 全国政协副主席、民革中央常务副主席齐续春一行到珠海调研，考察了淇澳红树林。

10 月 14 日 省林业厅党组全体成员召开教育实践活动专题民主生活会。省政府党组成员李容根出席会议并作重要讲话。

10 月 23 日 广东省林业厅与司法厅联合出台了《关于建立广东省山林权属争议调解合作联调机制的意见》，使林业、司法行政部门合作处理山林纠纷更具操作性。

10 月 29 日 省政府召开全省秋冬季森林防火工作电视电话会议。邓海光副省长对做好今冬明春森林防火工作，特别是做好党的十八届三中全会召开期间森林防火工作进行再动员、再部署、再落实。

11 月 8 日 邓海光副省长到肇庆调研林业重点生态工程建设。

11 月 29 日 新一轮绿化广东大行动造林备耕现场推进会在兴宁召开。

12 月 9～10 日 省委组织部、省林业厅在广州联合举办全省林业局局长培训班，对全省近 200 名林业局长进行集中培训。邓海光副省长出席培训班并作动员讲话。（广东省林业由欧阳学工供稿）

广西壮族自治区林业

【概　述】

林业生产 2013 年，广西实现林业产业总产值 3020 亿元，同比增长 37.6%。其中，造纸与木材加工销售收入 1050 亿元，成为广西第九个千亿元产业；木材产量 2480 万立方米，同比增长 18.6%；人造板产量 2860 万立方米，同比增长 21.9%。全区林业一、二、三次产业结构由 2012 年的 30∶64∶6 调整为 24∶65∶11。

造林绿化 2013 年，广西共完成植树造林面积 326 675公顷，其中荒山造林 134 764 公顷、迹地人工更新 57 949 公顷、低效林改造 4416 公顷、封山育林 26 602 公顷、桉树萌芽和人工促进天然更新 102 944 公顷。森林覆盖率达 61.8%，比 2012 年提高 0.4 个百分点；活立木蓄积量达 6.62 亿立方米，比 2012 年增加 0.22 亿立方米。

退耕还林工程 2013 年，广西退耕还林工程完成荒山人工造林 12 668 公顷，封山育林 4333 公顷。截至 2013 年 12 月底，兑现 2012 年度退耕还林工程政策补助资金 35 238.1 万元。其中，兑现粮食补助资金 6272.9 万元，现金补助资金 714.7 万元，管护费补助资金 3959.5 万元，生活费补助资金 20 846.1 万元，造林种苗补助资金 3445 万元。全区退耕还林工程林权登记发证面积 94.8 万公顷，为工程完成造林面积的 97.9%。

珠防林工程 2013 年，广西 19 个县（区）实施珠江流域防护林体系建设工程，完成荒山营造林面积 8296 公顷，其中人工造林 6293 公顷、无林地和疏林地封育 2003 公顷。工程建设投入资金 5435 万元，其中国家投资 2611 万元，群众投工投劳折资 4076 万元。

海防林工程 2013 年，广西 8 个县（区）实施海防林工程项目，完成荒山人工造林面积 5268 公顷。工程建设投入资金 5709 万元，其中国家投资 2851 万元，群众投工投劳折资 210 万元。

石漠化治理工程 2013 年度，广西石漠化综合治理工程林业项目完成人工造林 0.42 万公顷，为自治区下达计划任务的 100%；完成封山育林 2.08 万公顷，为自治区下达计划任务的 100.5%；完成植被管护 3.96 万公顷，为自治区下达计划任务的 100%；完成林业项目投资 15 783 万元，为计划投资的 100%。

经济林培育 2013 年广西经济林总面积为 230 万公顷。经济林产品总产量 1088 万吨，经济林产业总产值 501 亿元，比 2012 年增长 68.7%。其中，八角林总面积 32.4 万公顷，八角干果总产量 12.1 万吨。肉桂林总面积 6.2 万公顷。桂皮产量 3.3 万吨。油桐林总面积 16.12 万公顷，桐籽产量 7.8 万吨。核桃林总面积 3.3 万公顷，比 2012 年增加 200%。核桃产量 1266 吨。板栗林总面积 11.5 万公顷，产量 9.2 万吨，与 2012 年同比增长 12.2%。柿子林总面积 0.8 万公顷，产量 5.4 万吨。新造油茶林 2 万公顷（其中项目造林 0.7 万公顷）、改造低产林 0.56 万公顷，油茶林总面积 41.3 万公顷，列全国第三位。全年油茶籽产量 16.9 万吨，茶油产量 3.8 万吨，油茶产业产值 40.3 亿元。

森林防火 2013 年，广西共发生森林火灾 261 起，其中一般森林火灾 146 起，较大森林火灾 115 起；火场总面积 2806.1 公顷，受害森林面积 594 公顷；烧毁成林蓄积量 25 175.65 立方米，烧死幼树 60.35 万株；森林火灾受害率 0.04‰；因灾死亡 2 人。全年扑救森林火灾共出动扑火人数 13 627 人次、车辆 1745 台次、直接开支扑火经费 179.36 万元。2013 年已查明森林火灾原因的 233 起，已处理森林火灾案件 193 起，处理相关责任人 191 人，其中刑事处罚 20 人。2013 年，广西共投入森林防火资金 26 083 万元，用于瞭望系统建设 1484 万元、通信系统建设 564 万元、阻隔系统建设 2996 万元，购置交通工具 1508 万元、购置扑火机具 1631 万元，其他项目支出 17 900 万元。全年新建瞭望台 18 座、储备库 22 座 977 平方米，购买无线电台 259 台（部）、森林消防专用车辆 253 辆、扑火机具 15 424 台（把、套）、计算机 89 台，营建防火林带 1033.5 千米，开设防火线 582.6 千米。

森林病虫害防治 2013 年，受春夏季气温偏高，降雨南多北少的影响，广西桉树、松树、经济林及珍贵树种病害呈偏重发生，虫害基本持平。全区发生并造成较严重危害的林业有害生物共有 69 种，其中病害 14 种，虫害 44 种，有害植物 1 种，发生总面积 359 400 公顷（含有害植物），发生率为 2.96%。2013 年林业有害生物防治作业总面积为 106 626.7 公顷，其中预防面积 36 756.6 公顷。生物防治面积 53 313.47 公顷，仿生防治面积 886.67 公顷，人工防治面积 4983.8 公顷；无公害防治总面积为103 293.3公顷，无公害防治率达到99.69%。

林业科技 2013年，广西林业部门共有4项林业科技成果获广西科技进步奖，其中广西林科院承担的“广西油茶良种繁育产业化关键技术研究与应用”项目成果获一等奖。

行政审批制度改革 2013年，广西共取消、下放、调整自治区级林业行政审批项目12项，自治区级审批的项目由原来的36项减少为30项，减少幅度达16.7%。

林业干部队伍建设 广西林业主管部门继续实施人才强林战略，厅机关选调北大、清华等985重点院校博士1名、硕士3名，从基层选调20名年轻干部，区直林业系统通过公开招聘及优才引进招录优秀人才314名。全年共面向全区林业系统举办培训班120期，培训11 341人次，在20个区直林业事业单位开展以案说法以案明纪警示教育活动。

林业宣传 据不完全统计，2013年，广西各级林业宣传部门在区内外主流媒体发表广西林业新闻1507篇，同比增长13.7%。其中，《人民日报》28篇，人民网115篇，新华网94篇，《中国绿色时报》121篇，《广西日报》442篇，广西电台171篇，广西电视台161篇。《中国绿色时报》、广西电台分别同比增长53.2%、235.3%。全区征订2014年《广西林业》达13 860份，同比增长13.1%；订阅2014年《中国绿色时报》达4318份，第四次位居全国各省(区)订阅第一。广西获第五届关注森林奖6类奖项中的9个奖。其中，广西壮族自治区林业厅厅长陈秋华获第五届关注森林奖，蒋卫民获第五届关注森林——森林奖。广西记者站获《中国绿色时报》社2013年度“先进记者站”，蒋卫民获“优秀记者”和广西电视台好新闻三等奖。

(广西壮族自治区林业信息宣传中心)

【“绿满八桂”造林绿化工程】 2013年，“绿满八桂”造林绿化工程完成通道绿化里程906千米，其中：高速公路147.9千米，国省道519千米，河流200.6千米，铁路38.5千米；完成城镇绿化941万平方米，完成村屯绿化2159个；完成山上造林面积29.78万公顷；完成高速公路可视一面坡绿化提升2667公顷。

“美丽广西”系列活动 2013年，广西林业部门开展“美丽广西·美丽北部湾”“美丽广西·美丽西江”等系列行动，成功创建玉林、贺州两个“国家森林城市”，创建玉林、柳州两个“全国绿化模范城市”；37个最具广西特色的乡村入选国家“美丽乡村”目录。广西林业部门还配合“美丽广西·清洁乡村”活动开展“美丽广西·清洁乡村”林业行动，启动“农村能源行”活动，全年完成为民办实事新建沼气池8万户、旧病沼气池修复改造2万户；开展“清洁林场”活动，全区累计投入1433万元，清洁道路近3000千米，清理垃圾约8万吨。

珍贵树种 2013年，完成珍贵树种造林7491公顷，同比增加1311公顷。完成珍贵树种育苗6000多万株。继续组织开展“千万珍贵树种送农家”活动，由自治区统一招标采购苗木完成种植1859万株。

(广西壮族自治区林业厅国土绿化处)

【森林经营】 据年报统计，2013年，广西完成未成林抚育作业面积61.37万公顷，完成中幼龄林抚育面积42.50万公顷。完成国家森林抚育补贴试点项目10.67万公顷，完成低产低效林改造面积4416公顷。

森林抚育补贴试点项目 组织实施2012年下达的10.67万公顷森林抚育补贴试点项目。分解落实了2013年度11.33万公顷的中央财政森林抚育补贴项目任务。

低效公益林改造试点项目 安排550万元经费，在高峰林场、七坡林场、钦廉林场、雅长林场、阳朔县大源林场、平乐县广运林场、资源县资源林场、凤山县、环江县华山林场、隆林县金钟山林场实施低效公益林改造试点1222.2公顷。完成2012年度下达的低效公益林改造计划任务444.5公顷。

通道两旁林相改造试点项目 结合实施“绿满八桂”造林绿化工程，完成通道两旁1000米范围内可视一面坡森林景观改造提升2666.7公顷。通过纯林改造混交林、疏残林补植补种乡土树种、珍贵树种和彩色树种，开展打造美丽林相试点。

(广西壮族自治区林业厅营林处)

【国有林场建设】 截至2013年年底，广西共有国有林场177家，其中林业系统171家(自治区直属国有林场13家，自治区直属林业单位附属林场2家，市、县级国有林场156家)，华侨系统5家，民政系统1家，经营总面积153万公顷，约占广西国土面积的6.5%，占广西林地总面积的10%；森林蓄积量8000万立方米，占广西森林总蓄积量的12%以上。职工总人数5.8万人，其中在职职工3.4万人，离退休人员2.4万人。

生产经营 2013年，广西国有林场实现总产值185亿元，同比增长15%；总经营收入68.6亿元，同比增长17.1%；木材产量486万立方米，同比增长21.7%；人造板产量188万立方米，同比增长55%。营造林面积9.6万公顷(其中场外造林5.1万公顷)，同比增长6.6%。其中，自治区直属国有林场实现总产值171.6亿元，同比增长16.3%；总经营收入60.2亿元，同比增长16.9%；净利润8.8亿元；木材产量325.4万立方米；人造板产量163.5万立方米；营造林面积7.7万公顷。

林场改革 2013年，广西林业部门继续推进“大场带小场”改革试点工作。13家广西区直属国有林场与70家市县林场开展了合作，其中高峰、博白、黄冕、钦廉、树木园、东门、派阳山等7家区直国有林场与26家市县林场完成合作造林或收购林木2.2万公顷。七坡林场与广东省茂名市6个国有林场签订了造林合作框架协议，南宁树木园在广东封开国合林场租地造林667万多公顷。2013年，华峰集团、八桂种苗、华沃特肥业、华威林化和盛达物流等5家公司进入实质性运营，华岭营造林、沁绿茶油、钦冠林牧商贸、华鼎房地产、华济森林文化、华瑞德生态陵园6家公司完成组建并召开了公司创立大会。

林场基础设施建设 2013年危旧房改造任务全面完成，其中新开工2704套、基本建成5300套，分配入住15 000多套，分配入住任务完成率达108%，改善7万多职工的住房条件。区直林场场部基础设施建设大会战累计完成投资近3亿元，建成一批办公用房、水电设施、道路、绿化等项目。争取社会保险统筹基金1.77

亿元。

大宗物资电子化购销 2013年6月，广西壮族自治区林业厅印发了《关于印发自治区直属国有林场大宗物资电子化购销试点方案的通知》(桂林营发〔2013〕112号)，开展了区直林场大宗物资电子化购销改革试点工作，并于2013年8月成功举行了首期活立木电子交易会。截至2013年12月共交易20场，全区500多名木材客商参加交易，成交活立木共115万立方米，占区直林场全年销售计划250万立方米的46%，成交金额4.4亿多元，成交价高出标底价980万元。

(广西壮族自治区林业厅营林处)

【林业产业建设】 2013年，广西林业产业总产值达到3020亿元，比2012年增长37.6%，其中林业第一产业993亿元，增长41.1%；第二产业1372亿元，增长27.1%；第三产业283亿元，增长139.8%。其中，木材加工业产值1063亿元，造纸及纸制品产值269亿元，林产化工产业产值150亿元。

造纸与木材加工 2013年，广西壮族自治区林业厅继续实施造纸与木材加工业千亿元产业工程，年内造纸与木材加工产业实现销售收入1050亿元。2013年，广西壮族自治区林业厅共批准木材加工项目100项，新增人造板生产能力380.5万立方米。其中，胶合板项目97项，生产能力350.3万立方米；纤维板1项，生产能力15万立方米；刨花板1项，生产能力5万立方米。

林产化工 广西地处亚热带地区，拥有丰富的松树资源和灌木林资源，是全国重要的林产化工大区。主要产品有松香、松节油及深加工产品等。在松脂方面，广西有松脂加工企业170多家，松香年产量和出口量占全国40%和50%。松香松节油深加工产品主要有歧化松香、歧化松香皂、聚合松香、氢化松香、马来松香、浅色松香、松香树脂、氢化松香树脂、歧化松香树脂、造纸施胶剂、食品级松香树脂、松香胺、松香腈、芳樟醇、松油醇、长叶烯衍生物、二氢月桂烯醇、龙脑等40多个系列产品。广西松脂加工行业重点龙头企业有广西梧州松脂股份有限公司、广西梧州日成林产化工股份有限公司、宁明县桐棉意同林化厂、武鸣朝燕林场松香厂、广西梧州荒川化学工业有限公司、南宁利通树脂有限公司、北流兆周松脂厂等。在八角深加工产品方面，广西的八角深加工产品有茴油、茴脑、天然茴香醛、莽草酸等，广西年产八角茴香油约3000吨，占全国产量的90%以上，占世界总产量的80%，年出口量约为700吨。

森林旅游 2013年广西森林旅游人数达到3313.5万人次，同比增长15.3%，森林旅游收入达276亿元，成为广西林业第三产业最大的增长点。2013年，广西林业厅批准新增2处自治区级森林公园，分别是广西大五顶自治区级森林公园、广西七坡自治区级森林公园；新增1处市级森林公园，为狮子头市级森林公园。截至2013年年底，广西共建设有森林公园54处，森林公园经营总面积2592.1平方千米，占广西国土总面积的1.1%。据统计，2013年各级森林公园接待游客量700.5万人次，比2012年增长18.0%，森林公园直接旅游收入12亿多元，比2012年增长32.5%。

“森林人家”品牌建设 2013年8月15日，广西林业厅选定南宁良凤江国家森林公园(菩提山庄)、大明山国家级自然保护区(天坪站旅游区)、南宁市怡景生态园、柳州君武自治区森林公园、桂林神龙谷世界度假区、桂林七仙峰茶场景区、梧州仙人湖生态旅游景区、防城港北伦河口景区古榕部落、钦州平山林场大东山旅游区、平南县北帝山风景区、大容山国家森林公园、姑婆山国家森林公园、贺州十八水原生态景区、河池拉浪林场、天峨县韦家洞森林人家等15家单位作为2013年广西“森林人家”试点单位。

花卉产业 到2013年年底，广西花卉种植面积达40 000公顷，实现花卉综合产值100亿元，同比增长10%。广西共有花卉生产企业1600多家，50万户花农直接从事花卉种植，每年有500万农民直接受益，年均增收1000元。广西花卉苗木种植面积在5万亩以上的地市有：南宁、桂林、北海、柳州、贵港、玉林。

(广西壮族自治区林业厅产业处)

【林政资源管理】 2013年，广西112个县级林地保护利用规划获同级政府批准实施，构建了省县两级林地保护利用规划体系，完成了广西林地“一张图”和县域林地“一张图”建设任务。首次将广西1596.16万公顷林地落到山头地块并实现了数字化。2013年，广西共审核占用征收林地项目625宗，审核审批征占用林地面积7416公顷。使用林地定额6853.37公顷，收取森林植被恢复费49 858.81万元，比2012年增加19.66%。2013年，广西共发生林业行政案件16 025起，查处林业行政案件15 809起，查处率为98.65%。其中，查处违法运输木材行政案件13 262起，共收缴木材48 086.43立方米，补征林业规费399.42万元，罚款21 429.1万元，行政处罚13 264人次。

森林资源监测 广西壮族自治区林业厅修订并印发了《广西县域森林资源主要数据年度更新办法》，部署广西全区开展2013年度县域森林覆盖率和活立木蓄积量两项数据的更新调查，按时完成了数据更新结果的汇总工作。2013年12月，经过核实认定，2013年广西森林覆盖率达61.84%，活立木蓄积量达6.63亿立方米，分别比2012年度提高0.44个百分点和0.23亿立方米。

采伐限额管理 2013年，广西根据国家林业局《商品林采伐限额结转管理办法》，共结转商品林采伐限额978.45万立方米。据统计，广西全年使用森林采伐限额2239.30万立方米，占年森林采伐限额60.82%，发证蓄积量2245.87万立方米。

山林纠纷调处 2013年广西共发生山林纠纷案件5703起，调结4989起，调结率87.5%，比2012年提高25%，没有因山林纠纷引发大规模群体性事件。

(广西壮族自治区林业厅林政资源管理处)

【集体林权制度改革】 2013年，广西壮族自治区人民政府办公厅印发了《关于深化集体林权制度改革的意见》。9月，广西壮族自治区林业厅在桂林市兴安县召开全区深化集体林权制度改革会议，为进一步深化广西集体林权制度改革作出部署。2013年，广西壮族自治区林业厅对南宁市邕宁区等12个林权抵押贷款试点县(区)予以重点扶持，落实自治区财政扶持资金60万元。2013年，广西林权抵押贷款余额达到60亿元，新增林权抵押贷款5.7亿元，林权抵押贷款业务覆盖率由50%

上升至70%。

林下经济 2013年，广西壮族自治区林业厅共争取中央财政补助资金900万元、自治区财政补助资金6000万元，在全区范围内打造69个林下经济示范项目。全区林下经济发展面积达281万公顷，同比增长28%；全年林下经济产值达到470亿元，同比增长31%；全区共有1204万林农通过发展林下经济实现人均增收2381元，同比增加461元。

森林保险 2013年，广西壮族自治区林业厅与广西保监局签订了《共同推进政策性森林保险的战略合作框架协议》，建立了森林保险工作联席会议制度和联合会商制度；与广西保监局、人保财险广西分公司联合开展了森林保险调研，形成了《广西政策性森林保险调研报告》；与广西财政厅、广西保监局联合印发了《广西政策性森林保险实施方案(试行)》，下发了《广西政策性森林保险承保理赔业务规程及灾害损失认定标准》。全年广西共落实了中央和自治区财政补贴资金3000万元，投保林地面积达到173万公顷，参加森林保险的林农户数达到5.54万户，全区森林保险覆盖率达到11.10%以上，同比增长10个百分点。

林业专业合作社 2013年，广西落实自治区财政资金75万元，在南宁市宾阳县等建立了15个林业专业合作社示范单位。全年全区27家林业专业合作组织共获得中央财政扶持资金958万元。全区林业专业合作社数量达到901个，与2012年相比增加了313个，同比增长53%，销售收入达到40.2亿元，入社林地面积达到12万公顷，入社农户达到7.9万户。

（广西壮族自治区林业厅改革发展处）

【野生动植物保护】 2013年，广西出台《关于加快广西野生动植物繁育利用产业发展的意见》，组织完成了滑鼠蛇和眼镜蛇驯养繁殖技术总结，开展了穿山甲试点养殖单位进展情况检查。全面推进广西第二次全国重点保护野生植物资源调查，重点推进极小种群野生植物拯救保护，继续做好广西火桐、拟单性木兰、凹脉金花茶等物种的野外拯救保护工作，积极开展广西火桐等野生植物原生地回植试验。围绕“美丽广西·让鸟儿自由飞翔”的爱鸟周主题，在钦州市启动2013年广西爱鸟周宣传活动。

自然保护区建设 2013年，国务院正式批复大桂山鳄蜥、元宝山、恩城和邦亮长臂猿4个自然保护区晋升为国家级自然保护区，七冲自然保护区申报晋升工作通过国务院自然保护区专家委员会专家评审。龙州县春秀及青龙山两处县级自然保护区合并晋升自治区级自然保护区获自治区人民政府批复同意。全年新建自然保护小区30处。

湿地保护 广西湿地类型有近海与海岸湿地、河流湿地、湖泊湿地、沼泽湿地和人工湿地5大类25型，连片面积8公顷以上的各类湿地总面积达75.43万公顷，占广西国土面积的3.2%。2013年11月30日，广西山口红树林自然保护区入选“中国十大魅力湿地”。

（广西壮族自治区林业厅野生动植物保护与自然保护区管理处、广西壮族自治区野生动植物保护和自然保护区管理站）

【森林公安】 2013年，广西壮族自治区森林公安局开展了“春季破案战役”“天网行动”等7个打击涉林违法犯罪行为专项行动。据统计，2012年11月20至2013年11月20日全区各级森林公安机关共受理各类破坏森林和野生动植物资源案件12 472起，查破11 535起，案件综合查处率为92.49%，其中刑事案件立案3375起，破案2481起，破案率为73.51%；受理林业行政案件9097起，查处9054起，查处率为99.53%。共打击处理各类违法犯罪人员12 178人，其中逮捕2717人(含直接起诉)，起诉2424人，收缴木材53 753多立方米，回收林地184公顷，收缴野生动物188 637只(头)，动物制品1089头(件)，野生植物及其制品4115珠(件)，涉案价值约4.8亿元。办理刑事案件立案数和刑事案件破案数均居全国第三，百名民警刑事案件立案数居全国第二，百名民警刑事案件移送起诉数据全国第三，百名民警刑事案件破案数居全国第四。自治区森林公安局成功侦破“1·6”特大非法运输、出售珍贵濒危野生动物制品案件，获国家林业局森林公安局贺电表彰。

冬季破案攻坚战 2012年10月29日至2013年1月20日，广西开展“冬季破案攻坚战”。收缴野生动物95 670头(只)、野生动物制品2842件、国家重点保护植物9株、国家重点保护植物制品22件，收缴猎具120件，扣押林木木材6363立方米，收回林地27公顷，没收违法所得51万元，涉案价值达7046万元。

春季破案战役 2月17日至4月30日，广西开展打击涉林犯罪专项行动，代号“春季破案战役”。收缴野生动物1234头(只)，野生动物制品290件，收缴国家重点保护植物28株，收缴林木木材2844.13立方米，收回林地5.6公顷，涉案价值667万元。

天网行动 4月1～30日，广西开展打击破坏野生动物资源违法犯罪专项行动，代号“天网行动”。收缴野生动物37 430(头、只)，野生动制品4件，野生动物肉371.4千克，没收违法所得1.78万元，全部涉案价值204.47万元。

夏季破案战役 7月20日至9月20日，广西开展打击涉林违法犯罪专项行动，代号“夏季破案战役”。收缴野生动物10059头(只)，野生动物制品1642件，收缴国家重点保护植物135株，收缴林木木材8069.6立方米，收回林地24.73公顷，涉案价值1419万元。

保护候鸟专项行动 10月23日至11月30日，广西开展保护候鸟专项行动。收缴野生动物9078多(只)头，其中鸟类7275多只，野生动物制品210件，野生动物皮张33张，收缴猎具479套，其中猎枪9支，缴获物品涉案价值42万多元。

打击破坏野生动物资源违法犯罪专项行动 8月15日至12月31日，广西开展打击破坏野生动物资源违法犯罪活动专项行动。收缴野生动物32 042(头、只)，野生动物制品931件，野生动物皮张35张，野生动物肉5174.3千克，没收违法所得0.43万元，全部涉案价值999.7万元。

边境地区打击走私濒危野生动植物 10月1日至12月31日，广西在南宁市、防城港市、百色市、崇左市等边境地区开展专项行动。收缴野生动物1060(只)头，野生动物制品89件，收缴猎具7套，其中机动车辆2辆，缴获物品涉案价值425万多元。

（广西壮族自治区森林公安局）

【农村生态能源建设】 2013年，广西新建农村沼气池70 056户，占计划任务的100.08%。共投入农村能源建设资金3.43亿元，其中中央资金10 104万元，自治区资金8333.8万元，市县配套资金512万元，农户自筹15 400万元。

农村沼气服务体系 2013年，广西新建198个村级沼气服务网点和13个县级服务站，启动4个市级服务总站建设。全区累计建成村级服务网点5910个、县级服务站64个。

世界银行贷款中国新农村生态家园富民工程项目 2013年，广西利用世界银行贷款开展新农村生态家园富民工程建设，建设沼气池7000多户，累计完成沼气池建设8万户。

（广西壮族自治区农村能源办公室）

【林业大事】

1月27日 中国工程院院士、广西壮族自治区主席院士顾问尹伟伦到广西壮族自治区林业厅参加座谈会，对广西科学发展桉树产业建言献策。广西壮族自治区副主席陈章良出席座谈会并发言。

2月1日 广西壮族自治区政协主席陈际瓦到广西林科院慰问自治区优秀专家、广西林科院副院长马锦林。

2月7日 广西壮族自治区副主席陈章良到广西台湾花卉产业园调研。

2月19日 全区林业工作会议暨林业科技大会在南宁召开。

2月24日 广西壮族自治区党委书记、自治区人大常委会主任彭清华，自治区主席马飚，自治区政协主席陈际瓦等四家班子领导在南宁市青秀山风景区，与自治区党政军机关干部和当地干部群众一起参加2013年自治区党政军领导义务植树活动暨首府"绿满邕江"植树活动。

2月26日 广西壮族自治区林业厅与广西保监局在南宁签署政策性森林保险战略合作框架协议。

2月26日 由广西壮族自治区人大常委会副主任覃瑞祥率调研组到自治区林业厅调研。

4月4日 广西壮族自治区副主席陈章良在自治区森林防火指挥部调研。

4月21日 共青团中央、全国绿化委员会、国家林业局联合在南宁开展2013年珠江流域青少年植树行动统一行动日活动。自治区党委副书记危朝安、共青团中央书记处书记汪鸿雁、国家林业局总工程师陈凤学、中国绿化基金会副主席杨继平、自治区林业厅厅长陈秋华、南宁市委副书记李泽、共青团广西区委书记白松涛等领导与来自滇、黔、桂、粤、湘、赣6省区的500多名青少年代表共同植树造林。

6月3日 全国人大常委会副委员长向巴平措一行到七坡林场考察调研。

7月25日 广西壮族自治区副主席黄日波到自治区林业厅考察。

9月27日 广西壮族自治区副主席黄日波出席全区秋冬季森林防火工作电视电话会议并讲话。

10月12日 广西壮族自治区副主席黄日波到自治区森林防火指挥部调研。

11月7日 广西壮族自治区党委书记、自治区人大常委会主任彭清华听取全区林业工作汇报后强调，林业是生态文明的主要标志、科学发展的重要支撑、经济建设的支柱产业、扶贫就业的有效途径、美丽广西的底色和亮点，要把林业摆在突出位置抓实抓好，推动广西从林业大区向林业强区转变。

11月15日 第十届中国—东盟博览会林产品与木制品展在南宁开幕。广西壮族自治区副主席黄日波，国家林业局原党组副书记、副局长、中国林业经济学会理事长李育才等领导出席开幕式并致辞。

11月19日 广西壮族自治区副主席黄日波在高峰、维都等自治区直属国有林场调研。

11月25日 广西壮族自治区副主席黄日波在黄冕林场调研。

11月25日 林业生产者组织国际会议在桂林召开。国家林业局副局长印红，广西壮族自治区副主席黄日波，联合国粮农组织(FAO)森林经济、政策与产品部主任伊娃·穆勒，亚太森林组织秘书长曲桂林，联合国粮农组织中国、朝鲜和蒙古办公室代表伯希·米西卡，桂林市副市长王建毅等出席开幕式并致辞。

11月28日 全区林业工作座谈会在南宁召开。广西壮族自治区副主席黄日波到会讲话。

12月9日 广西壮族自治区党委、政府与国家林业局在北京举行会谈，双方签订了《合作打造绿色生态安全体系和现代林业示范区备忘录》，合作打造生态建设和林业产业"升级版"，建设国家木材战略储备重要基地和全国亚热带珍稀树种培育基地。广西壮族自治区党委书记、人大常委会主任彭清华，广西壮族自治区主席陈武，国家林业局局长赵树丛、副局长张建龙参加会谈。

12月23日 广西壮族自治区主席陈武到中国林科院热林中心调研。

12月31日 自治区副主席黄日波到自治区森林防火指挥部调研。

（广西壮族自治区林业信息宣传中心）

海南省林业

【概　述】 2013年，海南省林业系统认真贯彻落实习近平总书记视察海南重要讲话精神，紧紧围绕省委、省政府中心工作，以"绿化宝岛"大行动为依托，以森林资源保护为重点，以作风整治为根本，大力推进增绿护绿，生态林业和民生林业建设取得明显成效。截至2013年年底，全省现有森林面积212.8万公顷，森林覆盖率达61.9%，比2012年提高0.4个百分点，2013年全省林业总产值达403亿元。

【贯彻习总书记讲话精神】 4月，习近平总书记考察海南时，对生态建设和环境保护作出重要指示，要求海南倍加珍爱和精心呵护海南的青山绿水、碧海蓝天，为子孙后代留下可持续发展的"绿色银行"。为贯彻落实习总书记重要讲话精神，省林业厅在全省范围内开展了绿化宝岛大行动、危旧房改造、森林资源保护、资金监管、生态文明建设等系列专题调研活动，对照习总书记讲话精神，认真查找工作中存在的突出问题，理清工作思路，制定整改措施和工作目标，为林业今后发展和开展党的群众路线教育实践活动打下良好基础。

【"绿化宝岛"大行动】 海南省林业厅认真贯彻省委省政府关于"绿化宝岛"大行动的重要部署，坚持统筹城乡绿化、保护绿水青山的生态发展观和"造林就是造福、增绿就是增收"的民本意识，创新机制，强化管理。①组织310个单位和企业向绿化宝岛大行动认捐6100万元，在海口望海国际广场举办了全国"十城联动——共建美丽中国"第三届"绿化祖国·低碳行动"植树节海口分会场活动，现场募捐碳汇造林款20.4万元；成立陵水、澄迈碳汇专项基金，融资2400万元。同时积极向国家林业局争取绿化宝岛工程建设资金。2013年全省共投入绿化宝岛建设资金9.6亿元，其中中央投资0.53亿元、省财政投资1.41亿元、市县投资2.7亿元、社会投资4.96亿元。②报请省政府印发了《海南省绿化宝岛大行动工程建设总体规划》、《海南省绿化宝岛大行动实施方案(2011～2015)》，明确了市县政府和省直有关部门的职责，把绿化宝岛大行动的"目标、任务、资金、责任"落实到市县，引导绿化宝岛大行动全面协调发展。省林业厅派出6个督导组，重点抓好种苗培育、高速公路绿化、2个三角梅公园(万宁、东方)建设的监督检查。③会同省交通厅开展公路绿化调研，出台《海南省公路绿化工作指导意见》，明确公路绿化责任义务，协调解决公路绿化用地问题；④加强绿化宝岛宣传工作，制作《绿动海南》绿化宝岛专题片，在海南省电视台、《海南日报》等主要媒体上宣传绿化宝岛大行动，组织全省230万人次参加植树造林活动，免费向群众赠送苗木930万株，鼓励群众在房前屋后，田头地边植树，提高了群众植树造林积极性。⑤针对个别市县造林存在造林数据不实、造林质量不高问题，在全省开展了造林绿化"回头看"活动，责令有关市县进行全面整改，并对造林检查验收工作中负有责任的省林科所5名工作人员给予了处分。同时，按照"谁验收、谁签名、谁负责"的要求，完善造林绿化检查验收责任机制，强化造林质量核查。2013年全省各市县完成造林绿化面积3.02万公顷，启动建设城镇公园12个、森林公园7个、水上公园3个、观光果园20个。绿化宝岛大行动开展3年来，全省已累计完成造林绿化9.07万公顷(占5年总造林绿化任务10万公顷的90.7%)，开工建设森林公园16个，城镇公园31个，水上公园12个，观光果园91个，绿化村庄3506个。

【森林资源管护】 认真贯彻落实习近平总书记关于"保护生态环境就是保护生产力，改善生态环境就是发展生产力"的重要指示和省委书记罗保铭关于"生态环境是海南科学发展的核心竞争力"的重要讲话精神，加大森林资源保护力度，积极构筑森林生态安全保护体系。①报请省政府出台《海南省林地保护利用规划》，明确了林地保护利用目标、方向和政策措施，将全省211万公顷森林保有量和60%森林覆盖率的目标任务分解下达到各市县，为促进海南省森林面积和森林蓄积量"双增长"提供了政策保障。②在全省连续开展了打击破坏森林资源"五个专项"行动、森林资源领域开发利用领域突出问题专项治理和打击破坏森林资源犯罪保护海南生态环境专项行动。2013年全省共查破森林和野生动物案件1426起(其中：侦破刑事案件377起，查处行政案件1049起)，抓获犯罪嫌疑人475名，林政处罚1041名，罚款329.9万元。③制定《海南省林木采伐伐区调查设计技术规定》，加强林地征占用审批和林木采伐管理，对万宁、三亚等市县涉林案件进行督办检查，对保亭等市县违法占用林地问题进行整改。2013年共受理办结重点项目征占用林地31宗，征占用林地面积为1361公顷，全省工程建设征占用林地审核率100%，森林资源消耗连续低于年度采伐限额。④组织开展木材运输管理和木材经营加工清理整顿专项行动，全面加强木材运输证核发管理工作，强化出省木材运输源头管理。2013年全省共计查扣非法运输车辆113车次，收缴各类风景树3138株，行政罚款59万元。⑤完成海南省第二次湿地资源调查和海南长臂猿野外专项调查，启动了海南省第二次陆生野生动物资源调查和第二次重点野生植物资源调查工作。⑥加强自然保护区建设。积极编制自然保护区总体规划，全面完成自然保护区划界立碑工作。鹦哥岭自然保护区晋升国家级保护区已通过了国家自然保护区评审委员会评审。⑦加强天然林工程管理。与11个天保工程实施单位签订了2013年森林资源保护目标管理责任状，完成了18个新建管护站点选址工作和8个森林管护站点完善工作任务。⑧组织开展直属单位落实全年安全生产措施及安全大检查行动。对19个单位进行安全生产管理目标考核评比，积极开展大接访活动，及时化解林区矛盾，林区社会形势持续保持稳定。

【林业改革】 坚持把改革作为增强林业活力的重要手段，为推进生态林业民生林业发展提供强大动力。①强化集体林权制度配套改革。积极推进省、市、县林权管理服务中心(林业产权交易所)建设，建立全省首批75人的森林资源资产评估队伍。2013年全省农民林业专业合作社达826个，13 740户农民用林权证抵押贷款8亿元，抵押林地面积2.47万公顷。开展森林保险面积达100万公顷，惠及农户44.39万户。②推进国有林场改革。制定下发《海南省林业厅国有林场改革实施方案》，各林区林场按照"完成六大改革任务，解决八大历史遗留问题"的改革思路，制定了各自改革方案。26个林区林场完成经营勘测面积24.6万公顷，收回被占林地0.4万公顷，解决外包林地"三过"问题0.28万公顷。③深化林业行政审批制度改革。2013年，省林业厅审批办在依法审批的基础上，精简三分之一行政许可事项的承诺时限，取消13项林业行政审批项目，使承诺时限比法定时限减少65%。2013年共受理林业审批事项23 371件，审批事项按时办结率达到100%，实现零投诉。④推进公益林改革。成立省生态公益林管理中心，完成公益林新规划落界工作。完成海南省公益林生态系统服务功能价值评估。落实2013年公益林森林生态效益补偿基金，公益林森林生态效益补偿标准继续保持每亩20元的标准，保持全国领先水平。

【民生工程】 坚持把改善林区民生作为推进生态文明建设的首要任务，狠抓组织领导、责任目标、资金保障和监督管理4个关键环节，彻底改善林区职工生活条件，切实做到让生态建设者和保护者有效益、得实惠、不吃亏。①全面完成危旧房改造工程和基础设施建设。截至2013年年底，全省危旧房改造工程7419户建设任务和2068户大中型水库移民危房改造工程任务已全部完成；共修建道路150多千米，建设饮水安全工程63宗，完成安装广播电视接收设备2167套，建设公共厕所22座，林区生产生活用电实现同网同价。②林区林场职工基本实现就业安置。2013年有1371名职工从事森林管护，有2060名职工通过造林抚育、发展花卉、森林旅游和自营经济等方式实现安置就业。③职工工资水平逐年提高。2013年全省林区林场职工年工资收入达29 750元，比2012年增加2150元。④职工社会保障进一步完善。林区林场职工的"五项保险"纳入省级或市县级统筹，并逐年提高缴费的基数。困扰林区林场职工多年的就业难、住房难、工资低、参保难、行路难、饮水难、用电难、看病难等一系列事关职工民生的突出问题得到有效解决。"业有所就，老有所养，病有所医，学有所教，路有所畅"成为林区职工幸福生活的真实写照。

【森林防火】 坚持"预防为主，积极消灭"的原则，强化森林防火管理。①召开全省森林防火工作会议，签订森林防火责任状，落实工作责任。②开展防火宣传，制发2013年森林防火宣传方案，在市县城镇、乡镇、农(林)场及森林防火重点林区的醒目处悬挂森林防火宣传标语及横幅，2013年全省各地共出动森林防火宣传车1001辆/(次)，悬挂宣传横幅4132条，建立永久性宣传牌102块，发放宣传挂历16 000本、森林防火手册18 000本，张贴通告30 600张，防火宣传挂图展50场次，举办防火社区讲座6场，发防火短信5万条，发放防火通告15.5万张，复制防火宣传光盘250个。③加强防火基础设施建设。《海南省重点火险区综合治理项目》已获得国家林业局批准，《海南省森林火险预警监测系统建设项目》《海南省森林防火通信系统建设项目》《海南省森林防火信息指挥系统建设项目》已基本完成。④坚持森林防火行政首长负责制，推进森林防火制度、机制、信息、平台建设，落实卫星热点核查"零报告"和"有火必报"制度。开展了全省森林防火大检查，修改完善《海南省森林火灾应急预案》和《海南省森林防火百分制考核评分标准》，加强了对县市落实防火责任制检查考核，强化了重点时期火险预警、宣传教育、专项督查工作，做到责任落实到位、灾情管控到位、宣传教育到位、隐患排查到位、应急准备到位、组织指挥到位"六个到位"。全省共发生森林火灾37起，其中一般森林火灾19起，较大火灾18起；森林火灾火场总面积159.947公顷，受害森林面积104.024公顷，全年未发生重、特大的森林火灾和人员伤亡事故。

【森林病虫害防治】 继续采取以释放寄生蜂等生物防治为主，以挂包法等化学防治为辅的综合防治措施开展防治工作。2013年生产和释放寄生蜂28 095万头(其中姬小蜂24 255万头，啮小蜂3840万头)，占全年释放寄生蜂任务23 500万头的119.6%，超额完成生产和释放寄生蜂任务，放蜂点分布全省19个市县，巩固防治棕榈科疫树686 324株。2013年计划挂药包防治棕榈科植物20万株次，实际共挂药包防治28.7万株次，占全年防治计划143.5%，超额完成挂药包防治任务。计划防治桉树枝瘿姬小蜂面积66.7公顷，实际完成防治面积66.7公顷。计划防治薇甘菊和金钟藤面积66.7公顷和33.3公顷，实际完成薇甘菊防治80公顷、金钟藤40公顷，分别完成计划的120%。加强林业有害生物的监测预报工作，全年完成椰心叶甲疫情监测发生面积6300公顷。加强林业有害生物防治项目建设工作，《海南省椰心叶甲等林业有害生物检疫除害基地建设》项目初步设计已经获得省厅计财处批准，中央财政资金666万元全部到位；《海南省薇甘菊等林业有害生物综合治理基础设施建设》中央财政资金已经到位384万元，目前已全面开展工作。

【森林旅游】 积极推进"中国森林旅游实验示范区"建设。报请省政府批准印发《海南省热带森林旅游发展总体规划》，尖峰岭、霸王岭和黎母山森林旅游区的总体规划也已经编制完成待批。黎母山旅游公路主体工程和霸王岭森林公园风情小镇中心街道旅游道路改造工程已经完工；亚龙湾热带天堂森林公园二期建设正式启动，投资3.6亿元的五指山亚泰雨林酒店已经建设完成和正式营业。2013年批准新设立兴隆侨乡国家森林公园1处，省级森林公园12处，全省国家和省级森林公园已增加到25处。

【花卉产业】 成功举办海南省第十二届迎春花市活动，组团参加第八届中国花卉博览会，获得参展产品2金3银8铜的好成绩；出色完成习近平总书记视察海南花卉产业三亚玫瑰谷的现场布置和汇报工作，积极推进海口兰花产业园和海南荣丰花卉高新技术产业园等项目建设。2013年全省花卉种植面积已达7800公顷，同比增长14.7%；年销售额达16.3亿元，增长44.2%；出口额达4181万美元，增长650.8%；花卉企业达595家。

【种苗产业】 2013年全省苗圃新增139个，新增育苗面积1372公顷，比2012年分别增加40%和61.5%。全省苗圃数量已达到484个，总面积3604公顷。全省育苗总量为138 00万株，比2012年增加33.64%。全省林木种苗产值达140亿，同比2012年增加40%。

【野生动物驯养】 野生动物驯养业不断壮大。加大对全省野生动物驯养繁殖产业发展的规范管理，对已审批的养殖场进行监管。经海南省林业厅审批的野生动物驯养繁殖场有175家，比2012年增加63家。

【林下经济】 报请省政府办公厅下发了《关于大力发展林下经济促进农民增收的实施意见》，林下经济已列入省委、省政府“我为农民增收办实事”十大增收工程。全省林下经济面积达到6.83万公顷，产值61.51亿元。

【极小种群野生植物保护管理】 委托海南大学对海南省的极小种群野生植物分布现状、生境现状、种群数量、生境受威胁因素及程度等进行调查，重点开展了《海南霸王岭国家级自然保护区珍稀大径级用材树种坡垒种质资源保存与繁育研究》《海南尖峰岭国家级自然保护区坡垒的保育与回归》《海南霸王岭林区野生兰花野外救护与繁育研究》等科研项目，初步建立坡垒、野生兰花植物生物学和生态学数据库，查清调查区内极小种群野生植物资源现状，形成《海南极小种群野生植物资源调查报告》，编制《海南省极小种群野生植物保护实施方案》，提出了保护的具体措施，为海南省极小种群野生植物保护提出了建设性意见。目前《海南极小种群野生植物资源调查报告》和《海南极小种群野生植物资源调查实施方案》，已通过海南省林业厅组织的专家评审。

【野生动物疫源疫病监测】 加强野生动物疫源疫病监测工作的组织领导。①针对2013年初全国H7N9禽流感疫情，及时成立了防控H7N9禽流感疫情工作领导小组，组织开展H7N9禽流感疫情监测防控工作。修订完善《海南省林业厅防控H7N9禽流感疫情应急预案》和《海南省林业厅野鸟H7N9禽流感病毒溯源排查工作方案》；与海南省动物疫病预防控制中心联合制订并印发《关于2013年野生动物高致病性禽流感（H5N1、H7N9）、口蹄疫等重大动物疫病流行调查方案》的通知，联合开展采集检测野鸟样品，进行野鸟H7N9禽流感病毒溯源排查工作。②举办全省陆生野生动物疫源疫病监测防控培训班，组织海南师范大学、海南大学、香港嘉道理农场等单位专家组成调查组，对全岛候鸟情况进行调查，加强疫情监测和管理。针对安徽、江西、湖南、湖北、广东、广西等6省（区）向海南省运输驯养繁殖的野生动物较多的情况，向上述省林业厅发了《关于请求暂停办理禽类野生动物入琼的函》（琼林函〔2013〕178号），要求其暂停办理禽类野生动物运输入琼手续，并抄送至海南省交通厅、海南省内各市县林业部门、出入本岛的各机场和港口，果断叫停全省野生禽类产品经营流通。③开展野鸟H7N9禽流感病毒溯源排查的样品采集工作。按照海南省H7N9禽流感联防联控领导小组和国家林业局的安排，开展野鸟H7N9禽流感病毒溯源排查工作，分别在海口、定安、万宁、屯昌、五指山等市县的重点地区采集并送检野鸟样品620多个，检测结果均为阴性。④开展不间断的监测防控工作。全省33个陆生野生动物疫源疫病监测站实行24小时应急值守制度，每天通过专用网络系统上报疫情，未发现H7N9禽流感疫情，确保了海南无疫区。⑤及时处置紧急情况，开展应急检查。根据海南省人感染H7N9禽流感联防联控小组提供信息，分别组织人员对海口市海甸四东路和东寨港保护区区域进行全面排查，有效杜绝了海南省H7N9禽流感的发生。

【第二次重点保护野生植物资源调查】 成立调查工作领导小组，制订调查方案。落实调查资金，2013年度安排的资金160万元全部已到位，其中国家林业局20万元，省财政140万元。组建了调查队伍，由海南大学为技术负责单位，与全省专家技术委员会共同构成技术支撑体系，同时从海南大学和林业各相关单位抽调的技术骨干组成5个调查队开展野外调查工作，2013年年底已完成澄迈、临高、儋州、昌江、东方、乐东等6个市县（涉及7个保护区和3个国有林场）的重点保护野生植物资源调查工作，共调查了27个样带，402个样方，记录到36个重点保护物种，为进一步加强对海南野生动植物的保护提供了重要科学依据。

【林业保障体系建设】 协助省财政厅、审计厅开展绿化宝岛专项资金检查和厅本级部门决算审计、生态建设、“三公”经费等专项审计。组织开展2012年部门预算项目绩效评价和林区林场专项资金审计稽查，建立起常态化的资金检查稽查体制。2013年海南林业厅争取到位资金8亿元，其中中央资金3.55亿元、省财资金4.45亿元。编写制定《海南省碳汇造林项目碳汇计量与监测指南》《海南省碳汇造林技术规定》《海南省碳汇造林检查验收办法》和《海南碳汇基金管理办法》，建立林业科技推广项目成果储备库，储备科技成果116项。完成省森林防火信息指挥中心建设，启动公益林信息管理系统，海南省林权信息管理服务系统建设项目已通过省工信厅审批，提高了全省森林资源管理科学化水平。《海南省古树名木保护管理规定》和《海南经济特区森林旅游资源保护和开发规定》2013年已由省人大颁布实施。《海南省森林公园管理条例》《海南省禁止食用野生动物决定》《海南省〈森林防火条例〉实施办法》《海南经济特区林地管理条例》4个法规已被列入省人大五年立法规划。通过举办“绿满家园”昌江林业普法广场活动和“法律进林区”系列活动，使“法治林业”观念更加深入人心。

【林业宣传】 2013年在中央电视台、海南省电视台等多家媒体开展海南长臂猿野外专项调查和“寻找最美护林员”宣传报道。鹦哥岭青年团队宣传再掀高潮。鹦哥岭青年团队被中宣部列为全国重大宣传典型，6月7~9日，《人民日报》《新华社》《光明日报》《中国青年报》及中央电视台《新闻联播》接连推出鹦哥岭青年团队报道，6月18日，中央电视台《焦点访谈》栏目又对鹦哥岭团队先进事迹进行了联播。6月26日，以鹦哥岭青年团队为原型的青春纪实剧《执着》在人民大会堂演出。9月11日起，“青春守护美丽中国”鹦哥岭篇公益广告在中央电视台多个频道多个时段展播。2013年中央主流媒体累计播发海南省林业报道达133次，其中在中央电视台报道60次。1月14日，环境保护部、国家林业局等7部委院授予海南鹦哥岭省级自然保护区管理站全国自然保护区工作先进集体，授予海南鹦哥岭省级自然保护区管理站黄国昌同志全国自然保护区工作先进个人；7月17日，共青团中央在海南鹦哥岭自然保护区鹦哥嘴分站设立全国大学生社会教育实践基地。同日，海南省委宣传部在鹦哥岭自然保护区设立海南省社会主义核心价值体系实践基地；7月，鹦哥岭保护区站长李之龙、副站长刘磊两人被全国绿化委员会授予"全国绿化奖章"；10月12日鹦哥岭青年团队获2012年度绿色中国年度焦点人物特别奖；11月，鹦哥岭刘磊被海南省文明委等6部门联合授予第四届海南省道德模范；10月20日国际森林基金会向鹦哥岭青年团队捐款100万元。

【中国林业年鉴2013年工作会议在海口召开】 2013年12月19日，来自各省、自治区、直辖市林业厅(局)，内蒙古、吉林、黑龙江、大兴安岭森工(林业)集团公司，国家林业局有关司局、直属单位共47人参加了会议。海南省林业厅巡视员秦忠文致欢迎词。中国林业年鉴编委会副主任、中国林业出版社社长金旻转达了国家林业局党组成员、纪检组长陈述贤对林业年鉴工作的问候，并对党的十八届三中全会关于林业工作的新形势做了深刻分析和解读。中国林业出版社副社长刘东黎宣读了"传播绿色文化、弘扬生态文明战略发展协议"。中国林业年鉴编辑部副主任张衍辉通报了2013年全国林业年鉴工作情况，布置了2014卷年鉴工作任务。中国版协年鉴工委学术委员王彦祥就年鉴撰写规范进行讲解。海南省林业厅等10个单位获2013年《中国林业年鉴》来稿时间表扬单位和来稿质量表扬单位。

【党的群众路线教育实践活动】 紧扣"为民务实清廉"的主题，按照"照镜子、正衣冠、洗洗澡、治治病"的总要求，在全省林业系统深入开展了党的群众路线教育实践活动。组织开展了"走百家门、进千家户访谈调研""我当一天护林员"和"我为林农增收造一亩林"等系列活动，增进党员干部与人民群众的血肉联系。坚持开门搞活动，征求和梳理群众意见252条，认真落实边学边查边改，制定了省林业厅领导班子整改"两方案一计划"，着力解决"四风"方面存在突出问题。2013年省林业厅召开各类会议比上年减少了15%，文件和简报分别减少了5.4%和60%，"三公"支出减少了29.1%，取消13项林业行政审批项目，修订和新建27项制度。同时，结合中央八项规定、省委省政府二十条规定，出台省林业厅二十条实施意见，严格执行中纪委的各项禁令。积极开展整治庸懒散奢贪专项工作，大力推进廉政风险防控机制建设，加强林业项目的审计和监管，开展会员卡专项清退、不出入私人会所承诺和个人拖欠公款清理活动，干部廉洁从政意识进一步增强。

(海南省林业由慕立忠供稿)

重庆市林业

【综　述】 2013年，在重庆市委、市政府的坚强领导和国家林业局的精心指导下，全市林业系统紧紧围绕"科学发展、富民兴渝"的总任务，认真开展党的群众路线教育实践活动，扎实推进生态文明建设，稳步推进林业改革，林业各项事业持续健康发展，各项目标任务圆满完成。

【落实中央、市委决定】 深入学习领会党的十八大、十八届三中全会和习近平总书记关于生态文明建设的一系列重要讲话精神，牢固树立"保护生态环境就是保护生产力，改善生态环境就是发展生产力"的生态文明理念。认真贯彻落实孙政才书记"要把生态文明建设放在突出位置，强化生态文明理念，保护好绿色生态屏障，实现经济社会可持续发展"的重要指示以及黄奇帆市长对林业工作的讲话精神。根据全市五大功能区域发展战略，研究编制《重庆市推进生态文明建设(林业)规划纲要》和《重庆市五大功能区域林业行动方案》，制订重庆市推进林业生态文明建设的指导思想、基本原则、发展目标、总体布局、战略任务和五大功能区域林业行动方案，为今后一个时期的林业生态文明建设提供行动指南。全面统一林业系统思想、认识、行动，不断增强大局意识、责任意识、紧迫意识，同步推进植树造林、资源保护、森林防火、林权改革、产业发展等各项工作。全年争取市级以上林业投入35.8亿元，其中中央投入24.4亿元、市级投入11.4亿元，比2012年增长20.1%。

【造林绿化】 全年完成营造林23.57万公顷，中幼林抚育13.47万公顷，义务植树6500万株，均超额完成全年计划任务。以春季义务植树活动为契机，组织开展市领导及市级机关义务植树、保护母亲河、三八绿色工程、国际森林日等多项义务植树活动，掀起全市植树造林活动高潮。科学安排年度造林计划，认真开展中央财政造林补贴试点、森林抚育试点项目实施工作，抓好造林绿化检查督促和质量控制，推动社会造林、面上造林的深入开展。召开绿化长江部门协调会，积极申报2013年度三峡水库生态屏障区及重要支流植被恢复项目，及时兑现长江两岸森林工程补助资金。以消灭长江干流绿化"断档""天窗"及临江百米景观带、示范片建设为重点，继续推进长江两岸造林绿化，完成营造林1.15万公顷，项目区森林覆盖率提高到45%。坚持改善生态与改善民生兼顾，增加森林资源与提高生态质量并重，解决退耕农户生计和产业发展问题，强化后续产业建设，切实巩固退耕还林成效。继续开展石漠化综合治理试点，在15个试点区县实施石漠化综合治理林业项目，因地制宜开展人工造林、封山育林，治理面积达1万公顷。召开全市油茶产业现场会，开展油茶产业发展专题调研，合理安排造林计划，稳步推进油茶产业发展。

【森林资源保护】 坚持严格保护、积极发展、科学利用原则，推进森林资源数量增长和质量提高，森林覆盖率达到42.1%，林木蓄积量达到1.9亿立方米。认真落实森林资源目标责任制，将林地保护管理、森林采伐限额管理、公益林管理、森林防火和林业有害生物防治等内容纳入目标责任制，建立健全考核体系。严格实施市县两级林地保护利用规划，加强林地用途管制，强化林地占用征收审核（批）管理，推进森林资源信息系统建设。落实300.33万公顷公益林管护责任，督促指导区县抓好以“七落实”为主要内容的森林管护工作，完成天保公益林建设任务2.37万公顷。按照面积到户、政策到户、补偿合同到户的要求，通过银行卡直补方式，兑现集体林区生态效益补偿资金6.3亿元。大力开展森林经营，实施森林抚育工程，加强中幼林抚育管理，提高森林质量，森林单位面积蓄积量提高到63.5立方米/公顷。全面加强湿地、自然保护区和野生动植物保护管理，强化基础设施和能力建设，开展濒危野生动植物拯救保护工作。严厉打击破坏森林资源的违法犯罪行为。全市森林公安机关共办理涉林案件4808起，打击处理各类违法犯罪人员5402人，收缴木材6175立方米、野生动物4160只（头），国有林区禁种铲毒继续保持“零”目标。

【林权配套改革】 采取政府引导与市场调节相结合的方式推进林权配套改革，盘活森林资源。积极探索承包权、经营权“两权分离”改革，为非林地上造林经营业主颁发《林木证明》，经营业主凭《林木证明》可申请林权抵押融资，2013年“两权分离”融资达8200余万元。建立健全林权纠纷排查调处长效机制，全年调处林权纠纷1.54万件，切实维护林农权利。开展森林景观资源有偿使用流转，流转面积达6.07万公顷，增加了林农的财产性收入。继续扩大林权抵押贷款规模，推动多家银行开展林权抵押贷款业务，鼓励农户、林业大户、林业企业采取多种方式开展林权抵押融资，全年新增林权抵押贷款26.8亿，全市林权抵押贷款累计达到153.5亿元。继续推进森林保险工作，森林保险面积达到200万公顷。指导涪陵林交所、南川林木交易厅拓展业务范围，推动区县林权管理服务机构标准化建设，扩大林权交易量。创建林业专业合作社、森林人家、家庭林场等新型林业经营主体，推进林地适度规模经营。全年流转集体林地34.2万公顷，流转金额13亿元，林业合作组织达到1313个，参加农户63万户。

【森林灾害防控】 2012年重庆市出现8段连晴高温，国家森防指和市森防指共发布森林火险红色预警7次、橙色预警7次，市气象局连续发出42天高温橙色和高温红色预警，高温天数为近63年天数最多的一年，森林防火形势极为严峻。重庆市林业局认真落实森林防火行政首长负责制和监测报告制度，加强森林消防专业队伍建设，强化春夏两季防火关键期飞机巡航、扑救，加强与气象等部门的协作配合，加大卫星热点监控力度，强化预警监测，切实加强高森林火险期全天候巡山守卡工作，形成地面、空中、卫星“三位一体”的防控体系。全年共发生森林火灾34起，受害森林面积为83.6公顷，无重特大森林火灾发生，森林火灾数量和受害森林面积为近8年来最少的一年。以松材线虫防治工作为重点，落实防治人员、防治资金和防治责任，防治各类林业有害生物15.45万公顷，其中无公害防治14.99万公顷，清理枯病死松树192.7万株，涉及松林面积55.13万公顷。加强野生动植物疫源疫病监测，落实野生禽类H7N9疫情防控工作责任，全面完成野生禽类H7N9疫情防控工作。

【林业产业】 认真组织开展林业产业发展专题调研，加大对林业龙头企业的政策扶持，开展贷款贴息，继续加大森林旅游、森林食品、木竹加工、苗木花卉、中药材、生物质能源六大林业产业发展，产业基地面积达到93万多公顷。加大林业特色产业项目扶持力度，投入林业特色效益产业扶持资金3000万元，支持油茶、种苗花卉、森林食品等80个项目发展。会同市旅游局下发《关于加快森林旅游发展的意见》，支持渝东北、渝东南发展“森林人家”，全年森林旅游人数达到5300万人次，森林旅游收入为72.6亿元。指导黔江、武隆两区县林业发展项目列入欧洲投资银行贷款3000万欧元计划，发展特色产业。全年实现林业总产值435亿元，农民林业人均收入达到720元，培育扶持林业龙头企业100家，基本形成了以木竹加工、森林旅游、森林食品、苗木花卉为主的四大产业支柱。

【科技创新】 全年获得创新课题立项33项，推进国家和市级林业科技创新研究30多项，建设“武陵山国家森林生态定位研究站”等科技创新平台8个，建成科技示范基地约0.13万公顷，完成技术培训达3万余人次，派出科技特派员50余名，获得国家行业标准编制4项，新增地方标准11项。推进科技成果转化和技术标准建设。开展中央财政林业科技推广示范项目39项，推进国家行业标准编制修订10项和地方规程编制8项，开展了寿竹、油茶和核桃3项全国林业标准化示范区建设。开展林业质量建设。推进“国家林业局重庆林产品质量检验检测中心”和“国家林业局重庆林木种苗质量检验检测中心”筹建工作，推进知识产权试点、油茶遗传资源调查编目、森林认证试点、林业专利管理、植物新品种保护，其中专利取得近50项、商标和地理标识及版权取得达60余项。

【群众路线教育实践活动】 严格按照中央和市委统一部署，以为民务实清廉为主要内容，认真贯彻落实中央八项规定、市委七条实施意见和市林业局六条实施办法，查找“四风”突出问题11条，逐条制定整改方案，切实精简文件、会议和检查核查，转变文风会风，加强节庆论坛会展和评比表彰管理，深入基层开展蹲点调研，接地气、查林情，严格规范公务接待、公费出国和公务用车管理，“三公”经费逐年下降。精简行政审批事项，委托下放区县审批及取消停止的审批事项26项，占现行审批事项的56.5%。结合市委“五个专项行动”

要求，创造性地开展“一感知、四专项”等“自选动作”，创建学习型、服务型、效能型、创新型、廉洁型“五型”机关，机关作风转变明显。举办全市生态文明建设专题培训班，培训区县政府、林业部门领导干部160余人。切实加强行业内部审计工作，建立健全一系列工作制度。认真推进干部人事制度改革，不断探索创新干部选拔任用机制，增强干部队伍活力。加强干部职工廉洁从政和法制教育，加强学习培训，队伍素质不断提高。

（重庆市林业由黄海供稿）

四川省林业

【概　述】 2013年，四川林业系统干部职工认真学习贯彻党的十八大和省委十届三次全会精神，发展现代林业，建设生态文明，全面实现年度目标。营造林61.82万公顷，增加森林面积11.67万公顷、森林蓄积量1600万立方米，森林覆盖率35.5%。林业总产值1990亿元，农民人均林业收入850元，同比分别增长14%和13.3%。森林火灾损失率0.048‰，林业有害生物成灾率0.03‰，涉林案件综合查处率97%。社会资金投入林业75亿元，非公有制造林突破80%，林业生态服务价值1.62万亿元。

【加强生态文明建设】 全面建成长江上游生态屏障纳入四川全面小康总体目标，森林覆盖率达到37%列为重要指标。确立新时期林业建设“162”工作思路：以建设生态文明、美丽四川为统领，着力建设生态林业、民生林业、法治林业、效益林业、人文林业、服务林业，努力实现林业经济由大省向强省跨越、长江上游生态屏障由基本建成向全面建成跨越。协同完成省委生态文明建设专题调研，研究形成林业建设生态文明专题报告，牵头形成全省生态文明建设体制机制改革研究报告，组织召开林业资源生态效益监测新闻发布会，协助召开全国首届林业治山研讨会，编印林业建设生态文明系列资料。召开林业建设生态文明情况通报会，举办生态文明县级领导干部培训班，开展“美丽中国·四川林业在行动”采访活动，发出“共建绿色家园、共促生态文明”等倡议。举办首届全省优质森林食品宣展活动，制播林业新闻100余条，组织中央和省主流媒体宣传林业2000余条。

【生态修复】 组织芦山地震林业救灾，牵头完成《芦山地震灾后恢复重建生态环境修复专项规划》。参与编制产业重建规划，落实林地使用、林木采伐等多项特殊政策，编发植被恢复等3个技术指南，四川省政府与国家林业局签署了恢复重建合作协议。灾区生态修复、产业恢复全面展开，部分项目进入实施阶段。天保工程建设公益林5.25万公顷，管护公益林1773万公顷。巩固退耕还林成果196.2万公顷，实施后续产业专项建设12.56万公顷。森林公园新增国家级1个、省级2个，总数达到121个。川西藏区生态保护建设工程启动实施，落实沙化土地治理中央预算投资2.21亿元，组织编制了实施方案。强化重点地区生态修复，巩固沙化治理成果8247公顷，治理石漠化土地528平方千米，建成林业治山示范区（点）11个。湿地公园新增省级3个、首建国家级1个，总数达到22个，13个湿地公园（保护区）项目获得批复，涉及资金1.54亿元。大型猫科动物调查监测进展有序，第四次大熊猫野外调查全面完成，大熊猫野外放归研究获重大突破。

【民生林业】 突出六大重点、四大集群、六十强县建设，开展专题调研，召开现场会议，完善发展目标，林业助农增收力度加大。强化政府引导、社会参与，现代林业产业基地新增14万公顷，总规模达到116.67万公顷，核桃、花椒等特色经济林产量达161.8万吨，同比增长15.6%。优化林产加工，新增人造板产量53.3万吨，人造板生产结构进一步优化。林药、林菌等林下种植规模达到22.67万公顷，林禽、林畜等林下养殖突破1.1亿只（头），都江堰等5县启动了林下草本中药材种植中央财政补贴试点。生态旅游接待游客1.8亿人次，实现产值450亿元以上，带动社会收入1500亿元。强化示范引领，40个重点支持县预计实现产值561.7亿元、农民人均林业收入1463元，是全省平均的1.72倍，“万亩林亿元钱”建设成效明显。改造林业棚户区2056户，落实配套基础设施建设资金4441万元。天保工程区国有林业单位职工“五险”全面落实。

【绿化造林】 完成人工造林24.47万公顷，封山育林6.8万公顷，抚育中幼林16.2万公顷，改造低产低效林13.67万公顷，完成平原绿化1334公顷，建设绿色通道8000千米，义务植树4072万人次、1.79亿株，省委书记王东明、省长魏宏带头参加植树活动。积极创建绿化模范，国家森林城市新增广安市、广元市，总数达到5个。金堂、德昌等8个县区成为全国绿化模范县，绵阳、邛崃等3个市成为省森林城市，蓬溪等5个县成为省绿化模范县，攀枝花等5个市、大邑等8个县分别通过省森林城市、绿化模范县现场考核，邛海湿地公园成为四川首个国家生态文明教育基地。兑现补贴良种苗木4420万株、省级以上重点林木良种基地1180公顷，核发林木良种经营许可证22份，抽检种子65批次、苗木88批次，合格率分别为96.7%和100%，审（认）定林木品种25个，主要造林树种良种使用率超过45%。

【森林资源管理】 《四川省森林防火条例》《四川省林区野外火源管理办法》颁布实施，《四川省野生植物保护条例》立法有序推进。组织开展行政执法整治行动，省级行政权力运行监察平台录入涉林项目177项，省级林业审批事项规范精减为19项。林地保护利用省级规划批复实施，县级规划编制和林地落界全面完成。组织完成毗河供水、遂西高速等多个项目占用征收林地查验和审查，升钟水库二期、溪洛渡电站、成昆铁路等30余个重点项目征占林地依法推进，争取落实国家林地备用定额1767公顷，审核审批林地征用项目919个、面积10 400余公顷，没有突破国家定额。规范采伐指标分配、审批程序，林木采伐总量控制在国家限额。完善木材运输联网办证、联网检查，发放木材运输证27万余份。国家级和省级公益林全部落界建库，新一轮森林资源二类调查全面展开。

【林业应急处置】 积极应对森林火灾、林业有害生物高发情势，推进重点火险区综合治理，及时处置森林火灾443起，火灾次数、过火面积、损失面积同比“三下降”；防治林业有害生物60.04万公顷，其中无公害防治59.12万公顷，无公害防治率、测报准确率、种苗产地检疫率均达98%以上，没有发生重大野生动物疫情。保持涉林违法犯罪高压态势，开展森林火案查处等专项行动，首次联合省委政法委等8部门，组织开展声势浩大的“亮剑行动”，年内立刑事案件344件，破获274件。全年发现、受理森林和野生动植物案件1.24万起，侦破查处1.2万余起。

【林业改革创新】 组织修订《四川省集体林权流转办法》，出台《四川省林权抵押贷款实施意见》，8个县启动了金融支林示范试点。农民林业专合组织健康发展，总数达到2400个，创建全国示范县1个、省级示范社31个。国有林场改革积极有序，全额拨款事业单位新增6个，达到64个，占总数的35.6%。获省科技进步奖11项，比上年增加1倍，多数成果国内国际领先。编发《四川省林产品质量安全检验检测体系建设规划》，开展主要林产品产地环境监测、森林认证试点，认证食用林产品基地27家，编制林业地方标准12项，新建科技试验示范基地1.33万公顷。创新对外交流合作，落实生态恢复等项目资金1.19亿元，欧盟援川竹产业项目全面完成，在建中日合作治山等重大项目4个、非政府组织项目50余个。诺华碳汇注册为联合国清洁发展机制项目，获国际气候、社区及生物多样性联盟金牌认证。事业单位分类改革稳步推进，评审通过林业高级工程师任职资格150余人，达州市实现林业和园林统一管理。

【保障能力建设】 扎实开展党的群众路线教育实践活动，剖析“四风”问题，细化整改措施，组织开展大学习、大调研、大落实活动，转变工作作风、密切联系群众得到强化。深入开展“实现伟大中国梦、建设美丽繁荣和谐四川”主题教育活动，首次制定《四川省林业厅工作规则》。完善惠林政策体系，政策性森林保险达2000万公顷，覆盖面达83.7%，省级以上集体公益林生态效益补偿提高到15元/(亩·年)，落实省级以上财政支持林业建设资金93亿元。加强项目管理，申报储备项目中央投资4.52亿元，创历史新高。公文处理进一步规范，林业官方微博开通运行，政务信息、网络信息分获全国第一名。组织开展正风肃纪、“两大工程”执法监察活动，机关“三公”经费开支显著下降。

【林业大事】

2月8日 四川省林业厅召开干部大会，宣布省委、省人大决定：尧斯丹任四川省林业厅党组书记、厅长。

2月27日 四川甘孜州木格措国家4A级景区附近发生森林火灾，省委书记王东明、省长魏宏、副省长曲木史哈作出指示，3月2日火灾扑灭，全省随即开展最大规模森林防火督查调研。

3月28日 四川省委书记、省人大常委会主任王东明，时任省委副书记蒋巨峰，省委副书记、省长魏宏，省政协主席李崇禧，与成都军区、成都市领导以及省直机关、成都市机关干部、部队官兵等一道，在成都市环城生态区北湖片区，参加春季义务植树活动，现场栽植香樟、桂花、天竺桂等树苗200余株。王东明现场听取了林业厅工作汇报，要求科学植树造绿，推进生态文明建设。

4月20日 四川雅安市芦山县发生7.0级地震，林业系统迅速抗震救灾，积极组织救援物资，及时安排受灾职工群众。震后不到2小时，厅长尧斯丹开会研究救灾措施，紧急率队赶赴灾区，省厅牵头完成《芦山地震灾后恢复重建生态环境修复专项规划》，灾后恢复重建工作随后展开。

6月25日 四川省林业厅召开干部大会，尧斯丹代表厅党组提出全省林业发展新思路：坚持以建设生态文明美丽四川为统领，着力建设生态林业、民生林业、法治林业、效益林业、人文林业、服务林业，努力实现林业经济由大省向强省跨越、长江上游生态屏障由基本建成向全面建成跨越，即“162”工作思路。

6月30日 《四川省林地保护利用规划》获省政府批复实施。年内四川全面完成县级林地保护利用规划编制和林地落界，173个县级规划通过同级人民政府批准，历时3年的林地保护利用规划和林地空间规划完成。

7月10日 四川省林业厅召开党的群众路线教育实践活动工作会议，全面部署教育实践活动，突出“照镜子、正衣冠、洗洗澡、治治病”，剖析厅班子和处级领导干部“四风”问题，开展批评与自我批评，制定落实整改措施。

8月30日 “美丽中国·四川林业在行动”大型采访活动启动。活动由四川省委宣传部、四川省林业厅联合主办，中央和省级十多家媒体记者组成的采访团深入林业建设一线，挖掘报道美丽四川的林业价值，营造良好舆论氛围。

9月24日 《川西藏区生态保护与建设工程》在四川省若尔盖县启动。规划总投资94亿元，在藏区32个县开展森林、草原、湿地等生态系统保护与建设，综合治理沙化土地、水土流失，建设生态保护、科技保障体系。

9月24日 第十届中国森林城市建设会在南京召开，授予西昌邛海湿地公园为四川首个国家生态文明教育基地，授予广安、广元国家森林城市，全省国家森林城市增至5个。

9月25日 四川省第十二届人民代表大会常务委员会第五次会议审议通过《四川省森林防火条例》，该条例于2014年1月1日施行。

10月8日 广元南河国家湿地公园获国家林业局批复建立，这是四川省建成的首个国家湿地公园，全省湿地公园达到26个。

10月10日 四川省委政法委、林业厅、公安厅、省法院、省检察院、省委宣传部等9部门，联合部署打击破坏森林资源“亮剑行动”。行动历时8个月，集中侦破一批大案要案，打掉一批犯罪团伙，查处一批违法犯罪单位，为四川首次多部门联合行动。

10月21日 四川省林业产业发展推进会在南部县召开，省委常委、农工委主任李昌平出席并讲话。会议部署了林业产业发展新任务，力争到2020年，全省建成现代林业产业基地200万公顷，实现林业总产值3500亿元、农民人均林业收入1500元。

11月6月 2岁雌性大熊猫“张想”放归四川石棉栗子坪自然保护区。这是全球首只放归野外的雌性大熊猫，也是中国保护大熊猫研究中心放归的第二只野化培训大熊猫，开启了中国大熊猫保护事业新纪元。

11月12日 四川省达州市编委发出文件，决定林业和园林实行统一管理，成为全省第4个实现城乡林业一体化的地级市。

11月22日 四川省政府科技进步奖评审委员会作出决定，四川省林业共11项科技成果获奖。其成果数量、质量、来源同比增长1倍以上，部分成果国际国内领先。

12月6日 国际竹藤组织在四川成都召开欧盟援川竹产业链项目总结暨成果展示大会，四川省副省长曲木史哈会见出席会议的欧盟驻华大使马库斯·艾德和先生、国际竹藤组织总干事古珍女士。

（四川省林业由张革成供稿）

贵州省林业

【概　述】 2013年，全省累计落实各类林业资金39亿元，其中中央资金达32.4亿元。完成营造林面积30.19万公顷，为国家林业局下达29.33万公顷年度目标任务的103%。带动社会造林3.8万公顷。完成天保工程公益林建设任务1.91万公顷、退耕还林工程配套荒山造林1.2万公顷、巩固退耕还林成果专项造林6.81万公顷、珠防工程造林0.4万公顷、石漠化综合治理工程营造林10.75万公顷。落实省级退耕还林工程0.67万公顷油茶造林任务，积极争取国家将贵州纳入新一轮重点生态地区退耕还林工程实施范围。通道绿化、城郊绿化、村寨绿化、园区绿化、景区绿化完成0.34万公顷。全省完成义务植树5669.1万株，履行植树义务1389.8万人次。完成育苗面积0.23万公顷，生产合格苗5.8亿株。据林地年度变更调查结果显示，全省森林覆盖率达到48%，森林蓄积达3.81亿立方米。

全省林权抵押贷款达11.58亿元，增长76%；政策性森林保险投保面积478.2万公顷，投入保费1.7亿元；林权流转面积22.39万公顷，流转金额11.79亿元。全省共成立各类林业合作组织1950个，其中农民林业专业合作社1097个。成立了全省首家森林资源资产评估公司。全省100个国有林场中已有72个的经费纳入地方财政全额管理。厅机关清理下放行政许可审批事项4项，办理时限由10~15日缩短到7日；5项非行政许可审批事项清理后保留1项、取消3项、转变管理方式1项。启动了行政审批事项网上办理。76件规范性文件清理后废止26件、保留34件、修改完善12件。厅机关内部制度61项清理规范后保留25项、修订26项、废止2项、新建8项。通过“两推一述”、比选调任、竞争上岗等方式改革干部选拔任用机制，选拔任用34名干部到处级领导岗位工作。

全省生产木材180.9万立方米。省级林业龙头企业80家，其中新认定48家。签约招商引资林业项目75个，落地项目51个，到位资金10.13亿元。省政府办公厅印发了《关于加快林下经济发展的实施意见》，全省林下经济发展面积35.68万公顷，产值33.6亿元。全省林业总产值达503.46亿元，较2012年增长25.5%。

国家林业局认定贵州省国家级公益林面积342.76万公顷，补偿标准由每年每公顷150元提高到225元，全部落实了管护责任。六盘水明湖湿地公园试点建设通过验收，成为贵州第一个国家湿地公园。新增万山长寿湖等15处湿地为国家湿地公园试点建设单位。独山都柳江源湿地自然保护区、湄潭百面水自然保护区、纳雍珙桐保护区晋升为省级自然保护区。六盘水成功申报红豆杉之乡、纳雍县成功申报珙桐之乡。

贵州森林火灾实现了全年重特大事故零发生、重要节假日期间零发生、受害率创历史新低的好成绩，全省全年共发生森林火灾208起，过火面积0.17万公顷，受害森林面积0.04万公顷，森林火灾受害率仅为0.055‰。组织开展了“打击破坏野生动物资源违法犯罪”“天网行动”“雷霆行动”等一系列专项行动，严厉打击各类涉林违法犯罪活动。2013年共受理各类林业案件6188起，查处5930起，查处率为95.83%。省政府成立了贵州省松材线虫病等重大林业有害生物防控工作领导小组。林业有害生物发生面积23.56万公顷，成灾面积0.08万公顷，成灾率为0.1‰，无公害防治率达到96.92%。

【生态文明贵阳国际论坛2013年年会举行】 7月19~21日，生态文明贵阳国际论坛2013年年会在贵阳举行。本届论坛的主题是“建设生态文明：绿色变革与转型”。中共中央总书记、国家主席习近平为年会致贺信，中共中央政治局常委、国务院副总理张高丽出席论坛并致辞。国家林业局局长赵树丛在开幕式高端论坛上发表

《保护自然生态，建设生态文明，为改善生态和改善民生作出贡献》的演讲。本届论坛把建设生态文明凝聚在4个方面：绿色经济、公平包容性社会、生态安全和环境治理、崇尚人与自然和谐共处的伦理价值体系。这一核心内容体系在本届论坛得以充分阐释和延展，通过典型引入、沟通对话等形式，在传播生态文明理念，搭建共享平台以及促进政策完善和落实等方面发挥了积极作用。

论坛发表了《建设生态文明推进绿色转型——贵阳宣言》。提出，当前，应围绕把生态文明建设融入经济建设、政治建设、文化建设、社会建设各方面和全过程的总要求，重点采取以下4个方面的政策举措：第一，加快绿色发展和产业转型；第二，推进社会和谐和包容性发展；第三，采取最严格的措施修复自然生态和治理环境；第四，普及以生态为导向的价值取向。

【2013年长江湿地保护网络年会及湿地保护与绿色转型论坛在贵阳举行】 7月18日，2013年长江湿地保护网络年会及湿地保护与绿色转型论坛在贵阳举行。这是自长江湿地保护网络成立以来，首次将年会地点设置在长江上游地区。网络成员单位的领导、专家共260多人参加论坛。贵州省人大常委会常务副主任龙超云在论坛上致辞。

2013年长江湿地保护网络年会是生态文明贵阳国际论坛的重要组成部分，对于探索和交流湿地保护的新实践、新经验、新模式，进一步推动长江湿地可持续利用与保护起着十分重要的作用。本次年会以"湿地保护与绿色转型"为主题，在国家林业局、世界自然基金会的支持帮助下，重点加强流域内森林、湖泊、湿地、河流的保护和治理。通过网络成员单位风采展示及评述、公益企业家沙龙、网络成员单位经验交流和"湿地保护与绿色转型"等分论坛，以多种形式的论坛，引发各界人物思想的碰撞，更好为长江湿地保护提出新经验、新技术、新方法和新模式。

【林业与生态文明论坛在贵阳举办】 7月19日，由国家林业局主办，亚太森林组织和贵州省林业厅承办，世界自然保护联盟协办的林业与生态文明论坛在贵州省贵阳市开幕，共有来自10多个国家和国际组织的110多名嘉宾参加了论坛。论坛围绕林业与生态文明主题，从林业与绿色增长、森林与生态服务和森林文化等角度，分析和总结林业发展促进生态文明建设的理论和实践问题，探讨在建设生态文明的新形势下发展林业的新思路和新策略。国家林业局副局长、九三学社中央委员会副主席印红主持论坛开幕式并发表讲话。贵州省副省长刘远坤、印度尼西亚林业部前秘书长伯恩·普纳玛、柬埔寨农林渔部林业局副局长温萨特、韩国山林厅次长金勇河、马来西亚半岛林业局局长拉曼和国际自然保护联盟亚洲办事处主任阿班·卡布拉基等嘉宾出席开幕式并在高官对话环节发表演讲。

【省委书记赵克志等四大班子领导参加义务植树活动】 3月19日，在国际森林日到来之际，中共贵州省委书记赵克志，省委副书记、省长陈敏尔等四大班子领导在贵阳市西南环线高速公路旁参加义务植树活动。他们和300多军民一起，为西南环线沿线种下香樟、银杏等大苗800多株。

赵克志书记还以贵阳市每年投入5亿多元进行植树取得的成绩为例，肯定了贵州植树造林治理石漠化的成绩。他要求，要坚持不懈，努力绿化贵州、建设美丽贵州。

参加植树活动的领导还有省委常委李军、宋璇涛、刘晓凯、孙永春、喻红秋、秦如培、廖国勋、廖少华，省人大常委会、省政府、省政协和省军区、省武警总队领导同志以及省纪委、省绿化委员会成员，贵阳市四大班子负责人等。

【副省长刘远坤率队赴国家林业局汇报】 3月1日，贵州省政府副省长刘远坤率省政府办公厅、省林业厅相关负责同志赴国家林业局汇报，争取国家林业局对贵州林业工作给予更大支持。一是目前贵州25度以上坡耕地还有70.27万公顷，一旦国家重启退耕还林，恳请国家林业局2013年优先安排贵州100万亩退耕还林计划。二是希望国家林业局进一步支持贵州做好草海保护和综合治理工作。三是林业常规性项目安排计划，希望能比2012年提高五个百分点以上，并在林业新增项目上给予贵州倾斜。四是请求国家林业局对贵州森林防火等基础设施建设给予更多支持。同时，刘远坤还代表贵州省政府邀请国家林业局作为2013贵阳生态文明国际论坛的主办单位之一。

赵树丛局长欣然答应国家林业局作为2013贵阳生态文明国际论坛的主办单位之一，并向贵州省委、省政府一直以来对林业工作的重视和支持表示感谢。赵树丛局长表示，国家林业局将按照国发2号文件的要求，认真兑现"十二五"期间对贵州的投入要高于"十一五"期间的投入，每年对贵州的投入要高于全国平均水平，每年对贵州投入的增量要高于国家新增林业投入的增长比例的"三个高于"承诺，继续加大对贵州林业工作的支持力度。他表示，国家一旦重启退耕还林，将对贵州省予以重点倾斜；草海保护和综合治理，请计财司等相关部门研究后提出支持方案。

赵树丛局长强调，贵州要进一步做好生态补偿工作，对于划入保护区的农民林地，要按照标准给予补偿，不让农民饿着肚子搞生态。此外，要切实抓好林地保护和林业系统的干部队伍建设工作，对出现破坏林地和违规征占用林地问题的地方要坚决予以调控。

【贵州省林业工作会议召开】 2月26日，每两年一次的贵州省林业工作会议在贵阳召开。会上，贵阳市、六盘水市、毕节市、铜仁市、黔东南州、凤冈县政府分别作了经验交流发言。省林业厅厅长金小麒向大会报告2012年全省林业工作情况，安排部署2013年林业工作。新当选的贵州省副省长刘远坤在会上作讲话，用"五个明显"充分肯定了过去5年来林业生态建设取得的成绩，一是生态环境明显改善，二是林业工程建设明显加快，三是林产业水平明显提高，四是发展活力明显增强，五是依法治林力度明显加大。提出了今后5年全省林业建设的主要目标：大力推进生态建设，完成营造林面积

103.33万公顷，森林覆盖率每年增长1个百分点以上，力争达到1.2个百分点，实现森林覆盖率和森林蓄积量“双增长”；大力发展林业产业化，力争到2017年林业总产值达到1000亿元，促进农村产业结构调整和新阶段扶贫开发；加强森林资源保护和管理，将森林火灾受害率控制在年均1‰以下，将林业有害生物成灾率控制在年均3‰以下。全省森林和野生动物类型自然保护区（含湿地公园）总数达到120个，保护区面积达到105.33万公顷以上。

贵州省绿化委员会，贵州省天然林资源保护和退耕还林工程领导小组，贵州省集体林权制度改革工作领导小组，贵州省森林防火指挥部成员单位负责同志，各市（州）、县（市、区、特区）政府分管林业工作的负责同志，林业（绿化）局局长，贵州省林业厅机关各处室和厅直各事业单位主要负责人参加了会议。

【贵州省人民政府批复建立都柳江源湿地省级自然保护区】 9月6日，贵州省政府下发《省人民政府关于建立都柳江源湿地省级自然保护区的批复》（黔府函〔2013〕201号），原则同意建立贵州都柳江源湿地自然保护区（以下简称自然保护区）。自然保护区主要保护对象是原生性泥炭藓沼泽湿地生物资源、森林资源与生态环境。自然保护区地理坐标为：东经107°34′5.36″～107°45′12.06″，北纬25°47′26.56″～26°1′5.50″，总面积21 265.72公顷。其中，核心区面积5252.47公顷，缓冲区面积5233.34公顷，实验区面积10 779.91公顷。

【贵州省出台森林防火条例】 11月30日，《贵州省森林防火条例》经省十二届人大常委会第五次会议审议通过，将于2014年1月1日起施行。

《条例》规定，在森林防火工作中，对连续3年未发生森林火灾的乡（镇、辖区内有森林的街道办事处和社区），以及其他有突出贡献的单位、个人，县级以上人民政府应当依照有关规定给予表彰和奖励。每年10月至次年5月为全省森林防火期，2月至4月为全省森林高火险期。

《条例》同时规定，县级以上人民政府可根据森林防火需要发布命令，调整森林防火期和森林高火险期；可在高温、干旱、大风等高火险天气及春节、元宵节、清明节等火灾高发时段发布森林禁火令，规定禁火期和禁火区；可划定自然保护区、风景名胜区、森林公园、地质公园、林场等区域的特定范围为常年禁火区，划定森林防火区和常年禁火区应向社会公布。

【国家林业局出台了《国家林业局关于支持毕节试验区深入推进林业生态建设的意见》】 8月23日，国家林业局出台了《关于支持毕节试验区深入推进林业生态建设的意见》。

《意见》指出，毕节地处长江、珠江流域上游，加快推进毕节试验区林业生态建设步伐，对构建“两江”上游生态安全体系，加快脱贫致富步伐，增强试验区可持续发展能力，具有重要意义。2013～2020年，国家林业局将从大力实施生态修复工程、加大自然生态系统保护力度、积极发展林业特色优势产业、加强林业基础能力建设、推进体制机制改革等5个方面加大对毕节试验区的支持力度。

《意见》明确，将毕节试验区25度以上坡耕地纳入全国退耕还林工程规划，分年度安排实施；支持启动森林防火重点火险区综合治理三期工程项目建设，将试验区森林防火列入全国“十三五”规划；支持开展林下示范基地建设，促进以天麻、竹荪、中药材为主的林下产业发展；支持发展森林旅游，优先建立森林旅游示范区，支持打造全国知名的森林旅游品牌；支持林权制度配套改革，将试验区纳入林权管理服务中心标准化建设；加大中央财政国家级公益林森林生态效益补偿资金支持力度，帮助试验区进入碳汇交易市场；建立智力支持长效机制，加大互派干部挂职工作力度。

【贵州省政府办公厅下发关于加快林下经济发展的实施意见】 5月27日，省政府办公厅下发《关于加快林下经济发展的实施意见》（黔府办发〔2013〕30号）。明确了发展林下经济的总体要求、重点任务、支持政策、保障措施等4个方面的内容。

《实施意见》明确：坚持以市场为导向，科学合理利用森林资源，积极发展林业合作组织，推动林下经济向集约化、规模化、标准化和产业化发展。力争到2015年，重点扶持一批集中连片的生产基地，创立特色产品品牌，培育具有较大规模、发展潜力大、辐射带动能力强的龙头企业和农民专业合作社，全省林下经济发展到80万公顷，年产值140亿元以上。到2020年，全省林下经济发展到220万公顷，年产值400亿元以上，实现经营林下经济农民人均增收1000元以上，参与农户达到100万户以上。

《实施意见》要求，各地要结合自然条件、林业资源、农村发展水平和市场需求等实际情况，编制林下经济发展规划，明确区域布局、重点产业和发展目标。采取“龙头企业＋专业合作社＋基地＋农户”等多种运作模式，建设一批不同类型、独具特色的林下种植养殖、林下产品采集加工和森林景观利用等示范点和示范基地。合理利用林地资源、森林景观和自然文化环境，着力发展中药材、花卉苗木、林菌、林畜、林禽、林下产品加工、森林旅游、休闲旅游、生态疗养等特色产业，开发具有特色的林下经济产品，引导林下经济龙头企业进入工业园区，形成产业规模聚集效应。

《实施意见》强调，要加强组织领导，各级发展改革、财政、人力资源社会保障、交通运输、农业、水利、扶贫、国土资源、工商、电力、金融等部门要积极配合，充分发挥职能作用，加强沟通协调，将支持林下经济发展作为今后一个时期“三农”工作的重点内容来抓。加快建立以市场投入为主、各级政府补助为辅的林下经济发展投入机制。加大宣传力度，通过采取多形式，全面、集中、有效的宣传，让广大农民群众充分认识、了解和掌握林下经济政策。各级政府要将林下经济发展列入目标管理考核内容，对取得突出成效的单位和个人给予表彰奖励，对完不成目标任务的进行通报批评。

【贵州省政府办公厅转发省林业厅关于加强林木种苗工作实施意见的通知】 12月16日，《省政府办公厅转发省林业厅关于加强林木种苗工作实施意见的通知》(黔府办函〔2013〕154号)印发执行。《通知》提出，到2020年，完成全省林木种质资源清查，选育出适合发展的林木良种20个以上。强化种苗基地建设，主要造林树种基地供种率达80%、良种使用率达70%以上，苗木花卉种植面积达50万公顷。坚持"分区施策、分类指导"的工作原则和"保供应、提质量、优服务、上水平"的工作思路，建立西部防护林、木本油料林种苗繁育区，中部珍稀树种种质资源收集保存繁育区，东部速丰林、特色经济林良种繁育区。

【贵州出台林业推进生态文明建设规划】 5月10日，《贵州省林业推进生态文明建设规划》出台，是全国首个出台林业推进生态文明建设规划的省份。从2013年起，贵州林业将按"西治、中保、东用"的宏观指导策略，构筑"两屏五带"生态安全格局，全力推进生态文明建设。

到2020年，贵州省25度以上坡耕地和轻度石漠化土地将基本得到治理，中度以上石漠化在一定程度上降低等级，从根本上遏制住石漠化扩展势头；"两江"上游重要生态安全屏障功能更趋完备；林业产业总产值年均增长20%，超过1500亿元，林业产业集群基本建立。

根据《规划》，贵州将构建起以乌蒙山—苗岭生态屏障、大娄山—武陵山生态屏障，乌江生态保护带、南北盘江及红水河生态保护带、赤水河及綦江生态保护带、沅江生态保护带、都柳江生态保护带为骨架的"两屏五带"生态安全格局；以重要河流上游水库、湖泊水源涵养区、石漠化综合防治区、水土保持区、生物多样性保护区等基本功能区为支撑；以交通沿线、村镇等绿化带为网络；以自然保护区、风景名胜区、森林公园、湿地公园、城镇绿地、农田防护等为重要节点，基本构筑起功能完善的"两江"上游重要生态安全屏障。到2020年，全省林地面积将达1000万公顷，森林覆盖率达50%，森林蓄积量达4.71亿立方米，林业产业总产值将超过1500亿元。

按照《规划》，贵州将划定林地、湿地红线，严格限制林地转为建设用地，确保746.67万多公顷森林资源安全。严禁围垦、采挖、宾馆建设侵占湿地，坚决杜绝随意侵占湿地。加强野生动植物栖息环境和特殊生态系统保护，维持和扩大全省生态系统多样性。

【贵州省林业厅开展党的群众路线教育实践活动】 2013年7月开始，贵州省林业厅开展了第一批党的群众路线教育实践活动。在活动中，贵州省林业厅按照"照镜子、正衣冠、洗洗澡、治治病"的总要求，以为民务实清廉为主题，以"反对'四风'、服务群众、践行'三实三同'"为重点，紧密联系思想和工作实际，认真抓实学习教育，广泛征求意见，切实查摆存在问题，深入开展批评和自我批评，深挖思想根源，活动取得了显著成效。一是领导干部群众观念有了新转变，解决了领导干部不愿做、不敢做、不会做群众工作的问题，服务群众能力得到进一步加强，群众工作渠道得到进一步拓宽。二是党员干部思想素质有了新提高。深化了对省情和全省林业发展的阶段性特点认知认识，打牢了服务林业发展、实现林业后发赶超的思想基础。三是机关工作作风有了新变化。"慵懒慢浮贪"和"吃拿卡要报"等突出问题得到遏制，转变了机关作风，净化了发展环境，营造了干部清正、政府清廉、政治清明的氛围。四是部门工作效能有了新提升。4项行政审批事项及时下放到了市(州)林业主管部门或自然保护区管理部门；文件多、会议多、检查多的现象得到初步解决，本年度相比同期减少会议3个，减少发文37件，减少评比达标项目1个。用改革的精神推进了制度建设，活动期间就立即废止2项、新建8项、完善26项内部制度；废止规范性文件26项，修改12项，保留34项。

【开展以"十破十立"为主要内容的解放思想大讨论活动】 1月9日至5月30日，贵州省林业厅开展了以"十破十立"为主要内容的解放思想大讨论活动。在大讨论活动中，贵州省林业厅将如何深入实施重点生态工程，加快构建"两江"上游重要生态安全屏障，确保2013年森林覆盖率增长1个百分点以上；如何大力推进城乡绿化；如何坚持一手抓造林绿化，一手抓森林抚育经营，实现森林数量与质量的同步增长；如何全面加强森林资源和生物多样性保护，全力维护生态安全；如何加快发展林业产业，充分发挥林业在改善贫困地区生态环境、带动就业、促进增收中的重要作用；如何继续深化林业改革，加强生态文明制度建设，建立体现生态文明要求的目标体系、考核办法、奖惩机制；如何深入开展生态文明宣传教育，引导全社会牢固树立生态道德观、生态价值观、生态政绩观、生态消费费等生态文明观念，切实增强建设生态文明的主动性和自觉性；如何加强林业干部队伍建设，切实转变工作作风等作为检验林业厅解放思想大讨论取得成效的标准等8项内容作为解放思想的落脚点，深入查找影响和制约贵州林业加速发展的思想根源、主要问题。

通过大讨论活动，省林业厅干部职工的思想观念得到更新、工作作风得到转变、工作方式得到改进，一是树立了以产业发展带动林业发展、巩固生态建设成果的思想；二是树立了改革创新的思想；三是树立了积极争取的思想；四是树立了抓制度建设促作风转变的思想。

【开展以县为单位的2012年森林覆盖率指标统计监测工作】 为加快生态文明建设，与全国同步建成小康社会，贵州省将以县为单位的森林覆盖率指标统计监测工作纳入同步小康工作的目标绩效考评体系，要求从2013年起，由贵州省林业厅牵头对上一年度全省88个县(市、区)的森林覆盖率指标进行统计监测。为切实抓好此项工作，贵州省林业厅高度重视，一是成立了专门的森林覆盖率统计监测领导小组，加强组织领导；二是制定了《贵州省林业厅以县为单位开展全面建设小康社会森林覆盖率统计监测实施方案》和《贵州省以县为单位开展全面建设小康社会森林覆盖率统计监测实施细则(试行)》，明确了森林覆盖率指标定义，统计监测范围、内容、方法、程序、成果管理等。

根据监测工作安排，全省88个县(市、区)于3月

4日全面开展了2012年度全面建设小康社会森林覆盖率统计监测工作，到5月15日全面结束。监测结果显示，截至2012年年底，全省森林面积达到828万公顷，森林覆盖率达到了47%。

【《贵阳市建设生态文明城市条例》出台】 4月25日，《贵阳市建设生态文明城市条例》出台，从5月1日起正式实施。这是全国第一个建设生态文明城市专项法规。为贵阳市进一步加快生态文明城市建设提供有力的法制保障。

《条例》共有5章，共计50个条例。将建设生态文明城市中规划建设、保障措施和法律责任等多个领域列入了地方法规。《条例》中对传统的影响生态环境问题，如水、气、声、渣污染防治和近年来在生态文明建设以及环境建设中凸显的如土壤污染防治、碳排放以及如石漠化、水土流失综合治理等地理自然环境相关的问题和其他的重大生态修复工作制定了明确的生态文明建设目标责任制。

【贵州“天网行动”战果丰硕】 4月1日，贵州省森林公安局在全省范围内组织开展代号为“天网行动”的打击破坏野生动物资源违法犯罪专项行动。此次行动为期一个月。行动期间，全省森林公安机关共出动警力5146人次，出动车辆2473台次，清查整治古玩城、花鸟市场712处，清理取缔小摊点、小档口、小店面737个，清理取缔定点生产销售企业79家，清理整治网站和论坛24个，清理屏蔽网上违法信息23条；侦破野生动物刑事案件6起(其中重特大案件2起)，查处野生动物行政案件127起，打击处理违法犯罪人员133人，收缴野生动物1103只(头)、野生动物制品44件、野生动物皮2张、野生动物肉338.3千克，涉案价值31.19万元，开展普法教育1606次。

通过开展专项行动，及时查处一批破坏野生动物的案件，有效打击了犯罪分子的嚣张气焰，有效遏制了乱捕滥猎野生动物的违法犯罪活动在贵州的发生，同时通过宣传教育，有效提高民众保护野生动物的意识，自觉抵制购买、食用野生动物的陋习。

【贵州省林业厅完成了厅直属3家企业的脱钩工作】 根据《省人民政府关于做好省直机关与所属企业脱钩工作的通知》要求，贵州省林业厅积极开展厅所属3户企业脱钩工作，与贵州省国资委、首钢贵阳总公司、凯里市人民政府分别签订《贵州省木业总公司移交工作谅解备忘录》和《省林业汽车运输公司移交工作谅解备忘录》。按照省脱钩办《关于贵州省木材工业有限公司等4户企业脱钩移交的通知》，贵州省林业厅与省国资委及相关企业共同召开了移交工作会议，于6月30日前将贵州省木材工业公司、贵州省木业总公司移交省国资委管理，贵州省林业汽车运输公司移交凯里市政府管理。

【六盘水明湖成为贵州省第一处国家湿地公园】 10月8日，贵州省六盘水明湖正式通过国家林业局试点验收，成为贵州省第一个获得正式授牌的国家湿地公园。

2013年，为进一步加强湿地的保护，贵州省新增申报了16个国家湿地公园，现已全部完成各湿地公园总体规划编制并通过了省级评审，国家林业局专家已对申报的16个湿地公园逐一进行了现场复查，下一步将进行论证审核。这批湿地公园一旦通过国家林业局审核并试点，将极大促进贵州省湿地保护工作上一个新台阶。

【出台关于加快珍贵树种繁育的意见】 11月11日，《贵州省林业厅关于加快珍贵树种繁育的意见》下发执行。《意见》明确了全省发展珍贵树种的总体要求、基本原则、发展目标及发展布局。

《意见》提出，到2020年，建设珍贵树种林木种质资源库13处，规模250公顷。其中原地保存库8处，规模165公顷；异地保存库5处，规模85公顷。基本实现全省珍贵树种苗木自给。大力发展花榈木、榉木、南方铁杉、岩生红豆杉、青岩油杉、黄连木、掌叶木、香果树、无患子、楠木、鹅掌楸、南酸枣、亮叶水青冈、红椿、楸树、梓木、木莲、乐东拟单性木兰、乐昌含笑、厚朴等省内珍贵树种。重点在贵州中部地区发展珍贵树种繁育。

【贵州被纳入国家新一轮退耕还林工程重点实施区域】 12月25日，国家发展改革委在北京召开新一轮重点生态地区退耕还林政策座谈会，贵州省被纳入国家新一轮退耕还林工程重点实施区域。

【《贵州省规划发展棕榈基地20万公顷(2013～2020年)》出台】 12月30日，《贵州省20万公顷棕榈基地建设规划》(2013～2020年)》出台，贵州拟在黔北、黔中、黔西南及黔南地区的思南、遵义等30多个县(市、区)规划发展棕榈基地20万公顷。

【贵州省林业科技获奖颇丰】 贵州省林业厅组织11个林业科技项目参加贵州省2013年科技进步奖评选，共获得省科技进步二等奖1项、三等奖8项。

(贵州省林业由姚世超供稿)

云南省林业

【概　述】 2013年，结合中央关于生态文明建设的部署和省委、省政府关于争当全国生态文明建设排头兵的决定，编制《云南省生态文明建设林业行动计划(2013～2020年)》，与省科协等单位联合开展云南省建设全国生态文明试验示范区课题研究。

林业投入持续增加 中央和省级共下达云南省林业

资金62.6亿元，同比增加13.2%。其中中央投资45.96亿元，同比增加11.8%；省级投资16.64亿元，同比增加17.3%。新增林业贴息贷款12亿元，财政贴息1.29亿元，带动投入33亿元；林权抵押贷款余额达137.37亿元，比年初新增22.37亿元。

资源培育稳步推进 完成营造林57万公顷，占计划的130.8%；木本油料基地17万公顷，占计划的102.8%；低效林改造26.8万公顷，占计划的100.5%；陡坡地生态治理5.3万公顷；森林管护1320万公顷；完成农村沼气10.4万户、节柴改灶15.7万户、太阳能热水器10.9万台，完成率分别为115.6%、104.7%、109%。全省森林覆盖率、活立木蓄积量实现双增长，分别达54.64%和18.75亿立方米，比上次连清分别增加1.71%和1.63亿立方米。

林业产业快速发展 完成木材产量800多万立方米，大径竹7400万根，人造板435万立方米，木竹地板238万立方米，各类经济林产品768万吨，木本油料产量70万吨，产值200亿元。全省预计实现林业总产值1700亿元以上。

建设用地保障有力 争取国家林业局备用定额3957公顷，占国家备用定额的38%。共审核审批占用征收林地项目1143件，面积14 112公顷，项目办结率100%，确保国家和省级重点工程用地需求。

灾害防控成效明显 全省共扑灭森林火灾263起，受害森林面积2400公顷，同比分别下降12%和4%，创造连续2年无重大森林火灾和人员伤亡事故的良好成绩，实现森林火灾保险全覆盖。全省林业有害生物发生31.44万公顷，防治28.83万公顷，防治率91.7%，昭通盐津县松材线虫病疫情得到有效除治。野生动物疫情溯源排查和防控力度加大，新建省级野生动物疫源疫病监测站点5个，全省未发生重大陆生野生动物疫情。

支撑保障能力不断增强 一批国家和省级科研、推广项目深入实施，省林科院科研基础平台建设稳步推进。新审认定林木良种88个，编制完成林业国家标准3个、地方标准32个。林业法制体系建设进一步完善，省人大通过并公布实施了《云南省湿地保护条例》。行政审批制度改革取得新成效，取消、下放林业审批项目23项。

【生态文明建设林业十大行动计划】 云南省生态文明建设林业行动计划的总体目标是：紧紧围绕建设"森林云南"和构筑中国重要的生物多样性宝库及西南生态安全屏障的战略部署，努力建设完备的生态安全体系、高效的生态经济体系和繁荣的生态文化体系，为云南争当全国生态文明建设排头兵打下坚实基础。主要有十大任务：

①实施生态红线保护行动。到2020年确保全省林地面积不低于2487万公顷，森林面积不低于2143万公顷，森林覆盖率要力争达到并保持在60%左右，森林蓄积量要保持在18.5亿立方米以上，全省自然湿地面积保持在42万公顷以上。②实施陡坡地生态治理行动。以增加林地面积、恢复森林植被、改善生态环境、促进农民增收、推动农村产业结构调整为目标，结合国家新一轮退耕还林工程，对全省千万亩陡坡地实施生态治理。③实施生态公益林保护行动。进一步完善森林分类经营和生态补偿机制，拓宽生态效益补偿投入渠道，逐步提高公益林生态补偿标准，确保实现国家级、省级公益林补偿和管护同标准、全覆盖。④实施重点区域生态保护与修复行动。加大城镇面山，铁路、公路沿线，江河两岸，湖库周边及水源涵养区的防护林建设力度，逐步建成结构合理、功能完善的防护林体系。加快推进石漠化地区、干热河谷地区、高寒山区等困难立地条件造林工程，努力恢复生态植被，提升生态功能。⑤实施物种零灭绝行动。加快建立和完善国家公园体制，切实加强自然保护区建设，扎实推进极小种群物种拯救与保护，强化森林公园、湿地公园建设管理，努力形成较为完备的就地、近地、迁地保护体系，确保实现"物种零灭绝"的目标。⑥实施高原湿地保护与恢复行动。加大投入力度、健全法规体系、完善体制机制，切实强化湿地保护管理。开展退耕还湿、湿地生物群落恢复与重建等工作，逐步扩大湿地面积，恢复湿地生态结构与功能。⑦实施森林生态服务功能提升行动。积极探索橡胶生态化种植方式，建设生态环境友好型胶园，提升经济林生态服务功能，积极开展碳汇造林项目试点，加强森林抚育经营管理，加大低效林改造力度，调整优化森林结构，切实提高森林质量，增强森林生态服务功能。⑧实施林业产业振兴行动。大力发展木本油料、林下养殖、竹藤、速生珍贵用材林和观赏苗木基地，加快推进森林、湿地生态旅游，集中打造一批集林产品加工、研发、物流、商贸、信息为一体的基础先进、配套完备、交通发达、产业集聚的林业产业园区。大力发展庄园经济，提升林业特色产业发展水平。⑨实施森林灾害防控行动。加强森林火灾、有害生物和野生动物疫源疫病预警防控体系建设；探索完善森林火灾、野生动物公众责任、林业有害生物防治保险制度，提升林业灾害防控水平。⑩实施生态文化建设行动。加快推进生态文明教育基地建设，积极创建森林城市、森林城镇，开展生态文明宣传教育，普及生态文化知识，全面提升全民生态文明意识，抢占绿色发展制高点。

【湿地保护】 云南省湿地总面积约56万公顷，其中自然湿地面积约39.2万公顷，占国土面积的1%。为加强对湿地资源的保护，云南省初步建立了以湿地自然保护区、湿地公园为主的湿地分类分级保护体系，开展分类保护和管理。截至2013年年底，全省已建立各种级别的湿地类型自然保护区17处，保护范围达到20.75万公顷；建成红河哈尼梯田、洱源西湖、丘北普者黑和普洱五湖4个国家湿地公园，面积1.65万公顷；大山包、碧塔海、纳帕海、拉市海已被列为国际重要湿地，约占全国国际湿地数量的10%。

【在全国率先开展观赏苗木抵押贷款】 12月18日，云南省林业厅与中信银行昆明分行签署《发展林业产业战略合作框架协议》，协议明确，双方将围绕观赏性苗木市场开展全面深入的金融合作。首批两家观赏苗木企业已获得中信银行第一批5000万元贷款；建设银行、农村信用联社也将陆续启动观赏苗木抵押贷款工作。截至2013年年底，全省共有观赏苗木基地3402个，经营面积18 100公顷，培植观赏苗木树种200多个，2013年全省观赏苗木产业产值将超过100亿元。

【林业碳汇】 据云南省森林资源连续清查第六次复查成果统计，全省共有林业用地2500万公顷，活立木总蓄积量18.75亿立方米，森林覆盖率达到54.64%。全省森林蓄积年均净增量为2656万立方米，森林年均吸收二氧化碳达4500万吨。全省290多万户农村沼气池年产沼气12亿立方米，每年减少二氧化碳排放190多万吨；农村改灶和太阳能热水器应用每年节约薪柴600多万吨，减少二氧化碳排放660多万吨。森林资源生态服务功能价值达1.48万亿元，位居全国前列。在全国50个重要生态功能区中，云南占10个。

【木本食用油工程研究中心获批】 9月，由云南省林业科学院联合5家企业申报的"云南省木本食用油工程研究中心"获得省发改委批准，标志着云南省在木本食用油产业研发领域实现重大突破。中心将主要围绕云南省木本食用油产业发展中的良种化程度低、栽培管理和精深加工技术水平低、产品附加值不高等问题，针对木本食用油产业发展中对种质创新、良种选育、高效栽培、产品精深加工等技术的迫切需求，建设木本食用油产业技术创新、产业技术与成果转化、产品质量控制与标准建设、产业技术服务等4个研发平台，突破一批关键技术，为实现木本食用油产业育繁推和加工一体化提供技术保障和人才支持，适应提升产业创新能力，促进区域经济发展方面需求。

【通过《云南省湿地保护条例》】 9月25日，云南省十二届人大常委会第五次会议表决并通过了《云南省湿地保护条例》，条例将于2014年1月1日起施行。《条例》规定，省人民政府林业行政主管部门会同有关部门根据省级重要湿地标准和专家委员会的评审意见，提出省级重要湿地名录报省人民政府批准并公布；国际重要湿地、国家重要湿地按照国家有关规定申报。一般湿地的认定和公布则由县（市、区）人民政府参照省级重要湿地认定和公布的程序执行，经认定的一般湿地名录应当报州（市）人民政府林业行政主管部门备案。《条例》明确，县级以上人民政府林业行政主管部门应当会同有关部门，编制本行政区域湿地保护规划，按规定报批后实施。湿地保护规划，应当根据湿地资源普查和专项调查的结果科学编制，并与土地利用总体规划、城乡规划、水资源规划、环境保护规划等专项规划相衔接。经批准的湿地保护规划应当向社会公布，任何单位和个人不得擅自变更。确需变更的，应当按照原编制和批准程序办理。县级以上人民政府是湿地保护的责任主体，应将湿地保护和管理经费列入同级财政预算。湿地资源的开发利用实行许可制度，有关县级以上人民政府应当依照湿地保护规划，采取招标等公平竞争的方式确定开发利用经营者。获得经营权的单位或者个人，应当缴纳湿地资源有偿使用费。但禁止擅自转让湿地资源经营权，擅自转让的，由所在地县级人民政府无偿收回湿地资源经营权。另外，国家机关和湿地保护机构工作人员在湿地保护和管理工作中如擅自变更湿地保护规划，发现违反本条例的行为未及时依法处理，其他滥用职权、徇私舞弊、玩忽职守等行为，将被依法给予处分，构成犯罪的，依法追究刑事责任。

【云南林投林权管理服务有限公司成立】 9月，云南林投林权管理服务有限公司正式成立。该公司由云南省林业投资有限公司与云南源宥林权投资管理有限公司共同投资组建，将围绕集体林权制度配套改革，以市场需求为导向，政府监督为保障，为从事林业的社会各方提供"一站式"服务。其主要涉及经营项目为：森林资源资产投资及管理、森林资源资产抵押物监管、园林绿化苗木抵押物监管、林产品抵押物监管、森林资源资产贷后管理、抵押林权资产处置及收购、林业企业融资方案设计、策划、咨询等业务。公司将以市场为导向，以完善集体林权社会化监管服务体系为政策依托，积极开展森林资源资产抵押物监管、处置及收购等业务，有效解决云南省林权抵押监管和银行贷后管理困难的问题，最大限度降低银行信贷风险，对完善云南省集体林权制度改革配套服务体系建设具有积极的推进作用。

【云南省完成铁皮石斛全基因组精细图谱绘制】 9月，云南完成铁皮石斛全基因组精细图谱绘制，标志着铁皮石斛研究进入基因时代。铁皮石斛，是云南极具特色的珍稀高端药用、食用植物。2012年年底，云南石斛种植面积超过4000公顷，产值达到30亿元。石斛全基因组精细图谱的绘制，可以为品种鉴定、基因育种、成分和功能研究以及新产品开发提供基础数据。这一研究成果，标志着铁皮石斛成为第一个进行全基因组测序的药食同用植物，也是云南省主导完成的第一个植物基因组。

【《云南省森林城市（镇）评价指标》通过评审】 8月20日，《云南省森林城市（镇）评价指标》通过专家评审。云南省森林城市（镇）评价指标分为5大类38项，5大类为森林网络、森林健康、林业经济、生态文化、森林管理。38项中分为必备指标和定量指标，如森林覆盖率、建成区绿地率、森林城市（镇）总体规划实施1年以上等为必备指标；新造林率、人均公园绿地面积、休闲游憩绿地、村庄林木绿化率、森林自然度、树种丰富度、科普活动、义务植树等为定量指标。同时通过的云南省森林城市（镇）申报与考核办法规定，全省州级市、县级市可申报云南省森林城市；县人民政府所在镇可申报云南省森林县城，建制镇可申报云南省森林城镇。申报条件是必须达到《云南省森林城市（镇）评价指标》要求，且森林城市（镇）建设总体规划和其实施方案必须在编制完成、通过评审的基础上，已组织实施1年以上。云南省森林城市（镇）申报工作将每年开展一次，森林城市（镇）由城市、县城、城镇人民政府申报申请，并提供《云南省森林城市（镇）评价指标》要求的逐项说明等相关材料。云南省林业厅组织建立由专家组成的创建森林城市（镇）管理工作办公室（简称"创森办"），创森办负责材料审查、实地考察，形成书面考核意见报云南省林业厅，省林业厅报请省人民政府对达到省级森林城市（镇）标准的城市、县城、城镇授予"云南省森林城市(镇)”荣誉称号。

【退耕还林工程后续产业发展调查】 7月，调查完成。全省依托退耕还林工程建设共培植产业基地112.27万公顷，其中云南松、思茅松、桉树、竹子等用材林基地52万公顷，核桃、油茶等木本油料林基地47.85万公顷，八角、茶叶、桃、李等其他特色经济林基地75160公顷，培植林业龙头企业129个，总产值达51.46亿元。

【省内第一笔森林碳汇成功交易】 6月17日，云南省林业投资有限公司向曲靖双友钢铁有限公司出售了1.78万吨二氧化碳当量，每吨二氧化碳60元，成交价为106.8万元。这些二氧化碳，是由云南省林业投资有限公司控股开发的位于景洪市、勐海县和勐腊县3490.39公顷竹子30年所能固定二氧化碳的一部分。

【红豆杉药用产业实现】 5月，“云南红豆杉药用原料林高效培育技术体系”成果通过鉴定。该成果由7个国家和省级科研项目形成，历时近10年。选育并认定云南红豆杉林木良种5个，制定云南省地方标准《红豆杉种植及采收技术规程》1项，发表论文70篇，出版专著2部，培养研究生7人，培训基层林业技术人员和林农1500人次。研究查清了云南红豆杉的自然地理分布范围，阐明了其濒危机制，为云南红豆杉的种质资源利用和保护奠定了基础；揭示了云南红豆杉的紫杉醇含量变异规律，确定了10个紫杉醇含量高、生物量大的优良种源区，建立了7.33公顷云南红豆杉种质资源收集圃，收集保存了一批优良种质资源，筛选出18株紫杉醇含量高的优株；突破了云南红豆杉实生苗培育的技术瓶颈，完善了云南红豆杉种苗繁育技术，为规模化栽培、产业化发展提供了技术支撑。研究成果在云南省的11个州市面向林业部门、林农和企业进行了推广，培育优质实生苗木1.5亿株，良种应用面积1万公顷，成果推广应用面积3万公顷，实现了云南红豆杉药用产业从依赖天然资源向人工原料林的转变。

【林药种植面积超过20万公顷】 云南省植物药资源蕴藏种类繁多、种质优良，经调查，全省共有植物药资源315科、1841属、6157种。截至2013年4月，全省林药种植面积超过20万公顷。其中，石斛种植面积4000多公顷，天麻种植面积8000公顷，重楼种植面积1667公顷。全省建立了以文山三七、昭通天麻、楚雄民族药道地药材、滇西北高山药材、西双版纳南药为主的五大林药种植基地；文山三七、昭通天麻、红河灯盏花等申报了国家地理标志产品保护，形成了一批在全国具有影响力的优势药材品种。文山三七产量占全国86%，灯盏花产量占全国95%，南药砂仁产量占全国70%以上，石斛产量占全国60%以上，云丁香、云当归产量均占全国30%以上。

【长江流域生物多样性保护体系基本建成】 截至2013年4月，云南省长江流域各级各类自然保护区已达到42个，总面积70.91万公顷，占区域国土面积的6.46%。其中，大山包、拉市海、纳帕海和碧塔海4处重要国际湿地总面积1.2万公顷，滇池、抚仙湖、洱海、会泽黑颈鹤栖息湿地、泸沽湖以及程海6处国家重要湿地总面积9.42万公顷。区域内物种、遗传基因和生态系统得到有效保护，以自然保护区为主的生物多样性保护体系基本建成。

【成立森林资源资产评估专业委员会成立】 3月，云南省林业厅与省财政厅联合发文成立了云南省森林资源资产评估专业委员会。截至2012年年底，云南省经财政部门批准成立的各级林业资产评估机构共有69家。省森林资源资产评估专业委员会的成立，将进一步规范和完善森林资源资产评估工作，加快推进云南省林业改革步伐。

【昆明市被评为“国家森林城市”】 在9月24日举行的2013中国城市森林建设座谈会上，全国绿化委员会、国家林业局决定，授予云南省昆明市等17个城市“国家森林城市”称号，昆明市由此成为云南省首个获得“国家森林城市”称号的城市。

【大型竹柳产业基地落户昭通】 7月，云南省第一块大型竹柳产业基地落户昭通市大关县天星镇。截至7月，基地面积已达133公顷、种植竹柳21.5万株，并将于3年内发展到2000公顷，10年内形成约20亿元产值的竹柳产业链。以往中国的速生树种只有杨树和桉树，通常被称为“南桉北杨”。竹柳是近年培育的新的柳树杂交品种，具备生长更迅速、材质更好、适应性更强、耐密植等特质，有利于改变中国速生树种单一局面，促进速生丰产林多元化发展。

【森林火灾】 2013年，云南省森林火灾保险试点覆盖到全省16个州市129个县区，投保林地约2440万公顷，全省有林木覆盖林地投保率达100%。

【林业龙头企业达401户】 12月，全省第九批林业产业省级龙头企业通过认定，共批准82户企业为第九批林业产业省级龙头企业，全省林业产业省级龙头企业达到了401户。

【林木种苗基地达3294处】 截至2013年年底，全省共有林木种苗基地3294处。其中，种子生产基地280处，共3.36万公顷，基本是由各级财政投入建设，包括种子园、母树林、采种基地、采穗圃4种基地类型；各类林业苗圃3014处，共6933公顷，包括国有单位、集体单位、个体育苗3种类型。全省国有苗圃苗木年生产能力达4亿余株，良种基地年产种能力2.14万千克，良种穗条年产量为7929.11万条，采种基地年产种能力达10多万千克，基地供种率达50%左右。林木良种使用率为40%左右，其中油茶良种使用率达到100%，核桃良种使用率在80%左右，良种壮苗在林业发展中的作用越来越突出。 （云南省林业由秦洪锦供稿）

西藏自治区林业

【概　述】 2013年，西藏林业工作在西藏自治区党委、政府的坚强领导下，在国家林业局的特殊关心下，按照“保护优先、积极建设”的总体思路，生态林业和民生林业取得了新成绩、迈上了新台阶。全年到位林业生态建设和保护资金17亿元，带动农牧民增收7.16亿元，实现林业系统生产总值21.8亿元。

造林绿化　2013年，完成造林绿化任务6.96万公顷，其中人工造林3.05万公顷，封山育林3.91万公顷。森林抚育2.12万公顷。完成拟投资300亿元的“两江四河”流域造林绿化工程规划纲要编制工作和规划中的拉萨河流域造林绿化工程规划《原则方案》的制定及《规划》的编制工作。检查2011年度中央财政造林补贴试点项目和2013年度造林绿化竣工项目。编制5条机场通道和拉萨至林芝高等级公路建设方案、西藏自治区“十二五”林业科技行动实施方案、全区苗圃建设方案、绿色村庄创建活动试点实施方案。着手编撰《西藏主要树种造林技术手册》。参加了全国第八次花卉博览会。组团赴内地省区开展造林技术、管理方式等方面的考察学习。召开了全区造林绿化现场会，明确了到2030年全区植树造林和封山育林面积力争达到1000万亩的奋斗目标。

退耕还林　2013年，完成退耕还林工程配套荒山荒地造林0.27万公顷，封山育林0.47万公顷，总投资1690万元。完成巩固退耕还林成果专项规划建设项目基本口粮田466.67公顷，后续产业建设人工饲草地264.87公顷、畜禽棚舍36 790平方米、特色林果32.61公顷，退耕农牧民技能培训9063户，补植补造1446.67公顷；完成中央专项投资2609万元，中央预算内投资420万元。安排下达全区退耕还林工程粮食和生活补助及完善政策补助资金3602万元。联合自治区发改、财政、农牧、水利等部门，对全区2008～2012年巩固退耕还林成果项目实施县进行抽查，并对发现的问题及时督促整改。初步确认并上报20个县1.14万公顷重启退耕还林任务。组织各工程县(市)对2009年度宜林荒山荒地造林任务保存情况、2012年度宜林荒山荒地造林和封山育林计划任务完成情况进行县级自查、地(市)级复查，并开展自治区级复查。对2002～2013年退耕还林、荒山荒地造林和封山育林、巩固退耕还林成果专项规划建设项目、现行政策补助及完善政策补助等项目开展分县、分年度、分类别统计汇总工作，并预报2014～2015年项目建设任务及建设资金。开展巩固退耕还林成果中期自评估、2006年度退耕还林工程阶段自验和退耕还林技术模式回头看。

防沙治沙　2013年，实施2012年度西藏生态安全屏障保护与建设规划防沙治沙工程2.67万公顷，完成中央预算内投资8019万元。下达2013年防沙治沙任务封沙育草16 924公顷，砾石压沙13 093公顷，草方格8570公顷，挡沙堤4.26千米，城镇居民点沙害治理2500公顷，机械固沙130公顷，总投资1.2亿元。申报2014年防沙治沙任务封沙育草10 376公顷，砾石压沙13 902公顷，草方格15 245公顷，城镇居民点沙害治理2400公顷，申请投资1.2亿元。组织开展西藏自治区2011～2020年防沙治沙规划编制工作，规划总任务27.2万公顷，主要建设内容包括封沙育草、封沙育林、农田防护林、防风固沙林、工程治沙等。开展沙化土地封禁保护补助试点项目调查、规划、申报工作，在全区沙化土地较重范围内选取噶尔县作为国家沙化土地封禁保护补助试点项目县，项目分两年实施(2013～2014年)，总投资2000万元(已下达2013年度建设资金1000万元)，工程主要建设内容包括封禁基础设施建设、监管能力建设和固沙压沙及人工促进自然修复建设等。申报2013年度自治区防沙治沙财政专项资金项目11个，项目建设总面积1840公顷，总投资2739万元。

资源林政管理　2013年，严格森林采伐限额制度，下达年度木材生产计划119.17万立方米，占“十二五”期间年森林采伐限额210万立方米的56.7%。通过逐级核实统计，下达安居工程木材供应量22.19万立方米，比计划供应量减少17.93万立方米，减少44.7%；实际供应安居工程木材19.11万立方米，占供应量的86.12%。层层签订“十二五”期间保护发展森林资源目标责任制，并配合国家林业局驻成都专员办完成目标责任制的检查工作。完成全区65个县(市、区)县级林地保护利用规划的编制完善和审查备案工作。审核、审批占用征收林地项目53宗，审核、审批面积548.72公顷，收取森林植被恢复费4673.11万元。查处林业行政案件226起，查处率为100%。编制《西藏自治区2013年林业系统法制宣传教育工作要点》，积极开展“深化‘法律七进’服务科学发展”法制宣传教育主题活动。对林业系统最初申报的33项行政审批(含1项非行政审批)事项，采取取消、调整、合并、下放管理层级，确定为现有的自治区级行政审批事项3个，地、县级行政审批事项5个，县级非行政许可事项1个，确保行政审批项目精简调整工作及时落实到位。

生物多样性　2013年，实施雅鲁藏布大峡谷三期、珠峰二期、色林错二期3个自然保护区基础设施建设工程，桑桑、玛旁雍错、然乌湖、昂拉错－马尔下错、麦地卡、班公错6个湿地保护工程，雅江中游保护区、年楚河、多庆错3个湿地补助项目，雅江中游、大峡谷、珠峰保护区敏感区域3个远程监测监控项目和4个濒危物种救护繁育项目。色林错国家级自然保护区功能区调整方案通过国家林业局评审，芒康滇金丝猴国家级自然保护区范围和功能区调整通过环保部初审。保护区管护能力进一步增强，协议管护员增加到900人，同比增长39.5%；管护资金增加到690.31万元，同比增长25.5%。落实2013年度野生动物肇事补偿资金自治区级财政预拨资金3321.59万元，完成2012年度补偿资金的审核工作。启动4000万元自治区财政湿地保护补助奖励试点工作。协助西藏自治区人大常委会完成《西藏自治区湿地保护条例》执法检查。

林业灾害防控 在全区范围内开展为期一个月的“天网行动”，出动警力364人次，车辆161台。开展普法教育15次，清查整治古玩城、花鸟市场等35处，清理取缔小摊点、小档口、小店面、小柜台等10个。办理各类案件12起，处理违法犯罪人员9人、收缴野生动物9头(只)、野生动物皮张80张、藏羚羊绒25千克，涉案财物共计160万元。成功破获一起特别重大收购、运输藏羚羊毛、绒案，收缴藏羚羊毛、绒302.7千克，抓获犯罪嫌疑人1人，此案已移送检察机关。有效开展H7N9禽流感病毒各项防控工作，实施野鸟采样445份。加强日常监测防控工作，消除监测盲区，建立非保护区、非公益林范围野生动物分布区监测工作机制，新增协议监测员76人，落实监测经费50万元。监测发现野生动物非正常死亡499只(羽)。开展阿里雪灾动物灾害拯救工作。自2012年秋季进入防火期以来，全区仅发生1起一般森林火灾，创造了西藏森林防火工作有统计数据以来的历史最好水平。完成林业有害生物防治任务27.59万公顷，其中，虫害防治面积13.36万公顷，病害防治面积8.25万公顷，鼠(兔)害防治面积5.99万公顷。办理《植物检疫要求书》202份，《出省植物检疫证》30份。

林业项目管理 2013年，到位林业生态保护与建设资金17亿元，各项工程开复工情况良好。上报2013年林业固定资产中央政府投资项目森林防火综合治理工程可行性研究报告7个。完成2014年防护林体系、防沙治沙、湿地保护与恢复、林木种苗工程、天然林保护工程(封山育林)、退耕还林荒山荒地造林和拉萨周边防护林工程建设经费和森林生态效益补偿基金、退耕还林钱粮补贴、森林抚育、自然保护区补助、造林补贴、湿地保护补助、林业科技推广示范、森林公安转移支付等项目经费的申报工作和贫困林场补助资金、石油价格补贴2014年度资金申请工作。编制完成2013年农业综合开发林业生态和名优经济林示范项目实施计划6个。完成部分林业竣工项目的检查验收和“十二五”规划建设林业项目中期评估。

林业基础性工作 在2012年完成30个有林县的森林资源二类调查外业工作的基础上，按照调查工作方案的要求，2013年，完成30个有林县的内业设计和44个灌木林县的外业调查工作。启动羌塘高原北部山地、昆仑山脉南翼、察隅贡山山地、喜马拉雅南翼山地第二次陆生野生动物资源调查工作。编制上报第二次全国重点保护野生植物资源西藏调查《工作方案》和《技术规则》，并获国家林业局批准实施。完成全区林业碳汇计量监测体系建设碳汇专项调查。开展西藏自治区第五次全国荒漠化和沙化监测前期准备工作，编写《西藏自治区第五次全国荒漠化和沙化监测实施细则》等。启动羌塘、色林错、慈巴沟自然保护区本底调查。申报色林错国际重要湿地。完成森林保险试点申报工作。出台《西藏自治区林业厅关于林业产业发展的指导意见》《西藏自治区林业厅 西藏自治区旅游局关于加快发展森林旅游的意见》《西藏自治区林业厅 西藏自治区旅游局关于推进森林旅游发展的合作框架协议》。组织编制《西藏自治区林业产业发展规划》和《“中国光彩事业西藏行”西藏林业招商引资相关政策及项目》，招商引资项目2个。积极推进《西藏自治区林业推进生态文明建设规划纲要》和《美丽西藏建设规划纲要》编制工作。答复自治区人大代表提案和政协委员建议18件，满意度达100%。

生态文化建设 2013年，与中央电视台、西北濒危动物研究所、中国航天集团772所合作在羌塘国家级自然保护区玛依核心区境内，进行了“2013我们与藏羚羊”大型科考直播报道活动，实现了北斗技术首次在民用科研中使用，同时也是首次将国家地理测绘局天地图测绘系统和北斗卫星导航系统结合在一起，在天地图中把项圈卫星定位情况实时呈现；活动共发稿100余条，直播33场，在新闻联播发稿4条，总时长超过360分钟，并制作了两期一个小时左右的特别节目。投入10万余元，制作体现西藏生态、展现美丽西藏的藏汉双语挂历10 000册，宣传海报20 000份，免费发放给广大群众，取得了良好的社会效应。举办和参加宣传活动8次，散发宣传材料近30 000份，为西藏林业的健康有序发展打下了良好的舆论基础。积极向中央电视台、西藏电视台、西藏日报社等重要新闻媒体投稿，其中：中央电视台播出西藏林业新闻10余条；西藏电视台播出林业新闻40余条、专题片3期；《西藏日报》等西藏主要报纸发表林业消息50余条，西藏人民广播电台播出林业消息50余条；新华网、林业网、西藏新闻网等网络媒体刊登西藏林业新闻40余条；向上级部门报送林业信息近200条。以“西藏最受关注的网站”为目标，不断完善西藏林业网建设。

【林业大事】

1月 西藏自治区机构编制委员会办公室批准日喀则地区珠穆朗玛峰国家级自然保护区生态研究与保护中心更名为珠穆朗玛峰国家级自然保护区管理局。

2月14日 西藏自治区党委副书记、自治区主席洛桑江村主持召开专题会议，研究部署义务植树和造林绿化工作。

3月23日 西藏自治区副主席边巴扎西前往达孜县、墨竹工卡县、林周县，就做好植树造林工作进行调研。

4月 西藏自治区林业厅出台了《关于推进林业产业发展的指导意见》。

4月19日 西藏自治区副主席边巴扎西主持召开《拉萨河流域造林绿化工程规划》和《雅鲁藏布江、澜沧江、年楚河、雅砻河、狮泉河流域造林绿化工程规划》编制工作领导小组第一次会议，就拉萨河等流域造林绿化工程规划编制工作方案和成立专家咨询组等相关事宜进行研究。

5月13日 西藏第二次陆生野生动物资源调查技术培训及调查工作启动大会在拉萨举行。

5月7~22日 中央电视台在西藏区、地、县三级林业部门的配合下就羌塘国家级自然保护区内藏羚羊迁徙电视直播进行了前期踩点和考察。

5月30日 西藏自治区林业厅党组书记布穷赴拉萨市林业绿化局调研。

6月24日 西藏自治区副主席边巴扎西在北京与

国家林业局局长赵树丛座谈，就加强西藏林业生态保护和建设交换了意见。西藏自治区林业厅有关同志参加座谈，并汇报了西藏林业工作的主要情况和下一步工作部署。

6月25日 西藏自治区副主席坚参率领调研组实地调研考察了阿里狮泉河盆地生物防沙治沙工程情况，调研组先后考察了治沙工程一期、二期、三期，滴灌工程和地区中心苗圃建设情况，并对治沙取得的成效给予了肯定。

6月23日~7月3日 国际野生生物保护学会(WCS)亚洲项目主任约瑟夫·卢克·沃尔斯顿和羌塘保护区赞助志愿者等一行5人，在区林业厅和国际野生生物保护学会中国区负责人的陪同下，深入申扎、尼玛、双湖等地对羌塘国家级自然保护区生物多样性保护现状和需求以及双方合作项目开展情况进行实地考察。

6月25日~7月10日 中央电视台、西北濒危动物研究所、北斗卫星公司和西藏自治区林业厅合作，在羌塘国家级自然保护区内进行《我们与藏羚羊》大型电视直播报道活动。

7月12日 西藏自治区副主席边巴扎西会见了《我们与藏羚羊》大型科考直播团队。

8月 中央电视台"寻找中国最美湿地"栏目组走进阿里地区拍摄专题片，寻找中国最美湿地。拍摄组深入普兰县、日土县开展对玛旁雍错、班公湖湿地的拍摄工作。

8月29~30日 西藏自治区造林绿化现场会在山南地区召开，西藏自治区副主席边巴扎西出席会议并讲话。西藏自治区党委宣传部、农工办、政府办公厅、政研室、发改委、财政厅、环保厅、水利厅，各地(市)行署、政府，各地(市)和"一江两河"重点县林业局等部门相关负责人共46人参加了会议。

9月15日 西藏自治区副主席边巴扎西赴西藏自治区林木科学院，就林木科学院建设和林木种苗繁育等情况进行调研。边巴扎西副主席先后考察了西藏自治区林木科学院聂当和柳梧苗圃基地建设情况，对林木科学研究院"一业为主，多种经营"的发展思路以及在林木种苗尤其是乡土树种繁育方面所取得的成效给予了肯定。

11月6~9日 西藏自治区副主席边巴扎西深入日喀则和山南地区，对2014年造林绿化准备工作和苗圃建设等情况进行调研。边巴扎西先后视察了日喀则地区南木林县艾玛岗生态示范区宜林地、地区中心苗圃、白朗县人工造林准备工作、江孜苗圃，山南地区扎囊县个体苗圃和山南地区中心苗圃建设和经营等情况。

11月20日 拉萨市召开了全市造林绿化工作会议，主要任务是对全市造林绿化工作再动员、再部署、再推动。市委常委、常务副市长斯朗尼玛出席并讲话。

12月8日 西藏自治区党委常委、拉萨市委书记齐扎拉、市委副书记、市长、市委政法委书记张延清，市委常委、副市长斯朗尼玛，秘书长袁训旺以及拉萨市直相关部门领导一起调研了南山绿化工程项目建设。

12月11日 西藏自治区林业厅举行隆重欢送仪式，西藏自治区林业厅厅长雷桂龙率全厅干部职工为即将踏上征程的第三批驻村工作队员送行。

(西藏自治区林业由陈平供稿)

陕西省林业

【概　述】 2013年，陕西林业围绕"关中大地园林化、陕北高原大绿化、陕南山地森林化"生态建设战略目标，按照"正林风""建林云""圆林梦"林业发展思路。全年投资101亿元，实现林业总产值688亿元，分别较2012年增长11%和27%。全年完成造林绿化34.18万公顷，其中人工造林21.79万公顷，飞播造林5.39万公顷，封山育林7万公顷，为年度任务的128.2%。治理荒沙9.67万公顷，保护恢复湿地3.33万公顷，森林抚育12.97万公顷，飞播造林701架次，义务植树8000多万株。渭河、汉江、晋陕峡谷等重点区域绿化持续推进，植树3920万株，完成千里绿色长廊补植补栽1536.7千米。

【林权改革】 累计成立林权管理服务机构41个，流转林地22.2万公顷，实施林权抵押贷款15亿元。实行森林保险427万公顷，保险金额320亿元。下达中、省财政集体公益林生态效益补偿资金17亿元。陕西林业集团组建获省政府批准，并决定由省财政出资1亿元作为注册资本金，筹建工作加快推进。

【林业产业】 陕西"地上木本食用油库"建设正式启动，发展野樱桃基地1万公顷，建立牡丹示范园23个，建成一条年产1000吨的木本食用油示范生产线。森林旅游再创新高，全年接待游客1615万人次，实现直接收入6.37亿元，较2012年分别增长了29.6%和32.1%。新建核桃等五大干杂果经济林7.47万公顷、改造5.49万公顷，分别是年度计划任务的107%和110%，全省干杂果总面积达到134.26万公顷。种苗产业快速发展，全省已建成国有苗圃、良种繁育基地188处，良种基地、采种基地57处。林业千亿产业集群快速推进，总结推广陕西"十大优势林业产业""十大林业富民典型""三大林业产业发展模式"，引导和带动全省林业产业发展。陕西成为中国花椒第一省，核桃面积、收益全国第二，涌现出中国林麝养殖第一县、中国白皮松第一县、中国设施冬枣第一县、中国富硒茶第一县等产业发展典型。陕西林业产业取得长足发展，全年实现林业总产值688亿元，较2012年增长27%。

【资源保护】 全年审核征占用林地项目近700起，查处各类林业案件4409起，下达人工商品林采伐65万立方米，规范采伐作业。加强森林防火和病虫害防治，全年森林火灾受害率和有害生物成灾率分别为0.043‰和4.7‰，均低于中、省控制指标。陕西省森林防火指挥部办公室(陕西省森林公安局)被国家人力资源社会保障部、国家林业局授予“全国林业系统先进集体”荣誉称号。

【科技创新】 实施“十百千”林业科技示范工程，建立示范基地13个、示范点127个、示范户1182户，完成技术示范推广8.76万公顷。实施林业科研项目14项，获得省科技进步奖3项。克隆古树名木，组建研发机构，取得突破性成果。黄帝手植柏克隆繁殖成功，深入开展古树名木扩繁保护，利用植物组培等先进技术建立古树名木“活档案库”；实施“地上木本食用油库”建设，油用食品野樱桃油获国家认证；加强与著名高校和科研单位科技合作，创建古树名木、油用牡丹、红枣、花椒等国家工程研发中心。

【林业立法】 5年来，陆续出台了《陕西省封山禁牧条例》《陕西省秦岭生态环境保护条例》《陕西省古树名木保护条例》《陕西省野生植物保护条例》和《陕西省森林公园条例》5部涉林地方性法规，被陕西省人大常委会评为立法先进单位。

【治污减霾】 制定3年行动方案，开出建造森林、保护湿地、全面治沙的“清肺、强肾、治癌”三剂药方，全力推进治气、治污、治霾。省委书记赵正永、国家林业局局长赵树丛对此给予充分肯定，要求积极推动、抓好落实。审议通过的《林业治污减霾关中地区“百万亩森林”建设实施方案》提出“两轴三带五核多点”的建设布局。其中：“两轴”指连霍高速绿色轴和渭河生态景观轴；“三带”指渭北台塬生态经济型水土保持林带、秦岭北麓浅山区水源涵养林带、黄河沿岸防护林带；“五核”指宝鸡、咸阳、西安、铜川、渭南5个关中核心城市绿色空间；“多点”指杨凌区、韩城市及54个县城绿色空间。《方案》确立的建设目标是，从2013年起，在目前已实施9.39万公顷的基础上，3年完成“百万亩森林”建设任务7.13万公顷。力争到2015年，“百万亩森林”总面积达到16.51万公顷，关中地区初步形成“县城周边千亩片林点缀，市级城区万亩城市森林环绕，渭北台塬、连霍高速、渭河两岸、秦岭北麓浅山区、黄河沿岸林带连绵”的“百万亩森林”格局。

【林业生态红线】 划定陕西林业生态红线：森林覆盖率不低于45%，湿地面积不少于30.67万公顷，动植物自然保护区占国土面积不低于5%。

【森林资源价值评估】 陕西森林资产总价值达到4.65万亿元，人均森林财富12.45万元，森林生态服务价值4395亿元/年，相当于全省国内生产总值的30%。

【实施“固碳释氧”考核】 率先实施“固碳释氧”考核，改变传统考核模式，研究制定“固碳释氧”考核方案及指标。在延安、榆林开展退耕还林新试点，为重启新一轮退耕还林积累经验、打好基础。

【珍稀动物保护】 7月3日，由国家林业局和陕西省人民政府共同主办的“中国秦岭以北朱鹮放飞仪式”在陕西铜川成功举行，32只经过野化训练的人工繁育朱鹮首次在秦岭以北成功放飞。两只朱鹮作为中韩友好使者，馈赠落户韩国，成功繁育大熊猫两只，川金丝猴核心种群落地陕西，林麝人工养殖数量占全国60%。

【森林文化】 陕西省森林文化协会和黑茶协会相继成立；《美丽陕西》杂志创刊，《美丽陕西·大美林业》纪实片拍摄播出；开展“新生大熊猫社会征名、认养”等活动，引起社会广泛关注。

【陕西省森林文化协会】 3月28日，陕西省森林文化协会在西安成立。陕西省森林文化协会是由关爱、热心陕西省森林文化发展事业的单位和个人自愿组成的非营利性社会团体，旨在弘扬森林文化，发展现代林业，促进生态文明，建设美丽陕西。协会将致力于传播先进森林文化，普及生态文明理念，推动林业生态建设，促进人与自然和谐共处。协会还将协助政府进行森林文化资源普查，加快对古树名木、森林旅游、野生动植物、林业特色产品、名人、文学艺术作品等方面森林文化的研究和开发，促进陕西森林文化研究体系建设。协会设立理论研究委员会、产业开发委员会、文学艺术委员会、森林美食文化委员会、森林旅游委员会、珍稀动植物及古树名木保护委员会、茶叶文化委员会、木本油料研发委员会、花卉文化委员会、木器文化委员会等专业委员会。

【中国暖温带森林文化博览园获批】 《中国暖温带森林文化博览园总体规划》获国家林业局正式批准。该项目区位于陕西省西咸新区秦汉新城东北部，总投资80.3亿元、建设面积0.09万公顷，建设期限为2013～2017年，建设内容包括：中国暖温带森林文化博览馆、森林意境体验区、森林风情区、珍稀古树名木展示区、林果采摘区、花卉观赏区、森林生命探寻区、森林休闲养生区、林业科技研发中心等重点精品工程和山水景观系统、文化遗产保护、给水排水系统、环卫安保系统、宣传标识系统、声光电系统、交通系统、休息驿站等专项建设。项目设计理念本着古朴、自然、大气的森林空间元素和优美、浩大、静谧的森林景观元素，在大格局、大气象、大境界的层次上，追求“意、力、韵、趣”的充分表达，拟建成生态文明、环境友好、设施完备、开放包容、天人和谐的大都市城市绿心，通过森林文化与历史文化、传统文化、都市文化和地域风情的有机融合，促进以森林文化为主体、多种文化并举的文化产业和休闲产业有序聚集和发展，形成陕西“生态美”建设和生态文明建设的标志性工程。建设目标定位为，以暖温带森林文化为主脉，建成集宣传展示、科普教育、科学研究、林业信息交流、观光旅游、休闲度假等多种功能为一体的国内一流森林生态文化示范园区，打造驰名中外的森林文化交流中心、国家森林与人文宣教基地、全国林产品信息交流平台、全国森林康疗度假胜地。形成五大体系：摄人心魄的森林“自然”景观体系，完善的多重、多元文化体系，优秀、经典的休闲产业结构体系，健全、发达的基础配套设施体系，低耗、高效的建设运营体系。

【生态文明教育】 在全国率先开展中小学生“森林体验”活动，创新生态教育，弘扬生态文明，领导充分肯定，社会广泛关注。在中央书记处书记、全国政协副主席杜青林等3位国家领导人参加的生态文明对口协商会上，省林业厅做了典型发言，全国政协充分肯定陕西创新作法，计划今年在北京等5省（市、区）推广陕西经验。省委副书记孙清云对此专门批示，要求将此项工作写入省委农村工作会议文件。

【森林体验活动】 引导中小学生走进森林，通过视觉、听觉、触觉、味觉等感官体验自然，感受森林、认识森林，提高青少年从小树立爱护森林、保护生态的意识。此项活动被中国科协评为“2013年全国科普日优秀特色活动”。被陕西省科学技术协会、省教育厅、省环境保护厅联合评为“陕西省2013年全国科普日优秀特色活动”。 （陕西省林业由吕旭东供稿）

甘肃省林业

【概　述】 2013年，甘肃林业以建设生态安全屏障为着力点，以改善生态改善民生为总任务，以实现森林面积增加、森林蓄积量增长和大地增绿、农民增收为总目标，突出重点，狠抓落实，取得了明显成效。

林业生态建设 2013年，甘肃省完成人工造林22.75万公顷、封山育林8.66万公顷，超额完成全年人工造林22.67万公顷、封山育林8万公顷的计划任务；新育苗1.39万公顷；完成义务植树9424.2万株，新建义务植树基地628个。争取国家将永昌、民勤、临泽、民乐、金塔、敦煌等6县市列入沙化土地封禁保护区补助试点，落实中央投资6000万元，武威、敦煌2市列为国家级防沙治沙综合示范区。林业国际合作交流有了新突破，与德国巴伐利亚州食品农业部签署林业合作“谅解备忘录”，依托中德合作甘肃天水生态造林项目在天水市秦州区建成了国内首家森林体验教育中心。

林业建设投资 2013年，甘肃省共落实中央和省级林业建设投资57.91亿元，其中中央投资36.33亿元，省级投资6.02亿元，林业贷款13.88亿元，利用外资1.68亿元。《祁连山生态保护与建设综合治理规划（2012~2020年）》和《甘肃“两江一水”区域综合治理规划》获国家发改委正式批复。争取国家将5个市（州）的20个县纳入国家木材战略储备基地建设规划范围，安排任务16.55万公顷，预计投资达25.135亿元。全省纳入中央财政补偿国家级公益林面积达到469.22万公顷，占国家级公益林总面积的62.9%，年补偿资金6.6亿元；纳入补偿地方公益林面积54.1万公顷，年补偿资金7667.7万元。

林业改革发展 大力推进以“五项制度和一个体系建设”为主要内容的综合配套改革，制定下发了省林业厅《关于进一步加强集体林权流转管理工作的通知》，修订完善了《甘肃省集体林权流转管理暂行办法》，会同省银监局转发《中国银监会国家林业局关于林权抵押贷款的实施意见》。全省累计流转林权面积17.2万公顷，实现流转金额2.97亿元；有73个县（市、区）开办林权抵押贷款业务，累计抵押林地面积16.73万公顷，发放贷款23.72亿元；全省林下种草6.89万公顷，开发生态旅游124处，兴办林产品加工企业149个。全省已有66个县成立县级林业综合管理服务中心，35个县设立林业服务大厅，共组建农民林业专业合作社1324个，建立各种林业协会236个，合作林场9个。

特色林业产业 2013年，全省完成经济林建设14.58万公顷，其中，新造3.95万公顷，提质增产和低产林改造10.63万公顷。千万亩优质林果基地建设任务已全面完成，经济林总面积达到128.23万公顷，形成了22个特色鲜明的优质林果生产基地。林果栽培面积超过10万亩的县（市、区）由2010年的35个增加到2013年的51个，林果产值超亿元的县（市、区）由2010年的22个增加到2013年的43个。2013年全省林业总产值预计达到270亿元，农民人均林业纯收入预计达到1400元。编制《甘肃省油用牡丹产业发展规划》，开展“2013年常州花博会”和“2014年青岛世园会”筹备参展工作。

森林资源管理 开展《甘肃省野生植物保护条例》立法调研。积极推行林地由林业部门统征政策，有力地支持了国家及省上重大项目建设的顺利实施。提请省政府下发了《关于低丘缓坡沟壑等未利用地开发利用占用林地有关问题的通知》印发《甘肃省建设项目使用林地补偿标准》，填补了甘肃省无统一林地补偿标准的空白。全年共查处林政案件3416起，查处率99.22%。完成了太统—崆峒山国家级自然保护区上划省林业厅管理工作；黄河首曲省级自然保护区晋升为国家级自然保护区。湿地资源管理规范有序，生物多样性得到有效保护。森林防火、林业有害生物防治、野生动物疫源疫病及H7N9禽流感防控等工作有序开展，林业应急处突能力明显增强。

国有林区民生 2013年，甘肃林业危旧房改造任务4318户，被省委、省政府列为10项26件为民办实事之一，开工率100%，主体竣工3576户，主体竣工率83%。编报了《岷县漳县7.22地震灾后恢复重建项目规划》，争取国家安排林业救灾资金2000万元。制定了《岷县漳县6.6级地震灾后恢复重建生态修复建设项目实施方案》，总投资2549.44万元。国有林区基础设施建设速度进一步加快，涉及全省28个国有林场（自然保护区）3033户、15 028人的安全饮水工程全部完工。争取省政府批复了《甘肃省天然林资源保护工程一次性安置职工社会保险补贴工作实施方案》，下达专项资金6000万元。

服务保障能力 林业科研和科技推广成效明显，全年共争取国家和省级科研推广项目50余项、经费4650万元。林业信息化建设步伐加快，门户网站运行顺畅，信息发布、资源共享、科教宣传的能力和水平有了新的提高。林业政务公开工作进展顺利，30项林业行政审批事项全部入驻政务大厅办理。开展"阳光在线"林业专题广播节目，印发《省林业厅改进工作作风、密切联系群众十二项规定》，对厅系统公务接待、会议组织、办文办事等进行了督查整治。

教育实践活动 聚焦"四风"问题，围绕整治文山会海、密切联系群众、规范权力运行、厉行勤俭节约、加强干部管理等方面，新建制度17项，修订完善制度17项，废止不适用的制度4项；下放行政审批事项4项；厅机关及厅直单位共解决群众反映的突出问题230多件。省林业厅系统压缩会议80场(次)，同比减少36%，文件减少15%，各类简报减少21%。厅机关、厅直单位"三公"经费支出同比降低21%和13%。省林业厅对征求到的263条意见建议，认真梳理归纳出"四风"方面的10个突出问题和其他方面的27个具体问题，制定整改方案，明确整改责任，落实整改措施。

【林木采伐管理】

森林采伐限额 国发〔2011〕3号文件批准甘肃省"十二五"期间年森林采伐限额111.2万立方米。按林分起源分，人工林采伐限额63.4万立方米，天然林采伐限额47.8万立方米；按采伐类型分，抚育采伐限额56.6万立方米，更新采伐限额7.6万立方米；其他(含低效林改造)采伐限额47万立方米。2013年，全省颁发林木采伐许可证3951份，批准采伐森林、林木蓄积量7.9025万立方米。

木材生产运输 2013年，全省各地各单位采伐森林、林木生产木材3.8048万立方米，运输木材1.3689万立方米，占木材产量的35.98%。

天然林采伐消耗 2013年，全省各地、各单位因建设工程征占用林地，以及开展森林可持续经营管理试点需要，占用人工林采伐限额采伐消耗天然林活立木蓄积量0.1115万立方米，出材量0.0504万立方米。其中因新建合作市至冶力关镇二级公路等建设项目征占用林地采伐消耗天然林活立木蓄积量0.1095万立方米，出材量0.0504万立方米；因森林经营需要采伐天然林活立木蓄积量0.0020万立方米。

【林政执法】 2013年，全省共发生林政案件3443起，查处3416起，查处率99.22%。其中盗伐林木案件596起，占17.31%；滥伐林木案件835起，占24.25%；毁坏林木苗木案件437起，占12.69%；违法占用林地案件250起，占7.26%；违法运输木材案件411起，占11.94%；非法收购、经营、加工木材案件211起，占6.13%；乱捕滥猎野生动物案件67起，占1.95%；非法驯养、繁殖野生动物1起，占0.03%；非法收购、出售、运输、携带野生动物及其产品案件68起，占1.98%；违反森林植物检疫案件6起，占0.17%；违反林木种苗管理规定案件18起，占0.52%；其他案件543起，占15.77%。

造成林地损失103.32公顷，林木损失1786.4立方米，野生动物损失597头(只)，幼树或苗木损失386.71万株。

没收非法所得16.309万元，木材1474.37立方米，野生动物100 825头(只)。罚款719.479万元，赔偿损失25.787万元，补征林业金费0.42万元。收回林地18.38公顷，补种树木130 320株，行政处罚3598人(次)。

9~11月，在全省开展了以林地保护管理为重点的自查自纠专项行动，全省共清理出各类非法占用林地、乱砍滥伐林木等破坏森林资源案件124起，其中林政案件107起，收缴罚款95.5万元，移送公安机关立案查处案件17起，有关部门党纪政纪追究17人，有力地打击了破坏森林资源的违法行为。

【甘巴林业合作备忘录】 9月10日，甘肃省林业厅与德国巴伐利亚州食品与农林部签署了甘肃省林业厅与德国巴伐利亚州农林营养部林业合作"谅解备忘录"。该"备忘录"是国内首个省级林业部门与发达国家同行签署的合作协议。合作内容涉及林业管理部门负责人之间的互访，技术专家的交流，以及双方共同合作研究等方面。

【天水森林体验教育中心】 甘肃省引进德国先进的森林体验教育理念，在天水市秦州区建成了国内第一家森林体验教育中心。通过直观的展示、森林户外体验活动、与森林的亲密接触，激发人们爱林、护林、爱护环境的自觉性，特别是让青少年在科学游戏中了解有关森林的各种知识，学习人与自然和谐相处，形成爱护环境和建设生态文明社会的理念。自9月正式开园以来，该中心举办活动129次，接待来访者11 145人次。

【中德财政合作天水造林项目】 已全面完成35 480公顷生态造林任务。甘肃省天水市有5个县(区)的65个乡镇、322个行政村、541个自然村参与了中德财政合作造林项目的实施。参与农户高达15 380个，项目发放劳务费1740.2万元，平均每户1132元。项目实施区域生态环境明显改善，当地农民也得到了实惠。甘肃省省长刘伟平和副省长冉万详专门作出批示，要求林业部门认真总结经验，并在全省进行推广。

【亚行贷款甘肃林业生态发展项目】 共完成造林总面积19 416.2公顷，占造林总任务的89.66%。2013年，各项目办围绕病虫害防治、经济林栽培、生态林管护等内容，举办了369期培训班，受训人数达21 921余人次。

【中日合作舟曲泥石流灾后植被恢复项目】 引进日本先进的泥石流灾害植被恢复技术，完成了年度生态林和经济林营造任务。该项目在解决白龙江干热河谷地带植被恢复，减少水土流失，增加群众收入等方面发挥了明显的示范带动作用。

【全国木材战略储备生产基地建设】 2月，国家林业局印发《全国木材战略储备生产基地建设规划(2013～2020年)》，甘肃省有5个市(州)的20个县被纳入规划范围，安排建设任务16.55万公顷，预算投资达25.135亿元。10月国家林业局速丰办将甘肃省张家川县、民乐县列为全国特殊木材后备资源培育基地项目试点范围，将漳县列为木材战略储备基地建设项目试点范围，下达任务400公顷，安排项目资金300万元。

【林业科技推广】 2013年，甘肃省共争取各类林业科研推广项目50余项，经费4650万元。其中，中央财政资金2636万元，省级财政资金2014万元。组织申报2013年中央财政林业科技推广项目12个，项目资金1300万元。确定2013年度全省林业科技特派员120名。组织鉴定各类科技成果15项，全省林业科研单位出版论著3部。9月，国家林业局经济林产品质量检验检测中心(兰州)取得省质监局实验室资质认定(计量认证)授权证书(编号：2013280516V)，12月，获得国家林业局同意成立国家林业局经济林产品质量检验检测中心(兰州)行政许可证和授权证书。启动实施了亚行技援项目"甘肃省生态补偿政策法规框架研究"，争取投资40万美元。GEFOP12三期项目准备工作进展顺利，争取项目配套资金25万美元。

甘肃省治沙研究所完成"防沙治沙新材料和新技术研究与应用"和甘肃省白龙江林业管理局林科所完成的"甘肃南部云、冷杉外生菌根真菌种类多样性研究"获2013年度省科技进步二等奖，甘肃省林业科学研究院完成的"黄河首曲荒漠化草地恢复与重建"获2013年度省科技进步三等奖。甘肃省治沙研究所完成的"黄河首曲高寒草原沙化科学考察"、甘肃省林业科学技术推广总站等完成的"牡丹优良品种引种及新品种培育研究"2项成果获第五届梁希林业科学技术奖。甘肃祁连山国家级自然保护区管理局刘建泉获2013年梁希科普人物奖。

【林业信息化建设】 2013年，甘肃省林业厅被国家林业局评为"全国林业信息化建设十佳单位"，甘肃林业网被授予"全国林业十佳网站"称号，林业专题栏目被中国电子政务理事会评为2013年全国政府网站精品栏目；全省林业信息化发展水平位列全国林业第十位，比2012年上升了4位，跻身全国林业信息化先进行列。建成了覆盖14个市(州)林业局、19个厅直单位视频会议系统，建立了兴隆山、莲花山、连古城国家级自然保护区应急灾害监测监控指挥系统。指导开发建设了甘肃荒漠种子植物资源信息共享平台、油橄榄信息资源平台、张掖市林业局市级林业综合管理信息系统、省林检局甘肃网络森林医院等业务应用系统。依托省电子政务网，新建了甘肃林业专网，信息网络安全体系逐步健全，全省林业信息化网络体系基本形成。

【义务植树及绿化美化】 2013年，甘肃省义务植树适龄公民1627万人，实际参加义务植树活动人数1461.7万人次，尽责率达89.8%，完成义务植树9424.2万株，占计划任务的104.4%，人均植树6.45株。全省新建义务植树基地628个，有48个县(市、区)实行了义务植树登记卡制度，建卡率为59.3%。同时，成立甘肃省绿化志愿者协会，拓宽了义务植树活动的组织与管理方式。

初步形成了以各级地方财政投入为主与社会多元化投资开发建设相结合的城乡绿化投入保障体系。全省设市城市建成区绿化覆盖率达30.02%，绿地率达26.38%，人均公共绿地面积达9.52平方米。城乡人居环境进一步得到改善，城乡绿化一体化进程明显加快。

重点加大了高速公路绿化力度，完成高速公路绿化2478.44千米，全面完成省内高速公路配套绿化任务。

【兰州市重点区域造林绿化】 ①兰州新区生态屏障建设。围绕"一库六路一园区"，在石门沟水库周边实施封山育林533公顷；在水秦路、纬十三路、纬十六路、经五路、经十三路、纬十路以及中川、秦川和西岔等三镇完成人工造林2807公顷。②中川高速公路通道平地造林。完成造林228公顷(防护林22.4公顷，经济林205.6公顷)，共栽植各类苗木22.85万株(其中生态树种4.43万株、经济树种18.42万株)。③中川高速公路面山荒斑治理。完成荒斑治理面积191.8公顷，共栽植各类苗木30.9万株；陡峭坡面治理面积2.5公顷，栽植苗木6.3万株。④兰州市黄河风情线绿化。完成银柳景致路、彩色景致路、桐荫休闲路、秋枫景致路、樱花景致路等5个路段的提升改造工程，共栽植各类高规格树木4380株。对黄河两岸全线进行了改造补植，共栽植各类树木6020株。

【太统—崆峒山国家级自然保护区上划省林业厅管理】

太统—崆峒山国家级自然保护区始建于1982年10月，2005年7月经国务院办公厅批准晋升为国家级自然保护区，总面积16 283公顷，其中核心区6680公顷、缓冲区4645公顷、实验区4958公顷。2013年8月2日，甘肃省政府第十八次常务会议审议通过了太统—崆峒山保护区上划省林业厅管理的意见。省编委于10月14日下发了《关于调整甘肃太统—崆峒山国家级自然保护区管理局管理体制的通知》(甘机编发〔2013〕44号)，将甘肃太统—崆峒山国家级自然保护区管理局上划省林业厅管理，事业性质，处级建制。成立了甘肃省森林公安局太统崆峒山分局，副处级建制。核定保护区管理局事业编制95名。

【甘肃黄河首曲晋升国家级自然保护区】 甘肃黄河首曲国家级自然保护区位于甘肃省甘南藏族自治州玛曲县境内，是黄河上游重要的水源涵养区，主要保护高原动植物及其生态环境，保护区总面积为203 401公顷。保护区内有一级支流7条，二、三级支流100多条均陆续汇入黄河，丰富的地下水资源构成了黄河上游重要的水源补给区，因此，成为黄河上游重要的"蓄水池"和"高原水塔"。同时，该保护区也是一个物种和遗传多样性富集区。区内气候寒冷湿润，泥炭沼泽得以广泛发育，生态系统结构完整，生物多样性丰富，是中国生物多样性关键地区之一，也是世界高山带物种最丰富的地区之一。2013年12月25日，国办发〔2013〕111号文件公布了23个新建国家级自然保护区名录，甘肃省黄河首曲自然保护区名列其中，成功晋升为国家级自然保护区，成为甘肃省林业部门主管的第15个国家级自然保护区。

【退耕还林】 甘肃省先后5次参加了国家有关部委组织召开的新一轮退耕还林政策座谈会，提出了切合甘肃实际的政策建议，并配合财政部、发改委等5部委组成的调研组到甘肃省会宁、静宁县开展新一轮退耕还林政策调研。认真组织开展检查验收，2013年检查验收总面积13.5万公顷，全省退耕地还林面积保存率95.73%、成林率41.7%、林权颁证率99.7%，管护率和建设档率均为100%。

【森林防火】 2013年，甘肃省共发生一般森林火灾16起，其中较大森林火灾3起。过火总面积32.37公顷，受害森林面积8.87公顷(其中，天然林0.78公顷，人工林3.89公顷)。损失成林蓄积量4.087立方米、幼林0.24万株。出动扑火人数4428人(次)、车辆255台(次)。全年没有发生重大森林火灾和人员伤亡事故。全省春防期间新建瞭望塔(台)13座，固定宣传碑97座，媒体宣传报道50多条，发放《森林防火应知应会100问》1000本，发放护林防火宣传年画10多万份，森林防火宣传手册10万余册，出动宣传车7300台次，参加宣传人数近50万人次。

【林业大事】

1月17日 全省林业局局长会议在兰州召开。

3月12日 省绿委办在兰州市东方红广场举办了以“构建生态屏障、建设生态文明”为主题的大型林业宣传活动。

3月12日 省委副书记欧阳坚主持召开省植树造林工作座谈会，专题研究部署全省造林绿化工作。

4月11日 省委书记王三运、省长刘伟平、省政协主席冯健身等省领导及驻甘军队首长，省、市直党政机关及企事业单位的干部职工在兰州新城区开展了义务植树活动。

4月13日 省林业厅召开全省林业系统干部大会，甘肃省委组织部副部长王世华宣布了省委、省政府关于省林业厅主要领导职务任免的决定。石卫东任甘肃省林业厅党组书记、厅长。

6月26日 甘肃省林果产品质量监督检验检测中心获得了省质检局实验室资质认定(计量认证)授权证书，正式通过省级资质认定(计量认证)，填补了甘肃省林业系统无第三方产品质检机构的空白。

7月9日 甘肃部门间CITES履约执法工作联系协作小组成立大会在兰州举行。

7月11日 日本国际善邻协会理事八岛继男先生来甘肃考察康乐县和舟曲县小渊基金项目。

7月28日 日本秋田县议会议员武田英文先生和秋田县农林水产部副部长福井敬二先生一行2人来甘肃省林业厅调研。

8月2日 甘肃省召开省政府第十八次常务会议，审议通过了太统—崆峒山保护区上划省林业厅管理的意见。

8月12日 省林业厅印发《甘肃省珍贵树种培育示范建设成效考核评价办法(试行)》，进一步规范了国家珍贵树种培育示范建设工作。

9月10日 甘肃省林业厅厅长石卫东与德国巴伐利亚州食品与农林部部长顾问费朗兹·布罗史格在甘肃省天水市共同签署了甘肃省林业厅与德国巴伐利亚州农林营养部林业合作“谅解备忘录”。

12月25日 国务院办公厅国办发〔2013〕111号公布了23处新建国家级自然保护区名录，甘肃省黄河首曲自然保护区成功晋升国家级自然保护区。

(甘肃省林业由赵俊供稿)

青海省林业

【概　述】 2013年，青海省共完成营造林100 067公顷，其中，人工造林49 400公顷、封山育林50 667公顷。造林投入达到4.4亿元、同比增长15%。全年共争取落实各类林业生态建设投资23.43亿元、增长17.74%，创历史新高。其中，中央投资达到20.71亿元、增长16.86%；省级投资达到2.27亿元、增长38.49%；吸引国外政府、国际非政府组织和外省援助到位资金4539.51万元。

退耕还林工程 完成荒山造林8667公顷，封山育林7334公顷。全面完成2012年巩固退耕还林成果沙棘基地建设任务5107公顷，枸杞基地建设任务8860公顷，核桃等生态经济林建设任务3353公顷，补植补栽任务1307公顷。对全省2005年度的9800公顷退耕还林地进行国家级阶段性验收工作。

天然林资源保护工程 完成天然林资源管护367.4万公顷，全省天然林资源得到全面、有效保护。将中央预算内项目与省级财政造林育苗项目有效整合，完成人工造林2000公顷，封山育林2万公顷，国有林场育苗30公顷。完成森林抚育补贴试点任务16 867公顷。依据《青海省天然林资源保护工程财政专项资金管理实施细则》，统筹中央财政资金营造生态公益林4713公顷，生态和社会效益显著提高，示范带动作用明显。安排400万元支持天保工程区农牧民开展“农(牧)家乐”、特色种养业等林下产业，工程区内民生保障机制进一步完善。筹措资金在祁连、大通、互助3县开展林业“三防”智能管控系统试点建设工作，管护能力进一步提高。完成100万公顷森林保险参保工作。先后制定或修订了《青海省国有林场绩效考核办法》《青海省天然林保护工程财政专项资金项目绩效考评管理办法》《青海省天然林资源保护工程档案管理办法实施细则》和《青海省天然林保护工程护林员管理办法》等4个规范性文件，天保工程政策保障体系进一步完善。

“三北”防护林建设工程 完成人工造林18 773公顷，封山育林23 333公顷。年初与各州地市县级林业主管部门签订了目标责任书，做到早安排、早落实、早行动，特别是三北防护林工程要求乔灌分造，立足当地实际，高标准、高质量进行规划设计，做到了适地适树、造林地块管护措施到位。新增3个防沙治沙示范区。启动沙化土地封禁保护补助试点，争取到4000万元中央财政资金，确定在共和县塔拉滩、海晏县尕海和克土周边、格尔木市乌图美仁、大柴旦行委努呼图实施。在海南沙珠玉治沙试验区内开展水冲栽植乌柳技术试验。

【森林资源管理】 落实重点公益林管护面积496.1万公顷。各级林业主管部门及时了解各项工程建设使用林地情况，加大监督检查力度，防止未批先占现象发生，保证工程建设依法用地。全省共审核审批征收占用林地项目116项、746.67公顷，收缴森林植被恢复费9540万元。完成了湟中县、贵德县2013年林地年度变更调查试点工作，为今后全省开展林地年度变更调查工作提供很好的借鉴。开展青海省林地资源专项调查和森林资源连续清查青海省第六次复查工作，全省林地面积达1120万公顷。

【野生动物保护和自然保护区建设工程】 柴达木梭梭林自然保护区、大通北川河源保护区晋升为国家级自然保护区，全省国家级自然保护区达到7个，总面积2073.87万公顷。编制完成《可可西里、孟达和梭梭林国家级自然保护区总体规划(2014～2023年)》，申报并落实可可西里湿地保护与恢复工程。积极开展祁连山省级自然保护区范围及功能区调整后管理工作。开展青海省第二次陆生野生动物资源调查和第二次重点保护野生植物资源调查，落实了重点保护陆生野生动物造成人身财产伤害损失补偿试点工作。全力做好H7N9禽流感等野生动物疫源疫病监测防控工作，完成全省16个国家级监测站H7N9禽流感溯源排查工作，对疫源疫病进行严密监控，申报6个国家级监测站。

【湿地保护工作】 完成全国第二次湿地资源调查工作，经国家林业局核定，全省湿地总面积为800万公顷，居全国第一位。《青海省湿地保护条例》经省人大审议通过，自2013年9月1日起施行，《条例》宣传贯彻落实全面展开。《青海省湿地公园管理办法》发布实施。成立了省湿地保护管理中心。西宁湟水国家湿地公园和青海洮河源国家湿地公园获得国家林业局批准。

【造林绿化】

村庄绿化 通过省财政支农和扶贫专项资金下达村庄绿化补助资金4000万元用于200个村的村庄绿化建设任务，重点开展村庄道路绿化、住宅绿化(庭院和房前屋后)、水旁绿化和公共绿地绿化。

碳汇造林 完成2012年1367公顷碳汇造林后续工作，成功在华东林业产权交易所挂牌交易。与北京大学山水自然保护中心签订2014年1332公顷碳汇项目开发协议。

全民义务植树活动 组织开展了第十次“厅局长林”植树活动。努力提高全民义务植树的尽责率，完成义务植树1500万株。部门绿化通过省级检查验收，全部合格。

重点区域造林绿化 完成平西高速公路沿线、机场北坡和光伏产业园区等重点区域造林绿化任务。其中，平西高速等通道建设景观防护林582.53公顷，栽植各类苗木163.58万株；西宁机场北坡绿化34.8公顷，栽植各类苗木16.6万株，完成引水滴灌设施建设；格尔木市龙源、乌兰县柴达木能源、德令哈市青海中控、共和县蓓翔等4个光伏园区绿化115.6公顷，栽植各类苗木350万株。西宁市创建国家森林城市活动全面启动。完成玉树灾后重建春季造林任务95.2公顷。

西宁南北山绿化 完成西宁南北山造林任务366.67公顷，为计划任务的108%。投资180万元，完成省属11个绿化区的1000公顷中幼林抚育任务。各绿化单位重视灌溉工作，成立专业队伍，采用喷灌的方式进行补充灌水。各绿化单位及时与南北两山防火办公室签订森林防火责任书，及时清理林区可燃物，修建防火隔离带。大南山生态绿色屏障建设工程获2012年中国人居环境范例奖。

【林木种苗】 全年储备各类林木种子15万千克，新育苗1000公顷，出圃各类苗木3.06亿株，满足了造林绿化需求。为保证种苗信息畅通，在青海林业信息网和国家种苗网青海子网页上设立林木种苗供求信息专栏，开通服务热线电话，共发布种苗供求信息45条，接听、解答咨询电话55人次。加大种苗质量监督检查力度，先后对全省林木种子及种苗档案情况进行检查。加强国家级重点林木良种基地建设，完成2012年15处林木良种苗木培育补贴项目和3处国家重点林木良种基地补贴项目的验收工作。

【集体林权制度改革工作】 主体改革任务完成后，积极谋划新举措，编制《全省林下经济发展规划(2013～2020年)》，起草《集体林权流转管理办法(试行)》《关于加强全省农牧民林业专业合作组织建设管理的指导意见》。会同金融部门出台《集体林权抵押贷款管理办法(试行)》，以推动林权抵押贷款工作，缓解农民发展林下经济融资难问题。积极引导农牧民、农民林业合作组织等对承包的宜林地申报造林，扩大造林规模。32个以均股方式明晰产权的村进一步明晰产权，承包到户工作全部完成。

【林业产业】 加快林业产业基地建设步伐，完成沙棘基地5106.67公顷，枸杞基地8860公顷、核桃经济兼用林3353公顷、大果樱桃867公顷、其他经济林247公顷。枸杞、沙棘、大果樱桃、核桃实现年产值10.75亿元。全省林下经济呈现良好发展势头，以林下鸡养殖、生态茶园、农家乐为主，兼顾少量林菜、林菌、林药种植，以西宁市、海东市发展最快，绝大部分由农民林业专业合作组织和农户自筹资金开展。全年林下养殖27.5万只，林下中藏药种植4400公顷，森林景观利用

733公顷，参与农户1.1万户，总产值达7630万元。组织参加第六届中国义乌国际森林产品博览会，参展的冻干枸杞、枸杞系列酒等10项产品获奖。

【林业有害生物防治】 完成林业有害生物防治面积138 760公顷，为全年防治任务的103.8%。全省林业有害生物发生面积和成灾面积首次呈现“双下降”。开展了天然林区复杂条件下飞机防治试点。未发生松材线虫病重大疫情。

【森林防火】 根据《青海省森林火险预警系统建设项目》，在重点林区建立28个火险监测站，实时进行气象监测。全省已连续27年未发生重特大森林火灾和人员伤亡事故。

【严打专项行动】 开展了“野生动物保护专项行动”“天网行动”等各类严厉打击各类涉林违法犯罪活动，共查处各类案件1872起，查处率97.6%，处理违法犯罪人员1681人次。

【科技推广】 加强科研和管理工作，抓紧抓好技术成果转化。出台《关于加快科技创新，促进高原现代林业发展的意见》，制定《青海省林业标准化示范区认定管理办法》，认定第一批标准化枸杞示范区4个、核桃示范区2个。落实中央财政林业科技推广示范项目9个、省级新技术推广项目11个。结合青海林业生产实际，编制完成18项青海省地方标准。建立“青海省林业专家库”和“林业科技成果储备库”，为促进林业生态建设提供了科技支撑。

【工程质量监管】 制定和完善林业项目资金使用管理办法，加强资金审计，完善和规范了林业工程档案管理，全省营造林工程质量和效益得到显著提升。制订完善《青海省林业工程考核办法(试行)》《林业综合核查工作质量评估办法》《林业重点工程绩效考核办法》等10项考核办法和操作规程。同时，与省出入境检验检疫局开展部门间合作监管，创新监管手段，优化监管资源，提高了青海省生态保护工作的科学性和有效性。与青海银行签订了共同推动林业发展的金融合作协议。

【生态系统服务功能监测与价值评估项目】 完成了全省生态系统分布及差异情况、典型地区的生态系统组成和参数的野外调查调查，外业工作全面完成。编制完成《青海省陆地生态系统定位研究网络体系发展规划(2014~2020年)》，组织完成青海湖湿地、大渡河源森林、贵南荒漠等3个类型生态系统国家级定位研究观测站项目申报，并通过国家林业局组织的专家现场考察及论证咨询。

【三江源生态保护和建设工程】 完成三江源一期林业工程收尾工作，启动实施二期工程林业项目，总投资达2.02亿元。继续推动社区参与式保护工作，开展措池二期协议保护项目。开展了雪豹监测、野外调查和食性分析等方面的科研工作。

【祁连山生态保护与建设综合治理工程】 2013年4月25日，省政府下发文件确定成立祁连山生态保护与建设综合治理工程协调小组，协调小组办公室设在省林业厅。编制专项工程实施方案和项目实施计划；起草项目《工程管理办法》《资金使用管理办法》《招投标管理办法》《检查验收管理办法》《档案管理办法》等；做好了项目启动大会的准备工作。

【湟水河流域百万亩人工林基地项目】 编制完成的《湟水河流域百万亩造林项目规划》得到国家林业局的批复。

【日元贷款青海湖流域周边地区生态环境综合治理项目】 完成大苗造林667公顷，造林面积核实率100%，完成投资1219万元。设置永久性样地20个，植物固定样地200个，对植树造林和防风固沙工程、退化草地治理工程、水土保持工程建设成效进行了全面监测。

【全球环境基金(GEF)三江源生物多样性保护项目】 自1月启动以来，完成了国内外专家的招聘工作，开展了技术培训和交流；制定了曲麻河片区示范点生物多样性共管管理计划和年度计划；完成了索加—曲麻河、扎陵湖—鄂陵湖、玛可河片区示范点前期调研工作，编制了3个示范区《生物多样性关键物种本底调查和监测技术方案》；完成了玛可河示范点生态旅游前期调研和招投标工作；及时召开指导委员会工作会议，督促指导项目顺利实施；落实2013年项目赠款和配套共464万元。

【对口支援工作】 召开国家林业局援藏工作座谈会，进一步加大国家林业局对青海林业建设的支援工作。启动国家林业局与部分省区单位对口支援青海建设“美丽乡村”活动。落实了3个村的建设内容及对口援建单位。

【共建示范村活动】 直接投资326万元，协调落实资金35万元圆满完成了援助祁连县八宝镇营盘台村共建示范村活动，荣获“2013年全省先进共建单位”荣誉称号。

【队伍建设】 认真贯彻落实中央八项规定和省委省政府21条措施，制定厅党组“十项不准”，加强长效机制建设，修订完善公务接待、办会制度等多项内部管理制度。扎实开展党的群众路线教育实践活动，高起点定位，高标准推进，高质量落实，下基层、接地气、办实事，突出解决“四风”问题。青海省林业厅被省文明委表彰为2010~2012年度全省精神文明建设先进集体。

【林业大事】

1月4日 启动省科技厅“1020”生态农牧业科技支撑重大专项《枸杞规模化丰产栽培技术集成与示范》项目和2012年国家科技部重大星火计划《柴达木枸杞产业升级关键技术开发与示范》项目。

1月19日 全省林业工作会议在西宁召开。

1月25日 启动全球环境基金青海三江源生物多样性保护项目，项目总投资2385.5万美元。

2月26日 西宁市森林公安局破获了一起非法收

购珍贵濒危野生动物制品的特大刑事案件，抓获犯罪嫌疑人1人，收缴野生动物制品20余件。

3月8日 省绿化委员会召开全体成员会议。

3月27日 由国家住房城乡建设部评定的2012年中国人居环境奖揭晓，西宁市大南山绿色屏障建设工程荣获中国人居环境范例奖。

3月29日 张光荣副省长赴国家林业局拜会赵树丛局长等领导，就有关重点项目工作进行了汇报衔接。

3月29日 乐都县马营乡小渊基金造林项目启动实施。该项目是继中日民间绿化合作小渊基金项目湟中县南朔山造林工程后的第二个小渊基金项目。

4月14日 省五大班子领导分别在玉树西宁两地参加义务植树活动。

4月25日 国家林业局将青海省海晏县、共和县、格尔木市增设为全国防沙治沙综合示范区。这是继2005年青海省贵南县、都兰县列为全国防沙治沙县级综合示范区以来第二批示范区项目。

4月25日 青海省人民政府办公厅下发《关于成立祁连山生态保护与建设综合治理工程协调小组和明确相关部门职责的通知》(青政办〔2013〕101号)，协调小组办公室设在省林业厅。

5月30日 青海省第十二届人民代表大会常务委员会第四次会议审议通过《青海省湿地保护条例》，自2013年9月1日起施行。

6月3日 青海2012年碳汇造林项目在华东林业产权交易所正式挂牌，等待买家进行交易。这一成果标志着青海省林业碳汇工作取得实质性进展。

6月4~11日 省林业厅分别在互助北山林区和大通东峡林区首次开展复杂林区飞机防治林业有害生物试点工作。

6月22日 青海防沙治沙暨沙产业协会在西宁正式挂牌成立。

6月28日 “省、市森林公安业务技术用房建设项目”开工奠基仪式在西宁举行。建设规模1.8万平方米，投资4000余万元。

8月3日 国家林业局三北局批复青海省实施《湟水河流域百万亩人工林基地建设项目》。

8月23日 国家林业局援藏工作座谈会在西宁召开。

8月23日 国家林业局及吉林、广东、黑龙江三省林业单位正式启动支援青海建设“美丽乡村”活动。

9月23日 省林业厅与青海银行股份有限公司签署《金融支持林业发展合作协议》。

11月1~4日 第六届中国义乌国际森林产品博览会上，青海参展的冻干枸杞、枸杞系列酒等10项产品获奖。

11月18日 青海海西州可鲁克湖—托素湖自然保护区内发现珍稀鸟类——大红鹳。

(青海省林业由宋晓英供稿)

宁夏回族自治区林业

【概　述】 2013全区共完成营造林10.2万公顷，其中人工造林6.33万公顷，封山育林3.87万公顷，义务植树1500万株，超额完成了年初自治区下达的10万公顷营造林任务。组织完成飞播造林种草1.01万公顷，完成森林抚育2.13万公顷，完成退耕还林荒山造林0.8万公顷、补植补造2.83万公顷，积极推进10个退耕还林生态文明示范区建设。以生态移民迁出区生态修复与建设为重点，争取出台了《自治区人民政府关于加强生态移民迁出区生态建设与修复的意见》，共完成生态修复1.44万公顷。起草了《自治区人民政府关于加快建设市民休闲森林公园的意见》，完成了《宁夏市民休闲森林公园建设项目建议书》。

【大整治大绿化】 组织编制了《自治区主干道路大整治大绿化工程实施方案》，全力推进自治区主干道路大整治大绿化工程，加强督查，重点抓好高速公路城市过境段、国省道和高速公路匝道、省级交界、公路立交、收费站等节点建设区域景观，大力开展环境整治、林木抚育、绿化美化等工作，主干道路大整治大绿化工程取得了阶段性的成效，全面改善和提升了主干道路两侧的环境面貌。按照提升城市品位，增加绿色总量，为市民创造休憩、娱乐、文化活动场所的思路，组织专家多次实地调研，反复论证，起草了《自治区人民政府关于加快建设市民休闲森林公园的意见》，完成了《宁夏市民休闲森林公园建设项目建议书》，20个市、县(区)市民休闲森林公园已开工建设，加大对各市、县(区)市民休闲森林公园建设的督导力度。扎实推进贺兰山东麓葡萄健康休闲旅游项目建设，改造扩建提升了5个葡萄旅游宾馆，改建完成了储量为100吨的贺兰山高档葡萄酒储藏洞，建设完成了22千米生态旅游专线和21千米的酒庄中轴道路，促进了贺兰山东麓葡萄长廊生态、产业、旅游、文化融合式发展。争取国家林业局出台了《关于支持宁夏内陆开放型经济试验区生态林业建设的若干意见》，国家林业局明确提出加强对宁夏林业建设的支持。

【优势特色产业】 成功引进优质脱毒葡萄苗木96.1万株，建设优质葡萄苗木繁育基地33.33公顷，建立良种采穗圃266.67公顷，在永宁县闽宁镇武河、原隆建立两个生态移民葡萄标准化种植示范村。加快贺兰山东麓百万亩葡萄产业长廊建设，认真落实《宁夏贺兰山东麓葡萄酒产区保护条例》，加快推进中国第一个省级葡萄酒产区列级酒庄管理体系建设，启动建立自治区葡萄产业人才高地。加大贺兰山东麓葡萄酒品牌的培育和对外宣传力度，在香港成功举办了葡萄酒推介会，高质量高水平地承办了国际葡萄与葡萄酒组织(OIV)学术会议。编制了《宁夏枸杞产业发展规划纲要(2013~2017年)》

《宁夏枸杞产业发展提升规划》，出台了《自治区人民政府关于发展壮大枸杞产业实施意见》，积极推进枸杞出口基地建设，建设了宁夏枸杞研究所、中宁宽口井、同心下马关3个自治区级枸杞繁育基地，全力打造中宁县枸杞“全国重点推进出口食品农产品质量安全典型示范区”。全区新增改造特色经济林基地1.33万公顷，其中，葡萄0.4万公顷，枸杞0.45万公顷，红枣0.17万公顷，苹果0.19万公顷，设施果树花卉466.67公顷，其他经济林733.33公顷；完成低产低质低效基地提升0.67万公顷。

【集体林权制度改革】 根据自治区《关于深化集体林权制度改革工作的意见》和《关于加快林下经济发展的意见》，起草了《林下经济发展规划(2013～2020年)》《集体林权流转管理暂行办法》《关于促进农民林业专业合作社发展的实施意见》《森林保险实施方案》等6个配套政策，并积极推进落实。高质量地承办了全国深化集体林权制度改革百县经验交流会，宣传推介了宁夏区破解生态脆弱区林改经验。创建了国家级林下经济示范基地1处，争取将宁夏列为全国首批十个林下草本中药材扶持发展省份之一；以林药、林果、林菜、林苗、林瓜为主要模式的林下种植面积达12.8万公顷，产值达9.6亿元。

【森林管护】 严格林地征占用审批管理，精简、下放林政审批权限，加强林木采伐限额管理，严格野生动物驯养繁殖监管；依法加强野生动植物保护，建立宁夏部门间CITES(濒危野生动植物种国际贸易公约)履约执法联系协作机制；加强森林防火工作，全区未发生较大以上森林火灾。制定了《宁夏林业行政裁量权适用规则》，规范了全区林业行政自由裁量权工作；加快全区林地保护利用规划的编制工作。依法加强苗木检疫和林木病虫害防治工作，认真做好H7N9禽流感疫源疫病监测防控工作，加大苹果蠹蛾、鼠害、春尺蠖等防治，加快森林病虫害统防统治建设进程。加强自然保护区能力建设，推进国有林场改革，102.05万公顷森林资源纳入天然林资源保护工程，14个偏远国有林场职工生产生活用水建设项目和国有林业场497户危旧房改造项目全部完成。加强湿地保护，沙湖荣获“全国十大魅力湿地”，新增鹤泉湖和太阳山两处国家级湿地公园和5处自治区级湿地。加大退耕还林成果巩固力度，实现了国家阶段验收面积保存率和核实率连续7年全部达到100%。加大林政案件查办力度，全区共受理各类森林和野生动物案件178起，查处173起，综合查处率为97%，为国家挽回经济损失240余万元。

【防沙治沙】 继续实施盐池、同心、灵武、沙坡头区防沙治沙综合示范县项目建设，组织编制完成了全区沙化土地封禁保护区试点方案，争取将灵武白芨滩、中卫、同心、红寺堡列入全国沙化土地封禁保护区试点范围，落实项目资金4000万元；正式启动了世行贷款宁夏荒漠化治理与生态保护建设项目，落实建设资金1.67亿元，治理荒漠化土地2.03万公顷；加强中日合作吴忠市孙家滩黄土丘陵区水土保持项目和中德财政合作中国北方荒漠化综合治理宁夏项目的执行监管。

【林业支撑】 加快林业科技创新平台建设，优化整合各类林业科技资源，引导科研院所、高等院校、企业之间实现优势互补，加快优秀科技人才的培养和锻炼；充分发挥科技特派员的作用，切实做好林业科技管理和咨询服务工作；加强林业实用技术的攻关和研究，加快林业科技成果推广和转化，积极开展半干旱荒漠草原区沙地适地适树造林、特色优质丰产经果林栽培和宁夏主要造林树种苗木培育等8个项目的示范技术推广；加强林业科技项目推广绩效考核，提高推广成效；审定编制了《宁夏主要造林树种苗木质量分级》等地方标准18项，《黄土丘陵沟壑区造林技术规程》行业标准1项；认真组织“百万农民培训工程”，积极开展林业科技三下乡活动。

【退耕还林】 截至2013年年底，国家已下达宁夏退耕还林建设任务87.03万公顷，包括退耕地造林31.4万公顷、荒山造林51.1万公顷、封山育林4.53万公顷。工程建设覆盖了全区除青铜峡市外的21个县(市、区)以及自治区农垦系统，其中退耕地造林涉及20个县(市、区)及自治区农垦局的152个乡(镇、场)、1461个行政村，32.32万多退耕农户、153.02万退耕农民。2000～2013年，国家累计兑现宁夏退耕还林中央政策补助资金98.37亿元，其中种苗造林补助费7.4亿元，兑现给退耕农户的政策补助资金71.01亿元，巩固退耕还林专项资金19.96亿元。退耕农民人均直接收益4641元。

全区共完成退耕还林荒山造林0.8万公顷，比原计划多争取0.33万公顷。全区共完成2.83万公顷退耕还林的补植补造任务，比原计划多完成了0.3万公顷。2013年共争取退耕还林项目资金47 043.5万元，超年初计划争取退耕还林项目资金14 206万元的331%，实际多争取资金32 837.5万元。

【林业宣传】 2013年组织宁夏电视台、宁夏日报社等重要媒体进行宣传，宁夏电视台新闻联播播发新闻2条，《宁夏日报》头版2篇；在宁夏全境开展封山禁牧10年之际，以“封山禁牧 十年辉煌”为主题，组织《人民日报》《光明日报》、新华社、宁夏电视台、《宁夏日报》《宁夏画报》等中央及宁夏主流媒体进行采风活动。5月22日《光明日报》一版头条发表《林梢一抹青如画——宁夏全境禁牧封育10周年记》2000多字新闻1篇，《宁夏日报》发表《禁牧十年，美丽宁夏找回青春》上、下篇，其他媒体也刊登相关报道。宁夏电视台推出宁夏禁牧封育10年系列报道；配合国家林业局防沙治沙办《重走风沙线，寻圆梦路》中央媒体团采访活动的开展；国外媒体、杂志对宁夏葡萄产业发展进行了相关报道，《纽约时报》因此还将宁夏评为最值得去的旅游地之一。结合春季植树造林、森林防火、义务植树、“爱鸟周”等重要节日组织各级媒体全方位的连续报道，引起了宁夏各级部门的高度重视。2013年，共有4次中央媒体采访团，20余名记者，对宁夏防沙治沙、湿地、葡萄产业等方面进行了广泛的宣传报道。

2013年，宁夏中央驻宁媒体及自治区主流媒体获“第五届关注森林奖——梁希新闻奖”一等奖三篇，二等奖一篇，三等奖一篇。在各媒体发表林业新闻1800多篇(条)，其中中央电视台播出宁夏林业新闻16条；中央人民广播电台《新闻与报纸摘要》播出林业报道1条；《人民日报》《光明日报》等中央媒体刊登林业报道8篇；宁夏电视台、宁夏广播电台新闻联播播出林业新闻58条；《宁夏日报》刊登林业报道100余篇，其中头版30篇；《中国绿色时报》刊登宁夏林业报道30余篇，其中头版16篇；新华网、人民网宁夏频道、《新消息报》等其他媒体报道林业新闻及活动1000多篇(条)。

【自治区党委、政府决定组建自治区林业厅】 2013年12月，自治区党委十一届三次全会通过《自治区政府机构改革方案》，决定组建自治区林业厅，自治区十一届人大常委会第八次会议任命王文宇为自治区林业厅厅长。这是自2000年自治区政府机构改革以来，时隔13年林业部门再次进入自治区政府组成部门序列。

【国家林业局局长赵树丛等来宁夏检查指导林业工作】 2013年5月20～22日，国家林业局局长赵树丛深入银川、吴忠、中卫、固原调研生态林业民生林业。国家林业局副局长张建龙、印红、孙扎根，总工陈凤学也先后到宁夏调研指导工作。国家林业局出台《关于支持宁夏内陆开放型经济试验区生态林业建设的若干意见》，决定从生态建设、防沙治沙、林业基础设施、深化集体林权制度改革等7个方面给予宁夏全力支持。

【全区完成营造林10.2万公顷】 依托三北防护林、天然林保护、退耕还林、湿地恢复保护等国家重点生态工程，围绕“两屏两带”“五大生态工程”建设，加快推进植树造林步伐，加强营造林质量管理。全区共完成营造林10.2万公顷，其中人工造林6.33万公顷，封山育林3.87万公顷，义务植树1500万株，森林覆盖率达到13.6%。石嘴山荣获西北首个国家森林城市称号，吴忠荣获全国绿化模范城市荣誉。

【自治区三大重点林业建设工程顺利推进】 2013年6～11月，自治区人民政府先后出台了《关于加强生态移民迁出区生态修复与建设的意见》《自治区主干道路大整治大绿化工程实施方案》和《关于加快市民休闲森林公园建设的意见》，全区林业系统围绕中心，服务大局，全面推动生态移民迁出区生态修复、主干道路大整治大绿化和市民休闲森林公园建设，全区共完成生态移民迁出区生态修复1.44万公顷，主干道路重要部位和节点共拆迁整治新增绿化用地0.72万公顷，20个市、县(区)市民休闲森林公园开工建设。

【葡萄、枸杞等特色优势经济林产业步入转型升级的发展轨道】 2013年1月，自治区人民政府相继出台了《加快推进农业特色优势产业发展若干政策意见》《关于发展壮大枸杞产业若干意见》，认真编制实施《贺兰山东麓葡萄产业集群发展优化提升实施方案》和《宁夏枸杞产业发展提升规划》，着力推进特色优势产业提质增效、转型升级，以葡萄、枸杞、红枣、苹果为主的特色经济林产业健康稳步发展，全区新增改造特色经济林基地1.33万公顷，完成低产低质低效基地提升0.67万公顷，林业及相关产值达到170亿元以上。

【全区林地保护利用规划全面完成】 自治区及22个县(市、区)林地保护利用规划全面完成，规划明确了区、县两级林地保有量、森林保有量、重点公益林地面积、建设项目征占用林地规模等指标。对全区林地、森林、湿地、自然保护区、森林公园、国有林场等全部建立了基础地理信息系统，为加强森林资源管理奠定了基础，林地资源实现了“一张图”管理的目标。南华山成功晋升为国家级自然保护区。

【2013国际葡萄与葡萄酒组织(OIV)学术会议召开】 国际葡萄与葡萄酒组织(OIV)学术会议于2013年9月24日在银川召开，会议围绕“胁迫条件下的贺兰山东麓葡萄栽培与葡萄酒酿造”主题，开展了广泛深入的学术交流，举办了贺兰山东麓国际葡萄酒博览会金奖、优质葡萄园、列级酒庄第五级(旅游酒庄)评选，会议进一步提升了宁夏贺兰山东麓葡萄产区在国内外的影响力，贺兰山东麓葡萄健康休闲旅游项目建设顺利推进。

【全国深化集体林权制度改革百县经验交流会召开】 宁夏集体林权制度基础改革全面完成。2013年6月19～20日，全国深化林权制改革百县经验交流会在宁夏召开，会议观摩了红寺堡、中卫等地林下经济发展成果，宁夏破解生态脆弱区集体林权制度改革经验在会上交流，国家林业局及与会代表给予高度评价。以此为契机，宁夏深化集体林权制度改革工作逐步深入。

【国家首批沙化土地封禁保护区补助试点项目在宁夏启动实施】 为创新防沙治沙方式，加快推进全国防沙治沙综合示范区建设，国家林业局于2013年4月决定将灵武白芨滩、中卫、同心、红寺堡列入全国沙化土地封禁保护区补助试点范围，集中封禁保护沙化土地4万公顷。全国首家沙漠主题公园在中卫沙坡头正式挂牌开工建设。

【沙湖荣获中国“十大魅力湿地”殊荣】 2013年10月31日，在中央电视台举办的“美丽中国湿地行”颁奖典礼上，沙湖从全国近千家国际重要湿地、国家湿地公园、国家级自然保护区中脱颖而出，荣获中国“十大魅力湿地”殊荣。宁夏湿地面积现有20.72万公顷，比2000年增加了2.05万公顷。

【林业大事】

1月10日 自治区林业局“三下乡”集中服务活动在盐池县花马池镇北塘移民新村举行。

1月14日 环境保护部、国家林业局、农业部、国土资源部、水利部、国家海洋局、中国科学院联合下文表彰，宁夏贺兰山国家级自然保护区管荣获“全国自然保护区工作先进集体”光荣称号。

1月16日 全区林业局局长会在银川隆重召开，

会议表彰了2012年全区生态林业建设先进集体，并与全区各市、县(区)林业局签订了2013年度生态林业建设综合考核责任书。

1月29日 自治区老干部局副巡视员马自云一行代表自治区党委、政府到林业局慰问厅级离退休老干部，并与老干部进行座谈。自治区林业局党组副书记、副局长王文宇出席了座谈会。

1月31日 自治区林业局召开干部大会，自治区党委组织部常务副部长李泽峰宣布王文宇任自治区林业局党组书记、局长，自治区人民政府副主席屈冬玉出席会议并讲话。

2月4日 自治区政府副主席屈冬玉在自治区林业局党组书记、局长王文宇的陪同下，走访慰问了宁夏林业系统职工。

3月1日 全区苹果产业“提质增效”现场会在中卫召开，自治区苹果产业指导组组长、自治区林业局副局长王洪界带领相关专家结合全区万名干部“下农村送政策 促发展”活动到中卫市下田地，走厂房给果农、企业带去了苹果的修剪技术和有关扶持政策。

3月5日 自治区林业局与警民共建单位武警医院10名医护人员一起，来到银川市兴庆区华林、陶瓷社区，开展了以雷锋精神进社区为主题的“认亲戚、结对子”志愿服务行动，展示了林业人关爱他人、奉献社会的崭新形象。

3月12日 自治区绿委会、自治区林业局联合首府绿化办在银川光明广场开展了以“建设生态宁夏，打造美丽宁夏”为主题的宣传活动。

3月12日 自治区人大常委会副主任王儒贵带领自治区人大5位常委和自治区人大农业与农村委员会的工作人员，在自治区林业局局长王文宇，副局长李月祥、曹凯龙等领导的陪同下，先后深入到固原、银川、中宁、西吉、泾源、青铜峡等市县区，就全区林权制度改革、枸杞、葡萄等优势特色产业发展以及生态林业建设情况进行了深入调研。

3月13日 自治区人大常委会副主任王儒贵，带领自治区人大常委会农工委主任、委员，在自治区人大常委会农工委、政府办公厅、林业局、固原市人大常委会和市政府办公室、林业局等相关部门(单位)领导陪同下，到西吉县调研林权制度改革发展和生态林业发展情况。

3月15日 宁夏召开全区春季植树造林工作电视电话会议，会议安排部署了今春植树造林工作，自治区副主席屈冬玉参加会议并讲话。

3月16日 由著名的法国《贝丹·德索夫葡萄酒评论》杂志、自治区林业局、自治区葡萄花卉产业发展局、宁夏葡萄与葡萄酒研究院联合举办的中法酒庄酒发展论坛在宁夏银川举办。

3月17日 《宁夏贺兰山东麓葡萄酒产区保护条例》实施启动仪式在张裕摩塞尔十五世酒庄举行。这标志着全国第一部葡萄酒产区保护法规正式在宁夏实施。

3月19日 自治区林业局、宁夏气象局、自治区森林防火指挥部办公室联合召开了全区森林防火气象信息通报视频会议。

3月19~22日 自治区林业局党组书记、局长王文宇带领全区生态林业建设重点县政府分管领导，相关市、县(区)林业局局长，自治区林业局相关处室和直属单位主要负责人共30多人，赴内蒙古和山西学习考察三北工程建设、防沙治沙经验，感受“右玉精神”。

3月25日 自治区人大常委会召开第十一届人大常委会第二次会议，受自治区人民政府委托，自治区林业局局长王文宇向大会报告全区集体林权制度改革情况，并分组审议了报告。

4月1日 宁夏回族自治区党委书记李建华、代主席刘慧、党委副书记崔波、副主席屈冬玉等自治区领导参加义务植树。

4月15~17日 在自治区林业局副局长王洪界等领导的陪同下，国家林业局湿地保护管理中心马广仁主任率专家对宁夏西吉震湖自然保护区进行考察，并对西吉震湖湿地的生态环境及西吉震湖湿地加入国际湿地重要名录进行评估。

4月20日 法国波尔多葡萄酒行业协会代表、波尔多酒商协会主席阿兰·西谢尔，率领波尔多地区葡萄酒庄庄主、酿酒师一行十余人参观考察了贺兰山东麓葡萄酒产区。

4月21日 由自治区林业局、宁夏葡萄花卉产业发展局、中国食品土畜进出口商会酒类进出口商分会共同主办的列级酒庄发展论坛在银川举行。本次论坛的主题是借鉴波尔多列级酒庄管理机制，提升贺兰山东麓葡萄酒品质。

4月22日 自治区林业局党组迅速号召全体干部积极向灾区人民捐款，举行捐款仪式，共募集善款46 940元。

4月24日 自治区林业局召开党风廉政建设和反腐败工作会议。局党组书记、局长王文宇讲话并与各党组成员签订党风廉政建设责任书，纪检组长开永安总结了2012年全局党风廉政建设和反腐败工作，并安排部署了2013年工作任务。

5月27~29日 国家林业局治沙办在宁夏开展“走风沙线、寻圆梦路”采访活动。

6月14日 自治区林业局召开干部大会，宣布金韶琴任自治区林业局党组成员、副局长，王宁任自治区林业局副巡视员。

7月12日 自治区林业局召开深入开展党的群众路线教育实践活动动员大会。

7月15日 宁夏葡萄产业人才高地揭牌仪式在自治区林业局举行。自治区党委常委、组织部部长、自治区人才工作协调小组组长傅兴国和自治区政府特邀顾问郝林海为葡萄产业人才高地揭牌并讲话。

7月15~17日 自治区林业局在银川植物园举办深入开展党的群众路线教育实践活动领导干部专题学习班。

7月17~19日 自治区林业局召开全区生态修复建设暨天然林资源管护现场观摩会。

7月19~21日 宁夏举行主干道路(含公路、铁路)大整治大绿化工程现场观摩会，由自治区有关部门负责人以及各市、县(区)负责人组成的观摩组兵分三路，交叉观摩学习。

7月30日 自治区副主席屈冬玉在银川会见了来

宁夏参加全国森林公安工作座谈会的国家森林防火指挥部副总指挥、国家林业局副局长孙扎根一行。

7月31日 全国森林公安工作座谈会在银川召开。会议总结上半年全国森林公安工作，部署下半年森林公安工作。国家森林防火指挥部副总指挥、国家林业局副局长孙扎根，自治区副主席屈冬玉出席了座谈会。

8月12日 自治区党委书记李建华与自治区领导徐广国、屈冬玉等一起，来到第五届中国(宁夏)园艺博览会林业展馆，实地参观并了解了贺兰山东麓葡萄长廊及特色经济林发展情况。局党组书记、局长王文宇，副局长曹凯龙陪同。

8月14日 宁夏林学会举办了第九届宁夏青年科学家(林业专题)论坛。来自宁夏大学农学院、宁夏林业研究所的专家及全区林业科研、教学、生产第一线的科技工作者共40多人参加了论坛。

9月3~4日 由国家林业局湿地保护管理中心、湿地国际中国办事处、国家环保部、宁夏林业局共同举办的“2013年宁夏湿地保护管理培训班”在银川举行。

9月12日 中国绿色碳汇基金会第二个志愿者工作站在宁夏湖南商会正式挂牌。国家林业局造林司副司长、中国绿色碳汇基金会秘书长李怒云，自治区林业局副局长平学智，国家林业局三北防护林建设局总工程师洪家宜参加揭牌仪式。

9月12~17日 由日中绿化交流基金事务局派出的以木通口正义首席专家为组长的日方项目技术指导组一行2人在国家林业局项目官员的陪同下，对宁夏正在实施的小渊基金项目进行检查指导。

9月13~17日 由项目经理Matthias Hahl先生，高级技术专家Guenther Haase先生，北京办事处项目经理李萍女士组成的KfW考察团对宁夏正在实施的德援沙漠化综合治理项目进行了考察。宁夏回族自治区林业局副局长、党组成员金韶琴接待考察团一行并陪同考察。

9月16~17日 由宁夏林业国际合作项目管理中心举办的“世界银行贷款实施宁夏黄河东岸防沙治沙项目”财务管理培训班在宁夏银川市举办。

9月18日 自治区召开2013年秋季农田水利基本建设暨植树造林电视电话会议，自治区党委副书记崔波、政府副主席屈冬玉出席会议并讲话。

9月24日 2013国际葡萄与葡萄酒组织(OIV)学术会议在银川开幕。国际葡萄与葡萄酒组织主席克劳迪娅·昆妮，执行总干事严·居邦，自治区人大常委会副主任王儒贵，自治区政府党组副书记、特邀顾问郝林海，自治区政协副主席张乐琴出席开幕式。克劳迪娅·昆妮、郝林海在开幕式上分别致辞。自治区林业局党组书记、局长王文宇主持OIV学术报告会。

9月25日 贺兰山东麓国际葡萄与葡萄酒大会、贺兰山东麓葡萄酒博览会颁奖大会在贺兰山下的志辉源石酒庄举行。国际葡萄与葡萄酒组织(OIV)主席克劳迪娅·昆妮、法国蒙彼利埃国际高等农业大学教授阿兰·嘎赫保努，自治区领导王儒贵、郝林海，自治区林业局党组书记、局长王文宇参加颁奖仪式并为获奖单位颁奖。

10月9~10日 国家林业局自然保护区研究中心受国家林业局保护司的委托，由研究中心胡汉斌主任、刘文敬老师，北京林业大学林学院教授李俊清、自然保护区学院副教授徐基良等专家组成现场调研评审组对宁夏贺兰山国家级自然保护区总体规划(2012~2021年)进行现场调研评审。

10月10日 根据《2013年度宁夏营造林工程核查验收工作方案》的要求，按照自治区林业局营造林核查验收领导小组的安排，全区营造林核查验收工作安排暨技术培训在银川如期举行。

10月10~11日 在南京森林公安警察学院举行的首届全国森林公安“应知应会”知识竞赛中，宁夏代表队勇夺团体一等奖和两个个人一等奖，为宁夏森林公安争得了荣誉，也创造了宁夏在全国森林公安各类竞赛活动中的历史最佳纪录。

10月11~12日 宁夏陆生野生动物疫源疫病监测中心站在中卫市举办了全区陆生野生动物疫源疫病监测防控培训班，各市县(区)林业(园林)局、国家级自然保护区管理局、国家级陆生野生动物疫源疫病监测站的负责人及专业技术骨干80余人参加培训。

10月23~25日 由世行宁夏项目经理Ulrich Schmitt(乌悝·施密特)先生，高级采购专家Kofi Awangyo(科菲)先生，负责宁夏项目采购专家王媛女士一行4人组成的检查团来宁对正在实施的世界银行贷款宁夏黄河东岸防沙治沙项目进行了检查指导工作。

11月14日 自治区森林草原防火指挥部森林防火办公室召开了全区今冬明春森林防火工作电视电话会议。会议通报了2013年度全区森林防火工作开展情况，安排部署了全区今冬明春森林防火工作。

11月13~15日 自治区总工会农林水财工会在银川市职工文化活动中心举办了“羽毛球”比赛，来自农林水财工会系统的18个代表队参加了此次比赛，林业局取得了本次运动会团体第三名；男子双打获得第二名、第三名；女子双打获得第三名的好成绩。

11月14日 自治区林业局举办了2013年全区林业统计年报布置暨培训会议。徐庆林副局长出席会议并就林业统计工作进行了安排部署。

11月15~16日 国家林业局天保中心叶荣华总工、刘永红处长对宁夏天然林资源保护二期工程实施情况进行了调研。

11月15~17日 自治区林业局在银川举办全区天然林资源保护工程二期管理与信息系统应用培训班，国家林业局天保中心叶荣华总工、宁夏林业局平学智副局长出席会议并讲话。

11月18日 由自治区防火办统一安排部署，在六盘山林业局举办森林防火机具维修保养使用培训班。各防火责任单位主管森林防火副场长、林政资源股长、防火物资保管员及防火办全体工作人员等参加了培训。

11月19~20日 宁夏区直机关干部职工趣味运动会在自治区亲水体育场隆重举行，全区81个厅局机关代表队1300多名运动员参加了10个项目的比赛，自治区林业局代表队参加了5个项目的角逐。

11月20日 宁夏·内蒙古贺兰山管理局第二十七次护林防火联防工作会议在宁夏贺兰山国家级自然保护区管理局顺利召开。

11月21~24日 由国家林业局华东院组成中央财政湿地补助项目监测评估组，对银川国家湿地公园2011年开展的中央财政湿地保护补助项目进行监测评估。

11月29日 自治区林业局召开全区森林资源管理工作会议。会议传达了全国森林资源管理工作会议精神，总结通报了宁夏林改工作进展情况，安排部署了今后一段时间的森林资源管理工作和下一步林改重点工作。

12月4日 自治区林业局组织执法、绿委、林业技术推广等部门相关人员在新城商业广场开展"12·4"全国法制宣传日宣传活动。

12月5日 自治区党委政策研究室副主任蔡珺、党建政治处处长刘凯华，自治区党委统战部党外知识分子工作处处长焦登相，自治区党委政策研究室社会发展处副处长牛彦文、党建政治处主任科员刘福祥到宁夏防沙治沙职业技术学院召开了关于开展职业教育党建及改革发展问题的调研会。

12月2~6日 自治区林业局在宁夏防沙治沙职业技术学院举办了为期5天的2013年干部培训班。

12月24日 自治区林业局召开全区主干道路大整治大绿化暨冬季林木管护观摩总结会。局党组书记、局长王文宇主持观摩总结会议并讲话。

12月26日 自治区政府屈冬玉副主席带领政府办公厅、林业局等部门一行5人，赴国家林业局向赵树丛局长汇报宁夏林业建设情况，

12月27日 自治区林业局召开2013年领导班子和领导干部年度考核大会。局党组书记、局长王文宇主持会议，并代表局领导班子作述职述廉报告。会上，自治区党委组织部宣布了自治区党委关于组建自治区林业厅后的干部任免决定。

12月30日 国家林业局枸杞工程技术研究中心正式在宁夏林业研究所挂牌。这是国家林业局在中国设立的唯一一所枸杞工程技术研究中心，主要承担枸杞产业技术创新、产品创新和人才培养等任务。

（宁夏回族自治区林业由马永福供稿）

新疆维吾尔自治区林业

【概　述】 2013年，在自治区党委、人民政府的正确领导下，在国家林业局的大力支持下，全区各级林业部门牢固树立"环保优先、生态立区"理念，坚持"资源开发可持续、生态环境可持续"发展道路，紧紧围绕建设生态文明和大美新疆总目标，大力发展生态林业民生林业，全力推进以防沙治沙为重点的林业生态体系、以特色林果业为重点的林业产业体系和内涵丰富的生态文化体系建设，圆满完成了2013年确定的目标任务，林业各项工作取得了新的突破。（俞言琳）

【林业生态建设】 全区造林17.2万公顷，完成计划任务的103%。义务植树1.3亿株。完成国家林业局下达的森林抚育试点任务9.88万公顷，并通过省级核查验收。邀请国家森林抚育有关专家制定新疆森林抚育标准技术规程，已获国家林业局批准，按照新的标准，新疆新增抚育面积133.33万公顷。按计划完成重点防护林工程省级核查工作。天然林保护工程二期进展顺利，394.6万公顷天然林得到有效保护。完成新增的80.8万公顷国家级公益林的区划落界、国家级公益林典型样地年度监测和管护质量抽查工作，全区760万公顷公益林得到保护。自治区防沙治沙综合示范区建设稳步推进，启动实施沙化土地封禁保护区补助试点项目，落实资金6000万元。新建22个自治区级野生动物疫源疫病监测救护站，启动中国—卡塔尔野生动物繁育建设项目。落实湿地保护与恢复项目资金3300万元。哈密河、乌什县托什干河等8个湿地公园申报国家湿地公园并通过国家林业局评审公示，天池博格达峰、布尔根河狸、巴尔鲁克山自然保护区申报晋升国家级自然保护区，已通过国务院国家级自然保护区评审委员会评审，阿克苏地区沙雅县塔里木河上游湿地自然保护区晋升为自治区级自然保护区。（俞言琳）

【林业产业发展】 全力推进特色林果业提质增效和转型升级。全区林果总面积达133.33万公顷，挂果面积93.33万公顷以上，总产量800万吨，总产值突破380亿元，全区农民人均来自林果业的增收超过180元。切实加强林果业标准化示范基地建设，创建各类优质丰产标准化示范基地40个，面积1333万多公顷。苹果、红枣、核桃、香梨、葡萄、枸杞6个树种"生态健康果园"试点示范基地建设进展顺利，确立4个树种的技术标准和生态健康果品标准。深入推进以"走出去"和"走进去"为战略目标的特色林果业市场开拓和外销平台建设，成功举办2013新疆特色林果产品(广州)交易会，签约项目45个，金额123亿元；协助做好广东新疆生态大果园产品展示销售中心的管理工作；积极组团参加第六届中国义乌森林博览会、中国亚欧博览会首届中国优质水果推介活动、新疆名优特及精深加工农产品上海展示会等国内有影响力的各类展销会；在商务部网站上创建了"新疆林果产品销售平台"；成功举办了中国新疆酿酒葡萄产业发展交流会、新疆阿克苏果品推介(交易)会、新疆精河枸杞发展高峰论坛。种苗花卉产业发展迅速。全区育苗总面积达3.2万公顷，产苗量13.6亿株，产值50亿元。苗木规模化生产能力不断提高，千亩以上育苗企业、农民合作社、育苗大户达55家。完成中央林木良种补贴株数7620万株，自治区财政林木良种补贴面积3800公顷。成功举办新疆第二届苗木花卉博览会，现场签订合作项目10个，签约金额24.5亿元。全区花卉总面积达1.6万公顷，产值12亿元，花卉市场70个，花卉企业约2100个，花卉从业人员5.3万人。森林旅游业稳步发展，森林公园旅游直接收入2.43

亿元。林下种植、林业养殖、森林景观利用等林下经济，产值49亿元。（伍永明）

【林业生态文化建设】 坚持以现代文化为引领，积极开展生态文明创建系列活动。喀纳斯原始针叶林、阿尔泰山泰加林、新疆天山雪岭云杉林、塔里木河胡杨林被国家林业局评为“中国最美森林”。巴音布鲁克国家级自然保护区荣获“中国十大魅力湿地”称号。组织申报国家级生态文明教育基地、“全国生态文化企业”和“全国生态文化村”，西天山国家级自然保护区、乌苏佛山国家森林公园、且末县河东治沙工程、阿尔泰山两河源自然保护区、自治区省级林木种苗示范基地被命名为“自治区生态文明教育基地”。加大生态文明宣传教育力度，组织开展了国土绿化宣传月、国际湿地日、野生动植物保护宣传月、爱鸟周、6·17世界防治荒漠化和干旱日等一系列宣传活动。在新疆电视台播出《追梦艾比湖》和《为了那一片湖水》专题片，出版发行《播撒绿色造福新疆》专题片和《生态新疆 绿色神韵》大型宣传画册。（俞言琳）

【森林资源保护】 逐级签订山区森林资源经营管理目标责任状，建立全区县级人民政府保护发展森林资源目标责任制。完成林地保护利用规划和“一张图”建设，落实“以规管地、以图管地”的林地管理新模式。严格规范林地占用征收，审核审批占用征收林地3933公顷，安排异地植被恢复造林4867公顷。森林火灾防控能力不断增强。启动了自治区预警监测系统建设、森林防火指挥中心系统建设和边境防火隔离带建设等重大项目。森林火灾得到有效控制，全区共发生森林火灾31起，其中一般森林火灾29起，较大森林火灾2起，受害森林面积12.8公顷，无人员伤亡。与2012年相比，森林火灾次数下降10起，受害森林面积下降26.2%。新疆连续10年没有发生重特大森林火灾。林业有害生物防控能力不断提升。全区14个地州市、72个县市森防检疫机构完成“站改局”工作，7个地州、25个县市将林业有害生物防控经费纳入本级财政预算，全区森防机构和队伍建设得到进一步加强，监测预警、检疫御灾、防灾减灾能力显著提升，基本构建了以林果主产区为主的林业有害生物防控体系。全区林业有害生物累计发生面积140公顷，其中林果有害生物发生面积47.91万公顷，全年累计开展防治面积53.73万公顷，无公害防治率达到93%以上，林业有害生物成灾率为0.09‰，远低于国家4‰的指标，全区重大、检疫性林业有害生物扩散蔓延趋势得到有效控制，危害程度逐步下降。依法严厉打击破坏森林资源、野生动植物资源违法行为。共受理各类案件4408起，查处3882起，打击处理各类违法犯罪人员4477人(次)，收缴林木387立方米、野生动物1万余头(只)、野生动物制品433件、猎枪猎具105支(件)。（伍永明）

【民生工程建设和对口扶贫工作】 巩固退耕还林成果，及时兑现2013年退耕还林政策补助资金4.1亿元。落实国有林区棚户区改造任务313户，到位资金1448万元，全部开工建设，基本建成226户，入住151户，超额完成自治区年初下达的目标任务。落实国有林场危旧房改造任务1582户，到位资金1.26亿元，全部开工建设，完工1163户，入住707户。落实自然保护区危旧房改造任务437户，开工建设158户，完工81户，入住68户。启动第三批187个乡镇林业站建设，投入资金5610万元。筹集资金1700万元，加强30个森林公安局机关及林区派出所执法办案场所功能区改造。扎实做好对口扶贫工作，制定扶持民丰县尼雅乡托皮村、奇木力克吾斯塘村的林业项目规划。加强贫困国有林场扶贫工作，落实国家林业局扶贫资金1220万元。（伍永明）

【林业改革】 全区纳入林改范围的集体林地面积98.27万公顷，已确权面积79.6万公顷，确权率81%。成立林业各类合作组织344个，加入合作组织农户3.6万户。昌吉州被确定为首批20个“国家林下经济示范基地”。国有林场改革不断深入，全区107个国有林场中的83个改为全额预算管理事业单位，完成国有林管理分局领导班子配备、领导干部职务职级确定，组织开展职工身份认定工作。积极协调国家和自治区有关部门，争取将已改革为全额预算管理事业单位的国有林场，纳入国家国有林场改革补助范围。（伍永明）

【林业科技支撑、依法治林增强】 落实国家和自治区各类科技项目89个，到位资金4700万元。在自治区科技创新暨自治区科学技术奖励大会上，林业方面有11项获奖，其中一等奖3项，二等奖6项，三等奖2项。鉴定林业科技成果4个，完成9个自治区地方标准制修订和6个自治区林业标准化示范区的检查验收工作。成功举办自治区特色林果基地关键技术现场交流会，启动林业科技重大专项新疆林业生态服务功能监测评估项目，特色林果测土配方施肥工作稳步推进。大力推广林果标准化生产实用技术，实施林业科技知识进村入户惠民工程，编制并发放特色林果业主要树种栽培实用技术手册50万份，制作特色林果主栽树种生产实用技术的电教片。起草《关于〈森林法〉及〈自治区实施森林法办法〉执法检查报告及审议意见研究处理情况的报告》，提交自治区人大常委会研究。制定了《自治区林业行政处罚自由裁量权基准》，对法律、法规、规章设定的91项有裁量幅度的林业行政处罚进行了规范，为基层执法机构及其执法人员提供执法依据。积极推进林业行政审批事项清理工作，共清理林业行政许可审批事项3大类66项。认真开展“反暴力、讲法治、讲秩序”专题宣传教育活动和自治区与法同行万人宣讲活动。（伍永明）

【林业项目资金管理】 全年共落实中央和自治区林业投资25亿元，其中中央投资21亿元，自治区投资4亿元。落实林业贴息贷款19亿元，下达林业贷款财政贴息资金5477万元。对近年实施的林业基本建设项目进行检查验收，对森林生态效益补偿基金、森林抚育、棚户区和危旧房改造的项目资金进行稽查，保证了林业工程项目资金安全高效运行。完成亚行贷款新疆林业生态发展项目投资1.5亿元，全球环境基金项目规模不断扩大，总投资1.5亿元的阿尔泰山两河源流域保护区管理项目获得批准。完成新疆土地退化防治管理与政策支持

项目，完成艾比湖区域可持续管理与生物多样性保护项目投资1360多万元。（马　辉）

【党的群众路线教育实践活动】　在自治区党委的正确领导下，紧紧围绕为民、务实、清廉主题，严格按照"照镜子、正衣冠、洗洗澡、治治病"总要求，坚持把领导带头、开门搞活动、学习教育、立学立改、解决问题和建章立制贯穿始终，准确聚焦政治坚强和反对"四风"问题，扎实做好学习教育、听取意见，查摆问题、开展批评，整改落实、建章立制3个环节工作，以教育实践活动的强大力量，以作风转变的实际行动，推动林业各项工作取得新成效。积极开展赴基层转变作风服务群众活动，研究制定《林业厅帮扶加尕斯台村林业项目发展规划》，落实规划资金1200多万元，投入300多万元，用于村庄绿化美化、绿色通道、特色林果及基础设施建设。通过对口帮扶工作，使加尕斯台村基层组织建设明显增强，村容村貌明显改善，社会稳定和民族团结明显加强。（俞言琳）

【林业自身建设】　切实加强各级领导班子和干部队伍建设，不断强化干部理论培训，加大干部挂职交流力度，大力实施自治区高层次人才、青年科技英才等人才培养工程。全面落实党风廉政建设责任制，切实加强林业系统惩治和预防腐败考核制度建设，督促检查全面落实自治区纪委关于党政主要领导4个不直接分管的要求，规范廉洁从政行为。不断完善林业系统廉政风险防控机制，对新排查出的风险点及时制定防控措施。在林业系统政风行风评议中，群众满意度达到99%。扎实做好自治区级"文明单位"零基启动创建各项工作，林业厅机关被自治区文明委重新命名为自治区级文明单位。加强绩效管理和考评工作，全区各级林业部门服务意识和服务质量进一步提高。认真落实安全生产责任制，切实加强社会管理综合治理和平安建设、应急管理、信访、政务公开、电子政务和政务督查工作。扎实做好离退休干部工作，充分发挥工会、共青团、妇女组织的作用，切实维护好广大职工群众的切身利益。（马　辉）

新疆生产建设兵团林业

【概　述】　2013年，在兵团党委的领导下，认真贯彻落实中央新疆工作会议和兵团党委六届十一次全委(扩大)会议精神，围绕林业工作重点，以绩效考核为抓手，重点抓好防护林体系建设、森林资源管理和保护工作，林业工作进展顺利。

森林资源双增长　开展兵团森林资源管护情况中期评估及"十二五"规划纲要年度"森林增长"指标中期评估工作，经过综合评价，截至2012年年底，兵团森林资源面积达到139.04万公顷，森林蓄积量达到2952.22万立方米，森林覆盖率达到18.64%，分别比2009年二类资源调查基数增加了2.6万公顷、425.52万立方米和1.5个百分点，兵团森林资源保持持续增长的良好势头。

编制完成《新疆生产建设兵团林地保护利用规划(2010~2020年)》　根据国家林业局的有关规定，全面完成了兵团林地保护利用规划编制工作，并在与自治区全面对接的基础上，形成兵团林地一张图；为严格保护和合理利用林地提供了科学依据，为兵团森林资源信息化管理奠定了重要基础。

林业生态建设　按期下达166.67万公顷造林计划，做好造林现场督查，确保造林绿化任务完成；据统计，完成造林17 093公顷，其中防护林11 652公顷，经济林4841公顷，用材林600公顷。

林地征占用管理工作　一是协调增加了兵团占用征收林地定额指标。通过向国家林业局汇报沟通，争取到"十二五"期间，国家林业局批准兵团占用征收林地年度定额指标从32公顷增加到332公顷，初步缓解了兵团城镇化、新型工业化建设对使用林地的需求矛盾。二是通过典型案件查处和警示教育，进一步增强兵团各级领导干部法制意识，提高依法管理的自觉性，林地占用征收审核审批管理工作已步入规范管理轨道。2013年办理占用征收林地106宗、审批面积358.51公顷，其中永久占用林地面积297.69公顷，临时使用林地面积60.81公顷，是兵团实施林地管理以来审核审批占用征收林地最多的年度，体现新疆与兵团建设使用林地的需求不断增大。

林木采伐管理　一是严格执行林木采伐限额制度。按照《国务院批转林业局关于全国"十二五"期间年森林采伐限额审核意见的通知》要求，认真执行"十二五"期间兵团年森林采伐限额34.9万立方米，做到按限额管理，凭证采伐林木，全年兵团没有超限额采伐的事件发生。二是林木采伐监督管理进一步规范。认真执行《关于进一步加强林木采伐管理工作的通知》要求，师团林木采伐证的领取、发放、审批和保存程序得到有效规范，发挥了森林公安的监管作用，形成由师林业局审批、团场林业站监督执行，森林公安检查核实的工作程序，有效地控制滥伐、无证采伐及暗箱操作等违法违规案件的发生，取得良好的效果。2013年，兵团累计采伐林木11.33万立方米。

天然林保护二期工程管理工作　一是认真落实天然林保护二期工程管理工作。在总结一期工程建设的成效、经验和问题的基础上，完善出台新疆生产建设兵团《天然林资源保护工程中央财政专项资金管理办法实施细则》，规范天保资金管理，安排天保工程二期建设任务，落实管护任务10万公顷，管护人员155名，下拨天保二期工程建设资金921万元，确保天保二期工程的顺利实施。二是加强调研，落实天保工程区的管护责任。针对天保一期实施中存在的机构设置级别不一，管理管护人员工资收入低的问题，深入四师4个天保工程团场进行调研，与团场的干部职工一起认真分析问题存在的原因，探讨解决的办法，要求各天保工程实施团场，要在总结前期工作经验的基础上进一步落实管护人员，加强业务培训，提高工作质量。三是开展工程管理自查工作，积极配合国家林业局完成天保工程“四到省”(建设目标、任务、资金、责任到省)的考核工作。

湿地自然保护区保护工作 一是兵团先后成立了4个兵团级湿地自然保护区，初步建立了人财物相对独立的管理机构。通过项目推动和资金支持，2.9万公顷的湿地资源得到抢救性保护，5万公顷的湿地资源得到有效恢复，项目区内湿地生态功能明显改善、生态质量明显提高。二是开展兵团湿地资源调查，摸清了湿地资源情况。2011年3月至2012年6月组织开展了湿地资源调查，共有湿地面积26.55万公顷，其中天然湿地(包括河流湿地、湖泊湿地、沼泽湿地)24.94万公顷，占湿地总面积93.93%，人工湿地1.61万公顷，占湿地总面积6.07%。三是通过开展与水利、国土联合执法，加大对滥垦、改变湿地用途等违法行为的查处力度，有效扭转了湿地保护执法滞后的局面。坚持把宣传教育作为加强湿地保护的重要手段，通过开展摄影大赛、征文比赛、印发宣传资料、出版湿地画册等活动，广泛开展湿地保护教育活动，形成了全社会共同珍惜湿地、保护湿地的浓厚氛围。

野生动物保护工作 一是建立健全重点保护野生动物补偿机制。会同畜牧、财务、发改等部门制订了《兵团对重点保护野生动物造成职工利益受损的补偿暂行办法》，设立兵团重点保护野生动物侵害损失补偿专项资金300万元，使兵团重点保护野生动物侵害损失补偿得到落实。二是认真做好高致病禽流感防控工作，完善监测网络和预警应急机制。兵团成立了高致病禽流感防控工作指挥部，建立国家级和兵团级野生动物疫源疫病监测站7个，配备专职监测员35名。三是加强野生动物救助建设。在伊犁农四师和石河子八师建立野生动物救助保护站4个，新建鸟类笼舍10处，并完善了供电、供水、投食设施、救护设备等，配备野生动物救护运输专用车2辆。四是以“飞鹰行动”和“绿盾行动”为契机，开展专项野生动物保护行动，出动执法人员892次，车辆376台次，查处案件463起，严惩涉案人员900余人，收缴野生动物505只，查获非法捕杀野生动物30只，其中国家重点野生动物7只，挽回经济损失136万元。

森林防火队伍技能和基础保障 一是强化防火队伍建设，基本形成了以半专业防火队伍为主力军，兵团民兵、武警、驻军为应急分队，职工群众为后备力量的火灾扑救体系。已建立各类扑火队伍300支，人员达10 000人。二是在兵团开展了10起森林防火培训及实战演练，培训人员1500余人次，提升队伍对森林火灾的防控能力；三是加强四师、六师森林重点火险区综合治理工程建设，建成了6座火情瞭望塔和一套森林防火视频监控系统，并投入使用，加强对林区重点部位火情林情的监测；四是协调森林公安加入兵团公安系统350兆超短波通信网络，为建立兵团森林防火应急通信体系奠定了基础。

加强森林公安队伍正规化建设 一是配备专职森林公安局领导。二是加强教育训练，队伍素质明显提高。三是采用跟班练、学业务学技能的新做法，派森林公安民警到公安局跟班学习刑事案件侦查、诉讼等办案经验，开展警务技能培训和实战射击培训，有效提高了队伍整体素质。

林权改革工作 一是兵团林权改革不断扩大，积累一定经验。在水土条件较好的师团，林权改革工作推进顺利，职工群众参与林权改革的积极性高。林权改革后，出现了造林质量高，管护工作到位，林木成活好、生长速度快，森林的生态、社会、经济三大效益得到充分发挥的良好局面。兵团12个师101个团场开展了林权制度改革，林权改革面积15.89万公顷。二是林权发证工作进展良好。兵团林权发证面积达84.8万公顷，确保林权所有者的权益。 (贾寿珍)

【林地保护利用规划获批准执行】 根据《全国林地保护利用规划纲要(2010~2020年)》(国函[2010]69号文件)要求，按照国家林业局的统一部署和安排，在兵团的正确领导和大力支持下，自2010年9月至2013年3月，在结合《兵团国民经济和社会发展第十二个五年规划纲要(2010~2015年)》、《兵团土地利用总体规划(2006~2020年)》和《兵团主体功能区规划(2010~2020年)》的基础上，组织编制完成《新疆生产建设兵团林地保护利用规划(2010~2020年)》(以下简称《规划》)。

《规划》涉及兵团159个团场，参与规划编制人员200余名，使用5米分辨率卫星遥感卫片150景，落界图斑78.8万个，林带12万条。

《规划》确定：到2020年，全兵团林地保有量达到190万公顷，比2009年增加4.33万公顷；森林保有量确保达到140.67万公顷，比2009年增加13.2万公顷；森林蓄积量力争达到3500万立方米以上，比2009年增加973.27万立方米；现有乔木林地的林地生产率力争达到70立方米/公顷；重点公益林地和重点商品林地比率分别力争达到97%和3%；2011~2020年全兵团占用征收林地总额控制在7000公顷以内。

《规划》于12月5日得到兵团《关于新疆生产建设兵团林地保护利用规划(2010~2020年)的批复》(新兵函[2013]51号)批复执行。 (贾寿珍)

【兵团林业科学技术研究院挂牌】 5月22日，经兵团编委批准，兵团林业科学技术研究所更名为兵团林业科学技术研究院。兵团林业科学技术研究院是兵团唯一直属林业研究机构，隶属兵团农垦科学院，现有在编科研人员16人。近年来，林科院积极与行业主管部门联系，参与组成兵团林业局专家咨询组，参加多次生产调研，增强服务意识，紧密联系生产实际，使科研项目“源于生产、用于生产”。 (滕晓宁)

【植树造林】 2013年，兵团共完成造林1.9万公顷(其中：防护林面积1.34万公顷，经济林面积5470公顷)，完成国家1.67万公顷造林计划任务的113.12%。在当年造林面积中私有造林面积达4870公顷。另外，秋季国家下达退耕还林荒山荒地造林任务666.67公顷，当年完成386.67公顷；国家下达三北封沙育林任务1万公顷，当年完成4330公顷。当年兵团共完成育苗面积1930公顷，留床637.33公顷，完成低产林改造7140公顷。完成中幼林抚育9.88万公顷，是国家计划1万公顷的988.27%。全兵团参加义务植树的干部职工人数为89.89万人，全民义务植树尽责率为92.61%，义务植树7098.92万株。（滕晓宁）

【经济林园艺】 2013年经济林园艺业生产情况良好。

经济林 全兵团完成建园8330公顷，为计划6670公顷的124.8%，其中：红枣3630公顷，葡萄2630公顷。2013年年底兵团果树生产保存面积达到19.86万公顷；果品产量达到218.9万吨，比2012年增加46.55万吨，增长为27%（秋季南疆部分团场发生红枣炭疽病和北疆六师葡萄发生严重霜冻，导致果品产量受灾损失约3万吨）；其中：红枣总产由2012年的60.4万吨提高到88.0万吨；葡萄43.2万吨提高到54.3万吨；果品总产值达188.9亿元。

蔬菜播种面积7.76万公顷，总产494.9万吨，分别比2012年增加了13.7%和7.5%。其中：保护地蔬菜生产面积为5110公顷，总产30.95万吨，分别比2012年增长了8.2%和28.26%，实现产值58.35亿元。

西甜瓜 种植面积1.73万公顷，总产77.4万吨，实现产值11.36亿元。

主要工作

标准园建设 一是国家级园艺作物标准园创建工作继续推进。国家安排兵团园艺作物标准园创建任务6个。经自下而上程序筛选上报确定今年创建国家级园艺作物标准园6个，其中设施蔬菜标准园4个，分别为二师22团、三师41团、十师183团和十三师火箭农场；水果标准园2个，分别为四师78团和五师83团，兵团验收工作已结束并上报国家农业部。至此，兵团国家级园艺作物标准园将达到21个。二是兵团果树标准园建设继续扩大。2013年安排兵团果树标准园建设任务为3330公顷。建设内容突出兵团果树园艺业十大主体技术和栽培新技术的示范推广。

设施园艺 一是温室大棚大幅度增加。据统计：兵团2013年增加温室大棚360公顷、5000余座，增长10.7%，至此兵团温室大棚已达到7.5万余座，面积5110公顷，其中育苗+蔬菜温室大棚5.5万余座，设施果树2.4万余座。二是基质栽培获得新进展。十二师开展了设施基质栽培试验示范工作，利用本地废菇渣资源发酵和自己设计的营养液配方种植西红柿、辣椒、黄瓜、茄子和草莓等取得成功，为兵团今后推广奠定了非常好的基础。

经济林果树技术改造 一是开展了“枣头型”红枣省力高效栽培管理新模式试验示范工作。在红枣主产区一、二、三、十三、十四师8个团场展开，试验示范面积约16.67公顷。经各阶段的全面实施、专家指导、检查监督，“枣头型”树形已基本形成，坚定了走具有兵团特色的红枣密植、矮化、规模化、机械化经营管理的信心及决心。二是推广“三优”苹果栽培新技术试验示范166.67公顷。“三优一体”化苹果生产技术：即优良品种——红富士；优良砧木——矮化砧；优良技术——节水技术、生草养地技术、地布覆盖技术、病虫害防控技术、施肥技术、机械化作业等，实现省力、省工、管理更简便。三是葡萄“厂”字形栽培管理新技术推广试验示范实现新突破。推广示范园由原来的一个（六师101团）增加到6个，推广面积由原来6.67公顷扩大到1580公顷。四是香梨密植省力优质高效栽培新技术推广试验示范82公顷，主要在33团、29团和30团，栽植密度为3米×1米，每公顷3330株。

经济林机械化程度 特别是葡萄机械化埋土防寒作业面积将达到13.33千公顷以上。

主要措施

果树园艺业十大主体技术到位率逐年提高 一是以增施有机肥为主的施肥技术力度加大。2013年各师有机肥的施入量比往年多，其中一师投入有机肥58.1万吨，比2012年增长50%以上，居各师之首；三师、十四师有机肥和滴管施肥增施量也比2012年多施30%以上；二师增施有机肥在20%以上，其他师均为10%左右。二是红枣“枣头型”树形改造技术进一步扩大。三是以赤霉素为主的化学调控剂技术全面实施，红枣座果率大幅度提高。四是病虫害综合防治技术全面得到落实，病虫害防控效果十分明显。五是以苹果、梨等花期授粉为主的花果管理工作积极主动。采取蜜蜂授粉为主、人工授粉为辅的方式进行，授粉效果很好，坐果率普遍好于2012年。

推行先进实用新科学新技术 ①成立产业技术体系。组建成立了兵团果树产业技术体系。特聘国家首席专家或岗位专家为兵团四大果品（苹果、葡萄、红枣、梨）果树首席专家和高级顾问，以农垦科学院林园所有关专家、中层技术人员为骨干组建成立了兵团果树产业技术体系，为兵团果树产业发展提供了科技支撑。②加大培训力度。根据不同果树生长关键期，先后举办4期培训班，分别为红枣省力、高效试验示范，“三优”苹果栽培管理新技术推广试验示范和葡萄“厂”字形栽培新技术推广试验示范春、秋季修剪培训班。累积授训人数达到650人次，对转变观念，提升兵团果树栽培管理水平发挥了一定作用。③组织专家巡回指导。对上述4个培训班技术落实工作，由农垦科学院林园所派出3个技术指导组分别进行现场指导，帮助落实技术要点。④针对行业突出的问题广泛深入开展调研工作。一是针对香梨长期冻害问题，5月8～9日组织河北农业大学博士生导师、国家梨产业技术体系栽培岗位专家张玉星教授及石河子大学相关行业专家采取现场调查和召开研讨会的方式对二师29团、30团进行调研，并编写调研报告，为全面开展香梨恢复重建工作起到了指导作用。

开展重点问题调研工作 一是针对老“三优”苹果园不结果的问题，组织自治区有关知名专家赴一师5团、6团调研，编写调研报告，并提出有针对性的技术措施，对改造老“三优”苹果园将起到有效的指导作用。二是针对设施园艺基质栽培问题，组织石河子大学、十二师农业技术推广中心开展调研，在认真总结经验的基础上，写出调研报告，对指导基质栽培发挥了一定作用。三是针对葡萄销售市场疲软问题，根据兵团领导指示，在十三师组织召开鲜食葡萄销售调研座谈会。

以点带面，种、贮、加、销全面发展 ①支持兵团

果业公司基地建设。2013 年从兵团巩固退耕还林成果专项资金中安排兵团果业公司 1800 万元，用于果品加工、仓储和核桃加工厂建设，为兵团果业公司走向市场奠定了基础。②扶持新疆科隆农业股份有限公司发展。新疆科隆农业有限公司为兵团果业公司控股公司，主要经营兵团果品销售，于 2013 年 5 月挂牌成立。扶持支持该公司一是安排兵团投资 150 万元与公司合作开展美洲大樱桃引种；二是组织国家葡萄首席专家赴该公司五师 83 团葡萄基地进行指导，帮助解决有关果品品质问题；三是由兵团投资与该公司合作引种葡萄新品种，改善兵团鲜食葡萄品种单一的问题。③指导扶持相关师龙头企业。2013 年，先后到十三师哈密瓜香果业、三师叶河源果业、一师聚天红果业和十四师昆仑山枣业公司调研，帮助解决企业资金短缺的问题。经与兵团发改委协商同意安排十三师哈密瓜香果业公司、三师叶河源果业公司投资分别为 600 万元和 400 万元；同时安排叶河源果业公司林业贴息资金 200 万元。

发展经济林资金投入 争取国家林业贷款中央财政贴息资金 6751 万元；国家农业综合开发部属资金 1120 万元；农业部农垦局农业技术推广经费 30 万元；兵团巩固退耕还林成果资金投入 11 088 万元；各园艺主产师也不同程度地加大了投资力度，如：二师、六师投入果树园艺业发展专项资金 1000 万元，一师投入标准园建设资金 1500 万元，四师投入果树发展专项资金达到 305 万元。（邵燕）

【执法与森林保护工作】 2013 年，兵团森林公安机关在孔星隆副司令员的关心支持和农业局、公安局及国家林业局森林公安局的领导下，紧紧围绕林业生态建设大局，严厉打击涉林违法犯罪，加强森林公安队伍建设，提升素质和能力，完善制度，强化基础保障，切实保护好森林和野生动植物资源，维护兵团生态安全。

森林公安工作

开展一系列严打专项行动 组织各师开展了春秋两次保护国家级公益林严厉打击毁林开垦专项行动、春秋两次打击破坏野生动物资源违法犯罪专项行动、清理整顿木材经营加工企业和个人等一系列专项行动，有效保护了兵团辖区内的森林及野生动植物资源，规范了木材经营加工市场。全年共受理各类涉林案件 361 起，查处刑事案件 51 起、行政案件 291 起，案件查处率 94.7%，案件数量较 2012 年上升 19%。（其中，盗伐、滥伐林木案件 65 起，和 2012 年持平；毁坏林木案件 110 起，较 2012 年上升 48%；开垦案件 96 起，较 2012 年上升 60%；破坏野生动物资源案件 15 起，较 2012 年下降 35%；非法经营加工木材及破坏野生植物资源等其他案件 56 起，较 2012 年下降 20%。）调解信访和民事纠纷 320 起。全年没收非法所得 21.5 万元，林政罚款金额 329 万元，没收野生动物 252 头（只），救助野生动物 308 只。林业行政处罚 502 人，处理违法犯罪人员 54 人（刑事拘留 22 人、移送检察院起诉 8 人、取保候审 3 人，批准逮捕 11 人，已判刑 7 人，开庭审理待法院宣判 3 人）。对 2011 年以来部分师涉及取保候审的 55 起案件进行了专项整治和督查。

队伍正规化建设和警务保障水平 配备专职森林公安局领导，各项工作初见成效。年初农业局给各师下发了《关于尽快配备森林公安专职局领导的函》。3 月，兵团党委常委孔星隆副司令员亲自给一、四、七、九、十师的师长写信，要求配齐配强森林公安局领导，按编制数配齐民警。在孔星降副司令的关心支持下，第一到十师全部配备了专职森林公安局领导，一、二、四、十师共招录新民警 7 人。一是新配备的专职局长能在几个月时间内快速熟悉业务，开展工作，5 个师的案件总数占兵团案件的 23.4%。其中，一、四、七师在专职局长上任后，实现了刑事案件“零突破”，分别办理了 2 起、6 起和 2 起涉林刑事案件；二是队伍建设有了新进展，配备了四师森林公安局副局长、三师图木舒克森林公安分局局长、一师三团派出所所长、阿拉尔森林警察大队大队长等局所领导，七师、九师森林公安局正在协调从大公安调入民警 3 名，进一步充实队伍。

加强教育训练 一是为适应新《刑事诉讼法》办案的需要，组织了 2 次案事件综合系统培训班和 2 次信息化建设培训班，培训民警 200 人次。开展了“森林公安队伍怎么建、工作怎么干、民警怎么当”大学习大讨论活动，形成论文 60 篇，获得国家林业局森林公安局优秀论文奖 1 篇。举办了“弘扬人民警察核心价值观 忠实履行森林卫士职责”主题演讲比赛。二是各师采用跟班练、学业务学技能的新做法，派森林公安民警到师公安局跟班学习刑事案件侦查、诉讼等办案经验，开展警务技能培训和实战射击培训。三是各师民警开展深入基层走访活动，加强与基层林业站、职工的联系，建立健全特情耳目网。

建章立制，严格要求 一是认真贯彻执行公安部“三项纪律”，兵团林业局领导、兵团森林公安局局长、各师森林公安局局长、所长、民警层层签订了“三项纪律”保证书；二是一、四、六、七、八师森林公安局与周边地州市林业局、防火委员会签订了《森林火灾防范联动机制》，与周边地州市森林公安局签订了《森林公安区域警务合作协议》，形成了区域警务合作机制；三是制订年度工作考评办法、协警管理办法、警车管理使用规定、枪支管理使用规定等一系列规章制度，正风肃纪。

配备警务装备，信息化建设和基础设施建设水平有所加强 一是为师局配备并安装了 IP 电话、视频监控系统、指纹信息采集系统及执法记录仪等一系列警用装备，一线民警执法记录仪、数字证书和计算机配备率均达到 100%、公安网接入率由 2012 年的 40% 上升至 66%，信息化建设稳步推进；二是一、四、六、八师完成了中央政法森林公安局业务技术用房楼体主体工程建设。四个森林公安派出所完成了功能区改造工作。办案质量和效率得到了明显提高。

建立野生动物侵害损失补偿机制，加强湿地和自然保护区项目建设和疫情监测 8 月，兵团正式下发了《关于印发〈兵团对重点保护野生动物造成职工利益受损的补偿暂行办法〉的通知》，同意设立兵团重点保护野生动物侵害损失补偿专项资金 300 万元，制定了野生动物侵害职工财产补偿机制，目前正组织各师对野生动物造成职工利益的损失进行统计上报。落实了三师叶尔羌河中下游湿地自然保护工程和湿地自然保护区中央财政湿地保护补助资金共729万元。完成了青格达湖等8个重点湿地保护区候鸟H7N9禽流感疫情监测工作，确保无疫情发生。

加强森林防火预防和扑救工作，建立森林防火应急通信体系 坚持“预防为主、打防结合”的原则，科学防火。一是完成了“9·26”九师161团边境森林火灾扑救工作，通过调研，强调防火重点，明确了边界线附近师团森林防火工作任务；二是在四、六、九、十师开展了8起森林防火培训及实战演练，得到了国家林业局的肯定；三是四师、六师加强森林重点火险区综合治理工程建设，建成了6座火情瞭望塔和一套森林防火视频监控系统，并在两个团场投入使用，加强对林区重点部位火情林情的监测；四是组织修订兵团森林火险预警系统、防火通信系统2个项目的实施方案以及防火信息指挥系统、森林火灾案件侦查系统2个项目的可研报告，协调森林公安加入兵团公安系统350兆超短波通信网络，拟建立兵团森林防火应急通信体系。（陈建明）

【国家级公益林管理】 2013年加强兵团重点公益林管理与保护工作，检查落实各项责任，规范资金使用，进一步强化兵团国家级公益林的管护工作。

国家级公益林分布 根据国家要求，对兵团国家级公益林进行全面复查核实，确认总面积为106.38万公顷；其中天保区8.22万公顷、非天保区98.16万公顷。非天保区的国家级公益林全部纳入中央森林生态效益补偿基金范围保护管理，纳入中央森林生态效益补偿基金的国家级公益林分布于13个师103个农牧团场，其中：一师国家级公益林面积为8.6万公顷；二师国家级公益林面积为9.03万公顷；三师国家级公益林面积为14.32万公顷；四师国家级公益林面积为10.77万公顷，其中天保区8.22万公顷、非天保区2.95万公顷；五师国家级公益林面积为1.97万公顷；六师国家级公益林面积为16.1万公顷；七师国家级公益林面积为4.34万公顷；八师国家级公益林面积为8.31万公顷；九师国家级公益林面积为12.23万公顷；十师国家级公益林面积为7.76万公顷；十二师国家级公益林面积为1.24万公顷；十三师国家级公益林面积为11.53万公顷；十四师国家级公益林面积为2033.33公顷。

建立健全管理制度 目前制订了《新疆生产建设兵团中央财政森林生态效益补偿基金管理办法实施细则》《新疆生产建设兵团国家级公益林管理办法》《新疆生产建设兵团国家级公益林管护质量检查验收考核办法》《国家级公益林监管人员考核奖惩制度》《国家级公益林管护人员考核奖惩制度》《国家级公益林管护责任书》《国家级公益林监管人员巡回检查制度》《国家级公益林管护人员巡护制度》《国家级公益林监管、管护人员考勤管理制度》《国家级公益林监管员岗位责任制》《国家级公益林管护人员岗位责任制》等办法、制度，得到公益林管护师团的执行和落实，确保森林资源任务和责任落实到位。

加强基础设施建设 纳入中央森林生态效益补偿基金范围的国家级公益林目前已落实管理人员625名、管护人员2090名，确保各项管护工作全面落实；兵团已建围栏3305.4千米，瞭望塔173座，管护简易用房13 462平方米，宣传碑1182座，工程标识牌1011座，建设防火隔离带337千米，物资储备库5602平方米，投资993.2万元，建防火道路443.2千米；建设森林病虫鼠害防治药械库3617平方米，购置车载喷雾车179辆，补植补造5642公顷，建设国家级公益林管护站29个；这些项目的建成为加强国家级公益林有效保护发挥了积极作用。

开展保护森林资源专项行动 联合兵团森林公安局开展保护国家级公益林严厉打击毁林开垦专项行动等一系列打击破坏森林资源专项行动，兵师团出动人员866人次，车辆389台次，受理案件26起，查处20起；其中刑事案件立案5起，破案4起，刑事拘留4人，取保候审3人；行政案件立案16起，查处13起，林业行政处罚16人。罚没款3.93万元，限期恢复林地58.93公顷，挽回经济损失700多万元，有效地遏制涉林违法犯罪势头上升的趋势。（贾寿珍）

【森林抚育试点】 2013年根据国家林业局工作安排，按照《关于对2011年度森林抚育实施问题整改和开展2012年度森林抚育核查工作的通知》《森林抚育检查验收办法》《森林抚育作业设计规定》和《森林抚育规程》的规定，外业检查采用GPS定点及面积核对，现地查看抚育措施完成情况等；内业检查对各团场森林抚育的作业设计、工作总结、自查报告及小班调查表等工程档案进行检查的方式，对兵团2012年度森林抚育试点任务工作情况的检查验收，结果如下：

森林抚育试点任务 2012年国家下达兵团森林抚育补贴试点任务7466.7公顷，其中天保区600公顷，非天保区6866.7公顷；补贴资金1138万元，其中天保区108万元，非天保区1030万元。结合实际情况，任务落实到13个师、35个团场，306个连队，308个林班，受益人口872人，作业小班4879个。

森林抚育试点各项任务完成情况 2012年度森林抚育项目计划任务涉及的团场，每团抽取不少于10%的面积进行检查，抽样团场共计35个。本次共计抽查126个连队，130个林班，273个小班。抽查团场检查森林抚育面积1209.6公顷，抽查比例占总任务的16.2%，通过抽查发现合格的面积为1114.85公顷。通过评价35个项目团场得分、兵团组织管理和信息档案建设情况，国家对2012年度兵团森林抚育综合评价为95.7分。

按抽查比例推算总任务完成情况：依据抽查比例，按完成面积的比例进行推算各团场实际完成情况，经汇总，兵团计划任务7466.7公顷，上报完成面积7466.7公顷，面积核实率为100%，推算兵团完成面积抽查面积合格率96.1%，推算兵团总任务的合格面积为7172.77公顷。

作业设计情况 针对新疆特殊的自然条件，依据国家林业局印发的《森林抚育作业设计规定》，结合兵团实际，制定了《兵团森林抚育作业设计规定（试行）》。各补贴试点团场严格按照兵团抚育作业设计的规定进行了作业。采取师林业主管部门审核、批复作业设计后，报林业局备案的工作方式，确保了作业设计的审批质量，规范了程序，提高了效率。

作业质量情况 兵团2012年森林抚育试点中幼龄

林抚育面积7466.7公顷。主要涉及13个师防护林。抚育方式主要为除草、修枝、防治病虫害抚育。抚育树种主要有杨树、榆树、沙枣等，树龄为3~8年。试点单位领导成立质量检查工作组，督查抚育工作，确保作业质量。

抚育补贴政策落实情况 一是各抚育补贴试点单位均成立由团领导为组长，团分管领导为副组长，林业、财务、发改等部门组成的领导小组，负责森林抚育技术培训、组织实施和管理协调工作；二是森林抚育作业设计审批采取师林业部门审核、批复，报兵团林业局备案；三是对参加抚育人员进行现场培训，统一施工标准，项目团场合计培训期数70期，累计培训人次1055人；四是各师财政（务）部门会同林业部门，分两次下达森林抚育补贴资金：师林业局批复承担单位森林抚育作业设计后，师财政（务）部门下达直接支出70%的补贴资金，兵团林业局会同师林业部门组织核查验收后，师财政（务）部门再下达直接支出30%的补贴资金；五是加强森林抚育档案管理，对涉及试点工程下达任务的各类文件、设计、公示单、合同、监测材料进行统一归档。 （贯寿珍）

【天然胡杨林飞机防治】 根据2013年制定的防治目标任务，组织一、二、三师的15个团场对3万公顷天然胡杨林进行低容量飞机防治工作，当年实际完成3.25万公顷天然胡杨林的防治。飞机防治期间，实际飞行作业270架次，累计飞行时间332小时54分钟，使用无公害农药51.44吨，其中16 000国际单位Bt可湿性粉剂51.33吨，0.3%印楝素乳油0.11吨，防治面积3.25万公顷，为计划任务的108.35%。5月9~19日检查验收，15个团场平均虫口减退率为95.40%，叶片保存率95.14%，防治效果明显、生态效益显著，飞防工作取得了圆满成功，达到了预期目的。7月9日，通报了飞机防治森林食叶害虫验收结果，并对组织防治良好的单位进行了表彰奖励。 （贯寿珍）

【林业站建设】 2013年，按照国家林业局林业工作站管理总站制定的《乡镇林业工作站工程建设标准》和《标准化林业站及林业站建设合格县标准》要求，组织开展对13个师24个团场基层林业工作站建设检查工作，认真核实建设单位、建设标准、制度建设、档案建设、办公设施建设、房屋产权落实、挂牌及资金使用情况。兵团林业工作站分兵团、师、团场三级管理。兵团现有148个农牧团场，有147个成立了林业工作站。

职能发挥 团场林业站是兵团最层的林业管理机构，是各项林业工作的落脚点，担负着植树造林、林业法规政策宣传、森林资源保护、林政执法、林业技术推广等多项职责。

服务于团场林业建设 林业工作站在团场防护林建设、经济林建设、苗圃地建设、公益林管护、团场城镇绿化美化建设等方面发挥了积极作用，24个团场林业工作站2013年完成营造防护林1516.78公顷，林业重点工程造林654.66公顷，封山（沙）育林1221.4公顷，育苗261.26公顷。

依法行政，保护森林资源 为保护森林资源，团场林业工作站制定了相应的管理办法和措施，定期对辖区公益林、退耕还林、封沙育林等林区进行巡逻，对毁林开荒、乱砍滥伐的行为按规定进行严肃处理，触犯法律的移交公安司法部门进行处理。积极组织开展林业执法培训，培训达1184人次，2013年完成林业执法35宗，有力保护了森林资源安全。

加强林业有害生物防控 对公益林、封沙育林、退耕还林以及经济林等林区加强林业病虫鼠害的监测、预报，用物理、生物方法进行综合防治。防治面积达2.45万公顷，有效遏制了病虫害的大面积发生。

林业科技推广 林业工作站是林业科技推广和社会化服务的主体，团场林业站通过转变观念，充分发挥自身优势，一是加强广大林业工人实用科学技术知识的培训和指导，不断提高林业职工林木种植的科技水平；二是努力做好林木种植前、种植中和种植后的田间管理的技术服务工作，推动团场林业的市场化经营管理，促进职工增收节支，脱贫致富。检查的24个团场林业站扶持指导林业科技推广1.13万公顷，建立站办林业科技示范基地498.53公顷。重点推广了病虫害综合防治、树形改造、果实套袋、果树矮化密植栽培技术、果树生育期摘心打顶、节水灌溉等技术，通过先示范后推广应用的做法，对加快特色林果产业发展、打造优质高产果品基地建设奠定了良好的基础。

开展职工培训，提高种植水平 为提高团场林业职工的林业种植水平，提高林果的产量以及果品质量，增加职工的收入，每年团场林业工作站组织多次技术培训，主要以经济林丰产栽培技术、病虫害防治及林带病虫害防治方面的知识为主。采用室内授课、播放电教片及田间地头现场示范等多种方式向职工传授林业技术知识。24个团场林业工作站组织的各项林农培训人数达18 490人次。 （贯寿珍）

【天然林保护工程】 2013年，天然林保护工作严格按照工程的相关政策，组织实施各项任务，并完成了任务。

森林管护 根据工程区森林资源现状和森林分类区划，落实森林管护任务10万公顷，占计划任务的100%，其中：有林地2.91万公顷，其中天然林2.81万公顷；疏林地2430公顷；灌木林地4.07万公顷；未成林造林地520公顷，宜林地2.73万公顷。61团4.46万公顷，67团2.4万公顷，74团1.58万公顷，77团1.57万公顷。天保二期共区划272个林班，4734个小班。落实管护人员161人，同时，四师与4个实施团场签订了天保工程管理责任书，团场与管护中心签订责任状，管护中心与护林员签订管护合同，并与管理人员和管护人员的收入挂钩，实行奖罚兑现，使各项责任落到实处。

森林抚育 森林抚育任务600公顷，其中：67团333.33公顷，74团266.67公顷。根据国家下达的计划，结合2012年各实施单位试点工作开展情况，本着相对集中、促进就业、自愿公开、积极优先的原则，严格按照国家林业局森林抚育试点有关政策的要求，落实森林抚育任务，做好作业设计和技术人员培训，保证森林抚育任务保质保量地完成。

资金到位及使用 是年天保工程投资共计1029万元，其中：森林管护费750万元，包括管护人员经费和公用经费532.5万元，相关设施建设维护和设备购置费217.5万元；社保资金171万元，森林抚育费108万元。已通过财务逐级拨付到天保工程实施团场。天保工程资金使用严格按照《新疆生产建设兵团天然林资源保护工程中央财政专项资金管理办法实施细则》实施，确保资金的规范使用，保证天保工程的顺利实施。

森林防火工作 5月组织天保区森林公安进行巡山拉练，通过巡山掌握林区内部详细情况，制订具有针对性的防火预案。9月邀请伊犁州森警部队在天保区举办了防火演练，加强了牧区防火技能的培训和防火知识的宣传。天保区本着“谁主管，谁负责”的原则，坚持不定期检查和林区巡逻次数，积极消除火灾隐患。天保团场成立了以连为单位由基干民兵组成的专业扑火及义务扑火队，使之做到“招之即来，扑之即胜”，并与各基层单位签订了护林防火责任书，把护林防火工作列入综合治理工作中，实行“双文明”考核一票否决制。分别实施天保工程的67团和74团建成全自动森林防火监控系统标志着天保工程区防火工作实现林区无缝监控和智能预警。（贾寿珍）

【林业科技创新活动】 全年兵团共推广防护林配套节水灌溉技术面积1.78万公顷，完成计划面积0.33万公顷的534%；推广良种壮苗适地适栽技术1.39万公顷，完成计划面积1.33万公顷的104%；推广商品用林速生丰产栽培技术0.79万公顷，完成计划面积0.4万公顷196%；推广林下种植、养殖技术2.25万公顷，完成计划面积0.53万公顷的421%；推广沙生植物接种繁育技术0.23万公顷，完成计划面积0.2万公顷的113%。

【中央财政造林补贴试点工作】 为提高全社会植树造林积极性，提高兵团森林资源质量，按照国家文件要求，2013年，兵团开展了中央财政造林补贴试点工作，当年中央财政造林补贴试点资金1073万元(直接补贴998万元，间接补贴75万元)；造林补贴试点任务5千公顷，目前，已完成计划的100%。造林补贴试点工作实施后，有效地减轻了林业职工的造林和营林投入成本等问题，从而提高了职工的造林积极性，有效地推动了造林绿化工作。（滕晓宁）

【兵团林业局公布第一批兵团级重点林木良种基地】 9月26日，兵团林业局经过评定，确定并公布了第一批兵团级重点林木良种基地，第一师阿拉尔市林木良种基地、第三师图木舒克市林木良种基地、第四师林木良种基地、第五师林木良种基地、第六师林木良种基地、第七师林木良种基地、第八师林木良种基地、第十师林木良种基地、第十二师林木良种基地、第十四师林木良种基地。（滕晓宁）

【兵团林业信息化建设】 到2013年，兵团林业信息化建设取得了一定成绩。已建设开通了林业专网、公安网(森林公安)专网、兵团森防网、全国林木种苗信息管理站及兵团林业有害生物信息系统等专网、外网平台，运行良好。特别是兵团林业有害生物信息系统建设得到有力推进，该项工作以网络为平台，积极抓好林业有害生物信息采集、上传和下达，以服务和互动性为原则，从兵团林业有害生物行业管理需要出发，做到及时更新和添加资料，形成与各师森防站、团场中心测报站互相沟通和交流，增强了兵团、师、团三级森防部门之间协同工作的能力。

兵团林业局进一步明确了职责和任务，直属林业各站、院和各师林业局积极配合信息化工作，主要领导亲自抓林业信息工作。安排了专人负责政务信息报送工作等。信息网站兼职信息管理员和系统维护员已配备到位。

截至2013年年底，在原有的基础上更新了视频设备、新增并更新了5台工作计算机，并增购了几台数码设备，为每个处室安装和更新了办公软件和杀毒软件，确保了办公自动化的安全运行，推动了林业信息化工作有效开展。（董理）

【林业科技培训工作】 12月15～18日，举办林业科技培训班，聘请有关专家对兵团各师、团林业管理和技术人员共计95人开展了培训工作，针对兵团林业工作中急需解决技术难题以及防护林配套节水灌溉技术，良种壮苗适地适栽技术，大芸接种繁育技术，速生丰产栽培技术，林下种植、养殖技术在全兵团范围内广泛推广等多项科学实用技术进行培训。（滕晓宁）

【林木种苗质量抽查工作】 为了进一步加强种苗质量管理，严厉打击制售假劣林木种苗行为，切实加大兵团林木种苗行政执法力度，保证兵团造林种苗质量和造林成效，2013年3月，兵团林业局下发了《关于开展2013年兵团林木种苗质量检查工作的通知》，并与兵团林木种苗管理总站组成南疆、北疆两个工作组，于4～5月，依据《中华人民共和国种子法》《林木种子质量管理办法》《主要林木目录(第一批)》《主要林木品种审定办法》《林木种苗质量监督抽查暂行规定》《林木种子生产、经营许可证管理办法》《林木种子生产、经营档案管理办法》和《林木种子包装和标签管理办法》以及《新疆主要造林树种苗木质量分级》(DB65/2201—2005)等有关规定，对兵团用于春季造林的苗木质量进行了抽查。此次共抽查了9个师、22个团场、4个树种、7个品种、25个苗批。

并将抽查的结果以及兵团林木种苗发展存在的问题和建议上报国家林业局。（滕晓宁）

【林业工程性投资】 2013年国家安排造林绿化等工程性投资总额达3.42亿元，其中退耕还林工程2.69亿元，三北工程3300万元，种苗工程100万元，造林补贴1638万元，燃油补贴2294万元。国家投资有力地推动了兵团造林绿化发展的步伐。（滕晓宁）

【苗圃建设】 据2013年统计，兵团现有苗圃259处，共有苗圃面积0.66万公顷，主要是国有苗圃和多元化投资苗圃，国有苗圃规模多在1.33～6.67公顷不等，多元化投资苗圃规模相对较大，都在20公顷以上。实际育苗面积0.16万公顷，总产苗量16 763万株。苗木总量基本满足造林需要，生态林苗木相对较充足，经济林及绿化苗木略有不足，种苗供需基本满足自育自用。

（滕晓宁）

【兵团少数民族团场植树造林】 近年来，兵团林业局加快对兵团少数民族团场林业生态建设步伐，根据兵团林业建设的总体规划，以三北防护林重点工程、退耕还林工程、林木种苗工程建设等项目工程带动少数民族团场扎实开展植树造林、改善生态环境等工作。2012～2013年，兵团37个少数民族团场共完成造林1.13万公顷，参加义务植树的干部职工人数为36.66万人，义务植树2852.97万株。（滕晓宁）

【退耕还林工作】 到2013年末，兵团巩固退耕还林成果项目完成国家投资7亿元，新建成经济林4.29万公顷，标准园1万公顷，补植补造2.38万公顷，建成节水灌溉基地5.45万公顷；在2008～2013年4年的退耕还林阶段验收中，退耕地还林合格面积已达99.99%，退耕保存率居全国前列。（滕晓宁）

【林业科技推广项目验收】 按照国家林业局要求，2013年8月，兵团林业局组织有关专家，对石河子大学农学院林学系承担的国家林业局林业科技推广项目"干旱地区造林高效保水剂技术应用与推广"(2008－48号)进行了验收。验收组通过现场查验、听取汇报，查阅相关资料，质询答疑，认真评议后，验收组一致同意该项目通过验收，并将该项目验收证书上报国家林业局。

（滕晓宁）

【自治区绿化先进集体和自治区绿化奖章获得者】 2013年9月17日，自治区绿化委员会授予兵团第六师105团、第十二师51农场、第十四师皮山农场、石河子市建设局、石河子市园林管理处、中共新疆生产建设兵团委员会党校、塔里木大学、武警兵团指挥部第8支队、图木舒克国家税务局、五家渠市靓丽保洁保绿服务部为"自治区绿化先进集体"荣誉称号；授予兵团第六师105团团长孙孝宝、第八师农林牧局林业科主任科员贾海涛、第八师133团林业站站长潘明峰、第八师148团林业站站长李新平、第十二师51农场现代农业示范园主任徐金成、第十四师林业局高级农艺师蔡国羲、石河子市建设局副局长刘玉宏、石河子市园林管理处世纪广场管理所所长张翠萍、五家渠市城市建设管理处副处长张黎明、阿拉尔市园林绿化管理处处长程乐文、图木舒克市绿化委员会办公室副主任吴铎为"自治区绿化奖章"获得者荣誉称号。（滕晓宁）

林业人事劳动

23

国家林业局领导成员

局长、党组书记：赵树丛
副局长、党组副书记兼机关党委书记：张建龙
副局长：印红(副部长级)
副局长、党组成员：孙扎根
中央纪委驻国家林业局纪检组组长、党组成员：陈述贤
副局长、党组成员：张永利
总工程师：陈凤学
国家森林防火指挥部专职副总指挥：杜永胜

新任国家林业局局长、党组书记

赵树丛　男，汉族，1955年3月生，山东诸城人，1973年7月加入中国共产党，在职研究生学历，工商管理硕士学位。1969年6月参加工作，1975年在山东医学院毕业后历任山东医学院教师、辅导员、党支部书记、团委干事、团委副书记、团委书记；1985年8月起先后任共青团山东省委常委、宣传部部长，共青团山东省委副书记、书记，其间，1987年7月至1988年7月挂职任山东省临邑县委副书记；1996年2月起任山东省泰安市委副书记、市政府副市长、党组副书记，市政府代市长、市长；1998年12月起先后任安徽省安庆市委副书记、市政府代市长、市长、市委书记；2003年1月任安徽省政府副省长、党组成员；2006年10月任安徽省委常委、省政府副省长、党组副书记；2011年4月任国家林业局副局长、党组副书记(副部长级)。

是中国共产党十四大、十六大、十七大、十八大代表，十八届中央委员会候补委员。九届全国人大代表，八届全国政协委员，共青团十三届中央常委，山东省第八届政协常委。

新任国家林业局党组副书记

张建龙　男，汉族，1957年1月出生，甘肃民勤人，1984年3月加入中国共产党，中央党校研究生学历，学士学位，高级工程师。1982年8月内蒙古林学院毕业后在原林业部西北华北东北防护林建设局参加工作，先后在调研室、办公室工作，其间，曾挂职任陕西省靖边县东坑乡副乡长和县委经济部副部长。1989年3月起历任计财处副处长、宣传处处长，1993年8月任副局长、党组成员，1994年5月兼任党组副书记，1995年5月任局长、党组副书记，1996年4月任局长、党组书记。1998年7月调国家林业局野生动植物保护与自然保护区管理司主持工作，1999年3月任野生动植物保护与自然保护区管理司司长，2001年12月任科学技术司司长，2002年9月兼任国际竹藤网络中心主任。2003年9月任国家林业局副局长、党组成员，2006年11月兼任国家林业局直属机关党委书记，2008年11月兼任国家林业局党校校长，2012年6月任国家林业局副局长、党组副书记。

是中国共产党十七大、十八大代表。

国家林业局机关各司(局)负责人

办公室
　主任：张鸿文
　巡视员：王建子
　副主任：朱新飞　李金华

政策法规司
　司长：刘永范
　副司长：王洪杰　卢昌强
　副巡视员：祁　宏

造林绿化管理司(全国绿化委员会办公室、长江流域防护林体系建设管理办公室)
　司长(秘书长、主任)：王祝雄
　副司长(常务副秘书长)：赵良平
　巡视员：于建亚　丁付林
　总工程师：吴　坚(2013年8月免职，退休)
　副司长：吴秀丽
　　　　向守都(2013年3月挂职锻炼任职)

邓尔平(2013 年 1 月结束挂职锻炼免职)

森林资源管理司

司长：郝燕湘

副司长：徐济德(兼)　袁少青

阿力木江・牙生(2013 年 1 月结束挂职锻炼免职)

野生动植物保护与自然保护区管理司(野生动植物保护及自然保护区建设工程管理办公室)

司长(主任)：张希武

巡视员：孟　沙

副司长：刘亚文

副司长(副主任)：贾建生

总工程师：严　旬

副司长：韦　萍(2013 年 3 月挂职锻炼任职)

农村林业改革发展司

司长：张　蕾

巡视员：安丰杰　孔　明(兼，2013 年 6 月任职)

副司长：李近如　江机生(2013 年 1 月免职)

李　军　苗启华(2013 年 3 月挂职锻炼任职)

森林公安局(国家森林防火指挥部办公室)

局长(副主任)、分党组书记：王海忠

副局长(副主任)、分党组成员：焦德发

巡视员、分党组成员：曹　真

副局长、分党组成员：张　萍　崔永环

发展规划与资金管理司(全国木材行业管理办公室)

司长：封加平

巡视员：高玉英、王前进

副司长(主任)：孙　建

副司长：闫　振(兼，2013 年 6 月任职)　杨　冬

副巡视员：张艳红　汤晓文

副司长：刘金富(2013 年 1 月任职)

科学技术司

司长：彭有冬

副司长：胡章翠(兼)

巡视员：张志达

副司长：李　兴　靳　芳

副巡视员：杜纪山

国际合作司(港澳台办公室)

司长：苏春雨

巡视员：金普春

副司长：章红燕

人事司

司长：谭光明

副司长：蓝增寿　丁立新　郝育军

直属机关党委(直属机关纪委)

常务副书记：高红电

巡视员：杨百瑾(2013 年 8 月免职，退休)

副书记、纪委书记：柏章良(2013 年 8 月任职)

王希玲(2013 年 3 月免职)

直属机关工会

主席：杨建新

副主席：孟庆芳

离退休干部局

局长：孙传玉

党委书记：薛全福(2013 年 1 月任职)

巡视员：李怒云(兼，2013 年 6 月任职)

副局长：张　强(2013 年 8 月免职，退休)

副巡视员：马世魁

中央纪委、监察部驻国家林业局纪检组、监察局负责人

组长：陈述贤

副组长、局长：张习文

副局长：周　洪

副司级纪律检查员、监察专员：陈汉蓉(2013 年 4 月免职，退休)

纪检监察一室主任：籍永刚

纪检监察二室主任：吴兰香

国家林业局直属单位负责人

国家林业局机关服务局

局长、党委副书记：王永海

副局长：运文田、王寿奎(2013 年 8 月免职，退休)　周　瑄

副巡视员：徐志霞

副局长、基本建设管理办公室专职副主任：姚志斌

国家林业局信息中心

主任：李世东

副主任：王福东、李达(2013 年 7 月任职)

国家林业局国有林场和林木种苗工作总站

总站长：杨　超

巡视员：刘　红(兼，2013 年 6 月任职)

副总站长：张周忙　杨连清　尹刚强(2013 年 1 月免职)　刘春延

国家林业局林业工作站管理总站

总站长：潘世学

巡视员：林海涛(2013 年 1 月免职，退休)

副总站长：何美成(2013 年 1 月任职)

张全洲(2013 年 1 月免职)　陈雪峰

国家林业局林业基金管理总站(审计中心)

总站长：孔　明

副总站长：王翠槐　路　健

副主任：陈　彤

副总站长：李　冰

国家林业局宣传中心

主任：程　红

副主任：李天送　樊喜斌

国家林业局濒危物种进出口管理中心（中华人民共和国濒危物种进出口管理办公室）
主任：印　红（兼）
常务副主任：孟宪林
副主任：马爱国（2013年1月任职）
巡视员：周亚非
副主任：周志华

国家林业局天然林保护工程管理中心
主任：孙国吉
总工程师：叶荣华
副主任：陈学军　文海忠　樊　华

国家林业局退耕还林（草）工程管理中心
主任：周鸿升
副主任：刘雪平　王殿富
巡视员：张秀斌
副主任：吴礼军
总工程师：敖安强

国家林业局防治荒漠化管理中心
主任：刘　拓
巡视员：王信建（2013年8月免职，退休）
副主任：胡培兴（2013年1月任职）　罗　斌
许　庆　刘金富（2013年1月免职）
总工程师：屠志方

国家林业局世界银行贷款项目管理中心（速生丰产用材林基地建设工程管理办公室）
主任：闫　振
副主任：姜喜山　王连志　黄采艺
总工程师：许传德

国家林业局对外合作项目中心
主任：苏春雨（兼）
常务副主任：苏　明（2013年8月免职，退休）
副主任：吴志民　刘立军

国家林业局科技发展中心
主任：胡章翠
常务副主任：王　伟
副主任：李明琪　黄发强

国家林业局经济发展研究中心
主任：刘东生
党委书记：王焕良
副主任：戴广翠　周少舟（2013年1月免职）
王剑波

国家林业局人才开发交流中心
主任：黄正秋
副主任：路永斌　文世峰

国家林业局森林防火预警监测信息中心
主任：焦德发（兼）
副主任：王元法　陈介平

国家林业局森林资源监督管理办公室
主任：郝燕湘（兼）
常务副主任：徐济德
副主任：冯树清（2013年1月任职）
张松丹　苏祖云（2013年1月免职）
副巡视员：王洪波

国家林业局湿地保护管理中心
主任：马广仁
巡视员：程　良（2013年1月任职）
副主任：严承高　袁继明　黎　平（2013年1月结束挂职锻炼免职）

国家林业局国际竹藤中心
主任：江泽慧（兼）
常务副主任：费本华（2013年1月任职）
岳永德（2013年1月免职，退休）
副主任：程　良（2013年1月免职）
费本华（2013年1月免职）　李凤波

中国林业科学研究院
院长、分党组副书记：张守攻
分党组书记、副院长、京区党委书记：叶　智
纪检组长、副院长、分党组成员：李岩泉（2013年1月任职）
副院长、纪检组组长、分党组成员：陈幸良（2013年1月免纪检组组长）
副院长、分党组成员：储富祥　刘世荣　孟　平
黄　坚

国家林业局调查规划设计院
院长、党委副书记：王忠武（2013年1月任职）
党委书记、副院长：刘国强（2013年1月任职）
王忠武（2013年1月免职）
常务副院长：刘国强（2013年1月免职）
副院长：赵中南
总工程师：张煜星
副院长：蒋云安（2013年1月任职）　唐小平
副书记、纪委书记：严晓凌

国家林业局林产工业规划设计院
院长、党委副书记：郭青俊（2013年1月任职）
党委书记、副院长：李　鹏（2013年1月任职）
郭青俊（2013年1月免职）
常务副院长：张全洲（2013年1月任职）
李　鹏（2013年1月免职）
总工程师：肖小兵
副院长：李玉印　徐新华　王欲飞（兼）
王新凯（2013年7月任职）

国家林业局管理干部学院
院长：赵树丛（兼）
党委书记：李向阳
常务副院长、党委副书记：张健民
副院长：方怀龙
党委副书记、纪委书记：黄桂荣
副院长：梁宝君

中国绿色时报社
社长、党委副书记：柏章良
总编辑：厉建祝
常务副社长：柳维河
副总编辑：张连友　曾联盟
副社长：刘　宁

中国林业出版社
党委书记：柳学军

社长、党委副书记：金　旻
副社长、党委副书记、纪委书记：李玉峰
副社长、副总编辑：刘东黎
副总编辑：邵权熙

国家林业局亚太森林网络管理中心
主任：苏春雨（兼）
常务副主任：鲁　德
副主任：王春峰　李淑新

中国林学会
秘书长：陈幸良（2013年1月任职）
常务副秘书长：李岩泉（2013年1月免职）
副秘书长：沈　贵　尹发权

中国野生动物保护协会
秘书长：臧春林
副秘书长：李青文　赵胜利

中国花卉协会
秘书长：刘　红
副秘书长：陈建武　张引潮

中国绿化基金会
副秘书长兼办公室主任：陈　蓬
办公室副主任：赵志营　杨旭东

中国林业产业联合会
秘书长：王　满
副秘书长：石　峰　王欲飞　陈圣林

中国绿色碳汇基金会
秘书长：李怒云
副秘书长：苏宗海

国家林业局驻内蒙古自治区森林资源监督专员办事处（中华人民共和国濒危物种进出口管理办公室内蒙古自治区办事处）
专员（主任）、党组书记：刘树人
副专员（副主任）、党组成员：李国臣　高广文

国家林业局驻长春森林资源监督专员办事处（中华人民共和国濒危物种进出口管理办公室长春办事处）
专员（主任）、党组书记：王志高
副专员（副主任）、党组成员：李伟明　傅俊卿

国家林业局驻黑龙江省森林资源监督专员办事处（中华人民共和国濒危物种进出口管理办公室黑龙江省办事处）
专员（主任）、党组书记：赵恩举
副专员（副主任）、党组成员：孙文义　左焕玉

国家林业局驻大兴安岭林业集团公司森林资源监督专员办事处
专员、党组书记：蒋周明
巡视员：王荣满（2013年12月任职）
副专员、党组成员：王荣满（2013年12月免职）　杜晓明

国家林业局驻合肥森林资源监督专员办事处（中华人民共和国濒危物种进出口管理办公室合肥办事处）
专员（主任）、党组书记：向可文（2013年1月任职）　薛全福（2013年1月免职）

国家林业局驻福州森林资源监督专员办事处（中华人民共和国濒危物种进出口管理办公室福州办事处）
专员（主任）、党组书记：尹刚强（2013年1月任职）　冯树清（2013年1月免职）

国家林业局驻武汉森林资源监督专员办事处（中华人民共和国濒危物种进出口管理办公室武汉办事处）
专员（主任）、党组书记：周少舟（2013年1月任职）　何美成（2013年1月免职）

国家林业局驻广州森林资源监督专员办事处（中华人民共和国濒危物种进出口管理办公室广州办事处）
专员（主任）、党组书记：许　辉
副专员（副主任）、党组成员：关进敏

国家林业局驻成都森林资源监督专员办事处（中华人民共和国濒危物种进出口管理办公室成都办事处）
专员（主任）、党组书记：付　贵
副专员（副主任）、党组成员：张志忠

国家林业局驻贵阳森林资源监督专员办事处（中华人民共和国濒危物种进出口管理办公室贵阳办事处）
专员（主任）、党组书记：康晓达

国家林业局驻云南省森林资源监督专员办事处（中华人民共和国濒危物种进出口管理办公室云南省办事处）
专员（主任）、党组书记：万兆奇
副专员（副主任）、党组成员：连文海
党组成员：李　鹏（2013年12月任职）

国家林业局驻西安森林资源监督专员办事处（中华人民共和国濒危物种进出口管理办公室西安办事处）
专员（主任）、党组书记：侯　龙
副专员（副主任）、党组成员：李彦华
副巡视员、党组成员：王彦龙（2013年12月任职）
党组成员：刘　丛（2013年5月免职，退休）

国家林业局驻乌鲁木齐森林资源监督专员办事处（中华人民共和国濒危物种进出口管理办公室乌鲁木齐办事处）
专员（主任）、党组书记：刘家顺

国家林业局驻上海森林资源监督专员办事处（中华人民共和国濒危物种进出口管理办公室上海办事处）
专员（主任）、党组书记：王希玲（2013年1月任职）　程　鹏（2013年1月免职）
副专员（副主任）、党组成员：王招英

国家林业局驻北京森林资源监督专员办事处（中华人民共和国濒危物种进出口管理办公室北京办事处）
专员（主任）、党组书记：苏祖云（2013年1月任职）
副专员（副主任）、党组成员：向可文（2013年1月免职）

国家林业局西北华北东北防护林建设局
局长、党组副书记：潘迎珍
党组书记、副局长：张　炜
副局长、党组成员：杨金恒　王作谊
总工程师、党组成员：洪家宜

国家林业局森林病虫害防治总站

总站长：马爱国(2013 年 1 月免职)

党委书记、副总站长：李青松(2013 年 1 月任副总站长)

总站长、党委副书记：宋玉双(2013 年 1 月任职)

总工程师：宋玉双(2013 年 1 月免职)

纪委书记：李永成

国家林业局北方航空护林总站

总站长、党委副书记：张惠新(2013 年 1 月任职)

党委书记：江机生(2013 年 1 月任职)

副总站长、党委副书记：李世奇(2013 年 1 月任职)

副总站长：张宝柱(2013 年 1 月任职)

张克江(2013 年 1 月任职)

总工程师：张喜忠(2013 年 1 月任职)

国家林业局南方航空护林总站

总站长、党委书记：郝佩和(2013 年 1 月任党委书记、免总站长)

总站长、党委副书记：史永林(2013 年 1 月任职)

副总站长：史永林(2013 年 1 月免职)

副总站长：吴　灵(2013 年 1 月任职)

袁俊杰(2013 年 1 月任职)

南京森林警察学院

党委书记：王邱文

院长、党委副书记：张高文

常务副院长：张治平

党委副书记、纪委书记：李　明

副书记、政治部主任：林　平

副院长：陶　珑　吉小林　傅冰钢

国家林业局华东林业调查规划设计院

院长、党委副书记：傅宾领

党委书记、副院长：刘裕春

党委副书记、纪委书记、副院长：周　琪

副院长、总工程师：何时珍

副院长：丁文义

国家林业局中南林业调查规划设计院

院长、党委副书记：周光辉

党委书记、副院长：彭长清

副院长：蒋云安(2013 年 1 月免职)

总工程师、副院长：熊智平

党委副书记、纪委书记、副院长：周学武

国家林业局西北林业调查规划设计院

院长、党委副书记：张　翼

党委书记、副院长：陈道东

总工程师：李立球

副院长：吴海平

国家林业局昆明勘察设计院

院长、党委副书记：唐芳林

党委书记、副院长：胡培兴(2013 年 1 月免职)

副院长、总工程师：张敏琦

副院长、纪委书记：周红斌

副院长：张光元　汪秀根

中国大熊猫保护研究中心

主任：陈风学(兼，2013 年 11 月任职)

各省(区、市)林业厅(局)负责人

北京市园林绿化局(首都绿化办)

局长(主任)、党组书记：邓乃平

党组成员、副局长(正局级)：史贵升

巡视员：刘宝军(2013 年 6 月免去副书记职务)

党组成员、副主任：甘　敬　朱国城

党组成员、副局长：强　健　黄德峰　高士武

副局长：周剑平　李学林(2013 年 9 月任职)

副巡视员：张建民　廉国钊　赉权民

蔡宝军

天津市林业局(天津市绿化委员会办公室)

党委书记：王宜民(2013 年 9 月任职)

局长(主任)、党委副书记：张宗启

副巡视员、副局长：齐龙云

党委副书记：庞清顺(2013 年 7 月任职)

副局长：吴学东　李果丰

党委委员：李俊柱

原党委书记：陶润立(2013 年 9 月退休)

河北省林业厅

厅长、党组书记：王海洋

副厅长、党组副书记：刘风庭

副厅长、党组成员：雷永怀　王　忠

副厅长：葛会波(2013 年 1 月免职)

纪检组组长、监察专员、党组成员：王金品

副巡视员：李桂征(2013 年 1 月退休)

山西省林业厅

厅长、党组书记：李永林

副厅长、党组成员：霍转业(正厅级)　常光明

任建中

纪检组组长、党组成员：谢　璞

总规划师、党组成员：张云龙

总工程师、副巡视员：刘虎山

巡视员：杜创业　周　洪

副巡视员：姚文达　温普德(2013 年 4 月退休)

尹福建　尉文龙(2013 年 6 月任职)

党组成员、省森林公安局局长：李　更

内蒙古自治区林业厅

厅党组书记、厅长：呼　群

厅党组成员、巡视员：曹文仲　李树平　田选明

厅党组成员、副厅长：龚家栋、阿勇嘎(兼自治区防火指挥部专职总指挥)

厅党组成员、纪检组组长：王治和

厅党组成员、总工程师：高桂英

副巡视员：杨俊平　乔　云　肖文武

辽宁省林业厅

厅长、党组书记：曹　元(2013年3月免任)
奚克路(2013年3月任职)
副厅长、党组副书记：侯喜丰
副厅长、党组成员：田树槐　武兰义　李宝德
史广海　陈　杰
纪检组组长、党组成员：张志茹(2013年6月免去此职务；2013年6月任辽宁省林业厅巡视员；2013年9月退休)
巡视员：马志刚
副巡视员：孟庆远(2013年3月任职；2013年8月退休)　唐宇光(2013年8月任职)
胡崇富(2013年3月任职)　周葆果(2013年8月任职；2013年10月退休)

吉林省林业厅

党组书记、厅长：兰宏良(2013年4月任职)
原党组书记、厅长：张德新(2013年3月免职)
党组成员、副厅长、省绿委副主任(正厅级)：
栾胜宽
党组成员、副厅长：金德友(2013年11月任巡视员)
党组成员、副厅长：乔　恒
副厅长：孙光芝
党组成员、副厅长、森林防火专职副指挥：孙亚强
党组成员：白　旋
党组成员、纪检组组长、监察专员：刘长录(2013年5月任职)
副巡视员：闫活承(2013年10月退休)

黑龙江省林业厅

厅长、党组书记：蔡炳华
副厅长：杨克杰
副厅长、森林草原防火指挥部专职副指挥：李树铭
纪检组组长：王瑞斌
副厅长：张恒芳　李跃民　杨国亭
省绿化委员会专职副主任：张凤仙
副巡视员：金　强

上海市绿化和市容管理局(上海市林业局)

党组书记、局长：陆月星 (2013年4月任职)
副书记：崔丽萍
副局长：夏颖彪　蔡友铭　鲁建平　方　岩
总工程师：唐家富
巡视员：恽奇伟(2013年7月免副局长，任巡视员)
原局长：马云安(2013年4月免职)
原巡视员：刘　磊(2013年7月免职、退休)

江苏省林业局

局长、党委书记兼农委副主任、党组成员：
夏春胜
江苏省森林防火指挥部副指挥、农委(江苏省林业局)副巡视员：严宏生
副局长、党委委员：葛明宏　卢兆庆
傅　兵　王德平
纪委书记、党委委员：邱昱东
党委委员：仲志勤

浙江省林业厅

厅长、党组书记：楼国华(2013年3月免职)
林云举(2013年3月任职)
副厅长、党组成员、巡视员：邢最荣(2013年2月退休)
副厅长、党组成员：杨幼平　俞　坚
副厅长：吴　鸿
纪检组组长、监察专员、党组成员：陈亚敏
总工程师：蓝晓光
巡视员：叶胜荣
副巡视员：王章明

安徽省林业厅

厅长、党组书记：程中才
巡视员、党组成员：汪炳瑜　程　鹏
赵　波(2013年11月任职)
副厅长、党组成员：潘法祥　齐　新
纪检组组长、党组成员：张盛林
总工程师、党组成员：汤　坚
副巡视员：唐丽影　江贻东
副厅级纪律检查员、监察专员：孙桂英

福建省林业厅

厅长、党组书记：陈家东(2013年11月免职)
陈则生(2013年11月任职)
副厅长、党组成员：谢再钟　林少霖　张明接
王宜美　欧阳德(2013年6月任党组成员)
纪检组组长、党组成员：张利生(2013年11月任职)　黄文书(2013年11月退休)
省森林防火指挥部专职副指挥(副厅级)、党组成员：谭　论
副巡视员：李岱一(2013年11月免职)

江西省林业厅

党组书记、厅长：阎钢军
党组成员、巡视员：肖　河
党组成员、副厅长：郭　家　詹春森
巡视员：魏运华
党组成员，省林科院院长、党委书记：黄小春
党组成员、副厅长：罗　勤　邱水文(2013年7月任职)
党组成员、驻厅纪检组组长：李晓浩
副巡视员：毛赣华　曹志远　刘忠根(2013年2月免职)
总工程师：胡跃进
副厅级纪检员、监察专员：郭国芸(2013年12任职)

山东省林业厅

厅长、党组书记：贾崇福(2013年3月免职)
燕　翔(2013年3月任职)
纪检组组长、党组成员：张保卫
副厅长、党组成员：辛福智　吴庆刚　刘建武
亓文辉

副巡视员：李登开　马福义　王太明

河南省林业厅

厅长、党组书记：陈传进(2013 年 3 月任职)

副厅长、党组副书记：刘有富

副厅长、党组成员：王德启　张继敬　丁荣耀　李　军

纪检组组长、党组成员：乔大伟

副厅长、党组成员、森林公安局局长：侯怀堂

副巡视员：谢晓涛　王学会　师永全

湖北省林业厅

厅长、党组书记：王海涛(2013 年 2 月调出)　刘新池(2013 年 2 月任职)

党组副书记：董祚华(2013 年 7 月任职)

副厅长、党组成员：刘晓洪(2013 年 10 月调出)　蔡静峰　谢思芳(2013 年 7 月任职)　王铭德(2013 年 6 月调出)

副厅长：黄德华

纪检组组长、党组成员：陈年山

总工程师、党组成员：洪　石

党组成员、森林公安局局长、森林公安警察总队总队长：陈毓安

巡视员：李新水

副巡视员：姜必祥　向仕斌　沈德友(2013 年 5 月退休)

森林公安局副巡视员：刘宗友(2013 年 5 月退休)

湖南省林业厅

厅长、党组书记：邓三龙

副厅长、党组副书记：胡长清

副厅长、党组成员：唐苗生　柏方敏　吴彦承

总工程师、党组成员：文振军

副厅长、党组成员：李益荣

纪检组组长、党组成员：王鹰柏

副巡视员：柳开明　吴剑波

广东省林业厅

厅长、党组书记：张育文

党组成员、巡视员：陈俊勤

副厅长、党组成员：陈亚广　孟　帆　陈俊光　杨胜强(2013 年 8 月任职)

党组成员、省纪委、省监察厅驻厅纪检组组长、监察专员：林俊达

党组成员、总工程师：谭天泳

党组成员、省森林防火指挥部专职副总指挥：彭尚德(2013 年 12 月任职)

副巡视员：王惠恒(2013 年 2 月退休)　岑　苗(2013 年 2 月退休)　李　岳(2013 年 6 月任职，9 月退休)　杨　越(2013 年 6 月任职，9 月退休)

广西壮族自治区林业厅

厅长、党组书记：陈秋华

副厅长、党组副书记：莫一平

副厅长、党组成员：韦纯良　李明琪(挂职干部)　邓建华　黄政康

总工程师、党组成员：蒋桂雄

纪检组组长、党组成员：陈泽益

区森林公安局局长(副厅级)：罗卫东

区森林公安局政委(副厅级)：李堂龙

副巡视员：肖　超　李可夫

海南省林业厅

厅长：关进平

副厅长：黄金城　刘艳玲　王春东

党组成员、防火办主任：周绪梅

党组成员、总工程师：周亚东

巡视员：秦忠文

副巡视员：曾　平

四川省林业厅

厅长、党组书记：王　平(2013 年 1 月调离)　尧斯丹(2013 年 1 月任职)

副厅长、党组成员：马　平(正厅级)　陶智全　郭亨孝　刘书贵　降　初　包建华

驻厅纪检组组长、党组成员：蒲晓虎

机关党委书记、党组成员：李　剑

总工程师、党组成员：骆建国

党组成员(正厅级)：金德成

防火指挥部专职副指挥长、党组成员：毛德忠(2013 年 12 月任职)

巡视员：赵光钦(2013 年 7 月退休)

副巡视员：龙先华(2013 年 12 月任职)　张绍荣　廖志抗　唐代旭

纪检监察员(副厅级)：黄　平

森林公安局局长(副厅级)：范成绪

森林公安局政委(副厅级)：李春洪

林业工会主席(副厅级)：熊北蓉

卧龙国家级自然保护区管理机构主任(卧龙国家级自然保护区管理局局长)：张和民

卧龙国家级自然保护区管理局党委书记：黄建华

重庆市林业局

党组书记、局长：吴　亚

党组成员、副局长：罗建极(2013 年 12 月任职)　杨富权　王声斌

副局长：张　洪

党组成员、纪检组长：庹清文

党组成员、局长助理：彭泽民　谢志刚

党组成员、总工程师：杜士才

党组成员、市森林防火指挥部专职副总指挥：戴栓友

副巡视员：张　静　晏正平　邓兴华(2013 年 11 月退休)

市纪委、市监察局派驻市林业局纪律检查员、监察专员：高承杰(2013 年 5 月任职)

贵州省林业厅

党组书记、厅长：金小麒

党组成员、副厅长：杨洪俊　黎　平　沈晓春　向守都

党组成员、总工程师：聂朝俊

党组成员、机关党委书记：黄永昌

党组成员、驻厅纪检组组长：黄　勇

正厅级干部：徐来富（2013 年 1 月退休）
副巡视员：童璧刚

云南省林业厅

党组书记、厅长：侯新华
党组成员、全省“森林云南”建设产业督导协调组组长：郭辉军
党组成员、副厅长：冷 华 刘一丹 夏留常 万 勇（2013 年 4 月任职）
党组成员、森林公安局局长：李 华
党组成员、森林防火指挥部专职副指挥长：
万 勇（2013 年 4 月免职）
杜 勇（2013 年 4 月任职）
党组成员、纪检组组长：沈光善
副巡视员：刁建国 王 哲
党组成员、武警云南省森林总队政治委员：牛喜雷

西藏自治区林业厅

党组书记、副厅长：布 穷
党组副书记、厅长：雷桂龙
党组成员、副厅长：郭 杰
党组成员、纪检组组长：郭林豫
党组成员、副厅长：索朗旺堆
宗 嘎（2013 年 6 月任职）
李 达（2013 年 8 月任职）

陕西省林业厅

党组书记、厅长：李三原
党组成员：孙承骞
党组成员、副厅长：陈玉忠 郭道忠（2013 年 7 月任副厅长） 王建阳 拓 平 彭 鸿 李嘉农 党双忍
党组成员、总工程师：范民康
党组成员、纪检组组长：赵钰莹
党组成员、秦岭国家植物园园长：沈茂才（正厅级）
副厅长：唐周怀
党组成员、森林公安局局长：马利民

甘肃省林业厅

党组书记、厅长：石卫东（2013 年 4 月任职）
高清和（2013 年 3 月免职）
党组副书记：火统元（2013 年 9 月任职）
党组成员、副厅长：赵建林（2013 年 4 月免职）
段昌盛 樊 辉 张肃斌
副厅长：张 平（2013 年 4 月任职）
党组成员、省森林公安局局长：张鹿鸣
党组成员、纪检组组长：李 智
党组成员、省绿化委员会办公室副主任：陈浩文
省森林防火指挥部专职指挥：刘锡良（2013 年 10 月任职）
省绿化委员会办公室副主任：郭 平
副巡视员：王成锁（2013 年 10 月退休）
李万江（2013 年 3 月退休）

青海省林业厅

党组书记、厅长：党晓勇
党组成员、副厅长：郑 杰 邓尔平 赫万成 王新凯（援青，2013 年 8 月任职） 高静宇 叶万彬
党组成员、三江源国家级自然保护区管理局局长：李若凡
纪检组组长：马东田
副巡视员：肖俄力

宁夏回族自治区林业局

党组书记、局长：王文宇（2013 年 1 月任党组书记；2 月任局长）
党组成员、副局长：王洪界（2013 年 7 月退休）
李月祥（2013 年 7 月调离）
李 安 曹凯龙
金韶琴（2013 年 6 月任职）
徐庆林 平学智（2013 年 7 月任职）
党组成员、纪检组组长：开永安
巡视员：佘进军
副巡视员：李 安（2013 年 7 月转任自治区林业局副巡视员免林业局副局长职务）
王明忠（2013 年 11 月任职）
王 宁（2013 年 6 月任职）

新疆维吾尔自治区林业厅

党委书记：张小平（2013 年 6 月免职）
米景刚（2013 年 9 月任职）
厅长：尼加提·马合木提（2013 年 3 月免职）
艾则孜·克尤木（2013 年 3 月任职）
副厅长：侯翠花 英 胜 吾拉孜别克·索力坦 李东升
党委委员、副厅长：王洪波（援疆干部）
纪委书记：党元德
政治部主任：彭小明
总工程师：谢 军
巡视员：侯福群
副巡视员：曾 力 李照祥 樊新民

干部人事工作

【综 述】 2013 年，人事司在局党组领导下，深入开展党的群众路线教育实践活动和“两转变两服务”活动，扎实推进政府行政管理体制改革、干部人事制度改革，健全完善教育培训政策、人才队伍建设政策，各项工作取得新成效。

教育实践活动 将教育实践活动贯穿工作之中，司领导班子带头，全司同志参与，围绕为民务实清廉这一主要内容，提高认识，狠抓学习，认真查摆问题，切实整改，活动取得显著成效。

突出人事部门特点 将深入学习贯彻全国组织工作

会议精神作为重要内容，围绕习近平总书记建设模范部门要求，提出了开展“三项专题讨论”、着力提升“两种能力”、实现“三个促进”的活动目标。通过“怎样是好干部、怎样成长为好干部、怎样把好干部用起来”专题讨论解决认识问题，通过“建设讲政治、重公道、业务精、作风好的模范部门”专题讨论解决自身建设问题，通过“抓好新形势下干部队伍和人才队伍建设”专题讨论解决工作问题，着力促进作风转变、素质提高、工作落实，切实提升人事司服务林业发展大局的能力、服务全局干部职工的能力。

坚决抓好整改 教育实践活动能否取得实效，关键看整改。坚持边查边改，积极推动解决大量事关单位发展、事关群众切身利益、干部群众普遍关心关注的焦点问题。党组144条意见中由人事司牵头解决18条，全司查摆问题6条，均已制订了整改计划、方案和时限，正在抓紧落实。坚持加强制度建设，研究提出建立和修订10项制度，努力健全密切联系群众的长效机制。

坚持领导带头 带头开展学习、撰写学习体会，专题讨论班子每人侧重一个专题主发言。除从自身查找不足外，每名班子成员还分别带队到一个规模较大直属单位征求意见。酝酿和召开专题民主生活会时，班子成员与全司同志普遍进行了认真谈心谈话，班子成员之间主动相互坦诚交心、开展相互批评，专题民主生活会达到了预期效果，得到了督导组的充分肯定。特别在整改工作中，司领导班子每位成员都主动承担责任、承担任务，带领分管处室同志认真研究政策、制订整改方案。司领导班子带头作用，引领了全司活动积极开展。

机构保障能力建设 十八届二中全会对推进政府机构改革和职能转变提出了明确要求。全司深入研究林业职能，优化机构配置，确保满足林业发展需求。

积极谋划林业职能 组织对林业职能进行了全面分析和研究，编写了详尽材料，报送中央有关领导和中央编办，呼吁强化林业职能、加强林业行政机构建设。积极应对不动产统一登记，扎实做好前期准备，反复协调争取，有理有据地阐述意见和理由，保证森林资源管理职能未被削弱，反而强化了部分职能。全力应对农业部修订“三定”方案拟调整国家林业局在野生动植物疫源疫病监测、检测、防控和出入境动植物检疫方面职能问题，主动沟通协调并得到了中央编办支持，确保了国家林业局职能未受影响。

优化职能和机构配置，加强林业能力建设 争取中央编办2013年1月正式批复国家林业局成立大熊猫保护研究中心，在事业单位清理规范过程中新增了林业事业单位。按照转变职能的要求，着手对内部职能交叉情况进行了汇总整理和分析。适应生态林业民生林业建设要求，在林科院、规划院等多个单位加挂机构牌子，对部分单位内设处室及处级领导干部职数进行了调整，充实和完善了直属单位职能配置，保障了单位长远发展。

积极推进事业单位分类改革，确保林业利益 事业单位分类改革政策性强、涉及面广，群众关注度极高。我们吃透中央精神，及时加强政策解读和思想引导，有效防止了人心波动。精心指导各单位分析情况、找准定位，经反复研究、提出了分类意见。在与中央编办沟通意见过程中，积极反映林业实际情况，逐一解释有关疑问，坚持各单位利益，确保科学合理的分类方向。对涉及行业体制改革的报社、林科院，积极加强与行业体制改革牵头部门沟通联系，争取到报社基本被列为一般时政类报刊而划入公益二类，林科院分类也取得了较好进展。特别是对最可能被划为经营类的两个规模较大单位，经努力争取已基本确定划入公益二类，有力确保了单位发展和职工队伍稳定。

此外，按照政社分开的要求，努力适应新形势社团组织管理模式的变化，积极加强管理和服务，促进社团充分发挥利用社会力量加强林业建设的作用。加强与民政部联系，对存在突出问题的防治荒漠化基金会进行清理和整改，指导有关协会换届，加紧筹建成立湿地协会。

领导班子和干部队伍建设 干部工作是组织人事工作中的头等大事。我们一直坚持发挥参谋助手作用，按照党组要求，不断加强干部队伍建设。

深化干部人事制度改革，推进领导班子和各级干部队伍建设 扩大民主推荐力度，完善竞争性选拔程序，继续推进干部交流。按照党组部署，对十几个单位主要领导和20几名领导班子成员进行了调整充实，审批和组织开展了20几个单位的处级干部选任工作，进一步改革了班子结构，解决了很多历史遗留问题。从地方选调1名副司局级干部和16名处级干部到国家林业局工作，对直属机关24名干部进行了交流，进一步增强了干部队伍活力。通过公务员招考招录了25名机关和参公单位工作人员，第一次在全局范围内开展事业单位公开招聘毕业生工作，京内外单位共招收332名应届毕业生，有力补充了新生力量。

干部培养 培养是保证选好用好干部的重要基础。按照缺什么补什么的原则，一方面积极争取名额，选派了19名司局级、3名处级干部参加了中央党校、行政学院和3所干部学院的理论业务培训，组织了司局级干部选学和网络学习，举办了任职培训等十几期培训班，培训直属机关干部2000余人次，有力提高了直属机关干部理论和业务知识水平。另一方面加强实践锻炼，在2012年选派干部挂职锻炼的基础上，2013年又选派了6名干部参加第七批援藏、第二批援青工作，选派了3名司局级干部、8名处级干部分别到地方挂职锻炼，切实提高干部解决实际问题、应对复杂局面的能力。

干部日常监督与管理 干部监督管理是确保干部队伍健康成长的关键。一年来，认真做好2012年年度考核评优和结果反馈工作，组织开展了直属机关重大事项报告，集中力量对公务员管理信息系统数据库进行了补充和完善，对近800名公务员和参公单位干部档案进行了清理规范，进一步加强了对干部因私出国（境）的管理。

教育培训 改革教育培训理念，丰富培训手段，不断提高培训针对性、实效性，有力提升直属机关和行业队伍的整体素质和服务林业工作能力。

建立机制，拓展工作联系渠道 加强与中组部、教育部、公务员局等部门联系，把林业教育培训工作纳入到全国干部教育培训工作大局和林业中心工作中去谋划，确保各项工作及时部署和开展。建立了重大工作及时反馈机制，实现重要信息动态上传下达，有力保证了

工作开展。

行业培训取 大规模开展培训，并利用能广泛接触地方干部的机会，把培训作为宣传贯彻国家林业发展方针政策、把党组工作部署融入地方工作大局的重要途径，积极为林业发展大局服务。组织开展了林业厅长、地市林业局局长、重点县林业局长整体配套培训，起到培训一个人、带动一个地区的作用。成功组织了首期赴美国人力资源管理培训。组织实施知识更新工程，协调开展面向地方的业务培训，有力促进行业干部队伍综合素质和工作能力的提升。利用电视台专用频道、电信网络频道和林业教育培训网，开展现代远程教育，普及科技知识，宣传林业政策，介绍林农致富经验，切实达到了"让党员干部受教育，使人民群众得实惠"效果。全年向中央电视台报送教材 52 期共 173 个课件 3120 分钟，荣获 24 个专业奖项，并得到了中组部的表彰和经费奖励。在中组部下达的分管林业县级领导专题培训工作中，引入全新的结构化研讨，大大提高了培训针对性、实效性，得到了参训干部和中组部有关司局的高度评价。同时，利用研讨聚焦地方干部普遍关注的 21 个重点林业问题，得到了党组高度重视并转发相关司局进行研究。

高等教育、职业教育和学科建设 积极推进国家林业局与教育部、农业部联合出台了《推进高等农林教育综合改革若干意见》《实施卓越农林人才教育培养计划》，对改革林业教育、服务林业、提升林业教育竞争力作出具体部署，推进林业建设与林业教育的深度合作。以高校共建为平台，推进了高校服务林业建设能力，促进了林业学科建设。加强了对林科院、南京警院学科、专业建设、招生就业及成人教育的指导和管理工作。强化林业职业教育管理，协调指导组建了南方、北方林业职业教育集团，开展了高职重点专业评选，组织首届全国高等林业职业院校职业技能大赛。不断加强职业教育专业课程、教学标准、示范基地建设，提升了林业职业教育技能实用型人才培养能力。

林业人才工作 以完善岗位设置、加强高级专业人才队伍建设为重点，林业人才队伍建设得到了全面加强。

进一步完善事业单位岗位设置 随着事业发展，各单位岗位总量不足、结构不合理、高级职位紧缺等矛盾日益突出。经反复争取，人社部批复国家林业局新增岗位 1800 个，特别是新增高级专业技术岗位 466 个，保证了国家林业局需求。组织对各单位设置进行了全面调整，高级岗位重点向科研、生产一线倾斜，有力满足了基层和生产一线单位需要，调动了广大干部职工的积极性，激发了单位活力。

实施林业人才重点工程，加强高层次专家和专业技术人才队伍培养 改变重选拔、轻培养的作法，加大了培养工作力度，建立了政策、经费保障机制。为打造一支数量充足的科技领军人才、战略专家队伍，组织实施"百千万人才工程"省部级人选培养工程。制订了高端科技人才引进办法，着手创建高层次人才库，建立了局党组直接掌握联系专家制度。完成了两院院士候选人和"百千万人才工程"国家级人选选拔评审工作，国家林业局有一名干部获评"百千万人才工程"国家级人选。选派了两名同志作为中组部第 14 批"博士服务团"成员分别到贵州和陕西锻炼服务。为加强西部高层次林业科技人才队伍建设，接收了 8 名西部之光访问学者和 5 名新疆第二批林业青年科技英才到国家林业局有关直属单位研修培养。修订了《林业工程专业技术资格评审条件》，进一步完善了高层次专业技术人才评价体系。

林业表彰 完成了林业系统部级荣誉称号表彰工作，精心策划组织了"林业英雄"余锦柱先进事迹宣传活动，完成了第十二届中国林业青年科技奖评选和第十三届中国青年科技奖推荐工作，指导有关业务司局开展单项业务表彰工作。进一步发挥先进模范人物的积极影响，掀起了学典型、促工作、争先进的热潮。

此外，完成了天保中心工资转制套改工作，完成了工资变动审批和发放工作。根据工资总额管理的要求，对各单位工资计划使用做了明确规定，完成了直属单位 2013 年工资总额测算和计划下达。 （段兆刚）

人才劳资

【周玉成等 8 人享受国务院政府特殊津贴】 2013 年，人力资源社会保障部印发了《关于公布 2012 年享受政府特殊津贴人员名单的通知》（人社部函〔2013〕31 号）文件，公布了 2012 年享受政府特贴人选名单。国家林业局周玉成、刘国强、李芳东、朱丽艳 、肖文发、傅万四、尤德康、周志春 8 名同志经国务院批准享受 2012 年政府特殊津贴。 （王常青）

【于海鹏等 20 人获得第十二届"林业青年科技奖"荣誉称号】 2013 年，国家林业局组织开展了第十二届林业青年科技奖评选工作。经林业青年科技奖评审委员会评审和林业青年科技奖领导工作委员会审定，决定授予于海鹏等 20 名同志 "林业青年科技奖"荣誉称号（名单见附件）。荣获第十二届"林业青年科技奖"的 20 名同志，是近年来林业战线上青年科技工作者的优秀代表，他们热爱林业事业，刻苦钻研，积极创新，锐意进取，取得了显著成绩。 （王常青）

【第十二届"林业青年科技奖"获奖者名单】

（按姓氏笔画排名）

姓 名	工作单位及职称
于海鹏	东北林业大学材料科学与工程学院教授
王伟宏	东北林业大学木材科学与技术教授
王明玉	中国林业科学研究院森林生态环境与保护研究所副研究员
邓立斌	国家林业局调查规划设计院高级工程师

宁德鲁　云南省林科院经济林研究所研究员
向左甫　中南林业科技大学生命科学与技术学院教授
何奇江　浙江省杭州市林业科学研究院副研究员
何彩云　中国林业科学研究院林业研究所副研究员
张江涛　河南省林业科学研究院高级工程师
张德强　北京林业大学生物科学与技术学院教授
杨汉奇　中国林业科学研究院资源昆虫研究所研究员
陈金慧　南京林业大学森林资源与环境学院教授
周晓燕　南京林业大学材料科学与工程学院教授
庞　勇　中国林业科学研究院资源信息研究所副研究员
罗志斌　西北农林科技大学林学院教授
金丽华　东北林业大学生命科学学院教授
胡兴宜　湖北省林业科学研究院研究员
柴守权　国家林业局森林病虫害防治总站高级工程师
曹石林　福建农林大学材料工程学院副教授
黄晓凤　江西省林科院野生动植物保护研究所副研究员

【刘璨入选“百千万人才工程”国家级人选并被授予“有突出贡献中青年专家”荣誉称号】　2013 年，人力资源社会保障部印发了《关于印发 2013 年国家百千万人才工程入选人员名单的通知》(人社部发[2013] 80 号)文件，根据《国家百千万人才工程实施方案》规定，在各地区、各部门、有关单位推荐人选的基础上，经人力资源社会保障部等 9 部门组织专家评审，国家林业局经济发展研究中心刘璨研究员入选 2013 年国家百千万人才工程，并被授予“有突出贡献中青年专家”荣誉称号。

（刘庆红）

国家林业局直属单位

24

国家林业局经济发展研究中心

【综　述】 2013年开展各类研究项目总计46项，其中新增研究项目21项，新增研究经费300余万元，组织基层调研178人次。截至年底，共形成研究报告92篇，已经或即将发表71篇，出版专著13部，参与编写著作12部，提出政策建议近50项，获局领导批示14项。总体来讲，各项工作进展顺利，取得了良好的社会反响，并且继续保持平稳发展势头。

服务大局　认真履行服务职能

认真贯彻十八届三中全会精神，围绕全面深化林业改革开展前瞻研究　①围绕进一步完善社会主义林业市场经济体制，开展健全现代林业市场体系和林业宏观调控体系研究。②围绕继续深化集体林权制度改革，开展集体林产权、林区民生等研究。③围绕稳步推进国有林区改革，研究构建以明晰事权（中央、地方、林区企业）为基础，以调整利益关系为核心，以活化改革动力机制为保障的国有林区管理体制。④围绕推进国有林场改革，开展国有林权益实现途径及国有公益型林场和商品型林场分类改革研究。五是围绕推进林业重点工程管理改革，开展投资体制、社会参与机制、进一步促进民生改善等工程管理体制机制研究。

发挥研究特长和队伍优势，圆满完成局党组批办事项　①落实汪洋副总理和局领导对山西实施造林直补批示的调研任务，前往山西太原造林直补试点村，实地了解近年来开展造林直补的试点运行情况，迅速提交了包含试点经验、存在问题和政策建议等内容的调研报告，圆满完成了工作任务。②落实赵树丛局长和张建龙副局长批示，牵头完成温家宝指导林业工作若干材料的搜集，并整理汇编成册。③落实赵局长关于粮食安全批示精神，组织编辑近年来林业与粮食安全相关研究成果，专报局党组。④落实局党组群众路线教育实践活动整改任务，组织起草了《国家林业局关于规范调查研究工作意见》。⑤落实张永利副局长关于“新疆巴州26万亩生态公益林因断流缺水濒临枯死”批示任务，完成专题调研报告，提出多项政策建议。

围绕生态文明建设开展相关研究及宣传，提供重要的林业政策建议　①组织开展生态文明管理体制研究。通过“生态文明与国家行政机构设置”课题研究，提出以林业部门为基础，逐步建立起大部制性质的生态建设管理机构。同时，与清华大学胡鞍钢教授等一同起草“关于加强机构建设和能力建设的建议”，并通过《国情报告》上报中央，呼吁强化林业机构建设的重要性与必要性。开展生态建设体制问题研究，撰写《关于生态建设体制的若干问题》送局领导参阅，及时、较好地服务局领导决策。②开展林业与生态文明研究。组织并参与《推进生态文明建设规划纲要》《林业兴衰与生态文明》《走向生态文明》“中国林业发展与建设生态文明”“建设美丽中国，推进生态林业、民生林业发展”等专著和报告撰写工作，深入推进生态文明的理论研究。③开展生态化与工业化、信息化、城镇化和农业现代化问题研究，重点对城镇化、工业化与生态化关系进行研究，并集中刊发有关生态化的理论文章。④加强生态文明宣传报道。在所属期刊、杂志上开辟专栏，宣传林业系统生态建设成就和先进典型。

深入基层广泛调研，为发展生态林业和民生林业提供政策理论支持　①开展重点国有林区民生监测、北京市农民林业收入监测，同时启动了集体林区（浙江、湖南）民生监测，并建立了研究基地。②强化重点森工企业社会经济效益监测，开展国有林区棚户区改造、国有森工企业职工社会保险体系建设专题调研，为国有林区民生改善服务。③在2012年深入调研的基础上，完成全国31省（区、市）林业就业测算，估计了中国林业主要行业就业总规模，为反映林业对民生的贡献奠定基础。为反映林业对民生的贡献奠定基础。④在林业重点工程对农民生计持续影响研究中，力求加强政策建议对群众诉求和存在问题的针对性。提出了将改善民生、消除贫困作为林业重点工程建设的重要目标，充分发挥政策机制在林业重点工程解决民生方面的杠杆作用和市场竞争机制在资源优化配置中的重要作用等多条政策建议。

认真完成局领导交办任务，密切协助司局开展工作　全年参与撰写高层领导讲话15篇，完成司局交办任务39项，回复司局征求意见文稿17件，抽调近30人次协助局办公室、林改司、政法司、造林司、公安局、场圃总站、工作总站、基金站、人事司、机关党委、监察局等司局开展工作；代表国家林业局连续第七次参加全国两会秘书处工作提案工作，受到了全国政协办公厅的书面致谢。

发挥优势　务实开拓基础理论研究

林业与绿色经济相关研究全面铺开　①“中国森林资源核算和绿色经济评价体系研究”正式启动，在此项国家林业局与国家统计局共同开展的重大项目研究中，中心牵头负责“林地林木资源核算”及“绿色经济评价指标体系”两个核心专题的研究。与北京林业大学的专家团队联合攻关，并多次向中国人民大学、局林改司、计财司、规划院的专家咨询，确定了核算的技术方法体系。完成了两次森林资源清查时点上的林地林木资源实物量和价值量核算。②“林业与绿色经济”理论研究自2011年启动以来不断充实完善，研究力量包括经研中心的多个研究室、清华大学国情研究院和北京林业大学经济管理学院，同时还聘请了清华大学胡鞍钢教授、北京林业大学宋维明校长作为研究顾问。在进行理论研究和评价指标体系设计基础上，对林业绿色经济评价指标构建过程进行预调研并组织专家咨询与论证。

国家重大安全战略研究持续开展　①“国土生态安全指数”研究在2012年初步研究成果的基础上，2013年继续深入开展，并为“两会”准备了“生态化是中国未

来发展的重要战略机遇”文稿。②连续开展木本粮油、生物质能源、木材战略储备基地建设、林业与自然灾害防控等涉及国家安全战略的课题研究，为林业服务国家战略做好理论储备。③林业与气候变化相关研究顺利推进。国家气候变化立法林业问题研究取得了阶段性成果，林业碳汇相关重大课题研究进展顺利，启动了气候变化背景下中国林产品贸易和木材安全问题研究。

林业综合性政策研究不断拓展 ①林业经济理论及政策研究持续深入。认真梳理近10年来的调研成果，撰写并发表具有一定深度的理论文章，推动林业重点工程和集体林权制度改革政策、经济学研究的更深、更高层次的发展。②依托集体林权制度改革监测项目，参与开展多项研究工作。包括“森林保险政策影响评价研究”，全国集体林改督查、统计，全国林权流转情况报告等。③林业法制研究持续推进。开展了“林业政策框架体系研究”“中国自然遗产管理体制问题研究”“中国林业生态建设法律体系研究”“林业行政执法人员系统管理”“林业行政执法及许可信息服务和交流”等工作。④完成蒙特利尔进程研究任务，推动中国森林可持续经营国家报告出版。该报告是首个以中英文正式出版的森林可持续经营国家报告，中心的参与使这个以前主要以自然科学为主的报告，得以系统地展示中国森林可持续经营的政策机制及其社会经济效益，并与自然科学部分相呼应，科学完整地再现中国森林可持续经营状况。

深入实际　扎实推进实证调查研究

近年来，中心开展的工程、政策监测工作已陆续覆盖林业重点工程社会经济效益监测、集体林权制度改革监测、林业产业监测、森林抚育经营政策监测、中央财政林业补贴政策监测、民生林业监测(重点国有林区、集体林区、北京市)等6大类，固定监测点涉及28个省(区、市)、437个县(企业、国有林场、自然保护区)、700个村、11 633个农户和职工家庭。这些监测对了解基层信息、掌握第一手资料、反映工程和产业发展动态、跟踪政策实施效果及进一步完善政策发挥了独特作用。

林业重点工程社会经济效益监测进一步调整管理方式 组织完成林业重点工程社会经济效益监测十年报告的撰写工作，并在《中国绿色时报》上全文刊登，系统地介绍林业重点工程社会经济效益监测十年成果；监测数据网络上报系统正式运行，有效提高监测工作效率；委托四川芦山震区监测县调查员慰问受灾农户，加强了监测点与中心的沟通与联系。

集体林权制度改革监测进一步强化项目管理 完成了2013监测报告，并在《中国绿色时报》上专版解读林地流转对象、林权抵押困境、林业补贴受益者等10个社会关注的热点问题，加强监测成果宣传；进一步扩大了林改对改善民生方面的监测内容，优化监测指标体系；通过网络开展监测培训、解答问题，加快推进项目进度；建设监测年度数据库，提高监测工作质量。

林业产业监测在方法和技术上有新突破 加强了要素监测，同时加快了监测报告发布频率，月度监测结果的发布受到有关司局好评；与主要司局合作开展经济林数据库建设；完成“中国林业企业采购经理指数网络系统”测试，全面启动林业采购经理指数(FPMI)调查工作，已与381家企业建立了合同关系，为下半年正式发布指数打下了良好的基础。

森林抚育经营政策监测稳步推进 整合资源和力量，加强协调管理，扩大监测网络，做好发布年度国家《中央财政森林抚育补贴政策成效监测报告》的基础工作。

新启动中央财政林业补贴政策监测 加强补贴理论研究，在整理森林抚育监测成果的基础上，2013年启动中央财政林业补贴试监测。设计完成了林业补贴监测方案，包括县、村和户三级监测指标和工作技术路线；加强网络建设，形成覆盖6个省份的监测网络；加强补贴理论研究，形成《主要国家林业补贴政策比较研究》书稿。

全面启动民生林业监测 开展重点国有林区民生监测，形成重要成果；继续开展北京市农民林业收入监测工作，完成年度报告并召开专家座谈会；启动了湖南、浙江集体林区民生监测；开展国有林区职工家庭生计专题、国有林区棚户区改造专题和黑龙江国有森工企业职工社会保险体系建设等民生专题调研。

巩固影响　坚持实施品牌战略

经过多年积累，中心已经形成了包括重大调研、中国林业发展报告白皮书、六大监测、林业产业年鉴、《绿色中国》《林业经济》《决策参考》《动态参考》、中国林业经济论坛在内的16项研究和工作品牌。

林业重大问题调研 深化调研成果运用，努力服务决策。整理2012年调研报告中反映出的重要结论和政策建议，完成10篇调研成果简报，供领导和有关司局单位参阅；确定2013年的20项调研题目，以局办文件下发《关于开展林业重大问题调研工作的通知》，内容涉及林业与生态文明建设、林业与国家战略安全、生态林业与民生林业、林业改革、林业产业和保障体系6个领域；积极与地方林业主管部门沟通，协助林业院校赴基层开展调研。

中国林业发展报告(2013)编纂工作有序推进 与计财司联合召开工作任务布置会，组织编写人员座谈会，完成报告中文版的撰写、修改、出版、发行等工作，各项编纂工作顺利进行。

林业产业年鉴 编纂工作依托“中国林业产业与林产品信息网络平台”顺利开展。已出版《中国林业产业与林产品年鉴》第四卷，召开全国各省林业产业处长会议，预计第四季度完成第五卷年鉴编撰出版工作。

《林业经济》期刊在办刊组织、刊物质量上有新提高 强化策划组稿，提高采编效率，协办稳步发展，发行良性运作；下大力抓好策划和重点稿件的组织工作，每期确保一个重点栏目和数篇亮点文章。启动投稿网站，提升审稿速度，提高编审效率。期刊理事单位数量在上年72家的基础上，2013年增至95家。

绿色中国 杂志社在编辑、出版、发行、经营管理和网络电视建设等方面，都有所进步和发展。编辑“两会”专刊系统阐述生态林业和民生林业的发展思路，并配发了对十八大报告的解读文章，受到与会代表的称赞；网络电视强化组织建设，完善管理和激励制度，进一步加强四大经营部门管理，明确目标和任务，发展势头良好。

绿色中国年度焦点人物评选及颁奖活动 继续组织“2012 绿色中国年度焦点人物”“2012 中国绿色宝贝”评选与颁奖，活动的社会影响持续扩大。

绿色中国行公益活动 成功举办“第三届东北亚生态(伊春)论坛暨绿色中国行：‘8+1’对话伊春”大型电视访谈和“绿色中国行—走进海南紫园”明星共建绿色中国林社会活动并获得广泛好评。

《决策参考》影响持续扩大 每周出版一期，截至2013 年年底已出版了 141 期。自去年扩大发送范围后，从各地的反馈情况来看，《决策参考》受到了很大的关注和肯定，影响范围不断扩大，多次得到领导批示，逐渐成为国家林业局内部参考资料的一个新标杆。

《气候变化、生物多样性和荒漠化问题动态参考》 坚持“快、新、深”要求，取得了显著成效。全年编发至总第 58 期，集中、及时、全面地反映了国内外林业议题和生态治理重要内容，共提供了上百份有价值的重要政策信息，多次得到领导批示；整理汇编 2012 年各期《动态参考》，出版《气候变化、生物多样性和荒漠化问题动态参考 2012 年度辑要》，受到相关司局和外部单位的好评，较好地体现了服务决策、推进工作的办刊宗旨。

10. 中国林经学会工作稳步推进，取得了新的突破。经民政部批准，2013 年陆续成立了“油用牡丹经济”“集体林经营研究”“森林资源与环境经济”委员会，专业委员会从 6 个增加到 9 个；召开了 2 次油用牡丹学术研讨会，参与组织举办了 2 次林产工业发展研讨会；组织开展 2013 年度“中国林业经济学会优秀论文”评奖工作，各方面推荐的 100 余篇论文经过初选复选及学会专家组匿名评审，共产生一等奖 3 篇、二等奖 7 篇、三等奖 15 篇；在西北农林科技大学举办了第十一届中国林业经济论坛，以大力推进生态文明建设、林业生产经营方式与可持续发展为主题，对林业经营方式与生产效率、林业区域可持续发展与反贫困、林权制度改革效率与相关政策创新、生态恢复工程评价与生态补偿等问题进行了深入的研究与探讨。

强化交流 拓展深化联系合作

研究组织工作不断加强 以国家林业局林业重大问题调研工作为平台，与多个政府部门、研究机构、大专院校和社会团体等建立了相对稳定的合作渠道和长期联系，合作范围不断拓展，合作领域不断深化，合作形式不断完善。积极组织开展“三峡库区生态屏障区生态建设重大问题研究”课题申报并顺利通过了课题竞标，不断拓展和开辟新的研究平台。

国际合作交流深入开展 通过“引进来，走出去”，积极开展国际交流与合作，不断提升和扩大中心对外影响。①承担国际森林问题研究项目，派员出席联合国森林论坛第 10 次会议并在由中国国家林业局、联合国森林论坛和联合国粮农组织共同举办的“中国履行《国际森林文书》实践”的边会上发言。协助国合司准备谈判对案，编写《森林：生态与民生》及《中国林业概况》英文宣传册，起草向国务院汇报等大量工作。协助对外项目中心完成联合国森林论坛国际森林机制国家报告编写。②积极促成“退耕还林：监测、评估与政策展望”国际合作研究。作为国家林业局与国际林业研究中心 3 年合作框架下的首个研究项目，研究将以退耕还林社会经济效益监测结果为基础，探讨退耕还林政策对中国热带、亚热带地区农户生计、土地利用及环境的影响。③开展中国－GEF 干旱生态系统土地退化防治管理与政策项目研究。完成《公益林和区域生态补偿机制研究》一书的编写出版工作，完成《干旱土地退化防治效益评价与补偿机制研究报告》，参加可持续土地管理政策与实践国际研讨会并做大会发言。④参与局国合司主持的“林业国际公约履约战略研究”项目，负责总研究报告起草工作。五是参加国际劳工组织关于体面就业与中国林业长期发展研讨会，介绍中心研究成果，宣传中国林业政策。

筹备举办合作论坛及相关活动，提升和扩大中心对外影响 ①与伊春政府等承办方密切合作，组织筹备第三届东北亚生态(伊春)论坛，论坛 以“生态文明与绿色发展”为主题，就如何推动东北亚走上绿色发展道路、民生林业建设等话题展开讨论，并在前两届的基础上增加了大型电视访谈“8+1 对话”节目。②“绿色财富论坛”在美国洛杉矶召开。论坛由美国商务部少数族裔商业发展署、中国绿色产业博览会组委会、中美投资博览会组委会、绿色中国杂志社联合主办，在美国引起强烈反响。③在下基层调研工作中，在广西百色阳圩镇中心小学开展捐资助学活动，既加强了与地方林业部门的联系也扩大了经研中心的社会影响。

强化党建、培养人才、完善制度

加强党建、促进作风转变 ①部署开展党的群众路线教育实践活动。成立领导机构，及时动员部署、组织学习交流和主题研讨，梳理科研、人事、政务、财务管理 4 方面 15 项需要建立修订和完善的制度，并指定专门负责督查，确保教育实践活动取得实效。召开中心领导班子民主生活会和处级党员组织生活会，对照检查、整改提高。②按照国家林业局“两转变，两服务”活动要求，结合自身的职能特点，在中心开展为期两个月的“提高意识、提高能力，服务大局、服务基层”活动，旨在通过学习自查、重点规范达到全面提高的目标。③推荐科研支部以主题党日活动为内容，参加国家林业局党建品牌创建的申报工作。科研支部荣获国家林业局党建品牌中的“主题党日品牌”，受到国家林业局表彰。④严格按照程序做好党员发展工作。共有 7 人递交入党申请书，上半年吸收发展 1 名预备党员，下半年培养考察完毕 1 名入党积极分子。

加强人才队伍建设 ①加强干部培养工作。通过民主推荐、考察等程序向局推荐 1 位正局级干部；选拔 3 名优秀青年干部充实中层领导岗位；2 名试用期满干部通过考核，按期任职；推荐 1 名 2013 年“百千万人才工程”国家级人选、2 名省部级人选候选人、15 位重点培养后备人员；推荐优秀青年业务骨干参加国家林业局第十四批“博士服务团”；同时积极争取各类培训机会，为提高干部整体素质、促进中心优秀科研骨干成长创造条件。②做好人员招聘及续聘工作。开展 2013 年高校毕业生公开招聘，通过网上公布招聘信息、组织笔试、面试综合考核等环节，中心招收 1 名、杂志社招聘 6 名符合要求的毕业生充实到一线岗位；完成中心研究生导师申报和有关研究生招收、考试等管理工作；按照事业

单位岗位设置管理要求，做好在职人员合同内容变更和合同到期后的续聘管理工作。③承办国家林业局工程系列高级专业技术职称评审组织工作。认真审核上报中心研究人员的专业技术职称申报材料，有5位同志通过了高级职称任职资格、3位同志通过中级专业技术职称任职资格。④2013年研究工作及职工个人获得了多项奖励。主要有：《林业重大问题调查研究报告》和《林业经济》荣获第五届关注森林——梁希图书期刊奖；经中国学术期刊电子杂志社、清华大学图书馆、中国学术文献国际评价研究中心评选，《林业经济》入选"2013中国国际影响力优秀学术期刊"；政策室主持的"林业重点工程与消除贫困"项目申报并获得北京市科学技术进步奖；"林业生态保护与发展的政策效应及选择"项目获得梁希林业科学技术二等奖；调研二室的"林下经济农户问卷调查结果与分析——以云南省永胜县三个村为例"，获得2013年度"中国林业经济学会优秀论文"一等奖。中心妇工委被评为国家林业局优秀妇女组织，赵萱被评为优秀妇女工作者；谢晨荣获人保部等五部委京津风沙源工程先进个人表彰、民革中央2013年度提案表彰和东城区政协2013年度提案表彰；刘珉入选国家环保部"生态建设与可持续发展类"专家库人选；李磊被局办公室授予"国家林业局建议提案办理工作优秀个人荣誉称号"；张英豪参与编写的《中国湿地研究报告》获环保部新闻类专著一等奖；张晓静获"转变职责、服务基层、深化改革"建言献策征文三等奖；王佳男荣获中央国家机关书香"三八"征文二等奖；文彩云获得国家林业局"美丽中国 姐妹同行"主题演讲比赛优秀奖、王佳男获纪念奖；王佳获2013年局机关工会联合会"优秀工会积极分子"表彰。

加强制度建设 ①开展"加强和规范中心科研项目、人员聘用及经费管理"专项活动，启动"经研中心人事管理系统"，为提高管理科学化水平做好基础支撑。②制定党委中心组学习制度、群众意见征求机制、研究工作交流机制、工作督查办法、基本办公工作流程等系列制度，认真落实党委领导班子整改措施。③完善研究项目合同管理，控制合作风险，保护中心的研究成果和知识产权。

加强信息网络建设 ①研究网络及项目数据库建设成效显著。六大监测在各地建立起的固定监测点和研究基地，为林业实证研究和重大政策研究提供了重要支撑。②加快林产品贸易电子商务服务平台建设，以适应产业监测未来研究的需要。③政务信息报送工作继续加强。全年共向局办公室报送信息181条，累计390分，在司局及直属单位68家机构中，排第19名；④加强经研中心网站建设。网站浏览量10多万次，在中国林业网信息采用排名中列第45名。⑤加强对科研工作的信息服务力度。

加强后勤服务和发挥工会、妇女、老干部作用 ①组织实施办公及住宅楼基建工作。②强化安全管理，落实工作责任。③发挥工会、妇女、青年组织的作用。④切实关心职工健康。⑤努力做好老干部服务及老干部支部建设工作。 （办公室）

【林业重大问题调查研究】 2013年，林业重大问题调研工作深入贯彻党的十八大、中央农村工作会议及全国林业厅局长会议精神，坚持服务大局、服务基层、突出重点的原则，围绕关系林业发展全局的重大理论和有关热点问题组织力量开展调研活动，为林业科学决策提供保障。

深入研究，确定林业重大问题调研领域和任务。2013年5月下发《国家林业局办公室关于开展林业重大问题调研工作的通知》(办发字[2013]61号)，林业重大问题调研工作正式启动。调研选题中涉及林业与生态文明建设、林业与国家战略安全、生态林业与民生林业、林业改革、林业产业、保障体系这六个领域20个专题，调研任务着眼林业全局，密切结合林业改革发展实际，深化当前林业亟待突破的重大课题研究，突出了理论性和前瞻性。

《通知》下发以来，与19家承担单位签订业务委托合同，完善调研成果的知识产权管理；切实抓好项目检查制度，稳步推动项目进度；通过组织学术研讨会等形式，督导项目工作进展和研究质量；及时检查并完善调研成果；严格执行项目财务管理办法。

2013年年底公布实施《国家林业局关于规范调查研究工作的意见》(林办发2013〔242〕号)。《意见》对全局的调研工作进行了分类，并明确了调研的计划、报告、通报、评价和交流转化制度。

林业重大问题调研成果影响力持续增强。2012年度林业重大问题调查研究报告出版发行，共形成专题报告17篇，40万字。针对2012年度重大问题调研成果，组织力量编辑整理出研究结论和主要政策建议，提交《决策参考》10余篇，供局领导和有关单位决策参考。中央党校赵建军教授利用项目成果多次在高层次的会议上，积极倡导树立大林业观点推进生态文明建设，并得到社会广泛关注。清华大学国情研究院胡鞍钢教授参与了林业绿色经济研究，该项目成果还被全国林业厅局长会议选中，形成会议素材。 （调研室）

【中国林业发展报告】 《2014中国林业发展报告》是国家林业局发布的第十五部林业白皮书,《报告》在结构上有所创新，包含第八次全国森林资源清查、生态建设、产业发展、生态文化、改革、政策与法治、林业投资、支撑与保障、区域林业、国际合作与交流、林产品市场10个部分。《报告》附有历年全国和2013年各省(区、市)营造林、六大林业重点工程建设、森工生产、林业投资、主要林产品进出口、森林防火、森林病虫鼠害防治情况及主要林产品生产、消费和贸易等方面的图表。《报告》详细介绍了新时期林业形势的变化、林业发展的战略思路及重大决策，并以大量丰富、翔实的信息，客观、全面地描述和评价了2013年中国林业的改革与发展实践。

森林、湿地、荒漠化生态系统及野生动植物保护成效显著。2013年，全国完成造林面积610.01万公顷，共有5.3亿人次参加各种形式的义务植树活动，植树25.2亿株；颁布实施了《全国防沙治沙规划(2011～2020年)》，在7个省(区、市)的30个县启动沙化土地封禁保护补助试点；湿地保护更受重视，颁布了中国第一部湿地保护部门规章《湿地保护管理规定》，2013年中央财政湿地保护补助资金2.5亿元，项目122个，分别比2012年增长25%和34.07%；生物多样性保护得到进一步加强，200多种濒危野生动物和80%以上的国家重点保护野生植物获得了有效保护，绝大多数国家重点保护的野生动植物种群数量实现了稳中有升，林业系统新建自然保护区13处，新增39处国家级自然保护区。

林业产业持续快速增长。2013年实现林业产业总产值4.73万亿元(按现价计算)，比2012年增加7865亿元，增长19.93%。其中第一、二、三产业分别增长19.09%、19.51%和24.18%。林业三次产业的产值结构由2012年的34.85∶52.97∶12.18调整为34.60∶52.79∶12.61。2013年木材产量保持稳定，达到8438.50万立方米。

生态文化体系更加完善，产品更加丰富。2013年各地整合森林、花卉等景观资源和生态文化资源，建设各种类型的文化主题公园，切实增强了生态文化的传播功能。中国生态文化协会组建专家团队，历时3年研究完成的《21世纪主流文化与生态文明时代——中国生态文化体系研究》取得一系列重要成果并通过专家论证。多家门户网站，根据社会公众阅读特点，突出主题，丰富内容，创新形式，不断加大生态文化传播的广度和深度，扩大了生态文化传播的覆盖面和影响力。依托高等院校资源实施了竹文化研究与传播人才培养项目，培养了国家特殊需求的博士人才，为推动生态文化建设提供了理论支持。

林业投入持续增加，生态林业民生林业建设动力充足。2013年，全国林业建设新增到位资金3730.87亿元，其中国家预算资金投入1726.34亿元，国内贷款为385.57亿元，发行债券筹集到林业建设资金0.02亿元，自筹资金1316.37亿元，其他来源资金为251.93亿元。2013年，全国林业实际利用外资8.05亿美元。2013年，林业种苗、科技、教育、公安等支撑保障体系不断完善，国际合作范围不断拓展。 (发展研究室)

【林业重点工程社会经济效益监测】 到2013年，林业重点工程社会经济效益监测工作已连续开展10年，监测范围包括天然林资源保护、退耕还林、京津风沙源治理和野生动植物保护及自然保护区建设4项工程，监测点已扩展到全国27个省(区、市)的171个县、37个森工企业、40个保护区、79个林场、278个村和1656户农户(职工)。

通过调整管理方式，推进监测工作高效开展。①调整监测思路，突出重点工程建设对民生的贡献；②组织完成监测10年总报告工作，并通过《中国绿色时报》向社会发布主要结果；③监测数据网络上报系统正式运行，将数据收集整理时间节约近1个月，有效提高监测工作效率；④组织召开监测工作塞罕坝会议及2次监测10年报告修改会议，协助召开保护区工作南京会议；⑤紧密联系监测农户，在芦山地震后，测报办第一时间与相关监测县调查员取得联系，并组织了对天全县退耕还林监测农户捐助，加强了中心与监测点的沟通与联系。

10年监测客观准确反映了中国林业建设从以经济建设为主向生态优先转变，再到生态经济并重的螺旋式发展过程和具有中国特色的林业生态保护与恢复成就。10年监测结果表明：各工程实现了预期建设目标，森林资源稳步增长，森林、荒漠、湿地生态系统和生物多样性得到有效保护，生态状况明显改善，工程建设对民生改善的贡献日益显现。与2000年相比，2012年全部样本县(企业、保护区)的森林面积增长16.40%，森林蓄积量增长27.44%，森林覆盖率提高4.57个百分点；天保样本森工企业木材产量年均调减10.59%，天保样本县森林管护面积占林业用地面积的比率达到75.11%；退耕样本县累计完成退耕还林304.71万公顷，占全国任务的10%左右，退耕监测农户贫困发生率从退耕前1998年的36.14%下降到2011年的6.56%，京津工程样本县扬沙次数、扬沙日数和形成沙尘天气日数分别减少了37.89%、35.21%和43.88%；样本保护区完成保护站、野生动物救助站等602处，栖息地改良3.25万公顷的建设任务，野生动植物种类增加，规模扩大。但是，林业重点工程建设也面临着生态修复难度越来越大、资源管护困难越来越多、施工成本越来越高、建设任务越来越重和改革要求越来越高的种种挑战。

(国家林业重点工程社会经济效益监测办公室)

【中国林业产业监测】 由国家林业局经研中心、计财司、产业协会共同实施的一项连续性调研监测项目。每季度发布监测结果。为国家林业局领导及各司局提供林业产业动态报告。

监测内容主要包括以下四方面：①工业原料林基地建设监测：面积、树种、投资等。②林产品生产监测：林业资源开发利用对生态的影响监测，产品生产规划监测(实际生产与规划差异)，产品质量监测(质量标准体系及质量监督部门检查合格率)，知名品牌产品市场占有率。③林产品市场供给与需求监测：林产品价格变化，市场流通量及方向等。④林产品进出口贸易监测：进出口价格、进出口量、进出口国别与地区等。监测的主要林产品范围：木材；人造板；家具；木门、木窗、木屋；木浆造纸；竹、藤制品；木本食用油(香)料和木本工业油料与及生物质能源；果品；林木种苗种子；林化；森林蔬菜、饮料、饲料；花卉；驯养野生动物与狩猎；中药材；森林旅游；森林碳汇交易等。

2010年以来，在重点产业地区设立长期跟踪监测点，开展林业采购经理指数调查(FPMI)，并与国家统计部门合作共享监测样本数据，监测数据发布具有权威性。已连续发布季度和年度监测报告。中国林业产业监测已进入常态状况。

林业产业监测项目今年在监测方法和技术上有了新的突破。在总结前两年监测经验基础上，加强了要素监测。同时加快了监测报告发布频率。2013年1～10月监测结果在决策参考发布，一、二季度监测报告在林业经济发布，受到有关司局好评。 (产业经济研究室)

【集体林权制度改革跟踪监测】 2013年是集体林权制度改革监测工作连续开展的第五年。与2012年度相比，2013年集体林改监测工作保持了监测队伍和监测样本的稳定性和持续性。监测结果显示：截至2013年年底，样本地区集体林地确权发证任务已经由"基本完成"向"全面完成"迈进，并按照"放权于市、让利于民"的基本取向，更大程度和更高水平发挥政府与市场的协同作用来巩固产权，强化政策，促进经营，提高效率。

1. 主体改革收尾不收场，林地家庭承包经营率大幅提高。截至2013年年底，样本县集体林地确权率94.04%，发证率99.85%，林权证到户率66.38 %，农户家庭承包经营率72.69%。与2012年相比，集体林地确权率、发证率、林权证到户率和家庭承包经营率分别提高了1.33、1.62、3.47和7.09个百分点。

2. 林地流转面积增幅较大，六成经过专业机构流转。截至2013年年底，样本县累计流转林地106.95万公顷，占林地总面积的7.50%，其中，经林权流转服务机构流转66.07万公顷，占61.78%；进行资产评估30.81万公顷，占28.80%。与2012年相比，流转面积增加了22.40万公顷，增长了26.49%，流转比重提高了2.4个百分点；通过林权流转服务机构流转的林地比重提高了11.09个百分点；经资产评估后流转的林地占比仅增加了1.77个百分点。

3. 林权抵押贷款规模持续增加，总体比重依然较低。截至2013年年底，样本县抵押林地82.65万公顷，占林地总面积的5.81%；获得贷款126.24亿元，平均1018.25元/亩；有5.02万户农户进行林权抵押贷款，占农户总数的0.83%，平均12.78万元/户；已偿还贷款76.17亿元，偿还率 为107.95%；不良贷款6387.16万元，不良贷款率为0.51%，大大低于全国银行业金融机构不良贷款率。

4. 投保林地面积大幅增长，实际保险费率持续上升。截至2013年年底，样本县投保林地0.10亿公顷，占林地总面积的72.45%，保险金额662.99亿元，平均428.63元/亩；保费1.94亿元，平均1.25元/亩；保费补贴1.50亿元，平均0.97元/亩，占保费的77.60%，保险实际费率为0.65‰；保险公司累计赔付5907.26万元，赔付率为30.48%。2009～2013年，样本县投保林地面积由206.58万公顷增长到0.10亿公顷，增长了3.99倍；投保林地比重由14.45%提高到72.45%，增加了58个百分点；保额由372.45元/亩增加到428.63元/亩，增长了15.08%。

5. 支持保护制度逐步完善，政策激励作用增强。截至2013年年底，样本县获得生态效益补偿的公益林448.16万公顷，占公益林总面积的93.94%；25.67%的造林地得到了造林补贴，平均补贴120.17元/亩；45.58%的抚育林地获得中央财政补贴，平均补贴97.56元/亩。

6. 木材总体呈下降趋势，育林基金征收额占木材收入比重不足一成。2013年，样本县木材产量为456.81万立方米，与2009年相比，2013年的木材产量下降了19.39%，村及村以下各级组织和农民个人生产的木材所占比重上升了0.80个百分点。2013年，样本农户缴纳育林基金占其木材销售收入的5.90%。

7. 林业专业合作社快速发展，林业科技服务平台不断完善。截至2013年年底，样本县的林业合作数量达到3023个，入社农户数达到22.64万户，经营林地面积为77.37万公顷，2009～2013年，样本县的林业合作社数量增长了1.46倍，入社农户数增长了55.10%，经营林地面积增长了44.66%。2013年，有38.04%的样本农户接受过林业科技服务，有76.06%的农户需要林业科技服务，有40.61%的农户对林业科技服务满意。

8. 林业产值贡献率上升，拉动地区经济增长能力下降。2013年，样本县的林业产业总产值为1415.91亿元，比2012年增长了8.17%；增加值863.71亿元，林业产业对地区经济增长的贡献率为10.10%，比2012年上升了1.00个百分点；拉动地区经济上升0.92个百分点，与2012年相比，拉动地区经济增长能力下降了0.51个百分点。

9. 户均林业收入持续增长，林业就业率提高。2013年，样本农户户均林业收入15263.69元，增长15.10%；林业收入占家庭总收入的比重为15.81%，降低了4.62个百分点。林业收入对家庭收入增长贡献率为 －39.75%。2013 年，样本农户林业就业率为7.58%。

10. 政策需求。对于下一步需出台的政策，按照农民需求程度，排在前5位的依次是：扩大营造林补贴（补偿）规模，提高补贴（补偿）标准；推进科技服务入村到户；推进林下经济发展；加快发展森林保险；扶持发展专业大户、合作社、家庭林场、林业企业。

（改革研究室）

【中央财政林业补贴及森林抚育经营政策监测】 为继续跟踪试点情况，评价政策绩效，推动政策完善，2013年中央财政林业补贴（森林抚育补贴）政策实施成效监测扎实推进。森林抚育补贴经济社会效益在原有基础上取得新的进展。同年，国家林业局经济发展研究中心启动了林业补贴政策实施成效试监测工作。2013年，中央财政林业补贴及森林抚育监测范围涉及四川、湖南、甘肃、辽宁、浙江、吉林森工和内蒙古森工下属20个县（市、林业局），61个村（林场），650个林场职工家庭，834户农户家庭（其中，未参与78户）。监测方法在2012年基础上增加了有无项目农户（职工）参与森林抚育政策前后的对比分析。

监测结果表明：林业"四补贴"执行情况总体良好，达到了农民满意、政府满意的初步效果。①就业增收效果初显。浙江省参加抚育作业的职工和农民人均增收2600～4500元。②促进生态改善。③增强了弱质林业的应变力。样本省（区）森林保险保费范围逐步提高，四川全省森林投保林地面积0.10亿公顷，直接增强了这些地区森林的生产力和生态、气候应变力。④政策管理逐步完善。三省财政、林业两家联合制定了资金管理办法，确保了造林补贴资金安全运行。⑤创新了政策实施模式。各省在林业补贴实施中，根据实际情况，创新出多种不同形式的补贴模式。监测同时发现，现行政策也存在补贴范围过于狭窄、试点补贴标准较低、资金兑现时间较晚等问题。（气候变化与生态经济研究室）

【《中国林业产业与林产品年鉴》】 该年鉴是由国家林业局组织编制。赵树丛局长任编委会主任，各副局长任编委会副主任，各司（局）负责人、各省（区、市）林业厅（局）及林业森工集团负责人任编委。年鉴编辑部由国家林业局经研中心、计财司、产业协会共同组建。参编单位和人员涉及中央、省、地、县各级林业主管部门和林业产业部门负责人。该年鉴以收集县一级经统计部门核实的林业产业年度基础数据为主要任务，全面、准确及时反映中国林业产业资源分布，生产力布局状况，为中央和地方政府宏观调控，为林业企业发展提供决策依据。

年鉴编制主要在网上进行，各县级单位数据传递以及各省、地分层数据审核均在网上完成。36个省级单位，333个地级单位，3452个县级单位，网络运行良好，得到林业基层单位好评。

《年鉴》免费赠予各级林业主管部门参阅，有力地促进了林业产业信息的沟通，使中国林业产业状况能更快、更全面地为读者所了解。《年鉴》以其内容实用、信息完善等特点受到了社会各界的广泛好评，同时也引起一些图书馆及林业发达国家的关注，是一部较全面连续反映中国林业产业发展年度状况的权威参考书。

《年鉴》已出版五卷，《中国林业产业与林产品年鉴》2007、2008～2010、2011、2012、2013卷。年鉴编纂内容分六大部分：①特辑部分，收录国家领导人有关讲话，国家林业局主要文件等；②全国林业产业发展概述；③行业篇，包括木材、木材加工、果品、花卉、林下产品以及林产化工，森林旅游等林业产业支柱产业；④各省（区、市）林业产业，龙头企业及其品牌产品；⑤林产品主产县（旗、市、区、局）；⑥林产品进出口贸易资料。

为了保证第六卷（2014）在规定时间内出版，编辑部于2013年9月27～28日在北京国林宾馆组织召开了全国林业产业年鉴工作会议。会议取得以下共识：会议强调了年鉴工作重要性；会议发布了林业采购经理指数（FPMI）；会议建议提高对县级单位数据填报补助；会议决定建立年鉴工作QQ群；会议提议建立民生指数；会议建议创建中国林产品网络交易平台；会议建议开展林下经济监测统计调查。（产业经济研究室）

【林业采购经理指数（FPMI）调查】 林业采购经理指数（FPMI）调查项目按计划开展。完成“中国林业企业采购经理指数网络系统”测试，并发送FPMI使用手册。全面启动林业采购经理指数（FPMI）调查工作。

现已在全国重点产业地区建立了578个监测点。河北省文安县30个企业；江苏省邳州市100个企业、沭阳县100个企业、泗阳县20个企业；浙江省安吉县50个企业、江山市50个企业、湖州市南浔区50个企业；山东省聊城市茌平县50个企业、临沂市50个企业、菏泽市50个企业；广西壮族自治区桂林市4个企业；龙江森工8个企业；大兴安岭林业集团5个企业；百强企业11个。

现已具备发布人造板、竹制品、木地板、木门指数的能力。7月前完成家具、造纸企业的定点工作并发布指数。

2013年12月3日在绿色时报第3886期发布11月全国林业采购经理指数。（产业经济研究室）

【中国林业经济论坛】 2013年11月5日由中国林业经济学会、中国林业经济论坛组委会主办、西北农林科技大学经济管理学院承办的第十一届中国林业经济论坛在陕西杨凌西北农林科技大学召开。

来自海内外的专家学者共160余人参加了论坛。该次论坛围绕着林业经济理论与政策、森林生态经济、林业产业与技术效率、林业改革与农户生计等4个主题进行了深入研讨和充分交流。

本届论坛共收到海内外论文120余篇，组委会在论坛召开期间进行了“2013年中国林业经济学会优秀论文奖”评选。经专家组评审和讨论，共评选出优秀论文25篇。（林业经济学会秘书处办公室）

【《决策参考》】 2013年《决策参考》共出版了46期，刊登了诸如《两会代表谈生态建设》（第108期）、《湖南省林改中存在的问题不容忽视》（第136期）、《建立国家公园体制的有关情况和启示》（第141期）等多篇文章。与此同时，《决策参考》一直以来受到了赵树丛局长、陈述贤组长、张永利副局长等局领导的高度重视，多次对《决策参考》取得的成绩给予了肯定和重要指示。《决策参考》已经成为中心的一个新品牌。

（绿色中国杂志社）

【《气候变化、生物多样性保护和荒漠化治理动态参考》】 2013年，《动态参考》继续以气候变化、生物多样性和荒漠化治理问题为重点，密切跟踪国际和国内外的林业建设和生态治理进程，搜集、整理和分析重要政策信息和进程动态，送有关领导和有关管理部门阅参。全年出版17期刊物，快速、及时、全面地反映了国际和国内外与林业密切相关的重大问题，为领导和相关管理部门提供了113份有价值的重要信息资料，快速准确地反映国际和国内外林业建设和生态治理进展情况。

办刊工作渐入正轨，刊物多次得到局领导批示，刊物影响逐年扩大。刊物积累了大量相关领域国际最新进展研究资料，并培养了一支研究队伍。

（气候变化与生态经济研究室）

【《林业经济》期刊】 2013年，《林业经济》紧紧围绕深入贯彻党的十八大精神，落实中央一号文件和年初厅局长会议精神，按照国家林业局“全面提升生态林业和民生林业发展水平，为建设生态文明和美丽中国贡献力量”和“保供增收惠民生、改革创新添活力”的总体要求，在把握建设生态文明对林业提出的新要求、宣传林业在建设生态文明和美丽中国中的重要作用、深化体制机制改革、扩大林业发展红利、深化集体林权制度改革、推进国有林业及国有林场改革等方面加大组稿力度，每期确保一个重点栏目和数篇亮点文章，取得了较好成绩。

根据年初工作计划和领导部署，较好完成了《林业经济》编辑出版任务。启动http//lszg. cbpt. cuki. net投稿网站。文章的全文下载次数最多达1474次，被引频次最高为81次。升级排版软件，提高编排效率。加强信息工作，刊文质量有所提升。2013年，本刊荣获第五届关注森林——梁希图书期刊奖，入选2013中国国际影响力优秀学术期刊。

2013年《林业经济》理事会成员又有新增。理事单位数量由2012年的72家增至100家。此外，10月份在湖北随州成功地召开了首次《林业经济》理事会年会及会员单位生态文明建设经验交流会。期刊发行工作在上年转制后，2013年步入良性运作。期刊自办发行数量月均已达2450册，较2012年有少量增加。

（《林业经济》期刊社）

【《绿色中国》杂志】

办刊情况 坚持正确的舆论导向，顺利完成各期选题。2013年各期选题都紧紧围绕年初全国林业厅局长会议精神，就生态林业和民生林业的大发展、大促进结合各省实际情况，确定读者喜闻乐见的选题。为更好地宣传十八大精神，特别设立了"美丽中国""博闻天下"等栏目，其中第六期完成了"防沙治沙专刊"，第十期完成了"第三届中国湿地节专刊"，很好地配合了国家林业局的宣传工作。2013年，《绿色中国》杂志连续7年送全国两会驻地供代表参阅，并派记者上会采访。立足林业，不断发掘具有吸引力的选题。2013年，以图片故事和人与自然两个栏目编发了大家都关心的川金丝猴、滇金丝猴、白头叶猴、羚牛、藏野驴、鹅喉羚、普氏野马等多种野生动物的文字和图片，在读者中得到了强烈反响。另外，增设了"星美文"栏目，邀请明星撰写个人经历和有关生态的文章。协助国际司和中心做好联合国国际森林论坛宣传册的编辑工作。落实习近平总书记海南讲话精神。刊登了时评《人类应抛弃"自然界霸主"的优越感》；《桂林山水　浸透心灵》《让荒漠在科学的滋润下结出"黄金"的果实》等文章。

网络电视工作情况

实行视听节目内容管理责任人制和先备案后播出制。节目制片人管理等制度。较好地完成了节目制作和新闻拍摄报道任务。网站功能进一步得到优化和完善，影响力得到提升。实现了演播室视频访谈网络直播。

社会活动

"2012绿色中国年度焦点人物"颁奖。典礼于10月12日在北京广播大厦顺利举办。十一届全国政协副主席、中国生态文明研究与促进会会长陈宗兴，中国科协副主席陈章良获年度大奖；海南鹦哥岭保护区青年团队获年度特别奖；北京大学建筑与景观设计院院长俞孔坚获年度特别贡献奖；陕西省林业厅厅长李三原、国际影视巨星成龙等37人获得各分项奖。

大型电视访谈："8＋1对话伊春"在伊春市举办。大型电视访谈："8＋1对话：保护湿地资源，建设美丽中国"在山东省东营市举行。7月10日，大型公益活动"绿色中国行走进美丽大通"在青海省西宁市大通县举办。

（绿色中国杂志社）

【2013第三届东北亚（伊春）生态论坛】 2013年8月27～28日，由黑龙江省政府、国家林业局和博鳌亚洲论坛研究院共同主办，国家林业局经研中心、对外项目合作中心、伊春市人民政府联合承办的"第三届东北亚生态（伊春）论坛"，在黑龙江省伊春市举行。国家林业局总工程师陈凤学出席论坛开幕式并致辞。来自全国各地的100余位专家、学者、企业代表及国际组织代表出席了会议，《人民日报》、人民网、新华社、香港《文汇报》、凤凰卫视、《中国绿色时报》等各大媒体也进行了直播和报道。

本届论坛主题为"生态文明与绿色发展"。主题报告会阶段，来自国内外的专家和学者围绕目前全球生态现状、大小兴安岭生态对全国乃至东北亚的重要性、如何推动国有林区走上绿色发展道路等话题进行主题报告，并展开讨论。

此次论坛在前两届的基础上增加了大型电视访谈"8＋1对话"节目。邀请各领域专家学者共同探讨在中国加快城市化进程的关键时期，如何推进生态文明建设、如何以生态建设为推手加快经济转型步伐，促进人与自然和谐发展的途径。（科研管理与国际合作处）

国家林业局人才开发交流中心

【综　述】 2013年人才中心积极开展党的群众路线教育实践活动，认真贯彻落实党中央有关会议精神，按照国家林业局党组对林业工作的总体部署，加快实施人才强林战略，全面推进林业专业技术人才、林业技能人才、林业基层实用人才和林业企业经营管理人才队伍建设。全年完成了三大系列347人次初中高级职称评定工作；完成了13个国家职业标准的出版任务，职业技能鉴定达5万多人次；举办了70多期基层实用人才和急需紧缺骨干人才培训班，培训7000多人次；林业职业经理人的认证试点工作全面启动，已有400多人通过了认证。

以完善职称评价制度为抓手，林业专业技术人才队伍建设有了新进展

修改完善并正式颁发了林业工程专业技术资格评审条件 新的评审条件突出了工程专业实践性强的特点，强化了工作经历和业绩成果条件要求，进一步量化了评审标准，保证了评审的公平公正。

完成了年度职称评审工作 2013年共受理工程、会计经济和新闻出版系列347人的职称申报，组织召开了3个系列4次职称评审会议，为了使工程系列中级评审时间更充裕、评议更充分、条件的把握更加符合中级评审的特点，组建了工程系列中级评委会。

加快了职称评审的电子化进程 进一步完善了职称网上申报系统，增强了申报系统的自动审核和信息处理功能，保证了申报表纸质版和电子版材料的一致性；开发了评审投票软件，实现了电子投票和计票，减轻了评委的负担，统计得票情况更加便捷高效。

以完善林业职业技能鉴定制度为抓手，林业技能人才队伍建设取得了新成绩

继续做好职业分类大典修订工作 组织林业专家参加了人社部组织的《职业分类大典》9次审定会议，涉及77个职业，并根据会议提出的意见对相应职业进行了修改。

完成13个国家职业标准及其配套统编教材的编制和出版工作 组织专家审定通过了刨花板工、森林病虫害防治员、野生动物保护员等11个职业标准，并完成了出版前准备工作；启动了《木地板制造与铺装工》《刨花板热压工》和园林绿化类职业标准的编制工作；与造林司共同启动了营造林监理员教材编写工作。

进一步加强林业职业技能鉴定工作 严格执行鉴定许可证制度，向各鉴定站发放了鉴定许可证，严禁超范围、超等级鉴定；建立质量管理长效机制，按要求起草并上报了《质量管理责任书》落实情况总结材料；对2012年全行业职业技能鉴定情况进行了统计分析和情况通报，表彰了10家优秀鉴定站和10个优秀个人；加强职业技能鉴定试卷运转管理，对有行业试题库的职业（工种），一律从试题库中抽题组卷；抓好基层林业职工的技能鉴定管理工作。全年完成了职业技能鉴定5万多人次，并审核发放了职业资格证书；建立和健全鉴定工作台账，并做好统计分析。

推进林业行业职业技能竞赛活动 参与国家林业局和中国农林水利工会联合举办的“首届国有林场森林抚育工职业技能竞赛”组织活动；参与组织了首届全国职业院校林业职业技能大赛；支持长白山森工集团开展职工技能竞赛活动。

以研究建立林业关键岗位持证上岗制度为抓手，林业基层实用人才和管理人才队伍建设实现了新突破

完成了林业关键岗位持证上岗制度研究工作 人才中心领导班子带队深入湖南、福建、云南、内蒙古、黑龙江、辽宁等10多个省（区）、4大森工集团和林业基层单位开展调查研究，了解林业关键岗位人才现状和实际需求。由黄正秋主任牵头的调研组，起草了林业关键岗位实施资格认证制度调研报告，主要结论与政策建议被《决策参考》选用，为局党组研究推进林业关键岗位持证上岗制度提供了重要参考。

组织开展林业人才专题座谈会 先后在黑龙江省、辽宁省、北京市、贵州省等地组织召开了4次林业人才专题座谈会，前后征求了150多位同志的意见，共同研究现阶段林业人才工作出现的新情况新问题，积极研究解决方法和对策措施，为局党组研究解决重大林业人才问题提供了重要参考。

大力开展各类林业基层实用人才和管理人才的培训工作 重点围绕林业改革、湿地管理、资金安全、森林经营、林业工程建设、森林防火等林业重点和热点问题，开办了森林资源资产评估咨询人员、森林认证审核员、林农创业骨干和致富带头人、基层新任林业局局长、中央党校林业处级党政领导干部等各类人才专题培训班（研讨班）50多期，培训5000多人次；积极协助局工作总站做好林业工作站站长能力测试工作。承担了近6000人的乡镇林业工作站长能力测试的考务及阅卷、证书制作及数据库维护管理等工作。

筹建林业基层人才培训基地和高端人才工作基地，开辟人才工作新领域 在哈尔滨市林科院设立了人才中心培训基地，有利于充分利用地方林业师资加强林业基层实用人才培训；继续推进与北京林业大学高端人才工作基地的合作与建设工作，拓展了人才劳务派遣业务，搭建了北京科技园区人才引进渠道。

以研究探索林业职业经理人制度建设为抓手，林业产业人才队伍建设打开了新局面

狠抓林业职业经理人认证基础工作建设 组织编写了林业职业经理人资质认证培训教材《林业职业经理人理论与实践》，并正式出版；组织开发了林业职业经理人资质认证网站，经严格调试开始上线试运行；向生活家木业制品（中山）有限公司、四川升达林业产业股份有限公司等10家大型林业企业颁发了首批林业职业经理人资质认证试点单位牌匾。

组织开展林业职业经理人认证试点工作 3所林业高校作为首批试点单位，共有400多名大学生通过准职业经理人认证；经专家组严格审核认定，从10家试点企业推荐的人选中评选通过了人造板和木地板类首批特级职业经理人认证名单。

大力开展林业产业人才培训，夯实人才基础 策划举办了核桃、油茶等经济林丰产栽培和加工技术、林下经济产业发展、退耕还林后续产业、林业产业贴息贷款和林业规划设计与招投标等方面的专题培训班20多期，培训2000多人次。

另外，2013年人才中心还完成了事业单位公开招聘、毕业生接收、人事档案管理等局机关直属单位委托的人事人才相关服务工作，完成了林业院校毕业生就业促进工作和事业单位法人登记管理等。

局属在京单位公开招聘 编制了《国家林业局在京单位公开招聘实施方案》，开发了公开招聘报名系统，共受理1000多名毕业生的报名申请，经审核313人参加考试，组织完成了笔试等考务工作。

局属单位毕业生接收 组织完成了22家局属单位和9家代理企业，共457名毕业生的接收任务；修改完善了代理单位毕业生接收工作规范及工作程序。

干部人事档案管理 完成局机关及直属单位2000多份干部档案的日常管理工作；按照中组部要求，进行了干部档案第四类的二级分类工作；为61家社会委托单位和200多名流动人员提供了人事档案托管服务。

局属事业单位法人登记管理 组织60多家局属单位完成了年度事业单位法人年检工作；协助人事司推动驻各地森林资源监督专员办和濒管办的合并后的法人变更等工作；协助人事司解决了南方航空护林总站下属6家航站几十年未能完成的事业单位法人登记难题，取得了事业单位法人资格。

组织开展国家公派出国留学基金和留学回国人员科研资助项目的申报和争取工作 受理了14项国家公派出国留学基金申报，获得资助12项；受理了21项留学回国人员科研资助项目，获得资助8项。

积极探索林业院校毕业生就业促进工作 组织召开中国林业教育学会毕业生就业指导委员会第四次会议，研讨在新形势下如何更加有效促进林科毕业生就业；成功举办2014届全国林科十佳毕业生评选活动，全国41

家涉林院校5万多名学生参评，29名学生获“全国林科十佳毕业生”称号，121人被评为“全国林科优秀毕业生”；积极参与全国大学毕业生网上招聘就业服务周等活动，为林业院校大学毕业生提供免费网络求职服务。（王尚慧）

【组织推荐林业系统领导干部参加中央党校培训班】 根据中央关于大规模培养干部的要求，2013年6月，国家林业局人才开发交流中心组织推荐国家林业局和地方林业部门的60名处级领导干部参加了中央党校培训班。中央党校从干部教育培训的要求出发，以中国特色社会主义理论体系为指导，结合国家林业局领导干部队伍建设的实际需要，紧密围绕基本理论、宏观视野、领导素养、林业专题四大板块设计培训课程，并安排参观学习和研讨，以强化学员的党性修养、政治素质和战略思维，进一步提升学员的理论素养、世界眼光、领导能力和创新能力，更好地促进国家林业局各项工作的科学发展。

国家林业局人才开发交流中心充分利用中央党校高端培训资源，积极为林业系统的领导干部提供高端培训平台。截至2013年年底，中央党校为林业系统已成功举办2期厅局级领导干部培训班、2期处级领导干部培训班。（吴学瑞）

【首期新任市县林业局长培训班在京举办】 为贯彻落实党的十八大和全国林业厅局长会议精神，结合2012年政府机构换届，新任市县林业局长迫切要求学习生态文明理论、国际国内林业生态建设现状和发展趋势等相关知识，用以指导工作实践。国家林业局人才开发交流中心于2013年5月11～18日在北京举办了首期新任市县林业局长培训班，共有36名市县林业局长参加了培训。培训班邀请了国家林业局7位司局长、3位处长，北京大学、中央党校、国家行政学院3位知名专家授课，授课内容包括国际形势与生态安全、林业法律法规与规范执法、造林管理与森林经营、森林资源管理、野生动植物保护、森林防火、林业体制改革与机制创新等14个板块。通过培训，增强了市县林业局长科学判断林业形势、驾驭市场经济、依法行政、改革创新及应对复杂局面等方面的能力，进一步提升了生态文明建设理论水平，深度认识到林业在可持续发展战略、生态文明建设和应对气候变化中具有的重要地位。（吴学瑞）

【森林资源资产评估专业人才培养】 为配合集体林权制度改革，积极培养森林资源资产评估专业人才，2013年4～9月，国家林业局人才开发交流中心联合中国资产评估协会在黑龙江、海南、安徽、甘肃举办了5期森林资源资产评估咨询人员培训班，其中799人获取了《森林资源资产评估咨询人员证书》。通过培训，提高了森林资源资产评估工作人员业务能力和职业道德水平，培养了一批高素质的森林资源资产评估人才队伍，为林改配套政策的深入实行提供了强有力的人才保障和智力支持。

截至2013年年底，国家林业局人才开发交流中心联合中国资产评估协会举办了37期森林资源资产评估咨询人员培训班，共有6604人获得《森林资源资产评估咨询人员证书》。（吴学瑞）

【培养新兴领域森林认证紧缺人才】 为推进中国森林认证工作，培养森林认证审核员队伍，更好地适应和满足与国际森林认证市场接轨和国内森林认证市场开发的需求，国家林业局人才开发交流中心分别于2013年5月和8月在山东临沂和黑龙江哈尔滨举办了两期森林认证审核员培训班。培训班开设了体系认证、森林认证、森林认证审核员能力要求、森林经营认证(FM)国家标准解读和审核知识、产销监管链认证(CoC)国家标准解读和审核知识专题讲座，进行了现场实习与研讨交流，组织了森林认证审核员资质考试，共有122人获得《中国森林认证审核员培训证书》。（吴学瑞）

中国林业科学研究院

【综　述】 2013年，中国林业科学研究院(简称中国林科院)深入贯彻落实汪洋副总理来院调研讲话精神和全国林业厅局长会议精神，以科技攻关和创新为重点，全面支撑生态林业、民生林业，充分发挥了科技在服务现代林业发展全局中的作用。

围绕中心工作服务林业发展全局 牵头完成了《全国木材战略储备生产基地规划(2013～2020)》、“中国森林可持续经营国家报告”等发展规划、研究报告工作，完成80个国家的林业研究报告，撰写8个中国涉林非政府组织(NGO)研究报告。启动了“复杂地表遥感信息动态分析与建模”“中国森林植被调查”等基础性工作，完成了第八次全国森林资源清查森林植被生物量碳储量及生态服务功能评估，在油茶、核桃、杜仲等木本粮油作物培育、产业化示范等方面取得关键突破。“木竹产业技术创新战略联盟”以成绩“A”通过科技部评估，“生物基材料产业技术创新战略联盟”和“桉树产业技术创新战略联盟”列入科技部2013年度产业联盟重点培育名单，完成亚太地区林业信息管理系统平台建设，牵头完成中国森林认证体系与PEFC体系互认工作。

加强科技创新科技成果凝练和产出 2013年，新增各类科技计划项目(课题)139项，新增经费约2.4亿元，完成111个到期项目(课题)的验收和48个项目(课题)的中期评估工作，组织各单位征集“十三五”国家科技计划重大项目需求建议和国家重大条件平台建设需求建议。农林剩余物多途径热解气化联产炭材料关键技术开发、森林资源综合监测技术体系、紫胶资源高效培育与精加工技术体系创新集成共3项成果获国家科学技术进步二等奖，推荐的美国专家许忠允获得2013年度中国国际科学技术合作奖，获第十五届中国专利优秀奖3项，第四届梁希科普奖一等奖2项、科普活动奖1项、科普人物奖1项，第五届梁希林业科学技术奖一等奖1项、二等奖7项、三等奖2项。全年发表科技论文1000余篇、SCI论文200余篇，获得国家发明专利98项，出版专著36部。牵头编制的《植物新品种特异性、一致性、稳定性测试指南》在国际植物保护联盟官方网站正式发布，研发的高精度空气颗粒物气溶胶再发生器解决了量化分析树木吸附PM2.5作用的科学难题。

加强条件平台建设，提高科研保障和服务能力 2013年，完成全院29个修购专项的实施方案审查和批复工作，杜仲、落叶松工程技术研究中心获国家林业局批复，海南霸王岭森林生态站通过国家林业局生态论证；依托中国林科院成立的国家林业局生态定位观测网络中心等机构已投入运行。在新疆林业学校建立中国林科院研究生培养基地；盐碱地治理研究等取得重要进展。

拓展国际合作领域，提升国际影响力 签署双边合作协议2个，授予3位国外专家中国林科院客座研究员，67人次在国际组织中担任学术职务，国际合作创新团队发表SCI论文20多篇，新增外资国际合作项目18项，申请落实科技部重大国际合作计划项目3项；全年主办、承办和协办"中欧城镇化与城市森林建设国际研讨会"等16次国际会议；推荐的马来西亚专家弗雷萨拉赫先生获2013年度中国政府"友谊奖"，组织申报引智示范基地2个，获得引智项目19项，引进外国专家24人次；全年因公出国讲学、访问考察、合作研究、出席会议达350人次。

强化人才队伍建设 推进分类改革 加强院所两级领导班子建设，提任2名副厅级干部，7名正处级干部，19名副处级干部。成功引进1名"千人计划"专家，拥有"百千万人才工程"国家级人选11人，共招收毕业生107人、招聘出站博士后8人，举办中国林科院第二期青年科技骨干培训班。1个单位获得全国林业系统先进集体称号，1名专家入选科技部中青年科技创新领军人才，2人获第五届全国优秀科技工作者称号，5人获政府特殊津贴，1人获京津风沙源治理工程先进个人称号，1人获全国林业系统先进工作者称号，4人获中国林业青年科技奖，2人获全国森林防火工作先进个人称号，1人获全国防沙治沙先进个人称号。完成了近100位授课老师和研究生导师的培训工作；新遴选博导13人，硕导16人，导师达到353人；共招收全日制研究生313人，全院在读研究生超过1100人。按照中编办、科技部、国家林业局部署，结合各单位实际情况，梳理单位职能，制定分类方案，推进改革工作。

【中国林科院2013年工作会议】 1月6日在中国林科院召开。国家林业局局长赵树丛批示："在当前和今后一个时期，中国林科院要以党的十八大精神为指导，紧紧围绕林业改革发展的目标任务，贯彻落实全国林业科技大会精神，提高能力，勇于创新，快出成果，快出人才，为生态林业和民生林业发展提供有力的科技支撑，为建设生态文明和美丽中国贡献力量。"国家林业局总工程师陈凤学出席会议并在讲话中，肯定了过去一年中国林科院取得的成绩，对中国林科院今后工作提出要求。还表示，国家林业局将进一步加大对中国林科院的支持力度。中国林科院院长张守攻作《学习贯彻十八大精神，为建设生态林业和民生林业提供强大的科技支撑》工作报告；中国林科院分党组书记叶智作《深入学习贯彻党的十八大精神，全面提高党的建设科学化水平》党建工作报告。会议传达了全国林业厅局长会议精神，颁发了2012年中国林科院科技进步奖、杰出青年奖、优秀党群活动奖等。国家林业局科技司、办公室等有关部门负责人，中国林科院全体院领导出席会议。中国林科院各所、中心党政主要负责人，院职能部门、院属公司负责人参加会议。

同日，中国林科院首次研究生国家奖学金评审会在中国林科院召开。共有15名博士研究生、12名硕士研究生获得2012年度研究生国家奖学金。

【国家林业局生态定位观测网络中心筹建会】 1月6日在中国林科院召开。会议宣读了"国家林业局关于成立国家林业局生态定位观测网络中心的批复"文件。该中心将依托中国林科院负责开展全国森林、湿地、荒漠生态定位观测科学研究，具体组织制订生态定位观测技术标准、规程，实施生态定位观测站联网研究与管理运行等工作。国家林业局科技司司长彭有冬、中国林科院院长张守攻出席会议并讲话。国家林业局科技司副司长李兴出席会议，中国林科院副院长孟平主持会议。

【中国林科院林业所建所60周年】 1月8日庆祝会在中国林科院举行。1953年1月1日，中国林科院林业所建所，现已发展成为以森林培育、林木遗传育种、森林生态系统管理和林业生态工程为主的多学科公益型综合研究机构，成为具有承担全国性的、跨地区性的重大林业应用技术和应用基础研究能力的林业研究机构。60年来，先后获得国家科技进步奖特等奖1项，一等奖3项，二等奖17项，发明奖二等奖2项，重大科技成果348项，极大地推动了中国林业发展与进步。科技部农村司副司长郭志伟、国家林业局科技司司长彭有冬、中国林学会常务副秘书长李岩泉、中国林科院全体院领导出席庆祝活动。会上，所领导、老一辈科学家代表、青年代表发言。会后，举行了《中国林业科学研究院林业研究所所史》出版发布会，所有到会代表参观了林业所60年成就展。

【首届万信达研究生奖学金】 1月8日颁奖仪式在中国林科院举行。中国林科院院长张守攻、深圳万信达环境绿化建设有限公司董事长徐国钢出席颁奖仪式并分别致词。此次有11名研究生获得万信达奖学金，获奖研究生代表发表了获奖感言。颁奖仪式后，召开了2013届研究生毕业及就业工作动员会。

【中国林科院与营口市战略合作框架协议】 1月22日协议签字仪式在中国林科院举行。辽宁省营口市市委常委、副市长曲广明与中国林科院分党组书记、副院长叶智分别代表双方签订《营口市森林城市建设总体规划》项目合同书、《中国林科院与营口市战略合作框架协议》。随后，双方座谈了进一步推进辽东湾综合试验中心建设等院地合作事宜，并一致表示，将共同建设好辽东湾综合试验中心，推进营口市沿海城市带、产业带和生态带建设，实现“双赢”。中国林科院副院长黄坚出席座谈会。

【中国林科院与江西省吉安市人民政府科技合作协议】 1月25日协议签字仪式在中国林科院举行。吉安市林业局、中国林科院科技处签订了“江西省吉安市林业局、中国林业科学研究院关于编制《吉安市林脂板一体化产业发展规划》的协议书”。中国林科院副院长陈幸良、江西省吉安市副市长肖玉兰出席签字仪式并讲话。

【首批新疆林业“青年科技英才”总结会】 1月24日总结会在中国林科院召开。新疆林业“青年科技英才”是国家林业局与新疆林业厅合作的人才培养项目。该项目计划从2012年起，每年接收培养5名新疆林业“青年科技英才”。2012年9月，中国林科院接收了第一批来自新疆林科院的3名学员分别到中国林科院林业所和资源所学习。会上，学员和导师们认真总结了半年的学习和培养情况，国家林业局人事司人才劳资处负责人肯定了中国林科院所做的工作，新疆维吾尔自治区林业厅政治部领导希望中国林科院为新疆地区的基层单位培养更多的有用人才，为新疆的林业进步提供更多的支持。

【民进中央副主席王佐书到中国林科院座谈】 2月4日，全国人大常委、民进中央副主席王佐书一行到中国林科院，座谈进一步加强双方交流与合作。中国林科院院长张守攻主持座谈会，黄坚副院长参加座谈会并汇报了中国林科院2012年完成的重点工作、与民进中央的合作情况以及2013年的工作部署。王佐书副主席结合中国荒漠化防治、油茶产业发展、林业科技服务、国家重点实验室建设等提出了建设性建议，并表示，将与中国林科院共同携手，为繁荣国家经济与建设美丽中国多作贡献。张守攻表示，将与民进中央继续密切合作，共同为国家发展贡献力量。

【中国林科院亚林所与贵州普定县政府全面科技合作协议】 2月5日，科技合作暨国家林业局贵州普定荒漠生态系统定位观测研究站共建协议在普定县人政府签订。中国林科院亚林所2000年开始以普定为试验点，组织开展石漠化发生与发展机制、石漠化植被恢复树种筛选与栽培技术等基础与应用技术研究，制定了石漠化植被恢复行业标准，建立了材料恢复技术应用示范区。2008年组建了中国林科院贵州普定石漠化生态系统定位观测研究站，该站2011年通过国家林业局组织的专家论证，成为国家林业局行业生态定位观测研究站。

【杨忠岐当选第十二届全国政协委员】 经2013年2月1日中国人民政治协商会议第十一届全国委员会常务委员会第二十次会议通过，中国林科院森环森保所杨忠岐教授当选为中国人民政治协商会议第十二届全国委员会委员。

【“毛竹基因组序列草图”在《自然·遗传学》发表】 2月24日生物学杂志——《自然·遗传学》(《Nature Genetics》)在线发表该论文(IF = 35.53)，标志着中国在竹类植物基因组学研究领域已走在世界前列。这是由中国林科院原院长江泽慧教授主持，中国林科院林业所承担的林业公益性行业科研专项“毛竹基因组测序研究”取得的重大成果。2月25日，该项目在国际竹藤中心举行成果新闻发布会。科技部副部长王伟中，农业部副部长、中国农科院院长李家洋院士，国家林业局副局长孙扎根、国际竹藤中心主任江泽慧教授、财政部教科文司副巡视员宋秋玲出席发布会并分别讲话，国家林业局科技司司长彭有冬主持新闻发布会。项目技术负责人和核心成员介绍了项目实施过程与取得的成果，现场解答了媒体记者的提问。项目组克服了毛竹基因组庞大(约为水稻基因组大小的4.5倍)、重复序列繁多、研究基础薄弱等困难，紧跟国际基因组学研究前沿，参考和创新了国际先进测序策略和技术，最终获得了相当于毛竹基因组150倍覆盖率的原始序列，组装出覆盖基因组95%以上区域的高质量序列，注释出近32 000个高度可靠的毛竹基因，约占毛竹基因总数的90%。

【获2012年度全国党建研究会科研院所专委会课题成果二等奖】 2013年3月3~5日，全国党建研究会科研院所专委会一届五次全体委员会议暨2012年课题成果交流会在江苏南京召开。中国林科院副院长黄坚出席会议并发言。13个研究院所汇报了16个研究成果，经专委会评选，中国林科院完成的《科研院所党组织属地管理与系统指导相结合的党建工作研究》获二等奖。

【林木遗传育种国家重点实验室建设总结暨验收座谈会】 3月5日总结及验收座谈会在东北林业大学召开。中国林科院副院长储富祥出席座谈会并讲话，东北林业大学科学技术研究院副院长刘守新主持座谈会。东北林业大学校长、林木遗传育种国家重点实验室副主任杨传平教授介绍了东北林业大学对重点实验室的建设运行支持情况。与会人员交流和研讨了实验室建设目标和发展规划、运行管理中存在问题等。

此前，2013年1月29日，林木遗传育种国家重点实验室2012年度工作总结会在中国林科院召开。中国林科院院长张守攻、副院长孟平出席会议并讲话，副院长储富祥主持会议。会议总结了2012年的工作，提出了2013年的工作计划。为重点实验室首批聘任的33位固定科研人员颁发了聘书，为贡献突出专家颁发了荣誉证书。

【瑞典国家林业局局长访中国林科院】 3月6日，瑞典国家林业局局长莫妮卡·斯翠兹曼女士以及林业司和瑞典农业大学林学院专家访问中国林科院，与中国林科院院长张守攻和副院长储富祥等就进一步加强各领域的广泛合作进行了交流。

【木竹产业技术创新战略联盟理事会】 3月13日，2012年度理事会在京召开。中国林科院副院长、联盟理事长储富祥出席会议并讲话。会议总结了联盟2012

年工作、预算执行情况等。理事会经审议，通过联盟2013年工作计划与预算，批准3家单位加入联盟、建立“橡木制品专业实验室”等4个联盟专业实验室、“功能型木质地板新产品创制基地”等4个联盟新产品创制基地。为2012年加入联盟企业成员单位、专业实验室与新产品创制基地授牌。

【“复杂地表遥感信息动态分析与建模”项目启动】 3月13日项目启动会在京召开。该项目是国家重点基础研究发展计划(“973”计划)，中国林科院为第一承担单位，中国林科院资源信息研究所、北京师范大学等6家单位为课题承担单位。会上，项目首席科学家李增元研究员汇报了项目的总体情况，项目咨询专家对项目如何紧扣国家需求，产出大成果提出了建议。启动会后，召开了课题实施方案评审会，进一步明确了项目研究主线和下一步工作重点。

【乌干达林业代表团访竹子中心】 3月13～15日，乌干达环境水利部长弗莱维娅女士率乌干达国家林业署全体董事访问竹子中心，考察了浙江安吉当地的竹笋加工、竹材加工。双方交流了国际培训、中国援助卢旺达竹业发展项目、与乌干达工业研究所合作以及下一步中乌两国竹业合作研发的优先领域以及新农村建设等。国家林业局国际合作司副司长章红燕陪同考察。

【中国林科院与澳大利亚默多克大学合作谅解备忘录】 3月18日，中国林科院组团访问了澳大利亚默多克大学，中国林科院副院长刘世荣与默多克大学副校长安·卡普琳分别代表双方签署谅解备忘录。刘世荣代表中国林科院向默多克大学研发部可持续生态系统研究所主任伯纳德·戴尔教授和环境学院可持续水资源管理所主任理查德·哈珀教授授予客座研究员证书。根据协议，双方将在利用森林缓解气候变化、森林水文、干旱土地管理、病虫害防治、人工林可持续经营等领域加强科研合作和人员交流。签字仪式后，代表团参加了默多克大学举办的森林与气候变化适应性研讨会，刘世荣作《中国森林对气候变化的响应与适应性管理》主题报告，并进行了交流。中国林科院热林所、森环森保所、国际处有关专家等参加交流。

【林科精神座谈会】 4月2日在中国林科院召开，旨在传承中国林科院几十年的艰苦奋斗历程，提炼出林科精神。中国林科院分党组书记叶智主持座谈会并介绍了凝聚林科精神活动的意义和目的，副院长李岩泉出席会议。12位中国林科院老领导和老专家就林科精神的内涵先后发表建议，一致提出，林科精神首先应体现出中国林科院自成立以来从无到有、艰苦奋斗、坚韧不拔的传统；更要体现出郑万钧、吴中伦等老领导老专家投身林业，敬业求实的榜样力量，传承培养青年一代对林业事业与科研事业的热爱；还要体现出王涛、徐冠华等专家领导在求实创新、团结协作精神的引领下，勇攀科学技术高峰，激励鞭策新一代林业科技工作者，为实现山清水秀、振兴林业的目标而奋斗。

【赵树丛局长到中国林科院热林所试验站调研】 4月7日，国家林业局党组书记、局长赵树丛到中国林科院热林所试验站，先后考察了试验站的工作环境、热带树木园、海南尖峰岭森林生态系统国家野外科学观测研究站，并听取了其目标任务、所取得的成就和未来设想等情况汇报，希望试验站通过解放思想，改革创新，发展森林旅游，采取林下种养等方式，在不放松森林资源管护的前提下，努力探索多种经营的产业发展之路，以产业发展反哺生态建设。希望中国林科院继续走可持续发展之路，统筹协调生态与产业、保护与利用的关系，为改善生态、改善民生、发展现代林业、建设生态文明作新贡献；与中国科学院等有关部门和单位联合，建设生态定位站网络系统，把全国各地的生态系统定位站联合起来，形成有学术和理论支撑的权威性平台，实现资源共享。国家林业局办公室、计资司负责人等一同考察。

【汪洋到中国林科院考察调研】 6月15日，中共中央政治局委员、国务院副总理汪洋到中国林科院调研，考察了林木遗传育种国家重点实验室和科研温室，详细了解了林木基因改良、分子标记辅助育种、林木新品种选育等方面的情况，观看了林业科技成果展，与科研人员进行了深入交流，听取了中国林科院院长张守攻关于林业科技创新等工作汇报，院士、专家对发展现代林业、建设生态文明意见和建议。汪洋强调，中国林科院作为林业科研领域的国家队，在推进中国林业科技进步中具有特殊重要的地位，承担着特殊重要的使命。要坚持把服务国家大局作为重大使命，紧紧围绕改善生态改善民生、建设生态文明和美丽中国，发展绿色经济、推动绿色发展等国家战略大局，在全国林业科技创新中发挥引领作用，当好林业科技进步的排头兵、领头羊，努力使中国林业科技整体实力和水平尽快进入世界前列。汪洋对林业科技及中国林科院发展提出4点希望：一是面向现代林业发展需要，加快林业科技创新。二是瞄准世界林业科技发展趋势，加强前沿和基础研究。三是发挥科研平台作用，积极服务全国林业科技进步。四是创新体制机制，为科技进步营造良好环境。国家林业局局长赵树丛陪同调研并主持座谈会。国务院副秘书长丁学东、中央农村工作领导小组办公室副主任唐仁健、科技部副部长张来武、国务院研究室副主任黄守宏、国家林业局副局长孙扎根等参加调研座谈。国家林业局有关司局负责人，中国林科院领导班子成员、院属有关单位主要负责人参加了座谈会。

【国际热带木材组织执行主任访中国林科院】 6月18日，国际热带木材组织(ITTO)执行主任泽·默克先生一行访中国林科院，与中国林科院院长张守攻就进一步深化合作进行了探讨。泽·默克希望双方进一步推进国际林业科技人员培训、专家咨询等多方面和多渠道的合作方式。张守攻感谢ITTO为中国林科院提供的科研项目，希望双方共享管理经验和专家资源，在国内联合开办林业培训班。中国林科院资源所、科信所专家分别汇报了各自参与的ITTO项目执行情况和项目成果，就项目相关的林业问题进行了讨论。

【浙江省省长李强考察中国林科院亚林所试验示范基地】 6月28日，在第三个浙江省生态日来临之际，浙江省委副书记、省长李强，省委常委、杭州市委书记黄坤明，副省长熊建平等一行赴浙江省临安市考察期间，考察了中国林科院亚林所在太湖源竹种园的试验示范基地。充分肯定了中国林科院亚林所开展的耐水湿竹子选育及湖库土质消落带引入、竹类植物对温室气体的响应机制研究（OTC开顶式气候室）及夏秋季笋用竹四季竹开发利用等。

【中国林科院与阳光国际集团科技合作协议】 6月29日合作协议签字仪式在中国林科院举行。中国林科院院长张守攻、阳光国际集团董事长王端宵分别代表双方签字并讲话。根据协议，双方首批对接的项目有：乡土珍贵树种繁育及大规模容器育苗产业化，药用石斛繁育技术及产业化，兰花（石斛兰）等观赏花卉珍优等品种高效繁育，生态园林地被植物新品种培育与应用，重金属污染土地的灌木柳修复技术。中国林科院办公室、产业处、院省合作办等部门相关负责人参加了仪式。9月27日，双方联合招收博士后研究人员合作协议在福建泉州签署。

【中国林科院与山东农业大学涉林学科合作共建协议】 7月5日协议签约仪式在山东农业大学举行。中国林科院院长张守攻和山东农业大学校长温孚江分别代表双方签字并讲话。山东农业大学副校长董树亭主持签约仪式。山东农业大学党委书记邢善萍、中国林科院副院长孟平等出席签约仪式。签字仪式前，双方交流、探讨了具体合作领域和合作方式，中国林科院专家应邀作“中国林科院林业所学科发展动态”和“全球气候变化与森林”专题报告。

【中国林科院与淮北市人民政府科技合作协议】 6月28日协议签字仪式在中国林科院举行。中国林科院院长张守攻、中共淮北市委副书记樊勇出席仪式并讲话。中国林科院副院长孟平、淮北市副市长谌伟分别代表双方签字。根据协议，双方开展的合作内容有：淮北市林业生态建设政策研究，科学制定现代林业与城市生态建设发展规划；淮北市创建全国绿化模范城市，淮北市石质山造林绿化，淮北市塌陷区湿地生态修复治理，淮北市经果林优质高效栽培及无公害防治技术、标准化示范基地建设，果品保鲜贮藏与深加工等；淮北市科技人员培训与人才培养；科技咨询与科技成果在淮转化、示范和推广。

【中国林科院第八届学位评定委员会第二次会议】 7月9日会议在中国林科院举行。会议审议了中国林科院2013年毕业博士研究生、硕士研究生的学位申请，2013年增列硕、博士研究生导师资格，以及《中国林业科学研究院学位论文作假处理实施细则》和“森林生态学”等12个自主设置二级学科硕士研究生培养方案；评选出3篇中国林科院2013年度优秀博士论文。

【中国林科院2013届研究生毕业典礼暨学位授予仪式】 7月10日毕业典礼暨学位授予仪式在中国林科院举行。中国林科院院长张守攻，副院长陈幸良、刘世荣、孟平，院士唐守正、蒋有绪、宋湛谦，以及院属所、中心和国际竹藤网络中心有关领导与负责人出席仪式。孟平主持仪式。典礼上，表彰了2013届北京市优秀毕业生和中国林科院优秀毕业生，2013年度中国林科院优秀博士学位论文获得者和指导导师。张守攻发表离别赠言，与相关单位领导等为近300名学位获得者拨苏正冠，赠院长、院士寄语，颁发学位证书；导师代表、毕业研究生代表发言。

【国际林联主席访中国林科院】 8月8日，国际林联主席、丹麦哥本哈根大学森林景观规划中心主任、中国林科院客座研究员尼尔斯·库克教授访问中国林科院，与中国林科院副院长刘世荣等就将于2014年10月在美国盐湖城举行的第24届林业大会以及有关学术会议筹备情况进行了交流。

【中国林科院与浙江省人民政府第三轮全面林业科技合作协议】 9月4日合作协议签约仪式在浙江举行。浙江省副省长黄旭明、中国林科院院长张守攻分别代表双方签署协议并讲话，中国林科院亚林所、木工所、林化所分别与淳安县林业局、久盛地板有限公司、嘉善中林胶黏剂科技有限公司签订重大科技合作项目。根据协议，未来5年，科技合作将重点集中于生态建设、林木种业、森林资源培育、林特资源利用、生态文化建设、林业机械化信息化、林业灾害防控及现代林业管理与政策研究等八大领域，加快建设生态林业和民生林业。国家森林防火指挥部专职副总指挥杜永胜、国家林业局科技司司长彭有冬、浙江省人民政府副秘书长陈龙、浙江省林业厅厅长林云举等出席签字仪式。

11月18日，中国林科院与浙江省院省合作项目签字仪式和项目管理培训会在浙江富阳举行。

【北京林机所与福建省政和县人民政府科技合作协议】 9月10日科技合作对接会暨签约、揭牌仪式在福建省政和县举行。国家林业局科技司巡视员张志达与政和县县委书记廖俊波为“国家林业局北京林业机械研究所竹材加工技术与装备成果转化基地”揭牌，中国林科院副院长李岩泉与政和县县长黄爱华为“国家林业局北京林业机械研究所研究生政和县科研工作站”揭牌，县长黄爱华、北京林机所所长傅万四代表双方签署科技合作协议。

【库姆塔格沙漠2013年科考】 8月25日至9月11日科考顺利完成。此次科考队由来自中国林科院荒漠化所、林业所、森环森保所，中国科学院寒旱所，北京林业大学和中国农业大学的14名队员组成。期间，此次科考副总指挥、中国林科院副院长黄坚等赴多坝沟营地，慰问科考队员。科考队历时18天，总行程约2万千米，遭遇4次沙尘暴和1次暴风雨及冰雹的袭击。系统地调查了库姆塔格沙漠西北部阿奇克谷地和南部阿尔金山前洪积扇及沙漠边缘，取样包括植被、土壤样带，典型土壤剖面，典型旱生、盐生植物功能性状、解剖特征，典型植物及典型环境的微生物，动物痕迹及生境；以及洪积扇区冲沟断面及洪水特征调查。

【杜仲橡胶资源与产业发展报告发布】 9月18日《杜仲产业绿皮书：中国杜仲橡胶资源培育与产业发展报告(2013)》新闻发布会暨《中国杜仲橡胶资源培育与产业发展年会》2013第一次年会在京举行。中国林科院副院长李岩泉出席发布会并讲话。国情调研杜仲产业项目是国家首次进行的跨部门、跨行业的集生态环境建设、生态资源产业开发、生态文化产业建设的重点创新工程项目，旨在研究和推动杜仲橡胶资源培育和综合产业的可持续发展。报告介绍了杜仲的发展历史、杜仲橡胶产业的发展状况、中国杜仲橡胶资源的栽培状况等以及杜仲橡胶产业发展的关键技术、产业化中存在的问题、开发方向等。

【中国林科院2013年青年基层调研实践活动】 6月26日至9月22日活动圆满完成。活动以"深入基层·服务一线"为主题，旨在组织青年干部走进基层一线，锤炼工作作风，提高履职能力。活动分两个调研组，通过参与常态化工作、访谈交流等形式开展蹲点调研，完成的调研报告有事实、有辨析、有建议。中国林科院分党组书记叶智、副院长李岩泉出席活动总结汇报会，会议表彰了中国林科院2011～2013年度优秀共青团员、优秀共青团干部和五四红旗团组织创建单位。调研组汇报了调研成果，青年代表介绍了收获和体会。

【中国林业装备产业技术创新战略联盟年会】 9月24日2013年年会在京召开。国家林业局科技司巡视员张志达出席会议并做"全面实施国家技术创新工程、深入推动林业装备产业技术创新战略联盟发展"发言，联盟理事长、中国福马机械集团董事长刘群主持会议，并报告了联盟组建以来开展的主要活动、联盟运行及联盟成员发展等情况。会议介绍和部署了近期联盟课题(项目)征集与申报事项。理事会经过审议，批准了联盟理事会、专家委员会及秘书处等组织机构的成员调整议案，批准了3家单位加入联盟，一致通过了"联盟协议""联盟章程"及"联盟经费管理办法"所作的修订。

【2013非洲法语国家竹子种植与加工技术培训班】 8月2日至9月25日培训班在竹子中心举行。该培训班是国家人力资源援外培训项目，由国家商务部主办、国家林业局竹子研究开发中心承办，来自贝宁、布隆迪、赤道几内亚、吉布提、几内亚、卢旺达、马里、塞内加尔、乍得和尼日尔等10个非洲法语国家的18名学员参加培训，参观了竹子中心国际合作成就展，并在结业仪式上领取了由商务部统一制作签发的结业证书，两名学员获竹子中心颁发的本期优秀学员荣誉证书。

【印度曼尼普尔邦首席部长访竹子中心】 9月24日，印度曼尼普尔邦首席部长欧·依博比·辛格率领的高级代表团一行18人访问竹子中心，了解了竹子中心科研和国际交流合作概况，介绍了曼尼普尔邦竹子资源情况，期望竹子中心能够派科技人员赴印度指导竹业发展。并与竹子中心负责人和专家探讨了在开发竹子适用性产品和市场营销、加强人员交流与技术合作等方面合作。印度驻上海总领事、商工部部长、劳工部部长和曼尼普尔邦议会秘书长等陪同访问。

【中国林科院与北京东方园林公司共建协议】 10月23日"中林东方生态林业研究中心"共建协议签字仪式在北京东方园林公司举行。中国林科院副院长储富祥，北京东方园林公司高级副总裁郭朝晖代表双方签字并讲话。共同表示，双方共建是科技与产业的强强联合，将以共建为契机，发挥各自的优势，为中国的生态恢复、城市林业建设作出贡献。

【中国林科院与河南省南阳市共建月季展示园】 10月26日，月季展示园建成仪式在中国林科院举行。南阳市委常委、统战部长刘朝瑞，市人大副主任程建华、副市长张生起、市政协副主席贺国勤，中国林科院分党组书记叶智、副院长储富祥、黄坚出席仪式。月季展示园位于中国林科院学术报告厅东侧，占地500平方米，共种植树状月季、大花月季、微型月季、藤本月季等南阳本地特色的名优品种20余种。

【2013发展中国家竹木产业发展论坛暨竹子中心援外20周年纪念展】 11月1日，由国家林业局竹子研究开发中心在浙江义乌举行。国家林业局竹子中心自1993年开展国际竹业技术培训以来，迄今共举办了66期国际竹子培训班，包括20期境外卢旺达培训班，2期部长班，培训了五大洲100多个国家1800余名学员，与30多个国家建立了科技交流合作关系。国家林业局副局长张建龙参观了纪念展，充分肯定了竹子中心20年来在国际培训和经济合作上取得的成就，希望竹子中心再接再厉，为中国林业的国际合作作出新的更大的贡献。商务部培训中心副主任朱留贵，国家林业局计财司副司长孙建、国际合作司副司长章红燕，乌干达环境和水利部国务部长弗莱维娅，浙江省林业厅副厅长吴鸿，中国林科院副院长储富祥，义乌市市委副书记葛国庆出席活动并致辞。来自17个发展中国家的33名官员和专家参加了论坛，并参观了纪念展。

【中国林科院与中国纸业投资总公司共建协议】 11月7日，共建"中国纸业投资总公司国际林业研究中心"协议签字仪式在北京举行。中国林科院院长张守攻、中国纸业总经理黄欣分别代表双方签署协议。根据协议，双方按照优势互补、互惠互利、可持续发展的原则，将中国林科院的科研技术优势与中国纸业资产规模大、成果转化效率高、区域投资能力强的优势相结合，以研究中心为平台，重点在林业科研创新、森林培育、纸浆林研究、林业技术人才培养、林业产业发展规划、国际林业问题研究等领域进行广泛、深入的合作，共同推进中国林业科技进步和科研成果产业化。

【2013年发展中国家竹产业发展官员研修班】 10月21日至11月10日，在竹子中心举行，该研修班是国家商

务部主办、国家林业局竹子研究开发中心承办的国家人力资源援外培训项目。来自瓦努阿图、尼泊尔、萨摩亚、南非、厄瓜多尔、埃塞俄比亚、乌干达、玻利维亚、苏丹、老挝、斯里兰卡、圭亚那、牙买加、古巴、毛里求斯、巴基斯坦和塞拉利昂等17个国家的29名学员参加培训。中国林科院副院长刘世荣、浙江省商务厅外经处负责人出席结业仪式并致辞，古巴农林研究院发展部和牙买加学员作为学员代表发言。学员们领取了结业证书。

【中国林科院与内蒙古森工集团(林管局)全面科技合作】 11月13日，联合共建"中国林科院、内蒙古大兴安岭林业研究与示范基地"协议签字和授牌仪式在内蒙古牙克石市举行，中国林科院副院长黄坚与内蒙古森工集团(林管局)董事长张学勤代表双方签署协议。国家林业局科技司司长彭有冬代表国家林业局向双方授牌。根据协议，双方按照优势互补、互惠互利、团结协作、共同发展的原则，充分发挥中国林科院的人才、技术等优势，以研究与示范基地为依托，围绕林区生态保护建设、森林集约经营、湿地保护利用、野生动植物保护、林业碳汇等开展科技合作，提高科研服务林区发展的水平，促进双方又好又快地发展。签字仪式后，来自中国林科院等单位的十几位两院院士、专家开展了科技对接活动和专家报告。

【桉树产业技术创新战略联盟2013年度工作会】 11月22日，在北海召开。国家林业局科技司巡视员张志达、中国林科院副院长李岩泉出席会议并讲话，桉树联盟19个成员单位的理事和全体专家委员参加会议。会议汇报了桉树联盟的工作进展，详细讲解了中国桉树产业状况、联盟构成、联盟运行情况、桉树产业重大技术需求等，审议了桉树联盟2013年工作成效和2014年工作计划，深入探讨了桉树联盟运行机制和产业发展中的技术需求、共性问题、重点难点以及发展趋势。

【中国林科院2013年度科技管理培训与学科建设研讨会】 11月25日，在南京召开。会议介绍了相关单位科研管理的先进方法和经验，阐述了科研管理的层次、原则以及科技处职能。研讨会前，11月24日，举办了中国林科院2013年度国家自然科学基金项目申报与管理培训会，旨在加强项目的管理和组织领导工作，进一步提高项目申报质量。中国林科院副院长孟平出席会议。

【中国林科院到巴西农科院、科技部交流】 12月2~5日，中国林科院院长张守攻研究员率中国林科院代表团应邀访问巴西，旨在落实中国科技部和巴西科技部竹子科技合作协议。在巴西农科院，代表团介绍了中国林科院在竹子栽培和加工利用领域的最新科研成果以及国际培训的经验，双方表示还将在林木遗传育种、森林可持续经营、干旱土地管理等领域开展科技合作。在巴西科技部，双方座谈了开展的具体合作项目。代表团考察了巴西圣保罗州农业研究所和巴西国家植物园，座谈了开展双边竹子科技合作内容。

【国家林业局华东沿海防护林生态系统定位观测研究站通过咨询论证】 12月6日，论证会在南昌举行。该站以中国林科院亚林所为技术依托和建设单位，实行一主两副的布局，主站设在江苏东台，副站分别设在上海浦东和浙江台州，以江苏省东台市人民政府、上海市林业总站和浙江台州市林业局为共建单位。专家组审阅了定位观测研究站建设申请书等相关材料，听取了建站进展汇报和专家现场考察意见，同意通过咨询论证。国家林业局生态定位观测网络中心副主任杨锋伟主持论证会。

【广西区党委副书记陈武到中国林科院热林中心调研】 12月23日，广西壮族自治区党委副书记、自治区人民政府主席、党组书记陈武率自治区调研组成员到中国林科院热林中心，考察了热林中心的珍稀树种保存区、石漠化治理示范区、南方国家级林木种苗示范基地，听取了柚木、西南桦等珍贵树种的采种育苗、培育管护与经济生态效益价值，以及石漠化地区造林树种选育情况汇报，称赞中国林科院热林中心在石灰岩山地植被恢复造林技术方面取得的成果，为广西生态建设作出了巨大贡献。希望中国林科院热林中心扩大种苗基地规模，将珍贵树种种植技术在农民中推广应用，将石漠化治理成果在全区推广。广西壮族自治区政府秘书长莫恭明等参加调研。

【中国林科院2013年科技统计培训会】 12月23日，培训会在中国林科院召开。中国林科院副院长李岩泉出席会议并在讲话中肯定了各单位科技统计工作，阐述了科技统计工作的重要意义，提出做好科技统计工作的具体要求。会议全面总结了多年来中国林科院科技统计调查工作成效和经验，部署了2013年度科技统计调查工作，提出了2014年和今后全院加强统计调查工作的机制和措施，对科技统计调查工作进行了详细的讲解和培训，并安排了座谈交流。

【中国林科院第三批国际合作创新团队评估会】 12月24日，评估会暨2013年国际合作工作和创新团队建设经验交流会在京召开。国家林业局国际合作司司长苏春雨，中国林科院院长张守攻、副院长刘世荣出席会议。评估会上，评委们听取了6位团队负责人的工作汇报，充分肯定了创新团队3年来的工作，评选出3个优秀创新团队。经验交流会上，提出了目前国际合作工作主要任务，仍要以提升自身科技创新能力为目标。

【农林剩余物多途径热解气化联产炭材料关键技术开发获国家科学技术进步二等奖】 该项目由中国林科院林化所蒋剑春主持完成。项目针对农林剩余物热解气化应用过程存在的技术瓶颈，开展了热解气化反应过程基础理论及控制机制、反应器新型结构等研究工作，在内循环锥形流化床气化、大容量固定床气化、富氧气化与催化裂解、热解气化联产高品质炭材料等关键技术方面取得了突破。2000年起共建成农林剩余物热解气化供气、供热、发电及联产炭产品等系统装置190台套，并出口到英国、日本、意大利和东南亚等10个国家和地区。近3年，新增销售额10.2亿元，新增利润1.51亿元，新增税收0.85亿元；利用农林生物质约180万吨，替代燃煤约100万吨，减排CO_2近250万吨，减排SO_2约3.0万吨，增加就业岗位6000个以上。发表论文98篇；授权发明专利11项、实用新型专利22项，制定标准2项；培养硕士生24名，博士生9名。

【森林资源综合监测技术体系获国家科学技术进步二等奖】 该项目由中国林科院资源所鞠洪波主持完成。项目针对中国现有林业监测体系相互独立，监测技术亟待提高，信息共享服务困难等突出问题，首次构建了森林资源综合监测指标与技术体系，突破了森林资源信息一体化采集、综合分析处理、集成管理服务等关键技术，自主研发了森林资源综合监测系列软件，实现了森林、湿地、森林灾害、林业生态工程的综合监测、高效管理和集成服务。项目主要开展了森林资源综合监测指标与技术体系，森林资源多尺度监测技术，湿地类型精确识别与时空预测技术，森林灾害遥感监测与预警技术，林业生态工程实施与效果监测技术，森林资源综合监测集成与服务技术研究。获得授权专利5项，获得软件著作权登记24项；制定行业标准2项；认定科技成果12项。技术成果已应用于全国森林、湿地、灾害、工程监测等业务工作，软件成果已在全国10多个省(市)、40多个县(市)开展了推广应用，培训专业技术人员1200余人。

【紫胶资源高效培育与精加工技术体系创新集成获国家科学技术进步二等奖】 该项目由中国林科院资昆所陈晓鸣主持完成。项目历时20年，系统研究了紫胶资源的收集保存、生态选育、高效培育和新产品研发等，创建了野生昆虫异地活体保存技术，建立了世界上第一个紫胶虫种质资源库和优质紫胶虫选育平台，收集和保存了国内外9种紫胶虫10个品系和256种寄主植物，发表紫胶虫新属1个，新种8个，保存了世界上最丰富的紫胶虫种质资源。建立了紫胶虫种质资源评价指标体系；系统研究了紫胶虫生物学、生态学、分子生物学等特性；筛选出4种优质紫胶虫适应于中国南亚热带、干热河谷和北热带；提出了多虫种紫胶生产配置等9项关键技术；建立了南亚热带、干热河谷区和北热带多虫种、多区域紫胶生产基地，年产量提高到3000多吨，跃居世界第三位。项目获发明专利14项，实用新型专利3项，寄主植物良种1个。发表论文148篇，出版专著2部，制(修)订国家和行业标准8项。在云南、四川、广西等省区示范和推广。

【获中国专利优秀奖三项 省科技进步奖五项】 中国林科院林化所蒋剑春主持的“生物质内循环锥形流化床气化工艺及设备”，中国林科院林化所邓拥军主持的“利用杨木加工剩余物制取文化用纸配抄用漂白化机浆的方法”，中国林科院木工所王正主持的“环保型胶合板生产工艺”获得第十五届中国专利优秀奖。

中国林科院亚林所吴明主持的“杭州湾典型湿地资源监测与恢复技术研究”获浙江省科技进步二等奖，中国林科院木工所于文吉主持的“高性能竹基纤维复合材料制造技术”获北京市科技进步二等奖，中国林科院林化所周永红主持的“生物质替代有害原料制备聚氨酯节能保温材料关键技术开发”获江苏省科技进步二等奖，中国林科院木工所王正主持的“环境安全型木塑复合人造板及其制品关键制造技术”获北京市科技进步三等奖，中国林科院资昆所易同培主持的“中国竹类资源调查及《中国竹类图志》的编撰”获云南省科技进步三等奖。

【获梁希林业科学技术奖、梁希科普奖】 “县级森林火灾扑救应急指挥系统研发与应用”获第五届梁希林业科学技术奖一等奖，“东北天然林生长模型系与多目标经营规划技术”等七项成果获第五届梁希林业科学技术奖二等奖，“茶籽油品质快速鉴定及全值化利用加工关键技术”等两项成果获第五届梁希林业科学技术奖三等奖。《认识湿地》《奇妙的森林》获第四届梁希科普作品一等奖，2013年“‘体验科学、走进自然、低碳生活’科普活动”获第四届梁希科普活动奖。

(中国林业科学研究院由王秋丽供稿)

国家林业局调查规划设计院

【综 述】 2013年，规划院在国家林业局党组的正确领导下，认真贯彻落实十八大精神，按照建设生态林业、民生林业的总体要求，以局“两转变两服务”和院“转作风、强管理、促发展”活动为抓手，优质高效完成了国家林业局下达的各项工作任务，工作作风、服务质量、管理水平有了较大提高，实现了全年工作目标。

①全面完成森林资源监测、野生动植物及自然保护区监测、湿地资源监测、荒漠化和沙化土地监测、林业碳汇计量监测和生态监测评估任务，充分发挥了技术支撑作用。②重点林业专项规划编制取得新成效，为生态民生林业建设提供了优质咨询服务。全年完成地方政府和社会各界委托的咨询、设计、调查、评估等项目360余项，有力地促进了地方林业发展。③林业信息化服务与宣传稳步发展，工作水平不断提高。④科研和标准制订取得新成果，强院兴院根基不断夯实。⑤积极开展林业国际合作，消化吸收再创新能力明显增强，提升了规划院在国际合作中的声誉和地位。⑥按照局“转变职能、转变作风、服务大局、服务基层”活动的部署安排，扎实开展了院“转作风、强管理、促发展”主题活动，加大了院综合管理制度体系建设力度，综合管理进一步规范，能力建设取得长足进步。⑦按照党中央和局党组的部署要求，院党委紧密结合规划院实际，积极开展思想建设、组织建设、作风建设、制度建设和党风廉政建设，政治思想保障不断加强。

【举办党的十八大精神中层干部研讨班】 1月7～8日，院党委举办了“绿色大讲堂规划院分讲堂”——学习贯彻党的十八大精神中层干部研讨班。院领导班子及全体中层以上干部90多人参加了学习研讨。研讨班紧紧围绕学习贯彻十八大精神，重点学习了“全面建成小康社会的战略部署”“生态文明建设与林业可持续发展”“生态监测评估的现状与展望”3场专题辅导讲座，并结合院工作实际就大家关心的热点问题进行了深入研讨和交流。

【参加全国湿地资源调查2012年工作总结会】 1月10日，国家林业局湿地保护管理中心在海南省海口市组织召开了全国湿地资源调查2012年工作总结会，副院长唐小平参加了总结会，并代表全国湿地资源调查中央技术支撑单位作工作报告。唐小平全面总结回顾了2012年规划院所做的第二次全国湿地资源调查技术支撑、组织协调、成果审查、统计汇总和专家技术委员会日常事务等工作，报告了规划院负责的上海市和四川省湿地调查技术支撑的具体工作，表达了进一步支持和推动相关工作的信心和决心。

【《全国竹产业发展规划》】 1月6日，国家林业局科技委召开专家论证会，审议规划院编制完成的《全国竹产业发展规划(2011～2020年)》(以下简称《规划》)。

会议听取了编制组关于《规划》编制过程和主要内容的介绍，并进行了认真审议。专家组一致认为，竹产业是林业十大主导产业之一，制定《规划》符合中国加快转变经济发展方式、扩大国内需求、发展绿色经济等重大战略要求，对进一步贯彻落实党的十八大精神和党中央、国务院强农惠农政策，加快山区经济发展，促进农民就业增收，繁荣生态文化，推进生态文明建设具有特别重要的战略意义。《规划》在认真总结中国竹产业发展现状和经验的基础上，深刻分析了竹产业发展存在的问题和面临的形势，提出了“主攻二产、发展三产、提升一产”的发展新格局，《规划》从实际出发，划分了重点发展区和一般发展区，提出了资源培育、士产品加工和支撑体系建设等主要任务，思路清晰、重点突出、措施可行，具有较强的科学性，对全国竹产业发展具有重要的指导意义和推动作用。与会专家一致同意通过《规划》。

【《全国木材战略储备基地建设规划》】 1月5日，国家林业局科技委召开专家论证会，审议规划院编制完成的《全国木材战略储备基地建设规划(2013～2020年)》(以下简称《规划》)。

会议听取了规划院技术人员关于《规划》编制过程和主要内容的介绍。经过认真审议，评审组专家一致认为，《规划》是推进林业发展方式转变，改善生态、服务民生的具体实践，是确保实现“双增”目标的重要途径，对维护中国木材安全，缓解当前木材供需矛盾具有重要的战略意义和现实意义。《规划》重点突出，技术路线切实可行，符合经济社会发展现阶段的需求。《规划》的实施将极大地提高中国木材自给能力，为构建国家木材安全保障体系奠定良好的基础。与会专家一致同意通过《规划》论证。

【参加2013年春季沙尘天气趋势会商】 1月7日，国家林业局和中国气象局在北京联合召开了2013年春季沙尘天气趋势预测会商会议，来自各领域的20多位专家，对2013年春季中国北方地区沙尘天气趋势进行了分析预测，规划院5位同志参加了本次会议。

会议听取了国家林业局荒漠化监测中心、国家气候中心等单位的专题报告，总结了2012年春季沙尘暴灾害特点及形成原因，分析了北方地区降水量、土壤墒情、植被生长状况等影响沙尘天气的下垫面因子的演变规律，并综合气候背景、海温、冬季风、北极海冰等因素，预测了2013年春季沙尘天气发生范围、强度。规划院分别做了《2012年春季沙尘暴灾害及地表状况对2013年春季沙尘天气的影响》《2012年中国北方地区地表干湿状况》和《2012年中国北方地区植被生长状况分析》的专题发言。

【与中国资源卫星应用中心签署合作协议】 1月22日，中国资源卫星应用中心(以下简称中心)举办了国家林业局调查规划设计院等7家行业用户参加的国产陆地观测卫星数据行业应用战略合作协议签字仪式。

院总工程师张煜星代表规划院与中心徐文主任签署了《国产陆地观测卫星数据行业应用战略合作协议》。此次合作协议的签署，标志着规划院作为陆地观测卫星数据林业行业用户与中心的合作迈出了重要的一步，对进一步促进中国林业资源遥感监测应用工作，提升林业资源调查技术和成果水平，加快科技成果转化和高新技术产业化具有重大意义。

【《国家珍贵树种培育示范建设成效考核评价办法》】 1月14日，《国家珍贵树种培育示范建设成效考核评价办法》(以下简称《考核评价办法》)通过了国家林业局造林司组织的专家审查。《考核评价办法》是在总结中国多年珍贵树种培育示范建设经验与成效的基础上，依据国家有关法律法规、结合现有相关标准制定的，对于规范国家珍贵树种培育示范建设考核评价，确保建设成效具有重要意义。

专家认为，《考核评价办法》分别设置了国家珍贵树种培育示范县和示范基地的考核评价指标，并根据各自指标特性确定考核评价方法和措施，具有较强的针对性、科学性和可操作性。

【第十六届中国行业电视节目展评】 1月19日，在福建厦门举行了“第十六届中国行业电视节目展评”颁奖典礼，规划院制作的科教片《森林中国》荣获一等奖，科教片《颗粒燃料点燃新希望》《百发百中挖冬笋》和专题片《3月14日，跨省救金雕——北京爱鸟周特别节目》荣获二等奖。

【《平原绿化工程建设技术规定》】 1月15日，《平原绿化工程建设技术规定》(以下简称《技术规定》)通过了国家林业局造林司组织的专家审查。

《技术规定》是在总结了中国多年来平原绿化建设

经验与成效的基础上，依据国家有关法律法规和相关标准，为规范全国平原绿化工程，建设高标准农田配套防护林体系而制定的，对于建立和完善中国平原地区防护林体系，改善平原地区生态状况，增加农民收入，保障粮食安全，建设生态文明等具有重要意义。专家认为，《技术规定》指导思想和编制原则明确，内容全面，技术要求有针对性，具有较强的指导意义和可操作性。

【获得全国旅游规划设计资质证书】 经过全国旅游规划设计单位资质等级认定委员会的综合考核和认定，规划院凭借人才、技术、业绩和设备等优势，获得了国家旅游局颁发的全国旅游规划设计资质乙级证书。新资质证书业务范围包括编制全国、区域和地方各级旅游发展规划，编制旅游景区规划、景观设计、活动策划、营销策划、资源开发方案等各类旅游专项规划以及提供与旅游规划设计相关的其他服务。

【《全国防沙治沙规划》】 规划院编制完成的《全国防沙治沙规划(2011～2020年)》(以下简称《规划》)通过国务院批准。

《规划》从中国国情、沙情出发，系统总结了“十一五”防沙治沙工作，科学分析了中国沙化土地现状、面临形势和发展机遇与潜力，以科学发展观为指导，坚持科学防治、综合防治、依法防治的方针，遵循自然规律，明确地提出了防沙治沙的总体思路、目标任务、总体布局、建设重点、主要建设内容和保障措施，是指导全国防沙治沙工作的科学依据，是保证治沙生态工程建设质量、提高投资效益的纲领性文件。《规划》的颁布与顺利实施，将对维护国家生态安全、促进沙区农民增收和绿化国土等方面发挥重要的作用。

【召开干部大会宣布院领导调整的决定】 3月1日，规划院召开干部会议宣布国家林业局关于规划院党政领导干部调整的决定。国家林业局副局长印红、人事司司长谭光明出席会议。

会议决定：任命王忠武为国家林业局调查规划设计院院长兼党委副书记；刘国强为国家林业局调查规划设计院党委书记兼副院长；蒋云安为国家林业局调查规划设计院副院长。

印红局长对规划院工作提出了3点要求，一是要树立全局观念，服务林业发展，支撑生态文明建设。依托规划院成立的生态监测评估中心更应该积极工作、开拓业务、扩大影响。二是抓好自身建设和干部队伍建设，打造一流的队伍，创造一流业绩，把好成果质量关，树立好品牌、好声誉。三是改进工作作风，加强廉政建设，贯彻落实局转变工作作风的有关规定。到基层开展资源调查、检查、监测工作，要坚持实事求是的工作作风，强化服务基层的意识。

王忠武院长、刘国强书记、蒋云安副院长分别做了表态发言。

【规划院被评为2012年度国家林业局机关“平安单位”】 经国家林业局机关社会管理综合治理领导小组办公室评定，规划院被评为2012年度国家林业局机关“平安单位”。

2012年，规划院高度重视综合治理工作，认真贯彻中央和国家林业局关于综合治理工作的部署和要求，完善消防、保卫、保密等各项安全管理制度，制订社会管理综合治理工作方案，建立安全稳定督导和检查机制，全面落实安全责任制度，明确领导，细化任务，层层签署责任书，大力加强内部治安防范、法制宣传、消防安全、信息安全、交通安全、保密安全和生产安全等各项工作，扎实有效地开展综合治理和平安创建活动，圆满完成了社会管理综合治理任务，为规划院各项工作的顺利开展创造了和谐安定的治安环境。

【2013年工作会议】 3月13日，规划院召开2013年工作会议，院领导班子和全体干部职工参加，会议由刘国强书记主持。

刘国强书记强调了国家林业局“两建”电视电话会议精神，要求全院按照赵树丛局长、张建龙副局长和陈述贤组长的讲话要求，认真贯彻落实会议精神，把会议精神贯穿到规划院全年的各项工作中。赵中南副院长部署了规划院2013年的重点工作，解读了《规划院贯彻落实中央和国家林业局关于改进工作作风、密切联系群众有关规定的实施办法》。严晓凌副书记先后部署了规划院2013年党的建设工作要点和纪检监察的重点工作。王院长强调3点，一是转变作风树形象，二是强化管理出效益，三是加快发展上水平。

【2013年中国标准创新贡献奖】 经国家林业局推荐，在中国国家标准化管理委员会组织召开的2013年“中国标准创新贡献奖”评审会上，规划院承担完成的林业国家标准《GB/T15776—2006 造林技术规程》荣获2013年中国标准创新贡献奖三等奖。该标准已成为指导、规范、检查、监管造林成果的基础和依据。标准的推广对保证造林成果，提高森林质量和效益，推进林业分类经营，提高重点林业工程建设质量和成效，促进森林可持续经营等方面起到了重要作用。

【全国陆生野生动物资源监测评估体系构建技术研究】 3月18日，林业公益性行业科研专项“生态建设与恢复组”项目验收会在北京西郊宾馆召开。本次会议主要针对涉及“生态建设与恢复”相关内容的13个项目进行集中验收。规划院承担的“全国陆生野生动物资源监测评估体系构建技术研究”总评结果得分位居前列，顺利通过验收。

“全国陆生野生动物资源监测评估体系构建技术研究”项目于2009年启动，历时4年完成。主要任务是开展陆生野生动物资源监测指标体系、监测方法研究和陆生野生动物资源综合评估技术研究。经过大量的野外调查和试验研究工作，项目组编制了《全国陆生野生动物资源监测技术规程》《全国陆生野生动物资源综合评估技术规范》等技术文件，完成了项目所有的任务要求。本项目的开展，为中国全面开展野生动物监测、建立野生动物监测体系提供了的技术储备和支撑。

【荣获中国林学会组织建设工作先进单位】 3月23日，

2013年全国林学会秘书长会议在江西省南昌市召开，会议表彰了2012年度学会专项工作先进单位，挂靠在规划院的森林经理分会再次荣获组织建设工作先进单位。

【荣获全国林业优秀工程咨询成果奖】 根据中国林业工程建设协会《关于表彰2011年度全国林业优秀工程咨询成果获奖项目的通知》(林建协〔2013〕03号)精神，规划院共7项成果荣获2011年度全国林业优秀工程咨询成果奖。其中《大连国家森林城市建设总体规划(2009～2020年)》《西藏雅鲁藏布大峡谷国家级自然保护区生态旅游总体规划》《全国林地保护利用规划纲要(2010～2020年)》和《防护林造林工程投资估算指标(试行)》4项成果荣获一等奖，《益阳市国家森林城市建设总体规划(2010～2020年)》和《全国极小种群野生植物拯救保护工程规划(2011～2015年)》2项成果荣获二等奖，《兰州新区林业生态建设总体规划》荣获三等奖。

【"948"项目顺利通过验收】 3月25～26日，国家林业局科技司在湖北武汉组织召开了"948"项目及局重点项目验收会，规划院承担的"荒漠化能量水平衡遥感监测关键技术引进"和"湖滨湿地生态恢复关键技术引进"两项"948"项目顺利通过验收。

会上，两个项目负责人分别就项目引进研究任务、考核目标完成情况、项目执行情况、取得的成果和前景以及经费使用情况等方面内容做了汇报。专家组在听取汇报后，现场进行提问和考核评分。两个项目均获得好评，顺利通过验收，并获得了"荒漠化能量水平衡遥感监测系统"和"网格法湿地生态恢复技术"两项技术成果认定。

【沙尘暴灾害风险评估与区划研究】 4月16日，局科技司组织召开了林业公益性行业科研专项项目验收会议，对规划院主持完成的"沙尘暴灾害风险评估与区划研究"项目进行单独验收并通过。项目任务验收和财务验收结果均被评为优秀，并认定了"沙尘暴灾害风险评估技术"成果一项。项目成果作为国家沙尘暴灾害应急管理平台基础数据库的重要组成部分，在中国沙尘暴灾害监测与灾情评估、沙尘暴灾害应急管理工作中得到了广泛应用，为准确了解沙尘暴灾害发生地区的气象、地表和社会经济风险状况，进一步提高沙尘暴灾害应急管理水平发挥了重要作用，取得了明显的社会和经济效益。

【启动"两转变两服务"活动】 5月24日，规划院召开会议，传达"转变职能、转变作风，服务大局、服务基层"电视电话会议精神，部署规划院"两转变两服务"活动。

王忠武院长传达了赵树丛局长和张建龙副局长讲话精神，并结合规划院工作实际对开展"两转变两服务"活动提出要求，一是要统一思想、提高认识。二是要加强领导、认真组织，院成立"两转变两服务"领导小组。三是要制订工作方案，开展形式多样、有声有色、符合规划院实际的活动，重在贯彻落实。四是各部门要认真组织学习，结合工作实际开展大学习、大讨论，切实把思想和行动统一到中央和局的决策和部署上来。

【参加FAO全球森林资源评估工作会议】 联合国粮农组织(FAO)全球森林资源评估工作会议于5月6～10日在泰国清迈召开。这是FAO为开展2015年全球森林资源评估，部署2015年各国评估工作而举办的一次重要会议。应FAO邀请，规划院总工张煜星率团参加本次会议。

会议期间，中国代表团听取了FAO关于2015年森林资源评估内容、技术方法、质量要求、区域培训和时间进度的报告，参加了全球森林资源管理信息系统、森林遥感监测、生物量估测、Google Earth工具和森林变化宏观模拟等方面技术培训，参与讨论了国家报告编制存在的问题和解决途径，专题研究了2050年全球及国家层面森林预测方法和初步结果。

【《用材林造林工程投资估算指标(工作大纲)》】 5月22日，国家林业局计财司组织召开会议，评审规划院编制完成的《用材林造林工程投资估算指标(工作大纲)》(以下简称《工作大纲》)。

专家组对《工作大纲》给予了高度评价，一致认为《工作大纲》的编制思路清晰，目标明确，具有较强的针对性和可操作性。《用材林造林工程投资估算指标》的编制，对指导国家用材林造林工程建设投资具有重要意义，也是继《防护林造林工程投资估算指标》颁布实施后，未来指导国家造林工程投资估算的又一部重要标准。专家组一致同意通过本《工作大纲》。

【《森林火情瞭望监测系统设计规范》】 5月22日，国家林业局计财司组织召开会议，评审规划院编制完成的《森林火情瞭望监测系统设计规范》(以下简称《设计规范》)。

经过认真讨论和审议，与会专家一致认为，《设计规范》的思路正确、内容全面，具有较强的科学性、先进性和可操作性。《设计规范》的颁布实施将对规范全国森林火情瞭望监测系统建设，增强森林火情瞭望监测能力，促进林火监测技术的进步具有重要的意义，在保障森林资源安全，维护国家生态安全和绿化国土，实现"双增"目标等方面发挥重要作用。专家组一致同意通过本《设计规范》。

【全国营造林标准化技术委员会年会】 5月20日在北京召开。会上，唐小平秘书长就全国营造林标准清理、标准体系建设和制修订工作情况以及标委会2013年重点工作安排做了说明。王祝雄主任委员要求标委会各位委员以党的十八大精神为指导，认真落实国家林业局关于营造林和标准化工作的相关要求，进一步加强标委会自身建设，把营造林标准化工作做实、做好，充分发挥标准的规范性作用。会议还审议通过了《营造林标准制修订管理办法》和《区域性森林培育标准制修订工作方案》。

目前标委会是中国林业系统管理标准最多、涉及范围最广泛的标委会，秘书处设在规划院。

【推进"两转变两服务"活动】 6月3日，规划院召开开展"两转变两服务"活动暨生产经营工作会议，总结2013年前5个月的生产经营情况，并结合生产实际，深入推进规划院贯彻局"两转变两服务"活动。会议由王忠武院长主持，刘国强书记做专题部署，全院领导班子及中层干部、教授级高工参加会议。

【三项行业标准通过审定】 6月5日，全国森林资源标准化技术委员会组织召开会议，评审规划院主持编制的《林业数表编制数据采集技术规程》《一元立木材积表编制技术规程》和《地位指数表编制技术规程》3项行业标准。

标委会委员听取了编写组关于3项标准编制情况的汇报，经过仔细的讨论和认真的审议，一致同意3项标准通过审定。《林业数表编制数据采集技术规程》等3项标准是林业数表系列标准的组成部分。

【召开第五次党员大会】 6月9日，中国共产党国家林业局调查规划设计院委员会第五次党员大会隆重召开。国家林业局党组副书记、副局长、直属机关党委书记张建龙到会并讲话，直属机关党委常务副书记高红电到会指导。会议由院长、党委副书记王忠武主持，院党委书记刘国强作了题为《坚持科学发展 推进生态文明 为建设国家一流的林业调查规划设计队伍提供坚强政治保证》的工作报告。院全体党员参加了会议，院民主党派和无党派代表应邀列席会议。

会议认真听取、审议并一致通过了党委工作报告和纪委工作报告并选举产生了中共国家林业局调查规划设计院第五届委员会委员和第五届纪律检查委员会委员，选举刘国强为中共国家林业局调查规划设计院第五届委员会书记，王忠武、严晓凌为副书记，选举严晓凌为纪律检查委员会书记，常孝本为副书记。

【全国森林资源标准化技术委员会】 全国森林资源标准化技术委员会(以下简称标委会)召开2013年年会，标委会副主任、规划院总工程师张煜星参加会议。

会议听取了标委会秘书长、规划院翁国庆处长所作的工作报告，翁处长总结了2009年标委会成立以来所做的主要工作，并对下一步工作计划提出了初步设想。与会委员还对《立木生物量建模样本采集技术规程》等5项行业标准进行了集中审定。

【开展全国荒漠化和沙化监测外业调查试点工作】 为做好第五次全国荒漠化和沙化监测技术准备工作，6月19~30日，规划院会同国家林业局西北院、内蒙古林业调查规划院、内蒙古第二调查规划院等单位，在内蒙古自治区正蓝旗开展了外业调查试点工作。

作为该项工作的主要技术支撑单位，规划院完成了大量前期工作，开展了监测技术规定的修订、试点工作的方案制订、野外数据采集软硬件测试、遥感解译标志建立以及图斑区划和判读等内容。外业调查结束后，局治沙办副主任王信建、规划院总工程师张煜星听取了试点工作进展情况的汇报。

【全国优秀工程咨询成果一等奖】 根据《中国工程咨询协会关于公布2012年度全国优秀工程咨询成果奖获奖项目名单的通知》(协政〔2013〕29号)，规划院完成的《全国林地保护利用规划纲要(2011~2020年)》和《西藏雅鲁藏布大峡谷国家级自然保护区生态旅游总体规划》两项成果荣获2012年度全国优秀工程咨询成果一等奖。

在本次全国优秀工程咨询成果41项一等奖中，规划院荣获2项，也是一等奖中仅有的2项林业成果。

【《森林火险区综合治理工程项目建设标准》】 6月28日，国家林业局计财司组织召开专家评审会，论证规划院编制完成的《森林火险区综合治理工程项目建设标准》(以下简称《标准》)。

专家组一致认为：《标准》的制定符合中国森林火险区综合治理工程项目建设的实际需要，对提高工程项目的决策和科学管理、指导工程项目规划和设计、完善标准体系意义重大。《标准》指导思想明确，基本原则科学合理，定位准确，基础工作扎实，资料翔实，目标明确，重点突出，科学可行。专家评审组一致同意通过该《标准》。

【工程标准化专业委员会工作会议】 6月27日，中国林业工程建设协会工程标准化专业委员会(以下简称标委会)2013年度工作会议在北京召开。会议由规划院副院长、标委会主任唐小平主持，国家林业局计财司杨冬副司长到会并讲话。会议就《林业工程建设标准管理办法》《林业工程建设标准体系》《林业工程建设标准复审意见汇总情况报告》及《林业工程建设标准专家库建设方案》等事项进行了深入的讨论。

【东北监测区林地年度变更调查技术培训班】 为做好2013年全国林地年度变更调查扩大试点工作，保证林地变更调查成果，7月5~6日，规划院举办东北监测区林地年度变更调查技术培训班。来自东北监测区11个试点单位的林业厅(局)资源处负责人、林业规划院技术负责人与技术骨干共80余人参加了培训。

规划院张煜星总工程师就新一年度林地变更调查如何进一步改进工作、提高技术力量和加强管理工作水平提出了要求；规划院黄国胜处长、党永锋副处长、史京京博士分别讲解了全国林地年度变更调查技术方案、遥感处理与判读技术和林地变更调查工具软件的使用方法。

【党的群众路线教育实践活动动员部署会】 7月10日，规划院召开党的群众路线教育实践活动动员部署会，对院开展党的群众路线教育实践活动进行了全面的动员部署。会议由院长王忠武主持，党委书记刘国强作动员部署报告，局第八督导组组长王建子作了讲话。规划院全体党员、中层干部、教授级高工120多人参加了会议，局第八督导组全体同志到会指导。

刘国强书记从深刻认识开展党的群众路线教育实践活动的重要意义，扎实开展好教育实践活动，开展教育实践活动的方法步骤和切实加强组织领导4个方面进行了动员和部署。会议还组织对院领导班子及班子成员作风情况进行了民主评议。

【林地“一张图”】 7月10日，国家林业局森林资源管理司在规划院组织召开全国林地“一张图”建设工作汇报会。国家林业局党组副书记、副局长张建龙出席会议并做讲话。

会议听取了资源司徐济德副司长关于林地“一张图”建设情况的汇报。张建龙局长考察了林地“一张图”主存储机房、数据处理机房等主要场所，了解了遥感数据处理、林地落界等工作流程，对规划院林地“一张图”建设成果给予了高度评价，并对继续推动林地“一张图”建设取得更好更大的成效提出了要求。

【贯彻全国林业厅局长会议精神】 7月29日，王忠武院长主持召开院务会议，传达贯彻全国林业厅局长会议精神。

刘国强书记传达了会议的主要内容，带领大家认真学习了习近平总书记关于生态文明建设的重要讲话、汪洋副总理的重要批示和赵树丛局长在座谈会上的讲话精神。王忠武院长对进一步学习贯彻会议精神提出了要求。

【“青海省生态系统服务功能监测与价值评估”外业样点调查】 ①5月27日至6月1日，所有调查人员在青海西宁开展为期5天的技术培训和实习，为外业工作的顺利进行奠定了技术基础。6月5日，开展了外业调查工作。截至7月25日，调查组先后对西宁、海东、海南、黄南、海北和海西6州(市)的进行了外业调查，完成调查样点近80个，足迹涵盖六州(市)的所有行政县。调查除现场测试光合效率、土壤呼吸、生物量等大量数据之外，还取回了植物根、茎、叶标本近千份，土壤样品700余份共近1000千克。②8月1日至9月2日，分两组开展了最后一阶段的外业调查任务，对玉树州、果洛州和唐古拉山地区开展的调查。

两期外业调查行程超过2万千米，共完成样地167块，调查除现场测试光合效率、土壤呼吸、生物量等大量数据之外，还取回了植物根、茎、叶标本近千份，土壤样品1500余份近2000千克。样品测试结果将用于土壤碳汇、水土保持、植被演替、生物多样性保护、病虫害防治等专题研究。

【第五次全国荒漠化和沙化监测技术规定修订工作研讨会】 7月30～31日，规划院和西北院会同全国16个省(区、市)的负责人、专家，召开了第五次全国荒漠化和沙化监测技术规定修订工作研讨会。

研讨会上，规划院就技术规定的修订情况及监测实施方案做了详细介绍，与会专家对监测方法和监测指标等问题进行讨论，积极发表意见，为技术规定修订建言献策。研讨会形成了技术规定的修订稿，为第五次全国荒漠化和沙化监测工作的顺利开展奠定了良好的基础。

【中国治沙暨沙业学会沙棘专业委员会】 8月23～24日，中国治沙暨沙业学会沙棘产业专业委员会成立大会暨中国首届沙棘产业国际研讨会在内蒙古呼和浩特市召开。规划院刘国强书记参加会议，并当选为中国治沙暨沙业学会沙棘产业专业委员会主任委员，武健伟副处长任副秘书长。

【参加全国第四次大熊猫调查内业技术培训班】 国家林业局保护司于7月23～26日在甘肃省兰州市举办了全国第四次大熊猫调查内业技术培训班。规划院唐小平副院长、湿野中心王志臣主任和相关技术人员参加了培训班。

唐小平副院长就做好全国第四次大熊猫调查内业工作提出了具体要求，王志臣主任回顾和总结了规划院上半年第四次大熊猫调查相关工作情况，川陕甘3省林业厅相关负责人分别汇报了本省大熊猫调查工作进展情况。

【智利驻华大使馆农业参赞到访】 8月22日，智利驻华大使馆农业参赞阿尔瓦罗·阿斯佩先生一行访问规划院。

总工办主任丰庆荣简要介绍了规划院的业务范围、技术成果以及开展国际项目合作的相关情况。阿斯佩先生介绍了智利国家和林业发展的情况。生产处张剑处长对规划院的技术实力，双方的合作基础、项目实施及预期效果进行了分析说明。双方表示，将进一步加强中智两国双边合作，采用分步走的方式，深入开展技术交流，积极推进项目合作。

【《自然保护区工程设计规范》和《湿地保护工程设计规范》】 9月4～5日，国家林业局计财司组织召开审查会，评审规划院编制完成的《自然保护区工程设计规范》和《湿地保护工程设计规范》。会议听取了规划院对两项建设工程设计规范编制情况的汇报，对规范(送审稿)进行了认真研究和讨论，最后专家组一致同意通过审查。

两项设计规范将自然保护区和湿地工程的保护恢复、科研监测、栖息地改善、公众教育、可持续发展、防灾减灾和信息化等工程设计纳入国家规范，涉及专业宽，适用范围广。规范的编制对完善中国工程建设标准体系，规范自然保护区和湿地保护工程设计，促进工程管理制度化、规范化，提高工程建设管理水平具有积极作用。

【参加中俄森林资源开发利用合作常设小组第十一次会议】 中俄森林资源开发利用合作常设小组第十一次会议于9月9～14日在莫斯科举行，规划院唐小平副院长和张剑处长参加了会议。

本次会议对第十次会议确定的议题和部署的工作进行了回顾，总结了中俄共同开发利用森林资源一期、二期规划的实施情况，并对三期规划进行了认真研究和讨论。会议正式确认了规划院主持编制完成的三期规划，将共同推进两国企业在三期规划框架内实施有关项目，双方签署了会议纪要，要求规划院为三期规划的下一步实施继续做好相关咨询服务工作。

【获商务部对外援助成套项目设计骨干企业资格】 经过商务部援外企业资格主管部门的综合考核和认定，规划院凭借广阔的业务领域和众多资质，专业门类齐全的技术队伍，先进的信息系统、遥感图像处理、绘图等专业设备，丰富的国际项目实践经验，优秀的境外森林资源合作与开发业绩以及广泛的战略合作伙伴，成功获得了对外援助成套项目设计骨干企业资格（商援外司函〔2013〕1443 号）。

【荣获第十二届林业青年科技奖】 根据国家林业局《关于表彰第十二届林业青年科技奖获奖者的决定》（林人发〔2013〕151 号），规划院工程咨询设计处高级工程师邓立斌荣获第十二届"林业青年科技奖"称号。

【通过 ISO9001：2008 质量管理体系认证监督审核】 10 月 10～11 日，方圆标志认证集团有限公司派审核专家组到规划院开展了质量管理体系认证年度监督审核工作，审核范围覆盖了规划院质量管理体系认证标准涉及的所有条款。

经过审核，专家组充分肯定了规划院质量管理体系工作，对规划院认真贯彻质量管理体系标准给予了高度评价，同时也提出了持续改进的建议和意见。专家组一致认为，本年度规划院质量管理体系运行良好，监督审核的各项结果符合质量管理体系认证标准要求，现场推荐保留资格，同意通过年度监督审核，规划院 ISO9001：2008 质量管理体系认证证书得到有效确认。

【《国有林区防火应急道路建设试点方案》】 10 月 21 日，国家林业局计财司组织召开会议，评审规划院编制的《国有林区防火应急道路建设试点方案（2014～2016 年）》（以下简称《方案》），

专家组一致认为：国有林区是中国最大的生态屏障和森林资源战略储备基地，也是中国森林火灾的重灾区。为积极应对日益严峻的森林防火形势，进一步提高森林防火应急保障能力，有效保护和培育森林资源，切实改善林区民生，加强林区防火应急道路建设势在必行。《方案》总体思路清晰，指导思想明确，目标可行，试点地区选择和建设规模合理，内容全面，数据扎实可靠，具有较强的科学性和可操作性，对今后全面推进林区防火应急道路建设发展具有重要的借鉴作用。专家组同意《方案》通过评审。

【获 2013 年全国优秀测绘工程白金奖】 中国测绘地理信息学会在第十届全国会员代表大会暨 2013 年综合学术年会上，公布了《关于 2013 年测绘科学技术奖励的决定》（测学发〔2013〕89 号）。规划院申报的"全国高分辨率遥感数据处理、区划及林地'一张图'数据库建设"和"基于模型的天保工程遥感数据综合处理、评估技术与应用推广"成果分别荣获 2013 年全国优秀测绘工程奖最高奖项白金奖和测绘科技进步奖三等奖。

2013 年全国测绘科学技术奖规划院荣获两项，也是林业行业仅有的两项获奖成果，其中林地"一张图"数据库建设项目更是全国 7 个白金奖之一。

受主办方邀请规划院还在学术大会上做了典型交流汇报。张煜星总工程师在本次大会换届选举中，当选为中国测绘地理信息学会第十一届理事会理事。

【荣获第五届梁希林业科学技术奖】 根据《中国林学会关于第五届梁希林业科学技术奖评选结果的通报》（中林会学字〔2013〕43 号）精神，规划院推荐的科技成果"植被雷达遥感方法与应用"获得了第五届梁希林业科学技术奖三等奖。本项目由规划院与中国科学院遥感与数字地球研究所、贵州省森林资源管理站共同完成。

项目针对中国西南多云多雨地区植被资源调查光学遥感数据获取困难这一瓶颈问题，特别是针对贵州省复杂的喀斯特地形地貌特点，充分利用合成孔径雷达（SAR）不受光照和天气条件限制、可以全天时、全天候获取遥感数据的优势，开展了多项关键技术攻关并取得了显著成效。项目科研成果为全极化 SAR 数据在贵州省森林资源调查和森林灾害监测提供了全天候监测的技术与方法，为中国多云多雨地区植被资源调查找到了有效的解决途径。

【美国科学院地理信息科学院士到访】 10 月 31 日，美国科学院地理信息科学院士 Michael Frank Goodchild 教授一行 5 人来规划院进行地理信息和遥感应用技术学术交流。唐小平副院长出席并主持会议，院相关领域专家及技术人员 40 余人参加了学术交流活动。

唐小平副院长介绍了规划院林业调查规划设计领域业务开展情况及地理信息、遥感技术的应用情况。Goodchild 教授介绍了高分辨率遥感图像的广泛应用和遥感技术飞速发展的现状。与会人员就关心的 GIS 云技术、数据精度、激光雷达遥感、监测数据集成、数据共享政策、GIS 系统等技术问题进行了相互交流。

【党的群众路线教育实践活动专题民主生活会】 11 月 6 日，规划院召开党的群众路线教育实践活动领导班子专题民主生活。国家林业局党组书记、局长赵树丛亲临会议指导并作重要指示。局第八督导组组长王建子及督导组成员出席会议，局办公室、局直属机关党委有关领导到会指导。王忠武院长主持会议，院领导班子全体成员参加会议。

按照"照镜子、正衣冠、洗洗澡、治治病"的总要求，聚焦"四风"突出问题，以整风精神开展批评与自我批评。领导班子在对照检查材料中，认真总结了遵守党的政治纪律、贯彻中央八项规定的情况，深入查摆出"四风"方面存在的 9 个问题。针对存在的突出问题，院领导班子提出了要进一步加强理论学习，牢固树立群众观念；进一步加强作风建设，坚决刹住"四风"；进一步强化规范管理，提高整体工作水平；进一步强化人才培养力度，不断增强发展后劲；进一步强化精品意识，提升技术质量水平等 5 方面的努力方向和整改措施。

局第八督导组组长王建子对规划院召开专题民主生活会进行了点评，认为规划院各个环节工作抓的扎实到位，效果明显。

【梁希新闻、文化艺术奖项】 在 2013 中国城市森林建设座谈会上，揭晓了第五届关注森林获奖名单，规划院制作的多部专题片榜上有名。规划院制作的专题片《林下财富行系列》荣获第五届关注森林——梁希新闻奖一等奖、《林改的故事系列》荣获梁希新闻奖二等奖、《永

远的虎啸》荣获梁希文化艺术奖二等奖，由规划院崔斌参与拍摄的《关注野马放归》荣获梁希新闻奖一等奖。

【参加第十九次《联合国气候变化框架公约》缔约方大会】 11月9~23日，第十九次《联合国气候变化框架公约》缔约方大会在波兰首都华沙召开，作为国家林业局应对气候变化成员单位和气候变化林业议题的技术支撑单位，规划院委派王国胜教授参加了国家林业局组团负责的气候变化林业议题的谈判。

经过各国代表的紧张谈判，当地时间11月22日晚，华沙气候大会就激励和支持发展中国家减少毁林及森林退化导致的排放、森林保育、森林可持续经营和增加碳储量行动(简称REDD+行动)等议题通过了"华沙REDD+框架"一揽子决定，表明该议题谈判在此次华沙气候大会期间取得了重要进展。

【完成2011年中央财政造林补贴试点国家级外业核查工作】 11月下旬，规划院顺利完成吉林、安徽、山东等8省(区、市)2011年中央财政造林补贴试点国家级外业核查工作。

为准确掌握全国造林补贴试点开展情况，监测造林成效，为管理决策和绩效考评提供可靠依据，受国家林业局造林司的委托，规划院承担了2011年中央财政造林补贴试点国家级核查工作。规划院于10月中旬正式启动核查工作，开展了相关的技术培训，外业实地核查历时一个多月于近日圆满完成。本次核查共投入技术人员20多人次，范围涉及吉林、安徽、山东、湖北、广西、云南、陕西等7省(区)和宁波市的22个县级单位，共核查44个乡级样本的300多个造林小班，总面积达1733公顷。

【《水源涵养林工程设计规范》】 由规划院编制完成的《水源涵养林工程设计规范》(以下简称《规范》)通过国家住房和城乡建设部审定，正式批准为国家标准，标准编号为GB/T50885－2013，自2014年3月1日起实施。

【参加全国森林资源管理工作会议】 11月27日，国家林业局召开全国森林资源管理工作会议，总结"十二五"以来森林资源管理工作，交流各直属单位和地方厅(局)的经验和作法，分析森林资源管理面临的新形势，部署今后的重点工作。国家林业局领导悉数出席会议，赵树丛局长做重要讲话，印红副局长主持会议并做专题报告。

根据安排，会上播放了规划院等8家单位森林资源管理工作的汇报片。规划院的专题视频片重点介绍了规划院在全国"林地一张图"建设、遥感技术应用、森林资源连续清查、全国森林植被宏观监测等方面的经验和做法，得到了参会领导和代表的一致肯定。

【参加第五次全国荒漠化和沙化监测技术培训班并做技术培训】 为扎实推进第五次全国荒漠化和沙化监测工作，规范监测技术标准，统一工作方法，提高监测技术队伍的实际操作水平，12月17~19日，国家林业局治沙办牵头，规划院会同西北院在山东省济南市举办了第五次全国荒漠化和沙化监测技术培训班。

本次培训班采取课堂讲授、集中讨论、技术答疑和实地操作等多种方式，对第五次全国荒漠化和沙化监测的技术方法、技术指标、操作实施办法以及外业调查方法等方面做了系统培训，并进行了结业考试。培训班上，规划院分别就荒漠化和沙化监测技术规定、实施方案、外业调查软件应用、内业数据处理等做了详细的讲解，对操作步骤中存在的难点问题进行了解答。

【《境外林业投资合作现状调查及重点国别研究》】 12月30日，国家林业局计财司组织召开会议，评审规划院编制完成的《境外林业投资合作现状调查及重点国别研究》(以下简称《研究》)。

与会专家认为：《研究》对境外林业投资合作国家的森林资源状况、开发情况等进行了本底调查和研究，在阐述中国企业在世界有关国家开展林业投资合作现状和经营发展状况的基础上，深刻分析了中国企业开展境外林业投资合作取得的成绩、面临的困境以及存在的问题，从宏观和微观层面提出了境外林业投资的合作思路、合作领域和合作方式，总结了中国企业重点投资合作国相关法律法规和优惠政策，分析了合作过程中可能出现的风险和规避策略，提出了下一步开展境外林业投资合作的远景展望。《研究》内容全面、资料翔实、数据可靠，指导思想明确，思路清晰，具有较强的针对性和可操作性，为国家和相关部门制定林业境外合作发展目标、开发规划提供了基础资料和依据，有利于企业更好地开展"走出去"发展战略，对境外林业投资合作向深度和广度的可持续发展具有重要意义。专家组一致同意《研究》通过评审。

【获全国防沙治沙先进集体、先进个人】 根据《全国绿化委员会 人力资源社会保障部 国家林业局关于表彰全国防沙治沙先进集体、标兵和先进个人的决定》(人社部发〔2013〕76号)，规划院荒漠化监测处荣获"全国防沙治沙先进集体"称号，荒漠化监测处高级工程师昝国盛荣获"全国防沙治沙先进个人"称号。

(国家林业局调查规划设计院由赵有贤供稿)

国家林业局林产工业规划设计院

【综　述】 2013年，设计院实现收入1.52亿元，连续第四年产业效益超亿元。其中咨询、设计类收入突破1.06亿元，同比增长30%，继续稳定保持2007年以来的快速增长势头。林业工程、风景园林板块持续较快增长，林产工业、民用建筑板块保持平稳增长。一年来，设计院领导班子以扎实开展党的群众路线教育实践活动为契机，努力打造团结奋进的设计院班子，切实做到为民清廉务实，坚决反对“四风”，带头遵守中央八项纪律和国家林业局十八条实施意见。管理方面，设计院进一步带领全院职工解放思想，以人力资源改革为有效抓手，邀请国内最大的管理咨询集团北大纵横公司，协助进行管理部门改革工作，持续推动管理水平走上新台阶，服务设计院科学发展。生产经营方面，设计院努力搭建全新资质平台，围绕加强风景园林板块，不断拓展设计院经营服务范围。将原“中国林产工程咨询公司”成功更名为“中国园林工程公司”，并成功取得林业调查规划设计资质 甲 B 级、工程咨询资质乙级、旅游规划设计资质乙级等三项新资质，切实服务“林产工业板块占领高端市场，园林规划板块提高市场占有率”的总体发展战略，进一步提升企业效益。

【工程咨询设计】

《中国·西部(靖边)防沙治沙生态产业示范园区总体规划》 荣获2013年全国林业优秀工程咨询成果一等奖，由设计院林业工程规划所组织编写完成。该项目是在党的十八大提出将生态文明建设与经济建设、政治建设、文化建设、社会建设共同列为“五位一体”总体布局的时代大背景下，应运而生的。项目集防沙治沙、科研教学、良种繁育、种质资源保存、林产品交易、沙产业开发、休闲观光体验和生态文明教育建设等于一体。以“生态为本、科学治理、文贸并举、整体发展”为规划原则，着力打造中国西部有影响力的集生态效益、经济价值、观光游览、科研教育为一体的综合性生态产业示范园区。

《2019 北京世界园艺博览会举办方案》 荣获 2013 年全国林业优秀工程咨询成果一等奖，由设计院项目部、风景园林一所编写完成。2019 世园会选址位于北京延庆县。项目主题创意：人文之美、科技之美、绿色之美。主题口号：美丽北京，感动世界——生命让生命更美，世界让世界更近。承办优势是，“让园艺回归自然，让自然感动心灵”的办会理念、丰富的植物多样性、良好的空间发展前景、扎实的园艺产业基础、人民热切的期盼有利于世园会申办成功；丰富的史前遗迹、深厚的文化底蕴、多元的文化交融有利于弘扬北京的人文之美；新能源产业的长足发展、低碳生活方式的发扬、科技成果向园艺的有效转化有利于展现北京的科技之美。

《山东省临沂市蒙山森林防火中长期发展规划》 荣获 2013 年全国林业优秀工程咨询成果二等奖。项目从蒙山防火的背景出发，在充分分析战略意义和发展条件的基础上，依据国家的相关政策、法规及当地的发展规划，提出项目建设的指导思想、基本原则、规划理念和发展目标，构建了林火阻隔系统、火情预警监测系统、通讯和指挥系统及林火扑救系统四大体系，成功运用遥感与地理信息系统等高新技术，科学、合理地布设设备设施，将其具体落实到点、线。在此基础上，对防火队伍建设、宣教系统建设、村庄散户搬迁、墓地迁移、投资估算和效益分析等方面提出了规划构想和建议。

《山西灵空山国家级自然保护区总体规划(2013～2022)》 荣获 2013 年全国林业优秀工程咨询成果三等奖。灵空山自然保护区地处中国华北暖温带落叶阔叶林与温带草原的森林生态系统保存最完好的地区之一的太岳山，项目的建设对沁河源头水源涵养、水土保持、气候调节等发挥重要的作用，保护区最具代表性和分布最为广泛的油松林、辽东栎林以及森林植被孕育的丰富的生物多样性，在山西省乃至全国具有典型性；长期以来森林生态系统的定位观测、科考研究等赋予了该保护区科学研究的重要地位。因此，以暖温带典型性地带性植被——油松以及褐马鸡、金钱豹等国家重点野生动植物为重点保护对象建设灵空山国家级自然保护区具有重要的意义。

《山东省青岛市国家森林城市建设总体规划》 荣获2013 年全国林业优秀工程咨询成果三等奖。随着青岛市半岛蓝色经济区建设以及承办 2014 年世界园艺博览会，青岛市林业生态建设迎来了前所未有的发展机遇，青岛市开始实施绿色青岛建设战略。该规划在研究青岛市城市特色、市域生态格局，森林资源特点、分布特征和地带性植被以及城市生态环境情况的基础上，明确了青岛市城市森林建设的指标体系、目标定位，确定了森林生态体系、产业体系、文化体系和支撑体系四大体系构建的战略发展格局。规划对《青岛市“十二五”生态建设规划》等规划进行了有效衔接，避免重复建设、冲突建设，提高了规划的科学指导性。（王 拓）

国家林业局管理干部学院

【综　述】 2013 年，国家林业局管理干部学院(简称学院)干部群众认真贯彻局党组决策部署，紧紧围绕建设生态文明总目标和改善生态改善民生总任务，坚持服务大局，改革创新，狠抓落实，干部教育培训取得了新的成绩，为推进生态林业民生林业建设发挥了积极作用。

培训工作 深入贯彻科教兴林、人才强林战略，坚持服务林业中心工作、服务机关能力建设、服务基层林业发展，大规模开展林业干部教育培训，认真落实局年度培训计划。全年共举办各类培训班 128 期，培训 11 133人(次)，较 2012 年增长 16.5%，提前两年实现“十二五”规划目标。各类培训班综合满意率均在 90%以上，主体班次综合满意率达到98.5%。

服务林业中心工作 围绕集体林权制度改革、国有林场改革等林业重大改革和森林资源培育与保护管理、产业发展、森林防火等林业中心工作，组织开展集体林权制度改革、国有林场场长、森林抚育经营、森林火灾

应急预案等专题培训55期近4400人次，为林业改革和重点任务的顺利推进提供了有力支撑。

服务机关能力建设 结合局机关和事业单位干部队伍特点，面向司局级、处级干部精心举办了公务员岗位、处级干部任职、林业专业知识培训和党务干部培训15期1600余人次，为提高局机关公务员及直属单位领导干部的素质与能力，打造政治坚定、业务精湛、作风过硬的公务员队伍提供了保障。

服务基层林业发展 精心实施了中组部委托国家林业局主办的地方党政领导干部林业专题研究班，全国20个省(区、市)52个县(市、区、旗)分管林业工作的县级领导参加了培训，增强了干部教育培训服务大局服务基层的能力。围绕林业对口支援计划和地方林业建设需求，举办4期新疆林业干部和专业技术人员培训，与北京、河北、山西、浙江、甘肃等9个省级林业主管部门和广东高州、河南郑州等3个地级部门，合作开展乡镇林业工作站站长培训、林业产业化技术等专题培训19期近2500人次，为推动地方林业改革发展和基层林业人才培养发挥了积极作用。

创新干部培训模式 借助现代化网络技术，积极开展林业干部教育远程培训，开通了“全国乡镇林业工作站岗位能力在线学习平台”，开设了300余门必修和选修网络课程，将教育培训服务延伸至林业基层一线，为提升基层工作人员和林农素质能力发挥了重要作用。

强化培训合作 充分发挥优势，挖掘潜力，与局政法司签订干部教育培训战略合作协议。加强培训教学基地建设，完善了现场教学基地建设总体规划，建立了北京市生态文明教育基地网框架，在浙江临安、北京八达岭林场、野鸭湖湿地公园建立了培训现场教学基地，把干部教育培训课堂推向了林业生产和生态文明建设一线，有效提升了干部教育培训的针对性和实效性。截至2013年年底，学院已与19家单位建立战略合作关系，设立了7个现场教学基地，院省、院校、院企合作力度进一步加大。

党校教育 以学习贯彻党的十八大精神为首要任务，精心组织实施了第42、43期局党校党员领导干部进修班，培训司处级干部83人次。坚持以教学考察调研活动为抓手，围绕林业如何在推进生态文明建设中发挥更大作用等重大问题，组织学员深入湖北和山东林业建设现场进行教学考察，形成了高质量的调研报告，提升了学员分析研究解决实际问题的能力，努力为局党组决策提供参考。局党校顺利通过ISO9000教学质量管理体系审核评估，充分发挥了局党校的阵地熔炉作用。

科研工作 开展了《林业关键岗位干部素质能力模型研究》，构建了6类关键岗位素质能力模型。协助人事司制定了《关于加强林业干部教育培训工作的意见》《2013－2017年局机关及直属单位干部培训方案》《局办培训班管理办法》《行业师资库建设方案》等重要政策文件。配合相关业务司局开展了《国家级自然保护区干部教育培训规划》《林业重大问题研究及政策制定》《林业基层人才队伍建设研究》等重要规划制定，提升了科研咨询服务能力。

国际合作与交流 精心实施中日技术合作中国西部地区林业人才培养项目，围绕集体林权制度改革和国有林场改革组织示范培训14期，培训基层林业干部676人次，项目顺利通过期末评估。实施“发展中国家森林执法与施政研修班”“发展中国家生物多样性跨国界保护研究及管理研修班”等援外培训2期，21个发展中国家的33名学员参加了研修，对外培训国别数量创历史记录。与亚太社区林业培训中心(RECOFTC)合作举办了“集体林权改革与社区林业培训研讨会”，在“农村林业能力建设”方面的交流合作取得实质性进展，实现学院国际合作新突破。

【召开2013年工作会议】 3月1日，学院组织召开2013年工作会议。主要任务是深入贯彻落实党的十八大精神和全国林业厅局长会议精神，传达学习赵树丛局长在学院工作汇报上的重要批示精神，全面总结学院2012年工作，研究部署2013年工作任务，表彰青年优秀论文。

常务副院长张健民代表党委作学院工作报告，副书记黄桂荣代表党委作学院党建工作报告。党委书记李向阳作《深入贯彻落实党的十八大精神，努力推动干部教育培训事业再上新台阶》的主题报告。他代表党委从战略和全局的高度，深入分析了党中央和局党组的最新决策部署对干部教育培训提出的紧迫任务和最新要求，深刻阐述了学院改革发展取得的成绩和存在的差距，进一步明确了学院2013年的工作思路，突出强调了推进工作创新、加强校园建设、加强科研和学科建设等重点工作，并就贯彻落实中央和局党组关于改进工作作风、密切联系群众的有关精神，对加强学院作风建设作了全面部署。全体在职教职工及离退休职工代表参加会议，处级领导干部、各党支部书记和委员就2013年工作进行了座谈交流。

【亚太社区林业培训中心(RECOFTC)来院交流】 4月26日，亚太社区林业培训中心(RECOFTC)项目经理James Bampton先生与项目官员David Gritten先生访问学院，双方就农村林业与社区林业能力建设项目合作进行了会谈。学院党委书记李向阳出席会谈并致欢迎辞。李向阳表示，RECOFTC在社区林业能力建设方面积累了丰富的经验，而社区林业关注的焦点恰好与中国的集体林权制度改革配套改革阶段出现的诸如林权流转、林改配套政策落实、跨部门协作及林业合作组织建设等问题相契合。因此将社区林业的方法应用于中国林改符合国家林业局发展民生林业的战略部署，符合RECOFTC的组织使命，切合林改工作者的实际需求，具有很强的必要性和可行性。学院愿意在“互利共赢”的原则下与RECOFTC在林业人才培养方面开展紧密合作。

【与局政策法规司签署干部教育培训战略合作协议】 5月31日，国家林业局政策法规司与学院签署干部教育培训战略合作协议。局政法司司长刘永范、副司长卢昌强、副巡视员祁宏，学院党委书记李向阳、常务副院长张健民、副院长方怀龙、党委副书记黄桂荣，及双方相关处室人员出席仪式。

【赵树丛为地方党政领导干部林业专题班作报告】 6月

15日，国家林业局党组书记、局长兼学院院长赵树丛来学院出席2013年地方党政领导干部林业专题研究班开班式并作题为《中国林业发展与生态文明建设》的主题报告。报告分为五大部分，分别介绍了生态文明建设的国际林业背景、国内林业背景、林业在生态文明建设中的重大职责、林业推进生态文明建设的目标任务，以及关于林地、湿地保护等林业推进生态文明建设的若干问题。赵树丛指出，林业生态建设逐步上升为党和国家的重大战略，地方党政领导干部要站在战略的高度认识林业、重视林业，全面做好林业生态建设各项工作，提升生态林业和民生林业发展水平，为建设生态文明、美丽中国贡献力量。此次林业专题研究班由中共中央组织部主办，国家林业局承办，来自各省(区、市)的50多位分管林业工作的县级领导干部参加培训。

【召开党的群众路线教育实践活动动员部署大会】 7月8日，学院召开党的群众路线教育实践活动动员部署大会。国家林业局教育实践活动第二督导组组长刘国强及督导组成员出席大会。院领导班子、全体教职工参加大会。党委书记李向阳就切实开展好教育实践活动做了动员部署。他指出，开展党的群众路线教育实践活动，是实现党的十八大确定的奋斗目标的必然要求，是保持党的先进性和纯洁性、巩固党的执政基础和执政地位的必然要求，是解决群众反映强烈的突出问题的必然要求。全体干部职工要深入学习、深刻领会习近平总书记在党的群众路线教育实践活动工作会议上的重要讲话和赵树丛局长动员讲话精神，进一步统一思想、提高认识，把思想和行动统一到中央精神和局党组的部署上来。他强调，学院要按照中央和局党组关于教育实践活动的部署和要求，牢牢把握“照镜子、正衣冠、洗洗澡、治治病”的总要求，牢牢把握解决形式主义、官僚主义、享乐主义和奢靡之风“四风”问题的目标任务，牢牢把握活动的重点和原则方法，着力在牢固树立群众观点、解决突出问题、建立长效机制、创新活动载体等4个方面下功夫见成效。他要求，要切实强化活动的组织领导，坚持领导带头，精心安排部署；要统筹兼顾，把活动开展与促进干部教育培训事业发展、深化“一转变两服务”活动、党员干部履职尽责结合起来，确保活动取得实实在在的成效。

刘国强充分肯定学院党委对开展教育实践活动高度重视，抓得早、抓得实，制定的方案可行，组建的班子得力，广大党员和教职工表现出积极态度。同时，对学院党的群众路线教育实践活动提出了指导意见。

【与浙江临安、北京延庆野鸭湖国家湿地公园、北京八达岭林场合作共建现场教学基地】 7月26日，学院与浙江省临安市人民政府签署合作开展森林可持续经营现场教学基地建设协议并揭牌。学院党委书记李向阳、浙江省林业厅副厅长俞坚和临安市政府常务副市长李文钢分别致辞并共同为现场教学基地揭牌。副院长方怀龙和常务副市长李文钢分别代表学院和临安市政府签署了合作协议。

12月15日，学院与北京延庆野鸭湖国家湿地公园签订合作开展现场教学基地建设协议，旨在通过干部教育培训，发挥该基地湿地生态系统保护、湿地文化建设经验和示范作用。

12月16日，学院与北京八达岭林场签订合作开展现场教学基地建设协议，旨在通过干部教育培训，发挥八达岭林场碳汇试验林、生态林经营、森林健康经营项目示范作用。

【召开新学期工作座谈会】 9月5日，学院召开新学期工作座谈会。党委书记李向阳作总结讲话，常务副院长张健民作上学期工作报告和新学期工作部署，副院长方怀龙主持座谈会。党委副书记黄桂荣、副院长梁宝君，学院副处级以上干部和各党支部委员参加座谈会。李向阳指出，要按照中央领导同志的重要指示和局党组统一部署，扎实推进党的群众路线教育实践活动，高标准高质量地完成教育实践活动各项工作任务。要进一步深入学习习近平总书记重要讲话和赵树丛局长讲话精神，按照发展生态林业民生林业、建设生态文明的总体部署和最新要求，主动深入思考，精心谋划思路，切实把落实会议精神与开展党的群众路线教育实践活动和完成全年工作任务结合起来。他强调，要清醒认识学院当前面临的形势，认真落实新学期各项工作部署，抓重点、破难点，确保圆满完成全年既定的各项目标任务，努力为服务生态林业民生林业发展作出新的更大贡献。

【中日技术合作中国西部地区林业人才培养项目顺利通过终期评估】 11月1日，中日技术合作中国西部地区林业人才培养项目(以下简称“项目”)终期评估报告会议在学院召开，项目顺利通过终期评估。日本驻华大使馆参赞青户直哉，日方评估团团长、日本国际协力机构中国事务所副所长宫崎卓，中方评估团团长、国家林业局人事司副司长丁立新，学院常务副院长张健民等出席会议，国家林业局对外合作项目中心副主任刘立军主持会议。会议讨论通过了项目终期评估报告，并签署了项目联合评估协议备忘录。

评估团认为，项目实施近4年来，管理规范、实施顺利，取得了丰硕成果。项目符合中国林业改革发展政策及日本对华援助政策要求，符合中国西部地区生态建设及基层林业人才培训需求。项目建立的培训方式、方法为西部地区林业人才培训起到了示范作用，试点省(区)培训机构的能力得到提高；通过项目培训班、研讨交流、赴日研修等途径为深化集体林权制度改革和国有林场改革提供了政策参考，项目培养了一批基层林业人才，促进了中日林业交流合作。评估团建议，今后要将项目形成的培训方式、方法进行提炼完善，扩大其在中国西部地区的推广和应用，以促进项目总体目标的实现。

【张建龙点击开通全国乡镇林业工作站岗位培训在线学习平台】 11月18日，国家林业局副局长张建龙出席在学院举行的“全国乡镇林业工作站岗位培训在线学习平台”开通仪式并点击开通平台。

全国乡镇林业工作站岗位培训在线学习平台是由学院与局林业工作站管理总站历经近两年时间联合开发而成，现已基本建成网络学习课程库，做好在线模拟试题库和培训档案数据库，开设了近70门必修课程和200多门选修课程，初步具备林业知识、技能和基础知识的课程辅导，林业站站长能力模拟测试，以及基础统计信息查询3项功能。平台开通后，全国有8万多名乡镇林业站岗位人员可在线参加培训，根据自身需要自主选择课程和内容进行学习，并实现在线模拟考试和智能课程推荐。

张建龙指出，平台在摸清楚林业站干部职工基本情况的基础上，通过测试结果有针对性地设置课程，科学合理，这对提升林业站干部职工的素质和能力将起到非常好的作用。他说，基层林业站是林业系统中最基础、最重要的基层机构，也是落实林业工作最重要的环节。管理好资源、培训好林农、服务好林农是林业工作站的立身之本，也是当前最主要的任务。张建龙希望学院继续在软件和硬件建设两方面下功夫，进一步提升干部教育培训能力，为服务生态林业民生林业建设提供更有力的支撑。

【生态文明大讲堂系列讲座第四讲开讲】 11月21日，学院在报告厅举办生态文明大讲堂系列讲座第四讲。中央党校哲学部教授、博士生导师赵建军做了题为《生态文明视阈下的大林业观建设》的讲座。学院副院长方怀龙主持讲座。国家林业局党校第43期党员领导干部进修班学员、山西林业专业知识培训班学员和学院教职工共计150余人参加了讲座。赵建军教授以党的十八届三中全会要求紧紧围绕建设美丽中国深化生态文明体制改革，加快建立生态文明制度为背景，详细梳理了中国生态文明概念体系的发展历程，介绍了十八大报告对生态文明建设的新理念新概括。从“源头严防、过程严控、后果严惩”的生态文明三大制度体系建设入手，详细解读了三中全会《中共中央关于全面深化改革若干重大问题的决定》中关于加快生态文明制度建设的新亮点，阐述了生态文明建设需深入探讨的理论问题及林业发展面临的重大历史机遇，分析了大林业观建设的重点、难点、可创新点。

【陈述贤出席党务暨纪检监察干部业务培训班开班动员会】 12月3日，中纪委驻国家林业局纪检组组长、局党组成员陈述贤出席在学院举办的国家林业局机关及直属单位党务暨纪检监察干部业务培训班并作动员讲话。陈述贤阐述了党的十八届三中全会重要意义及会议对党建和反腐倡廉工作的总体要求，深刻分析了国家林业局直属机关党建和反腐倡廉工作的总体形势。他强调，要以三中全会精神为统领，着重抓好局直属机关党的思想建设、组织建设、作风建设及和谐机关建设，重点做好严明党的纪律，打造廉洁机关，确保两资安全3项工作。他要求，切实加强党务和纪检监察干部队伍建设，增强政治意识、服务意识、创新意识和责任意识，对推进党建和反腐倡廉工作提供组织保障。

（国家林业局管理干部学院由林干院办公室供稿）

国际竹藤中心

【科学研究】 紧密围绕服务支撑生态林业和民生林业发展，不断强化科研创新管理，加快科技创新步伐，竹藤科研工作取得显著进展。“毛竹基因组测序研究”全面完成了测序工作，成功破译了毛竹基因组“密码”，其成果“毛竹基因组序列草图”在《自然·遗传学》上发表，实现了中国林业领域基因组学研究的重大突破，填补了世界竹类植物基因组学研究的空白。承担的“十二五”国家科技支撑计划“竹藤资源培育与高附加值加工利用技术研究”和“功能性竹(藤)基新材料制造技术研究”，以及“生态建设驱动模式与监测评价研究”“中国森林资源核算及绿色经济评价体系研究”“大跨度竹质工程构件制造关键技术研究与示范”和商品共同基金“竹人造板预制房在亚非的开发和商品化”等一批重大科研项目取得重要进展。全年发表科技论文212篇(期刊论文173篇)，其中被SCI、EI收录48篇；出版论著9部；获授权专利6件；认定科技成果3项。全年申报科研项目47项，已获批13项；共有3项科研项目通过中期评估，5项通过现场查定，3项通过验收，完成了到期基本科研业务费项目的中期评估和验收工作；制订出台了科技服务及成果转让、知识产权管理办法；配合局科技司认真做好国家林业公益性行业专项办的各项工作；举办“第一届中国竹藤资源利用学术研讨会”，积极开展竹藤科普活动。

毛竹基因组测序研究项目 研究工作全部完成。2月25日，林业公益性行业专项“毛竹基因组测序研究”项目成果新闻发布会在国际竹藤中心举行。科技部副部长王伟中，农业部副部长、中国农科院院长李家洋，国家林业局副局长孙扎根，竹藤中心主任江泽慧，财政部教科文司副巡视员宋秋玲出席发布会并讲话。项目由江泽慧教授主持，竹藤中心、中国林科院林业研究所和中国科学院国家基因研究中心等科研单位共同承担完成。项目组从2007年开始相关研究工作，采用第二代高通量测序技术，组装出覆盖基因组95%以上区域的高质量序列草图。这是目前世界上完全使用第二代测序方法测定的、结构最为复杂的高等植物基因组之一，达到对第二代高通量测序序列进行大规模组装的领先水平；注释出近32 000个高度可靠的毛竹基因，约占毛竹基因总数的90%；建立包括毛竹开花时期等多类型材料的基因表达谱；首次阐明毛竹的进化历史；首次从基因组层面对包括快速生长和开花调控在内的毛竹特殊生理过程的形成和机理进行分析。项目成果“毛竹基因组序列草图”于2月24日在世界权威生物学杂志—《自然·遗传学》在线发表，这是中国林业领域基因组学研究的重大突破。填补了世界竹类植物基因组学研究的空白，标志着中国对竹子基因组学的研究走在了世界前列，对包括竹类植物在内的一系列重要物种的基因功能、分子育种、物种进化及其他相关领域的研究产生巨大的推动作用。11月5日，项目通过国家林业局科技司组织的现场查定。

竹藤资源培育与高附加值加工利用技术研究项目 全面深入研究绿色竹藤建筑材料制造技术、高效竹材制浆造纸及其剩余物综合利用、竹类资源天然产物化学利用、竹藤资源高效培育技术以及竹子优良种质选育技术等，取得丰硕成果。项目出版专著1部；发表核心期刊论文106篇，其中SCI、EI收录25篇；申报专利17项，授权专利4项；获得合成竹焦油基耐高温树脂的中试工艺技术1套；建立基于国产装备的高得率制浆、连续竹层板、胶合竹等3个中试生产线；建立实验示范基地9个。

功能性竹(藤)基新材料制造技术研究项目 1月21日，项目启动会在北京召开。国际竹藤中心主任江泽慧出席会议并讲话，国家林业局科技司副司长李兴，竹藤中心常务副主任岳永德、副主任费本华，项目咨询专家、财务专家及项目组主要成员等参加会议。项目紧密结合国家竹藤工程技术研究中心建设，开发高强、高韧、高耐久、高附加值的竹(藤)基新材料与产品，显著提升竹藤产品附加值，并将建成中试生产线。项目主要参加单位包括多所大学及研究所等，并将联合相关企业参与实施。

大跨度竹质工程构件制造关键技术研究与示范项目 完成中期考核。8月11日，国际竹藤中心组织召开项目示范房屋和桥梁的选址和初步设计方案论证会。项目研发的竹束单板层积材、竹篾层积材和胶合竹层板进入中试阶段，初步制造出跨度12米的建筑、桥梁用柱、梁等工程构件；研发出胶合竹植筋和螺栓连接夹板技术，并进行力学测试与评价，确定螺栓金属连接件形式；在国家竹藤工程技术研究中心竹藤工程材料基地建立大跨度竹质工程材料生产线一条，在福建和其昌竹业有限公司建立大跨度竹质工程构件生产线一条；在北京诚信锦林装饰材料有限公司合作建成变色技术应用示范基地一个。

生态建设驱动模式与监测评价研究项目 构建了符合中国国情林情的完备的生态建设驱动方案，推动关于中国生态建设驱动的理论发展，加大生态建设驱动力的相关能力建设；明确了科技成果驱动生态建设的方式方法，建立了增强生态建设驱动力的科技创新与成果扩散体系框架和实施方案；总结不同驱动模式条件下生态建设进程和实际效果综合评价的方法，为生态建设政策的制定提出具体建议；建立中国生态建设驱动科技信息服务网络平台网站一个；完成生态建设驱动动态模拟与决策支持软件一套。

竹藤活性组分磁性固相萃取技术的引进项目 针对制约中国竹叶黄酮生产的瓶颈问题，引进"分子印迹聚合物制备技术"并进行消化吸收再创新，以木樨草素为模板，研究提出木樨草素分子印迹聚合物和磁性分子印迹聚合物制备技术，制备木樨草素分子印迹聚合物和磁性分子印迹聚合物，并开展应用技术研究。制备的荭草苷、异荭草苷样品纯度大于90%，为高纯度竹叶黄酮产品的高效分离制备提供了技术支撑。项目申请国家发明专利2项，发表研究论文3篇。

退耕竹林水土保持功能高效经营技术研究项目 研究退耕散生竹和丛生竹的水土保持功能及基于水土保持功能的高效经营技术，筛选出硬头黄竹、雷竹等退耕竹林年龄组成、空间结构和树种搭配的最佳配置模式3种，构建散生竹和丛生竹竹林水土保持功能监测评价技术体系；在江西万年建立雷竹示范林10公顷，在四川长宁建立水土保持功能高效的硬头黄竹示范林20公顷；在结构调整的基础上，研究确立的水土保持功能高效的退耕竹林劈草、扒晒、施肥等林地管理组合技术，使丛生竹示范林水土保持功能和竹林生产力分别提高45%和40%、散生竹示范林生产力水土保持功能分别提高21%和33%。

基于生态经营技术的毛竹林结构优化示范项目 建立示范林53公顷，通过示范，使竹林平均生产力提高17.93%，水土保持功能明显得到改善。项目编印《毛竹林生态经营技术》手册，举办培训班3期，培训林农74人次，实现增收78.70万元，取得较好的生态、经济和社会效益。12月17日，在国家林业局科技司在北京组织召开的农业科技成果转化基金项目验收会上，项目通过验收。

纺织用竹纤维鉴别技术的推广与示范项目 1月8日，国家林业局科技司在广州组织召开国家林业科技推广项目验收会。国际竹藤中心承担的"纺织用竹纤维鉴别技术的推广与示范"项目通过验收。项目改进了自主研发的纺织用竹纤维制取设备，编制了《竹纤维鉴别技术与检验》规范手册，并进行广泛的培训和宣传。

丛生竹高附加值建筑制品制造关键技术研究项目 由国际竹藤中心牵头，中国林科院、中南林业科技大学、南京林业大学、广东省林科院等单位紧密配合，立足于中国的优先发展领域，针对中国丰富的丛生竹资源，以解决丛生竹产业发展中存在的材料利用率低、生产效率低、产品附加值低和应用范围窄等问题为出发点，从培育、防护和综合加工利用等方面入手，开展原始和集成创新，研究和开发新型高附加值丛生竹建筑制品制造技术。该项目在浙江安吉建成年产30万平方米户外地板示范生产线一条，在四川洪雅建成年产5000立方米竹基重组材示范生产线一条，研发的竹基梁柱构件、装饰材料等制品已推广应用到江苏宜兴建筑示范房屋中。4月11日，国家林业局科技司在北京召开项目验收会议。项目负责人竹藤中心常务副主任费本华研究员进行总结汇报。验收委员会一致认为项目全面完成预定的各项任务和指标，同意通过验收。

竹子在山东东营地区林业生态建设中的应用专家研讨会 9月6日，国际竹藤中心举行"竹子在山东东营地区林业生态建设中的应用"专家研讨会。竹藤中心常务副主任费本华主持研讨会，中国林科院、竹藤中心首席科学家彭镇华教授出席并讲话。东营市副市长杨同柱、山东省林科院副院长刘德玺、李凤波副主任以及来自相关单位和研究机构近30位专家参加研讨会。与会专家就竹子在山东东营地区开发应用的可行性和重点发展方向进行研讨并达成共识。

【获奖情况】 科技荣誉突出，科研成果显著。国际木材科学院授予江泽慧教授首个"国际木材科学院杰出贡献奖”；竹藤生物质新材料研究中心获全国林业系统先进集体；范少辉研究员入选科技部科技特派员典型事例丛书；获梁希林业科学技术奖4项，其中一等奖1项，二等奖1项，三等奖2项；获茅以升科学技术奖二等奖1项；获第十五届中国科协年会优秀论文一等奖1项、二等奖1项；获第一届中国竹藤资源利用学术研讨会优秀论文二等奖2项。

江泽慧教授荣获首个“国际木材科学院杰出贡献奖” 在10月17~20日举行的第八届泛太平洋地区木材解剖国际研讨会暨国际木材科学院2013年学术年会上，全国政协人口资源环境委员会副主任、国际竹藤组织董事会联合主席、国际竹藤中心主任、国际木材科学院院士江泽慧教授荣获“国际木材科学院杰出贡献奖”。授奖仪式上，国际木材科学院主席雷纳·沙门教授高度评价了江泽慧教授过去50年来在木材科学研究领域所取得的杰出成就以及在促进中国与国际同行在该领域的学术交流方面所作出的突出贡献。这是国际木材科学院首次设立“杰出贡献奖”并将其授予院士成员。国际木材科学院院士是国际木材科学领域最高学术荣誉，需由同行院士推荐并通过执委会会议批准。目前全球有375名国际木材科学院院士，主要分布于欧美和日本等发达国家与地区。中国大陆目前有国际木材科学院院士15人。江泽慧教授于1999年被推荐成为国际木材科学院院士。

竹木复合结构理论的创新与应用项目 获2012年度国家科技进步二等奖。项目由10家单位联合完成，国际竹藤中心为第三完成单位，费本华研究员等为第六完成人。项目深入分析竹材和木材的材性、加工、经济和应用性能，在国内外率先提出“竹木复合结构是科学合理利用竹材资源的有效途径”的科学论断，构建了完整的竹木复合结构理论体系，从细观和宏观层面阐释不同使用条件下竹木复合结构的失效机制，并提出竹木复合结构的“等强度设计”准则。

荣获全国林业系统先进集体荣誉称号 4月，国家人力资源和社会保障部、国家林业局对全国林业系统先进集体、劳动模范和先进工作者进行表彰，国际竹藤中心竹藤生物质新材料研究中心被授予“全国林业系统先进集体”荣誉称号。长期以来，在学科带头人江泽慧教授的带领下，竹藤生物质新材料研究中心按照中央重大决策和林业工作的总体部署，承担了国家和省部级科研项目40多项，开发出竹木复合材料风电叶片翼梁制造技术、新型圆竹太阳能预制房制造技术、竹木建筑结构材制造技术等科技成果12项，申请专利40余项，发表学术论文200余篇(其中40余篇被SCI和EI收录)，并在高效利用竹藤等生物质材料、推广先进竹藤产品加工制造技术、服务行业和国家需求等方面取得显著成效。

【学术会议】 5月18~20日，第一届中国竹藤资源利用学术研讨会在安徽霍山召开。会议由中国林学会竹藤资源利用分会主办，国际竹藤组织、国际竹藤中心和安徽省林业厅协办。中国林学会秘书长陈幸良主持会议开幕式，全国政协人口资源环境委员会副主任、中国林学会理事长、竹藤中心主任江泽慧，安徽省副省长梁卫国，国家林业局科技司司长彭有冬，六安市市长毕小彬，霍山县委书记陈俊出席会议并致辞。竹藤资源研究领域相关专家、领导以及来自相关科研院所、企事业单位的160余名代表出席会议。会议共收到学术论文81篇。6位特邀专家以《竹文化漫谈》《当前竹林培育面临的形势与发展对策》等为题作了大会报告，19位专家、学者分别作专题报告。与会学者围绕“竹藤资源与民生林业”主题，就竹藤资源培育、生物技术、生物质新材料加工利用等内容进行学术讨论。会议期间，召开了分会常务理事会，选举了新的委员和常务委员。

美国林产品协会/木材科学与技术学会2013年国际学术大会 6月9~12日，美国林产品协会(FPS)/木材科学与技术学会(SWST)2013年国际学术大会在美国得克萨斯州奥斯汀举行，国际竹藤中心竹藤生物质新材料研究中心组团参加大会。会议就林产品的可持续利用，特别是木材先进加工技术，林产品、环境和政策之间的关系，天然纤维基产品和生物能源等热点问题进行了深入的研讨。余雁研究员作了口头报告，费本华、王戈研究员将课题组最新研究工作以墙报的形式进行了展示，受到了与会代表的关注。

UPOV测试及分子技术国际会议 9月23~24日，“UPOV测试及分子技术国际会议”在国际竹藤中心召开。会议由国家林业局、农业部和国际植物新品种保护联盟(UPOV)共同主办，国家林业局科技发展中心、农业部植物新品种办公室、竹藤中心、中国花卉协会、农业部科技中心联合承办。全国政协人口资源环境委员会副主任、国家林业局科技委常务副主任、竹藤中心主任、中国花卉协会会长江泽慧出席开幕式并讲话，国际植物新品种保护联盟副秘书长皮特·巴顿，国家知识产权局国际合作司副司长刘剑，农业部种子管理局局长、植物新品种保护办公室主任张延秋在开幕式上致辞。来自国际植物新品种保护联盟和欧盟、东盟有关国家以及韩国、日本、中国等10个国家的代表参加会议。会议进行了植物新品种保护新进展、植物新品种分子测试技术研讨、植物新品种常规测试技术共3个主题研讨，费本华研究员主持了植物新品种常规测试技术主题研讨，高志民研究员在会上作了报告。

第八届泛太平洋地区木材解剖国际研讨会暨国际木材科学院2013年学术年会 10月17~20日，由国际木材解剖学家协会和国际木材科学院主办，南京林业大学、中国林科院林化所和国际竹藤中心承办的第八届泛太平洋地区木材解剖国际研讨会暨国际木材科学院2013年学术年会在江苏省南京市举行。此次研讨会主题涵盖木材科学的各个领域，28个国家的260余名代表参会。国际木材科学院院士、大会荣誉主席江泽慧教授出席开幕式并作主题报告。竹藤中心相关研究人员及研究生共21人参加此次大会，其中8人作了分会场口头报告，9人参加了学术墙报展示，全面地展示了竹藤中心近年来在竹材科学研究领域的新进展，受到与会代表的广泛关注。

【研究生教育】 进一步加强课程建设、学术和科研实践、政治思想教育、毕业就业指导等工作，完善管理制度和激励机制，大力改善研究生培养条件。全年招收博士、硕士研究生20名，目前在读研究生81名。举办研究生学术报告20余次，研究生优秀论文评选2次，提交会议论文40余篇。1人获国家级奖学金，1人获“万信达”奖学金，3人获“茅以升木材科技教育奖学金”，4人分别获全国林科十佳、中国林科院、北京市优秀毕业生称号。

【机构和人才队伍建设】 对机构、编制、职能、人员状况等进行全面梳理，按照事业单位分类改革工作要求完成调研、清理规范、分类方案编报等工作；提出内设机构设置和调整方案、岗位设置和聘用方案，开展兼任岗位申报工作。以创新精神做好年度考核、人员转正、职称评审申报、应届毕业生接收工作，1人晋升研究员，3人晋升副研究员，选派8名青年同志进行挂职锻炼和外派学习；完成“百千万人才工程”省部级人选和“博士服务团”推荐工作；加强博士后科研工作站的规范运行和博士后管理；组织开展新录用人员入职培训和参加博士后科学基金业务培训等各类学习培训。

竹藤中心领导班子调整 2月25日，国际竹藤中心召开全体干部会议宣布干部任免决定，全国政协人口资源环境委员会副主任、竹藤中心主任江泽慧主持会议，国家林业局副局长孙扎根出席会议并讲话，国家林业局人事司司长谭光明宣读任免通知：任命费本华为中心常务副主任(正司局级)，试用期一年；免去岳永德的中心常务副主任职务，办理退休手续；免去程良的中心副主任职务，另有任用。岳永德、程良、费本华在会上分别做了表态发言。

【国际合作交流】 全年派出13个团组31人次前往英国、德国、美国等11个国家参加各类国际学术会议，开展学术交流；到27个国外科研院所进行学术访问，建立新的合作渠道；积极协调沟通，选派2名科研人员赴美国农业部林产品实验室开展访问研究；邀请国外专家学者作学术报告10余次；组织完成多个重要来访的接待工作；完成加入国际林联的申请程序，正式成为其会员和副协调员单位；成功举办商务部3期援外培训班，培训了来自27个国家的45名学员；协助国际竹藤组织开展多项活动；外事管理工作进一步规范。

江泽慧会见乌干达水资源与环境部国务部长穆娜巴一行 3月12日，国际竹藤中心主任江泽慧在竹藤中心会见来访的乌干达水资源与环境部国务部长弗拉维亚·娜布格瑞·穆娜巴女士一行。江泽慧与穆娜巴就乌干达水资源与环境部和国际竹藤组织开展的交流合作情况进行座谈。乌干达代表团还在国际竹藤组织总部与生计、环境、贸易、成员国等部门项目官员进行会谈。国家林业局国际司司长苏春雨、竹藤中心常务副主任费本华、国际竹藤组织副总干事李智勇等参加会见。

英国剑桥大学和加拿大英属哥伦比亚大学竹建材团队到访开展学术交流 4月24日，英国剑桥大学和加拿大英属哥伦比亚大学的专家学者一行访问国际竹藤中心，就竹建筑材料及竹结构建筑议题与竹藤生物质新材料研究中心相关科研人员开展学术交流。竹藤中心常务副主任费本华出席交流会，余雁简要介绍了竹藤中心概况，王戈、孙正军分别介绍了中国竹基复合材料以及竹建筑研究现状。剑桥大学建筑系讲席教授迈克尔·拉玛吉和加拿大英属哥伦比亚大学木材科学系副教授格雷格·史密斯介绍了其正在执行的竹建材项目背景和实施现状。竹藤中心材料研究中心科研人员、研究生以及国际竹藤组织代表共30余人参加交流。

江泽慧会见美国农业部副部长凯瑟琳·沃塔基一行 6月7日，全国政协人口资源环境委员会副主任、国际竹藤中心主任、中美共建中国园项目中方总执行人江泽慧，在北京会见到访的美国农业部副部长凯瑟琳·沃塔基女士一行，就中美共建中国园项目工作的有关事宜进行会谈。江泽慧介绍了中国园项目背景及中方主要进展情况，沃塔基邀请江泽慧主任参加全美中国园基金会召开的中国园项目第七次中美双方联合工作组会议，并表示期待继续与中方携手推进中国园项目建设。双方还就开展合作交流交换了意见。中国园项目中方建设领导小组的领导及设计专家组的专家等参加会见。

生态文明贵阳国际论坛生态博览会 7月19日，作为生态文明贵阳国际论坛的重要组成部分，中国·贵州生态产品(技术)博览会在贵阳国际会议展览中心开幕。竹藤中心与国际竹藤组织联合打造的“竹藤馆”在博览会的自然生态馆参展。“竹藤馆”展出了竹家具、竹质新材料、竹建筑模型、竹黏胶纤维制品、竹编和竹雕工艺品、竹化工品等多类产品，并邀请来自贵州赤水的工艺人员现场演示竹编和竹雕技艺。博览会开幕当天，原国务委员戴秉国等领导人到“竹藤馆”参观。

“竹藤绿色建筑材料制造技术研究与示范”课题组访问英国和丹麦 8月18~28日，国际竹藤中心常务副主任费本华研究员率“绿色竹藤建筑材料制造研究与示范”课题组主要成员，到英国木材研究与发展协会、英国建筑研究院、英国剑桥大学、英国普利茅斯大学、英国布鲁奈尔大学、丹麦科技大学和哥本哈根大学等7所大学和科研院所进行访问和交流。课题组分别向对方介绍了竹藤中心的科研情况、重点研究领域以及近年来的研究工作和科研成果，并就相关问题进行交流探讨。项目组参观了竹木建筑材料制备和检测实验室、工程设计实验室、可再生能源实验室、天然耐腐基地等，并进行竹质墙体挂板的防火性能测试。课题组还与英国剑桥大学、英国木材研究与发展协会、英国普利茅斯大学等达成长期合作意向，并希望通过互派科研学者和研究生、共同合作研究课题等方式尽快落实合作交流，取得实质性的合作成果。

江泽慧主任会见国际木材科学院主席雷纳·沙门教授 10月16日，全国政协人口资源环境委员会副主任、国际竹藤中心主任江泽慧会见应邀来访的国际木材科学院主席、瑞典Innventia A B研究所生物炼制研究部主任、瑞典中部大学客座教授雷纳·沙门先生。费本华及国际处、科教处负责人参加会见。会见前，沙门教授还作了学术报告，介绍了其研究团队在木材细胞壁结构与性能领域的主要工作，特别是应用动态红外光谱技术研究木材细胞壁三大组分之间关系所取得的研究成果。

首届中欧城市博览会 11月20~23日，首届中欧城市博览会在北京展览馆举办。国际竹藤中心、国家林业局城市森林研究中心和国际竹藤组织联合参加博览会，主办了“绿色竹建筑、竹质工程材料及现代竹产品展”“发展城市森林，建设美丽中国”两个专题展，并同期举办了“中欧城镇化与城市森林建设国际研讨会”。国家林业局局长赵树丛出席“中欧城镇化与城市森林建设国际研讨会”并致辞，全国政协人口资源环境委员会副主任、竹藤中心主任江泽慧受邀出席博览会开幕式、中欧城镇化伙伴关系高层论坛和研讨会。竹藤中心和国际竹藤组织联合主办的“绿色竹建筑、竹质工程材料及现代竹产品展”，重点展示了中国近10年在竹质工程材料和绿色竹建筑建造技术领域的创新成果，并辅助展示部分竹质新产品。在“中欧城镇化与城市森林建设国际研讨会”上，中欧代表就“城镇化与城市森林”的主题进行了研讨，国家林业局副局长张建龙主持会议开幕式，赵树丛致辞，江泽慧作题为《建设城市森林，推动绿色城镇化进程》的主旨报告，国家发展改革委城市和小城镇改革发展中心主任李铁出席论坛并致辞，中国林科院首席科学家彭镇华教授作特邀报告。来自英国、意大利、希腊、葡萄牙以及福建农林大学、国家林业局城市森林研究中心的6位专家，和中国6个城市的代表就城市森林的建设实践与前沿理论作相关报告。

【服务国际竹藤组织】

国际竹藤组织中方协调领导小组第十六次会议 1月11日，国际竹藤组织中方协调领导小组第十六次会议在国际竹藤中心召开。全国政协人口资源环境委员会副主任、国际竹藤组织董事会联合主席、竹藤中心主任江泽慧主持会议，财政部、国家发展改革委、外交部、科技部、商务部、海关总署、国家林业局和北京市等中方协调领导小组成员单位的领导和联络员出席会议。会议听取了国际竹藤组织2012年工作总结和2013年工作计划的报告，研究了国际竹藤组织在转型发展、重要人事安排、成员国结构和财政可持续性等战略性问题的方案。与会人员就下一步发展规划、工作重点以及进一步推动国际竹藤组织的持续健康发展进行探讨，并对国际竹藤组织在推动绿色发展、建立信托基金、发展成员国等重大工作提出建议。

国际竹藤组织成员国大使植竹活动 4月22日，国际竹藤组织和国际竹藤中心在京举行成员国大使植竹活动，共同纪念第44个世界地球日。国家林业局局长赵树丛，全国政协人口资源环境委员会副主任、国际竹藤组织董事会联合主席、竹藤中心主任江泽慧出席活动并致辞。来自孟加拉国、喀麦隆、加拿大、哥伦比亚等21个国家的驻华使节参加植竹。竹藤中心与国际竹藤组织共同主办此次活动，竹藤中心常务副主任费本华、各处室负责人和部分科研人员参加活动。

国际竹藤组织中青年访问学者计划 10月9日，首届国际竹藤组织中青年访问学者计划在北京启动，来自亚非拉12个国家林业部门的14位官员将在北京、安徽、浙江等地开展为期15天的考察、访谈和研讨，深入了解竹产业价值链、利益关系模式，并计划形成面向国际竹藤组织成员国的竹产业可持续发展倡议书。全国政协人口资源环境委员会副主任、国际竹藤组织董事会联合主席、国际竹藤中心主任江泽慧出席启动仪式并讲话。埃塞俄比亚驻华副大使特瑟发·萨博、国际竹藤组织总干事古珍、国家林业局国际司司长苏春雨等出席启动仪式并致辞。竹藤中心常务副主任费本华、副主任李凤波及中心处级以上干部参加启动仪式。10月10日，访问学者代表团访问竹藤中心，李凤波带领竹藤中心的专家，与代表们就竹资源培育管理和加工利用等方面问题进行交流座谈。10月12~15日，代表团考察安徽太平试验中心，参观国家竹藤工程技术研究中心设备和生产线、“竹、木基复合新材料技术引进与创新”科研实验示范房屋和安徽太平竹种质资源保存库，了解竹材中试生产加工流程、科研示范房屋建设和竹种质资源引进、保存及管理情况。学员们还参观考察了毛竹丰产林基地、竹加工企业等，并与黄山区林业局、沟村政府和竹加工企业进行座谈。

【技术培训】 围绕民生林业和兴林富民，面向林业基层和林农深入开展科技培训。全年共为贵州、广西、云南省（区）举办林业扶贫技术、竹编艺术、竹产业等培训班6期，培训林业管理人员、技术人员、竹林示范户、林农和竹产业企业负责人560余人，编纂教材6本，共计98万字。在贵州黔西南州设立了中心第三个竹编艺术培训示范点。到中心四川青神培训基地开展培训成效调研走访，巩固培训成效，为下一步扶贫培训工作的有效开展总结经验。发挥联合国防治荒漠化公约国际培训中心的平台作用，举办“非洲英语国家荒漠化防治研修班”。

非洲英语国家荒漠化防治研修班 6月17日，由商务部主办，国际竹藤中心和国家林业局治沙办联合承办的2013年非洲英语国家荒漠化防治研修班在北京开班。竹藤中心常务副主任费本华主持开班式，全国政协人口资源环境委员会副主任、竹藤中心主任江泽慧，国家林业局治沙办主任刘拓、国际司副司长章红燕等出席开班仪式并讲话。来自9个非洲英语国家的16名学员参加研修班。研修班为期21天，前两周在北京授课，15位来自相关领域的知名院士、专家、政府官员和企业领导以专题讲座的形式，全面介绍中国荒漠化防治的措施和体系。6月30日至7月6日，研修班赴内蒙古赤峰实地考察京津风沙源治理工程区内的防沙治沙工程的实施情况和所取得的突出成效。7月7日，研修班举行结业仪式。

【科技产业】 竹藤工程中心中试基地完成了2条生产线的建设安装以及配套设施的施工改造，初步形成了竹藤科技成果推广和工程化、产业化平台。审查并上报5项国家标准和10项行业标准，完成2014年国家和行业标准制修订计划的上报，签订4项行业标准项目合同，12项林业行业标准获批实施。申报“竹藤国际标准研究”项目，推动国际标准制修订和竹藤ISO技术委员会筹建工作。与多家企业开展横向合作研究和技术服务、签订技术合作协议。应邀牵头赴云南开展竹资源和竹产业发展调研，参与云南省竹产业发展规划的编写工作。

云南省竹产业调研 6月28日至7月6日，应云南省委省政府邀请，由国际竹藤中心牵头，中国竹产业协会、中国林科院、西南林业大学等组成的专家组，由竹藤中心副主任李凤波带队，分2个小组分别赴云南德宏、临沧和昭通、玉溪等地开展竹资源和竹产业发展考察调研。调研组先后到了德宏州的芒市、陇川县、瑞丽市，临沧市的双江县、沧源县、耿马县，昭通市的绥江县、水富县、盐津县及玉溪市的新平县等竹产区，深入农村、林场、竹专业合作社和竹加工企业，通过现场考察、座谈走访和情况交流，调研了云南竹资源状况、竹产业发展和科技工作情况，了解云南省在竹资源培育和竹产业开发的先进经验、存在的困难和不足以及对科技服务和技术培训的需求等；结合实际提出了一些有益于云南竹产业发展的措施建议。

【竹藤标准化】 中国作为竹藤资源及加工大国，在竹藤产品国际市场处于主导地位，国际竹藤中心积极加强与国际组织的合作，加大竹藤国际标准的制定修订力度。与国际竹藤组织沟通协商国际标准制修订、竹藤ISO技术委员会事宜并向国家林业局和国家标准化管理委员会报送《竹藤技术委员会筹备方案和路线图》等相关材料。申报国家质检总局公益项目《竹藤国际标准研究》，以中国国家标准和国外先进标准为基础，按ISO标准导则研制《竹藤材及制品术语》《竹材物理力学性质试验方法》《竹地板》《竹炭》和《竹席》等5项标准，制定《竹地板》《竹炭》和《竹席》等3项国际竹藤组织（INBAR）国际标准，形成《竹藤材及制品术语》《竹材物理力学性质试验方法》等2项ISO国际标准技术文件。从而适应当前竹藤产品国际贸易发展的趋势，大力推进竹藤材国际标准的制定和国际标准化的工作，满足世界和中国竹藤产业和贸易发展需要。

2月25日，组织召开2012年度全国竹藤标准化技术委员会年会，总结工作，制订下一年度工作计划。征集、审核并上报2014年行业标准制修订项目需求。审核并上报全国竹藤标准化技术委员会关于2014年度林业国家和行业标准制修订37项项目计划，其中国家标准项目9项，行业标准项目28项，获得批复立项国家标准4项，行业标准11项。征求意见并完成《竹子名词术语》等5项标准专家审查。获得颁布实施《重组竹地板》等2项国家标准，《刨切竹单板》等12项林业行业标准。

【基础条件平台建设】 竹藤科学与技术重点实验室建设和管理进一步完善；安徽太平试验中心的基础及科研设施日臻完备；海南三亚基地建设工作有序进行；竹林生态定位站和资源培育基地建设工作逐步展开；竹藤标本馆和竹藤图书馆建设取得进展。

继续加强竹藤工程技术研究平台建设，完成了竹质工程材料生产线、竹塑复合材料生产线和竹质固体炭生产线等的建设和安装调试。完成万能力学试验机测试平台、电路和消防设施等的施工及改造。通过产业调研和科技推广，形成以竹藤产业为主，辐射带动各地经济发展的良好平台。积极发挥竹藤科技推广“孵化器”作用，不断提高竹藤科技工程化、产业化研究水平，有效促进竹藤科技开发、产业化推广和工程化科技成果的辐射扩散。

【中美共建中国园项目】 列入第五轮中美战略与经济对话成果清单。召开中方设计专家组会议、中方建设工作组会议、中美双方第七次、第八次联合工作组会议和联合设计工作组会议，中美双方对项目设计方案进行了多次对接和修改完善。中方的各项开工准备工作基本完成，美方在组织程序、资金筹措、工程设计、施工报批等方面取得进展。

中国园项目中美双方第七、第八次联合工作组会议 7月12日，中美共建中国园项目中美双方第七次联合工作组会议在美国华盛顿国家树木园举行。全国政协人口资源环境委员会副主任、国际竹藤中心主任、中美共建中国园项目中方总执行人江泽慧，美国农业部副部长凯瑟琳·沃塔基博士、中国驻美大使馆公使衔参赞李朝晨出席会议并致词。会议回顾了近10年来中美双方在推进中国园项目方面所取得的成效，通报了中美双方工作进展情况，听取了双方项目施工设计方案的对接情况报告，探讨了美方筹款计划安排，交流了双方下一步工作的目标和计划。7月9～11日，中美双方工作组就中国园项目施工设计方案等进行了深入细致的研究和讨论。7月11日，江泽慧率中国园项目中方工作组代表团应邀出席了美方举行的第五轮中美战略与经济对话晚宴，中国国务院副总理汪洋出席并致辞，中国国务委员杨洁篪、美国商务部部长普利兹克、美国农业部部长维尔萨克等在致辞中均强调了中国园项目的重要性和历史意义，高度评价了江泽慧为此作出的杰出贡献。

10月30日，中国园项目第八次联合工作组会议在江苏省扬州市召开。江泽慧主持会议，江苏省人民政府副省长徐鸣，国家林业局副局长、中国园项目中方建设领导小组组长张永利，扬州市委书记、中国园项目中方建设领导小组成员谢正义出席会议并讲话。美方代表团、全美中国园基金会主席鲍勃·斯多曼一行8人来华出席会议。会议听取了项目近期进展情况、美方筹资方案、伙伴关系、信息宣传以及中美联合设计组在华期间工作会谈情况的汇报。

【国际竹藤组织青岛科技基地项目】 为进一步增强国际竹藤组织在科技应用和国际发展方面的优势，充分发挥其作为“南南合作”重要平台的作用，国家林业局决定在青岛市组建国际竹藤组织（INBAR）青岛科技基地，成立了以赵树丛为组长，张建龙、江泽慧为副组长，国家林业局相关司局主要负责人组成的项目领导小组，并成立了项目筹建办公室，竹藤中心作为该项目的承建单位。项目前期筹备工作有序开展。2013年，完成了总体规划设计、项目选址、国有土地预审和收回、地上附着物清理、地形图测绘、围墙建设等工作，开展项目配套设施建设、市政工程设计和项目建设方案修改工作。召开多次工作会议和项目调研，赵树丛、张建龙和江泽慧赴即墨市对项目现场进行实地考察和调研，并召开座谈会指导项目后续工作。

【党建和机关建设】 紧紧围绕中央和局党组的安排部署，学习贯彻十八大、十八届三中全会精神，深入开展党的群众路线教育实践活动和“两转变两服务”活动，扎实推进党的建设和机关自身建设。一是切实抓好政治学习，努力创建学习型集体。二是“两转变两服务”和党的群众路线教育实践活动取得突出成效。进一步统一了思想认识，转变了工作作风，提高了工作效能，理清了工作思路，谋划了长远发展，在加强机关精神文明建设、人才培养培训、国际国内技术培训、科研项目和日常工作的精细化管理等方面创新了工作模式。三是加强思想、组织和廉政建设，扎实做好党建工作。加强党员干部管理和入党积极分子培养，培训入党积极分子32名，确定重点培养对象7名，发展党员3名，选派2名党员和民主党派处级干部参加局党校班学习，1名处级干部参加中央党校短期培训班，1人加入民盟。做好党建宣传、评优推选工作，获国家林业局“优秀党建品牌”“五四红旗团支部”称号，安徽太平试验中心被批准为国家林业局党员培训基地，获“优秀基层党组织”称号。四是推进精神文明建设和文化建设，丰富职工文化生活。五是加强机关建设，不断提高综合管理和基础工作水平，获国家林业局机关“平安单位”称号，为事业发展提供坚实保障。

【领导考察】

科技部副部长陈小娅一行到国际竹藤中心调研 4月8日，科技部副部长陈小娅一行到国际竹藤中心进行工作调研，全国政协人口资源环境委员会副主任、竹藤中心主任江泽慧主持调研座谈会，与陈小娅副部长一行进行座谈。陈小娅副部长听取了竹藤中心关于科技工作、国际合作与交流、技术培训、竹藤产业等方面的工作汇报，对竹藤中心成立以来所做的工作及取得的成绩给予肯定，并就科研方向定位、重点实验室建设等提出工作建议。座谈结束后，陈小娅副部长一行参观了竹藤科学与技术重点实验室和国际竹藤展厅。科技部基础司相关领导及竹藤中心相关处室负责人等参加座谈。

科技部党组书记王志刚到国际竹藤中心调研 12月27日，科技部党组书记、副部长王志刚到国际竹藤中心调研。王志刚一行先后参观了国际竹藤展厅和竹藤科学与技术重点实验室，听取了竹藤中心和国际竹藤组织的工作汇报，对竹藤中心和国际竹藤组织建设发展过程中所做的工作和取得的成绩给予了高度评价，并表示科技部愿与国家林业局及竹藤中心共同研究、探讨科研事业单位分类改革问题，并对林业及竹藤科技工作给予支持。国家林业局局长赵树丛出席调研座谈会，感谢科技部对国家林业局及林业科技工作的支持，并对竹藤中心的定位给予指导。全国政协人口资源环境委员会副主任、竹藤中心主任江泽慧主持座谈会，介绍了竹藤中心下一步的工作计划，并希望科技部能够支持竹藤中心参与到由科技部主导的国际合作框架和合作平台。

【林业大事】 **1月29日** 安徽竹类研究所吴中能所长一行访问安徽太平试验中心。实地参观了安徽太平竹类与花卉种质资源保存库、竹木结构示范房屋、竹藤工程中心、实验室等竹类种质资源保存与创新利用平台。双方就竹类资源保存与创新方面的合作与2013年拟开展的工作等进行了座谈。

1月 国际竹藤中心被评为2012年度国家林业局机关“平安单位”，并受到通报表彰。

2月22日 林业公益性行业专项“大规格竹重组材制造关键技术、装备研发与示范”项目启动会在北京召开。国际竹藤中心作为参加单位，主要负责竹篾重组材防腐处理技术研究。竹藤中心常务副主任费本华出席会议。

3月18日 国家林业局直属机关党委发布《关于表彰国家林业局优秀党建品牌的决定》，国际竹藤中心荣获“优秀党建品牌”，并获通报表彰。

3月19日 国际竹藤中心常务副主任费本华研究员、王戈研究员参加了在中国林科院木材工业研究所举行的“福建华宇竹地板产业及市场研讨会”。来自中国林科院和竹藤中心的10余位专家针对福建华宇竹业有限公司的竹地板等产品开发中存在的问题和发展方向进行了研讨和交流。费本华就政府支持和企业创新等方面提出建议。

3月26日 由国际竹藤中心牵头，联合国内相关科研院所和高校申报的“竹藤标准国际化研究”项目通过2014年度质检公益性行业科研专项标准化项目研究方案专家评审。

3月28日 国家林业局科技司在北京召开“948”项目验收会，竹藤中心承担的“竹/木人造板环保型防腐技术引进”项目通过验收。

4月8日 全国政协人口资源环境委员会副主任、国际竹藤组织(INBAR)董事会联合主席、国际竹藤中心主任江泽慧在国际竹藤组织总部接受了《中国日报》资深编辑迈克·彼得斯的专访。

4月17日 美国田纳西大学王思群教授应邀到国际竹藤中心进行学术交流并作学术报告。

4月 经北京茅以升科技教育基金会审核批准，国际竹藤中心李志强博士荣获2012年度“茅以升科学技术奖——木材科学技术奖”二等奖，杜满义、马宝林、陈红等3位博士研究生荣获“茅以升科学技术奖——茅以升教育奖学金”。

6月5日 国家林业局竹子研究中心主任于辉一行4人访问安徽太平试验中心，参观考察了安徽太平竹种质资源保存库建设、管理以及运行相关情况。

6月5~25日 由商务部主办、国际竹藤中心承办的“发展中国家竹资源可持续经营与利用研修班”在北京举行。来自9个国家的16名学员参加研修班。全国政协人口资源环境委员会副主任、竹藤中心主任江泽慧出席开班仪式并讲话。商务部国际商务官员研修学院院长金旭、国家林业局国际司副司长章红燕、国际竹藤组织总干事古珍、竹藤中心常务副主任费本华参加开班式。6月15~17日，研修班学员考察安徽太平试验中心。

6月27日 美国托莱多大学陈吉泉教授访问国际竹藤中心并作学术报告，与竹藤中心相关科研人员进行学术交流。

7月1日 中共黄山市黄山区太平湖镇委员会召开庆祝建党92周年表彰大会。竹藤中心安徽太平试验中心党支部被授予2012年度“优秀基层党组织”荣誉称号。

9月5~25日 由商务部主办、国际竹藤中心承办的“发展中国家竹产业科技创新与政策研修班”在北京举办。9月5日举行开班仪式，竹藤中心副主任李凤波主持，竹藤中心常务副主任费本华、国家林业局国际司副处长王骅、国际竹藤组织司库朱于坚及学员代表参加开班仪式并致辞。来自8个国家的13名学员参加研修班。

9月16日 竹藤中心召开党的群众路线教育实践活动处级干部组织生活会，以"为民 务实 清廉"为主题，深刻开展批评与自我批评。竹藤中心常务副主任费本华主持会议，副处级以上干部、副研以上科研人员近30人参加并发言。

9月29日 福建永安市副市长陈根潘、市林业局局长郑凌峰等一行4人到国际竹藤中心访问，竹藤中心常务副主任费本华、副主任李凤波及相关处室负责人与陈根潘副市长一行进行座谈。

9月29日 美国田纳西大学王思群教授到国际竹藤中心作学术报告，并就纳米材料的应用问题与竹藤中心的科研人员和研究生进行交流。竹藤中心常务副主任费本华研究员、中国林科院科技处处长傅峰研究员等出席报告会。

10月9日 国际竹藤中心携手"地球站"公益创业工程开展捐赠闲置物品传递爱心活动，竹藤中心常务副主任费本华与"地球站"项目官员完成首次捐赠物品交接。

10月10日 国际竹藤中心组织开展习近平总书记重要讲话精神专题学习。竹藤中心常务副主任费本华主持，竹藤中心领导班子成员、各职能处室、研究机构干部职工共60余人参加学习。

10月18~20日 国际竹藤中心主持的"十二五"科技支撑课题"竹藤资源高效培育技术研究与示范"召开课题进展汇报会。

10月19日 国际竹藤中心为广西和贵州两省(区)举办的竹编艺术扶贫培训班在四川青神培训基地召开结业座谈会。竹藤中心常务副主任费本华、国家林业局计财司区域开发处处长郝学峰、国务院扶贫办扶贫发展中心处长胡茂根、贵州省黔西南州政协副主席王立辉、竹藤中心培训处处长李岚等参加结业座谈会。20名来自贵州黔西南州和广西容县黎村的村民经过60天的培训，圆满完成学习任务，顺利结业。

10月28~30日 国际竹藤中心和国家林业局计财司联合主办，贵州省林业厅、黔西南州人民政府承办的2013年第二期"贵州省林业扶贫专项培训班"在贵州省黔西南州兴义市举办。应贵州省林业厅和黔西南州人民政府的申请，竹藤中心在贵州省黔西南州设立了竹编艺术培训示范点，在开班仪式上，竹藤中心副主任李凤波代表竹藤中心为培训示范点授牌。

10月31日 国家林业局植物新品种保护办公室组织专家对国际竹藤中心牵头申报的桂竹新品种"两相思"进行专家现场实质审查。经过质询答疑，专家组一致认为，该品种是桂竹的一个新品种，通过审查。

11月6日 国际竹藤中心承担的林业公益性行业专项"竹质结构工程材料标准体系研究"项目通过国家林业局科技司组织的现场查定。

11月8日 英国剑桥大学谢尔曼博士应邀到国际竹藤中心进行学术交流并作学术报告。竹藤中心常务副主任费本华与谢尔曼博士就双方未来合作领域和方式交换意见。

11月25日 国际竹藤中心召开2013年出国团组成果报告会，常务副主任费本华主持会议。会上共9人作了10个出访成果报告，2人分别介绍了赴美国农业部林产品实验室和北德克萨斯大学开展3个月访问研究的收获体会。

11月27~29日 国际竹藤中心副主任李凤波和王戈研究员到上海参加科技部召开的2013年第十六届农口国家工程技术研究中心主任联席会。王戈研究员代表国家竹藤工程技术研究中心在会上做汇报发言，介绍了竹藤工程中心近些年的发展和取得的成效。

11月 国际林联宣布余雁博士当选为国际林联竹藤组副协调员。

12月9日 国际竹藤中心召开江泽慧教授荣获"国际木材科学院杰出贡献奖"座谈会。江泽慧教授出席座谈会并作报告，费本华常务副主任主持座谈会，竹藤中心全体干部职工和研究生、国际竹藤组织相关人员以及江泽慧教授的学生等120余人参加座谈会。

12月10日 国际木材科学院院士、韩国全南国立大学前校长金润受教授到国际竹藤中心作学术报告。竹藤中心常务副主任费本华以及相关科研人员和研究生参加报告会并做交流。报告会后，竹藤中心主任江泽慧会见了金润受教授。

12月16日 香港工业总会主席谭天放率技术交流团一行12人访问国际竹藤中心，就竹材用于建筑、室内装饰和绿化等与竹藤中心相关专家和国际竹藤组织项目官员进行座谈交流。

12月16日 东北林业大学生物质材料科学与技术教育部重点实验室主任王清文教授率学科团队到国际竹藤中心访问交流。

12月17日 国际竹藤中心邀请北京林业大学人文社会科学院院长严耕教授做加强和改进青年思想政治教育的专题讲座。青年职工和研究生70余人参加。

12月26日 国际竹藤中心组织召开共青团第一次团员大会，选举产生了竹藤中心第一届团委委员。

（国际竹藤中心由综合办供稿）

国家林业局森林病虫害防治总站

【概　述】 2013年，国家林业局森防总站坚持以科学发展观为指导，认真贯彻全国林业厅局长会议、美国白蛾等重大林业有害生物防治工作电视电话会议、野生动物H7N9禽流感疫情监测防控工作会议以及国家林业局领导多次重要批示精神，紧紧围绕发展生态林业和民生林业，突出重大林业有害生物防治和突发生物灾害应急处置，强化野生动物疫病监测信息管理和主要野生动物疫病主动预警，扎实开展党的群众路线教育实践、"转变职能、转变作风，服务大局、服务基层”等活动，全面推进林业有害生物防治工作、野生动物疫源疫病监测工作和森防总站自身建设。

新一届领导班子成立　3月27日，受国家林业局党组委托，国家林业局人事司郝育军副司长一行到沈阳，在森防总站副处、副高以上职工大会上，宣布了国家林业局党组对森防总站领导班子的调整决定。李青松任党委书记兼副总站长，全面负责森防总站工作。宋玉双任总站长兼党委副书记(正司局级)。马爱国不再担任森防总站站长职务，调离森防总站，另有任用。

人才队伍建设　2月19日，宋玉双获辽宁省第六批优秀专家荣誉称号。3月22日，尤德康被批准享受国务院政府特殊津贴。9月10日，柴守权获第十二届中国林业青年科技奖荣誉称号。9月27日，董振辉获辽宁省直机关青年OFFICE操作技能大赛一等奖，并获省直机关青年岗位能手称号。

科学技术成果　主持完成的落叶松鞘蛾性信息素应用技术推广、航空静电喷雾系统技术及设备的推广应用，通过国家林业局科技司组织的专家验收。灰斑古毒蛾性引诱剂、云杉球果小卷蛾性信息素及其制备方法，分别获国家发明专利证书。灰斑古毒蛾综合控制技术试验与应用、航空静电喷雾的关键技术创新及推广应用，分别获第五届梁希林业科学技术奖二等奖、三等奖，林木叶蜂天敌姬蜂分类鉴定与中国林业生物灾害损失评估、轻型直升机喷洒防治林业有害生物技术规程分别获2013年辽宁林业科技一等奖和二等奖，著作《气候变化对林业生物灾害影响及适应对策研究》、论文 A new species of *Triclistus Förster* (Hymenoptera, Ichneumonidae, Metopiinae) parasitizing coneborers from the Eastern Palaearctic part of China (Journal of Hymenoptera Research 2013, 30: 75 - 82)分别获2013年辽宁省自然科学学术成果奖一等奖。

技术标准化建设　7月19日，以刘霜秋巡视员为组长的国家标准化管理委员会巡视督查组一行5人，对全国林业有害生物防治标准化技术委员会秘书处工作情况进行了巡查。作为全国林业有害生物防治标准化技术委员会秘书处、全国植物检疫标准化技术委员会林业检疫技术分委会秘书处，先后于8月5~7日和12月22~23日组织召开了2个标准化技术委员会年会，审查了《高效氯氰菊酯微囊悬浮剂安全使用技术规程》《云杉八齿小蠹防治技术规程》《松材线虫PCR检测技术规程》《松材线虫分子检测鉴定技术规程》《花木展览会植物检疫规范》《枣大球蚧检疫技术规程》《双钩异翅长蠹检疫技术规程》《云南松切梢小蠹受害木清理技术规程》8项国家和行业标准。开展了《美国白蛾防治技术规程》、《林业有害生物危险性等级分类》等10项2013年实施行业标准的宣贯。印发《关于制定常用药剂药械使用技术规范的通知》，落实了25类常用药剂药械使用技术规范编制任务，召开了技术规范初审会，形成了药剂、药械2个安全使用技术规范的编写式样。

全国林业有害生物防治工作调研　为深入贯彻《中共中央　国务院关于加快发展现代农业进一步增强农村发展活力的若干意见》(中发〔2013〕1号)、国家林业局领导重要批示精神，全面提升中国林业有害生物防治工作水平，4~6月，通过专题调研及结合林业有害生物防治基础设施建设情况调研、春季松材线虫病普查除治情况督查，深入黑龙江、广东、广西、福建、安徽、重庆、湖北、江西、新疆、浙江等18省(区、市)和大兴安岭森工集团的43个县(局)，采取座谈研讨、查看现场、走访询问、“解剖麻雀”等多种方式，开展了全国林业有害生物防治工作现状调研，完成了全国林业有害生物防治工作情况调研报告及防治减灾、检疫执法、监测测报、基础建设、药剂药械、人才队伍、社会化防治7个专题调研报告。

信息化建设　国家林业局正式批复森防总站《林业有害生物及野生疫源疫病监测预报国家级信息系统改扩建项目》，投入资金1431万元，是近年来林业有害生物防治行业最大的单体信息化建设项目。为做好项目建设工作，加强森防总站信息化整体规划、建设与管理水平，印发了《关于进一步加强信息化工作的通知》，调整成立了信息化工作领导小组，组建了信息化管理办公室。与辽宁北方实验室有限公司签订了监理合同，组织细化了项目建设实施方案，对森防总站现有运行及在建的信息化系统使用情况进行了摸底调查，分别召开了用户组和专家组项目建设方案研讨会。

国家网络森林医院用户林木健康卡应用试点　用户林木健康卡是在国家网络森林医院中新开发的更深层次的服务系统，是为国家网络森林医院广大用户建立林业有害生物防治的电子档案。9月24日和11月5日，分别在安徽省宁国市、山西省定襄县，召开了国家网络森林医院林木健康卡应用试点启动会、推进会。在国家网络森林医院中为用户建立林木健康卡并实行林木健康卡制度，可进一步健全网络森林医院服务功能，增强网络森林医院对用户的亲和力、吸引力和凝聚力，提高网络森林医院专家服务的针对性、系统性和科学性，拓宽林业有害生物防治信息获取渠道，扩大信息采集范围和数量。继续丰富国家网络森林医院中辅助数据库建设，新添加140种有害生物的新信息，并整理重复、无效、错误数据信息，改进“药剂药械”栏目功能。

行业文化建设　大力弘扬以“除害、敬业、厚德、求是”为主要内容的“啄木鸟精神”，制定下发了《“严防有害生物　建设美丽中国”系列宣传活动实施方案》，联合造林司、中国绿色时报社举办了系列宣传活动，全国共组织开展“森防记者行”“专家走基层”活动20项次，刊发报道30多篇，其中《中国绿色时报》开设的“严防林业有害生物　建设美丽中国”专栏，登载采访报道25篇。在《中国绿叶》杂志开设“森防文化建设”专栏，系统报道基层防治工作中的先进事迹和典型经验，提升了行业素质，弘扬了森防文化。11月16日，在辽宁省丹东市召开了全国森防宣传工作座谈会，分析了当前森防宣传思想工作新形势、新任务，研究提出了促进森防工作持续健康发展的宣传新思路、新举措。

行业人员培训　组织编印《林业有害生物防治工作组织与管理》《林业有害生物监测预报技术》《中国松材线虫病防控——三十年回顾与思考》等行业培训教材，举办静电施药、昆虫信息素应用、松材线虫病普查监测、黄脊竹蝗防治、基层森防站(局)长关键岗位、国家级中心测报点测报员、宣传通讯员等林业有害生物防治技术培训班10期，培训基层技术骨干700多人次。完成飞机林业有害生物防治技术和黄脊竹蝗监测预报声像片脚本编写、部分外业摄拍。举办野生动物疫源疫病监测技术培训班2期，培训来自发生人感染H7N9禽流感疫区的基层技术人员162人次。

啄木鸟大讲堂开设 为深入学习贯彻党的十八大精神，推进森防文化建设和“学习型、服务型、创新型”党支部建设，森防总站开设“啄木鸟大讲堂”，采取森防总站干部职工自愿报名、轮流安排及邀请专家等形式，每年有针对性地安排3~5次专题讲座，为全站职工交流工作经验和读书学习、定向研究体会搭建平台。4月24日，办公室主任闫峻主讲“如何办文、办会、办事”。4月25日，党办主任才玉石主讲“如何当好副处长”。6月17日，邀请国家林业局世界银行贷款项目管理中心（速生丰产用材林基地建设工程管理办公室）总工程师许传德讲授“如何当好一名处长”。7月3日，邀请北京林业大学副校长、教授骆有庆作“昆虫的品格”学术报告。

【林业有害生物发生情况】 2013年全国林业有害生物发生情况总体偏重。全国主要林业有害生物发生1210.88万公顷，与2012年同期相比上升2.90%，但重度发生面积明显下降（同比下降12.60%），发生86.28万公顷。其中虫害发生847.44万公顷（同比持平），病害发生139.16万公顷（同比上升6.10%），鼠（兔）害发生224.27万公顷（同比上升12.40%）。另外有害植物发生12.16万公顷。采取各种治理措施除治752.56公顷（累计防治作业面积1467.88万公顷次），无公害防治率达到88.60%。

发生特点 ①外来有害生物防控效果显现，但仍有新扩散。松材线虫病新发多处疫情（其媒介昆虫松墨天牛在多个省份发生面积增加，危害加重）；美国白蛾在老疫区危害加重，在黄淮向西向南扩散；椰子织蛾首次发现；悬铃木网蝽在山东、河南大部危害严重；松树蜂在东北局部地区发现危害。②主要林业有害生物发生同比加重，但整体发生危害种类多样化趋势明显。在40%~50%的发生面积占比区间，主要危害种类明显低于2012年，显示主要林业有害生物发生同比加重；发生面积最大的前10种病虫占总面积的37.40%，同比上升3.9个百分点；但在70%~80%的发生面积占比区间，种类数比2012年偏多，累计达到全国发生总面积80.00%的病虫种类数量由2012年的75种上升为80种，危害种类多样化趋势明显。③受气候变化和发生规律影响，食叶害虫危害偏重。杨树舟蛾类在黄淮江汉和河北大部、春尺蠖在新疆南疆和河南大部、黄脊竹蝗在湖南大部和重庆永川危害严重，局地暴发成灾；松毛虫处于周期性高发阶段。④突发林业生物灾害频发。多点暴发，种类多样，危害严重；全年突发林业生物灾害近50起，主要有：胡蜂在陕西突发伤人事件、白蚁在贵州兴义突发危害、桉树枝瘿姬小蜂在四川德昌突发、柞褐叶螟在黑龙江东部山区暴发、思茅松毛虫在江西广丰暴发、马尾松毛虫在浙江建德突发等。⑤经济林果病虫日益加重。发生面积持续多年增加，危害种类多样，分布广泛。⑥传统主要有害生物一改整体下降态势，呈现分化。杨树蛀干害虫、杨树病害、松蚧虫、有害植物持续保持多年稳中有降态势，但松毛虫、鼠（兔）害小幅回升。

松材线虫 全国松材线虫病总体得到控制，发生3.84万公顷，实现县级发生区、发生面积和病死树数量继续多年“三下降”，比2012年分别减少0.23万公顷、3.60万株和4个县级疫区。13个县连续3年未再发生疫情，实现根除目标，在广东、安徽、江苏等地减少明显。但扩散蔓延形势依然十分严峻，在浙江、江西、四川、云南新增9个县级疫区，对黄山、张家界等风景名胜地形成包围之势。

美国白蛾 2013年美国白蛾发生面积大幅增加，疫情反弹明显。全国共发生78.34万公顷，同比增加17.80%；中度以上发生面积同比增加17.00%，在老疫区危害普遍加重，第三代在局部成灾；新增7个县级疫点，在黄淮呈现出向南、向西扩散的严重态势。其中河北发生24.02万公顷（同比增加15.30%），在沧州、保定、衡水、石家庄、邢台、邯郸等危害较重，第三代在局部地区成灾。山东发生24万公顷（同比增加20.00%），全省17个市均有发生，且在菏泽、德州、聊城、潍坊局部地区第三代危害加重。辽宁发生14.68万公顷（同比增加2.60%），中度以上危害占40.70%，并新增葫芦岛市建昌县1处县级疫点。河南发生8.87万公顷，发生面积连续5年持续增加并较2012年同比增加61.40%，在濮阳市危害较重。江苏发生4.34万公顷（同比增加15.20%），在老疫区大面积连片发生，危害加重（中度以上危害占38.50%），并新增盐城市射阳县、阜宁县2个县级疫点。安徽发生0.33万公顷，新增1个市级（阜阳市）4个县级疫点（阜阳市阜南县，淮北市相山区、烈山区，芜湖市鸠江区），在滁州市全椒县和合肥市巢湖市、肥东县诱捕到成虫。

森林鼠（兔） 2013年全国森林鼠（兔）害发生224.27万公顷，较2011年和2012年小幅上升（同比增加12.40%），主要发生在新疆、内蒙古、宁夏、青海、黑龙江（含龙江森工）、甘肃、陕西等地，在黑龙江、河北、内蒙古、青海等地危害普遍较重，并在河北、宁夏、甘肃等地局部地区成灾。其中，新疆发生86.98万公顷，同比增加33.40%，占全国总发生面积的38.80%，主要为大沙鼠。内蒙古发生23.83万公顷，全区普遍发生。宁夏发生20.74万公顷，同比增加19.20%，在宁夏南部黄土高原沟壑人工林区和新植林地中华鼢鼠造成严重危害。青海发生12.76万公顷，同比下降4.30%，主要危害种类为高原鼢鼠、达乌尔鼠兔及根田鼠等。甘肃发生11.44万公顷，同比上升43.30%，中幼林地受害严重，在局部地区中华鼢鼠危害株率高达60%~70%。在黑龙江、龙江森工和大兴安岭累计发生27.72万公顷，发生面积同比持平，其中危害较重，中等程度以上危害占2/3。河北发生2.41万公顷，发生面积增长1倍且危害加重，棕背平鼠、鼢鼠等在坝上地区成灾，野兔在承德的围场县、丰宁县和张家口的沽源县等地危害较重。

松毛虫 2013年松毛虫处在周期性高发阶段，南方马尾松毛虫和北方落叶松毛虫发生危害均呈现出明显增长态势。全国松毛虫发生96.39万公顷，同比增长

13.22%，达到2008年以来历史最高水平。马尾松毛虫发生47.42万公顷，同比增长16.50%，在湖南、湖北、福建、广西、重庆等省（区、市）局部地区偏重发生；其中湖南发生11.80万公顷，同比增加127.80%，成灾面积1.86万公顷；湖北发生0.53万公顷，同比上升了5.90%，整体危害较轻，但在黄冈英山、宜昌夷陵、荆门京山等地造成一定危害；福建发生5.82万公顷，同比上升46.00%，在龙岩、南平、三明、泉州、宁德和莆田市危害较重；广西发生0.22万公顷，同比上升15.10%，并在桂林和贺州局地成灾；重庆发生0.35万公顷，同比虽下降18.70%，但中重度面积超过0.08万公顷，在梁平、忠县、涪陵、秀山等区县危害较为严重，且发生扰民事件。落叶松毛虫在东北地区普遍加重，发生20.96万公顷，同比增加52.70%。龙江森工发生7.21万公顷，同比增加320.9%；吉林发生4.94万公顷，同比增加70.50%，主要分布在吉林东部山区；此外，内蒙古森工、辽宁发生平稳，大兴安岭、内蒙古和河北发生面积明显下降。云南松毛虫发生10.26万公顷，同比增长13.50%；云南发生5.66万公顷（同比增长15.80%），四川发生3.68万公顷（同比持平）。油松毛虫发生9.96万公顷，同比下降8.20%，主要发生在辽宁、河北、山西、陕西和内蒙古。

松蚧虫 以松突圆蚧、湿地松粉蚧和日本松干蚧为主的松蚧虫在全国得到较好控制，发生面积持续多年平稳下降并基本维持在原有区域。2013年发生57.90万公顷，同比下降9.00%。松突圆蚧发生46.50万公顷，同比下降9.30%，主要发生在广西梧州和玉林2市10县、广东18个地市74个县、福建东南沿海5市和江西全南、龙南2县，整体危害较轻。湿地松粉蚧发生6.37万公顷，同比下降9.20%，以低密度虫口分布在广东、广西、湖南、江西4省原有分布区域。日本松干蚧发生5.03万公顷，同比持平，在辽宁、吉林和浙江3省基本实现有虫不成灾，但在山东烟台、临沂、日照局部地区中重度发生。

松树钻蛀性害虫 2013年全国松树钻蛀性害虫发生74.30万公顷，同比增长12.30%，纵坑切梢小蠹、松墨天牛等危害加重，萧氏松茎象、红脂大小蠹等趋于稳定。纵坑切梢小蠹经过多年平稳后有所反弹，发生15.41万公顷，同比上升15.30%，主要发生在云南（6.10万公顷）、四川（6.01万公顷）、贵州（2.28万公顷）等省；在云南和四川发生面积同比持平，但局部地区危害加重，在四川凉山州成灾；贵州发生面积显著增加（近10倍），在威宁县大面积暴发。松墨天牛逐年攀升，危害加重趋势明显，发生41.67万公顷，同比上升19.50%；主要发生在贵州（9.26万公顷）、重庆（10.87万公顷）、安徽（5.12万公顷）、江西（5.04万公顷）等12个省份，安徽（同比增加159.80%）、福建（157.30%）、湖北（51.30%）、广东（27.60%）、重庆（21.20%）等省市发生面积上升明显，贵州、江西和四川有小幅下降，在安徽中部和南部、福建西北和东南沿海地区、重庆东南和东北部、湖北三峡和丹江库区危害加重，并在局地造成大量松树枯死。萧氏松茎象控制效果显现，呈持续下降态势；发生12.34万公顷，同比持平，多为轻度发生；在江西（发生6.88万公顷，同比下降12.30%）、贵州、湖南、广西、湖北等地均有不同程度下降，但福建（发生2.93万公顷）同比上升188.30%。红脂大小蠹危害平稳，山西、陕西、河北、河南4省发生56.2万公顷，面积同比略有上升（3.0%），但危害程度仍以轻度为主。此外，华山松大小蠹在湖北神农架林区成灾近0.06万公顷，致使7万多株华山松死亡；在陕西发生3.34万公顷（同比上升29.00%），安康、汉中、延安等地危害严重。

杨树蛀干害虫 2013年全国各类杨树蛀干害虫发生49.34万公顷，同比下降10.90%，连续6年持续下降，整体得到持续有效控制，危害减轻。光肩星天牛发生8.78万公顷，同比下降6.80%；除宁夏发生面积有所增加外（发生1.65万公顷，同比上升40.00%），河南、安徽、内蒙古、山东、陕西等主要发生省区均有不同程度下降。桑天牛发生9.64万公顷，同比下降24.40%；安徽发生5.67万公顷，同比下降19.40%；河南发生1.80万公顷，同比下降4.90%；湖南发生1.25万公顷，同比下降36.90%。杨干象发生7.22万公顷，同比持平；主要发生在辽宁（5.35万公顷）和黑龙江（1.11万公顷）等地。青杨天牛发生7.13万公顷，同比下降8.00%，主要发生在吉林（2.41万公顷）、内蒙古（2.36万公顷）和辽宁（0.79万公顷）。白杨透翅蛾发生3.00万公顷，同比下降22.10%，主要发生在东北三省。

杨树食叶害虫 2013年杨树食叶害虫在全国发生147.31万公顷，同比持平；但受持续高温干旱天气影响，以杨小舟蛾、杨扇舟蛾为主的杨树舟蛾类在黄淮江汉和河北大部，春尺蠖在新疆南疆、河南大部危害加重，局部地区暴发成灾。其中杨树舟蛾类发生64.15万公顷（同比上升1.80%）；江苏发生6.01万公顷（同比上升18.80%），总体发生危害严重，第三代、第四代均暴发成灾，第五代仍有局部危害，南京、扬州、淮安、镇江等市灾情严重，多条高速公路及绿色通道杨树林被吃光吃花；安徽发生11.97万公顷（同比上升39.00%），成灾2.34万公顷，皖北、皖中危害严重，部分区域叶片损失率超过70%，局地出现光杆林；河南发生15.47万公顷（同比上升7.00%），驻马店、南阳、信阳、周口等市局部成灾；山东发生7.70万公顷（同比持平），泰安、莱芜、烟台、威海偏重发生，局部地区叶片全部吃光。湖北发生6.73万公顷，同比下降明显（44.12%）。春尺蠖发生48.77万公顷，同比下降19.10%，但在新疆（发生14.53万公顷，同比上升25.50%）、河南（2.59万公顷，同比上升48.50%）、山东（发生2.62万公顷，同比上升22.10%）等地危害加重，主要发生在新疆和田、河南濮阳、山东菏泽等地；在新疆兵团、西藏、宁夏等地下降明显。

杨树病害 2013年全国杨树病害发生42.08万公顷，同比下降5.00%，整体危害减轻，但在河南、山东和辽宁等地部分地区危害严重。河南发生6.39万公顷，同比上升6.60%，杨树黑斑病、杨树溃疡病危害较为严重，开封、商丘、许昌和巩义局部成灾。山东发生9.96万公顷，同比下降明显，但杨树黑斑病、杨树溃疡病在菏泽“中林－46”栽植区发生较重。辽宁杨树溃疡病发生3.96万公顷，同比略有下降，主要分布在辽西北和辽宁中部地区，重度发生70.52万公顷。

经济林有害生物 2013年全国油茶、核桃、枣和八角等经济林及竹林病虫发生144.87万公顷，同比上升6.20%，危害日益加重。新疆发生47.91万公顷，占全国经济林病虫近三分之一，同比略有下降；其中核桃腐烂病发生4.86万公顷，同比上升16.70%，集中分布在和田、阿克苏、喀什3个地区；害螨类发生9.03万公顷，同比下降10.50%，危害明显减轻；红枣大球蚧发生3.36万公顷，对林果危害有减轻趋势，但对城市绿化树种和生态林树种危害加重，在哈密、乌鲁木齐市有新扩散；苹果蠹蛾在新疆苹果栽培区普遍发生，发生0.59万公顷，主要危害区域为伊犁河谷、阿克苏区、巴州等地。核桃、银杏、板栗、花椒等经济林病虫，在陕西发生10.14万公顷，危害加重，主要分布在榆林、商洛、渭南、安康、咸阳等地。以油茶炭疽病为主的油茶病虫在湖南、江西等省油茶种植区普遍发生，面积达8.68万公顷；其中油茶软腐病在湖南同比上升63.20%。八角病虫害在广西发生1.46万公顷，同比上升50.70%；其中八角炭疽病在来宾、防城、玉林等3个市大暴发，发生0.94万公顷，同比增长702.80%。苹果腐烂病、枣锈病、苹果轮纹病等在河南发生5.94万公顷，同比上升5.70%。在南方竹产区，竹蝗发生8.33万公顷；其中黄脊竹蝗在湖南多地暴发成灾，发生2.93万公顷(同比增加39.70%)，成灾面积1.04万公顷，个别土壤瘠薄的竹林因虫、旱叠加受害而枯死，直接经济损失经评估达1.30亿元。桉树枝瘿姬小蜂在江西发生0.29万公顷，同比上升86.30%，呈急剧上升态势，在赣州的龙南、寻乌、南康、信丰等县(市)严重危害；在湖南永州发生0.18万公顷；在广西发生0.14万公顷，连续3年大幅下降，但以桉大蝙蛾为主的桉树蛀干害虫呈现高发态势，桉梢枯病在桂南危害严重。

有害植物 2013年薇甘菊、金钟藤等有害植物在西南、华南地区危害初步得到控制，发生12.16万公顷，同比下降31.00%。薇甘菊在广东、云南、海南、广西等4个省区发生3.86万公顷，同比下降17.20%；其中广东发生2.36万公顷，同比下降14.10%，在19个地市75个县区发生，主要发生在林地、农用地和果园、闲置地、水利沟渠、高速公路两旁。金钟藤在海南发生1.50万公顷，中部天然次生林区普遍发生，琼中、五指山、保亭、白沙和陵水等中部地区危害严重。

其他有害生物 蜀柏毒蛾发生11.54万公顷，同比上升8.80%；其中四川发生30.19万公顷，同比上升8.60%，持续多年呈现上升态势，并在南充市有小面积成灾；重庆发生1.35万公顷，同比上升12.30%，在万州、潼南等区县危害较重。黄褐天幕毛虫发生20.34万公顷，同比上升2.5%；在内蒙古(12.04万公顷)、吉林(1.31万公顷)、黑龙江(0.94万公顷)危害减轻，在河北(2.02万公顷)、辽宁(1.98万公顷)和大兴安岭(1.57万公顷)危害加重。舞毒蛾在河北、内蒙古、辽宁等17个省(区、市)发生11.74万公顷，同比大幅下降，危害减轻；内蒙古发生4.79万公顷，辽宁发生2.56万公顷，同比持平；黑龙江发生0.87万公顷，同比上升50.30%；河北发生0.76万公顷，同比下降82.60%。森林白蚁在贵州兴义市危害严重，危害林地1.66万公顷，损坏房屋4493间，受灾涉及31个村263个村民小组，受灾群众1840户8037人，造成直接经济损失约3417.40万元。柞褐叶螟在东北北部危害严重，在黑龙江发生4.84万公顷，其中重度发生面积为3.33万公顷；内蒙古发生6.18万公顷，在兴安盟科右前旗暴发。椰子织蛾传入中国，在海南、广东首次发现。

【主要林业有害生物防治】 据统计，全国全年各地共采取多种措施防治林业有害生物752.57万公顷，累计防治作业面积1467.88万公顷次。国家关注的松材线虫病、美国白蛾等重大危险性林业有害生物扩散蔓延势头得到一定遏制，杨树蛀干害虫、杨树病害和松蚧虫危害持续多年下降，有害植物发生面积进一步压缩。主要林业有害生物成灾率控制在4.5‰以下、无公害防治率达到85%以上、测报准确率达到85%以上、种苗产地检疫率达到95%以上。

松材线虫病除治 3～4月，组成4个督查组，深入江苏等14个发生省(区、市)的33个区(县)，督查了2012年秋季除治任务和2013年春季除治进度。配合造林司，批复了31个省(区、市)松材线虫病防控实施方案，拟定了2013年松材线虫病疫区和疫区撤销公告，起草了《松材线虫病防治技术实施方案》。组织召开了"苏浙皖赣"4省松材线虫病防治协作会，商讨了防控松材线虫病、维护黄山生态安全的对策措施，4省林业主管部门签署了防控协作框架协议。对贵州、四川等地的新发情况的除治进展以及甘肃、辽宁、海南等重点预防区的预防措施落实，进行了重点督导。全国松材线虫病除治实现了县级疫情发生区、发生面积和病死树数量"三下降"，县级疫情发生区较2012年减少6个，发生面积较2012年减少2371.7公顷、同比降低5.8%，病死树数量比2012年减少35 527株、同比下降7.8%。

美国白蛾防治 配合造林司，拟定了2013年美国白蛾疫区公告，召开了全国美国白蛾等重大林业有害生物防治工作电视电话会议，进一步明确美国白蛾防治策略，并督促各地认真落实会议精神，指导制定防治实施方案和开展积极防治。协调东北4省区加强联防合作，召开2013年美国白蛾疫情发生趋势会暨联防联治会，强化黑龙江、内蒙古重点预防区与吉林新发生区和辽宁老发生区治理。在继续认真开展美国白蛾面上防治督导工作的同时，针对美国白蛾向南向北扩散的态势，及时调整工作重心，在重点防治季节，加大对吉林、江苏、安徽等地的除治和山西、内蒙古等地的预防督导。全国各地共实施美国白蛾防治作业面积525.38万公顷次，主要风景区、交通要道两侧及重大活动场所周边等关键部位的叶片保存率达到90%以上，村庄及周边地区的叶片保存率达到80%以上。

林业鼠(兔)害防治 下发《关于加强新植林地林业鼠(兔)害防治工作的通知》，指导各地落实新造林鼠(兔)害防治措施，并对河北、四川、陕西等地春季鼠(兔)害发生情况进行了调查。组织召开全国林业鼠(兔)害综合防治暨西北推广示范项目工作交流会，分析了全国林业鼠(兔)害发生形势、发展趋势、存在问题，明确了以生物防治为主的林业鼠(兔)害防治策略，总结推广了天敌保护与招引、生殖不育控鼠、林木树干防护、驱避忌食保护、人工器械捕杀5套无公害防治技术措施。

【有害生物监测预报】 密切关注林业舆情和热点信息，创办《林业有害生物舆情处置报告》，主动获取电视、报刊、网络等媒体报道的林业有害生物相关信息，跟踪处置服务，编发处置报告10期。推行面向社会、服务生产的预报预警信息发布，编发《病虫快讯》12期，发布了春尺蠖、马尾松毛虫、美国白蛾、白蚁等有害生物发生情况以及四川、云南、陕西发生持续旱情导致林业有害生物危害呈现加重趋势等。在中央电视台播发了“陕西、四川、云南旱情显现林业有害生物危害加重”“美国白蛾发生趋势”和“湖南、重庆等地持续高温干旱将引发马尾松毛虫、松褐天牛等危害加重”3期预警信息。编印《林业有害生物监测预警年报(2012)》，通过《预防与控制生物灾害咨询报告(2013)》《中国绿色时报》“中国森防信息网”等，发布了全国林业有害生物2012年发生情况及2013年发生趋势预报、2013年上半年林业有害生物发生情况。完成了1000个国家级中心测报点测报对象和站点布局调整方案制定及500个拟建县级林业有害生物防治示范(局)站布局测算，提出了林业有害生物国家级测报对象建议名单。起草了林业有害生物监测预报工作考核办法和林业有害生物监测预报绩效考核量化指标体系，开展了半年、年终绩效考核。

【有害生物检疫监管】 修订提出的14种林业检疫性有害生物和190种危险性有害生物名单，以国家林业局2013年第4号公告正式发布。春季造林过程中，内蒙古自治区在跨省引进杨树、国槐等苗木的复检中，发现携带美国白蛾疫情后，及时派员前往苗木调入地内蒙古自治区和调出地河北省调查了解情况，指导开展疫情除治，并起草由国家林业局下发了《关于加强调运苗木检疫严防美国白蛾传播的通知》。截获美国白蛾活体。配合造林司，协调软件开发公司，指导上海、浙江、广东、云南、新疆开展林业植物检疫追溯试点，已基本建成全国林业植物检疫信息溯源网。

【突发有害生物事件及处置】 针对旱灾引发湖南暴发的黄脊竹蝗灾害，紧急组织有关专家赴灾情发生现场，督促开展急防治工作，并在湖南专门为竹产区基层技术人员举办了监测与防治技术培训班，及时向国家林业局领导汇报了灾情发生危害、应急处置及后期评估等情况。针对黑龙江省发现松树蜂的疫情，配合造林司召开了松树蜂发生防控现场会，完成了松树蜂发生情况专项调查和风险分析报告。针对海南省和广东省新传入椰子织蛾的疫情，配合造林司召开了椰子织蛾防控研讨会，派员对发生情况进行了实地调查，完成了椰子织蛾风险分析报告。针对东北地区樟子松大量枯死情况，组织召开了东北四省区樟子松衰退病防治研讨会，研究防治对策，部署防治任务。针对2013年春季河北省坝上地区因雪灾引发鼠害大发生的情况，第一时间派员深入现场进行灾情调查和防治指导，并组织河北省举办林业鼠(兔)害防治技术现场培训班。针对陕西省胡蜂伤人事件，指导陕西省印发《胡蜂预防知识宣传画》和《胡蜂的习性与识别》《胡蜂的预防与救治》，举办胡蜂防控技术培训，提高了基层胡蜂应急防控能力。

【疫源疫病监测】 以野生动物动态监测为中心，突出监测信息管理系统管理和主要野生动物疫病主动预警，逐步推进由候鸟禽流感监测为主向陆生野生动物疫病全面监测转变、由部门监测向全社会监测转变、由被动监测向主动监测预警转变，进一步加强基础体系建设，不断提高监控能力，促进全国野生动物疫病监测防控工作有序开展

监测信息管理 严格执行信息日报告和异常情况零报告制度，坚持应急值守和轮岗值班，全年应急值守率100%。及时收集整理、汇总分析监测信息，编发《野生动物疫源疫病监测信息报告》333期，对179起野生动物异常事件提出应急处置指导意见。密切跟踪国内外主要野生动物疫病发生动态，充分发挥专家优势，对月度、季度野生疫情发生趋势和措施建议进行深入会商分析，完成月度、季度等分析评估报告16份，编发《国家应对人感染H7N9禽流感疫情联防联控工作机制野生动物疫源疫病监测信息专报》46期、《人感染H7N9禽流感疫情联防联控信息简报》39期。进一步完善野生动物疫源疫病监测信息网络直报系统功能，分析系统运行中存在的问题，及时与软件供应商沟通协商，积极升级VPN系统，满足用户群数量增加和实际工作调整。组织召开陆生野生动物疫源疫病监测防控模式座谈会，初步总结出了专门化主动监测与公众报告相结合监测模式，同步现场、同步调查、同步处理的联合处置模式，政府主导、多部门参与的防控模式，多途径样品采集与实验室检测相结合的主动监测模式，专家风险研判与部门趋势会商相结合的预警防范模式，5种做好野生动物疫源疫病监测防控的典型模式。

发生趋势研判 收集国内外主要野生动物疫病发生、流行的最新资料，完善了《主要野生动物疫病发生、流行及危害本底数据库》。按照分病种、分物种、分区域开展监测防控工作的思路，研究确定野生动物疫病危害性评估指标体系、划分原则和划分方法，起草的《陆生野生动物疫病危害性等级划分》通过专家审定。会同保护司，于春、秋两次召开野生动物疫病发生趋势评估专家会商会，对鸟类传播H7N9禽流感疫情的风险进行专题研判，为国家H7N9禽流感疫情联防联控工作机制制定防控策略，消除公众担忧恐慌发挥了应有作用。编制《重点野生动物疫病和疫源物种名录》，优化实施单位，拟定专项工作方案，稳步推进禽流感、西尼罗等重要野生动物疫病的主动预警试点工作。

H7N9疫情应对 人感染H7N9禽流感疫情发生后，会同保护司下发了《关于切实加强H7N9禽流感疫情监测防控工作的紧急通知》等5个紧急通知，起草了《应对野生动物H7N9禽流感疫情应急反应工作机制工作方案》《野鸟H7N9禽流感病毒溯源排查工作方案》《野鸟禽流感样品采集与保存操作规范(试行)》《卫计委办公厅 国家林业局办公室关于野生鸟类H7N9禽流感病毒检测工作的通知》等重要材料，组织召开了全国野生动物H7N9禽流感疫情监测防控工作会议，安排部署监测

防控工作，做到了第一时间发现、第一时间处置野生动物病死等异常情况。联合中国科学院野生动物疫病研究中心、长春野生动物疫病研究中心，指导有关省份开展样品采集和紧急流行病学调查，共采集样品 58 298 份、已检测 53 815 份、反馈结果 34 181 份、检出 H7N9 禽流感病毒阳性样品 1 份，顺利完成了林业部门的野鸟 H7N9 禽流感病毒溯源排查任务。

督导检查 利用电话抽查、网络直报系统等方式，督促国家级陆生野生动物疫源疫病监测站加强节假日期间应急准备，平均值守率 82.5%。派员近 30 人次，参加国家林业局专项督导组及卫农工林四部委局联合督导组，赴上海、江苏等 9 个 H7N9 疫区及辽宁、湖北等高风险区域，开展野生动物疫源疫病监测防控督导检查和野生动物 H7N9 禽流感病毒溯源排查采样。指导西藏自治区那曲地区对再次发生的藏羚羊支原体肺炎，甘肃兰州对炭疽等疫情，开展了应急处置。配合保护司，深入宁夏、山西等地，对《陆生野生动物疫源疫病监测防控管理办法》落实情况进行实地督导。

（国家林业局森林病虫害防治总站由闫峻、柴守权、刘枫供稿）

国家林业局北方航空护林总站

【北方航空护林飞行灭火】 国家林业局北方航空护林总站圆满完成 2013 年北方航空护林工作。3 月 15 日至 11 月 9 日，春航、夏航、秋航 3 个航期历时 240 天，共租用 148 架飞机，其中固定翼飞机 64 架，直升机 84 架，累计飞行 2578 架次，5830 小时 01 分。其中，机降飞行 76 架次、83 小时 02 分、752 人次；洒水飞行 13 架次、3 小时 11 分、洒水 55 吨；空中发现火场 34 个，参与扑救火场 9 个，运送扑火物资 4 吨；撒防火宣传单 10 万张。

【签订北方航空护林租机协议】 北方航空护林总调度室提前着手调研北方各省（区、市）航期用机需求和各航空公司可用机源情况，与各供机部门取得联系，了解租用飞机的当前状态、调机中存在的困难，根据北方各省（区、市）用机类型、数量，与各有关供机单位联系，积极挖掘机源，抢前落实飞机，满足各省（区、市）用机需要。分别在春、夏、秋航期前组织召开北方航空护林租机协调会议，与供需双方签订租机协议（合同）。

【督促护林飞机按期调机进场】 航期开始前，北方航空护林总调度室提前与各通用航空公司及有关部队联系，了解租用飞机当前状态、调机计划申报情况，督促供机单位保证飞机按时进场。提前调研北方各航空护林站机场跑道积雪清理等情况，做好护林飞机进场准备工作。调机当天，及时关注相关航站的本场天气和航路天气情况，全程掌握护林飞机调机过程。同时，特别关注并及时掌握从西南调机转往东北的 M－26 等常年租用直升机的调机进程和飞行动态，做好每日对飞机起飞、落地时间、预达地等相关情况记录，并及时准确上报国家林业局防火办。

【飞行安全监督】 北方航空护林总调度室从思想上正确认识安全生产责任的重要性，摆正管理与服务的关系，牢固树立“有了安全不等于有了一切，没有安全将会丧失一切”的工作理念。工作中，加大对飞行安全生产的监管力度，严格执行各项规章制度，全盘考虑，精心指挥，及时了解、掌握各护林飞机使用状态和飞行动态，坚决杜绝违规飞行。为保证不出现事故及差错，总调度室人员认真审核每架飞机的飞行计划，合理调配飞行航线，及时向相关部门通报，确保飞行安全与航空护林飞行任务的顺利实施。春、夏、秋航期共保障飞行 3718 架次，接受处理各类飞行计划 3620 条，取消 1723 条，实飞 1897 条。其中临时计划 141 条，取消 16 条，实飞 125 条；编发 FPL 报 35 条，DEP 报 35 条；处理气象报文 22 728 份。其中接收航空护林站本场实况报 8158 份，转发本场实况报 8158 份，接收航站预报 1316 份，转发航站预报 2038 份，接收航路预报 1020 份，转发航路预报 2038 份。

【飞行费测算和结算】 按照已经签订的航空护林租机合同，开航前测算出航期租用航空护林飞机将要发生的飞行费数额，推算全年飞行费超结余情况，为增加飞机、追加飞行小时提供依据。在飞机结束任务进行飞行费结算时严格把关，从日租、飞行时间、付费比例、增加与扣除小时等多方面仔细核对，认真核算，不放过每一个环节，使每架飞机飞行费结算都做到准确无误。

【建立航空管制人员档案】 北航总站总调度室按照民航监督管理局和民航东北地区空管局的要求，对属于东北、内蒙古林区林业自建机场的航空护林站管制人员的详细信息进行调研统计，编辑入册，按照民航统一格式，建立通用管制人员档案，实施规范化管理，使林业自建机场管制员队伍业务信息更加详细、全面。

【协调报批援救飞行计划】 5 月 21 日 8 点 20 分，北航总站接到根河航空护林站一名森警战士受伤严重需要急救的紧急临时计划。因该计划进入国境线中国侧 10 千米范围内，总调度室值班管制员立即进行图台作业，并马上向空军有关部门申请。8 时 45 分，计划批准后，迅速通知根河航空护林站，9 时 3 分，执行急救任务的直升机顺利起飞，11 时 12 分满归落地。此次急救飞行，总调度室积极协调、有力保障，为伤员的救治赢得宝贵时间；8 月，伊春市多地发生洪涝灾害，其中黑龙江沿岸嘉荫县险情较为严重。伊春市政府请求航空护林飞机到抗洪抢险救灾现场实施救援飞行，总调度室积极协调有关军航、民航空管部门，有力保障进入国境线中国侧

10 千米范围飞行计划的申请、报批工作。

【签订航空气象服务协议】 北航总站总调度室为保障航空护林飞行安全、顺利开展，及时为各航空护林站提供飞行气象情报服务，经多次与民航黑龙江空中交通管理分局气象台沟通与反复协商，在民航东北地区管理局、民航黑龙江监管局的大力支持下，与民航黑龙江空中交通管理分局签订《关于提供航空气象服务参考信息的协议》，在航路预报、起降机场气象情报等方面为航空护林顺利执行飞行任务提供保障。

【调动飞机支援江西省森林防火工作】 北方航空护林总站8月15日接到国家林业局防火办通知，调派2架大中型直升机赴江西省执行航空护林任务，同时要求机组人员是中国籍。经过挑选，决定由符合要求的江苏华宇公司1架K－32、1架M－171执行这次任务。此次调机为跨区飞行，需要较为复杂的申报和审批程序。经过与内蒙古防火办、黑龙江大兴安岭防火办及相关航站的紧急协调，15日深夜提交调机计划，16日前得到批准。16日中午，2架飞机分别从红花尔基、加格达奇起飞，经过3天的紧张飞行，19日下午顺利调到江西航空护林站。

【完成赴山西长子火场任务】 4月25日，山西省长子县发生森林火灾，由于地形复杂、扑救困难，到26日中午火势仍未得到有效控制，卫星监测热点已达10像素，火情严峻。国家森防指指令北方航空护林总站立即派出工作组赶赴火场一线，总站迅速启动扑火预案，赴火场第一工作组快速反应，半小时内出发，当日23时到达山西省长治市长子县东壁村扑火前指，迅速开展工作。火势完全控制后，又专程到火场一线进行实地勘查，确保万无一失。

【飞行观察员队伍建设】 北方航空护林总站协调处科学制订2013年飞行观察员培训计划及考核方案，统筹安排培训和考试时间。根据新疆维吾尔自治区请求，安排嫩江、根河、加格达奇航站进行业务理论培训和实际带飞训练，为其培训5名飞行观察员。应加格达奇、黑河、幸福、佳木斯航站的考核申请，总站考核组利用秋防后期火险较低的有利时机，对这4个航站符合放飞、晋级条件的飞行观察(学)员进行考核。全年共考核飞行观察(学)员14人，考核放飞7人，晋级7人，考核飞行7小时40分。

【赴山西、河北、吉林检查防期工作】 北航总站在春航的清明节前和秋航期间，分别组成工作组赴山西省、河北省、吉林省进行航期森林防火工作督导检查。检查组轻车简从，深入基层，深入一线，到林业局、林场、防火办、地方扑火队、乡村、农户进行实地检查。采取明察暗访、实地调研、听取汇报等形式，全面督促检查，提出要求和建议，并将检查情况形成书面材料上报国家林业局防火办。

【指导陕西省航空护林筹建工作】 北航总站与国家林业局防火办有关专业技术人员组成指导组，10月中旬赴陕西省宝鸡市现场调研、指导航空护林站筹建工作。指导组现场查看机场跑道、停机坪、办公楼和塔台等设施，实地了解筹建工作进展情况。对航站在筹建方面提出的问题给予指导和解答，进一步加快了陕西省航空护林站筹建步伐。

【验收入库森林防火物资】 北方航空护林总站森林防火物资储备库常年坚持24小时值班，一旦发生森林火灾，将在第一时间调拨防火物资。2013年入库300台风力灭火机、500套避火罩。在防火物资入库过程中，储备库工作人员积极联系送货厂家及配货单位，组织车辆和装卸人员，认真、细致做好扑火物资入库验收工作，圆满完成2013年由国家林业局防火办调拨的森林防扑火物资入库验收工作

【深入基层开展业务岗位锻炼】 为进一步加强北航总站总调度室与各航站的管制工作沟通与对接，了解航站空管工作情况，交流经验，熟悉航站空管操作流程，提高总调度室管制员直接指挥、调配进出港航空护林飞机的实战技能，切实强化和提升为航站业务工作的服务意识和服务能力，安全、快速、便捷保障航空护林任务的完成，更大限度地发挥航空护林预防和扑救森林火灾的作用和优势，北航总站利用秋季非紧要航期的10月中下旬，首次派出3批次航管、调度等业务人员深入基层，分别到伊春、加格达奇、敦化、五岔沟、塔河、扎兰屯等航空护林站进行业务岗位锻炼。为保证岗位锻炼收到实效并确保本部管制值班工作正常开展，总调度室提前制订并调整值班计划。

【空管人员执照年检、培训】 北方航空护林总站在12月中旬按照民航管理部门要求组织北航系统空管人员进行执照年检、培训。年检培训突出时效性、实用性与规范性，贯彻学习新颁布的《通用航空飞行任务审批与管理规定》《中国民用航空气象工作规则(CCAR－117－R2)》等规定和规则。系统内管制员、气象观测员共80人参加年检、培训。

【修订扑大火预案】 北方航空护林总站赴火场第一工作组提前部署航期森林航空消防扑火预案修订工作，依据《国务院有关部门和单位制定和修订突发公共事件应急预案框架指南》《国家森林火灾应急预案》，积极沟通总站相关部门，详细了解机源、车辆及人员等情况，完成春、夏、秋3个航期总站处置北方地区重、特大森林火灾应急预案修订工作。

【蹲点督查】 春航期间，按照国家林业局统一部署和总站领导指示，总站派出工作组执行驻大兴安岭地区森林防火蹲点督查任务。督查组深入基层，查看了11个县(区、局)、2个航空护林站、24个乡镇林场、20支专业扑火队、18个防火检查站、10个管护站、25个巡护队、18个野外作业点工作情况，了解道路桥涵维护、防火内业建设、物资储备和队伍装备建设等春防工作情况，形成详细书面报告上报国家林业局，完成为期14

天的蹲点督查任务。

【开展应急通信实战演练】 北方航空护林总站为全面保障火场通信能力，实战检验VIST小站、BGAN卫星终端等通信设备，全面测试评估现有视频实时传输以及其他各类赴火场设备运行状态，赴火场第一工作组分别在春航和秋航紧要期进行了2次应急通信实战演练，旨在全方位锻炼队伍，检测设备，积累经验，提高技能。

【卫星监测系统更新升级】 北航总站卫星林火监测处利用夏季防火形势相对平稳时期，对运行较慢、频频出现故障的卫星林火监测系统进行更新，扩容计算机内存和硬盘，提高系统及图像处理软件运行的稳定性；升级显卡，提升原始监测图像的清晰度。经过反复调试，监测系统运行良好，能够自动接收、预处理卫星数据信息，为林区热点信息及时、准确发布提供保障。

【提高林火监测精准度】 北航总站卫星林火监测部门通过相关软件对所辖东北、内蒙古、吉林、辽宁4省(区)主要明显地物点(包括面状湖泊、线性水系、海岸线)进行标注，给予精准定位(其中包括经纬度、所在城市具体位置等详细信息)。通过明显地物点信息标绘，提高了卫星监测林区热点的精准度，更好地为地方防火部门服务，也为今后林火监测系统明显地物点数据库的创建提供基础资料。

【检查北方系统各航站航化灭火工作】 2013年北航总站北航字〔2013〕52号文件下发《关于检查航空化学灭火工作的通知》，由科技处派员组成航空化学灭火检查组，对配备化灭飞机的航空护林站在开展航空化学灭火工作经验和存在的主要问题、研究探讨大力推进航空化学灭火工作的途径和方法等方面进行检查。检查组通过实地调研、座谈了解，收集化学灭火案例，统计2010~2012年航空化学灭火飞行灭火数据，基本掌握了各航空护林站航空化学灭火现状，也为上级绩效考核提供第一手资料。

【召开北方航空护林行业管理工作会议】 北方航空护林总站4月中旬在哈尔滨组织召开北方航空护林行业管理工作会议，这是在北方13省(区、市)航空护林工作纳入北方航空护林总站行业管理后召开的首次会议。会上，各省(区、市)代表分别汇报了近年来本地区航空护林工作开展情况、存在问题及未来发展思路。与会人员围绕北方航空护林事业发展进行交流探讨；讨论研究了《北方航空护林运行管理暂行规定(征求意见稿)》。全体参会人员紧密围绕北方航空护林事业发展，建言献策、相互学习，达到了提高业务水平、交流工作经验、明确发展思路的目的，同时也为进一步加强北方航空护林行业管理，加快北方航空护林业务建设，推进北方航空护林事业发展奠定坚实基础。国家森林防火指挥部、黑龙江、吉林、内蒙古、辽宁、河北、北京、天津、宁夏、新疆、青海、山西、陕西等省(区、市)以及黑龙江大兴安岭、内蒙古大兴安岭、黑龙江森工总局等森林防火部门主要负责同志参加会议。

【接受《通用航空万里行》采访】 中国民航报社、中国民航出版社组成《通用航空万里行》采访组到国家林业局北方航空护林总站进行实地采访。采访活动全面、深入反映航空护林在中国通用航空事业中的发展现状，探究存在问题和解决途径，为有关部门完善相关政策、法规、标准提供参考。总站部分领导应邀接受访谈。

【技术革新】 北航总站赴火场第一工作组积极探索，采用网络及平媒查阅、走访调研、行业内交流座谈等多种手段和途径，及时了解最新技术的发展动态和应用案例。6月3日，派人参加在根河航站举行的森林防火无人机智能遥感监控系统飞行演示会。9月5日，派人参加第二届中国天津国际直升机博览会，了解国内外先进航空技术成果、国际直升机产业信息与先进机载设备资源。10月1日，充分利用火场通信实战演练机会，与根河航站就无人机、图像传输等相关问题进行座谈交流，深入了解“天空地一体化林火监测体系”，对无人机图像传输技术及目前适合航空护林空中图像传输的新型设备进行广泛探讨。11月5日，派人参加在河北省保定市江城机场举办的森林防火无人机智能遥感监控系统飞行演示会，现场观摩，详细了解无人机技术发展及应用情况。积极的交流和调研观摩不仅开阔眼界，拓展视野，也为未来航空护林事业的技术革新积累经验。

【政务信息采编】 北航总站2013年报送政务信息329条，其中20余条被国家林业局《林业要情》《林业快报》采用，得分率位于国家林业局京外直属单位前列。总站办公室信息员坚持实事求是的原则，搞好政务信息采编工作，不断加大开发采集信息内容的力度。积极主动捕捉、收集、整理航空护林事业发展中好的经验做法和相关信息，严格审核，把好质量关、报送关。注重把握政务信息的时效性、真实性，对符合要求的具有报道价值的信息及时上报、上传。总站机关各处室领导和北航系统各航空护林站领导高度重视本单位、本部门政务信息报送工作，恰如其分地反映工作进展和成绩；真实准确反映航空护林工作中存在的困难和问题，保质保量完成信息报送任务。

【会计制度改革】 2012年年底，财政部制定和颁布了《事业单位会计准则》《事业单位会计制度》，要求从2013年1月1日起实施。北航总站财会部门在派员参加上级培训基础上，多次组织财务人员认真学习，熟悉掌握《准则》，贯彻执行《制度》。根据总站业务和账目的实际情况，制订出具体的工作步骤和方法，建立新系统的会计科目、建立初始账、试算平衡、账项调整，形成新的资产负债表等。根据政策要求，改变以往基本建设单独设账，统归大账，满足上级要求，规范基本建设账目管理。

【建立资产管理制度】 为使北航总站资产管理步入规范化轨道，财务部门按照相关政策要求，制订了《北航总站固定资产管理暂行办法》。结合总站固定资产管理制度的印发和会计制度的改革，责成专人对总站固定资产进行核对清查，摸清家底。同时升级固定资产管理软件，按新会计制度、新资产规定重新录入每项资产。

【调整班子健全组织】 北方航空护林总站(原东北航空护林中心)更名后，国家林业局党组年初决定对北方航空护林总站领导班子进行调整，任命张惠新为总站长兼任北方航空护林总站党委副书记，江机生任北方航空护林总站党委书记，李世奇为副总站长兼任党委副书记，张宝柱、张克江为北方航空护林总站副总站长，张喜忠为北方航空护林总站总工程师。新一届党政班子从健全和完善党组织入手，为适应新形势下航空护林工作的要求，选举更名后第一届总站党委，组建总站纪委，加强总站纪检监察和审计工作。国家林业局批准增设1名正处级纪检员，从组织上保证北方航空护林事业稳步发展。

【后勤管理规范职责】 北航总站机关后勤管理部门科学规范职责范围，对后勤管理和后勤服务职能进行调整界定。从建立健全规章制度抓起，将原有工作制度、岗位职责、工作守则等规章制度，对照工作实际和需要，重新修订加以完善。通过制度规范监督各项具体工作。把工作职责、工作任务，分解量化、细化落实到科室、岗位、具体到人，做到定岗位、定任务、定标准。大力推行机关后勤管理科学化，从工作实际出发，大胆创新，力求突破，逐步发展，坚持高标准、严要求，使单项工作有突破，整体工作上水平。

【北方航空护林系统航空护林站】

根河航空护林站 国家林业局科技司组织专家在根河机场召开“森林防火大功率强声航空广播系统”科技成果鉴定会。参会领导及与会鉴定专家听取该项目技术及工作报告，审查鉴定文件和相关资料，观看飞行演示。经过座谈讨论达成共识，一致同意通过鉴定，并建议在全国森林防火系统推广应用。

满归航站调入M－171、Z－9两架直升机，根据内蒙古森工集团(林管局)北部原始林区武装“三清”专项行动方案，在武装“三清”指挥部的统一指挥下，对北部原始林区所辖的奇乾、乌玛、永安山3个未开发林业局的所有非法采金、采集山产品、捕鱼、打猎人员及非法进入原始林区人员，以及北部原始林区主要山林、沟岔、河流、森林腹部和采金地进行空中巡查。根河、满归航站积极配合，5月30日至6月4日，加大巡航密度，准确提供信息，与管护局、武警森林部队官兵、森林公安干警密切协作，对北部原始林区展开全覆盖、无死角的清查，形成空中、地面立体式清理，全力完成“三清”工作任务。

海拉尔航空护林站 海拉尔航站与哈尔滨集思(图宏)科技有限公司共同完成GPS/GIS集成技术的林火侦测指挥系统研究与应用，并通过呼伦贝尔市科技局的科技成果鉴定。系统综合运用GPS/GIS集成技术，将GPS全球定位系统的实时空间定位的技术优势与GIS强大的数据采集、存储、归纳分析、查询更新等技术特点有机地融为一体，具有GIS通用功能、GPS智能绘图、扑火智能指挥、地图管理，GPS监控管理、火场态势图管理和打印输出等七大功能，具有人机界面友好，便于操作和使用，符合实际工作习惯，易于更新和管理等技术特点，在森林防火领域应用的前景十分广阔。

海拉尔航站红花尔基森林防火监测中心2011年6月开始立项、选址，2012年5月开工建设，2013年10月22日落成竣工，验收后投入使用。红花尔基航护区内林草结合、林农结合，是森林草原火灾多发地区，防扑火工作难度较大，属于Ⅰ级火险地区，是呼伦贝尔市森林防火工作的重中之重。监测中心选址在红花尔基林区腹地，能够有效地加强预警监控，及时掌控火灾信息，为落实“预防为主，积极消灭”的森林防火方针，更好地发挥森林航空消防空中直接灭火能力。森林防火监测中心的建成，还改善了机组和航站的工作条件。

扎兰屯航空护林站 扎兰屯航站秋航期间联合森警大队、M－26机组及航站相关业务人员，模拟真实场景组织实施对M－26飞机登机、下机的方法、扑火队员装备配置、飞机承载能力以及森警队员反应速度等科目的演练。参加演习的官兵全副武装，整齐有序，在现场指挥员讲解和指令下，按预定程序顺利完成演练任务。

春航期间，为加强火源管理，避免野外用火，提高林区广大群众的防火意识，结合内蒙古自治区森林草原防火宣传日，扎兰屯航空护林站出动一架直升机在所属大兴安岭岭南各旗市、林业局施业区内进行集中防火宣传活动。米—171直升机在扎兰屯市最繁华的三角地带低空盘旋，打造声势，抛撒防火宣传单。随后又相继飞临阿荣旗、南木、巴林、柴河等林业施业区进行防火宣传。共计抛撒防火传单5万份。

伊春航空护林站 进入8月以来，伊春市多地发生洪涝灾害，其中黑龙江沿岸嘉荫县险情较为严重。伊春航站8月21日派出M－26直升机赶赴黑龙江省嘉荫县抢险救灾第一线。为使飞机能够靠前飞行作业，地面保障非常关键。因此在直升机起飞同时，伊春航站站长孙启龙亲自带队，带领航站航行通信指挥车、运油车、加油车以及航行管制员、气象员、油料员，从伊春市出发，赶赴130千米外汤旺河林业局防汛抗洪前指，全力以赴参加抗洪救灾工作。

黑河航空护林站 黑河航空护林站与黑河机场分公司在黑河市森林防火指挥部签订《航空护林飞机飞行保障协议》。协议规定，黑河航站停机坪建成后，按林业自建机场管理，飞机租用由过去民航分公司签订改由黑河航空护林站签订，飞机驻外场由民航保障气象，黑河航空护林站按移动航站实行全功能化管理。协议签订，使黑河航站向标准化航站发展迈出了坚实的一步。

加格达奇航站 6月1日加格达奇航站组织开展由6种机型、10架飞机组成的森林航空消防飞行演示。

加格达奇航站为提高业务人员工作能力和业务素质，春航期间举办为期一周的业务培训班。培训班聘请航空护林老前辈和航站二级以上飞行观察员授课，采取集中学习与共同讨论相结合的方式，对航空护林的历史沿革、航空护林的作用、飞行观察员业务基础知识、航空管制业务知识等科目进行培训。来自大兴安岭森林部队的4名基层警官和加格达奇航站新入职业务人员参加学习。

佳木斯航空护林站 10月17日，佳木斯航空护林站监控鹤岗市2013秋季扑火模拟火场应急实战演练。

为确保模拟火场在可控范围内，避免发生意外，佳木斯航空护林站请示国家林业局北方航空护林总站和黑龙江省防火办同意，由在佳木斯航站执行航空护林任务的M－171直升机载12名武警森林官兵，对模拟火场全程监控，实施机降与地面扑火专业队一起及时扑灭模拟火场。

五岔沟航空护林站　为检验兴安盟森林防扑火的快速反应能力，按照盟森防指扑灭“5·21”蒙古入境大火十周年宣传演练活动方案要求，5月23日，五岔沟航空护林站参加了在兴安盟白狼林业局举行的大规模森林防扑火实战演练。演练中，航站充分发挥飞机加警察的优势，利用Y－5飞机抛撒传单10万份，对演练火场进行高、低空侦察、火场勾画、火场传输、火情报告等项目；M－171对演练火场进行了机降灭火。通过实战演习，航空护林站的业务技能和整体实战能力得到进一步提高，为有效扑救森林火灾奠定坚实基础。

嫩江航空护林站　嫩江航空护林站春航期间对航空化学灭火设施进行升级改造。投入使用后，嫩江航站基地100千米范围内的火场会得到更加有效控制，在化学灭火任务中发挥更大效能。

嫩江航空护林站4月30日接到黑龙江省防火办、黑河市防火办指令，派在嫩江航站执行护林任务的M－171直升机进驻嫩江县卧都河直升机起降点执行航空护林任务。卧都河起降点位于辖区内林区腹地，驻防起降点将有利于抓住战机，快速反应、保证飞行时效。为此航站专门召开会议研究部署，配齐各岗位专业技术人员，由航站领导亲自带队一行7人当天下午进驻卧都河直升机起降点。

敦化航空护林站　根据吉林省机构编制委员会办公室吉编事字〔2012〕268号《关于调整吉林省林业厅所属事业单位机构设置等事宜的批复》文件精神，原吉林省敦化航空护林站更名为吉林省航空护林中心。

吉林省航空护林中心接到参加吉林省“9·27”警地联合扑火演练通知后，立即成立演练工作领导小组，明确责任和分工，组织相关业务人员与执行航空护林任务的4个机组共同开展多次模拟演练。为确保直升机能够准时进场，演练前与空军长春指挥所等相关空中管制单位协调，明确飞行计划，充分做好正式演练前各项准备工作。

【林业大事】

1月15日　北方航空护林总站组织召开2013年春季北方航空护林租机协调会议。共计签订航空护林飞机50架；其中：固定翼飞机29架，直升机21架。

1月25日　国家林业局任命张惠新为国家林业局北方航空护林总站总站长；李世奇、张宝柱、张克江为国家林业局北方航空护林总站副总站长；张喜忠为国家林业局北方航空护林总站总工程师。

国家林业局任命江机生任中共国家林业局北方航空护林总站委员会书记(正司级)，试用期一年。张惠新、李世奇任中共国家林业局北方航空护林总站委员会副书记(原级别不变)。

5月28日　国家林业局北方航空护林总站党委书记江机生与总站党委副书记李世奇到黑龙江省委组织部汇报总站党建工作。省委组织部副部长叶凤吉等领导听取了江书记有关北航总站党委班子配备情况介绍和近期总站党委有关党建工作安排。

5月30日　北方航空护林总站召开“转变职能、转变作风，服务大局、服务基层”活动动员大会。总站党委书记江机生做《以“转变职能、转变作风，服务大局、服务基层”活动为契机，开创北方航空护林事业的新局面》动员讲话。北方总站全体干部职工参加大会。

6月25日　北方航空护林总站在哈尔滨组织召开2013年夏季东北航空护林租机协调会议。总站长张惠新在会上部署夏航工作。

7月22日　由国家林业局人事司副司长蓝增寿等一行3人组成的工作组到北方航空护林总站，就局直属事业单位岗位设置管理工作开展调研。

8月13日　北方航空护林总站在乌鲁木齐组织召开2013年秋季北方森林航空消防租机协调会议。

11月1日　北方航空护林总站总站长张惠新会见来访的陕西省森林防火指挥部副总指挥马利民带队的工作组一行，双方就陕西省开展航空护林工作进行磋商。

11月6日　为做好部队直升机各项保障工作，探讨部队直升机支援航空护林工作新模式，国家森防指办公室邀请北方航空护林总站总站长张惠新，副总站长张宝柱到北京参加座谈会。

12月26日　北方航空护林总站召开中层以上干部会议，对总站2013年提拔和交流任职干部进行集体谈话。会议由张惠新总站长主持，总站领导班子成员和处以上干部参加会议。　　（北方航站由黄丽梅供稿）

国家林业局南方航空护林总站

【综　述】　2013年，在国家林业局的直接领导下，在滇、川、桂、赣、豫、粤、渝、鲁、湘9省(区、市)各级党委、政府及林业主管部门的关心支持下，在有关飞行、保障单位及航管部门的密切配合下，总站新一届领导班子带领全站职工，以科学发展观为指导，全面深入贯彻十八届一中、二中、三中全会和习近平总书记系列重要讲话精神以及汪洋副总理重要批示和赵树丛总指挥指示精神，结合南方林区实际，按照总站“坚持一个中心、实现两个目标、提高三个意识、履行四项职能、做好五项工作、实现六大转变”的工作思路，认真履行好国家林业局赋予总站的4项职能，圆满完成了全年各项任务，充分展示了国家林业局窗口形象和国家队形象，为南方各省区森林资源保护和生态建设作出了应有贡献。

【森林航空消防】 2013年，南方林区气候异常，森林防火形势十分严峻。春季，云南大部、四川南部地区发生了严重旱情。其中，云南连续4年遭受重旱，为历史罕见，给经济社会发展和民生保障带来巨大困难。受旱情影响，整个西南林区森林火险等级一直居高不下，森林防火紧要期提前，火灾集中爆发，持续时间较长，各航站（基地）高负荷运转，航空灭火任务空前繁重。夏季，江西、浙江、湖南、重庆等省（市）发生了罕见的夏季森林火灾，火灾发生时间集中，总站在江西航站处于非航期的状态下，紧急调机支援江西、浙江、湖南等省的航空灭火任务。面对严峻的森林防火形势，总站克服人员少、范围广、任务重等困难，采取超常规措施，安全和生产并重，在关键时刻发挥了尖兵作用、突击队作用和主力军作用，效果明显，春夏航实现了"安全高效"的目标。进入秋冬航期后，总站针对南方林区秋冬季森林防火的总体形势，统筹安排有限机源，将有限的飞机在空间上科学布局，在时间上准确衔接，切实提高南方森林航空消防的应急处置能力，进一步满足南方省区秋冬季森林防火工作的需要。总的来说，2013年南方森林航空消防工作取得了几个方面的突破：一是抓关键火场，处置重大火灾的能力进一步增强；二是抓重点时段，机群灭火作业的成效进一步凸显；三是抓安全生产，"安全高效"目标得以实现；四是抓外部协调，移动航站作业取得新突破；五是抓技术创新，小型直升机航空灭火取得了新进展。据统计，全年总站共租用飞机47架次（22架），分别部署在云南普洱、保山、大理、丽江，四川西昌、道孚、九寨沟，广西梧州，广东三水、梅州、河源、增城，江西南昌、赣州，河南洛阳、南阳，重庆江北、万州，山东济南、聊城，新增湖南长沙值班试航等21个航站（基地）开展森林航空消防工作，共飞行647架次1497小时，空中发现和参与处置了云南大理州"2·6"、楚雄州"4·23"、四川西昌市洛古波、湖南娄底市冷水江等森林火灾90起，对其中的64起实施了吊桶灭火，吊灭飞行155架次287小时，向火场洒水1650桶，约9000吨。空投食品600千克、水袋1吨、防火宣传单18.5万份。

【森林防火协调】 西南森林防火协调中心（南方航空护林总站）多次组织赴火场工作组第一梯队进行实战演练，提高第一梯队应急保障和协调处置能力。同时，还专门安排资金更新业务装备，重新调整梯队人员，重新分组，明确职责。按照国家森防指的指示，总站赴火场工作组到云南大理、昆明、楚雄和四川康定、湖南娄底等地处置了5起影响较大的森林火灾，并对部分省区进行了防火检查。

【卫星林火监测】 西南卫星林火监测分中心认真落实国家林业局预警监测中心的新要求和森林防火信息"零报告"制度，加强对重点时段、重要火灾火场的监测工作，切实做好图像定位、热点跟踪和信息传输，做到接收认真、判别准确、处理快速、传输及时，并对多起重大森林火灾进行连续跟踪监测，为监测区域防火部门提供了可靠的监测信息。据统计，2013年共监测到南方10省（区）2个像素以上热点6714个，其中反馈为林火的413个，平均反馈率为100%。

【森林防火物资储备】 西南森林防火物资储备中心按照国家森防办的要求，认真做好防火物资的招标采购和仓储管理，圆满完成了2013年的招标采购任务和追加采购计划。同时，严格按照国家森防办的出库通知及时调拨扑火物资，保证了物资及时发送到位。此外，协调处在项目办和办公室的配合下，已将防火物资从老库全部搬入新库。据统计，2013年储备中心共向贵州、云南、四川、甘肃、陕西、黑龙江等省调拨灭火机、油锯、割灌机、扑火服、灭火耙、水泵、组合工具、帐篷、睡袋、指挥帐篷等5197件（套），其中4月20～22日，为四川芦山地震灾区紧急调拨睡袋、帐篷等850件物资；4月27日，云南楚雄禄丰发生火灾，紧急调拨730件物资。

【深入开展党的群众路线教育实践活动】 按照中央"照镜子、正衣冠、洗洗澡、治治病"的总要求，结合国家林业局"两转变两服务"的具体要求，总站自7月以来，认真组织开展党的群众路线教育实践活动。一是提高思想认识，增强责任感，召开了动员部署会，传达开展活动有关精神。二是健全组织机构，成立"群教"活动领导小组和办公室。三是制订活动实施方案，组织学习教育和开展专题研讨。四是开展专题调研。由总站领导带队对南方5省（区、市）林业厅（局）及其片区内19个市（州）级森林防火部门及7个基层航站，3家通航公司进行了调研。五是认真收集群众意见建议。共发放征求意见表120多份，召开各类调研座谈会18场，与21名厅级干部、54名处级干部、210多名群众代表进行座谈听取意见建议。总站共征集到各方面意见建议共49条，6个直属航站共征集到群众意见建议67条。六是召开专题民主生活会。在国家林业局第九督导组的指导下，9月下旬召开了总站领导班子专题民主生活会。随后总站又派出2个督导组，指导6个航站领导班子召开了专题民主生活会，同时总站机关也召开了处级干部民主生活会。七是制定整改方案，落实整改措施。总站机关和各航站都制订了整改方案，切实加强整改，目前有些群众意见建议已经整改完毕，有的还在整改之中。

【江川直升机场暨南方森林航空消防训练基地建设项目获国家林业局正式批复】 1月，国家林业局正式批复了南方航空护林总站江川直升机场暨南方森林航空消防训练基地建设项目，总投资2600余万元，将在云南省玉溪市江川县划拨征用10公顷土地，配套建设直升机起降坪、停机坪、通信指挥塔台、航油库以及训练基地教学楼、学员住宿楼、食堂、索滑降训练塔、体能训练场等基础设施，并配置飞行指挥设备、气象设备、业务保障设备、夜航保障设备、航空灭火设备、业务培训设备、办公生活设备、安全监测设备等。项目建成后，将使滇中重点林区和重点火险区纳入航空灭火覆盖范围，同时，将从根本上解决南方森林航空消防业务人员专业培训和训练的问题，建立人才培养和提高的长效机制，进一步提高森林航空消防各类专业技术人员的综合素质，推动南方森林航空消防事业又好又快发展。

【定点挂钩扶贫工作】 1月5~6日，史永林副总站长带领工作组，一行4人专程赶赴怒江州泸水县开展帮扶、调研和慰问工作。工作组在泸水县上江乡中心小学与怒江州扶贫办、泸水县扶贫办和上江乡政府的有关领导进行了座谈，就上江乡的经济建设、教育事业和总站的定点挂钩扶贫工作深入交换了意见，并将凝聚着总站党委和全站职工温暖的1万元扶贫资金捐赠给上江乡中心小学。会后，史永林副总站长一行还同县、乡领导一起深入到农村进行了实地考察和调研。

【圆满完成南方航空护林系统观察员选拔考核工作】 1月7~8日，南方航空护林系统观察员选拔考核工作在普洱举行，通过对14名参考人员对森林航空消防知识进行笔试以及乘机身体适应性飞行、模拟火场处置、火场照片采集制作、火场态势图制作、空中火情报告单、飞行任务书和调度电子报表填写规范等严格考核，把达到观察员选拔标准的部分业务人选拔为见习观察员进行培养，对达到转正条件的部分见习观察员给予转正，以充实南方飞行观察员队伍，解决业务人员严重紧缺局面，为南方森林航空消防实现又好又快发展提供人才支撑保障。

【召开2013年春季森林航空消防租机合同会】 1月18日，南方航空护林总站在昆明召开了2013年南方森林航空消防春航租机合同会。国家森防办张连生处长，总站党委书记，总站长郝佩和，副总站长史永林，副总站长吴灵、北方航空护林总站总工程师张喜忠以及云南、四川、广西3省(区)森林防火指挥部领导及相关通航公司领导参加了会议。会上，总站和云南、四川、广西三省(区)分别与中信通航、青直通航、西直通航、飞龙通航、华宇通航、奥林通航、同诚通航和西林通航8家航空公司签订了10架飞机的租机合同。2013年春季航期从1月1日起，到5月20日止，计划飞行1111小时，9架直升机和1架固定翼飞机分别布防在云南普洱、保山、丽江、大理，四川九寨、道孚、西昌和广西田阳等地。

【召开2013年工作会议】 1月22日，南方航空护林总站在昆明组织召开了2013年工作会议。总站直属的普洱、保山、丽江、成都、西昌、百色等6个航站和江西、河南、广东、山东、重庆等5个省属航站的站长(支部书记)、副站长、办公室主任、总站老干支部书记以及总站机关全体在职职工共86人参加了会议。国家森林防火指挥部办公室张连生处长和重庆市森林防火指挥部副总指挥戴栓友到会指导。总站党委书记、总站长郝佩和代表总站党委作了题为《认真贯彻十八大及林业厅局长会议精神，切实做好南方航空护林工作》的主题报告。会议由总站党委委员、副总站长史永林主持召开。会上，张连生处长宣读了总站更名为“南方航空护林总站”的文件，吴灵副总站长宣布了2012年度考核结果，总站党委委员、办公室主任席善东宣读了授予江西省航空护林站为“南方省属示范站”的文件。会议还举行了“南方省属示范站”授牌仪式和“南方航空护林总站”揭牌仪式。

【广东省航空护林站独立开航首次执行灭火任务】 1月30日，广东省航空护林站对发生在清远市清城区的森林火灾实施了吊桶灭火，共洒水16桶，在地面扑火队员的配合下，火场于当晚被扑灭。此次飞行是广东省航空护林站独立开航首次执行的森林航空消防任务。为确保吊桶灭火工作安全高效，站领导亲自到火场一线调度指挥，及时向省森林防火指挥部反馈火场动态和航空灭火动态。此次扑火充分体现了森林航空消防直升机在扑救山高坡陡、地形复杂、地面人员难以接近火场的空中优势，充分发挥了森林航空消防在森林防火中的尖兵作用。

【提出改进工作作风具体措施】 2月4日，南方航空护林总站召开全系统视频会议，传达学习党中央、中央纪委、国家林业局关于改进工作作风、密切联系群众相关规定和实施意见，并结合南方航空护林行业特点，提出具体措施：一是改进调查研究；二是改进会风、文风；三是切实改进接待工作；四是树立国家林业局窗口单位形象；五是加强督促检查。

【江西农业大学研究生创新培训基地在江西省航空护林站挂牌】 3月23日，江西农业大学研究生创新培训基地在江西省航空护林站挂牌。近年来，江西农业大学和江西省航空护林站大力协作，充分发挥各自优势，培养了一批科技创新型人才。

【总站领导班子调整】 3月26日，受国家林业局党组的委派，人事司蓝增寿副司长、森林公安局焦德发副局长等一行4人专程来到南方航空护林总站，代表局党组宣布了关于总站领导班子调整的决定。会上首先由人事司王常青处长宣读了局党组任免决定：免去郝佩和西南航空护林总站总站长职务；任命史永林为南方航空护林总站总站长兼党委副书记，郝佩和为南方航空护林总站党委书记，吴灵、袁俊杰为南方航空护林总站副总站长。

【全力做好抗震救灾工作】 4月20日8时许，四川省雅安市芦山县发生7.0级地震。地震发生后，国家森林防火指挥部孙扎根副总指挥、杜永胜专职副总指挥等领导相继给南方航空护林总站作出重要指示，要求切实做好抗震救灾工作。同时，国家森防办也及时向总站发出了《关于做好抗震救灾工作的紧急通知》。接到指示和通知后，总站领导高度重视，史永林总站长、郝佩和书记、吴灵副总站长及时将国家森防指和森防办领导的关心传达到每位职工，并就贯彻落实好指示和通知精神作了认真安排部署，全力以赴做好抗震救灾工作。一是立即将国家森防指、国家林业局领导的亲切问候和慰问转达至受灾地区的西昌航空护林站和成都航空护林站，要求航站职工要提高自我保护意识，加强自身安全防范，最大限度地减少人员伤亡和财产损失。二是立即将《紧急通知》传真至目前正在开展春季航空护林工作的普洱、保山、丽江、成都、西昌、百色、广东、江西、重庆、道孚、梧州等航站(基地)，要求各航站(基地)提高认识，高度重视，在认真做好森林航空消防工作的同时，全力抓紧做好应急救援准备，并协助当地党委、政府和有关部门，积极参与灾后救援工作。目前在南方作业的11架直升机和1架固定翼飞机全部处于待命状态，特别是距离灾区最近的西昌站和道孚基地，通知机组人员做好准备，飞机油箱全部装满油，等待上级指令飞赴灾区。三是立即联系物流公司和东方航空公司，按照国家森防办的要求，紧急调拨300顶双人帐篷到地震灾区。四是立即要求西昌航空护林站和成都航空护林站统计人员伤亡及基础设施受损情况，并及时报告总站。

【全力处置云南省楚雄州禄丰县"4·23"森林火灾】 4月23日，云南省楚雄州禄丰县勤丰镇发生森林火灾。火灾发生后，国家森防指、国家林业局领导高度关注，25日下午，国家森防指明电通知总站派出赴火场工作组，前往火灾一线协调指导火灾扑救工作。接到国家森防指明电后，史永林总站长、郝佩和书记、吴灵副总站长，迅速召开会议研究处置方案，要求各处室及有关航站立即启动应急预案，全力处置勤丰森林火灾。一是由吴灵副总站长带领赴火场工作组第一梯队共9人赶到楚雄州禄丰县勤丰火场前线指挥部，听取前指汇报，传达国家森防指领导对火灾扑救的指示，与前指领导前往火灾一线察看火情，共同研究扑火方案，并通过大型通信指挥车适时向国家森防指传送火场态势及扑火情况。二是紧急协调民航云南安监局、云南空管分局、长水机场现场指挥中心、中航油云南分公司等单位，于26日一早从大理基地、丽江航站和保山航站分别调派了1架AS－B3直升机和2架K－32直升机以及两辆加油车到达火场增援，对火场连续实施空中侦察和吊桶灭火。三是西南卫星林火监测分中心24小时连续跟踪火场热点，随时向国家森防指和赴火场工作组报告火场卫星热点情况。四是西南森林防火物资储备中心及时向火场调拨了730台(套)扑火物资，快速运往勤丰火场一线投入使用。26日下午，国家森防指派出由国家森防办焦德发副主任带队的工作组一行6人到达昆明后，在史永林总站长陪同下连夜驱车赶往勤丰火场，到达火场后，在火场前指召开了会议，传达了汪洋副总理的重要指示和赵树丛局长的要求，对下一步扑救工作提出了明确意见，同时代表国家森防指、国家林业局向所有参战人员表示慰问。经过奋力扑救，该火场于4月28日上午10时被全部扑灭。在连续3天的航空灭火作业中，三架直升机共计飞行31架次45:55小时。其中，AS－B3直升机火场指挥、视频传输、侦察火场飞行10架次，两架K－32直升机吊桶灭火飞行21架次，洒水447桶，共计1788吨，在扑救主要火线、压制火头、火场指挥决策中发挥了重要作用。总站此次紧急处置禄丰县"4·23"森林火灾，得到了国家森防办和云南省各级领导的充分肯定，在扑火总结会上，各级领导对南航总站所做的工作给予了高度评价，充分肯定了航空灭火在火灾扑救中发挥了地面不可替代的空中优势，为扑灭林火发挥了关键作用。同时，总站也首创了三架直升机在野外起降场加油和过夜作业的纪录，为今后移动航站作业和扑救偏远地区的森林火灾积累了重要经验。

【总站系统荣获2010～2012年度全国森林防火工作先进单位和先进个人表彰】 5月，根据国家森林防火指挥部、国家林业局文件规定，南方航空护林总站森林防火协调处(赴火场工作组第一梯队)、西昌航空护林站获"2010～2012年度全国森林防火工作先进单位"荣誉称号；周万书、张谦、张照洋3位同志获"2010～2012年度全国森林防火工作先进个人"荣誉称号；史永林等23名同志及为航空护林事业作出积极贡献的李玉春、马彦、陈昌利3名飞行机长获授"全国森林防火工作纪念奖章"。

【党建工作获表彰】 6月，南方航空护林总站党建工作参加国家林业局直属机关党委组织的局机关及直属单位优秀党建品牌评比活动，"创建五好班子、和谐航站建设"活动获"党建创新品牌"荣誉称号。

【召开2013年南方春季森林航空消防总结会议】 7月3日，南方航空护林总站在昆明组织召开2013年南方春季森林航空消防总结会议。南方航空护林总站直属的普洱、保山、丽江、成都、西昌、百色等6个航站和江西、河南、广东、山东、重庆等5个省属航站的站长(支部书记)、副站长、总站老干党支部书记以及总站机关全体在职职工共83人参加会议。国家森林防火指挥部办公室航空消防处张连生处长到会指导。总站党委副书记、总站长史永林代表总站党委作了题为《谋改革促发展切实做好南方航空护林工作》的主题报告。会议由总站党委委员、副总站长吴灵主持召开。会上，史永林总站长总结了2013年春防期间南方森林航空消防所取得的成绩和经验，同时分析了南方森林航空消防建设和发展存在的主要问题和薄弱环节以及面临的形势和挑战，提出了做好"五项工作，增强五个能力"的工作打算。总站党委委员、办公室主任席善东宣读了表彰2010～2012年度全国森林防火工作先进单位、先进个人和全国森林防火工作纪念奖章获得者名单。

【参加2013年度省级森林防火专职指挥专题座谈会】 7月18～19日，国家森林防火指挥部办公室在云南省玉溪市召开2013年度专职指挥专题座谈会。国家森防指杜永胜专职副总指挥、国家森防办预警中心王元法副主任以及内蒙古、辽宁、吉林、黑龙江、福建、广东、四川、云南等省(区)森林防火指挥部专职副指挥及防火办领导，北方航空护林总站、南京森林警察学院领导参加会议，会议还特别邀请中国林科院、东北林业大学等单位的专家参会。南方航空护林总站史永林总站长、吴灵副总站长及相关处室负责人应邀参加了会议。会上，史永林总站长向与会领导介绍了总站基本情况和今后发展思路。会议期间，史永林总站长、吴灵副总站长还向杜永胜专职副总指挥详细汇报了南航总站江川直升机场建设项目的进展情况。

【江西省航空护林站灭火纪实首次在央视科教频道播出】 7月，反映江西省航空护林工作者灭火实践的科学纪录片《林火阻击战》在中央电视台科教频道(CCTV10)播出，同时，央视网、中国网络电视台以及纪实、优酷、腾讯等和《走进科学》杂志将同期转载或刊播。这是江西省森林航空消防工作首次被央视媒体进行详实报道，充分展现了直升机在森林航空消防中重要作用。

【紧急处置湖南省冷水江"8·11"森林火灾】 8月11日，湖南省娄底市冷水江市禾青镇发生森林火灾，由于发生火灾的地区持续高温干旱，连续45天未降雨，加之地形复杂，山高坡陡，火势较强，扑救异常困难，林火迅速蔓延。火灾发生后，国家森防指、国家林业局领导高度重视，14日下午，国家森防指明电通知南航总站派出赴火场工作组，前往火灾一线指导协调火灾扑救工作。接到国家森防指明电后，南航总站史永林总站长、吴灵副总站长高度重视，立即启动应急预案，全力处置冷水江森林火灾，抽调精干人员，组成由吴灵副总站长带队的赴火场工作组，携带多媒体应急通信装备赶往湖南冷水江火场。在扑火前指听取湖南省森防指的汇报，传达国家森防指领导的指示精神，与前指领导共同研究扑火方案，并及时向国家森防指报告了火场总体态势及扑救情况。经过2000余人(其中森警120人)连续5个昼夜的奋力扑救，采取直接扑打、开设防火隔离带及人工增雨等方式扑救，该火场于16日下午16时全部扑灭。17日上午，在冷水江市召开了扑火总结会议。

【财政部、国家林业局联合调研组到南航总站调研航空护林工作】 8月20～25日，由国家财政部预算司李爱珍处长、农业司董妍处长以及国家林业局计财司高玉英巡视员、防火办焦德发副主任等一行7人组成的联合调研组，到南方航空护林总站就南方航空护林相关工作和国家森林防火物资储备库建设、管理及云南森林防火工作的开展情况进行了深入调研。南方航空护林总站史永林总站长、云南省森防指杜勇专职副指挥长及相关处室同志陪同。调研期间，调研组与南方航空护林总站、云南省森林防火指挥部、基层航站、重点州(市)防火办等部门进行了座谈。调研过程中，调研组通过与总站和地方防火部门的交流和实地考察，对南方航空护林总站和森林航空消防这项事业有了深刻的了解，对总站近年来所做的工作特别是在扑救南方较大森林火灾中发挥的重要作用给予了肯定，并表示将加大力度继续支持这项事业。

【举办2013年森林航空消防业务培训班】 9月5～11日，南方航空护林总站在厦门举办森林航空消防业务培训班，来自云南、四川、广西、江西、河南、广东等6省(区)9个航站的60名航护业务人员参加培训。此次业务培训班是总站在新形势下加强人才队伍建设、提高队伍素质的一项重要活动。特别邀请国家森林防火指挥部办公室、中国林业科学研究院、中国民航大学、中国民航飞行学院、民航西南空管局云南分局、韩国直升机公司、青岛直升机公司等单位的专家、学者、教授，讲授通用航空发展、航行管制、领航、飞行安全、吊桶灭火、国内外林火管理、身体保健、心理健康及减压疏导等方面的知识。

【召开2013年秋冬季租机协调会】 9月26日，南方航空护林总站在昆明组织召开2013年秋冬季租机协调会。江西、河南、广西、广东4省(区)森防指办公室、航空护林站及承担航空灭火任务的有关通航公司领导参加会议。会上，史永林总站长总结了2013年春夏季南方森林航空消防工作情况，对近几年南方森林航空消防工作存在的问题进行了分析，并对做好2013年秋冬季南方森林航空消防工作提出了明确要求。会上，南航总站与4个省(区)森防指办公室、航空护林站及通航公司共同协商签署了租机协议，共计租用森林航空消防飞机15架，计划飞行1665小时。

【保山站直升机场列入保山市100项新开工重大建设项目】 为确保"南方航空护林总站保山站直升机场建设项目"的顺利实施，南方航空护林总站保山站抓住机遇积极与保山市委、市政府沟通协调，保山市委、市政府高度重视，将"南方航空护林总站保山站直升机场建设项目"列入保山市2013年100项新开工重大建设项目，要求定期上报机场进展情况、存在问题。市委市政府将督促市、区各有关单位积极支持保山站开展工作，主动提供服务，确保项目建设。

【云南楚雄州森防指到总站慰问】 10月21日，云南省楚雄州林业局局长卢显亮一行4人，代表楚雄州森林防火指挥部来到南方航空护林总站慰问。史永林总站长、吴灵副总站长等领导与卢显亮局长一行进行了座谈。卢显亮局长表示，楚雄是少数民族地区，经济欠发达，森林资源丰富，山形地貌复杂，一旦发生森林火灾，扑救十分困难，历来是滇中有名的老火灾区。由于得到了总站的大力支持，将楚雄纳入护区范围，并安排飞机执行森林航空消防任务，为全州森林防火工作取得较好成绩打下了良好基础。史永林总站长表示，今后总站将按照"想地方之所想，急地方之所急，帮地方之所需"的指导思想，一如既往地支持好楚雄的森林防火工作。最后，卢显亮局长一行代表楚雄州森林防火指挥部向总站赠送了锦旗和慰问金。

【孙扎根副局长到总站调研工作】 10月24日，国家森林防火指挥部副总指挥、国家林业局党组成员、副局长孙扎根带领工作组，一行5人在云南省林业厅党组书记、厅长侯新华等领导的陪同下，来到南方航空护林总站调研森林航空消防工作。孙扎根副总指挥一行考察了西南卫星林火监测分中心和南方森林航空消防调度指挥中心，并与总站机关副处以上干部进行了座谈。孙扎根副总指挥首先代表赵树丛局长向全站职工表示亲切慰问，对总站所做的工作和取得的成绩给予充分肯定和高度评价，对总站存在的困难和问题表示尽力帮助解决，并希望总站领导班子要再接再厉，团结和带领全站职工克服困难，全力以赴完成好国家林业局交给的各项任务。史永林总站长表示，一定按照孙扎根副总指挥的要求，结合总站"坚持一个中心、实现两个目标、提高三个意识、履行四项职能、做好五项工作"的工作思路，认真落实好国家森防指和国家林业局有关会议和文件精神，努力完成好全年各项工作。

【山东省举行扑救森林航空消防地空合成实战演练】 11月12日，山东省人民政府森林防火指挥部在泰安市举行了扑救森林火灾地空合成实战演练。山东省人民政府副省长、省森防指总指挥赵润田，省森防指副总指挥、省政府办公厅巡视员高洪波，省森防指副总指挥、省林业厅厅长燕翔等省森防指成员单位的领导在省森防指指挥中心坐镇指挥。全省14个森林防火重点市的林业局局长和7个重点国有林场的场长在演练现场进行观摩。泰安市各县区以及泰山景区、徂徕山林场的森林消防专业队，武警泰安市支队、泰安市公安消防支队共300余人参加了地空合成实战演练。南方航空护林总站派出了1架M－26重型直升机参加实战演练。这次演练共设置火情报告、启动预案、地面扑火战术演练、物资保障、医疗救护和地空合成演练6个科目。

【丽江站白沙直升机场建设项目正式开工】 11月18日，南方航空护林总站丽江站白沙直升机场建设项目正式开工建设。该项目是国家森林防火预防扑救体系的重点建设项目，是云南省应急体系建设“十二五”规划的重点项目，也是丽江市2013年71个重点项目之一，各级领导高度重视。项目建设地点位于丽江市玉龙县白沙乡，规划总用地面积约36.07公顷，建筑面积约3485.48平方米，根据项目的特点和建设场地条件，整个项目分为3个功能区：直升机飞行区、机场场区和航油库区。

【北航总站到南航总站调研航空护林工作】 11月26日，北方航空护林总站总站长张惠新、党委书记江机生、科技处处长刘克韧一行3人，来到南方航空护林总站进行调研。南方航空护林总站党委书记郝佩和，副总站长吴灵，党委委员、办公室主任席善东以及总站政治部、科技处、协调处、航护处、项目办的有关同志参加了座谈。双方就南北两个总站的管理体制、职能职责、飞机使用、项目建设和专业技术人才培养等方面进行了深入广泛的交流，并达成了共识。双方认为，作为全国仅有的两个航空护林总站，今后要进一步加强沟通和交流，相互学习，取长补短，共同促进森林航空消防事业的发展。

【河南省森林航空消防站积极开展森林火灾扑救综合演练】 12月4日，为进一步提高森林航空直升机与森林消防专业队伍密切配合、协同作战的整体能力。河南省森林航空消防站会同三门峡林业局在湖滨区高庙乡羊虎山进行了森林火灾联合扑救演练。通过这次综合演练，不仅进一步提高了地空配合、协同作战的能力，而且也达到锻炼专业队伍快速反应能力、提高科学扑救技能，确保发生森林火灾时“打早、打小、打了”的目的。

【河南省人大常委会执法检查组检查指导河南森林航空消防工作】 12月5日，河南省人大常委会《河南省森林防火条例》执法检查组邢利民等一行5人，在林业厅副巡视员师永全、厅防火办陪同下，在洛阳龙门山森林公园实地观摩森林航空消防吊桶洒水训练情况。河南森林航空消防站直升机于13时48分起飞，14时20分到达伊河训练场上空，每次洒水均准确无误地投洒在预设的50米长的红色模拟火带上，共计洒水4桶。检查组对直升机空中吊桶洒水的效果非常满意，并要求河南站在今后森林防火中能够充分发挥森林航空直升机的尖兵作用。

【出席广西壮族自治区航空护林工作座谈会】 12月10日，广西全区航空护林工作座谈会在南宁市召开。参加会议的有广西壮族自治区森防指、森防办、森林消防服务中心和广西各市林业局以及南方航空护林总站百色站的负责同志。会议由广西区森林防火指挥部办公室常务副主任张明军主持。南方航空护林总站史永林总站长应邀出席会议。会议就调整充实广西壮族自治区航空护林指挥部领导成员、合理布局航期和基地、加强沟通协调、加强地空配合、进一步提升航护效益等问题进行了深入探讨，并统一了认识。 （南方航站由杨林供稿）

国家林业局华东林业调查规划设计院

【综　述】 2013年，华东林业调查规划设计院（简称华东院）完成国家林业局指令性任务17项，完成技术咨询服务项目355个，获奖项目4个，全面实现年度各项目标。

【森林资源监测工作】 承担并完成了包括森林资源清查、生物量调查建模、林地年度变更调查、退耕还林工程退耕地还林阶段验收重点核查验收、营造林综合核查、森林采伐管理情况和林地管理情况检查、森林抚育补贴试点检查验收和碳汇计量监测试点项目检查、全国湿地保护补助项目监测评估和湿地生态系统评价等国家林业局下达的各项指令性任务。

第八次全国森林资源清查 承担并完成福建、河南省森林资源清查相关工作。检查固定样地234个，处理遥感图像26景，检查遥感样地判读5140个，实地验证1438个，验收样地卡片15 414份。完成数据录入，提交调查报告。参与第八次全国森林资源清查汇总工作。开展编写《人工林资源分析》《林地林木权属分析》报告。完成监测区分工程、流域、林区、气候区、林业发展和生态建设布局等区域的范围核实、确认和相应数据统计工作。提交权属变化、家庭承包经营、全国经济林资源、平原地区林业发展4个分析报告。

生物量调查建模工作 汇总整理杉木等6个树种生物量调查建模样本。承担枫香生物量调查建模工作。完成技术培训指导、外业质量跟踪检查等工作。编制完成《2013年森林资源清查枫香生物量调查建模实施方案》。

全国林地年度变更试点工作 承担并完成安徽省全椒县试点工作。检查、指导华东监测区试点省和县。参与制订全国林地年度变更调查试点《技术方案》《检查验收办法》，完成各试点省操作细则的审核和技术培训。编制完成《2013 华东监测区林地年度变更调查检查验收软件》。

退耕还林工程退耕地还林阶段验收 重点核查验收承担并完成河南、安徽、江西、山西、广西和黑龙江 6 省(区)的退耕还林工程退耕地还林阶段验收重点核查验收工作。抽查了 322 个县、4 万多个小班、6.17 万公顷退耕面积，提交 6 省级核查报告。

全国营造林综合核查 承担并完成监测区各省营造林综合核查任务，抽查了 29 个县、1614 个小班、1.09 万公顷营造林面积。提交监测区核查报告，退耕还林工程、长防工程、天保工程专题报告。参与修订全国营造林综合核查技术方案。

全国森林采伐管理情况和林地管理情况检查 承担并完成监测区森林采伐管理情况和林地管理情况检查工作。共抽查 45 个县，558 个占用征收林地项目、249 个伐区、1671 判读图斑。提交监测区森林采伐管理情况和林地管理情况检查报告。参与修订森林采伐管理情况和林地管理情况检查技术方案。

森林抚育补贴试点检查验收和碳汇计量监测试点项目检查 完成 67 个县、518 个小班、0.93 万公顷森林抚育补贴试点检查验收外业工作。完成江西、福建、山东 3 省碳汇计量监测试点项目的外业培训指导和 15 个样地的检查验收工作。完成上述两项检查验收的内业工作及检查报告编写。

全国湿地保护补助项目监测评估和湿地生态系统评价 完成安徽、福建、广西、贵州、湖北、宁夏、陕西、重庆 8 省(区、市)10 个湿地补助项目现场监测评估工作。完成湖南、江苏、浙江 3 个省 4 个国际重要湿地生态系统评价资料收集、遥感数据处理和样本采集工作。完成两项监测内业工作及报告编写。

其他森林资源监测工作 ①完成国家森林资源连续清查综合管理信息系统优化完善工作。优化完善生物量调查建模信息系统单机版。编制《人工林资源分析》《林地林木权属分析》专项分析统计程序，完成区域统计和专项分析工作。②参加完成全国森林增长指标监测评估现地核实工作。③承担并完成东北、内蒙古重点国有林区森林资源管理情况检查图像处理和现地核查指导工作。④推进编制《国家森林资源连续清查固定样地标准》《全国森林采伐管理情况检查技术规程》《全国使用林地现状调查评估报告编制规范》标准工作。⑤完成《全国绿化评比表彰活动管理办法》的修订。⑥承担并完成监测区县级林地保护利用规划编制的指导和监督工作。⑦指导上海市森林资源规划设计调查和森林资源档案建立及更新工作。⑧完成南方集体林区林下经济调研工作。

【技术咨询服务】 全院注重科技发展和对外技术服务，在完成好指令性任务的前提下，发挥专业优势，积极为地方林业发展提供技术服务。2013 年共签订技术咨询服务项目 355 个。

【林业科技工作】 全年完成森林资源监测和工程咨询技术成果 500 余项，发表论文 26 篇。组织开展华东院 2012 年度优秀成果和优秀论文评选。整理和归档全年技术成果档案，出版发行《华东森林经理》4 期，刊载论文 80 余篇。获全国林业优秀工程咨询成果奖 4 项。其中一等奖 1 项，二等奖 2 项，三等奖 1 项。

【人才队伍建设与管理】 吸收博士研究生 1 名、硕士研究生 2 名、本科生 3 名。组织完成内设机构及职能调整、中层领导班子换届选聘、各处室工作人员新一轮岗位聘用工作。调整变更岗位设置方案，制定专业技术二级三级岗位的聘用管理规定，从严控制领导干部兼任专业技术岗位，修改完善原有规章制度，加强和完善华东院岗位设置管理工作。

【财务管理】 完成新事业单位会计制度过渡，实现了会计规范与财政法规政策衔接。完成华东业务创收“营改增”的新旧税制转换工作。严格执行各项财务制度，全面完成年度预算任务。

【基础设施建设】 《迁址工程业务用房建设及院内基础设施建设项目》竣工验收通过专家初审。完成职工食堂单身宿舍及其他附房建设项目的外立面装修工程、人防和消防设施安装工程。

【林业信息化建设】 建设华东院数据中心，加强信息安全管理，将在 2014 年初步建成华东院数据中心。

【孙扎根到华东院考察指导工作】 12 月 6 日，国家林业局副局长孙扎根到华东院实地考察杭州新址建设情况，与院中层以上干部进行了座谈，听取了华东院有关工作汇报，慰问全院干部职工并讲话。

(华东林业调查规划设计院由刘强供稿)

国家林业局中南林业调查规划设计院

【综　述】 2013 年，国家林业局中南林业调查规划设计院(以下简称中南院)全体职工紧紧围绕中南院年度工作总体目标，以森林资源监测、湿地资源监测、石漠化监测、碳汇计量监测和生态效益评估等工作为重点，通过强化组织领导、健全工作制度、落实监督措施、严守工作纪律，共承担完成全国第八次森林资源连续清查汇总前期技术准备，海南省森林资源连续清查第六次复查，西南地区冷杉和柳杉生物量建模研究工作，湖北、湖南、贵州、宁夏4省(区)退耕还林工程国家重点核查验收任务，中南监测区2013年营造林综合核查工作，中南监测区7省(区)39个县级单位2012年1月1日以来占用征收林地管理检查，全国森林采伐管理情况检查，全国第二次湿地资源调查，全国营造林综合核查技术方案和核查办法的修订，西藏第五次沙化与荒漠化监测，全国第二次石漠化监测信息系统完善与成果整理，林地年度变更调查技术培训与指导，湖北、湖南、广东、广西、海南、贵州和西藏7省(区)林业双增指标考核，国家珍贵树种培育示范县申报认定，《林木种质资源工程设计规范》编制等生产、科研项目350项，全面完成年度各项工作目标和任务，荣获2013年“全国五一劳动奖状”称号。

【中南院荣获2013年“全国五一劳动奖状”称号】 2013年4月28日，湖南省庆祝“五一”国际劳动节暨“聚力小康、建功三湘”劳动竞赛推进大会在湖南省长沙市隆重召开。会上，中南院被全国总工会授予2013年“全国五一劳动奖状”称号。中南院院长周光辉，院党委副书记、副院长、工会主席周学武等同志参加了会议，受到了湖南省委书记徐守盛、代省长杜家毫等省领导的亲切接见。

5月2日，国家林业局赵树丛局长在北京接见中南院周光辉院长、党委副书记周学武等一行，向中南院全体职工表示热烈祝贺，充分肯定了中南院职工长期以来为生态文明和林业建设与发展所作出的贡献，并从发扬优良作风、加强队伍建设、重视人才培养、提高科技水平、树立品牌意识等方面提出了殷切希望。

【国家林业局赵树丛局长到中南院调研】 2013年6月20日，国家林业局赵树丛局长一行在湖南省人民政府副省长张硕辅、湖南省林业厅厅长邓三龙等有关领导的陪同下，专程到中南院调研，看望和慰问中南院全体职工。在中南院调研期间，赵树丛局长一行在院长周光辉、院党委书记彭长清等院领导的陪同下考察了院区基础设施建设，参观了院展览室、职工活动室，与职工亲切交谈，嘘寒问暖，关心了解职工的工作、生活情况，并与中南院干部职工合影留念。

【森林资源监测】

2013年度森林资源连续清查 根据《国家林业局森林资源管理司关于做好2013年全国森林资源清查工作的通知》(资调函〔2012〕54号)和《第八次全国森林资源清查2013年清查前期工作会议纪要》的精神与要求，为切实加强对本年度森林资源连续清查工作的组织领导，中南院成立了以周光辉院长为组长的清查工作领导小组，全面负责中南监测区第八次国家森林资源连续清查汇总前期准备与海南省第六次复查工作。同时设立了中南监测区第八次全国森林资源连续清查办公室，由生产技术处处长贺东北任组长、森林生态处处长甘世书任副组长，负责组织开展全国第八次森林资源连续清查汇总工作。成立了以中南院熊智平总工程师为指挥长、贺东北为副指挥长的海南省森林资源连续清查第六次复查工作指挥部，全面组织承担完成了海南省森林资源连续清查第六次复查外业调查工作。为按时完成海南省此次清查任务，中南院先后共组织110名专业技术人员分47个调查工组和5个质量检查组开展外业调查工作。于7月初完成了2828个地面固定样地的调查，8月初向国家林业局提交了数据库，8～9月完成了33 598个遥感样地判读、内业统计、成果分析和报告编制，确保了海南清查各项工作按时完成。

生物量调查与建模 根据《国家林业局森林资源管理司关于部署2013年全国森林生物量调查建模工作任务的通知》(资调函〔2013〕10号)，2013年由中南院牵头开展西南地区冷杉和柳杉两个树种的生物量建模研究工作，截至2013年11月底已全部完成样本采集、样品测定等各项工作。

2013年营造林综合核查 2013年，中南院按照国家林业局资源司工作部署和统一安排，从2013年7月开始至10月结束外业调查，先后选派39名专业技术人员分成18个工组，完成了湖南、湖北、广东、广西、贵州、海南6省区2013年营造林综合核查工作。共抽查了6省(区)25个县级单位，1389个小班，实际抽查营造林面积9597.2公顷，其中人工造林、更新6081.0公顷，封山育林3516.2公顷。实际核查面积与2012年相比，抽查面积(不含云南省)减少78%，小班数减少82%。本次核查达到了突出核查重点、减轻地方负担，科学监测评价营造林实绩与成效的目的。

2013年占用征收林地管理情况检查 根据国家林业局的统一部署，从2013年8月开始至10月结束，中南院先后组织50名专业技术人员对中南监测区湖南、湖北、广东、广西、贵州、海南和云南7省(区)39个县级单位2012年1月1日以来占用征收林地管理情况进行检查。本次检查采用卫星遥感判读和现地检查相结合的方法进行，共检查各类占用征收林地项目211项，面积1749.473公顷，到期临时占地32项，面积207.70公顷。

2013年森林采伐管理情况检查 根据国家林业局办公室的统一安排，2013年8～10月，中南院组织41名专业技术人员完成了对广东省东源县、广西区浦北县、广西区桂平市、贵州省盘县、海南省白沙县、湖北省房县和湖南省洞口县等7个县(市)2012年度的森林采伐管理情况检查和东北四大林区的东方红、朗乡、新林、东京城、三岔子、兴隆、友好等7个林业局的卫星遥感数据处理，参加完成八面通、东方红、三岔子、兴隆、友好等5个林业局的林木采伐管理情况检查。7个县级单位共抽查了69个乡、镇、场，141个行政村、林班，查验了15 648张林木采伐许可证。现地检查了140个有证成片伐区，调查样圆面积25.10公顷；现地发现并调查了14个无证成片伐区，调查样圆面积1.13公顷；并对56个遥感判读疑似无证成片伐区进行实地检查。

2013年退耕还林工程重点核查验收 2013年，中南院具体承担了全国退耕还林阶段验收技术组工作和湖北、湖南、贵州、宁夏4个省(区)的重点核查验收任务。全国退耕还林阶段验收技术组完成的主要工作包括：负责综合核查全国技术管理工作，编制《2013年全国营造林综合核查技术方案》，修订《全国营造林综合核查办法》；牵头完成全国核查县的抽取，负责解决核查过程中发现的技术问题，完善《全国营造林综合核查信息管理系统(ZHHC)》统计软件；承担全国核查数据逻辑检查、汇总统计与分析，编写《2013年全国营造林综合核查总报告》《2013年全国营造林综合核查主要结果报告》《2013年全国营造林综合核查天保工程报告》。

湖北、湖南、贵州、宁夏4个省(区)的重点核查验收工作，中南院共组织60余名专业技术人员，按照阶段验收办法和有关质量管理规定，于2013年4月初开始至6月底结束，共完成4个省(区)250个县、1376个乡、82 686个小班的外业核查验收任务，实际完成验收面积11.53万公顷。其中到期面积核查11.52万公顷，涉及245个县、1346个乡、82 593个小班；补查133.33万公顷，涉及30个县、43个乡、93个小班。主要做法一是成立领导机构，强化组织保障。二是制订方案，明确目标，落实责任。三是开展质量教育，提高质量意识。四是开展廉政教育，严肃验收工作纪律。五是加强上岗培训，严格实行考核合格上岗制度。六是加强外业管理，保障外业工作质量。七是加强内业管理，确保提交成果质量。

2012年度中央财政补贴森林抚育国家级抽查 按照国家林业局的统一部署和工作要求，中南院承担完成了湖南、云南、江西、贵州、西藏等5省(区)和龙江森工的检查验收任务。外业工作于2013年10月12日开始，至12月20日结束；内业工作从2013年11月4日开始，至2014年1月20日结束。共投入专业技术人员38人次，总用量1288个工日。共抽查龙江森工、湖南、云南、江西、贵州、西藏6个省(区、森工局)、45个县(林业局)、918个小班，抽查面积15 022.85公顷；收集查阅文件档案3102份，实地检查获取的数据及影像资料6320份。

【湿地资源监测】

第二次全国湿地资源调查工作 2013年，中南院承担完成了2012年度调查省份云南、海南和贵州3省的国家检查验收和成果国家专家鉴定等工作，3省均在95分以上，全部为“优秀”，在4月18日国家林业局第二次全国湿地资源调查工作领导小组在北京组织召开的第二次全国湿地调查成果专家鉴定会上，中南院指导负责的云南、海南和贵州一致得到了专家的好评。同时，积极参与第二次全国湿地资源调查成果汇总工作。根据国家林业局湿地管理中心的统一部署和安排，从2012年9月起，中南院与国家林业局规划院、清华大学3家中央技术支撑单位集中在北京进行全国第二次湿地资源调查成果的汇总工作。中南院具体负责承担广东、广西、福建、江苏、江西、湖南、湖北、安徽、贵州、云南、西藏、重庆、海南等13个省(区、市)的成果汇总工作，同时完成了全国鸟类数据汇总、统计，全国湿地植被型的统计，14个湿地调查专题报告的编写，湿地调查报告简本的编写及湿地调查发布会备答问题的准备等各项工作。

2013年国际重要湿地生态状况评估工作 根据国家林业局工作安排，自2009年开始，中南院承担长江以南各省(区、市)国际重要湿地生态状况评估工作，并形成《中国国际重要湿地生态状况公报》。

2013年，按照国家林业局湿地办的统一部署，中南院先后派遣8名技术人员分赴上海、江苏、江西、广东、广西、湖南、湖北、江西、云南、西藏、福建、浙江等12个省(区、市)共23块(全国共41块)国际重要湿地开展生态评估外业调查和资料收集工作，按时提交了23个国际重要湿地生态状况评价报告，并形成了新的《中国国际重要湿地生态状况公报》。

【碳汇计量监测】

组织开展中南监测区林业碳汇计量监测体系建设技术指导工作 根据国家林业局统一部署，2013年中南院承担了中南监测(区、市)各省区碳汇计量监测体系建设技术指导工作，负责指导完成了西藏、海南等各省(区)碳汇专项调查和森林碳汇计量工作，承担完成了相关技术细则把关、技术培训、计量方法和计量参数的技术指导、碳汇专项调查质量检查以及成果初步验收等工作。

合作完成西藏林业碳汇计量监测体系建设工作 2013年，在西藏自治区林业厅的组织下，中南院与西藏自治区林业调查规划设计研究院合作完成了西藏自治区林业碳汇计量监测体系建设工作，内容主要包括：①编制操作细则和样地布设方案；②开展森林碳汇专项调查；③建立生物量模型和参数；④估算2010～2012年度森林碳储量和碳汇；⑤建立森林碳汇基础数据库；⑥完成西藏自治区森林碳汇计量监测报告。2013年12月顺利提交项目成果并通过验收。

【石漠化监测】

举办首届全国藤本植物研究与应用学术论坛 2013年7月30日至8月1日，由国家林业局石漠化监测中心(中南院)与湖南生物机电职业技术学院在湖南省长沙市共同举办首届全国藤本植物研究与应用学术论坛。来自云南、河北、湖北、湖南、江西、福建等省(区、市)基层生产单位、大专院校、科研院所的专家和业务骨干近百人参加了此次论坛。

会议围绕藤本植物与生态文明、美丽中国和石漠化治理进行广泛而深入的探讨，共收到主题报告和交流学术论文21篇。会上，国家林业局石漠化监测中心、中南院石漠化监测处处长但新球教授作“藤本植物在石漠化治理中应用：关键技术与模式”的主题报告，《藤本植物的象征意义与文化内涵剖析》《中国湿地主要藤本植物种类资源》《贵州石漠化地区卫矛科南蛇藤属植物的分布与应用》《藤本植物在园林与绿化造景中的应用》《藤本植物在株洲县智慧城镇建设中应用》等8篇论文进行大会交流。

中国治沙暨沙业学会石漠化防治专业委员会成立 2013年12月3日，中国治沙暨沙业学会石漠化防治专业委员会成立暨石漠化防治学术研讨会在长沙举办，会议由中国治沙暨沙业学会副会长钱能志主持，中国治沙暨沙业学会会长安丰杰等出席了会议，来自全国12个省(区、市)和科研院所的60余名石漠化防治专家参加了此次会议。

石漠化防治专业委员会挂靠在国家林业局石漠化监

测中心(中南院)，为从事石漠化防治科研、技术交流与协作，提高石漠化防治的理论与技术水平，加快科技推广，推动石漠化监测与防治事业的发展与繁荣为宗旨的专业技术委员会。

会上，中国治沙暨沙业学会会长安丰杰宣读了国家民政部社会团体分支(代表)机构登记通知书；钱能志副会长宣读石漠化防治专委会组织机构人员的批复(中沙学字〔2013〕19号)，石漠化防治专业委员会主任由中南院院长周光辉担任，秘书长由中南院总工程师、副院长熊智平担任；中南院院长、石漠化防治专业委员会主任周光辉进行了专题发言；湖南省民政厅、国家林业局治沙办和中国治沙暨沙业学会领导分别进行了祝贺与发言，会议审议通过了《石漠化防治专业委员会工作条例》《石漠化防治专业委员会会费收取与管理暂行办法》和《石漠化防治专业委员会2013～2014工作计划》等。石漠化防治学术研讨会由石漠化防治专业委员会副主任熊智平主持，先后有6位专家发言，针对中国石漠化防治现状、问题及对策等进行了详实阐述。

【湖南省总工会领导到中南院考察验收"全国五一劳动奖状"创建工作】 2013年3月25日，湖南省总工会党组成员、副主席周乐红，湖南省直机关工会常务副主席杨明东等领导一行6人到中南院考察验收"全国五一劳动奖状"创建工作。考察组一行实地察看了中南院院区基础设施建设，参观了职工书屋、职工活动室、展览室和职工食堂，听取了创建工作专题汇报，组织召开了中层干部、职工代表参加的座谈会。在座谈会上，周乐红充分肯定、高度评价了中南院"全国五一劳动奖状"创建工作。考察组就中南院进一步深化创建工作提出了指导性意见。

【中南院开展质量管理年活动】 2013年，为加强和规范生产项目质量管理，提高生产项目工作和成果质量，牢固树立"一切为用户服务"理念，中南院全面启动了"质量管理年"活动。成立了以周光辉院长为组长的"质量管理年"活动领导小组，印发了《质量管理年活动工作方案》，修订完善了《生产项目管理办法》等6项规章制度，加大了生产项目质量奖惩力度，并经院六届三次职代会审议通过、印发实施。通过开展"质量管理年"活动，采取全员广泛动员、质量教育剖析、分期总结评估以及技术培训、质量教育、强化项目管理等一系列行之有效的措施，进一步统一思想，提高认识，中南院职工业务技能和综合素质得到了切实提升，优质服务意识得到了有效增强，成果质量得到了继续巩固和提高。

【编制完成2013年全国综合核查技术方案与核查办法】 2013年全国营造林综合核查工作已经启动，按照国家林业局资源司要求，《2013年全国营造林综合核查技术方案》《全国营造林综合核查办法(2013)》(以下简称《技术方案》《核查办法》)已印发各单位执行。

《技术方案》《核查办法》由负责综合核查全国技术业务的中南院核查处编制完成。按照国家林业局党组指示和签报批示精神，本着"队伍小、时间少、效率高"的原则，《技术方案》与《核查办法》落实了以下5个方面调整优化的要求：一是实绩核查仅对国家重点生态建设工程核查，不再核查地方和社会投资造林。二是抽查县数和面积抽查比例均减半，缩短驻省、县时间。三是取消"面积核实率"指标，不再测算全国的核实面积，不再对统计上报数据进行评价。四是按照统一标准、统一抽样的原则，对国家重点生态建设工程进行统一核查，同时，继续开展退耕还林省级复查结果的核查。五是整合减少核查因子。通过对以上5个方面的调整优化，将大幅减少外业工作量，有效提高工作效率，减轻基层负担，进一步提升核查工作质量。

【中南监测区林地变更调查技术培训】 为做好2013年度全国林地变更调查扩大试点工作，保证林地变更调查成果质量，按照《国家林业局森林资源管理司关于举办全国林地年度变更调查培训班的通知》要求，2013年7月1～3日，2013年度中南监测区林地年度变更调查培训班在湖南长沙组织召开。国家林业局资源司林地处韩爱惠副处长，中南院党委副书记、副院长周学武以及中南监测区7省区林业厅资源处、林业规划院林地年度变更调查技术负责人与技术骨干等58人参加了培训。

【森林碳汇经济发展研究课题项目通过专家评审】 为科学测算西藏自治区森林碳库及碳汇量，研究碳汇造林实施前景，探讨碳汇经济发展对策，中南院与西藏自治区林业调查规划研究院合作完成了覆盖整个西藏自治区的中国首个省级森林碳汇经济发展研究项目——《西藏自治区森林碳汇经济发展研究》(以下简称项目)。

2013年8月23日，西藏自治区环境保护厅会同西藏自治区财政厅、林业厅在拉萨组织召开项目评审会，来自西藏自治区人民政府办公厅、发展改革委、农牧厅、水利厅等单位的专家和领导组成的项目评审委员会对项目进行了评审。与会专家认真审阅了研究成果，听取了编制单位的介绍，经讨论一致认为：该项目研究成果以生态学、生态经济学、可持续发展理论为指导，通过多学科融合和现有研究成果的综合集成，采用遥感技术、野外调查与数理统计相结合的方法，对全区森林和湿地生态系统固碳增汇量进行了估算，摸清了可用于补偿和交易的碳汇总价值。在综合分析国内外碳汇市场的基础上，提出了开展碳汇造林、构建生态补偿机制、制定补偿标准等对策建议。研究报告指导思想先进、目标明确、技术体系科学、资料翔实、论证充分。项目的实施对于落实国家应对气候变化方略，做好林业应对气候变化工作，促进林业"双增"目标实现，凸显西藏森林在国家应对气候变化中的特殊地位具有重要作用。专家组一致同意《西藏自治区森林碳汇经济发展研究》通过评审。

【荣获全国退耕还林工程2013年度阶段验收工作表现突出集体称号】 2013年10月22日，在国家林业局退耕还林办公室召开的全国退耕还林工程2013年度阶段验收工作总结会议上，中南院被授予"全国退耕还林工程2013年度阶段验收工作表现突出的集体"称号。

【中南院六项成果分获全国林业优秀工程咨询成果奖、

湖南省优秀工程咨询成果一等奖】 2013年，中南院承担完成的《江西省抚州市国家森林城市建设总体规划(2012～2020)》《三亚市大竹岭森林公园总体规划》获2013年全国林业优秀工程咨询成果一等奖；《海南三亚市热带森林旅游发展规划(2013～2020)》《株洲市国家森林城市总体规划》分别获2013年全国林业优秀工程咨询成果二、三等奖；此外，《湖南琼湖国家湿地公园总体规划(2012～2020年)》《湖南省永州国家森林城市建设总体规划(2012～2020)》获2013年度湖南省优秀工程咨询成果一等奖。

(中南林业调查规划设计院由齐建文供稿)

国家林业局西北林业调查规划设计院

【综　述】 2013年，西北院认真学习贯彻党的十八大精神，扎实开展党的群众路线教育实践活动，通过强化内部管理，完善制度机制，提升服务能力，实现了党建和机关建设、资源监测和业务创收的全面发展。

【"两建"工作】 以学习贯彻党的十八大精神为主线，以服务林业中心工作、加强党的作风建设为重点，认真开展党的群众路线教育实践活动和"两转变、两服务"活动，全院干部职工在服务生态林业、民生林业和建设美丽中国的进程中统一了思想、凝聚了力量、明确了方向、增添了动力。

学习十八大精神 深入学习党的十八大、十八届三中全会精神、全国林业厅局长会议精神以及国家林业局"两建"会议精神，准确把握生态文明建设和深化改革对林业建设提出的新目标、新任务、新要求，明确林业在生态文明建设中肩负的六大职责，增强大局意识、进取意识和责任意识，自觉把全院工作纳入到林业全局中去思考、去认识。

开展"实践"活动 按照国家林业局统一安排部署，结合实际地开展"党的群众路线教育实践活动"。活动期间，共征求涉及全院性意见建议六大类35条，对照"四风"，查摆出问题56个，针对查摆出的问题和梳理归纳的群众意见，制订完善了整改方案，落实了整改措施，促进了工作的规范化和长效机制建设。

推进反腐倡廉 围绕中心工作，结合"两转变两服务"活动和"党的群众教育路线实践活动"，深入推进反腐倡廉建设，保持清正廉洁的作风。以贯彻落实"中央八项规定""国家林业局十八条意见"、廉洁自律"六不准"和"廉政准则"等各项规定为重点，先后制订了《西北院关于改进作风的实施办法》《关于联系服务群众的规定》《关于党风廉政建设责任制实施办法》，通过建章立制，防止了不廉洁行为的发生。

【资源监测】 2013年共承担完成了国家林业局资源司及相关司(局)安排部署的各项监测任务24大项、79个子项。截至2013年年底，所有任务均按计划如期完成，成果质量进一步提高，受到了资源司等相关司局一致好评。

森林资源连续清查 2013年是第八次全国森林资源清查的汇总年，西北院承担了青海省清查工作的技术筹备、遥感数据处理、工作方案和技术方案的审查、操作细则审批、调查队伍培训、外业前期指导等工作。期间，共检查地面样地443个，验证遥感判读样地3597个，检查样地卡片128 236份，比原定计划提前完成了清查任务。

检查核查工作 全面完成了全国营造林综合核查、林地征占用检查、森林采伐和林地管理情况检查、森林抚育补贴试点核查等各项检查核查工作。2013年共承担完成了25个县的营造林综合核查任务，现地核查1278个小班，涉及核查面积3.44万公顷。林地征占用共抽查39个县级单位，检查占用林地项目218项，查出各类违法项目148项，涉及面积1340.45公顷。完成全国森林采伐和林地管理情况检查共46个县(局)，完成本监测区山西、重庆、四川、甘肃、宁夏、新疆和兵团森林抚育补贴试点核查15个县(区)，以及西北、东北监测区15个省(市、区)24个县森林增长指标考核评价的检查工作。

林保规划编制 指导西北监测区按期完成了林地保护利用规划编制和林地落界工作。2013年，西北院进一步加大林地保护利用规划编制工作的技术投入，全力保证本监测区省级规划审查、林地落界成果数据分析和县级规划编制试点等指令性工作的有序开展和按期完成。此外还抽调力量积极参与陕西、青海等省(区、市)28个县的规划编制工作，各县成果均通过评审。为全国林地保护利用规划编制和林地"一张图"建设的全面完成奠定了基础。

林地年度变更调查 组织开展了监测区林地年度变更调查试点工作。按照国家林业局《全国林地年度变更调查试点工作方案》的总体安排部署，西北院共参与、督导、检查、验收西北监测区8省(区、市)的林地年度变更调查试点工作，其中包含2个省级试点单位、10个县级试点单位，有力促进了西北监测区林地年度变更调查试点任务的高质量完成。

重点工程监测评估 积极参与完成了一系列重点工程的检查验收、监测评估等相关工作。在国家林业局天保办的组织领导下完成了陕西、甘肃、宁夏、青海、新疆、兵团、四川、重庆、山西、云南、湖北、贵州等12个省(区、市)天然林保护工程年度实施情况核查与"四到省"考核工作；按照退耕办的统一安排，对重庆、陕西、甘肃、青海4省(市)211个县级单位的退耕还林到期面积开展了阶段性验收工作，验收面积28.53万公顷；受治沙办委托，参与编制修订了第五次全国荒漠化和沙化监测技术规定，组织完成了全国荒漠化和沙化专题监测、定位监测、技术指导、数据审核与汇总分析。

【技术服务】 在全面完成各项指令性任务的同时，积极发挥自身技术优势，为监测区生态林业和民生林业建设提供技术服务，凸显了直属院在服务大局、服务基层方面的重要技术支撑作用。

服务林业重点工作 结合国家林业局年度重点工作开展技术指导和服务，促进林业总体部署有效落实。2013 年，西北院围绕林地保护利用规划编制工作，在技术力量相对紧张或薄弱地区积极承担县级林地规划编制和林地落界工作，为监测区百余个县提供了林地落界技术指导和质量检查软件，有力保证了监测区林地保护利用规划编制工作的顺利开展和工作质量。

服务林业重点工程 积极参与国家林业重点工程与生态建设，为天然林保护、退耕还林、京津风沙源治理、三北防护林体系建设、自然保护区、森林公园、湿地保护等提供规划设计、咨询、工程监理与评估等服务。承担完成了青海省退耕还林工程监理工作，新疆国有林场(站)森林经营方案编制，青海省第二次陆生野生动物资源调查工作方案和技术细则等相关工作，为国家重点林业工程的顺利实施和地方生态建设提供了技术保障。

服务监测区林业建设 充分利用调查规划领域的技术优势，服务地方林业发展。2013 年，西北院承担了西藏日喀则 5 个县、山南地区 8 个宜林县以及重庆市云阳区二类调查工作，积极服务于技术力量薄弱的地区，大力加快了地方基础工作的开展，有效保证了林业中心工作的顺利进行。

加强林业技术创新 不断加强新技术的研发与应用，进一步扩展技术服务领域。自主研发了森林防火辅助决策系统、公益林补偿管理系统、西北监测区林地年度变更检查验收和应用软件系统、林火预警与扑救指挥综合信息服务平台等，并依托技术优势有效扩展了西北院在园林绿化、林业产业、森林碳汇、护林防火等方面的项目合作，拓展了技术服务领域和发展空间。

【开展 ISO9000 族质量体系认证】 2013 年围绕“高标准、严要求、创精品、树品牌、增效益”的目标要求，有效地开展贯彻 ISO9000 族质量管理标准工作，使全院职工牢固树立“质量是产品生命”的意识。全院上下以质量目标、质量方针为指导，结合工作实际，将 ISO9000 质量管理体系要求融会贯通到业务工作的各个环节，变被动审核为主动把控，层层负责，环环严格把关，有效确保了成果合格率，提高了成果优良率，提升了成果满意率和信誉度。ISO9000 族质量体系认证的通过，标志着西北院质量管理体系从此采用国际标准改进质量管理工作，在西北院发展史上具有里程碑意义，代表着西北院质量管理工作进入新的历史时期。

(西北林业调查规划设计院由王义贵供稿)

国家林业局昆明勘察设计院

【综 述】 2013 年，昆明院以立足西南，服务林业，立足林业，服务社会的工作思路，承担了森林资源监测区(四川、云南)森林资源监测工作，在多个领域业务全面拓展，在生态文明建设中发挥了较好的作用。

森林资源监测工作

森林资源清查工作 参加第八次全国森林资源清查数据汇总和专题分析工作，参加森林资源监测广东试点成果咨询研讨会和第九次全国森林资源清查实施方案的讨论，积极为第九次全国森林资源清查做准备。

林地年度变更调查工作 承担云南、四川两省林地年度变更调查扩大试点技术指导。参加全国的技术方案讨论和专家咨询会；审查云南、四川两省林地年度变更调查扩大试点《工作方案》和《操作细则》；制订昆明院监测区云南省宜良县、凤庆县和四川省合江县、北川县等 4 个县的林地年度变更调查试点指导检查验收工作方案，上报资源司备案。

森林资源增长指标中期评估现场数据采集工作 参与森林资源增长指标监测评估《操作细则》和《工作规范》的制定，派出 8 名技术骨干参加由资源司统一组织的森林资源增长指标中期评估现场数据采集工作，负责完成云南省宜良县和盈江县、河南省栾川县、四川省普格县和合江县、西藏的林芝县、安徽的泾县和祁县等 8 个县的森林资源增长指标中期评估现场数据采集工作。

森林采伐管理情况检查和营造林综合核查工作 完成了昆明院监测区四川省、云南省 2013 年森林采伐管理情况检查和 2013 年营造林综合核查工作。

全国林地保护利用规划卫星遥感影像集中处理工作 参与东北、内蒙古国有林区森林资源管理情况检查，主要完成遥感影像判读及现场技术指导；参加完成全国森林增长指标监测评估遥感影像判读；参与完成云南省采伐管理情况检查遥感影像判读。

天然林保护造林成效专项调查工作 完成了内蒙古自治区和陕西省 9 个县 3.33 万公顷天保工程飞播造林成效专项调查，形成了《陕西省和内蒙古自治区天然林资源保护工程区飞播造林成效专题调查与评估报告》。

退耕还林工程国家级重点核查验收工作 完成了四川、云南、新疆维吾尔自治区和新疆生产建设兵团 4 个省级单位 13.27 万公顷的退耕还林工程国家级重点核查验收工作。

服务林业生态建设工作

建设和保护森林生态系统 2013 年完成云南澜沧民用机场项目建设、国家高速公路网昆明绕城高速公路东南段、中缅天然气管道富民支线等 113 个高速公路、水电站、机场、输油管道等重大基础设施建设项目使用林地可研及林木采伐调查设计工作；作为云南省森林资源资产评估专业委员会技术支撑单位，2013 年共完成森林资源资产评估项目 17 项，面积达 1.33 余万公顷。

管理和恢复湿地生态系统 2013 年昆明院完成云

南盈江、鹤庆和贵州万峰、江口、凉都、新疆英吉沙、河南民权黄河故道等7个国家湿地公园总体规划、昆明市湿地保护总体规划以及云南洱源西湖湿地保护与恢复工程建设项目初步设计、云南红河哈尼梯田国家湿地公园保护恢复工程建设项目可研等项目，其中贵州兴义万峰国家湿地公园总体规划项目在与其他直属院同台竞技中充分展示了昆明院实力，在贵州省和国家林业局湿地办树立了较好的口碑。

改善和治理荒(石)漠生态系统　石漠化工程综合治理是昆明院在生态环境建设过程中关注的核心领域之一，作为云南省石漠化治理项目的技术支撑单位，2013年除完成云南省8个州(市)共27个县的《2013年石漠化综合治理工程初步设计》，还积极关注石漠化工作的前沿领域和发展动态，先后承担完成了《石漠化综合治理工程核查验收办法》《石漠化综合治理工程核查验收技术方案》《石漠化综合治理工程实施三大效益指标评价体系》的研究工作。

维护和发展生物多样性　2013年承担寻甸黑颈鹤省级自然保护区总体规划、大理苍山洱海和文山国家级自然保护区范围、功能区调整项目、元江国家级自然保护区2012年能力建设、南滚河国家自然保护区基础设施三期工程建设项目可研等。

完成了云南玉溪市、红河州、西藏察隅县第二次陆生野生动物资源调查和云南丽江市第二次重点保护野生植物资源调查工作。在西藏察隅县第二次陆生野生动物资源调查工作中，发现了"察隅湍蛙"这一新物种，实现了昆明院在科学考察工作方面发现新物种零的突破。

5月，昆明院与轿子山国家级自然保护区达成共建合作单位，轿子山自然保护区是昆明院及国家林业局自然保护区及野生动植物西南监测中心的首个科研监测基地。10月，由保护司主办、昆明院承办的"第十九届海峡两岸自然保护区业务交流研讨会"为增进海峡两岸人民友谊，传播生态文明理念，加强两岸自然保护工作的交流和合作，提高自然保护区建设管理水平发挥了积极作用。会后得到国家林业局保护司的高度评价，得到台湾"国家公园学会"的高度赞誉，受到与会代表普遍好评。

林业产业　完成全国林下经济林药、林菌模式发展实施方案，全国林药、林菌市场分析及发展趋势预测报告、西藏自治区林业产业发展规划、云南省罗平县扶贫规划等项目，完成的建水县现代农业园区试点建设项目申报书是云南省第一次申报，内容包含种植、养殖、水果、加工、运输、市场等各个环节，为推进地区绿色发展提供了技术服务。

林业应对全球气候变化　完成云南省普洱市2013年森林经营增汇减排项目(试点)计量报告，本项目是全国第二个森林经营增汇减排的项目，已完成第三方审定，并得到《森林经营增汇减排项目审定声明》，已经注册；配合第三方(中创碳投)完成广西壮族自治区平乐县、云南省腾冲县、四川省利州区、大英县碳汇造林项目审定；完成了中国首个森林经营性碳汇项目普洱市清水河思茅松人工林碳汇项目森林经营方案(2013～2032年)和林木采伐作业设计。

林业科研　对西南地区野生动物、野生植物和自然保护区的现状和今后监测重点做了系统研究，完成了《西南地区自然保护区生态地位及监测重点分析》《西南地区野生动物生态地位及监测重点分析》《西南地区野生植物生态地位及监测重点分析》等三篇文章；针对贵州省提出建设国家公园省的战略部署，撰写了《贵州建设国家公园省思考》，协助保护司编写了《中国热带森林保护发展规划项目建议书》；完成了云南、四川两省《林业数表体系建设调研报告》《云南东川区和元阳县林业与防灾减灾体系建设调研》《云南省国有林场改革研究课题研究》《喀斯特地区资源承载力及产业结构协调性研究》等研究课题；《南方林区营林用火技术规程》已获国家林业局科技司立项。

实施林业"走出去"战略　实现林业走出去，完成了柬埔寨上丁省、蒙多基里省森林资源调查，面积86 910公顷，老挝中部扩省与万象省交界的南俄河流域——3号水库发电站森林资源调查，面积1200公顷。3月，选派3名管理和技术人员参加赴巴西森林资源遥感监测技术培训团，为森林资源监测管理工作启发了新思路。

承担林业工程标准编制工作　2013年积极与国家林业局计资司建设处、科技司、林业工程协会、标委会、防火消防委员会多方沟通，积极申报争取标准的项目，全年完成8项标准的申报工作。全年完成8项林业行业标准的意见征询上报工作，完成《工程咨询业2010～2015年发展规划纲要》中期评估报告(单位)的编制工作。根据2013年计资司下达的1项标准项目，组织编制组完成标准编制的前期工作，并审核标准编制大纲，上报林业工程建设协会进行评审。完成《林区公路设计规范》等3个标准送审稿的审查修改工作，形成报批稿并上报，等待国家林业局审批后发布。

《林业建设》期刊编辑出版发行工作　调整完善审稿专家委员会；完成中国林业工程建设协会网站《林业建设》期刊子网站的更新工作；组织注册编辑人员的继续教育培训工作以及续展登记工作；完成《林业建设》全年6期期刊的编辑和出版发行工作。

服务社会工作　积极为生态林业、民生林业服务的同时，充分发挥综合性强的专业优势，积极跨行业开拓业务，在农业、交通、建筑、市政、水利等行业承担了大量的咨询、勘察设计业务，全方位服务社会。全年新签合同293项，合同产值1.54亿元，达到产值增长10%的预期目标。

职工队伍建设　按国家林业局规定程序开展公开招聘工作，完成新员工招聘35人，优秀人才的引进使得专业结构进一步优化，增强了服务能力。按照《"十二五"人才发展规划纲要》提出的目标和措施，积极开展人才队伍培养建设工作，提升高层次人才培养水平，着力培养学科带头人。2013年共有12人次通过相关注册考试；12人通过森林认证审核员考试，为昆明院在森林认证体系建设领域的发展储备专业技术人才。

质量技术管理　始终把质量及安全管理工作放在首位，坚持以人为本，充分调动员工的积极性、创造性，全员参与贯彻执行质量管理体系、环境职业健康安全管理体系，加强对生产过程的监督管理，全年无重大质量及安全责任事故发生。《云南省华能澜沧江糯扎渡水电站项目施工区生态修复工程方案》荣获首届“中水万源杯”水土保持与生态景观设计大赛二等奖，是唯一一家获此项最高奖励的林业系统设计院；昆明院完成的昆明市2012年大漾田市级统建公共租赁住房项目景观绿化设计，已获批准三星级绿色建筑标准；澜沧江永保桥至旧州三级公路设计项目，获得云南交通优秀设计三等奖；国道317线西藏类乌齐至丁青段公路改建工程可行性研究、云南省德宏州芒市环城大道工程可行性研究获2013年全国林业优秀工程咨询成果一等奖；大围山国家公园总体规划(2012~2021年)获2013年全国林业优秀工程咨询成果二等奖；S221线鹤庆县东坡岔口至鹤阳路段一级公路工程可行性研究、西藏波密扎木至墨脱县城公路新改建工程建设对自然保护区生物多样性影响评价报告获2013年全国林业优秀工程咨询成果三等奖。昆明院农生及生态环境工程设计所荣获2013年云南省工人先锋号荣耀称号；昆明院荣获中国勘察设计协会2013年创优型优秀单位称号，唐芳林院长荣获全国优秀设计院长称号

学术交流及科研工作 通过绿色大讲堂，经常性开展技术交流，全院共完成11次技术交流及培训，参加人员约370人次；3人通过云南省科技厅考试，代表中国到泰国参加“大湄公河次区域经济合作国际农产品和农业服务贸易经济”培训研讨会，通过培训，开阔了眼界，提升了交流水平，展示了中国及昆明院在农业方面的规划设计理念及取得的成绩。

政治思想建设 一是认真学习领会、全面贯彻落实党的十八届三中全会精神。按照国家林业局党组和云南省委要求，深刻领悟精神内涵，在党的十八届三中全会精神的贯彻落实中，在国家生态文明建设中发挥更大的作用；二是通过党的群众路线实践活动的开展，按照“照镜子、正衣冠、洗洗澡、治治病”的要求，不断改进工作作风，为提高工作能力和工作水平提供了好的方法和思路；三是认真学习贯彻习近平总书记系列讲话精神，切实以总书记讲话精神作为指导林业工作实践和建设生态文明和美丽中国的精神实质；四是按照国家林业局的统 安排部署，制订昆明院的“两转变两服务”活动工作方案，推进全院的思想、作风建设。

“美丽昆明院”建设 昆明院不仅在物质文明上连年丰收屡创佳绩，同时也在精神文明和文化建设上呈现生机勃勃、团结和谐的美丽昆明院景象。昆明院连续25年保持云南省文明单位称号；在院工会、共青团及有关部门共同组织下，积极开展健康、和谐、丰富多彩的文体活动，营造全民健身的良好氛围；积极承担社会责任，捐款捐物支援扶贫；重视退休职工的生活和健康、送温暖活动、体检、文体文化活动丰富开展。

【林业大事】

4月15日 昆明院开始派出共计150名专业技术人员，历时120余天，截至8月25日圆满地完成了四川、云南、新疆维吾尔自治区和新疆生产建设兵团4个省级单位13.27万公顷的退耕还林工程国家级重点核查验收工作。

5月30日 昆明院与轿子山国家级自然保护区达成共建合作单位。

6月 2012年度全国优秀工程咨询成果奖评审结果揭晓。由昆明院编制完成的《上海崇明东滩鸟类国家级自然保护区总体规划(2011~2020年)》和《广西雅长兰科植物国家级自然保护区总体规划》两项目分别荣获2012年度全国优秀工程咨询成果二等奖、三等奖。

7月 昆明院顺利取得林业调查规划设计甲A级资质证书。

7月 昆明院孙国政博士、罗伟雄工程师二人在察隅—贡山山地—西藏地区进行全国第二次陆生野生动物资源调查的过程中发现新物种，命名为察隅湍蛙 *Amolops chayuensis* sp. nov.

10月18~25日 由中国自然科学博物馆学会自然保护区专业委员会主办，云南省林业厅、国家林业局自然保护区及野生动植物西南监测中心共同承办的第十九届海峡两岸自然保护区业务交流研讨会在云南顺利召开。

11月 昆明院获中国勘察设计协会“创优型企业”称号、唐芳林院长获“优秀企业家(院长)”称号。

(昆明勘察设计院由张妍宁供稿)

林业社会团体

25

中国林学会

【综 述】 2013年，中国林学会扎实抓好学术交流、科学普及、决策咨询、科技奖励、期刊编辑等各项工作，取得了明显成效。学会被中国科协评为“2013年度全国学会科普工作优秀单位”，主办期刊——《林业科学》被国家新闻出版广电总局评为“百强科技期刊”。

学术交流 2013年学会及各分会共举办综合性和专题性学术活动36项，参与人数达7000人次，交流论文3000多篇。积极筹办第三届中国林业学术大会。举办了第十五届中国科协年会分会场——中国西部生态林业和民生林业发展与科技创新学术研讨会、2013中国林业青年科技创新研讨会，组织开展了竹藤资源利用、生物质材料科学与技术、森林食品科学技术、森林公园与生态文明建设、林业有害生物防控与生态民生安全、长江流域防护林建设技术与生态服务变化、林木遗传育种、树木文化与生态环境建设、人工林经营技术等专题学术交流活动。组织召开了第二届林学名词审定委员会第五次全体扩大会议，各学科名词送审工作已经完成。

科普活动 2013年学会举办主题科普活动25次，科普讲座75次，科普展览5次，受众人数近62 000人。学会根据科普服务林权制度改革试点工作不同试点地区，选择不同时间，采取不同方式，在辽宁省宽甸县、浙江省龙泉市兰巨乡、陕西省蓝田县，分别针对板栗、核桃、香榧、白皮松、红豆杉、玉竹的良种选育、栽培和管护，食用菌生产与保存，山野菜采集、加工、保鲜储存，森林病虫害评估与防控等10多个方面，建立培育示范基地，并组织专家开展科技咨询、技术指导、专场科技培训等各类科普活动近60次。按照科技部、中宣部、中国科协《关于举办2013年科技活动周的通知》的要求，组织开展了“绿色科技、多彩生活”“走进森林”、第44个“世界地球日”等科普宣传活动；组织科普专家在北京四中、光爱学校开展了系列科普报告会；举办了第29届青少年林学夏令营暨青少年科学考察营活动。开展了林业科学传播团队组建工作，组建了中国林学会森林科学传播专家团和生态学传播专家团。其中，森林科学传播专家团由10名专家组成，生态学传播专家团由5名专家组织，并研究制订了2014年科普林业科学传播团队工作计划。

决策咨询 2013年学会组织科技咨询活动10次，反映科技建议15篇，获上级领导重要批示1篇。组织完成了《林改后集体林经营现状及政策需求调研报告》，在形成专家报告初稿的基础上召开专题研讨，提出修改意见，提炼报告观点建议。与中国植物保护学会、中国畜牧兽医学会、中国水产学会、中国气象学会共同完成了《2013年中国生物灾害的预测与预防》报告，刘延东亲自批示。提交的《白蜡树枯梢病威胁中国林业生态和生态环境安全》科技工作者建议由中国科协上报中央。主动关注基础林业科技工作者，向中国科协提交“改善林业基层林业科技工作者工作环境及工作待遇刻不容缓”等信息，呼吁关注和改善基层林业科技工作者的工作环境及待遇。在前期调研的基础上，召开古树名木保护专家座谈会，完成了《全国古树名木保护情况调研报告》，提出了《关于加强古树名木保护的建议》，在此基础上，受全国绿化委员会办公室委托，组织有关专家着手起草《古树名木保护管理办法》《古树名木认定标准》《古树名木普查规程》。与国家林业局桉树研究开发中心在广东湛江联合组织开展了“产学研会协同创新的组织模式和运行机制”调研。调研组根据桉树产学研会协同创新机制的各要素方，先后到南方国家级种苗基地等进行深入调研，实地了解企业的生产经营现状，技术需求及获得途径等，并组织专家座谈会，就桉树产业及科技发展情况，桉树典型林业科技成果的转化过程及效果、桉树论坛的办会模式以及桉树产学研会协同创新的组织模式和运行机制等方面进行研讨。

国际交往 2013年学会接待国外来访20人次，派出访问人数10人次。接待了国际林联主席和副主席及香港特区园艺专业学会代表团会来访，赴捷克参加国际林联木材技术与环境国际学术研讨会、赴英国、荷兰、瑞士参加科技期刊交流考察。

搭建产学研交流平台 举办了全国第二十次银杏学术研讨会暨中国(郯城)首届银杏产品交易会，围绕“银杏之乡，美丽郯城，科技助推，强业富民”这一主题，针对银杏栽培、加工等方面的科研技术开发和产业化发展进行深入交流与探讨，举行了银杏产品展示与交易会、银杏林现场参观考察，并发起举荐银杏为国树倡议签名活动。举办了2013年全国桉树学术研讨会、第九届中国竹业学术大会，积极搭建产学研交流平台，展示科研新成果，促进科技成果转化，促进相关产业发展。由中国林学会组织推荐的“中国桉树产业技术创新联盟”被科技部列为41个“国家重点培育联盟”之一。

学术期刊 2013年学会主办期刊《林业科学》第八次被中国科协列为年度中国科协精品科技期刊项目。学会认真完成了项目规定的相关任务，在来稿量增加的形势下，保证了期刊编校质量，被国家新闻出版广电总局评为“百强科技期刊”。完成了期刊网站的升级改版，网站内容、功能进一步扩展。完成了期刊的编辑出版工作。截至12月31日，来稿1063篇，出版12期，刊发文章316篇。来稿量比2012年增加，发稿量持平。组织召开了《林业科学》在京编委会、期刊座谈会。组织编辑人员调研、交流、培训，进一步提高了编辑业务水平。

表彰举荐优秀科技工作者 2013年学会按照中组部、人社部、中国科协部署和《中国林业青年科技奖条例》有关规定，组织开展了第十二届中国林业青年科技奖的评选及第十三届中国青年科技奖候选人推荐工作，评选出20名中国林业青年科技奖获得者，并从中评选出9名第十三届中国青年科技奖候选人，其中1人荣获中国青年科技奖。组织开展了第五届梁希林业科学技术奖的评选。根据《梁希林业科学技术奖奖励办法》，经形式审查、专家初评、专业组评审、梁希林业科学技术奖评审委员会评审和社会公示等程序，最终从123项申报项目中评出获奖项目79项。一等奖4项，二等奖35项，三等奖40项。组织开展了第四届梁希科普奖评选。依照《梁希科普奖奖励办法(试行)》的有关规定，经形式审查、专家初评和第四届梁希科普奖评审委员会评审等程序，评选出梁希科普人物类奖3名，梁希科普作品奖10项，梁希科普活动奖12项。启动了第四届梁希优秀学子奖的评选工作。

组织建设 召开了常务理事会，总结2012年工作，研究部署2013年工作安排。召开了全国林学会秘书长会议，全面总结2012年学会工作，分析学会发展面临的新形势、新任务，深入讨论了学会发展思路，安排部署了2013年工作。积极做好会员发展与服务。强化分支机构管理，加强了分支机构换届改选的审批，林木遗传育种分会、森林病理分会、森林公园分会、树木学分会、林产化学化工分会、森林昆虫分会完成了换届改选。积极做好第十一次全国会员代表大会的各项前期筹备工作。

【第十五届中国科协年会分会场——中国西部生态林业和民生林业发展与科技创新学术研讨会】 5月25～27日，中国西部生态林业和民生林业发展与科技创新学术研讨会在贵州省贵阳市召开。本次研讨会是第十五届中国科协年会第十九分会场。由中国林学会、贵州省林业厅和贵州大学共同承办。中国林学会副理事长兼秘书长陈幸良，贵州省林业厅厅长金小麒出席论坛开幕式并讲话，中国科学院院士、中国林科院首席科学家蒋有绪研究员，中国工程院院士、北京林业大学原校长尹伟伦教授，福建农林大学校长兰思仁教授等出席论坛并作特邀报告。

蒋有绪在会上作了题为“世纪警示与我们的时代任务”的特邀报告，指出全球变暖已经成为人类生存面临的巨大威胁，全球各国虽然采取了措施，但收效甚微，应对全球变化需要寻求绿色发展新模式，大力发展低碳经济。尹伟伦指出森林生态系统经营是目前世界林业发展的方向，要充分利用典型森林生态系统，根据林业的多功能性构建多种新产业，实现林业的可持续发展。金小麒总结了贵州省石漠化综合治理的林业实践，兰思仁校长介绍了生态旅游社区共管发展模式，中国林科院侯元兆研究员分析了绿色发展的本质思想与贵州石漠化治理的精华经验，贵州大学林学院院长喻理飞阐述了喀斯特石漠化区植物适应性与植被恢复调控，西南林业大学经济管理学院院长支玲论述了西部退耕还林工程问题及对策。中国林科院亚林所李生副研究员等12位专家围绕会议主题作了专题报告。

会前，中国林学会组织一批专家学者，围绕石漠化地区生态修复与综合治理、林下经济发展和生态旅游等贵州省生态林业民生林业发展的重要问题进行了调研，形成了专家报告。在贵州省领导与院士专家座谈会上，尹伟伦院士代表第十九分会场，提交了《贵州石漠化地区生态恢复的问题及建议》的决策建议。本次会议共征集到学术论文120余篇，吸引了全国20多个省、自治区、直辖市相关领域的近200位专家学者参加会议。

【2013中国林业青年科技创新研讨会】 7月3～5日，江西省南昌市召开。论坛由中国林学会与江西农业大学联合主办，中国林学会青年工作委员会和江西省林学会共同承办。从事生态恢复技术相关研究领域的科研、管理、教学、生产部门的青年科技工作者160余人参加了论坛，征集论文83篇。

会议主题为“生态恢复技术与生态文明”。大会交流包括特邀报告、专题报告及学术交流等3部分。江西农业大学原副校长杜天真、江西农业大学林学院院长张露、北京林业大学教授贾黎明、北京市园林绿化局教授级高工陈峻崎应邀在大会作特邀报告。杜天真教授重点讲解了造林困难立地(泰和、赣州、修水、弋阳)种植前后15年的变化情况。介绍了木荷纯林、油桐－湿地松混交林等19年来不同造林模式的生长情况，就组织科研协作组联合攻关、实验基地的长期保存和保护、生态公益林“按效益论补偿”、人力与自然力的关系等问题进行思考。

论坛专题报告按生态文明与生态恢复的理论分析、生态恢复工程实践及经典案例分析、生态恢复工程的效益评价3个议题进行了学术报告和研讨，涉及南方荒山、沿海吹填土地、湿地、矿山、片麻岩风化地等多种立地的植被恢复，并就桉树林耗水等理论问题进行了讨论。

会议还以《人力恢复自然及自然力恢复自然的思辩》为题进行了专题讨论，剖析了人力恢复自然及自然力恢复自然的利与弊，并就采取哪些措施趋利除弊提出了40余条对策。

【2013年全国桉树学术研讨会】 9月25－27日，在成都召开。本次研讨会由中国林学会和四川省林业厅联合主办，中国林学会桉树专业委员会，四川省林学会，四川省林科院，四川省林业产业联合会和广州女娲肥业有限公司承办。中国工程院院士尹伟伦，中国林学会副秘书长尹发权，国家林业局气候办常务副主任、中国绿色碳汇基金会秘书长李怒云，四川省林业厅副厅长马平等出席研讨会。

本次研讨会以“拓宽发展空间，促进高效利用”为主题，全国15个省(区)以及澳大利亚、美国、日本等桉树科研、管理和生产领域的代表参会。尹伟伦作了题为“关于桉树栽培生态生理问题的思考”的主题报告，李怒云作了题为“人工林与林业碳汇交易”的报告。与会学者分别就桉树引种、育种、良种繁育，可持续经营及产品市场开发，栽培技术、营养及施肥管理、病虫害防治等3个议题进行了专题学术报告和研讨。

会议颁发了2013年度“中国桉树发展突出贡献奖”，中国林科院热林所白嘉雨研究员等8位桉树界有突出贡献的工作者获奖。会议开展了全国桉树研讨会学术论文评选。

【竹藤资源利用分会第一届学术研讨会】 5月19～20日，在安徽省霍山县召开。全国政协人口资源环境委员会副主任、国际竹藤组织董事会联合主席、中国林学会理事长、国际竹藤中心主任江泽慧教授，安徽省人民政府梁卫国副省长和各司(局)、直属单位、林业协会领导出席会议。中国林学会副理事长兼秘书长陈幸良主持会议开幕式。

江泽慧指出，竹藤应利用分会不断健全完善组织机构和体制机制，不断强化产、学、研信息交流平台，有效促进竹藤产业的技术创新和管理创新，推动竹藤产业走上资源保护培育、合理开发利用的可持续发展轨道，为提高中国乃至世界竹藤资源利用水平，增强竹藤科技创新能力和竹藤产业的国际竞争力发挥重要的支撑作用。

中国林科院首席科学家彭镇华教授、中国林科院首席科学家萧江华研究员、国际竹藤中心常务副主任费本华研究员、安徽龙华竹业有限公司方业龙董事长、西南林业大学王慷林研究员、国际竹藤组织副总干事李智勇研究员分别作了大会特邀学术报告。

出席会议的各位专家、学者和企业家就竹文化、竹林培育、竹藤加工技术、竹藤产业发展与绿色经济等热点问题进行了深入交流和探讨。来自王国相关科研、教学、管理及企业的150余位代表出席了会议。

【第九届中国竹业学术大会】 12月6~8日，在福州市召开。来自中国科学院、中国林科院、国际竹藤中心、有关大专院校等有关单位220余名代表参加了会议。

中国林学会副秘书长尹发权，竹子分会主任委员、浙江省政协农业与农村工作委员会楼国华主任出席会议并讲话。中国林学会竹子分会副主任委员、浙江省农林大学党委副书记方伟教授致开幕辞，福建省林业厅谢再钟副厅长致欢迎辞，福建林业职业技术学院院长、福建省竹业协会郑郁善会长介绍福建省竹产业发展情况。国家林业局竹子研究开发中心于辉主任，竹子分会副主任委员、浙江省林业厅蓝晓光总工程师，竹子分会副主任委员、浙江省林科院汪奎宏院长等专家学者出席开幕式。

会议共收到涉及竹子生理、竹子生态、竹子育种、竹子栽培、竹子加工、竹文化、竹子生产与管理等方面学术论文130篇、报告8个。其中蓝晓光、张英、顾小平、高志民、林新春、黄六莲、张文标等7位专家作了特邀报告；来自各地的26位论文作者代表分别在大会上进行了交流。大会进行了优秀论文的评选，并为获奖作者颁发了奖励证书。 （中国林学会由郭丽萍供稿）

中国野生动物保护协会

【综　述】 2013年是中国野生动物保护协会成立30周年。30年来，中国野生动物保护协会紧紧围绕野生动物保护和国家生态建设中心任务，坚持开展“爱鸟周”“保护野生动物宣传月”等一系列科普宣传和法律法规教育活动；突出特色，打造未成年人生态道德教育活动平台；规范管理，壮大会员队伍；积极履约，广泛开展国内外科技交流与合作；着力引导规范养殖业发展，开展科技咨询与培训，推动民生林业可持续健康发展。树立了良好的公益形象，赢得社会公众认可和尊重，扩大了中国保护成果在国际上的影响力。

【野性“淘淘”纪录片】 中国野生动物保护协会、中国保护大熊猫研究中心与中央电视台数次进入卧龙国家级自然保护区联合制作了野性“淘淘”纪录片。这是目前世界上第一次从大熊猫出生、成长、野外驯化、野外放归等全过程进行拍摄，展示了中国大熊猫保护已进入了新的历史阶段。对进一步增强社会各界认识和了解大熊猫的生态习性，吸引更多的公众参与野生动、植物及其栖息地保护，携手共建人与自然和谐的美好家园，促进人类社会的可持续健康发展，发挥了积极作用。野性“淘淘”纪录片一分钟视频集锦，已于3月8日在北京地铁五号线、八号线、十号共计3条地铁线路的相关视频播出，播出时间为40余天，据北京地铁公司统计这3条地铁线路日均客流量300万人次，本次视频播出的40天里预计将有超过1亿人次的浏览。

【南方地区野生动(植)物保护协会秘书长工作座谈会】 3月29日至4月1日，在湖北省京山县召开，中国野生动物保护协会赵学敏会长、臧春林秘书长、湖北省野生动植物保护协会李德珍会长出席了座谈会并致辞，来自南方地区的15个省级协会的秘书长参加了座谈会。臧春林秘书长在总结讲话时说，当前中国经济社会发展正处在重要转型时期，国家积极推进社会组织管理体制改革创新，推行社会组织直接向民政部门申请登记，推动政府部门向社会组织转移职能。中央财政也首次投入购买社会组织服务资金等举措，支持社会组织更好地发挥提供服务的作用。这些举措为社团提供了广阔的发展空间。面对新形势、新任务，协会要积极发挥自身作用，为现代林业建设和野生动物保护工作服务，为繁荣生态文化，推动生态文明建设作贡献。一是要创新科普宣传的形式和内容，提高公众野生动物保护的科学素质；二是加强能力建设，承接政府转移的职能；三是加大服务力度，充分发挥会员作用；四是积极拓宽国内外科技交流与合作的领域和渠道。座谈会上，各省秘书长汇报交流了2012年协会工作总结和2013年协会工作计划。会议代表还审议《中国野生动物保护协会会员管理办法》和中国野生动物保护协会会员数据库管理系统。

【全国未成年人生态道德教育经验交流会】 3月30日，由中国野生动物保护协会、湖北省野生动植物保护协会共同举办的全国未成年人生态道德教育经验交流会在湖北省京山县召开。来自13个省份40多所学校的校长、老师以及南方15个省(区、市)野生动植物保护协会的会长、秘书长参加了会议。中国野生动物保护协会赵学敏会长、臧春林秘书长、湖北省野生动植物保护协会李德珍会长、中国野生动物保护协会赵胜利副秘书长、京山县副县长张春华等有关领导出席会议。会议由中国野生动物保护协会臧春林秘书长主持。南京红山小学赵功伟校长、深圳福田区教育局游云老师和湖北省野生动植物保护协会未成年人生态道德教育委员会主任委员、资深专家徐大鹏老师等在会议上作了典型经验交流，中国生态书画院副院长路正明老师讲话。赵学敏会长在经验交流会上讲话。

会议通报了中国野生动物保护协会2013年开展未成年人生态道德教育活动计划和部署安排。会议期间还举行了由小学生参加的未成年人生态道德教育互动活动——少年儿童生态保护知识竞赛活动、生态道德知识讲座和文艺演出。

【保护野生动物摄影展】 4月25日，由国家林业局和北京市地铁运营有限公司共同主办，中国野生动物保护协会、中国野生植物保护协会和水生野生动物保护分会承办的“保护野生动物 建设美丽中国”摄影展在北京市地铁五号线磁器口、灯市口、和平里北街等3个站厅展出，展期持续40天。5月30日，由国家林业局和北京市地铁运营有限公司主办，中国野生动物保护协会、北京山水自然保护中心、雅安市人民政府、四川蜂桶寨国家级自然保护区管理局共同承办“雅安，我们与你同在”摄影展在北京展出，展期持续30天。9月27日，由国家林业局和北京市地铁运营有限公司主办，中国野生动物保护协会、北京山水自然保护中心承办“寻找雪豹”摄影展在北京展出，展期持续40天。通过举办摄影展，进一步增强社会各界认识保护野生动物的重要性，吸引了更多的公众积极参与到保护环境的工作中来。

【赵树丛局长会见浙江横店集团创始人徐文荣】 5月15日，国家林业局局长赵树丛在北京会见了浙江横店集团创始人、横店共创共有共富共享工作委员会(“四共委”)主席徐文荣一行。赵树丛指出，野生动物保护是生态文明建设的重要组成部分。对野生动物的宣传、科普和教育要从青少年抓起，使每个公民树立自觉保护意识，在全社会形成尊重自然、热爱自然的良好风气。中国野生动物保护协会会长、国家林业局原副局长赵学敏参加会见。4月14日，横店“四共委”下属单位——东阳横店万花园与中国野生动物保护协会签订了为期10年的合作框架协议，建立战略合作伙伴关系，并由“四共委”捐赠100万元支持野生动物保护事业。横店万花园还计划建设“野生动物科普教育基地”，专门用于开展野生动物保护宣传、科学研究、科普教育、实习实践等公益性活动。

【中国野生动物保护协会聘任六小龄童为公益形象大使】 6月14日“中国野生动物保护协会公益形象大使受聘仪式”在北京举行。民政部、国家林业局、中国科协、中国作家协会、中国儿童中心等单位领导莅临活动现场，来自海峡两岸6名未成年人生态道德教育培训专家、全国25个省(区、市)40名基层中小学校骨干教师、有关国际组织、国内社团组织，以及新华社、人民日报社、中央电视台等20余家媒体记者参加了活动仪式。六小龄童曾经是中国野生动物保护协会“金丝猴爱心大使”，此次中国野生动物保护协会聘任六小龄童为公益形象大使，旨在动员社会各界进一步关注野生动物保护、关注生态环境。

【全国首次未成年人生态道德教育“自然体验师”培训班】 6月14日，由中国野生动物保护协会主办的全国首次未成年人生态道德教育“自然体验师”培训班开班仪式在国家林业局举行。民政部、教育部、国家林业局、中国科协、中国作家协会、中国儿童中心等单位领导莅临指导，来自海峡两岸未成年人生态道德教育培训专家及全国25个省(区、市)基层中小学校骨干教师、国际组织、国内社团组织等41名学员参加开班仪式。新华社、人民日报社、中央电视台等20余家媒体记者参加活动仪式。中国野生动物保护协会赵学敏会长作讲话。“自然体验师”培训班在全国尚属首次。自然体验师会引导孩子们亲近大自然、保护大自然，树立起正确的生态价值观和道德观。中国野生动物保护协会筛选出符合条件的青年骨干、优秀志愿者共计80名，分2批进行培训。开班仪式上，与会领导向培训学员代表授予了“未成年人生态道德教育自然体验活动”队旗，并向学员代表赠送了野生动物科普图书，基层学校骨干教师代表全体学员在会上发言。开班仪式后培训班学员前往秦皇岛野生动物救护中心，开展为期5天的培训班学习。

【濒危物种保护与中医药可持续发展专家座谈会】 6月14日，由中国野生动物保护协会、国际野生物贸易研究组织中国项目联合主办的“濒危物种保护与中医药可持续发展专家座谈会”在北京召开。来自相关行业、科研机构的与会代表分别围绕中医药行业发展、药材产业等话题，研讨濒危物种保护与中医药可持续发展共存互利的有效途径，以更好地保护和可持续利用中国药用野生动植物资源，积极履行《濒危野生动植物种国际贸易公约》(CITES公约)及中国野生动植物保护的相关法律法规。与会代表形达成共识：中医药事业的可持续发展与动植物药材的可持续利用互相依赖，共存互利是必然趋势；了解和遵守濒危物种相关法律法规，积极履行国际公约，加大力度宣传中医药的可持续发展举措，对中医药发展至关重要；在合法确保特效药、关键药、重点药的前提下，要严格控制濒危药用野生动植物资源的年度消耗量；针对目前一些药用动植物濒临灭绝的情况，中医药从业者要遵守国家法律和国际公约，严格执行相关规定，同时向大众科学解释药用动植物的功能，减少大众盲目用药需求。

【“生态中国·野性之美”宣传活动暨全国保护野生动物宣传月】 9月13日，由中国野生动物保护协会、国际野生物贸易研究组织和世界自然基金会联合举办的“生态中国·野性之美”宣传活动暨全国保护野生动物宣传月启动仪式在北京举行，来自国家林业局野生动植物保护与自然保护区管理司、森林公安局、国家濒危物种进出口管理办公室、海关总署缉私局和北京市森林公安局等政府部门、企业与众多NGO的代表参加，交流打击非法野生物贸易的工作经验，呼吁公众从自身做起，拒绝消费非法野生物制品，共同保护地球家园。

秋冬季是非法经营野生动物行为多发的季节，在保护野生动物宣传月期间，全国各级野生动物保护协会要积极开展多种形式的宣传教育活动，同时发动全国35万多名会员和志愿者，通过参与野外巡护、提供非法活动信息及动向等形式，配合政府主管部门打击破坏、走私野生动物资源的违法犯罪活动。

【中国(齐齐哈尔)国际鹤文化艺术节】 8月3日，中国(齐齐哈尔)国际鹤文化艺术节在齐齐哈尔鹤城体育场开幕。中国(齐齐哈尔)国际鹤文化艺术节是由国际鹤类基金会、中国野生动物保护协会、中共黑龙江省委宣传部、黑龙江省林业厅与中共齐齐哈尔市委员会、齐齐哈尔市人民政府共同主办，中共齐齐哈尔市委宣传部、鹤文化研究会承办。艺术节历时15天，包括主题晚会、学术论坛、文化创作、经贸旅游、群文活动等5大项26个具体活动。世界现有鹤类15种，中国有9种，齐齐哈尔就有6种。齐齐哈尔境内的扎龙国家级自然保护区是中国丹顶鹤重要的栖息繁殖地。据调查，扎龙保护区现生活有野生丹顶鹤近400只。开幕式上，中国工程院院士、鹤文化研究会会长马建章宣读了"国际鹤类基金会"为艺术节发来的贺信、中国野生动物保护协会臧春林秘书长等主办单位代表先后致辞。随后，丹顶鹤迁徙路线上的江苏省盐城市、辽宁省盘锦市、吉林省白城市、黑龙江省齐齐哈尔市4个城市领导共同启动水晶球，标志着4个城市结成了"保护生态环境四城市联盟"。齐齐哈尔市代表宣读"保护生态环境四城市联盟"倡议书，承诺共同加强丹顶鹤的保护工作。

【"观鸟中国·伴鸟儿自由飞翔"】 2013年是全国"爱鸟周"活动32周年，10月19日，中国野生动物保护协会秦皇岛野生动物救护中心、秦皇岛市观(爱)鸟协会、美铝渤海铝业有限公司、燕秀里小学在秦皇岛鸟类博物馆联合启动"观鸟中国·伴鸟儿自由飞翔活动"。

中国野生动物保护协会副秘书长李青文、秦皇岛市人大副主任刘志新、原秦皇岛市市长刘朔全、原秦皇岛政协副主席范怀良、秦皇岛市观(爱)鸟协会会长王玉臣、美铝渤海铝业有限公司总经理孙景顺出席了本次活动。中国野生动物保护协会副秘书长李青文、秦皇岛市观(爱)鸟协会会长王玉臣分别发表讲话，燕秀里小学的同学代表志愿者做发言。活动成功放归了2013年中国野生动物保护协会秦皇岛野生动物救护中心救护康复鸟类7种20只，其中国家一级保护动物丹顶鹤2只，国家二级保护动物灰鹤2只、红隼3只、雕鸮8只、小天鹅2只，斑头雁2只、山斑鸠1只。来自全市各界爱心志愿者在"观鸟中国·伴鸟儿自由飞翔"的百米长卷上签名。

【中国野生动物保护协会与中国三星签署合作备忘录】 10月29日，中国野生动物保护协会会长、国家林业局原副局长赵学敏会见了三星大中华区首席副总裁李贞烈。双方签署了为期3年的《中国野生动物保护协会——三星(中国)投资有限公司关于野生动物保护项目的合作谅解备忘录》，同意在开展野生动物保护活动中建立战略合作伙伴关系，秉承"保护野生动物，携手建设美丽中国"的共同理念和追求，通过野生动物保护繁育相关的人员交流、技术交流、宣传教育、保护救助、国际合作等方式，实现保护拯救濒危野生动物，提高基层保护能力的目标。

【第十届海峡两岸鸟类学术研讨会】 11月8～10日，由中国动物学会鸟类学分会和中国野生动物保护协会科技委员会联合主办，浙江自然博物馆、浙江省动物学会和浙江大学承办的第十届海峡两岸鸟类学术研讨会在杭州召开，本次大会的主题是"人类活动与鸟类多样性保护"。中国科学院院士郑光美教授、鸟类学分会理事长刘廼发教授以及自两岸三地高校、科研院所、自然保护区和相关机构的鸟类学者、研究生、保护管理人员等共计500余人参加了会议。会议完成7个大会报告、10个专题60份学术报告、4次圆桌讨论会、9组72个口头报告、109份墙报，内容涵盖鸟类区系与生物地理格局、鸟类群落生态学、鸟类迁徙、中国鹤类研究与保护、鸟类物种分化与分类、鸟类群落与多样性、鸟类行为与策略、鸟类疾病、饲养与驯化、气候变化对鸟类的影响等。会议参加人数、学术报告数量和质量等方面都创造了新的记录。

【第九届全国野生动物生态与资源保护学术研讨会】 11月21～25日，由中国野生动物保护协会科技委员会、中国生态学会动物生态专业委员会、中国动物学会兽类学分会共同主办，华中师范大学生命科学学院承办的"第九届全国野生动物生态与资源保护学术研讨会"在湖北省武汉市召开。这是国内野生动物生态与资源保护规模最大、影响最大的一次会议，会议交流和推广了全国兽类学和动物生态学的最新研究成果，来自全国高校、研究院所和林业系统等单位的野生动物生态与资源保护的科学家、专家、学者共计440人参加会议。大会收到论文摘要318篇、参加会议单位115个、展出墙报28份。本次会议首次采用专题负责人召集制度，组织17个专题，有215人在个专题报告会上作了报告。大会为5名"全国优秀青年动物生态学工作者"、10名"优秀墙报设计奖"获得者颁发了证书。

【中国野生动物保护协会与美国环球健康与教育基金会签约合作协议】 11月22日，美国环球健康与教育基金会－中国野生动物保护协会关于2014年度开展"环球自然日"活动的合作签约仪式在上海举行，双方将在青少年自然科学教育方面开展合作。中国野生动物保护协会副秘书长李青文专程前往上海，出席签约仪式。"环球自然日"活动由美国环球健康与教育基金会发起，迄今已举办两届，在国内外积累了诸多美誉。2014年度第三届自然日活动中，中国野生动物保护协会将作为支持单位，以其在野生动物保护领域的成功经验和诸多优势，为激发中小学生自然科学兴趣提供了更为广阔的专业平台。

【"拒烹野生保护动物，我们在行动"大型公益活动】 12月12日，由中国野生动物保护协会和国家林业局野生动植物保护与自然保护区管理司主办，天津绿色之友和广东嘉豪食品股份有限公司承办的2014年“全国拒烹野生保护动物，我们在行动”大型公益活动在天津举行。来自天津100多家知名酒店的名厨、烹饪大师、专家名厨、天津市环保爱心人士及中央电视台、中央人民广播电台、新华社、《中国绿色时报》等新闻媒体记者共计100多人参加启动仪式。国家林业局野生动植物保护与自然保护区管理司、中国野生动物保护协会、天津市林业局等单位领导出席启动仪式。此活动陆续在河北、山西、辽宁、安徽、山东、等省(区、市)巡回开展。

【中国野生动物保护协会2013年理事扩大会】 12月18日，在北京召开。2013年是中国野生动物保护协会成立30周年，国家林业局副局长张建龙代表国家林业局出席会议表示祝贺，并作重要讲话。来自国家林业局有关司局、各省级协会会长、秘书长、驻华使馆官员、国际国内NGO组织合作伙伴、媒体记者、中国野生动物保护协会常务理事、理事等200余人出席会议。张建龙副局长指出，中国野生动物保护协会成立发展的30年也是中国野生动物保护事业不断前进的30年，野生动物保护是国家生态文明建设的重要组成部分。30年来，中国野生动物保护事业在濒危物种保护、野生动物栖息地保护、法制体系建设和提高公民与社会的整体保护意识方面成绩显著。中国野生动物保护协会会长赵学敏作工作报告。中国野生动物保护协会公益形象大使六小龄童向全社会发起“保护野生动物・共建美丽中国”的倡议。

【国际合作交流】 9月11日，中国野生动物保护协会与比利时天堂公园在大连签署了《关于开展大熊猫保护研究合作的协议》，根据协议，来自卧龙中国保护大熊猫研究中心的两只大熊猫“好好”和“星徽”将赴比利时天堂公园参与为期15年的合作研究。9月，中国野生动物保护协会与美国圣地亚哥动物园大熊猫研究合作协议到期，在经过双方对延期协议商讨并达成一致后，11月7日在成都签署了《大熊猫合作研究繁殖延期协议》，协议有效期自2013年9月1日至2018年9月1日。11月9日中国野生动物保护协会与美泉宫动物园在成都签署了《大熊猫合作研究繁殖延期协议》，协议期限自2013年9月14日至2023年9月14日。

【“中国大熊猫”3D电影】 为了充分对外展示中国为保护大熊猫而进行的一系列开创性的保护工作和取得的举世瞩目的成就，由中国野生动物保护协会、牛津科学影片有限公司、卧龙中国保护大熊猫研究中心共同制作一部“中国大熊猫”3D电影。该片的拍摄，积聚了世界先进的3D技术和顶尖的制作团队，9月11日在英国爱丁堡动物园举办的3D大熊猫纪录片全球首映，并召开了爱丁堡动物园大熊猫研讨会。

（中国野生动物保护协会王晓婷、曹丽萍供稿）

中国野生植物保护协会

【荣获2013年香港花卉展览展品金奖】 2013年3月15~24日，香港花卉展览在香港铜锣湾维多利亚公园举行，有18个国家和地区共200个机构参展，展出花卉植物35万株。中国野生植物保护协会兰花保育委员会以“美丽的中国野生兰花”为题参展，向香港市民进行了野生兰花保育的科普宣传教育，并荣获展品类金奖。

【第七届肉苁蓉及沙生药用植物学术研讨会暨中国野生植物保护协会肉苁蓉保育委员会成立大会】 5月8日，由中国野生植物保护协会、中国中药协会、内蒙古阿拉善盟行署联合主办，北京大学天然药物及仿生药物国家重点实验室、内蒙古阿拉善盟林业局、内蒙古梭梭肉苁蓉研究所等多家单位共同承办的第七届肉苁蓉及沙生药用植物学术研讨会暨中国野生植物保护协会肉苁蓉保育委员会成立大会在内蒙古阿拉善盟隆重召开。国家林业局原副局长、中国野生植物保护协会会长马福出席会议并讲话；国家食品药品监督管理总局、国家林业局保护司、科技司、治沙办、国家濒管办、内蒙古自治区林业厅等单位领导参加了会议，阿拉善盟行署领导到会致词。来自肉苁蓉重点省份的野生植物保护行政主管部门领导、专家学者、相关企业代表、新闻媒体记者等共130余人参加了会议。

【2013(第二届)中国国际沉香文化博览会、中国沉香文化论坛暨中国野生植物保护协会沉香保育委员会成立大会】 8月9日，由中国野生植物保护协会主办的2013(第二届)中国国际沉香文化博览会、中国沉香文化论坛暨中国野生植物保护协会沉香保育委员会成立大会在北京国际展览中心举办。博览会旨在弘扬中国沉香文化、保护沉香野生资源、推动沉香产业可持续发展。本届博览会由中国沉香特展、中国的艺术生活、徽州巨匠－当代艺术展3大主题展组成，通过沉香标本、图文资料、VIP生活艺术空间及沉香雕刻艺术作品等形式，全面系统展示了中国海南、广东、云南、广西、香港等产区沉香的最大亮点。会上臧春林秘书长宣读沉香保育委员会的组成名单，正式宣告了沉香保育委员会的成立。协会副会长向委员会顾问、主任、副主任颁发了聘书；新当选的保育委员会主任、北京古天一拍卖公司艺术总监孙皖平先生介绍了委员会今后的工作计划和设想；会议审议通过了委员会工作章程。

【中国野生植物保护协会分支机构工作会议】 8月11~13日，在哈尔滨召开。中国野生植物保护协会自成立至今，经民政部批准，已先后成立了农业分会、科技委员会、兰花保育委员会、红豆杉保育委员会、药用植物保育委员会、蕨类植物保育委员会、肉苁蓉保育委员会、沉香保育委员会、药用石斛保育与利用委员会等9个分支机构。中国野生植物保护协会马福会长、臧春林秘书长、保护司刘亚文副司长兼副会长到会指导，9个分支机构的负责人及代表约30人参加了会议。赵胜利主持会议，各分支机构负责人汇报了近年工作开展情况、取得的成效和存在的问题以及近期至今后两年的工作计划与设想；并从不同领域和层面就野生植物保护、人工培育、产业发展、科学研究及分支机构如何开展工作等方面进行了充分的交流和讨论；在听取了各分支机构发言后，马会长对野生植物保护工作面临严峻形势下，协会与分支机构如何在保护与利用、产业发展、科普宣传等方面开展工作提出指导性意见，强调要加强科普宣传工作和科学引导舆论，确保协会的信誉和社会地位。

【2013中国蕨类植物研讨会】 10月16~18日，由中国野生植物保护协会蕨类植物保育委员会和中国花卉协会蕨类植物分会主办、上海辰山植物园（中国科学院上海辰山植物科学研究中心）和上海师范大学承办的“2013年中国蕨类植物研讨会”在上海辰山植物园举行。上海辰山植物园园长胡永红博士致开幕辞，会议组委会名誉主席陈晓亚院士发来贺辞。哈尔滨师范大学刘保东教授和中国科学院植物研究所石雷研究员分别向上海辰山植物园捐赠人工繁殖的国家保护植物“泽泻蕨”和“单羽贯众”。本次研讨会分为蕨类植物天然产物化学与资源开发、蕨类植物生理与分子生物学、蕨类植物形态学与细胞生物学、蕨类植物系统分类学、蕨类植物繁殖生物学、蕨类植物多样性保护与可持续利用共计6个专题48个报告进行讨论，全面展示了中国蕨类植物学研究在各个领域的成果和最新进展。蕨类植物保育委员会主任张宪春研究员做大会总结。

【第一届全国药用石斛保育与产业发展研讨会】 12月13~15日，由中国野生植物保护协会药用石斛保育与利用委员会主办，中国科学院华南植物园和现代联合集团承办的“第一届全国药用石斛保育与产业发展研讨会（杭州）”在杭州举行。来自全国药用石斛界的180多位代表参加了会议。

会议由中国野生植物保护协会药用石斛保育与利用委员会主任、中科院华南植物园的段俊研究员主持。现代联合集团章鹏飞董事长致欢迎词，中国野生植物保护协会赵胜利副秘书长对此次会议召开的背景与意义做了说明，国家林业局保护司刘德望处长从野生植物保护和可持续利用方面发表了指导性意见，中国农工党副主席、全国政协常委、中国中医药研究促进会会长、中国著名中医专家张大宁先生就石斛在中医上的应用发表专业讲话。

本次会议的主题是提高药用石斛产业化技术水平，拓展药用石斛产品市场。来自中国医学科学院药用植物研究所、中科院华南植物园等单位的知名专家分别作了“菌根真菌对提高药用石斛产量与质量的影响”“药用石斛功效研究进展”“药用石斛的DNA分子鉴定与谱系地理学研究”“基于真菌共生萌发的药用石斛种苗生产与仿野生栽培模式介绍”“石斛的医学应用及养生价值”“石斛属资源的现状与利用”“产业转型要围绕品质和市场做文章和药用石斛质量控制中的若干问题探讨”等大会专题报告。

【中国野生植物保护协会2013年理事扩大会暨成立10周年座谈会】 12月25日，在北京召开来自林业、农业、科研院校、相关企业界、新闻界等各行业的理事、常务理事、国际NGO组织、省级协会、国家级保护区、分支机构、文化界代表以及媒体记者近百人出席了会议。马福会长到会并讲话，赵胜利副秘书长主持会议。

臧春林秘书长代表协会秘书处向大会作工作报告。臧春林从大力发展组织建设、广泛开展国内外交流合作、加强科普宣传教育、强化野生植物保护管理培训工作、积极承办政府主管部门交办事务、开展中国野生植物之乡的评选活动以及促进野生植物培植利用等7个方面回顾和总结中国野生植物保护协会成立十年以来走过的历程、取得的成绩，并提出要坚持围绕中心，服务大局，切实做好政府主管部门的参谋和助手；要加大科普宣传力度，着力提高社会公众的保护意识和科学素质；要以推动保护为根本，促进野生植物培育利用发展；要加强科技交流与合作，提高野生植物保护管理水平；要加大保护资金募集力度，为野生植物保护工作提供资金支持；要充分发挥各分支机构作用，广泛开展各项工作。随后举行座谈。

马福做了全面总结。强调野生植物保护协会要紧紧围绕国家生态建设中心这个宗旨，加强野生植物保护宣传工作，坚定不移地为广大会员、企业和基层农民服务，坚持“保护为主，保护与利用相结合”的方针，加强国内外科技交流与合作，加强各专业委员会自身建设，努力为中国野生植物保护与可持续发展事业贡献更大力量。（中国野生植物保护协会秘书处供稿）

中国花卉协会

【综　述】 2013年，中国花卉协会以党的十八大精神为指导，以建设生态文明、建设美丽中国和全面建成小康社会为动力，以推动和落实《全国花卉产业发展规划（2011~2020年）》为核心，团结奋进，锐意进取，行业指导得到加强，展会活动品牌效应突出，服务水平得到提高，自身建设不断加强。（宿友民）

【出台《全国花卉产业发展规划（2011~2020年）》】 2月5日，国家林业局印发了《全国花卉产业发展规划（2011~2020年）》（林规发〔2013〕19号）。中国花卉协会印发了关于实施《规划》的通知(中花协字〔2013〕1号),在《中国花卉园艺》《中国林业》《中国绿色时报》等媒体开展了《规划》系列宣传,并围绕《规划》的贯彻落实,开展了国家花卉种质资源库建设标准调研、国家花卉苗木良种繁育示范基地和国家重点花文化示范基地建设试点工作。(宿友民)

【积极开展花卉产业发展重大问题调研】 在2013年春节前后,组织开展了年宵花市场情况调查,形成了《2013年全国年宵花市场调查报告》;完成了《中国花卉产业发展扶持政策调研报告》,较系统地阐述了中国花卉产业发展面临的形势、主要困难和制约产业发展的瓶颈问题,构建了中国花卉产业扶持政策基本框架,提出了产业发展扶持政策建议。(宿友民)

【抓典型,引领行业发展】 一是抓典型人物。与中国绿色时报社联合组织评选出10位"2012中国花木产业年度人物"。二是抓典型企业。组织评选出"'森禾杯'2013年度全国十佳花木种植企业"。三是抓典型示范基地。认定江苏省常州市武进区、山东省青州市为"中国花卉苗木产业示范基地"。(宿友民)

【品种培育和审定工作】 挖掘出适宜盆栽的桂花品种6个,审定登录牡丹新品种53个,审定通过莲瓣兰"德兰素荷"、蕙兰"玉蜂巧"、文心兰"博大1号"等17个品种,登录雅珠、雅典两个茶花新品种,开发出桂花柱、桂花墙、桂花瓶等造型桂花的树。(宿友民)

【成功举办第八届中国花卉博览会】 9月28日至10月27日,第八届中国花卉博览会在江苏省常州市武进区成功举办。本届花博会由国家林业局、中国花卉协会和江苏省人民政府共同主办,全国绿化委员会、财政部、铁道部、科技部、农业部、商务部、海关总署、国家质检总局支持,江苏省花木协会、常州市人民政府承办。全国政协副主席何厚铧、第十一届全国人大常委会副委员长陈至立出席开幕式,国家林业局局长赵树丛,全国政协人口资源环境委员会副主任、中国花卉协会会长江泽慧出席开幕式并致辞。20多位省部级领导出席开幕式。本届花博会总面积200公顷,分主展区和辅展区,包括五大功能片区和"一场五园",共展示72个室外展园和3万多件花卉植物及花卉艺术品。首次实现全国所有省(区、市)和香港、澳门、台湾地区全部参展;中国花卉协会12个分支机构首次参展,中国插花花艺协会专门组织了插花艺术专题展,32个国家和地区的1300多家花卉组织和企业参展,实现了五大洲全覆盖。花博会期间,参观人数达268.26万人次,吸引了国内外专业人士10万多人次,现场销售额2.3亿元,签订交易合同359份,协议金额达12.3亿元,并辐射、带动周边花木产业发展和花农致富,达到了以会兴业的效果。

本届花博会主题是"幸福像花儿一样",集中展示了改革开放30多年来中国花卉业发展的新品种、新技术、新产品、新成果、新理念,深刻诠释了中国丰富的花文化内涵,促进了国内外花卉业交流与合作。

(宿友民)

【积极推进2019北京世园会认可工作】 2019年中国北京世界园艺博览会,于2012年9月29日成功获得国际园艺生产者协会(AIPH)批准后,工作重点转入向国际展览局(BIE)申请认可阶段。一是论证并报国务院批准确定了办会主题为"绿色生活,美丽家园";二是组织召开筹备会议,经国务院批准,确定了北京世园会组委会、执委会组织机构方案;三是向国际展览局递交了由外交部部长王毅签署的申请认可官方信函,组织制订了《一般规章》《参展合同范本》等国际认可文件,派代表参加国际展览局执委会和第154次会议;四是接待国际园艺生产者协会主席维克·克朗来华考察,北京世园会前期工作得到维克主席的高度评价;五是接待并由江泽慧会长会见了2016土耳其安塔利亚世园会组委会代表团,初步达成与2019北京世园会相互参展意向。

(宿友民)

【第十五届中国国际花卉园艺展览会再上新台阶】 中国国际花卉园艺展览会,是由中国花卉协会主办的专业性贸易展会。第十五届中国国际花卉园艺展览会,于4月17~20日在上海成功举办。展示总面积达17 000平方米,吸引了25个国家和地区436家展商同台亮相,并举办了中荷花卉研讨会、绿化苗木新品种新技术交流、园艺疗法论坛、插花表演等多项专业活动,得到了业内一致好评。(宿友民)

【第三届中国杯插花花艺大赛大放异彩】 第三届中国杯插花花艺大赛,由中国花卉协会、中国插花花艺协会、常州市人民政府共同主办,中国花卉协会零售业分会、江苏省花木协会、常州市农委、武进区人民政府承办,于2013年10月10~15日在江苏省常州市武进区举行。

这次大赛以"花艺之梦"为主题,分比赛、展示和相关活动3个部分。来自20个省(区、市)的65名选手参加比赛,参赛规模为历届中国杯大赛之最。大赛按国际比赛规则,经初赛、复赛、决赛3轮评审,最终决出冠、亚、季军,为选拔优秀选手参加2014亚洲杯插花花艺大赛打下了基础。中国花卉协会副会长张延华、国家林业局副局长孙扎根出席开幕式。(宿友民)

【成功举办第八届中国花卉产业论坛】 第八届中国花卉产业论坛由中国花卉协会、国家林业局造林绿化管理司、国家林业局科技发展中心(植物新品种保护办公室)、江苏省常州市人民政府共同主办,《中国花卉园艺》杂志社、常州市农业委员会、江苏省武进区人民政府承办,于9月29日在常州市武进区举办。以"创新花卉品种,建设美丽中国"为年度主题,中国花卉协会会长江泽慧、副会长韩德乾,国家林业局副局长张永利、江苏省副省长徐鸣等领导和来自全国各省(区、市)农林局、各省(区、市)花卉协会、大型花卉企业、相关院校及科研单位的200多位嘉宾出席。论坛通过主旨报告、特邀报告、主题演讲等多种形式,进行了广泛交流和深入探讨。江泽慧会长作了主旨报告,提出了加强花卉品种创新和保护,加快实现中国花卉产业现代化的思路和措施。(宿友民)

【信息化建设不断加强】 协会网站建设不断加强。2013年协会网站的信息量有了明显增加，信息质量也有所提高，已成为中国花卉协会对外沟通和联络的重要渠道。截至12月27日，协会网站点击量已超过337万人次，比2012年同期增加了30%。由中国花卉协会参与维护的《花卉产业》栏目点击量达664万人次，比2012年同期增加了52%。协会网站和《花卉产业》栏目的点击量分别位居国家林业局子网站和子栏目的前10名。《中国花卉园艺》办刊质量和效益稳步提升。2013年，由协会主办的《中国花卉园艺》调整工作思路，对协会各项重大活动做了及时跟踪报道，结合市场、季节和行业重大事件，共制作了12期专题。这些专题对行业的关键节点深度挖掘、集中阐释，从而体现中国花卉园艺杂志的指导性和权威性。杂志用了近20个版面对第八届中国花卉博览会的各项工作进行了全方位的宣传，起到了很好的宣传效果。（宿友民）

【确定协会和中国花卉博览会会徽】 经过向社会广泛征集、组织专业机构设计和专家把关，并经过各位副会长审议，全国各省（区、市）花协和中国花卉协会各分支机构秘书长通过，中国花卉协会30年来有了自己的标志（LOGO），中国花卉博览会也有了明确的会徽。（宿友民）

【分支机构管理不断规范】 组织召开了分支机构年度工作座谈会，总结各分支机构2012年工作和部署2013年重点工作；印发了《中国花卉协会分支机构开展活动管理办法（暂行）》；及时更换了盆栽植物分会、绿化观赏苗木分会到期的分支机构登记证书，办理了零售业分会业务范围变更和梅花蜡梅分会名称和地址更正，兰花分会、杜鹃花分会、梅花蜡梅分会、盆栽植物分会、绿化观赏苗木分会组织机构代码证变更等手续。（宿友民）

中国绿化基金会

【综　述】 2013年，在全国政协主席贾庆林的亲切关怀下，在国家林业局党组和理事会的领导下，中国绿化基金会紧紧围绕全面提高生态林业民生林业发展水平，促进生态文明建设和实现美丽中国这一中心任务，以扩大社会募集资金规模、提高公众参与度为目标，创新思路，开拓进取，团结奋进，务求实效，取得了较好成绩。截至2013年年底，中国绿化基金会共募集到账资金1.11亿元。签订捐赠合作、实施等协议163个；组织开展大型公益活动10次，参与绿化和生态公益事业的人数超过百万。与2012年同期相比，在社会影响力、公众参与面、品牌化建设等多方面均有提升，为中国绿化和生态事业发展作出贡献。

【影像滇西·穿越高黎贡大型公益活动启动】 1月9日，中国绿化基金会主办的“影像滇西·穿越高黎贡”大型公益活动在北京启动。此次中国绿化基金会以“保护高黎贡山行动”公益项目为基点，通过开展微电影拍摄、公众翻越高黎贡山深度体验活动以及“苍穹下的高黎贡”影像展等一系列深受社会公众喜爱和乐于参与的活动，向社会公众更好地展示和介绍中国大地上辽阔美丽的原始森林。

【中国绿化基金会艺术家专项基金成立】 3月29日，中国绿化基金会艺术家专项基金在全国政协文史馆举行启动仪式。中国绿化基金会主席、国家林业局原局长王志宝，中国绿化基金会副主席、国家林业局原党组成员杨继平和来自全国人大、全国政协、全国工商联、国务院国资委等国家有关部委、民主党派、相关社团代表，解放军代表以及中央电视台、新华社等30余家新闻媒体代表在全国政协文史馆汇聚座谈。中国绿化基金会副主席杨继平在座谈会上讲话，希望艺术家专项基金的设立，能让更多的艺术家能够加入到“传播生态文化，弘扬生态文明”的绿色使者队伍中来，通过举办各种笔会、书画作品展、艺术采风等形式多样的艺术活动，展现艺术家们对祖国绿化公益事业的热爱和支持，表达艺术家们积极关注生态环境的情怀和期望。同时希望专项基金认真开展公益活动，为倡导生态文化、发展绿色艺术事业作出贡献。

【第五届中国网络植树节启动】 4月8日，中国绿化基金会、联合国环境规划署、东南卫视等单位联合主办的“网络植树——助力美丽中国建设”高端对话暨第五届中国网络植树节在京启动。国家林业局副局长张永利、中国绿化基金会主席王志宝、联合国环境规划署驻华代表处代表张世钢、中国工程院院士、生态学家王如松等出席启动仪式并现场参与网络植树活动。国家林业局张永利副局长在讲话中指出：通过“网络植树”这一平台，拓宽了全民义务植树的实现形式，丰富了全民义务植树的活动内容，为社会公众搭建了一个透明、便捷、扁平化的参与平台，打破了传统的公众参与植树造林模式，为最广泛地发动社会力量参与国土绿化、自然保护等公益事业作出重要贡献。

【向芦山灾区捐赠医用救护车】 4月28日，中国绿化基金会携手国龙碳汇（北京）股权投资基金管理有限公司、北京弘高建筑装饰设计工程有限公司、爱心快车群，向四川省芦山地震灾区捐赠医用救护车仪式在国家林业局主楼前举行，国家林业局副局长张永利、中国绿化基金会主席王志宝出席。据悉，这次捐赠的金杯二型医用救护车共8辆，总价60余万。车辆从沈阳汽车总厂运抵北京，参加捐赠仪式后，所捐车辆立刻由16名志愿者昼夜兼程送往四川省雅安地震灾区，用于救护工作和灾后重建。

【联合国环境规划署向中国绿化基金会赠送《中国资源利用效率报告》】 8月1～3日，由联合国环境规划署、联合国荒漠化公约秘书处等机构共同牵头主办的“第四届库布其国际沙漠论坛”在内蒙古库布齐沙漠七星湖隆重召开，中国绿化基金会受邀出席本次论坛。论坛期间，联合国环境规划署召开新闻发布会，中国绿化基金会作为唯一的一家民间公益机构，与外交部、国家林业局一起接受了联合国副秘书长、环境规划署执行主任阿齐姆·施泰纳赠送的《中国资源利用效率报告》。该报告强调：近几年来，中国已经在可再生能源到汽车尾气排放标准领域出台了大量的政策，这些政策正在促进资源效率的提高并且推动向绿色经济和生态文明转型。但是，许多这样的政策效果只能在未来显现出来。考虑到中国对全球市场及可持续性的影响，在某种程度上可以说，中国的发展路径也是世界的发展路径。

【国际合作林纪念碑揭碑仪式】 10 月 12 日，由中国绿化基金会、北京市门头沟区绿化委员会等单位，在北京市门头沟区永定河畔国际合作林示范基地举办国际合作林纪念碑揭碑仪式。中国绿化基金会副主席兼秘书长卓榕生、中国绿化基金会副秘书长兼办公室副主任赵志营、中国国际经济交流中心副秘书长、国家发改委国际合作中心原主任张小冲、北京市门头沟区绿化委员会副主任兼绿化办主任、区园林绿化局局长高连发、德国戴姆勒大中华区投资有限公司总裁行政助理孔晓女士、美国戴尔公司大中华区对外事务执行总监张全胜、日本兄弟(中国)商业有限公司董事长桥本安弘等出席活动并为纪念碑揭碑。

【荣获北京马拉松“为公益而跑贡献奖”】 10 月 20 日上午 8 时，中国绿化基金会“只为更蓝天，净霾公益跑”活动的 64 名公益跑选手，和北京马拉松赛事的其他 3 万多名选手，一起从天安门广场开跑。这次公益跑活动，共有 209 人参与中国绿化基金会活动官网在线报名，64 人参加公益跑活动，75 人参与捐款，共为中国绿化基金会网络植树公益项目募集善款 16 012 元，个人筹款最高纪录达 970 元。在当晚由北京马拉松组委会举办的“北马之夜”活动中，中国绿化基金会再次荣获“为公益而跑特别贡献奖”。2013 年北京马拉松共有 13 家公益机构参与，其中中国绿化基金会和中国青少年基金会、为修女而跑等 7 家公益机构作为 2013 年北京马拉松为公益而跑活动的优秀合作伙伴，被北京马拉松组委会授予“为公益而跑特别贡献奖”。

【中国绿化基金会济南专项基金成立】 11 月 10 日，由中国绿化基金会和济南市政府主办，中国绿化基金会济南专项基金成立暨揭牌仪式在济南举行。济南成为中国绿化基金会地方专项基金首个省会城市。当日，济南生态城市建设暨中国绿化基金会济南专项基金官方网站(stjn. e23. cn)正式上线。中国绿化基金会副主席兼秘书长卓榕生，济南市委副书记、市长杨鲁豫为济南专项基金揭牌；中国绿化基金会副主席兼秘书长卓榕生，济南市委常委、常务副市长孙晓刚出席会议并致辞。会上，山东省企业联合会及济南市企业联合会向省城企业界发出了《积极履行社会责任共同建设生态家园》的倡议书。济南市希望通过济南专项基金这一公益平台，进一步传播生态理念，传播生态文明，拓展生态济南建设的资金渠道、缓解建设资金不足问题，形成全社会关心、支持和参与生态济南建设的浓厚氛围，大力开展“生态济南，绿满泉城”生态城市建设五年行动。同时，中国绿化基金会通过济南专项基金这一平台，通过多种方式，在国内外广泛募集资金，用于支持济南生态城市建设。

【中国绿化基金会举办交流培训工作会议】 12 月 18 日，中国绿化基金会交流培训会在四川成都举办。这次会议邀请了来自各省(区、市)的特邀理事和联络员及相关单位负责人共 110 人。此次会议的主要任务是：认真学习贯彻党的十八大和十八届三中全会精神，贯彻落实国家林业局关于全面提升生态林业、民生林业发展水平的部署和要求，总结交流近年来绿化基金工作，学习慈善公益事业发展的新政策，分析当前的形势任务，研讨明年的工作安排。

【启动省级在线募款平台试点】 2013 年，为满足各省(区、市)的要求，中国绿化基金会首期选择甘肃、广西和云南 3 省(区)作为试点，分别建设开通“中国网络植树公益网 - 甘肃网”“中国网络植树公益网 - 广西网”和“中国网护森林公益网 - 云南网”，与各省林业厅(局)联合，广泛动员社会参与，大力面向地方企业和网民募资。

【加强国际交流合作】 2013 年中国绿化基金会结合当前新形势，加大与国际社团组织的公益联络力度，积极寻求国际合作，扩大绿化国际影响力。先后与国际野生救援协会、国际野生生物保护学会、大自然保护协会等在内的多家在华国际 NGO 组织商谈，结成战略合作伙伴关系，签署合作协议。

【倡导生态文明建设】 2013 年中国绿化基金会开展各类公益活动一是抓好“华夏绿洲助学行动”生态助学公益项目，2013 年全国有 30 万青少年参与开展了第五届青少年绿色使者评选活动，共有 2 万人入选，在人民大会堂举办了颁奖活动。二是多次举办了著名艺术家书画采风活动。三是“百万森林专项基金”在德高(中国)公司的支持下，在宁波、上海等多个城市发布了媒体价值约为 200 万元的巴士以及停车亭绿化公益广告。四是联合短信平台的宣传大使张靓颖及中国绿化基金会形象大使刘媛媛，在北京 200 辆公交车内发布了公益广告，广泛向社会公众宣传手机短信捐款植树平台。五是与腾讯公益慈善基金会、支付宝公益等公司合作，多次组织志愿者赴云南省高黎贡山国家级自然保护区，开展“为爱远征——保护高黎贡山行动”公众近自然教育体验活动。

（张　杨）

中国林场协会

【综　述】 2013年，中国林场协会深入学习党的十八大精神，全面贯彻落实全国林业厅局长会议提出的深入实施以生态建设为主的林业发展战略，按照三届三次常务理事会确定的工作任务，逐项分解细化，较好地完成了年初确定的各项工作任务。

国有林场场长挂职情况　新推出17个先进林场为接收林场，使接收林场总数达到40个；实际参加挂职锻炼的人数达90人，比2012年增加了36人，是历年最多的一年。

国有林场年会活动情况　协会组织召开了北方、西部、华东、中南4个片区国有林场年会活动。参加年会活动的总人数达到300余人次，其中，省级林业主管部门分管国有林场工作的厅局领导13人、省市县三级国有林场主管部门负责同志51人、会员林场代表210人、林场信息联络员28人。在4个片区年会上，28个典型林场代表进行了大会交流，介绍了各自在推进国有林场改革、加强森林经营、做好危旧房改造、规范林场管理、发展林业产业等方面做的工作和取得的经验，对进一步做好国有林场工作具有很好的借鉴意义。

调查研究工作情况　在对江西、湖南两省国有林场改革试点调研的基础上，协会对浙江、安徽、山东、河北、甘肃5省进行了调研，全面深入了解了7个试点省的总体情况。工作组先后深入到17个市28个县的31个国有林场，听取省、市、县有关国有林场改革试点情况的介绍，召开座谈会10余次，撰写了《关于国有林场改革试点情况的调查报告》，全面反映了各试点省林场改革动态和进展情况，归纳了改革主要做法和典型实例，分析了当前林场改革中存在的主要问题，提出了一些政策建议。2012～2013年，协会组成工作组先后深入到山东、山西、甘肃、广西、贵州、湖南6省（区），对国有林场通过租地造林、购地造林、联营造林、合作造林、购买公益林以及新建林场造林等在场外发展林业、扩大森林资源的情况进行了深入调研，撰写了《关于国有林场场外发展林业 推动区域林业和生态建设的调查报告》上报国务院和国家林业局领导。李克强总理、张高丽副总理、汪洋副总理作了重要批示，赵树丛局长、张建龙副局长就贯彻落实中央领导同志批示作了具体批示。

全国十佳林场推选工作情况　协会修改完善了《全国十佳林场推选办法》。在协会三届三次常务理事会上，以无记名投票的方式推选产生了2012年度全国十佳林场。北京市西山实验林场、福建省洋口国有林场、江西省贵溪市双圳林场等20个单位当选，由中国林场协会授牌并颁发证书。会后，协会组织力量对2012年度全国十佳林场的先进事迹材料进行了收集、整理，在《中国绿色时报》上进行了全面宣传报道，扩大了社会影响，收到了良好的效果。

为切实做好2013年度全国十佳林场推选工作，协会在5月份下发了《关于进一步做好全国十佳林场推选工作的函》，按照新的《全国十佳林场推选办法》的规定作出部署。截至8月底，共收到27个省（区、市）上报的全国十佳林场推荐材料。协会秘书处对上报材料进行了资格审查，并在《中国林场信息网》上进行了公示。此外，协会还组织力量先后到浙江省乐清市雁荡山林场、黑龙江省佳木斯市孟家岗林场、湖北省宜昌市大老岭林场、江苏省苏州市吴中区林场、北京市八达岭林场等单位进行了实地核查。协会还邀请了林场管理方面的有关领导、专家和常务理事组成工作小组进行了初审，对27个申报单位材料进行了认真梳理，归纳形成了候选单位主要事迹简介，提交常务理事会上审定推选。

国有林场场长培训班情况　4月、7月和9月，协会会同场圃总站举办了3期国有林场场长培训班。来自全国28个省（区、市）的国有林场主管部门负责同志和林场场长共计360余人参加了培训。每期培训班一周时间，除邀请专家学者和有关司局领导同志作专题讲座外，还通过请先进林场介绍经验，组织专题研讨、座谈交流等形式进行培训，并分别到山东省淄博市原山林场、山西省太岳森林经营局和河北省木兰围场林管局进行实践学习。

【协会宣传和自身建设情况】

编辑发行《林场信息》　编辑发行15期，每期700份，发送到省级林场主管部门和会员单位。

发展了一批新会员　截至2013年年底，单位会员总数达到542个。此外，协会根据工作需要和人员变化情况，对已不在原岗位工作的理事、常务理事、副会长及时进行了增补，为增补理事、常务理事、副会长发放了证书，为新发展的会员单位发放了中国林场协会单位会员证书。

（付光华）

中国林业产业联合会

【综　述】 2013年，中国林业产业联合会深入贯彻落实党的十八大精神，紧密围绕国家林业局重点工作安排，结合自身优势，强化服务、开拓创新、注重规范、培育品牌，积极主动承担国家林业局交办的任务，充分发挥协会桥梁和纽带作用，各项工作稳步扎实推进。

提升产业发展水平，推进区域经济发展

林业产业特色区域认定工作 林业产业特色区域认定工作在2012年工作基础上，2013年继续全面稳步推开，先后在广东陈村、湖北襄阳、福建南平、江西奉新、黑龙江加格达奇和塔河等地进行了认定工作。

林业产业特色展会 2013年，中国林业产业联合会主办、承办、协办及指导中国林产工业协会主办了首届中国森林生态产品成果展、第六届中国义乌国际森林产品博览会、第九届三明海峡两岸林业博览会、2013东盟博览会、第十二届中国国际门业展览会、中国沈阳国际家具建筑装饰及原辅材料木工机械博览会、第三届世界地板大会、第六届中国东阳木雕节、第三届中国昆明红木家具展等多个特色展会，扩大了行业影响力以及竞争力。

促进林业产业资本活跃市场的工作 组织召开了林业产业资本论坛，以企业为主导，政府和金融机构为两翼，全面推动林业产业资本工作，为中国林业企业上市、融资等提供了交流的平台，提高了中国林业产业的核心竞争力。

实施林产品品牌建设战略，推动林业产业结构升级

品牌战略调研 走访了国家质检总局、环保部、国家工商总局、农业部等部门，并就地理标志产品、环境标志产品、有机产品等进行了专题调研，对现有的其他行业品牌建设工作进行了总结借鉴，对林业产业品牌建设战略进行了规划构思。

森林标志产品体系建设 为尽快赋予森林产品身份验证，配合国家林业局计资司促进林业产业做强做大、加快林业企业品牌体系建设，先后征求了辽宁、湖北、广东、安徽、福建等多个地方林业产业主管部门和省级行业中介组织，中国林科院、北京林业大学、中南林业科技大学等多所大专院校的专家及林业产业龙头企业和会员单位的意见，同时召开了"发展民生林业产业试点暨森林标志体系建设工作座谈会"，就实施方案进行了专题论证，又先后召开两次专题会议，组建第三方森林标志体系认证运营机构及委托认证机构承担符合性评价等筹备工作，全面开展了森林标志体系建设。

林业产业诚信联盟建设 经国家林业局领导批准，在全国林业产业界发起"中国林业产业诚信联盟"建立工作。一是强化宣传，在报纸、杂志和网络媒体全面展开林业产业诚信宣传；二是组织"诚信中国行"推广活动，在北京、上海等地率先展开中国林业产业诚信活动；三是促进制度建设，召开林业产业行业诚信标准起草工作会，同时进行中国林业产业5A级企业评定办法、中国林业产业诚信标识试点管理办法专家论证及相关评定工作；四是开展了中国林业产业诚信标识试点工作；五是启动了中国林业产业诚信网的网络平台构建工作。目前已有200多家林业企事业单位申请入盟。

企业驰名商标的推荐 制定驰名商标的推荐审查标准，促进了推荐驰名商标工作进一步规范化、程序化，为6家林业产业相关企业单位开具了驰名商标推荐函。

进行信息化探索，全面打造林业产业信息服务平台

强化和推广林业产业信息平台 继续紧抓中国林业产业网、网上博览会和《中国林业产业》杂志、中国林业产业诚信网、《诚信参考》等信息平台建设工作。在中国林业产业网新增了新兴产业的各大版块，并实现了点击量的突破。《中国林业产业》杂志作为林业行业纸媒的突出代表，2013年持续关注林业产业的焦点事件，服务林业企业、宣传林业产业政策、提出林业产业发展建议。中国林业产业诚信网已经成为林业企业展示诚信行动的平台和载体。《诚信参考》也已成为林业企业定向服务的重要窗口。

组建新的林业产业信息平台 改版后的中国林业产业联合会网络通过测试，已经上线，更新了林业产业政策和中国林业企业名录等新栏目，重点宣传和推介会员单位；中国林业产业诚信网也在有条不紊的建设之中，网站架构已经基本搭建完毕。

会员单位以及优质林产品数据库建设 为提升为会员单位服务的深度和广度，进一步加强会员单位的管理，及时、准确掌握会员单位的联系信息，整理了会员单位的相关信息，并制作电子档案，目前该项工作正在加紧进行之中，届时建成的会员信息管理数据库将为会员管理提供极大方便；参与了中国林业数字出版与林业产业服务平台建设项目。

加强内部制度建设，深化转变自身职能和作风

①召开了中国林业产业联合会2013年会长办公会，会议审议并原则通过了《中国林业产业联合会理事会5年工作报告》和《中国林业产业联合会财务工作报告》，讨论研究了联合会下阶段重点工作；会议听取并原则通过了会议秘书处《关于联合会换届大会筹备工作的汇报》，并就《中国林业产业联合会章程》《中国林业产业联合会财务管理办法》等的修改建议做了说明；这次会议就中国林业产业换届工作进行了准备和安排。

②召开多次会议部署和强调自身建设的工作，结合党的群众路线实践教育活动，深化内部机制转换，转变工作作风分别就各项工作的开展都进行了安排，取得了显著成效。

③与局人才交流中心等三家共同创办"林业职业经理人"培训班，在学员培训、管理、教材等方面投入大量时间与精力，成效明显，行业内反映良好。中国林业产业联合会继续加强政治学习和业务训练，采取走出去，请进来的办法，对兄弟社团的优秀经验进行学习和借鉴，指导本单位工作进一步提高。

服务产业，聚焦林业大势和产业政策

①在开展各项工作的基础上，深入开展林业产业重大问题调查研究，在征求国家林业局有关司局及中国林业产业联合会相关会员单位意见的基础上，进行了广泛深入的调研工作，就中国林业产业现状、发展、"十二五"产业发展重点研究及中国林业产业竞争力分析等方面的工作建议和政策措施。《2012中国林业产业重大问题调查研究报告》和《中国林业产业发展指南》通过林业出版社正式出版发行。

②与国家林业局宣传中心和中国农林水利工会联合圆满完成了第二届中国林业产业突出贡献奖的组织、评选工作，开展了林业产业创新奖人造板类、松香类、地板业、木门类、红木类及木结构类的评比、组织及表彰工作。

服务会员，发挥协会桥梁和纽带作用

加强为地方协会的服务和互动 联合地方联合会，

发挥各自有利条件，共同组织开展重要业务活动，实现优势互补，合作双赢。尤其是在会展、评优扶强、教育培训、统计信息调查和调研等方面开展合作。

林业产业宣传和信息服务 2013年上半年，《中国林业产业》杂志不定期听取诸位编委意见和建议，对杂志进行了大幅度的改进，同时装帧设计、版面美化与印刷质量均都得到了大幅度提升。充分利用《特别策划》《要闻》《读表说势》等栏目，宣传林业产业政策和先进事迹，同时还策划了《特稿》《关注》《商海论道》等新栏目，宣传林业产业发展进程当中的先锋人物，针对林业企业特点，策划了多个企业界感兴趣的话题，积极推动林业企业参与健康有序的竞争，引导产业良性发展。

林业产业联合会分支机构建设 正式成立了中国林业产业联合会苗木分会，积极筹建木本油料分会、林产品市场流通分会、林下经济发展分会、森林食品分会等分支机构。

维护企业权益 指导中国林产工业协会组织中国胶合板企业打赢了历时1年多的中美贸易战，美国终裁调查以无损害结案，不会再对中国产硬木装饰胶合板产品征收反倾销和反补贴的惩罚性关税。

开拓外联业务

配合国家林业局国际合作司圆满完成随国家林业局组团赴匈牙利、俄罗斯、美国进行林业考察和中美打击非法采伐第五次论坛等有关出访任务。

协调筹备中俄林业商会组建工作，多次向外交部欧亚司汇报，并与俄罗斯驻华商务代表处、俄罗斯森林工业和进口商联盟取得联系，相互表达了愿作为各自国家发起方筹建中俄林业商会的意向。

积极参与外事活动。配合国家林业局国际合作司邀请林业机械局会见美国魔法公司并解答企业相关问题和建议等、参加了第七次中俄林业工作会议、俄罗斯林务局财务司访华代表团会谈、俄罗斯科米共和国推介会、中澳打击木材非法采伐工作会议、中瑞林业工作会议、中欧森林执法与行政管理双边协调机制会议等。

指导中国林产工业协会发挥职能作用，积极开展有关工作。并在林业政策调研、人造板企业运输证、检疫证取消、林产品国改维权、木材合法性认定试点、林产工业企业质量管理与品牌培育等方面有较大突破。

【中国林产工业重点企业座谈会召开】 中国林产工业重点企业座谈会2013年1月30日在北京召开。会议旨在实现政府与林业企业的高效对接，凝聚企业力量，进一步挖掘企业潜力，加大对企业的政策扶持力度，加速林业产业升级发展。国家林业局党组副书记、副局长张建龙、国家发改委农经司副司长吴晓松出席会议并讲话，国家林业局有关司局领导出席会议。全国各地林业产业协会、企业代表80多人参加会议。

张建龙在会上提出，中国林业产业近几年保持着两位数的发展速度，2012年林业产业总产值超过3.7万亿元。他说，扶持林业企业发展要从四方面着手：一要维护林业企业合法利益，最主要的就是解决林地的使用权、林木的所有权问题。全国木材行业管理办公室、中国林业产业联合会、中国林产工业协会等单位要研究相关政策，维护林业企业的利益。二要争取税费、贴息贷款政策支持。三要搭建维权平台。协会要发挥重要作用，继续组织企业开展国际维权。四要及时为企业提供相关产业信息，及时和企业沟通。会上，各地林业主管部门、企业负责人与国家林业局就行业状况、存在问题、林产发展方向、产业转型升级、危机中度过难关等议题进行了交流。

【中国林业产业诚信企业综合评审会召开】 1月14日，中国林业产业诚信企业功勋人物及5A级诚信企业（单位）综合评审会在京召开。会议由中国林业产业联合会秘书长王满、中国绿色时报社总编辑厉建祝、国家林业局发展规划与资金管理司副司长张艳红、中国林科院木材所所长叶克林、国家林业局林产工业规划设计院常务副院长李鹏、国家林业局宣传办副主任樊喜斌、中国林产工业协会顾问张森林等组成的综合评审专家委员会对参评的企业（单位）和个人进行了评审。会议由中国林业产业联合会秘书长助理李志伟主持。

大会选出了对推动林业产业诚信建设进程有突出贡献、并对促进当地林业产业发展具有表率作用的企事业单位和个人。以示公正。

【林业产业诚信标识试点企业管理办法讨论会召开】 2月26日在北京召开。会议就中国林业产业诚信标识试点企业管理办法进行了讨论。中国林业产业联合会、中国林产工业协会副会长单位、中国林业产业诚信联盟申报单位：大自然、圣象、生活家、世友、大卫、广东鸿利丰、福建金森林业、广东润成创展、北京伟士佳和等10余家企业代表出席了讨论会。中国林业产业联合会秘书长、中国林产工业协会执行会长王满在会议期间会见了与会代表。讨论会上，参会企业代表均表示诚信标识试点企业的认定工作在当下诚信缺失的环境下，对净化市场环境、传递行业正能量具有非常积极的作用。中国林产工业协会顾问张森林做了总结发言。

会议讨论决定，中国林业产业诚信标识试点企业认定工作暂时先在发展相对成熟的行业起步，起步阶段力求严格，然后逐步逐行业推开。

【中国林业产业联合会2013年会长办公会在北京召开】 3月18日在北京召开。全国政协环资委主任、国家林业局原局长、中国林业产业联合会会长贾治邦主持会议并讲话。会议期间，国家林业局党组书记、局长赵树丛亲切接见了与会代表。国家林业局党组副书记、副局长张建龙出席会议并讲话。33位中国林业产业联合会副会长、7位常务理事代表和国家林业局有关司局、直属单位负责人80余人出席了会议。

贾治邦主持会议，并就如何做好联合会工作发表重要讲话。

会议审议并通过了中国林业产业联合会秘书长王满作的《中国林业产业联合会理事会5年工作报告》和《中国林业产业联合会财务工作报告》，商讨了中国林业产业联合会换届大会的相关事宜。这次会议在2013年全国人民代表大会和中国人民政治协商会议后举行，对建设“美丽中国”的宏伟蓝图，促进和发展“民生林业和生态林业”，建设和完善中国现代林业产业体系意义重大。

本次会议也是中国林业产业联合会换届大会的预热。

【中国林业产业资本市场高峰论坛研讨会召开】 3月18日，由《中国林业产业》杂志编辑部组织的中国林业产业资本市场高峰论坛研讨会在北京召开。大自然家居、四川升达、大亚科技集团、福建金森林业、陕西中兴林产、北京霖鼎国际林业投资有限公司6家单位代表出席了会议，就林业产业与资本市场的热点话题进行讨论。会议期间，中国林产工业协会顾问张森林就即将召开的中国林业产业资本市场高峰论坛作了说明，中国林业产业联合会秘书长助理、中国林业产业诚信联盟筹备处负责人李志伟作了总结发言。《中国林业产业》杂志执行主编邵岚主持会议。

【第二届世界木门大会在北京召开】 3月12日，由中国林产工业协会等承办的第二届世界木门大会在北京召开。本次会议以“融智借力 稳中求进——经济复苏形势下的世界木门”为主题，着力打造木门产业的“国际化、融智化、品牌化”，推动木门产业的持续健康发展。国家林业局原副局长李育材、中国林业产业联合会副会长寇文正、国家林业局发展规划与资金管理司副司长孙健、国家林业局人才交流中心主任黄正秋、中国林业科学研究院木材研究所所长叶克林、中国林业产业联合会副秘书长石峰、北京伟士佳合展览策划有限公司董事长陈伟等出席了本次大会。来自意大利、德国、日本、俄罗斯、美国、韩国、越南、马来西亚、印度尼西亚、印度、巴基斯坦、塞尔维亚等58个国家和地区的代表参加了大会讨论。会议还安排了产业智库对话会、木门贸易与文化对话会等环节，通过与专家的直面对话，木门企业在木门标准化、国际贸易壁垒、木文化等问题上有了更加深入的认识与理解，有助于企业有的放矢地解决发展过程中遇到的相关问题。

【发展民生林业产业试点暨森林标志体系建设工作座谈会】 4月8日，在湖北省襄阳市召开。会议旨在以襄阳市为典型，座谈民生林业的内容和实现途径，推广中部地区民生林业发展经验，推动中国森林标志产品体系建设工作，促进中国森林产品安全、健康和有序发展。

中国林业产业联合会秘书长王满、国家林业局发展规划与资金管理司副司长孙建、国家林业局退耕办总工程师敖安强、国家林业局发展规划与资金管理司产业发展处处长陈瑞国出席会议并作重要讲话。襄阳市副市长郭忠、湖北省林业厅副厅长黄德华出席会议并致辞。会议由中国林业产业联合会副秘书长陈圣林主持，有关高校、科研院所专家、辽宁省、福建省、广东省和湖北省林业厅产业处负责人、企业家代表共80余人参加了会议。

中国林业产业联合会与湖北省林业厅在湖北襄阳签署战略合作协议，根据合作协议，中国林业产业联合会与湖北省将整合双方优势资源，进一步加快湖北省兴林富民步伐，加强林业产业基地建设，培育形成林业产业集群，带动区域特色林业产业发展，全面实现湖北省林业产业的倍增计划。会上，中国林业产业联合会授予襄阳市“中国民生林业产业示范区”称号并授牌。对襄阳市民生林业建设所取得的成绩给予肯定，同时希望襄阳能发挥示范区辐射带动作用，推广中部地区民生林业发展经验。

【中国林产工业品牌培育试点工作启动会暨林产工业专业展会座谈会】 5月21～22日在北京召开。会议对中国林产工业品牌培育工作进行了全面部署，对林产专业展会进行了总结推介。国家林业局原党组副书记、原副局长李育材，国家林业局计财司副司长、全国木材行业管理办公室副主任孙建，工信部科技司副司长韩俊，中国林业产业联合会副秘书长、中国林产工业协会秘书长石峰等以及《人民日报》与《中国林业产业》等30多家媒体记者、首批品牌培育试点企业、林产专业展会的代表出席会议。中国林业产业联合会外联部主任、中国林产工业协会副秘书长祝远虹主持会议。

林产工业品牌培育是林产工业行业纳入工信部牵头确定的30个国家级品牌培育重点区域及行业，促进有条件的林产工业标杆企业进入国家品牌培育试点名录，力争用3年时间，在全行业普遍推进林产品质量品牌培育工作，打造或维护300个中国林产品品牌活动。石峰秘书长在会议上时表示，启动林产工业产品品牌培育试点工作是协会工作的第一步，接下来，将会在企业品牌培育的基础上进行企业品牌竞争力评价、林产工业产品著名品牌的评定等工作。由中国林产工业协会牵头举办的六大专业展会，已经成为协会为企业、市场及国际贸易平台搭建的重要桥梁。品牌培育和对林产专业展会的总结推介，目标是扩大中国林业产业的社会影响力，推进培育一批具有国内、国际竞争力的林产工业品牌和展会并使参加培育的企业、被推介展会品牌价值和效益得到明显提升。

【中国林业产业诚信标识试点企业管理办法专家论证会召开】 为切实推动中国林业产业诚信工作，规范中国林业行业秩序，5月15日，中国林业产业联合会秘书处、中国林业产业诚信联盟筹备处在山东日照召开中国林业产业诚信标识试点企业管理办法专家论证会，就《中国林业产业诚信标识试点企业管理办法》(暂行)(以下简称《管理办法》)进行专家论证。

会议介绍了《管理办法》的起草背景、调研过程和内容概况。与会专家达成一致意见，并签字通过《中国林业产业诚信标识试点企业管理办法》(暂行)。会上，王满秘书长指出，中国林业产业联合会应企业要求，根据国家林业局领导指示，适时成立中国林业产业诚信联盟，对当前诚信缺失环境下，净化市场环境、传递行业正能量具有非常积极的作用。目前，已有200余家企业申请加入中国林业产业诚信联盟，几乎囊括了国内林业产业的所有大型企业，联盟成员产值达到本行业总产值一半以上。会后，专家组通过前期的实地考察和研究讨论，日照中兴森工实业有限责任公司被评选为第一家中国林业产业诚信标识试点企业。

【中国林业产业诚信标识试点企业专家论证会】 5月17日在浙江南浔召开评选出首批诚信标识试点企业。

会上，张森林谈到，在社会诚信缺失的情况下，我们更应该倡导诚信，服务企业，推动市场环境建设。诚信成本很高，不守诚信的成本更高，作为企业都要坚守这个阵地，这是一个长远发展的战略。会议中专家们为企业把脉，提出了几点要求：一是人们越来越注重环保，作为木地板类企业特别是实木类地板，可持续性发展十分重要；二是经济不景气，群众期望买到高质低价的产品，企业务必要保持立场，杜绝低价竞争，自己不要去破坏诚信经营环境；三是经营渠道多元化，如电商渠道、装修渠道、工程渠道等，企业面临着渠道转折的关口。

专家组通过前期的实地考察和会议研究讨论，通过推荐苏州大卫木业有限公司、浙江世友木业有限公司、久盛地板有限公司成为中国木地板行业首批诚信标识试点企业。同时，专家组希望首批诚信标识试点企业在今后的生产经营中，严格遵守诚信试点企业的各项要求，发挥诚信企业的模范带头示范作用。

【第二期《濒危野生动植物国际贸易公约》木材物种解读研讨会】 5月17日，中国林产工业协会在广州市召开第二期《濒危野生动植物国际贸易公约》(简称：CITES公约)木材物种解读研讨会。中国林业产业联合会副秘书长、中国林产工业协会秘书长石峰出席会议并致辞，广东省林业产业协会副会长黄国如主持会议。研讨会上，国家濒危物种进出口管理办公室有关负责人介绍了CITES及中国濒危木材物种进口贸易管理的相关情况，对CITES公约对木材物种的管制进行了解读，并建议相关企业切勿从马达加斯加收购和进口濒危木材，不要在境外收购和进口野生来源的交趾黄檀，谨慎开展檀香紫檀、微凹黄檀、中美洲黄檀和伯利兹黄檀进口业务。

【《中国企业境外可持续林产品贸易与投资指南》编写启动会】 6月9日在北京召开。国家林业局林产品国际贸易中心专家指导委员会的专家学者，国家林业局相关司局的代表，商务部、海关总署和国家开发银行的相关负责人，国际非政府组织代表，企业和媒体代表30多人参加了会议。国家林业局发展规划与资金管理司副司长张艳红发表讲话。会议由中国林业产业联合会秘书长、国家林业局林产品国际贸易中心专家委员会主任王满主持。会议成立了《指南》编写指导委员会和编制工作组，并商讨、通过了编写大纲和实施计划草案。

2007年和2009年，国家林业局会同有关部门先后出台了《中国企业境外可持续森林培育指南》和《中国企业境外森林可持续经营利用指南》，这次编写的《中国企业境外可持续林产品贸易与投资指南》是前两部《指南》的完善补充，这3部《指南》将对引导和规范在境外从事森林资源培育、采伐、木材加工利用和投资贸易等相关活动的中国企业合理开展境外森林经营、利用和保护，提高行业自律均产生了积极的作用。

【中林天合森林认证中心管理委员会换届】 7月3日在北京召开，来自政府监管部门、受认证生产企业、消费方、行业专家等不同利益方的代表，听取了中林天合机构运行和开展森林认证工作情况汇报，讨论修订管委会章程，选举产生新一届的管委会组成人员。会议围绕新一届管委会主任、国家林业局林改司张蕾司长提出的中国森林认证政府应该如何推进森林认证发展、如何使森林认证与林业重点工作结合、如何支持中林天合开拓认证市场等3方面的问题进行了讨论。代表们认为，结合新时期的森林认证所面临的国际国内形势，认证机构也应转变观念并制定出相应的对策，以适应中国林业产业结构调整、林权改革及林业企业经营和市场拓展的需求，充分发挥森林认证独立客观特点，立足中国林情，以市场机制促进提高林业企业可持续经营水平，有效提高市场竞争力，更好地服务于中国林业发展。

中林天合管委会主要针对中林天合开展森林认证工作的实际运行情况、现阶段的重点工作以及下一步的发展规划等，从确保认证机构的独立性、公正性、有效性和权威性角度，对森林认证工作进行评价并提出修正或指导性意见。

【11家中国林产工业企业发布社会责任报告】 8月2日，11家中国林产工业企业在北京人民大会堂发布社会责任报告，引发业内广泛关注，这是继2012年5家试点企业首次发布社会责任报告以来，林产工业企业在履行社会责任、推动行业社会担当方面的再次探索。此次发布会由国家林业局、中国林业产业联合会支持，中国林产工业协会主办。中国林产工业协会秘书长石峰主持会议。

国家林业局党组副书记、副局长张建龙出席发布会并讲话。他指出要从4个方面推进企业社会责任的履行和担当。首先，政府要推进企业社会责任法制化进程，着力建立企业社会责任评价体系。其次，发挥行业协会，在促进企业履行社会责任中的作用。行业协会应基于行业特点，通过建立推进机构、制定规范、开展培训咨询、加强交流合作、推进信息披露、实施监督评价、开展试点示范等措施，提升行业企业社会责任管理和实践水平。第三，企业应将履行社会责任融入到企业发展战略、组织结构和日常经营管理中，建立健全社会责任管理体系，使企业产生履行社会责任的内在动力，并通过定期发布报告等方式，加强沟通与交流，增强履责透明度。第四，要加强社会监督。社会组织和公众应进一步增强关注度和参与度，强化对企业的社会监督，充分发挥新闻舆论、行业组织的作用，形成多层次、多渠道的监管体系，以完善企业承担社会责任的社会环境。

发布会上，吉林森工股份有限公司、德华兔宝宝装饰新材有限公司、广东宜华木业有限公司、广西三威林产工业有限公司、大自然家居(中国)有限公司、浙江省富得利木业有限公司、重庆星星木门有限公司、广西高峰林场、秦皇岛卡尔凯旋木业有限公司、浙江梦天木业有限公司和浙江帝龙装饰纸有限公司等林业企业代表分别介绍了企业各自履行企业社会责任的情况和今后的目标，这些企业涵盖了中国林产工业上下游产业链的刨花板、胶合板、地板、木门、装饰纸等领域。

【中国林业产业诚信联盟成立大会筹备会召开】 8月24日在吉林省延吉市召开。会议由中国林业产业联合会、中国林业产业诚信联盟(筹)主办，长白山森工集团承办。

会上，霍学义董事长致欢迎词并简介了长白山森工集团概况；张森林顾问带领大家讨论了中国林业产业诚信联盟（以下简称“诚信联盟”）章程、财务管理办法、盟徽、盟旗、盟训等重要文件；柏广新董事长宣读了诚信联盟组织机构及名单；刘世勤会长宣布了中国林业产业诚信企业领军人物、诚信功勋人物、5A级林业诚信企业评定情况，并同与会代表一起就领军人物金质奖章、功勋人物勋章、5A级企业奖牌、证书设计方案展开讨论；邵岚主编介绍了诚信联盟诚信推广工作方案及《中国林业产业诚信工作白皮书》等诚信联盟典型资料及工作进展情况。

【第十二届全国人造板工业发展研讨会】 11月14日，以“加强技术创新，淘汰落后产能，促进产业升级”为主题举办的“第十二届全国人造板工业发展研讨会”在广西南宁召开。本届研讨会由中国林产工业协会、中国林业机械协会、中国绿色时报社、中国林业科学研究院木材工业研究所共同主办。

国家林业局原副局长李育材出席研讨会，并为获得第二届全国林业产业创新奖（人造板类）的17个单位和个人颁奖。中国林产工业协会为政策管理组、木竹加工组、人造板组、林产化工组、机械装备组的首批84位专家咨询委员会专家颁发了聘书。

本届研讨会共吸引了业内专家、学者、企业家近500人参加，与会专家和代表围绕相关国家对产业发展的扶持政策、科技创新、机械支撑等核心议题，探讨淘汰人造板产业落后产能，提升中国人造板产业国际竞争力的可行之策。旨在进一步提升科技成果转化率、研发适用机械装备，依托技术创新破解人造板产业产能过剩、国际贸易摩擦频发、企业效益普遍下滑的难题。

统计数据显示，2013年前8个月全国人造板产量1.7亿立方米，同比增长5.35%，人造板产业增速放缓，人造板产能过剩亟待调整。

会议期间，中国林产工业协会与山东家具协会签订了合作协议。中国林产工业协会胶合板、纤维板、刨花板、胶黏剂和表面加工等专业委员会年会同期召开。桂、川两省（区）举办了林业产业合作发展座谈会，与会代表还参观了第十届中国—东盟博览会林产品与木制品展。

【2013中国（昆明）泛亚家具家居红木制品暨森林产品博览会】 11月29日至12月3日，由中国林产工业协会、中国国际贸易促进委员会云南省分会、云南省工商业联合会、云南省商会联合主办的2013中国（昆明）泛亚家具家居红木制品暨森林产品博览会在云南省昆明市举办。本届博览会共有来自14个国家和地区的200家企业参展，到会参观选购的市民达5万人次，成交额达6550万元。

本届博览会设置了雨龙家具厂家直销馆、中国·瑞丽红木文化馆、国际红木馆、森林产品馆及红木馆，展品涵盖家居建材类、红木类和森林产品类三大类型。博览会首次引入以绿色、环保、生态为理念的森林产品，包括干果、茶叶、食用菌、野生动植物驯养繁殖产品等林下经济特色产品，以及花卉园艺、观赏苗木等，为消费者提供一站式购物平台。来自辽宁、黑龙江、广东、广西、江西、江苏、福建等省（区）和台湾、香港地区，以及老挝、越南、缅甸、新加坡、柬埔寨、尼泊尔、巴基斯坦、马来西亚、泰国、阿富汗、印度、南非和西非多个国家和地区的商家参展。

博览会期间，组委会还组织了剑川木雕非物质文化遗产展、产业园区实地考察及推介、红木家具经销商观摩采购及对接交流互动、红木及红木产业发展机会探讨、全国名优新品家具厂家直销节、“红木·茶·品质生活”大型红木秀演等活动。

【中国林产工业协会组建专家咨询委员会】 为了更好地发挥行业专家的参谋作用，调查研究林产工业行业发展长远性、全局性、战略性等重大问题，建立科学的决策咨询机制和专家服务平台，中国林产工业协会正式组建专家咨询委员会，12月8日召开的成立大会上首批聘任84位行业专家为委员。中国林业产业联合会秘书长、中国林产工业协会执行会长王满、北京林业大学校长宋维明等出席会议并讲话。

专家咨询委员会分别设立了政策管理、木竹加工、人造板、林产化工和机械装备5个专家组。经过提名、初审、投票和征求意见等环节后，聘任的首批84位专家将在为会员企业提供发展战略研究服务、企业诊断技术咨询服务，向协会及行业主管部门提出建设性建议或对策，承担协会组织的行业评选、新产品鉴定、特色区域命名等活动的审查工作等方面发挥参谋作用。

【中国林业产业联合会苗木分会成立】 12月28日，中国林业产业联合会苗木分会成立暨第一次会员代表大会在北京举行。会议表决通过了分会《工作规则》，并选举产生了第一届理事会组成人员。长白山森工集团董事长霍学义当选第一任理事长。

中国林业产业联合会苗木分会是由长白山森工集团及成员企业作为主发起单位，经民政部批准登记的全国性社会团体分支机构。分会宗旨是，在中国林业产业联合会的指导下，把握抓市场、抓服务、抓社会3个基本定位，协助政府有关部门，组织推动中国生态苗木产业健康、协调、可持续发展，营造中国生态苗木产业良好的市场环境，促进生态苗木产业化、苗木企业市场化、服务企业和服务社会规范化、业务和技术交流国际化，维护会员单位的合法权益，推动生态苗木产业国际、国内技术和信息交流，发挥政府与市场的桥梁纽带作用。根据《规则》，中国林业产业联合会苗木分会将组织会员企业，开展苗木行业技术标准研讨和会员企业达标活动；分区域启动完善地方苗木交易市场，组织推进建立全国苗木交易市场；建立国家苗木信息网站，适时发布苗木市场、企业等信息；开展中国林业产业中苗木业的科技创新奖评定表彰，并承接国家苗木产业研究课题。此外，分会还将搭建专家研究、宣传推介、信息交易、典型引领、区域辐射、权益保障、行业自律等7个平台，促进苗木产业健康发展。

【重点林产品信息服务平台建设工作座谈会】 12月28日在北京召开。会议就重点林产品信息服务平台和林产品电子商务平台的建设工作，产销环节的信息不对称，加强政府相关部门对林产品的监管等问题进行了探讨。与会代表就建设森林标志产品体系的工作达成共识：应加快国家森林标志产品体系的建设、宣传推广与实施；国家森林标志产品体系及信息服务平台的建设工作应做好前期的顶层设计，各方将积极协助配合；建立森林产品体系的后期维护机制，加强森林标志产品质量与安全监管力度，打造可追溯、可信赖、可持续发展的国家级林产品品牌。 （白会学）

中国水土保持学会

【综　述】 中国水土保持学会是由全国水土保持工作者自愿组成依法登记的全国性、学术性、科普性的非营利性社会团体，是中国科学技术协会的组成部分。1985年3月由国家体改委和中国科学技术协会批准成立。1986年5月和1992年5月在北京分别召开了第一、第二次全国会员代表大会。杨振怀任第一、第二届理事会理事长。2006年1月14日在北京召开了第三次全国会员代表大会，水利部副部长鄂竟平当选为第三届理事会理事长。2010年12月14日在北京召开了第四次全国会员代表大会，水利部副部长刘宁当选为第四届理事会理事长。中国水土保持学会下设14个专业委员会，28个省(区、市)成立了地方水土保持学会。

【学会建设】 2013年4月20日，在河南省郑州市召开学会秘书长工作会议，学会下属14个专委会、27个省级学会秘书长，尚未成立学会的4个省(区、市)主管水土保持工作领导，以及学会秘书处总计73人参加了会议。

2013年全年召开学会四届七次常务理事会和四届四次理事会通讯会议。科技协作工作委员会召开换届大会及年会，选举产生了新一届主任委员会。

2013年学会完成了网站(www.sbxh.org)的改版工作，并及时发布信息，网页点击率逐年提高，现点击率达158万多人次；完善了个人会员管理系统，增加会员1000余人。

2013年10月，北京市成立了水土保持学会，现有28个省(区、市)成立了地方水土保持学会。

2013年学会积极选派人员参加中国科协、民政部、中科院和国家新闻出版广电总局等单位举办的研修与培训15人次。荣获2012年全国学会统计工作二等奖，圆满完成科协2013年统计年报工作。

【国际学术交流】 5月16～19日，中国水土保持学会参与承办的第十八次卡通巴国际会议在北京召开，来自美国、英国、瑞士等20多个国家和40多个机构的中外专家代表近200余人参加了会议。

9月5日，中国水土保持学会与中国台湾地区中华水土保持学会在泰国清莱举行了关于建立海峡两岸水土保持学术交流长效机制的座谈会，拟订《海峡两岸水土保持学术交流框架协议》。

9月4～7日，中国水土保持学会参与协办的世界水土保持协会第二届国际学术研讨会在泰国清莱举行，来自全球24个国家和地区的300多名代表参加了会议。

10月13～17日，中国水土保持学会参与协办的第六届国际沙棘协会大会在德国波茨坦举行。来自32个国家的260名代表参加了会议。

10月11～18日，中国水土保持学会与中国台湾地区中华水土保持学会联合主办的第九届海峡两岸山地灾害与环境保育学术研讨会在台湾中兴大学举行，来自中国内地和台湾的100多名代表参加了会议。

12月11～18日，崩岗专委会和中国台湾地区中华水土保持学会联合主办的海峡两岸山地开发与水土保持学术研讨会在台湾举行，来自中国内地和台湾的21名代表参加了会议。

【国内学术交流】 6月20～22日，中国水土保持学会与新疆水利厅、新疆水土保持学会联合主办的首届干旱半干旱区域水土保持生态保护论坛在乌鲁木齐召开，大会共收到论文90余篇，出版论文集一部，交流论文18篇，参会代表90余人。

8月17日，工程绿化专委会在北京举办微立地条件类型划分与工程绿化技术应用学术研讨会，参加代表80余人，交流论文15篇。

10月15～16日，规划设计专委会在江西南昌召开2013年年会暨学术研讨会。参会代表130人，收录论文60篇，大会交流论文30篇，印制论文集一部。会议评选并奖励了15家先进集体、15名先进个人和15篇优秀论文。

10月24～25日，中国水土保持学会参与协办的第三届中国湖泊论坛暨第七届湖北科技论坛在武汉召开，来自国内外的400余名专家学者参加了会议。

12月18～20日，中国水土保持学会与城市水土保持生态建设专委会在深圳联合举办首届城市水土保持学术研讨会，与会代表150余人，大会交流论文30余篇。

2013年学会会刊《中国水土保持科学》共出版正刊6期、增刊1期，全年总印数6000册，共收到来稿300多篇，刊出文章130多篇；8月入选中科院CSCD核心库。截至2013年年底，《中国水土保持科学》网站(www.sswcc.org)，点击率达6000余人次。

【科普工作】 编辑出版的《水土保持读本(小学版)》入选2013年国家新闻出版广电总局向全国青少年推荐百种优秀图书。“面向小学生的水土保持科普动漫视频作品”项目获得中国科协科普部2013年度全国学会重点科普活动资助。组织编写《水土保持科普读本》(中学版)、《生产建设项目水土保持》和《水土保持农业技术手册》

等科普读本，计划于2014年正式出版发行。

4月，开展免费向各省级学会、流域机构以及新疆兵团赠送《水土保持读本（小学版）》及普法宣传扑克牌的活动，同时推出《水土保持读本（小学版）》订购优惠活动。截至年底累计赠送与惠售读本31 000册、扑克牌25 000副。

5月12日，在北京土城遗址公园举办了主题为“识别灾害风险，掌握减灾技能”的2013年“防灾减灾日”主题科普宣传活动。

7月18～20日，中国水土保持学会参与主办的“第四届科技场馆展品与技术设施国际展览会暨学术研讨会”在北京展览馆举行。

9月25日，在北京林业大学附属小学举办了水土保持法进校园宣贯活动。

城市水土保持生态建设专委会利用周末与节假日在深圳市水土保持科技示范园举行青少年教育社会实践活动，累计受众5000余人。

【资质管理与教育培训】 学会修订完成了《生产建设项目水土保持方案编制资质管理办法》，并于3月12日正式颁发实施。

2013年受理完成103家甲级、739家乙级和1052家丙级水土保持方案编制资格证书持证单位的资质延续申请工作。

“加强生产建设项目水土保持方案编制资质管理，完善资格证书的认证评价体系”获中国科协“承担社会化服务职能开展第三方科技评价”项目资助。

加强指导审核各省级水土保持学会开展对本省乙丙级资质单位编制人员培训，18个省级水土保持学会完成了乙丙级资质单位编制人员培训工作。

1月，风蚀防治专委会在内蒙古农大举办了实用技术培训，受训45人。

3月24～27日，学会与规划设计专委会在厦门举办了1期水土保持规划与设计培训班，受训120余人。

4月8日，规划设计专委会在北京召开《水土保持设计手册》编制工作启动会。

4月9～11日，举办1期无省级水土保持学会地区水土保持方案编制人员培训班，受训200余人。

6月，黄河专委会在陕西铜川举办了“卫星遥感与地理信息系统实用技术培训班”，受训36人。

7月14～17日和7月28～31日，学会与中国水利水电勘测设计协会共同完成2期注册土木工程师水利水电工程（水土保持）考前培训班，受训150余人。

8月4～5日，在宁夏盐池县举办了“荒漠化防治技术推广会”，受训60余人。

11月30日至12月2日在南宁，12月3～5日在天津，预防监督专委会举办了2期生产建设项目水土保持方案评审专家培训研讨会，260位专家参加了研讨。

【评优表彰与举荐人才】 评选第五届中国水土保持学会科学技术奖16项，其中一等奖1项、二等奖2项、三等奖13项。

举办第一届“中水万源杯”水土保持与生态景观设计大赛，共收到参赛作品336组，共评出一等奖10组、二等奖20组、三等奖40组和优秀奖78组。

推荐的中科院院士候选人，泥石流滑坡预防专委会主任委员、中科院水利部成都山地灾害与环境研究所研究员崔鹏成功入选中科院院士。 （郑　慧）

中国林业教育学会

【综　述】 中国林业教育学会系国家一级学会，是具有独立法人资格的学术性、科普性、公益性、全国性社会团体。学会由教育部主管，业务挂靠国家林业局，秘书处设在北京林业大学，专职工作人员3名。学会下设4个二级分会：高等教育分会（挂靠北京林业大学）、职业教育分会（挂靠南京森林警察学院）、成人教育分会（挂靠国家林业局管理干部学院）、基础教育分会（挂靠黑龙江森工总局）。学会设有：组织、学术、学科建设与研究生教育、专业建设、图书与教材、毕业生就业指导、交流与合作、现代教育技术指导8个工作委员会。会刊《中国林业教育》。截至2013年年底，中国林业教育学会理事会共有理事175名，常务理事58名。

【调研工作】 学会理事长杨继平率领学会秘书处组成调研组，于2013年5月和11月分别赴陕西、河南、江西省，开展林业职工队伍专业化素质专题调研。调研组深入自然保护区管理局、林业工作站、国有林场、苗圃等单位，组织基层职工座谈会，开展问卷调查和实地调研，了解林业基层队伍专业化结构演变状况，调研加强林业人才队伍的入口管理，推进建立林业专业化岗位准入制度等问题，为国家相关政策建设提供建议。

【完成2014届全国林科十佳毕业生评选工作】 2013年5月至12月，历时6个月，经过学生自荐、院校推荐、组委会初审、有关院校初评、专家组综合评审等环节，完成2014届全国林科十佳毕业生评选工作。总计评选出高职组十佳毕业生10名、优秀毕业生41名；本科组十佳毕业生9名，优秀毕业生40名；研究生组十佳毕业生10名、优秀毕业生40名。

这次活动继续由北美枫情（上海）商贸有限公司独家冠名，由中国林业教育学会、国家林业局人才开发交流中心主办。启动仪式于5月14日在杨凌职业技术学院举行，颁奖仪式于12月6日在北京林业大学举行。活动吸引28所涉林院校和科研院所369名毕业生参评，对引导林科学子树立生态文明理念，投身现代林业建设，产生很好的示范效应。

表 25-1 "北美枫情杯"2014 届全国林科十佳毕业生名单
（按姓氏拼音排序）

研究生组十佳毕业生名单（按姓氏拼音排序）

序号	姓名	性别	单位
1	陈复明	男	国际竹藤中心
2	黄　凯	男	中南林业科技大学
3	李永亮	男	中国林业科学研究院
4	卢　芸	女	东北林业大学
5	倪　婧	女	西南林业大学
6	沈文娟	女	南京林业大学
7	肖领平	男	北京林业大学
8	肖石红	女	福建农林大学
9	叶龙华	男	华南农业大学
10	殷　睿	男	四川农业大学

本科生组十佳毕业生名单（按姓氏拼音排序）

序号	姓名	性别	单位
1	阿勒腾齐木克，苏克巴特	女	内蒙古农业大学
2	曾　俊	男	北京林业大学
3	陈一欧	女	北京林业大学
4	伏　正	男	西北农林科技大学
5	柯鹏程	男	中南林业科技大学
6	李新生	男	东北林业大学
7	王智恒	男	南京林业大学
8	张成秀	男	山东农业大学
9	郑晓东	男	浙江农林大学

高职生组十佳毕业生名单（按姓氏拼音排序）

1	陈徐云	女	丽水职业技术学院
2	戴金鑫	男	江苏农林职业技术学院
3	胡伦榜	男	云南林业职业技术学院
4	梁　旭	男	辽宁林业职业技术学院
5	刘　辉	男	杨凌职业技术学院
6	刘晓婷	女	山西林业职业技术学院
7	马舒娴	女	广西生态职业技术学院
8	秦召文	女	河北农业大学
9	张玲玲	女	黑龙江生态工程职业学院
10	邹　微	男	江西环境工程职业学院

【组织百名林科大学生"百村千户看林改"主题暑期调研活动】 学会受国家林业局农村林业改革发展司委托，组织北京林业大学林学院、福建农林大学经济学院、西南林业大学相关学院来自农村生源的100名大学生开展"百村千户看林改"调研活动。5月25日调研活动启动仪式在北京林业大学举行。暑期，参与调研的大学生深入调研家庭所在乡、村集体林权改革后的变化情况，围绕当地林业专业合作社的建设现状，调研森林经营变化情况、林农增收情况，分析林业专业合作社发展面临的问题，完成上交104份调研报告。调研报告内容丰富，涵盖19个省（区、市）的若干县、乡镇、村等多级集体林权改革情况以及林业专业合作社建设情况。

【搭建林业高校与涉林企业就业合作平台】 10月23日，与国家林业局人才开发交流中心、北京林业大学联合举办部分林业高校与涉林企业毕业生就业工作交流会，共同应对搭建校企就业合作沟通平台，共谋促进林科大学生就业新举措。12月6日，与国家林业局林业人才开发交流中心、林业产业联合会举办"第八届中国林业产业发展与人才开发论坛"，来自全国60余家涉林企业主要负责人、科研单位及30多所林业院校负责毕业生就业工作的领导和部分毕业生参加会议，围绕校企协作促进就业模式创新深入交流，并倡议发起成立校企协作联盟。在此期间，先后在北京林业大学举办了两次林业企业专题校园招聘会，为涉林毕业生搭建就业平台。

【林业职业经理人资质认证试点工作取得阶段成效】 学会毕业生就业指导委员会联合国家林业局人才开发交流中心等单位，2013年正式面向行业开展林业职业经理人资质认证，并在地板人造板领域率先完成首批特级林业职业经理人资质的认定，巴洛克木业中山有限公司CEO刘硕真、广西丰林木业集团股份有限公司总经理王高峰、圣象集团有限公司执行总裁郭辉，成为首批特级林业职业经理人。同时，组织林业高校、涉林企业、相关行业协会和培训机构历时半年精心编写出版《林业职业经理人资质认证培训教材》《林业职业经理人理论与实践》，完成了林业职业经理人资质认证网站建设。

【学术研究】 学会秘书处组织13所涉林高校和科研院所的专家开展"林业学科建设顶层设计研究"。6月13日召开项目启动会议，调研工作基本完成，有关研究成果正在整理之中。

配合国家林业局人事司教育处完成三部委关于推进农林高等教育改革的若干意见等文件征求意见的收集汇总，完成有关林业大学自主设置本科专业情况的调研。

【信息化建设】 2013年12月，中国林业教育学会新改版网站上线运行。①新网站设有学会动态、通知公告、重要会议等11个一级导航目录，及时发布林业教育最新动态和学会重要活动资讯。②成教分会围绕行业培训，依托中国林业教育培训网，开展林业干部教育培训工作，全年网络更新信息1400余篇。11月12日，在湖北省武汉市举办了通讯员和干部教育培训信息宣传工作研讨班，围绕创新应用结构化方法，梳理干部教育培训及信息化宣传工作的瓶颈问题，研究对策思路。11月，在北京举办中国林业教育培训网建设专家咨询会，探讨网络培训新形式和发展途径。③职教分会编辑发行《林业职业教育动态》10期。④秘书处搜集全国高等林业院校相关教育信息，编辑发行《林业高等院校信息动态》5期。

【出版刊物】 2013 年，学会编辑出版《中国林业教育》正刊 6 期，增刊 1 期。

【分会工作】

会议 ①8 月 21 日，高教分会同学会秘书处在昆明组织召开"生态文明建设与高等林业教育"研讨会。来自 22 所涉林高校及科研院所的 70 余名专家学者，以生态建设为主题，围绕如何搭建高层次的学术交流平台，在生态文明和绿色校园建设、推进生态文明教育的创新思路、方法和模式展开研讨。杨继平理事长出席会议并讲话。宋维明、杨传平、赵忠、刘惠民等副理事长参会并作报告。②11 月 24 日，职教分会在浙江丽水职业技术学院组织召开全国林业职业院校协作会 2013 年度会议。28 个会员单位的 80 多人参加会议。此次会议进一步加强林业职业院校之间的交流和沟通，更新办学理念，增强林业职业院校之间的凝聚力，对促进全国林业职业教育的健康发展起到积极作用。③12 月 9 日，职教分会在福建三明林业学校，组织召开 2013 年度全国林业职业院校学生工作研讨会，来自全国 30 个单位的 60 余位代表出席，收到典型交流材料 16 篇，主题论文 8 篇。

教材编写 ①根据教育部"关于开展'高等职业学校专业目录'修订工作的通知"精神，职教分会秘书处开展调研工作，提出专业大类和专业类的调整意见，上报教育部。职教分会协同全国林业职业教育教学指导委员会，组织全国林业职业院校和林业企业、林业科研单位和行业管理部门的有关教师、专家完成中职"园林绿化""现代林业技术""森林资源保护与管理""木材加工""园林技术""森林生态旅游"等 6 个专业的教学标准编制工作，材料已上报教育部

②成教分会启动林业干部学习培训教材编制工作。起草编制方案，提出开展林业党政领导干部知识读本、关键岗位干部素质能力建设、专业技术干部知识更新等 3 个系列教材编制任务，教材编制将充分发挥分会成员单位力量，成果将为开展干部教育培训提供有力支持。

评奖工作 高教分会在 9 月至 12 月开展高等林(农)业教育研究成果暨第三届高等林(农)业教育研究优秀论文评奖活动。共计收到 14 个院校的参评成果 37 项、论文 147 篇。经专家评审，最后选出优秀研究成果 19 项，其中一等奖 2 项、二等奖 5 项、三等奖 12 项；优秀论文一等奖 6 篇、二等奖 22 篇、三等奖 48 篇。

课题研究 ①为加强对教育科学研究课题的监管，高教分会编制高教分会教育教学改革立项项目结题报告书，对中国林业教育学会高教分会"十二五"期间立项的 24 项课题进行重新编号备案，并对有关课题进行中期检查。组织会员单位申报中国高等教育学会第八次优秀高等教育科学研究成果评选。②成教分会首次在各部委行业内应用胜任素质能力方法，完成国家林业局人事司"林业关键岗位干部素质能力模型研究"课题，针对乡镇林业工作站站长等 6 类林业关键岗位干部开展素质能力模型研究。依托分会成员应用关键事例访谈法，广泛调研，获得一手信息最基础资料，对素质能力模型和研究报告反复修改得出最后研究成果，填补了素质能力研究领域的行业空白。乡镇林业工作站站长、国有林场场长、自然保护区管理局局长等素质能力模型，已初步应用于相关培训项目中。 (陈 涛 田 阳)

中国经济林协会

【实施民政部受灾群众救助试点项目】 由中国经济林协会申报的"中国经济林协会受灾群众救助试点项目"被国家民政部确定为 2013 年中央财政支持社会组织参与社会服务项目，该项目补助经费 123.5 万元，实施地点为陕西省韩城市，主要内容是帮助当地受灾群众更好地发展花椒产业。在中国经济林协会花椒专业委员会具体组织实施下，为 12 个花椒种植示范基地及 20 个花椒专业合作社的 1000 户救助对象免费开展花椒管理技术培训、发放肥料、农药等物资，受到救助农户的欢迎。

(伍步生)

【多形式多途径搭建经济林产品交易平台】 中国经济林协会先后联合其他行业协会、地方政府及主管部门举办不同类型的经济林节会。9 月 6～7 日，与湖北省林业厅、黄冈市人民政府联合举办了 2013 年"湖北(罗田)板栗节"，在此次板栗节上评选出 4 个"中国板栗产业著名企业"和 11 个"中国板栗优质产品奖"。9 月 14～16 日，与中国农产品市场协会、中国果品流通协会联合举办了 2013 年"中国(乐陵)红枣暨果品产业博览会"。9 月 28～30 日，与中国林业产业联合会、辽宁省林业厅、铁岭市人民政府联合举办了 2013 年"第四届中国(铁岭)榛子节"。10 月 10～12 日，与中国食品土畜进出口商会联合举办了"上海国际果蔬展览会—中国蓝莓大会"。"中国蓝莓大会"是国内业界首个以促进蓝莓(树莓)市场流通和国际贸易的国际化商务盛会，大会邀请了多位国际、国内蓝莓产业知名专家进行主题演讲，分享了国际蓝莓产业发展模式和成功经验，挖掘了国际贸易和合作途经。 (伍步生)

【举办各类经济林产业发展研讨会】 为了适应经济林产业形势和市场需求变化，举办相关研讨会，汇集国内外有关专家学者、政府领导及管理人员、企业家等，交流看法，凝聚共识，分析问题，探讨对策，促进经济林产业健康发展。1 月 19 日，在北京召开了"全国金银花产业发展论坛"，专家从不同角度做了关于金银花研究和发展的学术报告，就金银花产业链的品牌营销等议题进行了深入探讨。7 月 25～26 日，中国经济林协会与辽宁省林业厅在大连联合主办了"第二届中国榛子科技与产业发展研讨会暨中国经济林协会榛子专业委员会年会"，深入探讨了科技助力中国榛子产业发展的问题与

对策。9月7~9日，与《中国绿色时报》在河北平泉联合举办“关于山杏产业调研考察座谈会”。此外还结合有关节会活动，先后举办了全国性的板栗、枣、油橄榄产业研讨会。（伍步生）

【推进“中国经济林之乡”命名工作】 中国经济林协会开展“中国经济林之乡”复查工作，对命名时间超过5年的“中国经济林之乡”进行分批复查，协会起草印发了《中国经济林之乡复查和重新命名办法》和《关于开展“中国经济林之乡”复查工作和重新命名的通知》，对申请复查的64个“中国经济林之乡”开展复查。新命名了14个“中国经济林之乡”，其中：干果及木本油料类4个、鲜果类4个、森林药材类2个，森林食品类1个、茶桑类1个、其他2个。（伍步生）

【协会组织机构建设取得新突破】 中国经济林协会积极协调向民政部申报组建了一批分支机构，在协会原来8个分支机构的基础上，民政部先后新批准了树莓蓝莓、枣、板栗、油橄榄、花椒、榛子、森林药材、核桃8个专业委员会，批准森林食品和药材专业委员会更名为森林食品专业委员会。目前，协会现有16个分支机构。完成树莓蓝莓、枣、板栗、油橄榄、花椒、榛子、森林药材、森林食品、核桃等9个专业委员会的组建工作，分别召开了成立大会。干果、金银花、木本油料、仁用杏4个专业委员会先后完成了换届工作。组织建立经济林专家库，并由各专业委员会推荐专家人选，确定了干鲜果品、木本油料、森林药材、森林食品、花椒、蓝莓、树莓等产业领域的专家40人，并由协会颁发了聘书。（伍步生）

【召开中国经济林协会2013年度常务理事会】 12月17日，中国经济林协会召开了2013年度常务理事会，会议深入学习贯彻党的十八届三中全会精神，传达了“全国经济林现场会”精神，总结了协会自三届二次理事会以来的工作情况，安排部署了2014年重点工作。协会16个分支机构代表在会上作了工作交流。会议审议通过了《中国经济林协会分支机构财务管理办法》《中国经济林协会中国森林食品推荐品牌评选办法》，审议通过了增补第三届理事会理事、常务理事、副会长、副秘书长建议名单，中国经济林协会首批聘任专家名单。表彰了一批协会分支机构和先进单位会员、个人会员。（伍步生）

中国生态文化协会

【创办《生态文明世界》期刊】 5月27日，协会正式获得原国家新闻出版总署批准，成功创办《生态文明世界》期刊并出版发行。江泽慧会长拟定“纪实、探秘、趣味、科普”的办刊方针。期刊由国家林业局局长赵树丛担任名誉主编，江泽慧会长担任主编，同时特别聘请了6位知名专家担任顾问，36位相关部门和单位的领导或专家担任编委。秉承“感悟生态，对话文明，让生命更美好”的宗旨，以促进生态文化与生态文明领域的学术繁荣、国际交流和科学知识的普及与传播为己任，设置了《文明回眸》《特别策划》《美丽乡村》《文化采撷》《理论视点》《古树史话》等专栏，第一期和第二期分别已于2013年9月和12月正式出版。

【北京生态文化协会第一次会员大会】 6月19日，中国生态文化协会参加北京生态文化协会第一次会员大会，会议由北京生态文化协会主办，北京生态文化协会名誉会长、北京市政协副主席赵文芝，中国生态文化协会副会长汪绚，北京市园林绿化局（首都绿化办）党组书记、局长、主任邓乃平，北京市园林绿化局（首都绿化办）党组副书记、巡视员刘宝军出席会议并讲话，会上，汪绚副会长、赵文芝副主席为北京生态文化协会揭牌。

【“生态文化进校园”活动】 6月27日，在北京市延庆县第四小学再次举行了“生态文化进校园”活动。启动仪式上，中国生态文化协会会长江泽慧发表讲话，授予延庆120位小学生“生态文化小标兵”称号，并为学生代表颁发证书和学习机。活动中，专家讲述了森林与人类的关系、花卉的故事等生态文化知识，给孩子们上了一堂生动有趣的课。“生态文化进校园”活动，是中国生态文化协会组织的又一项大型社会公益活动。本次活动的开展，让小学生们切身感受到了协会的关怀，扩大了协会影响。

【第六届中国生态文化高峰论坛】 6月28日，由协会举办的“第六届中国生态文化高峰论坛”在北京市延庆县举行。全国政协副主席刘晓峰，中国社科院院长、党组书记王伟光，全国政协人口资源环境委员会副主任庄国荣、江泽慧，国家林业局副局长印红，北京市副市长林克庆等领导出席论坛。中国生态文化协会会长江泽慧作了“生态文明时代的主流文化——中国生态文化体系研究概论”的主旨报告。在本届论坛高峰论坛上，中国生态文化协会还授予北京市延庆县妫河森林公园为“全国生态文化示范基地”荣誉称号，截至本届论坛“全国生态文化示范基地”达到9个、“全国生态文化村”212个、“全国生态文化示范企业”20家。

【省级生态文化协会和协会分支机构工作座谈会】 6月28日，召开了省级生态文化协会和协会分支机构工作座谈会。江泽慧会长发表了讲话并对省级协会生态文化建设工作进行了全面部署。会议的召开有力地推动了省级协会的建设进程。全国已有北京、上海、浙江、广西、福建、内蒙古、山东、湖南等18个省（区、市）成立了省级生态文化协会。

【《生态文明时代的主流文化——中国生态文化体系研究总论》出版】 12月1日，协会承担的“中国生态文化体系研究”项目取得了重要成果，《生态文明时代的主流文化——中国生态文化体系研究总论》已由人民出版社出版发行，该书由全国政协人口资源环境委员会副主任、中国生态文化协会会长江泽慧主编，中国文联主席孙家正，国家林业局党组书记、局长赵树丛特别为本书作序。该书分别从生态文化的内涵特征与演进、结构与功能、哲学智慧、美学层面、伦理考量、行为实践、制度融合、事业建设、产业振兴和崛起与展望等10个方面，着力构建生态文化学科体系。该书的正式出版，为推动中国生态文化体系建设提供了科学、系统、权威的理论支撑和实践指导。

【“中国生态文化村——美丽乡村纪实”项目研讨会】 12月11日，召开“中国生态文化村——美丽乡村纪实”项目研讨会，项目负责人、协会副会长汪绚介绍了项目开展情况，各省、区、市项目负责人介绍项目实施方案和进展，会议还就项目研究方法、实施步骤、评价指标等进行了研讨。项目正在实施中，对于保护和传承中华优秀传统文化，推动新时期生态文化的适应与创新发展，推进地方林业系统和农村群众参与式互动传播意义重大。 （中国生态文化协会由秘书处供稿）

林业大事记与重要会议

26

2013 年中国林业大事记

1 月

1 月 4 日 国家林业局印发《关于开展森林经营样板基地建设的指导意见》，有效期至 2018 年 6 月 30 日。

1 月 6 日 国家林业局印发《2013 年工作要点》。

1 月 6 日至 2 月 5 日 国家林业局会同海关总署、公安部，组织亚洲、非洲和美洲的 22 个国家及有关区域性政府间野生动植物执法组织，开展代号为“眼镜蛇行动”的跨国、跨洲专项联合打击濒危野生动植物走私犯罪行动。

1 月 9 日 国家林业局发布 2013 年第 1 号公告，公布 2013 年美国白蛾疫区。

同日 国家林业局发布 2013 年第 2 号公告，公布 2013 年松材线虫病疫区。

同日 国家林业局发布 2013 年第 4 号公告，发布新版“全国林业检疫性有害生物名单”和“全国林业危险性有害生物名单”。

1 月 10 日 国家林业局发布 2013 年第 3 号公告，公布撤销的松材线虫病疫区。

1 月 18 日 国家科学技术奖励大会在北京召开，由国家林业局推荐的中国林科院主持的“与森林资源调查相结合的森林生物量测算技术”“天然林保护与生态恢复技术”“林木育苗新技术”等 3 个项目研究成果获 2012 年度国家科技进步二等奖。

1 月 21 日 国家林业局发布 2013 年第 6 号公告，公布纳入“中国野生动物经营利用管理专用标识”管理范围的企业及其产品。

同日 国家林业局印发《关于支持宁夏内陆开放型经济试验区生态林业建设的若干意见》，从积极支持宁夏生态建设、加快推进宁夏防沙治沙等 7 个方面，加大对宁夏内陆开放型经济试验区生态林业建设的支持力度。

1 月 22 日 国家林业局局长赵树丛签署第 29 号令，公布《中华人民共和国植物新品种保护名录（林业部分）（第五批）》，自 2013 年 4 月 1 日起施行。

同日 国家林业局局长赵树丛签署第 30 号令，公布《国家林业局委托实施野生动植物行政许可事项管理办法》，自 2013 年 4 月 1 日起施行。

同日 国家林业局局长赵树丛签署第 31 号令，公布《陆生野生动物疫源疫病监测防控管理办法》，自 2013 年 4 月 1 日起施行。

1 月 24 日 国家林业局局长赵树丛在北京会见瑞典农村事务部大臣艾朗德松一行。

1 月 28 日 国家林业局印发《全国林业机械发展规划（2011～2020 年）》（林规发〔2013〕13 号）。

1 月 29 日 滇桂黔石漠化片区部际联系会议在北京召开第一次全体会议。国家林业局局长赵树丛和水利部部长陈雷、国务院扶贫办主任范小建出席会议并讲话。

1 月 31 日 国家林业局召开党员领导干部电视电话会议。局领导张建龙、印红、孙扎根、陈述贤、张永利、杜永胜出席会议。

同日 国家林业局印发《全国林业科技推广体系建设规划（2011～2020 年）》（林规发〔2013〕18 号）。

2 月

2 月 5 日 国家林业局印发《全国木材战略储备生产基地建设规划（2013～2020 年）》（林规发〔2013〕20 号）。

2 月 17 日 国家林业局印发《太行山绿化三期工程规划（2011～2020 年）》（林规发〔2013〕23 号）、《珠江流域防护林体系建设三期工程规划（2011～2020 年）》（林规发〔2013〕24 号）。

2 月 22 日 《2012 年国民经济和社会发展统计公报》发布。

2 月 25 日 国家林业局印发《国家珍贵树种培育示范县管理办法（试行）》（林造发〔2013〕27 号）、

2 月 26 日 国家林业局与中国农林水利工会在北京召开第十二次联席会议，国家林业局党组成员、中央纪委驻局纪检组组长陈述贤，全国总工会副主席、书记处书记张世平出席会议并讲话。

3 月

3 月 1 日 新版林木采伐许可证正式启用。

同日 《全国林业检疫性有害生物疫区管理办法》开始执行。

3 月 3 日 国家林业局副局长张建龙率由外交部、发改委、农业部、海关总署、中科院和港、澳特区政府代表组成的中国政府代表团出席在泰国曼谷召开的《濒危野生动植物种国际贸易公约》（CITES）第十六届缔约国大会。大会期间，张建龙还出席了打击野生动植物和森林跨境团伙犯罪部长级圆桌会议。

3 月 5 日 国家林业局副局长印红在北京会见瑞典国家林业局局长莫妮卡·斯翠兹曼女士一行。

同日 国家发展改革委、国家林业局、农业部、水利部联合印发《京津风沙源治理二期工程规划（2013～2022 年）》，标志着为期 10 年的京津风沙源治理二期工程正式启动。

3 月 12 日 国家林业局发布《2013 年中国国土绿化状况公报》。

同日 国家林业局副局长张建龙在北京会见乌干达水资源和环境部国务部长弗拉维亚·穆娜巴女士。

3 月 15 日 国家林业局发布 2013 年第 8 号公告，公布《全国营造林综合核查技术规程》等 101 项林业行业标准，自 2013 年 7 月 1 日起实施。

3 月 20 日 经国务院批准，《全国防沙治沙规划（2011～2020 年）》正式发布实施。

同日 全国美国白蛾等重大林业有害生物防治工作

电视电话会议在北京召开，国家林业局副局长张永利出席会议并讲话。

3月21日 全国绿化委员会、国家林业局在北京市通州区的东郊森林公园举办以“保护发展森林资源 携手共建美丽中国”为主题的“国际森林日”植树纪念活动。全国绿化委员会副主任、国家林业局局长赵树丛，联合国副秘书长吴红波，联合国森林论坛秘书长简·麦凯尔平等出席纪念活动并参加植树。全国绿化委员会委员、国家林业局副局长张永利主持纪念活动。

3月22日 国家林业局局长赵树丛在北京会见联合国副秘书长吴红波，双方就中国林业发展、中国参与联合国森林论坛合作及可持续发展相关事务交换了意见。

3月25日 两国政府代表在南非签署《中华人民共和国政府与南非共和国政府关于湿地与荒漠化生态系统和野生动植物保护合作的谅解备忘录》。

3月27日 国务院召开全国森林草原防火和造林绿化工作电视电话会议，各地区、各有关部门要迅速行动起来，周密部署、精心组织，强化工作举措，落实各项责任，严密防范森林草原火灾，加快植树造林步伐，为建设生态文明和美丽中国作出新的贡献。国家林业局赵树丛局长通报了2012年全国森林防火和造林绿化工作情况及2013年安排意见。国务院副秘书长丁学东主持会议。

3月28日 国家林业局局长签署第32号令，公布《湿地保护管理规定》，自2013年5月1日起施行。

3月31日 由全国绿化委员会、中共中央直属机关绿化委员会、中央国家机关绿化委员会、首都绿化委员会联合举办的“共和国部长义务植树活动”在北京市海淀区苏家坨镇举行，186名部级领导干部参加义务植树活动。

4月

4月1日 国家林业局启动为期1个月的以打击破坏野生动物资源源头和流通环节违法犯罪为主的专项打击行动“天网行动”。

4月2日 党和国家领导人习近平、李克强、张德江、俞正声、刘云山、王岐山、张高丽等来到位于北京市丰台区永定河畔的植树点参加义务植树。习近平强调，要加强宣传教育、创新活动形式，引导广大人民群众积极参加义务植树，不断提高义务植树尽责率，依法严格保护森林，增强义务植树效果，把义务植树深入持久开展下去，为全面建成小康社会、实现中华民族伟大复兴的中国梦不断创造更好的生态条件。

同日 国家林业局、全国工商联和中国光彩会第七次联席会议在北京召开。国家林业局局长、党组书记赵树丛，国家林业局党组成员、中央纪委驻国家林业局纪检组组长陈述贤出席会议。

4月3日 国务院副总理汪洋到国家林业局调研工作，视察国家森林防火指挥部森林防火调度指挥中心和林业信息化建设工作，召开座谈会听取国家林业局工作汇报。国务院副秘书长丁学东陪同调研。国家林业局局长赵树丛汇报林业工作情况，局领导张建龙、孙扎根、陈述贤、张永利、陈凤学、杜永胜参加调研和座谈汇报会。

4月6日 在国家主席习近平与秘鲁总统乌马拉的见证下，国家林业局局长赵树丛与秘鲁农业部部长冯埃塞在海南省三亚市签署《中华人民共和国国家林业局和秘鲁共和国农业部关于林业合作的谅解备忘录》。根据协议，双方将在森林可持续经营、野生动植物和生物多样性保护、湿地保护与可持续利用、防治荒漠化等领域开展广泛的合作。

同日 “青春绿色长征路，志愿美丽中国梦”2013年绿桥、绿色长征活动推进会暨“绿色体验”开放日活动在北京林业大学举行。国家林业局党组成员、中央纪委驻国家林业局纪检组组长陈述贤出席活动并讲话。

4月8日 国家林业局发布2013年第9号公告，公告南杨等48个品种和认定通过的欧美杨2012等5个品种在林业生产中可以作为林木良种使用。

同日 国家林业局印发《长江流域防护林体系建设三期工程规划(2011~2020年)》(林规发〔2013〕50号)。

同日 国家林业局副局长孙扎根率中国政府代表团出席在土耳其伊斯坦布尔召开的为期12天的联合国森林论坛第十届会议，期间，国家林业局与联合国森林论坛、联合国粮农组织共同举办了主题为“中国履行《国际森林文书》实践”的边会活动。会议期间，孙扎根会见了联合国副秘书长吴红波、美国国务院助理国务卿凯利·安·琼斯等。

同日 由中国绿化基金会、联合国环境规划署、东南卫视等单位联合主办的“网络植树——助力美丽中国建设”高端对话暨第五届中国网络植树节在北京启动，国家林业局副局长张永利等出席启动仪式并现场参与网络植树活动。

同日 国家林业局副局长张建龙与美国副国务卿霍麦茨在北京举行会谈。双方就加强双边对话、多边合作达成共识，并就共同应对野生动植物非法交易、在APEC机制下促进林业发展、建立多国林业执法网络等问题深入交换意见。

4月22日 国际竹藤组织成员国大使植竹活动在北京举行，国家林业局局长赵树丛，全国政协人资环委副主任、国际竹藤组织董事会联合主席江泽慧参加植竹活动并致辞。

同日 国家林业局局长赵树丛主持召开会议，研究林业抗震救灾工作。会议传达学习了习近平总书记关于抗震救灾工作的重要批示精神、李克强总理等中央领导同志和国办通知的救灾要求，指出林业部门要将抗震救灾作为现阶段的重要任务，千方百计为灾区提供尽可能的援助，千方百计做好森林防火和禽流感防控等各项工作，为国家分忧，为基层服务。

4月23日 国家林业局印发《全国平原绿化三期工程规划(2011~2020年)》(林规发〔2013〕56号)。

4月27日 国家林业局、财政部联合印发《国家级公益林管理办法》(林资发〔2013〕71号)。

5月

5月2日 国家林业局局长赵树丛、国家档案局局长杨冬权签署第33号令，公布《集体林权制度改革档案管理办法》，自2013年6月22日起施行。

5月7日 中共中央政治局委员、天津市委书记孙春兰在天津会见正在天津市调研林业工作的国家林业局局长赵树丛一行。

同日 中国国家林业局与德国食品、农业和消费者保护部在德国汉诺威市联合召开中德林业工作组第一次会议。国家森林防火指挥部专职副总指挥杜永胜率团出席。

5月9日 国家林业局局长赵树丛在北京会见泰国自然资源与环境部部长比差·凌松本素。双方回顾了20世纪90年代以来中泰林业友好合作关系，对两国大熊猫合作研究取得的积极进展表示高兴，共同期待中泰两国林业部门进一步密切合作关系，通过签署备忘录使合作机制化、常态化，共同推动亚太地区森林可持续经营。

5月10日 中共中央组织部调研组就加强基层服务型党组织建设到国家林业局开展专题调研。局党组副书记、副局长、局直属机关党委书记张建龙介绍近年来国家林业局在加强基层服务型党组织建设中的主要做法、经验和建议。

同日 中央电视台大型公益活动"美丽中国·湿地行"在北京启动。国家林业局局长赵树丛、中央电视台台长胡占凡出席启动仪式并致辞。

同日 国家林业局和国家统计局在北京联合启动新一轮"中国森林资源核算及绿色经济评价体系研究"项目。国家林业局局长赵树丛、国家统计局局长马建堂出席启动会并致辞。国家林业局副局长孙扎根主持。

5月13日 国家林业局、中国农林水利工会联合召开天保工程区"加强节能减排、促进生态建设"竞赛活动表彰电视电话会议，对中华全国总工会授予"全国五一劳动奖状"和"全国工人先锋号"的单位进行表彰。会前，国家林业局局长赵树丛，全国总工会副主席、书记处书记张世平接见获奖单位代表并合影。国家林业局党组成员、中央纪委驻局纪检组组长陈述贤主持会议，国家林业局副局长张永利出席会议并讲话。

5月17日 2013年中华环保世纪行宣传活动启动仪式在北京举行，全国人大常委会副委员长陈昌智宣布活动启动，全国人大环资委副主任委员王庆喜主持启动仪式，国家林业局党组成员、中央纪委驻局纪检组组长陈述贤等出席启动仪式。

5月21日 国务院新闻办在北京举行中国野生动物保护工作情况新闻发布会，国家林业局副局长印红出席发布会并回答记者提问。

5月23日 国家林业局召开"两转变两服务"活动动员部署会，正式启动为期两个月的"转变职能、转变作风，服务大局、服务基层"活动，局长赵树丛出席会议并讲话。副局长张建龙主持会议。局领导陈述贤、张永利、陈凤学、杜永胜出席。

5月28日 第三次全国林业血防工作会议在安徽省安庆市举行，国家林业局局长赵树丛出席会议并讲话。

同日 国家林业局印发《全国林业生物质能源发展规划(2011～2020年)》(林规发〔2013〕86号)。

5月30日 国家林业局局长赵树丛在北京会见瑞士联邦委员、联邦环境、交通、能源和电信部长多丽丝·洛伊特哈德女士。双方签署《中华人民共和国国家林业局和瑞士联邦环境、交通、能源和电信部关于林业合作的谅解备忘录》，同意在森林可持续经营、森林保护、林业政策和法律法规、水土保持、流域管理等领域，通过专家交流、技术培训、共同举办会议等方式，开展深入和长期的双边合作。

6月

6月6日 由国家林业局、住房和城乡建设部、中国科学院共同设立、由中科院牵头组建的中国植物园联盟正式启动建设。国家林业局局长赵树丛出席启动会并讲话。

6月8日 国家林业局局长赵树丛主持召开局党组会，研究成立林业改革领导小组等事宜。会议决定成立国家林业局林业改革领导小组，主要职责是：贯彻执行党中央、国务院关于林业改革的方针政策，负责指导全国林业改革工作；提出林业改革工作的指导意见；研究解决林业改革中出现的重大问题。

6月7日 国家林业局副局长张建龙在北京会见瑞士联邦环境署副署长约瑟夫·赫斯，双方就森林病虫害防治技术和措施进行交流。

同日 国家林业局副局长印红在北京会见来访的国际林业研究中心(CIFOR)总干事彼得·侯姆格林，并签署《国家林业局与国际林业研究中心合作谅解备忘录》。

6月15日 中国野生动物保护协会与马来西亚野生动物和国家公园局签署《大熊猫保护合作研究协议》。来自中国保护大熊猫研究中心的一对大熊猫"福娃"和"凤仪"将赴马来西亚旅居，中马将在大熊猫保护的科普教育和科研等方面进行为期10年的合作。

6月19～20日 全国深化集体林权制度改革百县经验交流会在宁夏召开。国家林业局副局长张建龙出席会议并讲话。局总工程师陈凤学主持会议。

6月27日 在国家主席习近平和韩国总统朴槿惠的见证下，国家林业局局长赵树丛与韩国环境部部长尹成奎签署《关于朱鹮合作的谅解备忘录》，进一步深化保护合作。

7月

7月5日 国家林业局召开党的群众路线教育实践活动动员部署会。中央第31督导组组长令狐安等出席会议并讲话。国家林业局局长赵树丛做动员部署，局领导张建龙、印红、孙扎根、陈述贤、张永利、杜永胜出席。

7月10日 国家林业局在北京举行新闻发布会，正式启动实施长江流域防护林体系建设、珠江流域防护林体系建设、太行山绿化、平原绿化三期工程(2011～2020年)。副局长张永利出席新闻发布会并讲话。

7月10～11日 第五轮中美战略与经济对话在美国华盛顿举行。在战略与经济对话框架下，7月10日上午，中国国家林业局和美国国务院在美国国务院共同举办"中美合作打击野生动植物非法交易磋商启动会"。中国国家林业局局长赵树丛和美国副国务卿霍麦茨出席会议开幕式并讲话。

7月14日 国家林业局局长赵树丛与加拿大国家公园管理局副局长杰夫·安德森共同签署中国安徽黄山国家森林公园与加拿大班夫国家公园结对协议。

同日 中美打击木材非法采伐及相关贸易双边论坛

第五次会议在美国华盛顿举行。国家林业局总工程师陈凤学与美国国务院助理国务卿凯莉安·琼斯博士出席会议并致辞。

7月18日 中墨第一次林业工作组会议在墨西哥召开。国家林业局总工程师陈凤学与墨西哥国家林委会总协调员加尔维茨先生等共同出席并主持会议。

7月20日 生态文明贵阳国际论坛2013年年会在贵州省贵阳市开幕，国家主席习近平发来贺信，国务院副总理张高丽出席开幕式、宣读习近平的贺信并发表讲话。国家林业局局长赵树丛出席开幕式并在高峰论坛上发表演讲。来自10多个国家和国际组织的110余名嘉宾参加了论坛。

7月23~24日 全国林业厅局长座谈会在安徽省合肥市召开。局长赵树丛做会议主报告，副局长张建龙主持，局领导孙扎根、陈述贤、杜永胜，武警森林指挥部司令员何宏成出席会议。

7月29~30日 国家国有林场举办的首届国家级职业技能竞赛——首届国有林场职业技能竞赛在河北省塞罕坝机械林场总场举行，国家林业局党组成员、中央纪委驻局纪检组组长陈述贤为获奖者颁奖并讲话。

7月31日 全国森林公安工作座谈会在宁夏银川召开。国家林业局副局长孙扎根出席会议并讲话。

8月

8月2日 第四届库布其国际沙漠论坛在内蒙古开幕。国务院总理李克强发来贺词，国务院副总理汪洋出席开幕式，联合国副秘书长、环境规划署执行主任阿齐姆·施泰纳，联合国前副秘书长沙祖康，内蒙古自治区政府主席巴特尔主持开幕式并发表演讲。联合国防治荒漠化公约秘书处执行秘书吕克·尼亚卡贾，国家林业局局长赵树丛等在论坛上发表演讲。

同日 国家林业局印发《全国竹产业发展规划(2013~2020年)》(林规发〔2013〕121号)。

8月5日 经国务院同意，国家发展和改革委员会、国家林业局正式批复河北、浙江、安徽、江西、山东、湖南、甘肃7个省的国有林场改革试点方案，中国国有林场改革试点正式启动。

8月6日 中国网络电视台熊猫频道在北京正式发布，国家林业局局长赵树丛、国家新闻出版广电总局副局长聂辰席、中央电视台台长胡占凡出席发布会。

8月12日 国家林业局印发《关于进一步加快林业信息化发展的指导意见》(林信发〔2013〕130号)。

同日 国家林业局会同财政部启动2012年度中央财政森林抚育补贴国家级抽查工作。按照《森林抚育检查验收办法》，此次全国应抽查抚育面积5.15万公顷，涉及35个省级单位。

同日 国家林业局启动国家储备林试点划定工作。

同日 国家林业局与新华社共同组织国内41家媒体，历时4个月，开展"地球绿飘带"大型集成报道活动，集中宣传三北防护林工程，联合百余家企业向全社会呼吁：呵护美丽地球，传播绿色文明。

8月14~16日 国家林业局副局长张永利率团参加在秘鲁库斯科市召开的第二届亚太经合组织(APEC)林业部长级会议，并在开幕式上作主旨发言。会前，张永利会见秘鲁农业部部长冯埃塞，双方就召开中秘林业工作组第一次会议，推动落实双边林业协议达成共识。

8月13~15日 国家林业局党组开展党的群众路线集中学习活动。中央第31督导组组长、全国人大常委、华侨委员会副主任委员令狐安出席并对国家林业局群众路线教育实践活动开展情况给予肯定。局党组书记、局长、教育实践活动领导小组组长赵树丛，局党组副书记、副局长、教育实践活动领导小组副组长张建龙，局党组成员、副局长孙扎根，局党组成员、中央纪委驻局纪检组组长、教育实践活动领导小组副组长陈述贤参加学习并交流发言。副局长印红、局总工程师陈凤学、国家森林防火指挥部专职副总指挥杜永胜参加集中学习。

8月21日 国家林业局印发《中国智慧林业发展指导意见》(林信发〔2013〕131号)。

8月27日 第三届全国林业信息化工作会议在长春召开，国家林业局副局长孙扎根出席会议并讲话。

8月28日 国家林业局在甘肃省平凉市召开三北工程统筹生态林业民生林业发展现场会。副局长张永利出席会议并讲话。

8月30日 全国长江流域等防护林体系工程建设现场会在湖北省洪湖市召开，国家林业局副局长张永利对长江流域、珠江流域防护林体系，太行山、平原绿化三期工程及沿海防护林体系工程建设重点工作进行安排部署。

9月

9月2日 国家林业局发布2013年第12号公告，公告国家林业局委托省级林业行政主管部门实施的野生动植物行政许可事项，委托时间从2013年10月1日~2018年9月30日。

9月3日 国家林业局召开2013年秋冬季野生动物保护执法和疫源疫病防控工作动员部署电视电话会议，副局长印红出席会议并讲话。

同日 中央财政启动林下经济中药材种植补贴试点工作。

9月4日 全国经济林建设现场会在山东省济南市召开，国家林业局副局长张永利出席会议并讲话。

9月6日 国家林业局印发《推进生态文明建设规划纲要》(林规发〔2013〕146号)。

9月11日 中国野生动物保护协会与比利时天堂公园签署大熊猫保护合作研究协议，来自中国保护大熊猫研究中心的一对大熊猫"星徽""好好"将赴比利时，参与中比双方为期15年的大熊猫保护科研和科普教育等方面的合作。

9月16日 2013年全国秋冬季森林防火工作电视电话会议召开，国家森林防火指挥部副总指挥、国家林业局副局长孙扎根出席会议并讲话，国家森林防火指挥部专职副总指挥杜永胜主持会议。

9月17日 第五届中国生态文明与绿色竞争力大会在山西省大同市召开，国家林业局副局长张永利出席会议并讲话。

9月19~22日 第十届中国林产品交易会在山东省菏泽市举办，国家林业局副局长印红出席开幕式。

9月23日 国家林业局发布2013年第13号公告，公布"中成1号"杨树等84项授予植物新品种权名单。

9月24日 国家林业局副局长孙扎根在北京会见国际植物新品种保护联盟(UPOV)副秘书长皮特·巴顿一行，双方表示将继续在人员培训、UPOV测试指南编制方面开展深入交流合作。

同日 以“城市森林·生态文明·美丽中国”为主题的2013中国城市森林建设座谈会在江苏省南京市举行，中国关注森林活动组委会主任王刚出席会议并讲话。全国绿化委员会副主任、国家林业局局长赵树丛出席会议并致辞，国家林业局党组成员、中央纪委驻局纪检组组长陈述贤宣读颁奖决定。

9月28日 第八届中国花卉博览会在江苏省常州市武进区隆重开幕。全国政协副主席何厚铧宣布第八届中国花卉博览会开幕，中国花卉协会名誉会长、第八届中国花卉博览会组委会名誉主任陈至立出席开幕式。国家林业局局长、第八届中国花卉博览会组委会主任赵树丛，全国政协人口资源环境委员会副主任、中国花卉协会会长、第八届中国花卉博览会组委会主任江泽慧分别致辞，国家林业局副局长张永利宣读“国家林业局2013第一批授予植物新品种保护权名单公告”和“中国花卉苗木产业示范基地”的认定决定。

9月30日 国家林业局驻北京森林资源监督专员办事处(中华人民共和国濒危物种进出口管理办公室北京办事处)揭牌仪式在北京举行，国家林业局副局长印红为办事处揭牌。

10月

10月8日 《2013中国林业发展报告》出版发行。

10月10日 全国绿化委员会、人力资源和社会保障部、国家林业局联合印发表彰决定，授予牛玉琴、石述柱全国防沙治沙英雄称号。

10月14日 国家森林防火指挥部、国家林业局召开全国森林防火工作视频调度会，国家森林防火指挥部副总指挥、国家林业局副局长孙扎根出席会议并讲话，国家森林防火指挥部专职副总指挥杜永胜出席会议。

10月16日 国家林业局在北京举行河北省张家口坝上地区老化防护林更新改造工作座谈会。国家林业局副局长张永利要求，搞好试点，积累经验，点面结合，科学推进全国老化防护林更新改造工作。

10月17日 国家林业局发布2013年第14号公告，公布《林业数据库设计总体规范》等86项林业行业标准。

同日 国家林业局副局长张永利会见国际园艺生产者协会主席维克·克朗，双方就2019北京世园会筹备情况进行了深入交流。

10月21日 中国林业出版社举行成立60周年座谈会。国家林业局局长赵树丛、国家新闻出版广电总局副局长邬书林局党组成员、中央纪委驻局纪检组组长陈述贤出席座谈会。

10月22~23日 应吉尔吉斯共和国邀请，国家林业局副局长印红率团出席在吉尔吉斯首都比什凯克召开的全球雪豹保护论坛和高级别会议。印红在论坛部长级会议和高级别会议上分别致辞，呼吁所有关注雪豹及其生态系统命运的各方面力量真诚合作，共同努力，开启雪豹保护新局面。

10月24日 第三届中国湿地文化节暨东营国际湿地保护交流会议在山东省东营市举行。全国政协副主席罗富和出席会议。国家林业局局长赵树丛、湿地公约秘书长克里斯托弗·布里格斯出席会议并讲话，山东省副省长赵润田致辞，国家林业局副局长张永利主持会议。

10月28日 国家林业局党组召开党的群众路线教育实践活动专题民主生活会，围绕为民务实清廉，按照“照镜子、正衣冠、洗洗澡、治治病”的总要求，聚焦“四风”突出问题，以整风精神开展批评与自我批评。局党组书记、局长、局教育实践活动领导小组组长赵树丛主持会议。中央第31督导组组长令狐安到会指导并讲话。局领导张建龙、孙扎根、陈述贤、张永利参加会议。

11月

11月1日 《中国森林经营国家报告》出版，《报告》系首次综合反映新时期中国森林可持续经营进展的国别报告。

11月4日 国家林业局副局长印红在北京会见乌干达水资源和环境部国务部长弗拉维亚·穆娜巴女士一行，双方就加强两国在竹子等林业领域的务实合作交换意见。

11月5日 全国油茶产业发展现场会在湖北省咸宁市举行。国家林业局局长赵树丛出席会议并讲话，湖北省副省长郭有明致辞。

11月7日 国家林业局与中国诚通控股集团有限公司在北京签署《关于开展林业战略合作框架协议》。根据《协议》，双方重点在森林可持续培育、经营、开发、利用和林业生物质能源产业发展等领域进行合作，共同推动境内外森林资源综合利用。国家林业局副局长张建龙，中国诚通集团董事长马正武、总裁洪水坤、副总裁李友生出席签字仪式。

11月7~13日 大熊猫保护国际研讨会在四川成都召开。国家林业局副局长印红出席会议并讲话。

11月12日 三北工程与生态文明建设研讨会在北京召开，同时举办“锦绣山河 百年绿梦——三北工程成就图片展”，国家林业局副局长张永利参观展览、出席会议并讲话。

11月13日 国家林业局局长赵树丛在北京会见俄罗斯联邦林务局副局长潘费洛夫。双方认为定期就共同关心的林业问题进行交流并取得共识符合两国共同利益；同意在加强边境地区森林防火、两国木材贸易、打击木材非法采伐、亚太经合组织林业合作、林业政策法规交流等领域加强合作。当日，中俄林业工作组第七次会议在北京举行。

11月14日 国家林业局党组召开会议通报专题民主生活会情况。局党组书记、局长、局教育实践活动领导小组组长赵树丛主持会议。局党组副书记、副局长、局教育实践活动领导小组副组长张建龙作通报。中央第31督导组及中央国家机关工委有关同志，局领导印红、孙扎根、陈述贤、张永利、杜永胜出席会议。

11月16日 国家林业局副局长张永利代表国家林业局与各退耕还林工程省(区、市)人民政府和新疆生产建设兵团签订2013年度退耕还林工程责任书。

11月20日 国家林业局印发《林业专业合作社示范章程(示范文本)》，有效期至2018年12月31日。

11月21日 国家林业局召开援藏援青干部座谈

会。局党组书记、局长赵树丛要求援藏援青干部继续发扬高原精神，努力再创工作佳绩。局党组成员、中央纪委驻局纪检组组长陈述贤主持会议。

11 月 25～28 日 由国家林业局、联合国粮农组织、森林和农场基金和亚太森林组织联合举办的林业生产者组织国际会议在广西桂林市召开，国家林业局副局长印红，联合国粮农组织森林经济、政策与产品部主任伊娃·穆勒等出席开幕式并致辞。来自 45 个国家和 20 多个国际组织的 150 余位代表聚焦林业生产者组织，交流和探讨林业生产者组织在促进林业发展、改善民生和经济发展中的作用。

11 月 27 日 全国森林资源管理工作会议在北京召开。国家林业局局长赵树丛强调：要全面加强森林资源保护管理，为建设生态文明和美丽中国奠定坚实的资源基础。副局长印红出席会议做作报告。局领导张建龙、孙扎根、陈述贤、张永利、陈凤学、杜永胜出席会议。

11 月 28～29 日 国家林业局学习贯彻十八届三中全会精神司局长理论研修班在北京举行。局长赵树丛就如何更好地贯彻落实十八届三中全会精神作辅导报告，中央宣讲团成员、中央政策研究室副主任潘盛洲就全面深化改革重点任务和重大举措等做专题解读。

12 月

12 月 2 日 国家林业局副局长张建龙在北京会见英国环境、食品和农村事务部大臣欧文·帕特森先生一行。

12 月 2～4 日 应博茨瓦纳总统邀请，国家林业局副局长印红率团出席在博茨瓦纳首都哈博罗内召开的“非洲象峰会”。印红代表中国代表团在峰会上致辞时呼吁国际社会增大援助和技术分享，开创非洲象保护新局面。

12 月 9 日 国家林业局与广西壮族自治区政府在北京就合作打造绿色生态安全体系和现代林业示范区相关事宜进行会谈。国家林业局局长赵树丛，广西壮族自治区党委书记彭清华、自治区政府主席陈武参加会谈。国家林业局副局长张建龙主持。

12 月 11 日 全国绿化委员会办公室主任会议在天津市武清区召开。国家林业局副局长张永利出席会议并讲话。

12 月 16 日 第六届“母亲河奖”表彰座谈会在北京召开，国家林业局副局长张永利、共青团中央书记处第一书记秦宜智等出席座谈会，并为第六届“母亲河奖”获奖个人和组织颁奖。

12 月 18 日 国务院总理李克强主持召开国务院常务会议，部署推进青海三江源生态保护、建设甘肃省国家生态安全屏障综合试验区、京津风沙源治理、全国五大湖区湖泊水环境治理等一批重大生态工程。

12 月 19～20 日 第 24 届中美商贸联委会在北京举行。国家林业局副局长张建龙出席会议，就涉林议题《雷斯法案修正案》与美方交换意见。

12 月 25 日 国家林业局通报 2013 年林地管理情况检查结果。查出违法违规占用林地 0.8 万多公顷，对 18 个严重违法占用林地项目进行通报，并将对这些项目进行重点督办、督促整改。

12 月 30 日 国家林业局局长赵树丛在北京会见河北省委副书记赵勇、副省长沈小平一行。

12 月 31 日 国家林业局发布 2013 年第 16 号公告，公布“尾边桉 TH06001”等 74 项第二批授予植物新品种权名单。

同日 国家林业局印发《国家沙漠公园试点建设管理办法》(林沙发〔2013〕232 号)。《办法》自 2014 年 2 月 1 日起施行，有效期至 2017 年 9 月 30 日。

同日 国家林业局印发《林业固定资产投资建设项目管理办法》(林规发〔2013〕230 号)。

2013 年林业重要会议

【全国林业厅局长会议】 2013 年 7 月 23～24 日，全国林业厅局长座谈会在安徽省合肥市召开。国家林业局局长赵树丛要求，深入学习习近平总书记关于生态文明建设的一系列重要指示和讲话，深刻领会生态就是民生福祉等重大战略思想，把生态林业民生林业理念融入林业改革发展的各方面和全过程，着力加强林业改革创新，把改革的红利、创新的活力、发展的潜力有效叠加起来，不断提升推动生态林业民生林业发展的能力和水平。

国家林业局副局长张建龙主持会议，副局长孙扎根，局党组成员、中央纪委驻局纪检组组长陈述贤，国家森林防火指挥部专职副总指挥杜永胜，武警森林指挥部司令员何宏成，安徽省委常委、合肥市委书记吴存荣出席会议。安徽省副省长梁卫国在会上致辞。

赵树丛说，党的十八大以来，习近平总书记对推进生态文明建设作出了一系列重要指示和深刻论述，揭示了生态决定人类文明兴衰的客观规律，阐述了生态就是生产力的战略思想，作出了生态就是民生福祉的科学论断，确定了林业要为实现中国梦创造更好生态条件的重大任务，提出了建立生态文明建设责任追究制度的工作要求。习近平总书记的一系列重要讲话和重要指示，既是建设生态文明和美丽中国的基本遵循，更是发展生态林业民生林业的根本指针，我们一定要以此武装头脑、统一思想、深化认识，坚持把满足民生需求作为林业工作的出发点和落脚点，大力推进生态林业民生林业建设，努力增加最公平的公共产品、最普惠的民生福祉。

赵树丛指出，大力发展林业，既能改善生态，筑牢民生之基；又能保障供给，满足民生之需；还能扩大就业，夯实民生之本。对发展林业而言，生态和民生具有战略性、一致性，生态是基础，民生是根本，生态需求是最基本的民生需求。生态林业民生林业是相互促进、不可分割的有机整体。不能简单地认为，生态林业就是保护生态，民生林业仅是发展产业，更不能把生态林业民生林业对立起来，而要把两者统一于生态文明建设的伟大实践，贯穿于林业改革、造林绿化、资源保护、森林经营、产业发展、生态文化、法制建设、科技创新、政策制定等林业工作的各方面和全过程，着力推进生态林业民生林业良性互动、协调发展，全面提升林业的生态、经济、社会功能，充分发挥林业对改善民生的特殊作用。

赵树丛说，最近，国家林业局编制了《推进生态文明建设规划纲要》，《纲要》明确了林业推进生态文明建设的指导思想、总体布局、重大行动、指标体系和政策措施，在林地和森林保护、湿地、荒漠植被、物种等方面首次明确划定了国家生态红线。生态红线，既是限制开发利用的"高压线"，也是维护生态平衡的"安全线"；既是建设生态文明的"目标线"，也是实现永续发展的"保障线"；既是保护民生福祉的"生命线"，也是必须坚决守住的底线。要牢固树立红线意识和底线思维，采取一切措施，加快发展速度，加大保护力度，坚决守住维护国家生态安全、保障人民基本生态需求的底线。

赵树丛指出，改革开放是坚持和发展中国特色社会主义的必由之路，也是推动林业不断发展进步的成功经验和主要动力。发展生态林业民生林业，最大的困难和最大的潜力都在于深化改革。不深化改革，就不能解决发展中存在的各种问题，就不能赶上整个国家的发展步伐，就不能满足人民群众的巨大需求。必须科学谋划、稳步推进，确保林业改革做到"四个更加有利于"：更加有利于增强林业发展活力和动力，更加有利于吸引社会力量发展林业，更加有利于统筹兼顾各方利益，更加有利于转变政府职能，把改革的红利、创新的活力、发展的潜力有效叠加起来，全面增强生态林业民生林业发展动力。

赵树丛强调，推动林业发展的动力、解决复杂问题的办法、提高工作能力的营养都在基层，要把服务基层作为林业工作的主要任务，把深入基层变成林业干部的自觉行动，更多地向基层要办法、找出路。要深入基层，感受基层味道；学习基层，汲取基层营养；服务基层，增强基层情怀；依靠基层，树立基层观念。要扎实开展党的群众路线教育实践活动，切实转变职能、转变作风，全力服务大局、服务基层，不断提升推动生态林业民生林业发展的能力和水平。

赵树丛要求，高度重视并着力解决当前林业发展中的重大问题，全面完成各项林业建设任务，推动生态林业民生林业科学发展。要着力加强森林资源保护，全面提高森林经营水平，大力发展绿色富民产业，进一步深化以集体林权制度、国有林场试点、国有林区为重点的林业改革，积极推进林业科技创新，切实抓好森林防火，保质保量做好林业棚户区改造工作。

会议播放了安徽、广东、辽宁、陕西、福建、黑龙江、山东、河南、宁夏、湖南林业典型经验介绍片。与会代表参观了合肥大蜀山森林公园、桃蹊现代农业开发公司经济林基地、官亭镇千万亩森林增长工程林苗两用林造林基地。 （国家林业局办公室）

【全国绿化委员会办公室主任会议】 12月11日，全国绿化委员会办公室主任会议在天津市武清区召开。会议部署了2014年国土绿化工作。国家林业局副局长张永利在会议讲话中指出，各地区、各部门（系统）绿委办要认真贯彻落实党的十八大和十八届三中全会精神，全面深化体制机制改革，创新推动国土绿化科学发展、健康发展、持续发展，为广大人民群众提供更加丰富的生态产品、更加普惠的民生福祉。会议对第三届中国绿化博览会筹备工作进行了动员部署，张永利副局长要求各省（区、市）绿化委员会、林业厅（局）和各部门（系统）绿化委员会认真领会办好第三届绿博会的重大意义，以主人翁精神，主动参与，积极筹展，齐心协力把第三届绿博会办成一届高水平、高质量的绿色盛会。各省（区、市）及计划单列市和新疆生产建设兵团等地的绿委办负责人，全国绿化委员会组成单位绿委办代表以及部分企业集团和行业协会代表共120余人参加了会议。

（李　蒙）

【石漠化综合治理工程省部联席会暨现场会】 2013年11月12日至13日，石漠化综合治理工程第四次省部联席会暨现场会在四川省泸州市召开。国家发展改革委、国家林业局、水利部、农业部、财政部、国土资源部、环境保护部、国务院扶贫办等有关部门负责同志和贵州、广西、云南、湖南、湖北、四川、重庆、广东等省（区、市）人民政府分管负责同志参加会议。国家发展改革委杜鹰副主任主持会议并做会议总结。会议传达学习习近平总书记和李克强总理对石漠化治理工作的批示，交流石漠化治理经验，研究部署下一步石漠化综合治理工程建设工作。国家林业局陈凤学总工程师参加会议，并就工程实施以来所开展的工作、取得的成效和经验、下一步重点工作做发言。与会代表也分别就各部门、各地区的工作情况和对下一步工作的建议作发言。

（白建华）

附　　录

国家林业局各司（局）和直属单位等全称简称对照

1. 国家林业局办公室（办公室）
2. 政策法规司（政法司）
3. 造林绿化管理司（造林司）
   长江流域防护林体系设管理办公室（长防办）
4. 森林资源管理司（资源司）
5. 野生动植物保护与自然保护区管理司（保护司）
   野生动植物保护及自然保护区建设工程管理办公室（保护办）
6. 农村林业改革发展司（林改司）
7. 森林公安局（公安局）
   国家森林防火指挥部办公室（防火办）
8. 发展规划与资金管理司（计资司）
   全国木材行业管理办公室（行管办）
9. 科学技术司（科技司）
10. 国际合作司（国际司）
11. 人事司（人事司）
12. 直属机关党委（机关党委）
13. 监察部驻国家林业局监察局（监察局）
14. 离退休干部局（老干部局）
15. 机关服务局（服务局）
16. 信息化管理办公室（信息办）
17. 国有林场和林木种苗工作总站（场圃总站）
18. 林业工作站管理总站（工作总站）
    国家林业局森林资源行政案件稽查办公室（稽查办）
19. 林业基金管理总站（基金总站）
    审计中心
20. 宣传办公室（宣传中心）（宣传办）
21. 濒危物种进出口管理中心（濒管办）
    濒危物种进出口管理办公室
22. 天然林资源保护工程管理中心（天然林资源保护工程管理办公室）（天保办）
23. 西北华北东北防护林建设局（三北局）
24. 退耕还林（草）工程管理中心〔退耕还林（草）工程管理办公室〕（退耕办）
25. 防治荒漠化管理中心（环北京地区防沙治沙工程管理办公室）（治沙办）
26. 世界银行贷款项目管理中心（世行中心）
    速生丰产用材林基地建设工程管理办公室（速丰办）
27. 科技发展中心（科技中心）
    植物新品种办公室（新品办）
28. 经济发展研究中心（经研中心）
29. 人才开发交流中心（人才中心）
30. 对外合作项目中心（合作中心）
31. 森林防火预警监测信息中心（预警中心）
32. 湿地保护管理中心（湿地办）
33. 森林资源监督管理办公室（监督办）
34. 亚太森林网络管理中心（亚太中心）
35. 中国林业科学研究院（林科院）
36. 调查规划设计院（规划院）
37. 林产工业规划设计院（设计院）
38. 管理干部学院（林干院）
39. 中国绿色时报社（报社）
40. 中国林业出版社（出版社）
41. 竹藤网络中心（竹藤中心）
42. 中国林学会（林学会）
43. 中国野生动物保护协会（中动协）
    中国植物保护协会（中植协）
44. 中国花卉协会（花协）
45. 中国绿化基金会（中绿基）
46. 中国林业产业联合会（中产联）
47. 驻内蒙古自治区森林资源监督专员办事处（内蒙古专员办）
48. 驻长春森林资源监督专员办事处（长春专员办）
49. 驻黑龙江省森林资源监督专员办事处（黑龙江专员办）
50. 驻大兴安岭林业集团公司森林资源监督专员办事处（大兴安岭专员办）
51. 驻成都森林资源监督专员办事处（成都专员办）
52. 驻云南省森林资源监督专员办事处（云南专员办）
53. 驻福州森林资源监督专员办事处（福州专员办）
54. 驻西安森林资源监督专员办事处（西安专员办）
55. 驻武汉森林资源监督专员办事处（武汉专员办）
56. 驻贵阳森林资源监督专员办事处（贵阳专员办）
57. 驻海口森林资源监督专员办事处（海口专员办）
58. 驻合肥森林资源监督专员办事处（合肥专员办）
59. 驻乌鲁木齐森林资源监督专员办事处（乌鲁木齐专员办）
60. 驻上海森林资源监督专员办事处（上海专员办）
61. 驻北京森林资源监督专员办事处（北京专员办）
62. 森林病虫害防治总站（森防总站）
    野生动物疫源疫病监测总站（监测总站）
63. 北方航空护林总站（北航总站）
64. 南方航空护林总站（南航总站）
65. 南京森林警察学院（南京警院）
66. 华东林业调查规划设计院（华东院）
67. 中南林业调查规划设计院（中南院）
68. 西北林业调查规划设计院（西北院）
69. 昆明勘察设计院（昆明院）

书中部分单位、词汇全称简称对照

北京林业大学（北林大）
长江流域防护林（长防林）
东北林业大学（东北林大）
国家发展和改革委员会（国家发展改革委）
国家工商行政管理总局（国家工商总局）
国家开发银行（国开行）
国家环境保护部（国家环保部）
国家森林防火指挥部（国家森防指）
国务院法制办公室（国务院法制办）
国务院纠正行业不正之风办公室（国务院纠风办）
国务院西部地区开发领导小组办公室（国务院西部开发办）
国有资产监督管理委员会（国资委）
林业工作站（林业站）
林业科学研究所（林科所）
林业科学研究院（林科院）
南京林业大学（南林大）
全国绿化委员会（全国绿委）
全国绿化委员会办公室（全国绿委办）
全国人大常委会法制工作委员会（全国人大常委会法工委）
全国人大环境与资源保护委员会（全国人大环资委）
全国人大农业与农村委员会（全国人大农委）
全国普及法律常识办公室（全国普法办）
全国政协人口资源环境委员会（全国政协人资环委）
森林病虫害防治（森防）
森林病虫害防治检疫站（森防站）
森林防火指挥部（森防指）
森林工业（森工）
世界银行（世行）
速生丰产林（速丰林）
天然林资源保护工程（天保工程）
西北、华北北部、东北西部风沙危害和水土流失严重地区防护林建设（三北防护林建设）
亚洲开发银行（亚行）
中国光彩事业促进会（中国光彩会）
中国吉林森林工业（集团）总公司（吉林森工集团）
中国科学院（中科院）
中国龙江森林工业（集团）总公司（龙江森工集团）
中国内蒙古森林工业集团有限责任公司（内蒙古森工集团）
中国农业发展银行（中国农发行）
中国农业科学院（中国农科院）
中国银行业监督管理委员会（中国银监会）
中国证券监督管理委员会（中国证监会）
中央机构编制委员会办公室（中央编办）
珠江流域防护林（珠防林）

书中部分国际组织中英文对照

濒危野生动植物种国际贸易公约(CITES，Convention on International Trade in Endangered Species of Wild Fauna and Floraesertification)
大自然保护协会(TNC，The Nature Conservancy)
国际热带木材组织(ITTA，International Tropical Timber Organization)
国际野生生物保护学会(WCS，The Wildlife Conservation Society)
国际植物新品种保护联盟(UPOV，Intemarional Union For The Protection of New Varieties of Plants)
联合国防治荒漠化公约（UNCCD，United Nations Convention to Combat Desertification)
联合国粮食及农业组织(FAO，Food and Agriculture Organization of the United Nations)
欧洲投资银行(EIB，European Investment Bank)
全球环境基金(GEF，Global Environment Facility)
森林管理委员会(FSC，Forest Stewardship Council)
森林认证认可计划委员会，泛欧森林认证体系(PEFC，Pan European Forest Certification)
湿地国际(WI，Wetlands International)
世界自然保护联盟(IUCN，International Union for Conservation of Nature and Natural Resources)
世界自然基金会（WWF，旧称 World Wildlife Fund Intenational——世界野生生物基金会，现在更名 World Wide Fund for Nature)
亚太经济合作组织(APEC，Asia-Pacific Economic Cooperation)
亚太森林恢复与可持续管理网络(APFNet，Asia-Pacific Network for Sustainable Forest Management and Rehabilitation.)
亚洲开发银行(ADB，Bsian Development Bank)

附表索引

索　引

A

B

C

D

E

F

G

H

J

L

Y

Z